[러시아 연방
교육부 추천]

새로운
러시아 역사

ИСТОРИЯ ГОСУДАРСТВА И НАРОДОВ РОССИИ

А. А. Данилов와 Л. Г. Косулина 공저
문명식 편역

신아사

편역자의 머리말

편역자는 1992년부터 2014년까지 23년째 러시아 지역연구 과목의 하나로 러시아 역사를 강의해 왔다. 매학기 강의를 시작할 때마다 강의 방향에 맞는 적절한 러시아 역사 교과서를 찾지 못하여 고민하여 왔다. 그래서 여러 책들과 관련도서들을 참고하고 인터넷에서 찾은 자료들을 토대로 강의록을 작성하여 강의하여 왔고, 수강생들에게는 각자에 읽기 편한 러시아 역사책을 선택하여 참고하라는 강의자로서는 약간 무책임한 권고를 하기도 했다. 그럴 때마다 언제가 자료가 모아지고 시간이 충분할 때 기회가 되면 필자의 목적에 맞는 좋은 러시아 역사 교재를 편찬해 보겠다는 생각을 하면서 지금까지 미루어 왔다.

시중에 나와 있는 러시아 역사책들은 나름대로의 특징과 한계를 갖고 있다. 영미권 학자들이 저술한 책들과 독일학자들이 저술한 책들, 볼셰비키 혁명 후에 서구로 망명한 러시아 역사학자들이 저술한 책들, 한국과 구소련의 국교정상화 이후 국내에 소개된 옛 소련의 학자가 저술한 러시아 역사책들을 번역했거나 편역한 것들로 분류될 수 있다. 서방측의 학자들과 망명한 학자들이 저술한 러시아 역사책은 러시아 역사에서 서구와 관련된 부분, 특히 옛 소련의 역사에 대해서 서구적 관점에서 다소 비판적 시각으로 기술한 부분이 있고, 옛 소련의 학자들의 책은 마르크스의 유물사관을 바탕으로 러시아 민족과 옛 소련에 대해서 이념적 관점에서 기술한 부분이 발견된다. 그리고 이 책들은 관점의 차이를 떠나 옛 소련시대의 중반이나 종말까지만 다루고 있고 소비에트 해체이후 새로운 러시아 연방이 출범한 이후의 포스트 소비에트 역사를 다루지 않고 있다.

이런 문제점들을 인식하면서 적절한 러시아 교재를 찾는 중에 우연히 필자가 재직하고 있는 대학의 러시아어 원어민 교사가 선물한 현재 러시아에서 가장 널리 사용되고 있는 러시아 연방 교육부 추천 러시아 역사 교과서를 접하게 되었다. 민주주의와 시장경제를 채택한 새로운 정치, 경제, 사회체제의 관점에서의 기술, 간결하고 명확한 문장, 천연색 삽화와 사진들이 필자의 눈길을 끌었다. 그래서 학생들의 러시아어 독해력과 새로운 시각에서 기술된 역사지식의 습득에 적절할 것으로 판단하여 시사 러시아어 교재로 복사하여 사용해 왔다. 강독을 해오면서 내용이 탄탄하고 기존의 러시아 역사책에서는 볼 수 없는 특정사건들에 대해서 기존의 마르크스 유물사관과 계급투쟁을 강조하는 시각에서 벗어나 객관적 입장에서 새로운 시각으로 상세하게 기술되어 있음을 발견하고 새로운 사실들을 알게 되어 좋은 교재임을 재차 인식하게 되었다.

게다가 언론의 이슈로 보도되어 화제가 되었던 중국의 동북공정과 관련된 역사분쟁과 오랫동안 논란이 되어 온 일본의 역사 교과서에 기술된 한국사와 관련된 부분에 대한 쟁점들, 최근의 좌편향 역사 교과서 수정과 관련된 논란들을 보면서 한 나라의 중·고등학교의 역사 교과서의 중요성을 새롭게 인식하게 되었다. 일반인들 대부분은 중·고등학교 때 역사 교과서에서 배운 사실에 토대를 둔 자국의 역사인식을 일생동안 간직하게 된다. 이런 점을 고려할 때 러시아와 관련된 분야의 학생들, 연구자들, 사업가들이 러시아의 보통 사람들 다수의 역사관과 역사인식이 바탕이 되는 러시아 역사 교과서를 통해서 러시아 역사를 배우는 것은 중요한 일이라고 생각한다.

이러한 중요성을 인식하여 편역자는 이 러시아 역사 교과서를 편역하게 되었다. 다닐로프(А. А. Данилов)와 코술리나(Л. Г. Косулина)가 저술한 ИСТОРИЯ ГОСУДАРСТВА И НАРОДОВ РОССИИ(러시아 국가와 민중의 역사)는 1-11권까지 시리즈로 2004년에 출판되었다. 이 중에서 6, 7, 8, 9권이 고대 루시부터 포스트 소비에트 시대까지의 러시아 역사를 다루고 있고, 10권과 11권은 러시아 역사와 세계사와의 관계를 다루고 있다. 따라서 편역자는 이중 6-9권 즉, ИСТОРИЯ ГОСУДАРСТВА И НАРОДОВ РОССИИ С ДРЕВНЕЙШИХ ВРЕМЕН ДО НАЧАЛА XVI ВЕК, ИСТОРИЯ ГОСУДАРСТВА И НАРОДОВ РОССИИ XVI-XVIII вв., ИСТОРИЯ ГОСУДАРСТВА И НАРОДОВ РОССИИ XIX ВЕК, ИСТОРИЯ ГОСУДАРСТВА И НАРОДОВ РОССИИ XX ВЕК 등의 4권을 편역하여 한 권으로 묶어서 출판하게 되었다. 한 권의 책으로 펴내야 하기 때문에 지면의 한계 때문에 원본의 주석, 해설, 과제, 삽화와 사진 중에서 중요한 것들만 추가한 본문만을 편역하여 한권으로 펴냈다.

러시아어 인명, 장소, 사건 등의 우리말 표기는 국립국어원이 정하고 문화체육관광부 고시 제 2005-32호로 공표한 러시아어 한글 표기법에 따랐다. 그러나 관용적으로 널리 사용되어 온 표기들은 표기의 변경에 따른 혼돈을 피하기 위해서 종전의 표기를 따랐다. 그리고 한글 표기법의 원칙을 적용하기가 무리이고 애매한 경우에는 소리나는 내로 원음에 가깝게 표기했다.

2009년 3월에 출간된 초판에서 발견된 오역과 오타들을 수정하고, 이해가 어려운 적절치 않은 러시아어 지도들을 삭제하고, 그간 강의를 하는 과정에서 독자들의 이해에 도움이 될 것 같다고 생각한 그림, 사진, 지도 등을 삽입하거나 첨가하여 새롭게 출간하게 되었다.

23년 동안 러시아 지역연구의 과목으로 편역자의 러시아 역사 강좌를 수강했던 학생들과 시사 러시아어의 강좌에서 원문의 독해에 수고했던 수강생들에게 감사드린다. '러시아 역사 교과서'를 편역하여 수정 보완한 이 책이 러시아의 일반인들의 역사관과 역사인식을 이해하는데 도움이 되어 러시아와 관련된 분야에서 일하는 사람들에게 좋은 참고 서적 중의 하나가 되기를 희망해 본다.

2015년 1월 10일
북한산 기슭의 연구실에서
편역자 씀

새로운
러시아 역사
ИСТОРИЯ ГОСУДАРСТВА
И НАРОДОВ РОССИИ

목 차

제4장 13~14세기의 민족들과 국가들 • 85

제5장 15세기 러시아의 중앙집권국가의 형성과 강화 • 121

제2부 16~18세기의 러시아 역사

제1장 16~17세기 초의 러시아 • 151

제4장 18세기 러시아 제국(1725~1801) • 283

제3부 19세기 러시아 역사

제1장 19세기 전반부 초기의 러시아 • 341

제2장 1825~1850년의 러시아 • 371

제3장 1860년과 1870년대의 개혁기 러시아 • 421

제4장 1880~1890년대의 러시아 • 469

제4부 20세기 러시아 역사

제2장 러시아 혁명과 내전 • 590

제3장 1차 세계대전부터 2차 세계대전 개시 전까지의 소련 : 사회주의 건설의 경험 • 659

1

고대 루시부터 16세기 초까지의 러시아 역사

제1장 고대 루시

1. 오늘날 러시아 영토에 살았던 고대인들

오늘날 러시아 영토에 사람들의 등장

기억할 수 없는 시대부터 사람들이 러시아에 살았다. 약 70만 년 전에 사람들이 남쪽지대인 북카프카스와 쿠반(Кубань)강 지역에 나타났다. 이곳은 기후가 따뜻하고 온화한 지역이여서 식물과 동물이 풍부했다. 고대인들은 음식물을 재배하지 않고, 자연에서 먹을 것을 채취하고 획득했다. 그들은 작은 포유동물과 설치류(초식성이며 번식력이 강하고, 산이나 초원, 냇가에서 사는 다람쥐 · 쥐 따위)를 사냥했고, 곤충과 양서류(개구리 · 도롱뇽 따위)를 잡았으며, 열매와 식물들을 채집했다. 노동의 도구들은 매우 원시적이었고, 그들의 도구 선택의 폭은 넓지 않았다. 돌을 두들겨서 만든 석재 기구와 끝이 날카롭게 된 나무로 만둥 몽둥이 등을 사용했다. 사람들은 아직 불을 얻는 방법을 배우지 못했지만, 불을 보존할 수는 있었다.

생활은 위험으로 가득 찼고, 혼자 떨어져 살기는 어려웠다. 사람들은 20~30명씩 소규모 집단으로 무리지어 살았다. 함께 음식물을 얻고 야생동물로부터 보호를 받았으며, 불을 유지하고 보존하는 것이 더 쉬워졌다. 집단의 모든 구성원들은 서로 동등했으며, 먹이는 누구에 의해서 어떻게 얻어지는가에 상관없이 동등하게 나누어졌다. 고대인들의 최초의 집단들은 원시적인 인류라는 칭호를 받았다.

씨족의 형성

약 8만 년 전에 생활환경이 급격하게 변했다. 빙하시대가 도래하여 얼음 층이 아시아와 유럽의 북쪽 지역을 뒤덮었다. 그리고 얼음 층을 따라서 끝없는 동토 지대가 펼쳐졌고, 좀 더 남쪽지역의 흑해지대까지도 추운지대였다. 따뜻한 기후를 좋아하는 짐승과 식물들이 멸종했고, 대신에 맘모스, 들소, 털이 많은 코뿔소, 북쪽 사슴과 말들이 존재했다.

사람들은 혹독한 환경에서의 생활에 적응할 수 있었다. 그들의 주된 일은 사냥이었다. 사람들은 10~15명씩 소규모로 무리를 지어서 사냥을 했다. 그들은 사냥꺼리를 살핀 후에 큰 소리로 외치고 횃불을 흔들며 돌을 던지기 시작했다. 그들은 놀란 짐승을 포위하고, 하나의 출구만을 남기고, 끝에 웅덩이나 파헤쳐진 덫을 놓아, 쫓기는 동물들을 몽둥이, 돌, 창 등으로 포획했다. 그러한 사냥을 몰이 사냥이라고 불렀다. 원시인들은 거대한 맘모스, 들소, 코뿔소 등을 도살해서 풍부하고 열량이 많은 음식을 확보했다. 그들은 혹독한 조건에도 불구하고 점점 더 북쪽으로 옮겨가서 오늘날의 우크라이나와 볼가 중류와 하류 지방으로 이주했다.

사람들은 추운 날씨에 적응하면서 항상 불을 이용하기 시작했고, 그 다음에는 불을 얻는 방법을 터득했다. 불로 훈제된 고기 음식은 소화에 더 좋았고, 사람들의 인체에 중요한 영양소를 공급했다. 석제기술이 향상되었고, 노동의 도구들은 더욱 더 다양해졌다. 길이에 따라 다듬어진 돌들은 칼, 톱, 손도끼, 송곳 형태를 가졌다. 동물의 뿔과 뼈를 가공하는 법을 배웠다. 구멍을 가진 바늘이 등장했고, 사람들은 동물가죽으로 만든 단순한 옷을 바느질해서 입기 시작했다. 실 대신에 동물의 힘줄이나 식물로 만든 섬사를 이용했다.

여자들과 남자들의 일이 분담되기 시작했다. 사냥은 남성의 일이 되었고, 여자들은 열매를 채집하였으며, 가사 일을 담당했고, 아이들과 노인들은 어른들을 도왔다. 사냥하는 자신들의 활동에 대해서 합의를 모으고 축적된 경험을 전달할 필요성은 언어의 발달을 초래했다. 집단생활은 조직적이고 더욱 더 상호 협력 적이 되어갔다.

원시적인 인류 대신에 혈연 중심의 씨족 공동체가 형성되었다. 공동체 재산은 공동소유로 여겨졌고, 공동체의 모든 구성원들은 동등한 권리를 가졌으며, 문제점도 공동으로 함께 해결했다. 그래서 고대의 인간들은 씨족으로 살았고, 원시적인 생산도구들을 공동 소유했으며, 함께 일했고 그리고 생산물을 공평하게 나누어 가졌다. 그러한 사회제도는 원시 공산주의 체제 또는 원시적 사회로 불린다. 가장 나이가 많고 경험이 풍부한 사람들이 이 시대에는 가장 큰 영향력을 행사했다. 씨족 공동체 이웃으로 살고 있는 몇몇 공동체가 종족을 구성했다. 생활환경의 변화는 인간의 신체적 윤곽의 변화를 초래했다. 4만 년 전에 오늘날과 같은 인간의 유형이 등장했다.

연장의 진보

약 12000~14000년 전에 빙하기가 끝나고 오늘날과 비슷한 기후가 확립되었다. 털이 많은 코뿔소와 맘모스 같은 거대한 동물들이 멸종했고, 거대한 포유동물의 수가 격감했다. 중소형 동물들에 대한 사냥은 사람들의 충분한 양식이 될 수 없었다. 그렇기 때문에 인간들은 채집에 더 많은 주위를 기울이고, 고기를 잡아야만 했다. 사냥의 특징도 변했다. 지금 동물들을 우리 내에 가두어 쫓지 않았고, 덫을 놓아 눈에 띠지 않게 몰래 사냥거리에 다가갔다. 새로운 형태의 사냥은 들판에서 야생동물들에게 고통을 줄 수도 있는 도구들이 필요했다. 사람들은 조립 연장을 제작하는 법을 배웠다. 즉, 공들여서 제작된 견고한 작은 조형물 조각들이 나무나 뼈의 바탕 위에 입혀졌다. 칼 장식물, 목재와 창, 날창, 금속 연장들, 나무와 뼈의 가공을 위한 돌도끼와 끌, 어구들이 등장했다.

사람들 생활의 실질적인 변화는 도끼와 화살과 같은 새로운 사냥도구의 고안과 함께 일어났다. 사냥은 더 많은 먹을거리를 가져왔다. 지금은 많은 군중들이 함께 사냥할 필요성이 없어졌다. 게다가 사람들에게는 최초로 길들여진 개들과 같은 훌륭한 조력자들이 나타났다.

사냥에 참여하지 않은 사람들은 다른 일을 할 수 있었다. 그들은 점토를 굽고, 도기를 제조하고, 실을 뽑고, 직물로 옷을 짜고 깁는 법을 배웠다. 도기와 직물은 사람들이 스스로 고안해낸 최초의 물질들이었다. 그때에 배, 스키, 썰매 같은 이동 수단들이 고안되었다. 사람들은 북쪽으로 점점 더 멀리 이동했고, 그들은 발턱해 연안까지 도달했고, 그 다음에는 북빙양까지 이르렀다.

농업, 목축, 수공업의 태동

5~6천 년 전에 남쪽에서는 고대의 수렵 채집시대로부터 농업으로의 이전이 점차적으로 시작되었다. 사람들은 열매와 야생식물의 종자가 싹이 트는 것을 목격했다. 그 다음에 사람들은 가장 큰 종자를 수확하고, 심어서, 재배하기 시작했다. 석재 곡괭이 같은 경작을 위한 특별한 연장들이 등장했다. 동시에 사람들은 개들과 더불어 돼지, 염소, 말과 같은 다른 동물들을 길렀고, 목축이 사냥을 대체했다. 채집시대부터 필수적인 음식물의 생산으로의 이전이 점차적으로 시작되었다.

사람들의 생활에서의 큰 변화는 금속 제련의 시작과 함께 일어났다. 사람들은 구리를 이용하기 시작했고, 그 다음은 구리와 주석을 혼합한 청동을 제조하는 법을 배웠다. 기원전 1천년에 철광석에서부터 철 생산이 시작되었다. 금속으로 만든 연장들은 특히 농업에서 노동을 크게 수월하게 해 주었다. 사람들은 필요 보다 훨씬 많은 음식물을 생산하기 시작했다. 그래서 잉여 생산물이 나타났다. 잉여 생산물의 등장은 종족들 간에 생산물들을 서로 교환케 해주었고, 농사를 짓는 종족들은 유목을 하는 종족과 분리되기 시작했다.

이런저런 활동 형태로의 사람들의 전환은 그들이 살았던 땅의 자연적, 기후적 조건에 달려 있었다. 유목종족은 광활한 초원지대를 습득해서 유목생활로 전환했고, 농업종족은 삼림지대에서 흩어져 화전 농업을 하다가 정착생활로 전환했다. 유럽 지역의 북쪽과 삼림지대와 시베리아에서는 주민들이 더 오랫동안 사냥과 수렵 · 채집생활을 했다.

철재 도끼의 등장과 함께 농업은 삼림 초원지대 뿐만 아니라 삼림지대로 확산되었다. 경작을 위해서 곡괭이 대신 가축들을 채우는 철재로 만든 보습을 가진 쟁기를 사용하기 시작했다. 철의 제련과 철로 만들어진 다양한 연장들의 제작은 사람들에게 큰 경험과 숙련을 요구했다. 대장장이들이 등장했다. 그들 이외에 이미 도자기 제작소에서 도기들을 제작하는 도공들, 마구간에서 일하는 방직공들이 있었다. 이러한 사람들은 모든 종족 전체를 위한 수공 제품들을 생산했고 농사일을 하지 않았다. 그들을 수공업자로 불리었다. 한 가지 일의 종사는 숙련의 완성과 다양한 형태의 제품 제작과 더 높은 질을 가능케 해 주었다.

원시 사회의 붕괴의 시작

사람들의 생활 조직에 커다란 변화가 일어났다. 씨족 사회와 종족에서 가장 나이 많은 사람들과 우두머리가 부각되었다. 이 사람들은 모든 일반적인 사람들로부터 존경을 받았고, 모든 공동체 구성원들에 의해서 선출되었다. 가장 나이가 많은 사람들이 집단적인 일들을 지도했고, 다른 종족들과의 문물 교환을 통제했으며, 확립된 질서를 침해하지 않도록 감독했고, 종교적 의식을 수행했다. 족장들은 적들로부터 방어를 위해서 종족 구성원들을 동원했고, 군사적인 원정을 이끌었다. 그러한 방법으로, 가장 나이 많은 사람들과 우두머리들은 자신의 종족 구성원들을 통치했다.

잉여 생산물의 등장과 문물 교환의 발전과 함께 족장들과 우두머리들은 자신의 손에 많은 자원을 축적할 기회를 가진다. 그들은 이미 자신의 권위가 아니라, 자식들에게 물려줄 축적된 재산으로 두드러진다. 과거에 있었던 사람들 간의 평등은 사라진다. 사회에는 부자와 가난한 사람들과, 고귀하고 평범한 사회 구성원들이 등장한다.

어떤 씨족의 엄청난 부의 축적은 다른 씨족들로부터 재물을 빼앗으려는 욕심을 유발한다. 씨족들 간의 빈번한 무력 충돌이 발생한다. 포로로 잡혀온 적들은 살해되지 않고, 노예로 전환되었다. 고귀하고 부유한 사람들이 노예를 소유했다. 지금 그들은 노동을 하지 않고 그들 대신에 노예들이 노동을 한다. 즉, 노동의 착취가 발생한다.

연장의 품질 개선은 각 가족들이 별도로 필수품을 생산하는 것, 즉 독립적으로 경제생활 하는 것을 가능케 해 주었다. 혈연적인 유대는 약화된다. 드물지 않게 개별 가족들은 자신의 씨족원들을 떠나서 다른 사회로 이주해서 살아갔다. 씨족 사회 대신에 이웃사회, 즉 공동체 사회가 형성된다. 그러한 사회에서는 혈연관계가 아니라, 한정된 영토에서의 공동생활이 사람들을 결합시킨다.

긴밀한 경제 관계를 가지고 있는 씨족은 씨족 연합으로 통합된다. 씨족 연합은 자신들의 것으로 생각하여 이웃의 공격으로부터 보호하는 제한된 영토위에서 강화된다. 자신의 영토를 통치하고 보호하는 것이 중대한 업무인 사람들 즉, 통치자가 씨족 연합의 우두머리가 된다. 그들은 모든 사람들에게 공통적이고 의무적인 행동 규칙들 즉, 법을 확립하고 법의 집행을 따른다. 법의 위반자들은 처벌받는다. 사람들에 의해서 명령을 받고, 그들에게 자신의 의지를 강요하기 위해서 즉, 권력을 집행하기 위해서 통치자는 특별한 무장 부대를 창설한다. 이러한 모든 변화는 원시사회의 점차적인 붕괴와 사람들의 새로운 생활 조직의 출현을 유발한다. 씨족 조직 대신에 국가가 생긴다.

씨족관계의 붕괴과정에서 사람들은 자신을 친척들이나 공동 씨족원으로 생각하기를 중단한다. 종족 또는 민족이 형성된다. 각 종족은 자신의 언어로 말하고 공동의 경제와 문화생활로 관계를 맺으면서 자신의 영토위에서 살아간다.

결 론

러시아인들의 고대의 조상들은 지구의 다른 지역 영토에서 살았던 주민들처럼 원시사회부터 국가의 등장, 민족의 형성에 이르기까지의 발전의 과정을 겪었다.

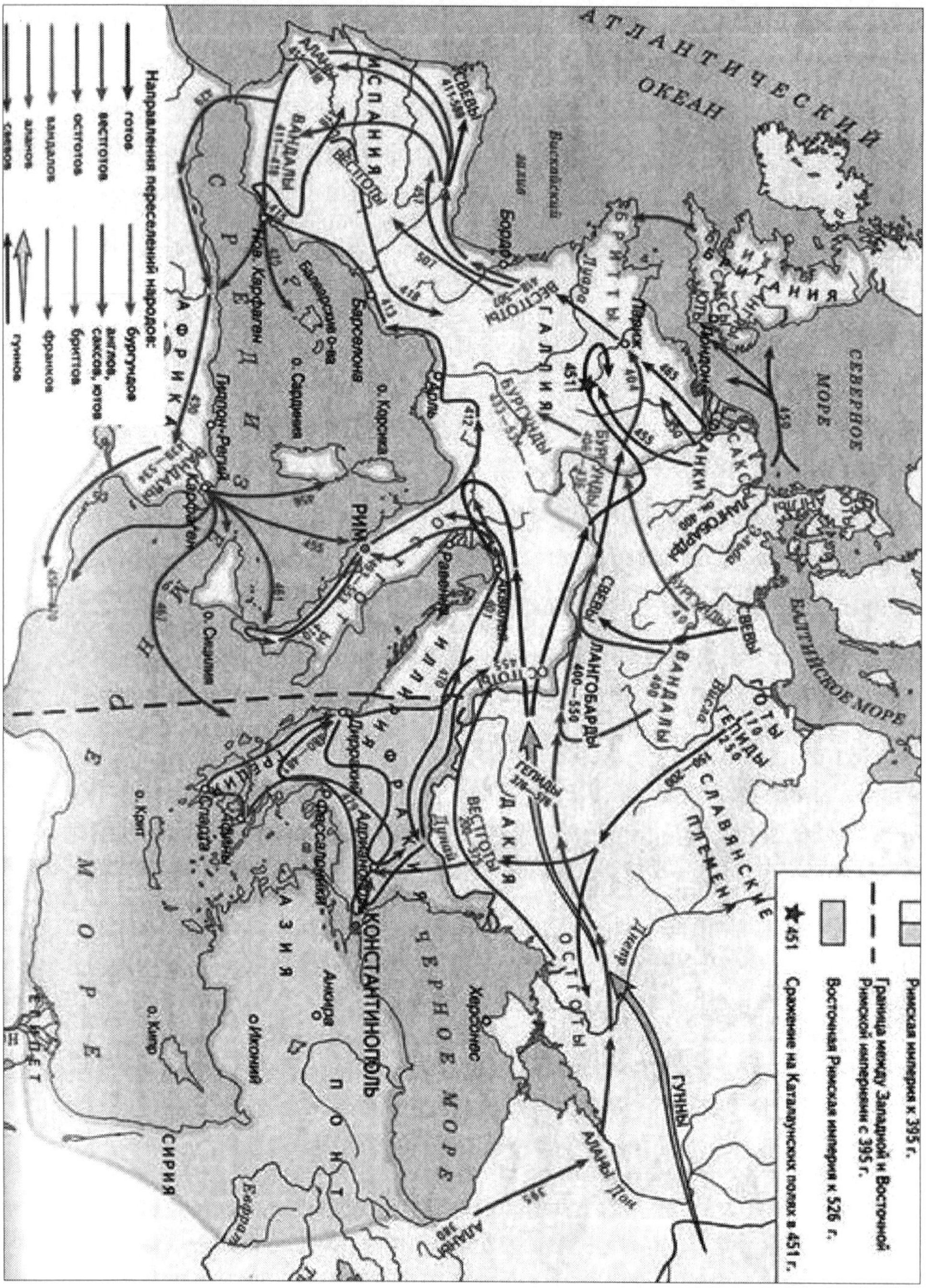
АТЛАНТИЧЕСКИЙ ОКЕАН
СЕВЕРНОЕ МОРЕ
БАЛТИЙСКОЕ МОРЕ
ЧЕРНОЕ МОРЕ
СРЕДИЗЕМНОЕ МОРЕ
КОНСТАНТИНОПОЛЬ
РИМ
ГУННЫ
СЛАВЯНСКИЕ ПЛЕМЕНА
Римская империя к 395 г.
Граница между Западной и Восточной Римской империями с 395 г.
Восточная Римская империя к 526 г.
451 Сражение на Каталаунских полях в 451 г.
Направления переселений народов:
готов
вестготов
остготов
вандалов
аланов
свевов
бургундов
англов, саксов, ютов
бриттов
франков
гуннов

민족대이동과 슬라브족

2. 국가의 형성

흑해 북안의 그리스 도시 국가들

고대 최초의 국가들이 흑해 연안에 생겨났다. 기원전 6~7세기에 그리스 항해자들이 흑해 북쪽연안 지역을 적극적으로 획득하기 시작했다. 그들은 현지의 종족들과 이익을 가져다주는 무역을 하려고 했다. 흑해 북동쪽 연안을 따라서 그리스인들은 올비유(Ольвию), 판티카페이(Пантикапей), 헤르소네스(Херсонес) 등의 도시 국가들을 건설했다.

그리스 도시 국가의 주민들 대부분은 상인들과 수공업자들이었다. 수공업자들은 아름다운 도자기들과 다른 장식물들을 제조했다. 상인들은 그리스에서 포도주, 올리브유를 가져왔다. 현지의 종족과 귀족층은 그러한 것들에 대해서 금, 식량과 노예로 대가를 지불하고 이러한 상품들을 만족스럽게 획득했다. 식량과 노예를 실은 배들이 흑해 북쪽 해안에서 아테네로 향했다. 그리스 도시 국가들의 주민 대부분은 도시에

СЕВЕРНОЕ ПРИЧЕРНОМОРЬЕ В V-II вв. до н. э.

기원전 흑해북안의 그리스 도시국가들

인접한 지역에서 농사를 짓고, 포도밭을 일구고 공원을 조성하기 시작했다. 그리스 이주민들은 새로운 장소에서 그들의 조국에 있었던 통치 체제를 보존했다. 그들은 자신들의 통치자들을 민회에서 선출했다. 도시에 살았던 노예와 그리스 태생이 아닌 사람들은 통치에 참여하지 않았다.

기원전 5세기에 게르첸스크(Керченск) 해협 연안에 산재해 있던 그리스 도시국가들은 보스포르(Боспор) 국가로 통합되었다. 이 국가의 수도는 판티카페이(Пантикапей)였다. 다른 그리스 도시 국가와 달리 보스포르의 통치자들은 선출되지 않았고, 그들의 권력은 상속되었다. 기원전 4세기경에 보스포르 왕국은 타만스키 반도와 아조프 해 동쪽 연안에 있는 땅을 병합했다. 이곳에 살았던 종족들은 보스포르의 권력을 인정했고, 현지의 종족장들은 그리스 귀족으로 받아들여졌다. 보스포르 왕국은 흑해 북쪽연안에서 가장 부유한 국가가 되었다. 아테네에서 소비되는 모든 곡물의 절반이 보스포르에서 운송되었다.

스키타이 왕국의 형성

흑해 연안에서 그리스 인들의 가장 가까운 이웃들은 스키타이라는 집합적인 명칭을 부여받은 다른 언어를 사용하는 종족들이었다. 스키타이 종족은 유목종족과 농경종족으로 분열되었다. 유목민족들은 끊임없이 유목을 했고, 그들의 거처는 수레 위의 천막이었다. 스키타이 유목민들의 주식은 우유와 고기였다. 그들은 먹을거리를 장작더미에서 구웠고, 동물들의 가죽을 벗겼다. 스키타이의 농경민족들은 정착생활을 했다. 땅을 경작하기 위해서 그들은 큰 소가 끌었던 쟁기를 이용했다.

스키타이 종족은 모든 주민들에 의해서 선출되는 연장자와 우두머리 위원회에 의해서 통치되었다. 전쟁과 그리스인들과의 무역은 종족의 지배층에게 부를 가져다주었다. 스키타이 귀족은 그리스인들의 노예 소유자들을 모방했고, 노예노동을 이용해서 다양한 형식의 사치품으로 몸을 장식했다.

스키타이인들은 자신들의 조상을 숭배했다. 그들은 특이한 장례 풍습을 가졌다. 스키타이 귀족이 죽었을 때 그들의 아내와 하인과 말이 살해돼서 금잔, 상이병, 장식물, 다른 값비싼 물건들과 함께 관속에 매장되었다. 무덤 위를 거대한 봉분으로 덮었다. 죽은 지 1년 후에는 제사가 치러졌고, 추가로 그의 하인 50명과 가장 좋은 말들이 살해되어 말의 시체가 봉분 주위에 둘러 세워진 방책위에 꽂혔다.

스키타이 땅들은 많은 정복자들을 끌어들였다. 약탈자들에게 저항하기 위해서 스키타이 종족들은 연합했다. 가장 강력한 종족의 우두머리가 종족연합의 수장이 되었고 왕이라는 칭호를 얻었다. 그렇게 해서 북흑해 연안에는 또 하나의 국가인 스키타이 왕국이 등장했다. 기원전 5세기에 스키타이 왕국은 도나우강에서 크림 반도의 초원 지대에 이르는 방대한 영토를 차지했다.

흑해 연안 국가들의 멸망

기원전 2~3세기경에 돈강 건너에 있는 초원지대에 살았던 유목 종족 **사르마트족**이 **스키타이** 왕국의 영토를 침략했다. 그들은 스키타이인들을 크림 반도로 밀어냈다. 스키타이 왕국의 수도는 헤아폴스키프스키(Хеапольскифский: 오늘날 심페로폴) 근처에 있었다. 새로운 시대의 초기에 흑해 연안의 영토에는 로마의 영향이 강화되었다. 그리스 도시국가들 대부분은 로마제국의 영향권에 들어갔다.

기원후 3세기에 발트해 연안 남쪽 지역에 살았던 고트족이 북 흑해 연안으로 침투했다. 많은 호전적인 종족들이 고트족 종족의 연합에 가담했다. **고트족**이 이끄는 종족연합이 보스포르와 스키타이 왕국에 공격을 감행했고, 그리스의 식민 도시들을 공격했다.

그러나 북 흑해 연안의 고트족의 통치는 오래 되지 않았다. 4세기 후반에 고트족 종족연합은 우랄 산맥 근처의 초원지대에서 밀려온 유목민족인 **훈족**에게 괴멸되었다. 훈족의 도래는 무시무시한 파멸을 수반했다. 그들은 흑해 연안에 흩어져있는 그리스 도시국가들과 스키타이 왕국에 최종적인 공격을 가했다. 그렇게 해서 북흑해 연안 영토에서는 고대시대가 끝났다.

투르크 민족들과 그들의 국가

6세기경에 아시아 내륙에서 흑해 연안의 초원지대로 투르크 민족들이 침입했다. 이러한 호전적인 유목민들은 중앙아시아에서 처음으로 강력한 기병무기들을 습득했다. 긴 칼, 몸이 의자에 확고히 고정된 채 활을 쏠 수 있도록 해주는 등자를 발명했다. 그들은 몽골에서 볼가강까지 펼쳐진 광대한 평원 위에 그들의 국가 즉, 투르크 한국을 세웠다. 그 국가를 구성하는 모든 종족들의 통치자들 즉 한들은 국가의 수장인 **하칸**(хакан)이나 **카간**(Каган)에게 복종했다. 투르크 족들은 동유럽의 초원지대를 정복하고 현지 주민들에게 큰 영향력을 미쳤다. 7세기 중엽에 투르크 카간국은 붕괴되었다.

7세기 볼가강 하류에 투르크어를 사용하는 하자르인들(Хазары)이 하자르-카간국을 세웠다. 그들은 점차적으로 북카프카스 지역과 아조프 해 연안과, 드네프르강까지 뻗혀있는 동유럽의 초원지대와 삼림지대에 살고 있던 수많은 유목민족과 농경민족을 복속시켰다. 정복된 땅에 살고 있는 주민들이 카간에게 조공을 바쳤다.

하자르인들은 점차적으로 유목생활을 정착생활로 변화시켰다. 그들은 이동하는 천막에서가 아니라, 거대한 정착지로 전환된 도시에 살기를 선호했다. 봄이 다가오자 하자르인들은 양과 말떼를 초원으로 몰아내고 늦은 가을에 도시 생활로 돌아왔다. 볼가강의 삼각지에 하자르 통치자들은 동유럽에서 가장 큰 수공업과 교역 중심지가 된 이틸(Итиль)도시를 건설했다. 하자르인들은 오랫동안 이교도였지만, 8세기경에 하자르 귀족들은 유태교들을 받아들였다.

7세기에 투르크어를 사용하는 불가르족(Булгары)이 대 불가리아 공국을 세웠다. 대 불가리아 공국은 쿠반강에서 드네프르강에 이르는 영토를 차지했다. 하자르 카간에게 패배한 후에, 불가르 족의 일부는 두나이(Дунай: 도나우)강으로 이주해서 그곳에서 현지 주민들과 어울렸다. 발칸 반도에 불가리아 공국이 세워졌다. 불가르 족의 또 다른 일부는 볼가강 중류 유역으로 이주했다. 현지의 핀-우고르 족을 복속시킨 후에 9세기에 불가르 족은 볼가-카마 불가리아(볼가리아)를 형성했다. 언젠가 삼림지대에 흩어져 살았던 호전적인 유목민인 불가르인들은 정착생활로 전환했고, 현지의 주민들로부터 농사의 방법을 전수받았다.

처음에 볼가강 유역의 불가리아는 하자르에게 종속된 크지 않은 국가였다. 볼가 불가리아 공국은 강대해져서, 통치자들은 자신의 권한을 볼가강 중류와 하류의 전 지역으로 확대시켰다. 남 우랄에 살았던 바시키르 종족이 볼가 불가르의 영향권 밑으로 들어갔다. 12세기말에 카잔강이 합류되는 볼가강 좌안에 볼가 불가리아 공국의 북서 국경을 지키는 카잔 요새가 세워졌다. 922년에 이슬람이 볼가 불가리아 공국의 공식적인 종교가 되었다.

동유럽 삼림 지대의 주민들

초원의 북쪽과 북서 변경지역이 광대한 삼림지대에 접지되어 있었다. 삼림지대의 거주자들은 고대세계와 접촉하지 않았다. 원시공산사회의 붕괴는 초원지대보다 삼림지대에서 더 천천히 진행되었다.

발트해에서 우랄산맥에 이르는 북쪽의 삼림지대에는 핀-우고르계 종족들인 추드(чудь), 미랴(меря), 베스(весь), 무로마(мурома), 체레미스(черемись), 모르드바(мордва) 등이 살았다. 북서지역의 삼림지대에는 발트 종족들이 살았다. 삼림지대의 거주자들은 일찍이 늪지대에서 쇠를 얻는 법을 습득했다. 철제품, 철 도끼와 같은 것들이 그들의 생필품에 등장했을 때 그들은 숲을 벌목하고 농사를 위한 땅을 개간했다. 그러나 혹독한 기후 조건은 큰 수확량을 거둬들이는 것을 허용하지 않았다. 그렇기 때문에 삼림지대의 주민들은 농사, 목축, 사냥, 채집과 어로 생활을 병행했다. 오랫동안 장기간의 추운 겨울에는 사람들은 가내 수공업에 종사했다. 남자들은 나무와 껍질로 다양한 수제품을 만들었고, 여자들은 옷을 짜거나 바느질하고 수놓았다. 높은 발전의 수준에 있었던 많은 종족들이 흙을 빚거나 철로 만든 수제품을 생산했다.

삼림지대의 거주자들은 반지하 주택에 거주했다. 정착지에서 멀지 않은 곳에 참호와 흙으로 쌓여진 언덕으로 보호되는 작은 도시가 건설되었다. 위험한 경우에 동물들을 이곳으로 몰고, 밀과 다른 재산도 옮겼다.

핀-우고르 족은 숲, 늪과 연못에 살고 있는 요정들을 섬겼다. 높은 하늘의 힘과 교감을 하고 부적을 만들고, 미래를 예언할 수 있었던 점술사들은 이용할 수 있는 특별한 영향력을 가졌다. 발트 종족들은 자연의 힘을 숭배했고, 동물들과 신성한 참나무들을 신성시했다. 그들은 번개신인 페르쿤(Перкунь)을 주신으로 섬겼다.

결 론

유럽과 아시아에서처럼 러시아의 고대시대에서도 몇 개의 국가들이 형성되었다. 그들은 다양한 여러 언어 집단에 소속된 종족에 의해서 수립되었고, 농업과 목축에 종사했으며 다양한 종교를 숭배했다.

3. 동슬라브족

동슬라브족의 태동

많은 공통적인 외향적 특징을 가진 동일 언어를 사용하는 인도-유럽어족의 종족들은 유럽과 아시아에 오래전부터 살았다. 이러한 종족들은 옮겨 다니면서 새로운 영토를 차지하는 지속적인 이동 상태에 있었다. 점차적으로 인도-유럽어 종족의 개별 집단들이 서로 분리되기 시작했다. 언젠가 공통 언어가 일련의 개별적 언어로 나누워졌다. 기원전 약 2000년 전에 발트-슬라브족이 인도-유럽어 종족에서부터 분리되었다. 그들은 유럽의 중부와 동부 유럽의 일부지역에 살았다. 기원전 5세기에 이러한 종족들은 발트족과 슬라브족으로 분열되었다. 슬라브족은 드네프르강 중류에서부터 오데르강에 이르는 지역을 차지했다.

기원후 5세기에 슬라브 종족들은 대규모로 동쪽과 남쪽으로 이주했다. 그들은 볼가강 상류와 백해, 아드리아해 해안까지 다다랐고, 펠로폰네스 산맥까지 깊숙이 옮겨갔다. 이러한 슬라브족의 이동 과정에서 3개의 집단인 동슬라브족, 서슬라브족, 남슬라브족으로 나누어졌다. 동슬라브족은 6~8세기에 일멘(Ильмень)호수에서부터 흑해

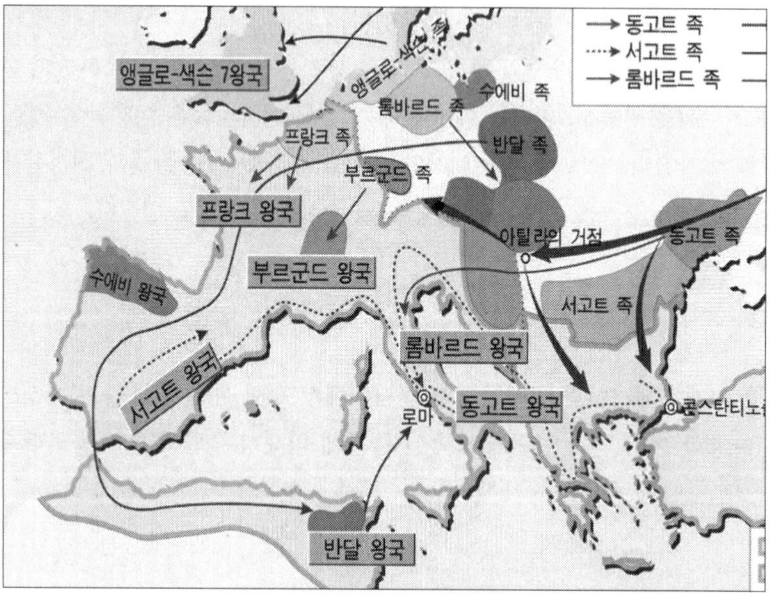

5세기 게르만 민족의 대이동

연안의 초원까지, 동카르파트 산맥에서 볼가강까지의 동유럽 평원의 대부분 지역에 흩어져 살았다.

6~7세기 슬라브족의 이동

슬라브족의 경제

동슬라브족의 주업은 농업이었다. 그들이 살고 있는 대부분의 지역은 울창한 삼림으로 덥혀 있었다. 그렇기 때문에 땅을 경작하기 전에 나무를 벌목해야만 했다. 밑바닥에 남아있는 그루터기를 불로 태우고, 거기서 생긴 재로 땅을 비옥하게 했다. 땅은 2~3년 동안 경작되었고, 땅이 좋은 수확량을 중단했을 때 땅은 뒤집어졌고, 새로운 땅에 불을 놓았다. 그러한 농업 방식을 화전이라 불린다.

농사를 짓는데 더 좋은 조건은 비옥한 땅이 풍부한 드네프르강 연안의 초원과 삼림지대에 있었다. 슬라브족은 몇 년 동안 지력이 완전히 소진될 때까지 여러 해 동안 농토를 이용했고, 그 다음에 새로운 땅으로 옮겨갔다. 지력이 소진된 땅은 비옥함이 회복될 때까지 약 20~30년 동안 경작되지 않았다. 그러한 농업 방식을 휴전경작이라 불린다.

처음에 땅은 쟁기로 일구어진다. 쟁기는 쇠로된 쟁기 머리 부분과 쇄기 모양의 두 갈래 끝을 가진 넓고 단단한 널판이다. 쟁기는 땅에 깊지 않은 고량을 남겼다. 그 다음에 소래로 땅을 편평하게 만들었다. 소래는 나무나 쇠로 만들어진 톱니로 격자 모양의 나무로 만든 토막으로 제작되었다. 농부들은 바람이 없는 날 맨발로 파종하러 나갔다. 가슴에 매달린 바구니에서 곡물을 한 줌씩 뿌렸다. 여름 끝에 수확의 시기가 오는데 그 기간 동안 여문 이삭들을 낫으로 베었다.

슬라브족은 밀, 수수, 보리, 메밀 등을 재배하였다. 빵이 그들의 주식이었다. 그렇기 때문에 곡물이 주식이었다. 채소밭에서는 순무, 무, 설탕수수, 양파, 마늘 등이 재배되었다. 슬라브인들은 목축에 종사했다. 그들은 소와 말과 염소와 돼지를 길렀다. 꿀채집, 고기잡이, 사냥 등은 그들의 생활에 중요한 역할을 했다. 사냥은 충분한 식량뿐만 아니라 모피를 공급했다. 모피로 웃옷을 기웠고, 모피동물의 가죽, 주로 담비가죽이 화폐의 역할을 했다. 동슬라브족 사이에는 제련, 도예, 보석가공 등의 수공업이 발달했다.

생활방식과 관습

슬라브족은 큰 키와 강한 체격의 특징을 가지고 있었고, 지칠 줄 모르는 육체적 힘과 탁월한 인내력을 지니고 있었다. 그들은 금발이었고, 분홍빛의 얼굴과 회색빛의 눈을 가졌다. 동슬라브족 주민들 대부분은 호수가와 강가를 따라 흩어져 살았다. 이러한 정착지의 주민들은 가족 단위로, 또는 반지하 집에서 살았다. 집의 벽, 책상, 의자, 그릇들은 나무로 만들어졌다. 점토로 칠해진 나뭇가지로 지붕을 덮었다. 집은 아주 뜨겁게 덮여졌고, 점토나 돌로 만든 난로가 있었다. 연기는 난로의 굴뚝을 통해서가 아니라 지붕에 뚫린 구멍으로 배연되었다. 집에는 몇 개의 출구가 있었고, 귀중품들은 땅속에 묻었다. 왜냐하면 갑자기 불청객들이 침입할 수 있기 때문이다.

슬라브족은 마음이 선량했고, 손님을 친절하게 대접했다. 모든 순례자들은 중요한 손님으로 대접받았고, 주인은 그들을 기쁘게 하기 위해서 가능한 모든 것을 했고 식탁에 가장 좋은 음식과 술을 차렸다.

슬라브족은 용맹한 투사로 유명했다. 그들은 소심함을 가장 큰 수치로 여겼다. 슬라브 전사들은 수영을 매우 잘했으며, 오랫동안 잠수할 수 있었다. 그들은 도려내진 갈대를 물위로 나오게 하여 숨을 쉬었다. 슬라브족의 무기는 창, 활, 독이 묻힌 화살, 나무로 만든 둥근 방패로 구성되었다. 긴 칼과 다른 철제무기는 드물었다. 슬라브족은 부모님들을 존경스럽게 대했다. 보통 약혼녀를 강제로 데리고 와서 그녀의 몸값을 지불했다. 그러한 일부다처제 관습이 존재했고, 남편이 죽은 후에는 그의 아내 중 한명이 남편과 함께 죽어야만 했다.

슬라브족의 정신적 세계

동슬라브족은 다신교도였다. 그들은 자연을 살아있는 존재로 바라보았고, 다양한 신의 형태로 상상했다. 태양의 신 '아릴로'가 가장 높은 신으로 숭배되었고, 천둥과 번개의 신 '페룬'(전쟁과 무기의 신), 바람의 신 '스티보크', 가축의 양육자 '볼로스', 풍요의 신 '모코스'를 숭배했다.

슬라브족은 내세를 믿었고, 자신의 조상을 숭배했고, 조상의 지도자 흔적이 남아서 후손의 불행을 보호해 준다고 생각했다. 죽은 아이들의 영혼과 익사한 여자들의 영혼이 그들에게는 고대 슬라브 전설에서 나타나는 숲과 물의 요정의 형태로 상상되었다. 다양한 형태의 존재들이 ≪깨끗하지 못한 힘≫으로 불렸다.

신을 숭배하기 위해서 수도원을 건설하지 않았다. 그들은 성스러운 작은 숲 속에서 종교적인 의식을 거행했고, 나무로 만든(드물게 돌로 만든) 신의 형상을 성스러운 참나무 곁에 세웠다. 화난 신을 달래고, 또는 신의 환심을 사기 위해서 동물들을 재물로 바쳤고, 특히 중요한 경우에는 사람들까지도 재물로 삼았다.

농민 공동체

동슬라브족은 처음에 각자 자신들의 방식으로 그리고 자신들의 지역에서 살았다. 즉 기본적인 씨족의 토대위에서 결합되었다. 큰 권한을 가진 장로가 씨족의 장이 되었다. 슬라브족이 방대한 평원에 흩어짐에 따라 씨족 관계는 붕괴되기 시작했다. 이웃 공동체가 씨족 공동체를 대체했다. 촌락의 구성원들은 목초지와 삼림을 공동으로 소유했고, 밭은 각 가구에게 분배되었다. 공동체 회의 '베체(вече)'에는 주위의 모든 가정들이 모여서 공동의 일을 수행하는 촌장을 선출했다. 다른 종족들이 침략하는 기간 동안 슬라브족은 십진법에 따라 구성원 의용군을 조직했다.

개별 공동체는 종족으로 결합되었다. 종족은 나름대로의 방식대로 종족 연합을 구성했다. 동유럽 평원에는 12개의 동슬라브 종족 연합이 거주했다. 드네프르강 연안에 살았던 폴랸족(Поляне)과 일멘스크 호수와 볼호프(Волхов)강가에 살았던 일멘스크 슬로벤족(словене)이 가장 수가 많았다.

동슬라브족과 이웃 종족들

동유럽의 끝없는 평원을 따라서 슬라브족의 이동과 정복은 평화로운 식민화의 성격을 띠었다. 이주자들은 현지의 종족들과 이웃으로 살았다. 슬라브족은 핀-우고르족으로부터 많은 강과, 호수와 마을의 이름을 차용했다. 그들은 핀족을 따라서 악한 영혼들인 마법사들을 믿기 시작했다. 슬라브족은 삼림에 거주하는 종족들로부터 볼호프강에 대한 믿음, 즉 마법사의 믿음을 모방했다. 핀-우고르족과의 공동생활은 슬라브족의 외향적 변화를 초래했다.

슬라브족은 더 편평하고 둥근 얼굴과 높은 광대뼈와 넓은 코를 가진 사람들과 더 자주 접촉하기 시작했다. 다른 언어를 사용하는 스키타이와 사르마트 종족의 후손들도 슬라브족에게 큰 영향을 끼쳤다. 많은 이란어의 단어들이 고대 슬라브어에 유입되었고, 오늘날 러시아의 단어에도 남아있다(신, 대가족, 농가, 개, 도끼 등등). 슬라브어 속에 사용하는 몇 개의 신의 이름들(태양의 신 '호로스', 바람의 신 '스트리보크')도 고대 이란어에서 유래되었고, '페룬'은 발트어원을 가지고 있다.

그러나 슬라브족은 다른 모든 이웃들과 좋은 관계를 가졌던 것은 아니었다. 슬라브족의 전설에는 투르크 언어를 사용하는 유목민족인 아바르족(авары)이 프리카르르바치야 인근에 살았던 슬라브 종족인 둘레브족(дулебы)에 대한 습격에 관해서 언급되었다. 거의 모든 남자를 죽인 후에 아바르족은 말 대신 둘레브족의 여자들을 가두어놓고 수레에 채웠다. 8세기에 초원지대에 가까이 살았던 동슬라브 종족들인 '폴랸(поляне)', '세베랸(северяне)', '뱌티치(вятичи)' '라디미치(радимимичи)' 등은 하자르족을 정복하고 조공을 바치도록 했다.

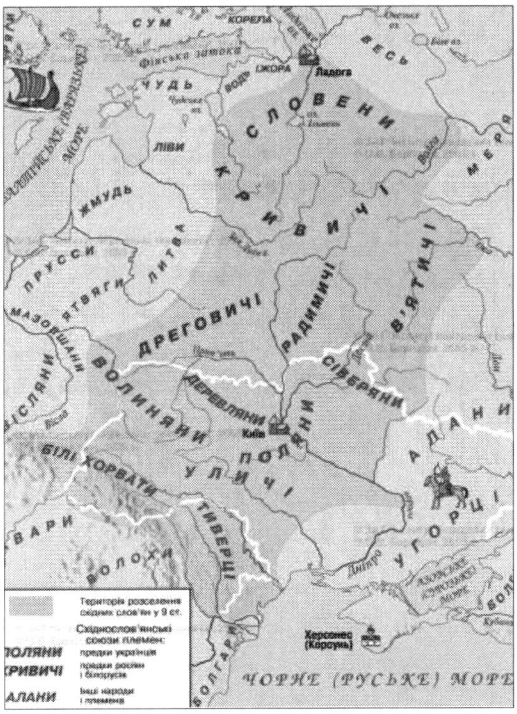

9세기 경 동슬라브족의 분포

7~9세기 동슬라브족의 이웃들

제2장
9~12세기 전반부의 고대 루시 국가

4. 국가수립의 전제조건들을 갖춘 동슬라브족

슬라브족간의 불평등의 발생

9세기에 동슬라브족의 생활에서 국가의 수립을 위한 전제조건인 중대한 변화들이 일어났다. 몇 백 년 동안 동슬라브족은 국가수립 직전의 상태에 있었다. 슬라브족은 항상 땅을 경작했다. 철로 만든 쟁기가 노동의 기본적인 연장이었다. 그들은 쟁기를 이용하여 땅을 더 깊고 더 넓게 갈았다. 황소와 말을 이용하여 경작하기 시작했다. 이러한 방식은 경작을 개선시키고 더 많은 수확을 할 수 있게 해 주었다. 재배된 곡식이 종족들 사이에서 평등하게 분배될 필요는 없었고, 각 가정의 소유가 되었다. 일손으로서 더 많은 아들을 가진 가정이 경작에 유리한 조건임은 틀림이 없었다. 그들은 더 많은 땅을 경작할 수 있었고 더 빠르게 가공할 수 있었으며, 추위가 오기 전에 더 많은 수확물을 거둘 수 있었을 뿐만 아니라 겨울동안 말을 위한 사료를 저장할 수 있었으며 연장을 정리할 수가 있었다. 이러한 가족들은 다른 가족들보다 더 많은 생산물과 재산을 모을 수 있었다. 이렇게 부의 불평등이 점차 슬라브족 사이에서 나타났다.

복잡한 연장들의 제작은 특별한 숙련을 요구했고, 더 많은 시간을 요구했다. 그래서 수공업에만 종사하는 사람들이 등장했다. 수공업자들은 자신들의 제품을 농부들의 식량과 교환했다. 부유한 가족들은 필수적인 생활용품 뿐만이 아니라 세련된 식기와 도구들도 주문할 수 있었다. 부유한 가족들은 재산에 대한 안전이 보장되지 않고 재산증식의 상황이 여의치 않았기 때문에 종족들 간의 관리규정에 만족하지 못했다.

상업의 발전과 도시의 등장

동슬라브족의 생활에서 무역이 가장 큰 의미를 가지기 시작했다. 그들은 네바강을 따라 살게 된 이후, 흑해와 발트해를 잇는 바이킹 지역에서 그리스까지 라도가 호수, 볼호프강, 로바티강, 드네프르강에 이르는 무역로를 통행했다. 이러한 대수로(大水路)의 종착점은 상업에 유리한 비잔틴이었다. 슬라브족의 정착지 옆을 통과하여 항해하는 외국의 상인들은 슬라브족의 특산품인 모피, 밀랍, 벌꿀 등을 교환하는데 만족했다. 슬라브족 사이에는 삼림의 채집 물을 자신의 종족들로부터 거둬들여 비잔틴, 하자르 그리고 바그다드까지도 유통시키며 그 곳에서 실크와 직물, 금, 포도주, 야채와 값비싼 무기와 교환하는 사람들이 등장하기 시작했다. 이러한 무역이 주된 사업이었던 사람들을 상인이라 불렀다.

수로에 위치하고 있는 종족들의 부락 중심에서 상업 활동이 발생하면서 흑해와 발트해 연안의 사냥꾼과 야생벌꿀 채취자들이 자신들의 획득물을 상인들에게 파는 특수한 지역이 생겨났다. 점차적으로 이러한 거주지들이 도시로 변했다. 키예프는 폴랸족(Поляне)의 중심지였고, 체르니코프는 세베랸족의 중심지였고, 스몰렌스크와 폴로스크는 크리비치족(кривичи)의 도시였고, 류베츠는 라디미치족(радимичи)의 중심지였고, 노브고르드는 일리멘스크 슬로벤족(словене)의 도시였다. 상인들은 매매를 하고 상품의 저장을 위한 창고를 지었고, 상단(商團)을 형성했다. 수공업자들 또한 도시로 몰려들었다.

상업 활동은 큰 이익을 가져다주는 반면에 매우 복잡하고 위험한 일이기도 했다. 9세기 초 볼가강과 탁 트인 흑해 연안의 초원 거주 지역을 경유하고, 하자르족 거주 지역을 통과했던 상단은 초원지대에 거주했던 유목민인 페체네그족의 공격을 받았다. 드네프르강의 모든 남쪽 지역이 그들의 통제 하에 있었다.

공후 권력의 강화

자신들의 배와 창고를 지키기 위하여 상인들은 친위대 내에 단합된 특별한 사람들을 고용하고 무장시키기 시작했다. 공후가 군사령관이었다. 적의 공격을 방어하기 위하여 도시 주위에는 성곽을 만들고 물로 가득찬 방어물을 만들었다. 도시에는 다른 지역에서 온 사람들이 모여들었다. 그리고 도시에서는 크리비치족(고대 슬라브족 중의 하나), 오카강 근처의 슬라브족 혹은 드네프르강 연안의 슬라브족이라는 출신은 중요하지 않았다. 이들이 수공업자, 상인 또는 군인이 되었다. 도시에서는 부족 전통의 지침을 받지 않았고 모든 도시민들을 위한 통일된 행동규칙이 요구되었다. 대부분의 도시에서는 질서를 확립하고 권력을 행사할 권리가 대공들에게 양도되었다.

도시민들은 빵과 다른 제품들이 필요했다. 농부들은 잉여농산물을 팔기 위해 도시로 가져갔다. 마을의 주민들은 적의 공격 때문에 방어물인 성벽 밑으로 모여 들었다. 점차적으로 도시는 다양한 동슬라브 종족들을 점령해 나가면서 주위 지역을 예속시켜 나갔다. 즉, 이런 저런 공후의 권한을 인정하는 지역들이 생겨났다. 국가의 등장 이전에 존재했던 소공국들이 폴랸족, 드레블랸족(древляне), 크리비치족, 일리멘 호수 연안의 슬로벤족(словене)과 드레고비치족(дреговичи) 등에 의해 생겼다. 때때로 서로를 적대시했던 그들 사이에 작은 연합들이 생겨났다. 남쪽 초원지대에 거주하던 종족들과 북서지방의 노르만으로부터의 공통된 군사적 위협이 그들을 연합하도록 했다.

동유럽의 바랴그족(Варяги)

북유럽의 스칸디나비아 반도에는 노르만족이 살았다. 8세기말 ~ 9세기에 무장한 노르만족이 유럽의 여러 나라에 침략적인 군사원정을 행했다. 그들은 동슬라브족의 북서지역에 침입했다. 스칸디나비아에서 온 외국인들은 핀-우고르족에게 조금이나마 공물을 바칠 의무를 주었고, 일리멘 호수 연안의 슬로벤족과 크리비치족에게도 조공을 바치도록 했다. 조공 수령의 형태는 모피, 꿀, 그리고 수요가 있었던 다른 것들이었으며, ≪바랴그에서 그리스까지≫에 이르는 수로 위에서 적극적인 무역을 했고, 동슬라브족의 땅에 자신들의 무역의 장소를 만들고 여기에 정착했다. 노르만족의 침입을 처음으로 받았던 발트해 연안의 핀-우고르 족이 그들을 ≪로우트시(роутси : 노를 젓는 사람들)≫라 불렀는데, 여기서 ≪루시(русы)≫와 ≪로시(росы)≫가 유래되었다. 핀족들에 이어서 동슬라브족이 이 명칭을 사용하기 시작했다. 루시는 동슬라브족의 땅에 정착했던 노르만족의 일파이다. 동슬라브족과 나란히 살며 루시는 점차적으로 현지 주민들과 뒤섞여서 그들의 언어와 관습을 모방했다.

몇몇 동슬라브족의 도시들은 상단들의 보호를 위해 루시의 군사령관과 군부대를 초대하기 시작했다. 이것에 대해 그들은 크지 않은 대가를 지불했다. 동슬라브족은 고용한 스칸디나비아의 군대들을 바랴기(Варяги)라 불렀다. 바랴그족은 항해가들 이었고, 풍부한 전투경험이 있었다. 슬라브족의 영토가 침략 당했을 때 이들은 고대 러시아 국민군을 지휘했고 현명한 전투의 기술을 동슬라브족에게 전수했다. 그 후 바랴기 공후들은 다른 임무를 수행했다. 예하 도시들의 영토를 순방했고, 도시에 점점 다양한 종족들이 거주하게 되자 종족들 간의 잦은 분쟁의 중재자로서의 임무를 수행했다. 알려진 바와 같이 그들은 종족들에게 단일한 구속력을 행사하지는 않았지만 모든 주민들의 공통된 관심인 적들로부터의 슬라브족 땅을 보호했다. 게다가 대공은 자신의 군대의 도움으로 굽힐 줄 모르는 도시들을 굴복 시킬 수 있었다. 점차적으로 고용된 바랴그족 출신의 용병들의 지휘관들은 군주로 변했다. 자신들의 임무수행의 대가로 그들은 주민들에게 월급대신 일정한 양의 공물로 봉급을 지불할 의무를 지웠다.

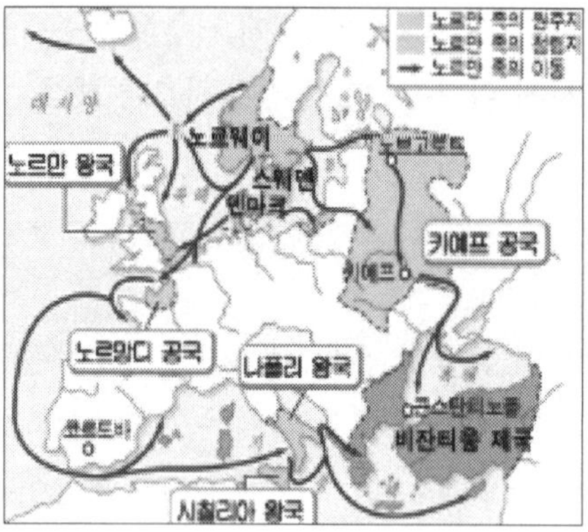

노르만족의 이동

바랴그족(바이킹)

국가 중심의 형성

862년에 루시의 통치하에 있었던 동슬라브족과 핀-우고르족은 그들에게 조공을 바치기를 중단했고, 바랴기를 바다로 쫓아냈다. 그러나 곧 종족들은 분열되었고 무력충돌에까지 이르렀다. 그때에 이들의 땅으로 다른 적들이 침입하기 시작했다. 이들은 하자르 족이나 그들에게 고용된 다른 종족이었다. 알려진 것처럼 바랴그족이 사는 곳에서부터 그리스에 이르는 드네프르 수로를 일부 장악한 후 하자르족은 발트해로 나가는 수로를 장악하기를 원했다. 그렇기 때문에 9세기에 하자르인들의 정복의 위협이 북서지역에서 증대되었다. 그때에 모든 종족들의 대표들이 모여 ≪우리들의 땅은 위대하고 풍요롭다. 그러나 이 땅에는 질서가 없다. 그러니 여기로 와 우리를 통솔하고 이끌어 달라≫라는 메시지와 함께 사절단을 안면이 있는 바랴그족에게 보내기로 결정했다. 이 부름에 바랴그족의 공후인 **류리크(ЮРИК)**가 응답했다. 그래서 노브고로드를 중심으로 한 연합세력이 북서지역에 생겼다.

9세기 초반에 루시족의 군대가 남쪽에 나타났다. 바랴그족의 공후인 아스콜리드(Аскольд)와 디르(Дир)는 대수로를 따라 비잔틴 제국의 수도인 차르그라드(콘스탄티노플)로 향했다. 드네프르강을 따라 하류로 가면서 그들은 구릉 위에 펼쳐진 도시를 보았다. 이것이 폴랸족(Поляне)의 중심지인 키예프였다. 예견된 바대로 삼형제인 키이(кий), 시예크(щек), 노리프(норив)가 세웠던 키예프였다. 키예프의 주민들은 하자르족에게 조공을 바쳤고, 이 외에도 드레블랸족(Древляне)과 다른 종족들이 키예프의 주민들을 괴롭혔다. 폴랸족이 바랴그족 군인들을 도시로 초대했다(아마도 처음에 아스콜리드가 왔고, 디르는 약간 늦게 왔을 것이다). 루시들은 폴랸족을 하자르족의 종속에서 해방시켰다.

그 뿐만 아니라 키예프의 통치자가 된 아스콜리드는 하칸(хакан)이라는 칭호를 받았고 그것으로 하자르의 통치자와 동등함을 과시했다. 그 다음 바랴그족은 모욕을 주었던 다른 폴란족, 드레블랸족, 페체네그족, 볼가의 불가르족과 전쟁에 들어갔다. 이렇게 9세기에 바랴그족 대공이 통치했던 2개의 큰 동슬라브족 연합세력이 나타났다. 하나는 북쪽의 노브고로드에 중심을 둔 일멘 호수 유역에 있었고 다른 하나는 남쪽의 키예프에 중심을 둔 드네프르강 연안에 있었다.

5. 고대 국가의 성립

국가의 형성

879년에 노브고로드에서 류리크(юрик)가 죽었다. 그의 친척 올레그(олег)가 노브고로드의 대공이 되었다. 882년에 바랴그족 뿐만이 아니라 노브고로드에 굴복한 동슬라브족과 핀-우고르 지역에 거주하는 군인들이 포함된 대 군대를 모은 후 남쪽으로 군사원정을 갔다. 도중에 그는 남쪽 대공들이 권리를 주장했던 크리비치족의 땅을 복속시켰다. 키예프에 다다랐을 때 올레그는 도시에서 아스콜리드 공후와 디르 공후를 유인하여 그들을 죽였다. 그는 키예프의 공후(882~912)가 되었고, 키예프를 러시아 도시들의 어머니로 즉 자신의 땅의 수도로 선언했다. 차후에 올레그는 폴랸족과의 가장 가까운 이웃인 드레블랸족과의 전쟁에서 승리했다. 그다음 공후는 하자르족의 종속으로부터 세베랸족(северяне)과 라디미치족(радимичи)을 해방시켰다.

동슬라브족의 두 개의 주요한 중심지 즉 키예프를 중심으로 한 남쪽과 노브고로드를 중심으로 한 북쪽을 연합한 결과로 루시라는 명칭을 부여받은 동슬라브족의 국가가 형성되었다. 이것은 동슬라브족이 세웠던 가장 오래된 국가였기 때문에 그것은 고대 러시아의 국가일 뿐만이 아니라 ≪키예프 루시≫라고 불렸다.

슬라브족의 영접을 받는 류리크

올레그

고대 러시아 국가의 내부구조

고대 러시아 국가의 우두머리는 키예프의 공후였다. 그러나 어떤 왕이 죽은 후에 권력을 다른 대공에게 세습되는 절차가 분명하게 규정되지 않았다. 키예프 대공은 자신의 군대인 친위대(дружина)에 의존했다. 친위대원들은 종종 대공과 같은 지붕 아래서 살았고, 같은 식당에서 먹었으며 대공들과 조공과 전쟁 획득물을 나누어 가졌다. 대공은 모든 문제에 있어 친위대와 상의를 했다.

키예프의 권력을 인정한 모든 종족들은 조공으로 모피, 빵, 꿀과 다른 식품을 받치기로 했던 조약을 대공과 체결했다. 11월부터 4월까지 키예프의 대공은 자신의 친위대와 함께 관할지를 순회하면서 이미 준비된 조공을 거두어 들였으며(그러한 방식의 조공 모음을 '폴류디예(полюдье)'라고 불렀다), 분쟁을 처리해 주었고, 죄인들을 재판했다.

전쟁이 일어나는 경우 종족들은 키예프에 민병대(지원군)를 보내야 했다. 대공은 전 러시아 민병대를 지휘했다. 군사령관은 국가에서 대공다음으로 둘째가는 인물이 되었다. 도시의 가장 중요한 모든 문제들은 베체(вече)에서 해결했다. 베체는 종의 신호에 따라 모였다. 베체의 결정은 '동의'와 '비동의'라고 외치는 것에 따라 채택되었다.

몇 몇 땅에서 같은 종족 출신 공후들이 활동했다. 그들은 그들 자신의 친위대와 선출된 장로들과 민병대 출신의 책임자인 티샤츠키(тысяцкий)에 의존했다. 현지의 공후들은 키예프의 권력에서부터 자신들의 독립을 되찾기 위해 유리한 정세를 이용했다.

올레그 공후의 활동

키예프 대공의 활동은 두 가지 근본적 목적에 의해 지배되었다. 첫째로 그는 자신의 권력이 모두 동슬라브족에게 확산되기를 갈망했다. 둘째로 대공은 사람들의 재물을 받아 가는 과정에서 이익을 얻고 파는 것을 원했다. 이것을 위해서는 다른 나라와의 무역관계를 규제하는 것이 필요했다. 공물 수집을 위해 돌아다니는 도중에 받았던 공물을 이윤을 남기고 팔아넘기는 상단을 강탈하는 강도들로부터 무역로를 안전하게 유지하는 것이 필요했다.

루시인들에게 가장 매력적이고 가장 안전한 무역로는 비잔틴이었다. 그렇기 때문에, 키예프의 대공은 비잔틴 제국과 중단된 무역관계를 유지하거나 복구하기 위해서 콘스탄티노플(차르그라드)로 군사원정을 감행했다. 907년에 올레그는 차르그라드로 대규모의 군사원정을 감행했다. 거기에는 여러 땅에서 소집된 군사들 80,000명이 탔던 2000척의 배가 참여했다.

그러나 루시인들이 접근하는 것을 미리 알아 챈 그리스인들은 콘스탄티노플의 항만을 거대한 쇠사슬로 잠그고 도시의 정문을 폐쇄했다. 그 때 올레그는 배들을 해안으로 끌어 올려 수레위에 올리려고 했다. 바람이 루시인들의 범선들을 비잔틴 제국 수도의 성벽으로 몰아갔다. 그래서 놀란 그리스인들은 평화를 요구했다. 대공은 차르그라드 입구에 자신들의 보호벽을 설치해 버렸다. 그래서 루시에게 유리한 무역협정이 이루어졌지만 곧 비잔틴인들은 협상조건을 파기했다. 그래서 911년에 올레그는 다시 자신의 친위대를 콘스탄티노플로 보냈다. 비잔틴과의 새로운 조약은 키예프 루시에게 더욱 다양한 무역상의 특권을 줄 것을 서약했다. 동시대의 사람들이 '베쉬(전설)'라 불렀던 전설에 따르면 올레그는 그가 사랑하는 말의 두개골에서 기어 나온 뱀에 물려 죽었다.

이고리와 올가의 통치

올레그가 죽은 후 류리크의 아들인 **이고리(Игорь)**가 대공이 되었다(912~945). 그는 올레그의 죽음을 이용하여 분열되었던 드레블랸족을 키예프의 권력아래에 복속시키는 것과 더불어 자신의 활동을 시작했다. 941년에 이고리는 콘스탄티노플로 대 군사원정을 감행했으나 실패했다. 비잔틴 사람들은 루시인들의 배들을 불화살로 태워버렸다. 그러나 그 실패는 이고리의 군사원정을 중단시키지 못했다. 944년에 페체네그족과 연합하여 큰 전함을 모아 다시 비잔틴으로 쳐들어갔다. 그리스인들이 이것을 알았을 때 이고리에게 풍부한 선물과 함께 사절단을 보냈다. 이고리는 원정 중이었던 자신의 친위대들을 복귀시켰다. 945년에 비잔틴 제곡과 체결했던 조약에는 상인들이라는 일련의 조직들이 포함되어 있었고, 크림 반도에 있는 그리스인들의 식민지 보호를 루시가 맡았다. 이 조약에서 키예프 대공의 영지(소유지)가 처음으로 루시의 땅이라고 불렸다.

이고리는 루시 땅에서 커다란 인기를 얻지 못했다. 그의 원정대는 키예프 루시에 괄목할 만한 이익을 가져오지 못했고, 많은 희생의 대가만을 치르게 했다. 이고리의 군대들은 가난한 군대에 대하여 대공에게 항상 불평했다. 친위대의 간청에 따라 대공은 드레블랸족에게 조공을 거두기 위해서 갔다. 드레블랸족은 이미 조공을 키예프의 군사령관에게 지불했지만 그들은 대공에게 저항을 시작하지 않았다. 그러나 귀향했을 때, 이고리에게는 그 조공의 지불은 크지 않은 것으로 생각되었다. 대공은 친위대의 대부분을 해산시키고 다시 조공을 받기 위해서 갔다. 이번에는 드레블랸족은 분노했다. 알려진 것처럼 그 대공은 조공을 바치기로 한 합의를 크게 위반했다. 드레블랸족의 베체는 ≪늑대가 양을 먹는 게 습관이 된다면 늑대를 죽일 때까지 모든 양떼는 사라질 것이다≫라고 결정했다. 그래서 드레블랸족이 대공의 친위대에 대항하여 잔인하게 복수했다.

이고리가 죽은 후 그의 아내 올가가 국가를 통치하기 시작했다(945~957). 그녀는 남편의 죽음에 대하여 드레블랸족에게 복수했다. 이러한 사건들을 예방하기 위해서 왕비는 조공의 정확한 양을 정하였다(벌과 모으는 장소). 그리고 대공 자신이 조공을 모으러 다니지 않았고, 그녀에 의해 임명된 사람들이 조공을 대신 모으러 다녔다. 957년에 올가는 화려한 상의를 입고서 먼 차르그라드로 갔다. 이곳에서 정교도의 세례를 받았다.

조공을 받는 이고리 대공

올가

스뱌토슬라프 공후의 군사원정

올가는 비잔틴에서 돌아와서 자신의 아들인 스뱌토슬라프(Святослав)에게 대공의 자리를 넘겨주었다(957~972). 스뱌토슬라프는 키예프에 종속되지 않고 하자르족에게 조공을 바치던 마지막 동슬라브족인 뱌티치족(вятичи)을 병합했다. 그는 뱌티치족의 땅에서부터 볼가강 쪽으로 전진했다. 볼가 불가르의 땅을 파괴 한 후에 카스피 해를 통과하여 동방의 나라에 이르는 볼가 무역로에서 루시 상인들을 괴롭히는 장애를 제거키 위해 하자르를 공격했다.

두 번의 군사원정 기간(965~969)에 스뱌토슬라프의 군대는 하자르의 중요한 도시들인 이털, 세멘제르 그리고 사르켈을 파괴했다. 그 다음에 대공은 쿠반강의 하구의 땅과 아조프해 근처의 땅을 차지했다. 타만스크 반도에는 루시에 의존하는 투무타라칸스크 공화국이 형성되었다. 스뱌토슬라프에 의해 파괴된 하자르 한국은 곧 독립국가로서 존재하기를 중단했다

스뱌토슬라프의 군사원정의 성공은 비잔틴 황제를 불안하게 했다. 그는 루시 군대의 도움을 받아서 두나이(도나우)강 볼가르족들에 대한 자신의 권력을 회복하려고 전력을 다해 키예프의 대공을 자신의 동맹자로 전환시키려고 노력했다.

968년 키예프의 군대가 두나이강의 입구로 들어갔다. 스뱌토슬라프는 일련의 볼가르의 촌락들을 점령했고, 페레야슬라베츠의 도시를 자신의 새로운 수도로 선포했다.

이러한 사건의 변화는 비잔틴의 계획에 포함되지 않았던 것이었다. 국경지대에 새로운 강력한 지도자가 등장한 것이었다. 비잔틴의 황제는 자신의 동맹자인 페체네그족(печенеги)에게 키예프에 남아 있는 노쇠한 여대공 올가와 손자들을 공격하도록 설득했다. 스뱌토슬라프는 자신의 군대를 이끌고 귀향하여 페체네그족을 격퇴한 후에 다시 두나이로 진격했다.

971년 봄에 비잔틴제국 최정예 군대가 볼가르에 접근했다. 격렬한 전투가 벌어졌고, 그 과정에서 적들은 큰 손실을 입었다. 이것은 그들로 하여금 협상을 하도록 강요했다. 비잔틴의 황제는 볼가르에서 퇴각하겠다는 키예프의 약속에 맞추어서 스뱌토슬라프의 군대의 안전한 귀향을 보장해주겠다고 동의했다. 972년 스뱌토슬라프가 군대와 함께 키예프로 돌아오는 도중에 페체네그족은 드네프르강 급류 곁에 있는 강둑에 숨어 그를 기다리다 살해했다. 페체네그족의 가간(수장)은 스뱌토슬라프의 머리뼈를 금으로 만든 틀 속에 끼워 넣고 연회에서 술잔으로 이용했다.

스뱌토슬라브

페체네그족

결 론

이렇게 9세기 후반에 고대 러시아 국가가 형성되었다. 초기의 대공들은 자신들의 권력을 강화하고 가장 중요한 무역로에서의 루시의 패권을 확보하려는 활동에 집중했다.

6. 블라디미르 대공의 통치

블라디미르 대공 통치의 시작

스뱌토슬라프는 페체네그족을 격퇴한 후 두나이(도나우강)로 떠날 때 맏아들 야로폴크를 키예프에 남겨두었고, 둘째 아들 올레그를 드레블랸의 땅으로 보냈고, 셋째 아들 블라디미르를 노브고로드로 보냈다. 스뱌토슬라프가 죽은 후에 그의 아들들 사이에서 권력투쟁이 일어났다. 이 권력투쟁에서 블라디미르가 승리를 했다(980-1015).

스뱌토슬라비치 블라디미르는 자신의 공국의 질서를 확립하는 것에서부터 자신의 대공의 업무를 시작했다. 스뱌토슬라프가 죽은 후에 먼 곳에 있는 뱌티치족(Вятичи) 뿐만 아니라 가까이에 있는 라디미치족까지도 키예프에 바치던 조공을 중단했다. 2년 동안의 전쟁의 결과로 키예프는 뱌티치족을 굴복시켰다. 984년 대공은 라디미치족의 군대를 격파했다. 그 보다 더 일찍이 서 드비나강의 폴로츠크 공국을 굴복시켰다.

이러한 업적을 이룬 후에 블라디미르는 루시의 무역로를 방해하기 시작한 볼가강 유역의 불가리야의 정벌을 이끌었다. 승리를 거둔 후, 블라디미르는 루시에게 유리한 조건으로 평화조약을 맺었다. 블라디미르는 처음으로 서쪽의 슬라브 국가인 폴란드와 충돌했다. 981년 블라디미르는 동슬라브족인 둘레보브-볼리닌족의 중심지인 체르벤과 페레미슬 도시를 폴란드 왕으로부터 되찾았다. 이렇게 모든 슬라브족과 핀-우고르 종족의 상당부분이 키예프 대공의 통제 하에 들어갔다.

루시의 땅은 예전처럼 페체네그족들 때문에 고통을 받았다. 그래서 블라디미르는 남쪽 국경지대에 페체네그족들의 습격을 불가능하게 했던 쇠사슬로 된 요새, 제방, 그리고 신호를 주는 망루로 구성된 4개의 방벽선인 요새들을 건설했다. 그래서 수백 개의 루시 농촌 촌락과 도시들이 페체네그족의 공격을 모면했다.

키예프 루시의 기독교 수용의 원인들

블라디미르는 모든 슬라브족의 땅을 군사력에만 의존하여 유지한다는 것이 불가능하다는 것을 알고 종교의 도움을 받기로 결정했다. 980년에 블라디미르는 키예프 대공의 자리에 오른 후 이교도들을 국가의 요구에 따르게 하려고 했다. 대공은 높은 구릉 위에 금으로 만든 콧수염과 은으로 만든 머리를 가진 무시무시한 페룬이 얹어진 6개의 우상을 세우도록 명령했다. 그 당시에 루시 주민들에게 슬라브인의 최고는 키예프의 대공인 것처럼, 신중의 최고신도 ≪페룬≫이라고 이해하도록 강요했다.

그러나 이것은 의도한 목적을 달성하지 못했다. 많은 종족들은 자신들의 최고 신의 격하된 위치와 키예프 종족들이 숭배하는 ≪페룬≫의 격상된 위치에 불만을 갖게 되었다. 그 때 블라디미르는 이웃나라에서 '경험'을 배웠다. 알다시피 키예프는 폭 넓은 무역을 하면서 세계 모든 종교 즉 하자르의 유태교, 불가르의 이슬람 교도들, 서유럽 가톨릭, 비잔틴 제국의 그리스 정교 등의 지도자들과 교류하고 있었다. 블라디미르 공후는 비잔틴식의(그리스식의) 기독교를 받아들이기로 결정했다. 알려진 바와 같이 하자르와 불가르족들과 달리 기독교도들은 슬라브 민족의 땅을 침략하지 않았다. 게다가 루시는 비잔틴과 긴밀한 무역관계를 유지했다. 이곳에 머물던 많은 상인들과 귀족들이 세례의식을 받았다. 그러나 중요한 것은 키예프의 대공의 입장에서는 모든 종족을 단결시킬 뿐만 아니라 대공의 권력을 강화시킬 수 있는 종교가 필요했다. 그 본보기로 삼을 수 있는 것이 유럽에서 가장 강력한 국가였던 비잔틴 제국이었다. 비잔틴에서 황제의 권력은 거의 무제한이었고 그리스 정교는 대공의 권력을 강화시키는데 도움을 줄 것으로 생각되었다.

키예프 루시의 민중들 사이에서 자신의 권위를 강화시키고 싶은 충동과 갈망이 블라디미르로 하여금 기독교를 받아들이도록 촉구했다. 알려진 바와 같이 많은 나라들이 루시를 무시했고, 루시를 '야만인'으로 여겼다. 기독교를 믿는 통치자들은 자신의 딸들이 이교도를 믿는 공후와 결혼하는 것을 허용하지 않았다. 루시의 상인들은 기독교 국가에서 다양한 박해를 받았다.

루시의 세례

루시의 세례는 다음의 사건에 앞서서 일어났다. 987년에 비잔틴의 황제 바실리Ⅱ세의 군대에서 반란이 일어났다. 바실리 Ⅱ세는 블라디미르에게 원조를 호소했다. 대공은 비잔틴에 파병을 승낙했지만 바실리의 누이인 안나를 자신의 아내로 줄 것을 요구했다. 블라디미르는 이 결혼이 키예프 대공의 국제적 위상을 격상시켜줄 것으로 확신했다. 이에 바실리 Ⅱ세는 블라디미르에게 기독교의 세례를 받고 키예프에 복음을 전파하겠다는 대답을 요구했다. 상응하는 계약이 서명되었고 6000명의 루시 군대가 반란군을 격퇴했다. 그러나 황제는 그의 약속이행을 서두르지 않았다. 그러자 블라디미르는 비잔틴 제국의 크림반도 영토의 중심인 헤르소네스를 점령하여 바다에서 비잔틴을 공격하기 위한 유리한 위치를 차지했다. 비잔틴 황제는 양보하지 않을 수 없었다. 블라디미르는 세례를 받았고, 비잔틴의 황녀와 결혼했으며, 약혼녀에 대한 보상으로 헤르소네스를 돌려주었다.

블라디미르는 그리스의 성직자들을 동반하여 집으로 돌아오고, 무엇보다 먼저 자신의 아들들에게 세례를 받게 했고, 그 다음에 이교도들의 우상을 부수라고 명령했다. 대공의 명령에 따라 거대한 '페룬'이 말꼬리에 묶이고 짐마차에 실려 산에서 드네프르강으로 옮겨졌다. 20명의 사람들이 막대기로 내리쳐서 우상을 파괴했다. 민중들은 울었고 그런 모욕을 목격했다. 한편 비잔틴에서 온 성직자들이 도시를 순회했고 기독교를 전파했다. 많은 도시인들이 새 종교의 수용을 주저해서, 대공은 단호한 조치를 취했다. 대공은 키예프 주민들에게 드네프르강으로 모이도록 명령했고 모두에게 강으로 들어가라고 명령했다. 어떤 사람들은 자발적으로 물에 들어갔고, 또 어떤 사람들은 대공의 친위대들에 의해 강제로 물로 내몰렸다. 강가에는 성직자들이 서 있었고, 거룩하고 신비한 세례의식을 거행했다. 988년에 이러한 사건들이 일어났다.

블라디미르는 성직자들을 다른 도시로 파견했다. 처음에 기독교는 큰 바다 길을 따라서 키예프에서 노브고로드로 전파되었다. 이교도들은 아직도 오랫동안 다른 지역을 지배하고 있었다. 특히 슬라브족이 핀-우고르족의 이웃에 살았던 북쪽에서 새 종교는 완강한 저항을 받았다. 991년에 이교도들은 노브고로드에서 반란을 일으켰고, 그 반란은 무력으로 진압되었으며, 이후에 키예프인들이 그들을 강가에 모아놓고 세례를 주었다. 모욕당한 우상인 페룬은 볼호프강에 던져졌다.

블라디미르 대공

세례를 받는 키예프 루시인들

블라디미르와 올가

연대기에 따르면, 블라디미르는 세례를 받은 후에 많이 변했다. 그는 냉엄하고 잔인한 사람에서 부드럽고 선한 사람으로 변했다. 공후의 명령으로 가난한 사람들에게 식량과 의복이 무료로 분배되었다. 기독교를 받아들이기 전까지 블라디미르는 여러 명의 여자를 거느리고 있었으나 교회의식에 따라 비잔틴 황녀 안나와 결혼한 후에 일부다처를 거부했다.

블라디미르의 치세 때 사원과 수도원이 루시에서 건축되기 시작했다. 공후는 비잔틴에서 교육받은 성직자들을 초대했고, 교회학교를 개교하여 아들들을 보내도록 반강제로 부모들을 강요했다. 아직 새로운 믿음을 확신하지 못했기 때문에 이런 소년들의 어머니들은 자식들을 죽으로 가는 사람으로 체념했다.

기독교 수용의 의미

기독교를 국교로 채택한 것은 키예프 루시의 장기적인 발전과 루시의 백성들 각각에게도 중대한 영향을 미쳤다. 기독교의 수용은 러시아인의 선조들의 생활과 관습을 바꾸었다. 교회는 슬라브족과 새 종교를 화해시키기 위해 이교적인 축일을 어느 정도 보존했다. 그러나 교회는 제물을 바치는 의식, 일부다처, 혈투, 이혼, 그리고 다른 이교의 관습을 단호히 금지했다. 교회는 가난하고 불쌍한 사람들에 대한 도움을 호소했다.

키예프 루시의 기독교 수용은 문화의 발전, 고대문헌, 건축, 예술의 기념비적인 걸작들의 창조를 촉진시켰다. 고대 러시아 국가의 국제적인 입지도 본질적으로 변화였다. 고대 러시아 국가는 유럽의 기독교 국가군(群)에 끼게 되었다. 비잔틴 제국과의 가장 긴밀한 관계가 확립되었다. 동시에 비잔틴 제국은 키예프 루시에게 가장 강한 영향을 미쳤다.

결 론

블라디미르의 대공의 통치 시대에 고대 루시는 강력해졌다. 기독교의 수용은 루시인들의 관습과 풍습을 변화시켰고 문화의 발전을 촉진시켰다.

Походы русов
Походы Олега
Походы Игоря
Походы Святослава
Походы Владимира
Движения народов
АДЫГИ Племена
МОРДВА Народы, платившие дань хазарам в середине IX в.
Территория Древнерусского государства к концу IX в.
Территория Древнерусского государства на 1054 год
Территории, колонизируемые славянами в X—XI вв.
Граница Древнерусского государства в 1054 г.
Граница первого Болгарского
КИЕВ
Новгород
Ладога
Псков
Изборск
Полоцк
Смоленск
Чернигов
Переяславль
Любеч
Белоозеро
Ростов
Суздаль
Муром
Ярославль
УПСАЛА
Сигтуна
Бирка
ЧЕРНОЕ МОРЕ
(РУССКОЕ МОРЕ)
ВИЗАНТИЙСКАЯ ИМПЕРИЯ
КОНСТАНТИНОПОЛЬ (ЦАРЬГРАД)
ХАЗАРСКИЙ КАГАНАТ
ИТИЛЬ
ПОЛОВЦЫ
БОЛГАРЫ
МОРДВА
БУРТАСЫ
ЯСЫ (АЛАНЫ)
Херсонес (Корсунь)
Сугдея (Сурож)
Тмутаракань
Белгород
Олешье
Доростол
Переяслав
Аркадиополь
Ираклия
Синопа
Берестье
Туров
Владимир
Перемышль
Искоростень
Ужгород
Галич
Сандомир
Краков
Висла
Гданьск
ПРУССЫ
ЛИТВА
ЖМУДЬ
ЕМЬ
СУМЬ
ВОДЬ
ЧУДЬ
СЛОВЕНЕ ИЛЬМЕНСКИЕ
ВЕСЬ
ЧУДЬ ЗАВОЛОЧСКАЯ
КОРЕЛА (КАРЕЛЫ)
ВЯТИЧИ
СЕВЕРЯНЕ
ДРЕГОВИЧИ
ПОЛОЧАНЕ
РАДИМИЧИ
КРИВИЧИ
ПОЛЯНЕ
ДРЕВЛЯНЕ
БЕЛЫЕ ХОРВАТЫ
ПЕЧЕНЕГИ 895-1036
МАДЬЯРЫ
ВОЛОХИ
БОЛГАРИЯ
Шарукань
Саркел (Белая Вежа)
Беленджер
Семендер
Нижний Джулат
Рим-гора
КАСОГИ (АДЫГИ)
Биляр
БУЛГАР
Сувар
ВОЛЖСКАЯ БУЛГАРИЯ
ЧЕРЕМИСЫ (МАРИ)

9~11세기 루시

7. 키예프 루시 국가의 융성

블라디미르 대공의 통치의 종결

기독교의 수용은 모든 러시아 땅을 통합시켰지만 그러한 방대한 영토를 통치하기는 매우 어려웠다. 블라디미르는 자신의 아버지를 본받아 키예프의 대공을 대신하여 통치하도록 러시아의 각 지역으로 자신의 12명의 아들들을 보냈다.

기독교를 받아들인 후에 태어난 **보리스(Борис)**와 **글레프(Глеб)**는 블라디미르가 총애하는 아들들이었다. 블라디미르는 자신의 사후에 보리스가 키예프를 통치하는 것을 원했다. 첫째와 둘째 아들인 **스뱌토폴크(Святополк)**와 **야로슬라프**는 블라디미르의 이러한 의도를 좋아하지 않았다.

노브고로드로 보낸 야로슬라프(Ярослав)가 처음으로 아버지에게 반항했다. 1015년에 그는 키예프에 조공을 받치기를 거절했다. 분노한 블라디미르는 불복한 아들에게 군사원정을 보낼 군대를 모으라고 명령했다. 이에 맞서서 야로슬라프는 바랴그 용병부대에게 도움을 청했다. 1015년 여름에 블라디미르가 죽자말자 부자지간의 충돌은 중단되었다.

블라디미르가 죽었을 때 보리스는 키예프에 없었다. 그는 **페체네그족**과의 전투 중에 있었다. 스뱌토폴크는 키예프 도시민들에게 선물을 나누어 주면서 선동했고, 키예프 주민들은 그를 자신들의 대공으로 선포했다. 그러나 보리스에 대한 키예프인들의 사랑을 알았기 때문에 스뱌토폴크(Святополк)는 보리스와 글레프와의 위엄한 경쟁을 피하기로 결정하고 비밀자객을 보내서 그들을 살해했다. 보리스와 글레프는 나중에 러시아 정교에 의해서 성자들의 화상에 추가되었다. 그때에 스뱌토폴크의 지시에 따라 드레블랸족의 땅을 통치했던 그의 또 다른 동생인 스뱌토슬라프(Святослав)도 살해되었다. 자신의 잔인한 범죄 때문에 스뱌토폴크는 민중들 사이에서 '저주 받은 사람'이라고 불렸다.

키예프 대공의 왕좌를 위한 투쟁

아버지의 죽음과 형제들의 살해 소식을 들은 야로슬라프는 노브고로드 민병대와 바랴그 용병부대를 동원했다. ≪내가 아니라 스뱌토폴크가 형제들을 살해했다. 그래서 정의로운 보리스와 글레프는 죄 없이 피를 흘렸기 때문에 신은 나의 형제들이 흘린 피를 보복할 것이다. 어서 나를 따르라≫라고 야로슬라프는 명령했다. 스뱌토폴크는 루시 전역에서 많은 군대를 모았고 페체네그족의 도움을 청했다. 이렇게 대공간의 전투에서 초원의 유목민들을 이용하는 비극적인 전통이 시작되었다.

키예프와 노브고로드 대공간의 전투는 1016년 늦가을에 작은 도시인 류베츠 근처에서 벌어졌다. 야로슬라프는 처음으로 군대를 이끌고 드네프르강을 건너서 키예프을 공격했다. 스뱌토폴크는 장인인 폴란드 왕 볼레슬라프에게로 도주했다.

폴란드 왕은 자신의 영토를 확장하고 싶었다. 1018년에 그는 스뱌토폴크와 함께 키예프로 군사원정을 가서 야로슬라프 군대를 격파했다. 그러나 키예프를 점령한 후에 폴란드 왕 볼레슬라프는 스뱌토폴크에게 돌려주지 않고 자신이 직접 키예프를 통치했다. 그는 루시 도시 전역으로 흩어져서 조공을 거두어들이도록 자신의 군대에 명령했다. 모욕을 당한 대공은 폴란드인들에 대항하여 봉기하라고 키예프 주민들을 선동했다. 반란이 시작되었다. 폴란드 왕은 대공의 재산과 많은 포로들을 탈취하고 폴란드로 돌아가야 만했다. 스뱌토폴크가 다시 키예프의 대공이 되었다.

1019년 키예프에 조공을 받치기를 원하지 않은 노브고르드인들의 주장에 따라 야로슬라프는 스뱌토폴크에 대한 군사원정을 다시 조직했다. 형제들은 보리스가 살해되었던 알트강에서 만났다. 노브고로드-바랴그 연합군은 스뱌토폴크 부대와 그의 동맹군인 페체네그족을 무찔렀다. 키예프 대공은 전투현장에서 도망쳤고 다시 폴란드에 피신처를 발견하려고 시도했지만 도주 중간에 죽었다.

그러나 이것으로 내분이 끝나지 않았다. 아직 어린 나이일 때에 먼 크무타라칸으로 아버지에 의해서 보내진 막내 동생 므스티슬라프가 야로슬라프와 싸우기 시작했다. 자식이 없는 므스티슬라프가 죽은 1036년에야 겨우 야로슬라프는 키예프의 유일한 통일된 통치자가 되었다.

블라디미르의 아들들 간의 골육상쟁은 키예프 루시의 통일이 평탄치 않았으며, 어떤 지역들은 예전처럼 키예프로부터 독립되어 있기를 원했다는 것을 보여주었다. 블라디미르의 아들들은 이러한 분위기에 휩쓸려서 서로에 대하여 무기를 들었다.

현자 야로슬라프(Ярослав Владимирович Мудрый)의 국내 정책

권력의 도전을 모면(謀免)한 야로슬라프는 조용히 현명하게 자신의 국가를 통치하기 시작했다. 그는 키예프 루시를 강화하는데 목표를 두었고 키예프 루시의 경제와 문화의 발전을 도왔다. 야로슬라프 대공의 통치기(1019~1054)는 고대 러시아 국가의 전성기였다. 대공은 인민들 사이에서 ≪현자(Мудрый)≫라는 별칭으로 불렸다.

야로슬라프는 기독교의 확산을 위해 많은 일을 했다. 그는 새로운 교회들을 건설했고, 교회에 부속된 학교들을 열었고 그리스어로 된 교회서적들을 슬라브어로 번역하도록 장려했다. 그의 치세 하에 안토니이 수도사가 키예프-페체르스키 수도원을 창립했다. 야로슬라프는 글을 읽고 쓸 줄 알았고 교육받은 사람이었다. 그는 외국에서 책을 구입하고 주야로 독서를 했고 성서를 잘 알았다.

국가의 질서 확립을 갈망한 그는 ≪루시의 법전(Русская Правда)≫ 또는 ≪야로슬라프 법전(Правда Ярослава)≫이라 불리는 러시아의 최초의 법전을 편찬했다. 이 법전은 살인, 모독, 사기, 타인의 재산의 절도에 대한 엄격한 형벌을 규정했다. 통일된 법령집의 채택은 고대 러시아 국가의 강화를 위해 중대한 의미를 가졌다.

야로슬라프 동상

야로슬라프 통치기의 국가통치질서

현자 야로슬라프 치세에 고대 러시아 국가 통치의 정확한 규정들은 복잡해졌다. 최고의 권력은 키예프의 대공에게 있었다. 연대기는 야로슬라프를 전체군주로 기술했다. 지금 그는 이미 다른 공후들 중의 첫째가 아니라 나라의 전권을 가진 군주였다. 그는 법전을 편찬했고, 수장 판사였고, 러시아 땅의 수호자였다.

키예프 대공의 자리는 대공의 사후에 연장자 계승의 원칙에 따라 가장 나이가 많은 공후에게 상속되었다. 죽은 대공의 다음 동생이 대공이 될 수 있었고 동생이 없을 때는 장남이 대공자리를 계승했다.

키예프의 대공들은 강력한 군대 즉 친위대를 지휘했다. 그러나 친위대들은 대공이 판결하고, 경제를 관장하고, 다른 국가들과 협상을 하고, 무역을 하는 것을 도왔다. 무엇보다도 주로 군사적 의무를 수행했던 친위대는 대공과 함께 국가를 통치하기 시작했다.

키예프의 대공은 통치에 아들들의 도움을 받았고 그들을 자신을 대신하는 지방수령(наместник)의 자격으로 큰 지역(Волость)으로 보냈다. 지방의 공후들은 자신들의 군대를 소유했고 자신의 공국 내에서 큰 권력을 행사했지만 권력을 자신의 계승자에게 물려준 권한을 가지지 못했다.

도시의 중앙에는 베체(вече: 민회)가 열리는 전통이 보존되었다. 모든 자유민이 참석하는 베체는 금전과 토지에 관련된 문제를 결정했고 법을 토의했다. 베체는 공후의 영입 문제에 개입할 때도 있었다. 확립된 통치 질서에도 불구하고 베체는 어떤 공후를 초빙할 수도 있었고 또는 맘에 들지 않은 공후를 자리에서 물러나라고 지시할 수도 있었다. 베체가 고대 러시아 국가의 군사력의 기반인 민병대를 지휘했기 때문에 공후와 지방의 귀족들은 베체의 의사를 존중하지 않을 수 없었다.

키예프 루시와 다른 국가들 간의 관계

야로슬라프는 자신의 아버지 블라디미르와 할아버지 스뱌토슬라프의 대외정책을 계승했다. 그는 루시의 남쪽 국경을 강화했고 초원지대와의 접경지역에 요새 도시를 건설했다. 1036년에 그는 키예프 근교에서 페체네그 족을 완전히 격멸시켰고 그 후에 유목민족들은 루시의 땅의 침범을 중단했다.

야로슬라프는 영토를 확장했고 북서 국경의 안보를 강화했다. 1030년에 그는 핀-우고르 족이 살았던 추드스코예 호수 연안에 대한 자신의 통제를 확고히 했고 거기에 자신의 세례명을 따서 작명한 유리예프(Юриев) 도시를 건설했다.

1043년에 루시와 비잔틴 제국과의 마지막 군사적 충돌이 일어났다. 야로슬라프는 비잔틴에서의 러시아 상인의 살해에 대한 보복으로 맏아들 블라디미르를 군사원정으로 내보냈다. 군사원정은 실패했다. 러시아 병선들의 일부가 폭풍우로 파괴되었다. 해안으로 도피한 6천 명의 병사들은 육로로 귀환 길에 나섰고 나머지 병사들은 해로로 귀환 중에 있었다. 비잔틴 황제는 추적군을 보냈다. 해전에서 러시아 병사들이 승리했지만 육로로 귀환 길에 올랐던 병사들은 그리스 병사들에 게 포위되어 포로가 되었다. 비잔틴 제국은 루시에게 겁을 주기 위해 많은 루시 병사들을 장님으로 만들어 고국으로 송환했다. 1046년에 비잔틴과 루시는 평화조약을 체결했고, 그 조약은 야로슬라프 아들 프세볼로드(Всеволод)와 비잔틴 황제의 딸 마리야와의 결혼으로 굳건해졌다.

야로슬라프는 황실간의 결혼으로 유럽에서의 루시의 위치를 강화시키고 싶었다. 그자신이 스스로 스웨덴 왕의 딸과 결혼했다. 자신의 누이동생을 폴란드 왕에게 시집보냈고 다른 딸은 헝가리 왕비가 되었다. 세 번째 딸 엘리자베타는 나중에 왕이 된 노르웨이 왕자와 결혼했다. 남편이 죽은 후에 엘리자베타는 덴마크 왕과 재혼했다. 야로슬라프의 궁정에는 한때 영국왕의 왕자들이 산적도 있었다.

결 론

현자 야로슬라프의 통치시대는 고대 러시아 국가의 융성기였다. 그는 내정에 많은 관심을 기우렸고 러시아 법전의 토대를 놓았다. 동시에 현자 야로슬라프는 루시의 국경을 확장하고 강화했으며, 페체네그 족의 침입을 종결시켰고, 국가의 국제적 위상을 강화했다.

8. 키예프 루시의 주민들

키예프 루시 민족의 형성

10세기 말에 모든 동슬라브족은 단일 국가로 통합되었다. 그들은 키예프 대공의 권력에 복종하면서 키예프에게 조공을 바쳤을 뿐만 아니라 국가 전반의 일에 참여해야만 했다. 군사원정을 할 때 키예프의 대공들은 모든 동슬라브족의 땅에서 민병대를 모았다. 그러한 군사원정에서 병사들은 하나의 목표로 단결되었고 그들은 기꺼이 서로가 ≪우리는 같은 루시의 혈통이다≫라는 동료의식을 느꼈다. 그러한 분위기 속에서 그들은 집으로 돌아왔다. 당시 루시에서 영웅이라고 불렸던 가장 용감하고 헌신적인 병사들은 공국의 친위대로 편입되었다.

평화로운 생활 속에서 공동의 일은 모든 슬라브족 거주지의 주민들을 통합시켰다. 많은 부락에서 도끼질 소리가 들렸고 공국의 함대와 상단을 위한 배들이 건조되었다. 그 다음에 그들은 수로로 수도인 키예프로 향했다. 모든 슬라브족의 땅의 거주자들은 키예프 시장에 다녀왔다. 상호간의 의사소통 과정에서 지방언어의 차이가 다듬어졌고, 통일된 고대 루시어가 생성되어 발전되었다.

기독교의 수용과 단일신앙의 믿음은 주민을 통합시켰고, 고대 러시아의 영토에 살았던 주민들을 결집시켰다. 세월의 흐름에 따라서 슬라브족은 자신들을 폴랸족, 드레블랸족, 라디미치족들과 동일시하기를 중단했고 자신들을 하나의 민족으로 생각하기 시작했다. 그래서 고대 루시 민족이 점차적으로 형성되기 시작하였다.

키예프 루시인들의 주요한 계층들

씨족의 상징에 따라 분열되기를 중단한 후에 고대 루시 국가의 모든 주민들은 단일사회를 구성하기 시작했다. 그럼에도 불구하고 고대 루시 사회는 일정한 범주나 국가에서 사람들이 종사하는 일에 따른 계층으로 분열되기 시작했다. 류리크의 후손들인 키예프 대공들이 사회권력의 상층부를 구성했다. 대공들은 친위대에 의존하였다. 친위대는 공후가 위임한 가장 중대한 일들을 수행했던 ≪나이가 많은 귀족≫과 ≪젊은 귀족≫으로 나뉘었다.

기독교 수용과 더불어 특별한 사회계층인 성직자 계층이 등장했다. 콘스탄티노플에서 파견되어 온 대주교가 고대 루시 국가의 교회의 수장이 되었다. 그의 거처는 키예프에 있는 성 소피야 성당이었다. 대주교에 예속된 주교들이 다른 지역의 교회들을 관장했다. 성직자는 백색과 흑색의 옷으로 구분되었다. 도시와 농촌의 교회에서 봉직했던 성직자는 하얀색 옷과 관련이 있었다. 흑색 옷을 입은 성직자는 수도원에서 거주하였다. 수도사들은 속세의 편리함을 거절하여 기도와 노동으로 매우 가난하게 살았다.

사회에 통합된 자영농민들은 고대 루시의 주민 다수를 차지하였다. 도시의 성장 속도에 따라서 주민들의 인구가 증대되었다. 도시가 성장함에 따라 도시주민들의 수도 증대되었다. 도시 내에는 공후, 공후의 친위대, 성직자들 외에 수공업자와 상인들이 정착했다.

토지소유관계

루시 주민들의 주업은 여전히 농업이었다. 토지는 공동체 공동소유였고, 공동체를 구성하는 가족들에게 분배되었다. 이러한 제도 하에서 토지 소유자들과 공동체 구성원들은 경작지 이용의 대가로 조공을 지불해야만 했다. 이러한 방식으로 국가는 점차적으로 토지의 소유권을 강화하였다.

개인적인 소유도 나타나기 시작하였다. 자신의 힘과 권력을 이용하여 대공들은 사회의 공유지를 횡령하거나 자유지를 자신의 소유로 공표했고, 포로들을 공유지에 수용하여 자신들의 일꾼으로 전환시켰다. 대공들은 자신의 소유지 안에 수도원을 건축했고 농지를 조성했다. 여기에는 정원과 야채밭 살림, 마구간, 어장, 사냥터들도 조성되었다. 대공들은 친위대와 교회의 토지 소유에 대해서 불평하기 시작했다. 최초의 세습영지의 소유자들이 등장했다. 아버지로부터 상속받은 세습지주들이 등장했다. 그러나 대공이 토지의 최고위 소유자였고 관리자였다. 그는 세습지주들에게 충성을 요구할 수 있었고, 다양한 과오를 이유로 토지를 몰수하여 그것을 다른 사람에게 양도할 수도 있었다.

토지의 사적 소유의 등장과 함께 종속적인 주민들도 나타나기 시작했다. 루시에서는 홀로프(холов) 또는 첼랴지(челядь)라고 불렸던 노예가 가장 가난하였다. 농노들은 대공과 세습지주의 영지에서 일했다. 사람들은 큰 경제적 어려움이 닥쳤을 때 자신들의 농노를 팔아넘길 수가 있었다.

종속적인 사람들의 다른 범주도 존재했다. 대공을 위한 부역을 담당했던 농촌주민들인 스메르디(Смерды), 대출 받은 돈을 갚는 대신에 자신을 노예로 팔았던 파산한 공동체 주민들인 자쿠피(Закупы)들은 돈을 꾸어준 사람의 밭에서 일을 했다. 자쿠피는 자신이 농사짓기를 계속하여 부채를 갚은 후에는 자유인이 되었다. 계약을 맺고, 정해진 조건에 따라 지주 집에서 살면서 일하기로 동의했던 사람들인 랴도비치(Рядовичи)도 종속된 계층이었다.

농민들의 생활

농촌에서 사람들은 끈질기게 생존을 위해 싸웠다. 그들은 새로운 땅들을 개간하고, 방목하고, 사냥하고 도적 떼와 남쪽의 유목민들로부터 자신들을 보호하였다. 루시에는 이른바 대가족이 매우 넓게 확산되어 있었다. 가족은 다음과 같이 구성되었다. 가족에는 최연장자인 족장, 아이들과 아내를 거느렸던 분가하지 않은 아들들이 있었다. 그들은 공동으로 땅을 경작하였다. 가장은 재산을 분배했고, 가족 구성원 각자의 재산과 운명을 처리했다. 아이들의 교육은 노동이었다.

대략 7세 전후의 소년들은 밭에서 수확하는 것을 배우고 익히기 시작했다. 딸들은 어린 남동생들과 누이들을 돌보고 가사를 도왔고, 실을 뽑아서 마포를 짜고 옷을 재봉하는 것도 배웠다. 농촌에서 사람들은 일손이 매우 중요했기 때문에 일찍 결혼했다. 소녀들은 12살에 이미 시집을 갔다.

저녁에 여자들은 실을 짜고, 남자들은 가구 도구들을 만들었고 발효된 음료와 꿀을 마셨고, 지난날을 회상하며 이야기꾼의 영웅서사시를 들었다. 이교도들의 축제일은 오랫동안 보존되었다. 기독교가 전래된 이후에도 주민들 대부분은 실존하거나 가상적인 인물들의 결합으로 이루어진 슬라브식 이름들을 지녔다. 농부들은 작은집에 살았다. 남쪽 삼림지역에서는 토지가 달린 반지하 집들이 있었고 천장이 지표면 위를 덮고 있는 지붕을 갖은 조그마한 집을 짓고 살았다. 북쪽의 주택들은 통나무 바닥과 사각형 통나무 구조물로 지어졌다. 이러한 이즈바(Изба: 농촌의 통나무 오두막집)들 대부분에는 짚과 돌 등을 섞어 이긴 점토 나 돌로 만들어진 검게 탄 페치카(Печь)가 있었다. 작은 창문들이 등나무 조각이나 두터운 얼린 고기들로 밀쳐져 있었다.

고대 루시의 모든 주민들은 동일하게 옷을 입었다. 남성의복의 주요 요소들은 작업복과 바지밑단이 넓지 않고 복사뼈까지 좁혀지는 아랫도리를 입었다. 농부의 겉옷상의는 좁은 소매로 옷깃이 없고 길게 늘여진 것이 농민외투의 상의였다. 평범한 모피 외투들은 겨울에 입었고, 앞 끝이 날카롭고 두꺼운 펠트 천으로 만든 모자를 쓰고 다녔다. 2m 가량의 좁고 기다란 직물조각으로 다리를 감쌌다. 기존의 것 위에 덧 입혀지는 2m 가량의 발싸개로 다리를 감쌌다.

마포로 만들어진 긴 셔츠가 여성들이 입는 주요복장이었다. 농부의 스커트는 끈으로 묶인 3, 4개의 마포로 만들어졌고, 뜨개질로 짠 모직 스커트로 셔츠와 함께 입었다. 값비싼 천으로 둘러진 가죽이나 느릅나무로 된 고리모양의 장식을 머리에 착용하였다. 결혼한 여자들의 머리는 빽빽하게 짜인 두건으로 장식되었다. 농민들은 비싸진 않은 돌에서 축출한 다양한 장식을 달고 다녔다

도시민들의 생활

도시에는 대공들이 살았고 군대가 주둔했다. 도시 광장에서는 베체(вече: 민회)가 열렸다. 러시아의 크고 작은 도시들을 따라서 무역이 번창했다. 무늬가 각인된 은으로 만들어진 식기들은 태양 속에서 빛이 났다. 국자 병들과 함께 자기들은 나란히 배치되었다. 금, 보석, 유리구슬과 에메랄드가 눈을 즐겁게 했다. 여기에는 가죽공과 대장장이의 수공이 적용되었다.

도시에는 종교적인 생활이 집중되어 있었다. 여기에는 큰 사원들이 건설되었고, 대주교와 주교들이 이곳에 살면서 기독교 기도와 예식을 거행했고, 큰 수도원들이 있었다. 도시는 문화의 중심지였다. 도시에는 학교 안에서 성상을 제작하는 사람들이 살았고, 러시아 예술가들이 비잔틴에서 온 사람들에게서 아이콘을 그리는 것을 배웠고, 사원의 벽화를 프레스코 양식으로 장식하는 기법을 배웠던 학교들이 있었다. 도시가족의 가장은 베체에 참석하여 다양한 책임의 이행과 자신의 가족일원이 저지른 경범에 대하여 변호했다.

대공과 귀족들의 생활

부유한 귀족가정에서는 나름대로의 질서가 있었다. 보통 1살까지 아이들은 유모의 손에서 길러졌고, 5살까지도 애를 돌봐주는 사람에게서 길러졌다. 보통의 소년들은 읽고 쓰기를 5살부터 배우기 시작했다. 고대 러시아 전통에 따르면 왕자의 양육은 그

의 외삼촌이 맡았다. 귀족들은 기독교 성자들의 세례명을 받은 후 관습상 옛날 고대 슬라브의 이름을 부여받기를 계속 하였다. 공후들과 귀족들의 집들은 저택이었고 대체로 몇 개의 복도로 연결된 건물로 구성되어 있었다.

중앙에는 높은 나무로 만들어진 탑 건물인 망루가 있었는데 거기에는 온돌방이 있었고 차가운 석고와 여름침실이 있었다. 망루와 나란히 여름저택과 여름에 사용하는 방이 있었다. 복도와 여름에 사용하는 방을 온실방과 연결시켰다. 부유한 사람들의 저택에는 주인이 자신의 친구들과 연회를 즐겼던 큰 연회실이 있었다.

대공이 사는 저택에서 멀지 않은 곳에는 영주의 관리인 요리사의 집과 마구간과 대장간이 있었나. 여기에는 창고, 곡물 서장소, 무기고, 냉동고, 술 저장고, 야채 저장소가 있었다. 그 안에는 곡식, 고기, 꿀, 포도주, 야채, 식료품들이 저장되었다. 크지 않은 조그마한 별실에는 목욕탕이 있었다. 뜰은 견고한 출입문이 있었고, 나무나 돌로 된 울타리로 둘러졌다.

사냥과 풍요로운 친밀한 연회잔치가 귀족들의 오락이었다. 식탁에는 비싼 그릇이 있었고 은으로 만들어진 수저들도 있었다. 포도주로 채워진 큰 잔들이 둘러져 있었다. 하인들은 고기, 생선, 들새고기 등을 날랐고 여자들은 남자들과 함께 나란히 식탁에 앉았다. 광대와 연주자들이 초대받은 손님들을 즐겁게 해 주었다.

귀족들은 마포와 비단으로 만들어진 상의를 입었고 귀족들의 상의 겉옷은 소매가 없는 넓은 망토위에 가죽으로 장식되고 보석으로 장식된 옷을 입었다. 장화는 금과 실크로 되어 있고 위쪽으로 구부러진 코를 갖은 아름다운 장화를 신었다.

귀족여성의 의복은 견사, 블라우스, 금실로 수놓은 직물과 보석으로 장식된 고가의 모피와 벨벳 망토 같은 비싼 직물로 구별되었다. 아가씨들과 젊은 여성들은 붉은 옷을 선호했다. 그들은 그들의 허리보다 조금 높은 곳에 댕기를 둘러매었다. 예복의 경우 머리에 두건을 장식한다. 그의 두건은 딱딱한 재료로 만들어졌고, 금색의 직물과 진주로 장식되었다. 여자들은 자신들을 금과 은사슬 유리구슬 목걸이 귀걸이 팔찌와 다른 금, 은으로 만든 귀금속 제품으로 꾸미고 에나멜, 진주 터키옥과 보석으로 장식했다.

결 론

고대 루시 국가의 주민들의 관습의 특징은 소수의 지배층과 다수의 일반 대중의 생활양식 간에 본질적인 차이가 생겼다는 것이었다. 빈곤층, 부자들, 귀족들, 종속인들의 등장에도 불구하고 고대 루시의 국가에는 여전히 주민의 대다수는 자유민으로 구성되어 있었다.

9. 키예프 루시 국가 붕괴의 시작

야로슬라프의 아들들의 통치

현자 야로슬라프는 러시아 땅을 자신의 5명의 아들들에게 나눠주었다. 맏아들인 이자슬라프(Изяслав)가 키예프를 몰려 받았다. 대공은 아들들에게 합의하여 화목하게 살고, 맏형을 잘 따르라고 유언했다. 1054년 야로슬라프가 죽은 후 처음으로 그의 아들들이 아버지의 유언에 따라 통치했다. 그들은 ≪야로슬라프 법전≫이라는 새로운 법전을 만들었다. 이 법전은 공국에 대한 음모와 공국의 경제를 관장하는 사람들의 생활에 대한 형벌을 규정해 놓았다.

한편 러시아 남쪽에서는 상황이 긴박해졌다. 호전적인 폴로베츠족(Половецы)이 아시아 내륙에서부터 흑해연안으로 침투해 왔다. 페체네그족을 몰아낸 후에 폴로베츠족은 볼가강과 드네프르강 초원을 차지하고 비잔틴 제국의 요새에까지 다다랐다. 폴로베츠족의 삶에 있어 중요한 것은 다른 유목민들처럼 엄청난 전쟁을 했다는 것이다. 새로운 화살과 칼과 올가미와 창으로 무장한 폴로베츠 전사들은 크게 소리를 지르며 활을 쏘며 질주하고 전장으로 뛰어들어 적들을 물리쳤다. 그렇게 물밀 듯 밀려들어온 그들은 침략한 장소를 불태워 잿더미로 만들었고, 수많은 포로를 데리고 떠났다.

공국의 내분

1068년에 폴로베츠족이 루시를 침략했다. 폴로베츠족은 알트강가에서 루시군을 격파했다. 이쟈슬라프는 남은 패잔병들과 함께 키예프로 돌아왔을 때, 민중들은 베체에 모여서 전투를 계속하기로 결정했다. 키예프 시민들에게 유목민들의 승리는 단순한 땅의 폐허가 아니었고, 자신들과 비잔틴 시장과의 차단을 의미했다. 이쟈슬라프는 군대의 피곤함을 이유로 들며, 의회의 결정을 거절했다. 분노한 군중들은 대공의 거처를 약탈했다. 이쟈슬라프는 자신의 친척인 폴란드 왕이 있는 곳으로 도망쳤다. 곧 폴란드에서 대군을 모아 와서 다시 왕좌를 차지하였다.

한편 현자 야로슬라프의 둘째 아들인 체르니코프의 공후인 **스뱌토슬라프**는 자신들의 땅에 쳐들어온 폴로베츠족을 격퇴함으로써 권력과 인기를 얻었다. 1073년에 스뱌토슬라프는 이쟈슬라프를 왕위에서 몰아내고 키예프를 차지했지만 1076년에 갑자기 죽었다. 얼마 후 다시 이쟈슬라프가 키예프의 대공의 자리를 차지했다. 그의 동생 프세볼로드가 체르니코프를 통치했는데 스뱌토슬라프의 아들들이 체르니코프 땅에 대한 권리를 주장했다. 키예프 대공이 조카들과 싸우는 프세볼로드를 도우러 서둘러 왔다. 1078년 키예프-체르니코프 연합군은 스뱌토슬라프 아들들의 군대와 폴로베츠 연합군을 격퇴했다. 그러나 그 전투 중에 이쟈슬라프는 죽었다. 야로슬라프의 살아남은 유일한 아들인 **프세볼로드(Всéволод Яросла́вич)**가 키예프의 대공이 되었다(1078~1093).

1093년에 프세볼로드가 죽음으로서 야로슬라프의 첫 1세대의 시대는 끝났다. 야로슬라프의 손자인 이쟈슬라프의 아들 스뱌토폴크가 장자계승원칙에 따라 키예프의 대공이 되었다. 1093년에 폴로베츠족이 다시 루시를 침략했다. 스뱌토폴크와 프세볼로드의 아들 블라디미르 모노마흐(Владимир Мономах)의 연합군은 패배를 했다. 폴로베츠인들은 많은 도시와 농촌을 약탈하며 파괴했고, 많은 전쟁 노획물들을 차지했고, 많은 포로들을 데리고 갔다.

프세볼로드

블라디미르 모노마흐

므스티슬라프

류베치의 대공들의 회의

루시는 대공들 간의 분열과 폴로베츠족의 침략 때문에 약해졌다. 1097년 블라디미르 모노마흐의 제안에 따라서 야로슬라프 무드리의 손자들과 증손자들이 류베츠크 도시에서 열린 모임에 참석했다. 그들은 러시아는 폴로베츠족 때문에 파괴되지 않을 것이며 바랴그족과 함께 싸울 것을 맹세했다. 이때부터 대공들은 아버지로부터 물려받은 땅에서 독자적으로 그들 각자가 통치할 것을 합의 했고 또 각자는 자신들의 독특성을 유지했다. 이러한 원칙의 확립이 루시 땅의 분할을 더욱 강화했다. 평화유지에 대한 회의의 결정들과 루시 땅에서의 합의는 깨졌다. 루시는 지역뿐만 아니라 이웃까지도 관련된 새로운 유혈분열이 시작되었다.

그럼에도 불구하고 류베츠크 회의는 **폴로베츠족**에 대항한 루시군의 연합의 토대가 되었다. 폴로베츠 지역의 초원지대와 경계를 이루고 있던 블라디미르 모노마흐가 폴로베츠족 위협과의 전 러시아적인 투쟁을 선도했다. 1111년 봄에 그는 전 루시 군대를 동원하여 폴로베츠족에게 큰 타격을 가했다. 유목민족들의 생존자들은 초원으로 도주했다. 루시 남쪽의 국경지대는 평온하게 지배되었다.

1113년에 키예프의 반란

1113년 4월에 키예프에서 이쟈슬라브의 아들 스뱌토폴크가 갑자기 죽었다. 생존시에 그는 키예프인들의 존경을 받지 못했다. 스뱌토폴크는 배신과 탐욕으로 유명했다. 그의 통치기에는 고리대금업자의 약정서에는 친위대와 평범한 도시민들도 보였다. 그럼에도 불구하고 무서운 친위대는 스뱌토폴크의 아들을 새로운 대공으로 모시기를 원했다. 그러나 키예프의 베체는 귀족들의 의도에 저항했다. 나이든 귀족들은 스뱌토폴크의 아들을 새로운 대공으로 모시기를 원했다. 대중들은 군사령관의 저택을 파괴했고 상인들과 고리대금업자들의 차용증서를 파기했다.

무질서 확산의 위험을 감수 하면서 키예프 귀족들은 블라디미르 모노마흐가 있는 페레야슬라브로 ≪아버지와 할아버지≫ 자리에 오를 것을 간청하는 사절단을 보냈다. 블라디미르 모노마흐는 처음부터 키예프에 대한 권리를 갖지 않을 것을 결정하고 이를 거절했다. 그러나 키예프 주민들은 간청을 포기하지 않은 완강함을 보이면서 이런 말 ≪대공이여 키예프로 오십시오, 오시지 않으면 많은 악행이 행하여 질것

입니다. 군중들이 귀족들과 수도원으로 몰려갈 것입니다. 수도원들이 약탈당하면 대공께서 신에게 책임을 져야 할 것입니다…≫과 함께 두 번째 사절단을 파견했다.

프세볼로드의 아들 블라디미르 대공은 '모노마흐라'는 별칭으로 불리는 비잔틴 황제 콘스탄틴의 손자였다. 그는 대공국의 전통에 따라 3년 동안 대공의 일을 배우기 시작했다. 아버지는 나이에 비해 생각이 깊은 13세 소년을 보내 로스토프-수즈달 공국을 통치하게 했다. 이곳에서 왕자는 크지 않지만 전투를 잘하는 군대를 창설할 수 있었다. 14세 때 그는 야로슬라프의 아들들의 군대의 일원으로서 폴로츠크 공후에 대항한 군사원정에 참여했다. 그러나 승리는 그에게 기쁨을 가져다주지 못했다. ≪이것은 기쁨이 아니고 모든 러시아인에게 슬픔이다. 공후들의 분노와 의나심, 탐욕과 상호 저주 등은 파괴적으로 보였다. 그의 아들들이 죽어 눈 덮인 평원에 누워있다면 그들이 서로를 손으로 죽인다면, 루시는 무엇을 기대하나!≫ 17세의 블라디미르 프세볼로도비치는 스몰렌스크 공후를 부여받았다. 여기서 그는 엄격하지만 현명하고 정의로운 통치자로 군림했고, 부자들의 횡포로부터 주민들을 보호하였다.

키예프에서의 블라디미르 모노마흐의 통치

블라디미르 모노마흐는 60세에 키예프 대공이 되었고, 폴로베츠족에 대항한 군사원정의 제창자이며 지도자였고, 공후들 간의 내분에 반대자로 알려진 현명한 군주였다. 대공이 된 며칠 후에 블라디미르 모노마흐는 루시의 새로운 법률집인 ≪블라디미르 프세볼로도비치의 법령≫을 편찬했다. 새로운 입법은 다양한 채무자들의 상태를 수월하게 해 주었다. 이때부터 로스토프 주민들은 총부채의 20%가 넘는 이자를 요구할 권리를 갖지 못했다. 돈을 벌어 부채를 갚기 위해서 고용인들이 자신의 고용주로부터 떠날 권리를 부여받았다. 그 법령집은 자유로운 사람들을 노예로 만드는 것을 금지했다. 블라디미르 모노마흐는 민중들의 지지를 받으면서 자신에게 거의 모든 대공들을 굴복시켰다. 그는 경범에 대해서 무력으로 보복했다. 모노마흐는 자신의 아들들에게 거대한 도시들인 노보고로드, 스몰렌스크, 로스토프, 수즈달을 나누어 주었다.

블라디미르는 교육을 받은 사람이었고 재능 있는 작가였다. 그는 자신의 아이들뿐만 아니라 후계자들을 위한 ≪교훈서≫를 남겼다. 교훈서에서 그는 자신의 인생행로에 관해 말했고, 다른 사람들과의 관계에서 처신하는 법, 사람의 인생에 있어서 중요한 것에 대한 자신의 견해를 기술했다. 1125년에 그가 죽은 후에 모노마흐의 권위덕분에 그의 맏아들 므스티슬라프(Мстислав, 1125~1132)가 키예프의 대공이 되었다. 그 자리에 대한 다른 경쟁자들이 존재했지만, 맏아들 므스티슬라프가 키예프대공이 되었다. 므스티슬라프는 자신의 아버지의 과업을 계속했고 공후들 간의 내분을 내버려두지 않기를 갈망했다. 블라디미르 모노마흐 대공과 그의 아들 **므스티슬라프**의 통치는 통일된 고대 루시 국가의 재건시기가 되었다. 그러나 므스티슬라프가 죽은 후에 다시 공후들 간의 분쟁이 시작되었다.

결 론

공후들 간의 내분은 루시의 분열의 시작이 되었다. 블라디미르 모노마흐는 통일 고대 루시 국가의 마지막 통치자였다.

10. 9~12세기 초까지의 루시 문화

키예프 루시 문화의 특징

키예프 루시의 사람들은 곡식을 파종했고, 상업을 했고, 전투를 했다. 그들은 웅장한 사원들을 건축했고, 사원의 벽을 예술적 지도로 장식하고, 아름다운 귀금속물을 제작하고, 노래를 작곡했으며 이야기와 시를 창작했고, 도서들을 모았고, 학교를 열었고, 주위의 세계와 자연에 관한 지식을 축적하였고 문화를 창조했다.

고대 루시 문화는 빈 공간에서 등장한 것은 아니었다. 그 토대는 풍부한 동슬라브족의 문화유산인 신화와 전설, 나무와 돌로 만든 전통, 고대 대장장이의 기술 등이었다. 기억할 수 없는 오랜 옛날부터 루시에는 구전민중작품들이 발전했다. 사람들은 노래와 이야기와 무용담들을 입으로 전했다. 게다가 고대 루시 문화는 루시 주위의 민족들인 하자르, 불가르, 페체네그족, 폴로베츠족 등의 문화적 업적을 받아 들였다.

비잔틴은 특히 루시가 기독교를 받아들인 이후에 고대 루시 문화에 큰 영향을 끼쳤다. 교회건축, 성상과 벽화를 창조하기 위해 장인들이 콘스탄티노플에서 초빙되었다. 복음서도 수입되었다. 비잔틴제국과의 긴밀한 접촉 덕분에 루시는 몇 세기에 걸친 기독교 문화를 알게 되었다. 그러나 고대 루시의 장인들은 비잔틴 출신의 스승들을 맹목적으로 모방하지 않았다. 자신들의 작품을 창작할 때 그들은 작품 속에 루시 민중들의 마음과 희망을 표현하기를 원했다. 고대 루시 예술의 주요한 동기는 애국심과 외적에 대항하는 민중들의 단합된 힘에 대한 요구였다.

문헌과 문자

키릴과 메포지

슬라브족은 기독교를 받아들이기 전까지 자체의 문지를 갖고 있지 않았다. 비잔틴 성직자들인 **키릴과 메포지**가 기독교를 받아들이기 전에 동 · 서 · 남 슬라브족이 사용했던 알파벳을 바탕으로 슬라브 알파벳을 창안했다. 9세기 후반에 키릴과 메포지가 창안한 슬라브 문자는 10세기에 러시아에 보급되었다.

루시의 기독교 수용은 문자와 기록의 발전에 강력한 영향을 미쳤다. 블라디미르 시대부터 교회의 학자들인 비잔틴과 불가리아 번역가들이 루시에 오기 시작했다. 교회와 수도원에서 학교가 열렸다. 강의가 모국어로 진행되었다. 학교에서는 읽고 쓰는 것을 기독교적인 교리와 관점에서 진행하였다. 야로슬라프 무드리이와 그의 아들들의 통치기간에 그리스어와 불가리아어의 많은 책들이 번역되었다. 9세기에 루시에서 읽고 쓸 줄 아는 사람들은 많은 나라에서 인기 있는 작품인 ≪알렉산드리아≫를 만족스럽게 읽었는데, 그 작품 속에서는 마케도니아 알렉산드르 대왕의 공훈에 관한 전설과 구비문학들이 모아져 있었다.

최초의 루시어 서적들이 손으로 복사되었고 매우 비쌌다. 그들은 특별히 쪼개진 송아지 가죽으로 만들어졌다. 그 책안의 문자들은 꼼꼼하게 엄격한 규칙에 따라서 쓰였다. 책은 우아하게 축소된 것으로 장식되어졌다. 가장 부유한 사람들만이 책의 주문자가 될 수 있었다.

그럼에도 불구하고 루시에는 도시주민들 사이에 글을 읽고 쓰는 사람들이 많았다. 11세기부터 키예프에 여자 수도원과 부속학교가 생긴 이후에 소녀들도 읽고 쓰는 것을 배우기 시작했다. 사람들은 정보들을 교환했고 서로에게 편지를 썼다. 종이 대신에 자작나무 껍질로 만들어진 종이를 대신 이용하였다.

문 학

11세기에 루시에는 필사된 작품들이 나타났고 고대 루시 문학이 태동하기 시작했다. 연대기는 첫 문학작품이었다. 가장 오래된 연대기인 ≪연대 이야기(Повесть временных лет)≫는 약 1113년에 키예프-페체르스크의 수도원의 수도사 **네스토르**에 의해서 쓰였다. 자신의 조상들의 작품과 러시아와 비잔틴 간의 조약서류들을 이용해서 역사적 사건들의 광범위한 장면들을 재현했다. 자신의 연대기의 첫 장에서 그는 다음과 같은 문제를 제기했다. 루시 땅은 어디에서부터 왔고 누가 키예프 첫 공국을 시작하였나? 이러한 질문에 답하면서 키예프를 중심으로 한 고대 루시 국가의 수립, 첫 키예프 대공들의 활동, 루시와 다른 국가들과 다른 민족들과의 관계 등에 대해서 서술했다.

네스토르의 연대기에서 우리들은 동슬라브족이 어디서 흩어져 살았고, 무엇을 해서 먹고 살았고, 류리크가 슬라브족의 땅에 온 경위, 올레그가 키예프를 정복한 경위, 이고리와 드레블랸족과의 불화가 생긴 경위, 올가가 남편의 살해에 대해서 어떻게 복수했는가 등을 알 수 있었다. 그는 대공들의 군사원정, 블라디미르의 종교의 선택, 수도원의 조직, 새로운 사원의 설립, 학교의 개교, 종교적 분쟁 등에 대해서 서술하였다. 그 **연대기** 작가는 공후들 간의 내분과 유혈분쟁을 논의했다. ≪연대의 이야기≫의 근본적 아이디어는 러시아 땅의 통일을 바라는 갈망이었다.

고대 루시에서는 연대기뿐만 아니라 다른 문학 장르의 작품들이 창작되었다. 네스토르는 정교에 의해서 성자들의 대열에 오른 사람들의 생활을 문학적으로 묘사하는 전기의 최초의 작가 중의 한 사람이었다. 이러한 작품에서 생존 당시에 성자들이 일으키고 그들의 사후에 일어난 다양한 기적에 대해서 서술되었다. 네스토르는 보리스와 글레프의 생애를 처음으로 묘사했다.

비잔틴 출신이 아닌 루시 태생의 최초의 대주교 이라리온은 고대 루시의 가장 위대한 문학가였다. 그는 우아하고 교훈적인 설교의 형식으로 일련의 작품들을 창작했다.

건축과 미술

농민들의 오두막집, 공후와 귀족들의 성채, 도시의 요새들이 나무로 지어졌다. 고대 루시 목조 건축은 나름대로의 고유한 전통을 가졌다. 보통 귀족들의 저택은 다층이었고 탑과 망루로 장식되었다. 본채에는 많은 부속건물인 창고, 복도, 그리고 현관 등이 붙어 있었다. 목재건축의 많은 요소들이 정교한 조각으로 장식되었다.

루시에 기독교가 전래된 후에 석조 사원들이 건축되기 시작했다. 루시 건축가들은 석조 건축물을 지어본 경험이 없었기 때문에 최초의 석조 건축물은 초빙된 비잔틴 석공들에 의해서 건축되었다. 989년에 블라디미르 대공은 키예프에 성모승천제를 기념하는 이른바 **십일조 교회**를 세웠다. 블라디미르는 교회 건축에 자신의 수입의 10분의 1를 받쳤다. 이 교회는 자연석이 삽입된 두꺼운 벽돌로 세워진 몇 개의 둥근 지붕을 가졌고 대리석 조각으로 화려하게 장식된 장엄한 건축물이었다.

십일조 교회를 포함한 최초의 러시아 교회들은 비잔틴 건축 전통에 일치하여 그리스 장인들에 의해서 건축되었다. 현자 야로슬라프 시대에 키예프에 건축된 **소피야 성당**은 슬라브와 비잔틴 특징이 혼합되어 있었다. 중앙의 지붕이 거의 밑에 배치된 4개의 중간 지붕과 그 밑에 8개의 작은 지붕으로 둘러싸였다. 이와 같이 하나의 지붕의 비잔틴 사원은 루시 건축물에서는 전통적인 다 지붕 피라미드로 전환되었다. 소피야 대성당의 내부 장식은 우아함과 풍요로움으로 두드러진다. 벽은 프레스코화(회반죽과 물감으로 묘사된 지도)들로 장식되었다. 중앙의 지붕은 다채로운 색깔의 모자이크와 회색 반죽으로 밀어 넣어진 유리모양의 작은 돌들로 장식되었다. 프레스코 화와 모자이크들은 화려함과 예술적인 톤으로 두드러진다. 그 위에는 교회적인 소재들뿐만 아니라 일상의 세속적인 생활들을 묘사한 지도들인 가장한 사람들의 싸움, 곰사냥 등을 묘사한 지도들이 그려져 있었다. 현자 야로슬라프의 가족들을 묘사한 프레스코화가 특별한 흥미를 제공한다.

12세기에 폴로스크, 체르니코프, 비시고로드, 노브고로드에 성당들이 건설되기 시작했다. 노브고로드에 있는 소피야 성당이 가장 걸작으로 보인다. 이 성당은 키예프의 것보다 더 오래되었고, 반듯하고 균형 있게 배치된 5개의 지붕만이 있다. 단단한 벽은 석회암으로 되어 있다. 성당 내부에는 화려한 모자이크는 없고 표백되지 않은 조요한 프레스코화만이 있다. 소피야 성당은 대(大)노브고로드의 상징이 되었다. 소피야 성당이 건축된 후에 노브고로드 건축은 독특한 특색인 장식이 없고, 엄격하고 장엄한 형태를 취하기 시작했다. 고대 루시의 성당은 여러 가지 형태의 기술의 결집체였다. 아이콘, 프레스코 화, 모자이크, 장엄한 예배, 그리고 성가가 놀라운 조화를 이루었다.

키예프의 성 소피야 성당

노브고로드 성 소피야성당

예술적인 수공업

고대 루시는 숙련된 수공업자로 유명했다. 많은 나라들의 병사들이 고대 루시 장인들이 제작한 무기들인 창, 칼, 방패, 금속판으로 만들어진 방호복인 갑옷 등의 품질을 높게 평가했다. 귀중한 금속과 돌을 가공하는 장인들인 보석공과 귀중한 장식을 입혀서 금과 은 그릇 들을 제조하는 금속공들의 기술은 높은 수준으로 유명했다. 팔찌, 귀걸이, 반지, 목걸이 같은 장식물의 제작을 위해서 매우 복잡한 기술이 이용되었다. 예를 들면 다양한 기술의 하나는 주사위였다. 제품의 상단에 작은 구슬과 곡물 낟알로 구성된 무늬가 입혀졌다. 다음과 같은 세밀한 공정이 적용되었다. 금속상단에도 입혀진 두터운 금이나 은실이 무늬와 지도 위에도 입혀졌다. 세공은 유약과 결합되었다. 칸막이 사이에는 다양한 색채의 유약이 채워졌다.

결 론

키예프 루시 국가는 높은 수준의 문화발전으로 주목을 받았다. 키예프 루시는 비잔틴과 다른 이웃 나라들의 문화적 업적들을 창조적으로 변형시켜서 독창적인 문화 전통을 형성했다. 키예프 루시 문화는 세계문화의 고유한 부분이 되었다.

제3장
12~13세기 중엽의 루시의 영토와 공국들

11. 루시 땅의 분열

키예프 루시 국가붕괴의 경제적 원인들

1132년에 블라디미르 모노마흐의 아들 므스티슬라프가 죽었다. 그가 죽은 후에 어느 루시의 연대기 편찬자가 비통한 표현인 ≪모든 러시아가 분열되었다≫로 기술했던 시대가 왔다. 블라디미르 모노마흐의 후손들 사이의 내란은 12세기 중엽에 키예프 루시 국가가 몇 개의 독립된 공국으로의 분열을 초래했다.

공후들 간의 내분 뒤에는 같은 시대에 서유럽처럼 루시에 분열의 시대를 초래했던 더 깊은 원인들이 숨겨져 있었다. 키예프 루시 국가의 붕괴의 경제적 · 정치적 원인들이 존재했다. 토지의 소유제도가 바뀌었다. 공후들은 자신이 직접 토지를 습득했을 뿐만 아니라, 토지를 자신의 나이 많은 친위대원들에게 분배하였다. 예속된 땅에서 거두어들이는 조공과 전쟁노획물의 분배가 아니라 세습 영지에 거주하는 농민들의 착취가 귀족들의 부의 토대가 되었다. 이것은 새로운 공후 자리로 옮기지 않고 자신의 공국을 강화하도록 하면서 공후들을 소극적으로 만들었다. 게다가 공후들과 친위병들은 해외무역으로 부강해질 기회를 잃었다. 이것은 폴로베츠 족의 침입과 유럽과 비잔틴 제국 사이의 무역로가 지중해로 옮겨감으로서 발생한 ≪뱌라그족들에서 그리스인들≫로 통하는 무역로의 쇠퇴와 관계가 있다.

대 귀족의 세습영지들은 농민 공동체처럼 자연적인 성격을 띠었다. 여기서 모든 생필품들이 생산되었다. 고대 루시 국가의 여러 지역 간의 무역은 약간 발전했지만, 비정규적인 성격이었다. 실물경제를 통제하는 조건에서 각 거대한 지역은 경제를 독자적으로 발전시킬 수 있었다. 키예프 루시 국가의 붕괴의 정치적 원인들 분열의 원인들은 고대 러시아국가의 통치제도 내에 숨겨져 있었다. 루시의 각 지역에서는 베체가 소집되었고, 스스로 선출된 권력기관과 자체의 민병대가 있었다. 그렇기 때문에 키예프 대공의 임명자 자격으로 여기에 온 대공의 아들들은 자신을 독립된 통치자로 느끼기 시작했고, 예전에 씨족장들이 갈망한 것처럼 키예프로부터 독립되기를 갈망하였다. 이러한 분위기는 키예프의 대리인이 아니라 자신들의 이익을 보호해주는 자기들의 공후를 가지기를 바라는 도시의 주민들의 지지로 강화되었다.

이를 제외하고도, 고대 루시 국가에는 확고하고 명확한 키예프 대공의 승계절차가 없었다. 연장자 우선 원칙이 이미 야로슬라프의 2대와 3대에 복잡해지고 혼란스러워졌다. 특히 해결 불가능한 문제가 생겼다. 누가 상위의 특권을 갖는가? 대공의 동생 또는 장남? 그러기 때문에 전쟁으로 비화된 공후들 간의 분쟁이 그렇게 자주 일어났던 것이다. 공후들은 한정된 영토 위에서 자신의 권력을 강화하고, 그것을 자신들의 아들들에게 물려주는 것을 생각하기 시작했고, 키예프 대공자리를 차지하기 위한 싸움에 힘과 수단을 쓸데없이 낭비하려 하지 않았다.

루시와 유목민들과의 관계

공후들의 내분은 루시의 방위력을 분산시켰다. 블라디미르 모노마흐에 의해 격퇴되었던 폴로베츠족이 다시 루시의 남쪽 국경을 침범하기 시작했다. 그때에 폴로베츠족 군대들이 항상 러시아 땅을 먼저 공격했던 것은 아니었다. 러시아 공후들은 자신들 사이의 싸움에 폴로베츠의 기병대를 고용하였다. 이러한 고용의 대가로서 러시아 공후들은 폴로베츠 군대에게 월급을 지불하지 않고 탈취한 러시아 도시의 약탈을 그들에게 허용했다. 공후들은 자신들의 경쟁자들과의 전투에서 폴로베츠족 왕의 지원을 얻기 위해 그를 자신들의 딸과 누이와 결혼시키려고 했다.

특히, 키예프의 땅은 내란으로 유달리 고통을 받았다. 폴로베츠족의 침략이 있은 후에 키예프 땅은 황폐한 모습으로 변했다. 태워진 모든 마을이 연기를 내며 탔다. 버려진 경작지들이 없어지고 풀과 숲이 무성해졌다. 가축 떼가 죽은 곳에서 야생동물들이 뒤적거렸다. 드네프르강을 오르내리는 상인들의 이동은 중지되었다. 사람들이 겁에 질려 도망가는 장소가 되었다. 키예프는 자신의 상업 중심지로의 큰 가치와 도시의 풍요로움을 잃었다. 키예프는 이제 공후들에게 매력 있는 땅이 아니었다. 새로운 도시들이 등장했다. 이러한 도시들은 부강해졌고, 키예프에 더 이상 종속되길 원하지 않았다.

12-13세기초 키예프 루시

키예프 루시의 분열기의 공후들의 통치

12세기 중엽 루시는 15개 자치 공국들로 분열되었다. 그 중 큰 공국들은 키예프, 노브고르드, 체르니코프, 갈리츠코-볼린스크, 블라디미르-수즈달, 팔로츠, 스몰렌스크 공국 등이었다. 각각의 독립 공국들이 다시 분열되었기 때문에 독립공국의 수는 항상 변했다.

각각의 공국에는 몇몇을 제외하고는, 나름대로의 고유한 공후의 왕조가 있었다. 자체의 군대, 화폐, 길이와 무게의 척도 등이 있었고, 독자적인 외교정책을 실현하였다. 특히 강력한 공후들은 자신들을 대공이라 명명하기 시작했다. 큰 공국의 영역 내에서 상속된 영지들(уделы)이 등장했다.

대공들 간의 관계는 그 당시 현존하는 관습과 그들 간에 체결된 합의로 규정되었다. 그리고 내란이 끝나지 않았지만, 내란에 참여하는 사람들의 목적은 통일 국가 시절과는 이미 달랐다. 나라 전체에서 권력을 잡지 않고, 자신의 공국을 강화하고, 이웃 공국을 희생하여 자신의 공국의 국경을 확대하는 것이 공후들의 목적이 되었다. 세습 공후들은 자신들의 일시적인 점령지보다는 자신 소유의 땅의 기반시설의 확충에 훨씬 많은 관심을 가지게 되었다. 그들은 기꺼이 도시와 사원을 건설했고, 자신의 영지에 농민들, 수공업자들, 상인들을 끌어들였다.

루시 통일의 이념

키예프 루시 국가의 분열은 통일된 루시 땅의 개념의 소멸을 초래하지 못했다. 통일된 고대 루시 민족을 구성하고 있었던 사람들이 모든 공국들과 땅에 흩어져 살고 있었다. 그들은 하나의 언어로 말하고, 같은 종교를 신봉했다. 키예프에는 예전과 같이 대주교가 살았고, 여기서 그는 모든 교회신자들을 지도했다. 교회는 루시의 통일을 지지하는 설교를 했고, 내전을 비난했고, 공후들 사이에 화해를 시도했다. 자체의 독립에도 불구하고, 공국들은 야로슬라프, 그의 아들들, 블라디미르 모노마흐에 의해 발령된 법률에 따라 살기를 계속했다.

언제가 통일될 루시 땅에 대한 소속감은 분명하게 루시의 이웃인 초원지대의 **폴로베츠족**에서 생긴 외부의 위협이 첨예한 시대에 특히 분명하게 나타났다. 분열의 시기에 창작된 속담과 영웅 서사시들은 통일에 대한 민중의 염원의 표현들이었다. 특히,

작가가 알려지지 않은 작품인 ≪**이고리 원정기**≫에서 이런 주제가 가장 감명 깊게 들렸다. 그 작품은 1185년 봄에 스뱌토슬라프의 아들인 노브고로드-세베르스크 공후 이고리가 폴로베츠에 대한 군사원정에 실패한 사건을 주제로 한 것이었다.

그러나 이러한 군사원정의 묘사가 작가의 목적은 아니었으며 러시아 땅의 운명에 대한 작가의 숙고에 대한 실마리가 된다. 시적인 묘사의 윤곽을 통하여 명백하게 이 시대를 위한 중요한 질문들이 투영되었다. 왜 이고리 공후는 패배했는가? 왜 2세기에 걸친 투쟁에서 루시가 초원지대에서는 승리했고, 최후의 순간에 패배했는가? 저자는 루시 민중의 고통의 중요한 원인으로 다음과 같이 언급했다. ≪틀림없이 내란 때문에 폴로베츠 땅으로부터 강압이 시작되었다≫. 작가는 러시아 공후들에게 열정적으로 분열을 중지하도록 요구했다. ≪더 이상 칼을 들지 말고, 칼을 거두어 칼집에 집어넣으세요, 왜냐하면 이미 선조의 명예를 상실 했으니까요≫. 작가는 러시아가 통일국가였고 적들을 물리쳤던 블라디미르, 현자 야로슬라프, 블라디미르 모노마흐 시대를 본보기로 공후들에게 제시했다.

분열의 결과

통일국가의 분열은 루시의 붕괴를 초래하지 않았다. 루시는 경제의 상당한 발달과 문화의 향상의 시기를 겪었다. 새로운 땅들이 습득되었고, 새로운 도시들이 건설되었다. 그러한 많은 도시들이 거대한 수공업, 상업, 문화의 중심지로 변했다. 토지의 세습적 소유가 더욱 더 빠른 속도로 증대되었다.

같은 시기에 공후들 사이에서 패권, 토지소유, 농민들과 수공업자들을 차지하기 위한 소유와 우선을 위한 투쟁이 벌어졌다. 이것은 외적에 대항하기 위한 모든 군사력의 결집을 방해했고 나라를 약화시켰던 항시적인 내전을 초래했다.

결 론

12세기 중엽의 고대 루시 국가의 분열은 경제적 · 정치적 원인 때문에 자연스럽게 일어났다. 그러나 루시가 분리된 독립된 공국들로 분열되었음도 불구하고 통일된 루시 땅에 대한 염원은 민중의 의식 속에 지속되었다.

12. 블라디미르-수즈달 공국

북동 루시 땅의 정복

오카강과 볼가강 상류 사이에 펼쳐진 땅인 북동 루시는 오랜 기간 고대 루시 국가의 가장 중요한 변방지역 중의 하나였다. 그 변경 지역은 많은 삼림이 있었다. 그래서 잘레스크(Залесск: 삼림 너머 지역)라 불렸다. 통과할 수 없는, 울창한 그 밀림지역은 적의 침략을 모면시켜 주었다. 숲의 중앙에는 농사짓기 좋은 땅이 있었다.

변경지역의 동쪽에는 **핀-우고르 족**의 조상들이 살았고, 서쪽에는 동 발트족이 살았다. 9c 말에 이곳에 최초의 슬라브족 이주자들이 나타났다. 동슬라브족은 소규모 집단으로 이곳으로 이주해와 점차적으로 잘레스크 변경지역에 거주했다.

12세기 중엽부터 슬라브족의 이주는 급격히 늘어났다. 불행과 폴로베츠족의 침략을 피해서 평화로운 농민들은 루시의 남서지역에서 이쪽으로 이주해 왔다. 그들은 북쪽 숲속에서 전쟁 노획물이 아니라 농업과 채취를 위한 안전한 장소를 찾았다. 그렇기 때문에 그들은 매우 평화롭게 현지 주민들과 어울렸다. 게다가 변경지역에는 언어, 관습, 민간신앙 등을 서로에게서 많은 것을 차용하는 다양한 민족의 혼합이 일어났다.

주민들은 농업, 목축, 어로, 소금추출, 벌꿀채집 등에 종사했다. 도시와 농촌에서 수공업의 발달이 있었다. 최초로 뱌티치(Вятичи: 동슬라브족의 부족 중의 하나)족의 중심지로 건설된 **로스토프**가 그 지역의 수도가 되었다. 두 번째 중요도시는 수즈달이었다. 그렇기 때문에 북동 루시는 로스토프-수즈달 땅이라 불렸다.

북동지역 공국들의 특징

북동지역의 슬라브족을 확인하는 과정은 하나의 중대한 특징을 갖는다. 옛 중심지역들인 드네프르강 연안이나 노브고르드에는 동슬라브족이 이주하여 정착한 후에 공국이 생겼지만, 러시아 북동지역은 이미 존재했던 공국들의 주도로 습득되었다. 이렇게 변경지역에 가장 오래된 도시인 로스토프와 수즈달과 함께 야로슬라프 무드리이가 세운 **야로슬라블**과 블라디미르 모노마흐가 세운 클랴즈마강 연안의 **블라디미**

르가 있었다. 그렇기 때문에 공후들은 첫째, 변경의 땅을 자신 소유로 선포하고, 두 번째로 자신의 친위대와 교회에 그것을 나누어 주었고, 세 번째로는 주민들의 정치·경제적 권리를 제한하는 기회를 가졌다.

그 결과로 북동지역의 공후들은 자신의 공국에서 가장 큰 토지 소유자와 전제군주가 되었다. 공국의 수입의 잉여 부분은 해외무역이나 군사원정이 아니고 개인 땅의 착취에서 나왔기 때문에 개인 소유지의 확대가 북동지역의 공후들의 주요한 목적이 되었다.

유리 돌고루키 대공(**Князь Юрий Долгорукий**)

야로슬라프 무드리이의 의지에 따라서 **로스토프-수즈달** 땅은 그의 막내아들 프세볼로드의 손에 들어갔다. 나중에 이 지역을 그의 후손인 블라디미르 모노마흐와 후에 그의 아들 **유리 돌고루키**(1125~1157)가 지배했다. 유리 돌고루키는 먼 북동변경 지역에서 루시의 여러 방향의 변경지역으로 영토를 확장하려는 소망 때문에 ≪손을 뻗치다≫라는 별명을 얻었다. 공후들 간의 내분에 적극적으로 참여하면서, 그는 로스토프-수즈달 땅을 방대한 독립 공국으로 전환시켰고, 현지의 공국의 창립자가 되었다. 그는 볼가 불가리아를 정복하고, 볼가강 연안의 땅을 차지하고, 무롬과 랴잔을 복속시켰다. 또한 그는 변경지역에 새로운 도시들인 폴리스크, 드미트로프, 즈베니고로드, 페레야슬라블 등을 건설하였다.

모스크바에 대한 최초의 연대기적 기술은 유리 돌고루키의 이름과 관련이 있다. 1147년에 그는 이곳에서 자신의 동맹자인 북쪽의 노브고로드 공후와 연회를 열었다. 크지 않은 거주지로서의 모스크바는 10세기에 이미 건설된 것으로 가정된다. 모스크바는 네글리나야강이 모스크바강으로 흘러 들어가는 곳에 펼쳐져 있는 조그만 도시였다(모스크바강 연안의 언덕에 부유한 귀족이 살았던 성이 있는 쿠추코보란 마을이 있었다). 1156년에 유리 돌고루키는 **쿠츠코보(Кучково)**마을에 요새

유리 돌고루키 동상

도시를 건설하도록 명령했고 모스크바로 부르게 했다.

키예프의 대공자리가 돌고루키의 귀중한 목표였다. 알려진 대로 전통에 따라 키예프의 공후가 대공으로서 간주되었다. 돌고루키는 두 번이나 키예프를 점령했다. 1155년부터 그는 고대 루시의 수도를 떠나지 않았고, 동시에 로스토프-수즈달 공후의 자리에 머물렀다. 그러나 그는 키예프 주민들과의 유대 관계를 형성할 수 없었다. 키예프의 주민들은 유리 돌고루키가 무력으로 키예프의 대공의 자리를 차지하고, 수즈달 출신들에게 모든 중대한 직무들을 분배하는 것을 용서할 수 없었다. 수즈달인들은 자신들의 상황에 대한 일시적인 불안정을 느끼면서 도시에 대해서가 아니라 자신들의 욕심을 채우는 데만 열성을 다했다.

1157년 거대한 체격과 강한 건강으로 유명했던 유리 돌고루키는 여러 번의 연회를 치른 후에 갑자기 발병하여 5일 후에 죽었다. 대공은 다름이 아니라 독살되었다. 어쨌든, 유리의 죽음 후에 즉시 키예프 주민들은 대공의 궁전을 약탈했고, 많은 수즈달인들을 살해했다.

안드레이 보골류프스키(Андрей Богоюбский)

1157년에 유리 돌고루키의 아들 안드레이가 로스토프-수즈달 공국의 공후에 올랐다(1157~1174). 생존 시에 유리 돌고루키는 그에게 새로 생긴 도시인 클랴즈마강 연안의 **블라디미르**를 나누어 주었고, 거기서 안드레이는 유년시절과 청년시절을 보냈다. 키예프에서 머무를 때 유리 돌고루키는 안드레이에게 비시고로드로 옮기라고 지시했다. 그러나 안드레이는 아버지의 의지를 수행하지 않고, 자신이 좋아하는 블라디미르로 떠났다.

키예프에서 북쪽으로 떠난 안드레이는 자신과 함께 키예프의 성물인 성모마리아 성상을 가지고 갔다. 연대기 작가가 서술한 것처럼, 말과 성상을 실은 짐마차가 블라디미르 외곽에 머물렀으며 어떠한 힘도 그들을 그 장소에서 움직일 수가 없었다. 공후는 들판에서 밤을 지새워야만 했다. 성모가 출현하여 안드레이에게 보이는 장소에 교회를 세우길 요구해서, 블라디미르에 성상을 남기고 갔다. 공후는 큰 소상이 조각된 하얀 돌로 궁전을 건설했다.

그의 새로운 저택은 보골류보보(Боголюбово: 신의 사랑)라고 불렸고, 대공 자신이 ≪보골류보스키≫라는 별명을 받았다. 블라디미르는 안드레이의 영토의 수도가 되었다.

그때부터 북동 루시는 주요한 도시들의 이름을 따라서 블라디미르-수즈달 공국으로 불려졌다. 1169년에 안드레이 보골류보스키는 키예프로 군사원정대를 조직했다. 키예프 도시는 습격을 받았고, 약탈당하고, 불태워졌다. 많은 키예프인들이 포로로 끌려갔다. 그 당시 루시에서는 다른 도시에서만 그러한 일이 일어났다. 그러나 안드레이는 키예프에 머물지 않았다. 그는 자신의 친척들 중에 한사람을 거기에 정착시켰고, 자신은 블라디미르로 돌아왔다. 그래서 블라디미르-수즈달 대공은 고대의 수도에 관심을 가지지 않았다. 그는 도시에 이르는 교역로를 차단시키고, 그들의 빵을 빼앗았기 때문에 거만한 노브고로드인들을 굴복시킬 수 있었다. 안드레이는 자신의 군대를 볼가강 유역의 불가리아 공국으로 보냈다.

보골류보스키의 중요한 목적은 블라디미르-수즈달 공국의 강화와 성장, 발전이었다. 키예프와 노브고로드 인들의 성소피야 숭배와 대조적으로 그는 블라디미르의 성상이자 공국의 하늘의 수호자인 성모 마리아를 숭배했다. 그의 수도가 키예프에 뒤지지 않기를 바라는 안드레이는 블라디미르에 새로운 요새를 건설하고 키예프 양식을 따른 금을 입힌 문을 가진 교회들과 장엄한 석조 사원들을 건설했다.

그러나 머지않아서 사람들은 보골류보스키의 정책에 불만을 표현하기 시작했다. 건축 사업에는 비용이 많이 들어서 주민들로부터 무거운 세금징수를 유발했다. 자신의 세습영지를 차지한 귀족들은 대공의 군사원정에 참여하길 원치 않았다. 쿠츠코보 출신의 귀족들이 안드레이에 대한 음모를 주도했다. 그들은 안드레이의 침실을 습격해서 그를 칼로 참살했다. 살해 다음날 보골류보프의 주민들이 봉기하였다. 귀족의 집들이 약탈당했고, 공국의 관리들이 살해되었다.

거대한 거주지 프세볼로드

안드레이 보골류보스키가 죽은 후 내란이 발발해서 1년을 넘게 지속되었고, 결국 안드레이의 동생 프세볼로드 유리예비치(1176~1212)가 공후에 올랐다. 그는 많은 아들이 있었고, 거대한 거주지라는 별명을 얻었다. 프세볼로드는 형의 과업을 지속했다. 안드레이의 모델을 따르면서, 그는 아버지와 할아버지의 권좌를 차지하기 위해서 키예프로 가지 않고, 자신의 추종자들을 키예프에 정착시켰다. 그는 기존의 전통들을 유린한 후에, 블라디미르 대공이라는 칭호를 습득했다.

안드레이 보골류프스키

프세볼로드 유리예비치

프세볼로드는 루시 땅에서 가장 강대한 대 공후가 되었다. ≪이고리 원정기≫의 작가는 블라디미르 대공의 군사력을 다음과 같이 묘사했다. ≪바로 너는 노로 볼가강을 튀기고, 투구로 돈강을 퍼낼 수 있다≫. 프세볼로드는 이웃 공국의 일에 무력개입을 했고, 불복하는 사람들을 혹독하게 응징했다. 그러나 그는 자신의 공국의 분열을 모면할 수가 없었다. 그는 이미 생존 시에 아들들에게 영토를 분할해 주기 시작했다. 1212년 그가 죽은 후에 통일된 블라디미르-수즈달 공국은 프세볼로드의 아들들이 통치하는 몇 개의 소공국으로 분열되었다.

블라디미르-수즈달의 문화

국가 분열의 시대에 루시의 여러 지역에서 문화 중심지가 생겼다. 독특한 문화 전통이 그곳에서 형성되었다. 고유한 문화전통은 건축에서 가장 괄목하게 실현되었다. 석조 교회 건축의 장엄함과 화려함이 블라디미르-수즈달 건축술의 고유한 특징이 되었다. 그것들은 블라디미르 대공들의 힘을 강조하도록 요구되었다.

안드레이 보골류보스키의 통치 기간에 클라지마강 연안의 블라디미르에 우스펜스키 사원이 건축되었다. 사원을 위한 장소는 클라지마강의 험준한 강가로 선택되었다. 명예를 중요시하는 대공은 블라디미르의 사원을 키예프의 소피야 성당보다 높게 건설하도록 명령했다. 그 결과로 **32m의 우스펜스키 사원**은 루시의 가장 높은 건축물이 되었다. 그 사원은 아주 화려하게 장식되었다. 바닥은 타지에서 온 마졸리카 도자기로 놓아졌고, 벽은 벽화로 꾸며졌으며, 출구의 한 쪽문은 여러 장의 동판이 씌워졌고, 황금색 지도가 입혀졌다. 또 다른 높은 사원인 드미트로브스키는 프세볼로드의 통치 기간에 건설되었다.

안드레이 보골류보스키의 통치 기간에 경이로운 러시아 건축물인 네를리의 포크로바 교회가 건립되었다. 대공은 사랑스런 아들 이쟈슬라프가 죽은 후에 자신의 궁전에서 멀지 않은 곳에 건축하도록 명령했다. 이 크지 않은 하나의 둥근 지붕의 교회는 현존하는 돌로 만든 시(詩)로 여겨진다. 그 교회 내에는 조화롭게 화려하지 않은 자연의 아름다움과, 건축 라인에 세련된 소박함이 있고, 가운데 조용한 슬픔과 감동적인 우화함을 자아내며 결합되어 있다.

블라디미르-수즈달 땅에는 교회 건축술만이 발달했던 것만은 아니다. 1158년에 안드레이 대공은 블라디미르로부터 멀지 않은 곳에 여러 채의 궁전을 건축했다. 곧이어 보골류보프에 놀라운 건축 조화가 연출되었다. 이층 돌 궁전, 사원, 갤러리와 이층 탑을 가진 입구의 복도, 백색 벽의 장식 조각의 접합 법은 특이한 아름다움을 보였다.

블라디미르의 우스펜스키 대사원

현지의 고유한 특성이 회화에 나타났다. 과거에서처럼 지도들은 종교적 성격을 담고 있었다. 그러나 교회 미술에 더욱 더 빈번하게 비종교적 즉 세속적인 주제가 첨가되기 시작했다. 러시아 성상화가들은 비잔틴 화법을 경시하면서 자신들의 방식대로 지도를 표현했다. 성자들의 얼굴에는 엄격함과 금욕주의가 전보다 적었고, 그들의 용모에 구체적인 사람들의 윤곽이 드물지 않게 드러났다.

12세기부터 루시 연대기 편찬의 역사에 새로운 시기가 시작되었다. 연대기는 이제 큰 공국에서 제각기 독자적으로 기술되기 시작한다. 현지의 연대기 편찬자들은 자신의 공국에서 일어난 사건들에 많은 관심을 기울인다. 그러기 때문에 블라디미르-수즈달 연대기는 자신의 대공들의 관심들을 반영했고, 루시에서 처음으로 그들의 갈망을 권장했다. 그러기 때문에 블라디미르의 연대기 역사가들은 자신의 땅의 역사를 고대 루시 국가의 역사의 연장으로 보았고, 블라디미르의 대공들을 키예프의 대공들의 계승자로 제시했다.

결 론

블라디미르-수즈달 공국은 과거 키예프 루시의 영토에서 가장 강력한 공국이 되었다.

13. 노브고로드 공화국

노보고로드 지역의 영토

노보고로드 영토의 중심인 대노보고로드는 세 씨족 국가인 슬라뱐스키, 메랸스키, 추드스키의 연합으로 9세기에 생겼다. 노브고로드는 바랴그에서 그리스에 이르는 중요한 무역로에 위치해 있었다. 여기서부터 남 발트해 연안, 독일인들의 땅, 스웨덴, 노르웨이로 통하는 무역로가 연결돼 있었다. 드네프르강을 따라서 흑해연안, 발칸지역, 그리고 비잔틴 지역으로 갈 수 있었다. 일멘(Ильмень)호수와 므스타(Мста)강을 거쳐서 볼가강으로 연결되었고, 거기서부터 볼가강의 불가리아, 하자르, 동방의 국가로 길이 뚫렸다. 노브고로드는 옛날부터 동방과 서유럽 나라들 간에 무역중계의 역할을 해 왔다.

노보고로드에서 멀지 않은 근교지역에 프스코프와 이즈보르스크, 벨리키에 루키, 토르조크, 라도가, 유리예프 등이 있었다. 그들은 주요한 무역과 군사의 거점들이 되었다. 북서 루시의 방대한 영토가 점차적으로 노보고로드 관할에 들어갔다. 노보고로드는 핀란드 만에서부터 우랄산맥까지, 북 레도비트 해부터 볼가강 상류에 이르는 지역까지 펼쳐져 있었다. 이런 먼 곳의 주민들인 카렐리아인과 다른 종족들이 노보고로드에 조공을 바쳤다.

노브고로드인들의 직업

노브고로드의 대부분 땅들은 농업에 그다지 도움이 되지 못했다. 그러기 때문에 농부가 아닌 많은 주민들은 식량을 얻지 못했었다. 그래서 로스토프-수즈달로부터 식량이 수입되었다.

노보고로드인들은 대부분 수공업과 상업에 종사했다. 노브고로드의 목수, 대장장이, 방직공, 도공, 제혁공, 병기공들의 수공품들이 전 루시에서 유명했다. 노브고로드의 대형보트는 북해를 따라 동방으로 멀리 항해를 했다. 북해 연안과 우랄지역에서 조공의 명목으로 수납되어 유럽 시장에서 팔렸던 값비싼 모피들은 직업적인 군사 원정의 임무를 부여받았던 귀족들에게 큰 수입이 되었다. 모피 외에 노브고로드 상인들은 고품질의 꿀과 밀랍을 해외 무역으로 수출했다. 또한, 아마 색의 직물, 가공한 피혁, 수지, 호프, 건축용 자재를 팔았다.

그들은 주로 독일과 덴마크 상인들뿐만 아니라 비잔틴과 동방의 나라들과도 무역을 했다. 노브고로드에는 외국 상인들을 위한 상점들과 교회들이 있었다. 이런 상인들은 양복감, 염소가죽, 금속, 포도주, 사치품을 도시로 수입했다. 노브고로드인들은 루시 땅에서 활기 있는 무역을 했다. 그들은 러시아의 가장 멀리 있는 땅에까지 침투했다.

노브고로드 주민들을 구성하는 주요한 계층들

노브고로드 주민들의 가장 많은 계층은 수공업자들이었다. 많은 거리와 일련의 도시지역에는 그곳에 거주하는 수공업자들의 직업에 따른 목수 골목, 대장장이 거리, 도공거리, 방패거리 등의 이름들이 붙여졌다. 노브고로드 수공업자들은 숙련된 높은 수준의 기술로 유명했다. 그들은 주로 주문받아서 일을 했지만 제품의 일부를 도시 시장에 내다 팔았다.

노르보르드 상인들은 매우 영향력이 컸다. 그들은 자체가 잘 무장된 군부대 같은 동업조합을 통해서 무역과 상업 활동을 수행했다. 노브고로드에는 조합원들이 상업 활동을 하는 물품과 무역을 했던 지역에 따라 동업조합이 수십 개가 있었다. 가장 잘 구성된 노브고로드 상인들은 이른바 ≪이바노보 스토(иваново сто)≫란 단체로 통합되었다. 거기에 가입하기 위해서는 많은 액수의 현금을 공동 금고에 납입하고 성 이오안 교회를 위해서 상당한 액수를 기부해야 했다. 교회 근처에는 상인들이 자신들의 상품을 모아두었던 공동시장이 있었고 그들이 업무 상담을 했던 하급 친위병들의 거처가 있었다. 선출된 사람들이 저울과 상거래의 규칙을 감시했다. 상인들과 구매자 사이에 생긴 분쟁들은 특별 상거래 법원에서 해결되었다. 이바노보 스토에 가입한 상인들은 나머지 상인들보다 훨씬 많은 특권을 가졌다. 위험한 무역 작전에서 방어를 위한 무장 군부대가 그들에게 배치되었다. 이바노보 스토의 회원인 상인과 그들의 아이들은 도시생활에서도 존경받는 위치를 누렸다.

그러나 도시생활에서 대귀족들이 가장 큰 중요성과 영향력을 가졌다. 그들은 지방의 종족귀족 출신들이었다. 고대 루시 국가 시대에서도 노브고로드 귀족들은 주민들로부터 세금을 거두어서 일부를 키예프 대공에게 보내는 권리를 부여받았다. 귀족들의 토지, 삼림, 어장들은 모피, 꿀, 밀랍, 생선과 같은 주요한 교역상품의 생산지였다. 귀족들은 자주 상인들과 함께 장거리 무역의 원정을 조직했다. 그들은 엄청난 수입을 가져다주는 모피무역을 장악했다. 많은 부를 축적한 귀족들은 노브고로드의 정치적 생활에 영향을 끼칠 기회를 가졌다.

노브고로드의 정치적 특징

12세기 초에 노브고로드에는 공화국 형태의 통치체제가 형성되어 있었다. 노브고로드이 이러한 정치행태는 러시아의 다른 공국들과 달랐다. 베체(민회)가 최고의 권력을 가졌다. 베체의 종은 인민 권력의 상징이었고, 그 종의 타격으로 도시주민들에게 베체의 소집을 알렸다. 그 민회는 전쟁과 평화의 문제를 결정했고, 고위 공직자들을 선출했고, 공후를 초빙했다. 포사드니크(Посадник)는 최고위 공직자였다. 그는 전 노브고로도 지역을 지배했고, 노브고로드의 법원의 장이었고, 다양한 공직자들을 임명하고 해임했고, 공후의 활동을 감독했고, 공후와 함께 군사령관으로 활동했고, 외교정책을 지도했다.

티샤츠키(Тысяцки)는 포사드니크의 조력자였다. 그는 조세제도를 관장했고, 상거래 법원을 관리했고, 군사원정시에 도시 민병대를 지휘했다. 포사드니크가 귀족이었다면 티샤츠키는 도시 통치에서 상인들, 수공업자들, 일반 평민들을 대변했다.

교회의 수장인 블라디카(владыка) 나중에 에피스코프(епископ)도 베체에서 선출되었다. 그는 노브고로드 금고를 보존했고, 국유지를 관리했고, 외교정책의 지도에 참여했고, 상거래 규정을 감독했고, 교회법원의 수장의 역할을 했다. 블라디카의 직책은 다른 공직과 달리 종신제였다. 평 성직자들인 수도사들의 수장이었고, 블라디카에서 독립된 노브고로드 대주교도 베체에서 선출되었다.

노브고로드 공화국에서 공후의 위치는 독특했다. 베체는 공후와 친위대를 다른 지역에서 초빙했다. 공후는 전시에 모든 군대의 총사령관 직책을 수행해야만 했다. 베체는 공후와 협정을 맺었다. 공후는 도시 통치에 관여할 권리를 가지지 않았다. 공후와 그의 신하들에게 토지를 소유하고, 상거래를 하거나, 재판을 하는 것이 허용되지 않았다. 공후가 위반을 할 경우에 베체는 그를 추방했다. 공후의 권력이 강대해지는 것을 바라시 않았던 노브고로드인들은 오랫동안 공후를 초빙하지 않았다. 200 여 년 동안 즉 1095년부터 1304년까지 세 공국-수즈달, 스몰렌스크, 체르니코프에서 온 약 40명이 노브고르드 공후자리에 있었다. 고유한 왕족가문이 없었기 때문에 노브고로드는 당시의 다른 공국들과 다르게 분열을 모면하고 자신의 통일성을 유지할 수 있었다.

노브고로드의 문화

소박함과 관대함이 노브고로드 문화의 고유한 특징이었다. 이러한 문화적 특징은 베체적 질서와 어울리고 도시주민들의 자유를 사랑하고 높은 정치적 활동에 일치했다. 루시의 장인들이 건설했던 노브고로드의 석조 건물들은 과거의 독특한 장대함을 상실했다. 공후의 궁전은 축소되었다. 귀족들, 상인들, 신도들의 공동체가 사원의 주문자였다. 크지 않은 하나의 지붕을 가진 사원들이 건설되기 시작했다. 그러나 이러

성소피아 성당

유리예프 수도원

한 소박함은 매우 서정적이어서 사원들은 주위의 환경과 아름답게 배치되었다. 교회의 대부분은 노브고로드와 프스코프와 라고다 같은 예속된 도시에 건축되었다. 노브고로드 북쪽 고대 라고다에 성 게오르기 교회가 건축되었다. 유명하지 않은 건축가들이 사원을 상선들과 어선들 곁을 흘러 스쳐 지나가는 모습으로 바로 볼호프강변에 세웠다. 투구모양의 지붕을 가진 나지막한 사원이 버섯처럼 돌이 많은 땅위에서 서있다.

노브고로드 연대기는 독특한 양식으로 두드러졌다. 연대기에서 공후의 모습이 배경으로 제시되었고, 노브고로드인들의 도시생활의 사건들이 매우 상세하고 정확하게 기술되어 있었다. 노브고로드의 주민들 대부분이 읽고 쓸 줄 아는 것으로 유명했다. 알다시피 수공업과 무역에 종사하는 일은 한정된 지식 즉 읽고 쓰는 법을 필요로 했다. 고고학적 발굴기간에 발견된 자작나무에 새겨진 글씨들이 노브고로드 관습에서 기록문화의 넓은 확산을 입증하고 있다. 그러한 문헌들은 평범한 도시민들의 편지들, 경제적인 기록물, 회계장부들, 유언장들을 포함하고 있었다.

결 론

노브고르드는 많은 점에서 다른 루시 공국들과 달랐다. 주민들 대부분은 농업에 종사했을 뿐만 아니라 수공업과 무역에 종사했다. 따라서 귀족들과 상인들이 지도적인 역할을 수행하는 다른 공후국들과 다른 공화국 형태의 통치체제가 형성되었다.

제4장
13~14세기의 민족들과 국가들

14. 몽골 타타르의 러시아 원정

징기스칸 대제국의 형성

고대시대부터 아시아의 중앙에 몽골족이 거주했다. 13세기 초에 정력이 넘치고, 총명하고, 천부의 재능이 있는 사령관이었고, 무자비한 군주인 테무친이 몽골족의 우두머리가 되었다. 그는 모든 몽골인들과 이웃의 투르크 족들을 자신에게복종시킬 수 있었다. 이 종족연합에서 타타르족이 가장 수가 많았고 호전적이었다. 그러기 때문에 몽골족과 인접한 종족들이 종종 모든 몽골족들을 타타르라고 불렀다.

13세기 초에 몽골족 족장 회의에서, 테무친은 몽골국의 통치자로서 선포되었고, 징기스칸(대한)이란 칭호를 받았다. 그는 몽골족 앞에서 전 세계를 정복하는 과업을 내세웠다. 강력한 군대를 육성한 후에, 징기스칸은 이웃국가들과 민족들을 정복하기 시작했다. 짧은 기간에 그는 북중국, 중앙아시아, 페르시아, 카프카스의 민족들을 자신의 제국에 합병시켰다.

칼카강에서의 대전투

1223년에 몽골족은 폴로베츠족의 초원지대에 침입을 했다. 폴로베츠족장은 러시아 공후들에게 도움을 호소했다. ≪만일 우리를 도와주지 않는 다면 오늘은 우리가 죽지만, 내일은 당신들이 죽을 것이다≫. 공후들은 토의를 위해 키예프에 다녀왔다. 폴로베츠족이 몽골족과 합의하여 자신들의 군대를 증강시킬 수도 있다는 것을 두려워했기 때문에 키예프, 체르니코프, 스몰렌스크, 다른 몇몇 공후들은 폴로베츠 족장의 간청에 응하기로 결정했다. 그래서 타지에서 즉 폴로베츠족의 초원지대에서 적에 대응하기로 결정되었다.

1223년 5월말에 **칼카 강변**(돈강 하구에서 멀지 않은 아조프 해로 유입되는 작은 강)에서 치열한 혈전이 벌어졌다. 러시아 공후들의 행동에는 합의가 없었다. 그들은 총사령관

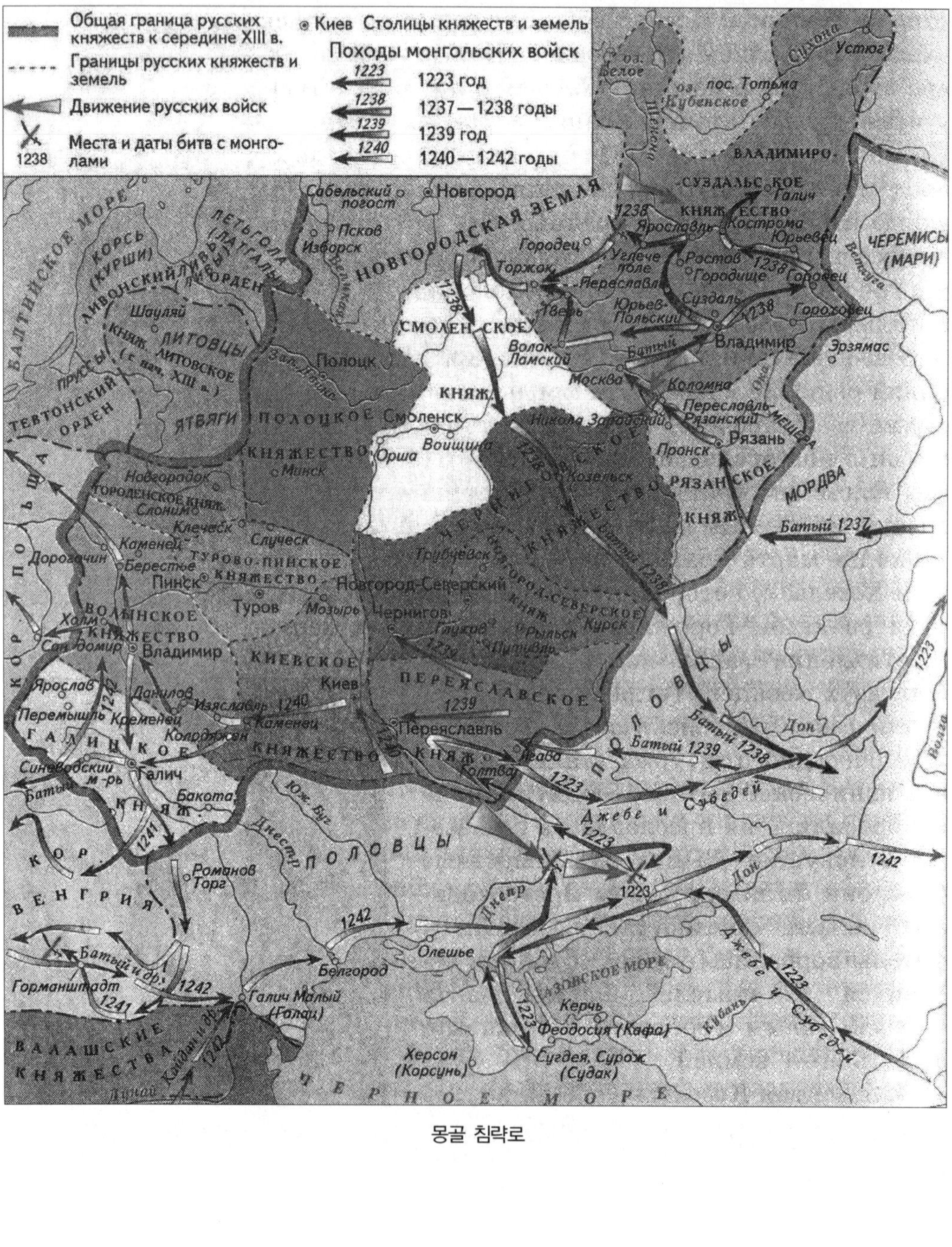

몽골 침략로

을 가지지도 못했고, 그들 사이에는 끊임없이 분쟁이 있었고, 몇몇 공후들은 전혀 전투에도 참여하지 않았다. 그럼에도 불구하고, 루시 병사들은 용감하고 결사적으로 싸웠다. 그러나 폴로베츠 군대가 공포에 질려서 갑자기 도주하기 시작하여 루시 군대를 당혹케 했다. 몽골족이 공격으로 전환하여 루시 군대를 격퇴시켰다. 6명의 루시 공후들이 살해되었고, 갈리스키 볼린스키 공후는 도주하여 목숨을 구했다.

이후에 몽골족은 전투에 참여한 공후들의 진영을 포위했다. 포위는 3일 동안 지속되었고, 몽골족이 공후의 친위대들에게 생명의 보전을 약속한 후에야 공후들은 항복에 동의를 했다. 약속을 위반하고, 몽골족들은 루시의 병사들을 살해했다. 공후들은 고통스러운 형벌을 받았나. 그들은 붙잡혀서 땅으로 던져졌고 그들 위에 판 데기가 놓였다. 이 피투성이가 된 단두대 위에서 몽골족 장군들은 연회를 거행했다. 한참 동안 모든 포로들이 고통스럽게 짓눌림을 당했지만 호화로운 향연은 계속되었다.

칼카 강에서 승리를 걷은 후에 몽골족은 체르니코프 공국에서 몇몇의 도시들과 농촌을 파괴했다. 그러나 1223년 군사원정은 수색을 목적으로 감행되었기 때문에, 그들은 루시의 영토 깊숙이는 들어가지 않았다. 그들은 북동쪽의 볼가 불가리아로 방향을 바꿨다. 여기 볼가강에서 약화된 유목민 부대들은 일련의 패배를 겪었고 몽골로 돌아갔다.

랴잔으로의 침입

1235년 몽골 한들의 회의에서 서쪽으로 군사원정을 시작하기로 결정되었다. 군대는 징기스칸의 손자 바투가 지휘했다. 1236년에 몽골족은 다시 볼가 불가리아 국경지대에 나타나서, 불가리아 군대를 쉽게 격파했다. **1237년** 여름에 그들은 폴로베츠족를 굴복시켰고, 가을쯤에 보로네시강 상류지방으로 나가서 루시로 군사원정을 준비하기 시작했다.

1237년 말에 첫 공격이 랴잔 공국에 시작되었다. 랴잔 공후는 대공인 블라디미르의 유리 프세볼로도비치에게 도움을 요청했다. 그러나 대공은 중요한 요새 콜롬나의 방어를 위해서 막내아들 프세볼로드가 지휘하는 적은 수의 친위병만을 보냈다.

랴잔 땅에 이르렀을 때 바투는 땅에서 경작되는 모든 것의 10분의 1을 주민들로부터 요구했다. 한과 협상을 희망하면서 랴잔의 공후는 아들 표도르를 수장으로 하는 사절단을 풍부한 조공과 함께 그에게 보냈다. 선물을 받은 후에 바투는 모욕적인 새로운 요구를 제시했다. 조공의 상납 외에, 그는 공후의 여동생과 딸들을 그의 군사령관들의 아내로 줄 것을 명령했다. 표도르는 단호하게 거절했고, 사절단들은 잔인하게 처형당했다.

6일 동안 랴잔은 중단 없는 공격에 저항했지만, 12월 21일에 몽골족에게 점령당했다. 정복자들은 노인들과 아이들도 봐주지 않고 도시를 몰살시켰다. 랴잔 공후도 자신의 가족과 함께 죽었다. 도시는 함락되었다. 랴잔 땅의 살아남은 주민들은 예브파티이 콜로브라트가 지휘하는 친위대에 징집되었다. 그들은 수즈달 영토로 적을 추적하여 그들에게 큰 타격을 주었다.

블라디미르 공국의 멸망

랴잔을 파괴한 후에 바투는 북쪽 블라디미르로 자신의 부대를 파견했다. 도중에 견고하게 방어되고 있었던 콜롬나(Коломна)를 점령했다. 그다음, 몽고군은 모스크바로 접근해 갔다. 도시주민들은 군사령관 필리프 냔크의 지휘를 받아서 열세한 무력에도 불구하고 적의 공격을 5일 동안 용감하게 견디어 냈다. 그러나 모스크바는 점령당했고, 약탈되었고, 불태워졌고, 주민들은 늙은 할아버지부터 미숙한 아이들까지 모두 가차 없이 죽임을 당했다.

1238년 2월초에 바투의 군대는 블라디미르로 접근해 갔다. 도시를 공격할 때 몽고군은 사다리와 도시를 돌 폭탄으로 폭격하는 투석기를 이용했다. 랴잔 함락 후에 대공 유리는 군대를 모우기 위해 북쪽으로 떠났고, 군사령관 페트르 아슬랴듀코비치가 도시의 방어를 지휘했다. 3일간의 포위 후에 몽골족은 습격하여 도시에 불을 질렀다. 공후의 가족들을 포함한 많은 도시 주민들이 우스펜스키 사원으로 몸을 피했지만 불길은 거기에 있는 그들에까지 번졌다. 화재는 가장 귀중한 책들, 성상 그리고 프레스코 벽화를 파괴했다. 많은 사원들이 폐허로 변해 버렸다.

블라디미르를 초토화 시킨 후에 바투의 군대는 별개의 부대로 분리되어, 블라디미르-수즈달 공국의 거의 모든 영토를 점령했다. 그들은 러시아 도시들과 마을들을 초토화 시키고, 불태우고, 약탈했고, 시민들을 살해하고, 사람들을 포로로 잡아 갔다. 기적적으로 살아남은 주민들은 북쪽 시티(Сить)강변의 **유리 프세볼로도비치** 진영으로 피신했다. 침략자들을 격퇴시킬 충분한 군사력이 있다고 판단한 그 공후는 전투를 준비했다. 유리는 노련한 사령관이었고 용감한 장수였지만, 그 경우에 적군을 과

소평가 했다. 1238년 3월에 몽골족은 갑자기 공격하여 러시아 군대를 격퇴시켰다. 그 전투에서 대공도 전사했다. 그의 형 야로슬라프 프세볼로도비치가 대공의 자리를 차지했다.

노브고로드로의 군사원정

시티강에서의 승리 후에 바투 군대는 노브고로드로 돌격했다. 그러나 곧 루시 군대와의 대전투에서 피해를 입었고, 충분한 말 먹이를 비축해 두지 않았던 몽골군대는 목적지까지 갈 수 없게 되어 멈추지 않으면 안 되었다. 그 도시는 견고한 요새와 잘 훈련된 군대를 소유하고 있었다. 대공 야로슬라프 프세볼로도비치의 아들이자 유능한 군사령관인 알렉산드르 공이 노브고로드의 군대를 지휘했다. 몽골 수색대는 바투와 그의 사령관들에게 이러한 정보들을 통고했다. 심사숙고한 후에 한은 남쪽으로 말머리를 돌리기로 결정을 내렸다. 그는 무엇보다도, 노브고로드 사람들과의 전쟁이 장기전이 될 수 있고 그렇게 되면 몽골 말들이 삼림과 늪이 많은 지역에서 봄철의 해빙기에 움직여야 하는 상황을 고려했다.

3월말에 몽골인들은 주위에 두 개의 작은 강이 흐르는 절벽위에 위치해 있는 크지 않은 **코젤스크 요새**로 접근했다. 도시의 주민들은 거의 두 달 동안 침략자들에게 용감하게 저항했다. 그때에 몽골인들은 즐겨 쓰는 책략을 사용했다. 즉 몇 차례의 습격 후에 허겁지겁 도주하는 척 위장하기 시작했다. 도시 방어자들은 서둘러서 그들을 추격했고, 함정에 빠지게 되었다. 성벽을 나왔을 때, 그들은 적의 우세한 병력에게 포위상태가 되어 살해당했다. 몽골인들은 코젤스크 시 안으로 돌진하여 남아 있는 주민들을 모두 죽여 버렸다. 바투는 코젤스크를 악의 도시로 불렀고, 그 도시를 파괴하여 잿더미로 만들어 버리라고 명령했다. 요새를 점령한 후에 무력하게 된 바투 부대는 풀이 무성한 돈강 유역의 초원지대로 갔고, 1238년 여름 전부를 거기서 보냈다. 그해 가을에 그들은 무롬, 니즈니 노브고로드, 그리고 다른 루시 북동쪽의 도시들을 공격했다.

루시 남서쪽과 중부유럽으로의 침입

바투는 루시에 대한 새 군사원정을 결심했다. 그의 목적은 러시아 남쪽뿐만 아니라 서 유럽의 침입도 생각하고 있었다. 한은 징기스칸이 유언했던 것처럼, 마지막 바다에 이르기까지 모든 나라들을 정복하기를 원했다. **1239년** 탐색을 완성한 후에 몽골인들은 페레야슬라브-유즈니이, 체르니코프, 그리고 다른 루시 남서쪽 도시들을 점령하고, 불을 질렀다. 1240년 9월에 드네프르강을 건넜던 바투의 주력부대들은 키예프를 사방에서 포위했다. 도시는 잘 요새화되어 있었다. 도시는 토성, 석조망루가 세워진 견고한 성벽과 물로 채워진 참호들로 에워 쌓여 있었다. 그 당시 갈리치야(오늘날의 서 우크라이나)공후 **다닐 로마노비치**가 키예프를 통치하고 있었다. 몽골 군대가 접근해 왔을 때, 자신의 세습영지 방어를 조직하기 위해서 그는 키예프를 버리고 친위대와 함께 **갈리치야**로 갔다. 군사령관 드**미트리**가 키예프 방어를 지휘했다. 모든 주민들이 루시 도시들의 어머니를 방어하기 위해 궐기했다. 세 달 동안 키예프인들은 용감하게 싸웠지만 큰 손실을 입은 대가를 치루고 몽골인들은 도시 점령에 성공했다.

1241년 봄에 부대를 보충한 후에 바투의 군대는 갈리치야, 헝가리, 폴란드, 체코에 침입했다. 아드리아 해변에 도달했을 때, 1242년 말에 무력해진 몽골 군대는 볼가강 하류로 되돌아갔다. 징기스칸의 유언은 이행되지 못했다.

결 론

자신들의 국가의 국경을 확장시키기 위해 몽골인들은 루시 영토를 황폐화시켰다. 루시의 주민들은 공동 투쟁을 위해 연합할 능력이 없었다. 그러나 그들의 영웅적인 저항은 징기스칸의 호전적인 후손이 전 유럽을 정복하는 것을 저지했다.

15. 서쪽에서 온 정복자들과의 루시 영토에서의 전투

스웨덴의 침략

루시인들은 몽골인들의 침략과 동시에 서쪽에서 온 정복자들과의 치열한 전투를 견뎌야 했다. 북 유럽과 루시와 동방의 나라들을 연결시켜 주는 가장 중요한 무역로가 지나는 대 노보고로드 영토를 예전부터 스웨덴 영주가 탐냈다. 이들은 북유럽에 국가를 세운 스칸디나비아-바이킹의 후손들이었다. 12세기 중엽에 그들은 핀란드만 안에 정착해서 핀 종족들의 정복에 착수했다.

1164년에 스웨덴 군대는 라도가(Ладога) 호수 근처의 노보고로드 영토를 침략했지만, 노브고로드 국민군에게 격퇴되었다. 더구나, 1187년에 노브고로드 군대는 당시 스웨덴의 가장 큰 도시 **시그투누**(나중에 스톡홀롬)을 공격하여 도시를 파괴해버렸다. 13세기 초에 스웨덴의 기사들이 발트해 연안으로 새로운 군사원정을 감행했다. 1227년에 그들은 야로슬라프 프세볼로도비치 공작의 군대에 저지되었고, 격퇴되었다. 몽골족들이 북동 루시를 침략했다는 소식을 들은 후에, 스웨덴인들은 그 상황을 다시 이용하여, 루시의 북서지역을 점령하기로 결정했다. 노보고로드 군사원정을 위해서 대규모 군대가 동원되었다. 스웨덴 왕의 사위인 **비르게르**가 스웨덴의 군대를 지휘했다. 루시인들을 가톨릭 신앙으로 개종시키기를 원했던 가톨릭 성직자들도 루시로의 새로운 군사원정을 지지했다.

십자군의 침략

그러나 스웨덴만이 서쪽 영토를 위협했던 것만은 아니었다. 12세기 말에 로마 교왕이 발트해 연안에 살았던 이교도들인 **리브인**(오늘날의 라트비아인), 에스토니아인, 그리고 다른 종족들에 대한 **십자군 원정**을 선언했다. 동양에 새로운 땅의 정복을 꿈꿨던 독일 영주들은 교황의 호소에 응답했다. 1200년 봄에 십자군 부대는 드비나강 서쪽 하구에 상륙했다. 1년이 경과한 후에 그들은 여기에 요새 **리가**를 세웠다. 이 요새는 리투아니아 기사단 또는 리보니아 기사단과 연합한 독일기사들에 의해서 발트해 연안의 정복을 위한 거점이 되었다. 그 십자군에 의해서 정복된 땅은 **리보니아**(오늘날의 라트비아와 에스토니아)로 불리게 되었다. 사기로 리브족의 지배층을 정복한 후에 십자군은 그들에게 가톨릭 신앙을 받아들이도록 무력으로 강요했다. 나중에 독일 기사단은 고대 프러시안인에 속하는 리토베츠족(오늘 날의 리투아니인들의 조상)이 살았던 비슬로와 네만강 하구 사이의 영토를 점령했고 거기에 테브톤(튜턴) 기사단을 세웠다.

1219년 에스토니아 영토에 레벨 요새를 건축하기 위해 덴마크 기사들이 상륙했다. 정복자들은 현지 주민들을 노역시켰고 무력으로 땅을 빼앗고 자신들의 영지를 세웠다. 정복자들은 군대의 힘으로 영토에 자신들의 성을 건설하기 위해, 지방 주민들을 노예로 만들었다. 라트비아인들과 에스토니아인들을 돕기 위해서 루시인들이 왔다. 1234년에 야로슬라프 프세볼로도비치 공후는 유리예프가 이끄는 리보니아 기사단에 대한 빛나는 승리를 거두었다. 곧, 기사들은 이번에는 리투아니아인들에게 패배를 당했고, 자신들의 정복계획을 사장시켜야만 했다.

그러나 바투의 대군이 루시 영토를 유린하기 시작했을 때, 십자군이 소생했다. 로마 교황의 지시에 따라 테브톤(오늘날의 덴마크) 기사단은 리보니아 기사단과 연합했다. 독일 기사들과 덴마크 기사들 사이에 동맹이 맺어졌다. 서유럽에서 보충병들이 리보니아로 도착하기 시작했다.

알렉산드르 야로슬라프비치 공후

알렉산드르 네브스키

이 당시에 야로슬라프 프세볼로도비치(Ярослав Всеволодвич)의 둘째 아들 20세의 **알렉산드르(Александр)**가 노브고로드의 공후였다. 알렉산드르는 일찍이 읽고 쓰는 것을 배웠다. 그는 러시아 연대기와 유명한 마케도니아의 알렉산드르 대왕의 군사원정에 대한 책을 읽는 것을 매우 좋아했다. 어린 나이부터 알렉산드르는 미래의 왕으로 교육을 받았다. 그는 귀족회의와 공후의 법정에 참석했다. 아버지와 함께 노브고로드에 머물렀던 알렉산드르는 귀족과 상인의 규범의 특징들을 주의 깊게 살폈고, 베체의 활동을 관찰했으며, 상업 재판일도 배웠다.

16세에 알렉산드르는 노브고로드 공후가 되

었다. 그가 공후로 있었던 시기는 루시에 대한 바투의 공격의 시기였다. 젊은 공후는 잠재적인 공격에 대비하여 도시 방어를 신속하게 준비하기 시작했다. 우리가 기억하고 있는 것처럼, 노브고로드까지 100 베르스타가 남아 있지 않았을 때, 몽골족은 남쪽으로 돌아갔다. 알렉산드르는 정렬적인 활동을 시작했고, 노브고로드 서쪽 국경을 강화할 때, 네바강 입구에 대한 경계를 강화했고, 이조르스크의 핀-우고르족과 동맹을 맺었다.

네바강의 전투

1240년 7월에 네바강 하구로 스웨덴 배들이 들어왔다. 군대의 일부가 강의 좌안에 상륙해서 진지를 부수었고, 나머지 군인들이 배를 타고 있었다. 스웨덴의 상륙부대를 지휘했던 **비르게르**는 ≪나는 이미 여기에 너의 땅을 점령했다≫라고 알렉산드르에게 건방진 도전을 보낼 만큼 승리를 확신했다. 자신의 정찰병들로부터 스웨덴 군대의 배치와 의도를 보호받아서 알고 있었던 대공은 적군의 일부가 배에 타고 있는 동안 가능한 빨리 그들을 공격하기로 결정했다. 알렉산드르 친위대는 노브고로드의 민병대와 함께 네바강 하구로 맹렬한 공격을 감행했다. 도중에 라도가에서 온 부대들이 그들에게 가담했다.

1240년 7월 15일에 러시아 군대가 스웨덴 진영을 급습했다. 알렉산드르가 지휘하는 말을 탄 친위대들은 적군의 중심을 공격했고, 노브고로드 민병대는 강가를 따라 공격하여 적군의 진영을 갈라놓았다. 노브고로드와 라도가 출신의 루시의 친위대와 민병대는 용맹스럽게 싸웠다. 친위대장 가블리오 알렉시츠는 말을 타고 선박에 돌진해서 스웨덴 군사령관과 가톨릭 주교를 죽였다. 도끼로 무장한 민병대원들은 3척의 배를 탈취하여 박살 내버렸다. 민병대원인 사브바는 적군의 중심으로 돌진해서, 비르게르 천막을 절단하여 적의 진영에 혼란을 유발했다. 알렉산드르 자신이 비르게르와 싸워서 그에게 중상을 입혔다. 심한 타격을 입은 스웨덴인들은 놀라서 도망치기 시작했다. 루시 군대는 네바강에서 놀라운 승리를 거두었고, 그 때문에 사람들은 **알렉산드르**를 **네브스키**라고 불렀다. 러시아 전사들의 성공은 오랫동안 네바강의 하구를 소유하려는 스웨덴인들의 소망을 빼앗아 갔다.

빙판위의 전투

스웨덴인들을 물리친 곳에서 덴마크와 독일인 연합군들의 침략을 격퇴시킬 수 없었다. 1240년 여름에 그들은 국경지역의 러시아 요새인 이즈보르스크를 탈취했고 그다음에 프스코프를 점령했다. 기사단이 노브고로드 근처에 나타나서 상인들과 현지 주민들을 약탈했다. 그러나 **알렉산드르 네브스키**가 공후의 권력을 강화시킬 것을 두려워한 몇 명의 귀족들은 그에게 노브고로드를 떠날 줄 것을 요구했다. 그러나 곧 베체는 알렉산드르에게 돌아올 것을 요구했다.

1241~1242년 겨울에 네브스키는 자신의 친위대와 민병대를 이끌고 프스코프를 해방시키고 독일인들과 덴마크인들을 루시 국경에 몰아내고 적의 주력부대와 대치하기 위해 서쪽으로 이동했다. 대공 야로슬라프 프세볼로도비치는 아들을 돕기 위하여 바투의 공격 후에 형성된 수즈달 친위대를 보냈다.

알렉산드르는 기사들을 **추도스코예 호수**의 빙판으로 유인하기로 결정했다. 빙판은 무거운 기사들 말의 움직임을 어렵게 만들었다. 기사들뿐만 아니라 말들이 무거운 금속 갑옷을 입었다. 그러나 루시의 군대와 민병대들은 빙판위에서 활동하기가 쉬웠다.

1242년 4월 5일에 추도스코예 호수 빙판위에서 결전이 있었다. 기사들은 쇄기 모양으로 자신들의 군대를 정렬시켰다. 중앙에는 잘 무장된 갑옷을 입은 보병들이 있었고 측면에는 중무장한 기병들이 있었다. 알렉산드르는 적들의 전술을 잘 알았고, 전투에 앞서서 측면을 기병으로 강화했고, 대지 머리 모양으로 덜 무장된 민병대를 전면에 배치했다. 독일 군대가 호수의 빙판에 들어서서 민병대를 향하여 접근해 오자마자 민병대들은 병사들과 후퇴하기 시작했다. 기사들은 전투에 승리했다고 생각하여 돌진했다. 그러나 러시아 병사들은 좌우에서 민첩하지 못한 기사부대를 공격했다. 기병으로 구성된 친위대는 중무장한 기사들과 혈전을 벌렸다. 알렉산드르 자신이 수즈달 군대를 지휘했다. 루시 병사들은 용감히 싸웠고, 적들의 측면에 대한 그들의 압박은 더욱 더 강화되었고 독일 기사단를 완전히 격퇴시켰다.

많은 기사들이 죽었고 포로로 잡혔고 그들 중 일부는 그들의 갑옷과 말의 무게 때문에 얼음 밑으로 사라졌다. 나머지는 놀라서 도망쳤고 루시 기병대들에 의해서 추격당했다. 추도스코예 호수 위의 방판위에서의 전투는 ≪빙판위의 전투≫라는 제목으로 역사에 기록되었다.

빙판위의 전투

결 론

네바강과 추도스코예 호수의 전투의 결과로 루시에 대한 북서 이웃 국가들의 공격은 격퇴되었다. 루시는 스웨덴과 독일의 십자군 기사단들의 침략으로부터 영토와 신앙을 보존했다.

16. 13세기와 14세기의 루시와 타타르

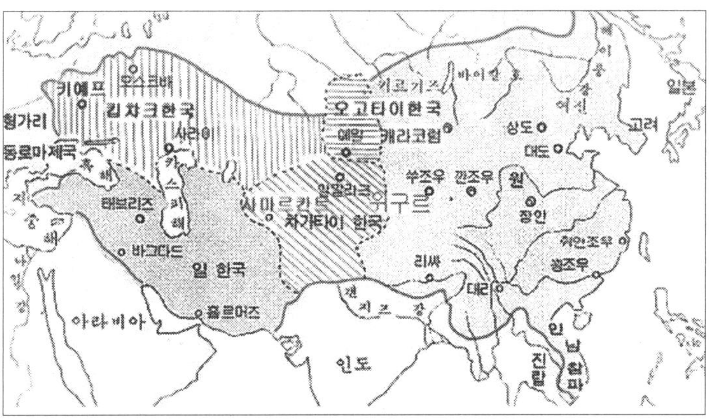

몽골제국

킵차크한국[금장한국(金帳汗國)]의 형성

1243년에 중부유럽으로의 군사원정에서 돌아온 후에 바투는 몽골제국에 포함된 자신의 국가의 통치자가 되었다. 이 국가는 볼가 불가르의 영토, 폴로베츠족의 초원지대, 크림, 우랄지역, 서시베리아, 호레즘(Хорезм: 오늘날의 우르겐치, 우즈베키스탄의 히바와 누크스 지역에 있었던 한국)을 포함했다. 루시에서 이 국가를 졸라타야 오르다(Золотая Орда: 킵차크한국)으로 불렀다. 몽골족에 의해 정복된 많은 종족과 민족이 **킵차크한국**의 구성원이 되었다. 그들은 정착뿐만 아니라 유목생활을 했다. 몽골족에게 종속된 유목민족들은 정복자들에게 말, 가축, 젖말 등을 공급했고, 농경생활을 하는 종족들은 그들에게 수확물중 상당한 부분을 받쳤다. 몽골귀족들은 더 좋은 땅과 목장을 차지했다.

킵차크 한국의 러시아 속령

1250년에 지금의 아스트라한(Астрахан)에서 멀지 않은 곳에 바투가 건설한 **사라이**(Сарай: 궁전이란 뜻)가 킵차크한국의 수도가 되었다. 몽골족들은 도시건설 경험이 없었고 루시를 포함한 본국에서 잡혀온 장인들이 사라이를 건설했다. 바투의 계승자들인 한들이 킵차크한국을 통치했고 특별히 중대한 경우에 킵차크한국의 귀족들 회의인 **쿠룰타이**(Курултай)가 소집되었다.

몽골족들은 오랫동안 이교도였지만 매우 빠르게 다양한 종교와 접촉했다. 그들은 신이 손에 여러 손가락을 준 것처럼 사람들에게 다양한 종교를 주었다고 생각했다. 1260년에 킵차크한국에 살았던 러시아 사람들이 기도하는 정교회 사원이 사라이에 건설되었다. 무슬림 나라로 알려진 볼가 불가르의 영토도 킵차크한국에 합병되었다. 이슬람 문화의 화려함이 킵차크한국의 귀족들을 매혹시켰고 이슬람의 많은 전통이 킵차크한국에 형성된 생활양식과 일치했다. 바투의 동생 베르케(Берке)한이 최초의 무슬림 믿음을 받아들였다. 14세기 초에 이슬람은 킵차크한국의 국교로 선포되었다. 이것은 킵차크한국을 구성했던 모든 민족들은 무슬림을 받아들여만 한다는 것을 의미했다. 그러나 이러한 요구는 루시 땅이 킵차크한국에 합병되지 않았기 때문에 루시인들과는 관계가 없었다. 루시 땅은 킵차크한국의 조공국이 되었다.

1242년 복종의 표시와 함께 바투에게 바칠 조공을 루시 공후들에게 요구했던 사절단이 북동 공국으로 보내졌다. 1243년에 블라디미르-수즈달 공후 야로슬라프 프세볼로도비치는 사라이로 가야만 했다. 야로슬라프를 만난 **바투**는 그를 공후 중에 제일 높은 사람으로 임명했다. 나머지 공후들은 야로슬라프를 뒤따라 사라이를 방문해야만 했다. 그들은 자신들의 권리의 추인을 받기 위해서 킵차크한국으로 가야만 했다. 각 공후들에게 **야를리크**(ярлык : 공국의 통치에 대한 한의 특별한 허가장)가 나누어졌다. 지금은 키예프가 아니라 블라디미르 공국이 수장의 권한을 가졌기 때문에 대 블라디미르 공국에 대한 야를리크가 가장 매력적이었다. 루시의 중심지는 황폐화된 키예프에서 블라디미르로 옮겨졌다. 1299년에는 대주교의 거처도 블라디미르로 옮겨졌다.

킵차크한국으로의 루시의 공후들의 여행은 모욕을 수반했고 사형으로 생을 마감하는 경우도 드물지 않았다. 몽골 지배 첫 100년 동안 킵차크한국의 한의 지시에 따라 10명 이상의 루시의 공후들이 살해되었다. 공후는 야를리크를 받은 후에 공국으로 돌아와서 킵차크한국의 사절들이 참석한 자리에서 공후 자리에 오르는 엄숙한 의식이 거행되었다. 이러한 절차는 한의 권위에 대한 루시 공후들의 복종을 입증해 주었다.

킵차크한국의 한들은 루시에서 형성된 통치 질서를 보존했지만 항상 내정에 개입했다. 한들은 파생적으로 이런 저런 공후들의 힘을 강화시켜 주면서 공국의 국경들을 변경시켰고 루시인들 사이에 경쟁과 분열을 촉발시켰다. 드물지 않게 한들은 다른 공후들과 싸우는 어떤 공후들 돋기 위한 군대를 보내기도 했다.

루시인들의 부역

군대에 의존하여 주민들이 몽골의 한들에게 지속적으로 굴종하도록 했던 **바스카크**(Баскак: 공후들의 활동을 통제했고 조공을 징수했던 한의 대리인들)들이 루시의 도시들로 파견되었다. 대 바스카크는 블라디미르에 머물렀다.

루시인들의 모든 계층들에게 가장 무거운 부역은 루시에서 비호트(Выход)로 불렸던 매년 킵차크한국에 바치는 조공이었다. 예를 들면 1246년에 이탈리아 여행자 플라노 카르피니는 몽골의 **바스카크** 중의 한 사람이 사람들의 머리 수를 센 후에 매년마다 곰모피, 해리 가죽, 흑담비 가죽, 족재비 가죽, 흑 여우 모피 등을 세금으로 부과하는 것을 기록했다(인두세). 이것을 지불하지 못했던 모든 사람들은 킵차크한국으로 데리고 가서 그들의 노예로 만들었다.

바스카크의 행차

1257~1259년에 몽골 관리들은 루시의 인구수를 기록했다. 이후에 조공의 징수는 전국적이고 정규적으로 이루어졌다. 정규적인 조공 외에 루시 공국의 주민들에게 부과적인 세금이 징수되었다. 루시 사람들은 몽골-타타르 사신들과 그들의 수행원들을 접대하고 먹여주고 부양해야만 했다. 조공의 수납은 강탈과 강제와 노예로의 전락을 수반했다. 정복자들이 자신들의 권력 강화를 위해 이용하려고 했던 성직자들만이 조공을 면제 받았다.

몽골 군대에 복무하고 그들의 군사원정에 참여할 의무가 정복자들이 루시의 공국의 주민들에게 강요한 또 하나의 무거운 부역이었다. 13세기 후반에 루시 군대들은 헝가리, 폴란드, 북카프카스, 비잔틴에 대한 몽골 군사작전에 참여했다.

루시 주민들이 정복자들에게 불복을 보이거나 조공을 받치는 것을 거절했을 경우에도 타타르 한들은 루시로 군대를 보내어 보복했다. 그들은 도중에 있었던 순종하지 않은 사람들뿐만 아니라 전 루시 땅을 잔인하게 유린했다.

킵차크한국에 대한 루시인들의 투쟁

1245년에 갈리치아-볼린스키 공 다니일(Даниил)이 킵차크한국에 가야만 했다. 그의 공국이 바투의 공격으로부터 가장 적게 피해를 입었지만 그는 큰 조공을 지불했고 키예프에 대한 압박을 거절했다. 그러나 킵차크한국에서 돌아온 후에 다니일은 한에게 굴복하지 않기 위해서 변경지역의 군사력을 복구하기 시작했다. 바투는 그에 대한 대규모 군대를 보내어 갈리치아-볼린스키 땅을 유린했다. 1259년에 다니일은 다시 킵차크한국에 굴복해야만 했다. 다니일이 죽은 후에 킵차크한국은 경제를 완전히 파탄시켰고, 공국의 힘을 약화시켰던 남서 루시에 대한 일련의 공격에 착수했다.

1257년에 절정기 때에 노브고로드에 이르지 못한 킵차크한국은 군대를 파견하여 노브고르드 땅을 굴복시키려고 시도했다. 약 1년 동안 지속된 노브고르드인들의 저항이 시작되었다. 그 때에 대 블라디미르 공국에 대한 황금 허가장을 받았던 알섹산드르 네브스키가 한의 서기들과 함께 대 노브고르도에 왔다. 독일과 스웨덴 기사단을 격퇴시킨 알렉산드르 네브스키는 킵차크한국의 노예상태에 대항하여 일어난 노브고로드 민중의 봉기를 진압했다. 물론 알렉산드르는 킵차크한국의 진정한 친구가 아니었다. 서쪽과 동쪽에서 적들의 침입에 직면했을 때 그는 서방의 침략을 격퇴하고 루시에 대한 공격을 예방하기 위해서 한들과 평화로운 관계를 유지 하는 것이 불가피하다고 생각했다. 그 공후는 루시 땅에 군사력을 회복할 기회를 주고 자유를 위한 투쟁을 준비하고 싶었다.

1262년에 로스토프, 수즈달, 야로슬라프, 블라디미르 같은 많은 도시에서 민중봉기가 시작되었다. 민중봉기는 과다한 조공 징수로 촉발되었다. 많은 바스카크들과 **비호트(Выход: 조공)**를 거두는 몽골관리들이 살해되었다. 킵차크한국의 타타르는 반란을 진압하여 잔인하게 반란자들을 처벌할 수 있었지만, 그들은 몇 가지 양보를 하지 않으면 안 되었다. 조공을 징수하는 권리가 루시 공후들에게 양도되었다.

타타르 지배의 결과들

타타르의 침략은 루시에 중대한 결과를 가져왔다. 수많은 도시들이 약탈되고 파괴되었고 많은 수공업품들이 파괴되었다. 한들은 엄청난 조공을 루시 땅에서 착취해 갔다. 북동 공국들의 경제 발전이 50년 내지 100년간 후퇴되는 결과가 초래되었다. 남쪽과 남서 공국들과 북동 공국들 간의 관계가 중단되었다. 그때 서유럽국가들과 러시아간의 경제적 단절이 시작되었다.

많은 루시인들이 타타르에 포로로 잡혀갔다. 특히 여자들과 수공업자들의 몸값이 비쌌다. 몽골인들은 많은 루시 포로들을 동방의 시장에서 팔아 넘겼다.

루시에서의 공후들의 권력의 속성도 타타르의 침략의 결과로 변했다. 루시의 공후들은 자주 킵차크한국을 방문하여 한들이 엄청난 권력을 소유했고 아무도 그에게 저항할 권리를 갖고 있지 않다는 것을 목격했다. 공국으로 돌아온 그들은 공후의 권력을 강화하려고 시도했다. 게다가 이런 현상은 크게 확산되었다. 공국의 주민들 스스로 타타르의 침략으로부터 자신들을 보호해줄 수 있는 강력한 통치자들의 지배를 받는 것에 관심을 가졌다. 유명한 베체의 전통은 점점 약화되어 사라졌다.

그때 루시와 킵차크한국간의 오래된 교류는 상호간에 영향을 끼쳤다. 루시의 공후들은 한의 누이들과 딸들을 아내로 맞이했다. 루시의 여성들이 강제로 한국인들과 혼인을 맺었다. 아이들이 태어나 자랐고 루시인들과 타타르인들 간의 혼혈이 이루어졌다. 킵차크한국이 분열되고 무질서가 시작되었을 때 쫓겨난 한들과 불만을 품은 귀족들이 자신들의 충성을 루시의 공후들에게로 옮겼다. 그러한 타타르 귀순자들은 루시 공국에서 환대를 받았고 토지를 하사 받았다. 타타르 귀화자들은 자신의 이름들과 성을 러시아식으로 변경했다. 아흐마토프, 비비코프, 불가코프, 고두노프, 지르자빈, 카람진, 투르게네프 등의 많은 루시의 가문들의 성씨들이 타타르의 기원을 가지고 있다. 아르먀크(армяк: 농부의 외투), 바자르(базар: 시장), 바라반(барабан: 북), 젠기(деньги: 돈), 사라판(сарафан: 농부의 소매가 없고 띠가 달린 긴의복, 소매가 없는 부인복), 사라이(сарай: 광, 헛간), 튜파크(тюфак: 요, 방석), 할라트(халат: 두루마기 같은 웃옷이나 작업용의 겉 옷) 등의 많은 타타르 말들이 러시아어로 유입되어 확고하게 자리 잡았다.

결 론

타타르의 지배는 루시의 생활의 모든 영역에 큰 영향을 미쳤다. 타타르의 지배는 서유럽으로부터의 루시의 경제적 뒤처짐을 촉발시켰고, 공후들의 권력의 속성의 변화를 초래했고, 루시인들과 타타르간의 경제적.문화적 접촉의 발단이 되었다.

17. 13~14세기 리투아니아 대공국과 루시

동유럽에서의 새로운 국가의 형성

그 시기 북동 러시아는 몽골의 지배를 받았는데, 서쪽 영토는 숲과 늪에 덮여 주변 나라의 지배를 차단하여 타타르의 침입을 피할 수 있었다. 하지만 그들 앞에는 파멸의 위협이 임박해 있었다. 리투아니아 종족은 루시의 서쪽 이웃이었다. 13세기 초에 그들 중 종족간의 불화로 세력이 약해진 많은 종족들이 십자군에 의해 침략당하거나 정복당했다. 네만(Неман)강 지류에 사는 종족만이 겨우 자신의 종족의 독립을 보존했다. 침략자들에게 저항하기 위해서 그들은 단결하여 자신들의 국가를 수립했다. 용감했지만 잔인하고 교활한 통치자였던 민도브그(Миндовг) 공후가 그들을 이끌고 봉기했다. 그는 혼자서는 십자군에 저항할 수 없다는 것을 이해했다. 루시가 타타르의 침략으로 쇠퇴한 것을 이용하여, 민도브크는 서 루시 영토와 인접한 그로드노(Гродно), 베레스티예(Берестье), 핀스크(Пинск) 등의 지역을 정복했다. 서 루시 도시의 주민들은 몽골이 그들의 영토를 내버려두지 않을 것을 두려워하여, 자발적으로 리투아니아 대공의 권력을 인정하였다. 새로운 국가는 건국 직후부터 루시인들과 리투아니아인들의 공동의 나라로 출발했다. 서 루시와 리투아니아 지역은 서쪽과 동쪽에서 위협하는 가장 두려운 적들에 대항하기 위해서 통합했다. 1262년에 루시-리투아니아 군대는 튜턴(게르만족의 일파)기사단의 십자군들을 격파했다. 그 다음 그들은 리투아니아 대공국의 영토로 침입을 시도했던 킵차크 한국의 군대를 두 번 패배시켰다.

루시-리투아니아 국가는 **게디민(Гедимин)** 통치 시대(1315~1341)에 가장 융성했다. 폴로츠크, 비테브스크, 민스크, 브레스트스크 등의 거의 모든 서 러시아의 영토가 게디민의 지배를 받았다. 서쪽 의 영토를 합병한 후에 게디민은 자신의 시야를 바투의 파괴와 뒤이은 타타르의 침략으로 완전히 몰락한 고대 루시 국가의 수도 키예프로 돌렸다. 1320대 말과 1330년대 초에 키예프 공국은 게디민의 권력을 인정했다. 게디민의 공국은 대 리투아니아 공국으로 명명(命名)되기 시작했다.

13~15세기 리투아니아 대공국

리투아니아-루시 국가의 건립

게디민(Гедимин)국가는 류리크의 아들들인 초기의 공후들이 통치했던 루시를 연상케 했다. 게디민은 합병된 루시의 땅에 대한 엄격한 통제를 확립하는 것을 목표로 삼지 않았다. 루시 지역은 고유한 풍습, 전통, 그리고 예전의 통치 질서를 보전했다. 게디민은 루시 공국의 공후를 대신해서 통치자가 되었고, 과거에 루시 공후들이 차지했던 지방의 공후 자리에 자신들의 친척이나 아들들을 임명했다.

공후로 임명된 자들은 루시 땅에서 조공을 거두어 그것을 리투아니아 대공에게 받쳤다. 타타르의 조공과 달리 리투아니아의 조세는 그리 많지 않았다. 루시인들은 조공을 외국의 공격으로부터 자신들을 보호하고 거대한 국가의 영토 안정을 유지하기 위해 리투아니아 대공에게 지불하는 대가로 생각했다. 이것은 농업, 수공업, 다른 나라들과의 무역관계의 발전에 매우 중요했다. 어떤 리투아니아 공후들은 루시인들과 가까워지기 위해서 정교로 개종했다.

게디민 통치 시대에 건설된 **빌노(Вильно**: 오늘날의 빌리누스)가 국가의 수도가 되었다. 정교도들인 수공업들과 상인들이 거주했던 루시인들의 거주 지역은 리투아니아 수도의 생활에서 큰 역할을 했다. 그 당시에 빌노에 가톨릭 수도원들이 등장했고 서유럽 국가들에서 이주해 온 사람들의 거주지가 확대되었다. 이것은 리투아니아의 수도를 다양한 문화와 전통을 가진 사람들이 서로 평화롭게 살았던 다민족 국가로 변화시켰다. 하지만 오랜 기간의 동슬라브민족의 문화는 도시의 모습을 결정지어 버렸다. 유럽에서 게디민은 ≪리투아니아와 루시의 왕≫으로 불렸다. 이교도였던 게디민은 정교회의 권리를 축소하지 않았다. 동시에 그는 가톨릭 신자들과의 접촉을 확립했고, 로마 교황의 사절단이 리투아니아에 왔다.

게디민-올게르트-비토브트

게디민

죽을 때 게디민은 자신의 아들들에게 영토를 나누어주었다. 게디민과 루시인 왕비 올가의 장남인 **올게르트(Ольгерд)**가 루시인들의 땅이 대부분이었던 동쪽의 영토를 분할 받았다. 그는 정교를 믿었고, 루시의 땅을 습득하는 아버지의 정책을계승했다. 올게르트 재위 기간에 브랸스크, 세베르스크, 체르니코프, 포돌스크의 등의 지역들이 리투아니아 대공국에 합병되었다. 폴란드와의 긴 투쟁을 벌인 후에 **올게르트**는 결국에 볼린(Волынь: 오늘 날의 우크라이나의 서북지역)을 리투아니아에 합병했다. 올게르트의 사후인 1377년에 리투아니아 대공국에서 내란이 시작되었고, 그 결과로 올게르트의 아들 야가일로(Ягайло)와 조카 비토브트(Витовт)가 권력을 장악했다.

리투아니아로 루시 영토의 합병의 의미

서쪽과 남서 러시아의 영토가 리투아니아로 합병된 것과 강력한 리투아니아-루시 정부의 수립은 처음에 긍정적인 의미를 가졌다. 합병된 남서의 루시 지역은 북동의 루시 공국들과 달리 파멸적인 타타르의 침략을 모면했다. 루시인들과 리투아아인들은 협력하여 동쪽뿐만 아니라 서쪽의 위협에 저항할 수 있었다.

루시 영토의 높은 문화와 풍부한 국정경험은 리투아니아의 문화와 국가운영에 긍정적인 영향을 미쳤다. 리투아니아인들은 리투아니아에 합병된 루시 땅의 주민들과의 협력을 시도했다. 루시인들은 결코 리투아니아를 외국인이나 침략자로 보지 않았다. 루시 언어는 대공국의 국가 공식 언어가 되었다. 정교회는 강력한 권위를 누렸다. 대공국의 귀족들은 대부분 루시인들로 구성되었다. 리투아니아인들은 점점 더 정교 신앙을 받아들였고 더욱 더 루시 문화의 영향을 받게 되었다.

러시아, 벨로루시, 우크라이나 민족의 형성

13세기 후반에 루시의 각 지역은 분할되었고, 다양한 국가의 국경이 분할된 지역을 나누었다. 북동 러시아는 킵차크한국에 정치적 · 경제적 종속 상태에 있었지만, 그럼에도 불구하고 고대 루시의 문화와 언어를 가장 완전하게 보전했다. 북동 루시의 주민들은 서로 교류할 기회를 가졌다. 교류 과정에서 언어 · 문화 · 관습의 지방적 특수성이 약화되었다. 볼가강 유역, 리투아니아, 발트해 연안의 민족들뿐만 아니라 킵차크한국의 타타르들과의 광범위한 교류로 루시인들은 그런 민족들의 말, 의복, 어떤 관습 등을 모방하기 시작했다. 특히 북동 루시에서 타타르의 영향은 강력했다. 공통된 언어와 경제적인 생활, 문화와 관습의 특수성은 사람들을 단일 **대 러시아 민족**으로 통합시켰다.

남서와 서 루시의 주민들이 폴란드, 리투아니아, 헝가리의 지배를 받았다. 그러나 대부분 정교신앙이 사람들을 통합시켰기 때문에 루시인들은 이러한 국가의 민족들과 융화되지 못했다. 그 당시 북동 루시와 교류를 할 기회를 갖지 못했던 그들은 지방 방언, 관습, 문화 등의 특수성을 유지하였다. 같은 국가 안에서 살았던 여러 민족들도 고대 루시 땅의 주민들에게 큰 영향을 미쳤다. 남서쪽 지역에서 고대 루시어의 지방 방언을 토대로 모든 주민들에게 공통된 언어의 특징들(부드러움과 경쾌함)이 형성되었다. 루시의 서쪽 지방에서 지방 방언의 특징인 역점이 없는 o를 a처럼 발음하는 것과 경음 현상이 나타났다. 대 러시아 풍습과 전통과는 다른 문화, 예술, 음식과 의복의 취향, 특징 등이 형성되기 시작했다. 대러시아, 우크라이나, 벨로루시 민족이 언젠가부터 단일 키예프 루시 민족에서 형성되었다.

리투아니아와 폴란드의 연합

14C 후반에 튜턴 기사단으로부터의 위협이 강화되었다. 그러나 튜턴 기사단은 리투아니아뿐만 아니라 폴란드도 위협하였다. 리투아니아 귀족의 일부는 연합하여 튜턴 기사단에 대항하기 위해서 가톨릭을 신봉하는 폴란드와 통합하기로 결정했다. 1385년에 리투아니아와 폴란드 간의 통합 조약이 체결되었다. 리투아니아의 **야가일로** 대공이 가톨릭교를 받아들이고, 폴란드 왕위 계승자인 공주와 결혼 후에 폴란드와 리투아니아 대공국의 왕을 겸직하기 시작하였다. 그는 가톨릭을 리투아니아 대공국의 국교로 선포하였다.

리투아니아의 폴란드인들과 가톨릭교도들이 받았던 특권이 대공국의 정교 신자들의 불만을 초래했다. 올게르트의 조카인 정교도인 비토브트 공후가 리투아니아의 독립을 위한 투쟁을 이끌었다. 1392년 그는 리투아니아 공국의 독립을 쟁취하고, 대공후가 되었다. 야가일로는 폴란드 왕으로 남았다.

리투아니아의 대공이 된 후 **비토브트**는 본래 루시 땅이었던 영토를 포함하여 자신의 영토를 확대하는 정책을 계속했다. 1404년 그는 리투아니아 대공국에 스몰렌스크를 병합시켰다. 1406년에 리투아니아는 프스코프에 대항하여 전쟁을 시작하였다.

15C 초에 튜턴 기사단에 대항하여 승리한 후, 리투아니아와 폴란드 사이에 새로운 합의가 이루어졌다. 독립과 교환해서 리투아니아는 가톨릭교를 국교로 선포했다. 폴

란드의 가톨릭 성직자들이 몰려왔고, 가톨릭 신자들이 큰 특권을 부여받았다. 이것은 정교도 주민들에게 가장 부정적인 것을 의미했다. 이것은 종교적 · 민족적 박해가 되었다.

결 론

8~9세기에 리투아니아 대공국은 전성기를 누렸다. 특히 이 대공국에는 리투아니아인들 뿐만 아니라 루시인들도 살았다. 루시의 정치적.문화적 전통이 리투아니아 대공국에 강한 영향을 끼쳤다. 그러나 결국 리투아니아와 가톨릭 국가인 폴란드 간의 더욱 더 긴밀한 관계가 형성되었다.

18. 14세기 전반의 북동 루시에서의 모스크바 대공국의 강화

북동 루시의 정치적 확립

남서 루시 지역과 대 리투아니아 공국이 합병될 당시, **북동 루시**는 킵차크한국에 종속된 상태에 있었다. 남서 루시 지역에 수십 개의 공국들이 존재했으며, 15세기 초에 공후들 사이에 정확한 종속 체계가 형성되었다. 블라디미르-수즈달의 왕조의 대표자들 중에서 킵차크한국이 임명한 블라디미르 대공이 우두머리였다. 대공의 공국도 대공의 뒤를 이어 최고위 공국의 위상이 유지되었다. 블라디미르 대공의 칭호를 갖는 것은 매우 존경스러운 일이었다. 게다가 블라디미르 대공은 풍요롭고 비옥한 땅을 소유했다. 그러므로 류리크의 많은 후손들이 어떤 수단과 방법을 다하여 블라디미르 대공의 윤허를 받기를 원했다. 가장 강력한 모스크바, 투베르, 수즈달-니제노브고르드, 랴잔 공국 등이 ≪벨리키(Великий: 위대한)≫이라는 칭호를 부여받았고, 그러한 공국들의 공후들이 대공의 칭호를 받았을 뿐만 아니라 종속관계에 상관없이 블라디미르의 왕위를 차지하기도 했다.

공화제가 확립된 노보고로드와 프스코프는 거대한 중심지가 되었다. 스몰렌스크와 로스토프 등의 공국에서 고유한 독자적인 왕조가 존재했다. 대공들 간의 상호관계는 공후들 각자 간의 특수한 합의로 규정되었다. 대공들은 동등한 권리를 가진 당사자로 합의했지만 자신들을 ≪형제≫로 불렀다. 만약 한 대공이 다른 공후를 강력한 것으로 인정하거나 그를 후원자로 받아들이면 가장 강력한 공후를 ≪아버지≫ 또는 ≪맏형≫ 자신을 ≪어린 동생≫으로 칭하였다. 대공들 아들들에게 분할된 영지들이 각 대공국 내에 존재했다. 소공국들은 자신의 영토를 자율적으로 통치했지만, 대외적으로 대공국과 일치하게 활동해야만 했다.

대공국을 위한 투쟁

1263년에 **알렉산드르 네브스키**가 43세의 나이로 죽음을 맞이한다. 깁차크한국의 한들은 블라디미르 대공국의 권한을 **트베르**(트베르 공국은 1247년에 네브스키의 막내 동생 야로슬라프에게 분할되었다)공후에게 넘겨주었다. 트베르 공국은 빠르게 강대해졌다. 공국의 수도 트베르는 맨 먼저 재건된 루시의 도시들 중 하나로 석조 건물이 있었다. 하지만 트베르 공국의 경쟁자인 모스크바 공국이 등장했다. 1276년에 알렉산드르 네브스키의 막내 아들인 15세의 **다니일 알렉산드로비치**(1276~1303)가 모스크바의 공후가 되었다.

처음에 적은 영토를 차지했던 모스크바 공국의 주요 목적은 영토 확장에 있었다. **다니일**(**Даниил**)은 랴잔 공국으로부터 오카강으로 흘러가는 모스크바강 지류 곁에 위치했던 콜롬나에서 세르프호프에 이르는 랴잔의 땅을 빼앗았다. **다니일**은 자손이 없는 삼촌이 자신에게 양도했던 페레슬라프 공국을 합병하여 모스크바의 영토를 확장했다.

다니일의 아들 **유리**(Юрий: 1303~1325)는 모스크바강 상류에 위치한 모자이스크를 스몰렌스크 대공으로부터 되찾았다. 그런 방식으로 14세기 초까지 모스크바 공후들은 모스크바강 유역의 모든 땅을 차지하게 되었다. 그들의 영토는 거의 3배가 증대되었지만, 트베르 공국과 비교하면 크지 않았다. 그럼에도 불구하고 유리 다니일로비치는 대 블라디미르 공국의 대공이 되기로 마음먹었다. 전쟁에서 트베르를 이기기 어렵다고 판단한 모스크바의 교활한 통치자는 킵차크한국의 한인 우즈베크(Узбек)을 자신의 편으로 유인하기로 결정했다. 그는 2년 동안 사라이에서 머물면서 한의 누이인 콘차카(Кончака)와 결혼했고, 루시 땅의 조공을 증대할 것을 약속했다. 한은 자신의 모스크바 친척인 다니일에게 대공으로 임명하는 허가장을 주었다.

유리 대공이 한의 사절과 동행하여 루시에 나타났을 때, 트베르 대공 미하일 야로슬라비치는 한의 명령을 거절하고, 모스크바 군대를 격퇴시켰다. 불행하게도 모스크바 대공의 아내가 포로가 되어 곧 죽음을 맞이했다. 유리 대공은 킵차크한국으로 도주하여 자신의 아내 콘차카를 독살했다고 미하일을 비난했다. 미하일은 킵차크한국으로 소환되어 사형 판결을 받았다. 그러나 오래 지나지 않아 모스크바 대공이 승리를 거두었다. 7년 후에 그는 킵차크한국에서 처형당한 미하일의 아들에게 살해되었다. 트베르로부터 복종을 받아 내기 위해서 한 우즈베크는 잘 무장된 타타르 군대와 함께 자신의 친척 촐한(Чолхан)을 바스카크(조공의 징수자)로 보냈다.

이반 칼리타의 통치

유리 사후 모스크바 대공의 자리는 그의 동생 이반 다닐로비치 **칼리타**(1325-1341)에게 넘어갔다. 절약과 재산 때문에 그는 러시아에서 허리에 차는 돈주머니라는 별명이 붙었다. 이반 대공은 패배와 형의 죽음에 굴복하지 않았다. 그는 유리 다닐로비치처럼 목적을 달성하기 위해 킵차크한국을 이용하려고 시도했다.

1327년 트베르에서 타타르 한의 대리인 촐한의 강압으로 폭동이 일어났다. 혐오스런 감시인이 살해되고, 그의 부하 병사들도 살해되었다. 이반 칼리타는 즉시 자신의 권력 강화를 위해 상황을 이용했다. 그는 타타르 한 우즈베크에게 가서 타타르 군대를 데리고 러시아로 돌아왔다. 여러 루시 공국들을 통과하면서 모스크바 대공은 트베르 군대를 물리쳤다. 이반 칼리타는 블라디미르 대공의 자리에 오를 허가장을 받았고, 한을 위해 전 루시의 땅에서 세금을 거둬들일 권리를 받았다.

사라이 한 면전의 이반 칼리타

이반 칼리타

이반 칼리타는 자주 사라이에 다녀오곤 했다. 그는 한, 그의 아내와 궁중귀족들에게 뇌물을 받쳤고, 외향적인 충성과 존경을 보존했으며, 정확히 조공을 바쳤다. 이런 행동은 한들에게 루시에 대한 새로운 응징원정을 위한 구실을 주지 않았다. 루시 땅도 경제 부흥과 발전을 위해 불가피한 안정을 제공받았다. 모스크바 공국은 이반 칼리타 통치 시대에 루시에서 가장 강대해졌다. 공후들 중 누구도 이반 칼리타로부터 대공의 자리를 뺏으려 하지 않았다. 그는 조공의 총 징수인으로 한에게 받치는 조공의 일부를 빼돌릴 기회를 가졌고, 루시에서 가장 부유한 사람이 되었다.

로스토프, 갈리츠크, 벨로제르, 우글리치 공후들이 그에게 굴복하였다. 그는 블라디미르 대공의 자리를 부여받았고, 동시에 노보고로드의 대공이 되었다. 그는 노보고로드 귀족들과 도시민의 일부의 불만을 진압했고, 대노보고로드 공국의 생활에 공후의 권한의 영향을 크게 확대했다.

이반 칼리타 통치시대의 모스크바

대공의 자리에 오를 허가장을 받았을 때, 이반 칼리타는 수도를 블라디미르로 옮기지 않고 모스크바에 남겨두었다. 그는 자신의 수도를 매우 좋아했고, 무엇보다도 블라디미르에 뒤지지 않도록 노력했다. 대공은 전 루시에서 가장 뛰어난 장인들, 건축가들, 수공업자들을 모스크바로 초대하였다. 그 시기에 모스크바는 국제적인 다민족 도시가 되었다.

이반 칼리타는 한과 정치적 · 무역적인 협력을 구축하였다. 많은 타타르인들이 영구 거주를 위해 모스크바로 이주했다. 모스크바 남부지역에 타타르들의 생계를 위한 특수 거주지가 할당되었다. 그것과 더불어 통역관들도 등장하였다. 모스크바에 온 타타르를 대접하고, 영접하고, 동행하는 임무를 수행해야 했던 사람들과 대공의 하인들도 등장했다.

15C 초에 모스크바의 타타르인들은 이교도들이었다. 남모스크바와 타간시의 크지 않은 광장에 종교 의식을 거행하기 위한 이교도 우상들이 세워졌다. 타타르들이 무슬림으로 개종한 후에 우상들은 파괴되었고, 이슬람 사원들이 건축되었다.

부유한 모스크바의 공후는 그리스 정교의 수도사들을 모스크바로 초빙했다. 그들은 그리스 정교의 수도원들에 성물을 주기위해 왔다. 그들 중 많은 이들이 모스크바에 살려고 남았다. 이반 칼리타 시대에는 최고와 중간의 성직의 대부분이 그리스 출신 승려들로 채워졌다. 그러한 영향으로 소식(известь), 침대(кровать), 가로등(Фонарь), 망루모양의 집(терем), 초(уксус), 도둑(вор) 등의 많은 그리스어 단어들이 러시아어에 침투되었다.

1339년부터 1340년까지 이반 칼리타는 크레믈(Кремль: 성)을 확장하여, 견고한 외벽과 탑으로 둘러쌌다. 모스크바의 다른 건축물들은 목재로 건축되었다. 도시는 자주 화재로 인해 황폐하게 거칠어져만 갔다. 그래서 이반 칼리타는 석조 교회와 사원을 건축하라는 명령을 내렸다.

모스크바 성장의 원인들

동북 루시에서의 패권을 위한 투쟁에서 모스크바는 트베르 공국과 거의 대등해졌다. 모스크바와 트베르 공국은 무역로의 교차점에 있었다. 양공국의 영토는 울창한 삼림과 또 다른 공국의 영토로 에워 쌓여 있었기 때문에 서쪽과 동쪽의 공격으로부터 잘 방어되어 있었다. 하지만 모스크바 공후들은 더 안정된 통치를 했다. 그들은 타타르 한과의 좋은 관계를 형성할 수 있었다. 1293년부터 거의 100년 동안 모스크바는 타타르의 공격을 받은 적이 없었다. 모스크바의 공후들은 자신의 소유지와 부를 확장하기 위해서 다양한 상황들을 대담하게 이용했고, 뇌물, 거짓말, 강압 등을 주저하지 않고 사용했다. 그들은 가득 채워진 두둑한 돈 자루를 들고 갔고, 대공의 자리에 오를 수 있는 허가장을 받기 위한 기회를 자신들의 경쟁자들에게 남기지 않았다. 외부의 적으로부터 멀리 떨어져 있고, 타타르의 한들로부터 보호를 받았다는 사실은 다른 영토의 주민들을 모스크바로 끌어드렸다. 귀족들도 부유하고 잘 베푸는 모스크바의 대공에게 충성을 받쳤다.

모스크바 공국이 러시아 정교회의 지원을 받았다는 것은 큰 의미를 가졌다. **이반 칼리타**는 대주교 표트르에게 블라디미르에서 모스크바로 이주할 것을 설득했다. 1326년에 크레믈에 러시아 정교의 수장의 거처가 되었던 석조건물인 우스펜스키 사원이 건축되었다. 대주교가 살았던 도시가 루시 땅의 수도로 간주되었기 때문에 이것은 매우 중대한 사건이었다.

우연한 요인들도 모스크바의 성장을 촉진시켰다. 모스크바 공후들에게는 후손이 많지 않았다. 이 때문에 다른 공국들과 다르게 모스크바 공국은 아버지가 장남에게 권력을 넘겨주는 **확고한 계승절차**가 확립되었다. 이것 때문에 모스크바 공국은 다른 대공국들의 국력을 약화시키는 분열을 피할 수 있었다. 게다가 사실상 이반 칼리타의 모든 아이들과 손자들을 말살시킨 잔인한 전염병은 이반 칼리타의 가족을 용서하지 않았다. 칼리타의 남자 후손 중에서 유일한 손자인 드**미트리 이바노비치**만이 살아남았다.

타타르의 한들도 경솔하게 처신했다. 모스크바의 공후들에게 조공의 징수를 위임하고 다른 루시들과의 싸움에서 항상 그들의 편을 들어주었던 킵차크한국도 모스크바 공국의 강화를 촉진시켰다.

결 론

이렇게 모스크바 공후들의 정치적 성공은 다른 공국의 위에 모스크바 공국의 위치를 올려놓았다. 모스크바 공국은 루시에서 가장 강력한 정치적 중심지 중의 하나가 되었다. 모스크바 공국은 또한 루시 땅의 종교적 중심지로도 변했다.

19. 14세기 후반 루시영토의 팽창

북동 루시 땅의 통일의 중심인 모스크바

1359년 모스크바 왕좌는 이반 칼리타의 9번째 손자인 드미트리 이바노비치(1359~1389)가 차지했다. 물론 어린 아이가 독립적으로 공국의 통치를 맡는다는 것은 불가능한 일이었다. 따라서 모스크바 대귀족의 우수한 아들인 대주교 알렉세이가 대신 통치하게 되었다. 그는 타타르 한이 나이에 비해 성숙하지도 현명하지 못한 소년인 드**미트리**를 블라디미르 대공으로 인정해 주도록 적지 않은 힘을 보태었다.

알렉세이는 이반 칼리타의 정책을 계승하였고 모스크바의 주위의 루시 땅을 습득해나갔다. 모스크바 공국은 주위의 주요 경쟁자들인 수즈달, 니즈니 노보고로드, 트베르, 그리고 랴잔 공국을 굴복시켰고 리투아니아의 세 번의 모스크바 원정을 격퇴했다.

자신의 입지를 확고하게 다진 후에 드**미트리 이바노비치**는 모스크바 지배하의 지역에서 공국 간의 분열을 허용하지 않았고 공후들 간의 내분을 처벌하기 위해서 모스크바 공국의 군대를 파견했다. 교회가 칼리타의 손자를 돕기 위에 나섰다. 대주교와 다른 교회 성직자들은 모스크바의 사절로 다른 공국으로 가서 공후들에게 평화를 요구했다. 순응하지 않은 공후들을 복종시키기 위해서 대주교는 자주 극단적인 조치를 취했다. 특정한 공국에서 교회미사를 거행하는 것을 금지했다. 이것은 사람들이 신생아들에게 세례를 줄 수 없었고, 결혼식도 할 수 없었고, 죽은 사람을 위한 장송곡도 부를 수 없었다는 것을 의미했다. 민중들의 분노를 두려워한 공후들은 모스크바의 조건들을 수용하지 않으면 안 되었다. 성삼위일체 수도원의 창립자인 세르기이 라돈네쉬스키(СергийРадонежский)는 그 당시에 누렸던 루시 땅에서의 큰 권위를 이용했다. 그는 모스크바의 사절로서 랴잔 공후에게 평화에 응하라고 설득하여 모스크바와 랴잔 공국간의 오래된 적대관계를 끝낼 수 있었다.

루시 해방을 위한 투쟁을 준비하다

루시인들은 타타르 한에 대한 두려움에서 벗어나기 시작했고, 이반 칼리타 통치시대부터 타타르는 루시에 대한 공격과 유린을 중단했기 때문에 사람들은 타타르에게 조공을 받치고 한의 지시에 굴복하는 것을 굴욕적으로 여기는 것 같았다. 그들은 독립을 쟁취하기 위해서 무장을 준비했다. 민중들의 의식 속에 변화가 일어났다. 과거에 루시인들 특히 도시민들이 키예프에서 독립하여 자신들의 공후를 가지기를 원했다면, 지금 루시인들은 단결함으로써만 혐오스러운 점령자로부터 독립할 수 있다는 것을 이해하기 시작했다. 많은 루시인들은 자신의 희망을 모스크바 공후와 연결시켰다.

할아버지와 달리 드**미트리**는 타타르 한에게 저항하는 분위기 속에서 자랐다. 블라디미르 대공의 자리에 오르는데 필요한 한의 허가장을 차지하기 위해서 아직 어린 아이였을 때 두 번이나 그는 수즈달-니제고로드 공후에 대한 군사 원정에 참가했다. 그는 루시 공후들 중에 처음으로 블라디미르 대공자리를 트베르 공후에게 넘기는 것을 거절하면서 한에 대한 공개적인 저항을 보여주었다.

수많은 공국들을 복종시킨 후에 모스크바 공후들은 원래의 자신들의 군대뿐만 아니라 다른 공후들에 종속된 군대까지 고려하는데 익숙해졌다. 리투아니아와 라쟌에 대한 승리는 타타르들과 대적할 수 있다는 자신감을 가져다주었다. 더구나 타타르는 내부의 분열 때문에 크게 약화되어 있었다.

1350년대 말에 내란의 결과로 킵차크한국은 서쪽과 동쪽의 두 부분으로 나뉘었다. 영악하고 교활한 사령관인 **마마이**가 서쪽 부분을 차지했다. 그는 징기스칸의 후손이 아니었기 때문에 한의 자리에 대한 권리를 가지지 못했지만, 그의 재량에 따라 한들을 내세우고 퇴진시켰다.

루시에 대한 마마이의 군사원정

1370년대 중엽에 마마이는 얼마동안 내란을 중지시키고 킵차크한국의 군사력을 강화시킬 수 있었다. 하지만 자신의 영향력을 강화시키기 위해서 그는 무엇보다 루시에 대한 지배력을 회복하여 자신이 위대한 징기스칸의 과업의 계승자임을 입증하지 않을 수 없었다.

킵차크한국에 공개적인 저항을 보인 후에 드미트리 공후는 결전을 준비하기 위해서 군사력을 강화하기 시작했다. 그는 자신의 친위대를 증강시켰고, 다른 공후들과의 군사적 합의를 맺었고, 남쪽으로 멀리 타타르의 의도와 그들의 루시에 대한 원정로의 소재지를 탐지하기 위해 척후병들을 보냈다.

루시 군대와 킵차크 한국의 군대간의 접전은 1378년 8월 11일에 랴잔 땅 보쉬 강변에서 있었다. 모스크바의 공후는 용감하게 자신의 군대를 전투에 지휘하여 타타르군을 격퇴할 수 있었다. 게다가 드미트리는 한에게 조공을 지불하는 것을 거절하였다.

마마이는 자신의 패배와 조공의 상실을 체념할 수 없었다. 단기간에 대규모 군대가 동원되었다. 거기에는 타타르 군대뿐만 아니라 한에게 예속되어 있는 볼가강 연안과 카프카스 출신의 부대와 전 유럽에서 모아진 용병들까지 포함되어 있었다. 다양한 자료에 따르면, 마마이 군대는 10만 명에서 15만 명으로 추정되었다. 자신들의 부대를 마마이에게 보내기로 공언했던 리트바(오늘날의 리투아니아)와 랴잔 공국도 마마이의 동맹군이 되었다.

드미트리 이바노비치는 적지 않은 군대를 모았다. 그의 지도하에서 루시 땅에서 동원된 공후들의 친위대와 민병대들이 통합되었다. 모스크바의 적인 리트바 공후인 야가일로의 형제들인 폴로츠크와 브랸스크 공후들도 드미트리 연합군에 참여했다. 연대기의 증거에 따르면 루시 군대는 마마이 군대보다 숫자가 적지 않았다. 루시 군대의 대분은 모스크바인들로 구성되었다.

쿨리코보 전투

타타르 군대와 랴잔과 리투아니아 군대의 연합군을 막기 위해서 드미트리는 신속하게 **마마이** 군대를 향하여 돈강으로 이동했다. 작전회의에서 모스크바 공후의 주장에 따라 돈강을 건너서 네프랴드바강 하구에 있는 **쿨리코보 벌판**에서 전투를 벌이기로 결정되었다. 돈강과 깊은 협곡을 배후로 남겨 두고 루시의 군대는 최후까지 전투를 벌이지 않으면 안 되었다. 적의 공격했을 때 돈강을 건너 후퇴하기는 불가능했다.

정교회는 모스크바 민병대에게 큰 지원을 보여주었다. 전설에 따르면 전투 전야에 드미트리는 성삼위일체 세르기예프 사원을 방문했다고 한다. 그는 한과의 전투에 대해서 대주교 **세르게이 라존네시스크**의 축복을 받았다. 대주교 세르게이는 조국의 해방이 속세를 떠난 수도승들과도 관계된 일이라는 것을 보여주기 위해서 수도승 영웅 페레스베트와 오슬랴바를 드미트리에 딸려 보냈다.

드미트리는 자신의 군대를 다음과 같이 배치하였다. 중앙에는 큰 군대를, 전면에 선두를, 측면에는 좌군과 우군을, 좌군 뒤의 숲에는 매복부대를 배치했다. 평범한 무사의 갑옷으로 갈아입은 공후자신이 주요한 대부대의 지휘관이 되었다.

출전전 드미트리

쿨리코보 벌판의 전투

1380년 10월 8일 아침에 쿨리코보 벌판에서는 격렬한 전투가 전개되었다. 전설에 따르면 전투는 타타르 한의 영웅인 첼루베야와 러시아의 수도사인 페레스베타간의 결투로 시작되었다. 말들을 쫓아 버린 후에 매복병들 앞쪽에서 양자는 창을 들고서 필사적으로 싸웠고 쓰러져 죽었다. 결투 후에 몽골 부대가 선두부대를 공격했다. 이 선두의 병사들은 완강하게 싸웠지만, 적의 우세에 압도당했다. 전투에서 큰 손실을 입었지만, 그의 병사들 중에서 아무도 물러서지 않았다. 타타르 군의 맹렬한 공격에도 불구하고 그는 버티었다. 그 때 마마이는 좌군을 공격하여 러시아 군에게 중대한 손실을 입혔다. 공격을 강화하면서 타타르 군은 주력부대를 포위하기 시작했고 자신들의 측면과 배후를 매복군에게 노출시켰다.

가장 성공적인 순간을 선택한 후에 군사령관 드미트리 보브로크와 세르푸호프(Серпухов)의 공후 블라디미르 안드레예비치가 지휘하는 복병이 적을 습격했다. 새로운 루시 군대의 출현을 예상하지 못한 타타르 군대는 서둘러서 후퇴하기 시작했다. 곧 드미트리의 남은 군대들도 공격으로 전환하여 마마이 대군의 격퇴를 촉진시켰다. 한의 군대들은 벌판의 전투에서 도주했다. 루시군의 기병대가 추적하여 마마이 군대를 쿨리코보 들판에서 50 베르스트(1Верста: 1,067Km)거리까지 추격했다. 이 승리의 영광을 기리기 위해 루시인들은 드미트리 공후를 돈스코이(Донской)로 불렀다. 세르푸호프의 블라디미르 안드레예비치 공후에게는 흐라브리이(Храбрый: 용맹한)의 별명을 붙였다.

토흐타미시(Тохтамыш)의 침입과 쿨리코보 전투의 의미

쿨리코보 전투는 모스크바 공국의 국력을 약화시켰다. 킵차크한국의 새로운 한인 토흐타미시는 이것을 이용하였다. 대군을 모은 후에, 그는 1382년에 모스크바로 진격하였다. 타타르의 군사원정에 대해서 알고 난 후에 드미트리는 군대를 모으기 위해 북쪽의 볼가강 연안의 도시로 떠났다. 루시 공후의 대다수는 마마이와 달리 토흐타미시를 합법적인 한으로 인정했기 때문에 **드미트리 돈스코이**를 지지하지 않았다.

토흐타미시는 드미트리보다 먼저 모스크바에 도착하였다. 블라디미르, 모스크바, 드미트로프 등의 도시들이 파멸을 당했다. 하지만 드미트리 군대의 군사원정을 두려워하면서 타타르 군대는 남쪽으로 돌아갔다. 세르푸호프의 공후 블라디미르 흐라브리이는 타타르의 부대 중의 하나를 볼로코람스크 인근에서 공격을 하여 격퇴시켰다.

킵차크한국과의 소모전에 끌려들지 않고 모스크바 공국에게 힘을 결집시킬 기회를 주기 위해서 드미트리 돈스코이는 조공의 지불을 재개했다. 타타르의 한은 모스크바에게 루시의 정치적 중심과 상속으로 계승되는 대공국에 대한 모스크 왕조의 권리를 인정해 주었다.

쿨리코보 전투의 승리는 한의 통치권의 완전한 타도를 초래하지 못했지만 큰 의미를 가졌다. 처음으로 루시 군대는 타타르의 개별군대가 아니라 킵차크한국의 연합군인 주력군에 대해서 승리할 수 있었다. 이러한 승리는 루시인들의 마음속에 자신들의 군사력에 대한 믿음을 회복시켜 주었다. 모든 사람들에게 전 루시의 땅의 통일과 단일 지도력 하에서의 연합된 투쟁이 혐오스러운 지배에서 벗어 날 수 있는 유일한 수단임을 입증했다. 쿨리코보 전투에서의 승리는 킵차크한국의 붕괴를 촉진시켰다. 모스크바의 강력해짐과 통일된 루시 국가의 형성에서 모스크바의 주도적인 역할이 이 전투의 승리의 또 다른 중요한 결과이다.

결 론

드미트리 돈스코이 통치시대에 모스크바 공국은 북동 루시에서 자국의 위상을 더욱 더 굳건히 했다. 쿨리코보 전투에서의 승리는 모스크바를 타타르 정복자들에 대항한 루시인들의 해방운동의 중심지로 전환시켰다.

20. 13~14세기 후반 루시 땅에서의 문화의 발달

북동 루시 지역의 문화부흥의 시작

바투의 침입과 엄격한 한의 통치는 러시아 문화에 막대한 손실을 가져왔다. 교회와 수도원은 폐허가 되었다. 성상과 교회의 집기도 파괴되었다. 무엇보다 장인들이 죽거나 포로로 잡혀갔다. 수많은 형태의 수공업품들이 사라졌다. 수 만권의 서적들이 파손되고, 도서관들과 학교들이 소실되었으며, 연대기의 편찬도 중지되었다.

그럼에도 불구하고 타타르의 정복자들은 루시 문화를 파괴할 수는 없었다. 고대 루시의 정신적 전통은 너무나 견고했고 확고했다. 14세기 후반부터 루시 땅의 분열의 점차적인 극복과 통일된 루시 문화의 부활이 시작되었다. 이것은 몽골의 침략으로 한 지역에서 다른 지역으로의 수많은 사람들의 이주, 북쪽과 북동 지역에서의 새로운 영토의 습득, 북동 루시의 경제적 발전의 성공에 의해서 가능해졌다. 이때 즘에 정치적 · 문화적 생활의 중심이 점차적으로 킵차크한국에 대한 투쟁을 주도했던 모스크바로 옮겨갔다. 지방의 문화적 고유성이 여전이 보존되었지만, 루시 땅의 통일 사상과 킵차크한국의 지배에 대한 투쟁은 전 루시 지역에서 주도적인 것 중의 하나가 되었다. 이러한 이상은 민족 구술 문학과 문학, 회화, 건축의 작품을 통해 일관되게 연속적으로 제기되었다.

서적출판과 연대기

15세기에 러시아에 자작나무 껍질보다 쓰기가 훨씬 편안하고 수피보다 훨씬 값이 싼 소재인 종이가 수입되기 시작했다. 종이의 출현과 함께 서적은 더 저렴하고 부피가 더 커졌다. 집필 수요의 증대와 종이의 출현은 필기법의 변화를 초래했다. 사각형의 자모가 정밀하고, 우아하게 기입되는 정자체 대신에 거침없고 자유로운 필기인 행서체가 유행했다. 서적출판의 가장 큰 중심지는 필사공장과 수백 권의 책을 보관했던 도서관이 있었던 수도원이었다. 공후들도 공후 소유의 필사공장을 가졌다.

13~14세기 말에 노브고로드, 수즈달, 로스토프 같은 새로운 연대기 편찬의 중심지들이 생겼다. 이곳에서 편찬된 연대기들은 통치하고 있던 이런 저런 공후 가문의 입장에서 해명한 현지의 사건들에 많은 주위를 기울였다. 그럼에도 불구하고 모든 연대기에는 하나의 공통된 이념인 타타르 정복자들과의 투쟁을 위한 루시 땅의 통일의 불가피성이 주창되었다. 1325년부터 연대기는 모스크바에서도 편찬되기 시작했다.

구전민담과 문학

15세기에 영웅을 묘사한 서사시가 최고 번성기에 도달하게 된다. 서사시의 작가는 통일과 정복자와의 투쟁을 분명하게 강조하기 위해서 나라의 영광스러운 과거, 키예프 루시 시대의 루시의 전통에 호소했다. 선호되는 서사시의 주인공은 블라디미르 크라스노에 솔니쉬코 공후였다. 서사시 속에서는 수도인 키예프가 루시 국가의 통일의 구체화로 제시되고 있다. 노브고로드의 서사시는 특유의 독특함을 유지했다. 노브고로드의 용감한 장사꾼인 바실리 부슬라예비치와 부유한 손님인 사드코는 자유

애호가들과 부자들의 영웅들이었다.

이 시기에 구전민담의 새로운 장르인 역사적인 노래들이 형성되었다. 이것은 일어난 역사적인 사건들에 대한 사람들의 직접적인 표현이었다. 이러한 작품의 주인공들은 정복자들과의 투쟁에서 공을 세운 평범한 사람들이었다. 보통 사람들로서 전투에서 정복자와 함께 위업을 남긴 인물들이다. 예를 들면, 아브도티에-랴자노츠크에 대한 노래는 랴잔의 주민들을 포로에서 구출하고 도시를 새롭게 부활시킨 보통 도시민에 대한 이야기를 담고 있었다. 시문학에 있어서는 1327년에 한의 대리인에 항거하여 봉기한 트베르 주민들의 반란에 대한 시적 표현인 쉘칸 두덴데비치에 대한 노래이다. 이 노래에는 정복자에 대한 승리의 필연성에 대한 확신감이 투영되었다.

슬프고 서정적인 민요들은 포로로 잡혀간 러시아 처녀들에게 헌정되었다. 타타르의 포로로 잡혀가서 조국의 정신과 믿음을 간직한 정숙하고 당당한 미인들의 운명에 대해서 말하면서 민요 작가들은 외국의 압제 하에서 고통 받고 있는 루시를 상상했다.

13~14세기 가장 널리 유포된 루시 문학 장르 중 하나는 무용담이었다. 이러한 장르의 작품의 바탕에는 구체적인 역사적 사실과 사건들이 깔려 있었고 실제적인 역사적 인물들이 등장했다. 이 장르의 작품의 기초가 된 것은 사실적인 역사적 사실과 사건이었으며, 등장인물은 역사적 실존 인물들이었다. ≪타타르에 의한 라쟌 파멸에 대한 이야기≫는 뛰어난 기념비적 문학작품이다. 이 이야기에는 랴잔의 침입과 파괴와 공후 가족의 비극적인 운명에 대해서 묘사되고 있다. 이 무용담은 적에게 공포를 준 친위 대원인 예브파티 콜로브라트와 그의 부대에 대한 이야기를 포함하고 있다. 작품의 기본 사상은 다음과 같은 말속에 표현되었다. ≪불결한 의지 속에서 구차하게 사는 것보다는 삶을 포기하는 게 더 낫다≫.

건 축

13세기 말에 러시아에서는 석조 건축의 붐이 다시 유행했다. 트베르에는 블라디미르의 우스펜스키 사원의 양식을 모방한 스파스-프레오브라제니예(Спас-Преображение)사원이 건축되었다. 14세기 후반의 초기에 모스크바에 석조 건물이 건축되기 시작했다. 이반 칼리타 시대에 모스크바 크레믈에 우스펜스키 사원, 아르한겔스키 사원, 이반사원, 그리스도 사원 등이 건축되었다. 1367년 모스크바에 북동 루시 전역에서 유일한 백석의 크레믈의 재건축은 모스크바의 정치적 위력의 증거가 되었다. 쿨리코보 전투 전의 모든 모스크바의 사원들보다 규모가 훨씬 큰 우스펜스키 사원이 건축되었다. 건축물들은 모스크바의 수도의 위치의 우월성을 강조할 목적으로 블라디미르 건축전통에 따라 건축되었다.

노브고로드는 석조 건축의 중심지 중의 하나가 되었다. 14세기 후반에 노브고로드 양식의 전형이 된 사원들인 일리나 거리의 표도르 스트라틸라트(Федор Стратилрат)교회와 구세주 교회가 건축되었다. 12~13세기 노브고로드 교회의 엄숙한 외관과 달리 이 교회들은 내외부의 쾌적함, 정연함, 장엄함으로 감동을 준다. 능숙한 장인들이 전면을 십자가 조각된 3각형 홈에 프레스코 양식의 벽화가 그려진 벽장으로 장식했다.

프스코프의 건축물은 14세기 중엽 노브고로드의 성과는 다른 독특함으로 두드러졌다. 프스코프의 땅은 루시의 변경에 위치해 있기 때문에 이곳에서는 방어 건축물이 크게 발전되었다. 1330년에 도시 가까이에 루시 전역에서 가정 큰 군사시설 중이 하나가 된 이즈보르스크 요새가 건축되었다. 프스코프에 거대한 석조 성곽이 축조되었는데, 그 벽의 평균 길이가 거의 9km에 달했다. 모든 프스코프의 건축물들은 준엄하고 간결한 요새 모습을 갖추었다.

회 화

14세기부터 러시아 회화의 전성기가 시작되었다. 처음에 노브고로드에서 다음은 모스크바에서 활동했던 페오판 그렉(Феофан Грек)은 러시아 회화의 발전에 커다란 공헌을 했다. 그는 1370년대에 이미 유명해진 화가로서 비잔틴에서 루시로 와서 새로운 조국에 자신의 모든 빼어난 기법을 전해 주었다. 이 거장의 가장 뛰어난 작품들 중 하나는 노브고로드 일리나 교회의 프레스코 벽화이다. 그의 종교적 주제는 비잔틴 회화의 독특한 기법에서 실현되지 않았다. 그의 작품에서 인간의 성격과 내면세계에 대한 거장의 관심이 감지되었다. 그는 대담하게 빛의 단계 가지고 실험을 하여 성자들의 상을 묘사하였기 때문에 성자들은 고정된 자세로 정지된 상태로 보이지 않고 마치 움직이고 있는 것처럼 보였다. 특정한 자세로 마치 움직이는 것처럼 보였다. 돈스코이의 성모 마리아 상이 가장 독장척인 창작물이다. 이러한 형식은 전통적으로 어두운 암적색의 감마에서 창조되었는데, 그 거장은 얼굴 근처의 화려한 바실리 조각으로 활력을 불어넣었다. 마리아와 어린아이의 얼굴 자체도 푸른 빛, 녹색 빛과 붉은 빛의 역동적인 모자이크로 묘사했다. 성모마리아는 결코 향락적이고 속세적인 이미지를 받지 않았다.

모스크바에서 페오판 그렉은 바실리 드미트리예비치(ВасилийДмитриевич) 대공의 크레믈 안에 있는 사원인 성탄 교회의 지도를 그렸고, 아르한겔스크 사원의 프레스코화를 창작했다. 하지만 그의 대표작은 블라고베센스크(Благовещенск) 성당의 성상 제작이었다. 14세기 말에 독창적인 문화현상으로서의 성상들이 루시 교회에 등장했다.

루시 성상의 휘장은 사원의 내부 장식의 일부분으로 보였다. 몇 줄로 나열된 성화들이 높은 벽 즉 방의 나머지 부분과 격리된 성단을 형성하였다. 성화들은 엄격한 질서로 배치되었다. 아랫줄에는 성자나 교회가 건축된 날을 기념하는 날의 성화들이 배치되었다. 그 뒤로 중앙에 예수님이 있고, 옆에는 기도하는 자세의 성모 마리아, 사도행전이나 대천사, 교회 성직자들이 묘사된 성화가 있는 줄이 뒤따랐다. 블라고베센스크 성당에는 페오판의 숙련된 기술로 제작된 25점의 성화들이 있었다.

결 론

14세기 말에 루시문화의 부흥이 일어났다. 이것은 루시 땅의 문화적 통일의 과정과 관련이 있으며, 타타르 군대와의 쿨리코보 전투에서 거둔 대승으로 촉발된 민족적 자긍심의 토대가 되었다.

제5장
15세기 러시아의 중앙집권국가의 형성과 강화

21. 15세기 초반의 모스크바 공국

토지소유제도의 변화

15세기 전반부에 루시에서는 중앙집권국가의 형성을 촉진시킨 중요한 경제적 변화가 일어났다. 모스크바 대공들의 통일 정책은 모스크바 공국의 영토 확장뿐만 아니라 토지소유제도의 변화 즉 훨씬 더 넓은 지주계층의 출현을 초래했다.

우리는 대 토지 소유는 이미 고대 루시 국가에서도 나타났었다는 것을 기억하고 있다. 그것은 공후들의 개인 소유였으며, 세습영지 즉, 영주의 상속토지들이었다. 모스크바 대공국에서는 많은 공국의 영토와 토지들이 모스크바 대공국의 영토로 통합됨에 따라서 토지소유의 새로운 형태인 봉토가 출현하였다. 모스크바 대공들은 모스크바에 적대적이었던 세습영지의 소유자들의 토지들을 탈취하여, 그곳에 대공을 보좌했던 사람들을 이주시켰다(≪испомещали≫라는 단어로부터 ≪поместье≫라는 단어가 생겼다). 이런 사람들을 봉토지주라고 부르기 시작했다. 세습영지(вотчина)와는 달리 봉토(поместье)는 공후를 위해서 봉직을 수행하는 조건으로 부여되었고, 상속되지 않았다.

≪녹봉식≫ 토지소유의 출현과 이것의 빠른 성장은 지지기반이 될 수 있었던 봉직계층을 확대시키려는 모스크가 공후들의 노력과 관련이 있었다. 봉토귀족들의 부와 그들의 소유지의 규모는 전적으로 대공에 달려 있었다. 그러기 때문에 그들은 공후의 권력의 강화와 통일 국가의 건설에 관심을 가졌다.

대 귀족들의 세습영지가 모스크바 대공국의 영토의 대부분을 차지했다. 대귀족 가문들은 자신들의 토지들을 한 세기가 채 못 되는 기간 소유했다. 그들의 선조들은 블라디미르 공후들로부터 충성에 대한 대가로 세습영지를 받았다. 대 세습 영주들은 자신의 소유지를 확대하려고 노력했으나, 공후들 간의 합의 조건에 따라 그들은 다른 공국의 영토 내의 땅을 살 수 있는 권리를 가질 수 없었다. 그래서 대 귀족들도 통일국가의 형성에 관심을 가졌던 것이다.

교회의 토지소유가 증대되었다. 수도원들, 대주교, 주교들은 세습 영주들의 토지를 매점 하는데 힘썼고, 의무의 대가처럼 토지들을 받았다. 그러나 교회는 대부분 기부방식으로 땅을 받았다. 그 당시의 사람들은 교회에 재산을 기증하면 면죄부를 받고 지옥에 가는 것을 면할 수 있다고 생각했다. 교회는 항상 대 토지 소유자로 변신한 모스크바 대공들의 통일정책을 지지하였고, 그것에 더욱 더 많은 관심을 가지게 되었다.

수공업의 발전

15세기에 모스크바 대공국의 경제는 급격하게 발전했다. 모스크바는 루시의 최대의 수공업 중심지로 변화하였다. 다른 도시들 중에서 모스크바는 무엇보다도 대 장인의 숙련된 기술을 필요로 했던 희귀하고 복잡한 수공업들이 집중된 것으로 두드러졌다.

특히 모스크바는 병기공으로 유명했다. 병기공들은 무기 만드는 특별구역에서 살면서 자신들의 일에 종사했다. 루시에서 총포는 서유럽과 같은 시기에 등장했다. 무기생산과 함께 모스크바에서는 대장간 일이 발달했다. 14세기 초반에 이미 모스크바는 주조업에서 특히 금속가공의 독특하고 어려운 기술의 습득에서 다른 러시아 도시들을 능가하기 시작했다.

모스크바의 귀금속 제조와 은세공을 하는 장인들은 높이 평가받았다. 특히 러시아 귀족 의상의 특별한 장식품인 값비싼 허리띠의 생산이 전문화되었다. 이 외에도 모스크바에는 옷과 다양한 가죽과 모피 제품을 만들었던 많은 장인들이 있었다. 그들에 의해 만들어진 값비싼 가죽옷과 고급 모피의상들은 모스크바 대공들에 의해서 상속되어 전해 내려왔다.

무역의 발전

모스크바 주위의 루시의 땅들이 합병됨에 따라 멀리 떨어진 지역 간의 무역관계가 번창했다. 루시 상인들의 명예도 회복되었다. 이러한 관계들의 발전에서 무역로의 교차점에 유리한 위치를 차지하고 있었던 모스크바가 선도적 역할을 했다. 그 시대의 북동 루시의 거의 모든 무역로들이 모스크바로 집중되었다.

중요한 거래는 크레믈 부근 붉은 광장에 이루어졌다. 북쪽 땅에서부터 생선과 소금이, 야로슬라블, 코스트로마, 니제고로드 변경지역, 랴잔 등에서 고기와 새고기, 기름(지방), 가죽, 노보고로드와 프스코프 지역에서 아마와 삼이 운송되어 왔다. 페름 지역과 북 우랄지역의 상인들은 루시와 외국에서 수요가 있었던 값비싼 모피를 공급했다. 모피들은 타타르 한국, 비잔틴 제국, 리트바 등의 나라로 수출되었다. 페초라와 북 우랄은 새 사냥으로 유명했다. 매사냥은 귀족의 가장 좋아하는 오락이었다. 매의 수렵은 모스크바 내공들에세 큰 이득과 외국에세 값비싼 선물로서 매들을 선물할 수 있는 기회를 주었다.

이 시기에 루시의 해외 무역은 활발했다. 러시아의 주요 수출물품은 모피, 가죽, 기름, 모직물, 해마의 송곳니, 밀랍, 꿀, 아마나, 삼 등이었다. 루시와 동양을 이어 주었던 가장 중요한 무역로는 모스크바강이었다. 대 볼가강의 수로의 일부분인 모스크바강은 모스크바와 킵차크 한국, 카프카스, 페르시아, 중앙아시아를 연결시켰다. 거대한 수로가 모스크바로부터 시작하여 모스크바강과 오카 강을 지나서 남쪽으로 아조프 해안과 흑해 해안으로 이르고 최종 종착지인 콘스탄티노플까지 길게 뻗었다. 수로를 따라서 모스크바부터 콘스탄티노플까지의 항해는 2~3개월 동안 계속되었다.

러시아 상인들은 흑해연안의 이탈리아 도시들과 밀접한 무역관계를 형성했다. 크림의 남쪽 연안에 있는 이탈리아의 식민지들과 무역했던 상인들은 루시에서는 수로즈 고객들(거대한 무역 중심지 수로즈(Срож)의 명칭에 의함)라고 불렀다. 수로즈와 다른 제노바의 식민지들은 프랴그인들(Фряги: 그 당시에 이탈리아인들이 그렇게 불렸다)에게서 사들인 다양한 상품들을 모스크바로 들여왔다. 서양 상인들은 루시로 여러 가지 수공업 제품들과 무기들, 사치품들을 가지고 왔다.

오스만 투르크인들이 비잔틴 제국에 침략을 강화했던 15세기 초반부터 콘스탄티노플에 이르는 수로의 중요성은 떨어졌고, 루시와 유럽 간의 육로 무역이 번창하였다. 서구에서 수입된 가장 중요한 무역 물품은 양복지(나사)였다. 그래서 ≪수로즈 고객들≫과 함께 서유럽 양복지를 거래한 ≪모직물 손님들≫ 명성이 높아졌다.

수공업과 무역의 성장은 모스크바를 중심으로 북서 루시를 합병시켰고, 루시 영토의 통일을 위한 경제적 기반이 되었다. 수공업자들과 상인들도 통일 국가의 수립에 관심을 가졌다.

바실리 1세

드미트리 돈스코이는 쿨리코보 전투 이후 10년이 지난 1389년에 죽었다. 유언장에서 그는 타타르 한의 허가를 청원도 안하고 모스크바 대공국 뿐만이 아니라 블라디미르의 대공의 자리를 장자 바실리(1389~1425)에게 물려준다고 했다. 토흐타미시 한은 단지 바실리 드미트리예비치의 권한만을 인정했다.

바실리 1세는 자신의 아버지의 정책을 성공적으로 계승했다. 1392년 그는 니제고로드 공국을 모스크바에 합병했다. 지방 공국의 왕조는 수즈달에만 보존되었다. 그는 자신의 소유지에 무롬과 타루시 공국을 합병하는데 성공했다.

킵차크한국 내의 새로운 내분을 이용하여 바실리는 조공을 받치는 것과 허가장을 받으러 킵차크한국으로 가는 것을 중단했다. 그러나 타타르의 군사령관인 예디게이(Едигей)는 잠시 내란을 극복할 수 있었다. 1408년 늦가을에 그는 루시의 대공들을 굴복시키기 위해서 루시로의 군사원정을 조직하였다. 새로운 침입은 갑자기 일어났다. 타타르 군대들은 대부분의 루시의 도시들과 요새들을 모두 태워버렸다. 그들은 견고하게 방어된 모스크바만을 점령하지 못했다. 루시는 다시 조공의 제공을 계속해야만 했다. 잔인하고 파괴적인 예디게이의 습격은 내분에도 불구하고 킵차크한국은 루시에 대한 지배를 완화하려 하지 않는다는 것을 다시 보여주었다.

1450년의 내전

1450년 영토통합의 과정의 진전과 통일국가의 수립은 앞으로 다가올 루시 땅에서의 내전의 결과로 지체되었다. 내전은 약 30년 동안 계속되었다. 그러나 이 내전은 전 시대의 공후들 간의 내분과는 근본적으로 달랐다. 14세기에 여러 공국의 지배자들이 블라디미르 대공의 자리를 놓고 서로 다투었다면 이번에는 모스크바 대공 가문의 공후들이 모스크바를 소유하기 위해 싸웠다.

바실리 1세는 9살 난 자신의 아들 바실리 2세에게 모스크바 대공의 자리를 물려주었다. 그러나 옛날 전통을 인용하면서 바실리 1세 동생 유리 드미트리예비치가 대공의 자리를 주장하기 시작했다. 유리는 경험이 많고 용맹한 전사, 요새와 성당의 건설자, 예술의 후원자 등등으로 유명했다. 그러나 드미트리 돈스코이의 아들이란 후광이 그를 후원했다. 그러나 바실리 1세의 아들인 어린 바실리 2세의 후견인은 강력한 외할아버지인 리투아니아 대공인 비토브트(Витовт)였다. 유리는 비토브트의 손자와 결전을 벌이기가 어려웠다. 그러나 1430년에 비토브트는 죽었고 유리는 행동의 자유를 얻었다.

1433년에 그는 모스크바에서 **바실리 2세**를 몰아냈다. 그러나 모스크바의 대귀족들은 새로운 군주를 받아들이지 않았다. 그래서 유리는 모스크바를 떠나야만 했다. 다음해에 유리는 다시 모스크바를 점령했지만 곧 죽었다.

이제 바실리 2세가 대공자리에 대한 모든 권리를 갖게 되었다. 그러나 유리의 아들들인 코소이(Косой)와 드미트리 세먀카(Дмитий Шемяка)가 모스크바 대공자리를 놓고 바실리 2세와 전쟁에 돌입했다. 전쟁은 공국의 영토에서 전역에서 벌어졌다. 경쟁자들은 도시를 불태웠고 농토와 경작지를 파괴하고 주민들을 포로로 데리고 갔다. 킵차크한국은 루시의 내분을 이용했다. 바실리 2세는 포로가 되어 잡혀갔고 엄청난 액수의 몸값을 지불하고 석방되었다.

상호간의 골육상쟁에서 드미트리 돈스코이의 손자들은 가장 야만스러운 방법들을 채택했다. 처음에 바실리 2세는 포로가 된 유리의 아들 바실리의 눈을 멀게 했다(이후부터 그는 사팔뜨기란 별명을 얻었다). 그 다음 1446년 모스크바를 점령한 드리트리 세먀크는 바실리 2세의 눈을 찌르도록 명령했다(그 후부터 그는 장님이라는 별명을 얻었다).

내전의 시작부터 루시 교회는 바실리 2세의 편을 들었다. 이러한 교회의 지지 덕분에 1447년에 그는 모스크바 대공의 자리에 올랐다. 그러나 세먀크는 무기를 내려놓지 않았다. 1453년 세먀크가 원인불명으로 죽은 후에 1453년에야 비로서 전쟁은 끝났다.

1448년에 루시 교회의 생활에서 중대한 사건이 일어났다. 축출된 그리스인 대주교 대신 정교의 사제들의 회의는 루시 태생의 성직자 이온(Ион)를 총주교로 선출했다. 이때부터 루시 교회는 그리스 정교에 종속되기를 중단하고 완전한 자율을 얻었다. 모스크바가 교회의 중심지가 되었다는 사실 때문에 모스크바의 위상은 더욱 더 높아졌다.

모스크바 공후들 간의 전쟁은 루시 영토의 통일 과정을 지체시켰고, 킵차크 한국에 대한 종속을 강화시켰고, 사람들에게 엄청난 고통을 초래했다. 동시에 내전은 공후들 간의 내분의 모든 위험들을 다시 보여주었다. 루시인들은 빠른 러시아 땅의 통합과 통일 국가의 수립의 불가피성을 더욱 더 절감하게 되었다.

결 론

이렇게 경제 · 정치 · 교회생활에서 일어난 과정들이 중앙집권 국가의 형성을 촉진시켰다.

22. 킵차크한국의 붕괴

티무르 제국

모스크바 공후들이 북동 루시의 땅을 병합했던 그 때에 징기스칸 후손들이 점령했던 지역에서는 내분이 계속되었다. 1370년대에 중앙아시아에 현지 통치자들 중 한사람인 잔인하고 두려움이 없는 전사이자 재능 있는 티무르가 등장했다. 징키스칸의 후손이었지만, 티무르는 자신의 야망을 실현하고 전세계를 정복하기로 결심했다. 그는 풍족한 녹봉을 지급받는 전문적인 잘 교육받은 병사들로 구성된 군대를 창설했다. 전사가 되기 위해서는 시험관이 두 손가락에 사이에 유지했던 반지를 질주하면서 창으로 벗기는 등의 일련의 시험들을 통과해야만 했다.

중앙아시아를 정복한 후에 티무르는 이란, 호레즘, 카자흐스탄, 자카프카스 지역, 소아시아, 중국으로 군사원정을 감행했다. 도시를 점령했을 때 티무르는 자신의 병사들에게 완전한 자유를 주었고, 집을 약탈했고, 포로들을 붙들어 갔고, 모든 반대자들을 살육했다.

티무르의 동상

1395년에 티무르는 토흐타미시 한을 격퇴했고 킵차크한국을 굴복시켰다. 그 다음에 그의 군대는 루시로 공격했다. 랴잔 땅 외곽에서 티무르의 병사들은 옐레츠(Елеч)를 포위했다. 도시는 필사적으로 저항했지만 결국에는 함락되었다. 원주민들이 그의 군대에 저항하여 반란을 일으켰다. 그는 자신의 계획을 변경하여 남쪽으로 돌아갔다. 1405년에 티무르가 죽은 후에 그의 제국은 분열되었다. 다시 킵차크한국에서도 내분이 일어났다. 15세기 동안 킵차크한국은 여러 개의 한국들로 분열되었다.

루시의 남동 변경지역에 새로운 국가들의 형성

14세가 말과 15세기 초에 유목생활을 하는 투르크 종족들이 정착했던 북 카스피해 연안과 우랄지역에서 툴라와 카마강까지 볼가강에서 이르티시강까지 펼쳐져 있는 방대한 영토들이 킵차크한국에서 분리되었다. 그 분리된 땅은 13세기에 이 지역을 지배했던 강력한 노가이(Ногай)족의 이름을 따서 노가이스크 한국이란 명칭이 붙여졌다. 야이크(Яик)강 하구에 있는 **사라이치크**가 노가이스크 한국의 수도가 되었다.

1430년대 초에 드네프르강과 볼가강 사이의 초원지대에 있었던 영토들이 킵차크한국에서 분리되었다. 그 새로운 한국은 대(大)한국이란 명칭을 받았다. 울루-무하메드(Улу-Мухамед)한이 대한국의 창립자가 되었다. 사라이가 그 나라의 수도가 되었다.

1436~1437년에 대한국의 한 울루-무하메드는 궁정반란으로 사라이의 군주 자리를 빼앗기고 삼천 명의 군대와 함께 볼가강과 카마강 사이에 있는 전 볼가 불가리아의 영토를 차지하여 자신의 나라를 건국했다. 이때에 불가리아는 폐허상태에 있었고 북쪽 카마강을 넘어서 더 안전한 내륙지역으로 쫓겨난 주민들은 새로운 중심지인 카잔 주위로 모여들기 시작했다. 울루-무하메드는 이 도시를 수도로 만들었고 새로운 한국은 카잔한국이란 명칭을 얻었다.

15세기 중엽쯤에 크림한국이 킵차크한국에서 분리되었다. 크림한국은 크림 반도뿐만 아니라 드네프르강 하류지역을 차지했다. 1453년에 투르크 술탄의 군대가 콘스탄티노플을 함락시켰다. 비잔틴 제국의 자리에는 호전적인 오스만 제국이 수립되었다. 1475년에 투르크 군대가 크림한국에 침입했고 한 멘글리-기레이(Менгли-Гирей)는 스스로 투르크의 종속을 받아들였다.

1502년 한 멘글리-그레이는 대한국을 멸망시켰다. 대한국의 영토의 일부에 아스트라한 한국이 건국되었다. 그 나라는 볼가강 하류와 카스피 해 연안의 북쪽의 초원지대를 차지했다. 볼가강 우안에 있는 도시인 하드드지타르한(Хаджитархан: 오늘날의 아스트라한)이 새 나라의 수도가 되었다. 15세기 말에 수도 시비르의 이름을 따라 **시비르 한국**으로 불리게 되었던 한국이 우랄산맥 넘어 방대한 평원에 수립되었다.

주민의 구성

새로 건국된 나라의 영토 위에는 다양한 민족들이 살았다. **카잔한국**의 주민들 대부분은 고대 불가르의 후손들이었다. 킵차크한국에서 이주해온 사람들도 여기에 정착했다. 이웃의 소수민족들인 모르드브, 추바시, 마리이츠, 우드무르트 등의 종족들이 카잔한국에 조공을 받쳤다. 카잔의 주민들은 자신들을 불가르 또는 베세르만(무술만)으로 불렀다. 루시인들은 그들을 킵차크한국의 주민들의 모든 후손들과 마찬가지로 '타타르'로 불렀다.

어떤 자료에 따르면 시비르 한국에는 ≪시비르 타타르≫라는 집합적인 명칭으로 알려진 투르크 어족이 살았다. 시비르 한들은 자신의 영향을 한티(Ханты), 만시(Манси)족 같은 다른 민족들과 우랄산맥 너머에 사는 바시키르족이 살았던 영토로도 확대시켰다. 한들은 원주민들에게 **야사크**(Ясак: 매년 모피로 지불했던 조공)를 부과했고 군역도 강요했다.

주민들의 생업

카잔한국의 주민의 주된 생업은 농업이었고 초원지대에서만 반유목적인 목축이 보존되었다. 교역이 국가생활에서 큰 역할을 했다. 카잔 상인들은 루시, 유럽의 나라들, 근동과 중동의 나라들과도 무역을 했다. 가죽 가공, 보석 가공, 제련, 도업 등의 수공업이 크게 발전했다. 그러나 도시생활은 불가르 시대에 비해서 약간 발전했다. 카잔 한국에는 두개의 도시–카잔과 아레크만과 몇 개의 요새들이 있었다.

한국의 삶에서 무슬림 성직자들은 큰 역할을 했었으며, 그들은 방대한 토지를 소유했다. 카잔은 볼가강 유역에서 무슬림 문화의 가장 중요한 중심부였다. 카잔 한국에는 노예제도가 있었다. 그러나 이슬람 제도가 무슬림들을 노예로 만드는 것을 금하였기 때문에 침입하여 잡아온 루시의 포로들을 노예로 만들었다. 노예들의 노동은 지역 생산 시설에만 이용된 것이 아니었다. 그것 말고도 노예는 아시아 노예시장에 공급되었다.

아스트라한 한국의 주민들의 중요한 생업은 유목이었다. 아스트라한 한국의 주민들은 수공업과 무역업에도 종사했다. 볼가강의 삼각주 부근의 영토를 소유했던 아스트라한 한국은 루시, 카잔한국, 중앙아시아 나라들, 자카프카스, 이란 등과의 무역을 관장했다. 킵차크한국의 붕괴로 생긴 다른 한국에서도 노예제도와 노예매매가 있었다.

시베리아의 타타르족들은 목축업, 농업, 도공업과 모피수공업, 방적업, 방직업, 금속 가공업 등에 종사했다. 시베리아 한국의 북쪽 지역 주민들의 생활에서 사냥, 어업과 사슴사육은 큰 역할을 했다. 그 한국은 중앙아시아, 루시, 나가이 한국, 카잔한국, 몽골, 서중국 등과 무역을 했다. 한국에서 모피(털), 피혁(가죽), 생선, 맘모스 앞니(상아), 양모, 등의 상품들이 수출되었다. 시베리아 한국에서는 국가 기반들이 씨족관계의 풍습들과 뒤엉켜 있었다. 목장과 샘에 대한 개인사유권이 있었다. 타타르 귀족들이 선출한 힌이 힌국의 최고 통치가 되었다. 국가조직은 반 진쟁직 성격을 띠있고, 한국은 수백 개의 읍으로 나뉘었고, 공후들인 무르즈들(Мурза)이 읍의 수장이 되었다. 요새 도시인 키질-투라(우스찌-이쉼), 카심-투라, 야블루-투라, 톤투르 등이 한들의 통치의 행정과 군사작전의 기지들이 되었다. 공식적인 국교는 이슬람이었다.

나가이 한국의 수도 사라이치크는 흑해 연안에서 중앙아시아로 가는 길에서 무역의 거점이었다. 모스크바와 카잔의 시장으로 나가이인들은 매년 수십만 마리의 말과 양들을 공급하였다.

새로운 국가들과 루시와의 상호관계

새로운 한국들과 북동 루시와의 관계는 모두 다르게 형성되었다. 전투의 시대가 평화로운 무역의 시대로 바뀌었다. 한국의 침입은 그들끼리의 다양한 동맹 결성으로 바뀌었다. 대 한국의 지도자들은 자신들을 킵차크한국의 후예들이라고 여겼으며, 루시와의 과거의 주종 관계를 회복하려고 노력하였다. 이 목표를 이루기 위해서 그들은 리트비아(리투아니아)대공국과 동맹을 맺었었다.

모스크바 공국의 내란시기에 모스크바 왕위를 탐냈던 두 사람인 바실리 2세 바실리예비치와 유리 드미트리예비치가 도움을 얻기 위해 울루-무하메드에게로 갔다. 그들은 갖가지 간책들과 뇌물로 한을 자기편으로 끌어 들이려고 시도하면서 거의 1년간 한국에 머물렀었다. 결국에 울라 무하메드는 바실리 2세에게 대공 자리를 허락하는 허가장을 주었다.

울루 무하메드가 카잔 한국의 한이 되었을 때, 그는 루시에 대한 자신의 지배권을 회복하고, 예전처럼 대 한국의 통치자가 아닌 자신에게 조공을 받치도록 모스크바 공후에게 강요하기로 결정하였다. 그러한 목적으로 그는 루시에 대한 군사원정에 착수하였다. 1439년 봄에 한 울라-무하메드는 니제노브고로드를 점령하고, 모스크바까지 가는 동안 승리를 하였다. 열흘 동안 그는 모스크바 부근에 진을 치고 있었지만 크레믈을 점령할 수가 없었다.

1445년 봄에 울루-무하메드는 모스크바로 두 번째 군사원정을 감행하였다. 7월 7일 수즈달 부근인 스파사 예피미예바 수도원 옆에서 모스크바 군대와 카잔 군대 간의 전투가 일어났다. 루시인들은 피로에 지쳤고, 바실리 공은 카잔인들의 포로가 되었다. 울루-무하메드는 막대한 몸값을 받고 자신의 옛 조공인을 풀어주는데 응했다. 세금 징수를 위하여 러시아 도시들로 카잔 관리들을 임명하여 보냈다. 한은 그의 목적이 달성되었다고 생각하여 카잔으로 돌아왔다.

카잔의 한은 매년 모스크바에서 들어오는 돈을 언제가 볼가 불가리아가 유명했던 국제 무역관계의 회복에 사용하였다. 카잔은 빠르게 동쪽의 거대한 무역중심지로 바뀌었다. 여기로 물품이 모여들었고, 모든 볼가강 유역지방에서 상인들이 모여들었으며, 또한 중앙아시아와 시베리아, 자카프카지예에서도 모여 들었다. 1446년 동안에는 모스크바와 카잔 사이의 무역관계가 확고해진 시기였다.

1452년에 울루-무하메드 한의 아들 중 하나이자, 카잔에서 권력을 잡은 자신의 형과 싸웠던 카심은 바실리 2세 장인에게로 자신의 충성을 바꾸었다. 모스크바 대공은 그에게 지금까지 카심모프라고 불리게 된 오카강 왼쪽 연안에 위치한 도시 영지를 주었다. 이곳에 모스크바에 종속된 카심 한국이 생겼다.

크림 타타르들이 자주 러시아 영토를 침입하였다. 그럼에도 불구하고, 모스크바 공후들은 자신들의 주적들인 대한국과 리투아니아 대공국에 대항하는 일시적인 동맹을 크림 타타르들과 체결할 수 있었다.

결 론

킵차크 한국의 붕괴는 루시 국가의 남동 변경지역에 독립된 한국들의 건립을 초래했다. 때때로 그 한국들은 루시에 대해서 적대적 정책을 실시했지만, 동시에 루시와 무역 등의 다른 관계를 수립했다.

23. 15세기 후반~16세기 초의 통일된 러시아 국가

이반 3세의 영토 병합의 지속

14세기 중엽에 모스크바 대공은 루시에서 가장 강력해졌다. 그러나 모스크바 대공이 소유한 땅의 전부는 루시 북동지역의 절반을 넘지 않았다. 노브고로드, 프스코프, 트베르, 랴잔 등은 대공의 권력을 겉으로만 인정하면서 독립을 유지했다. 이 땅의 일부분은 바실리의 왕세자인 **이반 3세**의 통치시기에 모스크바 공국에 합병되었다. 그는 똑똑하고 권위적이고 교활하며 잔인한 통치자였다. 이반 3세는 노브고로드에서의 자신의 세력 강화에 특별한 의미를 부여했다.

노브고로드의 대귀족 사이에서는 두 당파가 싸우고 있었다. 시장 마르파 보레츠키의 미망인과 그녀의 아들 주위로 모여든 한쪽은 공화국의 독립을 유지하는 것이 오로지 리트비야 대공의 협조에 의지해서만 가능하다고 생각했다. 다른 한쪽은 모스크바와 긴밀한 관계를 주장했고, 모스크바 대공과의 원만한 관계가 노브고로드 공화국의 독립을 보존할 수 있기를 바랐다.

1471년에 보레츠키 당파는 권력의 우위를 차지한 후에 노브고로드의 이름으로 리트비야 대공과 폴란드 왕 카지미르 4세와 그의 공작지위에 대한 인정에 관련한 조약을 맺었다. 이것을 안 이반 3세는 모스크바에 굴복한 모든 땅의 군대를 모아 북서쪽으로 이동했다. 1471년 7월에 셸론강에서 모스크바의 군대는 노브고로드 국민군을 격파했다. 이반 3세는 노브고로드와 조약을 체결했다. 노브고로드는 독립을 유지했지만, 모스크바에게 막대한 금액의 현금을 주었고 리트비야 대공과의 연합을 취소했다.

1477년 이반 3세는 의미 없는 작은 구실을 이용하여 노브고로드로의 새로운 군사원정을 조직했다. 1478년 1월에 도시의 독립은 박탈되었고, 베체(민회)는 해산되었으며 베체의 종이 모스크바로 옮겨졌다. 모스크바의 관리들이 선출된 행정수반과 군사령관들을 대신했다.

노브고로드의 합병은 트베르 공국의 위치를 약화시켰다. 그 공국은 리투아니아 대공국과의 접경지역의 작은 영토만을 겨우 유지하면서 모스크바의 정복지 사이에서 억압받는 것으로 보였다. 트베르의 공후 미하일은 노브고로드처럼 폴란드 왕 카지미르 4세와의 동맹체결을 시도했다.

1485년 가을에 이반 3세는 트베르로 갔다. 그러나 그는 싸울 필요가 없었다. 왜냐하면 트베르의 대귀족들이 자신의 군주를 배신하여 모스크바 대공 쪽으로 전향했기 때문이다. 충성하는 귀족들과 함께 미하일은 리트비야로 도망쳤다. 이반 3세의 맏아들이 트베르의 대공이 되었다. 2세기 동안 모스크바 대공들의 주요 경쟁자였던 트베르의 합병은 모스크바를 중심으로 한 러시아의 통일국가의 수립을 의미했다.

루시에서 타타르 지배의 축출

루시 땅이 통합되고 있던 시기에 타타르의 한들 사이에 내분이 계속되었다. 이것을 이용하여 이반 3세는 타타르 한에게 조공 바치는 것을 중지했다. 게다가 모스크바 공후는 카잔한국에서 일어난 왕가의 분쟁에 개입하길 시도했다. 1467년에 한의 사망 후에 몇몇 카잔의 영주들은 카심에게 카잔의 왕위를 차지해줄 것을 청원했다. 카심은 한경쟁자를 제거하기 위해서 모스크바 대공에게 군대 파견을 요청했다.

그러나 카심이 루시 군대와 함께 카잔으로 온다는 소식이 카잔인들의 격분을 유발했다. 카심의 경쟁자는 거대한 부대를 동원하는데 성공했다. 루시의 군대도 전투에 참여를 결정하지고 못하고 되돌아오고 말았다. 그러나 2년 후 카심의 사망 후에 이반 3세는 카잔으로 갈 새로운 군사원정대를 조직했다. 1469년 9월 1일에 루시 군대는 카잔을 포위하기 시작했다. 한은 평화를 요구해야 했고 모스크바의 조건에 동의해야만 했다. 이반 3세는 루시 포로들을 본국으로 돌려보낼 것을 요구했다.

1480년에 대 타타르의 한 **아흐마트**는 예전의 킵차크 한국의 거의 모든 군사력을 모으는데 성공했다. 그는 리트비야 공국과 동맹을 맺고 루시로 향했다. 한의 의도를 알아 챈 후에 이반 3세는 그에게 어떻게 대응할 것인지 오랫동안 생각했다. 타타르와의 군사적 충돌로 갈 것인가 아니면 조공 바치는 것을 재개하면서 평화적으로 일을 끝낼 것인가. 그러나 모스크바인들은 타타르에게 저항할 결심을 했다.

1480년 10월 8일에 타타르 군대가 루시와 리투아니아의 국경이 통과하는 오카강의 지류인 우그르강으로 도달하여 리투아니아의 동맹군을 기다리기 시작했다. 그러나 이반 3세는 아흐마트의 오랜 적인 크림의 한과 연합을 맺을 수 있었다. 그리고 그는 리투아니아 남부지역으로 공격을 감행했다. 그 뿐만 아니라 리트바에서는 아흐마트를 향한 정교도 공후들의 음모가 무르익었다. 그런 상황 속에서 카지미르는 모스크바에 대항하는 것을 결정하지 못했다.

모스크바와 타타르의 군대가 우그르 강변의 맞은편에서 여러 달 동안 대치했다.

강을 도강하려는 첫 번째 시도가 실패한 후 아흐마트는 전투할 결심이 없어졌다. 아흐마트는 카지미르를 기다렸다. 이반 3세는 아흐마트와 교섭을 하면서 시간을 지연시켰다. 한편 이른 겨울이 다가왔고 풀 위에 눈이 덮여 타타르 군의 말들이 먹을 수가 없었다. 더 이상 사료가 없었다. 1480년 11월 11일에 아흐마트는 되돌아갔다. 그렇게 240년 동안 지속된 타타르 지배는 우그르 강에서의 대치로 거의 무혈로 종결되었다.

외교정책과 루시지역 통합의 완수

타타르의 지배기간에 북동 루시는 유럽과 단절되었다. 이반 3세는 유럽의 많은 나라들과의 접촉을 재개했다. 그는 이탈리아, 독일, 헝가리, 덴마크, 투르크 등에 사절단을 보냈다. 이반은 루시의 장인들에게 석조건물과 요새의 건축, 채광, 화폐의 주조, 무기 제조에 대한 자신들의 지식과 기술을 전수해 준 외국의 장인들을 기꺼이 모스크바로 초청했다. 그는 전술에 통달한 외국인들을 루시 군대에 복무시켰다. 그들은 모스크바의 군대에게 유럽식의 전술과 포병술의 이용, 건축기술 등을 가르쳤다.

이반 3세

이반 3세는 리트비야(리투아니아)에 점령된 루시 땅의 회복을 중요한 과제로 생각했다. 1490년대에 리트비야의 가톨릭 교회의 증대되는 영향력에 불만을 품었던 모스크바 공국과 이웃한 서 루시 지방의 공후들은 모스크바 공국 쪽에 가담하기 시작했다. 이것은 모스크바와 리트비야 간의 전쟁을 유발했다. 1503년에 그들 사이에 휴전이 맺어졌다. 리트비야 대공은 이반에게 19개 도시들인 체르니코프, 노브고로드-세베르스키, 스타로두브, 푸티블, 브랸스크 등과 70개의 소도시까지 양도했다. 그러나 이반 3세는 이 도시들뿐만이 아니라 폴란드와 리트비야가 부당하게 점령하고 있는 키예프, 스몰렌스크, 폴로츠크, 비테브스크까지도 자신의 세습영지로 생각한다고 여러 번 공포했다.

바실리 3세

이반 3세의 아들 **바실리 3세**(1505~1533)는 이반 3세의 과업을 계속했다. 1510년 그는 프스코프의 독립을 박탈했고, 1521

년에는 랴잔 땅을 모스크바에 합병시켰다. 1512년 일시적인 평화 이후 바실리 3세는 리트바(리투아니아)에 대한 군사원정을 재개했다. 대공의 근본적인 목적은 그때까지도 리트바의 지배를 받고 있던 스몰렌스크를 되찾는 것이었다. 1513년 세 번째 시도 후에야 겨우 도시를 되찾았다. 이 사건은 중대한 의미를 가졌다. 이제부터 모든 루시 땅은 통일국가의 국경 안에서 재통합되었다. 중개무역의 경험이 있었던 이 대규모 상업 · 수공업의 중심지를 통해 서유럽과의 상업적 관계를 구축할 수 있는 가능성이 열렸다. 1524년 스몰렌스크 회복의 기념으로 모스크바 근처에 노보데비치 수도원이 건설되었다.

모스크바 대공국의 팽창

모스크바를 중심으로 한 통일국가의 수립은 이제 루시에는 하나의 통치자인 모스크바의 류리크 왕조의 대표인 대공만이 있다는 것을 의미했다. 이반 3세는 여러 가지 방법으로 자신의 특별한 위치를 강조하기를 원했다.

1467년에 이반 3세의 아내인 트베르 공주인 마리야가 죽었다. 1472년에 모스크바 대공은 비잔틴의 마지막 황제인 소피에 팔레올로그의 조카딸과 결혼했다. 그리고 이반 3세까지는 비잔틴 황실과의 혈연관계가 루시에서 새로운 것이 아니었지만 이 결혼은 특수한 상황에서 이루어졌다. 우리가 알다시피 비잔틴 제국은 이미 존재하지 않았다. 그래서 그리스의 황녀와 결혼한 후 이반 3세는 비잔틴 황실의 계승자가 되었다. 그는 동로마 제국의 쌍두독수리를 국가의 휘장으로 만들었다. 그 시대의 공식적인 문서들에서 루시가 비잔틴식으로 ≪**로시야(Россия)**≫라고 불리기 시작했다.

이반 3세는 ≪전러시아의 통치자≫라는 새 칭호를 받았다. 그는 그가 직접 땅을 소유하고 있고 다른 어떤 권력에도(무엇보다도 타타르 한의 권력을 염두에 두면서)복종하지 않는다는 것을 강조하면서 자신을 전제군주로 선언했다. 이반 3세는 장엄한 영접을 받으면서 제왕의 권표와 의복을 입고 대관식에 나타났다. 그의 머리에 대공의 왕관인 모노마흐의 왕관이 씌워 있었다.

이반 3세에 대한 유명한 역사가 클류체프스키(В. О. Ключевский)의 기록에 따르면 ≪타타르의 압제에서 벗어 난 후에 리보니아의 종교단장과 같은 중요하지 않은 외국 통치자들과의 교섭에서, 이반 3세는 자신을 전루시의 차르(ЦАРЬ)라고 불렀다. 알려진 바와 같이 이 용어는 라틴어인 ЦЕСАРЬ를 남슬라브와 러시아식으로 단축한 형태이다. 이반 3세 치세 때 국내의 통치법규에서 차르(ЦАРЬ)의 칭호는 전제군주라는 의미의 사모데르제츠(самодержец)와 결합되었다. 이것은 비잔틴 황제의 칭호를 슬라브식으로 번역한 것이다… 고대 루시 시대에 이 두 용어(ЦАРЬ, самодержец)는 국내에서 무제한의 권력을 행사하는 통치자가 아니라 어떤 국외의 권력자에게도 종속되지 않고 아무에게도 조공 바치지 않은 주권자라는 개념을 내포했다. 당시의 정치적 언어로서 이 두 용어는 우리가 '신하(вассал)'라는 단어로 이해하는 것과 대치되었다. 15세기 중반까지 고대 루시에서는 당시에 가장 잘 알려진 독립적인 지배자들인 비잔틴 황제들과 킵차크한국의 한들을 특권을 가진 '차르'로 불렀다. 그리고 이반 3세는 한에 대한 조공의 시불을 중단한 뒤에야 겨우 이 직함을 받을 수 있었다. 그러한 굴레에서의 해방은 정치적인 장애를 제거해 주었고 비잔틴 황녀 소피야와의 결혼은 그에게 역사적인 정당성을 부여해 주었다. 이제 이반 3세는 자신을 과거에 비잔틴 황제가 차지했던 세계에서 현존하는 유일한 정교를 신봉하는 독립된 군주이며 과거 타타르의 한의 지배를 받았던 루시의 최고 통치자로 생각할 수 있었다≫.

통치기관

통일국가의 출현과 함께 중앙권력기관들이 형성되고 있었다. 통치기구의 최정상에는 전러시아의 전제 군주인 대공이 있었다. 오직 그만이 법을 선포하고, 다른 나라들과 협상하고, 전쟁을 선포하고, 평화협정을 맺고, 화폐를 주조할 권리를 가졌다. 그는 가장 중요한 군사 원정을 지휘했다.

대공은 오래된 모스크바 귀족가문의 대표자들로 구성된 귀족회의와 상의하기를 계속했다. 새로운 땅을 국가의 일부로 포함시키는 동시에 독립한 공후들보다 먼저 대공들이 귀족원에 들어가기 시작했다.

러시아의 전 영토는 향으로 나눠졌다. 향의 경계는 과거의 공국의 경계와 일치하였고 그러기 때문에 모든 향의 경계의 크기가 달랐다. 대공은 자신의 임명권자들을 대리인으로 향에 파견했다. 그들은 세금을 거두었고, 대공의 명령을 수행했고, 판결과 징벌을 조정했다. 대리인들은 그들 자신의 일에 대한 녹봉을 받지 않았다. 그들은 자신들에게 재판세와 세금의 일정량을 남겼다. 현지 주민들에게 징수된 세금으로 공직자들의 급료를 지불하는 이러한 절차가 코르믈레니예(кормление: 양육, 젖먹임)이라고 불렸다.

귀족가문 출신의 사람들은 출신의 고귀함과 그들의 조상들이 차지했던 공직에 따라 국가의 모든 관직에 임명되었다. 그러한 절차를 문벌제도라고 불렀다. 문벌제도의 요점은 다음과 같았다. 과거의 언제가 한 사람이 다른 사람에게 봉직자로 종속되었다면, 그들의 아이들과 조카와 손자들도 그런 자리에 있게 되었다.

1497년에 이반 3세는 통일국가의 첫 번째 법전인 **수데브니크(Судебник)**를 반포했다. 법전에는 모스크바 공국에 존재했던 모든 법령들을 모아 놓은 것이었다. 그러나 지금은 그 법들은 러시아 국가의 전 지역에서 적용되었다. 게다가 법전에는 토지 소유의 분배와 지주와 농민사이의 상호관계에서 일어났던 중요한 변화들이 규정되었다.

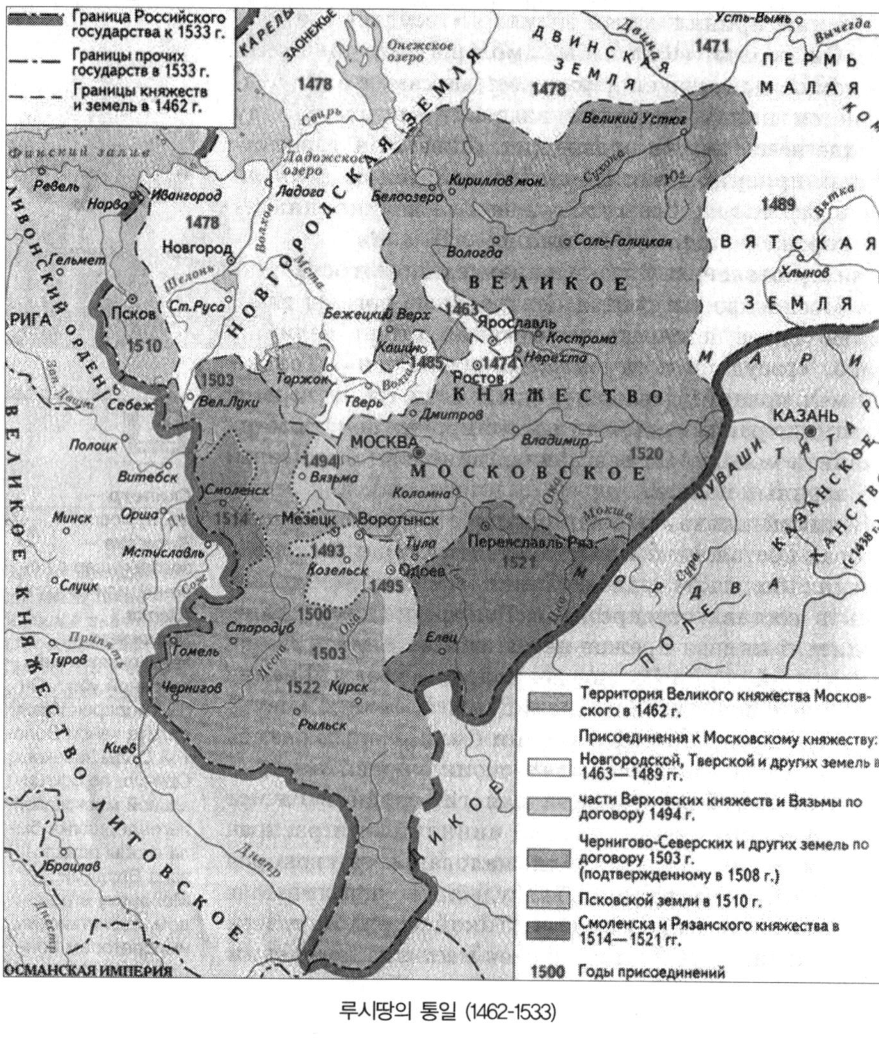

루시땅의 통일 (1462-1533)

결 론

이반 3세 통치시대에 타타르 한에 대한 종속관계가 완전히 청산되었다. 15세기 말~16세기 초에 러시아 땅이 하나의 국가로 통일되었다. 러시아는 국가의 정치적 발전 과정에서 전제권력의 집중과 강화의 길에 들어서기 시작했다.

24. 15세기 후반~16세기 초의 러시아 통일 국가의 주민들

러시아 국가의 귀족들: 공후들과 대귀족들

통일된 러시아의 국가의 사회의 최고위층에는 전러시아의 대군주와 그의 가족이 있었다. 분리된 공국들은 보존되어 있었다. 그러나 이때 별개의 공국들은 대공의 가장 가까운 친척들에게만 분할되었다. 이반 3세 때는 그의 형제들이 소유한 4개의 영지가 있었는데, 하나는 그의 사촌의 영지였다. 바실리 3세 때에도 그의 형 소유인 영지 4개가 있었다. 영지를 소유했던 공후들의 권리는 대폭 제한되었다.

모스크바가 강대해짐에 따라 많은 러시아와 리트바 공국의 출신의 귀족들이 모스크바 대공에게 봉직하러 오기 시작했다. 게다가 내분을 피하여 타타르 귀족들이 이주해 왔다. 모스크바에는 합병된 공국의 대공들과 공후들이 살았다. 통일 러시아 국가가 형성될 때에 모스크바 대공은 류리크(Юрик)과 게디민(Гедимин)으로부터 시작된 자신의 혈통을 믿었던 유명한 공후와 귀족 가문출신의 사람들로 둘러싸였다.

15세기말과 16세기 초에 귀족층이 예전처럼 러시아 사회의 최고위 계층이었다. 그러나 이 때 세습귀족은 대공의 오래된 지지 세력이 아니고 대공의 자문기관인 귀족회의에 참석했던 사람이다. 귀족의 개념은 무엇보다도 대공에게서 녹봉을 받는 사람이 차지했던 관직을 의미했다. 과거의 독립적인 공국의 대공과 그들의 후손들이 귀족이 되었다. 관직을 가지면서 대귀족들은 공후라는 칭호와 자신의 방대한 세습영지를 유지했다. 이런 새로운 칭호를 받은 귀족층은 자주 자기 땅에서 옛날 관습과 법에 따라 재판하고 통치하길 계속했지만, 전러시아 통치자에게 그 결과의 보고서를 바치지 않았다. 그럼에도 불구하고 그러한 모든 사람들은 이때 모스크바 대공에게 봉직하는 상태에 있었고, 그들처럼 직함을 받지 못한 모스크바 귀족들과 귀족의 자제들은 대공이 보내는 곳으로 봉직하러 떠났다.

귀족들은 자신들의 생활의 대부분을 모스크바에서 보냈지만 그들의 부의 중요한 부분이고 권력의 토대인 토지소유는 모스크바 영역 밖에 있었다. 세습귀족들의 영지에는 넓은 목조 가옥을 거느린 대저택들이 있었다. 가끔 그 대저택들은 진짜 중세의 성곽을 연상시켰다. 창호, 장벽, 울타리로 둘러싸여 있었다. 여기엔 항상 젊은 친척귀족과 그들의 하인과 노예가 살고 있었다. 주인은 부속 삼림지역에서 사냥하고, 연회를 베풀고, 군사원정을 위해 모여든 귀족들을 위한 연회를 베풀기 위해서 자신의 영지에 직접 들렀다.

지주들(Помещики)

통일국가의 수립은 군대의 병력수의 증대를 요구했다. 복무 기간 중 병사들에게 땅의 소유(поместье)를 제공하는 것이 전투력을 확보하는 하나의 방법이 될 수 있었다. 공후들의 친위대 대신 통일 모스크바 군대가 창설되었고, 지주들(помещики)이 그 토대가 되었다. 지주들의 토지소유는 크지 않았고 대귀족들의 거대한 세습토지와 전혀 비교되지 않았다. 대공의 요구에 따라 그들은 기병으로 봉사해야 했고 자신과 함께 농민과 노예로 구성된 할당받은 수의 무장된 사람들을 제공해야 했다.

군대 봉직자들의 특수계층으로의 형성은 대공의 권력을 강화하는데 도움이 되었다. 그들은 녹봉을 받고 통치자에게만 독점적으로 봉직해야만 했다. 그들의 땅은 순식간에 박탈당할 수 있었다. 그러기에 그들은 믿음과 진실로 그에게 봉직해야 했고 그의 처분을 따라야 했다.

농민들의 자유제한

통일국가의 수립은 처음에는 농민들의 상황을 약간 개선시켰다. 영토 안에서 내란과 군사작전의 중단은 농민들의 생활향상을 가져왔다. 한 공국에서 다른 공국으로 농부들이 이주하는 것에 대한 금지가 효력을 상실했다. 많은 농민들이 처음에는 그들이 농사짓는 땅이 영지의 일부분으로 전환된 것을 인식하지 못했다. 알려진 바대로 예전처럼 국가가 대공을 대신하여 여전히 땅의 소유주로 남아 있었다.

그러나 곧 농민들의 권리에 대한 압박이 시작되었다. 영주들이 법의 도움을 받아 농민들을 자신의 땅에서 일하도록 강요하는데 관심을 가졌다. 알다시피 전에는 농민들이 원할 때 한 영주에게서 다른 영주에게로 떠날 수 있었다. 농민들은 작은 영지에서보다는 대귀족의 거대한 세습 영지에서 훨씬 더 자유롭게 살았다. 소지주들은 생활비와 군비가 필요했다. 영주들의 희망을 충족시키면서 1497년에 이반 3세는 법전안에 전국적으로 통용되는 농민들의 이주기간을 정해놓았다. 가을 **유리의 날**(11월 26일) 전후 일주일로 확정했다. 이 기간에 농민들은 이주비를 지불해야 했다. 15세기 말과 16세기 초에 이주비는 한사람 당 약 1루블이었다. 그 당시 이 돈으로는 말 한 필과 녹 100푸드 또는 꿀 7푸드를 살 수 있었다.

유리 날의 도입은 농민들의 자유를 최초로 제한한 것이었다. 지주귀족과 세습궁정귀족의 토지에 거주하던 농민은 소작인이라고 불리게 되었다. 대공 소유의 땅에 살았던 농민은 '드보르초비'(дворцовы)라고 불렸다.

16세기 전반에 토지제도는 나라의 거의 모든 영역을 포함했다. 단지 러시아 연안지방(백해, 오네가 호, 북 드비나강, 카마강, 뱌트강 연안의 땅들)과 국가 소유의 흑토지대에만 **국유지 농민**, 즉 자유농민들이 거주했다.

도시주민들

러시아 주민의 대부분은 농민으로 이루어졌다. '근교주민'이라고 불리는 도시주민들은 16세기 초에 전체인구의 5%를 넘지 않았다. 도시주민의 주류는 상인과 노역자들(чёрные люди), 즉 국가에 세금을 지불하고 나라의 이익을 위한 다양한 부역을 이행하던 자들이었다. 도시에는 자치권의 요소들이 보존되어 있었다. 수공업인들은 쵸르니에 소트니(чёрные сотни: 수공예에 종사하는 검은 100인 대, 즉 조합)통합되었다. 백부장들 훗날에는 조합장들이 수공업인 조합을 이끌었다. 수공인들 조합은 도시 외곽의 거주자들에게 부과되는 세금과 노역을 할당했고, 도시 편의시설들을 관리했고, 주문을 이행했다. 처음에 조합들은 보통 정해진 분야에 집중했던 같은 전문성을 가진 수공인들을 통합했다. 모스크바의 가장 오래된 수공인들 조합은 먀스니츠카(Мясницка: 푸주한 조합)와 코제브니츠카(Кожевницка: 제혁공 조합)라는 명칭을 가진 조합들이었다. 도시민들에게 세금의 징수와 부역의 부과에 관심을 가졌던 공후들은 농노들의 상태를 고려하고 그들의 머릿수를 세야 했다.

모스크바 상인들에게는 그들의 연합체인 고스테이-수로잔네(гостей-сурожане)와 수

코니키(суконники)가 있었다. 고스테이-수라자네는 흑해연안과 무역했고, 수코니키는 서방과 교역했다. 이들은 매우 부유한 사람들이었다. 때때로 그들은 모스크바 귀족들에게 돈을 빌려주고 정치적 생활에 개입했다. 고스테이-수라자네와 수코니키는 특권을 이용했다. 그들은 세금납부를 면제받았고, 그들 중 누군가가 범죄를 저지르면 대공만이 그들에게 판결을 내릴 수 있었다.

전쟁의 위험이 있는 경우에 농노들인 ≪쵸르니에 류지(чёрные люди)≫와 상인들은 도시의 국민군(예비역)으로 소집되었고 그런 방식으로 적군의 공격으로부터 도시를 방어하는 주력군을 구성했다.

모스크바는 러시아의 모든 도시들과는 다른 독특한 위치를 차지했다. 모스크바는 수공업과 상업의 거대한 중심지일 뿐 아니라 국가의 수도였다. 모스크바에는 대공의 저택과 대귀족, 군인들, 고위 교구의 성직자들의 저택들이 있었다.

모스크바의 귀족들의 저택은 크레믈 안에 있었다. 그런 저택들은 고대의 대귀족의 저택을 연상시켰지만 규모가 훨씬 작았다. 종속된 하인들과 대귀족의 농장에서 일하는 농노들이 그들에게 봉사했다. 공후들의 관리에 종속된 마부, 사냥개지기, 야생벌꿀 채취자, 해리(비바-동물)수렵자, 정원사, 숙련된 직공들이 있었다. 여기서부터 그들의 총칭 ≪귀족들의 가신들≫이라는 말이 나왔다. 그들은 자신의 봉사에 대한 대가로 작은 토지의 소유권을 받았다. 봉사가 중단되었을 때 그들은 자신들의 토지의 소유권을 상실했다.

카자크 병사들의 출현

15세기 후반부터 러시아의 남쪽과 남동쪽 변경지역의 강화된 국경선 너머로 도주한 농민들과 도시 변두리의 거주자들인 자신들을 자유의지의 사람들, 즉 **카자키**(**Казаки**)로 부르는 사람들이 모여들기 시작했다.

이웃 국가들과 반유목민들과 끊임없는 투쟁을 벌이면서 **카자크**들은 공동체로 통합되었다. 돈강 유역, 볼가강 유역, 드네프르강 연안의 카자크들의 공동체가 생겼다. 새로운 땅을 획득함에 따라 모든 새로운 카자크들의 공동체가 출현했다. 정부는 국경의 방어를 위해 그들을 이용하기 시작했고 그들에게 급료를 지불했다. 카자크들의 생활의 중대한 토대는 바로 전쟁 노획물에 있었다.

결 론

이렇게 해서 중앙집권 국가의 형성과 대공의 권력 강화와 동시에 봉직자들의 계층 형성과 농민들의 개인적인 권리에 대한 속박이 진행되고 있었다.

25. 15세기~16세기 초의 러시아 문화

15세기~16세기 초의 러시아문화의 특징

통일 러시아 국가 형성과정에서 지방문화의 특수성이 극복되고 단일 러시아 문화가 형성되었다. 단일 러시아 문화는 동떨어진 러시아 땅에서 획득된 가장 훌륭한 업적들과 러시아인들이 긴밀한 관계를 가졌던 민족들의 특성을 흡수했다. 동시에 단일 러시아 문화의 형성과정은 비잔틴 영향에서 벗어나게 되는 결정적인 단계에서 진행되었다. 러시아 문화는 독특한 민족적 특성을 습득했다.

러시아 문화와 예술의 활동의 대상이 되었던 일련의 문제들이 크게 확대되었다. 많은 예술작품들의 주제는 단일통일국가의 국력의 강화였다. 그러나 동시에 가족, 인간, 그리고 인간의 내부세계에 더욱 더 큰 관심이 나타났다.

몽골 타타르 지배로부터의 해방과 통일국가의 수립은 다른 국가들과의 러시아의 문화적 접촉을 확대할 기회를 주었다. 특히 이탈리아와의 관계가 성공적이었다. 뛰어난 이탈리아 건축가들과 다른 장인들이 일하기 위해 러시아에 왔다. 그들은 러시아 문화사에 큰 족적을 남겼다.

사회사상과 연대기 편찬의 발전

강건한 대공의 권력은 1525년에 ≪블라디미르 공후들에 관한 전설≫에서 자체의 정통성을 얻었다. 두 전설이 이 책의 토대가 되었다. 그들 중의 하나는 모스크바의 군주들이 자신들의 뿌리를 로마제국 최초의 황제 아브구스트(아우구스트)와 연결시키고 있음을 확인시켜 주었다. 다른 이야기에서는 비잔틴의 황제 콘스탄틴 모노마흐가 키예프 대공 블라디미르 프세볼로도비치에게 그가 대관식에서 썼던 차르 왕관을 물려준 것처럼 묘사되었다. 여기서부터 블라디미르 모노마흐의 후계자들도 차르라는 칭호에 대한 합법적 권한을 갖게 됐다고 추론된다. 이 전설들은 키예프 대공의 계승자들로서 전제 권력에 대한 모스크바 대공들의 권리를 정당화 시켜 주었다.

그 때 ≪**제3의 로마**≫로서의 모스크바에 대한 사상이 형성되었다. 이러한 개념은 바실리 3세에게 전하는 필로페이 모나흐의 메시지에서 형성되었다. 필로페이(Филофей)의 견해에 따르면 세계의 기독교 중심은 ≪낡아 빠진≫로마에서부터 ≪제2의 로마≫ 콘스탄티노플로, 거기서 모스크바로 옮겨졌다. 비잔틴 제국은 1439년에 비잔틴 교회의 가톨릭교회와의 재통합을 제의하여 기독교를 변질시켰고(편역자 주: 투르크 침략의 위협에 직면한 비잔틴은 동서 교회의 재통합을 조건부로 로마교황에게 군사원조를 요청했다), 투르크에게 정복당했다. 모스크바는 정교의 성지로 남았고, 그렇기 때문에 기독교의 중심이고, ≪제 3의 로마≫이며 제4의 로마는 존재하지 않는다. ≪모스크바가 제 3의 로마≫라는 이론 속에는 러시아에 유입된 외래의 영향력에 대한 적대적인 태도가 나타나있고 민족적이고 배타적인 설교가 내포되어 있다.

15세기에 전러시아 연대기의 편찬이 부활되었다. 이른바 트로이츠카야(Троицкая)라고 하는 첫 번째 연대기는 지역적인 관심을 극복하고 통일된 러시아의 입장에서 15세기 초 모스크바에서 편찬되었다. 모스크바의 연대기 편찬은 분산된 지방의 연대기들의 통일과 수정에 대한 큰 작업을 했다. 1418년경에 대주교 포티(Фотий)의 참여하에 새로운 연대기의 편찬이 실행되었다. 그 연대기의 중요한 사상은 러시아의 정치적 통일을 위한 모스크바 대공국과 지방의 중심인 도시주민들과의 통합이었다. 이 연대기는 다음과 같은 모든 것을 바탕에 두었다. 1479년의 모스크바 연대기는 가장 중요한 러시아 **연대기** 작품 중의 하나가 되었다.

모든 모스크바 연대기에는 국가통일의 불가피성과 강력한 대공의 권력에 대한 사상이 포함되었다. 그 연대기들은 초지일관 모스크바가 키예프와 블라디미르의 정치적 전통의 상속인이자 계승자라는 것을 주창하고 있다. 이 사상을 더 분명히 강조하기 위해서 모스크바의 연대기들은 ≪비상기간을 이끈다≫는 말로 시작되었다.

문 학

1380년 쿨리코보 벌판에서의 승리는 러시아사람들의 분위기에 대단한 감격을 가져왔고 그들에게 자신들의 힘에 대한 확신을 주었고 이러한 사건들을 다양한 형태의 창작활동으로 표현하려는 소망을 유발했다. 이른바 쿨리코보에 관한 일련의 저서들은 이러한 영향 하에서 생겨났다. 그들 중 많은 작품들이 민중들의 이야기처럼 만들어지고 나중에는 연대기로 편찬되거나 구두로 전해졌다.

사포니 랴자네츠(Сафоний Рязанец)는 자신의 시 ≪**자돈시나(Задонщина)**≫에서 그의 첫 작품 중 하나로서 쿨리코보 전투를 찬미했다. 그는 시의 주인공들인 드**미트리 돈스코이**와 블라디미르 안드레예비치 공후를 위해 ≪전보다 더 좋은 노래≫를 부르는 것이 자신의 의무라고 생각했다. ≪자돈쉬나≫의 작가가 사용했던 매우 많은 예술적 기법들은 ≪이고리공 원정기≫와 공통점이 있다. 사포니는 자신의 이야기를 러시아의 사언을 묘사하는 것으로 시작한다. 혈두를 예감하듯이 자신의 주인공들의 정신적인 경험들에 대해 진술하고 있다. 그는 단지 전투의 공적만을 찬양할 뿐만 아니라 또한 죽은 주인공들도 애도했다. 그와 동시에, 랴잔 귀족인 작가는 승리를 거두는데 있어 모스크바의 특별한 역할을 강조하고 드미트리 이바노비치 대공을 전 러시아의 힘의 진정한 조직자로서 묘사했다.

전쟁소설 ≪마마이칸의 대전투 이야기≫의 무명 작가는 ≪이고리공 원정기≫와 ≪자돈쉬나≫의 큰 영향을 받았다. 그는 루시로 향했던 마마이칸을 주제로 다루었는데 ≪마치 노한 사자처럼, 열정적으로, 진정시킬 수 없는 간악한 사람처럼≫이란 표현으로 그를 묘사했다. 작가는 ≪머리가 빈 경솔한 사람≫으로, ≪배반한 사람≫으로, ≪그의 심장에 사탄의 책략이 들어갔다는 것≫으로 책망하며, 랴잔의 공후 올레그의 품행을 격렬히 비난하고 있다. ≪자돈쉬나≫처럼 ≪마마이칸의 패배 이야기≫는 러시아 병사들의 업적과 그들의 부활한 동지애에 매혹되어 드미트리 이바노비치 대공을 ≪함께 죽기를 각오해서 모두 하나가 되어 서로를 기꺼이 이해했기 때문이다≫라고 칭찬하고 있다.

기행문과 같은 문학 장르에서도 애국심을 고취시키려는 동기가 보인다. 트베르 상인 아파나시 니키틴은 1466년에 무역을 하기 위해 북 카프카스로 떠났다. 운명의 전환은 이란과 인도와 같은 동방국가로의 수년간의 여행을 초래했다. 그 상인은 인도에서 3년을 살았고 현지의 언어를 배웠다. 인도사람에게 존경하는 태도를 보이며 아파나시 니키틴은 주의를 기울여 인도의 관습, 문화, 종교를 연구하였다. ≪삼대양의 여행≫이라는 책은 러시아 상인의 관찰과 심사숙고의 결과가 되었다. 작품의 주인공들은 조국과 멀리 떨어져 있으면서 조국을 구원해달라고 신에게 기도를 드린다. ≪신께서 러시아 땅을 보전해 주시길 빕니다. 주여, 러시아 땅을 보전하소서. 세계에는 그러한 땅이 없습니다≫. 그는 자신의 조국의 운명에 대해 불안을 느낀다. ≪하지만 어째서 러시아 땅의 공후들은 형제처럼 살지 않나요. 러시아 땅이 안정되기를 바랍니다≫.

전세계의 역사에 대한 재미있고 교훈적인 작품 모음집인 ≪연대기≫는 러시아의 중세 문학에서 특별한 위치를 차지한다. 1512년에 러시아 흐로노그라프(Хронограф)의 첫 작품이 편찬되었다. 이 책의 작가는 유명하지 않다. 하지만 그는 세계 역사의 과정에 대한 자신의 견해를 갖고 있는 매우 교양 있는 사람이었다. 그는 많은 관심을 슬라브 민족에게 우선 러시아인에게 기울였다. 연**대기**(Хронограф)는 러시아 역사를 세계역사의 일부처럼 바라봤다.

건축술

전러시아 대공의 거주지로서 모스크바의 특별한 위치는 거기에 걸맞은 러시아의 외관의 변화를 요구했다. 모스크바는 러시아 건축의 중심이 되었다. 모스크바로 이탈리아 건축가들과 전러시아의 뛰어난 장인들이 초대되었다. 15세기 말에 이탈리아인들은 새로운 건축 자제인 벽돌을 가져왔다. 이탈리아 건축가 아리스토텔 피오라반티는 러시아 최초의 벽돌공장을 세웠다. 이탈리아인들의 지도아래 러시아 장인들은 벽돌을 가지고 모스크바 크레믈의 탑과 우스펜스키, 아르한겔스키 사원과 이반 대공의 종각을 건설했다. 크레믈 바로 중심에 세워진 가장 위대한 건축물은 **우스펜스키 사원**이었다. 이 축조물은 러시아에 가장 거대한 사원을 만들라는 이반 3세의 요구에 따라 구상되었다. 이반 3세는 피오라반타에게 블라디미르에 있는 유명한 우스펜스키 사원을 견본으로 택하도록 제안했다. 이 사원으로부터 러시아 사람들이 얻은 인상을 연대기 작가는 ≪크기, 높이, 빛깔, 공간에 있어서 장인 아리스토텔의 블라디미르 교회를 제외하고서 저렇게 탁월한 교회는 이전에 러시아에 없었다≫고 표현했다.

그러나 벽돌은 흰 돌을 완전히 밀어내진 못했고, 예전과 같이 흰돌로 토대를 쌓고 건물 정면의 장식을 세밀하게 조각했다. 마르코 루포와 표트라 안토니오 솔라리는 크레믈에 그라노비타야 팔라타 궁전을 세웠다. 궁전 외벽은 다듬어진 흰 돌로 장식되었고 그 흰돌로부터 건물의 이름이 유래되었다. 그라노비타야 팔라타는 국가의 장엄한 접대나 축제를 위해 예정된 것이었다.

러시아 대공들의 화려한 저택으로 세워진 모스크바 크레믈은 그들의 권세의 상징이었고, 모스크바 대공들의 러시아 땅을 획득하는데 거둔 성공과 타타르 통치로부터의 해방의 징표가 되었다. 거대한 건축물들이 노브고로드에서도 지어졌다. 1433년 독일과 노브고로드의 장인들이 장엄한 접대와 대연회를 위해 예정된 그라노비타야 팔라타를 성안에 건축했다. 몇몇 노브고로드 귀족들은 자신들의 석조궁전을 건축했다.

회 화

14세기 말과 15세기 초에 모스크바에서는 러시아 국립 미술학교가 창립되었다. 천재적인 러시아 화가 **안드레이 루블료프(Андрей Рублёв)**가 가장 유명한 대표자였다. 그는 트로이테 세르기예프의 수도사였고 그다음에 스파소 안드로니코프에서의 수도사였다. 1405년에 안드레이 루블료프(Андрей Рублёв)는 페오판 그레크와 고로드짜 출신의 프로호르와 함께 모스크바 크레믈 안의 블라고베셴스키 사원 벽에 지도를 그렸다. 1408년에 그는 다니엘 쵸르니와 함께 블라디미르의 우스펜스키 사원 벽화를 그렸고 그 다음에 그들은 트로이테 세르기예프 수도원의 벽화를 장식했다. 루블료프의 가장 유명한 작품은 트로이츠키 사원의 휘장을 위해 그려진 ≪**삼위일체**≫ 성상이다. 이 위대한 명인은 처음으로 성스러운 삼위일체를 세 명의 아름다운 젊은이들의 모습, 즉 커다란 참나무 그늘 아래에서 탁자 주위에 앉아있는 천사들의 모습 속에 표현하였다. 그들은 침착하고 친절하면서도 매우 슬픈 이야기를 나누고 있다. 공후들 간의 내분과 타타르의 침입이 있던 힘든 시대에 안드레이 루블료프는 평화, 합의, 고요, 상호간의 사랑에 대한 러시아 민족의 꿈을 회화로 표현하는데 성공했다.

타르코프스키의 영화 안드레이 류블료프

류블료프의 성상위일체

루블료프의 작품 속에서 러시아 미술이 비잔틴과 차별화 되는 과정이 논리적으로 완성되는 것을 보게 된다. 루블료프와 그의 후계자들은 최종적으로 금욕주의와 비잔틴적인 엄격함을 드러냈다. 자신의 작품들에서 그들은 살아있는 사람들의 모습을 창조했고 그 시대 러시아 사람들의 정신적인 삶과 분위기를 전했다.

15세기 말과 16세기 초 모스크바 미술 학파의 가장 위대한 대표자는 공후였던 수도사가 된 **디오니시(Дионисий)**였다. 그는 모스크바 크레믈의 우스펜스키 사원의 성상과 프레스코 벽화의 일부를 그렸다. 디오니시의 작품들은 세련된 선과 우아하고 부드러운 색깔로 뛰어났다. 그들은 밝은 환희, 엄숙한 축제의 분위기에 조화되었다. 디오니시의 성상에는 성자들의 얼굴들이 그들의 인생역정의 별개의 에피소드들을 표현한 글귀들의 새김 사이에 끼어져 있었다.

결 론

단일 통일 러시아 국가의 형성, 타타르 통치권으로부터의 해방은 러시아 민족 문화의 형성과 러시아 문화의 향상을 가져왔다.

✔ 제 1부의 결론

여기서 우리들은 과거의 러시아에 대한 여행의 첫 단계를 밟았다. 많은 역사적 사실과 새로운 이름들을 알았고 국가, 사회, 신앙생활에서 일어난 주요한 과정들이 드러났으며 러시아의 영토위에 살고 있던 사람들과 친숙하게 되었다. 이제 결론을 내린다.

러시아 역사는 다른 나라와 민족의 역사와 많은 면에서 비슷해 보인다. 나라 발전 과정에서 러시아 역사는 다음과 같은 것을 겪었다. 원시 사회로부터 국가 권력의 출현까지, 그리고 중앙집권 국가의 분할과 형성 시대를 겪었다. 그러나 러시아는 자체의 특성이 있다. 무엇보다 러시아는 처음부터 다민족 국가였다. 러시아 영토에는 동슬라브민족 뿐만 아니라 발트, 투르크, 핀-우고르 등의 종족이 살았다. 그들은 서로에게 상호간의 문화적 · 경제적 영향을 끼쳤다.

유럽의 고대국가들과 달리 루시는 고대세계와 동떨어진 상태에 있었고 고대문명의 영향을 받지 못했다. 그러나 기독교의 한 갈래인 그리스 정교를 받아들인 후 러시아는 비잔틴 국가의 전통과 문화와 종교생활의 요소들을 흡수했다.

동시에 러시아의 주민들은 용감하게 유목민인 투르크족과 폴로베츠인의 침입으로부터 자신들의 땅을 지켰을 뿐 아니라 초원의 민족들의 국가의 생활, 문화와 주민의 관습에 영향을 미쳤을 정도로 적극적으로 유목민족들과 상호 교류를 했다.

12세기 중반에 고대 러시아 국가의 발전에 분열의 시대가 왔다. 그 분열은 합법적 성격을 띠었고 경제와 정치적 원인들 때문에 일어났다. 그러나 별개의 공국과 땅으로 고대 루시 국가가 분열된 것은 루시의 멸망을 초래하진 않았다. 이때는 경제적 · 문화적 생활의 차후의 발전과 향상을 가져온 때였다. 동시에 분열은 부정적인 면도 가져왔다. 공국들 간에 패권과 영토소유를 위한 항시적인 투쟁이 벌어졌다. 이것은 잔인한 내전을 초래하여 나라를 약화시켰고 외부의 적들에 저항하기 위한 모든 힘의 결집을 방해했다. 그러나 루시가 독립된 여러 공국들로 분열되었음에도 불구하고 루시 땅의 통합에 대한 사상은 민중의 의식 속에 계속 살아남았다.

타타르의 통치는 루시에 엄청난 손실을 가져왔다. 생산된 부의 대부분을 조공으로 바치면서 나라는 경제를 성공적으로 발전시키고 문화를 완성시킬 수 없었다. 북동쪽 공국들은 경제 발전 과정에서 50~100년 동안 뒤쳐져 있음이 밝혀졌다. 바로 그때부터 서유럽국가에서부터 루시의 경제적 뒤짐이 시작되었다. 남쪽 및 남서 공국들은 북동쪽의 공국들과의 관계가 중단되었다. 고대 루시의 서쪽 땅들은 리트바(오늘날의 리투아니아)와 폴란드 봉건영주들의 영향권으로 들어갔다. 루시 각 지역의 주민들이 점차 격리되는 상황에서 언어, 관습, 문화의 고유성이 발전되기 시작했다. 언젠가 통합되었던 고대 루시 민족에서부터 러시아, 우크라이나, 벨로루시 등의 세 민족이 형성되기 시작했다.

14세기에 중앙집권국가 수립의 과정이 시작되었다. 그 과정은 몇 단계를 거쳐 진행되었고 중요한 특징을 가지고 있었다. 타타르 지배에서 벗어나고 외부의 적으로부터 국방을 강화하기 위한 절대적 필요성 때문에 통일 국가가 수립되었다. 쿨리코보 전투 후 전반적으로 널리 인정받은 독립투쟁의 민족적 중심지로 전환된 모스크바가 루시 땅 통일의 주역으로서 등장했다.

서유럽보다는 늦게 루시에는 거대한 토지사유제도 즉 봉건제도가 발전했다. 현저히 약하게 진행되었던 예속관계가 매우 빠르게 조공관계로 변화했다. 즉, 사회에서 그들의 지위를 불문하고 국가의 모든 사람들이 대공에게 조공을 바친 자들에 불과했다. 이것은 신분의 대표자들을 형성하지 못하게 했다. 한편 이러한 모든 특징은 러시아가 유럽으로부터 뒤떨어짐을 의미하지 않았다. 러시아는 유럽문명으로부터 격리되지도 않았다. 단순히 러시아는 자신의 길을 갔을 뿐이다.

러시아의 역사에 관한 지식이 다음 권에서 계속된다. 여러분은 러시아 영토가 어떻게 확장되었는지, 어떤 새로운 민족들이 러시아의 구성원으로 들어왔는지, 어떻게 그들이 공동의 힘으로 대러시아 국가와 대러시아 문화를 형성했는지, 어떻게 적들과의 투쟁에서 조국의 이익을 보존했는지에 대해 이해할 것이다.

2

16세기~18세기 러시아 역사

제1장
16~17세기 초의 러시아

1. 16세기의 민중과 경제

농 업

16세기 러시아는 새로운 땅을 정복하여 자국의 영토를 크게 확장했다. 16세기 초에 러시아 인구는 600만 명이었다. 지나간 시대처럼 이 시기의 주민들의 가장 큰 일은 여전히 농사를 짓는 일이었다. 일찍이 북동과 북러시아 평원에서는 화전방식이 지배적이었다.

15세기 후반부터 모스크바 공국의 전 영토에서는 3년 **윤작식 경작법**이 완전히 확립되었다. 이런 경작 방식 하에서 농민들은 땅을 세부분으로 나눴다. 첫 부분에서 농민은 봄에 씨를 뿌리고, 두 번째에는 가을에 씨를 뿌리고, 세 번째에는 두 달 정도 씨를 뿌리지 않고 휴경지로 남겨두었다. **삼포식 경작법**은 빠르고 풍부한 수확을 가져다주진 않았지만, 장기간 일정한 수확을 확보해 주었다. 게다가 이러한 방식은 더 안정적으로 땅을 보호할 수 있게 해 주었다.

삼포식 경작법 보급과 함께 곡식 경작의 수확도 변했다. 호밀이 가장 널리 퍼진 가을의 경작물이 되었고, 봄 경작지에는 귀리를 재배했다. 대신 옥수수, 보리파종은 현저하게 줄었다. 값비싼 영양요소가 많은 메밀의 재배가 넓게 확산되었다. 쟁기, 보습, 써레의 도움을 받아 땅들이 경작되었다.

국가의 모든 영토에서의 수확은 실질적으로는 낮았다. 이것은 좋지 않은 자연적 기후조건과 관련이 있었다. 농업을 할 수 있는 중요한 땅은 이른바 위험한 경작지 내에 위치했었다. 긴 영하상태의 겨울의 혹독하고 불안정한 기후와 여름의 짧은 기후는 농업경영에 좋지 않았다. 일 년에 125~130일이 경작하는 일에 대부분 쓰였다(4월 중순~9월 중순까지). 약 30일은 김매기 하는데 쓰였고, 남아있는 100일은 개간, 파종, 수확과 같은 일을 완수하는데 남겨둬야 했다. 농사일 기간은 러시아어로 고통스럽다(страдать)라는 단어에서 유래한 ≪스트라드로이(страдрой)≫로 불렸다. 농번기에는 새벽부터 해가 질 때까지 어린사람에서 노인까지 모두 일을 했다.

그 당시에는 가축을 소유한 사람이 적었기 때문에 거름을 대신했던 비료를 사용하지 못했다. 이것은 겨울을 준비하기 위한 가축사료의 준비가 귀중한 밭일을 할 시간을 빼앗아 가는 것과 관계가 있었다. 그럼에도 불구하고 말없이 경작하는 것은 솔직히 불가능했다. 대체로 시골에서 성인 노동자 각자는 하나의 일하는 말을 가졌다. 사료 없이 송아지만을 가지고 농사를 짓는다는 것은 상상하기 어려웠다. 농민들은 여전히 양과 닭 그리고 다른 조류들은 소유하고 있었다. 그 때의 러시아 시골에서는 돼지도 드물었다. 왜냐하면 돼지들은 많은 사료가 필요했고, 잘 돌봐주는 것이 필수였기 때문이었다.

16세기 초 대다수의 토지들은 지방의 소유로 넘어갔다. 몇 군데의 도시주변의 향으로 모든 토지의 90%까지 넘어갔다. 수도원 토지 소유의 증대도 나타났다. **농민 공동체**는 예전처럼 농민 생활에 중요한 역할을 차지했다. 농민 공동체는 경작지를 나누어주었고, 농민 가족들 사이의 화전 구역을 나누어주었고, 풀베기 땅 이용을 감독했으며, 호수와 강에서의 채굴을 통제했다. 농민 공동체는 세금, 부역, 납세 의무를 농민들 사이에 할당했다. 농민 공동체는 국가소유의 척박한 토지를 세습영지와 지방소유로 넘겼다.

카자크 사회

개인적인 권리들에 대한 농민들의 도전과 더불어 16세기 카자크들의 수가 계속적으로 증가했다. 볼가강, 돈강, 크림 산지의 해방농노 공동체가 생겼다. 수렵, 사냥, 어업, 벌꿀 채취, 목축 등이 카자크 사회의 경제생활의 토대가 되었다. 전쟁 노획물조차도 가장 중요한 경제생활의 원천이 되었다. 동시에 크림과 타타르의 공격으로부터 국경을 보호하는데 관심을 가졌던 카자크들은 기꺼이 정부로부터 하사금과 빵과 탄약을 받았다.

모든 카자크들은 자유롭고 동등한 권리를 가졌던 것으로 생각된다. 공동체에는 자치가 존재했다. 가장 중요한 일들은 카자크들의 집회인 ≪쿠르그(круг)≫에서 논의되었다. 선출된 카자크 수장, 원로들이 공동체의 우두머리가 되었다. 16세기 전반에 드네프르강 하류의 삼림이 많은 섬에 흩어져 살던 카자크 정착민들은 자신들의 독자적인 카자크 공화국인 자포로쉬스카야 세치(Запорожская Сечь)로 통합되었다.

도시와 도시민들

16세기 초에 러시아 국가의 방대한 영토에는 130개의 도시들과 소도시들이 산재해 있었다. 볼가강 상 · 하류지역, 오카강과 볼가강 중류, 모스크바, 클랴지마, 오카 등의 강을 따라서 많은 도시들이 건설되었다. 15세기말부터 도시인들의 급속한 증가가 목격되었고, 도시들도 성장을 하였다. 도시 인구 수는 그리 많지는 않았다. 이러한 점에서 보면, 당시 러시아는 서유럽과 중유럽의 발달된 나라들에 비해 크게 뒤떨어져 있었다.

통일 국가의 형성과 함께 러시아 도시의 의미도 변했다. 많은 도시들은 이미 독립적인 공국의 도시가 아니었고, 수공업, 무역의 중심지로서의 의미가 강화되었다. 푸스코프, 아르한겔스크, 홀모고리(Холмогоры), 야로슬라블, 코스트로마, 트베르, 세르푸호프(Серпухов), 툴라, 스몰렌스크, 니즈니 노브고로드 등의 도시들이 무역과 수공업의 큰 중심지였다. 노브고로드는 모스크바 공국의 생활에서 중요한 역할을 계속했다. 그러나 무엇보다도 모스크바의 정치적 · 경제적 의미가 점점 증가하였다. 외국인들은 서유럽의 거대한 도시들과 러시아 수도를 비교했다. 동시대인들은 모스크바에는 약 10만 명이 살았고, 노브로로드에는 약 2만 5천~3만 명이 살았다고 말했다.

세금을 지불하고 국가를 위해 다양한 책임을 떠맡았던 이른바 검은 도시인들 ≪чёрные горожане≫인 수공업자와 상인들이 도시 주민의 대부분을 차지했다. 대공의 대리인, 관리들도 도시에 거주했다. 그들은 도시통치를 이끌었고 검은 도시인들을 재판하고, 요새의 설비를 감독하고, 정확한 무역세의 징수를 감독했다. 도시의 대저택에는 귀족들뿐만 아니라 다양한 분야의 공무 종사자들이 살았다.

수공업

16세기에 눈에 띄게 전문 수공업인들이 늘어났다. 도시에는 빵 굽는 사람, 피로그 만드는 사람, 꿀물 파는 사람이 등장했고, 주민전부가 피혁상인, 제화공, 대장장이, 보석 세공자, 도공, 소목장이, 목수 들인 마을도 있었다. 모스크바에는 많은 수의 수공업 업종을 가리키는 거리와 골목의 많은 지명이 남아있다. 타간크(Таганк)에서는 대장장이들이 목욕을 위한 솥인 삼발이를 만들었고, 코뉴센(конюшен)이란 도시교외 마을에서는 마구간을 위한 도구를 만들었다.

무기 제조는 수공업의 가장 확산된 형태였다. 잘 만들어진 갑옷, 창, 수류탄, 활, 돌을 당겨 날리는 병기 등은 나라 안에서 뿐만 아니라 외국에서도 큰 주문이 들어왔다.

15세기 말 모스크바의 총기 만드는 농가에서는 대포, 총, 다른 화기들을 만들었다. 차르 총기청은 무기와 탄약의 생산, 사용법, 배당 등을 관리했다. 수공업자들, 대포 제작자와 관의 대장장이들 또한 이 명령을 따랐다. 총기 만드는 농가(Пушечный двор)에서 주조되는 무기의 품질은 모스크바 정권이 남동쪽의 이웃나라에 건네지는 것을 금지할 만큼 최상이었다.

무 역

캅차크 한국의 지배에서 벗어나고, 통일 러시아 국가의 형성은 경제 강화를 촉진시켰다. 국내의 국경이 없어지고, 분열된 여러 공국 간의 수많은 관세가 없어진 것은 무역의 성장을 초래했다. 많은 도시와 시골간의 교역이 생겼다. 이곳에서 현지의 수공업자들이 자신의 제조품을 팔았고, 농민들은 야채, 고기, 생선을 팔았다.

개별적인 주들 간의 역동적인 경제 관계는 정기시장을 가능케 했다. 보통 정기시장은 일 년에 한번 가까운 무역 도시들이나 수도원 근처에서 이루어졌다. 정기시장에서 중요한 물품은 빵이었다. 또한 꿀, 소금, 가축, 고기, 생선, 그 밖의 다른 농산품을 거래했다. 그밖에 시장에 수준 높은 물건과 수공업자의 생산물인 식기류, 구두, 멋쟁이들을 위한 아름다운 직물 등을 가지고 나왔다.

러시아 서쪽 국경에서는 폴란드, 리보니아, 간자, 리투아니아 등의 공국들과 무역을 했고, 남동쪽으로는 타타르 한국, 카프카스, 중동 아시아와 오토만 제국과 무역을 했다. 1553년 백해에 영국 상인이 출현했다. 그 후로 러시아와 영국은 긴밀한 무역관계를 갖기 시작했다. 1556년 모스크바 정부는 영국인들에게 자신의 나라에서 자유롭게 무역을 하도록 허락했다.

1584년 미하일 아르한겔스키 수도원과 노보홀모고리 부두와 그곳에 부속된 마을 부근(1613년부터는 아르한겔스크)의 북드비나강 하구에 목재로 만든 요새가 건설되었다. 이것이 영국과 다른 서유럽 국가들과 활기찬 무역이 행해졌던 러시아 정부의 최초의 큰 항구였다.

도시 자치와 상인 조직

이반 그로즈니

도시들에는 자치적 요소가 보존되었다. 중소상인들, 수공업자들, 채소밭치기들, 무역과 수송 서비스 종사자들은 16세기에 100인단과 50인단으로 통합되었다. 그러나 이 조직들의 바탕에는 서유럽처럼 직업적인 것이 아니었고, 지역적인 원칙이 있었다. 거대한 상인들만이 특별한 전문조직인 대상단(Гостиная Сотня)과 포목상단(Суконная Сотня)으로 통합되었다. 대상단은 수도인 모스크바 상인들로 구성되었다. 포목상단은 처음에 지방 상인들로 구성되었다. 상인조직의 구성원들은 도시 자치를 이끌었다.

선출된 도시의 권력자들은 상단들 사이에 세금을 분배하는 일을 맡았다. 그들은 거리와 도로의 편의 시설을 관리했고, 전시에 도시 예비군의 보충을 감독했고, 도시의 민병대를 조직했으며, 공후의 군사원정 참여를 위한 민병대를 파견했다.

화폐개혁

여러 지방들 간의 무역 관계가 성장했고, 또한 대외무역의 확대는 절박하게 화폐유통 분야에서의 변화를 요구했다. 15세기말까지와 16세기 초에 러시아는 두개의 중요한 화폐단위가 존재했다. 그것은 노브고로드 루블과 모스크바 루블이었다. 상품거래의 증가는 더 많은 돈을 필요로 했지만, 나라에는 귀금속 보유량이 매우 적었다. 도시에는 많은 수의 화폐 위조자가 나타났다. 잔혹하게 죄인들을 처벌하고, 그들의 손을 자르고, 목구멍에 주석을 집어넣었지만, 아무런 소용이 없었다.

1535~1538년에 모든 구화폐가 폐지되었다. 전 러시아를 위한 단일 화폐단위인 모스크바 **루블**이 도입되었다. '코페이카'(копейка)라는 명칭을 부여받은 창을 든 기마병 지도가 있는 100루블 동전과 동등한 가치의 화폐도 나타났다. 1534년 모스크바에 전 러시아를 위한 화폐들을 제조하는 러시아 최초의 국립화폐 **주조청**이 설립되었다.

결 론

16세기의 러시아는 여전히 농업 국가였다. 경제 활동에서의 중요한 변화는 주로 수공업과 무역에서 일어났다. 러시아 국가의 영토에 국내시장이 형성되었다.

2. 이반 4세의 통치 시작

귀족의 통치

1533년에 **바실리 3세**가 죽었다. 죽기 전에 그는 자신의 3살 난 아들 이반을 걱정하여 그를 후견할 7명의 권위 있는 귀족으로 구성된 후견 위원회를 만들었다. 대공은 귀족들에게 아들을 아껴주고, 15세까지 국가 일에 참여시키고, 그 다음에 나라를 독자적으로 통치하게 하라고 명령했다. 대공이 죽은 며칠 후에 귀족들로 구성된 후견 위원회는 이반을 왕으로 올렸다. 귀족들은 바실리의 맏아들이 태어나기 전까지 왕의 계승자라고 생각했던 이반 3세의 형인 영지 공후인 유리가 왕위를 요구하는 것을 두려워했다. 혼란을 예방하기 위해서 귀족들은 감옥에 그를 가두게 되는데, 그곳에서 그는 3년 후에 굶어서 죽게 된다.

그러나 얼마 안 있어 귀족들의 후원에 부담을 느꼈던 바실리 3세의 미망인 **엘레나 그린스카야**(Елена Глинская)는 국가의 통솔권을 장악했다. 그녀는 대공자리를 탐낼 수 있는 가능성이 있는 이반 3세의 막내 아들인 봉공 **안드레이 스타리츠키**를 잔인하게 처단했다.

엘레나 그린스카야는 5년 정도 통치했다. 그녀는 국가권력의 중앙 집중화를 촉진시킨 중요한 개혁을 실행하다가 죽었다. 무엇보다도 **화폐개혁**을 했다. 나라 전체를 위한 단일의 길이와 무게 단위가 생겨났다. 그러나 1538년에 이 젊은 여자는 급작스렵게 죽었다. 그녀가 귀족들에게 독살 당했다고 추측하고 있다.

대공이 죽은 후에 대귀족들 간의 격렬한 권력투쟁이 시작되었다. 모스크바 궁정에서는 독살, 감옥에 유폐, 수도원에서 강제로 삭발하는 것 등의 일들은 보통의 일이었다. 이러한 상황은 **이반 4세**의 성격형성에 큰 영향을 미쳤다.

이반 4세의 성격

이반은 재능 있는 아이로 성장했다. 그는 일찍이 독서에 열중했다. 그는 과거의 위대한 대공들의 삶을 기록해 놓은 것과 최고 권력은 신에 의해 부여받았다는 내용의 논문에 특히 관심이 많았다. 소년시절에 그는 체계적인 교육을 받지 않았지만, 성년이 되었을 때 폭넓은 지식으로 주변사람을 깜짝 놀라게 했다. 게다가 그는 저술하는 것에 관심을 가졌고, 재능이 있고, 다작의 작가였다. 사료들은 왕이 훌륭한 연설가였다는 것을 보여준다. 그는 자신의 말에서 고대작가들의 작품을 인용하는 것과 로마 역사에서의 예를 인용하는 것을 좋아했다. 이반은 유럽에서 가장 큰 도서관을 가지고 있었다. 도서관에는 진귀한 고대 그리스, 로마 작품과 비잔틴 작품들이 보관되어 있었다. 그리고 이 모든 것이 가차 없는 잔인성, 병적인 의심, 복수심과 결합되었다.

차르의 즉위식

17세 때 이반은 그때까지 러시아에서 받아들여졌던 대공으로서가 아니라 차르로 즉위하려는 자신의 의도를 **대주교 마카리야**에게 말했다. 대주교는 최고 권력을 크게 신장시켜줄 것을 보장해주는 신제도를 지지했다. 알다시피 러시아에서는 타타르의 한들과 비잔틴 황제들을 차르라고 불렀다. 완전한 권력기반을 가진 러시아 최초의 차르도 이러한 통치자들이 이용했던 그러한 모든 무제한의 권한을 요구할 수 있었다.

1547년 1월 16일에 모스크바 크레믈 **우스펜스키 사원**에서 **이반 4세**의 엄숙한 차르 즉위식이 거행되었다. 교회들이 국가에서의 가장 특수한 위치임을 그렇게 강조하면서 대주교 자신이 차르 머리에 블라디미르 모노마흐 모자를 씌워주었다.

대공 이반 바실리예프가 러시아 역사상 최초의 신의 축복을 받은 차르가 되었다. 차르라는 칭호를 부여받은 것은 러시아의 국제적 권위를 드높였다. 이제 러시아의

군주는 세계의 가장 유명한 통치자들과 동등하게 되었다

1547년의 모스크바 반란

귀족들 사이의 권력투쟁은 전례 없는 권력남용, 무법, 뇌물, 부패를 초래했다. 넓은 주민 계층의 상황은 급격히 악화되었다. **글린스키 가문**의 향상은 상황을 더욱 복잡하게 만들었다. 거의 전 도시를 태워버렸던 모스크바 화재들은 사람들을 더 이상 참을 수 없게 만들었다. 많은 도시민들은 재산과 거처를 잃었다. 모스크바 사람들은 자신의 불행이 글린스키 가문 때문이라고 생각했다. 믿지 못할 소문이 모스크바에 떠돌았다. 이반 4세의 할머니 안나 글린스카야가 새로 변하여 도시위로 날아서 죽은 사람의 심장에서 뽑아낸 피를 집에 뿌려서 이것에서 화재가 시작되었다는 소문이 그것이었다.

1547년 6월 26일에 무장한 시민들이 크레믈을 습격해서 귀족들에게 **글린스키 가문**을 응징하기 위해서 넘겨줄 것을 요구했다. 귀족들은 반란자들을 진정시키려 했지만 성공하지 못했다. 분노한 모스크바 주민들은 우스펜스키 사원에서 차르의 숙부 **유리**를 끌어내서 그를 돌로 죽였다. 글린스키 가문의 저택이 약탈당했고, 그들의 무장한 하인들은 제거 당했다. 차르는 가족과 함께 모스크바 근방 마을인 **보로비예보(Воробьево)**에 몸을 숨겨야만 했다. 그러나 도시인들의 잔인한 사형집행에 흥분한 군중은 자신들을 모욕한 사람을 찾았고, 그곳으로 갔다. 글린스키 가문이 마을에 없다는 것을 어렵게 민중들에게 설득시키는데 성공했다. 모스크바에서 그리고 뒤이은 다른 도시에서의 민중 봉기는 귀족통치의 잔재의 일소와 권력의 중앙 집중을 강화하는 개혁의 불가피 함을 차르에게 확신시켜 주었다.

자문회의(Избранная рада)

이 시기에 젊은 차르 주변에 재능 있는 위정자 집단이 형성되었다. 이것은 측근들의 자문을 의미하는 자문회의 ≪**이즈브란나야 라다(Избранная рада)**≫라는 명칭을 받았다. 그 자문위원회에 세습귀족이 아닌 귀족 아다세프, 사제 실베스트르, 공작 바로틴스키와 쿠르브스키와 세레메테프 가문의 세습귀족들, 서기 비스코바티가 포함되었다. 교회의 수장인 **대주교 마카리(Макарий)**도 자문회의를 지지했다. 차르와 자문회의는 전면적인 일련의 개혁을 실시했다. 계획된 개혁은 중앙권력을 강화하는 것과 중앙집권화 된 국가의 형성을 가능케 하는 것이었다.

중앙권력의 강화

1549년에 차르는 제시된 개혁을 토론하기 위해 귀족의 대표들, 성직자들, 공무원들을 모스크바에 집합시켰다. 이것은 러시아 역사상 최초였다. **젬스키 사보르(Земский собор**: 국민회의)는 전 러시아 지역의 모든 대표자들이 모임이었다. 그 회의에서 차르는 그가 어렸을 때 귀족들이 저지른 권력남용에 대해 비난을 하고, 귀족과 지방 권력의 전제정치로부터 주민들을 보호할 것을 약속했다. 귀족의 권력남용의 비판은 개혁자들의 활동의 근거가 되었다.

가장 중요한 국가 문제를 결정하는 **국민회의(Земский собор)**는 성직자, 귀족들, 도시 지배층의 대표들로 구성되었다. 나중에 국유지 농민들도 그곳에 참여하게 되었다. 1550년에 국민회의에서 이반 4세의 법령 집 **수데브니크(Судебник)**가 편찬되었다. 여기서 **성 게오르기 유리의 날**(게오르기야 -유리야를 기념하는 교회 축제일)에 농민들이 한 영주에서 다른 영주로 이동하는 기준들이 명확하게 규정되었고, 형벌이 잔인한 사람들에게 엄하게 내려졌고, 뇌물에 대한 처벌이 도입되었으며, 지방장관의 권리가 제한되었다. 법전(Судебник)은 **귀족회의(Боярская дума)**에 최고 입법기관으로의 권한을 부여했다. 왜냐하면 모든 법령들이 차르 밑의 귀족들의 승인을 받아야만 했기 때문이다.

자문회의 통치기간에 새로운 중앙 통치 기관 체제의 창설이 법으로 정해졌다. 각각의 중앙부서인 **프리카스(приказ)**는 한정된 국무를 담당했다. 외무성은 러시아의 외무정책을 관장했고, 그의 책임자는 훌륭한 외교관 비스코바티였다. 탄원소의 책임자는 아다세프였다. 그는 차르에 대한 탄원서를 접수했고 탄원서에 따라서 수사를 했다. 인사청은 군사업무, 군사령관 임명과 예비군 징집을 담당했다. **세습 영지청(Поместный приказ)**은 토지소유에 관한 업무를 담당했고, 약탈자, 범죄자를 감독하는 관청이 있었다. 후에 새로운 중앙행정기관들이 더 등장했다.

1551년에 종교회의가 열렸다. **대주교 마카리**가 종교회의를 주도했고, 이반 4세는 그의 일에 적극적으로 참여했다. 종교회의에서 채택했던 문서들의 모음인 ≪스토글라프≫는 100장으로 구성이 되었다. 그러기 때문에 종교회의는 역사에서 100장의 모음집인 **스토글라프**(Стоглав)로 불렸다. 국가의 중앙집권화와 일치하여 종교회의는 통일된 교회의식을 초래했고, 지방의 모든 성자들을 전 러시아적인 인물들로 인정했으며, 성직자들의 윤리를 강화시키는 조치들을 정했다.

군사개혁

1550년에 군사개혁이 실시되었다. 군대작전 기간에 문벌제도가 제한되었다. 귀족출신과 상관없이 군사적인 재능을 들어냈던 인물들이 최고의 군직에 임명되었다. 직접 차르에게 충성하는(황제가 직접 통솔하는)지방 예비군에서 선발된 1000명으로 구성된 군대가 조직되었다. 자유로운 사람들이 봉직할 수 있는 친위대 **소총부대**(стрелецкие полки)가 창설되었다. 친위대 소총부대는 국고로부터 현금으로 봉급을 받았고, 소총과 제복 및 부속품 일체를 받았다.

1552년에 약 4000명으로 구성된 상비군의 명단이 만들어졌다. 상비군 명부 중에서 최고의 군과 행정 관리들이 임명되었다. 이곳에 포함된 사람들은 고위 봉직자 계층을 대표했고, **드보랸**(дворян: 궁정귀족)이라고 불렸다.

1556년에 모든 지주들을 위한 차르의 군대에서의 의무복무의 정확한 규율을 규정한 ≪**복무규정**≫이 채택되었다. 150 데샤틴(десятин: десятина의 복수생격, 미터법 사용이전의 땅 크기를 재는 척도)에서 한명의 무장한 기병이 징발되어야 했다. 만약에 땅이 300 데샤틴 면적이라면, 그 땅의 소유자는 또 한명의 무장기병을 대동해야만 했다.

≪복무규정≫은 대부분 세습영주와 봉토지주의 권리를 동등하게 했고, 러시아 전역에서 농민군의 형성을 가능케 했으며, 모든 대표자들은 상비군에서 군 복무를 해야만 했다. 궁정 귀족으로 구성된 예비군은 러시아 군대의 상당한 부분을 차지했고, 매년 예비군의 열병식이 거행되었다. 군복무를 하지 않거나 군 열병식에 참석하지 않은 사람들은 신체적인 체벌을 받았고, 봉토를 박탈당했다. 군대는 포병, 도시 수비대, 카자크들, 보조군인들(공병, 수송병)로 구성되었다. 기병은 군도, 검, 창과 같은 도검류와 함께 화기로도 무장되었다. 보병은 소총으로 무장되었다.

지방행정의 개혁

1556년에 지방행정의 개혁이 실시되었다. 개혁들은 지방 주민이 내는 세금으로 먹고 사는 지방관의 통치제도를 폐지했다. 부분적인 개인 토지소유가 존재했던 향에서 구바(губа: 대체로 읍과 향에 일치하는 행정구역)의 장의 임무가 정해졌다. 변경지역의 토지 소유자들은 자신들이 속한 계층에서 장을 선출했다. 주민의 대부분이 국유지 농민들로 구성되었던 곳뿐만 아니라 도시 교외의 공동체에서도 주민에 의해서 선출된 행정장의 회의가 현지 자치를 실현했다. 도시의 영지 관리인이 도시에서 선출되었다. 선출기관들은 광범위한 권한을 부여받았다. 그러한 기관들은 재판을 하고, 법과 질서의 준수를 감독했으며, 세금징수를 실행했다. 성직자들도 자치권을 부여받았다. 자치기관들은 그들을 선출했던 주민들의 이익을 보호했다.

결 론

이반 4세와 **자문회의**의 개혁들은 국가의 권력집중을 지향했다. 이러한 개혁들은 국가의 이익과 세습 권력계층의 이익간의 합치에 도달하려고 시도했다. 개혁들은 전제체제로의 러시아 국가의 발전의 길을 계획했다.

3. 1550년대의 러시아 대외 정책의 성공들

카잔 한국의 병합

16세기 중반 경에 내부개혁과 함께 이반 4세는 강력한 대외정책을 실시했다. 킵차크 한국의 붕괴 후에 카잔 한국이 러시아 땅에서 가장 위험한 존재가 되었다. 카잔인들은 항상 러시아를 침략하였다. 그들의 기마부대들은 변경지역의 향들을 파괴하였고, 블라디미르, 코스트로마와 먼 볼로그다(вологда)로 나아갔다. 카잔에 약 십만 명의 러시아 포로들이 잡혀 있었다.

이반 4세는 카잔 측의 침략으로부터 러시아를 영원히 안전하게 하겠다고 결정했다. 이슬람을 믿는 카잔인들에 대항한 전투에서 종교적 성격을 부여하기를 갈망하면서 교회는 적극적으로 차르를 지지했다. 카잔한국의 영토를 정복하려는 계획은 자신의 영지를 확대시킬 수 있을 것이라고 계산한 귀족들의 승인과 맞아 떨어졌다. 상인계층은 볼가강에 대한 통제를 하지 못해서 동방의 나라들과의 무역을 위한 방대한 전망을 세우지 못했다. 그러나 **카잔**에 대한 러시아 부대의 두 번의 군사원정(1547~1548, 1549~1550)은 준비가 제대로 되지 않아서 실패로 끝이 났다.

세 번째 원정에 대한 준비는 더욱 더 용의주도하게 이루어졌다. 1551년 여름에 카잔에서 멀지 않은 곳에 미리 준비해간 목조 구조물로 스비야쉬스크(Свияжск)요새가 건축되었다. 요새는 러시아 군대의 직결지와 카잔에 대한 전초지가 되었다. 차르가 이끄는 러시아 군대는 도시에 접근해서 도시를 포위했다. 러시아 포병들은 150대의 포를 가졌다.

카잔은 요새화가 잘 되어 있었고, 직접적인 공격은 큰 손해를 초래했다. 이반 비로드코바의 지휘 하에 공병, 민병들이 포위하는 두개의 라인을 구축하고, 이동식 탑을 만들고, 카잔 성벽 밑에서 제철을 만들었다. 9월말에 강력한 폭발로 벽의 일부를 파괴했고, 러시아 군대가 그 구멍으로 돌진했다. 1552년 10월 2일에 카잔은 정복되었다.

그러나 모든 카잔인들이 모스크바 권력의 관할권에 들어가지 않았다. 1552년 12월에 과거의 한국의 영토에서 반란이 일어났고, 모스크바에서 파견된 군대들이 반란자들을 가차 없이 응징했다. 반란의 지도자들은 사로잡혀서 모스크바에서 처형당했다. 그 주민들은 이반 4세에 대해 충성을 맹세했다. 그 변경지역이 러시아 국가에 합병되었고, 1557년에 카잔지역의 영토는 러시아 병사들에게 분할되었다.

카잔을 합병한 후에 이반 4세는 한국 전 지역으로 러시아 국적으로의 귀화를 요구하는 칙서를 보냈다. 그는 주민들에게 그들이 차지하고 있던 영토를 유지할 수 있고, 이슬람을 믿을 수 있다고 약속했을 뿐만 아니라 외부의 적으로부터 그들을 지켜주겠다고 약속을 했다. 차르가 보낸 칙서에 영향을 받은 바시키르인들과 우드무르트인들은 자진해서 러시아 차르의 보호로 들어갔다.

아스트라한 한국의 합병

1551년에 크림 한국의 꼭두각시였던 아스트라한 한국이 이반 4세에 충성을 제안했다. 그러나 1554년에 이것을 위반하고 아스트라한 한국은 러시아 대표부를 강탈했고, 그 다음에 노가이족을 공격했다. **노가이족**의 지배자는 모스크바에 자신들을 보호해달라고 간청했다.1554년 6월에 러시아 부대와 노가이족의 부대는 전투 없이 아스트라한 한국으로 입성했다. 러시아에서 봉직했던 데르비시-알리(Дервиш-Али)가 한국의 왕위를 차지하고 있었다. 많은 수의 러시아 포로들이 해방되었다. **아스트라**

한 한국에게 조공으로 현금과 현물(일년에 생선 3000마리)이 부과되었다. 한들의 권한이 러시아 차르에게 양도되었고, 다시는 ≪자기 스스로 통치를 하지 않겠다≫는 약속이 아스트라한의 한들에게 강요되었다.

16세기 이반 그로즈니의 동쪽으로의 영토확장

1555년 크림으로부터 침략의 위협을 받은 데르비시-알리는 러시아의 종속관계에서 벗어났다. 1556년 러시아 군대가 아스트라한 한국을 공격했다. 1000명의 군대를 파견하고, 대포와 화승총을 보낸 크림 한국의 도움에도 불구하고 거의 모든 아스트라한인들은 거의 전투 없이 이반 4세에게 굴복했다. 아스트라한 한국은 완전히 러시아에 합병이 되었다. 북 카스피 연안에 위치했던 노가이 한국은 곧 모스크바에 자발적 종속을 인정했다.

볼가지역의 합병의 의의

카잔과 아스트라한 한국의 합병은 남쪽과 남동쪽에서의 러시아의 안보를 확보해주었고 동방의 나라들과의 무역과 정치적 접촉의 통로를 열어주었다. 볼가강 전체가 러시아강이 되었다. 볼가강 유역의 영토에 거주했던 수많은 민족들이 러시아 국가의 구성원이 되었다. 그들은 농업과 목축에 종사했고, 볼가강의 수로를 따라 활발히 무역을 했다. 이제 그들의 역사적 운명은 러시아와 긴밀하게 관련되었다. 러시아는 다민족 국가가 되었다.

카잔과 아스트라한 한국의 합병은 오스만 제국의 술탄을 격분시켰다. 그러나 이 시기에 오스만 제국은 중부유럽의 국가들을 점령하고 있었기 때문에 러시아 세력을 약화시키고 전쟁 노획물을 받기 위해서, **오스만 투르크**는 자국에게 조공을 받치는 크림한국의 군대를 이용했다. 러시아 땅에 대한 크림 타타르의 공격은더욱 더 빈번해졌고 파괴적이었다.

크림 한국의 습격을 방어하기 삼림지대와 요새로 구성된 방어선을 구축하기 시작했다. 자연적인 장애물(강, 소택지, 숲)들과 결합된 이 방어선은 크림의 타타르인들을 멈추게 하거나 지연시켰다. 이 방어선은 브랸스크에서 시작되어 툴라를 지나 랴잔에 이르렀다.

리보니아 전쟁의 시작과 그 원인

동쪽에서의 빛나는 성공을 거둔 후에 이반 4세는 서쪽으로 시선을 돌렸다. 발트해에서의 항구의 부재는 유럽나라들과의 러시아 무역을 제한했다. 옛날부터 부유한 리보니아(오늘날의 에스토니아와 라트비아) 도시들이 무역에서의 중개인 역할을 담당했었다. 그들은 여러 가지 방법으로 러시아 무역의 성장을 방해했다.

한편 경제적인 발전의 필요성은 유럽의 선진국들과의 러시아의 폭넓은 경제관계를 요구하게 되었다. 러시아 상품이 유럽에서 많은 수요가 있었음에도 불구하고 북해를 건너는 길은 혹독한 기후 조건 때문에 상인들에게 환영을 받지 못했다. 이반 4세는 내분으로 약화된 리보니아 기사단의 관할지를 탈취하여 발트해의 항구들을 손에 넣겠다는 결심했다. 전쟁을 일으키기 위한 편리한 구실이 제시되었다. 16세기 초에 러시아와 체결한 조약에 따라 리보니아 기사단은 언제가 야로슬라프 무드리이가 건설한 **유리예프(Юрьев)** 도시를 위해서 조공을 바쳐야만 했다. 1557년 **리보니아 기사**들은 조공을 받치는 것을 거부하겠다고 발표했다.

1558년 차르는 리보니아 기사단에게 전쟁을 선포했다. 러시아 군대는 발트해 연안 지역을 공격했고, 유리예프와 나르바 도시를 점령했고, 레벨(Ревель)과 리가(Лига) 쪽으로 나아갔다. 리보니아 기사들은 러시아에 휴전을 간청했다. 이반 4세는 6개월 동안 휴전에 동의했다. 그러나 이것은 심각한 실수였다. 휴전 기간에 리보니아 기사단은 리트바(오늘날의 리투아니아)의 보호 아래로 들어갔고, 더 이상 독립국으로 존재하지 않았다. 폴란드와 리트바 왕은 러시아와 전쟁을 했던 덴마크와 스웨덴을 자기편으로 끌어들였다.

휴전의 종결된 후에 이반 4세는 전쟁의 초반에 성공을 확보하기 위해 노력했다. 1563년 모스크바의 군대는 공격을 계속했고, 리트바로 입성했다. 러시아 지휘부는 리트바의 수도 **빌노(Вильно**: 오늘날의 빌뉴스)로 향하는 길을 차단했던 **폴로츠크**(Полоцк) 도시 요새를 공격하기로 결정했다. 폴로츠크의 공격에는 거의 모든 러시아 군대가 참여했다. 넓지 않은 폴로츠크 도로는 모든 군부대와 수송대열을 수용할 수 없었다. 1563년 2월 초에 러시아 군대는 폴로츠크를 외곽으로 나아가서 그 도시를 포위하기 시작했다. 2월 15일 새벽에 폴로츠크 수비대는 항복했다. 그러나 러시아 군대의 성공은 이것으로 끝났다. 1564년에 러시아는 리트바에게 연달아 대패를 당했다.

결 론

러시아는 적극적인 군사 활동으로 볼가강 유역의 영토를 합병했고, 발트해 연안지역에서 자국의 위치를 강화했다. 다민족 국가를 형성하는 과정이 계속되었다.

Лоде Города, взятые русскими
Корела Города, взятые шведами
Остров Города, взятые Стефаном Баторием
Псков Осады городов
1558 Походы русских
1580 Походы Стефана Батория
1582 Походы шведов
1580 Места и даты битв
Границы государств на середину XVI в.
КУРЛЯНДИЯ Исторические области
Границы территорий, уступленных Россией по Ям-Запольскому перемирию 1582 г. и Плюсскому перемирию 1583 г.
Швеции
Польше
ШВЕЦИЯ
Нейшлот
Сердобольский погост
Валаамский монастырь
о. Валаам
Корела
Выборг
Ладожское озеро
Олонец
Ладога
Нева
Орешек
Копорье
1582
Ивангород
Яма
Нарва (Ругодив)
Ревель (Таллин)
о. Даго (Хийумаа)
Падис
1570, 1577
Везенберг
Гапсаль
Лоде
Вейсенштейн
о. Эзель (Саарема)
Леаль
Ланe
Пернов (Пярну)
Феллин
Тарваст
Дерпт (Тарту)
Каркус
Ринген
Эрмес
Валк
Чудское озеро
Псково-Печорский монастырь
Псков
1581
18.08—01.12.1581
Порхов
Новгород
озеро Ильмень
Старая Русса
Вольмар
Венден
Мариенбург
Тирзен
РИГА
Остров
Запольский Ям
Холм
КУРЛЯНДИЯ
Режица
Красный
Лудзин
Опочка
Себеж
Великие Луки
Торопец
1580
Динабург
Невель
Сокол
Озерище
Усвят
Полоцк
Велиж
Зап. Двина
Неман
Улла
Витебск
ВИЛЬНО
Свирь
Чашники
1564
Смоленск
Днепр
ВЕЛИКОЕ КНЯЖЕСТВО ЛИТОВСКОЕ
РОССИЯ

리보니아 전쟁

4. 이반 그로즈니이의 권력 강화

자문회의 쇠퇴

발트해 연안으로 진출하려는 이반 4세의 갈망은 많은 대귀족들의 지지를 얻지 못하였다. **아다세프**(Адашев)를 포함한 자문회의의 몇 명의 의원들조차도 발트해 연안을 차지하기 위한 전쟁을 시기상조로 생각하고 남쪽과 동쪽의 땅을 획득하는데 모든 힘을 집중시켜야한다고 주장했다. 이런 분위기의 영향으로 황제는 1559년에 리보니아와 휴전하는데 합의했다. 그러나 리트바에서의 러시아 군대의 패배 후에 이반은 대귀족들과 자신의 신임했던 신하들에게 앙심을 품었다. 비록 패전의 중요한 근본적 원인이 대전에 대한 러시아의 미흡한 준비와 러시아 군대의 빈약한 장비에 있었지만, 최초의 성공을 기억했던 이반 4세는 패배원인을 신하들의 반대에서 찾기 시작했다.

1553년에 카잔 원정에서 돌아온 후에 갑자기 심하게 아프기 시작했던 것을 차르는 결코 잊지 않았다. 왕위 계승자에 대한 문제가 대두되었다. 이반은 막 태어난 자신의 아들 드**미트리**(몇 개월 후에 유모의 실수로 비극적인 죽음을 맞는 아이)에게 유리하게 유서를 작성했고, 그에게 선서할 것을 신하들에게 요구했다. 자문회의의 의원들을 포함한 측근들 중 다수는 이런 절차를 피하려고 했다. 그들은 어린 황제가 즉위하면 다시 대귀족들의 독단이 시작될 것을 두려워하여, 이반 4세의 사촌 형 즉 이반 3세의 손자인 봉공(封公) 블라디미르 안드레예비치 스타리츠키가 왕위에 오르기를 더 바랬다.

건강을 회복한 후에 이반 4세는 매우 변했다. 그는 의심이 많고 잔인한 사람이 되었다. 자문회의 의원들과의 의견 불일치는 더욱 더 자주 나타났다. 그들에 의해서 입안된 개혁들은 오랜 기간을 염두에 둔 것이었다. 황제는 빠른 결과를 원했다. 리보니아 전쟁 과정에서 **아다세프**의 적절치 못한 조언들은 불속에 기름을 붓는 격이었다. 1560년에 열렬히 사랑했던 이반 4세의 첫 아내 **아나스타시야**가 죽었다. 그녀는 황제가 아팠던 시기에 실베스트르와 아다세프가 동요를 일으킨 것을 용서하지 않았다. 실베스트르와 아다세프가 마술로 왕비를 현혹했다는 소문이 모스크바에 떠돌기 시작했다. 전제를 펼치려고 시도했던 황제는 이미 오래전에 자문회의의 의원들로부터 자문을 받는 것에 대해 번거로움을 느꼈었고, 그들의 죄에 대한 소문을 기꺼이 믿었다. 일찍이 아다세프와 실베스트르를 중요하게 여겼던 황제는 그들을 경멸했다.

측근자들에 대한 황제의 징벌

모스크바에서 소집된 젬스키 사보르(Земский Собор: 국민회의)는 황제의 옛 측근들을 극악무도한 사람들로 비난했다. 아다세프는 체포되어 옥사하였다. 실베스트르는 솔로베츠키 수도원으로 보내졌고 곧 거기서 죽었다. 모스크바에서는 대귀족들에 대한 대규모 재판이 시작되었다. 아다세프와 실베스트르의 제거는 개혁의 실행에 대한 차르의 거부를 의미했다.

결국 1563년에 이반에게 큰 영향력을 끼쳤고, 그의 잔인한 행동을 억제해줬던 대주교 **마카리**가 죽었다. 새 대주교인 **아파나시이**는 공개적으로 대귀족들의 불만을 두둔했다.

황제의 분노를 모면하려고 많은 귀족들이 외국으로 도피했다. 1564년 4월에 차르의 가장 가까운 자문자들 중에 한명이자 유명한 사령관 즉 카잔 대전투의 영웅 안드레이 미하일로비치 **쿠르브스키 공**이 리트바로 도망쳤다. 리트바에서 보낸 서한에서 그는 ≪지독한 원한으로 젖어 있는, 양심에 나병이 든, 전례 없는 폭군…≫이라고 차르를 비난했다. **쿠르브스키**는 차르에게 무고한 사람들의 사형을 그만두라고 요구했다. 이반 4세는 예전의 공업을 같이한 동료들에게 보내는 답장에서 ≪아내의 슬픔은 가정의 슬픔이듯이 많은 사람들의 슬픔은 차르의 슬픔이다≫고 말하며 차르 전제권력을 고수하였다.

한편 나라의 상황은 계속 악화되어갔다. 리보니아 전쟁은 병력의 비상적 배치가 필요했다. 병사들은 20년 이상 계속되는 전쟁들로 지쳐있었다. 승리는 패배로 대체되었다. 차르는 그의 명령에 따라 처벌을 받은 반역한 군사령관들에게 패배에 대한 책임을 전가했다. 차르는 대귀족들의 자율성을 완전히 박탈하고, 국가 업무에 대한 그들의 영향력을 빼앗고 완전한 독재적 지배자 즉 전제군주가 되기로 결정했다. 즉 그 당시 독재라는 개념은 차르의 무한한 권력을 의미하기 시작했다.

오프리치니나(Опричнина)와 오프리치니키(Опричники)

1564년 12월에 이반 4세는 가족과 측근들과 함께 갑자기 모스크바를 떠나 알렉산드로바 마을로 갔다. 어느 정도 시간이 지난 후인 1565년 1월에 그는 붉은 광장에서 낭독되었던 두통의 편지를 모스크바로 보냈다. **아파나시(Афанасий) 대주교**에게 보낸 첫 번째 편지에서 많은 반역, 국유 재산과 영토를 횡령한 것, 차르가 병환 중일 때 차르를 보호해주려 하지 않았던 것 등에 대해 차르는 대귀족들과 성직자들을 비난했다. 이반 4세는 차르 권좌에서 떠나서 ≪신이 정한 곳≫에서 살겠다고 선언하였다. 모스크바 주민들에게 보낸 두 번째 편지에서, 그는 퇴위의 이유를 설명하면서 자신을 대귀족들의 횡포로부터 보통 사람들을 보호해주는 사람으로 제시했다. 모스크바에서는 공포가 시작되었다. 차르의 박해를 적게 받았던 모스크바 시민들은 승려들과 귀족들에게 이반 4세가 차르 자리로 돌아오도록 설득할 것을 요구했고, 차르의 반대자들과 반역자들을 그들이 직접 척결하겠다고 약속했다.

근교 마을 **알렉신드로바**로 승려와 귀족들의 사절단들이 갔다. 이빈은 임의대로 반역자들(맘에 들지 않은 모든 자들)을 사형에 처하게 하는 권리를 자신에게 주는 조건에만 돌아가겠다고 밝혔다. 그는 또한 오프리치니나(황실령)라고 불리는 특별한 제도의 설립을 요구했다.

이 제도는 나라의 모든 영토를 두 부분인 차르가 특별히 관리하는 **오프리치니나**와 대귀족들에게 부여되었던 **젬쉬취나**(Земщина: 귀족령)로 나누었다. 오프리치니나의 본부는 '알렉산드로바 마을'이 되었고, 모스크바의 일부, 뱌지마, 모자이스크, 볼로그다, 코스트로마, 그리고 그 밖의 다른 도시들과 땅이 **오프리치니나**에 귀속되었다. 차르의 오프리치니나에 들어가지 않은 지주들은 자신들의 세습영지를 버리고 떠나야만 했다. 그들에게 멀리 떨어져 있는 변경지역의 땅이 제공되었다. 추방당한 귀족들의 소유지들은 해체되어 **오프리치니키**, 즉 친위대에 근무하는 사람들에게 넘겨졌다. 국가의 상당한 부분을 탈취한 오프리치니나는 옛 공후들의 영지를 황폐화시켰고 구대귀족과 공후 가문의 경제력을 크게 약화시켰다.

동시에 오프리치니나의 군대가 창설되었다. 오프리치니키는 황제의 반역자들을 처벌하고, 나라에서 배신을 근절시키는 임무를 받았다. 자신들의 사명의 증표로 오프리치니키는 말 안장에 개머리와 빗자루를 부착시켰다. 차르에 대한 반역의 의심을 받았던 귀족들에 대한 친위대의 폭력, 대량 추방, 사형 등이 시작되었다.

오프리치니키의 테러는 나라 주민들의 일부분의 불만을 유발했다. 1566년에 있었던 젬스키 사보르에서 친위대 폐지에 대한 탄원서가 황제에게 제출되었다. 응답은 그리 오래 기다리지 않아 왔다. 모든 탄원자들은 처벌받았다. 대주교 아파나시는 오프리치니키의 악행에 항의하는 징표로 자신의 자리를 사직했다. 새 대주교 필립 콜르체프 또한 황제의 만행을 폭로하고, 오프리치니키의 폐지를 요구하였다. 우스펜스키 성당에서의 미사 중에 오프리치니키는 대주교한테서 제복을 빼앗고, 콜르체프를 묶은 후에 그를 멀리 떨어진 한 수도원으로 추방했다. 거기서 콜르체프는 황제의 가장 가까운 측근인 말류토이 스쿠라토브이에게 살해당했다.

오프리치니나는 황제의 전제 권력을 위협할 수 있는 세력에 대해 집중적 타격을 가했다. 1569년에 차르는 자기 사촌 동생 블라디미르 스타리츠키 공을 벌하였다. 차르를 독살시키려는 음모를 꾸미고 있는 것 같다는 소문을 듣고, 이반은 블라디미르 공과 그의 아내와 딸에게 사약을 내리라고 명하였다. 그렇게 루시에 있던 마지막 공후 영지가 해체되었다.

이반 4세의 귀족들 숙청

오프리츠니키의 병사

노보고로드로의 군사원정과 크림 전투

고대의 민회 전통을 잊지 않고 있는 자유를 사랑하는 노보고로드도 오랫동안 이반 4세를 괴롭혔다. 1569년 12월에 귀족의 음모에 대한 허위 밀고를 듣고, 이반은 고대 도시에 대한 군사원정을 시작하였다. 친위대원들은 도시와 마을 길에서 마주친 주민들을 약탈하고, 폭행하고, 살해 하였다. 바로 대노보고로드에서 피의 보복과 약탈이 약 6주 동안이나 계속되었다. 노보고르드 군사원정을 승리로 끝낸 후에, 1571년에 친위대는 크림 한 **데블레트-기레이(Девлет-Гирей)**의 모스크바 침공을 허용했다. 그 결과 모스크바는 완전히 불타버렸다. 다음 해에 크림 타타르는 다시 침입했다.

차르는 친위대(오프리치니나의 군대)와 귀족들의 봉토(젬쉬취나)의 군대를 통합시키지 않으면 안 되었다. 경험이 많은 장군인 미하일 바로트인스키 공이 통합군의 사령관으로 임명되었다. 1572년에 모스크바에서 남쪽으로 50km 떨어진 곳에 위치한 시골인 몰로디(Молодь)에서 있던 전투에서 보로틴스키(Воротынский) 군대는 두 배나 우세한 크림한 테블레트 기레이의 군대를 격퇴했다. 이 승리는 차르에게 오프리치니나의 불완전성과 단일 군대를 갖출 불가피성을 보여주었다.

오프리치니나 통치의 결과

오프리치니나 시대에 민중들 사이에서 '그로즈니이(Грозный: 무시무시한)'란 별칭으로 불리게 된 차르 이반 4세는 자신의 권력의 급격한 강화를 이루었다. 그러나 테러가 루시에 가한 손실은 막대했다. 오랫동안 계속 된 리보니아 전쟁, 크림 타타르의 침입, 굶주림과 전염병은 두 부분으로 나누어진 나라의 비참한 상황을 더 심화시켰다. 이러한 모든 것과 친위대의 낮은 전투력도 이반 그로즈니이에게 1572년 가을에 친위대를 폐지시키고, 보복의 위협 하에서 **오프리치니나**에 대해서 상기하는 것을 금지하도록 강요했다. 그러나 처벌은 계속되었다. 이제는 차르가 오프리치니나를 이미 처벌하였다.

결 론

오프리치니나의 설립은 차르의 무제한 권력의 공고화를 촉진했다. 그러나 이러한 대가는 엄청났다. 오프리치니나는 경제를 파탄시켰고, 가장 부유하고 번창했던 지역들을 황폐화시켰다. 오프리치니나의 군대는 외부의 위협을 격퇴시킬 수 없음이 밝혀졌다. 이것이 이반 4세가 오프리치니나 체제의 해체를 결심하게 했다.

5. 이반 4세 통치 말기의 러시아

리보니아 전쟁의 종결

리보니아 전쟁에서 첫 승리 후 러시아의 상황이 더 혼란스러워졌다. 1566년에 이반 뇌제는 '리트바와의 전쟁을 계속할 것인가? 아니면 평화를 체결할 것인가?'라는 문제를 토론하기 위해 젬스키 사보르를 소집했다. 회의는 전쟁의 계속을 결정했다.

1569년에 폴란드와 리트바가 '폴란드-리트바 왕국'이란 한 나라로 통합되었다. 곧 폴란드-리트바 왕국의 왕위에 유능한 사령관인 **스테판 보토리(Степан Боторий)**가 추대되었다. 1579년에 보토리의 군대는 공세로 전환하여 폴로츠크를 탄환했다. 러시아인들이 리보니아에서 쫓겨났다. 1581년에 폴란드인들이 러시아 국경을 넘어 침입하여 프스코프를 포위하였다. 러시아가 약해지는 것을 이용하여 스웨덴이 러시아에 대한 공격을 시작하였다. 스웨덴 군대는 나르바(Нарва)를 점령하였다.

보토리는 십만의 군대로 프스코프를 공격했다. 도시의 포위는 5개월이나 지속됐다. **이반 슈이스키(Иван Шуиский)**공이 방어를 지휘했다. 그의 군대와 도시 주민들은 30번 이상의 공격을 물리쳤다. 러시아인들은 약 50번이나 적의 진영으로 공격을 하였다. 전력을 보강한 후에 보토리의 군대는 중무기의 도움으로 도시 성벽에 구멍을 뚫고, 두개의 망루를 차지하는데 성공하였다. 그러나 프스코프의 수비병들은 적에게 점령당한 망루를 그곳에 있던 적군의 병사들과 함께 폭파시켜 버렸기 때문에 바토리의 군대는 요새를 점령할 수 없었다. 그러나 1582년에 러시아는 폴란드-리트바 왕국과 불리한 평화 조약을 체결하였고, 그 다음 해에는 스웨덴과 평화 조약을 맺었다.

25년 동안 계속된 **리보니아 전쟁**은 러시아의 패배로 끝났다. 해군 함대와 통합군이 없이 러시아는 리트바, 폴란드, 스웨덴 등의 유럽의 강대국들과 충돌하였다. 남쪽에서는 크림한국이 러시아를 계속 위협했다. 발트해 연안 쪽으로의 진출하는 중대한 과업은 이렇게 달성되지 못했다. 러시아는 리보니아와 리트바 동쪽에서 점령했던 모든 영토 즉 핀란드 만 연안의 대부분을 빼앗겼다. 단지 용감한 프스코프의 수비병들만이 그 밖의 영토 손실로부터 나라를 지켰다.

서 시베리아의 정복

볼가강 유역을 러시아에 병합한 후에 차르는 시베리아 한국에 대해서 고려를 해보았다. 16세기 전반부에 시베리아 한국은 남쪽 유목민족들(노가이, 우즈베크, 카자흐)로부터 격렬한 공격을 받았다. 1555년에 시베리아 한 **예디게르(Едигер)**는 러시아에 조공을 받치기 시작했다. 모피로 내는 세금인 **야사크(Ясак)**가 러시아 국고로 입수되기 시작했다. 러시아 차르의 칭호에 ≪전 시베리아 영토의 통치자≫라는 단어가 추가되었다. 러시아인들은 시베리아 주민들과 철, 소금, 빵 등을 모피로 교환하면서 이윤이 남는 무역을 하였다. **스트로가노프 가문**의 사람들이 가장 큰 상인들이었다. 차르는 그들에게 요새를 건설하고 자신들의 영지를 지키기 위해 카자크들을 데려 오는 것을 허락했다.

그러나 1563년에 시베리아 한국의 한자리에 징키스칸의 후예인 **쿠춤(Кучум)**이 올랐다. 그는 모스크바로 야사크를 보내는 것을 폐지하였고, 페름(Перм)지역의 러시아 이주민들에게 공격을 다시 시작했다.

1581년에 한 쿠춤에 대한 시베리아로의 군사원정을 위해서 스트로가노프 가문이 제공한 재원으로 카자크 부대가 동원되었다. 용감하고 경험이 많은 전사인 **예르마크 티모페예비치(Ермак Тимофеевич)**가 그 카자크 부대를 지휘하였다. 우랄의 돌밭지대를 건넌 후에 카자크들은 화기(총)을 이용하여 지역 통치자들의 군대를 격파하였다. 1581년 가을에 끊임없는 전쟁 후에 쿠춤 한의 군대도 격퇴되었다. 10월 26일에 카자크들은 시베리아 한국의 수도 **카실리크(Кашилык)**로 입성했고 **쿠춤**은 남쪽으로 도주했다.

예르마크

수리코프의 그림 '예르마크의 시베리아원정'

예르마크는 **카실리크**에서 겨울을 보냈다. 그는 지역주민 들에게 세금을 부과하고, 카자크들이 횡포를 부리지 못하게 하였다. 그러나 겨울이 지나서 예르마크의 군대는 줄어들었다. 그래서 그는 모스크바의 **스트로가노프 가문**에게 지원 병력을 요청하기 위한 급사를 보냈다. 예르마크의 전우 카자크 **아타만**(Атаман: 카자크 부대의 우두머리) **이반 칼초**(Иван Кальцо)가 시베리아 한국의 정복에 대한 서한을 가지고 모스크바로 갔다.

이반 칼초의 도착 바로 전에 차르는 카자크들의 약탈행위에 대해 듣고서 스트로가노프 가문의 사람들에게 카자크들의 방자한 도둑질과 카자크들을 임의대로 시베리아로 보내 시베리아의 술탄을 격분시킨 것에 대해서 비난을 했다. 그리고 차르는 스트로가노프 가문의 사람들에게 빨리 **예르마크**의 군대를 귀환시킬 것을 명령하였다. 그러나 예르마크에게서 서한과 많은 모피를 받은 후 차르는 카자크들의 과거의 모든 잘못을 용서하였다. 시베리아로 많은 녹봉, 탄약, 500명의 소총병들로 구성된 증원군 등이 보내졌다. 그러나 예르마크의 군대는 시간이 흐름에 따라 점차적으로 줄어들었다.

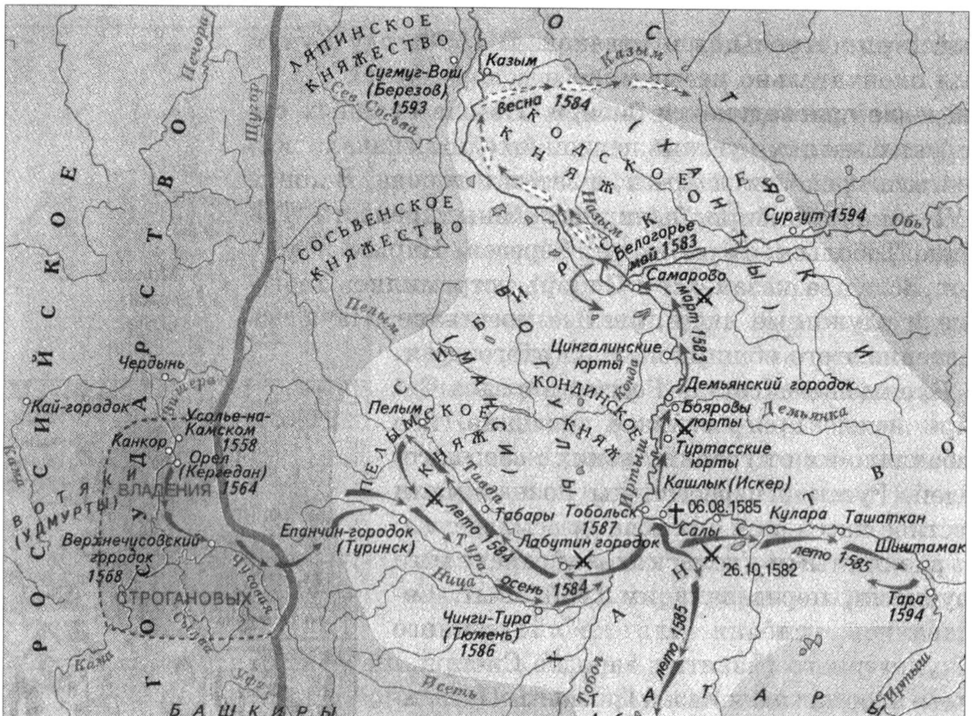

예르마크의 시베리아 원정로

1585년 8월에 **쿠춤**의 군대가 **카실리크**를 포위하였지만, 예르마크의 군대는 공격을 물리쳤다. 곧 예르마크는 도시에서 벗어날 수 있었다. 전투로 지친 그는 아무런 제지도 받지 않고 텐트에서 보초병 없이 잠들었다. 멀지 않은 곳에 있었던 쿠춤의 군대는 러시아 진영으로 기습했다. 새롭게 시작된 전투에서 예르마크의 군대는 큰 손실을 입었다. 무거운 갑옷을 입은 **예르마크**는 직접 이르티시강을 건너는 도중에 익사했다.

예르마크의 전사 후에 남아있던 러시아 군대는 쿠춤의 군대에 항복했다.

그러나 예르마크의 원정은 시베리아 한국에게 큰 타격을 주었다. 차르는 시베리아 영토의 상실을 원치 않았기 때문에 잘 무장된 카자크 부대들과 소총병들로 구성된 대부대를 보냈다. 결국 1598년에 쿠춤은 격퇴되었고 곧 죽었다.

시베리아 병합의 의미

점령한 시베리아 영토에 러시아 개발자들은 먼저 요새도시들을 지었고, 그 다음에 도시를 건설하였다. 16세기 말에 시베리아에는 튜멘(Тюмень), 토볼스크 (Тобольск), 베르호투리예(Верхотурье), 베레조프(Березов), 나림(Нарым) 등의 요새들이 지어졌다. 카자크들에 뒤이어 무역상들, 군인들, 탈주자들 등이 시베리아로 몰려갔다. 이 광활하고 비옥한 변경지역이 정복되기 시작했다.

시베리아 민족들이 러시아의 일원이 되는 것은 진보적인 의미를 가진다. 왜냐하면 그들은 이웃의 강탈적인 침입을 모면할 수 있었기 때문이다. 러시아 이주자들은 토착민들에게 농업과 다양한 농사 기구들을 소개하고, 그들에게 자신들의 경험을 전해주었다. 시베리아 민족들의 경제와 문화의 발전을 위한 환경이 조성되었다.

이반 그로즈니이의 치세의 결과

이반 그로즈니이 치세의 결과는 참혹하다. 끊임없는 전쟁들, 오프리치니나, 대량 학살 등은 놀랄만한 경제적 침체를 초래했다. 버려진 시골과 마을들이 전국에 널려 있었다. 경작지는 숲과 잡초로 무성했다. 많은 농민들은 터무니없는 세금과 국가와 지주들의 전횡을 피해 남쪽, 시베리아, 볼가강 유역으로 도주했다. 지주 경제의 최종적인 붕괴를 방치하려고 하지 않았기 때문에 이반 그로즈니이는 1581년에 금지된 해에 관한 칙령을 내렸다. 이 금지된 해에는 '성 게오르기 유리의 날'에 한 지주로부터 다른 지주로의 농민들의 이주가 금지되었다. '금지된 해'의 실시는 농민들을 더욱 더 예속시켰고, 그들의 대지주에 대한 예속을 강화시켰다. 이것이 바로 농노제이다. 무기한 동안 농민들은 지주의 땅에 억매였고 지주에게 개인적으로 예속되는 상태로 전락되었다.

대귀족의 세습 영지의 붕괴와 친위대원들과 국민군으로 분열은 사회의 상류층에서 근본적인 변화를 초래했다. 대귀족과 공후 출신 귀족들은 군주에 대한 과거의 영향력을 잃었고, 더 나아가 그들의 많은 대표자들은 땅, 신분 그리고 생활을 잃었다. 반대로 친위대에 종사했던 많은 사람들은 단지 소유지를 보존한 것만이 아니라 새로운 땅을 획득했다. 친위대 오프리치니키(опричники)들은 업무추진에 있어서도 특권을 부여받았다.

도시 주민들 사이에서 오프리치니나는 매우 무거운 부담이 되었다. 특정한 ≪무역 분야의 군주≫로 변한 상인들의 지도층은 교외 주민을 구성하는 세금을 납부하는 다수로 대치되었다. 이러한 모든 것은 도시의 사회계층의 발전을 심각하게 저해했다.

황제 자신의 인생 여정은 비극적으로 끝을 맺었다. 잔인하고, 병적으로 의심이 많고, 성을 잘 내는 이반 그로즈니이는 1581년 11월에 분노의 발작으로 자신의 아들이자 왕위 계승자인 황태자 이반을 죽였다. 황태자는 아버지의 정치적 동반자였고, 많은 점에서 아버지와 닮았으나, 폭군인 아버지에게 사실을 말하는 것을 두려워하지 않았다. 이반 바실리예비치는 장남의 죽음을 견디기 어려워했다. 1584년 3월 18일에 이반 4세는 황폐화된 나라와 대공국을 통치할 준비가 되어 있지 않은 조용하고 경건한 왕위 계승자 **표도르(Фёдор)**를 남겨두고 숨을 거두었다.

이반그로즈니와 황태자

결 론

이반 4세 통치기의 말엽에 러시아는 가장 심각한 상태에 있었다. 패전, 경제파탄, 농노제의 강화, 유리의 날의 폐지 등은 이반 그로즈니이가 자신의 계승자들에게 남긴 유산들이었다.

6. 러시아에 병합된 후의 볼가강 유역의 민족들

새로운 영토 관리 기관

러시아에 병합된 볼가강 유역의 땅들은 '카잔 차르령'라는 명칭을 받았다. 이 지역을 통치하기 위해 1560년 말과 1570년 초에 모스크바에 특별 기관인 **카잔 궁성(Приказ Казанского дворца)**이 설립되었다. 이 기관은 변경지역의 비러시아 주민들로부터의 세금 징수를 감시하고, 모피조세 같은 현물세 장부의 작성과 주민들에게 부과되는 각종의 부역을 관리했다. 소총부대를 포함한 모든 형태의 병사들이 이 새로운 성의 통제를 받았다. 이 기관은 법적 문제를 해결하고 도둑들과 도망자들을 수색했고, 사형까지 죄질에 따른 형벌을 확정했다.

카잔 한국의 옛 영토는 처음에 ≪대 사령관들≫이 지휘하는 두 군사령부인 카잔 사령부와 **스비야시스크(Свияжск)**사령부로 나뉘었다. 그들은 변경지역에서의 모든 권한을 가졌다. 자신들의 권한 내에서 군 사령관들은 처음에는 차르의 관할에 있었고, 그 다음에 카잔궁성의 관할에 있었던 형벌들을 지시했다.

대사령관의 가장 중요한 임무 중에 하나는 ≪군주가 작성한 명령서≫를 기초로 하여, 병사들에게 영지를 나누어 주는 것이었다. 사령관들은 병사들의 목록을 작성했고 이들의 업무를 통제했다. 또 사령관들은 고등 재판권을 가졌다. 중앙 정부는 드물지 않게 야사크의 징수를 특별히 일 년 근무 직으로 모스크바에서 파견된 귀족들인 **고도발시크들(Годовалщики)**에게 위임했다. 그들의 저택들은 카잔 성안에 있었다.

크림한국과 오스만 제국의 위협으로부터 러시아 국가의 새로운 국경을 안전하게 방어하기 위해서 볼가강 연안지역, 카마강, 뱌트카강 등을 포함한 볼가강의 지류에 알라티르(Алатырь, 1552), 체보크사르(Чебоксары, 1555), 쿠르미시(Курмыш, 1565), 테튜시(Тетюши, 1572), 코크사이스크(Кокшайск, 1574), 라이세프(Лайшев, 1576년), 차레보코사이스크(Царевококшайск, 1584), 코드모데미얀스크(Кодьмодемьянск, 1586년), 우파(УФа, 1587), 차리친(Царьцын, 1589), 사라토프(Саратов, 1590) 등의 요새 도시들이 건설되었다. 각 요새마다 카잔 궁성의 통제를 받는 군 사령관들이 임명되었다.

사령관들은 도시와 교외의 안보와 질서에 책임을 졌다. 해가 진 이후부터 도시 성문은 닫치고, 보초병들이 배치되었다. 성문의 열쇠는 매일 밤 도시를 순찰해야 했던 사령관에게 넘겨졌다. 사령관들은 또한 도시의 경제생활인 무역, 건축 등도 통제했다. 각 도시에는 소총부대 대장이 통제하는 소총부대 수비대가 배치되었다. 도시 행정기관 부서에는 통역관들이 있었다. 새로운 도시들이 건설됨에 따라서 변경지역은 카잔, 스비야시스크, 체보크사르스크, 데튜시스크 등의 군들로 나뉘었다.

볼가강 유역에의 러시아 정교회

점령한 변경지역과 그 주민들을 완전히 예속시키기 위해서 이반 4세는 정교의 교회에 도움을 청했다. 카잔에서 모스크바로 돌아온 차르는 볼가강 유역의 주민들을 기독교로 개종시켜야 하는 불가피성을 말했다. 차르는 포로로 잡아온 카잔의 지배층들을 모스크바로 데리고 왔고, 무슬림 상류층에게 정교의 믿음을 수용할 것을 제안했다. 차르는 대규모 수도원들에게 카잔 차르령의 땅을 나누어 주었다. 1555년 카잔 정교 감독관구 즉 지역을 관리하는 교회 기관이 설립되었다. 첫 번째로 카잔관구 대주교로 임명된 대주교 구리(Гурий)에게 모스크바에서 장엄한 송별 의식을 거행해 주었다. 차르는 구리를 위해서 그의 의무의 한계가 명시되어 있는 특별 증서를 만들었다. 대주교는 병사들을 통제하고 그들에게 땅을 나누어 주는 일에 있어서 사령관들을 도와주어야만 했다. 그러나 물론, 정교회 성직자들의 가장 중요한 과제는 비러시아 민족들을 정교로 교화시키는 것이었다. 이반 4세는 이교도를 정교도로 개종시키는 것이 마치 자발적 행동같이 보이도록 이 문제에 있어서 구리가 융통성 있고 세심하게 행동해 주기를 요청했다. 정교도 교회를 건축하기 위해서 구리와 함께 건축 장인들이 보내졌다.

1589년 **게르모겐(Гермоген)**이 카잔 정교 감독 관구를 이끌게 되었다. 그는 정부에 보낸 특별 서찰에서 자신의 경영 계획을 설명하였다. 게르모겐은 이교도들 사이에 정교가 널리 보급되지 않았다는 것을 인정해야만 했고, 강제적으로 정교로의 개종을 강화하는 조치들을 제시했다. 모든 정교도들을 특별 구역으로 이주시켜서 그들을 무슬림들로부터 격리시키는 것이 제안되었다. 이와 동시에 대주교는 이 구역에 ≪깊게 믿어서, 교회에 다니고, 자기 집에 형상을 놓고, 성직자들을 모시게≫하기 위해서, 기독교 의식 준수를 엄격하게 관리했다.

정교로의 개종을 강화하기 위해 정교신앙의 수용을 거부하는 사람들과 비교하여 정교를 믿는 사람들을 더욱 더 형편이 좋은 조건에 놓이게 하는 경제적 방법들도 도입되었다. 정교를 믿는 사람들의 야사크의 일부가 무슬림들에게 넘겨졌다. 정교 신자들의 땅을 이교도 친척들에게 넘겨주는 것이 금지되었다. 그래서 주민들의 일부는 이와 같은 경제적 조치의 압박 하에 세례를 받았으나, 이슬람을 계속해서 믿었다.

타타르 병사 계층의 형성

카잔한국의 정복과정에서 지배층의 상층부는 사실상 척결되었거나 모스크바로 붙잡혀 갔다. 모스크바 차르에게 충성을 위해 전향한 사람들은 자신들의 특권을 보존했다. 카잔의 귀족들의 충성을 끌어들임과 동시에 모스크바 정부는 중간 병사 계층의 대표사들 중에서 이른바 '타타르 병사들'이란 특수계층을 형성하기 시작했고 믿을 만한 봉직에 대한 대가로 그들에게 봉토를 지급했다. 이 당시 추바시, 마리츠, 그리고 다른 현지의 민족들의 대표들이 타타르 병사들에게 가담했다.

타타르 병사들은 봉직한 대가로 토지의 소유뿐만 아니라 모피를 얻기 위한 사냥터, 야생 꿀 채집 장소 등을 받았다. 타타르 병사가 죽은 후에 그의 토지는 아들에게 상속되지 않았지만 군무에 봉직한 대가로 다시 아들에게 분양되었다.

타타르의 병사들은 모스크바의 믿을 만한 지지자가 되었다. 그래서 다수의 타타르, 마리이, 추바시, 모르도브 등의 종족이 리보니아 전쟁에 참전했다. 16세기 러시아 군대 내의 타타르의 수는 전체의 10%에 이르렀다. 타타르 관리들은 외교 공무에서도 통역관, 필경사, 파발꾼, 공사 자격 등으로 이용되었다. 타타르 관리들이 모여 사는 모스크바의 한 지역은 타타르 구역으로 불렸다.

러시아인들에 의한 변경지역의 식민화

모스크바에 충성스러운 타타르 봉직자 계층의 형성은 차르의 과업 중의 하나에 불과했다. 현지의 주민들을 위해서가 아니라 귀족들의 수요를 충족시키기 위해서 정복되었던 카잔의 차르령 안에 강력한 러시아 주민의 계층과 귀족들의 영지의 형성은 차르의 두 번째로 중대한 과업이었다.

러시아인 봉직자들에게 토지의 분할은 카잔한국의 합병 직후에 시작되었다. 첫 번째로 카잔과 인근 영토들이 배분되었다. 불안전한 환경 때문에 러시아인 지주들은 크레믈 안에 정착해야만 했다. 1560년대에 크레믈이 견고하게 건축되었고 크레믈 안에 150채의 농가가 있었다.

나중에 카잔에서 더 멀리 떨어진 지역이 배분되기 시작했다. 첫 번째로 과거의 한들과 죽거나 도주한 대표적 귀족들의 영지들이 분배되었다. 그 다음에 단계적으로 **야사크**를 받치는 농민들의 땅이 분배되기 시작했다. 토지 분배가 시작된 첫 15년 동안에 타타르 농촌의 1/3 이상이 러시아인 지주들의 소유로 넘어갔다. 많은 귀족들이 카잔과 스비야시스크 등의 현으로 추방당했던 1560년대 후반에 이러한 과정이 강화되었다. 봉직자들에게 토지의 분배가 시작될 때 현지의 주민들은 종종 좋은 땅에서 추방되었다. 원주민들은 볼가강과 카마강 인근이나 가장 중요한 도로 변에 거주하는 것이 금지되었다. 16세기 말엽에 러시아 귀족들이 카잔 황실령의 총 토지의 거의 60%를 소유했다.

교회의 토지소유도 확대되었다. 과거에 한들과 무슬림 성직자들의 땅들이 교회와 수도원들에게 배분되었다. 이반 4세는 러시아 중앙 지역에서 교회의 토지소유를 제한했지만, 볼가강 유역에서는 그것을 권장했다. 영토가 확장된 직후에 카잔의 스파소-프레오브라젠스키(Спасо-Преображенский)와 우스펜스키(Успенский), 스비야시스크의 보고로드츠키(Богородчкий) 등의 수도원들이 건축되었고, 카잔과 스비야시스크에 트로이체-세르기예프(Тройце-Сергиев) 수도원이 건축되었다. 이들 수도원들은 양질의 토지를 분배받았다.

농민들의 이주도 권장되었다. 무엇보다도 러시아 농민들은 정교 성직자들의 토지로의 이주를 권유받았다. 농민들의 이주를 유치하기 위해서 농민들을 위한 가옥과 농장들이 건립되었다. 성직자들로부터 통제도 받지 않았다. 볼가강 중류지역의 황실령 토지로 이주한 농민들에게 큰 특혜가 주어졌고, 3년간의 부역기간이 면제되었다. 게다가 농민들은 독자적으로 중앙지역에서 땅을 찾아서 또는 성숙된 농노적 종속에서 벗어나려고 이주하기도 했다.

1552년 전에 카잔한국의 포로가 되어 변경지역에서 떠나려 하지 않았던 사람들도 러시아 농민들에 포함되었다. 그들은 대체로 정교로 개종한 타타르들과 추바시인들이 함께 타타르와 추바시 마을과 농촌에서 살았다. 포로 출신 러시아인들과 원주민들과의 혼혈은 드물지 않은 현상이 되었다.

16세기 후반의 카잔

러시아에 합병된 후 카잔은 러시아 동부지역의 정치적 · 행정적 · 경제적 중심지가 되었다. 도시의 주민은 계층과 민족별 원칙에 따라 배치되었다. 러시아의 평민들, 군인들, 행정관, 고위 성직자들이 크레믈 안에 거주했다. 상공지대인 **포사드(Посад)**가 클레믈 근처에 있었다. 대부분의 상공인들이 이곳에 살았다. 포사드는 병사들, 마부들, 목수들, 농민들, 교구에 속하는 중 · 하위 성직자들 등이 거주하는 **슬로보다(Слобода**: 자유민의 마을)로 나뉘었다. 크레믈과 포사드에는 합계 약 1만 명이 거주했다.

특수한 영토인 옛 타타르 슬로보다는 정교로 개종하지 않았지만 모스크바에 충성했던 타타르들에게 배정되었다. 16세기 말엽에 이곳에 약 6천 명이 살았다. 그 마을은 엄격한 금지에도 불구하고 이슬람 사원이 재건되었던 무슬림 중심지가 되었다.

상업 중심지인 **고스티니이 드보르(Гостиный двор)**는 요새 근처에 있었다. 거리를 따라 대장간, 은세공 가게, 생선가게, 푸주간, 빵집 등이 나열되어 있었다. 그 당시 카잔에는 7개의 거리와 130개의 어둡고 좁은 골목들이 있었다. 건조한 날에는 거리에 먼지가 휘날렸고, 봄과 가을에는 진흙탕으로 질퍽거렸다. 거리의 명칭이 교회, 거주자의 직업, 눈에 띄는 주택의 소유주들 등의 이름에 따라 붙여졌다. 도시 외곽의 땅들은 포사드의 주민들과 슬로보다의 공동체에게 채소밭, 목장, 풀베기 용도로 분할되었다.

결 론

볼가강 유역이 러시아에 병합된 후에 러시아인 지주들과 농민들이 이곳으로 이주했고, 방대한 토지들이 수도원들에게 기부되었다. 원주민들을 정교로 개종시키는 과업이 실시되었다. 이것과 더불어 볼가강 유역의 주민들의 고유한 문화 무슬림 전통이 보존되었다. 카잔은 러시아의 가장 중요한 도시 중의 하나가 되었다.

7. 16세기 문화와 관습

수도의 새로운 윤곽

문화는 나라의 생활에서의 모든 변화에 민감하게 반응하고 그러한 변화의 독특한 거울이 된다. 통일국가의 형성과 동떨어진 지역들 간의 긴밀한 관계의 확립은 러시아 문화, 언어, 조형예술, 건축 등의 발전에 중대한 역할을 했다.

중앙집권의 강화와 거기에 부여된 전제주의는 그것에 상응하는 러시아 국가 수도의 형성을 요구하였다. 가장 뛰어난 장인들이 러시아 전국 각지에서 모스크바로 이주되었다. 수도의 건축 설계도를 전담하는 특별 기관들인 도시청, 석공청 등이 등장했다. 모스크바는 러시아 건축술의 중심이 되었다. 여기에서 새로운 건축 양식과 경향들이 나타났다. 벽지의 도시들조차도 모스크바의 풍을 따랐다.

모스크바 크레믈의 외부윤곽이 변화하였다. 대귀족들의 거의 모든 대주택이 크레믈에서 추방되었고, 수공업자들과 상인들도 외곽으로 이주했다. 크레믈은 러시아 국가의 행정과 종교의 중심지가 되었다. 이곳에는 외국의 무역과 외교 대표부뿐만 아니라 공식적인 국가관들인 국립인쇄소, 외무성, 각 중앙행정부처의 건물 등이 있었다.

특히 16세기 건축의 화려한 예술적 업적들이 교회 건축물에 나타났다. 수도의 석조 건물들은 고대의 민간 목조 건축술의 전통을 흡수하였다. 많은 사원들은 돔 형식으로 건축되었다. 돔형식의 지붕을 가진 건축물중 가장 뛰어난 기념비적인 건물은 바실리 3세가 오랜 기다림 끝에 얻은 황태자인 미래의 차르 이반 그로즈니의 탄생을 기념하기 위하여 1532년에 건립한 모스크바 외곽에 있는 콜로멘스크 마을에 있는 **승천 교회**(церковь Вознесения)이다. 모스크바가 주위의 러시아의 땅들을 흡수한 것처럼 하나의 중앙의 특수한 돔이 별도의 8개의 지붕들을 다채로움 속에 결합시켰다.

사실상 러시아 건축술의 정상은 1555~1560년대에 크레믈과 인접한 붉은 광장에 건립된 **포크로브스키 성당**(Покровский собор: 하나의 방에 묻힌 유명한 모스크바의 맹신자의 이름을 따서 '바실리 블라제니이 성당'라고도 불린다)이다. 아름다움으로 놀랄만한 그 성당은 러시아 군대의 카잔 점령에 헌정되었고 러시아 장인 바르마와 포스트니크에 의해서 건립되었다. 그 성당의 주제는 평범하다. 모스크바가 주위의 러시아 땅들을 흡수했듯이, 거대한 중앙의 돔 형식 지붕이 8개의 별개의 지붕들을 통일된 다양한 아름다움으로 통합하고 있다.

콜로멘스크의 церковь Вознесения

성 바실리 성당

교회와 요새의 건설

도시의 건축물들은 넓게 펼쳐져 있었고 요새와 수도원들이 건축되었다. 요새들은 서쪽(스몰렌스크)과 남쪽(보로네즈, 쿠르스크, 벨고라드)과 북쪽(아르한겔스크)과 동쪽(사마라, 사라토프, 차리친, 아스트라한), 그리고 시베리아(토볼스크, 투멘)에도 세워졌다. 표도르 콘(Федор Конь)의 지휘 하에 건설된 스몰렌스크 요새는 특별한 인상을 주었다. 요새의 성벽길이가 약 6.5km이다. 같은 높이의 38개의 망루가 그 요새의 곳곳에 세워졌다. 러시아의 석공과 장인들이 요새의 건축을 위해 전 러시아에서 동원되었다.

카잔 한국 정복 후 차르의 칙령에 따라 유명한 건축가인 바르모이(Бармой)와 시랴엠(Ширяем)을 단장으로 하는 200여 명의 프스코프의 장인들이 카잔으로 파견되었다. 그들은 도시에 일련의 뛰어난 건축물들을 건립하였다. 무엇보다도 카잔 크레믈의 새로운 복합단지의 건설이 시작되었다. 러시아 장인들은 성벽을 따라 세워진 두개의 원형 망루를 가진 스파스크 망루와 함께 남쪽 정면 부분을 건립하였다.

요새의 건축물들은 동시대인들의 상상을 놀라게 하였다. 16세기 러시아를 방문하였던 유명한 영국의 여행가 찰스 플레트체르는 ≪4개의 요새—스몰렌스카야, 프레코브스카야, 카잔스카야, 아스트라한스카야는 매우 잘 건립되었고 모든 공격을 이겨낼 수 있다… 그들을 난공불락이라고 간주하였다≫.

회 화

러시아 회화는 이전시대처럼 성상과 성당의 벽화의 형태로 발달하였다. 모스크바 크레믈은 새로운 아이디어와 회화기법이 태어난 중요한 장소가 되었다. 15세기 말 ~16세기 초에 모스크바 회화파의 가장 위대한 대표자는 공후 출신으로 수도사가 된 **디오니시(Дионисий)**이다. 그는 모스크바 크레믈의 우스펜스키 성당을 위해 성상화와 벽화의 일부를 그렸다. 그 화가의 작품들은 정교한 묘사, 우아하고 부드러운 색채, 화려한 장식품 등으로 두드러졌다.

그러한 작품 속에는 장엄한 축제와 희열의 분위기가 스며들어 있었다. 신성한 디오니시의 성상(икон)에는 그들의 생활의 개별적인 에피소드가 삽입된 풍속적인 장면들을 배경으로 성자들이 그려져 있었다. 이반 4세의 통치 시대에 종교적인 회화에는 실질적인 역사적 사건을 반영한 주제들이 더욱 더 빈번하게 포함되었다.

16세기 중엽에 모스크바에서는 카잔의 점령을 기념하는 4미터 크기의 초대형 성상화인 ≪전투하는 교회(Церковь воиствующая)≫가 그려졌다. 그 지도에는 이반 4세가 이끄는 불패의 러시아 군대의 장엄한 행진이 묘사되어 있다. 전사들 중에는 블라디미르 공후와 그의 아들 보리스 글레브, 알렉산드르 네프스키, 드미트리 돈스코이와 다른 유명한 공후 장군들이 있었다. 성경에 나오는 천국의 군사들의 지도자인 대천사 미하일이 천마를 타고 날고 있다. 중앙에는 손에 십자가를 든 비잔틴의 황제 콘스탄틴의 지도가 있다. 아이와 함께 있는 성모 마리아는 그들 모두를 만나고 있다. 작품의 의도는 완전히 분명해졌다. 전투의 승리를 하늘의 힘 덕분으로 해석하는 것, 즉 회교도들에 대한 정교의 승리로 해석하는 것이었다.

교육과 인쇄의 시작

통일 국가의 형성과 함께 글을 해석하는 사람들의 수요가 증대되었다. 1551년 스토글라브 종교회의에서 ≪성직자들, 사제와 모든 정교도들은 자신의 아이들의 문자와 쓰기 교육을 그러한 부속학교들에 맡길 수 있도록≫ 모스크바와 다른 도시에 교회와 수도원 부속학교들을 개설하는 결정이 받아들여졌다. 음식과 약간의 돈을 받고 2년 동안 읽고 쓰기를 가르쳤던 속세의 전문적인 기능인들도 읽고 쓰기 교육에 종사했다.

서적인쇄소의 창립은 16세기 중반의 러시아 문화의 가장 큰 사건이 되었다. 16세기 중반 러시아 문화에서 가장 큰 사전은 책 인쇄의 시작이었다. 그것은 차르 이반 그로즈니의 제안과 교회의 지원 하에 시작되었다. 1564년 모스크바의 인쇄청에서 **이반 표도로프**(Иван Фёдоров)와 그의 조수 페트르 므스티슬라베츠(Петр Мстиславец)가 러시아 연대기를 최초로 인쇄하였다. 그것은 ≪**사도행전**≫이라고 불렸다. 1565년 글을 배우기 위한 최초의 책인 기도서가 출판되었다. 이반 표도로프는 재능 있는 인쇄공일 뿐만 아니라 문학적인 편집인이었다. 그는 번역문을 수정했고, 낡고 모호한 단어들을 바꾸었고, 책에 교육적 의미를 가진 후기를 써넣었다.

서직인쇄는 계몽적 의미를 가졌고, 글을 읽고 쓰는데 도움이 되는 책들이 인쇄소의 주요한 출판물들이었다. 인쇄된 책들은 필사본보다 훨씬 가격이 저렴했기 때문에 더 많은 사람들이 책을 이해할 수 있게 되었다.

문 학

16세기 전반기에 대주교 마카리(Макарий)와 가까운 사람들이 유명한 체티이 미네이(Четьи Минеи)를 만들었다. 루시에서 교회에서 예배에 쓰이는 책들과 구별하여 독서를 목적으로 출간된 책들을 '체티이미(Четьими)'라고 불렀다. 미네이(минеи)는 읽히기 위해 추천된 모든 작품들이 달과 날자 별로 배열된 작품 모음집이다. **체티이 미네이(Четьи Минеи)**는 통합되었고, 정교도들에 의해서 읽혀졌던 모든 책들을 분류했다. 거기에는 성자들의 생애, 교훈집, 교회문학 밖의 자품들도 포함되어 있었다. 체티이 미네이는 러시아 중세 사회의 교회문학의 백과사전 같은 것이 되었다.

16세기에 유명한 가훈집 ≪**도모스트로이(Домострой)**≫가 쓰였다. 실리베스테르(Сильвестер)가 모든 경우에 그것을 구성하고 편집했다. ≪도모스트로이≫는 집안일 수행, 아이들 양육, 가정에서의 종교적 의식과 수행에 대한 지침이 포함되어 있었다. 공식적으로 실리베스테르는 이 가훈집을 자신의 아들에게 헌정했다. 그러나 무엇보다도 먼저 그는 나중에 자신의 가족을 거닐게 되었지만 고아로 자랄 수밖에 없었던 상황에 처했던 차르 이반 4세의 어린 시절을 상상했다. 가훈집의 중요한 사상중 하나는 국가의 모든 생활에서 차르의 권력에 순종하는 것과 가족에서 가장에게 복종하는 것이었다.

사회사상

국내외로 국가의 권위와 권력을 강화하는 문제가 16세기 러시아 사회의 과제였다. 이것은 새로운 문학 양식인 사회 · 정치 평론이 등장하였다. 이러한 장르의 작가들은 군대의 무장과 조직, 토지소유 형태, 나라에서의 농민들의 역할, 자신의 신자들 대한 수도원들의 책임 등에 관심을 가졌다.

16세기에 가장 재미있는 사회평론가 중의 한 사람은 이반 세메노비치 페레스베토프였다. 차르 이반 그로즈니에게 보낸 탄원서에서 그는 귀족에 의존하고 있는 차르의 전제 권력을 강화해야 한다고 주장하는 개혁안을 제안하였다.

차르의 권력과 백성들과의 상호관계의 성격에 관한 문제가 이반 그로즈니와 안드레이 쿠르브스키 공후와의 서신 교류에서 주된 관심사였다. ≪모스크바 대공의 역사에서≫와 이반 그로즈니에게 보낸 서신에서 **쿠르부스키 공**은 자신의 견해를 제시했다. 그는 군주가 모든 사회 계층을 대표하는 선출된 기관과 함께 통치하는 것을 국가권력의 가장 좋은 형태라 생각했다. 답신에서 이반 4세는 전제권력의 신수설(神授說)을 옹호했다.

모스크바의 한 대사원의 사제장인 예르몰라이(Ермолай)가 농민 문제에 관한 ≪자애로운 차르의 통치와 측량술≫란 제목의 논문을 썼다. 그는 농민은 사회의 근본이며, 나라의 부는 농민들의 노동으로 창출되었고, 오로지 농민들의 노동 덕분에 다른 사회계층이 존재할 수 있음을 입증했다. 그 사회 평론가는 농민의 과다한 착취에 대해서 권력 당국과 지주들에게 경고했다.

1560년대 중엽에 카잔의 역사가 무명의 작가에 의해서 쓰였다. 작가는 카잔의 타타르의 포로였고 이슬람을 받아들였다고 말하고 있다. 그는 20년간의 포로생활 후인 1552년에 석방되었고, 다시 정교도가 되었다. 차르는 그에게 땅을 분배해 주었다. 그 작가는 그 책의 대부분을 카잔한국의 역사와 러시아 군대의 카잔 정복에 할애하고 있다. 설화의 대부분은 러시아 군대의 카잔 점령에 대해서 기술했다. 그 설화는 연대기와 고대연대기, 사회평론, 문학작품들의 좋은 모델이 되었다고 결론을 내릴 수 있다. 그들 중 몇 개는 모방작이었다. 구전 민중 서정시의 전통에 의존하면서 저자는 카잔과 오랫동안 이별한 카잔의 왕비 슈베키와 군사원정을 떠나는 남편과 이별하는 이반 4세의 아내 아나스타시야의 예술적 표현이 풍부한 애도가를 창작했다. 그는 이반 4세의 대귀족들과의 전쟁을 간접적으로 우회하지 않는다. 이것과 함께 그는 차르의 반귀족적인 입장을 부각시켰고, 그의 작품은 전제군주의 찬가가 되었다.

종교의 축제와 민족의 전통

16세기에 민중의 관습은 대부분 과거의 특징을 보전하였다. 러시아 사람들은 진심으로 기독교를 숭배했고 정교의 종교적 축제에 반드시 참여하였다. 부활절이 가장 숭배 받는 축제일이었다. 이 명절은 예수그리스도의 부활을 성스럽게 임관하고 봄을 축하했다. 부활절은 십자가 행진으로 시작되었다. 염색한 달걀과 원통모양의 케이크와 응유로 만든 부활절 케이크가 부활절 축제의 상징이 되었다.

그럼에도 불구하고 교회 명절을 제외하고 민중들 사이에선 이교도들의 전통이 유지되었다. 크리스마스 주간의 오락들이 그러한 것이었다. 크리스마스와 예수 세례절 사이 12일 동안이 크리스마스 주간이라 불렸다. 그리고 교회가 이러한 성탄절을 기도와 성가로 보내기를 요구했지만 이교도들의 전통에 따른 독특한 의식과 놀이가 수반되었다(고대 로마의 1월 ≪초하루≫에서 러시아의 ≪초하루≫가 유래되었다). 남자들은 여자 옷으로 갈아입고, 여자들은 남성의 옷, 몇몇 사람들은 동물로 가장을 했다. 그러한 모습을 하고 집에서 집으로 노래 부르고 고함을 지르고 떠들며 거리를 돌아다녔다. 정교의 교회는 이러한 이교도의 관습과 싸웠다. 1551년에 **100인 수장 회의**(Стоглавыйсобор)는 그리스인들의 광란과 놀이, 초하루의 축제와 변장을 엄격하게 금지하였다.

게다가 혹독한 자연 조건, 수확기의 고된 노동, 노력과 일치하지 않는 결과, 비수확기의 쓰디 쓴 경험 등이 러시아 농민들을 미신과 징후 의식의 세계로 빠지게 했다. 전력을 다해서 자신의 경제적 자립을 갈망하면서 농민들은 자신의 거주지의 유리한 조건의 특성을 연구하고 일반화할 뿐만 아니라 그들을 예언하려고 했다. 농민들의 농사 달력에는 거의 매일, 매시간마다의 구름, 비, 눈 그들의 특징들이 분명하게 표시되었다. 농사 달력의 이용은 지역마다의 구체적인 자연 조건에 따라 농사일을 할 수 있도록 도와줬다.

관습의 변화

나라에서 일어난 변화들은 점차적으로 도시의 관습에도 반영되었다. 외국의 영향이 더 강해졌다. 투르크식 유행이 나타났다. 더욱 더 자주 수염을 기르지 않는 남자들을 만나게 되었다. **스토글라브** 종교회의에 모인 성직자들의 염려는 정교도들에게 본래의 관습을 지키고, 믿음이 없는 새로운 것에 굴복하지 말 것을 요구했다. 특히 교회는 수염 깎는 것을 격렬하게 반대했고, 이러한 관습은 이교도들에게서 유래한 것이며, 수염을 기르는 것이 러시아의 정교도들을 이교도인 라틴인들과 구별시켜 준다고 확언했다.

결 론

16세기에 독특한 러시아 문화의 발전이 촉진되었고, 다양한 문화전통 간의 관계가 강화되었다. 모스크바는 그러한 중력의 중심이 되었다. 한 시대에 일어난 모든 가장 중대한 사건들이 문화에 반영되었다.

8. 16세기 말의 러시아 국가

차르 표도르의 국내 정책

차르 **표도르 이바노비치**(Фёдор Иванович)는 강건하지 못했고, 국정에 관심이 없었고, 시간의 대부분을 기도를 하면서 보냈다. 그래서 그의 통치기에는 차르의 아내인 **이리나**(Ирина)의 오빠인 대귀족 **보리스 고두노프**(Борис Годнов)가 사실상의 국가의 통치자가 되었다.

통치자들은 중요한 과제를 결정해야만 했다. 첫 번째로 붕괴를 극복하고 정상적인 경제생활을 회복해야만 했다. 두 번째로 지도층을 단결시켜야 했다. 알려진 바와 같이 오프리치니나를 설립한 후에, 이반 그로즈니이는 궁정귀족과 세습 대귀족의 일부를 선동하여 다른 귀족들을 공격하게 했다.

이러한 목적 때문에 농민들이 한 주인에게서 다른 주인으로 자유로운 이동을 금지하는 칙령이 처음에는 일시적이고 비상적인 것이었지만 일상적인 효력을 갖게 되었다. 게다가 1597년 도망친 농민들에 대한 수색 기간을 5년으로 제한하는 왕명이 제기되었다. 이러한 조치들은 농민들의 불만을 유발했지만, 그럼에도 불구하고 세습과 봉토 영지에 바탕을 둔 경제의 강화를 촉진시켰다.

총주교제의 설립

총주교제의 설립은 차르 표도르의 재위기간의 가장 중대한 사건이었다. 1589년에 보리스 고두노프의 적극적인 개입으로 그리스 총주교의 동의와 함께 러시아 정교의 성직자의 수장인 대주교의 지위는 최고위 총주교의 지위로 격상되었다. 바로 이 사건으로 러시아 정교는 그리스 정교로부터 자립적이고 독립적이 되었다. 이오프(Иов)가 최초의 모스크바와 전러시아의 총주교가 되었다. 총주교제의 설립은 국내뿐만 아니라 해외에서 러시아 정교의 영향력을 강화시켜 주었다.

표도르 이바노비치의 대외정책

표도르 이바노비치의 재위기간에 러시아는 대외 정책에서 큰 성공을 거두었다. 1586년 스테판 바토리의 죽음을 이용하여 러시아는 폴란드와의 휴전을 1602년까지 연장시켰다. 이것은 발트해를 차지하기 위한 전쟁에서 주요한 반대자인 스웨덴과의 전쟁을 위한 모든 힘을 모을 수 있게 해줬다. 1590~1593년의 러시아와 스웨덴 간의 전쟁은 러시아에게 성공적이었다. 러시아는 리보니아와의 전쟁 기간에 스웨덴에게 빼앗겼던 도시들 — 이반고르드(Ивангород), 얌(Ям), 코포리에(Копорье), 코렐라(Корела) 등을 되찾았다. 나르바는 스웨덴의 영토로 남았지만, 러시아는 부분적으로 발트해에서 상실했던 위치를 회복했다.

러시아는 우랄 인근 지역과 서시베리아의 정복에서 큰 성공을 거두었다. 1598년경에 시베리아 한의 저항이 결정적으로 진압되었다. 서시베리아 영토가 러시아 영토로 병합되었다. 남쪽 국경지역에서 크림 타타르의 공격의 성공적인 격퇴를 가능케 했던 방어체제가 강화되었다. 카프카스 지역에서 러시아의 영향력이 강화되었다. 1587년 카헤티야(Кахетия: 오늘날의 동부 그루지야의 한 주)의 차르 알렉산드르는 러시아의 보호를 받기를 원한다는 희망을 표현했다. 러시아의 대외 무역은 아르한겔스크를 넘어, 유럽의 국가들과 동방의 국가들까지 확대되었다. 러시아는 점차적으로 자신의 국제적 권위를 회복했다.

표도르 이바노비치

류리크 왕조의 단절

이반 4세의 사후 즉시 차르 표도르는 이반 4세의 마지막 아내 마리야 나가야(Мария Нагая)를 1살 반 된 아들 드**미트리**(Дмитрий)와 그의 많은 친척들과 함께 **우글리치**(Углич)로 추방했다. 우글리치는 왕자에게 영지로 나눠줬지만, 모스크바에서 파견된 관리들이 권력을 행사했다. 표도르와 그의 아내 이리나에겐 아이가 없었기 때문에 사람들은 이반 그로즈니의 막내 아들을 후계자로서 생각했다.

1591년 5월 15일에 드미트리 왕자가 사망했다는 근심스러운 소식이 우글리치에서 전해졌다. 마리야와 그의 오빠들은 8살의 황태자는 모스크바에서 파견된 관리들에게 살해당했을 것이라고 확신했다. 경종소리를 듣고 달려온 우글리치 주민들은 의심되는 살인자를 능지처참했다. 모스크바에서 특별 수사단이 파견되었다. 수사단은 왕자는 간질이 발작한 상태에서 스스로 칼로 찔렀다고 결론을 내렸다. 우글리치 주민들은 자의적 판단에 따른 응징 때문에 잔인하게 처벌받았고 이반 4세의 왕비 마리야는 삭발되어 수도원으로 보내졌다. 그러나 많은 사람들은 수사관들의 보고를 믿지 않았다. 드미트리 왕자의 살해는 보리스 고두노프의 짓이라는 소문이 떠돌았다. 1598년 1월 6일 자식이 없는 차르 표도르가 죽었고 그의 죽음과 함께 류리크 왕조는 단절되었다.

차르 보리스 고두노프

보리스고두노프

모스크바 주민들은 표도르의 아내 이리나에게 충성을 맹세했다. 그러나 그녀는 왕위를 거절했고 수도원으로 떠날 것을 공표했다. 그때에 시선이 보리스 고두노프에게로 쏠렸다. 그는 류리크 가문의 후손은 아니었지만 상당한 기간 동안 실제적으로 국가를 통치했다. 국가의 많은 중요한 자리를 그의 지지자와 친척들이 차지했다.

표도르의 장례 기간이 끝났던 2월에 크레믈에서 귀족회의가 열렸다. 총주교 **이오프**(**Иов**)의 적극적인 지지 하에 고두노프는 차르에 선출되었다. 보리스는 그때에 자신의 누이와 함께 노보데비치 수도원에서 기도를 드렸다. 총주교 이오프가 여러 번의 수도원을 향한 민중 행렬을 조직한 후에, 보리스는 차르 궁으로 들어가는데 동의했다. 곧 그가 모스크바 대공의 자리를 함부로 차지하지 않았는 것을 보여줄 기회가 제공되었다.

1598년 3월 크림한 **카자 기레이(Каза-Гирей)**가 모스크바로의 침입을 계획하고 있다는 소문이 돌기 시작했다. 보리스는 궁정 귀족들로 구성된 예비대를 적군에 대항키 위해 출전시켰다. 그는 셀르푸호프 근처의 오카강에서 진을 치고 2달 동안 한을 기다렸다. 한편 차르의 지지자들은 모스크바 주민들에게 한이 보리스를 두려워했다고 선전했다. 모스크바 사람들은 보리스를 영웅으로 맞이했다.

표도르2세 보리소비치

동시대 사람들의 증언에 따르면 개인으로서 차르 보리스는 화려한 언변으로 자신의 방식대로 많은 사람들의 용기를 북돋았다. 새로운 차르는 낭랑한 목소리와 말재간을 가지고 있었다. 그는 탄원에 대해서 공손했고, 장엄한 태도를 가졌고, 범죄를 혐오스럽게 다스렸다. 고두노프는 정치적 위협과 대량 사형을 거절했다. 그러나 자신의 정적들에게 엄격하게 대했고 그들을 자주 배신했다. 그래서 1600년에 왕위에 대한 왕실의 요구를 제기할 수 있었던 차르 표도르의 사촌형제들인 대귀족 로마노프 가문의 사람들이 거짓 비방 때문에 체포되었다. 그 형제들 중 맏이인 표도르 니키티치(Федор Никитич)는 수도원에서 삭발되었고, **필라레트(Филарет)**라는 수도승의 이름으로 북쪽의 한 수도원으로 추방되었다. 로마노프가(家)의 3명의 어린 남자형제들이 곧 추방되어 죽었다.

서유럽 국가들과의 무역과 문화의 관계

보리스 고두노프는 서유럽 국가들과의 무역과 문화관계의 발전의 필요성을 인식했다. 그는 영국 상인들에게 추가적인 면세를 제시했다. 그러나 차르는 한자 동맹과의 무역에 주요한 관심을 보였고, 한자 동맹 도시들을 통해서 유럽과의 해상 교통을 열려고 생각했다. 1603년에 한자 동맹 중에서 가장 큰 도시인 류베크에게 무관세 자유 무역을 제공한다는 차르의 특별 문서가 공표되었다. 이 문서에 따르면 독일인들의 선박은 관세 없이 아르한겔스크에 정박할 수 있게 허락되었다. 독일 상인들은 스스로 상품의 가격을 공표 해야만 했다. 그들은 자유롭게 노보고로드, 프스코프, 이반고로드, 모스크바 등으로 왕래할 수 있었고, 관리 책임자와 관리 사무소를 가진 영빈관들을 소유할 수 있었다. 분쟁이 있을 경우에 상인들은 모스크바에 있는 차르에게 사람을 보내 불평을 탄원할 권리를 가졌다.

서방 국가들과의 무역의 발달로 러시아는 서유럽의 기술, 과학, 문화 등의 성과들을 알 수 있었다. 계몽 없이 러시아는 유럽 나라로부터 뒤처질 것이라는 것을 이해했기 때문에 보리스 고두노프는 귀족의 아이들을 외국으로 공부하러 보냈다. 그는 전국에 학교와 모스크바에 대학교를 설립하려고 계획했고, 러시아 사람들에게 외국어와 과학을 가르치기 위해서 유럽의 강대국들에서 유명한 사람들을 러시아로 초대했다. 그러나 이러한 계획들은 완전하게 실현되지 못했다. 재정적인 어려움과 성직자들의 저항이 방해가 되었다. 게다가 유명한 유럽의 학자들 대신에 서유럽 대학출신의 학생들이 모스크바에 나타났다. **보리스 고두노프**는 훌륭한 의사들과 약사들을 초대하는데 드는 비용을 원하지 않았다. 유럽의 의사들은 차르의 가장 가까운 조언자가 되었다.

결 론

차르 이반 그로즈니가 죽은 후에 러시아는 어려운 상황에 빠졌다. 국고를 보충하기 위해서 차르 표도르는 정해진 기간 내에서만 농민들의 자유로운 이동을 허가하는 제도를 도입했다. 계승자가 없었던 차르 표도르의 사후에 차르의 권좌에 오른 보리스 고두노프는 나라의 내정과 외정의 개선을 위해 많은 것들을 실시했다.

9-10. 혼돈의 시대

17세기 초기의 경제적 어려움

1601~1603년간 3년 연속으로 흉년이 들었다. 빈번한 여름비가 혹한으로 변했다. 파종한 종자에선 싹이 나지 않았고, 기근이 나라를 휩쓸어 수천 명이 식량부족으로 죽었다. 빵 가격이 급등했기 때문에 주민들 대부분은 식량이 부족했다.

보리스 고두노프의 정권은 굶주림과의 투쟁에 돈을 들이기를 원치 않았다. 거액의 돈이 모스크바 주민들에게 배분되었다. 그러나 돈은 날마다 가치를 상실했다. 차르는 국고를 개방할 것과 무료로 빵을 나눠주도록 명령했다. 이 이야기를 듣고서 수많은 배고픈 군중들이 모스크바로 몰려들었다. 그러나 식량은 충분하지 않았다. 보리스 고두노프는 전국의 식량 저장소를 수색하여 식량을 모스크바로 가져오도록 명령했다. 그러나 이 방법은 성공하지 못했다.

민중반란

1601년 가을부터 민중의 봉기가 시작되었다. 굶주린 사람들은 강제로 상인들에게 빵을 빼앗았고, 그들을 혼내주었다. 농경지가 비었고 많은 도시와 농경지들이 황폐해졌다. 굶주린 무장 군중들은 모여서 약탈하고 먹을 것을 찾아다니는 도둑이 되었다. 도시의 많은 농민들과 주민들이 자유를 사랑하는 카자크 공동체로 가기 위해 남쪽으로 이동했다. 혼돈이 나라를 휩쓸었고, 그 규모는 날마다 확대되었다.

특히 모스크바에서 멀지 않은 곳에서 흘로프코(Хлопко)가 이끄는 무리들이 부자들에게 큰 불안감을 주었다. 이반 바스마노프(Иван Басманов) 사령관이 지휘하는 대군이 도적들과 싸우기 위해 파견되었다. 1603년 가을에 모스크바 교외에서 벌어진 격렬한 전투에서 바스마노프는 전사했지만 도적 떼는 격파되었다. 부상당한 흘로프코는 체포되어 사형 당했다. 많은 반란자들은 변경지역, 즉 북쪽 땅으로 그리고 볼가강 하류지역으로 도주하여 그곳에서 다시 도둑질을 했다.

민중들은 회유하기 위해서 보리스는 **유리의 날**을 되살렸고 도주한 농민들의 수색을 취소했다. 그러나 이것만으로는 새로운 차르에 대하여 날마다 증대되는 불만을 진정시킬 수 없었다. '죄 없는 황태자 드**미트리**의 살해자', '권력 탈취자', '타타르 혈통을 가진 자'라는 등의 모든 비난이 그에게 가해졌다. 주제넘게 구는 근본이 없는 보리스에게 오래 동안 증오를 품어 왔던 대귀족들도 머리를 들었다.

가짜 드미트리

가짜 드미트리

이때에 우글리치에서 살해된 왕세자 드미트리가 살아 난 후에 루시에 나타나서 민중들의 삶을 편안하게 해줄 것이라는 소문이 모스크바에서 떠돌기 시작했다. 사실상 1601년에 폴란드-리투바 왕국에서 드미트리가 기적적으로 살아났다고 공표되었다. 이 사람은 도주한 수도승 그리고리 오트리예프였다. 이 젊은 모험가는 대담했고, 순발력이 있었고, 약속을 아까워하지 않았다. 그는 비밀히 가톨릭의 세례를 받았고 로마교황에게 자신을 러시아로 보내줄 것을 간청했다. 그는 폴란드 왕에게 스몰렌스크와 북쪽 땅을 미래의 장인 유. 므니세크(Ю. Мнишек)에게 노브고로드, 프스코프와 수만 개의 금을 약속했다. 결국 폴란드 왕 **시기즈문트(Сигизмунд) 3세**는 참칭자에게 자신의 군대를 모으는 것을 허락했지만, 그를 러시아 왕세자라고 공개적으로 인정하기를 자제했다.

1604년 **가짜 드미트리**는 자신의 군대를 이끌고 국경을 넘었다. 그의 군대의 수는 불만을 가졌던 농민, 도시민들, 카자크 등의 참여로 급속히 증대되었다, 매력적인 문서를 전 러시아로 보내면서 그는 모든 계층의 주민들의 생활을 개선시켜줄 것을 약속했다. 러시아 민중들은 단순하게 자애롭고 정의로운 차르가 왔다고 믿었다.

그러나 차르 군대로부터의 일련의 패배에도 불구하고 참칭자의 군대들은 모스크바로 돌진했다. 가짜 드미트리와의 전투가 한창 때인 1605년 4월에 갑자기 차르 보리스가 죽었다. 그의 16세의 아들 **표도르**가 왕위에 등용되었다. 보리스에 대한 대귀족들의 증오심은 고두노프 가(家)의 대표자가 아니라면 누구든지 기꺼이 차르로 받아드릴 정도로 강경했다. 참칭자에 대항했던 러시아 군대들은 그들의 군사령관들과 함께 보리스 고두노프가 죽은 후 곧 왕세자를 사칭하는 드미트리 쪽으로 기울었다. 1605년 6월 1일에 크레믈로 습격한 귀족들에 의해서 선동되어 봉기한 모스크바 주민들이 크레믈로 밀고 들어가 어린 차르 **표도르 보리소비치**(Фёдор Борисович)를 살해했다. 가짜 드미트리의 러시아 차르 자리에 오르는 길은 자유로워졌다.

새로운 차르의 정책들

1605년 6월 초 참칭자의 다양한 군대는 방해 없이 모스크바로 입성했다. 그러나 모스크바 주민들은 자신들 앞에 진짜 왕세자 드미트리의 출현을 확인하고 싶었고, **마리야 나가야**와 기적적으로 살아난 아들의 만남을 요구했다. 비범한 연기력을 가진 가짜 드미트리는 수많은 군중 앞에서 사랑스런 아들과 어머니의 상봉을 실감나게 보여주었다. 놀란 이반 4세의 미망인은 당황하여 한마디도 할 수 없었다. 이것은 참관한 사람들에게 왕세자의 진위를 믿게 할 만큼 충분했다. 모스크바로 입성한 한 달 후에 가짜 드미트리는 차르에 오르는 대관식을 가졌다. 그 참칭자는 보리스 고두노프 치세 하에서 탄압을 받고 추방되었던 귀족들을 귀환시켰다. **필라레트 로마노프**(Филарет Романов)는 로스토프의 대주교의 자리로 승진되었다.

젊은 차르는 민중들과 어울리려고 시도했다. 그는 그들의 불평과 탄원을 들어주었고, 형벌을 취소했고, 중세와 뇌물의 척결에 착수했다. 그러나 그는 농민들에게 완전한 자유를 부여하겠다는 주요한 약속을 잊었다. 게다가 참칭자는 궁정 귀족들이 기근기에 획득한 농민들에 대한 자신들의 권리를 강화하도록 해주었고, 그들에게 일련의 다른 특권들을 부여했다. 가짜 드미트리는 러시아 군주들 중 처음으로 자신을 황제로 선포했다.

모스크가 주민들은 러시아 관습과 전통을 무시하는 젊은 차르의 행동들에 적대감을 갖고 주시했다. 그는 리투아니아 옷을 입고 수행원 없이 모스크바 거리를 걸어 다녔고, 정찬 전에 기도도 하지 않았고, 정찬 후에 손을 씻지도 않고, 잠을 자지도 않았다. 약 2천 명의 폴란드인들이 모여든 폴란드 군사령관 딸 마리나 므니세크와 가짜 드미트리의 결혼식은 인내의 한계를 넘치게 했다. 그 결혼식은 많은 점에서 루시에서 받아들여진 정교의 관습에 배치되게 거행되었다. 게다가 결혼식에 초대를 받은 폴란드인들은 불손하게 행동했다. 그들은 모자를 벗지 않고 교회에 들어가서, 큰소리로 웃고 말하고, 주민들을 때리고 약탈했다.

참칭자에 대한 음모

새 차르가 귀족회의와 공동으로 통치하겠다는 약속을 받은 후에 참칭자의 차르권좌의 안정을 위해 많은 공헌을 했던 대귀족들은 가짜 드미트리의 행동에 불만을 품었다. 그러나 차르가 된 후에 참칭자는 모든 국정개입에 대귀족들을 소외시켰다. 대귀족들과 슈이스키 공에게 진짜 드미트리의 죽음의 상황이 실제로 알려졌다. 알려진 바대로 **바실리 슈이스키**(Василий Щуйский)는 차르 표도르 이바노비치(Фёдор Иванович)의 지시대로 왕세자의 죽음의 원인을 조사했었다. 권력이 보리스 고두노프의 수중에 있는 동안 슈이스키는 광장에서 왕세자 드미트리가 실제로 죽었다고 공표했다. 그러나 참칭자의 승리가 분명해지자 곧 그는 가짜 드미트리를 진짜 왕세자로 인정했다.

새로운 차르에 대한 평범한 사람들의 불만을 교묘하게 이용하면서 대귀족 지도자들은 반란을 음모했다. 1606년 5월 17일 밤에 북소리로 모스크바 주민들을 깨운 후에 대귀족 음모자들은 크레믈로 잠입하여 가짜 드미트리를 붙잡아서 교수형에 처했다. 참칭자의 시체는 붉은 광장에 혐오스럽게 전시되었다. 삼일 후에 그의 시체는 화장되어 재로 대포에 장전되어 그가 떠나온 폴란드 쪽으로 발사되었다.

바실리 슈이스키의 집권

바실리 슈이스키

가짜 드미트리를 타도한 후에 대귀족들은 음모의 주동자 **바실리 슈이스키**를 차르로 추대했다. 그는 갑자기 모스크바 주민들 중에서 선출된 대의원들의 작은 젬스키 사보르의 부름을 받았다. 류리크 가문의 영지를 소유한 공후들의 후손은 차르 권좌에 오를 때 무제한의 전제를 허용하지 않겠다고 맹세했다. 그는 거짓 증언을 듣지 않을 것이며, 죄인들의 후손이나 친척들로부터 재산을 빼앗지 않을 것이라고 약속했다.

새로운 차르에게 성직자들의 지지를 확보해준 바실리 슈이스키의 후원자인 카잔의 대주교 **게르모겐**(Гермоген)이 러시아 정교회의 총주교로 선출되었다. 궁정귀족의 대부분은 세습 대귀족 출신인 차르의 집권에 불만이었다. 대귀족들 사이에서 화합은 나타나지 않았다.

이반 볼로트니코프(Иван Болотников)의 등장

붉은 광장에 있는 참칭자의 시체를 치울 시간이 없었고, 궁전에서 살해당한 사람은 가짜 드미트리가 아니라 다른 어떤 사람이라는 소문이 모스크바에 퍼졌다. 이 소문들은 바실리 슈이스키의 위치를 매우 위태롭게 했다. 차르에게 불만을 품은 대귀족들이 많았고, 그들은 다시 '드미트리'라는 이름에 의지하였다. 그의 부활을 진심으로 믿는 사람들도 있었고, 다른 이유는 이 이름이 슈이스키와의 투쟁에 합법적인 성격을 부여해 주기 때문이었다.

이러한 소문들은 언젠가 가짜 드미트리 1세를 지지했던 남서쪽과 남쪽 지역으로 확산되었다. 푸티블(Путивль)은 새로운 반정부의 중심지가 되었고, 가짜 드미트리에 의해서 해산된 민병대의 주력부대가 거기로 집결했다.

곧 이반 이사예비치 **볼로트니코프**(Иван Исаевич Болотников)가 반정부 운동을 지휘했다. 그는 젊었을 때 대귀족 텔랴테브스키(Телятевский)공의 전투노예였다. 그는 군사원정의 기간에 크림 타타르의 포로가 되었다. 그 다음에 투르크로 팔아 넘겨졌고, 거기서 큰 배의 노예사공이 되었다. 해전 중에 볼로트니코프는 자유의 몸이 될 수 있었다. 그는 **베네치아**로 도주했다. 이탈리아에서 조국으로 가는 도중 볼로트니코프는 폴란드에 들렀다. 여기서 가짜 드미트리 1세의 가장 가까운 전우로부터 볼르트니코프는 푸티블 주둔 군의 총사령관으로 임명되었다는 허가장을 받았다. 진짜 차르를 믿었기 때문에 볼로트니코프는 푸티블에서 대군을 모아 모스크바로 진격했다.

1606년 가을에 차르의 군대를 여러 번 격퇴시킨 후에 폭도들은 모스그바로 접근하여 콜로멘스크 마을에 주둔했다. 차르 **바실리 슈이스키**에게 불만을 품은 사람들이 떼 지어 볼로트니코프의 진영으로 합류했다. 여기에는 농민, 노예, 카자크, 화승총 병사들 뿐 만 아니라, 랴잔, 툴라, 다른 도시 등에서 온 궁정귀족들도 있었다. **볼로트니코프** 군대의 군사령관들 중에는 그의 예전 주인인 텔랴테브스키 공후도 있었다.

모스크바의 포위는 5주 동안 계속되었다. 도시를 점령하려는 여러 차례의 시도는 실패했고, 프로고피 랴푸노프(Прокопий Ляпунов)의 대군을 포함한 귀족군의 일부가 슈이스키 쪽으로 넘어 가버렸다. 부활한 놀라운 구원자인 차르 드미트리에 대한 볼로트니코프의 지지자들의 집요한 확신도 모스크바 사람들을 소원하게 했다. 많은 모스크바 사람들이 직접 참칭자의 사형 집행을 보았기 때문에 그의 부활에 대한 이야기를 믿지 않았다. 1606년 12월에 콜로멘스크 마을에서의 전투에서 약화된 볼로트니코프의 부대들은(전날 밤에 파시코프의 지휘 하에 있었던 대귀족 부대가 정부쪽으로 넘어갔다) 격파되었고, 칼루가와 툴라로 퇴각하였다.

반란자들의 패배

칼루가에서 볼로트니코프는 빠르게 방어체제를 구축했다. 접근했던 차르의 군대는 칼루가를 점령할 수 없었고 대패를 당했다. **툴라**가 또 다른 저항의 중심지가 되었다. 차르 표도르 이바노비치의 아들 황태자 표트르를 참칭하는 자가 볼로트니코프 군대를 돕기 위해서 푸티블에서 군대를 이끌고 왔다.

바실리 슈이스키는 귀족들에 중대한 양보를 했기 때문에 대군을 동원할 수 있었다. 그는 귀족들에게 봉급을 지불하기 위해서 트로이츠 세르기예프 수도원에서

18,000 루블이 넘는 돈을 빌렸다. 정부는 모스크바에 모여든 파산한 귀족들과 그의 가족들에게 매일 봉급을 지불하기 시작했다. 귀족들의 지지를 확보하기 위해서 1607년 3월에 차르 슈이스키는 도주한 농민들의 수색기간을 15년까지 연장했다.

1607년 3월에 카쉬라 근처의 전투에서 볼로트니코프의 군대는 패배했다. 패잔병들은 툴라 요새의 성안으로 피신했다. 도시의 포위는 4개월 동안 지속되었다. 슈이스키는 우파강의 뚝을 허물 것을 명령했다. 불어난 물이 도시의 일부를 침식했다. 툴라에 기근이 시작되었다. 1607년 10월 10일에 포위된 반란군들을 무기를 버리고 항복했다. 차르는 반란군의 지도자들을 엄격하게 처벌했다. 볼로트니코프는 수도원으로 추방되었고, 곧 거기서 눈을 잃었고 익사 당했다. 황태자 표트르를 참칭했던 반란군 지도자는 교수형을 당했다. 그러나 슈이스키는 일찍 승리의 축배를 마셨다. 아직 혼돈의 시대는 끝나지 않았다.

가짜 드미트리 2세

1607년 여름에 러시아의 남서 변경지역에서 새로운 참칭자 나타났다. 볼로트니코프의 요청에 따라 가짜 드미트리 1세의 모스크바 원정에 참여했던 벨로루시의 귀족들이 모길레프에서 새로운 인물을 찾아냈다. 방랑하는 교사는 모스크바에서 살해당한 참칭자와 모습이 비슷했다. 그를 어렵게 설득하여 황태자 드미트리의 이름을 사용하도록 할 수 있었다. 그 다음은 그는 러시아 영토로 보내졌고, 볼로트니코프의 패잔병들은 그를 자신들의 군주로 인정했다.

볼로트니코프

가짜 드미트리 2세

1607년 여름이 끝나 갈 때에 가짜 **드미트리 2세**의 군대는 볼로트니코프를 돕기 위해서 툴라로 진격했다. 러시아의 남서 도시들의 주민들은 가짜 드미트리 2세와 그의 병사들을 빵과 소금으로 극진하게 환영했다.

툴라에서의 볼로트니코프 군대의 항복은 가짜 드리트리 2세의 군대의 붕괴를 초래했다. 그러나 1607년 11월에 볼로트니코프의 패잔병들이 부활한 차르 드미트리의 군대에 합세했을 때 그의 군대의 전투력이 복원되었다. 게다가 풍족한 뇌물로 유혹된 폴란드 용병들이 새로운 참칭자의 진영에 가담했다. 가짜 드미트리 2세는 자신의 전임자의 발자취를 따라서 모스크바로 진격하기로 결정했다.

투시노 정부

저항을 받지 않고 모스크바로 진격하는 도중에 1608년 여름에 참칭자의 군대는 **투시노**(Тушино)마을에 주둔했다. 곧 새로운 폴란드 군대와 마리나 므니세크가 그곳으로 왔다. 새로운 참칭자를 자신의 새로운 남편인 진짜 차르 드미트리로 인정하는 장면이 연출되었다. 루시에 가톨릭을 전파하려는 로마 교황의 계획이 부활되었다. 폴란드 왕은 러시아의 서쪽 영토를 폴란드-리트바 왕국에 병합시키려고 했다.

곧 투시노는 민중들 사이에서 ≪투시노 군주(Тушинский вор)≫로 불렸던 자체의 차르, 귀족원, 대주교(폴란드군에 붙잡힌 로스토프 대주교 필라레트가 대주교로 임명되었다)를 가졌던 제 2의 수도가 되었다. 차르 슈이스키에게 경멸을 당한 궁정귀족들과 세습귀족들이 투시노로 몰려들었다. 몇몇 모스크바 귀족들은 참칭자에게 충성을 서약하고 농노와 함께 토지를 포상 받은 후에 더 높은 관직과 포상을 위해 다시 슈이스키에게로 돌아갔다. 그러한 귀족들의 처신에 ≪투시노의 변절자들≫이란 경멸적인 명칭이 붙여졌다.

민심의 격변

투시노 군대는 항상 평범한 사람들의 지지 때문에 충원되었다. 그러나 곧 농민들과 상공인들의 분위기에서 큰 변화가 일어났다. 투시노의 폴란드인들은 정복자처럼 행동했다. 폴란드인 부대는 러시아의 땅을 휘젓고 다녔고, 약탈했고, 폭행했고, 주민들에게 무거운 세금을 부과했고, 정교의 성인들을 모욕했다. 참칭자 가짜 드미트리 2

세의 부하들인 투시노의 러시아인 병사들도 비슷한 행동을 했다.

약탈, 강요, 무례 등이 민중들의 분노를 유발했다. 도처에서 민병대가 조직되기 시작했다. 민병대들은 코스트로마와 칼리츠에서 폴란드인들을 몰아냈지만, 야로슬라블을 탈환할 수 없었다. 수도원들이 저항의 중심지가 되었다. 트로이체-세르게이프 수도원은 가장 힘든 6개월간의 포위를 이겨냈다.

투시노의 드미트리 2세의 군대

바실리 슈이스키는 참칭자와의 싸움에서 민간 의용군에 의존하지 않기로 결정했다. 1609년 2월에 그는 러시아로 용병의 파견에 대해서 **스웨덴과 조약**을 체결했다. 1609년 봄에 탁월한 연합군 사령관인 차르 슈이스키의 조카인 미하일 스코핀-슈이스키(Михаил Скопин-Шуйский)가 지휘하는 스웨덴-러시아 연합군이 노브고로드에서 출정했다. 1609년 여름 동안 그들은 러시아 북동지역을 해방시켰고, 7월에 트베르 근교에서 투시노 군대를 격퇴하여 모스크바로 진격했다. 그러나 스웨덴 군대는 약속한 급료의 즉각적인 지불을 요구했다. 그래서 스코핀-슈이스키는 추가적인 세금을 주민들에게 부과해야만 했고, 이것은 민중들의 분노를 유발했다. 스코핀-슈이스키는 민간 의용군에 더욱 더 의존하기 시작했다.

폴란드와 스웨덴의 침략

한편 나라의 상황은 한계까지 악화되었다. 폴란드-리트바 왕국과 스웨덴은 전쟁 상태에 있었기 때문에 러시아-스웨덴 동맹은 폴란드 왕 **시기즈문트 3세**에게 러시아로의 공개적인 침략을 위한 원했던 구실을 주었다.

1609년 9월에 폴란드는 러시아에 대한 전쟁을 선포했다. 폴란드 왕이 직접 지휘했던 폴란드 군이 스몰렌스크를 포위했다. 그러나 도시는 함락되지 않았다. 20개월 동안 미하일 세이니이(Михаил Шейный)이 사령관의 지휘를 받았던 많지 않은 수비대, 도시민들, 외곽의 마을과 농촌의 주민들이 용감하게 우세한 적군에 저항했다.

스코핀-슈이스키 군대는 트로이체-세르게이프 수도원의 포위망을 제거했다. 1610년 3월에 그는 대담하게 모스크바로 입성하여 스몰렌스크로의 군사원정을 준비하기 시작했다. 그러나 1610년 4월에 그는 갑자기 죽었다. 그는 아들이 없는 차르 바실리 슈이스키가 죽은 후에 차르의 권좌를 차지하기를 희망했던 바실리의 동생인 드미트리 슈이스키의 친척들에게 독살 당했다는 소문이 떠돌았다. 젊고, 유능하고, 사람들 사이에 인기가 있는 스코핀-슈이스키는 드미트리 슈이스키에게는 주요한 경쟁자가 될 수 있었다.

시기주문트 3세

졸케브스키

1610년 6월에 시기즈문트의 명령에 따라 스타니슬라프 졸케브스키(Станислав Золкевский)의 지휘 하의 폴란드 군이 스몰렌스크에서 모스크바로 진격했다. 모자이스크 인근의 클루쉬노 마을 근처의 전투에서 무능한 드미트리 슈이스키가 지휘하는 러시아 군대는 참혹한 패배를 했다. 모스크바로 가는 길은 폴란드 군대에게 열렸다. 졸케프스키는 재빠르게 모자이스크에서 모스크바로 진격했다.

스웨덴 군대도 러시아의 어려운 상황을 이용했다. 투시노 군대의 항복 후에 스웨덴 군대의 일부가 북쪽으로 갔다. 나중에 1611년에 스웨덴 군대는 노브고로드와 핀란드만 연안의 모든 러시아 영토를 점령했고, 러시아 차르에게 스웨덴 영토로 인정하도록 강요했다.

결 론

17세기의 흉년과 기근은 나라의 내부의 사정을 급격하게 악화시켰다. 귀족들은 그러한 민중의 불만을 이용하여 그것을 차르 보리스 고두노프의 탓으로 돌리 수 있었다. 참칭자의 등장은 혼란의 증표들 중의 하나가 되었다. 과도한 세금에 분노한 도시 외곽의 상공인들, 도주한 농민들과 농노들, 카자크들, 궁정과 세습 귀족들 등이 가짜 드미트리를 지지했다. 바실리 슈이스키가 차르의 권자에 오르자마자 혼란은 심화되기 시작했고, 중앙의 권력은 더욱 더 약화되었다. 새로운 참칭자들이 등장했다. 이웃 국가들의 이러한 혼란을 이용했다. 폴란드와 스웨덴이 러시아 내정에 개입했다.

11. 혼돈의 시대의 종결

투시노 진영의 붕괴

스코핀-슈이스키와의 전투에서 패배는 투시노 진영 내의 갈등을 유발했다. 폴란드 용병들은 복무에 대한 급료를 더욱 더 집요하게 요구하기 시작했지만 약속만을 들었다. 폴란드 왕의 군대가 러시아를 침략한 후에 상황은 더욱 더 긴박해졌다. 이제 더 이상 가짜 드미트리가 필요하지 않았던 **시기즈문트**는 투시노의 폴란드 병사들에게 스몰렌스크 외곽으로 집결하라고 명령했다. 투시노 진영에서 붕괴가 시작되었다. 1609년 12월에 농부의 옷으로 갈아입은 참칭자가 칼루가로 도주했다. 그의 정부는 해체되었다. 귀족들의 일부는 차르 바실리 슈이스키에게 용서를 구하기로 선택했고,

일부는 가짜 드미트리 2세를 따라 칼루가로 갔다. 필라레트가 이끄는 귀족의 대부분은 폴란드 왕세자 **블라디슬라프**(Владислав)를 러시아 차르로 옹립하는 데서 탈출구를 보았다.

그러나 투시노 진영의 붕괴는 가짜 드미트리 2세의 운동의 최종적인 해체를 초래하지 않았다. 투시노 군대에 의해서 약탈당하지 않았던 일련의 영토의 주민들은 참칭자를 계속 지지했다. 클루신스크 재난 후에 참칭자의 군대는 모스크바에 대한 외국군의 공격을 저지시킬 수 있었던 통합군이 되었다. 모스크바의 주민들도 참칭자를 자신들의 통치자로 인정할 준비가 되었다. 참칭자는 활기를 되찾았다. 그는 신속하게 군대를 모아서 모스크바로 진격했다. 가짜 드미트리 2세는 세르푸호프를 점령하여 콜로멘스크 마을에 머물렀다.

세미보야르시나(Семибоярщина: 7인의 귀족원)

가장 어려웠던 시기였던 1610년 7월에 모스크바의 외곽의 상공시대의 주민들의 지지를 받았던 귀족들이 차르 바실리 슈이스키를 권좌에서 몰아내어 그를 수도원에 강제로 유폐시켰다. 귀족원(Боярская Дума)이 권력을 잡았다. 귀족원은 표도르 므스티슬라브스키(Фёдор Матиславский)를 의장으로 7명의 귀족들이 귀족원을 구성했다.

폴란드 군대가 모스크바에 근접했을 때인 1610년 8월에 귀족 정권은 폴란드 황태자 **블라디슬라프**를 러시아 차르로 초빙하는 것에 대한 조약을 폴란드 군 사령관 **졸케비스키**와 체결했다. 블라디슬라프가 정교로 개종해야 한다는 요구가 조약의 중요한 조건이었다. 귀족들은 비밀리에 폴란들인들을 모스크바로 입성시켰고, 시민들은 블라디슬라프에게 충성을 맹세했다. 그러나 많은 모스크바 사람들이 새로운 차르의 대관식에 참석하지 않았고, 그들 중 일부가 가짜 드미트리 2세에게로 떠났다.

대주교 **게르모겐**이 블라디슬라프를 차르로 옹립하는 것에 반대했다. 모스크바에서 반란이 일어났고, 그것을 진압하기 위해서 귀족들은 폴란드인들에게 군대를 모스크바로 진입시킬 것을 요구했다. 게르모겐은 추도프 수도원의 감옥에 감금되어, 1612년 초에 거기서 굶어 죽었다.

졸케브스키의 제안에 따라 투시노 대주교 필라레트가 이끄는 대표 사절단이 스몰렌스크 외곽에 있는 폴란드 왕에게 파견되었다. 시기즈문트는 스몰렌스크의 양도를 요구했고, 자신이 러시아의 차르의 권좌를 차지하고 싶다고 말했다. 이것과 더불어 그는 미래의 차르가 정교로 개종하는 조건을 거절했다. 이것은 러시아 국가가 폴란드 왕국에 병합되어 그 일부가 되는 것을 의미했다. 협상이 결렬되었다. 1611년 3월에 **필라레트**를 포함한 가장 영향력 있는 러시아 사절단은 체포되어 폴란드로 보내졌다.

나라의 상황

가짜 **드미트리 2세**는 복잡한 상황을 이용하여 외국의 침략자들에 대항한 민중운동의 수장이 될 수 없었다. 자신의 지지자들에게 여러 번 배신당했던 그는 이제 아무도 믿을 수 없었다. 칼루가에는 전반적인 불신과 의심에 휩싸였다. 잔혹한 형벌이 계속되었다. 유혈 보복이 가짜 드미트리 2세의 지지자들이 점령한 지역을 휩쓸었고, 그것은 결국에는 가짜 드미트리 2세를 민중으로부터 격리시켰다. 1610년 12월에 자신의 진영 내의 내분의 결과로 참칭자는 살해되었다. 얼마 후에 **마리나 므니세크**는 아들을 낳았다.

폴란드 군대는 도시들과 수도원들을 점령했고, 약탈했고, 주민들을 살해했다. 폴란드 군대는 스몰렌스크의 포위를 계속했다. 스웨덴은 노브고로드를 지탱했다. 졸게비스키 장군은 모스크바에서 점령군처럼 행동했다. 분산된 투시노의 군대는 무례했다. 귀족 정부는 민중들로부터 어떤 존경도 받지 못했다. 서쪽지역의 많은 도시들은 폴란드 황태자를 합법적인 차르로 인정했고, 어떤 도시들은 스웨덴 왕자를 차르로 인정했다. 어떤 지역에서 주민들은 태어난 마리나 무니세크의 아들에게 충성했다.

나라의 독립이 다시 위협을 받았다. 이러한 현실의 의식은 러시아 민중의 광범위한 계층을 각성시켰다. 그들은 조국의 해방을 위한 투쟁에 나섰다.

첫 번째 의용군

맨 먼저 랴잔인들이 폴란드 점령군에 대항하여 봉기했다. 랴잔에서 **프로코피 랴푸노프**가 이끄는 민병대가 창설되었다. 투시노의 러시안인 군대의 패잔병들도 그 저항운동에 가담했다. 트루베츠코이 공작과 가짜 드미트리 2세의 투시노 진영에서 카자크 부대를 지휘했던 **자루츠키**가 투시노 군대의 러시아인 패잔병 부대를 이끌었다.

1611년 3월에 **드미트리 포자르스키**가 지휘하는 의용군 선발부대는 모스크바 외곽을 점령했다. 모스크바의 주민들도 폴란드 군에 저항했다. 도시에서 치열한 전투가 벌어졌고, 화재가 시작되었다. 경무기로 무장한 의용군과 모스크바 주민들은 점령군의 공격을 받고 후퇴해야 했다. 전투 중에 **포자르스키** 공이 부상당했지만, 전투를 계속했다. 트루베츠키의 카자크 부대는 모스크바 외곽에서 진지를 구축했다. 첫 번째 의용군이 모스크바를 해방시킬 수 없었지만, 모든 방면에서 도시의 봉쇄를 지속했다. 폴란드군은 동요하기 시작했다. 그러나 의용군 진영에서 분열이 시작되었다. **랴푸노프**가 약탈을 금지하고 항상 참칭자 밑에서 복무했던 것에 대해서 자신들을 비난한 것에 불만을 품은 자루츠키의 카자크 부대가 그를 살해했다. 랴푸노프 지지자들이 의용군을 이탈하기 시작했다.

1611년 여름에 러시아는 정말로 어려운 상황에 있었다. 20개월간의 포위 끝에 1611년 6월에 폴란드 황제의 군대가 스몰렌스크를 함락시켰다. 7월에 노브고로드가 스웨덴에 항복했다. 크림 한국의 군대가 남쪽에서 러시아 땅으로 침입했다. 영국이 러시아의 북방을 점령할 계획을 세웠다. 폴란드 군대가 모스크바의 점령을 지속했다. 가까운 관계를 유지했던 마리나 므니세크의 아들을 러시아 차르로 옹립하기 위해서 자루츠키가 랴부노프의 살해를 조직했다는 소문이 러시아 전역에 떠돌았다.

2차 의용군

쿠지마 미닌의 의용군 모집 호소

니즈니 노브고로드(오늘날의 고리키 시)는 1611년 가을부터 해방운동의 중심지가 되었다. 시장인 상인 **쿠지마 미닌**(Кузьма Минин)은 러시아를 해방시키기 위한 새로운 의용군의 창설을 전력을 다해 도와줄 것을 주민들에게 호소했다. 그는 맨 먼저 군수품 구입에 필요한 자금을 기부했다. 많은 부자들이 쿠지마 미닌의 본보기를 따랐다. 기부하려고 하지 않았던 사람들에게 주민회의의 동의 하에 헌금이 강요되었다.

미닌과 그의 지지자들은 러시아 전역으로 투쟁을 요청하는 서한을 보내기 시작했다. 무장한 의용군이 러시아의 도처에서 니즈니 노브고로드로 몰려들기 시작했다. 러시아인들 뿐만 아니라 볼가강유역과 북방의 민족들, 마르, 추바시, 코미, 타타르 등의 서시베리아 민족들도 의용군 징집에 응했다. 통합군에는 참칭자들과 점령군과의 협력에 조금도 관련이 없었던 확고하고 결단력 있는 사령관이 필요했다. 드미트리 포자르스키 공이 총사령관으로 선출되었다. 아직 부상에서 회복하지 못했음에도 불구하고 **포자르스키**는 의용군을 지휘해 달라는 제안을 받아들였다. 쿠지마 미닌이 그의 신뢰하는 후원자가 되었다. 나라의 통치를 위해 의용군의 지도자들은 젬스키 사보르를 모방하여 다양한 계층의 대표자들이 참여했던 ≪러시아 전역회의≫를 창립했다.

포자르스키 공의 의용군 사령관 수락

이반 수사닌의 공훈

1차 의용군의 지도자였던 **트루베츠코이**와 자루츠키는 쿠지마 미닌과 포자르스키의 활동을 질시하고 의심했다. 자루츠키는 포자르스키를 암살할 음모를 꾸몄지만, 그 음모는 실패했다.

북방에서의 공격으로부터 의용군을 보호하고 폴란드와 스웨덴간의 동맹을 저지하기 위해서 드미**트리 포자르스키**는 비범한 외교 전략을 사용했다. 그는 러시아의 차르권좌를 스웨덴 황태자에게 넘겨준다는 제안을 지지해 달라고 스웨덴을 설득했다.

1612년 3월에 의용군은 니즈니 노브고로드에서 출정하여 야로슬라블과 북동 루시의 여러 도시들을 경유하여 모스크바로 진격했다. 그는 야로슬라블에서 의용군을 보충했고, 4개월 동안 병사들을 교육시켜서 모든 의용군 부대의 작전에서 잘 적응하도록 했다.

모스크바의 해방

1612년 완전한 전력을 갖춘 의용군은 모스크바로 진격했다. 이때에 포위된 모스크바의 폴란드 군을 돕기 위해 **호드케비츠** 장군의 군대가 대량의 군수품을 실은 미차를 대동하고 급하게 달려왔다. 그러나 포자르스키는 호드케비치 보다 앞서서 도시의 서쪽 외곽지대에 진지를 구축했다. 트루베츠키의 지휘를 받았던 1차 의용군의 잔류병들이 포자르스키의 군대가 도착할 때까지 모스크바의 동쪽 외곽지대를 점령하고 있었다. 러시아 군대와 호드케비치의 군대 간의 첫 전투는 1612년 8월 22일에 일어났다. 폴란드 클레믈 수비대는 새벽에 탈출을 감행하여 호드케비치 장군에게로 향했다. 그러나 러시아 군대가 적군을 다시 성안으로 후퇴하도록 압박했다. 그 다음 러시아 군대는 호드케비치의 군대와의 전투를 시작했다. 트루베츠코이는 전투에 참여하려고 하지 않았지만, 그의 군대의 일부가 자발적으로 **포자르스키**의 의용군을 돕기 위해 싸웠다. 러시아 군대는 협력하여 폴란드군을 패퇴시켰다.

8월 24일 이른 아침에 주요한 전투가 시작되었다. 호드케비치 장군은 포클로나야 언덕에서 클레믈로 진격하여 트루베츠코이의 기병부대를 공격하여 패퇴시켰다. 그러나 니제고로드인들의 보병들이 폴란드인들의 급습을 저지시켰다. 저녁까지 계속된 전투가 끝났다. 폴란드 측이 승리한 것 같았다. 그러나 쿠지마 미닌이 상황을 역전시켰다. 그는 정예부대를 이끌고 모스크바강을 건너서 후방에서 적군을 공격했다. 적군 진영에서 혼란이 시작되었다. 대포와 모든 군수품 남기고 호드케비츠는 굴욕적으로 모스크바에서 패퇴했다.

크레믈과 키타이-고로드 안의 폴란드 군대의 상황은 절망적이었다. 그들은 가공스러운 굶주림을 겪었지만 포자르스키가 제안한 항복을 거절했다. 10월 22일에 강력한 포격 후에 의용군은 키타이-고로드을 점령했고, 4일 후에 크레믈 안의 폴란드 수비군의 잔류병들이 항복했다. 모스크바는 점령군으로부터 완전히 해방되었다. 그러나 폴란드 왕은 모스크바를 점령하여 러시아 차르의 권좌와 오르려는 시도를 포기하지 않았다. 그러나 볼로코람스크 인근에서 패배한 후에 그는 폴란드로 돌아가지 않을 수 없었다.

모스크바의 해방은 러시아 영토에 남았던 점령군들에 대항한 전국민적 투쟁의 강력한 봉기를 유발했다. 포자르스키의 병사들의 도움을 받은 지방의 의용군들은 외국의 군대를 격퇴시키고 몰아냈다. 코스트로마의 농부인 **이반 수사닌**(Иван Сусанин)은 영웅적인 공훈을 세웠다. 그는 폴란드 군대를 통과할 수 없는 늪으로 유인했다. 그이 자신은 죽었지만 폴란드인들은 러시아 차르 권좌의 잠재적 후보자인 미하일 로마노프를 살해하는 폴란드 왕의 중대한 과업을 이행할 수 없었다. 로마노프의 살해는 폴란드 왕이나 그의 아들이 러시아 차르의 권자를 차지하려는 시도에 도움이 되었을 것이다.

로마노프 왕조 가문의 후손들이 차르에 등극

모스크바가 해방되자 곧 러시아에 국가권력을 복원하고 새로운 차르를 옹립하는 과업이 대두되었다. 1612년 11월에 이 전에 약속한 대로 의용군의 지도자들은 **젬스키 사보르**의 소집에 대한 통보를 확산시켰다. 1613년 1월에 모스크바에서 궁정귀족, 세습귀족, 성직자, 시민들, 카자크들, 병사들 등의 대표자들이 모였다.

약 700명이 젬스키 사보르의 운영에 참여했다. 새로운 차르를 선출하는 문제가 한 달 이상 동안 토의되었다. 곧 외국인 후보자들은 거절되었다. 열띤 토의 끝에 투시노 대주교 **필라레트**의 아들인 16세의 **미하일 표도로비치 로마노프**가 새 차르로 선출되었다. 그는 많은 사람들을 만족시켰다. 귀족들, 성직자들, 카자크들이 미하일을 지지했다. 귀족들을 젊은 차르를 자신들의 의지대로 조정하면서 나라를 통치할 것을 고려했다.

대주교 필라레트

미하일 표도로비치 로마노프

결 론

세습귀족들도 궁정 귀족들도 나라를 어려운 상황에서 구원할 수 없었다. 러시아 국가가 완전히 약화되어 독립을 상실한 것처럼 보였을 때 농민, 도시 외곽지역의 상공인들, 상인들 등의 민중들이 의용군을 조직하여 모스크바를 해방시키고, 중앙의 권력의 복원을 위한 여건들을 조성했다.

제2장 17세기 러시아

12. 인구와 경제

혼돈의 시대 이후의 경제

혼돈의 시대에 경제는 파탄 지경에 이르렀다. 당 시대 사람들은 남서쪽 모든 땅에 대해서 경작지, 가시덤불 숲, 황무지(과거의 농촌)인 것처럼 말했다. 경작지는 30% 줄어들었고, 농촌의 절반이 없어졌다. 일손의 부족이 경제 파탄의 원인이 되었다. 농부들은 전란을 피해서 북쪽(볼가강)으로 도주를 했고, 많은 카자크들이 있는 남쪽으로 떠나갔다. 그러나 남아있는 농민들도 빈 털털 이었다. 많은 농민들은 지금 가축들도 없고, 연장을 만드는 일도 없고, 돈도 없었다. 그러한 농민들은 매우 가난한 농민(бобыл)이라고 불렸다. 러시아 대부분의 지역에서 아주 극빈한 농민층은 40%를 차지했고 서쪽 지방에서는 70%를 차지했다. 농민 경제의 황폐화가 많은 세습영지의 공동화와 궁정 귀족의 빈곤화의 주요한 원인이 되었고, 그러한 사람 중에 많은 사람들이 자발적으로 카자크와 부유한 귀족의 농노가 되었다. 그리고 이것은 이미 권력층의 약화를 위협했다. 국고는 고갈 상태에 있었다. 이러한 상황에서 러시아의 경제의 재건 수단을 찾지 않으면 안 되었다.

지주들과 농민들의 관계

귀족들에게 땅을 배분해 주는 것이 지주들 뿐 만아니라 농민의 경제를 강화시켜 주는 중요한 수단중 하나가 되었다. 땅의 분배로 야기된 갈등을 해결하기 위해 미하일은 바실리 슈이스키와 가짜 드미트리 2세 치세 때 하사 받은 토지에 대한 귀족들의 권리를 확고히 해 주었다. 1612~1613년에 전 토지 위원회와 차르는 황실소유의 9

만 헥타르가 넘는 땅을 세습귀족, 궁정 귀족, 새로운 측근의 신하들 등에게 나누어 주었다. 삼포작이 점차적으로 정착된 볼가강 넘어와 시베리아 평원들이 습득되었다.

귀족들은 자신의 땅에서 농민들이 떠나는 것을 허용하고 싶지 않았다. 귀족들은 17세기 전반기 동안에 차르에게 도주한 농노들의 수색기간을 취소해 달라는 탄원서를 제출했다. 이러한 청원서를 받아들여 1637년에 차르 미하일은 도주한 농노들의 수색기간을 9년까지 연장했고, 1641년에는 10년까지 연장되었고, 대귀족들과 다른 지주들이 농노들을 붙잡아 갈 수 있는 기간은 15년까지 연장시켜 주었다. 이런 저런 생산물에 있어서 러시아 각 지역별로의 특화는 농업 발전에 있어서 새로운 형태가 되었다. 예를 들면, 볼가강 유역지방은 시장에 기름, 빵, 모피 등을 공급했고, 서부 지역은 아마와 삼을, 해안 지역은 소금과 생선, 시베리아 지역은 모피를, 야로슬라블과 코스트로마 지역은 천을 공급했다. 상인들뿐만 아니라 수도사들, 궁정귀족들과 세습 귀족들도 국내시장에서 이러한 생산품의 판매에 종사했다. 차르 자신이 대 상인이 되었다. 황실 소유의 땅에서의 생산품은 정기 시장에서 활발히 판매되었다.

수공업

지난날 러시아에서의 수공업 발달은 경제의 자연적인 특징 때문에 제한을 받았다. 수공업자들은 주문 생산 만 했다. 17세기에 중요한 변화가 일어났다. 장인들이 사전에 누가 그들의 제품을 살 것 인가를 모를 때는 수공업은 시장판매를 위한 소량 생산으로 전환된다. 수공업 장인들의 단체의 설립과 강화가 수공업의 다른 특징이다. 러시아의 각 지역별로 수공업 생산의 특화가 또 다른 새로운 현상이 되었다. 볼로그다(вологда) 장인들은 레이스(옷감)로 유명했고, 바쉬스크(важск) 장인들은 나사로, 레시민스크 장인들은 멍석으로, 벨로제르스크 장인들은 수저로, 뱌젬스크 장인들은 썰매로, 니제 고로드 장인들은 자물통 등등으로 유명했다. 물론 부분적인 주문을 받아 생산하는 것도 보존되었다.

가장 중요한 수공업 중심지들이 형성되었다. 모스크바에 가까운 도시들인 세르프흐(Серпух), 카시르(Каширь), 툴라(Тула) 등이 최초의 야금술의 중심지들 중의 하나가 되었다. 야금업이 모스크바에 집중되었다. 모스크바는 귀금속업의 전통적인 중심지였다. 야금업에서 고용노동이 이용되기 시작했다.

수공업 공장의 등장

수공업 생산의 새로운 현상들이 러시아의 수공업 공장 기업들의 발전을 위한 여건들을 조성해 주었다. 수공업 공장의 토대는 노동 분업과 수공업 기술의 이용에 있었다. 러시아 최초의 수공업 공장은 15세기 말에 생긴 대포 공장이었고, 17세기 모스크바에는 시장에서는 거의 유통되지 않는 군대, 차르, 차르의 측근들에게만 제품을 공급했던 금고와 화약제조 공장, 병기창, 금과 은 가공청, 옷감 제작소 등이 등장했다. 배에 필요한 대마 밧줄을 생산 하는 상업적 수공업 공장은 규모가 매우 컸다(제품은 주로 해외로 팔렸다).

모스크바 외에 툴스코-카시르스키(Тульско-Каширский)지역과 우랄 지역이 공장식 수공업 생산의 중심지가 되었다. 여기에 철과 주철 공장이 생겼다. 1637년에 네덜란드 상인 비니우스(А. Д. Виниус)는 툴라 교외에 3개의 제철 공장을 건설했다. 그러한 공장에서는 러시아 최초로 가정용 난로가 주조되었다. 17세기에 비로서 약 30개의 다양한 분야의 수공업 공장이 건설되었다. 대상인 중에서 최초의 산업 기업 재벌 가문들인 니키트니크고프 가문(Никитниковы), 스베테시니코프 가문(Светешниковы), 시로인 가문(Шроины), 필라티예프 가문(Филатьевы), 스트로간노프 가문(Строгановы), 데미도프 가문(Демидовы)들이 형성되었다. 자신들의 노력으로 이러한 사람들은 위대한 군사령관, 예술가, 작가들처럼 러시아의 부와 영광을 창출했다.

무 역

17세기 무역발전의 주요한 특징은 경제적 특화에 기반을 둔 러시아 각지역간의 상품교환과 경제관계의 강화를 촉진시켜 주는 전 러시아 시장의 형성이 시작되었다는 것이다. 도시 시장뿐만 아니라 농촌의 큰 장도 성장했다. 처음으로 거대한 전 러시아적 규모의 정기시장들인 아르한겔스크(Архангельск), 이르비트스크(Ирбитск), 스벤스크(Свенск) 등의 시장들이 등장했고, 세기말에는 니즈니 노브고로드에 전 러시아적 규모의 마카리예브스크(Макарьевск) 정기 시장이 등장했다.

정교의 축제기념일에 다양한 상품의 판매자 뿐 만아니라 도매상들이 전 러시아에서 이곳으로 왔다. 도시와 농촌에서는 행상의 발전이 있었다. 방문 행상인이 도시와 농촌을 돌아다녔고, 그리고 대시장에서 상품을 구입 하고 이익을 남겨 팔았다. 소상인(방문 행상인)에게서는 비, 연지, 목걸이 등을 살 수 있었다.

생산 뿐 만아니라 상품의 판매에서도 지역별 전문화가 이루어졌다. 볼로그다 (Вологда), 뱌트카(Вятка), 오렐(Орел), 보로네시(Воронеж), 니지 노고로드(Нижий Ногород) 등은 유명한 곡물 교역 중심지로 등장했고, 소금의 중심지로는 캄스카야(Камская), 아주 질 좋은 모피류는 시베리아에서 모스크바로 가는 비체고드(Вычегод)에서 팔렸다.

아스트라한을 경유한 동쪽과 아르한겔스크를 경유한 서쪽방향으로 진행 되는 대외무역이 적극적으로 발전되었다. 17세기 중엽까지 외국 상인들은 러시아 시장에서 무역할 수 있는 권리를 가졌지만 러시아 상인들로부터 수많은 저항을 받았다. 그때 당국은 영국인들이 러시아에서 무역하는 것을 금지하고 나라에서 추방했다.

세분화 시대부터 보존되었던 내부의 관세장벽들이 무역의 발전을 저해했다. 1653년에 잡다한 관세를 폐지했던 관세법이 채택되었다. 1667년에 채택된 무역법은 외국 상인들의 권리를 더욱더 제한하였다. 지금 그들은 국경 도시에서만 자신들의 상품을 도매로 팔수 있었다. 더구나 러시아 상인들이 러시아 전 지역을 돌아다니며 외국 상인들의 상품을 판매해야만 했다. 수입 상품에는 더욱 더 높은 세금이 부과되었다. 그러나 수공업 공장의 생산과 무역의 발달의 성공에도 불구하고 러시아는 서유럽의 가장 발달한 나라들에게서 뒤쳐져 있었다. 부동 해로의 출구의 부재 때문에 이러한 국가들과의 관계 확대는 어려워졌다.

도시들의 성장

무역, 수공업과 산업의 발전은 도시의 성장을 초래했다. 국경의 확대는 새로운 영토의 경제적인 습득을 요구했다. 이러한 시대에 형성된 쇠사슬처럼 도시-요새들로 연결된 강화된 국경선이 중요한 역할을 했다. 강화된 국경선의 보호 아래서 남쪽 초원지대, 우랄, 시베리아, 북 카프카스 등의 개척이 진행되었다. 17세기 중엽에 아흐티르카(Ахтырка), 벨고로드(Белгород), 보로네시(Воронеж), 탐보프(Тамбов) 등을 잇는 벨고롤스키(Белгоролский) 국경선이 형성되었다. 나중에 탐보프, 사란스크(Саранск), 심비르스크 등을 연결하는 심비르스크(Симбирск) 방어선과 자볼시스키(Заволжский: 볼가강 중·하류 너머 지역) 방어라인이 구축되었다. 17세기에는 시베리아에 많은 요새들이 건설되었다. 17세기 말엽에 시베리아와 우크라이나를 제외한 러시아에는 이미 총 250개의 도시들이 있었다.

결 론

17세기 동안 러시아 경제생활에는 큰 변화가 일어났다. 공장제 수공업 형식의 생산이 발달했고, 한정된 형태의 제품 생산에 있어서 지역별 특화가 강화되었고, 전 러시아 시장이 형성되었다. 그러나 이러한 모든 변화들은 농민들에 대한 억압이 가중되고, 지주와 세습 귀족에 대한 농민들의 예속이 강화되는 배경에서 일어났다. 경제 발달에서 러시아는 유럽의 선진국들로부터 뒤쳐져 있었다.

13. 로마노프가(家)의 국가의 시작

초기의 로마노프가(家)의 사람들

미하일 표도로비치 로마노프(михаил Фёдорович Романов)는 새로운 왕가의 최초의 러시아 차르가 되었다. 우리가 기억하는 것처럼 그가 통치를 시작했을 당시에 그는 거의 16살이었다. 사실상 그런 나이에 그는 자립적인 통치자가 될 수 없었다. 자신의 아들을 차르로 등극시킨 후에 대비가 된 어린 차르의 어머니 여수도사 마르파(Марфа)는 아버지의 부재중인 상태(아버지 필라레트는 포로로 폴란드에 잡혀가 있었다)에서 젊은 차르의 결정에 큰 영향을 미쳤다. **우스펜스키 사원**에서 거행된 대관식에서 미하일은 **젬스키 사보르**와 귀족회의의 동의 없이 통치하지 않을 것을 엄숙히 맹세했다. 차르는 자신의 아버지가 포로에서 귀환할 때까지 이러한 서약을 이행했다. 1619년 교회회의에서 총주교로 선출된 **필라레트**는 선왕의 칭호를 받았고, 자신의 아들과 공동의 통치자가 되었다. 물론 아들은 모든 면에서 아버지의 충고를 따랐고, 1633년에 자신이 죽을 때까지 필라레트는 사실상 국가의 최고의 군주였다. 그의 통치 기간에 차르의 역할과 권한은 엄청나게 증대했다. 열정적이고 탐욕적인 부모와 다르게 미하일은 친절한 사람이었다. 그는 꽃을 좋아 해서 유럽에서 희귀한 식물들 구입에 많은 돈을 썼다. 군주는 신체가 건강하지 못하여 자주 아팠다. 온순한 미하일이라는 별명을 얻은 것은 우연한 일이 아니었다.

알렉세이는 경건한 사람이었고, 신자들, 불쌍한 사람들, 병약한 사람들에게 동정심이 많은 사람이었다. 많은 동시대의 사람들은 러시아 군주에게서 아주 비범한 인자함과 친절함, 때때로 연약한 성격을 지적했다.

1645년에 미하일이 죽은 후 그의 아들 **알렉세이 미하일로비치**(Алексей Михаилович)가 새로운 차르가 되었다. 그는 그의 아버지와 같은 나이인 16세에 왕위에 올랐다. 알렉세이는 좀 더 일찍 왕위에 오를 교육을 받았다. 그는 5살에 읽고 쓰는 걸 배우기 시작했다. 그의 배움에 대한 관심은 이미 성인이 되었을 때 그가 직접 많은 서류를 작성했을 뿐 아니라 짧은 문학을 창작할 정도로 컸다. 정열적이고 의욕적인 귀족 보리스 이바노비치 모로조프(Борис Иванович Морозов)는 젊은 황태자의 교육을 맡았고, 동시에 젊은 황태자에 대한 큰 영향력을 미쳤다(첫 3년 동안 젊은 차르와 함께 나라를 통치했다).

알렉세이 로마노프

표도르 로마노프

조용한 사람이라고 별명을 붙인 것 또한 우연한 일이 아니었다. 그러나 이러한 모든 것은 차르에게 필요한 결단력, 의지, 엄격함 같은 다른 특징들을 들어내야 할 경우에 차르를 방해하지 않았다. 마리야 일리니치나 밀로슬라브스카야(Мария Ильинична Милославская)와의 첫 결혼에서 알렉세이는 아들 표도르와 이반(Фёдор и иван), 자신을 뒤 이어 나라를 통치했던 딸 **소피야**(Софья)까지 포함해서 13명의 아이들을 얻었다. 첫 아내가 죽은 차르는 나리쉬키니(Нарышкиный) 가문의 나탈리야 킬리로브나와 재혼했다. 이 결혼에서 차르는 아들 표트르(Пётр: 미래의 표트르 대제)와 딸 나탈리아와 페오도라(Наталия и Феодора)를 얻었다. 알렉세이 미하일로비치의 죽음과 그의 장남 **표도르**의 6년간의 짧은 기간의 통치 후에 첫 결혼과 두 번째 결혼에서 얻은 자식들 간의 치열한 권력 투쟁이 일어났다.

로마노프 왕가의 초기 차르들의 치세에 이미 군주의 권한은 아주 크게 강화되었다. 로마노프 왕조 통치의 초기에 국정에서 젬스키 사보르와 귀족원의 역할은 크게 약화되었다.

젬스키 사보르의 소집중단

젬스키 사보르와 귀족원과 합의 하에 통치 하겠다는 미하일 표도로비치의 서약은 우연한 일이 아니었다. 경제적 파탄과 중앙권력이 약화된 상황에서 젊은 차르는 사회의 모든 계층에서 지지를 찾아야 했다. 무엇보다도 젬스키 사보르의 지지를 얻어야했다.

젬스키 사보르의 귀족들과 도시출신 의원 중에서 선발된 사람들은 차르의 면전에서 자신들을 선출해준 사람들의 요구를 보호 해주어야 했다. 연안지방의 영웅 서사시에 묘사된 것처럼 ≪군주가 두마를 생각하도록 도와주세요. 두마를 몹시 생각해야 한다. 염려하지 말아요≫. 이반 그로즈니와 보리스 고두노프의 통치와 다르게 지금은 젬스키 사보르에서 귀족들과 도시의 외곽에 사는 주민들의 대표들이 중요한 역할을 했다. 미하일의 통치시대에 **젬스키 사보르**는 매우 자주 모였다. 필라레트가 포로에서 돌아오기까지 젬스키 사보르는 실제로 중단되지 않았다. 차르의 권한이 강화되고 나라의 상황이 정상화 되어 감에 따라서 젬스키 사보르는 더욱 더 드물게 소집되었다.

대주교 필라레트가 죽은 후에 몇몇 귀족들이 젬스키 사보르를 영국의 의회처럼 항상 열리는 최고의 계급 대표자들의 기관으로의 전환을 제안했다. 그러나 이러한 아이디어는 강화된 전제 정치를 해칠 수 있었다. 젬스키 사보르는 예전처럼 나라의 발전을 토의하기 위해서가 아니라 이미 차르에 의해서 준비된 정책안들을 인준하기 위해서만 소집되었다. 농노의 권리의 강화와 함께 하층계급(도시 외곽의 주민들, 흑토지역의 농민들)의 대표성은 최소화되었다. 마지막 젬스키 사보르는 1653년에 소집되어서 우크라이나 드네프르강 좌안과 키예프의 주민들을 러시아의 신민(臣民)으로 받아들였다. 그 이후부터 관청과 군대에 근무하는 귀족들이 차르의 전제통치의 중요한 버팀목 역할을 하기 시작했다.

귀족원 역할의 변화

귀족원 역시 점차적으로 자신의 과거의 역할을 상실했다. 초창기에 **귀족원(Боярская дума)**의 구성은 미하일에 의해서 확대되었다. 그는 차르에 오르는 것을 지지해 주었던 사람들에게 그렇게 감사했다. 과거에 20명의 귀족이 귀족원 의원이었다면 알렉세이 미하일로비취 치세의 말엽에 귀족원의 의원의 수는 거의 100명까지 증대되었다.

예전처럼 귀족회의는 전쟁과 평화 같은 국가의 가장 중요한 문제들의 결정, 법률안의 인준, 새로운 조세의 도입, 논쟁되는 문제의 결정 등을 위하여 소집되었다. 귀족원은 차르 자신이 참석한 상태에서 지명된 귀족의 개회사로 회의가 진행되었다. 귀족원의 결정은 다음과 같이 공식화되었다. ≪차르와 대군주가 결정했고, 귀족들이 판결했다…≫.

귀족원의 의원수의 증대는 귀족원을 너무나 거대하게 만들었고 차르에게 가장 믿을 만한 사람들로 구성된 더 유연한 통치기관, 즉 항상 거대한 귀족원을 대치했던 가깝고 작은 비밀스러운 귀족원을 설립하도록 자극했다. 귀족원 전체회의는 더욱 더 드물게 소집되기 시작했다. 측근들로 구성된 귀족원은 많은 국가의 통치문제의 해결을 차르 자신의 수중에 집중시켰다.

행정 관청들(Приказы)

영토의 확대, 경제적 과제의 복잡해짐이 행정관청의 증대를 초래했다. 다양한 시대에 러시아에는 주요한 것, 이차적인 것 합쳐서 약 100개의 행정관청이 존재했다. 외무성은 대외정책의 문제를 관장했다. 그 부서는 몸값을 치루고 전쟁포로들을 석방시키는 것을 담당했다. 국내성은 왕의 궁정 살림과 재산을 관리했다. 국고청은 차르의 가족의 보물과 옷들을 간직하고 보존 하는 것을 담당했다. 마굿간청은 차르의 외출에 필요한 말의 채비를 처리했다. 인사청에서는 차르를 돕기 위해서 관료 귀족과 귀족들의 배치를 담당했다(궁정, 지방과 군대에서 어떤 직책에 어떤 젊은 사람들을 배치하는냐를 결정). 지방청은 봉토의 배분과 지주와 세습 지주로부터의 세금 징수를 담당했다. 역참청은 신속한 우편관계를 담당했다. 수도와 대도시에서의 대규모 석조 건축의 증대됨에 따라 석조청도 생겼다. 탄원서와 신하들의 불평을 살펴보고 그래서 모든 부서 위에 군림하는 것처럼 보이는 첼로비트니이(Челобитный)청은 거의 중심적인 위치를 차지하지 않았다. 알렉세이 미하일로비치 치세 때는 모든 국가기관의 활동을 통제하고 차르의 가족의 경제생활을 담당했던 비밀 업무의 부서도 존재했다.

많은 행정관청들은 자신의 업무한계를 정확히 알지 못했다. 중요한 문제의 해결을 위해서 모스크바까지 온 사람들이 어떤 행정관청 어떤 부서로 가야하는지, 탄원서를 작성하는 법도 명확하게 알기가 어려워졌다. 게다가 뇌물 없이는 행정관청에 접근하지 않는 게 더 좋았고, 일은 해결되지 않았다. 여러 가지 서류 상의 장애가 모스크바의 관청에서 유행했다. 당국은 행정관청 제도의 결함을 인식하고 있었다. 당국은 몇 개의 부서를 하나로 통합 시키는 것을 시도 했고, 몇 개의 관청 위에 또 다른 상부의 관청을 설치하려고 시도했다. 그러나 이것에서부터 오는 효과는 적었다. 모스크바 인들은 ≪행정관청들과 싸우는 것은 소리를 쳐서 나무에서 까마귀를 쫓아내는 것과 같다. 까마귀는 갑자기 날아와서 다시 날아간다≫고 농담하곤 했다.

지방행정

17세기에 러시아 영토는 **우에즈드**(уезд : 향, 군), 스탄(стан : 지방경찰관할구역, 작은 마을), 볼로스티(волость : 읍) 등으로 구분됐다. 초기부터 읍장과 일연의 변경도시의 수장으로 차르는 군사령관을 임명했다. 그들은 지방의 군부대들을 이끌었고 행정, 재판, 세금징수 등을 관장했다. 군사령관들은 지방에서의 모든 권한을 부여받았다고 말할 수 있다. 주민들에 의해서 선출된 기관들(지방자치청, 군 재판소)은 위임받은 전권의 상당한 부분을 상실했다. 어떤 변경지역의 영토들은 다양한 행정등급으로 통합되었다. 이러한 지역들은 거대한 읍들이었고, 주로 군사적 목적으로 설립되었다.

1649년의 법령집(Соборное уложение)

동란(動亂)의 시대의 후유증을 극복하기 위해서 많은 새로운 법을 채택할 수밖에 없었다. 예전처럼 그러한 법률안들은 차르의 측근들에게 위임되어 준비되었고, 귀족원의 동의와 차르의 확인 후에 효력이 발생되었다. 법률안이 특히 중요한 경우에 젬스키 사보르가 그것을 인준했다. 17세기 전반기에 많은 새로운 법률의 등장과 이전 시대의 법률의 적용은 법률의 정비와 법령집의 편찬을 요구했다. 그러한 법령집의 편찬 역시 차르 **알렉세이 미하일로비치**의 측근들에게 위임되었고, 니키타 이바노비치

아도예브스키 공작이 그 측근들의 수장이었다. 1649년에 젬스키 사보르 의해서 채택된 법령집이 출판될 당시에 러시아 법률뿐 만 아니라 외국법도 참조되었다. 법전의 편찬에는 젊은 차르 알렉세이 자신도 참여했다.

법령집 **울로제니예**(Соборное уложение)에는 국가, 통치자 개인, 통치자의 명예 등을 위해하는 범죄를 규정한 특별한 장이 있었다. 특히 차르는 건드려서는 안 되는 불가침한 것으로 생각되었고, 차르 앞에서 우연히 무기를 지닌 자를 처벌하는 손을 자르는 형벌이 있었다. 울로제니예의 법조항은 도주한 농노들을 무기한 수색 할 수 있음을 규정함으로써 농민들을 지주들에게 영원히 예속시켰다. 도주한 농노들에 대한 한정된 수색기한은 폐지되었다.

결 론

17세기 동안 차르의 권한은 크게 강화되었다. 러시아 전제 군주들은 젬스키 사보르의 소집과 귀족원과의 상의를 중단했다. 농노들을 억압하는 권한은 강화되었다. 법률은 농민들을 땅에 묶어 놓았다.

14. 외교 정책

스몰렌스크 전쟁

폴란드 왕국은 17세기에 여전히 러시아의 주요한 적대국이었다. 폴란드 왕의 아들 **블라디 슬라프**를 모스크바의 차르로 생각했기 때문에 폴란드는 미하일 로마노프의 차르에 오를 수 있는 권리를 인정하지 않았다. 17세기 초에 러시아에서 탈취한 스몰렌스크 지역도 폴란드 영토로 남아있었다. 폴란드 소 귀족은 모스크바에 대한 새로운 군사원정 계획들을 포기하지 않았다.

이러한 상황에서 러시아 인들은 새로운 전쟁을 대비해 동맹자를 찾지 않으면 안 되었다. 스웨덴과 터키가 폴란드와의 전쟁에서 지원을 약속했다. 폴란드왕 **시기즈문트 3세**의 죽음이 전쟁의 원인이 되었다.

폴란드 내에서 가열된 권력투쟁은 러시아의 승리할 가능성을 높여준 것 같았다.

1632년 6월에 젬스키 사보르는 스몰렌스크 지역을 차지하기 위해서 폴란드와의 전쟁을 시작하기로 결정했다. 귀족 세인(M. Б. Шеин)이 군대를 지휘하여 스몰렌스크를 포위했다. 러시아 군대는 세베쉬(Себеж), 스타로두브(Стародуб)와 다른 몇몇 도시를 탈취할 수 있었다.

그러나 스웨덴과 터키는 약속을 이행하지 않았고 모스크바를 지원하지 않았다. 한편, 러시아 차르 권좌의 경쟁자로 **블라디슬라프**가 폴란드 왕에 의해 지명되었다. 만 5천 명의 군대를 이끌고서 그는 스몰렌스크를 포위했고 세인 군대를 포위했다. 그러나 양국은 러시아-폴란드간의 전쟁을 계속할 군대가 없었다. 1634년의 폴란드의 제안에 따라 평화 협정이 체결되었고, 그 평화 협정에 따라 러시아는 전쟁 중에 점령당한 모든 도시들과 땅을 회복했지만, **스몰렌스크는 폴란드**의 영토로 여전히 남았다. 이것과 함께 블라디슬라프는 모스크바의 차르 자리에 대한 모든 요구를 포기했다. 그렇게 스몰렌스크 전쟁은 러시아의 패배로 끝났고, 폴란드와의 적대감을 바꾸지 못했다.

러시아의 우크라이나 병합

러시아와 폴란드와의 관계는 독립을 위한 러시아 민중들의 투쟁이 시작된 상황에서 더욱 더 악화되었다. 우크라이나인들은 고대 루시 국가의 영토였던 지역에서 살아왔고, 역사와 종교적 · 문화적 뿌리를 러시아인들과 공유했다. 폴란드에서 그들은 3중의 박해(봉건적, 민족적, 종교적 박해)를 겪었다. 땅의 소유주들은 대체로 폴란드인들과 리투아니아인들이었고, 게다가 그들은 가톨릭교를 믿었다. 우크라이나인들은 모국어로 말하는 것과 러시아 정교를 믿는 것을 금지 당했다. 그들은 지주들에게는 가축과 같은 존재였다. 우크라이나인들의 혹독한 상황은 폴란드인들에 대한 반란을 유발했다. 이러한 투쟁에는 농민들과 도시민들 외에 반란군의 주력이었던 가장 가난한 카자크들도 참여했다. 부유한 카자크들은 폴란드인들에 의해서 징집 되었고, 봉급을 받고 국가의 국경을 지켜야 했다.

노련한 카자크 지휘관인 **보그단 흐멜니츠키(Богдан Хмельницкий)**가 자유를 위한 우크라이나인들의 투쟁을 이끌었다. 첫 전투에서 반란군들은 코룬(Корунь)이 이끄는 폴란드 군에 대해서 승리했다(1648년 봄~1649년 8월). 이것은 우크라이나 농민들의 투쟁의 시작에 대한 신호가 되었다. 게다가 크림한과의 협상에서 흐멜니츠키는 그의 기병대들의 지지를 얻을 수 있었다. 일련의 전투에서 승리한 후에 반란군은 키예프에 입성할 수 있었다. 1649년 8월 반란군과 폴란드인들 사이에는 **즈보로프스키**(Зборовский) **평화협정**이 체결되었다. 그 평화협정에 따라 약간의 우크라이나의 땅에서 카자크 대장인 **게트만**(Гетман)의 자치적 통치가 도입되었고, 흐멜니츠키가 게트만이 되었다.

폴란드 군에 징집된 카자크들의 수는 4만 명으로 증대되었다. 이러한 협정은 주로 폴란드 군에 징집된 카자크들, 부유한 카자크 지배층, 부유한 도시민들 등의 이익을 만족시켰다. 그래서 전투의 지속은 불가피했다. 이 단계에서 이미 우크라이나인들은 러시아인들과의 연합에 대한 자신들의 갈망을 선포했다.

두 번째 반란에서 반란군들은 실패했다. 베레스테치크(Берестечк)가 이끄는 반란군의 패배는 전투의 첫 기간의 성공을 무효로 만들어 버린 **벨로체르코브스키**(Белоцерковский) **평화협정**의 체결을 초래했다.

세 번째 단계에서 반란군들이 독자적으로 폴란드 군대를 격퇴시키는 것이 어렵다는 것을 안 **보그단 흐멜니츠키**는 다시 우크라이나를 러시아 영토로 병합시켜 줄 것을 차르 알렉세이 미하일로비치에게 요청했다. 1653년 10월 1일에 러시아의 젬스키 사보르는 우크라이나의 합병과 폴란드에 대한 전쟁선포를 결정했다.

1654년 1월 8일에 **페레야슬라프**(Переяслав)에서 우크라이나 주민의 모든 계층에서 선출된 대표자들이 참석한 **라다**(Рада: 회의)가 개최되었다. 차르의 특사인 대귀족인 바실리 바실리에비치 부트르린이 그 회의에 참석했다. 참석한 사람들의 결정은 일치되었고, 우크라이나는 러시아 영토에 병합되었고, ≪땅과 도시들이 국가의 최고 권력자의 소유가 됨≫을 서약했다. 그리고 우크라이나의 카자크 공동체와 도시들의 권한과 특권도 강화되었다. 특히 카자크 대장인 게트만의 통치와 대규모 카자크 군대가 보존되었다. 나중에 모스크바는 현지 주민들의 불만을 야기하면서 우크라이나의 내정에 더욱 더 적극적으로 간섭하기 시작했다.

1654~1667년의 러시아-폴란드 전쟁

우크라이나를 병합하기로 한 러시아의 결정은 폴란드와의 새로운 전쟁을 초래했다. 그 전쟁은 1653년 젬스키 사보르와 **페레야슬라브스키 라다** 후에 곧 시작 되었고, 거의 15년 동안 승패를 교차하면서 계속되었다. 1657년 보그단 흐멜니츠키가 죽은 후에 그의 측근들 사이에서 권력 투쟁이 시작되었

보그단흐멜니츠키

다. 새로운 게트만 이반 비고브스키(Иван Выговский)와 그의 후계자 유리 흐멜니츠키는 우크라이나를 다시 폴란드의 관할로 전환시키는 것에 대한 협정을 폴란드와 맺었다. 그러나 우크라이나의 민중들은 그것을 지지하지 않았고, 게다가 우크라이나에서는 이러한 카자크 군사령관들에 항거하여 농민들의 반란이 시작되었다.

1654-1667년 러시아-폴란드 전쟁

전쟁은 양국의 국력을 소진시켰다. 폴란드인들은 1667년에 **안드루소프(Андрусов) 평화협정**을 체결하지 않으면 안 되었다. 그 조약에 따라 스몰렌스크와 북쪽의 땅이 러시아에 양도되었을 뿐만 아니라 우크라이나의 **드네프르강 좌안**과 키예프에 대한 러시아의 관할권이 인정되었다. 그 외에도 최근까지 적대국이었던 양국은 투르크족과 크림의 타타르족의 상시적인 침략을 격퇴하기 위해서 상호협력하기로 약속했다.

투르크와 크림한국과의 전쟁

러시아는 남쪽 지역에서 자국의 영토 확대에 관심을 가지기 시작했다. 크림한국과 터키가 러시아의 이러한 남하 정책에 대해 방해하는 적대국이었다. 1678년 여름에 술탄(이슬람 국가의 군주)은 우크라이나의 정치적 중심지인 **친기린**(Чингирин)으로 20십만 명의 군대를 보냈다. 러시아-우크라이나 연합군이 그의 군대에 대해 저항했다. 치열한 전투 끝에 그 도시가 함락되었다.

장기간의 러-터 전쟁은 양측에게 극심한 타격을 주었다. 1681년에 **바흐치사라이스크 평화협정**이 체결됨으로써 전쟁은 끝이 나게 되었다. 그 협정에 따라 터키와 크림한국은 우크라이나 좌안과 키예프에 대한 러시아의 병합을 인정했다.

1684년 동유럽에서의 터키 세력의 강화에 불안해진 오스트리아, 폴란드, 베니스 등의 3국은 반터키 선성동맹을 결성했다. 1686년에 그 당시에 외무성의 총독이었던 바실리 바실리예프 골리친(Василий Васильев Голицын)공작이 우크라이나 드네프르강 좌안의 영토와 키예프뿐만 아니라 **자포로시스키 세치**(Запорожский Сечь: 드네프르강 남쪽에 있었던 카자크의 본영)의 러시아의 병합을 인정한 폴란드와 영구협정을 체결한 후에 러시아도 그 동맹에 참여했다.

1687년과 1689년에 동맹국의 임무를 수행하면서 러시아는 크림한국에 대한 두 번의 군사 원정을 시작했다. **골리친**이 러시아 군대를 지휘했다. 처음의 군사원정은 성공적이었다. 그러나 여름기간의 무더위가 극심해짐에 따라 러시아 군대는 전투 없이도 물, 식량, 사료 등의 부족으로 큰 손실을 입었다. 전염병으로 많은 병사들이 죽었다. 러시아의 승리가 없었음에도 불구하고 크림한국은 처음에 러시아의 증강된 군사력에 위협을 느꼈다.

시베리아 개척

16세기 말에 시베리아 한국의 붕괴의 결과로 서 시베리아는 러시아에 합병 되었다. 여기에 튜멘(Тюмень), 베레조프(Березов), 수르구트(Сургут), 톰스크(Томск), 그리고 다른 도시들이 생겼다. 끝이 없는 시베리아 평원에 대한 경제적 정복이 시작되었다. 국유지의 농민들과 농노들, 탐험가들이 시베리아로 떠났고, 상인들과 사냥꾼들도 모피를 위해서 그곳으로 갔다.

동 시베리아와 극동지역에 통일된 국가들이 없었기 때문에(현지 종족의 대부분은 씨족의 형태로 살았다)처음 도착한 러시아인들이 비교적 쉽게 이러한 방대한 평원을 평화적으로 정복할 수 있었다. 17세기 중엽에 러시아 탐험대는 동 시베리아와 극동 지역을 수시로 자주 탐험했다. 이곳에 최초의 도시들과 요새화된 정착지들인 야쿠트스크(1632), 알바진스크(1651), 네르친스크(1658), 이르쿠츠크(1661) 등이 나타났다. 아무르강 연안의 지역도 러시아 영토에 병합되었다.

17세기 말엽에 아시아에서의 러시아 영토는 이미 태평양 연안과 북빙양까지 이르렀다. 남쪽 지역에서 러시아 영토는 중국의 청제국의 영향권(주로 극동 지역과 바이칼 호수 넘어 지역)과 키르키스 종족들(중앙아시아에서)과 국경을 이루었다.

1689년에 러-중 양국 간의 극동에서의 적대관계를 해소하는 목적으로 **네르친스크 조약**이 체결되었다. 시베리아에서 러시아의 가장 남쪽 영토는 17세기에 생긴 이심(Ишим), 쿠르간(Курган), 쿠즈네치크(Кузнечк), 크라스노야르스크(Красноярск), 셀렌긴스크(Селенгинск) 등의 도시들이었다. 이곳에서는 군사령관들이 현지의 권력을 행사했다. 동쪽 영토에 대한 총 관할 권은 처음에는 **카잔궁성**(Приказ Казанского дворца)에 위탁되었지만, 동쪽의 영토가 증대됨에 따라 특별한 시베리아성(Сибирский приказ)으로 관할권이 위임되었다.

결 론

17세기 100년 동안 국력을 소진한 전쟁과 개척자들의 활동의 결과로 러시아 영토는 크게 증대되었다. 시베리아, 극동, 우크라이나 좌안 땅, 스몰렌스크 등이 러시아 영토로 합병 되었다. 그러한 광대한 영토의 습득은 농업의 새로운 방법의 정착을 지연시키고, 농노제 쇠퇴를 지연시키면서 나라의 발전의 가능성을 넓게 열었다.

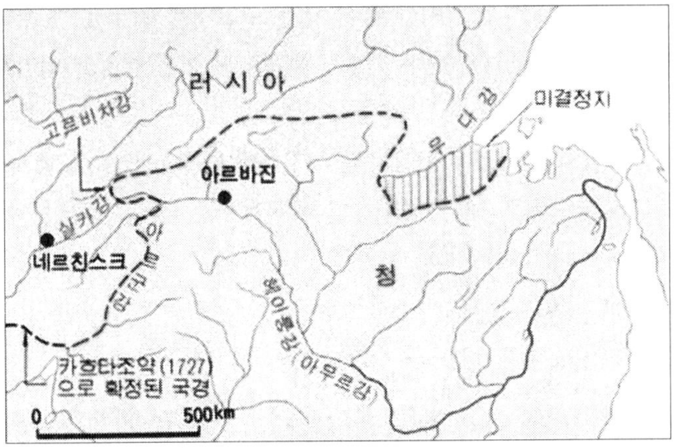

네르친스크조약

15. 17세기 러시아 정교회

동란시대 이후의 교회

동란시대 이후의 러시아 교회에도 혹독한 시련이 있었다. 대주교 이그나티가 이끄는 성직자들 중 일부가 가짜 **드미트리 1세**를 지지했다(대주교 자신이 그에게 차르의 왕관을 씌워주었다). 많은 성직자들이 권력투쟁에 참여했다.

동란시대에 모스크바에 있었던 폴란드인들이 교회의 집기들을 약탈했을 뿐 아니라 성자들의 힘을 모욕했고, 퇴각할 때 450개의 모스크바 교회 거의 전부를 파괴시켰다. 당시의 폴란드인이 묘사한 것처럼 도처에 석조와 목조 교회가 무수히 많았었다고 한다. 그리고 3일 동안 그들은 모든 교회를 잿더미로 만들어 버렸다고 한다. 교회의 성직자들의 살해와 그들을 포로로 데리고 간 것 또한 흔한 일이었다. 포로들 속에는 대주교 게르모겐(Гермоген)과 그가 죽은 후의 사실상의 러시아 정교회의 수장이 된 필라레트(Филарет)가 포함되어 있었다. 그러나 이러한 모든 것들은 신자들과 성직자들의 사기를 약화시키는 못하고 오히려 강화시켰다.

폴란드의 포로로 8년간 있은 후에 1619년에 대주교 필라레트가 모스크바로 돌아왔다. 교회회의의 참가자들은 그를 모스크바와 전 러시아의 새로운 대주교로 선출했다. 그의 지도하에서 국가생활에서 교회의 역할과 의미가 크게 성장했다. 필라레트는 사실상의 두 번째 차르였다. 국정에 관한 모든 보고서를 차르와 대주교가 공동으로 보고 받았으며, 차르 미하일은 대주교의 동의 없이는 어떤 결정도 내리지 않았다.

대주교만이 국가문제들의 처리를 지시할 수 있었다. 무엇보다도 필라레트는 차르 미하일 표도르비치의 권위와 권력을 강화시키는데 중요한 역할을 했다. 그러나 많은 복잡한 교회문제들은 그의 재임 때에도 그의 후계자들 즉 대주교 이오아사프(Иоасаф) 1세와 이오시프(Иосиф)재임 때에도 해결되지 않았다.

대주교 니콘(Никон)의 개혁들

대주교 니콘

필사된 러시아 교회서적에서는 원문과 비교해 볼 때 많은 오류와 왜곡이 있다는 사실이 17세기 중반에 알려졌다. 교회미사 중에 많은 다음(多音)의 관습과(성직자들, 사제들, 평신도들이 다양한 기도를 동시에 묵도할 때) 두 손가락으로 성호를 긋는 것 등이 적지 않은 의심을 유발했다. 이러한 문제에 관하여 신자들의 견해는 분열되었다. **대주교 이오시프**(Иосиф)를 포함한 한편에서 교회서적과 의식을 수정하여 고대 러시아 형식으로 돌아갈 것을 제안했다. 차르 알렉세이 미하일로비치(Алексей Михайлович)와 그의 최측근들이 포함된 다른 한편에선 100년 된 오래된 책이 아닌, 당대에 번역된 바로 그리스 원전으로 돌아가야 한다고 주장했다.

대주교 **이오시프**의 사후에 차르 알렉세이 미하일로비치의 제안에 따라 노브고로드 대주교 **니콘**이 교회의 수장으로 선출되었다. 그는 교회 개혁을 실시하도록 위촉 받았다. 1653년~1655년 기간에 교회개혁이 실시되었고, 그 개혁은 주로 교회예식과 성경에 관련된 것들이었다. 그리스 식으로 성경은 바뀌었고, 땅에 무릎을 굽히고, 세 손가락으로 성호를 긋는 것이 도입되었다. 1654년 소집된 교회회의는 그 개혁에 찬성했지만, 현행 의식을 그리스와 러시아 전통에 일치시킬 것을 제안했다.

교회 권력과 세속 권력의 대립

새 대주교는 변덕스럽고 의지가 강한 사람이었다. 신자들에 대한 무한적 권력을 부여받은 니콘은 교회권력의 우위론을 주장 했고, 차르 알렉세이는 선왕 미하일과 대주교 필라레트가 그랬던 것처럼 권력을 나눌 것을 제안했다. 니콘은 달이 태양으로부터 빛을 받은 것처럼, 차르 역시 교회로부터 권력을 받는다고 말했다.

그러나 차르는 대주교의 이러한 선언들과 가르침을 오랫동안 참으려하지 않았다. 차르는 **우스펜스키 사원**에서 거행되는 대주교가 집전하는 미사에 참석하기를 중지했고, 니콘을 국가의 만찬에도 초대하지 않았다. 이일은 사존심이 강한 대주교에겐 큰 충격이었다. 우스펜스키 사원에서 거행된 미사 중에 니콘은 대주교 자리에서 사임할 것을 선언했고, 노보이예루살렘 부활 수도원으로 가서 은둔했다. 거기서 그는 차르가 자신에게 사과하고 모스크바로 돌아올 것을 간청하길 기다렸다. 그러나 차르 알렉세이는 전혀 다르게 행동했다. 그는 니콘에 대한 교회재판을 준비하기 시작했고, 그 재판을 위해서 다른 나라의 정교의 대주교들을 모스크바로 초대했다.

1666~1667의 교회회의

1667년에 니콘의 재판을 위한 교회회의가 소집되었다. 호위아래 니콘은 피고로 교회회의에 소환되었다. 차르는 니콘은 제멋대로이고, 차르의 근엄한 명령을 받아들이지 않았으므로 니콘을 파면한다고 공표했다. 알렉세이 미하일로비치는 누가 나라의 주인이고 실질적인 권한이 누구에게 있는지를 그렇게 이해시키려고 했다. 참석한 주교들은 차르를 지지하여, 니콘을 비난했고, 그의 대주교 자리의 박탈과 수도원으로 영원한 추방을 승인했다.

한편 1666~1667년 교회회의는 교회개혁을 지지했고 모든 개혁의 반대자들을 파문했다(이런 반대자들은 '구교도들(старообрядецы)'로 불리게 되었다). 그 교회회의에 참여한 사람들은 **구교도**의 지도자들을 세속권력으로 인도하기로 결정했다. 1649년의 교회회의의 규정에 따라 구교도들에게 화형의 위협마저 가해졌다. 이렇게 니콘의 개혁과 1666~1667년 교회회의는 러시아 정교 분열의 단초가 되었다.

사제장 아바쿰

사제장 **아바쿰**(Аввакум: 1620~1682)은 구교도들의 수장이었고 구교의 이론가가 되었다. 젊었을 때부터 기독교에 귀의한 후에 아바쿰은 신앙생활의 적극적인 지지자이고 설교자가 되었다. 얼마동안 그는 열성적인 신앙단체에 가입했고, 그 회원들을 후원하는 차르 알렉세이와 알게 되었다.

아바쿰은 신앙의 근본으로의 회귀가 이루어지면 러시아식 예배와 신앙을 고수할 것을 생각하여 니콘의 개혁에 매우 부정적으로 반발했다. 그는 모스크바 카잔 사원에서 자신의 자리를 박탈당한 후에 1653년에 시베리아로 추방당했다. 그러나 그의 운명에 따라 보내지는 곳에서 마다, 그는 구교의 교리를 적극적으로 설파했다. 10년간의 추방생활을 한 후인 1663년에 아바쿰은 모스크바로 돌아와서 공식교회와의 투쟁을 계속했다. 1666~1667년 교회회의에서 화해를 거절한 이유로 아바쿰은 비난과 파문을 받고, 푸스토제르스크로 추방되어, 거기서 15년간 투옥되었다. 그곳에서 그는 자신의 유명한 문학작품인 ≪인생≫과 10권의 다른 작품들을 저술하였다. 1682년 4월 11일 차르의 칙령에 따라 ≪맹렬한 사제장≫ 아바쿰과 그의 추종자들은 화형을 당했다.

아바쿰과 구교도들의 시베리아로의 이주

구교도들의 화형

결 론

러시아 정교회가 혼돈의 시대의 정치적 투쟁에 휩쓸렸다. 그 후 국가에서 교회의 위치는 강화되었고, 대주교 필라레트는 교회일과 국정에 큰 영향을 행사했다. 16세기 중엽에 대주교 니콘이 실시한 종교 개혁을 위한 조건이 형성되었다. 개혁은 정교 예배의식을 변화시켰지만, 신자들이 니콘파와 구교도들로 분열되는 원인이 되었다. 구신앙을 위한 구교도들의 투쟁은 권력의 횡포에 대한 민중들의 저항의 형태가 되었다.

16. 반란의 세기

민중 반란의 원인들

동시대 사람들은 17C를 ≪반란의 세기≫로 불렀다. 이 시대는 대규모 민중 봉기의 시대였다. 농민들의 억압과 그들에 대한 노역의 증대, 조세 부담의 증대와 끊임없는 전쟁들, 정부기관의 권력 남용의 증가, 카자크의 자유를 제한하려는 시도, 교회의 분리와 정부의 구교도 박해 등이 민란의 주요한 원인들이었다.

이러한 모든 것들이 농민들의 대표들(전에 존재한 것처럼)뿐만 아니라 카자크들, 도시 빈민층, 소총부대, 낮은 성직자 계층 등이 권력에 대항하여 반란에 참여한 원인들이 되었다. 무기를 가지고 있을 뿐만 아니라 전투 경험을 가진 카자크들과 소총 부대의 참여는 17C 정부에 대한 민중 반란에 잔혹한 성격을 띠게 했고, 큰 희생을 유발했다. 가장 심각한 민중 반란들이 17C 중엽에 시작되었다.

소금 반란

1648년 6월 1일에 차르 알렉세이 미하일로비취는 성직자들과 함께 트로이체-세르기예프 수도원에서 크레믈로 돌아왔다. 모스크바 군중들은 차르의 마차를 에워싸고서 모스크바 총독이자 지방 관청의 의장인 플레세예프(Л. С. Плещеев)에 대하여 공금 횡령, 권력 남용, 부유한 시민들과 명문 귀족들의 횡포를 묵과한 것, 빵과 소금의 가격을 올린 것 등을 비난하며 차르에게 탄원을 제출하려고 시도했다. 그러나 호위병들은 군중들을 해산시켰고 몇 명은 체포당하였다. 다음날 수천 명의 군중들이 크레믈로 몰려가서 체포된 사람들의 석방과 **모로조프**(Морозов: 황후의 형부)와 그의 측근들의 파면을 요구하였다. 모로조프가 출동시킨 상비군들은 군중들에게 발포하기를 거부하고 봉기군중 측에 가담하였다.

봉기한 군중들은 모로조프, 플레세예프, 트라하니오토프, 그리고 또 다른 유력한 귀족들의 저택을 파괴하였다. 붉은 광장에 모인 성난 군중들은 가증스러운 그들의 처형을 요구하였다. 놀란 차르는 플레스체예프와 트라하니오토프의 처형을 명령하였다. 그러나 군중들은 모로조프의 처형도 주장했다. 결국은 차르가 봉기한 군중들 앞에 나서서 자신의 양육자인 모르조프를 용서해줄 것을 부탁했다. 군중들은 모로조프를 권력에서 퇴진시킬 것과 모스크바에서 추방하겠다는 차르 알렉세이의 약속을 받아 들였다.

모스크바 민중봉기의 영향을 받아 솔리브이체고드스크, 대우스튜그, 보로네시, 쿠르스크 그리고 그 밖의 다른 도시들에서도 봉기가 일어났다. 차르는 민중들을 회유하기 위해 양보를 하지 않으면 안되었다. 차르는 모로조프의 추종자들을 추방했고, 세금체납에 대한 처벌이 일시적으로 중지되었고, 과세를 하지 않았던 대촌락의 주민들을 다시 외곽의 상공인지역으로 편입시킨 후에 이들에게도 세금을 부과했고, 상비군들의 급료도 올려주었다. 이 반란을 구실로 대귀족들과 상공 계층의 지도자들은 차르에게 법령과 법률집 정돈의 요구와 새로운 법령집(농노제 및 중앙 집권을 확립한 법전)을 편찬할 것을 청원했다.

곡물 반란

1650년 초 차르 정부는 스웨덴으로 수출을 위하여 프스코프와 노브고로드에서 곡물을 대량으로 수매한 결과 곡물 값이 급등하여 도시외곽 상공인지대 사람들의 생활이 어려워졌다. 이에 분노한 프스코프와 노브고로드의 수공업자, 소상인, 상비군, 막노동자 등이 곡물의 반출을 중지하도록 요구하면서 봉기하여 대귀족과 상인들의 집을 파괴했다. 도시의 행정이 주민들이 선출한 장로들의 손으로 넘어갔고 한 달 후에 정부군이 노브고로드에 도착하여 봉기를 진압하였다.

프스코프에서는 민병대가 도시의 방어군을 조직하였고, 근교 촌락의 주민들이이에 가담하였다. 차르의 토벌군은 6개월 동안 봉기군과 대치하다가 반란군과 협상을 시작하였다. 정부군과 협상과정에서 프스코프의 대귀족, 귀족, 상인, 성직자 등과 외곽 상공인지대의 사람들 사이에 분열이 일어났다. 협상 결과 정부는 토벌군을 철수시켰고, 프스코프 주민들은 중앙에서 파견된 지방관의 권력을 회복시키는데 합의 하였다. 그리고 봉기의 지도자들은 가족과 함께 노브고르드로 강제로 이주 당했다.

동전반란

폴란드와의 13년간의 전쟁은 국고를 탕진시켰다. 탕진된 국고를 채우기 위해서 예전처럼 부족한 은 대신에 구리로 동전이 주조되었다. 새로운 동전의 가치는 과거보다 12~15배가 낮았다. 그 결과 상인들은 새로운 돈으로 상품을 팔기를 거부하였다. 이것은 주민들과 가치가 떨어진 돈으로 월급을 받았던 일부군대의 불만을 샀다.

1662년 7월에 분노한 군중들은 궁정 근처의 귀족들과 관료들의 저택을 습격한 후에 **콜로멘스크 마을** 근처의 차르의 궁정으로 몰려갔다. 군대의 도착을 기다리면서 차르는 반란군들과 협상을 했고, 구리 동전을 폐지하기로 약속했다. 차르를 믿은 봉기 군중들은 모스크바로 돌아갔다. 그러나 그들은 돌아오는 길에 만난 새로운 수천 명의 군중들과 합세하여 콜로멘스크로 다시 행진하기 시작했다.

한편 차르의 군대가 콜로멘스크에 도착했고, 무방비의 군중들은 도주했다. 그 반란의 참여자들에 대한 처벌이 시작됐다. 반란의 주도자들은 도심지에서 교수형을 당했다. ≪동전≫ 반란에 참여한 많은 사람들은 지구 재판소에서 팔과 다리, 혀가 잘리는 형벌을 받았다. 또 다른 사람들은 체형을 당했고 추방됐다. 반란은 실패로 끝났지만 구리동전의 유통은 중지되었다.

스테판 라진이 주도한 반란

17C에 가장 큰 반란은 돈강 유역의 카자크 아타만(Атаман: 우두머리) 스테판 티모페예비치 라진(Степан Тимофеевич Разин)이 주도한 카자크들과 농민들의 반란이었다. 1649년에 새로운 법령집의 도입과 도주한 농민들의 수색, 그들에 대한 처벌, 가난 때문에 많은 농민들과 도시민들, 병사들이 변경 지역으로, 특히 돈강 유역으로 몰려들었다. 1660년대 중반 경에 러시아 중심 지역으로부터 도주해온 많은 수의 농민들이 이곳으로 모였다. 많은 토착 카자크들도 가난한 상태로 머물러 있었다.

거지 생활을 할 수밖에 없었던 카자크 아타만 바실리 우수가 이끄는 700여 명의 카자크들은 1666년에 자신들을 차르의 군대로 받아줄 것을 정부에게 요구하기 위해 모스크바로 향했다. 차르가 이 요구를 거절하자 카자크들의 평화적 시위는 무장된 반란으로 변화되었다. 카자크 외에 그곳에는 수천 명의 농민들도 참여했다. 곧 반란자들은 돈강으로 후퇴해서 **스테판 라진**이 이끄는 부대에 합세했다. 전투 경험이 많은 라진은 카자크인 사이에서 존경을 받았다.

수리코프의 그림 스테판 라진

라진(1667~1669)부대의 반란의 첫 단계를 역사가들은 보통 ≪탈취를 위한 원정≫이라고 불렀다. 볼가강으로 나간 라진의 부대는 러시아와 페르시아 상인들의 무역선을 탈취했다. 반란자들은 야이츠키(Яицкий)소도시를 점령했고, 페르시아로 군사 원정을 감행하여, 카스피 연안을 약탈하고 페르시아 함대에 대해서 승리를 거두었다.

풍부한 전쟁 노획물을 획득한 후에 1669년 여름에 라진은 돈강으로 돌아와서 자신의 부대를 이끌고 카갈니츠키(Кагальницкий) 소도시에 머물렀다. 노예들, 가난한 농노들, 천 명 정도의 카자크들이 성공적인 반란군의 지도자에게로 모여들기 시작했다. 자신의 힘을 느낀 라진은 모스크바로의 원정을 발표하고 모든 귀족과 공작, 모든 폴란드 지주, 러시아 지주들을 괴멸시킬 것과 하층민들(чёрние юди)에게 자유를 줄 것을 약속했다.

라진이 이끄는 반란의 두 번째 단계는 1670년 봄에 시작되었다. 반란자들은 차리친(Царьцын: 오늘날의 볼고그라드)을 점령하고 전투도 치르지 않고 항복한 잘 방비된 아스트라한에 이르렀다. 군사령관들과 귀족들을 처벌한 후에 반란자들은 카자크의 아타만 바실리 우스와 표도르 셸루댜크를 수장으로 하는 정부를 수립하였다.

요새화된 볼가강 연안이 반란군의 주요한 거점이 되었다. 라진의 성공은 많은 볼가강 연안의 도시들인 사라토프, 사마라, 펜자 등의 주민들의 그의 쪽으로 넘어오게 하는 계기가 되었다. 추바시인, 마리인, 타타르, 모르드바인 등의 비러시아 민족들의 많은 지도자들도 이 반란에 참여하였다. 그들 중 대부분은 라진이 반란 참여자 각자를 카자크(자유로운 사람)로 공표했다는 점 때문에 라진 쪽에 합세했다. 반란자의 총수는 20만 명에 이르렀다.

1670년 9월에 반란자 부대는 심비르스크를 포위했지만, 점령하지 못하고 돈강으로 후퇴했다. 군사령관 바랴틴스키(Барятинский)공이 라진의 반란 진압군을 지휘했다. 처벌을 두려워했던 부유한 카자크들은 1671년 4월에 반란군의 수장을 잡아 당국에 넘겼다. 신문과 재판 후에 반란의 주도자들은 모스크바 붉은 광장의 형장 근처에서 능지처참 당했다.

그러나 반란은 지속되었다. 1671년 11월에 겨우 차르 군대는 아스트라한을 탈환하는데 성공하였고 반란을 진압할 수 있었다. 라진의 추종자들에 대한 처벌의 규모는 엄청났다. 한 지역에서만 11만 명이 사형에 처해졌다. 약 만명의 반란자들이 살해되었고, 고문을 받았다. 지금까지 러시아인들은 그러한 잔인한 처벌에 대한 전례를 본 적이 없었다. 반란의 진압에도 불구하고 민중들은 스테판 라진에 대해 그리고 자유의 투쟁에 대해서 기억했다.

구교도

교회의 분열은 러시아에서 처음으로 대규모 종교 반란을 야기했다. 구교도들(분리파 신자들)의 종교 운동은 자신의 종교 전통을 숭배하는 것을 자신의 방법으로 이해하고 있는 사회의 다양한 대표자들을 단합시켰다. 항의의 형태도 다양했다. 분신과 단식부터 니콘 개혁의 인정거부, 징집의 기피, 정부에 대한 불복종, 차르의 군사령관에 대한 무장 저항 등에 이르기까지 다양했다.

겨우 20년 동안(1675~1695)에 20만 명의 구교도인들이 분신자살로 죽었다. 1668~1676년에 일어난 솔로베츠코 반란, 1682년에 모스크바 반란 기간에 일어난 구교도들의 운동, 17세기 1670~1680년대 돈강 유역에서의 반란 등이 구교도들의 가장 큰 무장 봉기들이었다. **솔로베츠크 수도원**의 수사들의 반란은 특히 잔인하게 진압되었다. 그 수도원의 수호자들에 대한 군사령관들이 가한 유혈 사건은 차르 알렉세이 치세 기간의 마지막 사건이 되었다. 그러나 구교도들의 반란은 17C 말까지 계속되었다.

결 론

17C의 역사는 ≪반란≫으로 시작되었다. 정부의 농노 정책과 조세 증대가 민중들의 투쟁을 강화시킨 주된 원인이 되었다. 스테판 라진이 이끈 볼가강 유역에서의 반란이 가장 강력했다. 스테판 라진의 추종자들의 자유를 향한 투쟁에 대한 의지는 많은 지역에 영향을 미쳤다. 모든 민중 반란들은 정부에 의해 진압되었음에도 불구하고 차르 정부는 민중들의 견해에 귀를 기울이고 세금을 내리지 않을 수 없었다.

17-18. 17세기 러시아 민중의 문화와 예술

교 육

17세기 경제발전과 전제 강화와 더불어 글을 읽고 쓰는 것과 계몽의 확산에 대한 요구가 증대되었다. 17세기 말엽에 모스크바에서는 문 명률이 외각에 사는 남성 성인의 24%였다. 이것은 매우 높은 지수였다. 귀족들 사이에서도 문명률은 매우 빨리 증가되었다. 그러나 소작료를 바치는 자유농민들과 농민들 사이에서도 같은 마을 사람들에게 지식을 훌륭히 전달할 수 있었던 박식한 사람들이 있었다. 대체로 모든 사회계층의 여성들은 문맹 상태에 있었다.

17세기에 가장 일반적인 교육의 형태는 가정교육이었다. 수공업 계층의 자제들은 주로 읽기, 쓰기, 산수를 배웠다. 가족 중에 읽기 쓰기에 능통한 사람들과 성직자들 중에서도 ≪고승≫들만이 선생님이 되었다. 궁중 귀족과 공작 가문에서 아이들의 교육을 위해 외국(특히 폴란드에서 많이 왔다)으로부터 교사를 초빙하는 것이 평범한 일이 되었다. 처음에 외국어(주로 라틴어와 폴란드어)교육은 매우 광범위하게 보급되었다.

인쇄된 책의 출판이 증대되었다. 17세기 후반에 단지 하나의 인쇄소에서 그 시대에는 엄청난 양이었던 약 30만권의 철자 책과 약 15만권의 교회 책이 출판되었다. 이러한 책의 대부분은 다양한 계층에게 보급될 수 있었다(예를 들면 철자책은 1코페이카였다). 그 중에 가장 유명한 책은 부르초프-프로토포프의 ≪철자책≫이었다.

지식에 대한 관심은 학교 설립의 필요성을 유발했다. 대체로 학교들은 교회와 수도원 산하에 설립되었다. 우크라이나와 벨로루시의 학교들이 본보기가 되었고 폴란드에서 연구에 종사하는 학자들이 러시아로 초대되었다. 차르 알렉세이 미하일로비치의 아이들의 교육을 위해 **시메온 폴로츠키**(Симеон Полоцкий)가 모스크바로 초대되었다. 평범하게 교육받은 사람이 아니었지만, 작가이고 학자, 번역가이기도 한 그는 러시아 계몽 발전에 중대한 영향을 끼쳤다. 그의 제안에 따라 1665년 모스크바 자이코나스파스키 수도원 산하에 관리들의 양성을 위한 국립 학교가 설립되었다.

시메온 폴로츠키

1687년에 그리스 출신인 리후드 형제는 러시아에 처음으로 고등교육기관인 **슬라브어-그리스 · 라틴어 학교**(후에 아카데미가 됨)를 설립했다. 그 학교의 입학은 자유민의 자녀들에게도 허용되었다. 이 학교는 교회와 국가에 필요한 인재들과 교사들까지도 교육시켰다. 모스크바에 사립학교들도 개설되기 시작했다. 그들 중 하나는 몇 개의 부서의 수장이자 궁내관인 표도르 미하일로비치 르티세프가 자비를 들여서 안드레예브스키 수도원 산하에 설립한 학교이다.

과학 지식

러시아의 과학 지식들은 발전의 초기 단계에 있었다. 러시아어로 번역된 서유럽 출신의 학자들이 저술한 책들이 과학 발전의 주요한 원천이 되었다. 본질적으로 이러한 책들은 의학 분야와 잉크 생산, 소금 생산 등의 분야에 실직적인 지도서였다.

그 다음 과학적인 목적으로 사용되었던 많은 기술적 발전들이 해외에서 러시아로 전달되었다. 그래서 17세기 초에(발명된 지 5년이 지난 후)러시아에 최초의 망원경이 등장하였다.

새로운 영토를 획득함에 따라 지리학은 나라의 국경을 정확히 해 주었다. 설명이 첨부된 러시아의 최초의 지도가 등장했다. 여행자들을 위한 지리학적 안내서와 국가의 개별 지역의 지도 제작들은 일상적인 일이 되었다.

17세기에 러시아 대사들은 외국에 대한 광범위한 정보들을 모아서 자신들의 보고서에 통합하기 시작했다. 17세기 후반기에는 북경 주재 러시아 대사관의 수장인 니콜라이 가브릴로비치 스파파리가 자신의 ≪보고서-조목별로 쓴 목록≫에 최초로 중국을 기록했다.

1678년에 키예프에서 고대부터 17세기 1670년대까지의 러시아의 최초의 인쇄된 역사서가 출판되었다. 그리스어로 된 ≪시노프시스(Синопсис)≫와 ≪오보즈레니예(обозрение)≫는 가장 인기 있는 책들이었고, 이 책에 의해서 18세기에 러시아 역사가 연구되었다. 아마도 키예프의 수도승인 인노켄티 기젤이 작가라고 추정되었다.

받아들여진 과학 지식들은 실제 생활에 이용되었다. 1615년 러시아 장인들은 최초의 나선 모양의 대포를 만들었다. 1년 동안 200톤 이상의 무게가 나가는 종이 제작되었다. 러시아 장인들은 요새와 교회 건설 기술을 완성하였다. 수력 추진기가 광범위하게 이용되었다. 천체에 관한 지식들이 매년 변하는 교회 축제일(예를 들어, 부활절)의

날짜를 더 정확하게 결정하기 위해 사용되었다.

러시아 탐험가들

17세기는 세계 과학에 큰 영향을 끼쳤던 위대한 러시아의 지리학적 발견의 시대가 되었다. 17세기 중반과 후반은 러시아 역사에 있어서 시베리아와 극동으로 향했던 러시아 탐험가들의 끊임없는 탐험의 시대로 기록되었다. 카자크 **세멘 이바노비치 데시네프**(Семен Иванович Дежнев)는 1630년대 말에 이미 동시베리아와 러시아 북단 극동 아시아의 지역의 정복을 시작했다. 1647년 7월에 그는 아나디리(Анадырь)강을 통해 바다로 도달할 계획을 세웠으나 큰 얼음을 만나 되돌아왔다. 1648년에 데시네프는 콜리마(Колыма)강 하구로부터 태평양까지 항해하였고, 추코트카(Чукотка)반도를 우회하여 아시아와 아메리카 사이의 해협을 발견했다.

1643~1646년에 탐험가인 **바실리 다닐로비치 포야르코프**(Василий Данилович Поярков)는 최초로 아무르강을 탐사하여 하구에 도달했다. 그는 아무르강 연안의 주민들과 자연에 대한 귀중한 정보를 수집했다. 예니세이스키 카자크 미하일 바실리예비치 스타두힌(후에 야쿠츠크 카자크의 수장이 됨)은 오이먀콘(Оймякон)과 아나디르(1641~1642)강의 탐험을 계획하였다. 1649년에 러시아 북동 지역의 육로 탐험 과정에서 그는 가장 복잡한 통로인 스타노보이 산맥을 넘어 아나디르스키 섬에 다다랐고, 그 다음에 오호츠크 해로 나갔다.

1649~1653년에 뛰어난 탐험가 예로페이 파블로비치 **하바로프**(Ерофей Павлович Хабаров)는 아무르강 유역으로의 일련의 탐험을 시작했다. 그는 이러한 탐험의 결과에 따라 최초의 ≪아무르강의 도면≫을 작성하였다. 위대한 탐험가들의 영웅적인 노력 덕분에 러시아는 아시아 동쪽에서 자국의 위치를 확고하게 다졌을 뿐만 아니라 지구의 이 지역에 대한 최초의 과학적 지식을 세계에 알렸다.

하바로프 동상

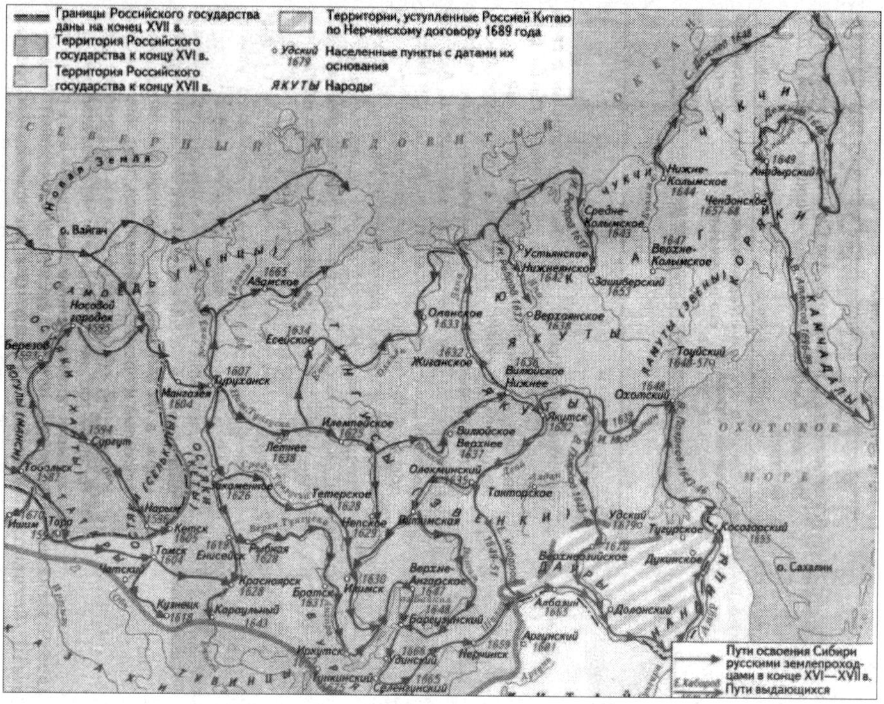

17세기 시베리아의 정복

문 학

새로운 현상들이 러시아 문학에서도 일어났다. 러시아 문학은 신학이나 교회적인 것을 중단하였고, 더욱 더 다양하고 세속적인 작품들이 나타나기 시작했다. 17세기에 최초로 훌륭한 구전 민담 작품들인 영웅 서사시, 속담, 노래, 이야기 등이 저술되기 시작했다. 새로운 문학 장르들이 나타났다. 예를 들면, 풍자적인 구전 ≪불공정한 재판≫, ≪예르시 예르쇼비치에 대하여≫ 등이 나타났는데, 그러한 작품 속에서 국가 제도, 사회, 교회 관습까지도 풍자되었고, 부패, 뇌물 수령, 재판의 지연 등이 풍자되었다. ≪폼과 예렘에 대한 이야기≫는 일에 무능한 귀족의 자제들을 비웃는 작품이다. 17세기에는 많은 일화와 속담, 격언들이 저술되었다. 상징적인 역사 인물들은 문학 작품 속에서 실제적 영웅들로 대체되었다.

전기들이 등장했다. 예를 들면 ≪울리아니야 오소리이나야에 관한 이야기≫의 중심 주제는 어떠한 것도 주목받지 못하는 귀족 가문의 여자들의 모습이다. 사제장 **아**

바쿰의 ≪**생애**≫는 자서전 양식으로 된 최초의 작품이다. 그 작품은 구교도의 수장의 고행에 관한 이야기일 뿐만 아니라 사회의 불평등을 나타내는 귀중한 작품이다. 아바쿰은 명료하고 형식적 문체의 대가였다.

세메온 폴로츠키는 동시대 운문의 토대를 놓았다. 러시아어로 번역된 해외의 예술 작품들인 무용담, 부정한 이야기의 소설, 모험적인 이야기, 유머 등이 교육 받은 사람들 사이에서 크게 인기가 있었다.

건 축

17세기 러시아 건축에서 엄숙한 교회양식이 서서히 퇴조하고 있음이 관찰되었다. 이것은 특히. 이것은 동시대인들이 ≪경이로운 무늬≫로 특징 지웠던 건물외부의 화려함을 추구했던 것에 나타났다. 그 시대의 가장 화려한 기념비적 건축물 중의 하나는 오구르초비, 콘스탄티노비, 사루티니, 우샤코비 등의 건축가들이 1635~1636년에 미하일 표도로비치를 위해서 건축한 모스크바 크레믈의 테렘노이 궁이었다. 그 궁은 다양한 색깔의 타일, 조각된 하얀 돌계단, 황금색 지붕, 방에 정말로 환상적인 모습을 추가한 아름다운 디자인으로 장식되었다.

모스크바 외곽의 콜로멘스크 마을의 차르 알렉세이의 여름 목재 궁전에 대한 동시대인들의 기록이 우리에게 알려졌다. 그 궁전의 정확한 모형이 보존되었다. 그 궁전은 규모에서 뿐만 아니라 아름다운 장식과 창문, 계단, 방문, 지붕의 디자인에서 러시아 전통적 무늬의 독특함으로 유명했다.

뛰어난 창조적 건물들이 교회건축의 대가들에 의해서 건축되었다. 민중들은 우글리치의 알렉세예프 수도원의 우스펜스키 성당을 경이로운 건물로 불렀다. 야로슬라블의 가장 아름다운 사원 중의 하나인 일리이 프로로크(Ильи Пророк) 교회가 1647~1650년에 스크리핀 가(家)의 상인들의 주문에 따라 건축되었다.

대주교 니콘의 도시 교외의 저택 중 하나였던 노보이 예루살렘 부활 수도원의 거대한 건물들의 건축에는 거의 40년(1655~1694)이 걸렸다. 1670~1680년 기간에 루시에서 가장 아름다운 소리를 내는 종들이 설치된 거대한 로스토프 크레믈 성채가 건축되었다. 많은 수도원들의 모습이 변했다. 보노데비치, 돈스키, 다닐로프, 트로이체-세르기예프 수도원들의 벽과 망루들은 화려하게 장식되었다.

모스크바 크레믈도 재건축 되었다. 1624~1625년 기간에 과거에 나지막한 스파스카야 망루 위에 오구르초프는 한 층을 더 얹었고, 갈로베이는 망루를 하얀 석제벽돌로 장식했다. 17세기 말까지 스파스카야 망루를 뒤이어 모스크바 크레믈의 다른 망루들도 천막으로 장식되었다.

17세기 중엽에 러시아 건축에 모스크바 바로크로 불렸던 새로운 양식이 등장했다. 그러한 건축양식의 특징은 여러 층, 공중 높이 솟음, 건물 외벽을 다양한 색깔로 화려하게 장식하는 것 등이다. 모스크바 바로크 양식의 대표적인 건물은 노보데비치 수도원 종탑과 필랴흐의 포크로프 교회이다.

≪경이로운 무늬≫와 모스크바 바로크 양식은 속세, 속세문화, 사람의 일상적인 생활에 증가된 관심, 인간의 생활을 더 아름답게 만들려는 갈망 등을 반영했다.

회 화

성화 그리기는 회화의 주요한 형태였다. 그러나 성화들은 실제적인 생활과 구체화된 이상을 더욱 더 많이 반영하기 시작했다. 시몬 우사코프(Симон Ушаков: 1626~1683)는 성화의 출중한 대가였다. 인간 얼굴의 조형(대체로 예수)이 그의 작품의 중앙을 차지했다. 그의 작품 중에 가장 유명한 성화는 ≪인간의 손으로 이룰 수 없는 구원≫이었다.

17세기의 러시아 조형예술에서 초상화도 발전했다. 17세기 전반에 초상화들은 오래된 성상화 그리기 기법으로 화판위에 그려졌지만, 후반기의 초상화들은 유화물감으로 화포 위에 제작되었다.

연 극

1672년에 차르 알렉세이 궁전에 러시아 최초의 극장이 개설된 것은 문화의 새로운 현상이었다. 이 전에 연극 활동은 장이서는 날에만 구경꾼들 위해서 광대들에 의해서 이루어졌다. 장터의 가설무대에서 민중의 대표자들 인형 중에서 절망하지 않는 불굴의 주인공 인형 페트루시카(Петрушка)는 약하고 억압받는 사람들의 수호자로 생각되었고, 민중들이 이해할 수 있는 형식의 언어로 그 주인공은 정부 당국과 교회의 고위 성직자들을 조롱했다.

차르는 루터교 목사인 고트프리드 그레고리에게 서구식의 ≪선택된 사람들을 위한≫궁전 부속 극장을 설립할 것을 위임했다. 그 목사는 60명의 외국인들(주로 독일인들)로 극단을 구성하여 종교적 · 역사적 주제의 연극의 공연을 시작했다. 어떤 연극들은 독일어로 상연되었다. 보통 차르와 측근들이 연극 공연을 관람했다. 그러나 1676년에 차르 알렉세이가 죽은 후에 곧 이 극장은 폐쇄되었다.

러시아 황실의 생활관습

17세기에 러시아에 전제군주제의 최종적인 완성은 차르 궁전의 관습, 도덕과 예의범절, 일상생활의 법도 등을 변화시켰다. 무엇보다도 차르의 궁전에는 사람들이 많았다. 주야로 차르의 궁전, 마굿간, 음식창고에서 궁전의 시중들과 차르의 총애를 구하는 수백 명이 힘들게 일했다. 2천 명의 신하들과 친위대 병사들이 차르 한사람의 신변을 보호했다. 침실 담당관들(спальники)로 불렸던 수십 명의 내관들이 잠에서 일어난 차르에게 옷을 입혀주었고, 식사담당관들(стольники)이 차르의 식사준비에 참여했고, 출납과 열쇠담당관들(казначеи и ключники)이 차르의 귀중품들의 보존을 담당했다. 말, 사냥개, 사냥 매 등을 담당하는 시중들이 차르의 사냥을 위한 말, 개, 매를 준비했다. 마차 담당관들이 차르의 외출의 순조로움을 관장했다.

로마노프 왕조의 초기 차르들이 살았던 궁전들은 16세기의 차르들의 궁전들과 비교해서 훨씬 거대했다. 크레믈 안의 차르의 궁전 외에 이즈마일로프와 콜로멘스크에 여름 궁전들이 있었다. 크레믈 안의 5층의 테렘노이 궁이 가장 큰 궁전이었다. 석조 건축물의 내부는 지도로 장식되었고, 나무 바닥은 난방을 위해 두꺼운 천과 양탄자로 덮었다. 17세기에 궁전의 홀의 마감재로 공단과 모피가 이용되었다.

17세기 전반기에 궁전 홀은 주로 구은 다양한 색깔의 타일로 장식되었고, 후반기에 서구의 영향력이 강화됨에 따라 궁전의 벽들은 네덜란드와 독일의 지도들과 판화들, 베니스의 거울들, 나폴리의 시계들 등으로 장식되었다. 예전처럼 차르의 궁전들은 세부분-차르와 가족들을 위한 방들, 접견실, 집무실 등으로 구성되었다.

차르가 베푸는 연회 때 수십 명부터 수천 명까지 동시에 연회석에 앉았다. 식탁은 풍족하고 다양한 요리로 외국 손님들의 상상력을 놀라게 했다. 차르 알렉세이가 베푸는 보통의 연회에는 참석한 손님들에게 500가지의 다양한 요리들이 제공되었다. 차르와 그의 신하들의 주요한 오락은 개와 매를 이용한 사냥이었다. 미하일 표도로비치와 알렉세이 미하일로비치는 곰, 큰사슴, 여우, 늑대 등을 사냥하기를 좋아했고,

사냥에 능숙했다. 차르가 사냥 나갈 때 3천 명이 참여했던 의식이 거행되었다. 황실 가족의 새로운 오락은 우리가 알고 있는 것처럼 차르 알렉세이가 세운 최초의 황실 부속 극장이었다.

첫 번째 계층의 일상생활

부자들의 일상생활에도 적지 않은 새로운 것들이 나타났다. 자신들의 대저택의 생활방식에 따라 세습귀족들과 부유한 궁정의 고관들은 축소된 차르처럼 처신했다. 이것은 이웃한 거물들이 서로 통로로 통합된 거대한 목재 건축물이었다. 부자 집 창문에는 운모로 된 널판이 설치되어 있었고, 조금 덜 부유한 사람 집 창문에서 물고기가 들어 있는 작은 유리병들이 있었다. 문턱, 발코니, 현관 등은 풍족하게 조각된 장식물로 장식되었다. 특히 17세기 부자들의 저택들은 다양한 색깔로 도색되었다.

귀족들과 궁정 고관들의 저택의 내부 장식은 더욱 더 다양해졌다. 중앙에는 항상 벽돌들과 벽화들로, 때로는 석제 무늬들로 화려하게 장식된 페치카가 있었다. 식탁들, 소파, 대형 상자들(궤) 등의 전통적 가구들도 조각되고 도색되었다. 치장과 난방을 위해서 마루 바닥에는 러시아 상인들이 페르시아, 투르크, 크림에서 수입해 온 양탄자들이 깔렸다.

차르의 궁전처럼 귀족들과 궁정 고관들의 저택에는 당시에 유행했던 외국에서 수입된 거울들과 시계들이 등장했다. 골리친과 모로조프 같은 유명한 고관들의 저택의 벽에는 지도들과 지도들이 걸려있었다. 최초의 개인 도서관들도 등장했다.

부자들 저택의 그릇은 주로 금은 제품들이었다. 그러나 17세기에는 자기와 유로 그릇도 이용되기 시작했다. 얇고 투명한 베니스 산 유리는 귀금속 제품들처럼 가격이 비쌌고, 깨지기 쉽기 때문에 특별하게 보관되었다. 7세기 말에 이미 옷장들과 소파들과 함께 귀족들의 저택에는 조각으로 아름답게 장식되었고 가죽이나 금 · 은실로 짠 직물이 덮인 안락의자들이 있었다.

의복은 여전히 전통적이었다. 그러나 옷을 짓는 옷감의 종류가 눈에 띄게 확대되었다. 동방에서 비단과 호박단이 수입되었고, 실용적이고 품질이 좋지만, 투박한 유럽산 직물도 수입되었다.

음식에도 약간의 변화가 있었다. 그러나 무역의 발전에 따라 과거에는 알려지지 않았던 동방의 향신료들과 조미료들(고추, 계피, 샤프란, 바질리크, 레몬, 건포도, 알몬드, 쌀, 설탕 등)이 나타났다. 귀족들의 식탁에 나타난 인기 있었던 새로운 먹거리 중의 하나는 보통 메밀껍질로 요리된 죽과 함께 제공되었던 콜바사(колбаса)였다.

전통적인 마차를 대체한 용수철 달린 사륜마차가 귀족들의 새로운 이동 수단이 되었다. 차르를 모방하여 귀족들과 궁정귀족들은 사냥으로 시간을 보냈고, 권투 경기를 즐겨 보았다.

도시 외곽의 주민들의 일상생활

도시 외곽의 주민들의 일상은 물론 훨씬 검소했다. 그러나 그들의 주택에는 현관과 창고가 딸린 살림집과 목욕탕, 마구간, 헛간 등이 있는 별채가 있었다. 17세기에 처음으로 도시민들의 주택들은 검은 오두막집들과 달리 페치카의 연기가 굴뚝을 통해서 나가기 시작했던 ≪하얀 오두막집들≫과 ≪하얀 헛간들≫로 분리되었다. 도시 외곽의 집들의 가구와 살림살이들도 귀족들의 저택과 비교해서 검속했다. 소파, 식탁, 상자(궤) 등이 주요한 가구들 이었다. 그 당시에 옷장은 아직 없었다. 그래서 의복과 그릇들은 상자들(궤)안에 보관되었고, 그들 대부분은 화재에 대비하여 철제로 만들어졌다.

도시 외곽에 거주하는 부유한 상공인들의 집의 주요한 장식물은 독특한 색깔의 돌들과 강의 진주들로 장식된 은제 골격안의 성화들이 있는 ≪아름다운 구석≫방이었다. 17세기에 부유한 도시 외곽의 상공인들은 벽돌로 지은 주택들과 부속건물들을 건축하기 시작했다. 평범한 도시 외곽의 상공인들의 가족은 더 검소한 목재 가옥에 살았고, 그들의 일상은 농민들과 약간 달랐다.

농민들의 생활풍습

평범한 형태의 농가는 검게 그을린 오리목 널빤지로 지붕을 덮고, 짚으로 지은 오두막집, 재물을 보관하는 창고, 가축우리, 헛간 등으로 구성되었다. 겨울에 농민들은 오두막집 안에 새끼 오리, 송아지, 숫 새끼 양 등의 새끼 가축들과 닭, 거위, 오리 등의 가금을 오두막에 두었다. 가옥의 난방 때문에 검게 그을린 내부의 벽들은 견고해졌다. 조명을 위해서 페치카에 타고 있는 나무 틈새에 설치된 광솔이 이용되었다.

농부들의 오두막집의 가구들은 벽에 부착된 평범한 탁자들과 긴 나무의자로 구성되었다. 이것들은 앉음과 수면을 위해서 이용되었다. 겨울에 농민 가족은 페치카그 위에 설치된 침대에서 잠을 잤다. 이곳이 집에서 가장 따스한 곳이었다. 집에서 짠 마포들, 양털, 사냥으로 잡은 동물들(대체로 늑대와 곰들)이 의복용 재료로 이용되었다. 짚이나 나무껍질이 신발을 만드는데 이용되었다. 부유한 농민들은 한-두겹의 가죽 조각으로 만들어서 복숭아 뼈 주위에 가죽 공에 의해서 둘러 진 신발을 신었다.

그릇은 주로 목재와 흙으로 만들어졌다. 금속 그릇은 사치한 것이었고 가격이 비쌌다. 음식은 도기 그릇 위에서 페치카 위에서 조리되었다. 호밀, 소맥, 귀리, 수수 등의 곡물들이 주요한 먹을거리였다. 평상시에는 호밀 가루로, 축제일에는 소맥가루로 빵과 만두를 만들었다. 귀리로 키셀리(кисели), 맥주, 크바스 등을 제조했다. 양배추, 당근, 사탕무우, 무, 순무 등이 생채로 끓이거나 절여서 소비되었다. 축제일에는 많지 않은 양으로 고기음식들이 준비되었다. 생선이 더 자주 식탈에 올랐다. 부유한 농민들은 사과, 자두, 벚나무, 배 등의 과수나무들도 소유했다. 북쪽 지역에서 농민들은 월귤들을 채집했고, 중앙지역의 농민들은 딸기를 채집했다. 굽고, 끓이고, 절인 다양한 버섯들과 숲 호도들이 인기가 있었다.

지나간 수백 년과 달리 17세기에 농민 가족은 대체로 10명 내외로 주로 부모들과 아이들로 구성되었다. 나이가 가장 많은 남성이 가장으로 존중되었다. 교회법은 12살 이하의 소녀나 15세 이하의 소년의 결혼과 근친혼을 금지하였다. 결혼은 세 번으로 제한되었다. 그러나 두 번째 결혼도 교회 징벌이 가해지는 큰 죄악으로 생각되었다. 17세기부터 젊은 사람들은 의무적으로 교회에서 결혼해야 했다. 결혼식은 대체로 농한기인 가을과 겨울에 거행되었다.

결 론

다른 영역에서처럼 17세기 러시아 문화의 발전에도 본질적인 변화가 일어났다. 무엇보다도 그 변화들은 사람들의 의식의 세속화, 마음과 정신에 대한 교회와 종교의의 영향력의 약화, 일상생활에 대한 사람들의 관심의 증대 등과 관련이 있었다. 교육이 발전했고, 과학적 지식이 확산되었다. 땅의 개척자들과 항해자들의 탐험 덕분에 러시아인들은 자신들의 나라에 대해서 더 잘 알게 되었다. 외부세계와의 러시아인들의 접촉들이 더욱 더 확대되었고, 러시아에 대한 유럽과 동방의 나라들의 영향은 강화되었다.

19. 러시아의 민족

러시아인

17세기 말에 러시아의 인구는 1000만 명을 초과하였다. 인구의 대부분은 러시아인이었다. 러시아인들은 주로 러시아의 유럽지역 중심으로 거주하고 있었다. 이반 그로즈니이 시대 때 병합한 볼가강 지역에서의 러시아인의 인구가 증가했다. 차르정부는 새로 획득한 지역으로의 러시아인의 이주를 촉진시켰다. 이곳에서는 토지가 귀족들에게 녹봉으로 하사되었고, 이주한 농민들은 중앙에서처럼 속박을 받지 않았다.

17 세기에 시베리아와 극동 지역을 탐험하고 정복해감에 따라 러시아인들은 주거지를 건설하기 시작하였다. 그들은 현지인들과 물물교환을 하였다. 농산물과 축산물을 모피와, 생선, 고기, 가죽 등으로 교환하고 현지인들에게 농사, 건축, 경제운영법 등을 가르쳤다. 동시에 새로운 땅의 식민지화가 진행되었던 모든 곳에서 러시아인들은 원주민들에게 부정적인 경험을 가져다 주었다. 시베리아 원주민들은 처음으로 ≪불 같은 물≫인 보드카와 그들로부터 비싼 모피를 헐값으로 사들인 ≪백인 차르의≫몇몇 부하들의 교활함과 욕심을 알게 되었다.

우크라이나인

국가의 총 인구 중에 우크라이나인들은 15%를 차지하였다. 우크라이나 드네프르강의 좌안과 키예프가 자치의 유지의 조건으로 러시아에 병합되었다. 모스크바는 이 지역의 통치를 게트만(카자크들의 수장)을 통해서만 실시했다. 사법과 재정제도는 독립성을 유지했고 게트만은 6만 명의 우크라이나 카자크들로 구성된 군대를 이끌었다.

모스크바의 차르는 초창기에만 이러한 상황을 묵인했다. 그는 전제권력이 강화되는 상황에서 우크라이나를 통치하는 카자크들의 자유로운 정신의 보존에 동의할 수도 없었고 그러기를 원하지도 않았다. 그러나 러시아에 병합된 이후에 우크라이나 민중들 사이에서 적대감이 증대되기 시작하였다. 재산소유의 불평등이 강화되었다. 카자크 지배계급은 많은 부뿐만 아니라 권력도 독점했다. 짧은 기간에 부유한 카자크들은 비옥한 우크라이나 땅의 상대한 부분을 받았고, 가난한 농민들(폴란드와의 전쟁에서 승리한 결과로 얻게 된)을 자기 땅에서 일하게 하였고, 도시에 인접한 농사지역도 차지했다(이것은 도시주민들의 분노를 유발했다). 도시의 자치 문제에서도 새로운 우크라이나 귀족들은 많은 특권을 얻으려고 시도했다. 이러한 모든 것은 농촌과 도시의 가난한 계층의 분노를 야기하였다.

항상 양측의 지지를 약속했던 차르 정부는 중립을 지키려고 노력했다. 첨예한 의견대립은 우크라이나 성직자들을 모스크바 총대주교에게 종속시키는 문제에 대한 논란을 일으켰다. 이것은 우크라이나에서 치열한 투쟁을 야기하였다. 이 과정에서 여러 세력들이 모스크바의 통치권의 보존 혹은 폴란드 통치권의 복원, 심지어 투르크 술탄지배로 돌아가기 위한 투쟁을 벌였다. 17세기 말경에 이 투쟁은 모스크바 통치권 지지자들의 최종 승리로 끝났다.

이때쯤에 게트만시나(게트만이 통치하는 드네프르강 좌안의 우크라이나와 키예프)의 통치제체가 최종적으로 확립되었다. 게트만 밑에 최고 회의의 기구인 '라다'가 있었다. 라다는 자신의 대의원들에게 주요한 직책인 우랴드를 맡겼다. 게트만시나(Гетманщина)의 전역은 대대장과 참모들이 지휘하는 10개의 대대로 나뉘었다. 큰 도시들은 자치를 유지했다. 뿐만 아니라 모든 우크라이나 도시에는 모스크바에서 파견된 군 사령관들이 수비대와 함께 주둔했다. 모스크바에는 우크라이나의 통치문제를 다루는 특별한 소 러시아성(省)이 형성되었다.

볼가강과 우랄 주변 지역의 민족들

볼가강과 우랄 주변 지역에서 사는 민족들의 정복은 17세기 초에 완료되었다. 그때 동쪽에서 유목민들의 공격을 차단하는 우파, 사라풀, 사마라 등의 도시들이 생겼다. 인구의 다민족적 구성이 볼가강과 우랄 주변 지역의 특징이었다. 타타르족, 모르드바족, 우드무르트족, 바시키르족이 이곳에 살았다. 통치권의 유지를 위해 모스크바의 차르 정부는 이 민족들 사이에 불화의 씨를 심었다. 중앙정부의 주요한 지지세력은 모스크바의 차르들에게 충성을 받치기로 전향한 타타르 귀족들이었다. 그들은 러시아 지주들과 함께 현지 농민의 땅을 탈취하여 세금을 징수하였다.

현지인들을 예속시키는 데 있어 차르 정부가 실시하는 정교의 전도가 큰 역할을 하였다. 정교를 받아들인 사람들은 이슬람교를 포기하지 않은 사람에 비해 많은 특권을 받았다. 이러한 모든 것은 항상 볼가강과 우랄 주변 지역에서 소요를 유발하였다.

카프카스 지역의 민족들

16세기에 있었던 아스트라한 한국의 정복과 카스피 해로의 진출로 러시아는 고대 루시시대부터 무역과 정치적 관계가 존재했던 북카프카스 민족들과 국경을 접하게 되었다. 그 민족 중에 노가이츠와 쿠므키와 같은 민족들이 러시아의 카브카스 진출에 저항하였다. 반면에 카바르딘, 이네레틴, 카헤틴과 같은 민족들은 모스크바의 도움으로 항상 안보를 위협했던 오랜 적들에게 저항하려고 시도했다. 오랜 적인 오스만 제국의 영향력을 약화시키기 위해서 러시아는 카프카스 민족들과의 관계를 형성하는 것을 가장 중요한 과업의 하나로 생각하였다.

1639년에 페르시아와의 전쟁에서 카헤티아는 차르 미하일 표도로비치에게 충성을 맹세하였다. 그리고 1650년에 이메레트의 왕은 모스크바의 통치를 받아들이게 되었다. 물론 그 시대에 러시아와 카프카스 지역의 민족들과의 튼튼한 관계가 확립될 수가 없었다. 그러나 17세기에 이것을 위한 첫 발걸음이 시작되었다.

시베리아 민족들

17세기말에 시베리아 민족의 총 인구는 20만 명을 초과하지 않았다. 75㎢의 영토에는 1명이 살았다. 17세기에 오비강 동쪽에는 다양한 발전 단계에 있는 많은 민족들과 부족들이 살고 있었다. 유럽 러시아의 북쪽과 예니세이강 하류까지의 방대한 툰드라 지역에는 네네츠족(ненцы)이 거주하였다. 러시아인들은 그들을 '사모예드'인라고 불렀다. 네네츠족의 주업은 순록을 기르는 것이었다. 순록 덕분에 그들은 음식뿐만 아니라 옷, 천막 만드는 자제(천막을 순록 가죽으로 덮었음)를 얻을 수 있었다. 부업으로는 네네츠족은 어업과 사냥을 하였다. 네네츠족은 다신교를 믿는 대표적인 민족으로 죽은 조상을 숭배하였다. 샤만(무당)이 종교적인 예식의 집행자가 되었다.

예니세이강에서 오호츠크 해까지의 극동지역에는 퉁구스(에벤크)족이 살았다. 이 부족들은 주로 어업과 사냥을 하였다. 이 부족들의 집은 역시 천막이었는데 여름에는 자작나무 껍질, 겨울에는 가죽으로 덮었다. 퉁구스족에게는 씨족 제도가 있었다. 그들은 씨족으로 나뉘는 큰 종족으로 살았다. 그리고 그 분리된 종족들과 씨족들 사이에 유혈 전쟁이 벌어졌다.

안가라강과 바이칼 호수 주변 지역에는 부랴트족(буряты)이 살았다. 부랴트족은 목축에 종사했던 몽골계 민족이다. 그들은 말, 소, 양, 낙타를 기르고 사냥과 어업을 하였다. 바이칼 호수 서쪽에 살았던 부랴트족은 농사를 지었다. 그들은 메밀과 보리와 같은 곡식을 재배하면서 퉁구스족과 모피로 물물교환 하였다. 17세기에 부랴트족 사이에 귀족이 생기기 시작하였다.

17세기 북 · 동 시베리아에서 인구가 가장 많은 민족 중의 하나는 야쿠트족이었다. 그들은 투르크 어를 사용하였다. 그들은 목축을 하는 종족이었다. 이 지역에 사는 다른 민족과 달리 그들은 겨울동안 가축을 위해 건초를 저장하고 우유로 치즈와 유제품을 만들 수 있었다. 특히 가축이 없는 가난한 야쿠트족은 어업을 하였다. 모피동물의 사냥은 수렵의 보조적인 형태중의 하나였다. 야쿠트족에는 대장간과 도자기와 도자기 생산과 같은 수공업이 발전하였다. 야쿠트족은 사는 환경도 달랐다. 겨울에는 그들은 나무로 만든 집에서 살고 여름에는 우루시라고 불리는 자작나무 껍질로 덮는 긴 통나무 위에 지은 집에서 살았다. 17세기에 야쿠트족은 부랴트족처럼 귀족 계층이 생기기 시작하였다.

시베리아의 먼 북-동쪽에는 **유카기르족**, **추크치족**, **코랴키족**, **캄차달족**, **쿠릴족** 들이 살았다. 러시아인들이 오기 전까지는 그들은 철에 대해서 몰랐다. 철 대신에 그들은 돌로 마들 화살촉과 함께 화살, 돌로 만든 도끼, 수정으로 만든 칼, 나무 그릇 등을 사용하고 있었다. 캄차달족과 쿠릴족은 주식으로 생선과 나물을 먹었다. 유카기르족, 코랴키족과 추크치족은 순록을 길렀다.

아무르강 주변 지역에는 중국 문명으로부터 많은 영향을 받은 **다우르족**들이 거주하였다. 그들의 주업은 농사였다. 그들은 호밀, 밀, 귀리, 보리, 조, 메밀, 대마, 완두콩 등의 곡식을 재배했다. 다우르족은 식물성 기름 만드는 법을 알고 야채와 과일재배에도 종사했다. 말, 소, 양 이외에도 그들은 돼지와 닭을 기를 수 있었다. 부업으로는 어업과 사냥을 하였다. 다우르족은 참호, 성벽, 망루로 적의 공격을 막아주었던 도시 요새들을 건설하기도 하였다.

결 론

17세기에 러시아는 다민족국가로 발전하기를 계속하였다. 시베리아, 극동, 우크라이나에 살았던 민족들이 러시아 제국에 흡수되었다. 이러한 민족들은 다양한 언어를 사용했고, 다양한 풍속과 신앙을 가졌지만 그들은 하나의 통일된 조국인 러시아를 가지게 되었다. 러시아 국민의 형성과정은 그렇게 진행되었다.

제3장
표트르 1세의 개혁(17세기 말부터 1725년까지)

20. 표트르 대제의 개혁의 전제들

러시아에 대한 외국 영향의 강화

17세기에 러시아와 동 · 서방국가들과의 무역, 폴란드, 스웨덴, 크림한국, 투르크 등과의 끊임없는 전쟁들은 러시아의 대내외 정책의 형성뿐만 아니라 나라 주민의 전통과 관습에까지 강한 외래의 영향을 초래했다. 1605년부터 1612년까지 폴란드의 소귀족 계급들은 러시아의 점령기간에 많은 새로운 관습과 외래어를 러시아에 도입했다. 17세기 초 폴란드와 러시아와의 전투에서 폴란드인들의 군사적 · 정치적 승리는 가부장적인 국가 체제의 효율성에 대한 모스크바 군주들의 믿음을 떨어뜨렸다.

로마노프 왕조의 시작과 함께 근무와 상담을 위한 외국의 군사적 전문가들, 의사들, 약사들의 초빙이 다시 활발해졌다. 모스크바 외곽의 독일인 마을이 쿠쿠이(Кукуй: 서유럽에서의 이주민들이 살았던 마을, 이 시기에는 모든 유럽인들을 독일인이라고 불렀다)가 등장했다. 17세기 중반에 이 마을은 200개의 큰 저택으로 구성되어 그 속에는 500명까지의 외국인이 살았고, 그중 3/4는 군사 전문가들의 가족으로 구성되어 있었다. 러시아와 폴란드간의 전투가 진행되는 동안에 6개의 외인부대가 러시아의 군대 안에 조직되었다. 하지만 멀지 않아 그 부대들은 러시아인들로 보충되기 시작했다. 알렉세이 미하일로비치의 통치 시대에 군조직이 서구식으로 구성되었다. 네덜란드 출신의 전문가들은 모스크바 안의 병기창의 건립과 1667년에 만들어진 최초의 러시아 군함 ≪오렐≫의 건조에 참여하였다. 서유럽의 의복과 춤(폴로네즈, 마주르카 춤), 외국어들이 유행되기 시작했다.

러시아에 대한 서방의 영향력은 드네프르강 좌안의 우크라이나와 키예프를 합병한 이후에 강화되었다. ≪폴란드식 가공과 폴란드의 귀족 계급의 옷을 입고≫라는 **클류체프스키**(В. О. Ключевский)의 사실적인 표현처럼 서방의 문화는 러시아로 밀려들어왔다. 예술 문화와 교회 양식, 러시아 교육 발전에 큰 영향을 끼친 우크라이나와 벨로루시의 사람들 중에 폴란드 문화의 전파자들이 모스크바로 몰려들었다. 그들 중에는 시메온 폴로츠키(Симеон Полоцкий)도 있었다.

시메온 폴로츠키(Симеон Полоцкий)

벨로루시 민족인 사무일 페트로브스키-시티니아노비치(Самуил Петровский-Ситнианович)는 키예보-몽길란스키 아카데미를 졸업하고 1656년에 27세의 나이로 삭발을 하고 수도승이 된 후에 시메온이라는 성직명을 받았다. 그는 폴로츠크(그의 이름에 가장 마지막 성인 폴로츠키는 이곳으로부터 지어졌다)에 있는 보고야블렌스키 수도원에서 살았다. 이곳에서 시메온은 도덕적이고 직업적인 자질 덕분에 주민들로부터 높은 신망을 얻어 교화에 힘썼다. 그는 벨로루시어와 폴란드어로 시를 썼다. 시메온은 통합된 러시아 국가구조 내에서 우크라나인, 벨로루시인, 러시아인들의 통합을 주창했다.

그 계몽적 수도사에 관한 명성이 러시아 전역에 빠른 속도로 확산되었고, 시메온은 모스크바로 초대되었다. 1664년부터 그는 크레믈 옆에 있는 니콜스키 거리에 있는 자이코노스파스키 수도원 부속학교에서 미래에 모스크바 행정 부처들에서 봉직할 사람들을 교육시켰다. 시메온은 자신의 작품에서 차르의 가문을 찬양한 최초의 궁중 시인이었다. 그의 정치적 · 사회적 작품들 역시 전제 정치를 높게 평가하였다.

시메온의 넓은 교육에 관해서 들었던 차르 알렉세이 미하일로비치는 곧 시메온에게 자신의 아이들의 양육과 교육을 부탁했다. 그들 중 두 명인 표도르와 소피야는 후에 차르가 되었다. 이들이 유럽의 역사, 문화, 외국어의 지식을 포함한 서구식 교육을 받은 최초의 러시아 군주들이었다. 알렉세이 미하일로비치, 표도르 알렉세이비치, 소피야 등의 치세기간에 서방식으로 개혁을 진행하려는 시도가 두드러진 것은 놀라운 것이 아니었다.

오르딘-나소킨(А. Л. Ордин-Нащокин)의 개혁들

프스코프 귀족 아파나시 라브렌티예비치 **오르딘-나소킨**은 17세기 러시아의 가장 유명한 정치가 중에 한 사람이었다. 17세에 군복무를 시작한 후에 그는 사령관뿐만 아니라 출중한 외교관이 되었다. 1656년에 그는 쿠르랸디야(발트해 부근의 지역)와 동맹 조약에 서명했고, 1658년에 러시아에게 불가피했던 스웨덴과의 평화조약을 체결하였다. 이후에 차르 알렉세이 미하일로비치는 그에게 귀족원의 의원자리를 부여했고, 폴란드와의 **안드루소프(Андрусов)평화조약**을 체결한 후엔 세습귀족의 관등을 부여했다. 그때 오르딘-나소킨은 외무성 총독이 되었다. 외무성 총독으로서 그는 서유럽 국가들과 동방 국가들과의 경제적 · 문화적 관계의 확대를 위해 노력했다. 오르딘-나소킨은 러시아 남쪽 국경을 안정시키기를 원했다. 그는 폴란드와의 경쟁에서 터키의 위협에 대항하는 동맹으로의 전환할 것을 제안하였다.

국내 정책의 분야에서 **오르딘-나소킨**은 많은 점에서 표트르 1세를 앞섰다. 그는 귀족의 예비역을 줄일 것과 소총 연대의 수를 증대시킬 것, 러시아에 병역 의무 제도를 도입할 것을 제안했다. 이것은 상비군 제도로의 점진적인 진행을 의미했다. 그는 재판과 통치의 몇 가지 기능을 도시 외곽지역의 선출된 대표자들에게 양도한 후, 유럽식의 자치적인 요소를 도입하려 시도했다. 러시아 경제의 번영을 갈망한 그는 외국 회사들의 특권을 파기했고, 러시아 상인들뿐만 아니라(이러한 방책은 1667년의 신무역 규정에서 공고히 되었다)일련의 새로운 수공업 공장의 창업자들에게도 특권을 부여했다. 오르딘-나소킨의 개혁에 따라 모스크바와 빌노(Вильно: 오늘날 리투아니아 수도 빌리뉴스), 리가 간의 우편 제도가 확립되었다. 하지만 그는 계획했던 많은 것들을 실현할 수 없었다. 1671년에 오르딘-나소킨은 실각했고, 그 후에 그는 수도승이 되었다.

골리친(В. В. Голицин)의 개혁안들

바실리 바실예비치 **골리친** 공작은(1643~1714) 소피야의 섭정 기간 동안에 실제로 러시아의 통치자였다. 바로 그의 후원 하에 모스크바에 **슬라브 · 그리스 · 라틴어 학교**가 열렸다. 권력에 대항한 선동적인 사람들에 대한 사형 제도가 폐지되었다. 유럽식의 관습들을 도입하라는 칙령이 채택되었다. 골리친은 풍습의 교정과 평민들의 창의력 발달을 국내 정책의 주요한 방향으로 생각했다. 그는 국내 무역과 수공업을 지원하는 오르딘-나소킨의 정책방향을 계승하는 지지자였다. 그는 이러한 정책 방향에 있어서 가장 큰 방해는 농노 제도라 생각했고, 지주들로부터 농노들을 해방시킬 것을 제안했다. 골리친은 농가에서 인두세를 도입하려는 의견을 제안했다.

그의 의견에 따른 이러한 모든 것은 국민 경제 발전, 즉 나라의 발전을 촉진시켰을 것이다. 골리친의 주도로 조직되었고 실행된 실패한 크림 반도에 대한 군사원정은 그에게 비정규적인 귀족의 군대를 폐지하고 그것을 서구식 군대로 대치하는 불가피성을 확신시켜 주었다. 오르딘-나소킨과는 달리 골리친은 직업 군인이 있어야 한다고 생각했다. 하지만 그는 그가 생각한 모든 것을 실행시키는데 성공하지 못했고, 1689년에 아르한겔스크 지방으로 추방되었다.

결 론

17세기 후반에 러시아 정부는 개혁의 불가피성을 인식하여 개혁의 계획안을 작성했고, 그 들 중 몇 가지를 실행하려는 구체적인 활동이 시작되었다. 역사가 클류체프스키가 알렉세이 미하일로비치 치세 때 인식된 사회의 분위기 전환에 대한 견해를 표현한 것은 우연한 일이 아니었다. 그러나 개혁들은 아주 느리게 일관성 없게 진행되었고, 많은 계획들은 종이 위에서만 남았다.

21. 17세기 말엽의 러시아와 표트르 1세 통치의 시작

표트르 대제의 어린 시절

차르 알렉세이 미하일로비치의 막내아들 **표트르**(Пётр)는 1672년 5월 30일 차르의 둘째 아내 나탈리 키릴로브나 나리쉬킨나와의 사이에서 태어났다. 그는 자신의 이복형 표도르(Фёдор)와 이반(Иван)에 비해 건강하고 활동적이며 빠른 성장으로 두드러졌다. 세살반이 된 어린 표트르는 차르 부부의 총애 받는 아들이 되었고, 마리아 일리이니츠나 밀로슬라브스카야의 소생인 차르의 자식들은 두 번째로 밀려난 것처럼 보였다. 이러한 상황은 1676년 차르 알렉세이가 죽을 때까지 계속되었다.

죽은 차르의 맏아들인 14세의 **표도르**가 새로운 차르가 되었다. 어린 차르는 심하게 아프고 간신히 걸어 다닐 수 있었다. 그의 모계 쪽 친척들인 밀로슬라브스키 가문의 사람들과 누이 소피야(София)가 주로 국가의 일을 담당했다. 1682년 문벌제도가 폐지되었다. 고위 관리직과 군사직에 유명한 귀족 출신이 아니라 업적과 능력을 고려하여 임명되었다.

어린 표트르의 대부가 되었던 차르는 표트르를 사랑했고 그를 보살폈다. 표도르의 부탁에 따라 5살 때부터 표트르에게 읽고 쓰는 것을 가르쳤다. 그의 첫 번째 선생이자 후원자는 서기 니키타 자토프(Никита Затов)였다. 그와 함께 표트르는 알파벳과 음절로 읽는 법을 습득하고, 최초의 궁중책을 읽고 쓰기 시작했다. 10세가 되었을 쯤에 표트르는 더 복잡한 학문인 문법, 수사학, 철학, 역사와 외국어 등을 배워야 했다. 하지만 1682년 4월에 차르 표도르 알렉세이비치는 죽었고, 표트르를 위한 이러한 교육은 더 이상 진행될 수 없었다. 급박하게 왕위 계승자에 대한 궁금증들이 일어나기 시작했다.

두 명의 차르 통치 시대와 소피야의 섭정

표트르의 이복형 이반이 새로운 차르가 되기로 되어 있었다. 하지만 이반은 병약하고 허약한 소년이었다. 죽은 표도르의 가까운 측근들은 10살의 표트르에게 권력을 이양할 것을 주장했다. 붉은 인민 광장에 모인 대주교 이오아킴(Иоаким)과 귀족들이 합의하여 표트르를 새로운 왕으로 추대했다. 그러나 이것은 과거의 왕위 계승 절차에 위반된 것이었다. 이처럼 왕의 자리가 오래 비어있는 경우에는 왕위 계승 문제를 젬스키 사보르가 결정했다.

이러한 상황에서 이반의 친척들인 밀로슬라브스키 가문의 귀족들이 나리쉬킨 가문에 대항하여 친위대인 소총부대를 선동했다. 소총 부대에게 귀족 반란자들이 진짜 차르인 이반을 억압하고 있다고 전해졌다. 반란을 일으킨 소총부대가 크레믈로 몰려가서 표트르의 가까운 많은 외가 친척들을 살해했다. 그 결과 이반과 표트르 두 형제가 공동 차르로 선포되었고, 그들이 성년이 될 때까지 누나 소피야가 섭정하게 되었다. 그 때 차르의 권좌에도 반영되었던 이중 권력이 형성되었다. 차르의 권좌는 두 명의 차르를 위하여 두개로 나뉘었고, 커튼 뒤에는 소피야(Софья)의 자리가 놓여졌다. 커튼 뒤에서 그녀는 국가적인 영접식이 있을 때 말해야 할 것을 동생들에게 가르쳤다.

소피야

사실상 권력은 **소피야**에게 있었다. 표트르는 어머니 나탈리아 키릴로브나와 함께 모스크바에서 전에 아버지와 자주 함께 지냈던 **프레오브라젠스크** 마을로 나가야만 했다. 그 젊은 차르를 위한 궁정 교육도 중단되었다. 그 대신에 표트르는 다른 것들을 배울 수 있었다. 시간이 날 때 표트르는 가까운 곳에 있었던 독일인 마을로 갔다. 여기서 독일인들은 프레오브라젠스크 마을 근처에서 표트르가 병정놀이를 하는 요새를 짓는 것을 도와주었다. 네덜란드인 팀메르만(Тиммерман)은 그에게 산수, 기하학, 축성학 등을 가르쳤다. 다른 네덜란드인 브란드트(Брандт)는 어린 차르에게 상선 항해법을 가르쳤다. 스코틀랜드인 고르돈과 스웨덴인인 레포르트는 전술을 가르쳤다. 표트르는 정예부대인 러시아 친위대(гвардия)의 토대가 된 2개의 병정놀이 부대인 **세메노브스키**(Семеновский)와 프레오브라젠스키(Преображенский)를 창설하기로 결정했다.

표트르 대제 통치 시대의 시작

1689년 8월에 표트르는 소피야쪽 귀족들이 쿠데타를 준비하고 있다는 것과 그 쿠데타에서 그를 죽이려고 한다는 소식을 들었다. 표트르는 곧 프레오브라젠스키 마을을 떠나 강화된 토로이체-세이기예프 대수도원으로 떠났다. 그때쯤에 표트르는 이미 성년이 되어 있었고, 독자적인 통치자가 될 수 있었다. 그래서 그의 힘을 감지한 전에 소피야 쪽에 있었던 귀족들, 궁정귀족들과 군인들이 수도원 쪽에 가담하게 되었다. 대주교 **이오아킴**도 곧 이곳에 도착했다. 공격하려 하지 않았던 소피야는 표트르의 도주에 놀랐고, 지금 동생과 싸울 군대가 없었고, 사건이 더욱 진전되기를 기다렸다. 한편 표트르는 형 이반에게 편지를 써 누이 없이 공동으로 통치할 것을 제안했다. 10월에 표트르는 모스크바로 입성하여 소피야의 통치 권력을 중단할 것과 그녀를 노보데비치(Новодевич) 수도원에 감금시킬 것을 선포했다. 그녀를 지지한 소총부대의 몇몇이 체포되고, 사형에 처해졌다.

표트르 대제

표트르의 독자적인 통치가 완전히 시작되었다. 그의 병약한 형은 1696년에 죽을 때까지 드물게 궁중 예식에 참여했을 뿐이고, 국가적인 일에는 참여하지 않았다. 1689년 표트르는 **예브도키야 로푸히나**와 결혼했다. 표트르의 어머니 나탈리야 키릴로브나는 그 결혼이 아들을 가정에 충실하게 할 수 있다고 생각했다. 하지만 표트르는 곧 젊은 아내에게 무관심해졌고, 결혼 후 곧 예전처럼 열성적으로 군사 놀이에 열중했다. 예브도키야는 몇 년 후에 강제로 수도원에 보내졌다.

아조프해로의 군사원정

외국 국가들과 외교를 하면서 표트르는 곧 부동해로의 출구가 얼마나 중요한 것인지를 깨달았다. 바다를 통해서 다른 국가들과 더 적극적인 무역 관계를 할 수 있을 뿐만이 아니라 외국과의 문화 교류를 가질 수 있었다.

발트해나 흑해에서 그러한 출구가 필요했다. 그러나 발트해로의 출구의 선택은 러시아가 여러 해 동안 싸웠던 강력한 적들인 폴란드와 스위스와의 전쟁을 의미했다. 표트르는 옛날에 루시인들의 바다로 불렸던 흑해 연안으로의 출구를 갖기 위해서는 크림 한과 터키와의 싸움이 불가피 하다고 생각했다.

1695년 1월에 표트르는 남쪽으로 군사원정에 대한 칙령을 발표했다. 주된 목적은 돈강에서 아조프해로 나가는 러시아 출구를 막는 터키의 아조프 요새를 점령하는 것이었다. 아조프 요새의 포위는 3달 동안 계속되었으나, 러시아 군대는 점령하는데 성공하지 못했다. 그 실패의 원인은 통합된 지휘부의 부재였고, 군대는 몇 개의 부대로 나뉘어졌는데 서로 경쟁하는 사령관들이 부대를 지휘했다. 포병이 약했으며 러시아에는 전투 함대가 없었다.

1696년 두 번째 군사 원정을 준비하는 과정에서 표트르는 이러한 결점들을 고려했다 사령관 세인(A. C. Шеин)이 군대를 총지휘했다. 보르네시스키 군 조선소에서 두 척의 큰 군함, 23척의 중형 군함, 그리고 많은 작은 전투함으로 구성된 최초의 러시아 전투 함대가 창설되었다. 아조프 주위에는 흙으로 만든 거대한 성벽이 축조되었다. 그 성벽은 요새의 성곽보다도 높고 포병이 요새의 어떤 지점에 대해서도 폭격을 수월하게 해 주었다. 러시아 해군 함대의 터키 군에 대한 작전은 성공적이었고, 포위된 터키 군에게 전달될 식량과 요새지역으로의 운송을 봉쇄했다. 곧 아조프 요새는 함락되었다. 이 승리로 러시아는 처음으로 남쪽 바다로 진출할 수 있었다. 하지만 러시아는 이러한 국경지역을 장악할 수 없었다. 이러한 것을 위해서 러시아는 동맹국이 필요했다.

1697년~1698년 대사절단

표트르 대제의 칙령에 따라서 1697년에 250명으로 구성된 대사절단이 유럽으로 향했다. 그 사절단의 중요한 목적은 크림한국과 터키에 맞서기 위한 유럽의 기독교 국가들의 연합을 조직하는 것이었다. 해군제독 레포르트, 영사부의 총독 골로빈 장군, 그리고 두마 서기 보즈니친이 사절단 대표들로 임명되었다. 차르는 자신의 이름을 감추고 프레오브라젠스키 부대의 하급관리인 표트르 미하일로프라는 이름으로 위장하여 이 사절단에 참가하여 사절단의 모든 일을 지휘했다. 그러나 여행도중 목적이 바뀌었다. 터키와의 전쟁에서 동맹국을 찾는 대신에 표트르는 발트해로 나갈 출구를 확보하기위한 스웨덴과의 전쟁을 위한 동맹국을 찾았다.

사절단의 중요한 임무는 유럽의 나라들의 질서와 생활에 대해서 차르가 잘 알게 되는 것이었다. 유럽의 질서와 관습에 관해서는 레포르트, 골로빈, 브란트 등으로부터 전해들은 바 있는 표트르는 직접 자신의 눈으로 외국생활을 관찰하는 것을 선택하였다. 외국 여행의 과정에서 차르는 유럽의 반쪽을 순방하여 프러시아, 쿠랸지야, 네덜란드, 영국, 오스트리아를 방문했다. 귀족과 병사들 중에서 선발된 러시아 자원자들이 군사 과학, 해상업무, 조선술 등을 공부했다.

표트르는 스스로 네덜란드의 조선소에서 목수로 일했으며, 영국에서는 조선술을 배웠고, 박물관과 제조소들을 관람하였고, 병원을 방문했고, 판화를 만드는 것을 배웠다. 오스트리아 수도 빈에 도착한 후에 그는 새로운 친위병들의 음모를 알게 되었고, 곧 러시아로 돌아갔다. 그 결과 소피야와 작당한 친위병들이 표트르를 권좌에서 몰아내려는 음모를 꾸며다는 것이 밝혀졌다. 음모에 가담한자들에 대한 차르의 가혹한 징벌이 잇따랐다. 수많은 친위병들이 처벌을 당하고 추방당했다.

결 론

표트르는 어렸을 때부터 유럽에 대한 큰 관심을 보였다. 다른 모스크바 군주들과는 달리 그는 목수의 일과 군함을 만드는 것을 배웠고, 자신의 국가가 바다로 진출하는 꿈을 가지기 시작했다. 유럽인들의 성취를 견문하기 위해서 표트르는 대사절단을 만들었다. 외국에서 귀국한 차르는 러시아에 중요한 개혁들을 실시하고 발트해로의 출구를 얻기 위해서 러시아를 유럽의 강대국으로 전환시키기 위해서 노력할 것을 굳게 결심했다.

22. 표트르 1세의 대외 정책과 1700~1721년 북방전쟁

전쟁의 시작과 나르바에서의 패배

18세기 초 무렵에 스웨덴이 발트해 연안을 지배했다. 먼 옛날부터 러시아의 소유였던 핀란드만의 동쪽 영토가 스웨덴의 지배하에 있있다. 스웨덴은 빌트해를 나라의 이름을 따 ≪스웨덴 호수≫로 명칭을 바꾸었다. 이것은 주변 국가들의 불만을 야기하지 않을 수 없었다. 1699년 발트해에 대한 스웨덴의 정복에 대항하기 위해서 러시아는 덴마크와 삭소니아(오늘날의 독일의 한지방)와 북방동맹을 결성하였다. 1700년 전쟁이 시작되었다. 하지만 전쟁의 첫 단계는 동맹국에게 실패만 가져왔다.

18세의 스웨덴 왕 카를 7세는 영국과 네덜란드 함대의 도움으로 단 기간 내에 덴마크를 격파하여, 전쟁에서 이탈하도록 강요할 수 있었다. 그 이후 그는 발트해 연안에 군대를 상륙시켰고, 삭소니아의 왕 아부구스트 2세에게 스웨덴 소유의 리가의 포

나르바 전투

위를 풀 것을 강요했다. 이러한 상태 속에서 표트르 1세는 신속히 터키와 평화 협정을 맺고 스웨덴의 나르바(Нарва)요새로 군대를 파견할 수 있었다. 카를 7세는 나르바 수비대의 도움을 받으며 엄청난 군대를 전진시켰다. 러시아의 중요 지점을 습격한 후 그는 그들의 군대 조직을 무너뜨리고 표트르의 군대를 강제로 퇴각시켰다. 러시아에서 근무하던 외국 장교들이 적의 편으로 넘어갔다. 나르바 전투에서 스웨덴은 3천 명의 군사를 잃었고, 러시아는 8천 명의 군사와 145문의 대포, 모든 식량과 장비의 비축을 잃었다. 결국 표트르는 전쟁의 초반에 대포도 없이 남게 되었다.

러시아와의 싸움이 종료되었다고 생각한 카를 7세는 아부구스트 군대를 공격했고 오랜 기간 폴란드에서의 전투에 주력했다. 하지만 러시아 군대는 전투행위를 중지할 생각을 하지 않았다. 1702년 러시아 군대는 네바강 하구의 노테부르크를 습격하여 점령하였다. 발트해로의 출구로서 이 요새의 중요한 역할을 안 표트르는 그것을 실리셀부르크(Шлиссельбург)라고 개칭하였다. 1703년 봄에 네바강에 200년 동안 러시아의 수도가 되었던 산크트-페테르부르크(산트-페테르부르크)가 건설되었다. 스웨덴 군함들이 네바강으로 들어 올 수 있는 입구를 차단하기 위해 핀란드만의 동쪽에 위치한 코트린 섬에 크론시로트 요새(1723년부터 **크론시타트**로 불림)가 건설되었다. 러시아의 발트 함대가 건설되기 시작했다.

군대의 개혁

≪**나르바 전투**≫에서 얻은 교훈은 젊은 차르에게 더욱 더 분명히 군대 개혁의 시급한 불가피성을 가르쳐주었다. 새로운 군대의 핵심은 ≪포병≫대로서 시메노브스키와 프레오브라젠스키가 있었다. 군대 분야에서의 개혁은 **북방전쟁**이 일어나기 직전인 1699년에 이미 시작되었다. 군대는 징집에 기초하여 형성되었고 정규군이 구성되었다. 군복무는 사실 종신적이었다. 소총부대가 해산되었다. 표트르는 같은 형태의 소총 무기와 장비, 통일된 제복과 체계적인 군대 교육이 준비된 ≪외국인≫부대 또는 ≪새로운 계층≫부대를 토대로 하여 군대를 구성하였다. 1705년에 차르의 칙령은 새로운 군대 형성을 완성했다.

결국 1708년까지 겨우 징집된 4만 명의 러시아 군인들을 대신하여 잘 무장되고 훈련된 113만 명의 군사들로 구성되었다. 고유한 군사 경제를 창출하는 것은 매우 중요했다. 1691년부터 1704년까지 표트르 대제의 칙령에 따라 국가에서 처음으로 군대에 필요한 철, 주철, 대포의 주조, 포탄, 폭탄 등이 생산되는 거대한 금속 공장이 설립되었다. 군대에 필요한 화약, 동일한 의복, 나사를 생산하는 국가 공장(국비로 운영되는 공장)들이 설립되었다.

군대 장교들의 교육을 위해서 항해학교, 포병, 공병, 외국어, 군의학 학교들이 설립되었다. 하사관들의 교육을 위해서는 50개의 수비대 학교가 설립되었다. 많은 귀족들이 육군과 해군의 교육을 위해서 해외로 보내졌다. 그들이 유학을 마치고 귀국하자 표트르 대제는 고용된 외국의 군사 교육관들에 의한 교육을 중지시켰다.

1716년 차르는 ≪군복무 규율≫를 채택했다. 이것이 러시아 군대의 최초의 통일된 군복무 규율집이 되었다. 나중에 이와 비슷한 군함의 장교들과 수병들의 복무규정이 된 ≪해군 복무 규율≫이 등장했다. 표트르 대제는 해군 함대의 구축에 특별한 관심을 기울였다. 또한 남쪽뿐만 아니라 북쪽과 발트해 연안의 함대 구축에도 관심을 기울였다. 708년 최초로 29척의 군함이 바다로 진수되어 항해를 시작했다. 표트르 대제의 치세 기간에 약 90척의 선박이 건조되었다. 끊임없는 전쟁 과정에서 진행된 군대 개혁의 결과로 러시아는 유럽의 육군과 해군의 강대국 중에 하나로 전환되었다.

폴타바 전투에서의 승리

이 시기 폴란드 왕과 삭소니아 공작 아브구스타 2세에 대해 적극적인 군사 활동을 폈던 스웨덴왕 **카를 12세**는 폴란드를 전쟁에서 축출하고 러시아 영토로 침략할 준비를 하기 시작했다. 1708년 여름에 그는 폴란드에서 스몰렌스크 방향으로 진출했다. 9월 28일에 차르가 지휘하는 러시아 군대는 레스나 마을 근처에서 스웨덴과의 전투를 벌였고, 그 과정에서 레벤가우프트(Левенгаупт) 장군의 군대를 격파했고, 리가에서 카를 12세를 돕기 위해 이동하던 스웨덴 군대의 군수품을 탈취했다. 스웨덴 군인들은 군수품을 빼앗겼다. 후에 표트르 1세는 리스나 마을에서의 전투를 ≪폴타바 전투의 어머니≫로 불렀다.

카를 12세는 모스크바로의 원정이 막히게 되자 표트르 1세를 배신한 마제프의 카자크 수장의 지원과 크림 한, 터키의 술탄의 도움을 기대했고, 우크라이나로 전진해야만 했다. 하지만 이러한 계획은 스웨덴 왕의 바람대로 되지 않았다. 아조프에서 500명의 카자크들만이 카를 12세에게 합세했고, 그 시기 40만 명의 우크라이나 군대가 표트르 군대에 합세했다. 스웨덴인들이 침략했던 지역의 주민들은 식량을 감추고 게릴라 부대를 형성하여 적에게 피해를 입혔다.

1709년 봄에 스웨덴 군대는 **폴타바**를 포위했고 폴타바의 많지 않았던 수비대는 용감히 2달 동안 맞서 싸웠다. 명성이 높은 세레메테브, 멘시코프, 레프닌 등의 장군들이 지휘하는 40만 명으로 구성된 러시아 군대는 포위한 스웨덴 군대와 전투를 벌였다. 표트르 1세는 군대를 총지휘했다.

흙으로 만들어진 요새들인 레두티(Редуты)는 러시아 진영으로의 접근을 막아주었다. 전투 초기에 스웨덴은 요새를 공격했다. 카를의 군대가 패배할 것처럼 생각되었던 결정적인 순간에 노브고로드 군대의 포병을 지휘했던 표트르 대제가 적을 향해서 돌진했다. 적은 버티지 못하고 후퇴했다. 전투에서 부상당한 카를 12세는 포로를 겨우 모면했고 마제프의 왕과 함께 터키 영토로 도주했다.

폴타바 전투에서 스웨덴 군대는 9천 명 이상의 사상자와 모든 장군들을 포함하여 약 3천 명의 군인들이 포로가 되는 손실을 입었다. 러시아 군대는 그것보다 7배 이상 적은 손실을 입었다. 3일 후 멘시코프의 부대는 후퇴한 스웨덴 부대를 추격하여 페레보로치나 마을에서 그들을 포로로 잡았다. 17만 명의 병사들과 장교들을 포로로 잡았고, 28개의 무기들, 128개의 적기를 획득했다. 카를 12세의 패배한 군대는 해체되었다.

폴타바 전투

폴타바 전투에서의 대승

북방전쟁의 러시아군 진로

프루투스키 원정

폴타바 전투에서의 승리는 전쟁에서 힘의 균형을 변화시켰다. 덴마크와 폴란드는 다시 러시아에 대항하여 군사동맹을 맺었고 그 후에 프러시아가 개입했다. 하지만 그들은 적극적인 전쟁 활동은 하지 않았다. 한편 러시아 군대는 리가, 레벨(Ревел), 브이보르크(Выборг), 카렐리아 등을 점령했다. 동발트해 연안은 스웨덴으로부터 완전히 해방되었다.

오스만 터키 제국은 러시아가 강대해짐을 경계했다. 게다가 자신의 군대를 상실하고 터키에 있던 카를 12세는 오스만 황제의 술탄에게 표트르에 대항한 공격의 불가피성을 설득할 수 있었다. 1711년에 터키는 러시아와의 전쟁을 선언하였다. 이것은 표트르에게는 두개의 전선에서의 전쟁을 의미했다. 1711년 여름에 거대한 터키와 크림한국의 연합군대(18만 명의 병력과 440개의 무기들)는 프루투(Прут)강가에 있는 러시아 진영(3만 8천 명의 군인과 120개의 무기들)을 포위했다. 이곳에는 차르 표트르와 그의 새로운 아내 예카테리나뿐만 아니라 모든 귀족들과 모든 지휘관들이 있었다. 7월 9일에 터키인들은 다소 격렬한 전투를 개시했다. 러시아 영웅들은 용감히 맞서 싸우며 방어했다. 적들은 7천 명의 사상자로 손해를 입었고 혼란 상태에 빠지게 되었다. 하지만 포위당한 러시아 군대의 상황은 매우 위험한 상태에 있었다. 그때 예카테리나는 러시아 진영에 있는 모든 보물과 금들을 모아 포위 상태에 있는 표트르의 군대의 출구와 교환하여 전투 회피를 이끌어줄 터키의 지휘관들에게 넘겨줄 것을 제안했다. 차르 자신도 기꺼이 포위망에서의 탈출과 교환하여 차지한 발트해 연안의 모든 점령지마저도 희생할 각오가 되어 있었다. 하지만 아무도 표트르 1세에게 이것을 요구하지 않았다.

휴전 협정의 조건에 따라서 러시아는 터키에게 **아조프 해**를 돌려주고, **타간로그(Таганлог) 요새**를 파괴할 것을 동의하고, 카를 12세의 스웨덴으로의 귀환을 방해하지 않을 것이며, 폴란드에 러시아 군대를 주둔시키지 않을 것을 동의했다. 터키 쪽에서는 러시아 군대를 포위망에서 쉽게 놓아주지 않을 것이지만, 러시아 군대 내의 깃발과 대포를 포함한 무기를 그대로 유지시키는 것에 동의했다. 이러한 사건들은 폴타바에서 전쟁이 끝난 것처럼 보였던 북방전쟁의 과정을 약간 지체시켰다.

러시아 해군의 승리

1713년 지상 작전 과정에서 러시아 군대는 스웨덴에서 핀란드의 겔신그포르스, 보르고, 아보 등의 요새들과 포메라니야(Померания)의 시테틴(Штеттин)을 해방시켰다. 그 결과 스웨덴이 스칸디나비아 반도로 후퇴하였다. 하지만 그들은 발트해에 강력한 해군 함대를 남겨 놓았다. 표트르 황제의 말에 따르면 이 함대들이 카를 12세의 ≪마지막 희망≫이었다.

1714년 7월 27일에 러시아의 함대는 간구트(Гангут)의 곶에 있던 큰 스웨덴 군함들을 침몰시켰다. 스웨덴 군대는 군함과공격해 여섯 개의 큰 배, 세 개의 보급선 등을 잃었다. 스웨덴 황실은 곧 적들이 수도로 올 것을려 두워하여 서둘러 스톡홀름을 떠났다. 유럽은 오래되지 않은 러시아 해군 함대가 최초 해전에서 승리를 거둔 것에 대해 매우 놀랐다.

1720년 7월 27일에 그렌탐(Грентам)섬(알란드스키 군도에서 가장 남쪽에 위치한 섬)근처에서 러시아 군함은 스웨덴 함대와의 전투에서 또 한 번 큰 승리를 거두었다. 발트해에서 스웨덴 군을 지원하려던 영국 함대마저도 도움이 되지 못했다. 러시아 함대의 승리는 스웨덴으로 하여금 평화 협상을 시작하지 않을 수 없게 만들었다.

니시타트 평화협정

1721년 핀란드의 도시 **니시타트**(Ништадт)에서 러시아와 스웨덴간의 평화협정이 체결되었다. 그 협정에서 러시아는 스웨덴에게 브이보르크를 제외한 핀란드 땅을 반환하였지만, 리플랸디야(리보니아), 에스트랸디야(에스토니아), 인게르만란디야 등의 방대한 영토를 포함한 **브이보르크**에서부터 리가까지 이르는 발트해 연안을 얻었다. 러시아는 스웨덴에게 상실한 영토의 대가로 1억5백만 루블을 지불했다. 평화 협정은 이반 3세 때부터 러시아의 역사적인 과업이었던 발트해로의 출구를 확보할 수 있게 해주었다.

이러한 대업에 보답하여 원로원은 표트르 1세에게 ≪조국의 아버지, 표트르 대제, 전러시아의 황제≫라는 칭호를 받아들일 것을 청원했다. 러시아는 제국이 되었다. 유럽으로 나가는 ≪창≫을 연 표트르 1세는 러시아의 독립적 존재의 토대를 확실히 놓았고, 러시아를 유럽 강대국들의 대열에 가입시켰다.

결 과

해군 함대와 요새의 건축에 대한 민중들의 큰 기여와 군대를 새로운 무기로 무장시켰고, 러시아의 군수 산업을 일으킨 덕분에 러시아는 북방 전쟁에서 승리할 수 있었고 유럽의 강대국의 대열에 합류할 수 있었다.

23. 18세기 초의 러시아 경제발전

세기 전환기의 러시아 경제

17세기에 일어난 러시아 경제의 변화에도 불구하고 러시아는 여전히 유럽 선진국들에 비해 크게 뒤떨어진 상태에 있었다. 경제적인 문제들이 증대되었다. 그래서 방대한 천연 자원이 있음에도 불구하고 보유하고 있는 금속이 부족했고, 그러한 부족함은 스웨덴에서 구입해야만 했었다. 가장 중요한 공산품들의 생산은 이루어지지 않았다. 수공업 공장 생산이 약했다. 유럽에서 알려진 새로운 농기구들이 이용되지 못했던 농업은 옛날 방식대로 발전했다. 소규모의 수공업 생산은 주민들의 증대된 수요를 충족시킬 수 없었다.

경제개혁의 중요한 방향

표트르 1세는 전에 이미 이 모든 문제를 인식했다. 그러나 그가 유럽을 여행하는 동안 이 문제들을 더욱 명확하게 깨달았다. 스웨덴에서 금속의 공급이 완전히 중단되었을 때 일어난 스웨덴과의 전쟁은 경제 분야에서의 개혁의 시작에 직접적인 신호가 되었다. 나르바 전투에서 모든 대포들을 상실한 후에 러시아는 새로운 대포를 만들 금속들이 남아있지 않았기 때문에 교회의 종까지도 대포로 개조해야만 했었다.

표트르 대제의 경제 정책의 주요한 특징 중에 하나는 경제생활에 국가 개입이 강화된 것이다. 18세기의 전반기 초반에 모든 산업의 육성은 육군과 해군의 병참 물자를 공급하는데 목적이 있었다. 공장제 수공업에 대한 국가 행정의 잘못된 조직 때문에 차르는 사기업을 육성하기 시작했다. 표트르 대제의 주요한 경제 개혁의 방향은 보호 무역 정책(국가 산업의 지원, 특히 직물)과 중상주의 정책(국내의 경제력을 보호할 목적으로 수입보다는 수출을 우선시 여김)을 채택하는 것이었다.

농 업

러시아는 여전히 농업국가로 남아있었다. 인구의 절대적 다수가(18세기 초까지 인구의 수는 1천 4백만 명~1천 5백만 명이었다)농업에 계속 종사했다. 유용한 서구의 경험을 이용하기를 원했기 때문에 표트르 대제는 곡물을 수확할 때 전통 낫과 함께 수천 개를 구입하여 주마다 분배하기 시작했던 리투아니아의 낫과 갈퀴(쇠스랑)를 사용할 것을 명령했다. 그 결과 이러한 새로운 농기구들은 곧 나라의 흑토 지대와 초원 지대의 주요한 농기구가 되었다. 하지만 이러한 기술 혁신과 농노들과 하층민들의 총체적 동원에도 불구하고 농업 기술의 발전의 수준은 높고 안정된 수확률을 확보할 수 없었다.

대규모 정규군의 창설은 스페인과 독일에서 나사(이것을 가지고 제복을 만들었다)를 짜는데 필요한 양모를 제공하는 새로운 양을 수입해야 했다. 첫 종마장이 건설되었다. 종마장 없이는 대규모의 기병대를 갖추는 것이 불가능했다. 궁정의 수요를 위해서 명주실을 생산하는 누에가 번식되었다. 차르의 명령에 따라 아마와 삼의 파종이 증대되었다. 이것은 군대의 필요에 의해서였다. 함대의 건조는 대규모 벌목을 필요로 했다. 하지만 표트르 1세는 강 근처의 나무를 베는 것은 금지시켰다. 이것은 러시아 역사상 처음으로 취해진 자연 보호 조치였다.

공장제 수공업

표트르 대제의 통치시대에 공장제 수공업의 생산은 아주 활발하게 발달되었다. 17세기 말엽까지 30개의 수공업 공장만이 있었는데, 1725년경에 이미 200개 이상의 수공업 공장이 있었다. 이러한 공장 수의 증가는 군대를 소총 무기와 포병으로 혁신해야만 할 불가피성 때문에 초래되었다. 그래서 이 시대의 수공업 공장의 주요한 형태는 광산과 금속, 무기 공장이 주요한 모습이었다. 18세기에 처음으로 우랄지역에서 네비얀스키, 카멘스키, 우크투스키, 아라파에브스키 등의 금속 공장이 건설되었다. ≪제철 공장≫은 리페츠크(Липецк), 카렐이야(Карелия), 벨로제리야(Белозерья) 등에 세워졌다. 북방전쟁이 끝난 후에도 금속 공장의 건설은 중단되지 않았고, 표트르 대제의 치세 기간에 러시아는 유럽에서 스웨덴과 영국 다음으로 금속 생산으로 유명한 세 번째 국가가 되었다.

몇 개의 국가 수공업 공장들은 개인에게 분할되었다. 예를 들자면 터키 상인 니키타 데밀로프(Никита Демилов)가 국가로부터 네바얀스키 공장을 받았다. 그는 유명한 우랄 광산 가문인 데밀로프 가문의 창립자가 되었다.

공장제 수공업 생산발전에 주된 장애는 농노 제도였다. 자유로운 노동력이 충분치 않았기 때문에 새로운 기업들을 세우는 것이 어려웠다. 당국은 우랄 공장으로 ≪부랑자≫와 탈주한 농민들을 보냈고, 또 국가 농민들을 추가로 더 보내기도 하였다. 기업으로 돌려진 농민들은 거의 6개월 동안 213,400~320,100㎢거리를 일하러 가야했다. 그들 중 많은 사람들이 혹독한 노동을 견디지 못하고 사망했다. 국가는 ≪공장의 농노≫가 되었던 농민들을 공장에 살 수 있도록 허용했다. 그때부터 그들을 **포세시오**(**посессио**: 국가의 농노가 개인의 소유로 공장에서 일하는 농노)라고 불렸다.

육군과 해군의 개혁은 해군에게 필요한 돛을 만드는 마포와 육군에게는 나사로 옷을 만드는 공장제 수공업의 발생을 초래했다. 주로 군함을 만들었던 큰 조선소들은 아르한겔스크뿐만 아니라 보로네스, 모스크바, 페테르부르크에서도 건설되었다. 유황, 유산염, 안료, 테레빈유를 생산하는 수공업 공장들이 등장했다. 공장에서의 노임의 지불은 매우 높았다. 즉, 1년에 견습공들은 12~17루블을 받았고 대가들은 15~30 루블, 장인들은 70~100루블을 받았다. 이러한 돈들은 가족을 부양하기에 충분했다. 하지만 혹독한 노동 조건과 높은 사망률은 노동자들의 부분적인 교체를 초래했다.

수공업

표트르 1세 치세 말엽에 나라에는 이미 약 16만 명의 수공업자들이 있었다. 모스크바(약 7천 명)와 페테르부르크(약 2천 5백명)는 수공업 중심지였다. 생활 용품이 주요 생산품이었다. 자물쇠, 칼(파블로보, 보르스마 마을에서 제조된 것이 고가였다), 주석으로 만든 그릇(야로슬라블), 마포(카스트로마), 금과 은으로 만든 장식품(모스크바), 에나멜(로스트로프 벨리키) 등이 유명했다. 수공업 제품의 품질을 향상시키기 위해서 장인들은 물건위에 개인의 낙인을 찍었다. 장인들은 자신의 경험을 제자들에게 전달하기 위해서 1722년 장인-수공업자들의 조합(유럽에서 오랫동안 존속되어옴)이 도입되었다. 등록된 수공업자들 외에 주요한 농업일이 끝난 농번기 기간에 수천 명의 시골의 장인들이 수공업 제품들을 만들었다. 대체로 동물을 사냥한 후 그 가죽을 가공하여 바느질하여 모자와 모피 외투를 만들었다. 장화와 모자를 짜는 직포 수공업이 대규모로 이루어졌고 비누와 양초의 생산도 이루어졌다.

러시아 군대의 증강과 함께 가죽 장화와 벨트의 주문이 늘어났다. 모스크바에서만 50명의 구두 수선공들이 일을 했다. 하지만 구두 수공업에 있어서는 야로슬라프인들이 주요한 장인들이라고 생각되었다. 장화는 유럽으로 수출되는 가장 인기 있는 상품 중에 하나가 될 정도로 러시아 장인들의 가공 수준은 높은 것이었다.

상 업

18세기 전반기 초반에(1700~1725) 러시아 시장은 극도로 발전했다. 마을 근처에서 일주일에 두세 번씩 상인들과 주민들이 왕래하는 농촌 시장이 열리는 것 외에 도매 시장이 활성화되었다. 표트르 1세의 치세기간에 무역의 발전을 촉진시켰던 국내의 교역로가 구축되었다. 브이시네블로츠키(Вышневлоцкий: 1703~1709) 운하가 건설되었고, 라도시스키 우회 운하(1718~1731)의 건설이 시작되었다.

도시와 도시 주민들의 증대, 공장제 수공업의 증가, 많은 정규군의 창설 등은 국내 무역의 발전을 촉진시켰다. 표트르 치세동안 대외 무역량이 크게 증가하였다. 러시아는 유럽의 선진국들과의 관계를 확대했다. 그런데 가장 큰 항구였던 아르한겔스크의 중요성이 확실히 떨어지고, 대신에 페테르부르크, 리가와 다른 발트해 항구들의 역할이 증대되었다.

다른 국가들과의 경쟁에서 러시아 생산자들을 보호하기를 원했던 표트르는 국내에서 충분히 생산되는 상품들의 수입을 제한하거나 완전히 금지시켰다. 1724년에 표트르는 수입되는 높은 품질의 외국상품조차도 러시아에서 충분히 생산될 경우에는 75%의 세금을 매기는 관세율을 채택했다. 이 관세율은 그런 상품들을 수입하는 외국 상인들에게 손해를 가져왔다. 국내 생산자들에게 필요한 원자재의 수출은 금지되었다.

러시아의 주요 무역품들은 영국과 네덜란드로 수출되었고, 담배와 금속, 금속으로 만든 상품, 장식품, 레이스, 커피 등이 수입됐다. 유럽 시장으로는 주로 대마, 아마, 지방, 탄산칼륨, 목재 등이 수출되었고 곡물도 수출되기 시작했다. 러시아 남쪽 지방에서 가장 중요한 무역 중심지는 아스트라한이었고, 이를 거쳐서 페르시아와 자카프카지예 지역과의 무역이 진행되었다. 동쪽에서는 중국과의 무역이 더욱 더 활발했었다. 표트르는 중앙아시아를 거쳐서 인도로 가는 무역로를 개설하는 것을 계획했지만, 그것이 매우 복잡한 일임을 알게 되었다.

화폐와 세금개혁

북방전쟁의 결과로 표트르는 현금의 부족함에 직면했다. 이런 심각한 상황으로부터의 출구를 찾기 위해 그는 **네르친스크(Нерчинск)**의 은과 납의 광산 개발을 허락했고(1700), 다른 한편으로는 구리를 포함한 새로운 종류의 돈을 만들었다. 1711년 차르는 새로운 화폐 개혁을 계획했고 그 과정에서 동전속의 은의 함량을 낮췄다(약 20%가량).

그와 동시에 1710년 차르의 칙령에 따라 주민들의 인두세 기록이 실시되었고 그것이 조세 제도 개혁의 첫 실시가 되었다. 1718~1724년에 세금 대신에 남자들(남자 농노)에게만 부과되는 인두세가 실시되었다. 1년에 국가 농민들은 1루블 14코페이크를 납부했지만 농노들은 74코페이크를 납부했다. 이 개혁은 수납된 세금의 금액을 크게 증대시켰다. 표트르 1세의 화폐와 세금의 개혁은 국고를 세배나 증대시켰다. 하지만 이것은 주민들에게서 착취한 대가로 이루어진 것이었다.

결 론

18C 전반기 초반(1700~1725) 동안 표트르 1세의 활동의 중요한 결과는 나라 경제의 급속한 성장이었다. 수공업 공장의 수가 7배나 증대되었다. 산업 생산의 총액이 크게 증대되었다. 처음으로 러시아는 야금에 있어서 유럽에서 3위가 되었고 그것을 수출하기에 이르렀다. 농업에서는 새로운 농기구들이 사용되었고, 농업의 생산성이 증대되었다.

발트해 연안이 러시아 영토에 병합됨으로써 유럽과의 무역 경제 관계가 크게 증대되었고, 매년 대내외 무역 거래가 크게 증대되었다. 하지만 과중한 세금은 많은 농노들에게 가난을 가져왔다. 예전처럼 농노 제도의 지배는 자유로운 기업의 운영을 방해했다.

24. 표트르 대제의 국가개혁

국가기관의 개혁

표트르 대제는 통치기관의 전반적인 개혁을 실시했다. 1708년에 ≪국무회의≫로 개칭된 자문기관이 1699년에 차르에 의해 설립되었다. 1711년에는 최고 국가기관인 **통치 원로원**이 창립되었다. 통치 원로원은 차르와 함께 법률을 채택했고, 판결을 처리하고, 중앙과 지방의 국가기관의 업무를 지시하고 통제했다. 차르는 세습귀족의 대표자들(구 귀족원의 의원들을 포함한)과 ≪표트르 가문의 자손들≫, 자신의 발탁자들로 구성된 10명의 **원로원**(Сенат) 의원들을 임명했다. 원로원의 활동에 대한 통제가 확립되었다. 1722년 ≪황제의 대리인≫으로 불렸던 검찰총장에 야구진스키(П. И. Ягужинский)가 임명되었다.

1718~1720년의 개혁은 **프리카스**(приказ: 성)를 폐지하고 **콜레기야**(коллегия: 위원회)를 도입한 것이었다. 처음에 위원회는 11개였다. 외무위원회는 대외정책을 담당했고, 육군위원회는 지상군을, 해군위원회는 함대를, 사법위원회는 민사와 형사 재판을, 베르그 위원회는 광업산업을, 제조 위원회는 제조산업을 관장했다. 성(приказ)들과 달리 이곳에서의 결정은 집단적으로 채택되었다. 위원장, 부위원장과 몇 명의 참모들이 각 위원회를 이끌었다. 위원회의 활동을 지원하기 위해 총칙과 각 위원회의 규정들이 짜여졌다. 프레오브라젠스키 프리카스(Преображенский приказ)와 그 후에는 비밀관청이 반역의 국가 범죄를 담당했다. 그들은 황제 자신의 관리 하에 있었다.

장자상속에 관한 칙령과 ≪관등표≫

1714년에 표트르 대제는 궁정귀족 지주와 세습귀족의 지주에게 똑 같이 적용되는 장자상속에 관한 칙령에 서명했다. 이 서류는 세습귀족과 관직귀족간의 경계를 제거하는데 목적이 있었다. 궁정귀족과 세습귀족의 토지소유에 관한 차이가 더 이상 존재하지 않았다.

1722년에 차르는 관직에서도 구 귀족과 신 귀족간의 경계가 제거된 **관등표**(Табель о рангах)를 채택했다. 새로운 법에 따르면 봉직은 궁정, 민간, 군사업무로 나눠졌다. 14등급의 관직이 정리되었다. 민간업무에서는 위원회의 서기에서부터 총무에 이르기까지, 군무에서는 하사관에서 장군(원수)까지, 해군에서는 하사관에서 제독까지 등의 등급으로 나뉘었다. 8급의 관직을 부여받은 모든 관리들은 세습되는 궁정귀족이 되었다. 관리들은 자신의 봉직에 대한 대가로 봉토와 농노뿐만 아니라 금전적인 봉급도 받았다. 그러한 제도는 어떤 사람에게는 출생에 상관없이 승진할 수 있는 기회를 주었지만, 실질적으로 매우 적은 수의 사람들만이 그러한 기회를 이용할 수 있었다.

지방행정개혁

1708년에 행정업무에서 지방의 권력기구의 강화와 역할증대를 위해 러시아는 8개의 행정 현(Губерния)인 모스크바 현, 인게르만드스크 현(후에 페테르부르크), 스몰렌스크 현, 아조프스크 현, 키예프스크 현, 카잔스크 현, 아르한겔로고로드스크 현, 시베리스크 현 등으로 분할되었다. 나중에 현의 수가 증대되었다. 차르에 의해서 임명되었고, 행정, 군사, 사법권을 가진 **현지사(Губернатор)**가 지방행정의 우두머리가 되었다. 현은 다시 **군(уезд)**으로 분할되었다. 1719년 표트르 대제는 러시아 전역을 지방행정장관(Воевода)이 통치하는 50개 **지방(провинция)**으로 나눴다. 그러나 현의 분할은 보존되었지만 현지사의 손에는 군사와 사법권만이 남았다.

특별한 형태의 지방행정이 우크라이나에 존재했다. 이곳에서의 권력은 선출된 **게트만**(гетман: 카자크 수장)에게 있었다. 그러나 차르의 장교가 이끌었던 소(小)러시아 위원회가 게트만의 활동을 통제하기 위해서 창립되었다. 1722년에 우크라이나 통치자 게트만은 처음으로 차르의 칙명에 의해서 임명되었다.

도시개혁

도시의 성장과 함께 도시의 인구도 증대하였다. 표트르 대제 치세의 말년에 도시의 인구는 이미 35만 명에 이르렀다. 도시인의 주류는 수공업자들과 소규모의 상공인 계층들이었고, 최초의 수공업 공장의 노동자들의 수도 증대했고, 상인계층의 인구도 크게 증대했다. 치세 초기에 이미 표트르 대제는 서구식을 모방해서 모스크바에 시청을 설립했고, 시청의 관료들(бурмистры)은 상공인계층들에 의해서 선출되었다. 시청은 세금의 징수와 사법문제를 맡았다. 다른 도시에서는 선출하는 시청 공무원제도가 도입되었다.

1720년에 페테르부르크에 도시행정 기관인 대(大)마기스트라트(Магистрат: 행정, 재판, 세무를 담당하는 선출된 시의회)가 창립되었는데, 도시주민들이 선출하는 영지관리인들과 시의원들이 이끄는 지방의 **마기스트라트**들이 이 기관에 예속되었다. 도시민들은 상류층과 하층으로 나뉘었고, 상류층은 다시 두 계급인 부자 상인들과 자유로운 전문인(의사, 약사, 예술가)들로 나뉘었다. 그리고 수공업자와 소상인들은 하층민으로 분류되었고, 상류층은 특별한 국가지원과 특혜를 받았다. 도시의 개혁은 도시의 경제 발전을 촉진시켰을 뿐만 아니라 경제발달에 당국의 지원을 확보해 주었다.

종무원의 관할

1700년에 대주교 아드리안(Адриан)이 죽은 후에 표트르 1세는 새로 시작된 북방전쟁을 구실로 삼아 새로운 대주교의 선출을 실시하는 것을 금지했고, 대주교 자리에 스테판 야보르스키(Степан Яворский)를 임명했다. 북방전쟁이 끝난 후에 차르는 대주교 자리를 완전히 폐지했다. 교회업무의 관할은 곧 **종무원**(патриаршество)으로 전환된 종교 위원회로 넘겨졌다. 그 종무원은 곧 차르가 임명한 러시아 최고 성직자 대표들로 구성되었다. 차르가 직접 종무원 위원들을 임명했을 뿐만 아니라 종무원의 결정을 확인하였기 때문에 러시아 전제군주가 러시아 정교의 실질적인 수장이 되었다고 말할 수 있다. 차르가 임명하는 종무원장이 차르를 대신하여 종무원의 활동을 통제했다. 스테판 야보르스키를 포함한 교회의 고위 성직자들의 일부가 이러한 결정에 반대했다. 표트르 대제의 측근 중의 한사람인 페오판 프로코포비치가 초대 종무원장이 되었다.

표트르 1세는 특별한 칙령으로 성직자들에게 농민들 사이에서 계몽적인 임무를 수행할 것을 명령했다. 농민들에게 설교를 읽어주고 아이들에게 기도문을 외우게 하고 차르와 교회에 대해 존경을 교육시키는 것을 하도록 했다. 교회에 부속된 토지에서 얻어지는 수입의 일부분은 국고에 유입되기 시작했다. 최고위 세속권력에 완전히 종속된 가장 중요한 국가기관 중의 하나로 교회를 전환하는 과정은 이렇게 완성되었다.

페테르부르크로 수도이전

발트해 연안으로 진출은 표트르 대제에게 러시아 국경 밖의 새로운 영토들의 방어를 강화하는 조치를 내리게 했다. 1703년에 차르는 네바강 하구에 새로운 수도 페테르부르크의 건설을 시작하도록 명령했다. 표트르 대제의 작품은 당시의 첨단의 양식에 따라서 건축되었다. 직선거리, 넓은 광장, 조선소, 공장들, 많은 석조건물들 등이 건립되었다. 페테르부르크에는 귀족의 저택과 평범한 사람들의 주택뿐만 아니라 몇 개의 국가 기관이 건설되었다. 1710년에 차르 궁전이 여기로 옮겨졌고, 1712년에는 차르의 가족들과 외교사절이 옮겨왔다. 차르의 지시에 따라 새로운 도시는 수도의 지위를 얻었고, 차르의 도시 페테르부르크를 축복하는 기도를 올리라는 명령이 교회에 내려졌다.

1714년 칙령을 내려 표트르 대제는 모스크바를 포함하여 전국에 석조건축을 금지했다. 숙련된 기술로 유명한 모스크바의 석공들이 페테르부르크 건설을 위해 파견되었다. 이것은 오랫동안 모스크바에 석조건축의 발전을 둔화시켰다.

과거의 러시아 정치 생활의 중심지였던 모스크바의 **크레믈**에서 러시아 차르들은 전통에 따라 우스펜스키 사원에서 대관식을 가졌다. 이제 차르의 죽은 가족들의 장례식은 모스크바 크레믈 안에 있는 아르한겔스크 성당이 아니라 산크트-페테르부르크의 페트로파블로스크 **요새**(Петропавловской крепости)의 성 표트르와 파블 성당에 묻혔다. 모스크바는 여전히 ≪최고 권위자가 거주하는 곳≫으로 명명되었고, 러시아의 두 번째 도시로 또 가장 중요한 종교적, 정치적, 문화적 중심지로 간주되었다.

겨울 궁전

여름 궁전

페트로파블로스크 요새

개혁에 대한 저항과 황태자 알렉세이의 사건

표트르 대제의 개혁은 많은 계층으로부터, 특히 전통적 생활양식의 파괴를 내다본 구 세습귀족들의 저항을 야기했다. 표트르 대제의 개혁에 불만을 가진 세력들이 황태자 **알렉세이** 주위에 모여들기 시작했다. 황태자 알렉세이는 표트르와 왕비 **예브도키야 로프히나**(Евдокия Лопухина) 사이에서 태어나서 차르와 떨어져 모스크바의 오래된 저택에서 양육되었다. 알렉세이는 표트르의 개혁활동에 참여할 어떠한 의지도 보이지 않았다. 이것은 차르로부터 강한 불만을 초래했다.

아들과 아버지 사이의 의견 차이는 점점 더 심화되었다. 자신의 운명을 감수하면서 알렉세이는 1716년에 러시아에서 오스트리아로 도주했다. 추밀원 총독 톨스토이(П. А. Толстой) 백작은 황태자를 강제로 고국으로 데려왔고, 재판장에 세웠다. 심문을 받으면서 황태자는 차르를 몰아내는 음모에 가담했음을 인정했고, 사형을 선고받았다. 그러나 밝혀지지 않은 원인으로 감옥에서 사망했다. ≪황태자 알렉세이의 사건≫은 개혁군주인 표트르 대제를 불안케 했고, 그는 자신의 사후에 자신의 개혁의 운명에 대해서 숙고해야만 했다. 황태자의 사건은 왕위 계승 절차를 변경하게 할 정도로 충격적인 사건이었다. 1722년에 차르가 촌수와 상관없이 어떤 후계자를 지명할 수 있다는 칙령이 추인되었다. 그러나 차르 자신이 직접 후계자를 임명할 수 없었다. 1725년 1월에 그는 병들어서 갑자기 죽었다.

결 론

표트르 1세가 실행한 국가개혁들은 국가의 생활에서 큰 역할을 했다. 그러한 개혁들은 러시아의 국력을 크게 신장시켰고, 러시아를 유럽의 강대국들 대열에 올려놓았다. 개혁은 고대 루시의 관직제도의 잔재를 변화시켰고, 경제적 위치와 관직에서 세습귀족들과 궁정귀족들 간의 차이를 없앴다. 개혁은 지방행정 체제를 구축했고, 러시아 역사상 처음으로 도시 행정에 선출된 사람들의 참여하는 제도가 도입되었다. 교회는 최종적으로 국가 기관 중의 하나로 전환되었다. 동시에 새로운 행정체제는 예전처럼 수많은 평범한 사람들에게서 나라의 운명의 결정에 참여하는 기회를 박탈했다.

25. 표트르 대제의 개혁의 시대에 민중과 국가

민란(民亂)의 원인들

북방전쟁은 러시아 주민들의 다수의 어깨 위에 무거운 짐을 주었다. 농민들은 부역과 소작료 외에 막중한 새로운 국가부역과 세금을 감당해야 했다. 국세 외에 지방 관리들은 현지 지방의 필요를 명분으로 부과적인 세금과 노역을 도입했다. 관리들과 지방 행정당국의 폭정들이 민중들의 분노의 원인이 되었다. 정규군의 창설은 수천 명의 농민들을 생업에서 유출해내는 징집을 필요로 했다. 수만 명의 농민들이 강제로 페테르부르크와 아조프 요새와 타간로그 요새의 건설, 운하건설에 강제로 동원되었다. 이러한 노동 중에 수천 명이 죽었다. 볼가강 유역과 우랄산맥 근처의 영토와 시베리아 지역의 영토의 습득은 현지 원주민들로부터 토지의 착취를 유발했고, 그들에게 새로운 세금의 부과와 러시아정교의 강제적인 전도를 유발했다. 예전처럼 구교도들을 잔인하게 처벌하였다. 유럽식의 관습을 강제적으로 도입시킨 것이 민중들로부터 가장 큰불만을 유발했다. 이러한 모든 것이 표트르 대제의 치세 기간에 정부에 대한 가장 다양한 계층의 주민들의 다양한 반란의 원인이 되었다.

1705~1706년의 아스트라한 반란

18세기 초에 아스트라한은 동방과 러시아를 연결시켜 주는 러시아의 남쪽 관문이었다. 여기에는 많은 러시아 상인들뿐만 아니라 페르시아, 아르메니아, 부하라 등의 상인들과 인도의 상인들도 거주했다. 현지의 총독 르제프스키(Ржевский)는 어로 물의 착취와 무거운 세금과 뇌물로 유명했다. 1705년 여름의 사건들이 도시민들의 인내의 찻잔을 넘치게 했다. 수염을 깎고 옷을 자르라는 차르의 칙령이 내려졌다. 차르의 칙령에 따라서 총독들은 이러한 차르의 칙령을 강제적으로 이행하기 시작했다. 사람들은 때때로 일굴에 상처를 입을 징도까지 수염이 질리고 뽑혔다. 러시아 남녀 전통의상을 줄이는 것은 또 다른 모욕으로 여겨졌다. 러시아 처녀들을 외국인들과 강제로 결혼시키는 것이 당국의 다음 계획이라는 소문이 퍼졌다. 이러한 것을 피하기 위해서 7월 29일에 100여 개의 결혼식이 거행되었고, 7월 30일 밤에 교외의 사람들, 병사들, 소총부대들이 외국인들로 구성된 초병을 박살냈고, 아스트라한 성을 공격했다. 반란자들은 닭장에 숨었던 총독을 발견해서 처형했다. 총독과 함께 300명 이상의 병사들, 군부대의 지휘관들, 지방정부의 대표자들이 살해되었다.

소총병들이 아스트라한 반란의 주력이었다. 도시를 탈취한 후에 반란군들은 야로슬라블 출신의 상인을 수장으로 하는 자신들의 정부를 선거를 통해서 수립했다. 몇 개의 작은 소도시들과 역을 탈취한 후에 아스트라한의 주민들로 구성된 천 명의 군인들이 **차리친**(Царицын: 오늘날의 볼고그라드)로 떠났다. 동시에 아스트라한의 주민들은 용감한 카자크들의 도움을 얻기 위해서 자신의 대표자들을 북 카프카스로 보냈다.

반란을 안 후에 표트르 1세는 칼미크 한 **알류크**(Алюк)에게 협력을 부탁하기 위해 사절단을 보냈다. 알류크로부터 아스트라한 탈취의 위협을 받은 후 반란자들은 차리친에서 퇴각하지 않을 수 없었다. 이 때 세레메테프(Б. П. Шереметев) 원수가 지휘하는 정규군이 아스트라한으로 접근하고 있었다. 1706년 3월 중순에 도시는 함락되었다. 500명 이상의 사람들이 조사를 받았다. 그들 중에 350명이 사형에 처해졌거나 재판 중에 죽었다.

불라빈(Булавин)의 반란

카자크들에게 부여된 자치를 제한하려는 시도, 군함의 건조와 아조프와 타간로그 요새의 건설에 많은 농민들의 동원과 도주한 농민들에 대한 항시적인 추적 등이 18세기 가장 규모가 큰 폭동 중의 하나인 콘드라티 아파나시예비치 불라빈(Кондратий Афанасьевич Булавин)이 주도한 반란의 원인이 되었다.

반란은 도주한 농민들을 체포하기 위해서 파견된 차르의 부대들을 반란군들이 괴멸시킨 1707년 10월에 시작되었다. 그러나 **아타만**(**Атаман**: 카자크 군사령관) 루키얀 막시모프(Лукьян Максимов)는 **불라빈**의 군대를 격파하여, 그들을 자포로시스카야 세치(Запорожская Сечь: 오늘날 드네프르강 남쪽지역에 있었던 카자크들의 본영)로 몰아냈다. 거기서 불라빈은 차르의 권력에 반대하는 반란에 농민들과 카자크들의 참여를 호소하는 ≪매력적인 국서≫를 사방에 보냈다. 이러한 호소문은 우크라이나, 탐보프(Тамбов), 보로네시(воронеж), 보리소글레프(Борисоглеб) 등의 현에서 지지를 얻었다.

7000명이란 대병력을 모은 후에 1708년 4월 불라빈은 아타만 막시모프의 군대를 괴멸시키고 카자크들의 수도 체르카스크(Черкасск)를 점령했고, 그곳에서 열린 카자크 전군 수령 회의에서 돈카자크 군대의 수령으로 선출되었다. 반란군은 나누어졌다. 한 부대는 이즘(Изюм)으로 향했고, 다른 부대는 사라토프(Саратов)로, 불라빈이 지휘하는 세 번째 부대는 아조프로 향했다. 아조프 접근에 실패하여 불라빈은 체르카스크로 돌아가야만 했다. 여기서 그에게 반대하는 부유한 카자크들이 음모를 꾸미고, 1708년 7월 7일에 그를 살해했다.

그러나 불라빈이 죽은 후에도 반란은 계속되었다. 반란군들은 사라토프를 포위하고 차리친을 점령할 수 있었다. 차르의 군대는 곧 체르카스크와 다른 반란의 도시들을 점령할 수 있었다. 200명 이상의 불라빈 추종자들이 사형에 처해졌다. 하지만 1709년 3월까지 저항은 계속되었다. 그리고 1710년 말까지 60개 현에서 농민들의 반란은 멈추지 않았다.

바시키르족의 반란

1705~1711년 시기에 강력한 민중반란이 바시키리야(Башкирия)를 휩쓸었다. 1704년 지방주민의 세금징수와 군 징집을 위한 차르의 관리가 우파(Уфа)에 부임한 것이 반란의 직접적인 원인이 되었다. 많은 세금의 징수를 위해 그들은 72개의 새로운 세금 항목을 도입했다. 갈색과 회색의 눈을 가진 사람에 대한 세금까지 나타났다. 관리들은 바시키르인들을 조롱하고, 그들의 민족종교의식을 모욕하고, 존경받는 족장들과

보통 사람들의 수염을 불태웠다. 바시키르족의 귀족과 무슬림 성직자들이 반란을 지휘했다. 바시키르인들은 차르 정권 활동에 대한 자신들의 불만을 모든 러시아인들에게 집중시켰다. 그래서 반란은 민족적 성격을 분명하게 드러냈다. 수백 채의 러시아인 촌락이 약탈되고 파괴되었고, 그곳의 주민들은 잡혀서, 터키 노예시장에 노예 신분으로 매도되었다.

중앙의 권력에 저항하는 투쟁에서 이슬람 국가들의 협력을 확보하기 위해서 바시키르 지도자들은 오스만 제국과 크림한국에 바시키르를 그들의 조공국으로 받아줄 것을 청원하는 사절단을 보냈다. 1711년에야 차르 정권은 이 반란을 진압하고 바시키르인들을 굴복시킬 수 있었다.

구교도들의 반란

국가가 구교도들에 대해서 17세기보다 더 관대한 정책을 펼쳤음도 불구하고 구교도들에 대한 박해는 계속되었다. 구교도 공동체는 농민들로 구성되었다. 차르의 개혁들에 부정적인 평가를 내렸던 구교도들의 설교들이 농민들의 빈번한 반란의 원인이 되었다. 그렇기 때문에 농민들의 반정부적 투쟁은 때때로 교회에 불순종 형태로, 고대 종교적 규범의 설교의 형태로 나타났다.

표트르 대제 치세 때에는 구교도들이 사회의 직책에 선출되는 것이 금지되었다. 옛날 풍습에 따라 맺어진 결혼은 사실상 인정되지 않았다. 1716년에 구교도들에게는 국세가 이중으로 부과되었다. 야금(제철)과 무기공장(병기창)건설에 구교도들이 보내졌다. 마침내 많은 벌금 부과의 위협 하에 그들은 괴상망측한 옷으로 갈아입도록 강요받았다. 이것으로 이 사람들은 ≪이류 사람≫들로 정의할 수가 있었다. 이러한 모든 것은 공식적인 교회와 국가 권력과 이교도 간의 투쟁을 초래하지 않을 수 없었다. 표트르 1세의 치세기간에 러시아의 유럽지역 북쪽, 볼가강 중류, 북 우크라이나 등의 많은 지역에서 농민들과 구교도들의 반란이 일어났다. 구교도들의 분신(자살)행위가 예전처럼 확대되는 현상이 나타났다.

수공업 공장 노동자들의 반란

표트르 1세 치세 때에 수공업 산업의 성장에 따라 새로운 사회집단인 ≪노동자≫

들의 대규모 반란이 시작되었다. 그들은 노동의 비인간적인 노동조건과 가족들로부터의 수개월 동안의 격리와 일상적인 산업재해 등에 대해서 항의를 했다.

우랄산맥 지역의 공장에서 반란이 빈번히 일어났다. 가장 널리 확산된 항의의 형태는 도주였다. 예카테린부르크의 공장이 건설될 당시에 공장건설에 투입되었던 거의 모든 농민들이 도주해 버렸다. 감시를 위해서 배치된 군인들조차도 그들과 함께 도주해 버렸다. 도주한 그들은 처벌을 기다리고 있던 집으로 돌아갈 수 없었다. 그렇기 때문에 그들 중에 어떤 사람은 볼가강 하류지역으로 떠났고, 다른 사람들은 바시키르 지역으로 떠났다. 노동자들의 반란은 가장 조건이 좋았던 모스크바의 기업들, 옷감과 나사를 짜는 공장에서도 일어났다. 그 때에 노동자들은 감독관인 팀메르만(Тимерман: 배 만드는 목수)에 대해서 정부 당국에 집단적으로 탄원서를 제출했고, 1722년에 표트르 대제가 공장을 방문할 때 차르에게 직접 탄원서를 제출하기도 했다.

결 론

민란들은 주민의 다양한 계층에 대한 정부의 정책을 변경하도록 정부를 압박했던 유일한 수단들이었다. 그래서 돈강 유역과 자포로지예의 카자크들의 반란은 카자크 자치의 폐지를 무산시켰다. 농민반란들은 도주한 농민들의 수색을 강화하지 않도록, 농민들의 부역을 증대시키지 않도록 정부를 압박했다. 바시키르, 타타르, 우드무르트 등의 민족들의 운동은 러시아 내의 민족들의 전통과 관습을 존중하도록 했다. 첫 번째 노동자들의 반란은 노동자들을 모든 무익한 논란이 없이 충분히 대우할 것과 노동에 대한 새롭고, 더 정의로운 지불기준을 세울 것을 명령하는 칙령을 차르가 1723년에 내리도록 했다.

26. 표트르 대제 개혁 시대의 러시아 문화의 변화

과 학

표트르 1세의 치세 때에 처음으로 러시아 과학의 탄생과 발전을 위한 전제조건들이 형성되었다. 과학지식의 발전의 필연성은 국가의 실제적인 요구에 의해서 공표 되었고, 방대한 시베리아와 극동 평원 지역의 정복과 유용한 광물자원의 탐색, 그리고 새로운 도시의 건설, 수공업 공장제 생산, 무역의 증대 등과 관련이 있었다.

1706년 표트르 대제의 칙령에 따라 모스크바에는 미래의 식물원(Ботанического сада)의 토대가 되었던 아프테카르스키 식물원(Аптекарскийогород)이 건립되었다. 그리고 1707년에 러시아 최초의 병원과, 병원 부속학교가 열렸다. 1718년부터 페테르부르크에서 러시아 국내산 외과 수술기구들이 최초로 제작되기 시작했다.

1720년대 카스피 해의 지도가 출판되었다. 1700년대에 표트르 대제의 칙령에 따라 유용한 광물자원의 탐사를 담당하는 국립 광산 탐구소가 설립되었다. 1703년에 농민 실로프(Шилов)가 우랄산맥에 구리광산을 발굴했다. 1714년에 대장장이인 랴보프(Рябов)가 러시아 최초의 치료를 위한 광천수를 개발했다. 1720년대 초에 탐광자 그리고리 카프스틴(Григорий Капустин)이 러시아 남쪽의 석탄층을 발견했다. 그때 갈탄도 보드모스코비예(Подмосковье)에서 찾아냈다. 천문학을 연구했던 표트르의 참모인 브류스(Я. В. Брюс)가 1699년에 모스크바의 수하레프(Сухарев)망루에 항해학교를 설립했다. 1702년 이곳에 그의 지시에 따라 러시아 최초의 천문대가 건축되었다. 1707년에 5년간의 관찰을 바탕으로 러시아 최초의 천체도를 제작했다. 1725년부터 페테르부르크 에서는 정기적인 기상 관측이 시작되었다. 1703년에 로모노소프(М. В. Ломоносов)가 나중에 자신의 배움의 경쟁자라고 불렀던 그 시대의 수학지식의 백과사전인 마그니츠키(Л. Ф. Магницкий)의 ≪산술≫의 출판은 괄목할만한 의의를 가졌다.

1712~25년에 나르토브(А. К. Нартов)는 세계최초로 일련의 선반대를 고안하고 제작했다. 1724년에 갈레브놈 궁전에서 다른 러시아 천재적인 기술자인 니코노프(Никонов)의 설계에 따라 러시아 최초의 잠수함이 제작되어 시험되었다. 과학과 기술지식은 운하와 제방의 건설, 공장에서의 기계화, 조선소와 건물과 요새건설 등에 응용되었다. 표트르 대제의 지시에 따라 1722년부터 과학적인 업적과 서적의 저술을 위해서 러시아 역사자료들의 수집이 시작되었다. 러시아 기록보관의 토대가 되었던 재미있는 서류와 자료들이 전국에서 또는 해외에서 페테르부르크로 모여들기 시작했다.

교 육

표트르 대제의 교육에 대한 관심은 그의 일생동안 지속되었다. 개혁가인 차르는 재능 있는 젊은이들을 교육을 위해서 해외로 보내야 하기 때문에 신의 율법의 연구만을 위해서 세워진 학교는 좋은 결과를 줄 수 없다는 것을 잘 이해했다. 학교들은 처음에 출신 계층의 제한이 없었다. 사회의 다양한 계층의 자제들이 학교에서 공부할 수 있었다. 그러나 장교와 전문가가 될 수 있는 많은 특수학교에는 귀족의 자제들만이 입학하기 시작했다. 농민들의 자제들은 국립학교에서 배울 권리를 가지지 못했다. 귀족의 모든 자제들이 자발적으로 배우려하지 않았기 때문에 차르는 교육을 국가 복무의 형태 중 하나로 생각할 것을 명령했다. 아무도 그것을 피할 수 없도록 그는 교육에 대한 증빙서류를 가지지 못한 귀족들의 자제들의 결혼식을 교회가 거행하지 못하도록 금지했다.

교육체제의 설립은 많은 책들(교과서, 안내서, 교구)의 출판을 필요로 했다. 1725년 동안에 러시아에서의 책 출판은 150년 동안 출판된 것보다 더 많이 출판되었다. 이른바 문자개혁은 국민들의 문명률을 증대시키려는 큰 의미가 있었다. 1710년에 교회에 의해서 읽고 쓰기가 더 쉬운 민간의 철자가 도입되었다. 나중에 로모노소프가 지적한 것처럼 ≪표트르 시대에는 단 한 명의 귀족과 귀족부인들도 위대하지 않았지만 철자들은 헐렁한 외투를 벗어버리고, 여름의 옷으로 치장했다≫.

1703년부터 최초의 공식적인 러시아 인쇄된 신문인 ≪**베도모스티(Ведомости)**≫가 출판되기 시작했다. 그 신문에는 유럽국가의 생활에 대한 많은 정보가 게재되었다. 1719년 페테르부르크에서 차르에 의해 가장 큰 과학기관인 쿤스트카메라(Кунсткамера: 진귀품 저장소)가 설립되었고, 그곳에서는 광물의 수집, 의학표본, 고대화폐, 민속품 모음, 몇 개의 현세와 내세의 지도들이 있었다. 이것이 최초의 러시아 박물관이었다. 그때 페테르부르크에서 해군과 포병의 박물관이 건립되었다. 1714년 페테르부르크에는 러시아에서 가장 오래된 과학도서관이 개설되었다. 과학 분야와 계몽분야에서 표트르 시대의 영광은 1724년 과학원 설립에 관한 칙령으로 나타났다(1725년 차르가 죽은 후에 열렸다).

예술문화

표트르 대제 치세 때에 예술문화는 정신생활에 새로운 위치를 차지했다. 예술문화는 세속적이고 더 다양한 양식으로 표현되었고, 국가의 적극적인 지원을 받았다. 그러나 이전시대의 특징들이 아직도 많이 나타났기 때문에 예술전반에서는 과도기적인 성격이 나타났다. 음악은 단순한 일상적인 형식 즉, 춤, 전투, 식사중인 멜로디 등으로 표현되었다. **칸미**(канмы: 국가 축제일과 군대 행사가 있는 날에 보통 연주되는 일상적인 합창노래들)가 특히 인기가 있었다.

표트르 시대의 건축은 무엇보다도 산크트 페테르부르크의 건설이 대표적이다. 산크트 페테르부르크의 건설을 위해서 유명한 해외 전문가인 레블론(Ж. Леблон), 트레지니(Д. Трезини), 라스트렐리(Б. Растрелли) 등이 초대되었다. 그러나 러시아 건축가 코로보프(И. К. Коробов)와 젬초프(М. Г. Земцов)도 이 과업에 참여했다. 이 시대의 기억할만한 가장 중요한 건축물은 표트르 파블로스크 사원과 **페트로파블로스크 요새**와 12개의 위원회 건물, 페테르부르크 멘시코프의 저택, 모스크바의 멘시코프 망루, 차르의 교외저택 페테르그로프(Петергоф) 등이다.

18세기의 첫 25년 동안에 조형예술은 글라뷰르(гравюр)의 새로운 판화(유럽에서 러시아로 전해져왔다)같은 새로운 현상으로 상징되었다. 작품의 저렴한 가격 때문에 인기를 독점했다. 판화는 교육적인 서적, 신문, 달력 등에서 널리 사용되었다. 판화의 유명한 대가는 주보프(А. Ф. Зубов)였다. 초상화 예술이 발전되었다. 표트르 대제의 명령에 따라서 이탈리아에서 공부할 기회를 가질 수 있었던 이반 니키티치 니키틴(Иван Никитич Н икитин: 1690~1742)은 러시아 세속미술의 창시자 중의 한사람이었다. 그의 작품 ≪야외의 게트만≫≪죽은 하상에서의 표트르 1세(Петр 1 на смертном ложе)≫는 사람들의 내면세계에 대한 관심으로 개인적인 외향적 특징뿐 아니라 성격도 보여줬다.

일상생활의 변화

18세기의 첫 25년 기간은 문화생활에 있어서 새로운 현상의 출현에 따라 러시아의 역사와의 유사성을 가지지 못했다. 차르의 명령에 따라 귀족은 반드시 유럽식 의상(재킷, 양말, 장화, 넥타이, 모자 등)을 착용하는 제도가 도입되었다. 귀족과 상인은 수염을 깎아야 했다. 자신의 수염을 잃기를 원하지 않았던 귀족과 상인은 얼굴을 그대로 두었고, ≪수염의 조세≫의 지불이 따랐다. 수염을 기르는 데는 농민들도 조세를 내야 했고, 농민들이 도시에 들어갈 때 매번 징수했다. 다만 승려들은 전통적인 의상과 수염의 자유에 대한 자신들의 권리를 보전했다. 1700년 1월부터 표트르 대제는 구약성서의 천지개벽부터가 아닌 그리스도의 탄생부터의 새로운 기원을 도입했다. 그래서 신년은 9월 1일이 아니라 지금처럼 1월 1일부터 시작되었다.

차르는 유럽에서 러시아로 새로운 형식의 교제와 오락(꽃불, 가장무도회 등의 축제)을 반입하여 정착시켰다. 1718년에 그는 야회(자신의 궁에서 상류층의 모임을 개최하는)의 도입에 대한 특별한 명령을 내렸다. 그곳에 고관, 장교, 성직자, 부유한 상인 등이 초대되었다. 이 상류사회 무도회의 특징은 여성들이 참여할 수 있게 되었다는 것이었다. 야회에서는 상류사회의 담화, 최근의 소식에 대한 논의, 춤과 공연 등이 있었다. 반드시 야회의 한 부분은 대규모의 정찬이 차지했다. 클라이코드(피아노의 원형), 바이올린, 플롯 등이 연주되었다. 아마추어 오케스트라의 출현이 인기가 있었고, 콘서트에 참석하는 귀족은 정장을 해야만 했다.

지배층의 생활관습의 혁신은 세태풍속의 좋은 품행의 규율에 대한 특별한 참고서가 필요할 정도로 컸다. 그래서 1717년에 ≪젊은이들의 교훈서나 다양한 저자들의 저술에서 모아진 생활태도의 지침서≫가 출판되었다.

결 론

표트르 1세 치세 때의 문화발전의 주요한 특징은 문화의 세속적 토대의 강화와 서유럽 문화의 적극적인 수입과 보급이다. 러시아 과학의 토대가 마련되었고, 발달하였으며, 교육 제도가 형성되었고, 예술문화가 번창하였다. 그러나 새로운 체제는 단지 최고 지배층의 소유물이 되었다. 민중의 대다수는 표트르 대제 치세 때 나타난 새로운 삶의 양상을 차르 자신과 신하들의 기이한 행동으로만 인식했다. 표트르 대제 치세 때의 문화는 과도기적 특징을 지녔다. 문화는 표트르 대제의 개혁과 가부장적인 루시의 전통을 융합시켰다.

제4장
18세기 러시아 제국(1725~1801)

27. 궁정 반란

궁정반란의 원인들

무력으로 군주의 교체가 5번이나 일어났던 37년의 짧은 기간이 러시아 역사상 궁정반란의 시대로 여겨진다. 이 시대는 표트르 1세의 죽음부터 시작되었고, 1762년에 예카테리나 2세가 왕위에 올랐을 때 끝났다. 국정에서의 친위대 역할의 증대는 빈번하고 쉬운 모반의 주요원인이 되었다. 1797년까지 효력이 있었던 표트르 1세의 칙령에 따라 군주 자신이 왕위 계승자를 지정했던 기존의 왕위계승 절차는 궁중의 음모와 치열한 권력투쟁의 심화를 초래했다. 이러한 권력투쟁의 참여자들은 친위대의 도움을 받지 않을 수 없었다. 귀족의 특권의 확대와 증대가 이 시대의 국내정책의 주요한 내용이란 것은 놀라운 일이 아니었다.

예카테리나 1세(1725~1727)

표트르 1세는 후계자를 지명할 수 없었다. 표트르 1세의 손자(황태자 알렉세이의 아들), 1724년에 왕비로 책봉된 아내 예카테리나(Екатерина), 딸 안나(Анна)와 엘리자베타(Елизавета)가 왕위 계승권자들이었다. 1682년에 표트르 대제와 공동 차르에 오른 이복형 이반의 후손들도 왕위계승권이 있었다. 권좌를 교체하여 개혁차르의 많은 개혁들을 취소하려고 시도했던 구 귀족 가문인 돌고루키, 골리친, 레프닌 대공 가문들이 그때에 9살이었던 **표트르 2세**를 차르로 옹립하려고 했다. 그들은 로마노프 가문의 유일한 부계 대표자인 어린 표트르에게 왕위 계승권이 있다고 공표했다.

그러나 죽은 황제의 가장 가까운 측근들이었던 **멘시코프**(А. Д. Меншиков)공작, 재상 골로브킨, 대주교 페오판프로코포비치(Феофан Прокопович), 추밀원 의장 톨스토이

(П. А. Толстой), 원로원 검찰총장 야구진스키(П. И. Ягужинский) 등은 많은 개혁에서 표트르 1세를 도왔던 왕비 예카테리나를 황제로 추대하려고 했다. 이렇게 하여 그들은 개혁의 지속뿐만 아니라 궁정에서 자신들의 지위를 보존하려고 했다. 멘시코프의 명령과 지위에 따라서 봉기한 세멘노브스키와 프리오브라젠스키 부대의 도움으로 표트르 1세의 미망인이 황제가 되었다. 그녀는 만두상인에서 러시아 군 총사령관의 자리에까지 오른 황제를 추대했던 사람 중의 한사람인 멘시코프를 그녀의 재상으로 임명했다. 차르에 적대적인 궁정대신들을 회유하기 위해서 1727년에 **최고위 추밀원**(Верховный Тайный совет)이 설립되었다. 그러나 예카테리나의 치세는 오래 지속되지 않았다. 1727년 5월에 그녀는 죽었다.

예카테리나 1세

표트르 2세

표트르 2세(1727~1730)

왕위계승이 다시 문제가 되었다. 계승자는 3명이었다. 표트르 1세의 딸 엘리자베타와 이반 알렉세이비치의 딸 안나와, 표트르 1세의 손자 **표트르 2세**였다. **안나**는 유력한 왕위계승자 후보자로 생각될 수 없었다. 그녀는 독일 귀족인 골시테인스키와의 결혼계약의 조건에 따라서 자신과 자신의 아이들을 위해서 왕위 계승을 거절했다. 엘리자베타 역시 남성 왕위계승자들에 비해서 경쟁력을 갖고 있지 않았다. 게다가 그의 언니처럼 그녀도 본처소생으로 생각되지 않았고, 또 1712년에 표트르 대제와 예카테리나 1세의 결혼 2년 전에 태어났다.

멘시코프는 예카테리나 1세의 생존 시에 이미 표트르 2세 대공을 위한 음모를 꾸몄다. 그는 자신의 딸 마리야를 그에게 시집보내어 황실과 혈연관계를 맺기로 생각했다. 죽음을 앞에 둔 여황제도 이러한 혼인에 동의했다. 어린 황제가 성년이 될 때까지 멘시코프가 의장으로 있는 추밀원이 보좌하기로 되어 있었다.

그러나 표트르 2세의 등극은 멘시코프에게 기대되는 결과를 가져오지 못했다. 황제는 그와 약속하지 않았고 동갑인 친구인 이반 돌고루키와 모든 여가 시간을 보냈다. 멘시코프의 실각은 시간의 문제가 되었다. 곧 다음과 같은 경우가 상상되었다. 멘시코프는 자신의 인격에 대한 고려가 충분치 않았기 때문에 황제에게 화를 내고 직서를 썼다. 그는 젊은 차르가 당황하여 자신의 복귀를 간청할 것이라고 생각했다. 그러나 표트르 2세는 칙령에 서명했고, 게다가 공작의 부인이 상업적 내용을 수사하도록 특별위원회에 명령했다. 마리야와의 약혼은 파기되었다. 특별 위원회는 많은 권력의 남용을 밝혀냈고, 멘시코프는 많은 재산을 박탈당했고, 가족과 함께 시베리아의 작은 도시 베레조프로 유배되었고, 거기서 죽었다.

멘시코프의 실각은 돌고루키 가문의 위치를 강화시켜 주었고, 예카테리나 돌고루카야가 차르의 약혼녀가 되었다. 젊은 차르에게 사냥, 무도회, 연회 등을 제안하여 그를 나라 일에서부터 멀어지도록 하려는 시도가 있었다. 1728년 2월~1729년 11월까지 8달 동안 사냥을 하면서 궁궐 밖에서 시간을 보냈다. 그를 대신하여 **돌고루키 가문**이 러시아를 통치했다.

1728년 초에 모스크바로 궁이 옮겨졌다. 1730년에 표트르 2세와 예카테리나 돌고루카야와의 결혼식이 예정되어 있었다. 그러나 차르는 정규적인 사냥 중에 감기(그때의 모스크바 사람들은 천연두라고 사람들은 말한다)에 걸려서 결혼식이 예정되었던 바로 그날 죽었다. 표트르 2세의 죽음과 함께 로마노프 왕가의 남자 가계는 끊겼다. 다시 왕위계승 문제가 극도의 긴장상태로 다시 일어났다. 돌고루키 가문은 표트르의 약혼자인 왕비를 왕위에 올리려고 시도를 했으나 아무도 그들의 시도를 지지하지 않았다. 그 당시에 실제권력은 최고 비밀위원회에 있었다.

1730년의 최고위 추밀원의 최고위원들

최고위 비밀위원들 특히 골리친(Голицин)가문의 사람들은 돌고루키 가문의 권력증대에 불안을 느꼈다. **표트르 2세**의 치하에서 획득한 구 귀족들의 위치를 보전하려는 욕망이 그들을 적지 않게 동요시켰다. 최고위 비밀위원회의 위원들은 표트르 1세의 사생아 딸들을 왕위에 오를 후보에서 제외했다. 최고위 추밀원의 의원들은 관심은 차르 이반의 딸인 안나에게 쏠렸다. 가난한 독일 공작인 쿠르랸드스키 미망인 37세의 안나를 왕위계승 후보로 선택했다. 관심도 끌지 못하고 부자도 아닌 그녀가 추밀원의 역할을 증대시켜 줄 편리한 왕위 계승 후보로 여겨졌다.

골리친의 제안에 따라 안나를 러시아 차르로 초빙하는 조건이 제시되었다. 이러한 조건에 따라 여제는 재혼하지 말 것, 자신의 계승자를 지명하지 말 것, 전쟁을 시작하지 말 것, 평화 협정을 체결하지 말 것, 새로운 추천인을 대동하지 않을 것, 군인의 신분을 사칭하지 말 것, 친위대와 군대 지휘권을 최고위 밀원에게 넘길 것, 귀족들의 재산과 명예를 훼손하지 않을 것, 세습영지, 삼림, 요새 등을 주지 않을 것 등을 약속했다. 이렇게 러시아 군주의 절대 권력을 제한하려는 시도가 처음으로 있었다.

표트르 2세의 결혼식에 참가하기 위해 모든 귀족들, 고위 성직자들, 장교들이 모스크바를 다녀왔을 때 권력의 교체가 일어났고 왕위에 오르는데 따른 조건들이 곧 궁중에 알려졌다. 그런데 대주교제의 폐지와 그가 이끄는 종무원의 해체의 위험을 감수하면서 성직자의 수장인 페오판과 자신들의 역할의 약화에 불만인 친위대와 궁정 관리들이 적극적으로 반대했다.

안나 이오안노브나(1730~1740)

한편 **안나 이오안노브나**(Анна Иоанновна)가 모스크바에 도착했을 때 그녀는 성직자와 친위대로부터 칭송받을 만한 명예로운 선조들이 가졌던 전제제도의 채택을 요구하고 왕위계승 조건들을 폐기할 것을 제안하는 탄원서를 받았다. 최고위 추밀원 위원들은 안나에게 반대하기를 두려워했고, 그녀는 전에 서명했던 차르 추대조건을 파

안나 이오안노브나

비 론

기했다. 최고 추밀원은 해체되었다. 이렇게 러시아 황제의 권좌에 안나를 옹립한 궁정 모반이 친위대의 도움으로 일어났다. 최고위 추밀원 위원들의 통치는 겨우 37일 동안 지속되었다. 돌고루키 가문의 공작들은 체포되어 유형에 처해졌다.

안나와 함께 쿠르랸지야(발트해 연안의 한지방)에서 온 총신인 **비론**(Э. И. Бирон)이 실권자가 되었다. 그는 전직이 마부로서 무식하고 잔인한 사람이었다. 비론은 발트해 연안지역 출신들인 남작들을 측근으로 삼았고 러시아의 귀족들은 점차 궁정에서 밀려나기 시작했다. 내각은 독일인 오스테르만이 주도하였으면 군대의 총사령관 역시 독일인 **미니흐**가 되었다. 모든 주요 직책은 독일인 남작들이 장악하게 되었다. 이들 외국인 실권자들은 주민들로부터 막대한 재물을 약탈하였으며, 황폐화시켜고, 사소한 불만이라도 가혹하게 억압하였다. 게다가 안나는 무례하고 교양이 없는 게으른 여자로서 카드놀이와 향연 그리고 유치한 놀이에 모든 시간을 보냈다. 안나와 그녀의 측근들의 유락을 위해서 막대한 국고금이 지출되었다.

그녀를 권좌에 옹립한 친위대를 믿지 못한 안나는 또 다른 이즈마일로브스키 친위대를 창설했다. 처음부터 그녀는 왕위 계승 문제를 걱정했다. 그녀는 차르 이반 알렉세이비치의 후손들에게 권력을 넘겨주고 싶었다. 그래서 그녀는 여조카 **안나 레오폴도브나**를 궁정으로 불러들여서 유력한 차르 계승 후보자로 만들었다.

1740년 안나 레오폴도브에게서 아들 이반이 태어났고, 왕위의 계승자로 선포되었다. 그녀의 총신 비론을 어린 **이반 6세**의 후견인으로 임명한 후에 1740년 10월에 안나 이오안노브나가 죽었다. 곧 러시아의 차르 자리를 놓고 독일인들 사이에 싸움이 벌어졌다. 친위대장 **미니흐**는 친위대를 이끌고 비론을 체포하여 먼 곳으로 추방시켰다. 그 후 실질적인 통치자는 어린 차르의 어머니인 브라운시베이그 공작의 부인 안나 레오폴도브나가 되었다.

이반 6세와 그의 모친

그러나 이와 같은 와중에서 독일인 실권자들에게 불만을 품고 있던 러시아의 친위대 장교들은 표트르 1세의 딸 엘리자베타를 차르로 옹립하기 위한 궁정 모반을 일으켰다. 그래서 독일인 실권자들이 쫓겨났고, 러시아 궁정귀족들이 중요한 직책들을 차지했다. 1741년 11월 25일 엘리자베타가 차르에 올랐고, 이반 6세는 어머니와 함께 감옥에 감금되었다.

엘리자베타 페트로브나(1741~1761)

엘리자베타를 차르에 추대했던 친위대 장교들은 풍족한 포상과 새로운 봉토와 높은 관직을 부여받았다. 그녀는 1709년 12월에 태어났다. 명랑하고 낙천적인 엘리자베타는 국사에 대해서는 별로 신경을 쓰지 않고 화려한 의상(그녀의 옷장에는 파리에서 수입된 1만 5천벌이나 되는 옷이 있었다고 한다), 무도회, 가면무도회 등에 관심이 많았다. 엘리자베타는 라주모프스키(А. Г. Разумовский), 수바로프(П. И. Шувалов), 베스투젠-류민(А. П. Бестужен-Рюмин), 보론초프(М. И. Воронцов) 등의 총신들을 통해서 국가를 통치했다. 그녀의 전임자들처럼 엘리자베타에게도 왕위계승문제는 가장 중요했다. 1742년에 그녀는 자신의 언니 안나 페트로브나의 아들이고 표트르 1세의 손자인, 자신의 조카인 표트르 표도로비치(Пётр Фёдорович, 표트르 3세)를 후계자로 정했다. 그 당시에 엘리라자베타의 조카의 나이는 14살이었다. 곧 여황제는 14살 된 조카를 독일 공주인 소피야 아부구스타 프레데리카 안갈트-체르브스트스카야와 결혼시켰다. 나중에 황태자 비인 소피야는 러시아 정교로 개종한 후에 새로운 러시아 이름인 예카테리나(엘리자베타의 어머니를 추모하기 위하여)를 부여받았다.

표트르 3세

엘리자베타는 조카에게 실망했다. 일찍이 부모를 여위고 14세 때까지 프리드리히 2세의 궁전에서 자란 그녀의 조카 표트르는 러시아 차르가 되기 위한 교육을 받았지만 새로운 러시아 생활에 적응하지 못했고, 모든 러시아적인 것들을 경멸했고, 프러시아의 황제인 프리드리히 3세를 숭배했다. 1754년 조카의 아들 **파벨**(Павел)이 태어난 후에, 엘리자베타 여제는 조카의 아들을 데리고 와서 직접 양육시켰고, 조카의 아들에게 차르의 자리를 물려줄 것을 심사숙고하기 시작했다. 1761년 12월에 엘리자베타는 죽었다.

예카테리나 2세

표트르 3세(1761~1762)

표트르 3세는 겨우 186일간 차르 권좌에 있었다. 그에 대한 상반되는 비난이 여전히 지속되었다. 1762년에 쿠데타를 일으키고 그를 여름에 살해했던 사람들은 그를 가장 '파괴적인 사람'으로 이야기 했고 '프리드리히 2세의 추종자로 러시아 전체를 증오한 사람'으로 비난했다. 다른 사람들은 표트르를 실제적인 통치자로, 일괄 성 있고, 성실하고, 동정심이 많지만, 동시에 마음이 연약할 뿐만 아니라 잔인한 사람으로도 회상했다.

표트르 3세의 활동에는 궁선과 군대에서 긍성석인 반응을 일으킨 상낭히 중요한 국가정책들이 포함되어 있었다. 그러나 엘라자베타가 죽던 날 표트르 3세는 프러시아에 대항하는 군사 활동을 즉각 중지하도록 명령을 내렸고, 프리드리히 2세와 강화조약뿐만 아니라 동맹을 체결하였다. 표트르 3세의 반러시아적 행위와 그의 대외정책이 러시아 국익을 크게 손상시키자 장교들, 귀족들, 그리고 성직자들이 차르에게 큰 불만을 가지게 되었다. 황제의 경솔함과 변덕 그리고 러시아의 민족적이고 종교적인 전통을 무시하여 **표트르 3세**는 많은 적을 만들었다.

표트르 3세에 대한 러시아 지배층의 불만을 이용하여 아내 예카테리나는 자신의 남편을 권좌에서 축출하기 위한 음모를 주도하게 된다. 남편과 달리 러시아의 문화와 풍습에 많은 관심을 보였던 예카테리나는 궁정귀족들과 친위대 장교들의 존경을 받았다. 1762년 6월 28일 아침 장교복장을 한 예카테리나는 말을 타고 친위대 병영에 도착하여 표트르 3세의 반러시아적인 정책을 비난하는 성명서를 낭독하였다. 친위대는 예카테리나 2세에게 충성을 맹세하고 그녀를 여제로 선포했다. 표트르 3세는 체포당하여 구금상태에 있던 중 1주일 만에 술에 취해 논쟁을 벌이다가 살해당하고 말았다. 이 모반은 표트르 대제의 사후 5번째 궁정반역이었다. 예카테리나는 37년 동안 오래 재위에 있었고 러시아 역사상 위대한 업적을 남겼다.

결 론

궁정 모반의 시대는 러시아 황제의 권좌에서 군주의 빈번한 교체로 기념되었다. 이 시대에 친위대, 궁정 고위관리들, 총신들의 영향이 크게 증대되었다. 황제들과 여황제들은 자신들의 궁정 귀족들의 지원에 더욱 더 의존하게 되었다.

28. 1725~1762년 대내외 정책들

귀족계급의 위치강화

예카테리나 1세를 권좌에 오르게 한 군사모반 후에 표트르 2세(표트르 1세의 손자)의 축출자들과 모든 궁정귀족계급의 위치가 공고해졌다. 예카테리나는 자신을 지지해준 친위대에게 보답했다. 그들은 현금 외에 적지 않은 토지와 농노들을 받았다. 구귀족들의 지지를 받았던 젊은 표트르 2세의 제위기간이 궁정 귀족들에게는 어려운 기간이었다. 세습 귀족의 지원에 의존했던 황제의 전제권력을 제한하려는 최고위 추밀원 의원들의 개혁에 의해서 궁정귀족들의 이익이 희생되었다.

안나 이오안노브나의 치세에 궁정귀족들의 권력은 확대되었다. 궁정귀족들의 의무 근무기간이 25년으로 제한되었고, 아들 중 한사람만이 지주로 남을 수 있었다. 귀족들에게 자신의 판단에 따라 세습영지를 상속시킬 권한이 부여되었던 장자 상속제도에 관한 표트르 1세의 칙령은 취소되었다. 귀족 자제들의 교육을 위해서 유년사관학교가 설립되었고, 그 학교 졸업생들은 장교가 될 수 있었다. 과거에 35~45세 나이에 군대에 근무했던 궁정 귀족들은 지금은 지주가 될 수 있었다.

엘리자베타 페트로브나 치세 때 궁정 귀족들은 새로운 특권들을 얻었다. 1741년 1월 25일의 모반에 참여한 귀족의 작위가 없었던 모든 사람들이 현금과 토지와 함께 귀족의 칭호를 받았다. 토지소유와 농노를 상속할 수 있는 궁정귀족의 특권들이 공고화되었다.

≪귀족의 자유에 대한 선언문≫를 표트르 3세가 채택한 것은 이러한 시기의 친 궁정귀족 정책의 절정이었다. 그것에 따라서, 궁정귀족들은 국가에 봉직의 의무를 면제받았다. 이러한 결정으로 특수한 특권계층으로서의 궁정귀족층(дворянство)이 형성되었다. 국가에 대한 봉직의 의무에서 완전히 면제를 받았음도 불구하고 궁정귀족들은 징세할 권리와 국정의 상황에 대해서 비판할 특권을 가졌다.

농민과 카자크들에 대한 정책

농노들로부터 인두세를 징수하는 것이 지주들에게 위임되었다. 이것은 지주들이 농민에게 징벌수단을 사용할 수 있다는 것을 의미했다. 1747년에 지주들은 농민들을 신병으로 징집할 권리를 부여받았다. 지주들은 자신들의 농노들을 대신해서 새로운 차르에게 충성을 받쳐야 했다. 농민들의 재산소유 권한도 제한되었다(예를 들면 1734년에 농민들이 나사를 짜는 공장을 설립하는 것이 금지되었다). 동시에 지주들은 도주한 농민들에게 적용할 형벌을 정하고(1736), 그들을 시베리아로 추방하고(1760), 강제노동으로 보낼 권한을 부여받았다.

농민들의 세금을 이용하여 자신의 영지를 무제한으로 확장시킬 권한이 지주들에게 부여되었다. 지주들을 위한 농민들의 노역이 증대되었다. 표트르 대제 때처럼 3일간의 부역 노동은 대부분의 지역에서 일주일에 6일까지 늘어났다. 그러한 정책은 농민경제의 파탄을 초래했다. 농민들은 볼가강 중하류 근처에서 돈강으로 도주했다. 카자크들에 대한 정부의 정책은 역효과를 낳았다. 우크라이나의 부유한 카자크들의 부역은 실제로는 군복무에 한정되었다. 동시에 평범한 계층의 카자크들은 농민들과 평등한 위치가 되었다. 우크라이나의 자치는 크게 줄어들었다. 카자크들 가운데 일부는 러시아 장교로 임명되었다.

수공업 공장 생산 분야에서의 정책들

표트르 대제 때 이미 농노들이 수공업 공장에 배치되기 시작했다. 이것은 1736년부터 안나 이오안노브나의 칙령에 의해서 확정되었다. 그 칙령에 따르면 고용된 노동자들뿐만 아니라 그의 가족들도 수공업 공장에 항구적으로 배치되었고, 가족의 일부는 다른 노동에 종사하는 농노로 전환되었다. 같은 해에 그 중 일부는 수공업 공장들 인근에 집단을 이루고 살았던 거지나 방랑자들이 되었다.

엘리자베타 페트로브나도 두 번째의 비슷한 명령을 발하였다. 정부는 이러한 방법으로 수공업 공장에 필요한 노동력을 확보했다. 엘리자베타 페트로브나가 1754년에 궁정 귀족계급과 상인들을 위한 최초의 국립 대부은행을 설립한 것은 산업발전에 큰 의미를 가졌다.

1730~40년대의 대외정책

표트르 대제가 죽은 후에 러시아의 대외정책은 기존의 정책방향을 유지했다. 오스만 터키 제국의 지속적인 약화는 흑해로의 진출하기 위한 러시아의 노력을 촉진시켰다. 폴란드를 탈취하기 위해서 러시아는 폴란드의 내정에 적극적으로 개입했다. 스웨덴이 북방전쟁의 강화조약을 체결하기를 원하지 않기 때문에 표트르 대제가 성취한 발트해 연안의 정복을 지속하는 것이 러시아의 대외정책의 중요한 과제 중의 하나였다. 페르시아 군사원정 후에 해결되지 않고 남아있는 문제들을 해결하지 않으면 안 되었다. 그래서 마침내 러시아는 동쪽으로 진출을 계속했다.

흑해로 진출할 목적으로 1736년 봄에 러시아는 터키에 전쟁을 선포했다. 미니흐(Б. К. Миних) 원수가 총사령관으로 임명되었다. 오스트리아는 이 전쟁에서 러시아의 동맹국이 되었다. 영웅적인 희생의 대가를 치루고 러시아 군대는 페레코프(Переков)해협을 건너 크림 한국의 수도 **바흐치사라이**(Бахчисарай)를 정복했다. 그러나 본국으로부터 해임될 것이라는 위협 때문에 미니흐는 러시아 군대의 철수를 명령했다.

1736년 여름에 러시아 군은 아조프해를 점령했고, 1737년 전투과정에서 아차코프(Ачаков) 요새를 점령했고, 1739년에 호친(Хочин) 요새를 점령했다. 한편 일련의 패배를 당한 후에 오스트리아는 동맹관계를 깨뜨리고 터키와 강화조약을 체결했다. 러시아 홀로 터키와 싸울 힘이 없었다. 1739년 **벨그라드**(Белград) 강화조약에 따라 러시아는 탈취한 요새들을 양도했다. 아조프해는 러시아와 터키 사이의 중립지대로 남았고 아조프의 군사요새들은 파괴되었다. 전에 터키가 점령했던 우안(드네프르강 우안)의 우크라이나의 상당한 영토가 러시아에 합병되었다. 북카프카스의 카바르진스크 지역과 아조프 해 연안의 영토들이 러시아와 터키 사이의 국경으로 선포되었다. 그러나 러시아는 흑해로 나가는 출구도, 아조프 해에 요새와 함대를 배치하는 권리도 획득하지 못했다.

북방전쟁의 강화조약을 결코 체결할 의사가 없었던 스웨덴이 먼저 조약체결을 제안했다. 그러나 1741~1743년의 전쟁에서 러시아는 오스트리아와 동맹을 맺고 프랑스와 동맹을 맺은 스웨덴과 싸웠는데 러시아는 전에 합병한 영토를 보존하였을 뿐만 아니라 **브이보르크**까지의 핀란드 영토의 일부를 획득할 수 있었다.

러시아의 동방진출

1750년은 카자흐 지역이 러시아에 합병된 시기였다. 부족 간의 싸움에서 다양한 카자흐 부족장들은 동쪽 국경의 안정에 관심을 가졌던 러시아에 도움을 청했다. 1731년에 카자흐의 믈라드시이주스(Младшийжуз)가, 1740~1743년에는 스레드니이주스(Ср еднийжуз)가 자발적으로 러시아에 합병되었다. 인접국의 침략에 안보를 확보하기 위해서 오렌부르크와 일련의 다른 요새들이 러시아의 남동지역에 건설되었다.

1756~1762년의 7년 전쟁에 러시아의 참여

1750년에 유럽의 상황은 매우 복잡했다. 프러시아의 강대해짐과 **프리드리히 2세**의 영토 확장 계획은 러시아, 오스트리아, 그리고 다른 강대국들에게 위협이 되었다. 1756~1757년에 서로에게 적대적인 2개의 동맹이 형성되었다. 한쪽에서는 프러시아와 영국이 동맹을 형성했고, 다른 쪽에서는 프랑스, 리시아, 오스트리아, 삭소니아 등이 나중에 스웨덴이 가담한 동맹을 형성했다.

프리드리히 2세가 전쟁을 시작했다. 그는 한번에 가능한 전략을 선택했다. 강한 군대를 한 전선에서 다른 전선으로 빠르게 이동배치하면서, 프리드리히 2세는 기습공격으로 적대국 군대를 격퇴하려고 했다.

1757년 7월에 러시아는 프러시아와 전투를 시작했다. **아프락시니이**(С.Ф. Апраксиный)가 지휘하는 러시아 군대는 동프러시아에 침입하여 메멜, 틸지트, 다른 도시들을 점령했다. 그는 4만 명의 프러시아 군대가 포진하고 있었던 동프러시아 수도인 케니그스베르크를 점령해야 할 어려운 전투를 수행해야만 했다. 1757년 8월 19일에 7년 전쟁에서 가장 치열한 전투 중의 하나가 작은 농촌 그로스에게르스도르프 근처에서 벌어졌다. **루먄체프**(П. А. Румянцев)의 예비 연대의 공격이 이 전투에서 결정적인 역할을 했다. 그러나 여황제 엘리자베타의 병사들과 왕위 계승자 표트르 표도르비치(표트르 3세)의 프리드리히 2세에 대한 동정심에 대해서 알았기 때문에, 아프락시니이는 격퇴된 적군을 추격하지 않았을 뿐만 아니라 철수명령을 내렸다. 그 결과 프러시아는 패잔병들을 짧은 기간에 모아서 러시아 군대에 역공을 할 수 있었다. 한편 엘리자베타 여황제는 분노했고 아프락시니이는 사령관직에서 해임되었고, 재판에 회부되었다.

그 후의 군사작전 과정에서 러시아 군대는 케니그스베르크와 동프러시아 전지역을 점령했다. 1758년 8월에 러시아 군대는 촌른도르프 마을 근처에서 프리드리히 2세가 지휘하는 프러시아 군대를 공격하였을 뿐만 아니라 그들을 급히 후퇴하도록 압박했다. 1759년에 동맹국인 오스트리아 군대와 함께 살티코프(П. С. Салтыков)가 지휘하는 러시아 군대는 쿠네르스도르프 인근에서 벌어 진 총력전에서 대승을 거두었다. 포병의 현명한 작전과 보병들의 용맹한 백병전 덕분에 승리할 수 있었다.

아프락시니이

예카테리나 2세

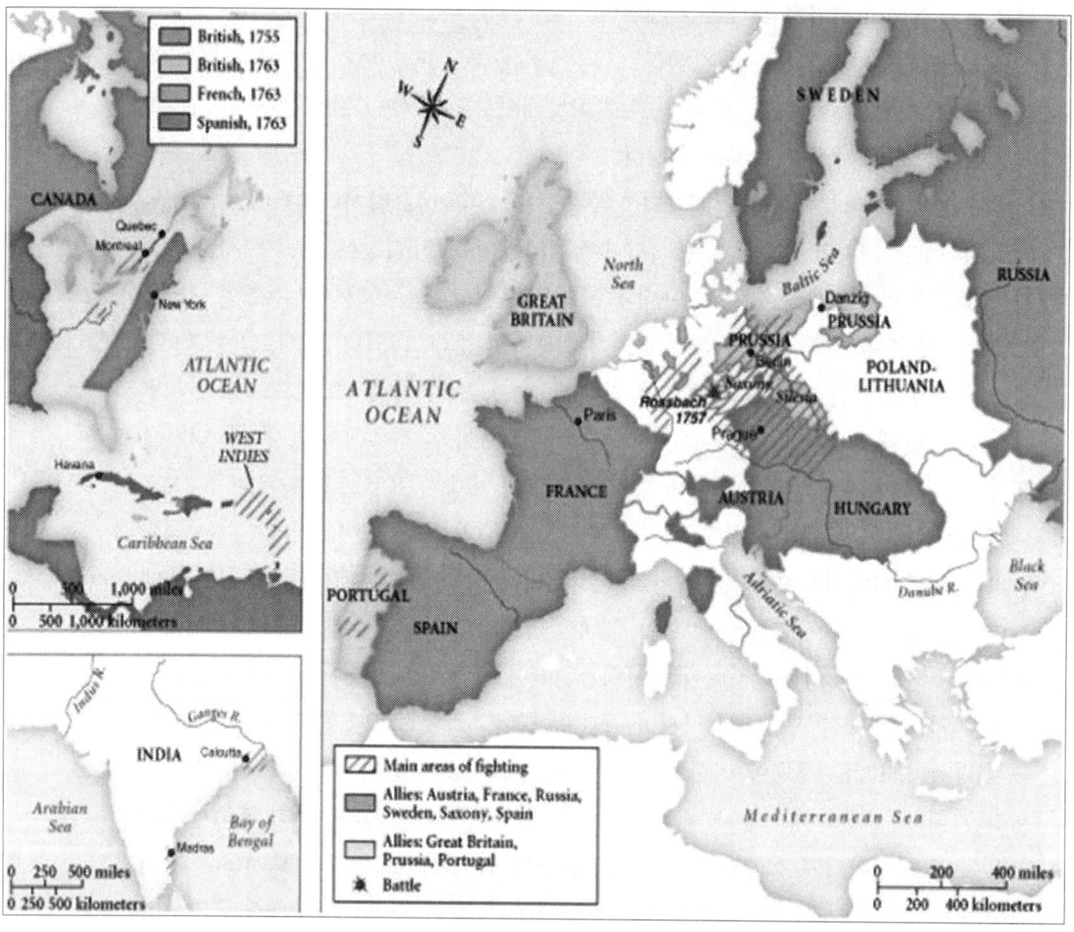

7년 전쟁 지도

1760년 9월에 러시아 군대는 베르린에 입성했다. 1761년 러시아 군대가 콜베르크 요새를 점령한 후에 프러시아는 거의 완패할 상태에 있었다. 프리드리히 2세는 낙담하여 약을 먹고 자살하려고 시도했다. 그러나 7년 전쟁의 최종 단계에서 엘리자베타 여제가 서거했다. 왕위에 오른 황제 표트르 3세는 군사작전을 중지하고 프리드리히 2세와 동맹을 맺었다. 1762년에 감행된 모반만이 러시아를 새로운 치열한 전쟁을 피할 수 있도록 해줄 수 있었다. 예카테리나 2세는 프러시아와 동맹을 파기했지만 프러시아와 다시 전쟁을 시작하지 않았다. 러시아 군대는 철군하여 귀환했다. 7년 전쟁은 유럽에서 세력균형을 유지할 수 있게 해 주었다. 이 전쟁의 결과 러시아는 새로운 영토를 획득하지는 못하였지만 러시아군의 승리로 프러시아의 정복야욕은 분쇄되었고 러시아 제국의 국제적인 권위는 크게 신장되었다.

결 론

1725~1762년 기간에 러시아 황제들의 국내정책은 때때로 일관성이 없었고, 성과도 적었다. 정책의 일관성은 주로 궁정귀족의 새로운 특권들의 인준에만 보존되었다. 같은 기간에 대외정책에서 주요한 업적은 러시아는 발트해 연안에서 자국의 위치를 공고해 했고, 많은 전쟁의 과정에서 군사 영역에서 유럽의 최 강대국 중의 하나임을 보여주었다. 러시아는 카자흐와 극동지역의 일부의 땅을 합병하여 영토를 확장할 수 있었다. 동시에 남쪽 바다로의 출구를 확보하는 과업은 여전히 해결되지 않았다.

29. 예카테리나 2세의 국내정치

예카테리나의 국내정치의 특성

많은 주위환경이 예카테리나 2세의 국내정치에 영향을 미쳤다. 그녀가 즉위할 당시에 농업이 쇠퇴했다. 상 · 공업의 발달을 위한 자유로운 노동력 시장이 없었고, 항상 국고수입은 부족했다. 이러한 환경은 자유시장의 발전, 기업적인 창의력, 농노제의 제한 등을 필요로 했다. **푸가쵸프의 반란**으로 폭발한 민중의 불만의 증대, 프랑스 혁명의 발발, **노비코프**(Новиков)와 **라디세프**(Радищев) 같은 러시아 계몽주의자들의 농노제에 대한 비판 등이 개혁실시의 완만함과 지체를 야기했고, 엄격한 국내정책으로의 전환을 야기했다. 예카테리나는 왕위 계승에 대한 합법적인 권리가 없는데도 불구하고 왕위에 오른 것을 고려해야만 했다. 그러기 때문에 그녀는 새로운 궁정 모반을 피하기 위해서 엄격한 국내정책을 실시하지 않을 수 없었다.

라디세프

노비코프

계몽 절대주의 정책들

계몽전제군주의의 이념은 프랑스 사상가들인 볼테르, 몬테스키외, 디데로, 달람베르그, 루소와 같은 저명한 프랑스 사상가들의 저술 속에서 주창되었다. 그들에게 중요한 것은 봉건제도의 비판, 개인의 자유와 법 앞에 평등의 부재, 민중의 계몽 등이었다. 예카테리나는 이러한 생각을 많이 공유했다. 그러나 여제는 자신을 공화제의 신봉자로 자칭했음에도 불구하고, 그녀는 러시아에는 전제가 불가피 하다는 것을 확신했다. 그래서 그녀는 궁정귀족들이 군주를 도와야 한다고 생각했다.

러시아 정교의 위치와 역할을 비판하지 않으면서 여황제는 프랑스 **계몽주의** 사상을 신봉하여 수도원과 교회의 토지를 국유화로 전환하는 개혁을 감행했다. 1764년에 교회 땅의 세속화와 2만 명의 수도원 농민들을 국가소유로 전환하는 칙령이 공포되었다. 귀족의 자유로운 경제공동체의 설립, 서쪽(발트해 연안) 현청 소재지에서 농민들의 부역의 제도화, 정부의 허가 없이 기업을 설립할 권리의 제공, 자유로운 인쇄소 설립의 허가, 학교개혁 등의 계몽전제주의의 정책들이 실시되었다.

법전 편찬 위원회

계몽 절대주의 정책의 기조 속에서 여제의 가장 위대한 조치들은 그 당시 효력이 있었던 1649년에 편찬된 법령집을 대체할 새로운 법령집을 편찬하기 위한 위원회가 소집되었다는 것이었다. 표트르 1세와 그의 딸 엘리자베타도 그러한 시도를 했다. 그러나 그들과 달리 예카테리나 여제는 이러한 법전의 편찬 과정에 정부 관리들과 다양한 계층의 대표자들을 참여시키기로 결정했다. 대표자들은 국가기관, 궁정귀족들, 상인들, 국가 농민들, 모피를 세금으로 내는 사람들, 카자크들, 유목민족들 중에서 선출되었다. 종무원의 한 대표자만이 성직자 계층에서 선발되었다. 그 당시 전체 농민의 50%를 차지했던 농노들은 법전편찬 위원회에 자신의 선발된 대표자들을 보낼 권리를 가지지 못했다. 그들의 이익은 지주들에 의해서 대표될 것으로 간주되었다. 그러나 국가농민들과 볼가강 연안, 우랄산맥, 시베리아의 비러시아 민족의 대표자들이 처음으로 그러한 권리를 부여받았다. 각 선출된 대표자들은 자신의 계층의 이익을 대변하는 의무를 가졌다.

1767년 7월 30일에 모스크바 크레믈에서 있었던 법전 편찬 전체 회의에는 1465개 지방의 행정구역을 대변하는 564명의 대표자들이 참석했다. 귀족들이 대의원의 40%를 차지했다. 귀족의 대표자들은 여황제에게 귀족의 소유지의 매매의 절차를 단순화해줄 것, 도주한 농민들의 수색을 강화시켜줄 것, 지방에 귀족 자치기관을 설립시켜 줄 것 등을 요구했다.

상인층은 도시에서 교역의 독점권의 부여와 그곳에서 귀족과 농민들의 교역권의 박탈을 주장했다. 상인층은 귀족들이 누리는 몇 가지 특권들□신체적 형벌의 면제, 농노의 소유, 수공업 공장에서의 노동을 위한 농민들을 살 수 있는 기회 등을 상인들에게도 확대시켜 줄 것을 청원했다.

국가농민들은 예카테리나 여제에게 토지의 부족, 지주와 공장주들의 학대, 그리고 높은 세금에 대해서 불평했고, 비러시아 민족의 대표들은 러시아인들과 자신들을 동동하게 대해줄 것을 요구했다. 코즐로프의 귀족들의 대표인 그리고리 코로비인(Григорий Коробьин)은 농노제의 비참한 운명에 대해서 말했다. 그의 감동적인 연설은 지주들뿐만 아니라 상인들에 의해서 적대적으로 받아 들여졌다. 그러나 법전 편찬 위원회의 몇몇 위원들도 농민들에게 공감을 표시했다. 일년 반 동안 활동했지만 어떠한 결정도 내리지 못하고 러시아-터키전쟁이 발발하자 그 위원회는 일시적으로 해체되었고 더 이상 소집되지 않았다.

러시아 귀족의 황금시대

궁정귀족이 주축인 친위대의 추대로 권좌에 오른 예카테리나 여제는 치세 중에 귀족들에게 의지했다. 그녀는 귀족들에게 특혜를 주는 정책들을 시행했다. 1765년의 칙령에 따라 단순하게 이주를 위해서가 아니라 강제노동의 존속을 위해서 농민들을 시베리아로 유형을 보내는 것이 허용되었고, 지주 자신이 강제노역기간을 확정했다. 농민들의 모든 땅이 지주들의 소유로 확보되었다. 1763년 농민들의 반란을 진압하기 위해서 파견된 군대의 유지와 관련된 모든 비용을 예카테리나는 바로 농민들에게 전가시켰다. 1783년의 특별칙령에 따라 우크라이나에서는 농민들을 한 지주에게서 다른 지주로 양도하는 것이 금지되었다. 이것은 전에는 거기에는 없었던 농노제의 도입을 의미했다. 이렇게 카자크 상류층의 근거지에서 형성된 귀족층은 자신들의 경제적 위치를 강화했다.

1785년 4월에 표트르 1세의 사후에 귀족들에게 부여된 모든 특권들이 집대성 되었고, 인준한 ≪**귀족들을 위한 은상증서**≫가 공표되었다. 그 외에도 예카테리나는 현과 군에 귀족공동체의 설립을 허락했다. 선출된 군과 현의 귀족대표들이 참석하는 귀족회의가 3년에 한번 열렸다. 그들은 현지사와 총독들에게 자신들의 필요한 것을 탄원하고, 최고 권력기관과 여 황제에게 탄원서를 보낼 권리를 가졌다.

1770~1790년의 국내정책

푸가쵸프의 난은 예카테리나 2세의 잔혹한 국내정치를 초래했다. 1755년 기존의 행정조직의 개편이 실시되었다. 현(губерния)의 개수는 20개에서 50개로 증대되었다. 현의 인구는 30~40만 명(남자인구에 따라)이었고, 군(уезд)의 인구는 2~3만 명이었다. 현의 수장은 지사(губернатор)였고, 군의 우두머리는 육군대위나 군의 경찰서장이 임명되었다. 지방의 권력을 지사의 수중으로 넘긴 이러한 개혁은 백성들에 대한 통제를 강화했다. 1775년에 자포로지예(Запорожье: 드네프르강 남쪽 지역)의 카자크의 본영과 우크라이나의 자치지역이 폐지되었다.

프랑스 혁명은 엄격한 검열제도의 확립과 자유로운 인쇄의 금지를 초래했다. ≪페테르부르크로부터 모스크바까지 여행≫을 출판한 후에 **라디셰프**(А. Н. Радищев)는 사형 선고를 받았고, 나중에 감형되어 10년간 시베리아 유형에 처해졌다. 유명한 출판인이면서 작가인 **노비코프**(Н. И. Новиков)는 15년간 실리셀브르크 요새로 유형을 갔다. 이 모든 것이 ≪계몽적 절대주의≫ 정책의 완수를 입증했다.

결 론

예카테리나 2세의 정책은 친 귀족적인 성격을 띠었다. 그녀의 계몽적 절대주의는 민중들의 생활을 개선시켜 주지 못했고, 반대로 러시아 농민들은 시민적 권리들의 잔재마다도 상실하였다.

30. 18세기 후반의 러시아 경제

구질서의 해체

1760~90대에 강제노동에 바탕을 둔 농노적 경제체제의 해체는 더욱 더 분명해졌다. 대신 다양한 자본주의적 관계가 형성되기 시작했다. 첫째 지주와 농업의 실제적인 결집이 해체되었고, 농산물은 더욱더 빈번히 해외로 수출되었다. 둘째, 자발적인 고용에 바탕을 둔 체제가 증대되었다. 고용노동만을 이용했던 수공업 공장의 수는 꾸준히 증가했다. 1775년에 자본을 가진 농민들에게(당시 물가로 10만 루불에 이르는 엄청난 자산을 가졌던 소수의 농민들)자신의 기업을 설립하는 것이 허용되었다.

이것과 더불어 보존되었던 농노질서는 자유로운 노동시장의 발전을 저해했다. 어떤 순간에 지주는 수공업 공장에 고용된 돈 벌로 간 농민들을 도시에서 불러들일 수 있었다. 농업에서 기술혁신과 새로운 형태의 노동은 값싼 농노들의 무임 노동력 착취 때문에 적용되지 못했다. 지주들을 위해서 엄청난 부역과 세금을 부담해야 했던 다수인 농민들은 돈이 없었고, 이것은 국내무역의 발전을 저해했다.

18세기 후반에 지주와 국가에 의한 농민들의 착취는 강화되었다. 반세기 동안 소작료는 3~5배 올라서 1년에 양 다섯 마리를 살 수 있는 가격인 4~5루블이 되었다. 몇

몇 지역에서 부역은 일주일에 4일이었고 6일을 부역할 때도 있었다. 국가에 내는 세금은 한 사람당 74 코페이카에서 3루블까지 증대되었다. 소금과 술 가격이 올랐다. 이러한 모든 것들이 농노제도가 스스로 붕괴되는데 작용했다고 한다.

자발적인 영농협회

1765년에 고관인 올릴로프와 보론초프가 여제의 제안에 따라 자발적인 영농협회의 설립자가 되었다. 이것은 지주들이 국내외의 최신의 농업 기술을 습득하는데 도와주기 위해서 설립되었다. 농업학, 가축학, 농업의 조직에 대한 글들이 실렸던 협회의 기관지인 ≪노동≫이 출판되기 시작했다. 설립 후 즉시 그 단체는 농민문제의 개선을 위한 회의의 개최를 공표했다. 회의에 상정된 안건 중에는 농노제의 폐지와 부분적인 제한에 대한 제안들이 있었다. 그러나 그 협회에 의해서 선포된 종전과 다른 대의원 대회에서는 어떤 실제적인 결과도 도출되지 못했다. 모든 것이 예전처럼 존속했다. 그럼에도 불구하고 이것은 농노문제가 러시아에서 중대한 문제 중의 하나라는 것을 입증했다.

농 업

농노제도의 붕괴의 시작에도 불구하고 1760대와 1790년대에 농업에는 일련의 성공이 목격되었다. 그러나 이것은 새로운 노동방식이 아니라 러시아가 흑해 북안에서 정복한 영토의 획득과 관련이 있다. 새로운 땅을 빨리 정복하여 경작하기 위해서 예카테리나는 자신 소유의 농노들을 남쪽지역(노보 러시아)으로 이주시키는데 동의한 지주들에게 그 먼 지역의 땅을 나누어 주겠다는 칙령을 반포했다. 그 결과 예카테리나 여제 치세의 말엽에 노보 러시아는 식량을 대량으로 생산할 뿐만 아니라 그것을 해외로 수출하기 시작했다.

전통적으로 유목에 종사했던 이주 농민들과 현지 주민들이 농업으로 전환했던 볼가강 유역, 우랄, 시베리아 지역 등에서도 새로운 농토들이 개간되었다. 새로운 가축종들이 출시되었고, 새로운 농업기술들이 보급되었다. 감자와 해바라기 재배가 더욱 더 큰 비율을 차지했다.

산 업

수공업 공장 생산양식에 바탕을 둔 공업의 발전은 더욱 더 빨라졌다. 한편 이것은 끊임없는 전쟁으로 육군과 해군의 군수품, 즉 건조된 선박의 범포와 대포 주조에 필요한 금속을 대량으로 생산해야 하기 때문에 이루어졌다. 다른 이유는 금속, 범포, 대마 등의 저렴한 러시아 상품에 대하여 해외의 구매자들이 관심이 많았기 때문이다. 이러한 모든 사정 때문에 러시아에서 수공업 공장의 수는 빠르게 증대되었다. 1750년에 수공업 공장의 수는 600개로 추정되었다면, 18세기 말에는 이미 1200개에 이르렀다.

특히 국내 금속공업이 급속도로 발전했다. 50년 동안 러시아의 주철 생산은 5배나 증가하여 1천만 푸트(пуд)가 되었다. 우랄이 러시아 금속공업의 중심지가 되었다. 예카테리나 2세 치세 때에 금과 백금의 채취와 생산을 하는 기업들이 나타나기 시작했다. 야로슬라블과 코스트로마는 범포와 백금 산업의 중심지가 되었다. 나사 생산은 양의 목축이 발달한 남쪽지방에서 발달했다. 1760년대에 발트해 연안에 최초의 수공업 공장들이 생겼다. 경공업에 새로운 싹인 면방적 공업이 등장했다.

무역과 금융

공업과 농업의 발전의 성공은 국내외의 무역의 활발한 발전을 촉진시켰다. 1754년에 국내의 관세 폐지 덕분에 국내의 원거리 지역 간의 무역관계가 번창했다. 농민들이 점차적으로 시장경제로 유입되어 갈 정도로 농촌의 시골장과 시장은 더욱 더 커졌다. 도시와 농촌간의 물물교환이 증대되었다. 도시에서의 상거래는 예전처럼 일요일과 축제일뿐만 아니라 종일 이루어지기 시작했다. 최초의 설비상점들이 등장했다. 모스크바와 페테르부르크는 나라의 가장 큰 무역중심지가 되었다. 매년 1천 1백만 이상의 푸트의 곡물이 모스크바로 운송되어 왔다. 우크라이나와 시베리아에 새로운 정기 시장들이 생겼다. 우크라이나에서는 일 년에 3번씩 열리는 네진스크 시장이 가장 컸는데, 러시아 전지역, 북서 유럽, 터키에서 상품들이 운반되어 왔다. 쿠르스크(Курск) 근교에 있는 코레나 시장에서는 러시아와 우크라이나 상인들 사이에 무역협정이 체결되었다. 이르비트스크(Ирбитск)시장이 러시아의 유럽지역과 시베리아 사이의 상품 중계지역이 되었다.

리가와 페테르부르크가 대외무역 발전에 큰 역할을 했다. 오데사와 헤로손 같은 남쪽 항구들이 건설되기 시작했다. 금속이 주요한 수출품이 되었다. 예카테리나 치세 초기에 1년에 80만 푸트의 금속이 수출되었고, 1780년대 초 경에는 거의 4백만 푸트의 금속이 수출되었다. 흑해 북안지역을 습득함에 따라 유럽으로의 곡물 수출은 급속도로 증대되었다.

동시에 외국무역은 주로 표트르 대제 이후 첨으로 러시아 국내시장에 침투한 외국 상인들의 중계로 이루어졌다. 예카테리나 치세기간에 수행된 끊임없는 전쟁으로 많은 액수가 국고에서 지출되었다. 정부는 농민과 보통시민들로부터 세금을 증대시켰다. 1775년 지방행정의 개혁 이후에 관료의 수가 늘어난 후에 중앙과 지방의 국가기관의 유지비는 예산의 22%에서 50%로 증대되었다. 아직도 40%는 육군과 해군함대의 유지비로 사용되었다.

현금이 크게 모자랐다. 그래서 예카테리나 2세는 첨으로 네덜란드와 제노바 상인들이 제공하는 대외차관에 의존하지 않으면 안 되었다. 1768년에 예카테리나는 지폐 발행을 시작한 지폐발행 은행의 설립을 선포했다. 곧 지폐 루블은 은화보다 40%가 가격이 떨어졌다.

결 론

예카테리나 치세기간에 러시아의 사회 · 경제 발전에 두 가지 상반되는 과정이 목격되었다. 한 편에서는 교용노동과 시장관계에 바탕을 둔 새로운 형태의 농업의 발전이 두드려졌다. 또 다른 쪽에서는 농노제도의 유지는 경제 특히 농업 분야에 심각한 부담이 되었다. 여기서부터 경제 발전의 상반된 특징이 나타나기 시작했다. 농노 질서의 영향이 가장 큰 지역에서 더 높은 경제 발전이 이루어졌다.

31. 푸가쵸프(Пугачёв)의 반란

반란의 원인들

반란의 주요 원인은 지주의 권력 남용이었다. 농노들은 자신의 지주들로부터 어떠한 권리도 갖지 못했고, 조롱과 고통을 받았다. 지주들은 단지 자신의 농노를 죽일 수는 없었다. 그러나 예를 들면 이것은 모스크바의 살티코바야 군의 지주가 자신의 100명의 농노들을 들볶아 죽인 것을 저지하지 못했다. 지방 관료들은 농민들의 조그만 과오나 불복종했다는 이유로, 농민들을 임의대로 추방하거나, 병력에 내보내거나, 농노나 가족의 일원들을 팔아넘길 수가 있었다. 농민들은 노름판에서 판돈의 대상이 되었고, 개와도 교환되었다. 수공업 공장에서 일하는 노동자들의 상황도 비참했다. 그들은 하루에 12~15시간을 일하면서 자신들의 가족들로부터 여러 달 떨어져 살았다. 노동의 비인간적인 조건은 노동자들의 병과 죽음을 초래했다.

지배계층은 비러시아 민족의 대표자들을 ≪2등급의 사람들≫로 생각했다. 18세기 후반 내내 러시아 귀족들은 볼가강 유역과 우랄산맥 근처의 비러시아 민족의 땅들은 탈취하고 착취했다. 돈강 유역에서 일어난 불라빈의 반란이 진압된 이후 카자크의 자치권은 박탈되었다. 이러한 모든 것이 러시아 제국의 여러 현과 군에서 반란이 일상적으로 일어난 원인되었다. 1773년에 많은 반란이 러시아 역사상 가장 큰 민중 봉기인 푸가쵸프의 반란으로 최절정에 이르렀다.

푸가쵸프의 인격과 반란자들의 요구

1740년 초에 푸가쵸프 이바노비치는 스테판 라진의 고향인 돈강의 지모베이스크 카자크 마을에서 태어났다. 7년간의 러시아-터키 전쟁 기간에 그는 적군과 용감하게 싸웠다. 군복무 중의 전공 덕분에 그는 초급장교인 카자크군 소위계급을 부여받았다. 1771년에 탈영을 했고, 여러 번 붙잡혀서, 시베리아의 유형선고를 받았지만, 탈출했다. 1773년 8월에 푸가쵸프는 야이크(Яик)강으로 가서 자신을 ≪기적적으로 살아난 황제 표트르 3세≫라고 선언했다. 곧 그는 야이크 지방의 카자크들의 우두머리가 될 수 있었다.

≪표트르 표도로비치 황제≫는 용감하고 정력적인 사람으로서 카자크들의 관심을

끌었고, 비범한 전투와 조직능력을 소유했다. 푸가쵸프는 선동하는 성명서를 유포했다. 성명서에서 그는 봉기의 모든 참여자들에게 영원한 자유, 토지, 목초지와 어장, 높은 급료, 탄환, 화약, 군역에서의 면제 등의 부여와 지주와 지방 관리들을 참수하겠다고 약속했다. 그는 예카테리나 2세를 타도하고, ≪부친의 왕위≫를 차지하여, 인민을 위한 ≪성년황제≫가 될 생각을 했다. 그러한 계획은 그의 측에 모든 새로운 지지자를 끌어들였다. 농민, 노동자들, 타타르, 바시키르, 칼미크 등이 야이크 카자크들에게 가담했다. 그들 모두는 푸가쵸프를 지주들과 차르의 지방 관료들의 강제된 폭정에서 자신들을 해방시켜줄 구세주로 보았다.

푸가쵸프의 반란

푸가쵸프의 탐관오리 처형

반란의 주요 단계들

푸가쵸프의 반란은 삼 단계로 나눌 수 있다. 첫 번째 단계의 봉기는 1773년 9월 17일에 있었던 카자크들 앞에서의 푸가쵸프의 연설로서 시작되었다. 그 연설문에서 그는 ≪자신의 이름의 비밀≫을 폭로했다. 이미 다음날, 처음에는 모두 80명이었던 그의 지지자수가 두 배로 증가했다. 3주 동안에 더욱 더 새로운 세력들이 푸가쵸프 반란군에 가담했고, 푸가쵸프 자신이 전투 없이 요새들을 연달아 정복했다. 10월 5일에 오렌부르크 쪽으로 접근하여 그 도시를 포위했다. 포위에 참여한 반란군의 수는 이미 3만 명에 이르렀다. 우랄 산맥의 광산 노동자들과 살라바트 율라예브이가 이끄는 바시키르들도 그들에 가담했다.

한편 정부는 반란군에 대항해서 카라(Кара)장군을 파견했는데, 그는 푸가쵸프의 협력자들인 오브치니코프와 자루빈-치크의 부대에게 패배했다. 처음으로 페테르부르크에서 우려가 언급되기 시작했다. 궁신 중의 한사람이 차르에게 편지를 썼다. ≪푸가쵸프는 중요하지 않습니다. 민중들 전체의 분노가 중요합니다≫.

오렌부르크의 포위가 6개월 동안 지속되었지만, 반란군들은 성공하지 못했다. 비비코브이(А. И. Бибиковый) 장군이 지휘하는 정부군이 그들을 공격했다. 1774년 3월 22일에 타티세프(Татищев) 요새 근처에서 반란군과 차르 군대 사이에 전투가 벌어졌다. 전투가 거의 6시간 지속되었다. 정부군이 승리를 거두었다. 그렇게 푸가쵸프의 전투의 첫 단계는 오렌부르크 포위와 타티세프 요새 근처의 전투에서의 패배로 끝났다.

1774년 4월 7일까지 두 번째 단계가 지속되었다. 푸가쵸프는 오렌부르크 포위를 풀어서 동쪽 바시키르족의 거주지와 남 우랄 지역으로 철수했다. 이곳에서 반란군의 병력 손실은 우랄지역의 공장에서 일하는 노동자들로 보충되었다. 그들은 푸가쵸프에게 대포를 가져다주었다. 곧 푸가쵸프의 군대는 일만 명이 되었고,우드무르트인들, 마리인들, 추바시인들도 가담한 후에 2만 명으로 늘었다. 푸가쵸프는 자신의 군대를 카잔으로 이동해서 1774년 7월에 카잔을 포위했다. 거기에 배치된 차르 수비대의 잔류병들이 지키는 성을 점령할 수가 없었다. 미헬손 중령이 지휘하는 차르의 군대가 포위된 수비대 잔류병들을 도우러 왔다. 6월 15일에 있었던 결전에서 푸가쵸프는 격퇴되었다. 그의 패잔병들은 볼가강 우안으로 건너갔다.

푸가쵸프 반란군의 세 번째 전투에서 농민들이 반란군의 가장 많은 수를 차지했다. 1774년 7월 31일에 푸가쵸프는 농민들을 농노제 억압과 세금에서부터 해방시킬 것과 귀족과 차르의 척결을 요구하는 선언문을 공표했다. 농민들의 반란은 볼가강 우안에서 절정에 이르렀다. 한편, 푸가쵸프는 일련의 도시들을 점령했지만, 그 도시들은 곧 다시 정부군에게 탈취되었다. 군대를 보충하기 위해서 푸가쵸프는 남쪽으로 갔다. 거기에서 돈스크와 야이츠크 카자크들과 배를 끄는 인부들이 푸가쵸프 반란군에 합세했다. 그들과 함께 그는 차리친으로 접근했지만 점령할 수 없었다. 곧 쵸르느이 야르 근처에서 정부군은 반란군들을 격파했다. 푸가쵸프는 많지 않은 부대와 함께 볼가강의 좌안으로 건너갔다. 1774년 9월 12일에 그는 체포되어서 반란에 참여한 죄를 사면 받으려고 했던 카자크들의 수장인 미헬손(Михельсон)에게 넘겨졌다. 그러나 푸가쵸프의 패배에도 불구하고, 정부당국은 농민의 봉기를 1년 후에야 진압할 수 있었다.

반란에 대한 징벌

짐승처럼 철장에 갇힌 푸가쵸프는 모스크바로 호송되었다. 그는 고문을 받은 후에 재판에 회부되어 능지처참 형을 선고받았고, 나중에 참수형으로 대체 선고를 받았다. 1775년 1월 10일에 푸가쵸프와 그의 가까운 동지들인 페르필리예프, 쉬가예프, 포드로프, 토르노프 등은 모스크바의 볼로트 광장에서 교수형에 처해졌다. 다른 도시에서는 흘로푸샤, 벨로보로도프, 자루빈-치카 등이 처형되었다. 반란의 지도자인 바시키르인 살라바트 율라예프는 많은 바시키르 마을에서 많은 사람들이 보는 앞에서 채찍으로 맞았고, 콧구멍이 잘린 다음에 유배지로 추방되었다.

반란에 참여한 농민들에 대한 처벌이 계속되었다. 몇 주 동안 교수대가 설치된 뗏목들이 볼가강을 따라서 떠내려갔다. 재판과 조사도 없이 수천 명의 반란 가담자들이 처형되었다. 민중들의 기억 속에서 ≪반란의 기록≫라는 명칭 자체를 지우려고, 예카테리나는 '지모베이스카야'를 '포툠킨스카야'로 개명했다. 야이크강은 우랄강으로, 야이츠크 카자크는 우랄 카자크로 개칭되었다.

푸가쵸프가 주도한 반란은 러시아 역사에서 가장 큰 민중 반란이었다. 과거에 일어났던 민중반란과는 다르게, 반란의 지도자들은 자유라는 이념뿐만 아니라 역사상 처음으로 농노제도와 푸가쵸프가 주요한 악의 원천으로 주장했던 귀족층과의 투쟁을 이념으로 제창할 수 있었다. 이것은 농민, 노동자, 억압 받는 소수 민족의 대표자들의 합동 반란이었다. 그러나 구질서를 부정하면서 반란자들은 아무런 대안도 제안할 수 없었다. 게다가 ≪거칠은 차르≫의 개념은 과거의 모든 민중반란의 특징인 ≪선량한 차르≫의 혁신된 개념과 다르지 않았다.

철창에 갇힌 푸가쵸프

결 론

농민 반란은 농민들과 볼가강 연안과 우랄지역의 원주민들의 상황을 개선시키지 못했다. 우랄의 몇 개의 산악지대에서만 노동조건을 개선시키는 조치가 취해졌다. 그러나 푸가쵸프의 반란은 예카테리나 2세의 봉건제국의 토대를 흔들었고, 정부가 러시아의 생활에서 가장 중요한 농노제도의 문제를 해결하는 방안을 모색하지 않을 수 없게 만들었다.

32. 예카테리나 2세의 대외 정책

대외정책의 중요한 방향과 과제

예카테리나 2세의 치세 기간에는 러시아의 참여 없이는 유럽정치의 중대한 문제들은 하나도 해결될 수 없었다. 러시아 제국은 수십 년이라는 장기간에 해결되지 않고 있는 대외 정책의 과제를 해결하는데 착수 할 수 있었다. 오스만 터키와 크림한국의 군사력의 약화는 흑해에 대한 러시아의 영향력의 강화와 흑해 연안지역의 합병을 더욱더 현실적으로 만들었다.

오스트리아와 프러시아와 함께 폴란드의 분할에 참여한 러시아는 서우크라이나와 벨로루시를 자국에 합병시킬 수 있는 기회를 얻었다. 표트르 대제 때 획득한 발트해 연안지역의 안전을 확보할 과업이 여전히 남아 있었다. 예카테리나 2세는 프랑스 대혁명 기간에 유럽에서 ≪혁명의 열기≫를 진압하려는 러시아 제국의 외교정책의 토대를 놓았던 반프랑스 동맹의 결성을 후원했다. 이러한 모든 요소들이 예카테리나의 대제의 외교정책의 방향을 결정했다.

1768~1774년의 러시아-터키의 전쟁

예카테리나 2세의 통치 기간에 흑해연안의 출구를 얻으려는 노력이 가장 적극적으로 추진되었다. 1768년에 러시아와 터키간의 전쟁이 일어났다. 터키가 전쟁을 먼저 선포했다. 전쟁의 초기에 전투의 승패는 교차되었고 터키 군이 기습공격을 했고 군사력이 우세했다. 러시아 군대의 전력이 충원됨에 따라서 상황은 러시아에게 유리하게 변하기 시작하였다. 7년 전쟁에서도 유명했던 범슬라브주의자인 알렉산드로비치 루먄체프(Александрович Румянцев) 장군이 총사령관으로 임명된 후에 전쟁에서의 승리의 가능성은 더욱 더 증대되었다. 1769년에는 그가 이끄는 군대들이 야시와 뒤이어

부하레스트에 입성했다. 돈강 하구와 아조프 연안에서 싸웠던 군대의 다른 부대가 아조프와 타칸로그를 점령했다.

1770년 6월에 터키 군대는 라르강가에서 루만체프 군대에 격파되었고, 며칠 후에는 가굴 강가에서 훌륭한 책략 덕분에 1만 7천 명의 러시아 군부대가 15만 명의 터키 군의 주력부대에 승리를 거뒀다. 한편 오를로프와 스피리도프가 지휘하는 발트 함대는 유럽을 우회하여 1770년 6월 5일에 체스멘스크 만에서 터키 함대를 격파했다. 1772년에 **알렉산드르 바실리예비치 수보로프**(Александр Васильевич Суворов)장군은 군대를 도나우강으로 이동시켰다. 1773년에 그가 지휘하는 러시아 군은 돌격하여 투르투카이를 점령했고, 도나우강을 압박했다.

수보로프 장군

완전한 패배를 당한 오스만 터키 제국은 휴전을 제의했다. 1774년 도나우강가에 있는 큐추크-카이나르드지 마을에서 루먄체프가 체결한 조약에 따라 남 부르크와 킨부른 요새가 있는 드네프르 강 사이에 있는 영토, 아조프 해에 있는 예니칼레와 케르치 요새, 북카프카스의 카바르다 등이 러시아에 합병되었다. 터키는 크림한국의 독립과 러시아 상선들이 방해를 받지 않고 흑해를 항해하여 지중해로 통하는 흑해해협을 통과할 수 있는 권리를 인정해야만 했다. 그러나 양측은 조약이 일시적인 것이라 여기고 새로운 전쟁을 준비했다.

1787~1791년의 러시아-터키 전쟁

1787년에 새로운 전쟁이 발발했다. 터키와 러시아의 꼭두각시였던 한국들 간의 분쟁이 일어났던 크림의 사건들이 양국 간의 전쟁의 원인이 되었다. 1787년 6월에 러시아와 동맹을 맺고 있는 크림의 한을 왕좌에서 축출 시킨 후에 예카테리나 2세는 크림한국을 없애어 러시아에 합병시키는 칙령을 내렸다. 그 결과로 크림 반도의 전 지역과 북 카프카스의 일부분이 러시아에 합병되었다. 1787년 여름에 오스트리아 황제 이오스프 2세를 동행하여 예카테리나는 크림반도를 순회하는 과시적 여행을 시작했다.

이러한 모든 것이 터키의 분노를 유발했다. 1787년 7월에 터키의 술탄은 러시아에게 크림 반도의 반환, 그루지야에서 터키의 권력의 복구, 그리고 보스포르와 다르다넬리 해협을 통과하는 러시아 선박에 대한 검열을 요구했다. 러시아가 이러한 요구를 거절하자, 8월에 술탄은 러시아에 전쟁을 선포했다.

1787년 가을에 터키인들은 드네프르 하구의 킨부른스크에 대규모의 부대를 상륙시켰다. **수보로프**가 지휘하는 킨부른 수비대는 상륙한 터키군을 격퇴하여 궤멸시켰다. 1788년에 포톰킨이 지휘 하는 러시아 군대는 오차카 요새를 점령했다. 1787년 여름에 포크샤나와 림니카 근처에서 결정적인 전투가 일어났다. 이 과정에서 수보로프는 압도적으로 많은 터키 군을 격퇴했다.

삼만 오천 명의 병력이 투입된 난공불락처럼 보이는 이즈마일(Измаил) 요새의 포위와 점령은 전쟁의 최종단계에 있었던 주요 사건이었다. 이즈마일 통신원은 ≪곧 요새는 함락될 것이다≫라고 확신에 차서 외치면서 러시아는 이 요새를 점령할 수 있을 것으로 보도했다.

러시아 군은 첫 공격시도에 성공하지 못했다. **수보로프**가 사령관으로 임명된 후에 진전이 있었다. 그는 공격에 군대를 준비시켰다. 그의 명령에 따라 특수하게 건설된

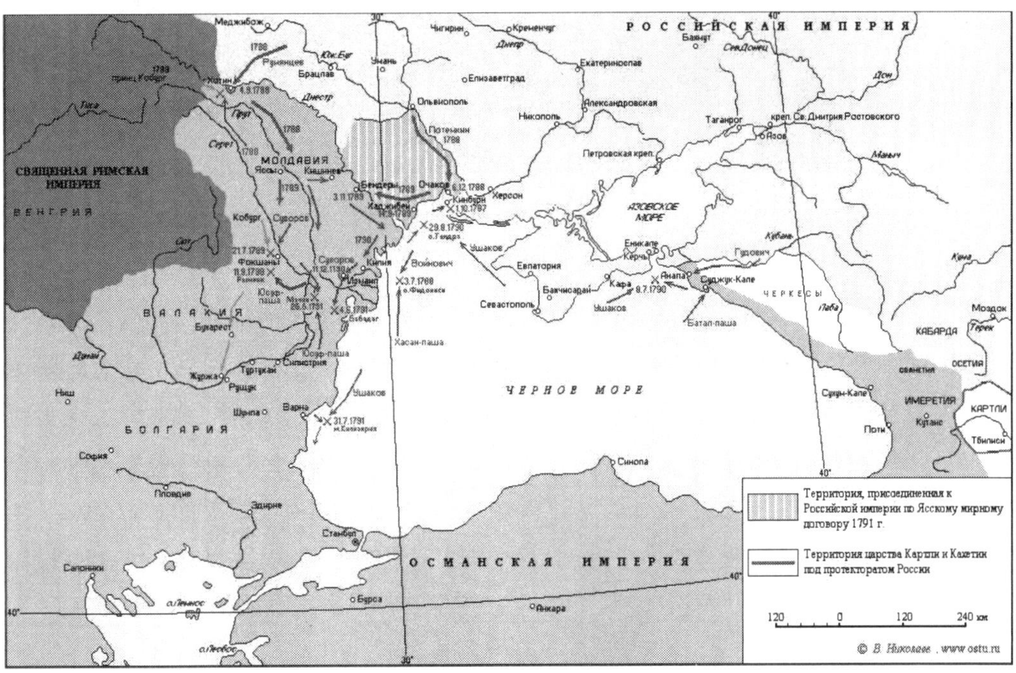

1768-1774년 러시아-터키 전쟁

이즈마일 요새와 비슷한 요새 위에서 러시아 병사들은 장애물을 넘는 법을 익혔고 공격을 위한 사다리들이 제작되었다. ≪훈련은 혹독하게 전투는 쉽게≫라고 수보로프가 말했다. 1790년 12월 11일에 준비 포격 이후에 공격이 시작되었다. 10시간의 전투 후에 난공불락의 이즈마일 요새는 함락되었다. 터키 군의 사상자 수는 2만 6천 명이었고, 러시아 군의 손실은 2천 명이었다. 쿠투조프(Кутузов) 소장이 공격부대 중의 하나를 지휘했다.

러시아군의 이즈마일 요새점령

1791년 여름에 러시아 군대는 최종적으로 터키 군대를 발칸에서 무찔렀다. 바로 그 때 표도르 표도르비치 우샤코프가 지휘하는 창설된 지 얼마 안 된 러시아 흑해 함대가 케르첸스키 해협에서 터키 범선함대를 격파했다. 터키는 다시 패배했고, 평화를 요구했다. 1791년 말에 체결된 야스키 조약에 따라 드네스트르 강이 양국 사이의 국경이 되었다. 터키는 흑해 북안의 러시아아의 모든 점령지를 인정했다. 러시아는 흑해로의 출구를 확보했을 뿐만 아니라, 해양 강국이 될 수 있는 계기를 마련했다. 흑해 연안의 비옥한 토지가 개간되어 많은 항구와 도시들이 건설되기 시작했다.

폴란드 분할에 러시아의 참여

러시아 동맹국인 오스트리아와 프러시아는 허약한 **폴란드의 분할**을 계속 제안했다. 예카테리나 2세는 자신의 대리인 스타니슬라프 포냐토프스키(Станислав Понятовский)가 1764년에서 95년까지 폴란드의 왕이었기 때문에 이를 받아들이지 않았다. 그러나 1768~1774년의 러-터 전쟁에서의 승리 후에 러시아에 대한 공동 투쟁을 위한 터키와 오스트리아 사이의 동맹의 체결이 초래한 실제적인 위협이 구체화된 상황에서 예카테리나는 폴란드 분할에 동의했다. 1772년에 러시아, 오스트리아, 프러시아는 폴란드를 공격하여 영토를 3등분으로 분할했다. 프러시아는 포모리예를, 오스트리아는 갈리치야를, 러시아는 동벨로루시와 폴란드의 리보니아 지역을 차지했다.

프러시아와 러시아가 참여한 두 번째 분할은 1793년에 일어났다. 프랑스에서의 혁명적 사태가 그 분할의 구실이 되었다. 그단스크가 있는 폴란드의 모든 발트해 연안 지역과 포즈난이 있는 대 폴란드가 프러시아에 합병되었고, 민스크가 있는 벨로루시와 드네프르 강 우안의 우크라이나가 러시아에 합병되었다. 이렇게 옛날의 많은 러시아 땅이 러시아 제국에 합병되었다.

한편 폴란드에서는 이웃 나라에 의한 영토 분할에 저항하는 타데우쉬 코스튜쉬코가 이끄는 반란이 시작되었다. 반란자들의 승리를 구실로 러시아, 오스트리아, 프러시아가 다시 군대를 폴란드에 진입시켜서 반란을 진압했다. 혁명의 위험의 근원지로 생각되는 폴란드-리투아니아 왕국은 패망되어야 한다고 결정되었다. 1795년에 세 번째의 최종적인 폴란드의 분할이 이루어졌다. 바르샤바가 있는 폴란드의 중앙은 프러시아에 합병되었다. 오스트리아는 류블린과 함께 소 폴란드를 획득했다. 리투아니아의 대부분의 지역, 서 벨로루시, 서 볼린(Волынь) 등이 러시아에 합병되었다.

무장중립 선언에 대한 협상은 국제정치에서 러시아 제국의 역할의 증대되었다는 것을 입증해주는 증거가 되었다. 1775년에 13개의 영국의 식민지들의 독립을 위한 북아메리카에서 전쟁이 시작되었다. 영국은 아메리카 반란군들과의 싸움에 러시아 군대의 참여를 요청했다. 예카테리나 2세는 이 요청을 거부했고 미국합중국의 독립을 인정했다. 1780년에 러시아는 무장중립선언을 채택했다. 그 선언에 따르면 어떤 중립국의 배는 모든 중립국의 보호를 받아야 한다. 이것은 대영제국의 이익을 심각하게 침해했고 러시아와 대영제국의 관계를 악화시키지 않을 수 없었다.

프랑스 혁명에 대한 예카테리나 2세의 대응

프랑스 혁명의 발발은 예카테리나 2세를 놀라게 했다. 그것은 곧 그녀에게 푸가초프의 반란사건을 회상시켰다. 여제는 유럽의 어떠한 지역에서도 평민들이 국가를 통치하도록 내버려 둘 수 없다고 선언했다. 파리에 유학중인 몇 명의 러시아 귀족 자제들이 혁명사건에 참여했다는 보도도 여제를 놀라게 했다. 곧 그녀는 그녀의 모든 신하들이 프랑스를 떠나 귀국할 것을 요구했다. 예카테리나의 위임에 따라 파리 주재 러시아 대사가 프랑스 왕과 그의 가족들을 피신시킬 준비를 했다. 그러나 이 도주는 실패했으며, 1793년 초에 루이 16세와 왕비 마리야 앙트와네트가 교수형에 처해졌다. 이 사실을 안 후 예카테리나는 병석에 누웠고, 러시아 궁신들은 상복을 입었다.

이때부터 러시아는 유럽 국가들과 **반프랑스 동맹**을 결성하고 프랑스 혁명에 개입할 준비를 시작했다. 러시아와 프랑스간의 외교와 무역관계는 1792년에 중단되었다. 1793년에 추방 상태에 있던 프랑스 귀족들이 페테르부르크로 모여들기 시작했고, 그들 중에는 교수형을 당한 프랑스 왕의 동생도 있었다. 그때 프랑스에 대한 침략에 대해서 러시아와 영국간의 합의가 이루어졌다. 러시아는 **수보로프** 장군이 지휘하는 6만 명의 군대를 제공해야 했고, 영국은 전쟁 수행에 필요한 재원을 확보했다. 1796년에 전쟁이 시작되었다. 그러나 그해 11월 7일에 예카테리나 여제가 죽었다.

결 론

예카테리나 여제의 대외정책의 결과로 러시아 영토는 크게 확장되었다. 드네프르강 우안의 우크라이나, 벨로루시, 남발트 연안과 북흑해 연안 등이 러시아 영토에 병합되었다. 러시아의 인구는 2천 200만에서 3천 600만까지 증대되었다. 예카테리나 2세의 대외 정책의 다른 중요한 결과는 러시아가 유럽의 강대국에서 세계 강대국으로 전환되기 시작했다는 것이었다.

33. 파벨 1세의 대내외 정책

파벨 1세의 성격

파벨은 1754년에 태어났다. 자손이 없는 엘리자베타 페트로브나 여제는 곧 그를 양자로 삼았다. 몇몇의 자료에 따르면, 그녀는 파벨을 그의 아버지(그녀가 덜 좋아했던 그녀의 조카) 대신에 왕위 계승자로 선포하려고 했다. 이렇게 그 아이를 부모로부터 격리시킨 것은 부모와 자식 간의 냉랭한 관계를 초래했다. 1761년에 왕좌에 올랐을 때 표트르 3세 역시 아들에게서 왕위 계승권을 빼앗으려고 시도했다. **표트르 3세**의 축출과 죽음을 초래했던 궁전 쿠데타 이후에 예카테리나는 곧 자발적으로 아들을 궁전에서 추방시켰고, 그에게 가트치나의 작은 궁에서 살 기회를 제공했다.

파벨 1세

어머니이자 여제로부터 미움을 당한 파벨은 모든 것을 변화시킬 기회만을 기다리면서 그녀의 모든 지시를 적대적으로 간주했다. 그는 자신의 정치적 견해를 그녀에게 내놓았다. 1774년 파벨은 어머니에게 공격적인 전쟁이 초래할 파탄을 입증하는 보고서를 제출했다. 그는 전쟁이 러시아의 행복을 훼손시킬 것이라고 생각했다. 통일된 방어를 조직할 것을 제안하면서 그는 권력의 남용의 척결을 주장했다. 이러한 보고서는 더욱 더 모자간의 사이를 멀게 했다. 파벨은 러시아 농민들의 운명에 동정하는 태도를 취했다. 1787년에 사망할 경우에 대비해 작성된 유언서에서 그는 아내에게 항상 농민들에게 특별한 존경을 보이고, 그들을 세금으로 고통 주지 말 것을 당부했다.

예카테리나는 백성들의 분위기에 관해서 잘 보고 받았다. 말년에 그녀는 자신이 사후에 왕위가 맞 손자 알렉산드르 파벨로비치가 승계해야 한다는 유언서를 작성했다. 1796년 11월 5일에 예카테리나 여제가 갑자기 죽었을 때, 아무 것도 몰랐던 궁정은 황제 파벨에게 충성을 맹세했다. 그래서 여제의 비밀 유언서는 파기되었다.

파벨의 국내정책

1797년에 새로운 황제는 표트르 대제 1세에 의해 도입되었던 왕위 계승 절차를 변경했다. 이제 왕위 계승권은 현직 군주가 지명하는 사람에게 귀속되는 것이 아니라,

왕조의 남성혈통의 대표자들(연장자 순서에 따라 아들 또는 형제)에게 주어졌다. 이것은 사실상 여성을 왕위 계승권 서열에서 배제시킨 것이었다.

예카테리나의 추종자들을 축출한 후에 파벨은 최고의 귀족층에서 자신의 지지를 찾으려고 했다. 짧은 기간에 35명의 새로운 원로원들을 임명했고, 500명의 새로운 고위 관리들을 임명함으로써, 원로원을 개편할 수 있었다. 농노들이 지주들에게 불평하는 것을 금하는 법을 폐지하였다. 차르는 면접 일을 정해서 자신의 손으로 탄원서를 제출할 수 있도록 궁정 곁에 특별한 상자를 설치했다. 70세 나이에 다다른 사람들에 대해서는 신체적 처벌은 금지되었다.

국가 소유 농민들은 15데샤틴(десятин)의 값싼 분할지를 받았고, 특수 계층으로 관리되었다. 농민들에게 과다하게 부과되는 곡물세는 현금징수로 대치되었다. 농민들로부터 총 7백만 루블의 액수가 체납되었다. 파벨은 농민들을 위해 일주일에 부역을 3일로 제한하는 큰 개혁 중의 하나를 실시했다. 부활절이나 축제일에 농민들을 노동에 끌어들이는 것을 금지했다. 궁정에서 일하는 하인들이나 토지가 없는 농민들의 매매가 금지되었다. 그는 농민들을 잔혹하게 착취한 지주들을 공고 없이 체포하여 수도원으로 보내는 책무를 주지사에게 부과했다. 동시에 파벨은 주인 없이 또는 국가 없이도 농노들이 더 잘살 거라고 확신했다. 4년의 재위기간 동안에 파벨이 궁정 귀족들에게 60만 국가 소유의 농민들을 양도했다는 사실이 이것을 뒤받침 해 주었다 (그의 어머니 예카테리나 여제가 34년의 재위기간에 80만 명의 농민들을 양도했던 것처럼).

식량의 높은 가격에 대해서 심사숙고한 후에, 황제는 식량을 낮은 가격으로 팔 것을 명령했다. 그는 또한 식량에 대한 시장가격도 제한했고, 개인상점에서의 판매 가격과 소금의 가격도 낮췄다. 1769년에 파벨은 러시아 제국의 법률 편찬을 위한 위원회를 구성했다.

등급제한 증서

파벨 1세의 국내정책의 중요한 방향은 귀족들의 권리와 특권을 제한하는 것이었다. 본질적으로 그의 일련의 개혁조치들은 ≪등급증서≫로 특징지울 수 있다. 의무적인 군복무를 면제해 주는 대신에 황제는 유년시절부터 모든 귀족의 자제들이 군대에 징집 되도록 명령했다. 원로원의 특별한 허가와 황제의 추인이 없이는 군복무에서 관직으로의 자유로운 전직이 금지되었다. 세금의 납부와 부역을 면제받는 대신에 귀족들은 지방 행정의 유지를 위한 세금을 납부해야 했다. 귀족 회의는 제한되었을 뿐만 아니라, 현청 소재지의 귀족회의는 완전히 폐지되었고, 선거에 참여하는 귀족의 수는 5배나 줄었을 뿐만 아니라, 귀족회의의 선출은 파벨에게 더 충성스러운 회의로 대치되었다. 예카테리나 여제가 귀족들에게 하사했던 차르에게 직접 탄원하고 불평할 수 있는 권리는 폐지되었다. 현 지사들의 허가가 있을 경우에만 귀족들은 황제에게 탄원할 수 있었다. 귀족의 사적인 면책특권은 공식적으로 취소되었다. 귀족과 장교에 대한 채찍형벌이 재개되었다.

왕위에 오른 즉시 파벨은 작가 노비코프와 라디세프에게 사면 형을 내렸다. 그러나 곧 형벌의 새로운 물결이 시작되었다. 파벨의 재위 기간 동안에 7명의 원수들, 333명의 장군, 2261명의 참모진 장교들이 총살형을 당하거나 박해를 받았다. 알렉산드르 1세가가 권좌에 올랐을 때 일만 2천 명이 사면을 받았다. 파벨은 결코 귀족 출신의 범법자에게 쩔쩔매지 않았다. 처벌의 이유들은 뜻밖의 것들과 사소한 것 들이었다. 절차의 위반에서부터 의복의 차림새의 위반과 과감한 발언에 이르기까지 형벌도 아주 혹독했다. 재판을 받은 사람의 60% 이상이 감금형과 추방형을 받았고, 관직을 빼앗겼다.

병사들에 대한 장교의 가혹한 체벌 금지가 도입되었다. 이러한 규율을 위반한 장교는 장교에 대한 모욕에 대해서 병사들이 혹독하게 처벌받는 만큼 혹독한 처벌을 받았다. 군을 사열하는 중에 파벨은 군원수 레프니니이(Репниный)에게 불만을 말했다. ≪원수여! 당신은 이 감시인을 보고 있나요? 사백 명의 병사들 속에서 … 나는 다음과 같이 말하는 것에 만족한다. 그들 모두가 원수가 될 것이다≫. 귀족들에 대한 이러한 모든 조치는 그들의 불만을 야기했을 뿐만 아니라, 황제에 대한 혐오를 유발했다. 근위대 최고 지휘부에서는 잔인한 차르를 전복시킬 음모를 꾸밀 세력들이 서서히 형성되고 있었다.

파벨 1세의 대외 정책

처음에 파벨은 ≪단순히 전쟁을 예방≫하려는 조치에 관한 자신의 꿈을 실현하려고 노력했다. 유럽의 강대국들에게 비공식적으로 다음과 같은 것을 통보하도록 명령했다. ≪1756년부터 러시아는 연속적인 전쟁 상태에 있었으며, 세상에서 자국의 국민들의 기력을 소진시키는 40년 동안의 불행한 상태에 있게 했던 세상에서 유일한 국가였고, 그렇기 때문에 프랑스 혁명의 불개입을 선포했다≫는 것이다. 그러나 러시아는 점차적으로 프랑스와의 전쟁에 끌려들었다. 러시아 군대는 프랑스 군대와의 싸움을 위해 이탈리아로 향했다.

수보로프 대장군이 이탈리아로 가는 러시아 원정군을 이끌었다. 1799년 9월에서 10월까지 짧은 기간에 수보로프 장군이 지휘하는 러시아 원정군이 이탈리아에 있는 프랑스 군단을 물리칠 수 있었고, 접근할 수 없는 센고타르다 고개를 거쳐서 알프스 산맥을 넘어서 림스키 코르스코프(А. М. Римский Корсков) 장군 부대와 합세하기 위해서 스위스로 나갔다. 이러한 승리 덕분에 수보로프는 러시아 군대의 총사령관의 직책을 부여받고, 훈장과 러시아 연합국의 칭찬을 받았다.

동시에 우사코프(Ф. Ф. Ушаков) 제독이 지휘하는 함대가 바다에서 일련의 승리를 거두고, 이오니체스키 섬들을 해방시켰다. 그러나 결국에는 러시아의 동맹국들만이 나폴레옹 군대에 대한 승리를 이용할 수 있었다. 이것은 러시아와 영국과 오스트리아의 관계의 붕괴를 야기했다. 영국의 입장에 대한 파벨의 분노는 서서히 친프랑스 전쟁으로 선회할 정도로 컸다. 영국뿐만 아니라 오스만 투르크 제국의 고립과 분열이 이러한 동맹의 중요한 목적이었다. 1800년 12월 말에 파벨은 오를로프 장군이 지휘하는 2만 2천 500명의 카자크 부대를 영국 식민지 인도를 점령하기 위해 보냈고, 1801년 3월에 영국과의 무역의 중단을 선포했다. 그러나 이러한 차르의 결정은 러시아의 경제적 이익에 타격이 되었다. 알다시피, 영국은 러시아의 가장 중요한 무역국이었다. 그렇기 때문에, 이러한 것이 이미 최고 귀족층 사이에서 무르익은 모의된 궁중 쿠데타를 촉진시켰다.

1801년 3월 11일의 음모

제국의 상류 지배층 사이에서 파벨에 대한 불만이 절정에 이르렀다. 차르의 예기치 못한 성급한 성격은 그의 맏아들 대공 알렉산드르 콘스탄틴과 왕비를 반대자 진영에 가담케 했다. 얼마 전에 파벨에 의해서 백작으로 승진된 페테르부르크 총독인 파렌(П. А. Пален)이 음모의 주동자가 되었다. 파렌이 이끄는 30~40명의 근위대 장교로 구성된 집단은 1801년 3월 12일에 밤 11시부터 미하일로프스크 궁에서 평온하게 자고 있는 황제를 깨우고, 그에게 퇴위를 요구했다. 파벨은 거절했고, 음모자들에 의해 살해되었다. 파벨의 아들 **알렉산드르**가 새로운 황제로 선포되었고, 파벨은 중풍으로 급사한 것으로 공포되었다.

차르의 죽음은 각자 다르게 인식되었다. 지배층들과 수도의 고위관리들은 3월 12일 저녁 경에 페테르부르크에서 샴페인 병이 하나도 남아있지 않을 정도로 기뻐했다. 차르의 죽음을 확신했을 때야 비로소 근위대들은 새로운 차르에게 충성을 맹세했다. **알렉산드르 1세**가 왕위에 오르는 것에 대한 그들의 충성의 절차는 죽음의 침묵 속에서 진행되었다.

결 론

파벨 1세의 짧은 재위 기간에 대해서 역사가들과 동시대 사람들은 다양하게 평가했다. 어떤 이들은 그를 타고난 개혁가라고 평가했고, 다른 이들은 정상이 아닌 사람으로 평가했다. 그러나 파벨의 치세 기간에 귀족들의 권리가 제한되었을 때, 모든 것들이 동시에 일어났다. 모든 것들이 무질서해지기 시작했다. 파벨의 대외정책 역시 매우 모순적이었다.

34. 러시아 계몽시대

과학원

18세기는 러시아 과학 형성의 시대였다. 1724년 가을에 표트르 1세는 **과학원**의 설립을 명령했다. 1725년에 개혁 차르가 죽은 후에는 이미 과학원이 개설되었었다. 국가가 투자한 과학원의 필요한 재원은 엄청났다. 천문대뿐만 아니라, 물리 과학실, 화학실, 박물관, 도서관, 인쇄소, 식물원 등이 과학원내에 설치되었다.

과학원에서는 훌륭하고 권위 있는 학자들이 일했다(예를 들면, 스위스 황실의 수학자 에이레르와 독일의 역사가 밀레르와 다른 이들이 활동했다). 제국의 과학원은 처음부터 과학기관 뿐만 아니라, 교육기관이기도 했다. 이러한 결과로, 과학원 내에 대학이 세워졌고, 최초로 국내의 과학 인력 양성의 중심지가 되었다. 과학원에서는 18세기 러시아의 가장 위대한 학자이며 백과사전적인 인물인 미하일 바실리예비치 로모노소프가 강의를 진행했다.

미하일 바실리예비치 로모노소프(1711~1765)

미하일 바실리예비치 **로모노소프**는 아르한겔스크 백해 연안의 가정에서 태어났다. 그 소년은 유년시절부터 아버지의 고기 잡는 일을 도왔으며, 먼 장거리 항해를 해서 아버지와 함께 시피츠베르겐(Шпицберген)에 다다랐다. 겨우 읽기를 배운 그는 마그니츠크의 ≪산술≫과 스모트리츠크의 ≪문법≫을 열심히 밤새서 공부했다.

1730년에 로모노소프는 모스크바로 출발했다. 거기에서 그는 슬라브어-그리스어-라틴어 과학원에 입학했고, 거기서 과학과 외국어를 5년 동안 공부했다. 그는 가장 훌륭한 학생들 중의 한 사람으로 독일로 보내졌다. 여기에서 로모노소프는 물리학, 화학, 기계학 등 수준 높은 지식을 습득한 후에 페테르부르크로 돌아왔다. 1745년에 그는 과학원에 화학과를 만들었다.

그러나 로모노소프의 관심분야는 화학에만 한정되어 있지 않았다. 사실 물리학 · 천문학 · 지질학 · 기계학 등의 모든 지식 분야의 개설이 그의 이름과 관련되었다. 그의 업적은 러시아 역사 · 문학 · 시 · 모자이크 예술 등을 풍족하게 했다. 로모노소프의 많은 연구는 그 시대의 가장 위대한 유럽 학자들의 연구 업적을 추월했다. 그는 물질과 운동의 법칙을 고안해 냈고, 대기권의 전기 현상을 연구해 냈고, 1761년에는 금성에 대기가 존재함을 증명했고, 번쩍이는 대양이 스스로 타오른다는 결론을 내렸다. 푸시킨은 학문의 백과사전적인 인물인 천재적인 활동가인 로모노소프를 다음과 같이 평가한다. ≪로모노소프는 모든 계몽 분야에 힘썼다. -역사가, 웅변가, 기계학 전문가, 화학자, 광물학자, 화가, 시인, 그는 모든 것을 실험하고 모든 것을 발견해 냈다≫.

모스크바 대학의 로모노소프 동상

자연과학

새로운 지식의 축적이 식물학과 동물학 분야에서도 일어났다. 셰인은 1774년에 러시아 최초의 해부도를 출판했다. 1756년에 데미도프(Демидов) 가문의 공장주들이 식물원을 설립했다. 18세기 말에 모스크바와 페테르부르크에 최초의 내과 및 외과 과학원이 개설되었다. 1745년에 지리학원은 많은 탐험가들의 자료들을 이용하여 러시아 최초의 ≪러시아 제국지도≫를 출판했다. 프랑스만이 그러한 지도를 가졌지만 프랑스의 영토는 러시아의 광활한 영토와 비교될 정도가 아니었기 때문에, 이것은 세계적인 의미를 가지는 대사건이었다. 지질학 분야에서는 석탄의 매장지의 배치, 광석, 석유, 광물과 광산(특히 새롭게 획득한 지역) 등에 대한 풍부한 자료들이 축적되었다. 18세기 말에 최초로 러시아의 다양한 지질학 지도가 출판되었다. 천문학 분야에서는 예이레르(Эйлер)와 로모노소프 같은 대학자들이 활동했다. 그들은 18세기 초에 이미 브류스(Брюс)가 처음으로 시도했던 하늘의 별들을 관측하기를 계속했다. 러시아에서는 천문대 망이 건립되었고, 18세기 말에는 이미 70개에 이르렀다. 러시아 물리학에서 과학자들의 뛰어난 발견들이 수행되었다. 로모노소프와 리흐만(Г. В. Рихман)은 자연적인 전기연구를 했다. 1748년에 로모노소프는 과학원에 러시아 화학 발전을 위한 최초의 과학실험실을 설립했다. 후배 학자들이 그의 경험과 이론을 실습에 적용하기 시작했다. 염료, 아교, 여과기 제조 실험실 등이 인근 제조소에 설립되었다.

역사와 철학

18세기 역사사상의 업적은 로모노소프, 바실리 니키티츠 타티세프(Василий Никитич Татищев)와 미하일 미하일로비치 세르바토프(Михаил Михайловича Щербатов)와 같은 학자들에 의해서 성취되었다. 로모노소프에 의해 쓰여진 ≪러시아의 간략한 연대기≫는 주요한 역사 교과서가 되었고, **타티세프**의 ≪러시아 역사≫는 과학적인 시각에서 쓰인 최초의 러시아 역사의 체험이었다. 15권으로 된 기념비적인 ≪고대로부터의 러시아 역사≫는 귀족 이익의 옹호자인 **세르바토프** 의해서 편찬되었다.

문헌학 분야에서는 1783년에 러시아 과학원 러시아 언어와 문학 연구소가 설립되었다. 과학과 계몽에 많은 공헌을 한 공작부인인 다시코바(Е. Р. Дашкова)가 새로운 과학원을 이끌었다. 나중에 이 연구소는 과학원의 러시아 언어와 어학부가 되었다. 이 연구부의 도움으로 ≪말하는 것처럼 쓰고, 쓰는 것처럼 말한다≫는 원칙의 토대위에 새로운 문학 언어가 확립되었다.

학술적 탐험

베 링

18세기 과학 발전의 중대한 방향 중의 하나는 아직 알려지지 않은 영토의 새로운 연구를 위한 학술 탐험대를 조직하는 것이었다. 18세기 초에 인도로 가는 무역로를 개척하기 위해서 표트르 1세는 카스피해 동쪽 해안, 히바와 부하라의 땅, 쿠릴 열도 등을 탐구하기 위해 탐험대를 보냈다. 그 다음의 탐험 중에서 가장 중요한 것은 시비리스크 탐험이었다. 1719~1721년에 **캄차트카** 반도와 쿠릴 열도(列島)대한 상세한 지도가 만들어졌다. 1725~1730년에는 러시아 함대 사령관인 **비투스 베링**(Витус Беринг)은 최초로 캄차트카 탐험에 착수했고, 그 탐험대의 임무는 아시아와 아메리카 사이의 해협 존재를 입증하는 것이었다. 1733~1742년에는 **베린그**(Беринг: 베링)가 이끄는 두 번째 캄차트카 탐험단이 **알래스카** 일부와 **알류션 열도**(列島)를 탐험했다. 두 번째 탐험단은 최초로 시베리아를 특별한 지역으로서 서부와 동부로 나누었고, 탐험대원 중의 한사람인 스테판페트로비치 크라세닌니코프(Степан Петрович Крашенинников)는 ≪캄차트가 반도에 대한 기록≫을 큰 두 권의 책으로 출판했다. 1768~1774년에 러시아 여러 지역의 자연뿐만 아니라 주민과 경제에 대한 방대한 자료를 수집할 5개의 탐험단이 구성되었다. 탐험대의 규모와 그 결과는 1793년에 특별 지리부가 설립될 정도로 컸다.

베링의 항해도

우수한 기술자들과 발명가들

18세기는 러시아 과학-기술 분야에서 도약의 시대가 되었다. 안드레이 콘스탄티노비치 나르토프(Андрей Константинович Нартов)는 선반 작업대(1729)를 개조했고, 44문의 박격포(1741)로 구성된 속사의 포병중대를 창설했다. 미하일 바실리예비치 로모노소프는 1745년에 최초로 헬리콥터 모형을 작동시켰다. 뛰어난 기술자 이반 이바노비치 폴주노프는 1763년에 증기 원동기의 설계를 도안했고, 1765년에 공장에 필요한 첫 증기 기관을 만들어냈다. 그러나 이것의 응용은 제한되었다.

우수한 러시아 수공학자 코지마 드미트리예비치 프롤로프(Козьма Дмитриевич Фролов)는 70세에 즈메이노고르스크 광산에서 물을 퍼내고, 광산에서 광석을 운반하는 것을 도와주는 물레방아 모양의 장치를 고안해냈다. 이것은 진짜 러시아 기술공학의 기적이었다.

18세기에 기계학 독학자인 이반 페트로비치 쿨리빈(Иван Петрович Кулибин)은 위대한 발명가 중의 한 명이었다. 그는 광학기구용 유리를 깎는 기술을 개량했고, 1773~1775년에 독특한 현미경을 만들어냈다. 쿨리빈은 298미터를 날아서 이네바강을 횡단하는 하나의 아치형인 다리의 모형을 설계하고 만들었다. 자신의 손으로 거울의 제등(투광기 모형), 전신 신호기를 발명해냈다. 그는 강의 흐름에 역행할 수 있는 배인 보도호트(водоход)와 ≪자동마차≫를 발명했다. 특히, 쿨리빈은 궁정을 위해 많이 일했다. 그는 독특한 궁정의 시계를 만들었고, 황제궁정의 승강기를 위한 연구와 설계를 했다. 데르자빈(Г. Р. Державин)은 그를 ≪오늘날의 아르키메데스≫라고 명명했다. 유감스럽게도 러시아 거장들의 발명품들은 값이 싼 강제노동을 이용할 수 있는 기회와 새로운 기술에 대한 관심이 없었기 때문에 생산에 운용되지 못했다.

교 육

1755년에 모스크바 대학의 개교는 러시아의 계몽 역사에서 가장 큰 사건이었다. 모스크바 대학을 세운 주도자는 로모노소프였다. 그는 귀족의 자제뿐만 아니라, 세금을 내지 않은 사회계층까지 들어갈 수 있는 고등교육기관을 설립하려고 했다. 외국의 대학들과 달리 모스크바 대학에는 신학부는 없었다. 모스크바 대학에서의 교육은 어려운 라틴어가 아니라 이해하기 쉬운 러시아어로 진행되었다. 처음에는 전부 3학부－법학부 · 철학부 · 의학부가 있었다. 곧 모스크바 대학은 러시아 과학과 교육의 중심지가 되었다. 대학 산하에 러시아 최초의 학회가 창립되었고, ≪모스크바 통신≫라는 신문이 발행되었다.

쉬콜라 그라모티(школа грамоты: 읽고 쓰는 것을 배우는 학교들)라고 불리는 관립 또는 사립 초등교육기관이 하층계급의 주요한 교육기관으로 존속했다. 보통교육을 위한 학교들의 창립이 새로운 현상이 되었다. 모스크바 대학의 개교 후에 곧 귀족과 잡계급의 자제들을 위한 두개의 대학부설 중학교인 **김나지아**(гимназия)가 창립되었다. 나중에 중학교는 카잔에도 건립되었다.

귀족의 자제들을 위한 폐쇄적인 교육제도가 형성되기 시작했다. 1731년에 소귀족 자제들을 위한 육군유년학교, 1752년에 해군유년학교, 1764년에 귀족의 딸들을 위한 **스몰니이(Смольный) 여학교**가 개교되었다. 이러한 질 높은 교육은 귀족들의 특권 중의 하나가 되었다.

상인들의 자제들을 위한 폐쇄적인 특수 교육기관들도 건립되었다. 테미도프 가문의 공장주들이 기부한 재원을 토대로 상인과 소시민의 자제들을 위한 상업학교가 건립되었고, 이러한 계층의 딸들을 위한 예카테린닌스키 여학교(Екатерининский институт)가 건립되었다. 최초의 전문 예술학교들이 건립되었다. 페테르부르크에 무용학교, 모스크바에 발레학교가 건립되었다. 러시아 예술 생활의 중심이 된 1757년에 개교한 예술원은 조형미술 분야의 최고 교육기관이 되었다. 그러나 대체로 교육은 여전히 사회의 매우 한정된 계층에만 허용되었다. 인민은 대부분 문맹상태로 남아 있었다.

결 론

18세기는 러시아 역사에서 계몽의 시대와 러시아 과학의 탄생 시대로 기록되었다. 학문-백과사전 로모노소프는 러시아 과학의 축복이 되었다. 그의 제안에 따라 러시아 최초로 모스크바 대학이 설립되었다. 18세기에 러시아의 학자들, 여행가들, 항해가들이 일련의 중대한 발견들을 했다. 그러나 교육과 과학의 발전에도 불구하고, 러시아 사회의 소수 계층만이 그러한 업적을 누렸다.

35. 예술 문화의 발전

예술 문화의 발전의 특성

18세기 러시아 예술문화의 주요한 특징은 유럽문화와 민족적인 독특성의 융합이다. 러시아 역사상 처음으로 예술 · 문화에 대한 관심은 문학 작품들이 세속적인 사교계에서 뿐만 아니라 형성되기 시작한 지식인 계층(교사, 문학가들, 관료들)에서도 읽힐 만큼 확대되었다. 공연이나 음악회에 참관하는 것이 교육받은 계층의 일상적인 생활이 되었다. 책, 지도, 도자기의 수집 등이 고상한 취미와 유행으로 생각되었다.

18세기 예술작품의 두 가지 양식은 1740년대와 1750년대의 바로크와 18세기 후반에 유행한 고전주의 작품으로 분리될 수 있다. 유럽 계몽사상의 영향은 러시아 문화에 영웅주의의 부활, 도덕적 이상주의, 자유사상 등에 대한 갈망을 초래했다.

문 학

18세기 중순에 문학 장르 체계가 복잡해졌다. 송시, 우화, 만가, 비극, 희극, 중편소설, 장편소설 등으로 다양해졌다. 이 시기의 두드러진 특징은 역시 새로운 문학 언어에 있었다. 새로운 시체계의 토대를 세운 사람은 바실리 키릴로비치 트레다코프스키(Василий Кириллович Тредаковский, 1703~1768)였다.

최초의 러시아 비극과 희극의 작가이며, 페테르부르크에 있는 로시이스크 극장의 감독 알렉산드르 페트로비치 수마로코프(Александр Петрович Сумароков, 1717~1777)는 새로운 러시아 희곡 작가 중의 한 사람이었다. 그는 9개의 비극과 12개의 희극, 400여 편의 우화를 만들었다. 그의 비극의 대부분의 주제들은 러시아 역사에서 나왔고, 고전주의 문체로 표현되었다. 대화체에 가까운 생생한 문체로 쓰인 그의 우화인 ≪격언≫은 동시대 사람들에게 대단한 인기가 있었다. 이러한 우화에서 수마로코프는 농노제의 단점들을 신랄하게 비판했다.

계몽주의 사상, 푸가쵸프의 반란, 프랑스 혁명 등의 영향을 받은 18세기 후반의 작가들은 신랄한 사회문제들을 소재로 한 작품들을 쓰기 시작했다. 데니스 이바노비치 폰비진(Денис Иванович Фонвизин, 1744~1792)은 희극 ≪부리가디르(Бригадир: 준장)≫에서 귀족계급의 풍습을 풍자적으로 묘사했고, ≪네도로슬(Недоросль: 미성년 귀족)≫에서는 귀족의 교육제도를 풍자했다. 라브릴라 로마노비치 데르자빈(Гаврила Романович Державин, 1743~1816)은 ≪펠리차(Фелица)≫라는 송시에서 그와 동시대의 통치자들과 비교되지 않는 ≪이상적인 군주≫의 상을 창조하려고 시도했다. 푸시킨은 귀족출신 둔재들과 나태한 사람들을 신랄하게 비판한 데르자빈을 ≪고관의 채찍≫으로 불렀다.

러시아 문학에서 감상주의는 니콜라이 미하일로비치 카람진(Николай Михайлович Карамзин, 1766~1826)의 이름과 관련이 있다. 중편소설 ≪가난한 리자≫에서 그는 농민들도 사랑할 수 있으며 사랑을 위해서 자신의 일생을 바칠 수 있다는 평범한 진리를 입증할 수 있었다. 알렉산드르 니콜라예비치 **라지셰프**(Александр Николаевич Радищев, 1749~1802)는 러시아 작가 중에서 첨으로 전제 정치와 농노제 폐지의 필요성을 예술 형식으로 문제를 제기했다. 1790년에 출판된 ≪페테르부르크에서 모스크바로의 여행기≫에서 그는 나라에서 벌어진 폭정과 불법행위, 나라에서 생긴 일들을 너무나 생생하게 묘사했기 때문에, 예카테리나 2세는 그를 푸가쵸프와 비슷한 반란자로 생각하여 그에게 사형을 선고했다. 유럽에 알려진 계몽군주로서의 이미지를 상실할 위험 때문에 그녀는 라지셰프를 시베리아로 추방시켰다. 계몽자이며 출판인 니콜라이 이바노비치 **노비코프**(1744~1818)는 풍자잡지 ≪트루텐(Трутень: 수벌)≫과 ≪지보피세츠(Живописец: 화가)≫를 창간하여 라지셰프처럼 농노제에 맹렬히 반대했다.

극 단

18세기 중엽 전에는 외국의 극단들이 주로 궁정과 귀족들의 저택에서 공연을 했다. 그러나 러시아 민족 문화의 발전은 러시아 극단 출현의 토대가 되었다. 엘리자베타 페트로브나 여제 때는 페테르부르크와 모스크바의 교육기관 부속 극단들이 생겼다. 야로슬라블의 배우겸 연출가인 표도르 그리고 리예비치 볼코프(Фёдор Григорьевич Волков, 1729~1763)의 연극들이 전러시아적인 명성을 얻었다. 그의 성공을 소문으로 들은 엘리자베타 페트로브나는 볼코프의 극단을 페테르부르크로 불러들였다. 1756년에 ≪비극과 희극의 공연을 위한 러시아 극장≫이 설립되었고, 거기에서 볼코프는 배우와 연출가뿐만 아니라, 무대장치가가 되었고, 1761년부터는 총감독이 되었다. 이것은 최초의 러시아 전문 극단이었다.

18세기 연극의 분명한 특징 중의 하나는 농노 출신의 배우들이 출연했던 극단들이 등장했다는 것이다. 쿠스코프와 오스탄킨에 있는 세레메테프(Н. П. Шереметев) 백작의 농노극장과 아르한겔스크에 있는 유스포프(Юсупов) 공작의 농노극단 등이 가장 유명했다. 때때로 그러한 극단들은 재미있는 풍부한 연극으로 국립 극장을 능가했다. 당시에 훌륭한 가수 중 한사람인 농노 출신의 프라스코비야 코발례바는 자신의 주인인 세례메테프 백작의 아내가 되었다.

음 악

표트르 대제 시대에는 가정에서 클라비코르디(клавикорды: 피아노의 전신)와 구슬리(гусли: 고대 러시아의 현악기)를 연주하며 시간을 보내는 것이 유행했었다. 안나 이오안노브나 여제 때에는 궁중 오페라가 있었고, 이탈리아와 프랑스 가수가 노래했다. 이탈리아의 거장들은 음악 작곡가로도 우수했다. 18세기 중엽에 오페라 공연이 수도뿐만 아니라 지방도시와 농노 극장에서도 공연되었다.

예카테리나 2세 통치 기간에는 러시아 오페라 음악이 육성되었다. 특히 대중의 인기를 얻었던 드미트리 스테파노비치 보르트냔스키(1751~1825)의 오페라 ≪영주의 성대한 축제≫, 바실리 알렉산드르비치 파쉬케비치(1742~1797)의 ≪인색한≫, 예브스티그니아 이파토비치 포민(1761~1800)의 ≪역마의 마부≫ 등이 공연되었다. 로맨스 장르가 널리 보급되었고, 러시아 민족음악의 연주회가 대단한 인기가 있었다. 작곡가 보르트냔스키(Бортнянский)는 영적인 합창곡 콘서트의 창립자였다.

회화와 조각

18세기에는 회화와 조각도 발전했다. 미술은 다양한 장르로 구별된다. 화가들은 초상화, 역사적인 지도들, 풍경화, 정물화 등을 그렸고, 민중의 생활을 그린 풍속화 장르도 등장했다. 연극 무대 장치도 극장의 발전과 함께 한층 발전되었다.

가장 유명한 미술장르의 대가인 안톤 파블로비치 로센코(Антон Павлович Лосенко)의 ≪로그네도 앞의 블라디미르≫와 그리고리 이바노비치 우그류모프(Григорий Иванович Угрюмов)의 ≪미하일 표도르비치를 차르로 선출≫과 ≪카잔의 점령≫이 유명했다.

초상화 장르의 발전에는 두 가지 특징인 삶의 사실을 표현하려는 노력과 예술적 명작으로의 승화 등이 나타났다. 호화로운 고관들의 초상화에서도 위대한 국가적 인물들과 차르의 측근들이 결함이 없지 않은 사실적인 사람들로 묘사되었다. 알렉세이 페트로비치 안트로포프(Алексей Петрович Антропов, 1716~1795)는 유명한 초상화 화가 중의 한 사람이었다. 그의 초상화 작품들은 진실, 의지가 강한 사람의 장점과 자신감 등이 표현된 것으로 유명했다. 이러한 특징들은 쿨랴프크 대주교와 표트르 3세의 초상화에도 표현되었다. 초상화 장르의 거장인 농노출신 예술가 이반 페트로비치 아르구노프(1729~1802)는 세레메테프 가문의 백작들의 화려한 초상화들이 걸려있는 화랑을 만들었으며, 그의 아들인 니콜라이 이바노비치 아그루노프(1771~1829)는 오스탄킨스크 극장의 농노 출신 배우들의 초상화를 그려서 유명해졌다.

표도르 스테파노비치 로코토프(1735~1808)의 작품은 인물의 다양한 특징을 전달하는 영적인 정교함과 섬세함으로 특출했다. 그가 그린 예카테리나 2세와 그의 아들 파벨, 오르로프 백작의 화려한 초상화들은 높은 수준의 작품 완숙도로 주목을 받았다. 특히 로코토프는 여성의 초상화로 성공했다. 정교하게 시적으로 그려진 그의 초상화 작품들은 여성의 정신적이고 육제적인 아름다음을 표현하는데 집중되어 있었다. 안트로포프의 제자인 드미트리 그리고리예비치 레비츠키(1735~1822)의 초상화들은 개성의 명확한 표현으로 주목을 받았다. 그는 계몽시대의 사상가들인 디드로와 노비코프의 초상화와 스몰니이 여학교의 학생들의 초상화를 그렸다. 블라디미르 루키차 보로비코프스코프(1757~1825)의 작품에는 감상주의와 고전주의의 특징들이 투영되었다. 18세기 말에는 연극 무대에 오른 농민들의 생활을 그린 농민 초상화들이 한 경향으로 등장했다. 예를 들어, 쉬바노프의 ≪농민들의 만찬≫, ≪결혼의 협정≫과 다른 것들이 있다. 이러한 풍속화 장르는 농민들의 삶을 이상화 하는 경향이 있는 당시 유행했던 감상주의 사조를 반영했다.

표트르 이바노비치 수빈(Фёдот Иванович Шубин, 1740~1805)는 가장 위대한 러시아 조각가였다. 그는 신념이 깃든 원숙함으로 얇은 대리석의 특성으로부터 인물의 내면세계와 솜씨를 창조해낸 점에서 독특했다. 특히 수빈의 성공적인 작품들은 골리친의 반신상, 예카테리나 2세의 입상, 로모노소프, 파벨, 레프닌 등의 반신상들이다.

처음으로 수도에서는 뛰어난 인물들을 기리는 동상이 세워졌다. 그 중에서 걸작 중의 하나는 페테르부르크에 있는 원로원 광장에 세워진 세계적으로 큰 조각품으로 알려진 표트르 1세의 동상인 ≪청동 기마상≫이다. 1766~1778년에는 에티엔 팔리콘 프랑스 조각가가 러시아에 초빙되어 이러한 동상들을 만드는 일을 했다.

실제적으로 18세기의 러시아의 모든 통치자들은 외국으로부터 예술 문화 작품을 수집하는데 많은 기여를 했다. 가장 복잡했던 전쟁과 동란의 시대에도 장식을 곁들인 수공예품과 지도, 조각품 등의 구입에는 돈을 아끼지 않았다. 이러한 토대 위에 위대한 예술품들이 수장되어 있는 페테르부르크의 에르미타시(Эрмитаж) 미술관이 생기게 된 것이다. 예카테리나 2세의 개인적인 수장품들이 처음으로 에르미타시 미술관에 기부되었다. 예카테리나 2세의 예술품 수집품이 모스크바, 야로슬라블과 몇 개의 다른 러시아 도시에서도 전시되었다.

건 축

18세기의 가장 훌륭한 건축가들의 작품에서 고전주의의 세계적 계승으로 풍부해진 건축의 더 좋은 민족적 전통들이 적용되었다. 18세기의 가장 위대한 건축가는 바르톨로메오 라스트렐리(Бартоломео Растрелли, 1700~1771)였다. 그는 이탈리아의 조각가 집안에서 태어났다. 아버지와 함께 16살의 청소년은 러시아로 갔다. 그는 18세기에 페테르부르크와 인근 도시에 겨울궁전, 페테르부르크의 대 궁전, 차르 마을의 예카테린스키 대 궁전, 스트로간노프(Строганов)가문의 궁전 등의 일련의 궁전들을 건축했다. 그 건축가는 키예프의 안드레예프스키 교회와 스몰니이 수도원도 설계했다. 그 건축물들은 풍부한 기둥, 내부의 화려한 장식, 분명한 선 등이 특징인 바로크 양식으로 건축되었다.

꾸민 듯한 바로크 양식은 18세기 중순에 엄격한 고전주의로 교체되었고, 그 다음에는 고대의 형으로 바뀌었다. 바실리 이바노비치 바제노프(Василий Иванович Баженов, 1738~1799)는 건축에서 러시아 고전주의의 창시자가 되었다. 그의 설계에 따라 모스크바의 바쉬코프의 집, 모스크바 근교의 차리치노 궁전-공원 건축물들, 가트친스키와 파블로프스키 궁, 페테르부르크의 미하일로프스키 성과 몇 개의 교회를 건설했다. 바제노프의 건축물의 특징은 그가 처음으로 풍경과 어울리는 건축물들과 도시 중앙을 조직적으로 배치하기 시작했다는 점이다.

마트베이 표도르비치 카자코프(1738~1812)는 바제노프의 조수이자 제자였다. 그의 설계에 따라서 모스크바 크레믈의 원로원의 건물 건축, 모스크바 대학의 건물, 골리친스키와 파블로프스키의 병원, 데미도프(Демидов)가(家)의 대저택, 페트로프스키 궁전 등이 건축되었다. 그는 모스크바의 가장 아름다운 건축물 중의 하나인 돌고루키(Долгорукий) 공작의 집을 건축했는데, 그 건물은 나중에 귀족원에 양도되었다.

이반 예고로비치 스타로프(Иван Егорович Старов, 1745~1808)는 알렉산드르 네프스키 대수도원의 재건과 페테르부르크 교외의 대저택들의 건축으로 유명했다. 그러나 가장 대표적으로 알려진 그의 건축은 많은 것으로 풍부하게 꾸며진 방들과 겨울 정원을 가진 타브리체스키 궁전이다.

18세기 후반기 러시아 건축의 특징은 수도뿐만 아니라, 현과 군의 도시들에 건축된 통합적으로 조화를 이루는 건축물의 발달이다. 도시의 중앙에는 항상 행정기관들-총독부, 재판소, 대사관, 극장, 병원, 중학교, 도서관 등이 있었다. 이렇게 도시는 새로운 문화의 중심지가 되었다.

결 론

18세기의 예술 · 문화는 러시아가 짧은 기간에 군사 강대국과 유럽의 인정받는 문화 강대국 중의 하나로 발전했다는 것을 분명하게 보여주었다.

36. 18세기 러시아인들의 일상관습

주택

18세기의 주택 건축에서 계층적 차이가 가장 두드러지게 나타났다. 러시아 황제들의 화려한 궁전들은 이미 17세기 차르의 탑방들과 표트르 대제 시대의 검소한 주택들과 어떠한 공통점도 없었다. 라스트렐(Растрелль)의 설계에 따라 건축된 페테르부르그의 겨울 궁전, 차르 마을의 예카테리나 대제의 궁전과 페테르고프의 대 궁전 등이 가장 화려한 차르 궁전들이었다. 축제의 날에 그런 궁전 중의 하나의 조명을 위해서 적어도 2만개의 초와 15만개의 램프가 필요했다.

궁전들의 내부는 인조 대리석 계단, 석고무늬들, 지도가 그려진 천장과 벽, 거울, 지도들, 도금, 융단, 무기들로 화려하게 장식되었다. 궁전들은 차르 자신을 위해서 뿐만 아니라 자신의 애인들(측근들)을 위해서도 건축되었다. 예카테리나 2세의 명령에 따라 가장 화려한 대리석 궁전이 오를로프를 위해서, 타브리체스키 궁전은 포톰킨을 위해서 건축되었다.

안나 이오안노브나는 그녀 앞에서 광대의 역할을 연기했던 골리친 공작을 위한 어름 집을 건립하도록 명령했다. 문, 조각들, 울타리 장식, 욕실, 가구, 거울 등의 모든 것이 얼음으로 만들어졌다.

수천 루블이 쓰인 여제의 오락물이 봄의 도래와 함께 사라졌다. 고위 관리들이 차르의 근처에 살려고 했다. 그들은 페테르부르크와 모스크바뿐만 아니라 교회에 몇 개의 저택들을 건립했다. 그들은 더 사치스럽게 장식하려고 서로 경쟁했다. 공장 소유자인 프로코피 에밀로프 마저도 프레스코 화(畵)와 대모자이크 화(畵)로 화려하게 장식된 저택을 모스크바에 건립했다. 대리석 수영장에서 금붕어들이 수영을 했고, 금으로 도금된 우리에서 수천 킬로미터 먼 곳에서 수입된 카나리아들이 날라 다녔고, 앵무새들이 불어로 재잘 거렸다.

평범한 사람들과 농민들의 집은 예전처럼 목재로 건축되었고, 작은 화재로도 때때로 전소되어 장작처럼 불꽃을 퉁기며 탔다. 18세기에 처음으로 거리에 번지수가 붙여진 집들이 등장했다. 이제 도시의 집들은 다르게 건축되었다. 과거에 집의 중앙에 페치카가 있었고, 그 주위에 방들이 있었지만, 이제 큰 방으로 나가는 복도가 있었다. 더욱 더 빈번하게 부유하지 않은 도시 가옥의 창문에도 예전처럼 운모대신에 유리가 끼워졌다. 농민들의 가옥은 과거처럼 통나무로 지어졌다. 18세기에 농가의 건축에는 사실상 어떤 변화도 없었다.

의 복

우리가 기억하고 있는 것처럼 표트르 1세 치세에 서유럽식의 의복, 신발, 모자, 겨울 옷 등이 칙령에 따라 강제적인 방법으로 도입되었다. 18세기에 외국식 복장이 익숙해졌다. 처음에 귀족들은 유럽에서 수입된 의복들과 조끼들을 입었지만, 곧 프랑스, 오스트리아, 네덜란드에서 직접 페테르부르크로 재단사들과 양복쟁이들이 초빙되었다. 프랑스 혁명 후에 파리에서 망명해온 의류 제작자들이 러시아에서 자신들의 가게와 작업장을 열었고, 거기서 유행하는 옷들, 모자들, 수도의 멋장인들을 위한 멋진 하얀 옷들을 제작했다.

긴 촌스러운 두루마기 같은 전통적인 의복대신에 귀족들은 이제 에이스, 넥타이, 나비넥타이, 짧고 좁은 조끼와 함께 날씬한 윗도리를 입었다. 벨벳과 두터운 실크로 만든 긴 겉옷을 입었다. 소매는 금실과 진주로 장식되었다. 예를 들어 포톰킨(Г. А. Потёмкин)의 예복은 그의 4만 명의 농노들에게서 걷어 들이는 1년 소작료의 총액과 같은 20만 루블이었다.

높지 않은 굽과 사각형의 코를 가진 구두가 가장 유행했던 신발이었다. 구두의 버클은 보석으로도 장식되었고, 그런 신발의 가격은 때때로 농노들의 여러 채 마을의 가격과 같았다. 정장은 반드시 장갑, 금과 특이한 색으로 장식된 호주머니 시계와 지팡이로 구성되어야 했다. 귀부인들과 신사들은 반드시 가발을 써야 했다.

허리를 아주 날씬하게 보이도록 전력을 다해 당겨지는 코르세트는 부인 정장의 필수적인 구성품이었다. 스커트는 펑퍼짐한 속치마 위에 입었다. 다양한 매우 값비싼 직물로 옷이 지어졌다. 한 벌 또는 같은 옷을 여러 번 입고 나타나는 것은 무례한 것으로 생각되었다. 표트르 대제의 딸인 엘리자베타 여제는 모스크바 대화재 당시에 4천벌의 옷을 소실했다. 그녀가 죽었을 때 1만 5천 벌이 옷을 남겼다.

귀부인들은 보석을 매우 좋아했다. 알렉세이 오를로프의 딸의 귀중한 진주 목걸이는 당시 돈으로 60만 루블이었다. 소지주들과 가난한 하급 관리들은 그러한 사치를 누릴 수 없었다. 그러나 그들도 유행하는 복장을 입고서 유행을 따르려고 했다. 농민들은 여전히 예전처럼 양가죽 외투, 양털 실로 짠 직물 옷, 나사(양탈 실로 짠 직물)로 만든 겉옷을 입었다.

음 식

러시아 제국의 인구의 대부분의 음식은 여전히 전통적이었다. 1765년 모스크바에 전염병과 기근이 퍼졌을 때만 그 때까지 알려지지 않았던 감자 57통이 독일에서 수입되었다. 그러나 기근에도 불구하고 농민들은 강제로 감자를 일상의 식량으로 받아들여야 했다.

18세기 도시의 중 · 상류층의 식탁에 유럽에서 수입된 새로운 먹을거리들인 소세지, 작은 소세지, 고기파이, 샐러드, 콜바스, 튀김 등이 나타났다. 음식을 만들 때 재료를 섞어서는 안 되는 표트르 대제 이전 시대의 별개의 음식 체제의 주요한 원칙도 파괴되었다. 예를 들면, 과거에 새고기나 새끼 돼지를 통째로 꼬챙이로 노출된 불 위에서 구웠지만, 이제 고기는 썰어서 조각으로 구웠다. 구이를 위해 처음으로 석판과 금속판이 사용되었다.

음식의 변화는 맨 먼저 귀족들의 가정에서 일어났다. 서구 요리가 엄청나게 인기를 누렸다. 러시아 고관들이 자신들의 부엌에 도입하지 않았던 단 하나의 고급 유럽 요리도 없었다. 러시아에서 활동했던 몇 명의 요리사들은 오늘날 전통이 된 새로운 러시아 요리의 메뉴의 창시자들이 되었다. 프랑스 출신 요리사 올리비에(Оливье)는 서구에서 그의 이름으로 불리거나 또는 쉽게 러시아 샐러드로 불렸던 오늘날도 가장 유명한 샐러드 요리 법을 창안음식에서 서구의 유행을 따르게 되자 불필요한 시선들이 없을 때인 가정에서만 귀족들이 익숙한 러시아 음식을 주문하려고 했던 현상들이 나타났다. 공식적인 만찬장이나 정찬에서 러시아 페치카에서 요리된 양배추 수프, 많은 전통적인 러시아 야채수프들이 사라졌다. 대신에 이제 불리온(고기 국물)이나 수프 등이 제공되었고, 애호 받았던 부풀린 밀가루 반죽으로 만든 러시아 피로그(만두)들은 프랑스 식의 살짝 구운 작은 만두들로 대체되었다.

여 가

농민들은 종교 축제일과 일요일(1797년 파벨 황제의 칙령 이전까지)에도 자유로운 시간을 가지지 못했다. 지주들에 대한 봉사에서 자유로운 시간에 농민들은 더욱 더 자주 가사 일을 했고, 교회에 다녔다. 겨울 축제일과 마슬레니차(масленица: 겨울을 보내고 봄을 맞이하는 제삿날)날에 언덕에서 썰매를 탔고, 성탄절부터 예수 세례절(성탄절 후 12일째 되는 날)까지의 기간인 이반 소첼니크(сочельник) 기간에 처녀 총각들이 성가를 부르면서 집집마다 돌아다녔고, 쿠팔라(Иван Купала: 성요한제)날에 처녀들은 운무를 추었고, 총각들은 모닥불을 뛰어 넘었다.

도시민들(특히 대도시의)은 귀족들의 축제에 참여하여, 옆에서 축제를 구경했다. 대관식 날에 주민들은 맥주와 밀주를 마시고 만두를 먹으면서 축제를 즐겼다. 모스크바는 대관식 날에 화려한 불꽃으로 장식되었다. 시민들은 신년과 마슬레니차 날 축제를 매우 좋아했다. 그런 날에 광장에 트리가 설치되었고, 서커스, 회전목마, 광대놀이 등이 벌어지는 장들이 열렸다.

고위 귀족들, 부자들, 산업가들, 상인들의 여가는 달랐다. 귀족들은 끝나지 않은 무도회, 가면무도회, 초대받은 만찬회 등에 참석했고, 이러한 것으로 기력을 소진했다. 이것으로 그들이 정말로 자신들도 자신들의 농노들 못지않게 힘들다고 생각했다. 국립극장뿐만 아니라 농노 극장의 공연물을 관람하러 다니는 것이 유행하기 시작했다. 때때로 이런 공연물에서 극장주인 뿐만 아니라 관객들도 연기를 했다.

18세기의 발레에서 확실하게 춤추는 것이 유행했다. 소년과 소녀 무용수들은 유년

시절부터 춤을 배우기 시작했다. **스몰니이(Смольный) 여학교**에서 무용 수업은 필수였다. 발레는 프랑스 메뉴에 형식으로 개발되었다. 여주인(궁정 무도회인 경우에는 여황제)이 맨 먼저 가장 명예로운 손님과 짝을 이루어 춤을 췄다.

상류층에서 가장 인기 있는 직업 중의 하나는 지도, 조각, 담배 갑, 보석, 지팡이, 담배 케이스 등의 제작이었다. 자신의 저택에 유명한 조상들의 초상화를 위한 화랑을 가지는 것이 좋은 취미였다. 부자들은 적지 않은 괴벽을 즐기는 것이 허용되었다. 공장주 테미도프는 어느 날 1년 동안 일어나지 않고 페치카 위에 눕기를 동의한 어떤 사람에게 그 당시에 엄청난 액수의 돈을 지불할 것을 제안했다. 시험을 견디어 내지 못한 불행한 사람은 낙인이 찍혀 쫓겨났다. 다른 경우에 **데미도프**는 하녀에게 한 시간 동안 집에서 가져갈 수 있는 만큼 동전을 집에서 가지고 나갈 것을 제안했다. 가능한 많이 가져가려고 했던 불쌍한 여자는 심장파열로 죽었다.

결 론

러시아인들의 일상생활의 관습에서 사회의 상류층과 가난한 계층 간의 간극은 더욱 더 심화되었다. 저택들이 오막살이와 급격하게 대조를 이루었다. 부자들의 절제되지 않은 사치, 공장과 광산에서 노동자들의 노동에 대한 낮은 임금, 지주들의 무위도식, 밭에서 농노들의 힘에 겨운 노동 등이 러시아 사회의 분열을 심화시켰다.

37. 18세기 러시아의 다민족들

러시아 민족

18세기 말에 러시아 제국의 인구는 약 3천 7백만 명이었다. 새로운 영토들이 러시아에 합병됨에 따라 총인구 중 러시아 민족의 비율은 약간 낮아졌다. 1719년의 통계에 따르면 러시아 민족은 총인구의 70%를 차지했고, 18세기 말엽에 총인구의 49%밖에 되지 않았다.

일련의 경우에 어떤 비러시아 민족들의 대표자들은 러시아인들보다 더 많은 권리를 가졌다. 예를 들어 1783년 이전에 우크라이나에는 일반적으로 농노제도가 없었지만, 그 때 이미 러시아 농민들은 130년 이상 동안 농노의 예속상태에 있었다.

러시아의 식민지 지도는 크게 확대되었고, 차르 정부의 권장 때문에 우랄인근, 시베리아, 극동 등의 지역에서 러시아인 식민자들의 수가 증가했다. 과거에 그러한 지역의 원주민들은 유목이나 사냥에 종사했다. 러시아인 식민자들은 원주민들에게 전에는 알려지지 않았던 농업재배를 전래했다.

밀려드는 이주민들과 함께 추방당한 러시아 농민들, 카자크들, 도시민들이 시베리아 평원을 개척했다. 시베리아의 러시아 주민들의 수는 3배로 증가했고, 18세기 말엽에 1백만 명이 되었다. 사실상 러시아 지주들이 유목민들의 황무지를 차지한 것은 때때로 정부뿐만 아니라 러시아인 이주민들에 대항한 원주민들의 대중봉기를 유발했다. 예를 들면 바시키르인들의 반란이 그렇게 일어났다.

발트해 연안의 땅이 러시아에 병합됨에 따라 러시아인들의 그곳으로의 이주가 시작되었다. 18세기에 러시아에 병합된 북 흑해 연안의 영토로의 빠른 이주와 정착은 특히 중요했다. 이것을 위해 정부가 제공했던 특혜는 전례가 없었다. 이것은 크림과 쿠반이 러시아에 합병된 지 10년 후에 30만 명 이상이 주로 러시아인들이 그곳으로 이주하는 결과를 초래했다.

러시아의 일련의 민족들의 상황은 동등하지 않았다. 1791년에 예카테리나 대제는 유태인들을 위한 집단 거주지역을 도입했고, 그 지역 밖에서 그들의 영구적인 거주를 금지했다. 중앙 러시아의 일련의 도시로 비러시아 민족들의 이주는 제한되었다.

우크라이나인들과 벨로루시인들

18세기에 드네프르강 우안의 지역이 러시아 영토에 합병되었기 때문에 러시아에 살았던 우크라이나인들의 수는 증가했다. 폴란드에서 분리된 결과로 벨로루시 민족은 거의 완전하게 러시아에 병합되었다. 우크라이나인들과 벨로루시인들에 대해서 차르 정부는 **러시아 화(化)(руссификация) 정책**을 실시했다. 중앙의 권력에 대항한 정치적 반대자들에게서 압류한 많은 토지들이 러시아 지주들, 장군들, 고관들 등에게 배분되었다. 그들은 국가 농민들뿐만 아니라 가톨릭 수도원의 토지와 농민들도 양도받았다. 그러나 이곳에 도시주민들의 전통적인 특권뿐만 아니라 지방의 교회교구들이 보존되었다.

드네프르강 좌안의 우크라이나에 대해서 표트르 대제 때부터 러시아의 모든 차르들은 제한된 자치를 실시했다. 1764년에 게트만 직접 통치는 완전히 폐지되었고, 그것은 소러시아 성(省)을 통해서 실시되었다. 그러나 우크라이나 귀족들은 러시아 귀족들과 동등한 권리를 누렸다. 사실상 우크라이나 농민들도 러시아 농민들처럼 농노화되기 시작했다.

볼가강 유역의 민족들

18세기에 볼가강 유역의 민족들은 대부분 예전처럼 중앙정부에 조공을 받쳤다. 그러나 남우랄 지역에서 우선적으로 자연자원들의 채굴에 그들을 끌어들이는 새로운 정책이 실시되었다. 노동력의 부족 때문에 때때로 우랄의 공장들에서의 노동을 위해 타타르와 바시키르인들이 강제로 이주되었다.

볼가강 유역의 민족들에 대한 개종과 세례를 강요하는 정책이 실시되었다. 이것은 무슬림들과 마르, 모르드바, 추바시 등의 민족들의 저항을 유발했다. 18세기 중엽에 강요로 수백 명의 무슬림들을 정교로 개종시키는데 성공했지만, 정부의 압력이 약화되자마자 개종된 사람들 대부분이 다시 이슬람으로 돌아갔다. 18세기 말까지 이러한 상황은 변화되지 않았다.

카자흐스탄의 민족들

18세기 중엽에 러시아 조공국이 된 분열된 카자흐 종족들은 예전처럼 유목생활을 했고, 중앙아시아의 국가들과 교환무역을 했다. 그들은 양, 황소, 염소, 낙타, 말 등을 길렀다. 유목지역이 때때로 1000~1200km에 펼쳐져 있었기 때문에 카자흐 족은 중앙아시아의 대부분 지역에서 유목생활을 했다. 러시아에 합병된 후에 농업의 발전이 촉진되었고, 카자흐스탄 초원지역에 수수와 밀이 파종되기 시작했다.

수공업의 생산은 가정 수준에서 일어났다. 여자들은 양과 낙탁에서 얻은 털실로 양모를 잣고, 금과 구술로 수를 놓았고, 양탄자를 잤다. 남자들은 금속가공과 목공, 피혁제작 등에 종사했다. 카자흐인들은 류르트(юрт)에 살았다.

칼미크인들

17~18세기 말에 칼미크족은 노가이츠족을 볼가강 유역에서 북카프카스로 몰아냈다. 아유카(Аюка) 한이 러시아와의 견고한 관계의 확립에 큰 역할을 했다. 볼가강 좌안에서 선교를 위해 1737년에 근처의 칼미크 정착민들의 중심지가 되었던 사마라가 건설되었다. 그러나 정착생활을 원하지 않기 때문에 칼미크인들은 곧 오렌부르크(Оренбург) 초원으로 이주되었다.

1711년 봄에 차르 정부의 강화된 압력에 불만을 가졌던 칼미크 한은 러시아 영토를 떠나 드준가르(Джунгар) 한국의 속국이 되기로 결정했다. 그래서 칼미크의 대부분은 동쪽인 중국 쪽으로 떠났다. 2만 명 이하의 인구가 러시아 영토에 남았다. 러시아의 칼미크 한국은 폐지되었고, 그 영토는 아스트라한 구베르니야(губерния: 현)로 통합되었다.

카프카스의 민족들

18세기 동안 북카프카스에 대한 러시아의 영향력은 계속 증가했다. 러시아에 다게스탄 합병을 완성한 표트르 1세의 페르시드스키(Персидский) 군사원정이 이쪽 방향에서 첫 걸음이 되었다. 18세기 후반에 러시아는 자국의 지배를 카프카스에서 대 카프카스 산맥의 북쪽 산기슭까지 확대했다.

이 기간에 여기에는 이웃의 무슬림 국가들인 페르시아와 투르크로부터 항시적 압력을 겪었던 몇 개의 그루지야 공국들이 있었다. 18세기 중엽에 가공할 이웃 국가들과의 불가피한 대립은 분열된 몇 개의 그루지야 공국들을 두 개의 차르령인 동쪽의 카르틀리스코-카헤틴스크 공국과 서쪽의 이메레티유 공국으로 통합시켰다. 카바르다의 합병은 러시아 제국의 국경을 그루지야에 인접시키는 결과를 초래했다. 투르크와 페르시아로부터 항시적 침략의 고통을 겪었던 그루지야의 통치자들은 유일한 정교국가인 러시아와 더 견고한 관계를 세우기를 원했다. 1783년에 카르트리-카헤틴스키 차르인 이라클리(Ираклий) 2세는 예카테리나 2세와 동 그루지야가 러시아의 보호국으로 전환되는 영웅적인 조약을 체결했다.

시베리아와 극동의 민족들

18세기에 시베리아와 극동의 러시아 식민지화의 강화는 처음으로 원주민들의 큰 저항을 유발했다. 1731년에 캄차트카에서 반란이 일어났다. 캄차트카의 원주민들과 코랴크인들(Коряки)은 러시아의 식민자들을 자신들의 주인이나 손님으로 여기고 싶지 않았다. 이러한 저항의 결과로 캄차트카 원주민의 수는 크게 줄었다. 19세기 중엽에야 러시아 정부와 결국에는 화해했던 추크치족(Чукчи)의 저항도 강력했다.

태평양 연안에 이르렀을 때 카자크들은 인근의 섬들의 정복에 착수했다. 18세기 초에 그들은 쿠릴 섬들을 탐험했다. 우리가 아는 바와 같이 1720년대 말과 1740년대 초에 **베링**(Беринг)의 두 번의 캄차트카 탐험이 감행되었고, 바다를 건너는 과정에서 알래스카 연안에 도착했고, 알루션 열도의 일련의 섬들을 발견했다. 1770년대부터 알래스카와 알루션 열도로 러시아 상인들의 정규적인 원정이 시작되었다. 그곳에 최초의 정착지가 건설되었고, 러시아의 아메리카 영토를 관장하는 권리를 부여받았던 상단이 설립되었다. 일련의 섬들이 러시아 상인들과 탐험가들에 의해 개척되었다.

18세기에 우랄, 시베리아, 극동 등의 개척과 함께 알려지지 않은 유용한 광물의 매장지의 탐사와 개발이 시작되었다. 이곳에 3대 광산업 지역인 예카테리나, 알타이, 네르친스크 등의 광산업 지대가 형성되었다. 적들로부터 보호와 수비를 위해서 요새들 사이를 연결하는 특별 군사선이 구축되었다.

결 론

18세기에 러시아는 다민족 국가로 전환되었다. 러시아는 동쪽과 서쪽으로 영토를 크게 확장했고, 발트해 연안, 폴란드, 북 흑해연안, 북카프카스, 카자흐스탄, 칼미크 초원, 알래스카, 태평양과 북빙양의 많은 섬들을 영토에 합병했다. 18세기 말에 러시아 제국은 세계에서 가장 큰 강대국이 되었다.

✔ 제 2부의 결론

17~18세기는 러시아 역사의 새로운 시대가 되었다. 이 시기는 러시아인들에 낯설고 익숙지 않고 이해가 되지 않은 이웃의 유럽 국가들의 생활방식, 경제생활, 정치적

전통, 문화의 독특성 등에 접촉하게 되는 시대였다. 서구는 유럽의 동쪽의 알려지지 않은 나라를 알게 되었을 뿐만 아니라 러시아도 자국을 서구문명에 개방했고, 자국의 후진성을 극복하기 위해서 서유럽 국가들의 경험을 이용하려고 시도했다고 말할 수 있다. 이 시기는 16세기 중엽에 동쪽으로 진출한 러시아가 알려지지 않은 시베리아 평원, 극동, 북 아메리카의 땅을 병합했을 뿐만 아니라 적극적으로 그러한 땅들을 개척하기를 시작했던 시대였다. 러시아의 국경은 크게 확대되었고, 인구는 3세기 동안 여러 배로 증가했다.

혼란의 시대에 루시에 권력의 공백, 이러한 암울한 시대에 국력의 약화는 17세기에 이미 즉, 로마노프 왕조의 초기의 시대에 사실상 아무런 제한도 받지 않은 차르의 강력한 권력의 확립을 초래하지 않을 수 없었다. 18세기 초에 루시의 차르의 권력은 절대적이 되었고, 처음으로 정치적 · 경제적 권한뿐만 아니라 종교적 권력까지 장악했다. 러시아 정교회는 차르의 행정부서 중의 나라로 전환되었다.

러시아 과학과 예술문화는 가장 위대한 업적을 성취했다. 러시아 문화와 유럽문화의 상호교류는 러시아 문화를 풍부하게 했고 세계 문화의 독창적 부분을 형성했다. 러시아 역사상 처음으로 보통사람의 역할 자체가 변화하기 시작했다. 즉, 평범한 사람은 외관상 높은 사회이념을 갈망하고 자신을 노예가 아니라 조국의 시민으로 느끼는 창조적인 인간으로 변화했다.

표트르 대제의 개혁들과, 이웃 국가들과의 장기간의 전쟁 등은 러시아를 유럽의 강대국의 지위를 부여해 주었다. 예카테리나 대제의 치세에는 러시아의 참여 없이는 하나의 국제정치의 문제도 해결될 수가 없었다. 유럽의 모든 강대국들은 러시아를 고려해야만 했다.

러시아의 경제에도 중대한 변화들이 일어났다. 전러시아 시장의 형성, 공장제 수공업 생산의 급격한 증가, 경공업과 무역의 발전 등은 러시아를 농산품과 공산품의 유럽의 최대 생산국의 대열에 올려놓았다. 그러나 경제 상태는 대부분 도시와 농촌의 발전을 저지했던 농노제 특성에 의해서 한정되었다.

16~18세기에 러시아는 다민족 국가가 되었다. 러시아는 수십여 개의 민족이 거주했다. 국가의 권력자들은 전례가 없는 국력의 원천 또는 러시아 제국의 항구적인 분열과 약화의 원인이 될 수도 있는 민족 정책을 입안하고 실시해야 했다.

러시아의 이러한 모든 문제는 다가올 새로운 19세기에 해결되어야 했다. 러시아의 미래는 당면한 문제들의 해결에 달렸다.

3

19세기 러시아 역사

제1장 19세기 전반부 초기의 러시아

1. 18세기 말~19세기 초의 러시아 제국

영 토

19세기 초경에 러시아 제국은 세계에서 가장 큰 영토를 가진 국가였다. 러시아 영토는 발트해부터 태평양 연안, 북극지방부터 북 흑해 연안과 카프카스 지역까지 펼쳐져 있었다. 러시아는 표트르 1세 때 발트해와 아조프해로 나가는 출구를 획득했을 때 가장 큰 영토 확장을 성취했다. 러시아 함대의 위력과 규모가 증대됨에 따라 신생 제국의 영향력은 유럽뿐만 아니라 아시아와 아프리카에까지 그 명성을 떨쳤다. 동아시아 평원의 병합과 미래에 인도와 아프리카의 정복을 위한 거점기지를 카스피 연안에 건설하려는 시도가 있었다. 동시대 사람들 증언에 따르면 표트르 1세는 마다가스카르 섬들을 러시아 식민지로 만드는 제안을 받았다고 한다.

예카테리나 2세 때에 우크라이나, 벨로루시, 리트바(리투아니아), 폴란드의 일부분이 러시아에 합병되었다. 가장 방대한 노보러시야(북흑해 연안과 아조프해)도 러시아에 병합되었다. 북 카프카스지역에서 러시아의 국경은 쿠반(Кубань)강과 테레카(Терека)강을 따라서 획정되었고, 노가이츠(Ногайц)인들과 카바르다(кабарда)인들의 영토가 러시아에 종속되었다.

동시베리아와 극동변경지역의 캄차트카와 연해주 등의 지역뿐만 아니라, 러시아의 여행자들과 이주민들이 발견하여 습득한 러시아령 아메리카(알래스카, 알류선 열도, 북캘리포니아 일부분 등)도 러시아 제국의 영토가 되었다. 1801년에 동그루지야도 러시아에 병합되었다. 이러한 모든 영토는 주민들의 민족적, 종교적, 다른 특징들을 고려해서 정해진 차르의 특별한 칙령에 따라 특별하게 통치되었다. 1800년에 러시아에는 41개 현(縣)이 있었다.

러시아 인구

영토가 크게 확장됨에 따라 러시아 인구도 증가했다. 표트르 1세 통치 초반에 러시아는 1천 5백만 명, 후반에는 1천 5백 5십만 명, 19세기 초에는 4천 3백 7십만 명이었다. 이 시대에 우랄산맥 동쪽지역에는 단지 3백만 명이 거주하고 있었다.

러시아 인구의 민족 구성은 다양했다. 유럽 지역뿐만 아니라 사실상 러시아 전지역에 살았던 러시아인들이 인구의 대부분을 차지했다. 남쪽과 서쪽에서 러시아인들은 우크라이나인, 벨로루시인, 발트 3국인(리투아니아인, 라트비야인, 에스토니야인)과 같이 살았다.

북쪽과 볼가강 유역의 대부분의 영토에는 핀-우고르계 민족들(모르드바인, 마리인, 코미인, 우드무르트인, 카렐리아인 등)이 정착해서 살았다. 예전의 카잔한국, 아스트라한 한국, 시베리아 한국의 영토에는 터키어를 쓰는 민족들(타타르인, 바시키르인, 추바시인, 야쿠트인 등)이 거주했다. 퉁구스-만주족에 속하는 에벤, 에벤크, 나나이족, 우데게인족 등이 러시아 제국에 병합되었다. 러시아 민족들은 세계의 모든 종교를 믿었다. 국교는 러시아인, 우크라이아인, 벨로루시인들과 다른 민족들의 대표자들이 믿었던 정교였다(주민의 87%). 서쪽지역에서 가톨릭(폴란드, 서우크라이나, 서벨로루시 등)과 개신교(발트해 연안 지역)가 주요한 종교였다. 터키계 민족들은 이슬람교를 믿었고, 볼가강 하류의 유목민족들(칼미크), 바이칼호의 동쪽지역에 사는 민족들(부랴트족)은 불교를 믿었다. 그 밖의 많은 민족들(모르드바인, 마리인 등)은 이교도의 종교를 믿었다. 폴란드의 일부분이 러시아에 합병된 후에 처음으로 유태교의 확산이 시작되었고, 유태교의 분포는 유태인의 협소한 거주 지역에 한정되었다.

귀족계급은 가장 많은 특권을 가진 러시아의 사회의 계층이었고, 가족을 포함해서 40만 명에 달했다. 보통 100~150명의 농노들이 한 지주에게 종속되었고, 그들에게 1년의 소작료로 400~500루블을 지불해야만 했다. 1등급에서 8등급까지의 관등표에 일치하는 직책(배심판사부터 더 높은 관직)에 종사했던 4천 명을 포함한 1만6천 명의 귀족들이 관리들이었다. 대략 일 천 명만이 중간층을 구성했다. 1등급에서 4등급에 이르는 400명의 관리들이 예비역 장군들이었고, 500명이 현역 장군들이었다. 그들 각자가 1500명 이상의 농노를 소유했다. 귀족들 가운데 1만 4천~1만 5천 명의 장교들이 있었다(대략 1명의 장군 밑에 약 30명의 장교들이 소속되었다).

18C 말경에 모든 등급의 성직자는 21만 5천 명에 이르렀다. 농민은 러시아 제국의

인구에 94%를 구성했다. 그들은 약 10만개의 농촌과 촌락에서 살았다. 국유지의 농민의 수는 1천 5백만 명에 달했다. 그들은 농노보다 더 많은 땅을 소유했을 뿐만 아니라 약한 압제와 전제정치를 경험했다. 완전히 권리를 상실한 농노들은 1천 4백만 명에 이르렀다. 어떤 지역(예를 들면, 네체르노제미야)에서 농노들은 모든 농민의 60%를 차지했다.

특권이 없는 도시민들은 평민에 속했다. 수공업자들, 노동자들, 소규모 상인들 등의 범주에 소속된 인구수의 총수는 주민의 총 인구수에 2%를 넘지 않았다. 상인계층은 3개의 계급으로 나뉘었다. 1만 루블에서 5만 루블을 가진 가장 부유한 상인들(첫 번째 상인층에 속했던)은 내 · 외 무역을 수행하는 우선권을 소유했고 공장과 방직공장를 세웠다. 5천 루블에서 1만 루블을 가진 두 번째 계층의 상인들에게 국가는 국내무역의 거래를 위한 몇 개의 특권들을 부여했다. 1천 루블에서 5천 루블의 자본을 가진 세 번째 계층의 상인들은 주로 소매 무역에 종사했다.

19세기 초에 농민에서 이탈한 카자크들은 둔병계층을 형성했다. 그들은 1백 5십만 명에 이르렀고, 9개의 카자크의 부대인 돈카자크, 흑해(쿠반스크), 북카프카스, 볼가, 오렌부르크, 우랄, 시베리아, 동바이칼, 아무르 등의 카자크로 통합되었다.

경제체제

여전히 농노제도가 나라 경제의 토대를 형성하고 있었다. 18세기 말부터 19세기 초에 농노제도는 해체 단계에 접어들었고, 새로운 경제관계가 생겼다. 농노제도에 역행하는 현상이 강화되었다. 공장제 수공업 산업이 발전하였고, 임금 노동을 이용하는 기업의 수가 증대되었다. 농민들에게 고용 노동을 이용한 자기소유의 기업을 창업하는 것이 허용되었다(19초경에 이미 수 십 개의 기업들이 있었다). 자본을 가진 농민계층이 확대되었다(그들 중에 어떤 사람은 12만 루블까지 소유했다). 도시민들과 도시의 수가 증가했다(18세기 초에 도시 수는 200이 약간 넘었고, 18세기 중엽에는 232개, 예카테리나 2세 통치 때에 도시의 수가 400개까지 증가했다). 노동력 시장의 주요한 원천이었던 도시로 이주한 사람들의 수가 증가되었다.

그러나 퇴색한 체제가 새롭고 더 진보적인 경제체제의 발달을 방해했다. 여전히 노동력 시장의 원천의 형성은 예전처럼 제한되었다(농민들에게는 '자유'가 거의 없었고, 지주들은 언제든지 도시로 돈 벌러 간 농노들을 데리고 올 수 있었다). 때때로 영주들이 착취할 수 있었기 때문에 자본을 축적한 농민들은 그들의 자산을 생산에 투자하지 못했다. 기술혁신(폴주노프의 증기차, 쿨리빈의 발명)과 무보수 농노의 노동의 상태에서 새로운 노동방식은 이용되지 않았다. 농민들의 낮은 구매력은 시장관계 발전을 저해했다(19세기 초에 러시아 평민은 1년에 단지 17 코페이크만을 구입에 소비했다).

농노경제의 낮은 생산성은 주요한 생산자들인 농민들에 대한 지주들과 국가의 수탈적 압력을 증대시켰다. 비흑토 지역의 현에서 18세기 동안 농민의 소작료가 5배나 증가했고, 흑토지역의 현에서 부역노동은 일주일에 4번이나 가끔 6일이었다. 주민들의 세금은 몇 배나 증대되었고, 주류 판매(국가가 판매의 독점권을 가지고 있는)는 국고의 모든 수입에 25%를 차지했고, 소금의 판매가 10%를 차지했다(소금에 대한 국가 독점권이 존속했다). 과중한 징세는 사회의 주요한 경제적 기반인 농업의 쇠퇴와 파산을 가져왔다. 이러한 상황은 경제제체의 급진적 개혁을 요구했다. 그러나 나라 발전을 저해하는 중요한 원인은 물질적 동기에 예속되었고 수탈당한 농노노동이었다.

정치제도

19세기 초에 러시아는 예전처럼 전제군주 국가였다. 모든 최고의 입법권과 행정권은 황제에게 있었다. 종무를 관장하는 최고위 종무국의의 원장을 임명하기 때문에 황제는 사실상 교회의 수장이기도 했다.

한 때 무역 소도시였던 러시아의 수도 산크트-페테르부르크는 가장 아름다운 도시로 변했고, 유럽의 정치, 과학, 문화생활의 중심지 중의 하나가 되었다. 표트르 대제 때부터 기반을 쌓은 국가 최고 권력기관들은 원로원, 각 행정부서, 다른 행정 기관들이었다. 18세기 말경에 이들 기관들은 분명한 권한의 한계와 구조의 특성이 없었기 때문에 개혁되어야만 했다. 지방에서는 현지사들과 지방장관들이 황제를 대신해서 권력을 행사했다.

이와 함께 도시에 부여된 **은상증서(Жалованная гамота)**에 따라서 6등급으로 나누어진 부유한 시민들이 도시의 일반의회를 통해서 통치 문제에 참여할 수 있었다. 이러한 기관들은 주로 경제 문제에 관계했고, 여전히 귀족들이 도시 행정에서 지도적 위치를 차지했다.

결 론

19세기 초에 러시아는 최강대국이 되었다. 그러나 유럽의 선진국들로부터의 후진성을 극복할 수 없었다. 후진성을 극복하기 위해서 러시아의 정치 · 경제체제의 토대를 개혁하는 것이 불가피 했다.

2. 알렉산드르 1세의 대내정책

황제 알렉산드르 1세

새로운 전제군주 **알렉산드르 1세**가 황제 자리에 올랐을 때부터 19세기가 시작되었다. 새로운 황제는 1777년에 태어났고, 위대한 예카테리나의 사랑스러운 손자였다. 알렉산드르 1세는 예카테리나의 곁에서 자랐고, 빠르게 그녀의 습성과 기질을 터득했다. 황태자는 소문대로 자신을 좋아했고 훌륭한 신하들을 거닐었던 절대 권력의 소유자인 할머니와 음울한 가트치나에서 은둔을 강요받은 쫓겨난 부모님 사이에서 갈등했다. 이러한 사실들은 어린 소년 알렉산드르의 맘속에 위선, 은폐, 파벨과 예카테리나에 대한 비판적인 태도가 형성되는데 영향을 미쳤다.

유명한 스위스 정치가이자 계몽사상의 지지자인 라가르프(Ф. С. Рагарп)가 젊은 황태자의 교육자가 되었다. 그는 알렉산드르에게 유럽식 교육을 받게 했을 뿐만 아니라, 미래 군주에게 진보적인 사상을 인식시키는 시도도 했다. 라가르프는 파벨을 제치고 알렉산드르를 황태자로 공표하려는 예카테리나 여제의 계획에 대한 지지를 거부한 후 궁정에서 쫓겨났다. 1796년에 알렉산드르 자신이 황제 자리에 오르는데 동의했다.

알렉산드르

가트치나에서의 잦은 체류와 그곳에서의 군사훈련은 그를 군사행진과 기동훈련의 애호가로 변화시켰다. 아버지의 즉위 후에 그는 파벨의 전제정책을 지지하지 않을 수 없었다. 그러나 라가르프로부터 배운 입헌주의 사상은 알렉산드르를 떠나지 않았다.

비밀위원회

진보적인 개혁사상을 실현하기 위해서 젊은 황제는 가까운 측근에 의지해야 했다. 아버지를 축출하는 음모에 가담한 자들은 그렇게 될 수가 없었다. 반대로 곧 그들은 다양한 구실로 권력에서 멀어졌다. 젊은 황제와 함께 교육받고, 공부했던 동갑내기들이 개혁을 지지하는 측근들이 되었다. 그들은 스트라가노프 백작과 그의 사촌 동생 노보실체프, 차르토르스키 백작, 코추베이 백작이었다. 이 위정자들은 황제의 비공식적인 자문기관인 **비밀위원회**를 구성했다. 알렉산드르와 신뢰하는 관계에 있었기 때문에 그들은 황제와 개혁의 계획을 논의하고, 자신들의 제안과 조언을 표명했다. 그들의 직접적인 참여와 함께 새로운 황제의 첫 통치 행위가 실행되었다. 파벨의 치세 때 고초를 겪었던 1만 2천 명이 사면되었고, 새로이 국경이 열렸고, 유럽의 책들과 상품들을 자유롭게 수입하는 것이 허용되었다. 황제의 직속으로 중대한 법률을 입안하고 심의하는 직무를 담당할 12명으로 구성된 상설 자문기관이 창립되었다.

비밀위원회 회의는 1801년 6월부터 시작되어서 1802년 5월까지 정규적으로 개최되었다. 비밀위원회의 중요한 결실은 황제가 스스로 동의했던 전제정치의 제한이었다. 그러나 전제정치의 제한을 위해서는 맨 먼저 행정 개혁이 실시되지 않을 수 없었다.

첫 번째 개혁들

1801년 4월 2일 알렉산드르 1세는 중대한 칙령을 발표했다. 알렉산드르 1세는 은상증서를 귀족들과 도시에게 다시 하사해주었고, 비밀 사찰을 폐지하고, 가장 중대한 재판 건들의 심사를 원로원에게 양도했다. 곧 국가 농민들을 귀족에게 하사하는 것이 중단되었고, 토지 없이 농노들의 매매를 신문에 공고하는 것이 금지되었다. 권좌에 오른 첫해 말에 알렉산드르 1세는 평민들과 농민들에게 농사짓지 않은 땅을 구입할 권리를 부여했다.

1802년 9월에 최고위 국가권력기관의 개혁이 시작되었다. 최고 재판소와 행정감독기관의 직무를 원로원에 부여했다. 표트르 대제 때 설립된 낡은 콜레기야(коллегия: 행정부처 위원회) 대신에 8개의 중요한 행정부서들(минитерства: 미니테르스트바)이 설립되었다. 육군부, 해군부, 외무부, 법무부, 내무부, 재무부, 문교부, 통상부, 행정통치의 일반적인 문제를 토의하기 위한 장관들의 위원회가 설립되었다. 비밀위원회의 모든 위원들이 장관이 되었다. 코추베이는 내무부 장관이 되었고, 코추베이 장관의 차관에는 스트로간노프, 노보실리예프가 법무부의 차관에 임명되었고, 차르토르스키는 사실상 외무부의 차관이 되었다(공식적으로는 외무무 차관에 불과했지만).

1801년에 교육발전의 필요성에 대해 생각했던 알렉산드르 1세는 데르프트에 새로이 대학교를 설립했다. 1803년에 민중 계몽 체제의 개혁이 시작되었는데, 대학교에 상당한 자치권들이 부여되었다. 1803년 2월 20일에 서명된 ≪농노 해방≫에 대한 칙령은 알렉산드르의 가장 중요한 결정 중에 하나가 되었다. 그 칙령에 따라서 지주들은 돈을 받고 분할 농지와 함께 자신의 농노들을 해방할 수 있었다. 황제는 귀족들 스스로 이 문제를 해결해야 한다고 생각했다. 그러나 알렉산드르 1세의 통치 25년 동안은 단지 4만 7천 명의 농노(총 농노수의 0.5% 미만)만이 그러한 방법으로 해방되었다.

스페란스키(M. M. Сперанский)의 개혁

스페란스키

대 정치 개혁의 준비를 위해서 차르는 가난한 농촌의 성직자 가정의 출신인 재능 있는 위정자인 **스페란스키**를 등용했다. 그는 비밀위원회의 위원이면서 내무부 장관인 코추베이(В. П. Кочубей)의 최측근 중의 한사람이었다. 나폴레옹이 통치하는 프랑스의 부르주아적인 체제에 대해 맘속으로 호감을 가지고 있던 스페란스키는 차르에게 점차적으로 러시아에 입헌 군주제를 도입할 것을 제안했다. 1809년에 그는 ≪국가법령의 법전의 초안≫이라는 국가 개혁의 계획을 준비했다. 스페란스키는 권력분립제의 도입을 제안했다. 그의 제안에 따르면, 입법권은 국가두마(여러 단계에 걸친 선거과정을 통해서 선출된), 집행권은 장관들에게, 재판권은 원로원에 부여되었다. 법률안의 사전심의를 위한 ≪국가위원회≫의 설립이 제안되었다. 귀족들과 동등하게 상인들, 평민들, 국영농민들에게 선거권을 포함한 시민권을 부여하는 것이 계획되었다.

스페란스키의 개혁들을 전부 찬성했음에도 불구하고, 차르는 사회의 파국을 두려워했기 때문에 개혁을 전부 실행하는 모험을 감수하지 않았다. 1810년 1월 1일에 법안의 준비에 참여하는 것이 주요한 책무인 국가위원회(Государственный Совет)창립에 대한 포고령만이 선포되었다.

그러나 이 개혁안들은 알렉산드르 1세가 일시적으로 개혁을 보류해야만 할 정도로 귀족들의 격렬한 불만을 야기했다. 나폴레옹과의 전쟁을 앞두고서 차르는 사회의 통합을 이루기를 원했다. 스페란스키는 해임되어 니즈니 노보고로드로 추방되었고, 나중에 페름으로 추방되었다.

3. 외교정책

나폴레옹과의 불화와 새로운 반프랑스 동맹의 결성

알렉산드르 1세는 권좌에 오른 후 즉시 영국과 무역을 재개했다. 인도정복을 위해 파견된 러시아 카자크 부대는 즉시 철수되었다. 1801년 6월 5일에 나폴레옹에 대항하여 러시아와 영국은 상호 우호 조약을 맺었다. 사실상 처음에 알렉산드르 1세는 프랑스와의 공개적인 불화에 대해 두려워했었다. 1801년 9월에 파리에서 프-러 조약이 체결되었고, 타협적인 성격을 띠었고 공개적인 불화를 일시적으로 연장했던 비밀합의가 이루어졌다. 1804년 불화는 계속되었다. 1805년 7월쯤에 러시아와 영국은 **제 3차 대불 동맹**을 결성했다. 러시아, 영국, 오스트리아, 스웨덴, 나폴리의 왕국 등이 동맹에 참여했다.

영국에 대한 해상 상륙작전을 준비했던 나폴레옹은 갑자기 자신의 주력부대를 반불 연합군이 형성되었던 중부 유럽으로 이동시켰다. 처음에 마크 장군이 지휘하는 프랑스 군대는 울림 전투에서 오스트리아 군을 격퇴했고(1805년 10월 8일)빈을 점령했다. 그 다음 나폴레옹 자신이 직접 지휘하는 프랑스군은 아우스테리츠 근처에서 러시아와 오스트리아 황제가 참여한 오스트리아-러시아 연합군을 물리쳤다. 여기서 러시아는 1만 5천 명의 병사와 장교를 잃었다. 나폴레옹은 모든 대포와 엄청난 군수품과 2만 명의 오스트리아와 러시아 포로들이 나폴레옹에게 넘어갔다. 이렇게 해서 **제 3차 대불 동맹**은 붕괴되었다.

폴란드 문제

러시아 외교정책을 이끄는 차르토르스키(폴란드 국적)는 반프랑스 동맹의 지지자였기 때문에 폴란드 해방 계획을 신중히 생각했다. 그는 알렉산드르 1세에게 나폴레옹에게 군대를 보낼 뿐만 아니라 나폴레옹에 대한 투쟁의 열의를 유럽의 인민들 사이에 불러일으킬 것을 제안했다. 이것을 위해서 차르토르스키는 침략자에 대한 정복당한 지역의 인민들의 침략자에 대한 저항운동을 지원하고, 프랑스 파멸 후에 그들에게 해방을 약속해주는 것을 제안했다. 그는 1772년의 국경 상태로 폴란드를 부흥시키는 것을 고려했다. 이것은 러시아로부터 본래 러시아인들의 땅이었던 포돌리아와 볼리나를 떼어 내는 것을 의미했다.

알렉산드르 1세는 차르토르스키와 동의하는 척 하면서, 폴란드 카드를 전혀 다르게 이용했다. 반프랑스 동맹과 러시아와의 연합으로 프러시아 왕을 끌어들이기를 원했기 때문에, 그는 폴란드 폭동의 위협에 대해 말했다. 프러시아와 동맹을 맺은 직후에 알렉산드르 1세는 지금이 아닌 미래에 폴란드 문제를 해결할 것이라고 공표했다. 이렇게 하여 알렉산드르 1세는 차르토르스키의 분노를 초래했을 뿐만 아니라 국가 부흥을 약속했던 나폴레옹을 지지하도록 폴란드인들을 자극했다. 나중에 프랑스 황제는 약속을 지켜서 프랑스에 종속된 바르샤뱌 공국을 세웠고 그곳의 농노제도를 폐지했다.

카프카스 지역에서의 러시아

한편 러시아는 카프카스 지역에서 자국의 침략을 확대했다. 1801년에 이미 동그루지야가 러시아에 합병되었다. 1803년에 민그렐리야가 정복되었다. 다음 해에 이메레티야, 구리야, 갼드자 등이 러시아의 영토가 되었다. 1805년 러-페르시아 전쟁 중에 카라바흐와 시르반(Ширван)이 정복되었다. 1806년에 러시아는 **오세티야**을 합병했다.

카프카스 지역으로의 러시아의 신속한 침투는 나폴레옹과의 전투임에도 불구하고 유럽국가들 뿐만 아니라 터키와 페르시아를 불안케 했다. 러시아와 전쟁이 지속되는 상황에서 프랑스는 터키를 전쟁에 끌어들이기 위해서 이러한 상황을 이용했다. 나폴레옹은 전쟁에서의 패배를 생각하지 않았다. 러시아가 패배한다면 전쟁에서의 승리는 분명해질 것이다. 자신을 위해 이 전쟁에서는 실패가 없다고 예상했다. 러시아가 승리할 경우에 카프카스에서의 러시아의 위치의 강화는 영국과의 관계의 약화를 초래할 수 있었다.

1806~1807년 전쟁에서의 러시아

1806년에 유럽에서의 전쟁은 새로운 단계를 맞이했다. 오스트리아 대신에 프러시아가 가담한 제4차 대불동맹이 결성되었다. **4차 대불동맹**에 대해서 나폴레옹은 영국에 대한 **대륙 봉쇄령**의 공표로 응답했다. 나폴레옹에 대한 군작전은 이번에도 연합국에게는 실패였다. 1806년 10월에 프러시아 군대는 이엔나야와 아우에르쉬테드트 근처에서 나폴레옹 군대에 의해서 격퇴되었고, 러시아 동맹군들도 1807년 6월에 프리드란트(Фридланд)에서 패배했다.

러시아가 3개의 전선에서 전쟁을 수행했다는 사실이 패전에 적지 않게 작용했다. 1804년부터 러시아는 페르시아와의 전쟁을 위해서 동카프카스 지역에 대병력을 배치해야만 했다(**귤리스탄스키(Гюристанский) 평화협정**의 체결로 1813년에 이 전쟁은 끝났고, 이 협정에 따라서 몇 개의 한국이 러시아 제국에 양도되었다). 1806년 12월 나폴레옹은 러시아와의 전쟁에 터키를 끌어들이는데 성공했다. 전쟁에 참여한 대가로 터키는 프랑스의 지지 뿐만 아니라 과거에 빼앗겼던 크림과 그루지야의 탈환을 프랑스로부터 약속 받았다. 1807년 러시아 군대는 서 카프카스뿐만 아니라 발칸지역에서 터키인들의 공격을 격퇴했다. 흑해 함대는 해상 전투에서 대승을 거두었다.

그러나 러시아의 전쟁운명은 나폴레옹과의 전투에서 결정되었다. 프러시아가 패배하고 프리드란트에서 승리를 거둔 후 프랑스는 사실상 러시아 국경으로 진출했고, 러시아의 병참 자원들은 거의 소진되었다. 알렉산드르는 혐오하던 나폴레옹과의 평화협정을 맺어야만 했고, 협상을 시작할 것을 제안했다.

틸지트(Тильзит)평화협정의 결과

두 황제의 만남은 1807년 6월에 **틸지트**의 **네만(Неман)강** 한 가운데 선상에서 이루어졌다. 이 만남에서 두 황제는 양국 간의 평화조약을 체결했다. 이 조약은 타협적 성격을 띠었다. 러시아는 나폴레옹의 모든 정복을 인정했다. 러시아는 프랑스와 동맹을 맺었고, 과거의 반프랑스 노선을 실행할 경우에, 영국과의 전쟁을 시작할 의무를 갖게 되었다. 그 동안 러시아는 대륙봉쇄에 가담했다, 프러시아는 알렉산드르의 부탁에 따라 형식적인 독립을 유지했으나 사실상 프랑스의 종속국가로 변했다.

틸지트 조약의 비밀 항목들은 터키(프랑스의 지지를 상실한), 페르시아, 스웨덴 등에 대한 러시아 군사 활동의 자유를 부여했다. 이것을 이용한 러시아는 1808~1809년에 스웨덴과의 전쟁과정에서 과거의 동맹국들의 군대를 격파하고 핀란드를 병합했다. 1806년부터 1812년까지 계속되었던 터키와의 전쟁의 결과는 러시아 군대에게 성공적이었다. 전쟁의 결과로 베사라비야(Бессарабия)가 러시아로 합병되었다.

틸지트 조약의 타협적인 성격에도 불구하고 나폴레옹은 평화협정으로 훨씬 더 많은 것을 획득했다. 나폴레옹은 자신의 침략 정책을 계속했다. 대륙 봉쇄령은 영국뿐만 아니라 러시아에게도 큰 타격을 주었다. 이것 때문에 러시아는 경제적인 큰 손실을 입었다. 나폴레옹은 스웨덴과의 전쟁을 러시아에게 권유하여 반불 동맹을 분열시켰다. 폴란드 문제에 대한 나폴레옹의 해결책은 러시아 영토에서 폴란드인들의 애국운동을 촉진시켰다. 마침내, 대외 정책에서의 급격한 변화는 러시아를 국제적으로 고립시켰을 뿐만 아니라 알렉산드르의 권위를 실추시켰다. 비밀위원회의 대부분의 위원들은 사임하여 러시아를 떠났다. 황제의 누이인 예카테리나 파블로브나를 황제로 추대하는 새로운 궁중 모반의 가능성에 대한 소문이 수도에 퍼졌다. 이러한 모든 것이 프랑스와 체결된 평화조약이 종결되도록 작용을 했다. 1811년 4월에 프-러 동맹이 깨졌고, 양국은 전쟁준비에 박차를 가하기 시작했다.

뗏목위의 나폴레옹과 알렉산드르 1세

이별하는 알렉산드르 1세와 나폴레옹

결 론

황제의 권좌에 오른 후부터 알렉산드르 1세는 나폴레옹의 프랑스에 적대적인 결정적인 정책을 실시한 후에, 그는 군사적 압력 때문에 프랑스와 동맹을 맺지 않을 수 없었다. 틸지트 평화협정은 양국의 새로운 영토의 병합과 확장을 허용했다. 이것은 당연히 양국 간의 대립을 심화시켰다.

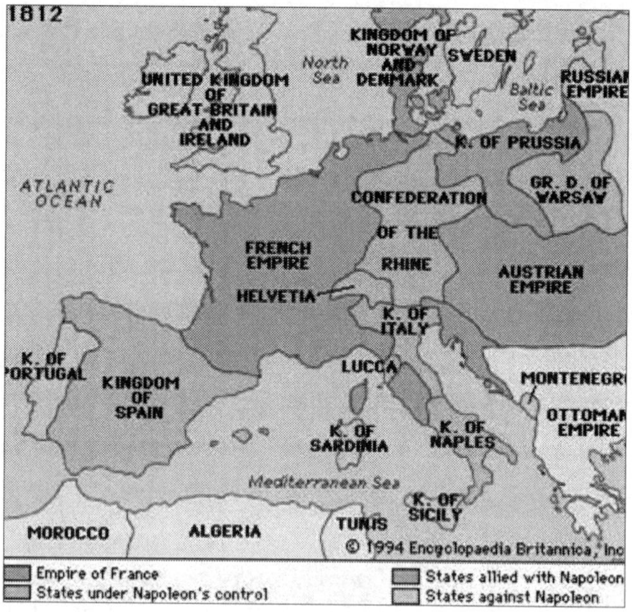

1812년의 유럽 지도

4. 1812년 조국전쟁

전쟁의 시작

러시아에 대한 전쟁에 대비해서 나폴레옹은 6십만 명의 병력과 1372문의 대포를 갖춘 거대한 군대를 창설했다. 이 군대의 절반은 프랑스인으로 구성되었고, 나머지는 프러시아인, 오스트리아인, 이탈리아인, 네덜란드인, 폴란드인 등으로 구성되었다.

1812년 6월 12일 밤에 나폴레옹 군대는 러시아 국경을 침입했다.

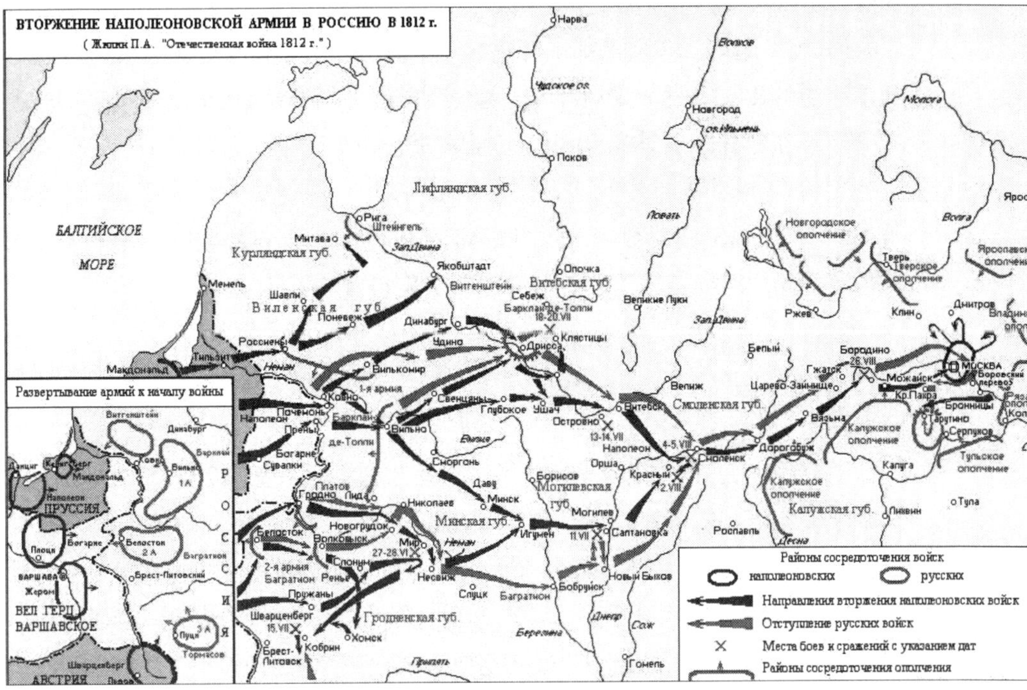

1812년 나폴레옹의 러시아 침략로

알렉산드르 1세의 휘하에는 21만 명의 군인과 장교가 있었다. 그들은 3개의 부대로 나뉘어, 서쪽 국경에 따라 배치되었다. 라트비아에 주둔했던 **바르클라이-데-톨리**(М. Б. Барклай-Де-Толль) 전쟁상이 지휘 하는 제 1군이 러시아군의 주력부대였다. **바그라티온**(П. И. Багратион) 장군의 제 2군이 우크라이나에 배치되었다.

차르의 전쟁 참모들 대부분은 나폴레옹이 페테르부르크로 공격할 것이라고 생각했다. 그래서 **바그라티온** 장군의 2군의 지원을 받은 제 1군이 국경 근처에서 총력전을 벌리기로 제안되었다. 나폴레옹은 모스크바로 전진했다. 나폴레옹은 러시아 군대의 합세를 허용하지 않고 국경 근처에서 러시아 군을 격퇴시키려고 했다. **바르클라이-데-톨리** 장군이 최고 사령관으로서 러시아 부대를 지휘했다. 적군이 빠르게 전진하는 상황에서 그는 온갖 희생을 감수하고 부대를 보존하는 유일하게 믿을 만한 전술을 선택했다. 처음에 바르클라이와 바그라티온의 군대들은 작전계획에 따라 **비테브스크** 지역에서 합류하기로 되어 있었다. 그러나 나폴레옹은 이것을 허용하지 않았다. 7월 중순에야 러시아의 제 1군과 제 2군이 스몰렌스크에서 합류했다. 이렇게 처음으로 나폴레옹의 계획이 무산되었다.

8월 초에 스몰렌스크 외곽에서 러시아 역사상 가장 영웅적인 사건 중의 하나가 된 전투가 벌어졌다. 프랑스 군대가 도시를 점령하는데 성공했음에도 불구하고 그들은 약 2만 명의 병사를 잃었다. 러시아 군대와 주민들이 스몰렌스크를 떠난 후에, 적군들은 단지 불 타버린 폐허만 얻었다. 양식도, 사료도 없는 그곳에서 나폴레옹은 점령하는데 실패했다고 생각했다. 러시아 군대는 첫 번째 전투 경험을 했고, 물리치기 어려운 적군을 완전히 격퇴시킬 수 있다는 확신을 하게 되었다.

결정적 전투

첫날부터 전쟁은 전인민의 조국을 수호하는 전쟁의 성격을 띠었다. 도시에서는 민병대가 조직되었고, 군수 물자의 수집이 진행되었다. 페테르부르크에서만 1만 3천 명이 민병대에 자원입대했다. 전쟁의 민중적 특징은 농민들의 활동에 명료하게 나타났다. 그들은 군대에게 식량을 제공했고, 약탈자들과 첩자들과 싸웠다. 그들은 프랑스인들에게 식량과 말 사료를 팔기를 거절했고, 적군이 접근해 올 때 농가와 식량창고를 불태우고, 가축을 몰아내고, 자신들은 숲으로 도망쳤다.

특별하게 인기 있는 **쿠투조프(М. И. Кутузов)** 장군을 러시아 군대의 총 사령관으로 임명하라는 요구가 사회에서 더욱 빈번하게 확산되었다. 그 때에 그는 50년 동안의 군복무를 마치고 퇴역한 상태에 있었다. 쿠투조프는 대장군일 뿐만 아니라, 현명한 위정자이며 외교관이었다. 그러나 궁에서는 그를 좋아하지 않았다. 알렉산드르는 아우스테를리츠 근처에서의 쿠투조프의 패배, 고집, 가장 중요한 그의 대중적 인기 등을 용서할 수 없었다. 그럼에도 불구하고, 임박한 전쟁 패배의 불가피한 위협 앞에서 차르는 양보하지 않을 수 없었다.

총 사령관 직무를 떠맡았을 때 쿠투조프는 바르클라이-데-톨리의 작전은 믿을 만하다고 선언했고, 모스크바로 더 가까이로 후퇴했다. 고대 수도였던 모스크바에서 110km 떨어진 **보로디노(Бородино)** 마을에서 결전을 하기로 결심했다. 양측의 부대는 전투를 앞두고 대체로 군사력은 비슷했다. 러시아 군대는 13만 2천 명의 병사와 640문의 대포로 무장했다. 나폴레옹은 13만 5천 명의 병사와 587문의 대포로 무장되어 있었다. 나폴레옹은 러시아 군대를 격파하고, 모스크바를 점령할 것을 원했다. 쿠투조프는 공격을 격퇴하여, 적군을 무기력하게 만들어서 더 이상의 공격을 불가능하게 하려고 계획했다.

전쟁 중 최대의 격전은 1812년 8월 26일 아침 5시 30분에 시작되었다. 적군은 러시아 부대의 중앙을 가로질러서 우측을 우회하여 모스크바로 통하는 길을 확보하려고 했다. 러시아 군사들의 완강한 저항은 이것을 불가능하게 했다. 처음에 격전은 바그라티온 보루에서 전개되었다. 격전은 계속되는 상방간의 폭격전과 함께 6시간이상 지속되었다. 보루는 정오쯤에야 적군에게 점령되었다. 정오를 지나서 라예브스키(Раевский) 장군의 포병 중대에서 주요한 사건들이 전개되었다. 러시아 용사들은 사격으로 여러 번 적군의 공격을 격퇴했고, 해가 질 무렵에야 프랑스군들이 포병대의 중앙을 탈취할 수 있었다. 접전의 격렬함과 명백한 나폴레옹의 승리에도 불구하고 전투는 한쪽에 일방적인 승리를 가져다주지 않았다.

보로디노 전투의 쿠트조프 장군

보로디노 전투

양군의 보로디노 전투에서의 인명 손실은 매우 컸다. 약 6만 명의 프랑스 병사와 그들의 연합군 그리고 4만 4천 명의 러시아 병사들이 전사했다. 나중에 이 전투를 평가하면서 나폴레옹은 다음과 같이 말했다. “모스크바 근처에서의 결전이 내 모든 교전 중에서 가장 무서운 전투였다. 프랑스군은 그 교전에서 당당한 승리를 거두었고, 러시아군은 최선을 다했지만 패배했다.” 그러나 나폴레옹의 승리는 큰 희생을 치르고 얻은 것이었다.

타루틴스키(Тарутинский) 저항운동과 파르티잔(Партизан) 저항활동

차르가 새로운 전투를 할 것을 요구했음에도 불구하고, 9월 1일 쿠투조프는 필리(Фили)작전회의에서 군대를 보전하기 위해서 전투 없이 모스크바를 떠날 결심을 표명했다. 역사가 보여준 것처럼 이것은 유일하게 러시아를 구한 옳은 결단이었다. 러시아 군대는 9월 2일 모스크바를 떠났다. 모스크바의 시민들도 군대를 따라 떠났다. 나폴레옹은 황폐화 된 도시에 입성했고, 프랑스 군대는 도시를 약탈했다. 모스크바에서 화재가 일어나기 시작했고, 러시아의 ≪옛 수도≫는 사람이 살지 않는 폐허로 바뀌었다.

나폴레옹이 모스크바에서 휴전협상에 동의하는 알렉산드르 1세의 편지를 기다리는 동안, 러시아 군은 완전한 이동을 완수했다. 동쪽 랴잔스키(Рязанский)도로를 따라 동쪽으로 철수한 후에, 러시아군은 갑자기 남쪽으로 방향을 바꾸어서 타루티노(Тарутино) 마을에 주둔했다. **쿠투조프**는 툴스키(Тульский)의 무기 공장들과 칼루시스키(Калужский)의 식량과 무기 기지로 프랑스군의 접근 가능성을 봉쇄했다. 프랑스 군은 러시아 군을 목격할 수 없었고, 나폴레옹의 사기는 완전히 떨어졌다. 나폴레옹은 러시아 정복원정의 성공에 대해서 심각하게 회의하기 시작했다.

보로디노 전투 후에 육군의 빨치산 부대가 창설되었다. 50명의 경기병과 80명의 카자크들로 구성된 최초의 **파르티잔**(Партизан: 빨치산) 부대를 다브이도프(Д. В. Давыдов)가 지휘했다. 프랑스어에 능통한 한 부대의 지휘관인 피그네르(А. С. Фигнер)는 점령당한 모스크바를 포함해서 적의 후방에서 중요한 정보를 모았다. 그는 나폴레옹을 죽이려고 작정하고 크레믈로 몰래 들어갔다. 농노 게라심 쿠리니이(Герасим Куриный)가 조직했던 모스크바 주에서 활동했던 농민 빨치산 부대는 적에게 큰 손실을 가했다. 스몰렌스크 현의 시체브스키 군의 바실리스 코진(Василис Кожин)의 빨치산 부대는 용감한 행동 덕분에 전 러시아적인 명성을 얻었다. 보로지노 전투 이후 한 달 동안에 빨치산 부대의 활동의 결과로 적군은 3만 명의 병력을 잃었다.

대군대의 몰락

모스크바 체류 한 달 동안에 자신이 멸망할 운명을 알았던 나폴레옹은 쿠투조프와 알렉산드르 1세와의 평화협상을 시작할 것을 세 번이나 시도했으나, 자신의 편지에 대한 회답을 받지 못했다. 그때 나폴레옹은 겨울이 오기 전에 모스크바를 떠나 파괴되지 않은 러시아 남쪽으로 이동하여 새로운 공격을 위한 군대를 모으기로 결정했다. 떠나기 전에 나폴레옹은 크레믈, 성스러운 바실리 사원, 다른 보물들을 폭파할 것을 지시했다. 단지 러시아 애국자들의 헌신 덕분에 이 계획은 실패로 끝나고 말았다.

10월 6일에 프랑스 군은 모스크바를 버리고 떠났으나, 보충되어 강력해진 러시아 군이 그들의 길을 방해했다. 타루티노와 말로야로슬로베츠(이 도시는 8번이나 주인이 바뀌었다)근처에서의 패배로 나폴레옹은 자신의 군대를 이미 파괴된 옛날 스몰렌스크 방향으로 돌리지 않으면 안 되었다. 러시아 군대와 빨치산 부대는 서쪽 국경으로 후퇴한 적군을 끊임없이 추격했다. 일찍 찾아온 혹독한 겨울은 프랑스 군대의 또 다른 적이 되었다. 대 군대는 굶주리고 온몸이 얼은 통제되지 않은 군중으로 변했다. 나폴레옹은 **베레지나(Березина)강**을 건너는 중에 3만 명의 군사를 잃었다. 대 군대의 불쌍한 패잔병들만이 국경을 넘을 수 있었다. 나폴레옹은 군대를 버리고 파리로 도망쳤다. 그는 그를 맞이했던 신하들로부터 "더 이상 군대는 없다"고 통고를 받았다.

1812년 12월말에 야전군 총사령관 쿠투조프는 "전쟁은 적군의 괴멸로 끝났다"라고 차르에게 보고했다. 12월 25일에 차르는 적들을 러시아에서 몰아냈고, 조국 전쟁은 끝났다는 포고령을 내렸다. 그러나 적군을 완전히 소탕하고 나폴레옹 군대의 추종자들로부터 유럽의 인민들을 해방시키기 위해서 1년 이상 지속되었던 러시아군의 해외 원정이 시작되었다.

나폴레옹 군대의 철군

나폴레옹 군대의 베레즈나강 통과

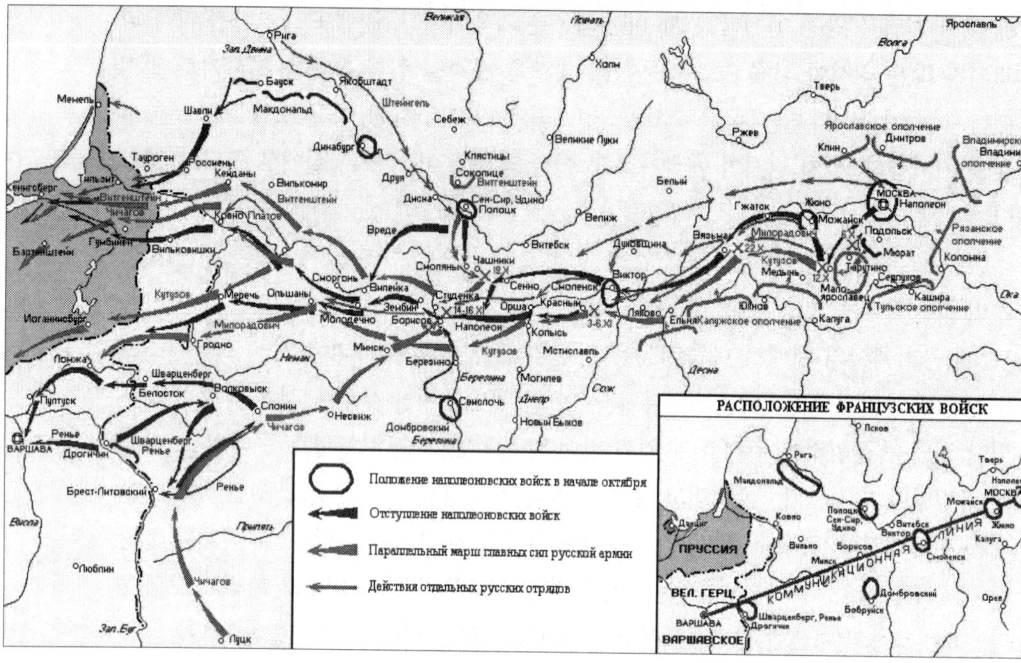

러시아군의 반격과 후퇴하는 나폴레옹 군대

해외 군사원정과 빈 회의에서의 러시아

1813년 1월에 러시아 군대는 네만강을 건너갔고, 짧은 시간 안에 프랑스군으로부터 폴란드 땅을 탈취했다. 갑자기 러시아, 프러시아, 영국, 스웨덴, 오스트리아 등의 5개국으로 구성된 6차 반 프랑스 동맹이 결성되었다. 1813년 10월에 라이프치히 근교에서 19세기의 최대 격전 중의 하나인 ≪인민들의 전투≫가 일어났고, 그 과정에서 30만 명의 병사와 1370문의 대포로 무장되었던 러시아, 프러시아, 오스트리아 등의 3개국 연합군은 19만 명의 병사와 700문의 대포로 무장한 나폴레옹 군대를 패배시켰다. 이후 프랑스는 자국의 영토에서 전쟁을 수행했다. 1814년 3월 18일 알렉산드르 1세가 선두로 이끈 연합군이 파리로 입성했다. 나폴레옹은 권좌에서 물러나야 했고, 엘바 섬으로 추방되었다. 러시아 차르의 요구에 따라 복구되었던 부르봉 황실의 권한은 헌법에 의해 제한되었다. 1814년 9월에 빈에서 전후 유럽 내의 국경을 획정하기 위한 승전국 회의가 개최되었다. 빈회의 참가국들은 나폴레옹의 정복전쟁 이전의 유럽 국경을 복원하기로 결정했다. 1815년 9월에 알렉산드르 1세의 제안에 따라 러시아, 프러시아, 오스트리아 등의 3국은 **신성동맹**을 결성하여, 혁명 운동으로부터 모든 유럽나라들의 안전을 집단으로 보장하기로 합의했다. 곧 영국, 오스만 터키제국, 로마 교황국 등을 제외한 모든 유럽의 국가들이 그 동맹에 가입했다.

결 론

1812년 조국전쟁, 러시아 군대의 해외 원정, 나폴레옹의 프랑스의 붕괴 등은 러시아가 수십 년 만에 유럽뿐만 아니라 세계정치에 결정적 영향을 미치는 강대국으로 부상하는 결과를 초래했나.

러시아 군의 파리 입성

5. 알렉산드르 1세의 민족 정책

폴란드 왕국의 헌법

러시아에 새로운 영토가 포함되면서, 러시아의 민족구성이 변화되었다. 나폴레옹에 대한 승리 후에 폴란드 영토는 러시아에 합병되었다. 폴란드는 폴란드 제국이라는 공식 명칭을 받았다. 폴란드인들은 러시아에서 러시아인과 우크라이나인 다음으로 세 번째로 많은 민족이 되었다. 그리고 유태인들은 네 번째로 많은 민족이 되었다. 핀란드가 러시아에 합병된 후에 핀 족과 스웨덴인들의 수도 증가했다. 18세기말에 노보로시야(Новороссия: 남부 우크라이나 흑해와 아조프해 연안지역을 지칭함. 18세기 중엽부터 1917년까지 그렇게 지칭됨)와 쿠반 지역이 러시아에 합병되면서 중앙 지역에서 뿐만 아니라 외국에서 사람들이 대규모로 이주했다. 알렉산드르 1세 때 13만 명의 불가리아인, 그리스인, 가가우스인과 7만 명의 독일인이 흑해 연안으로 이주해 왔다. 민족 정책을 입안할 때 단일 국가의 이익뿐만 아니라 개별 민족들의 이익도 고려해야만 했다.

나폴레옹은 반러시아 투쟁 쪽으로 폴란드인들을 끌어들이기 위해 폴란드 국가의 복원과 헌법을 채택할 것을 약속했다. 그러기 때문에 나폴레옹의 몰락 후에 알렉산드르 1세는 폴란드 헌법의 입안을 선포했다. 1815년 채택된 폴란드 헌법은 개인적 불가침과 출판의 자유를 보장했고, 국가기관에서 폴란드어의 사용과 행정, 사법, 군대의 직책 등에 폴란드 인을 임명하는 것을 의무로 규정했다. 폴란드 헌법에 대한 신뢰를 맹세해야 했던 러시아 황제가 국가원수로 선언되었다. 입법권은 양원제 의회와 차르에게 있었다. 선거권은 연령과 재산 소유액에 따라 제한되었다. **의회(Сейм)**는 법을 채택할 전권을 갖고 있지 않았지만, 최후의 결정을 내릴 차르에게 법을 추천할 수 있었다.

폴란드 헌법은 러시아에서 최초의 헌법 안중의 하나가 되었다. 헌법은 러시아 제국의 당국과 폴란드 주민들 사이의 관계에서 긴장을 일시적으로 없앨 수 있었다. 그러나 폴란드인들이 채택된 헌법을 미래의 독립으로 다가가는 최초의 조치로 여겼지만, 알렉산드르 1세는 폴란드인들을 위해서 너무 많은 양보를 했다고 생각했다. 이러한 모순은 강력한 폴란드인들의 민족 해방 운동을 야기했고, 그 투쟁은 다음의 10년간 러시아 제국의 토대를 흔들었다.

핀란드의 통치기관

1809년 핀란드를 러시아에 합병했을 때 알렉산드르 1세는 이전의 핀란드 헌법을 인정하겠다고 공표했다. 이 헌법에 따라서 세임(Сейм: 모든 계층의 대표자들의 모임)의 동의 없이는 단 하나의 주요한 법도 공표되거나, 변경되거나, 폐지될 수 없었다.

핀란드의 대공국 지배를 위해서 차르는 보통 발트해 연안의 귀족출신 중에서 총독을 임명했다. 차르가 대통치 위원회(12명의 현지주민들로 이루어진 최고행정기관으로 6명의 평민과 6명의 귀족으로 구성됨)를 지휘했다. 모든 행정업무에는 예전처럼 스웨덴어가 사용되었다. 재판소나 국가 경제를 관장하는 정부위원회도 창설되었다. 교육과 지방행정의 자치는 지속되었다. 변경지역의 모든 직책은 차르에 의해서 임명되었다. 이러한 정책들은 러시아 제국의 일원으로서 핀란드의 비교적 평온한 발전을 보장해줄 수 있었다. 차르가 약속한 것들을 노골적으로 위반할 경우에만 핀란드 사회는 격렬하게 항의했다.

발트해 연안에서의 농노제 폐지

19세기 초에 발트해 연안의 민족들은 러시아의 3개의 주인 1721년에 이미 합병된 에스트랸드(에스토니아), 리프랸드(라트비아), 폴란드가 세 번째로 분할될 때 러시아에 합병된 쿠르랸드 등에서 살았다. 발트해 연안의 농부들은 지주로부터의 잔인한 박해를 경험했다. 그들은 농노제의 폐지와 부역 노동의 감소를 요구했다.

1804년에 황제는 발트해 연안의 농노들은 지주가 아니라 토지에 예속되었으며, 토지가 수반되지 않는 농노의 매매를 금지한 법을 승인했다. 그러나 이 법은 토지를 소유하지 않은 날품팔이 농민들에게는 아무런 혜택도 주지 못했다. 과거의 법규로의 회기를 요구하는 지방의 지주들은 이 법에 반대했다. 그러나 과거의 관례로의 회귀는 총체적인 농노들의 반란을 야기했다. 1816~1819년에 러시아에서 처음으로 농노제도의 폐지를 초래한 새로운 개혁이 실시되었다. 농민들은 개인적 자유를 얻었지만, 그들이 소유했던 토지에 대한 모든 권리를 잃었다. 그들은 지주로부터 땅을 임차할 수 있는 기회를 얻었다. 농민 자치 공동체와 지주들이 통제하고 관장하는 농민 재판소가 창설되었다.

카프카스의 민족들

카프카스 민족들의 지도는 항상 특별하게 화려했다. 19세기 초에 이 지역에는 50여 이상의 민족들이 거주했다. 그들은 가장 다양한 언어 집단의 대표자들이었다. 아르메니아인, 이란어계 민족들(오세티안, 쿠르드, 타트), 인도 · 유럽어족의 민족들, 그루지야어 집단, 북 카프카스 어족의 민족들(아브하스, 아바진, 카바르다, 체르케스, 아드게이츠, 샤프수그, 체첸, 인구쉬, 아바르, 라크, 다르기, 타바사라, 레즈기, 아굴, 루툴리, 차후르), 알타이 어족인 투르크계 민족들(쿠므이크인, 노가이츠, 카라차이, 발카르인, 아제르바이잔), 몽골계 민족(칼미크) 등이 카프카스 지역에 살았다. 그들은 다양한 언어로 말하고, 다양한 종교를 믿었다. 그루지야인과 아르메나인은 기독교를, 칼미크는 불교를, 산악지방의 민족들은 대부분 이슬람 정통파인 수니파 이슬람을, 다게스탄인과 아제르바이잔인 일부는 시아파 이슬람을 믿었다. 산악지방의 종족들은 목축에 종사했고, 부업으로 사냥과 어로를 했다. 그들 대부분은 씨족사회를 이루고 살았다.

19세기 첫 25년 동안은 카프카스로 러시아 영토가 확장된 시기로 기록되었다. 여기에 있었던 왕국, 공국, 한국, 술탄국 등은 제각기 러시아 제국으로 병합된 역사를 갖고 있었다. 어떤 나라들은 자발적으로 러시아 제국에 흡수되었고, 다른 나라들은 독립의 유지를 위해서 러시아와 전쟁을 했다.

카프카스의 영토 합병은 러시아 정부에게는 상반된 의미를 가져다주었다. 한편, 이러한 영토들은 터키와 페르시아의 침략시도로부터 안전을 보장받게 되었다. 쌍방에게 이익을 주는 러시아와 카프카스간의 경제와 문화의 상호교류가 시작되었다. 러시아 군사기관과 민간행정기관은 수세기 동안 지속되어 온 민족과 씨족간의 분쟁의 중재자가 되었다. 그와 동시에 이러한 복잡하고 낙후된 지역의 러시아 제국으로의 병합은 남쪽 이웃나라들과의 대립을 긴장시켰다. 새로운 통치체제와 문화적 관습의 정착은 원주민들의 저항을 야기했다. 마침내, 새로운 영토의 획득은 러시아 중심 지역의 발전에서 발생한 엄청난 지출을 필요로 했다.

이민족 통치에 관한 법규

19세기 전반기 동안에 시베리아의 인구수는 3배나 증가해서 20만 명에서 60만 명으로 늘었다. 그러나 동쪽으로 러시아인들의 이주가 증가함에 따라 원주민들은 자신들의 독특한 특징을 상실할 위협에 직면하게 되었다. 시베리아의 원주민들 스스로가 방대한 평원을 따라 적극적으로 이주했다. 만시족과 네네츠족이 동쪽으로 이동하여 에네츠족의 땅을 차지했다. 셀쿠프족은 예니세이강을 따라 남쪽으로 이동했다. 퉁구스족은 북서쪽으로 이주했고, 추크치족은 유카기르족을 압박했다. 인구수가 급속하게 증가한 야쿠트족은 눈에 띄게 자신들이 거주공간을 확장했다. 새로운 민족의 형성 과정이 적극적으로 일어났다. 투바에 거주했던 씨족들의 경제생활과 문화의 유사성은 그들의 종족 공동체의 토대가 되었다. 미누신스크 분지에 거주하는 씨족들인 코이발족, 카치네츠족, 벨티르족, 사가이츠족, 크이즈일레츠족 등이 하카스키 민족을, 바이칼 호수 연안지역과 바이칼 남쪽지역의 몽골계 종족들이 부랴트 민족을 구성했다.

한편으로는 이러한 모든 것은 시베리아 민족에 대한 신중한 태도와 다른 한편으로는 그들을 러시아 공동체의 경제생활과 문화로 동화시키는 것을 요구했다. 이러한 목적을 성취하기 위한 스페란스키의 제안에 따라서 1822년에 이민족의 통제를 위한 법규가 채택되었다. 이 법규에 따라 원주민들은 세부류(유랑민, 유목민, 정착민)로 나뉘었다. 사실, 예를 들면 추크치족 같은 몇몇 종족들은 4번째 위치인 완전히 정복되지 않은 민족에 속했다. 유랑민과 유목민들은 국영농민들과 동등한 세금을 납부했지만, 통치행태로는 내부적 관례를 보존했다. 정착민들은 완전하게 국영농민들과 비슷한 위치에 있었다(타타르족, 알타이족, 소레츠족, 남 한트족, 만시족 등이 이러한 부류에 속했다). 법규는 유랑민과 유목 민족들의 정착민(군복무를 제외하고 러시아 농민들과 동등한 권리를 가진)으로의 점차적인 전환을 미리 염두에 두었다. 이 법규는 당시에 원주민에 대한 가장 진보적인 문서였다. 이와 비슷한 것은 유럽의 국가에도 미국에도 없었다.

결 론

19세기의 첫 번째 25년 동안 러시아 제국의 민족 구성은 크게 확대되었다. 정부는 가장 큰 민족뿐만 아니라 군소 민족들의 이익을 고려하여 민족 정책을 입안해야 했다. 이런 과정에서 알렉산드르 1세의 정부의 가장 큰 업적은 폴란드 왕국의 헌법과 이 민족 통치에 대한 규약을 채택한 것이었다.

6. 조국전쟁 이후의 국내정책과 사회운동

국내정책 과정의 반동

나폴레옹과의 전쟁에서 러시아의 승리는 알렉산드르 1세에게 그가 꿈꾸던 개혁을 지속할 가능성을 열어주었다. 사회의 기대는 황제의 의도와 일치하는 것 같았다. 진보적 성향의 귀족들은 미래의 헌법제도에 관해서 공개적으로 논의했다. 농민들은 농노제도의 폐지를 희망했고, 제국의 민중들은 민족 정책의 관용을 희망했다. 차르는 물론 이러한 상황과 기대들을이해하고 있었다. 그러나 그는 다른 상황도 고려해야만 했다. 보수적 성향의 귀족들은 파리 부르주아들의 패배와 유럽에서의 봉건정권의 복귀를 국내 정책에서 전혀 다른 변화의 신호로 해석했다. 그들은 이미 수행된 개혁의 거부에 관해서도 생각했다. 이러한 상황에서 알렉산드르는 개혁을 성취하려는 생각을 포기하지 않았고 엄중한 비밀 속에서 개혁안을 입안해야만 했다.

발트해 연안에서 농노제도의 폐지 이후에 황제는 자신의 측근들 중에 한 사람인 아락체예프 장군에게 전 러시아 농민개혁안을 입안할 것을 위임했다. 곧 그런 개혁안이 준비되었다. 개혁안에 따라 찬성한 지주들에게서 소유지를 구매하는데 매년 5만 루블의 할당이 제안되었다(자신의 땅을 내 놓은 지주들에게 이러한 방식은 중요한 형식이 될 수 있었다). 이렇게 구입한 땅들은 해방된 농민들에게 한 농민 당 2 데샤티니(десятины)씩 나누어 주도록 제안되었다. 그렇게 작은 땅에서 독립적으로 생계를 유지할 수 없었기 때문에 모자란 수입을 벌기 위해서 농민들은 지주들에게 노역을 제공해야만 했다. 얼마 동안 이러한 농민 문제의 해결은 농민들뿐만 아니라 지주들에게도 이익이 되었다. 그러나 이러한 개혁은 채택되지 못했다.

그러한 이유로 아락체예프는 다른 개혁안(전략촌의 도입)을 만들고 제안했다. 군대에 대한 지출의 삭감을 위해서 군인들은 군역과 농사일을 겸업해야 했다. 이러한 개혁의 실현을 위해서 병사들이 가족과 함께 농촌의 국유지에 배치되었다. 이러한 개혁의 실시는 자신들의 의사에 반하여 전략촌의 정착민으로 전환된 국유 농민들의 많은 반란을 초래했다. 군대지출의 경제적인 측면에서 전략촌은 자신의 임무를 이행했다. 1825~1850년 동안에 4억 5천 5백만 루블이 절약되었다. 그러나 전략촌의 과도한 보존은 자유로운 농업의 발전을 더욱 더 제한했다.

러시아 제국의 헌법과 국내정책 노선의 변경

폴란드 헌법이 채택된 이후에 차르는 노보실체프(Н. Н. Новосильцев)에게 전 러시아의 헌법안을 입안하도록 위임했다. 1820년에 이 초안은 준비되었다. 그 초안은 ≪러시아 제국의 규약문≫이라고 불렸다. 헌법초안의 기본취지는 인민 주권(대부분의 유럽의 헌법에서 표명된 것처럼)이 아니라 황제권력의 주권을 선포한 것이었다. 양원제 의회의 설립이 제안되었다. 의회의 동의 없이는 황제는 하나의 법도 발령할 수 없었다. 법안을 제안할 권리가 차르에게 부여되었다. 차르는 권력의 수장이었다. 러시아 역사상 처음으로 시민들에게 언론과 신앙의 자유가 부여되고, 법 앞에 평등, 인권의 불가침성, 사유재산권의 보장 등이 제안되었다. 그러나 헌법초안의 '시민'의 개념에는 자유민 계층의 대표자들만이 포함되었고 농노는 포함되지 않았다. 헌법 초안은 러시아의 연방제의 도입과 러시아를 지방자치 행정기구로의 분할을 계획했다. 각 지방행정 조직에는 양원제 의회의 설립이 제안되었다.

황제의 권력은 예전처럼 여전히 강대했음에도 불구하고, 그 권력은 처음으로 법에 의해 제안을 받았다. 그러나 이 헌법초안은 차르의 승인을 받지 못했다. 차르의 개혁안은 대다수 귀족들의 적극적인 반대를 야기했다. 자신의 아버지의 슬픈 경험처럼 차르는 이것이 자신의 위치를 위협할 것으로 이해했다. 게다가 그는 러시아의 분위기에 영향을 미치는 유럽의 혁명적 사건들의 증대를 불안하게 지켜보았다. 그래서 한편으로 귀족들로부터의 압력을 견디면서, 다른 한편으로 민중 봉기 앞에서 공포에 질린 알렉산드르는 자신의 개혁의 방향을 바꾸기 시작했다. 짧은 기간에 두 명의 딸과 여동생을 잃은 차르의 일신상의 체험도 중요한 역할을 했다. 1824년에 모스크바의 화재와 페테르부르크에서의 극심한 홍수에서 그는 아버지의 고통스러운 죽음에 대한 하늘의 천벌을 보았다. 여기서부터 차르의 종교적인 분위기가 강화되었고 차르는 신비주의에 빠졌다.

이러한 분위기의 영향 아래서 귀족들에게 농민들을 시베리아로 추방하는 것을 다시 허가하고 농민들에게는 영주에게 불만을 토로하는 것을 금지하는 칙령이 내려졌다. 출판에 대한 박해와 반대 성향의 사람들에 대한 추적이 시작되었다. 곧 개혁의 지속에 관해서 언급하는 것은 완전히 중지되었다.

첫 번째 비밀결사

전후 알렉산드르 1세의 통치시대에 가장 큰 특징 중의 하나는 러시아의 역사에서 최초로 조직적인 형태를 갖춘 사회 운동이 증대되었다는 것이다. 진보적 사상이 나타나고 있었던 서클과 조직에 참여하는 사람들의 활동의 사상적 토대가 되었다. 진보사상의 핵심은 국가의 이익보다 개인의 경제 · 정치적 이익에 우선을 두는 것이었다. 이러한 사상은 조국전쟁의 기간에, 특히 러시아 군대의 외국원정의 기간에 발전되었다. 그때 수천 명의 젊은 장교들은 처음으로 사람들이 다르게 살수 있다는 것을 보았고 전제정치와 농노제도의 확신에 찬 반대자가 되어 돌아왔다.

최초의 대규모 비밀 조직은 ≪구원동맹≫(1816~1818)이었고, 설립자는 참모본부의 장군인 **무라비예프**(А. Н. Муравьев)였고, 대표적 회원들은 **트루베츠코이**(С. П. Трубецкой), **루닌**(М. С. Лунин), **페스텔**(П. И. Пестель), 푸신(И. И. Пущин) 등이었고, 모두 30명이었다. 조직의 참여자들은 농노제도의 폐지와 전제정치의 제한을 자신들의 목적으로 생각했다. 그러나 이러한 목적을 달성하는 방법은 분명하지 않았다. 조직의 회원들의 모임에서 때때로 차르를 살해하자는 주장이 제기되었다.

사상적 차이 때문에 ≪구원동맹≫이 해산된 직후에, 그 기반위에 ≪평안동맹≫(1818~1821)이 창설되었다. 이 조직은 이미 약 200명의 회원으로 구성되었고, 이들이 조직을 이끌었다. 이 단체의 강령은 ≪녹색의 책≫으로 명명된 규정집에 서술되었다. 예전처럼 농노제도와 전제정치에 대한 투쟁이 불가피하다고 생각한 조직의 회원들은 목표를 성취할 수 있는 방법을 훨씬 더 정교하게 정했다. 사회를 개혁하도록 정부를 도와주는 것이 자신들의 의무라고 생각하면서 그들은 민중들(첫 번째로 농민들과 군인들)의 교육, 훈련, 복지 등의 발전에 최우선적 중요성을 부여했다. 이것을 위해서 합법적인 조직과 기회를 이용하는 것이 제안되었다. 정부가 개혁안의 입안을 중지한 후에 그 동맹은 해산되었다. 민족적인 비밀 조직들도 형성되었다. 예를 들면 ≪애국 공동체≫는 폴란드에서 활동하고, ≪통합된 슬라브 공동체≫는 러시아의 남쪽에서 생겼다.

남부와 북부연맹

1821~1822년에 두개의 가장 유명한 비밀 조직인 남부와 북부 연맹이 창립되었다.

1821년 3월에 생겨난 남부 조직은 우크라이나에 배치된 2군 장교들을 통합했다. 동맹은 3개의 조직으로 구성되었는데, 페스텔과 유시네프스키가 이끄는 툴리치나에 있는 ≪원주민의 자치기관≫이 중심적인 위치에 있었다. 그들은 전체동맹의 지도자들에 의해서 선출되었다. 이 조직 이외에 두개의 지부가 있었다. 하나는 자브이도프와 **볼콘스키**가 이끄는 카멘크이고, 또 하나는 무라비예프-아파스톨과 베스투데프-류민이 이끄는 바실리코프이다. 발생된 문제들을 논의하기 위한 동맹의 지도자들의 대회가 정기적으로 소집되기로 결정 되었다. 이러한 대회들은 매년 키예프에서 시장이 열리는 동안 개최 되었다. 1822년 1월에 열린 첫 회의에서 페스텔은 그가 입안한 헌법 초안의 원칙들에 대해서 이야기했다.

페스텔은 자신의 헌법초안을 고대 러시아의 법령집을 연상하면서 ≪러시아의 진리≫라고 명명했다. 이것은 러시아 역사상 최초의 완전한 공화국 헌법안이었다. 러시아는 공화국으로 선포되었다. 입법권은 20세에 도달한 모든 남성들이 보통선거로 선출하는 단원제 의회인 인민회의에 부여되었다. 집행권은 5명으로 구성된 상임 두마(5명 중에서 한 명은 매년마다 교체되었다)가 소유했다. 사회의의 계급적 분할은 청산되었다. 종신임기로 선출된 120명으로 구성된 최고 회의가 헌법준수를 통제했다. 신앙, 언론, 출판, 이주, 법 앞에서의 평등에 대한 신민의 자유가 선포되었다 농노제도는 폐지되었다. 농민들에게 토지를 공급하기 위해서 나라의 모든 토지자금이 동등한 두 부분으로 나뉘어 할당 되도록 제안 되었다. 그중에 하나는 지주를 위해 확보되었고, 다른 하나는 해방된 농민들에게 할당되었다(그러나 농민에게 할당된 토지자금은 토지의 매매에 사용되지 않았다).

무라비예프

페스텔

볼콘스키

트루베츠코이

북부연맹은 1821년에 페테르부르크에서 창립되었다. 무라비예프, 투르게네프, 루닌, 트루베츠코이, 아볼렌스키, 푸신 등이 핵심 인물 이었다. 두개의 파벌 즉, 무라비예프가 이끄는 온건파와 릴리예프가 이끄는 급진파간의 투쟁에서 온건파의 지지자들이 지도부를 구성했다. 그들의 사상은 무라비예프의 ≪헌법≫에서 표현되었다. 그 헌법안에 따라 러시아는 입헌 군주국이 되기로 되어 있었다. 국가원수인 황제의 권한은 제한되었다. 황제는 법안을 채택하고, 그 법안의 인준권을 가진 나라의 ≪최고 관리≫가 되었다. 황제는 지급받는 연봉 8백만 루블로 궁전을 지탱할 수 있었지만, 궁정 대신들은 투표권을 잃었다. 관등서열은 폐지되었고, 국가의 모든 직책은 선출되기로 되어 있었다. 시민의 자유는 선언되었다. 농노제도는 폐지되었지만, 토지의 대부분은 아직도 지주의 소유로 남아 있었다. 정착을 위해서 농민 한명 당 2 디샤티니이씩 주기로 제안되었다. 그들은 지주들에게 고용되어 일을 할 수 있었다. 제안된 목표 달성을 위한 수단에 관한 토론이 비밀협회의 회원들 사이에서 일어났다. 그것의 결과는 황제의 즉위식 즈음에 무장 반란을 일으키는 것이었다.

비밀 협회의 민족 정책

페스텔은 극동지역, 자카프카스, 그리고 아직 러시아 제국에 흡수되지 않은 다른 지역들을 합병시킬 것을 제안했다. 그의 견해에 따르면 민주적 권리들은 동등하게 이런 모든 관할 지역으로 확장 되어야 했다. 페스텔은 러시아 제국의 민중들에게 특별한 권리를 인정하지 않았다. 그는 나라의 모든 주민들은 점진적으로 단일 러시아

인민으로 통합되고 그들의 독특한 문화와 관습을 보존할 것이라고 생각했다. 그는 폴란드를 제외했다. 그의 견해는 폴란드는 자치를 부여받고 러시아와 긴밀한 동맹을 맺어야 한다는 것이었다.

무라비예프는 더욱 더 온건한 민족문제의 해결안을 제시했다. 나라를 15개의 국가로 구성된 연방으로의 전환을 제시했다. 각 국가는 자신의 수도를 가지고 있었다. 볼호지역은 페테르부르크를, 체르노모르스크 지역은 키예프를, 카프카스 지역은 티플리스를 그 밖의 다른 지역도 수도를 소유했다. 각 국가에서 양원으로 구성된 대의기관(상원인 국가두마와 선출된 대의원으로 구성된 의회인 하원)이 최고의 권력기관이 되었다. 전 연방은 양원제 의회가 설치되기로 되어 있었다(인민회의의 선출은 재산이 있는 상류층에게만 선거권이 부여되었다).

≪통합된 슬라브 협회≫는 강력한 민주적인 슬라브 연방의 수립에 착수했다. 그 협회는 러시아 외에 폴란드, 체코, 헝가리, 트란실바니아, 세르비아, 몰다비아, 발라히아(루마니아의 한 지역), 달마티아(유고슬라비아의 일부), 호르바티아(유고슬라비아내 공화국) 등을 연방에 통합시킬 것을 제안했다(협회가 슬라브족의 나라로 생각하는 모든 나라들). 연방은 흑해, 백해, 발트해, 아드리아해 연안을 따라 펼쳐져 있는 방대한 지역을 포함했고, 휘장의 네 개의 닻 문양은 대슬라브국가의 해군력을 상징했다. 그 연합에 포함된 각 나라들은 자신들의 민족적 특성을 고려하는 자체의 헌법을 가지게 되어 있었다. 그러나 농노제의 폐지와 시민들의 민주적인 자유는 연방을 구성하는 모든 나라에 공통적인 것이 되어야만 했다.

비밀 결사의 성격에도 불구하고 당국은 그들의 활동에 대해서 알고 있었다. 1822년에 모든 비밀 조직을 금지하는 칙령이 내려졌다. 1825년 여름과 가을 사이 모반의 준비가 완성되어 가고 있을 때, 알렉산드르 1세는 1군과 2군 내의 장교들의 비밀조직의 존재에 대한 정확한 정보를 받고 준비하고 있는 반란의 지도자들의 이름을 알아냈다. 황제는 반란 가담자들의 체포를 명령했다. 알렉산드르 1세의 사후에 주동자로 지목된 페스텔에 대한 체포 명령이 내려졌다. 수도에서의 반란이 있기 바로 전날인 12월 13일에 우크라이나에서 그는 체포되었다.

결론적으로 말하면, 개혁안의 대부분이 실현되지 않았음에도 불구하고, 알렉산드르 1세의 국내 정책은 러시아의 경제와 정치 개혁의 실행을 위한 토대가 되었다. 개혁 군주의 반동적인 국내 정책으로의 전환에 영향을 받은 사회운동은 정부당국의 개혁의 시작에 대한 지지에서 정부를 무력으로 전복하는 계획을 꾸미는 것으로 복잡한 반전과정을 겪었다.

✔ 제 1장의 결론

알렉산드르 1세는 재위의 초기에 이미 러시아 제국의 상황을 변화시키려는 굳은 의지를 보여주었다. 이 시기에 실행된 개혁들과 실현되지 않은 개혁안들은 훗날의 새로운 개혁안들을 입안하는데 필요한 토대가 되었다. 정의롭고, 해방적이고, 정말로 민중적인 성격을 보여준 1812년의 조국전쟁은 러시아 사람들에게 혹독한 시련이 되었다. 러시아인들만이 아니라 벨로루시인들, 우크라이나인들, 리투아니아인들, 타타르인들, 바시키르인들, 그루지야인들, 아르미아인들, 그 외의 많은 다른 민족들의 대표자들이 전쟁의 승리에 기여했다. 나폴레옹에 대한 위대한 승리의 결과로 러시아는 몇 십 년 동안에 세계강대국이 되었다. 러시아는 유럽뿐만이 아니라 국제정치에 영향력을 보여주었다.

제2장 1825~1850년의 러시아

7. 데카브리스트(12월 당원)들의 반란

알렉산드르 1세의 사후에 왕위계승의 문제들

1825년 가을에 알렉산드르 1세는 크림반도로 휴가를 떠났다. 돌아오는 길에 그는 갑자기 병에 걸렸고 11월 19일에 타간로그에서 죽었다. 표트르 대제의 사후부터 100년 동안 러시아에서 황제들의 죽음은 동요를 수반했다. 거대한 나라의 새로운 권력자들 마다 궁중에서 잔인한 권력투쟁의 결과로 궁중 모반을 일으켜 권좌에 올랐다. 이러한 전통은 차르의 장남이 왕위를 계승하고 아들이 없는 경우 형제들 중 최고 연장자가 왕위를 계승한다는 왕위계승절차에 대한 칙령을 파벨이 채택한 후에 완전히 단절될 수 있었다. 그러나 이것은 일어나지 않았다.

알렉산드르 1세에게는 아들이 없었기 때문에 그의 동생이며 파벨의 두 번째 아들인 **콘스탄틴**(Константин)이 왕위 계승권자로 생각되었다. 그러나 1822년에 콘스탄틴은 자신의 왕위계승권을 포기했다. 왕위계승권법에 따라 왕위계승은 황제의 막내 동생인 **니콜라이**에게 넘어갔다고 선포되었지만, 차르 가족의 몇 명만이 그것에 대하여 알았다. 그렇기 때문에 1825년 11월 27일에 황제의 죽음에 대한 소식이 수도인 페테르부르크에 알려졌을 때 귀족들과 전 나라가 콘스탄틴에게 충성을 맹세하기 시작했다. 폴란드의 총독이었던 그 자신은 이 때에 바르샤바에 있었다.

형의 왕위계승 거부를 알게 된 니콜라이는 알렉산드르의 병세에 관해 통보를 받자마자 측근들을 모아놓고 자신의 왕위계승권에 대해서 공표했다. 그러나 페테르부르크의 총독인 밀로라도비치(М. А. Милорадович)와 국가위원회의 일원인 해군 제독인 모르드비노프(Н. С. Мордвинов)는 콘스탄틴의 왕위계승 거부는 개인적인 것이기 때문에 효력이 없다고 표명했다. 파벨의 막내 아들에게 왕위계승권이 부여된다는 사실이 공표되지 않는 상태에서 모든 민중들은 알려진 왕위계승자에게 충성을 맹세해야 했다. 니콜라이(Николай)도 콘스탄틴에게 충성을 맹세한 최초의 사람 중에 하나여야만 했다. 알렉산드르 1세가 죽은 것을 알게 된 이후에 콘스탄틴은 왕위계승에 대한 자신의 거부를 확인했지만, 이것에 대한 특별 포고령의 공표를 서두르지는 않았다. 12월 중순경에야 자신의 왕위계승권을 공식적으로 거부한 콘스탄틴의 편지가 수도인 페테르부르크에 도착했다. 급사가 페테르부르크에서 급히 바르샤바로 보내졌고 되돌아오는 동안 새로운 황제의 등극이 지체되는 것은 페테르부르크에서 민심의 동요를 유발했다. 비밀협회의 조직원들은 이것을 이용하기로 결정했고 자신들의 반란을 서둘렀다.

페테르부르크에서의 봉기

당국은 12월 14일에 니콜라이에게 충성 서약을 하기로 결정했다. 그리고 이날에 북부 연맹의 회원들이 봉기를 일으키기로 결정했다. 그들의 계획에 따라 반란은 페테르부르크에게 시작되기로 되어 있었고, 거의 동시에 우크라이나에 있는 제 2군이 봉기하기로 되어 있었다. 수도에서의 반란군의 지휘자로 근위대의 대장인 투루베츠코이가 임명되었다.

북부연맹의 회원들은 새로운 황제에게 병사들의 충성을 허용하지 않기로 했다. 콘스탄틴이 왕위에 오르는 것을 탄원한다는 구실로 그들이 지휘했거나 영향력이 있는 부대들을 국가위원회 위원들과 원로원들의 충성 서약식이 거행되기로 되어 있는 원로원 건물로 이끌고 가려고 했다. 무력을 이용하여 반란군들은 농노제도의 폐지와 나라의 통치구조의 변경에 관해서 선포한 ≪러시아 인민들에게 보내는 성명서≫를 당국이 발표하도록 강요하려고 했다. 동시에 차르의 가족들을 체포해서 페트로파블로프스크 요새에 가두기로 되어 있었다. 니콜라이의 살해도 배제되지 않았다. 반란의 주도자들의 계획에 따르면 나라의 새로운 권력기관들이 선출될 때까지 임시정부가 통치하기로 되어 있었다. 이전 차르의 치세 때 유명한 개혁가들인 스페란스키와 모르드비노프(이러한 계획에 대해서 어떠한 사전의 통보도 받지 못했던)를 임시정부의 내각에 포함시키는 계획이 있었다.

사실상 모든 것이 그들의 계획과는 다르게 진행되었다. 준비된 반란에 대해 사전에 알게 된 니콜라이는 12월 14일 새벽 1시부터 원로원, 군무원, 국가위원회 등의 위원들의 충성 서약을 받았다. 그렇기 때문에 원로원은 반란군의 ≪선언 문≫을 채택할 권리가 없었다. 위기상황에서 니콜라이를 살해하는 임무를 받은 카호프스키(П. Г. Каховский)는 이것을 거절했다. 트루베츠코이도 부대에 모습을 보이지 않았기 때문에 반란군에는 지휘자가 없었다.

12월 14일 아침에 원로원 건물의 광장에는 모스크바 부대만이 배치되었고, 정오경에 약 1100명의 수비대 해병대와 6개의 정예병 연대가 도착했다. 군인들은 반란의 진짜 목적에 대해서 의심하지 않았다. 니콜라이가 바르샤뱌에서 돌아오는 도중에 체포된 합법적인 왕위계승권자 콘스탄틴에 반하여 왕위를 탈취하려 한다는 말을 병사들은 들었다. 그렇게 병사들은 공화정이나 입헌군주제를 위해서도 아니고 농노제도의 폐지를 위해서도 아닌 단지 새로운 차르가 왕위에 오르는 합법성을 지키기 위해서 봉기했다. 한편 수도 수비대의 나머지 부대들은 니콜라이 1세에게 충성을 맹세했다.

데카브리스트의 반란군과 차르의 진압군

새로운 황제는 성직자들과 군사령관들의 도움을 받아서 평화적인 방법으로 반란을 진압하려고 시도했다. 카호프스키는 속였다고 병사들을 설득하려고 시도한 밀로라도비치를 사살했다. 평화적인 협상이 실패한 이후에 니콜라이 1세는 자신에게 충성을 맹세한 부대들에게 모스크바 부대를 향해 발포할 것을 명령했다. 두 번째 사격 후에 반란군들은 두려워하여 도주했다. 다양한 자료에 따르면 양측 희생자의 수는 200명 내지 300명으로 추정되었다.

페테르부르크에서 반란의 진압에 대한 소식을 들은 이후에 우크라이나의 남부

연맹의 회원들은 체르니코프스키(Черниковский) 부대의 반란을 조직했다. 그 반란은 1825년 12월 29일에 시작되었지만, 이미 1826년 1월 3일 경에 정부군에 의해서 잔인하게 진압되었다.

데카브리스트(12월 당원)들에 대한 재판

최종으로 반란의 참여자로 언급되어진 데카브리스트들의 사건에 대한 수사와 재판에는 579명이 관련되었는데 그중 80%가 군인이었다. 재판의 과정은 엄격한 비밀 속에 신속하게 진행되었다. 니콜라이 1세는 직접 수사 위원회의 업무를 지시했다.

수사를 받은 많은 사람들 중에서 페스텔, 무라비예프-아포스톨, 베스투제프-류민, 카호프스키, 릴리예프 등은 변경지역으로 추방되었고, 능지처참의 형벌이 선고 되었다. 그러나 계몽된 유럽에 ≪야만적인 것≫으로 널리 알려질 것을 우려한 두려움과 자비의 실현을 바라는 청원 때문에 이러한 중세의 형벌이 더욱 ≪문명화≫된 방식의 형벌로 대치되었다. 1826년 7월 13일에 5명의 12월 당원들은 페트로파블로프스크 요새에서 교수형에 처해졌다. 100명 이상의 12월 당원들은 시베리아로 유형 되거나 영구 정착해야 하는 처벌을 받았다. 많은 장교들이 병사로 강등되었고, 산악 민족들과의 전쟁이 벌어지고 있는 카프카스로 보내졌다. 체르니고프스키의 부대원 전원이 처벌로 카프카스로 보내졌다.

데카브리스트들의 처형

데카브리스트들에 대한 여론

12월 14일에 반란이 일어났을 때 페테르부르크의 시민들은 반란에 참여자들을 지지했던 것 같다. 원로원 광장 근처에 있었던 사람들은 관료들과 정부의 병사들에게 돌을 던졌다. 어떤 포병들은 사격을 거부하기도 했다. 그러나 이러한 모든 것은 혁명에 대한 공감의 표시로는 결코 생각 될 수 없었다. 많은 상류층의 대표자들은 그날에 반란군의 승리가 완전히 가능할 것으로 생각했다. 12월 당원들을 공개적으로 비난했던 **카람진**(Н. М. Карамзин)도 ≪용감한 죄인들의 행동은 가장 화려하게 성공할 수도 있었나≫라고 표현했나. 차르의 가족들도 역시 그렇게 생각했다. 차르 자신은 자신의 종형제인 예브게니 뷰르템베르그스키에게 ≪가장 놀라운 것은 우리들이 그때 사살되지 않은 것이다≫라고 말했다. 반란자들에 대한 동정심은 때때로 카프카스 지역과, 모스크바와, 남부 우크라이나 등의 군부대에서 나타났다.

데카브리스트들에 대한 처벌 때문에, 콘스탄틴은 농민들에게 자유를 주기를 원했지만, 니콜라이는 이것 때문에 콘스탄틴을 권좌에서 몰아냈다는 소문이 농민들 사이에 유포되었다. '차르는 농노들을 해방시키려고 했지만, 귀족들이 그것을 방해하려고 했기 때문에 차르에 반대하는 반란이 일어났다'고 말하는 사람들도 있었다. 1826년 봄에 몇몇 지방에서 농민들은 농노제 폐지에 관한 소식을 기다렸다.

결 론

데카브리스트들의 반란과 그 사건의 결과는 러시아 사회에 농노제도 때문에 생기는 깊은 반목들이 심화되고 있다는 것을 보여주었다. 그 당시 이러한 반목의 해결은 개혁을 통해서만 가능했다. 데카브리스트들은 진보적인 러시아 공동체를 동요시켰고, 진보세력의 노력과 재능을 농노제도와 전제정치의 폐지를 위한 투쟁에 집중시킬 수 있었다.

8. 니콜라이 1세의 국내 정책

니콜라이 1세 황제

두 명의 형들이 있음에도 불구하고 니콜라이 파블로비치가 권좌에 오른다는 것은 가능성이 적었기 때문에, 아무도 그의 러시아 전제 통치의 역할에 준비되지 않았다. 니콜라이는 군대에서 경력을 쌓았다. 그렇기 때문에 황태자의 교육과 양육은 믿을만한 람즈도르프(М. И. Ламздорф) 장군에게 맡겨졌고, 그는 황태자를 전쟁놀이와 연습에 관심을 갖게 할 수 있었다. 알렉산드르 1세와 함께 젊은 니콜라이는 1814년에 승리한 러시아 군대를 이끌고 파리에 다녀왔다. 1817년에 그는 알렉산드라 표도로브나 라는 러시아 이름을 부여받은 프러시아 황제의 딸 샤르로테와 결혼했다. 그때 니콜라이는 공병부대 감찰장군으로 임명되었다.

니콜라이는 사람들에게서 무엇보다도 진지함, 공손함, 순종 등을 중요하게 평가했다. 러시아에서의 개혁의 필요성과 불가피성을 잘 이해했음에도 불구하고 그는 우선 전제체제의 확고함(불변)을 확보하려고 했다. 새로운 혼란이 초래할 위험 때문에 알렉산드르 치세 때 보다 훨씬 더 비밀스러운 환경에서 개혁안이 입안되었다. 동시대 사람들의 평가에 따르면 농노제의 폐지를 강행할 힘을 발견하지 못했기 때문에 니콜라이는 죽음을 앞두고 자신의 아들 즉 미래의 황제 알렉산드르 2세로부터 이러한 역사적 과업을 해결하겠다는 말을 들었다.

니콜라이 1세

국가 행정기관의 강화

알렉산드르 1세와 달리 니콜라이는 중요한 문제뿐만 아니라 중요하지 않은 문제들까지도 자신이 직접 해결하기를 원했다. 각 내각의 활동에 대한 직접 감독체제를 확립한 이후에 그는 대원수인 황제의 고유한 권한을 확대했고, 내각을 바꾸기 시작했다.

1826년 1월에 황제는 유배지에서 돌아온 스페란스키가 이끄는 자신의 직할 기구의 **제 2부**를 창설했다. 2부의 주요한 업무는 통합된 나라의 법령집을 편찬하는 것이었다. 이전에 이러한 일은 10등급 관리들에게 위임되었지만 성공하지 못했다. 스페란스키는 5년 동안에 그러한 업무를 성공적으로 수행할 수 있었다. 1830년에 45권의 러시아 제국의 최초의 완전한 법령집이 출판되었고, 1832년에는 국가의 현행 법률집이 출판되었다.

1826년 10월에 니콜라이는 과거 비밀위원회 위원이었던 코추베이(В. П. Кочубей: 그는 다음 해에 국가위원회와 내각의 의장으로 임명되었다)공작이 의장을 맡았던 비밀위원회를 창설했다. 그는 국가행정의 개혁안을 입안하는 일을 위임받았다. 그러나 코추베이는 이러한 과업을 성공적으로 수행하지 못했다.

1830년대에 많은 점에서 국가 관리들의 통제를 받는 귀족회의를 많이 설치하는 결정이 채택되었다. 니콜라이 1세의 시대에는 종종 아주 사소한 결정마저도 최고 국가기관에 의해서 채택되었다. 이것을 위해서 거대한 관료들의 조직이 필요했다. 니콜라이의 치세 말기에는 관료들의 수는 거의 9만 명(알렉산드르 1세의 통치 초기에는 1만 오천 명이었다)에 이르렀다. 장군들을 새로운 관직에 임명하는 것이 일상적인 일이 되었지만, 이것은 중요하지 않았다. 즉, 내각이나 부서의 장이 전혀 없는 것처럼 거대한 관료기구는 자신의 업무를 수행했다.

1840년대 초에 국가위원회의 자문 기능이 제한되었다. 1842년에 채택된 ≪국가위원회 설립≫에 관한 규정안에서는 국가위원회 위원들의 소수 의견 또는 이러저런 문제들에 대한 그들의 특별한 결정을 추인하는 황제의 권한을 법률로 만들었다(국가위원회 의원들의 자율성과 결정권이 군주의 견해가 반영되지 않고서는 제한되었다). 지방행정 기관인 폴란드, 자카프카지예, 발트해 연안의 행정에 커다란 제한이 가해졌다. 중앙정부의 견해나 지시 없이는 독자적인 결정을 하는 것이 금지되었다.

귀족에 대한 국가지원

니콜라이 1세는 자신의 정책과 전제체제를 지지했던 귀족계급에 의존했다. 그는 귀족계층의 경제적 상황을 강화시켜 주고 싶었다. 1812년 조국전쟁 이전부터 시작된 상당수의 귀족의 빈곤화의 지속은 황제를 매우 불안하게 했다. 니콜라이는 많은 상속자들에게 거대한 영지를 나누어 주는 것을 금지시켰다. 영지는 장자에게만 상속되었다. 가족의 나머지 형제들은 녹봉을 받기 위해서 국무, 군대나 궁정의 업무에 복무해야만 했다.

귀족 자치기구의 선출에 참여자가 될 수 있는 재산소유의 수준이 상승했다. 1828년 채택된 새로운 학교 법령에 따라서 귀족과 관료의 자제들만이 중 · 고등 교육 기관에 입학할 수 있었다. 귀족계층의 입문도 제한되었다. 이전에는 국가에 대한 다양한 공헌을 한 보상으로 차르는 특별한 재능이 있는 평민, 상인, 때로는 농민출신들에게도 귀족계급으로의 신분상승을 허용했다. 지금은 그러한 공적에 대한 보상으로 차르는 그들에게 ≪존경할 만한 시민≫의 칭호만을 부여했다. 위와 같은 채택된 조치들은 귀족들의 권위와 역할을 증대시켜 주었다.

농노문제의 해결을 위한 시도들

니콜라이 1세는 해결되지 않은 농노문제가 여전히 중요한 국정 과제임을 잘 이해하고 있었다. 한편 대지주들은 아무도 농민들의 생활과 관습이 개선되어야 하는 상태에 있다는 것에 대해서 논쟁하려 하지 않았다. 그러나 귀족들 중의 소수만이 농노들에 대한 자신의 권리를 포기할 준비가 되어 있었다. 니콜라이 1세는 이러한 고통스러운 문제의 해결을 국가 농노의 관리 개혁에서부터 시작했다. 이러한 개혁의 수행은 국가재무 대신인 **키셀레프** 장군에게 위임되었다. 농민 자치제의 도입이 개혁의 핵심이 되었다. 농촌지역에 학교와 병원이 건설되기 시작했다. 땅이 충분하지 않은 지역에서는 농민들에게 동쪽지역의 자유로운 땅으로 이주할 것이 권장되었다. 흉작에서 농민들을 보호하기 위해서 땅의 일부분을 ≪공동 경작지≫로 남기도록 결정되었다. 그곳에서 농민들은 공동으로 일하고, 공동 노동의 결실을 이용할 수 있는 권리를 가졌다. 농민들은 이러한 땅에 감자를 심도록 강요받았다. 이것은 1840년대 초에 일련의 ≪감자 폭동≫을 유발했다. 국가 소유의 농노들과 지주 소유의 농노들 사이에 대비가 너무나 컸기 때문에 키셀레프의 개혁은 지주들로부터 지지 받을 수 없었다.

키셀레프의 개혁에 따른 지도층의 불만과 전혀 다른 원인 때문에 일어난 농민반란을 경험한 니콜라이 1세는 이러한 농노제도가 사악한 것이지만, 농노제도를 급격하게 폐지하려는 시도는 모든 계층으로부터의 저항에 직면하게 될 것임을 확신하게 되었다. 그럼에도 불구하고 농노들을 빚 때문에 경매로 판매하는 것이 금지되었고, 가족의 한명을 따로 떼어내어 파는 것도 금지되었다. 1842년에 농민들의 부역에 관한 법령이 채택되었다. 그것에 따르면 지주는 상속될 수 있는 농토를 농민들에게 나누어 줄 수 있는 합의를 농노들과 체결할 수 있었다. 지주들은 이러한 자신들의 권리를 행사할 수 없었다. 그 때 토지 없이 농민들을 해방시키는 것이 지주들에게 허용되었다. 1847년에 몸값을 치루고 해방될 수 있는 권리가 농노들에게 부여되었고, 동시에 지주의 토지도 빚 청산을 위한 매도를 위해서 내놓을 수 있었다. 1848년에는 정착할 수 없는 땅과 가옥들을 처분할 기회가 제공되었다. 1847년에 우크라이나 우안 지역과 벨로루시를 포함한 서쪽지역에서 자산목록을 조사하는 개혁이 실시되었다. 그 과정에서 지주들의 자산목록(농노들의 소작지와 부역의 정확한 기록이 첨가된 영지의 등기)이 작성되었다.

혁명의 분위기와의 투쟁강화

데카브리스트들을 처벌한 이후에 니콜라이 1세는 새로운 정치경찰의 활동을 조직하여 그것을 자신의 직접적인 관리 아래에 두기로 결정했다. 1826년 7월 3일의 칙령에 따라 모든 경찰업무와 반체제 경향에 대한 통제를 위임받은 **제 3부**가 창설되었다. 이러한 조직의 지부들이 지방에 설치되었다. 질서를 확립하기 위해서 무장한 헌병부대가 제 3부장의 관할 하에 배치되었다. 황제의 특별한 신임을 받은 **벤켄도르프**(A. X. Бенкендорф) 장군이 이 두부서의 우두머리가 되었다.

출판물의 탄압을 위해서 니콜라이 1세는 엄격한 검열제도를 실시했다. 1826년에 채택된 검열 규정은 동시대 사람들 사이에서 ≪주철≫로 불렸다. 민중 계몽의 성과를 두려워한 정부는 농민들의 중 · 고등 교육기관의 입학을 금지했고, 1~2년제의 교구 부속학교에서 그들의 교육을 제한했다. 자유사상의 차단에 특히 열심이었던 민중교육의 장관인 **우바로프**(С. С. Уваров) 백작은 다음과 같이 말했다. ≪만약에 내가 자유사상으로부터 러시아를 50년간 격리시킬 수 있다면 나의 의무를 다 수행하고 조용히 죽을 것이다≫.

결 론

제국의 지배계층인 귀족의 강화와 혁명적 위협에 대항이 니콜라이 1세의 국내정책의 주요한 방향이 되었다. 개혁안의 입안도 이러한 목적으로 작성되었다.

9. 19세기 전반 러시아의 사회 · 경제 발전

산업혁명의 전제와 시작

19세기 초 무렵에 러시아 농노제 경제는 해체의 시대를 겪었다. 19세기 초에 많은 전쟁에 참전과 대륙 봉쇄령은 러시아 경제에 심각한 타격을 주었다. 조국전쟁 이후의 상황은 더욱 더 복잡해졌다. 조국 전쟁의 수행과정에서 재정적 손실은 거의 6억 루블에 이르렀다(이 시기 1년 예산은 4000만 루블이었다). 그 결과 공장 생산에서 기술혁신을 성취한 자본주의 경제체제를 기반으로 한 세계 강대국들과의 기술적 · 경제적 격차는 증대되었다. 러시아를 위한 당면 과제로 농노제도의 개혁뿐만 아니라 산업의 기술적 혁신의 문제가 제기되었다.

1830~40년대에 러시아에서 산업혁명이 시작되었다. 영국과 프랑스 그리고 다른 나라들과는 달리, 러시아의 산업혁명은 농노제도가 유지된 상태에서 일어났다. 게다가 산업혁명은 러시아에서 상대적으로 늦게 시작되었고 세기말에 완성되었다. 농노제도의 폐지 이전에 산업혁명은 본질적으로 기술적인 측면에서 나타나서 기계생산으로 전환되었다. 동시에 산업 부르주아와 프롤레타리아 같은 새로운 사회계층의 등장과 부단한 증가는 어렵게 진행되었고 본질적으로 더 늦은 시기에 이루어졌다.

니콜라이 1세의 통치 말에 러시아에는 80만 명 이상의 노동자가 일하는 1만 4천 개 이상의 산업기업들이 있었다. 산업혁명은 1850년대 말에 이미 1600백만 베레텐(вере тен) 출력의 증기기관이 가동되었던 면방직공업에서 시작되었다. 야금업에서는 압연기계가 등장했다. 최초로 베시머 제강법을 적용한 금속축출이 실현되었다. 1820년대 말과 1830년대 초에 페테르부르크와 모스크바에서 열린 산업박람회에서 빠르게 발전한 러시아 기계제작의 생산모형들(증기기관, 선반, 파종기)이 전시되었다. 볼가, 드네프르강, 흑해, 아조프해에서는 증기선이 항해했다.

1830년대 중반부터 철도 건설이 시작되었다. 1837년에 건설된 최초의 철도인 차르스코셀리스크 선을 뒤이어 1848년에 바르샤바와 비인을 잇는 철도가 건설되었고, 1851년에 페테르부르크와 모스크바를 연결하는 니콜라이 선이 건설되었다.

몇몇의 생산 분야에서 고용노동자들의 노동이 농노들의 노동을 밀어냈다. 예를 들어, 1840년대 말에 나사 산업에서는 농노제의 노동은 이미 거의 이용되지가 않았다. 그러나 농노제의 노동이 많은 분야에서 여전히 남아 압도적으로 많았다. 그 중에서도 특히, 러시아에서 생산되는 금속의 82%를 공급하는 우랄지방의 금속공업은 여전히 농노들의 노동력에 의존했다.

지주들과 농민경제

산업과 달리 농촌 경제는 과거와 같이 천천히 발전했다. 그러나 이러한 시기에 지주들과 농민들도 공산품이 없이는 살아갈 수 없었다. 어떤 필수품을 사기 위해서 그들은 자신들의 생산물을 팔아야 했다. 한편, 보존된 농노제 노동의 주도와 후진 기술 때문에 지주들의 영지의 생산성과 수입은 낮았다. 지주들은 개별적으로 자신의 경제를 합리화하려고 시도했다. 그들은 외국 기계들을 주문했고, 새로운 경작법을 도입했고, 체격이 좋은 순종의 가축을 길렀다. 몇몇의 현에서 지주들은 자유롭게 고용된 노동력의 이용을 시작했다. 그러나 자유로운 노동력이 충분하지 못했기 때문에 이러한 혁신들은 전 지방의 발전으로 확산되지 못했다.

대부분의 지주들은 예전처럼 소작료와 부역노동을 증대시켜서 수입을 얻으려고 했다. 많은 농노들이 노동부역 대신에 소작료의 지불은 농업의 쇠퇴를 초래했다. 농촌주민의 도시로의 이주는 방대한 농토의 황폐를 초래했고, 농민의 거의 절반이 말과 밭이 없고, 매우 가난해졌다. 게다가, 이러한 상황은 지주들의 부채를 증대시켰다. 1844년 지주들은 자신의 재산을 54% 저당 잡혔다.

농촌에 스며든 상품과 화폐의 관계는 생산증대를 위한 자극이 되었다. 이러한 배경에서 농민계급의 분화가 이루어졌다. 다수의 비천하고 가난한 계층과 함께 무역과 산업생산에 자금을 투자하는 고리 대금업에 종사하는 자본가 계층이 증가했다. 몸값을 치루고 자유를 획득하고 자신의 공장을 세운 대 사업가들이 부유한 농민 중에서 나왔다. 모로조프 가(家)(Морозовы), 프로호로프 가(家)(Прохоровы), 가릴린 가(家) (Гарелины)의 기업가가문이 생생한 본보기가 될 수 있다.

몇몇 소수민족 지역에서 농노제도는 러시아 중심에서처럼 그리 많이 확산되지 않았다. 그 예로 19세기 중반에 시베리아에는 37,000 명의 농노가 있었다. 시베리아에서 농민경제는 훨씬 더 상황이 좋았다. 중앙에서 농민가족이 평균 말 한 마리, 소 한 마리, 2~3마리의 돼지 나 양을 소유했지만, 시베리아에서 가축의 수는 다른 지역에 비해 3배나 많았다.

재정과 무역

1823년에 칸크린(Е. Ф. Канкрин)이 재무대신으로 임명되었다. 그는 국가재정의 긴축 문제에 대해서 비타협적이었던 것으로 유명했고, 정직하고 청렴한 사람으로 알려져 있었다. 칸크린은 국내산업과 무역의 발전을 보호하는 정책을 실시하였지만 타당성이 입증되지 않은 지출에는 미래를 내다보지 못하고 반대했다. 예를 들어, ≪철도건설이 러시아 경제에 이득이 없다≫는 이유로 그는 철도건설에 반대했다.

1839~1843년 기간에 재임한 재무대신은 은 본위의 루블(지폐로 환전될 수 있는)을 중요한 지불 수단으로 하는 화폐개혁을 실시하여 화폐제도를 강화했다. 국가의 재정은 아주 튼튼해졌고, 이 기간에 시작된 시베리아에서의 금 채취는 1831년에 45푸트(пуд)에서 1850년에는 1296푸트로 증가했다. 19세기 중반에 러시아의 금의 채취는 세계 1위를 차지하였다(세계 생산량의 거의 40%).

이러한 기간에 러시아 무역의 발전에서도 새로운 현상들이 나타났다. 농업사회에 고유한 전통적인 큰 시장들 대신에 산업사회의 생생한 지표가 되는 상설 거래시장이 발전하기 시작했다. 1852년에 가장 큰 니제고로드(Нижегород) 시장에서의 거래량은 5천7백만 루블이었다. 이 때 시장이 없었던 모스크바에서의 무역량은 6천만 루블을 초과 하였다.

농촌경제를 피폐화시켰던 농노제의 상태에서 산업 생산에 대한 모든 수요조차도 가능한 것보다도 느리게 증가했다. 그 결과 국가의 산업발전은 지연되었다. 그래서 러시아 산업가들은 소수민족들이 사는 변경지역으로 자신들의 생산품의 판매시장을 확대하여 그들을 전 러시아 거래유통으로 끌어들이려고 했다.

대외 무역도 계속 성장했다. 니콜라이 1세의 통치기간 동안 대외무역의 매년 거래액은 6,700만에서 9,400만 루블(은 본위)까지 성장하였다. 국내 산업이 발전함에 따라 외국 상품의 품종이 바뀌었다. 기계와 설비, 원료 등이 더 많이 수입되기 시작했고, 완제품의 수입은 감소하였다. 금속과 가공 제품의 전통적인 수출은 감소했고, 대신에 식량의 수출량은 서서히 증가하였다. 빠르게 포화상태가 된 유럽의 시장에서 러시아 상품에 대한 수요가 줄어들었고, 이와 동시에 해마다 아시아 시장은 확대되었다.

도시들

19세기 전반에 러시아에서 도시의 수는 630개에서 1032까지 증가했다. 도시 인구의 수는 2800만에서 5700만까지 증가했다. 수도들은 제국의 가장 큰 중심지가 되었다. 이 때 주민의 수가 336,000명에서 540,000까지 증가했던 페테르부르크와 275,000명에서 462,000명까지 증가했던 모스크바가 러시아 제국의 최대의 도시가 되었다. 새로운 도시들은 주로 국가의 변경지역과 새롭게 병합된 국토에 세워졌다. 실시된 이주정책의 주요한 과업은 제국의 변경지역의 식민지화였다.

다음과 같은 도시들이 생겨났다. 노보체르카스크(Новочеркасск, 1805년), 날치크(Нальчик, 1817년), 키슬로보드스크(Кисловодск, 1830년), 퍄티고르스크(1830년), 노보로시이스크(Новороссийск, 1838년), 아나파(1846년), 페트롭스크-포르트(1857년), 니콜라옙스크-나-아무레(Николаевск-на-Амуре, 1850) 등의 도시들이 생겼다. 페트로로파블로브스크-캄차트스키(Петропавловск-Камчатский, 1822년), 캬흐타(트로이츠코-사브스크, 1851년), 치타(Чита, 1851년) 등도 도시의 지위를 획득했다.

시베리아에서는 북쪽 도시들보다 더 좋은 기후대에 위치한 새로 생긴 남쪽 도시들로 인구 이동이 일어났다. 시작된 산업혁명은 새로운 도시들로 발전한 공장 중심지의 형성을 초래했다. 예를 들어, 1844년에 모스크바 주의 ≪파블라보≫라는 마을은 파블로브스키 상공지대 도시로 변화했다. 이러한 발전은 모든 새로운 러시아 산업 중심지인 포볼지예(Поволжье), 쿠반, 스타브로폴, 우랄과 시베리아의 남쪽지역 등에서 일어났다.

결 론

1830~1840년대에 러시아에서 산업혁명이 시작되었다. 산업은 급속도로 발전되었고, 기술혁신은 더욱 활발하게 성취되었다. 대신에 농업은 농노제도의 속박 때문에 산업에 비해 뒤쳐져 있었다.

10. 1830~50년대 사회운동

보수운동

1830~50년대에 러시아는 농업사회에서 산업사회로 넘어 가는 역사적인 전환기에 있었다. 이것이 그 시대의 사람들의 이념적 위치를 정해 주었다. 나라의 발전의 방향에 대한 토론이 사회생활의 중요한 문제가 되었다. 제 각각이 그 문제를 자기 방식대로 이해했다.

러시아의 보수주의자들은 전제국가제도를 온전하게 유지하기를 원했다. 그들의 지도자는 과학원 의장인 **우바로브**(С. С. Уваров) 백작이었다. 그는 정교, 전제정치, 민중성을 러시아인들의 생활의 고유한 바탕으로 생각했다. 그의 견해에 따르면 이러한 특성들이 본질적으로 러시아를 서구와 구별시켜 주었다. 우바로브는 차르와 나로드(Народ: 민중, 인민, 국민)의 합치를 전제국가제도에서 가장 중대한 것으로 보았고, 그것을 러시아 사회생활의 토대로 생각했다. 정교신앙에서 그는 개인적 것이 아닌 사회적인 관심에 대한 러시아인들의 전통적인 성향과 공익과 정의에 대한 그들의 갈망을 이해했다. 우바로브의 견해에 따르면 민중성은 차르를 중심으로 결집된 민중들의 통합(귀족, 농민, 평민 등으로 구분이 없는)을 의미했다. 민중과 차르 사이에는 과거와 미래의 번영을 보장해주었고 보장해줄 항상 끊을 수 없는 정신적 연대가 항상 존재한다고 그는 생각했다. 이러한 그의 견해들은 ≪공식적인 민중성 이론≫으로 역사 속에 투영되었다.

사회운동에서 보수적인 성향의 대이론가들은 역사학자 카람진과(Н. М. Карамзин) 포고진(М. П. Погодин), 극작가겸 시인인 쿠콜니크(Н. В. Кукольник), 문학자 불가린(Ф. В. Булгарин), 그레치(Н. В. Греч), 센코프스키(О. Н. Сенковский), 자고스킨(М. Н. Загоскин) 등이다. 그들은 러시아 역사발전의 독특성을 확신하고 국가의 대내외 정책의 주요한 방향을 정할 것을 주장했다.

자유주의 운동

러시아 자유주의는 서구주의자들과 슬라브주의자들의 단체에서 제시 되었다. 서구주의의 이론가들은 사학자 그라노프스키(Т. Н. Грановский)와 **솔로비예프**(С. М. Соловьев), 법률가 카베린(К.Л. Кавелин), 문학자 안넨코프(П. В. Анненков)와 보트킨(В. П. Боткин), **투르게네프**(И. С. Тургенев) 등이다. 처음에 **게르첸**(А. И. Герцен)과 **벨린스키**(В. Г. Белинский)는 처음에 서구주의의 좌파에 속했다. 서구주의자들은 세계문명의 통합에서 어떤 나라들의 인위적인 이탈은 축복이 아니라 쇠망을 초래한다고 생각했다. ≪인민들을 유럽교육의 특성에 접목시키려는 시도를 한 표트르 대제의 덕분에 러시아가 문명국가가 되었다≫고 그들은 생각했다. 그들의 견해에 따르면 러시아의 과업은 서유럽에 가담하여 그들과 함께 ≪통합된 전인류적인 문화가족≫을 형성하는 것이었다.

게르첸

카람진

솔로비예프

벨린스키

차아다예프

투르게네프

반대로 **슬라브주의자들**은 러시아 인민을 포함한 각 민족의 독특성을 강조했다. 그들은 러시아 정교, 국가체제의 특징, 사회생활에서 그 독특성을 보았다. 이러한 관점에서 슬라브주의자들은 표트르 1세의 개혁을 부정적으로 평가했고, 러시아는 불필요한 서구문명의 차용과정에 들어섰다고 생각했다. ≪이것은 혼란과 사회의 격변을 초래했다≫고 그들은 생각했다. 국가의 중대한 과제는 ≪과거의 고유한 상태≫로의 귀환이라고 그들은 생각했다. 심지어 그들은 외래어를 생활에서 없애자고 제안했다. 사회평론가 악사코프 형제(И. С. и К. С. Аксаковы), 키레예프스키 형제(И. В. и П. В Киреевские), 철학자겸 사회평론가인 사마린(Ю. Ф. Самарин), 철학자겸 작가인 호먀코프(А. С. Хомяков) 등이 슬라브주의의 이론가들이었다.

서구주의와 슬라브주의의 많은 근본적인 차이에도 불구하고 이러한 성향에서는 적지 않은 공통점이 있었다. 러시아 현실의 개혁의 필연성에 대한 확신과 지배 계층의 지지에 의존하여 최고 권력자가 개혁의 주창자로 나설 것이라는 희망을 공유했다. 그리고 또 다른 사람들은 개혁은 점진적이고 신중한 성격을 띠게 될 것이라고 생각했고, 개혁의 평화적인 실현의 가능성을 믿었다. 그리고 서구주의자들과 슬라브주의자들은 농노제, 관료층의 강압, 개인의 권리와 자유에 대한 억압을 신랄하게 비난했다. 그들은 러시아가 급속히 확실하게 번영할 것이라는 믿음을 공유했다.

악사코프

호먀코프

사마린

키레예프스키

1820년대 말과 1830년대 초를 ≪사회운동의 단체의 시기≫로 부를 수 있다. 다양한 이념을 지향하는 크지 않은 단체들이 경찰에 의해 해산되었기 때문에 거대한 조직으로 발전할 수 없었고 자체의 강령을 만들 수도 없었다. 그러한 협회의 참여자들의 구성이 변했다. 과거에는 대체로 젊은 장교들, 상류층의의 대표자들이 참여했지만, 지금은 다양한 사회계층의 대표자들로 구성된 대학생들이 사회운동 단체에 참여했다. 1827년에 모스크바대학 출신인 크리트스키 형제(В. И. и М. И. Критские)의 단체 그리고 1831년에 참여자들이 무장반란 계획을 실행한 순구로프(Н. П. Сунгуров) 단체

등이 당국에 의해서 해산되었다.

1834년 게르첸 단체와 ≪프랑스 혁명은 헌법과 공화국을 전도한다. 그러나 무엇보다도 심하게 모든 강압과 모든 전제정치에 대한 증오심을 전도했다≫고 주장한 아가레프(Н. П. Агарев)의 단체가 붕괴되었다. 수도뿐만 아니라 블라디미르, 네진, 쿠르스크, 우랄 공장지역 등에서 비슷한 조직들이 색출되었다. 물론, 그들 모두가 혁명가들을 통합시킨 것은 아니었다. 1833년에 젊은 자유주의적 철학자이자 문학가인 스탄게비치(Н.В. Стангевич)를 중심으로 형성된 단체의 일원들은 독일 철학자들의 저술들을 연구했다. 그러나 당국은 그들의 활동을 기존의 국가체제의 토대에 대한 음모로 검열했고, 그 참여자들을 탄압했다.

위대한 러시아 사상가이자 사회평론가인 **차아다예프**(П. Я. Чаадаев)는 사회운동에서 특별한 자리를 차지했다. 1812년 조국전쟁과 북부연맹에 참여했던 그는 1823~1826년 기간에 그의 견해가 형성되었던 외국에서 살았다. 자신의 ≪철학적 서안≫에서 **차아다예프**는 러시아의 역사적 발전을 지체시킨 전 세계의 역사에서의 러시아의 고립, 정신적인 정체와 민족적 자만심에 대해서 ≪세계에서 유일하게 우리는 세계에 아무 것도 기여하지 못했고, 아무것도 가르치지 않았다≫고 말했다. 1836년 ≪**망원경**≫란 잡지에 첫 서한문을 발표한 것 때문에 그는 미치광이로 공표되었고, 잡지는 폐간되었다. 이러한 비난에 대한 답변으로 1837년에 발표된 ≪**미치광이의 변명**≫에서 그는 서구 기독교 세계에 합류된 새로운 러시아의 역사적 미래에 대한 신뢰를 표현했다.

혁명운동

데카브리스트들의 조직들에서 이미 인정되었던 러시아 사회운동의 자유주의와 혁명사상의 확산은 1840년대와 1850년대에 훨씬 더 분명해졌다. 이 때 쯤에 사회변혁의 많은 지지자들은 권력과 사회의 상층부의 협력을 받는 ≪위로부터의 러시아의 개혁≫에 대한 희망을 상실했다. 그들은 혁명적 강압의 도움으로 자신의 목적을 달성하는 것을 합법적이고 적합한 것으로 생각했다. 게다가 1830~50년대에 러시아의 혁명운동은 내적인 이유들뿐만 아니라 유럽에서 일어난 일련의 혁명에 강력한 충격을 받고 발전하게 되었다.

유토피아적인 사회주의 사상이 혁명가들의 이념이 되었다. 각각의 사상가들은 사회주의를 자기 방식대로 이해했지만 사회평등사상, 시민의 자유, 전제정치와 농노제의 폐지 등에 관해서는 통일된 견해를 보였다. 게르첸은 공동 자치권과 토지이용을 토대로 한 농민 공동체가 러시아 사회개혁의 출발점이 된다고 생각했다. 그의 ≪공동체 사회주의≫ 이론은 **체르니세프스키**(Чернышевский)의 저술에 나타난 사회주의 사상의 진보된 발전에 결정적인 영향을 끼쳤다.

체르니세프스키

페트라세프스키

가장 유명한 혁명 조직 중의 하나는 외무성에서 근무했던 부타세비치-페트라세프스키(М. В. Буташевич-Петрашевский)의 단체였다. 이 단체에는 관리들과 장교뿐만 아니라 문학계 대표자들, 교사들이 가입했다. 그들은 농노제 폐지, 전제정치제한, 사법제도 등의 개혁을 성취하는 것을 공동의 목표로 삼았다. 페트라세프스키의 단체에서는 프랑스 사회주의자들과 독일 철학자들의 저술과 고대 러시아 전제 농노제를 신랄하게 비판하는 내용을 담고 있는 고골에게 보내는 벨린스키의 유명한 편지가 토론되었다. 그러나 그 단체는 해체되었고, 도스토예프스키(Ф. М. Достоевский)를 포함한 참여자들은 사형선고를 받았다. 그러나 마지막 순간에 차르는 총살형을 징역형으로 바꾸었다.

정부가 처벌을 강화하자 혁명가들은 조국을 떠나서 해외로 망명해야 했다. 게르첸과 아가레프는 런던으로 도피해서 러시아의 전제체제에 반대하는 ≪종≫이라는 잡지를 출판하기 시작했다. 한편 많은 혁명가들은 자신의 정치적 견해들을 재검토하기 시작했다. 예를 들어, 벨린스키, 게르첸, 도스토예프스키는 사회주의 이념에 실망했다.

민족운동

러시아에서 다양한 사회 운동의 형성은 주창된 민족해방 운동의 뉘앙스를 받아들인 소수 민족이 거주하는 변경지역에 영향을 끼치지 않을 수 없었다. 1864년 우크라이나에서 비밀정치조직인 키릴로-메포지예프 협회가 결성되었는데, 참여자들은 단일 슬라브 연방 구조 내에서 모든 슬라브 민족의 민족자치, 전제체제, 농노제 등의 폐지를 위해 투쟁했다. 그들은 공화제를 배제했다. 키릴로-메포지예프 협회의 민주주의적 성향의 지도자인 위대한 시인 세브첸코(Шевченко)는 우크라이나 상황의 강제적인 변화와 우크라이나 언어로 진행되는 교육의 발전과 우크라이나어로 쓰인 책 출판을 공개적으로 요구했다. 조직의 활동에 참여 때문에 세프첸코는 군인으로 징집되어 쓰기와 그리기가 금지 된 채로 중앙아시아의 유형지로 보내졌다.

서쪽지방에서는 문학과 예술의 연구를 위한 쿠르랸드 협회, 라트비아 문학회, 에스토니아 학회 등이 민족 전통의 보존을 위한 투쟁을 벌였다. 그루지야에서는 바라타시빌리, 차프차바드제, 오르벨리아니 등의 위대한 시인들이 적극적인 사회활동을 했다.

결 론

1830~50년대의 사회운동의 발전의 중대한 결과는 지식인 계층에서 자유를 애호하는 분위기가 확산되었다는 것 이었다. 전제주의와 농노체제의 폐해는 정부로부터의 개혁을 기대하지 않고 민주적 개혁을 위한 결정적 투쟁을 시작했던 러시아 사회의 진보진영에게는 분명해졌다.

11. 니콜라이 1세의 민족 정책

폴란드인

1820년대 초에 폴란드 헌법 규정에서의 점차적인 이탈이 시작되었다. 반대당 대의원들이 체포되고 추방되었고, 세임 활동영역이 축소되었고, 러시아화 정책은 강화되었고, 차르의 대리인 콘스탄틴 파블로비치의 전제정치도 강화되었다. 비밀경찰이 창설되었고, 계몽과 교육에 대한 경찰의 통제가 강화되었다. 기존의 합법적인 폴란드 애국협회는 해산되었다. 폴란드의 모든 계층의 불만이 증대되었다.

1830년 7월에 혁명이 일어난 프랑스를 응징하려는 니콜라이의 1세의 시도들이 반란의 원인이 되었다. 군대를 동원하려는 위협 때문에 폴란드인들은 결정적인 행동으로 옮기지 않을 수 없었다. 1830년 11월 17일에 병사들이 바르샤바의 총독관저를 습격하여 총독을 살해하려고 시도했다. 무기고 탈취되어 반란군들에게 무기가 나누어지기 시작했다. 1831년 1월 13일에 폴란드 의회는 니콜라이 1세와 그의 모든 가족의 폴란드 왕위에 대한 권리의 박탈을 선포했다. 비밀위원회의 전 위원이었던 차르토리이스키가 폴란드 민족 정부의 지도자가 되었다. 이것은 러시아 차르에 대한 전쟁을 선포하는 것을 의미했다.

이때에 폴란드 군은 6만 명에 이르렀고, 142문의 대포를 가지고 있었다. 니콜라이는 디비치(И. И. Дибич) 원수가 지휘하는 300문의 대포를 갖춘 12만 명의 군대로 반란군을 진압할 것을 명령했다. 1831년 2월 13일에 폴란드군은 그로호프 근처에서 완전히 격퇴되었다. 콜레라로 디비치가 죽은 후에 파스케비치가 새로운 총사령관으로 임명되었다. 1831년 8월에 그의 군대는 바르샤바를 점령했고 반란은 진압되었다.

1832년 2월 14일에 황제는 1815년에 제정된 헌법을 폐지했다. 헌법은 ≪제한된 지위≫로 대치되었다. 폴란드는 러시아 제국을 구성하는 일부분이 되었고, 자체의 군대와 의회를 박탈당했다. 행정적 자치만이 유지되었다. 바르샤바와 빌렌스트 대학과 크레메네츠에 있는 중학교가 폐쇄되었다. 새로운 반란들을 예방하기 위해서 니콜라이 1세는 바르샤바 근처인 대포의 사정거리 안에 있는 지점에 요새를 건설할 것을 지시했다.

발트해 연안과 핀란드의 인민들

핀란드가 러시아에 병합된 후에 내부생활의 문제들은 헌법에 의해서 규정되었다. 1826년에 니콜라이 1세는 황제에게 개인적인 보고를 할 권리를 가졌고, 러시아의 수도에서 핀란드를 대표했던 핀란드 대공국의 공사의 직책을 만들었다. 이 직책에는 대부분 핀란드 태생의 귀족들이 임명되었다.

발트해 연안의 민족들은 예전처럼 어떤 형태의 정부도 갖지 못했다. 그들은 에스트란드, 쿠르란드, 리프란드 등의 주의 주민으로 살았다. 알렉산드르 1세의 통치시대에 그들은 농노상태에서 농민들을 해방시킨 농업개혁을 겪었지만, 땅은 농민들에게 주어지지 않았다. 발트해 연안의 봉건지주들은 농장을 경영했을 뿐만 아니라 러시아 군대에서 군복무를 했다. 산업혁명이 시작되고 동시에 국내무역이 활발해짐에 따라 발트해 연안에는 러시아 제국에서 가장 역동적으로 발전하는 경제지역 중의 하나가 형성되었다.

우크라이나인들

경제 분야에서 우크라이나는 여전히 농업지역으로 남았지만, 산업의 발전은 괄목할 만한 성공을 거두었다. 19세기 초에 우크라이나에서는 미래의 돈바스 지역에서 제철과 금속 산업의 발전에 중대한 의미를 가졌던 석탄과 철강의 층이 개발되었다. 1825년에 우크라이나에는 649개의 산업 기업들이 있었는데, 1850년에는 기업의 수가 이미 1655개로 증가했다. 소러시아에 오데사, 헤르손, 타간로그, 니콜라예프, 오차코프 등의 항구의 수 가 급속히 증가했다. 폴란드와 달리 우크라이나에는 정치적 자치에 대한 문제가 그렇게 긴장된 상태가 아니었다. 주요한 문제는 현지의 주민들에게 우크라이나어(語)를 자유롭게 연구하고 사용할 수 있는 권리를 부여하는 것이었다. 1833년에 니콜라이 1세는 **키예프 대학**의 개교를 허가했다. 1846년에 대학 내부에 역사학 교수 코스토마로프가 이끄는 키릴-메포지예프 대학생 학회가 생겼다.

유태인

폴란드, 크림한국, 베사라비아, 카프카스를 병합한 후에 러시아는 세계에서 가장 많은 유태인들이 사는 곳이 되었다. 유태인들 대부분은 농촌과 지방의 소도시에서 수공업, 상업, 소매업 등에 종사하면서 살았다. 유태인들과 경쟁에서 러시아 상인들을 보호해 주기 위해서 차르 정부는 크림한국과 폴란드에서부터 러시아 전 지역을 포함한 모든 지역에 ≪**유태인 정착지**≫를 설치했다.

알렉산드르의 유태인에 대한 정책은 전반적으로 진보적인 성격을 띠었다. 차르는 특히 노보 러시아에 유태인 농업 식민지를 건설하는 방법으로 유태인들을 육체노동이나 농사일에 끌어들이려고 했다. 니콜라이 1세 치세 때 유태인에 대해서 훨씬 더 엄격한 정책이 실시되었다. 소년병 학교에 유태인 자제들을 징집시키고 그 다음에 25년간의 군복무의 의무대신에 현금으로 지불하는 세금제도가 폐지되었다. 이것은 불가피하게 러시아식 성과 이름을 습득하도록 유태인들에게 강요하는 결과를 초래했지만 대신에 정착지에 살 권리를 부여했다.

1830년대 중엽에 유태인들의 일부를 시베리아로 이주시키는 정책이 실시되었다. 곧 ≪러시아에 유태인들을 정착시키는 것≫에 대한 조치들을 입안하는 임무를 부여받은 특별위원회가 설치되었다. 그 위원회 위원들은 유태인들을 정교로 개정시키고, 러시아 어와 문화를 습득케 하고, 전통적 생활방식과 종교교육을 거부하도록 하는 것을 유태인 문제를 해결하는 주요한 방법으로 생각했다. 1844년에 유태인 공동체의 사법적 자치는 폐지되었고, 그러한 권한은 도시 의회와 경찰로 이관되었다. 유태인들을 위한 징집 기준들은 5배나 증대되었다. 그것과 더불어 정부는 권리에 있어서 유태인들을 차별했다. 이러한 모든 것은 유태인들 사이에 불만의 증대를 촉발했다.

19세기 전반기에 당국과 종교적 고백

러시아 제국의 법에 따라 신도들이 차르의 권력과 기존의 질서를 인정하는 한 어떤 종교에 대한 신앙도 허용되었다. 그러나 19세기 전반기에 전 인구의 86%가 정교를 믿었기 때문에 러시아 정교회의 위치는 훨씬 더 특별했다. 다른 종교의 신도들에게 정교로의 개종이 권장되었다. 볼가지역, 카프카스, 시베리아 등의 원주민들에 대한 선교활동이 벌어졌다.

설교와 경건한 생활방식을 믿는 사람들 사이에서 권위를 얻은 종교적 지도자들을 숭배하는 전통이 중세 때부터 유래되어 보존되어 왔다. 19세기 초에 그러한 사람 중에 가장 유명한 사람은 사로프스크 수두원의 수도사인 세라핌(Серапим)이었다. 모든 나라에서 수천 명이 설교와 가르침을 위해서 그를 찾아왔다. 그는 마지막 수십여 년 동안 러시아에서 일어났던 많은 것들을 예언했다.

구교도들에 대한 교회의 성직자들과 국가기관의 탄압은 계속되었다. 19세기 전반에 구교도들의 운동은 내분을 겪었다. 성직자들과 교회의 성직계급을 인정하는 공식적인 교회와 교리가 비슷한 설교자들과 성직자들뿐만 아니라 일련의 교회양식들도 부정하는 비설교파로 나뉘었다. 니콜라이 1세는 구교도들이 이탈한 성직자들을 받아들이는 것을 금지했고, 볼가지역의 구교도 수도원들의 해체를 지시했다. 이것으로 구교는 가장 큰 타격을 받은 것 같았다. 1846년의 정부의 조치에 대한 반발로 보스니이-사라예보 대주교 암브로시(Амвросий)는 구교도로 개종하여, 자신을 벨로크리니츠키 대주교(부코빈에 있는 벨로크르니츠키 수도원의 이름을 따라서 명명된)로 선포했다. 수십만 명의 구교도들이 벨로크르니츠키 고위 성직자들의 추종자가 되었다. 폴란드의 합병, 폴란드 반란의 참여자들을 시베리아로 추방, 그리고 북 흑해연안으로 다수의 독일인들의 이주는 러시아의 많은 지역에 흩어져 사는 폴란드인, 리투아니아인 뿐만 아니라 독일인들과 벨로루시인들의 일부 사이에 **가톨릭** 신앙의 확산을 촉진시켰다.

이시기에 러시아의 개신교는 **루터파와 갈빈파 교회**가 주류를 이루었다. 독일인들, 핀란드인들, 에스토니아인들, 라트비안인들 등이 이러한 개신교 신앙을 믿었다. 1841년에 첨에 독일인들 사이에 전파되어 나중에 소수의 러시아인, 우크라이나인, 벨로루시인, 아르미아인, 그루지야인, 몰다비안인, 추바시인 등 사이에서 인정을 받은 **침례교** 신앙이 러시아로 유입되었다.

러시아에 살았던 무**슬림**들은 대부분 **수니파 이슬람**을 믿었다. 신자의 대부분은 타타르인, 카바르지네츠인, 바시키르인, 카프카스의 산악 민족들 이었다. 다게스탄과 아제르바이잔의 일부인 소수만이 **시아파 이슬람**을 믿었다.

결 론

러시아 제국의 다양한 민족과 종교의 대표자들의 위상은 동일하지 않았다. 그들 중 많은 사람들이 자신들의 위상에 불만이었다.

12. 카프카스 전쟁

전쟁의 원인과 발전단계

50여 년 동안 계속된 **카프카스 전쟁**의 주원인은 차르정부가 카프카스에 러시아의 법과 관습을 정착시키려는 시도 때문이었다. 이것은 두 이질적인 문화와 전통과 생활양식의 충돌이 되었다. 무엇보다도 산악인들은 그들 중 다수에게 생존의 수단이 된 습격활동의 금지에 분개했다. 뿐만 아니라, 산악인들은 요새, 다리, 도시의 건설에 동원되는 것과 가난한 주민들을 고갈 시킨 모든 새로운 세금의 도입에 반대했다.

전쟁의 직접적인 원인은 19세기의 전설적인 러시아 사령관 중 한명인 **예르말로프**(А. П. Ермалов) 장군이 카프카스에 도착한 것이었다. 1816년에 그는 독립된 그루지야군(나중엔 - 카프카스군)의 지휘관에 임명되었다. 예르말로프는 카프카스를 정복하려는 자신의 계획을 제시했다. 그는 현지 주민들을 평야에서 산악지대로 이주시키는 것을 제안했다. 산악인들의 진압을 위한 그의 수많은 군사 원정은 아울 산악 마을 전체의 초토화를 초래했다. 예르말로프 장군은 특징 있는 이름을 가진 일련의 군사요충지들(차단된 진영, 집요한 진영, 독살스러운 참호, 견고한 참호, 무서운 요새, 기습 요새, 격돌 요새)을 카프카스에 건설했다. 동시에 카자크들, 현지의 행정기관의 관리들, 장교들에게 토지를 나누어 주었다. 죽음의 공포에 억눌린 사람들을 노예로 파는 것(과거에 산악인들에게 전통이었던)이 금지되었다.

카프카스인들에게는 자신의 밭과 생존의 바탕인 목초지를 잃거나, 저항을 시작하는 것 외에 달리 선택이 남아있지 않았다. 그들은 두 번째 방법을 택했다. 1817~1819년의 1차 전쟁에서는 산악인들의 빨치산 투쟁이 우세했다. 차르 부대의 원정에 대한 대응으로 그들은 요새를 습격하고, 포위했다. 1819~1824년에 다게스탄의 모든 지도자들의 병력이 연합했다. 산악인들은 차르 군에 저항해 조직적인 전투 활동을 펼치기 시작했다.

예르말로프 장군

1824년 체첸에서의 타이마조프 반란이 있은 후에 전쟁은 카프카스 주민들 사이에 그들의 투쟁의 종교 · 이념적 바탕인 뮤리디즘의 교리의 출현과 관련된 세 번째 단계로 접어들었다. 전쟁의 네 번째 단계(1828~1833)는 산악인들의 이슬람 국가 설립과 연결되었다. 사밀의 이슬람 국가의 통치기를 포함한 다섯 번째 기간은 전투가 가장 치열했던 시기였다. 마지막 전쟁의 여섯 번째 단계는 산악인들의 저항이 점차적으로 진압된 1859년부터 1864년까지 계속되었다.

타이마조프 반란

이슬람 국가(이슬람 최고 성직자가 통치하는 국가)의 설립

카프카스 전쟁의 초기에 산악인들은 강력한 러시아군과의 전투에서 너무나 다른 그들을 단결시켜줄 이념 바탕의 부재를 실감했다. 그러나 나중에 그들 가운데 ≪**뮤리디즘**(мюридизм)≫이라고 불리는 이념체계가 생겨났다. 1822~1823년에 이슬람 신학자 쿠랄리 마호멧이 처음으로 이념체계를 형성했다. 이것은 이슬람의 ≪구원의 길≫에 대한 교리였다. ≪구원에 이르는 길≫은 모든 규정된 행동 계율의 엄격한 준수, 즉, 예언자 마호멧의 완전한 모방으로 생각되었다. **뮤리디즘** 신봉자들의 주요 과업 중의 하나는 이교도(기독교인뿐만 아니라 무슬림의 풍습을 이행하지 않는 산악인)들에 대항한 성전에 참여하는 것으로 여겨졌다. ≪천국은 검의 그늘 아래에 있다…카프카스인의 지도자들은 말했다…이교도에 대항한 전쟁에서 죽은 자들은 천국에서 부활할 것이고, 도망가는 하찮은 자들의 삶은 지옥이 될 것이다≫. 뮤리들(뮤리디즘의 신봉자들)은 그들의 종교 지도자인 뮤리시트(мюршид)가 공익을 위해 삶, 가족, 재산 등을 희생하라고 명령하더라도 그에게 절대적으로 복종했다.

쿠랄리-마곰(Курали-Магом)은 무장할 것을 지시했고, 그의 제자 **가지-무하메드**는 러시아와의 투쟁의 필요성을 촉구했다. 그는 독립을 위한 전면전쟁을 준비하는 것을 뮤리디즘과 결합할 불가피성을 선포한 첫 번째 사람이었다. 그는 단지 러시아 군에 대항한 일련의 전투 작전을 성공적으로 수행했을 뿐만 아니라, 산악 민족의 신권국가인 이마마트(имамат)의 토대를 놓았다. 1828년에 가지 무하메드(Гази-мухаммед)는 다게스탄과 체첸의 최초의 이맘(имам: 정치 · 종교 지도자)이 되었다. 그의 죽음 이후, **감자트 베크**(Гамзат-бек)가 산악인들의 무슬림 국가를 통치했고, 그 뒤를 이어 사밀(Шамиль)이 통치했다.

가지-무하메드

감자트-베크

샤밀

사밀의 활동

이맘 사밀은 아바르족(고대 남부 러시아에서 거주했던 터키계 민족) 산악인 집안에서 태어났다. 그의 친구들 중 하나가 회상하기를, ≪사밀은 박식하고, 믿음이 깊고, 명민하고, 용감하며, 남자답고, 단호한 사람이었다… 그는 하려고 맘먹었던 모든 일을 할 수 재능이 있었다≫. 사밀은 무엇보다도 다게스탄과 체첸에서 산악 민족 사이에 엄격한 질서를 도입하는 데서부터 이맘으로서의 자신의 활동을 시작했다. 그는 술을 즐겨 마시거나, 거짓을 허용하거나, 가난한 사람들을 돕지 않거나, 종교 의식을 행하지 않는 모든 이들에게 사형을 명했다. 가혹한 형벌은 흡연이나, 춤, 음악 등에도 적용되었다. 농노제의 폐지, 한들과 제후들의 특권 등의 박탈이 이맘의 업적에 포함되어야 했다. 사밀은 재능 있는 장군이었고 전투에서 직접 용감하게 수많은 전사들을 지휘했다. 이맘의 군대는 농사를 짓는 산악인들이 도움을 필요로 하는 곳에 항상 나타났다. **사밀**은 러시아 군과 현지 귀족의 전제정치로부터 평민들을 보호해주는 사람이라는 명성을 얻었다. 민중들은 이맘의 군대의 병력을 충원해 주었고 추격으로부터 이맘을 숨겨주었다. 사밀을 체포하려는 시도는 매번 실패로 끝났다.

연전연승을 했던 1840년대가 사밀의 전성기였다. 이 시기에 그의 주요 활동지역은 체첸이었다. 사밀의 본부는 첨에 다르고(Дарго)마을에, 그 다음엔 베데노(Ведено)에 있었다. 이맘은 관할 지역을 우두머리가 지배하는 개별적인 지방으로 분할했다. 각 지방에는 자체의 통치 기관과 군대가 있었다. 산악인들의 군에는 15세부터 50세까지의 연령의 모든 남자들이 복무했다. 사밀 군대의 총 수는 4만 명에 이르렀다. **이맘국가**(имамат: 이슬람 최고 성직자가 통치하는 국가)의 모든 행정문제는 사밀이 결정적인 발언권을 가졌던 총회에서 논의 되었다.

점차적으로 우두머리들은 자신들을 새로운 봉건영주로 생각하여 더 많은 신분과 식량 등을 수중에 집중하기 시작했다. 명성의 최고봉에 다다른 사밀 마저도 종교적인 권력을 자신의 아들에게 상속하겠다는 관습을 파괴하는 성명을 발표했다. 사람들은 사밀이 알라신에 대해서 보다 자신을 더 생각한다고 빈번히 말하기 시작했다. 예속된 관할지역에서의 수입은 이제 예전처럼 국고로가 아니라 그에게 돌아갔다. 잔혹한 박해와 끝없는 세금제의 도입, 우두머리와 그의 졸개들의 권력독점은 산악인 농민들을 사밀로부터 멀어지게 했다. 사람들의 지지를 상실한 그는 징벌수단을 강화하여 상황을 더욱 악화시켰다. 이 모든 것은 이맘의 경제력과 전투력의 소진과 그의 군사적 패배를 초래했다. 자신들의 목적을 위해 카프카스의 상황을 이용하려고 시도했던 터키와 영국의 군사적 · 물질적 지원은 산악인들에게 도움을 주지 못했다.

전쟁의 종결과 결과

1856년부터 바랴틴스키 공작이 지휘한 러시아군은 산악지역의 복잡한 조건에서 적군과의 전투 경험을 축적했다. 그들은 천천히 사밀의 군대를 압박하기 시작했다. 1859년 이맘의 마지막 권력 요새인 구니브 마을이 함락 되었다. 사밀은 생포되어 칼루가로 추방되었다. 그럼에도 불구하고 산악인들의 정복은 1864년에야 겨우 완성되었다.

유혈전쟁에서의 승리는 카프카스에서 러시아의 권력을 공고히 하였다. 그것은 비싼 대가를 치르고서 얻어졌다. 전쟁 희생자의 총 수는 러시아 측에서만 77,000 명이었다. 아무도 산악인들의 손실을 계산하지 않았다. 산악인들의 패배는 변경지역의 고향에서 현지 주민들의 대량 이탈을 초래했다. 3백만여 명이 카프카스 땅을 버리고 떠났다.

차르 정부는 전투지역에서 40만여 명을 이주시켰다. 산악인들은 가축과 재산을 헐값으로 팔아야 했다. 러시아인들, 우크라이나인들, 벨로루시인들이 카프카스로 집중적으로 이주하기 시작했다. 1860~1864년 기간에만 약 14만 5천 명 가구가 영주하기 위해 이곳으로 왔다. 이것과 동시에 카프카스의 산악지역이 러시아 제국에 병합된 것은 현지 주민들에게 긍정적인 의미를 가졌다. 새로운 통치권력과 함께 더 완숙한 농업기술, 계몽과 보건, 진보적인 러시아 문화, 나중엔 산업생산 등이 이곳으로 전래되었다. 카프카스 지역의 다민족 문화가 서로 풍족해지는 과정이 시작되었다.

결 론

카프카스를 정복하려고 했던 차르 정부는 독특한 국가 형태인 이마마트를 수립한 원주민들의 완강한 저항과 충돌했다. 수십 년간 지속된 카프카스 전쟁은 산악인들의 패배와 러시아로의 그들의 영토의 합병으로 끝났다.

13. 니콜라이 1세의 대외정책

러시아의 국제적 위치

신성동맹의 주도국인 러시아는 국제 관계에서 여전히 중요한 위치를 차지하고 있었다. 유럽 혁명 확산의 차단과 동쪽 지역 문제(오스만 터키 제국의 약세를 틈타 흑해연안과 근동 및 중동지역에서 러시아의 영향력을 강화시키는 것)의 해결을 위한 노력이 니콜라이 1세의 대외정책의 두 가지 주요한 방향이었다.

1830년에 니콜라이 1세는 폴란드 봉기를 진압하고, 1849년에는 오스트리아 황제의 요청에 따라 헝가리 혁명을 진압하였다. 이것 때문에 그는 지식인들 사이에서 ≪**유럽의 헌병**≫이라 불리기 시작했다. 1830년과 1848년에 프랑스와 1830년에 네덜란드에서의 혁명기간에 니콜라이 1세는 유럽 군주들에게 ≪혁명적 전염병≫ 확산의 방지를 위한 공동 무력 투쟁을 촉구하였다. 그러나 니콜라이는 지지를 얻지 못했다. 지지가 있을 경우 유럽에서의 러시아의 영향력은 지나치게 증대되었을 것이다. 그런 지지가 없어도 러시아의 영향력은 이미 강한 상태에 있었다.

오스만 터키제국을 약화시키기 위해서 니콜라이 1세는 발칸민족들의 해방운동을 전폭적으로 지지했다. 그는 그리스인들을 도왔고 터키로부터 그리스 자치권의 선언을 얻어냈다. 러시아 정부는 세르비아인, 몬테니그로인, 몰다비아인, 남루마니아인, 불가리아인 등으로 구성된 반란자들에게 외교적, 물질적 도움을 주었다. 이런 모든 상황은 다른 유럽 국가들 특히 러시아의 영향력의 지나친 증대를 염려했던 영국과 오스트리아의 관심을 끌 수밖에 없었다.

1826~1828년의 러시아-페르시아 전쟁

테헤란에서 페테르부르크에서 차르교체에 대한 소식을 접한 후에 페르시아 왕은 **귤리스탄스키 조약**(Гюлистанский договор)에 따라 러시아에 빼앗겼던 영토를 되찾을 수 있는 시기가 왔다고 판단했다. 영국은 페르시아 왕의 의도를 적극 지지했다. 러시아는 **자카프카스**를 공격하기 위한 대규모 군대를 동원했고, 동 자카프카스의 원주민들이 러시아 권력에 대항하여 반란을 준비하고 있었다.

1826년 7월에 페르시아군의 공격은 카프카스에 주둔하고 있던 **예르말로프** 러시아군 사령관에게 너무나 갑작스런 일이었다. 페르시아 왕의 후계자인 아바스 미르지(Аббас-Мирзы)가 이끄는 국경수비군은 자카프카스의 남쪽 지역을 점령했고, 동그루지야로 진격했다. 그러나 예르말로프 군대는 한 달 만에 점령당한 영토를 완전히 해방시킬 수 있었고, 페르시아 영토로 전선을 이동시킬 수 있었다.

1827년 여름에 카프카스 군의 신임 사령관 파스케비치(Паскевич) 장군은 예레반과 나히체반(오늘날 아제르바이잔의 한 자치 공화국이 위치한 지역)을 성공적인 공격에 착수했다. 그 후 러시아군은 아락스(Аракс)강을 건너 타브리스(Тавриз)를 점령했다. 페르시아 수도인 테헤란으로 가는 길이 열렸다. 페르시아 왕은 러시아가 제시한 조건 하에 평화조약을 체결하기로 결정하였다.

1828년 2월 투르크 만차이 마을에서 체결된 조약에 따라 동아르메니아 영토가 러시아에 양도되었고, 카스피 해에 함대를 가질 수 있는 러시아의 독점권도 인정되었다. 페르시아 왕은 배상금으로 2천만 루블을 지불해야만 했다. 전쟁의 결과는 카프카스에서의 영국의 위치에 강한 타격을 주었고, 오스만 터키와의 관계에서 니콜라이 1세의 입장은 자유로워졌다.

1828~1829년 러시아-터키 전쟁

페르시아와의 전쟁이 종결된 직후, 러시아는 터키에 전쟁을 선포하였다. 작전은 발칸과 카프카스에서 전개되었다. **비트겐시테인**(П. Х. Виттенштейн) 사령관이 이끄는 십만 대군이 두나이 공국을 점령했을 때 흑해에서는 터키의 영토인 아나파(Анапа)가 봉쇄되었다. 한편 **파스케비치**가 이끄는 1만 1천 명의 군대가 카르스로 진격했다. 전쟁은 겨울이 시작되기 전에 이스탄불 근처에서 종결될 것으로 예상되었다. 그러나 발칸에 주둔한 러시아군은 격렬한 저항에 부딪혔다. 동시에 카프카스에서 러시아군은 승전을 하고 있었다. 파스케비치가 3개월 동안 카르스키, 아할치흐스키, 바야제츠키 등의 지역과 아나파, 수후미, 포티 등을 점령하는 성과를 거두었다.

드비치 장군

1829년에 발칸 주둔 러시아 군의 총사령관으로 **디비치**(И. И. Дибич) 장군이 임명되었다. 5월 30일에 총력전이 벌어졌는데 터키 군인들이 괴멸되고 패잔병들은 도주했다. 곧 러시아군은 이미 이스탄불 근처에 와있었다. 그 때에 일련의 승리를 거둔 카프카스군은 에르제룸을 점령했다. 1829년 9월 2일에 체결된 **아드리아노폴 평화조약**에 따라 러시아는 두나이강 하구, 아나파에서 포티까지 이르는 흑해 동쪽 연안과 아할티흐스크 주변의 영토를 획득했다. **보스포르**와 **다르다넬리 해협**이 모든 나라들의 무역선 통행을 위해서 개방된 것으로 선포되었다. 그리스, 세르비아, 몰다비아, 남루마니아 등의 내부 자치권이 인정되었다. **아드리아노폴 평화조약**은 발칸반도에서의 러시아의 입지를 크게 강화시켰다. 오스만 터키 제국은 보존 되있지만, 러시아에 외교적으로 종속되었다.

러시아-영국 대립관계의 악화

1833년에 **운캬르-이스켈레시**에서 양국 간의 평범한 우호적 관계가 아닌 동맹관계를 수립한 오스만 터키와의 조약이 체결된 이후에 흑해에서 러시아 입지는 더욱 더 강해졌다. 술탄은 유럽국가의 군함이 흑해해협을 통과하지 못하도록 하고,러시아 군함의 자유로운 통과를 보장했고, 러시아는 필요한 경우에 술탄에게 군사원조를 제공하기로 약속했다.

운캬르-이스켈레시 조약의 체결은 러시아와 영국의 관계를 악화시켰다. 카프카스에서의 러시아의 입지를 약화시키기 위해서 영국은 산악 민족들에게 무기와 군사훈련 지도자들을 지원해주면서 그들의 민족해방운동을 이용하려고 했다. 1836년 11월에 러시아 경비정들이 아디그스크(адыгск) 종족에게 지원하는 무기를 하역하고 있었던 영국범선을 억류했다. 영국범선은 압류되어 흑해함대에 포함되었다. 이 사건은 두 나라를 전쟁의 직전까지 몰아갔다.

곧 동쪽나라들(먼저 터키와 페르시아)에서 영국과 러시아간의 '무역전쟁'이 벌어졌다. 현지의 지배자들과 유리한 협정을 체결한 후에 영국은 러시아 상인들의 입지를 심각하게 훼손하였다. 1837년에 러시아와 영국 관계에서 새로운 갈등의 원인들이 생겼다. 두 강대국 사이에 **아프가니스탄**에서 영향력 행사를 위한 싸움이 일어났다. 1839년부터 1841년 사이에 영국은 터키에서 러시아의 영향력을 약화시키는 데에 성공했다. 이제 모든 유럽의 강대국들이 오스만 터키제국의 안전을 보장해주었고 보스포르와 다르다넬리 해협은 러시아를 포함한 모든 나라의 군함들의 통행이 폐쇄되었다(편역자 주: 영국, 오스트리아, 프로이센, 러시아 4국과 터키 사이에 체결된 런던조약에 따라서).

중앙아시아에서 러시아 입지의 강화

아시아에서의 영국의 영향력 강화를 경계하면서 러시아 정부는 카자흐스탄과 중앙아시아의 영토를 예속시키길 원했다. 1830년대에 러시아에 종속된 상태에 있었던 오늘날의 서북 카자흐스탄에 있었던 한(хан)공국이 붕괴되었고, 그 영토는 러시아 관리들이 통치하는 행정구역으로 분할되었다. 이러한 지역에 적극적인 요새건설이 시작되었다. 스타르시이 주즈(Старший жуз)지역 즉 세미레치야와 발하쉬 호수 방향으로 러시아 군대의 침입이 강화되었다. 이러한 방향에 러시아 군부대들은 코발과 베르느이(알마-아타) 요새들을 건설했다. 1846년에서 1854년 중앙 주즈(Средний жуз: 오늘날의 카자흐스탄의 서북지역)가 러시아 영토로 합병되었다. 러시아의 카자흐스탄 합병은 그렇게 종결되었다.

히바한국, 코칸드 한국, 부하라 무슬림 족장국이 니콜라이 1세의 관심권에 들어갔다. 특히, 러시아와 히바한국(오늘날의 우즈베키스탄)간의 관계는 긴장상태에 있었다. 히바한국의 주민들은 러시아 상인들의 대열을 공격하여 잡은 포로들을 노예로 만들었다. 히바의 한은 러시아처럼 카자흐스탄의 영토를 차지하기를 원했다. 이러한 의도에서 한들은 영국을 지지했다.

1839년에 7개월의 준비 후에 5천 명의 원정대가 얼마간의 무기와 양식을 만 마리 낙타에 싣고 오렌부르그에서 히바한국으로 출발했다. 오렌부르그 총독인 **페로프스키**(В. А. Перовский)가 원정대를 이끌었다. 원정대의 과제는 중앙아시아에서 러시아의 입지를 재건하고 강화하기 위한 것이었다. 원정을 위해 특별히 겨울철이 선택되었다. 페로프스키는 여름의 폭염과 전염병을 두려워했기 때문이다. 그러나 겨울철 이동은 쉽지 않았다. 강한 추위와 여러 질병들, 낙타를 먹일 식량부족으로 두 달 반 만에 원정은 중단되었다. 히바한국과 인접지역의 정복은 수십 년 동안 연기되었다.

결 론

러시아의 활발한 대외정책은 한편으로는 국경을 확장했고, 세계 여러 지역에서 러시아의 영향력 증대를 촉진했다. 다른 한 편으로는 유럽강대국들이 이런 러시아의 영향력을 제한하려고 했다. 이러한 상황에서 러시와의 공개적인 군사적 충돌은 불가피 했다.

14. 크림 전쟁

동방문제의 첨예화

1850년대 초에 러시아 외교에서 오랫동안 중요했던 동방문제가 눈에 띄게 긴박해졌다. 발칸 반도에서 자신의 영향력을 확대하려고 했던 니콜라이 1세는 오스만 제국의 최종적인 해체를 위한 좋은 기회만을 기다리고 있었다. 이 기회는 곧 생겼다. 술탄은 가톨릭 성직자들에게 기독교의 중요한 성지 중 한 곳인 베들레헴 사원의 열쇠들을 건네주었다. 러시아는 그것들을 정교의 사제들에게 돌려줄 것을 요구하였다. 술탄이 이 요구의 이행을 거절한 후에 1853년 6월에 러시아는 터키의 종속국인 몰다비아 공국과 발라히야(Валахия)로 군대를 투입했다. 이번에는 1853년 10월에 터키 쪽에서 러시아에 전쟁을 선포했다.

니콜라이 1세는 그의 군대가 신속하게 적군을 괴멸시킬 능력이 있으며 서방 나라들은 이 분쟁에 개입하지 않을 거라고 생각했다. 오스트리아와 프러시아는 **헝가리 혁명**의 진압에서 러시아의 도움과 불가피 한 경우에 프러시아 왕을 도우러 오는 니콜라이 1세의 각오에 대해서 당연히 감사하게 생각해야만 했다. 프랑스는 **1848년 혁명**의 긴장 상태에서 아직 벗어나지 못했었다. 니콜라이 1세는 터키를 격퇴시킨 후에 새로 획득한 영토인 크레타 섬과 이집트의 양도를 영국에게 약속하기로 결정했다. 그러나 그의 예상은 완전히 빗나갔다. 오스트리아는 어떠한 상황에서도 러시아가 발칸 반도에서 강해지는 것을 허용할 수 없었다. 프러시아도 오스트리아의 입장에 동의했다. 프랑스의 새로운 황제 **나폴레옹 3세**는 대외 정책에서의 성공으로 자신의 국내의 위치를 공고히 할 필요가 있었다. 영국은 온갖 희생을 감수하면서 러시아의 위치를 약화시키기 위해서 직접 터키의 편을 들었다.

니콜라이 1세의 오산은 러시아에 비싼 대가를 치르게 했다. 러시아는 터키뿐만이 아니라 빈 회의 이후로 러시아가 결정적인 역할을 했던 국제 관계 체제를 와해시키려고 했던 유럽의 모든 강대국들과도 전쟁을 시작했다.

전쟁의 초기 단계

전쟁은 발칸 반도와 자카프카스 두 전선에서 시작되었다. 카프카스에서 러시아 군대는 카르스 근처에서 터키에 결정적 패배를 안겨 주었다. 시노프스크 전투는 전쟁의 초기 단계의 가장 유명한 대접전이었다. 1853년 11월 18일에 **나히모프**(П.С. Нахимов) 해군 중장이 지휘하는 러시아의 흑해 함대는 사전 정찰을 한 후에 시노프 만에서 수가 월등한 적의 함대를 공격했다. 3시간의 전투 후에 터키의 모든 군함들은 침몰했고, 그들의 지휘관인 오스만-파샤(Осман-паша)는 포로가 되었다.

한편 서방 국가들의 신문에 러시아의 군사 활동을 비난하는 기사가 넘쳤다. 터키의 분할을 사전에 모의한 비밀협상의 문건이 공표되었다. 니콜라이 1세의 대리인들이 몇 년 동안 이러한 비밀협상을 벌렸다. 이스탄불과 흑해 해협 점령을 위한 러시아군의 준비된 공격과 관련된 우려가 제기되었다.

이러한 상황에서 영국과 프랑스 정부는 터키와 군사동맹을 맺었고, 터키령인 **도나우강** 지역에서 러시아 군대의 철수를 요구했고, 러시아에 최후통첩을 제시했다. 동시에 영국과 프랑스의 함대가 흑해로 진입했다. 최후통첩에 대한 대답을 받지 못한 영국과 프랑스는 1854년 3월에 러시아에 전쟁을 선포했다. 니콜라이 1세는 오스트리아와 프러시아에게 도움을 요청했지만 도움을 얻지 못했다. 이 국가들은 오스만 제국의 통합을 보존하고 몰다비아와 발라히야에서 러시아군대를 철수시키려는 영국과 프랑스의 요구에 찬성했다. 러시아는 완전히 고립된 것으로 판명되었다. 실제로, 영국과 프랑스는 오스트리아, 프러시아 그리고 스웨덴을 자기편으로 끌어들이는데 성공하지 못했다. **사르디니아**(Сардиния)만 러시아에 공개적으로 반대하고 나섰다.

영국과 프랑스의 참전

영국인의 작전계획에 따라서, 전쟁 선포 후에 영국-프랑스의 연합함대는 곧바로 흑해의 오데사 항, 발트해의 올란드 제도, 바렌츠 해의 콜스키 해협, 백해의 솔로베츠키 섬과 아르한겔스크, 태평양의 페트로파블로프스크-캄차트 항을 공격했다. 이 모든 공격은 러시아의 수비대에 의해 성공적으로 격퇴 당했고, 상륙 부대가 상륙하려던 시도 또한 성공을 거두지 못했다.

1854년 여름에 그루지야와 아르메니아에서 패배한 영국과 동맹국 터키의 희망은 실현되지 않았다. 카프카스에서 러시아와 싸운 산악 민족들의 군대를 이용하는데 성공하지 못했다. 그럼에도 불구하고 오스트리아의 참전을 위협받은 니콜라이 1세는 서방 국가의 요구에 굴복하지 않으면 안 되었다. 그는 그 당시 오스트리아아가 점령했던 도나우강 유역의 공작령에서 군대의 철수를 명령했다.

영국과 프랑스는 **크림 반도**에서 군사 작전을 개시하기로 결정했다. 1854년 9월에 6만 명이 넘는 동맹국 군대는 예프파토리야 지역에 상륙했고, 흑해에서 러시아의 중요한 요새인 **세바스토폴**(**Севастополь**)을 공격하기 시작했다. 세바스토폴은 바다에서는 공격하기가 어려웠지만, 실제적으로 육지로 부터는 무방비 상태였다. 러시아 군대가 알마강 전투에서 패배한 후에 육군 총사령관인 **멘시코프 공작**(그의 무능력한 지도력 때문에 곧 반역자라고 불리었다)은 내륙의 현들과의 연락을 유지하기로 결정을 내렸고, 군대에게 **바흐치사라이**(크림 한의 옛 터)쪽으로 퇴각할 것을 명령했다. 세바스토폴은 육군으로부터 지원이 없었고, 사실상 운명이 결정되었다.

러시아는 무기수준에서 기술적인 면에서 훨씬 앞서 갔던 적군보다 뒤떨어져 있었다. 러시아의 보병들은 100년 전의 화기들을 가지고 있어서 사거리가 300 걸음이었고, 항상 목표에 미치지 못했던 구형총(규석으로 된 강선 없는 총)으로 무장했다. 적군은 훨씬 더 현대식 총(강선이 있는 소총)으로 무장하고 있었다. 몇 개의 증기선을 제외하고

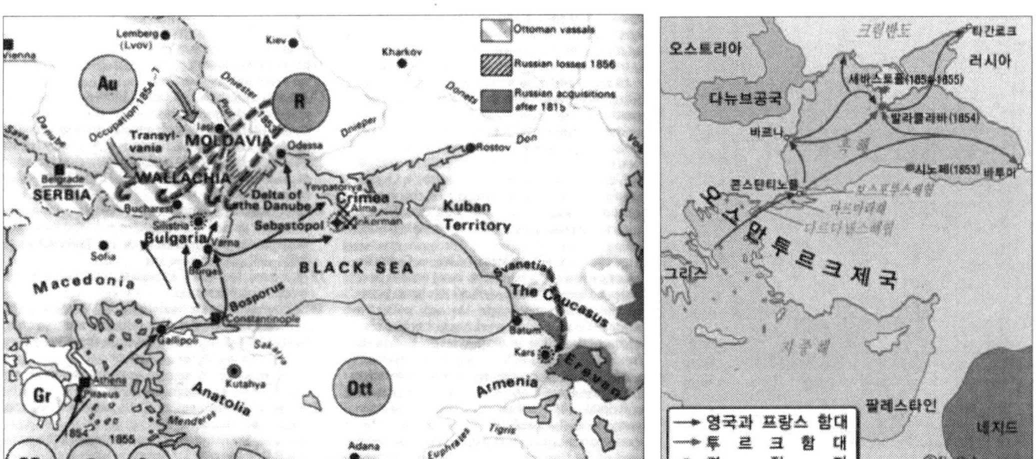

크림전쟁

러시아의 군함은 돛이 달린 **범선**이었고, 선박의 대포들은 낡아 있었다. 영국과 프랑스의 함대는 질적인 면에서 훨씬 우월한 증기선들로 구성되어 있었다. 최신 기술의 부족함은 부분적으로는 러시아 군인들과 수병들의 불굴의 정신과 헌신으로 보충이 되었지만, 승리를 위해서는 이것만으로 충분하지 않았다.

세바스토폴의 영웅적 방어

흑해 함대 참모부의 사령관인 **코르닐로프 제독**이 요새 도시의 방어를 선두에서 지휘했다. 전투에서 짧은 소강상태를 이용하여 그는 요새 주위를 방어 설비로 에워쌀 것을 명령했다. 그것들은 재능 있는 기술자 토틀레벤의 지도 아래 구축되었다. 세바스토폴의 주민들은 그들 자신의 고향을 위해 봉기했다. 수천 명의 사람들이 밤낮으로 요새의 건설을 위해 작업을 했다. 짧은 시간 동안 도시는 무시무시한 능보, 흉장, 포대가 설치된 수비를 갖추었다. 적군의 군함들이 세바스토폴 만으로 진입하는 것을 저지하기 위해서 만의 입구에 흑해 함대 소속의 함정의 일부를 바다 물에 침몰시켜 두었다. 일련의 도시 수비대를 보충하기 일만 명의 수병들이 해안가를 따라 배치되었다.

영웅적인 세바스토폴의 방어는 11개월 동안 지속되었다. 1854년 10월 5일부터 적군의 포병대는 도시에 잔인한 폭격을 시작했다. 이날 코르닐로프 장군이 전사했으며, 도시의 수비대들 가운에 약 1300명이 전사했고 부상당했다. **나히모프**가 새로 방어의 사령관이 되었다. 요새의 수비자들은 때때로 반격으로 전환했고, 적의 진영으로

세바스토폴 공방전

과감한 야간 기습을 감행했다. 이 기습에서 수병 표트르 코시카(Пётр Кошка)가 명성을 떨쳤다. 세바스토폴의 여성들은 아버지, 남편, 남자 형제들을 자발적으로 도왔다. 평범한 러시아 여성인 **다리야 세바스토폴스카야**(Дарья Севастопольская)는 러시아 육군의 **첫 번째 간호사**로서 방어의 여자 영웅이 되었다.

흑해 요새 수비대들의 용맹성은 동시대인들에게 강한 인상을 주었고, 니콜라이 1세는 포위된 세바스토폴에서 1개월의 복무를 1년으로 계산할 것을 명령했다. 적군은 점차적으로 약해졌다. 1854년 9월부터 1855년 9월까지 영국인들은 전쟁에서 3,600명의 병사들과 장교들을 잃었고, 15,750명이 콜레라나 다른 질병으로 죽었다.

1855년 8월 말에 최후의 가장 격렬한 폭격이 시작되었다. 800문의 포가 쉬지 않고 도시에 포격을 했고, 바로 직후에 총공세가 시작되었다. 최고 지휘부가 있는 말라호프 쿠르간이 점령당한 후에 더 이상의 요새 방어는 모든 용기를 상실했다. 러시아 군대는 세바스토폴을 포기했다. 적군은 케르치, 예니칼레, 아나파, 킨부른 등도 점령했다.

다리야 세바스토폴스카야의 부상병 간호

전쟁의 종결과 결과

카프카스 방면으로 진출하려던 터키의 시도는 실패로 끝이 났다. 1855년 초에 무라비예프(Н. Н. Муравьев) 장군이 카프카스 전선의 총사령관으로 임명되었다. 그는 아르다간을 점령하고 카프카스로의 공격을 시작할 수 있었다. 이 난공불락의 요새의 포위는 2달간 계속 이어졌고, 그 후 적들은 요새를 포기해야만 했다. 러시아 군대 앞에는 예루살렘으로 이르는 길과 더 멀리 소아시아로 이르는 길이 열렸다. 이 승리는 미래의 휴전 조건을 완화시켰을 뿐만 아니라 러시아 사회의 크림 전쟁의 패배로 생긴 쓰라림을 완화시켜 주었다.

1854년에 몰다비아와 발라히야에서 러시아 군대가 철수한 바로 직후 동맹국들은 휴전협상을 시작할 것을 제안했다. 그러나 그 때 그 일은 일어나지 않았다. 1855년 2월에 니콜라이 1세의 돌연한 죽음과 세바스토폴의 함락 후 러시아는 1856년 2월 파리에서 열린 평화 회의에 참석에 동의했다. 평화조약은 한 달 후에 체결되었는데, 그에 따르면 전쟁 동안에 잃은 모든 지방과 도시들을 러시아와 터기에 반환되었다. 오스만 제국의 독립과 통일은 평화 회의에 참석한 모든 참가국들에 의해 보장되었다. 흑해는 중립 지역으로 선포되었고, 그래서 러시아는 여기에 자국의 전투함대를 정박시킬 권리를 박탈당했다. 세르비아, 몰다비아, 발라히야 등은 술탄의 주권 아래 종속되었고, 터키의 기독교도들에 대한 보호는 모든 강대국들의 수중으로 넘어갔다.

결 론

심각한 패배에도 불구하고 러시아는 최소한의 손실만 입고 전쟁을 중지했다. 파리 평화회담의 러시아에 가장 굴욕적인 조항은 흑해에 함대와 요새를 가지는 것이 금지되었다. 동시에 전쟁은 러시아의 모든 방면에서의 전면적인 개혁이 불가피 함을 보여주었다. 그것이 없이는 미래에 러시아는 멀리 앞서 간 유럽의 강대국들에게 또 다른 패배를 당할 수도 있었다.

15. 19세기 전반기의 과학과 교육

사회의 정신적 삶의 혁신

19세기 전반기는 러시아 문화의 황금기라고 생각된다. 러시아 문화는 많은 역사적 사건들의 영향을 받고 발전했다. 그 중에서 1812년의 조국전쟁과 러시아 군대의 해외원정이 가장 큰 영향을 미쳤다. ≪바로 이때부터 사회에서 시민정신과 교육과 관련된 러시아의 새로운 생활이 시작되었다≫고 벨린스키는 썼다. 1812년의 충격은 민족의식의 발전에 새로운 단계를 열었고, 일상생활에서 애국심의 고취를 불러 일으켰다.

경제에서 시작된 심오한 변화들 무엇보다도 산업혁명은 교육과 문화발전에 긍정적으로 반영되었다. 현실을 반영하는 문화와 변화는 국가경제에서 시작되었다. 산업혁명은 러시아 과학기술의 발전에 특별한 의미를 가졌다.

인문과학 분야에서 민족의식의 증대는 조국의 역사에 대한 관심을 증대시켰다. 1818년에 첫 8권이 출판된 **카람진**(1766~1826)의 ≪**러시아 국가의 역사**(Историягосударства Российского)≫의 출간은 문화 분야에서 가장 큰 사건이었다. 카람진은 최초의 조국역사가가 되었고, 전문가뿐 만 아니라 노동자, 광범위한 독자들이 그의 저술들을 읽었다. 그는 몽골 침략기에 나라를 지킨 영웅들과 지도자들과 미닌(К. М. Минин)과 포자르스키(Д. М. Пожарский)를 위한 기념비 동상을 세울 것을 제안했다. 동시대인들과 사건 참가자들의 구술역사인 회고록을 수집하여 저술할 것을 제안하였다.

위대한 역사가이자 모스크바 대학의 교수인 그라노프스키(Т. Н. Грановский)와 포고진(М. П. Погодин)의 학술적인 활동들은 사회의 관심을 끌었다. 프랑스 대혁명의 역사를 연구한 그라노프스키는 ≪자유, 평등, 박애≫ 슬로건은 인류의 최고의 이념이 되었다고 강조했다. 다양한 나라들과 민족의 역사는 그에게모 든 사람들의 자유에 이르는 길을 제시해 주었다. 고대 러시아의 역사에 관한 학술적인 연구와 자신이 출판한 ≪모스코프스키 베스트니크(Московский вестник)≫와 ≪모스크비탸닌(Москвитянин)≫ 잡지에서 **포고진**은 슬라브 민족의 통일 이념들을 제시했다. 19세기 전반기에 위대한 러시아 역사가 솔로비예프(С. М. Соловьев)는 자신의 뛰어난 학술적 활동을 시작하였다.

그라노프스키

포고진

자연과학과 수학

1826년에 카잔 대학의 교수인 로바체브스키(Н. И. Лобачевский)는 공간의 본질에 대한 학문적 이론 분야에서의 실질적인 발전을 이루었다. 그는 ≪비유클리드 기하학≫으로 불리는 새로운 기하학을 창안했다. 이러한 위대한 발견은 동시대의 물리학의 수학적 토대가 되었다. 1802년 페테르부르크 대학 교수 페트로프(В. В. Петров)는 금속 용접을 위한 호광현상 운영의 아이디어를 발표했고, 1832년에 쉴린그(П. Л. Шиллинг)는 최초의 전자석의 전신을 시도했다. 1834년에 야코비(Б. С. Якоби)는 회전축을 이용한 전동기를, 1838년에는 전기도금을 발명하였다.

그는 세계 최초로 페테르부르크와 차르 마을(Царское Село)을 연결하는 25km의 지하케이블 전화선을 놓았다. 1831년에 위대한 러시아의 야금학자인 아노소프(П. П. Аносов)는 러시아에서 최초로 강철 구성의 연구에 현미경을 적용하였고, 1841년에는 오랫동안 밝혀지지 않은 디마스크 강철의 제조 비밀을 밝혔다. 1830년대에 러시아 기계학의 기술자이며, 데미도프의 공장주이기도 한 체레파노프 가(家)의 아버지와 아들이 러시아 처음으로 기관차와 철도를 건설했다.

급격하게 발전한 섬유산업은 과학발전의 필연성을 제시해 주었다. 급격하게 발전한 섬유산업은 무엇보다도 염료생산을 위한 화학발전의 필연성을 제시해 주었다. 그 시대에 가장 위대한 학자들 이었던 카잔 대학의 교수 지닌(Н. Н. Зинин)과 부틀레로프(А. М. Бутлеров)는 조국의 화학적이고 새로운 화학생산 분야의 바탕인 염료제조의 국내화학 학계의 선구자가 되었다.

의학-외과 과학원(Медико-хирургической академии) 교수인 피로고프(Н. И. Пирогов)는 야전 외과의술의 선구자가 되었다. 크림전쟁이 있었던 어려운 시기에 그는 처음으로 수술 중에 전투지에서 마취제를 사용하였고, 골절 치료를 위해서 고정을 시켜 주는 기브스를 이용했다. 위대한 외과수술 덕분에 수천 명의 부상병들이 살아남았고, 정상적으로 조국에 돌아왔다.

1839년에 페테르부르크 근교에 있는 14년에 걸쳐 건설된 풀코브스크 천문대가 운영되기 시작했다. 그 천문대는 그 당시에 위대하고, 훌륭하고, 최신 장비가 갖춰진 천문대 중 하나였다. 러시아 천문학자인 스트루베(В. Я. Струве)가 이곳에서 적지 않은 발견을 했다. 러시아 과학의 위상은 당시에 거대 기업들이 과학에 재정적 지원을 제공하는 것을 명예로 생각할 만큼 높았다. 1832년부터 가장 중요한 과학적 발명과 발명품에 대한 상의 수여가 시작되었다. 러시아에서는 가장 부유한 산업가인 데미도프(П. Н. Демидов)가 상에 대한 자금을 지원했다. 정부도 과학발전에 상당한 자금을 할당했다.

러시아의 여행가들

19세기 전반기에 러시아는 오래된 꿈을 실현하였다. 러시아 선박들이 세계의 대양으로 나갔다. 1803년에 알렉산드르 1세의 지시에 따라서 ≪나데즈다(Надежда: 희망)≫와 ≪네바(Нева: 하늘)≫라는 탐험선들이 태평양 북쪽지역을 탐험했다. 그것은 3년 동안 계속된 최초의 러시아 세계일주 탐험이었다. 가장 위대한 항해자이자 지리학자인 페테르부르크 과학원의 후보 위원인 **크루젠시테른**(И. Ф. Крузенштерн)이 탐험대를 이끌었다. 그들은 항해 과정에서 1,000㎞ 이상의 사할린 연안을 지도에 표시했다. 그들은 극동 지역뿐만 아니라 태평양 중심에 있는 여러 섬들, 알래스카, 알류샨 열도 등에 대한 많은 흥미로운 관찰들을 기록에 남겼다.

1819년에는 크루젠시테른의 제자인 **벨린스가우젠**(Ф. Ф. Беллинсгаузен)은 돛대가 하나 뿐이 범선인 보스토크(Восток)와 미르니이(Мирный)에 승선한 두 번째 세계일주 탐험대를 이끌도록 위임받았다. 그 탐험대의 주요한 목적은 우리의 지구에 대한 가장 안전한 지식의 습득과 남극지방의 공개적인 접근의 가능성을 밝히는 것 이었다. 1820년 1월 16일에 탐험 대원들은 이때까지 알려지지 않은 남극 대륙을 발견했다. 탐험을 계속하면서 러시아인들이 섬으로 부르는 에게 해에 있는 투아모투 군도를 발견했다. 섬에는 제각기 별도로 유명한 육군과 해군의 장군들의 이름인 쿠투조프, 라예프스키, 바르클라야데-톨리, 비트겐시텐인, 예르몰레프 등이 붙여졌다. 1822~1825년 사이에 **푸탸틴**(Е. В. Путятин)이 또 다른 세계일주 여행을 하여 후손들에게 관찰한 것에 대한 기록을 남겼다. 그는 유럽인들에게 알려지지 않은 일본에 도착한 최초의 러시아 사람 중에 하나였다.

쿠르젠세테른

벨린스가우젠

푸탸틴

네벨스코이(Г. И. Невельской)제독은 가장 권위 있는 러시아 극동의 연구자였다. 1850년대 전반에 그는 두 번의 탐험과정에서 전에는 알려지지 않았던 일련의 새로운 영토를 발견했고, 아무르강 하구로 들어가서 니콜라이 요새를 세울 수 있었다. 네벨스코이는 전에 생각된 것처럼 사할린이 반도가 아니라 섬이라는 것을 증명했다. 동 시베리아 총독인 **무라비예프-아무르스키**(Н. Н. Муравьев-Амурский)가 아무르강 연안을 탐험했다.

네벨스코이

무라비예프-아무르스키

무라비에프-아무르스키 동상

알렉산드르 1세의 교육개혁들

19세기 초에 러시아에서는 초등, 중등, 고등 등의 교육제도가 완성되었다. 1802년 교육혁명을 위해서 민족계몽, 청년 교육과 과학의 보급을 담당하는 부서가 설립되었다. 19세기 초에 개혁의 실시는 각 주의 도시에 중학교(гимназия) 설립과 군 지역의 도시에는 군립교육기관이 설립되었다. 교구 소속 초등학교가 농촌에 설립되었다. 교구 소속 초등학교에서는 성과 나이에 차이 없이 모든 계층의 아이들에게 교육이 이루어졌다. 사실상, 공포된 지속적인 교육에도 불구하고 농노 아이들에게는 교구 소속 초등학교만이 허용되었다. 중학교에서 그들의 입학이 금지되었다.

1811년에 귀족 자제들을 위해서 푸쉬킨 같은 인물을 포함한 상류사회의 대표자들이 교육을 받았던 **알렉산드로프스키** 중학교가 설립되었다. 이 러시아 최초의 귀족 중학교는 가장 권위 있는 교육기간일 뿐 만 아니라 자유사상의 중심지가 되었다.

정부는 고등교육 발전에 큰 관심을 기울였다. 19세기 첫 20년 동안 5개의 새로운 대학들이 설립되었다. 데르트(1802), 카잔(1804), 하리코프(1804), 빌렌(1804), 페테르부르크(1819)에 대학들이 설립되었다. 초등학교와 중등학교의 수가 증대됨에 따라 많은 수의 교사를 양성할 필요가 생겼고, 최초의 사범 대학들이 모스크바와 페테르부르크에 설립되었다. 1804년에 법령에 따라 사범 대학들은 모든 종합대학부설로 설립되어야만 했다.

니콜라이 1세의 교육정책

1820년대와 50년대에 교육의 수요에 대한 정부의 태도는 약간 변했다. 19세기 초기에는 보통 교육에 우선권이 주어졌다면, 니콜라이 치세기의 학교는 주로 종교적인 기초에 토대를 둔 도덕의 형성에 목표를 두었다. 니콜라이 1세의 통치시대에 모든 형태의 학교들이 보존되었지만, 각 학교는 사회계층별로 특수화 되었다. 1~2년 제 학교는 주로 하층계급 출신의 아이들을 위한 학교였다. 그러한 학교에서는 율법, 읽고 쓰기, 산수를 가르쳤다. 군의 3년 제 학교는 상인들, 수공업자, 평민들의 자제들에게 배정되었고, 이곳에서 아이들은 러시아어, 산수, 기하학, 역사, 지리학을 공부했다. 7년제 중학교에는 귀족, 관료들, 제1의 상인 조합에 소속된 상인들의 자제들이 입학했다. 1827년에 농노 자제들에게 중학교와 대학교육을 금지하는 칙령이 또 다시 선포되었다. 그 때에, 교육성은 교육의 계층적인 지향성 외에 교육기관의 수의 증대에 대해서도 관심을 가졌다. 19세기 초에는 158개의 학교가 있었지만, 19세기 중엽에는 130개의 초등학교들이 이미 각 현에 설립되었다.

고등교육기간의 수도 증대되었다. 늘어난 국가 공무원들의 교육을 위한 행정부처 관할학교들이 급속히 발전했고, 기술고등교육기관들이 설립되기 시작했다. 1828년에 페테르부르크 기술대학, 1830년에 모스크바의 기능 학교가 설립되었다. 검열이라는 장애에도 불구하고 다양한 장르의 문학서적의 발행부수가 증대되었다. 1840년대에 위대한 러시아 작가들의 작품을 모은 70권 이상의 선집을 출판한 스미르딘(А. Ф. Смирдин)의 출판사의 책들은 넓은 명성을 얻었다. 1830~40년대에 대부분의 주와 군의 도시에서는 공립 도서관이 설립되었다. 1852년에는 전에 궁정 박물관이었던 에르미타시 박물관이 광범위한 계층에게 개방되었다. 1856년부터 이 박물관에서 러시아 미술대가 트레티야코프(П. М. Третьяков)의 작품들은 세계적인 명성을 얻기 시작했다.

결 론

1812년의 애국적 봉기와 경제의 변화들이 정신적 삶의 혁신의 원인이 되었다. 러시아 학문의 중대한 업적들이 민중의 교육과 계몽체제의 발전을 촉진시켰다.

16. 러시아 민족의 예술 문화

19세기 전반기 예술 문화의 특성

19세기 전반기 예술 문화의 주된 특성은 다양한 예술양식의 빠른 교체와 공존이다. 세기가 바뀌는 문턱에서는 조국과 차르에 충성하는 이념을 바탕으로 한 고전주의가 지배적 이였다. 1812년 조국전쟁 이전의 시기에는 인간의 내면세계, 감성, 체험 등에 호소하는 **감상주의**가 인기가 있었다.

나폴레옹과의 투쟁의 변혁의 시기에 나타난 **낭만주의**가 1810년대 예술 문화의 주된 경향이 되었다. 낭만주의 세계관의 토대는 일종의 이데아적이고 사실적 현실의 대조에서 나타났다. 낭만주의 세계관의 토대는 사실적 현실을 약간 승화시킨 이상적 형태에 있다. 러시아 낭만주의의 독특한 특징은 작가들과 화가들이 민족적 독특성, 조국역사의 전통, 영웅적 항거의 확인, 자유를 사랑하는 인격 등에 대한 작가들과 예술가들의 높아진 관심이었다.

1825~1850년에는 **사실주의**가 유행했다. 사실주의의 추종자들은 자신들의 작품에서 현실을 가장 전형적인 현상으로 반영하려고 시도했다. 다양한 새로운 형식의 하나는 비판적 사실주의였다. 그 사조의 대표자들은 자신들의 작품의 내용으로 삶의 불행한 측면과 개혁에 대한 지지를 묘사했다.

문 학

19세기는 러시아의 문학의 황금기였다. 고전주의는 감상주의에게 그 자리를 양보하였다. 감상주의의 가장 뛰어난 대표자는 대표작 ≪가난한 리자≫를 저술한 **카람진**(Н. М. Карамзин)이였다. 러시아 문학에서 낭만주의의 출현은 무엇보다도 **주코프스키**(В. А. Жуковский, 1783~1852)의 작품들과 관련이 있다. 그의 사설시들 ≪류드밀라≫(1808), ≪스베틀라나≫(1812)는 인간주의와 인간적인 가치로 넘친다. 이런 것들은 러시아 역사의 독창성을 독자들에게 소개한 베스투제프-마르린스키(А. А. Бестужев-Марлинский)와 자고스킨(М. Н. Загоскин)의 역사 소설들의 특징이기도 했다. 낭만주의의 형식은 푸쉬킨(А. С. Пушкин, 1799~1837)와 레르몬토프(М. Ю. Лермонтов, 1814~1841)의 초기 시작품의 토대가 되었다.

주코프스키

푸시킨

레르몬토프

도스토예프스키

러시아 문학의 새로운 흐름으로서 사실주의는 가장 성숙된 푸쉬킨 작품과 관련이 있다. 시는 추가적인 모든 문학의 발전에 엄청난 영향을 미치는 러시아 문학에서 ≪특이한 현상≫이 되었다. 소설 ≪우리 시대의 영웅≫의 출판은 비판적 사실주의의 창시자 중의 한사람으로서의 레프몬토프의 명성을 확고히 해 주었다. 고골리의 작품에서 사실적인 삶에서의 슬픔과 우스운 면은 신비주의와 환상주의와 결합되었다. 콘차로프(И. А. Гончаров, 1812~1891)의 ≪평범한 역사≫, 네크라소프(Н. А. Некрасов, 1821~1878)의 초기 시들, 투르게네프(И. С. Тургенев, 1818~1883)의 ≪사냥꾼의 수기≫, 도스토예프스키(Ф. М. Достоевский, 1821~1881)의 ≪가난한 사람들≫, ≪백야≫, ≪쌍둥이≫ 등의 작품들은 평범한 사람들에 대한 연민과 동정이 넘쳤다. 문학은 러시아 사회의 정신적인 삶에 강력한 영향을 미치기 시작했다. 많은 사람들의 세계관은 작가들과 극작가들의 작품의 영향을 받고 형성되기 시작했다.

19세기 전반은 새로운 러시아 민족 문학의 탄생의 시기가 되었다. 이 시기에 민족 문학의 대표자들은 민족 운동의 대표자들로도 활동했다. 폴란드의 시인 미츠케비치(А. Мицкевич)와 우크라이나의 시인 세브첸코(Т. Г. Шевченко)(≪현악기 연주자≫, ≪반 혁명군≫) 등은 널리 알려졌다. 이들의 주된 내용은 자유를 위한 투쟁과 농노제와 민족적 박해를 반대하는 투쟁이었다.

극 장

19세기 전반기에 극장의 발달은 새로운 단계에 진입했다. 전에 단일 극장이었던 모스크바의 페트로프스키 극장(과거에 음악과 연극공연을 올린)은 오페라와 발레의 공연을 위한 볼쇼이(Большой) 극장과 희곡 공연을 위한 말리이(Малый) 극장으로 나뉘었다. 페테르부르크에서 가장 알려진 극장은 알렉산드르스키 희곡 극장이었다. 전통적으로 민주적인 모스크바의 극장과 달리 이 극장은 폭 넓은 대중적인 관객을 위한 것이 아닌 주로 귀족과 관리를 위한 호화로운 공식적인 성격을 띈 공연장이었다.

볼쇼이 극장

말리이 극장

연극계에서 사실주의 전통을 공고히 한 그리보예도프(А. С. Грибоедов, 1790~ 1829), 고골(Н. В.Гоголь), 신진 작가인 오스트로프스키(А. Н. Островский) 등이 가장 인기 있었던 극작가들이었다. 연극에서 가장 위대한 낭만주의의 대표자는 섹스피어의 고전 햄릿에서 햄릿의 역과 시레르(Ф. Шиллер)의 연극 ≪교활과 사랑≫에서 페르디난드의 역할로 특별한 인기를 얻었던 뛰어난 배우 모찰로프(П. С. Мочалов)였다.

고골

오스트로브스키

모찰로프

세프킨

러시아 연극무대의 사실주의 창시자는 모스크바 말리이 극장의 위대한 배우 세프킨(М. С. Щепкин, 1788~1863)이었다. 그는 러시아 극장의 참된 개혁가였다. 그는 무대 위의 모든 창작과정을 하나의 사상에 집중시킬 것을 처음으로 제안하였다. 이때부터 공연의 감독과 기획의 기술이 확립되기 시작했다.

음 악

다른 예술분야에 비해서 음악은 영웅적인 1812년 조국전쟁의 영향을 더 많이 받았다. 이전에 전통적으로 풍속적인 오페라가 지배적이었지만, 작곡가들은 과거 러시아 역사의 영웅적인 주제로 방향을 돌렸다. 이러한 오페라 중의 하나는 카보스(К. А. Кавос)의 오페라 ≪이반 수사닌≫(1815)가 되었다. 인기가 있었던 오페라 ≪아스콜도바 모길라(Аскольдова могила)≫(1835)의 작곡가 베르스토프스키(А. Н. Верстовский, 1799~1862)는 음악예술분야에서 낭만주의 경향의 대표자였다.

커다란 강당들은 음악회의 장소를 제공하였다. 델비그(А. А. Дельвиг), 오도예프스키(В. Ф. Одоевский), 볼콘스키(З. А. Волконский) 등의 살롱에서의 음악회는 인기가 있었다. 민족음악파의 토대를 놓은 글린카(М. И. Глинка, 1804~1857)는 19세기 전반기의 러시아 예술에서 중요한 위치를 차지했다. 그는 러시아 고전주의 음악의 다양한 장르의 창시자가 되었다. 글린카의 오페라 ≪황제의 생활≫와 ≪루슬란과 류디밀라≫는 러시아 오페라의 두 가지 방향(민족적인 음악극과 오페라)의 토대를 놓았다. 다른 우수한 작곡가 다르고미시스키(А. С. Даргомыжский, 1813~1869)의 작품은 큰 사회적 긴장을 일으킨 것으로 유명하다. 그의 주요 작품인 오페라 ≪루살카≫는 글린카가 소개한 장르인 민족풍습을 표현한 심리적인 오페라를 계속했다.

카보스

글린카

미 술

표현 예술의 특징은 무엇보다도 인간의 정신적인 세계의 표현에 대한 미술가들의 높아진 관심이었다. 19세기 초에 가장 많이 보급된 회화 장르의 하나는 낭만적인 초상화였다. 푸쉬킨(А. С. Пушкин)과 올레닌(П. А. Оленин) 등의 초상화를 그린 훌륭한 예술가 크프렌스키(О. А. Кпренский, 1782~1836)는 미술에서 낭만주의의 대표자가 되었다. 브률로프(К. П. Брюллов, 1799~1852)가 러시아 미술에서 고전주의를 대표했다. 브률로프의 작품은 지도 ≪폼페이의 최후의 삶≫에서 보여준 극적인 긴장으로 주목을 받았다. 그는 ≪프사드니차(Всадница)≫ 등의 화려한 초상화의 훌륭한 대가였다.

페도토프(П. А. Федотов, 1815~1852)는 러시아 미술의 비판적 사실주의의 창시자가 되었다. 그는 ≪새 연인≫, ≪앵콜, 앵콜!≫, ≪귀족의 아침식사≫ 등의 풍속화의 장르에서 극적인 주제들을 뿐만 아니라 ≪소령의 혼담≫에서는 평범한 삶의 시적인 인상과 친절한 유머를 표현했다. 19세기에 특히 유행했던 민속화 장르의 탄생은 베네치아노프(А. Г. Венецианов, 1780~1847)의 작품과 관련이 있다. 그의 지도들은 러시아 미술에서 지금의 장을 열었다. 1820년대의 작품들 ≪봄의 수확≫, ≪여름의 경작≫, ≪자하르카≫ 등에서 그는 농민들의 하루의 생활을 시적인 색채로 표현했고, 생생한 자연의 색채를 느끼고 전달했다.

이바노프(A. A. Иванов, 1806~1858)는 러시아 미술계 거장 중 한 사람이었다. 그가 20년간(1837~1857) 작업하며 만든 지도 ≪그리스도 나라의 출현≫이 그의 삶의 주요 작품이 되었다. 지도에는 거의 개인적이고 인간적인 인물에 대해 묘사했다. 이러한 작품에서 주제는 나라의 더 나은 미래에 이르는 방법을 가리켜 줄 수 있는 높은 계몽과 말의 예언이었다. 1832년에 모스크바에 설립된 러시아 미술, 조각, 건축학교가 러시아 예술의 중심지가 되었다.

건축

19세기 전반의 건축은 고전주의를 계승했다. 러시아의 나폴레옹 1세의 건축양식(19세기 첫 30년 동안의 특징인 훗날의 고전주의)은 로마제국에서 계승된 풍부한 장식물을 가진 규모가 크고 장대한 형태를 가졌다. 나폴레옹 1세의 건축양식의 기념비적 건축물들이 러시아 도시를 가장 화려하게 장식했다. 자하로프(А. Д. Захаров, 1761~1811)는 페테르부르크에 해군성 건물을 건축했고, 보로니힌(А. Н. Воронихин, 1759~1814)은 카잔 성당을 건축하였고, 파블로프스크와 페테르고프의 건축 앙상블의 건설에 참여하였고, 네브스키 거리의 앙상블의 토대를 놓았다. 로시(К. И. Росси, 1775~1849)의 설계에 따라 페테르부르크에 예술 광장, 러시아 박물관의 건물, 총 참모부 건물, 궁전 앞 광장의 앙상블, 알렉산드르 극장 등이 건설되었다.

모스크바에서 보베(О. И. Бове, 1784~1834)의 작품들이 후기 고전주의의 스타일로 건축되었다. 1812년 대화재 이후 재건된 붉은 광장, 볼쇼이 극장과 극장광장, 개선문 등이 그의 대표적 건축물들이다. 건축가 질랴르지(Д. И. Жилярди, 1785~ 1845)는 모스크바 대학과 다른 건물들을 건축하였다. ≪러시아-비잔틴≫ 형식의 창시자 톤(К. А. Тон, 1794~1881)은 구세주 크리스트 교회를 설계했고, 대 크레믈 궁전, 무기창고의 건물, 모스크바와 페테르부르크의 역사 등을 건축했다.

결론

19세기 전반의 문학가들, 작곡가들, 미술가들, 조각가들의 걸출한 작품들은 러시아 문화의 융성기의 도래를 입증했다.

알렉산드르 2세

✔ 제 2장의 결론

1825년의 테카브리스트들의 반란은 나라에는 시대착오적인 농노제도 때문에 생긴 사회적 갈등이 격심해졌고, 그것은 개혁을 통해서만 해결될 수 있다는 것을 정부 당국자들에게 보여주었다. 테카브리스트들은 진보적인 러시아 공동체를 각성케 하여 농노제도와 전제정치의 타도를 위해 노력과 재능을 결집시킬 수 있었다. 제국의 귀족계층과 혁명적 위협에 대한 투쟁의 강화는 니콜라이 1세의 국내정책의 주요한 방향이었다. 개혁안마저도 이러한 목적을 위해서 작성되었다.

러시아의 사회 · 경제적 발전은 완전한 모순상태에 있었다. 경제의 성과들과 지표들은 기존체제의 안정이 아니라 고민을 반영했다. 생활 자체가 나라의 경제에 무거운 부담이 되었던 농노제도의 신속한 폐지를 요구했다. 러시아의 민족 구성은 다양해졌고, 민족의 수도 증가했고, 경제가 안정되었고, 민중의 계몽과 민족문화는 발전했다. 이런 토대 위에 민족의식이 대두 되었다. 실제적 개혁의 부재는 진보적인 지식인 계층을 실망시켰다. 그들은 위로부터의 개혁을 기대하지 않고 사회의 민주적 변혁을 위한 결정적인 투쟁을 시작했다.

한 편에서는 적극적인 대외정책은 러시아 제국의 국경을 확대했고 세계의 여러 지역에서 러시아의 영향력의 증대를 촉진시켰다. 다른 한편에서 이것에 놀란 유럽의 최강대국들은 러시아의 영향력의 한계를 제안하려고 시도했다. 크림 전쟁은 그러한 시도 중의 하나였다. 크림 전쟁의 주요한 결과 중의 하나는 러시아는 총체적으로 유럽 강대국들의 연합군의 공격을 받았다. 굴욕적인 패배에도 불구하고 러시아는 최소한의 피해만을 입고 전쟁을 중단했다. 동시에 크림 전쟁은 차르 정부에게 러시아 사회의 모든 방면에서의 개혁의 불가피함을 제기했다.

제3장
1860년과 1870년대의 개혁기 러시아

17. 1861년의 농민개혁

알렉산드르 2세

알렉산드르 2세는 1818년 4월 17일에 태어났다. 그의 교육은 여러 번 부상을 입었고 훈장을 받았던 참전 장교인 메르데르 대령에게 위임되었다. 황세자의 다른 스승은 그의 교육 프로그램을 구성했던 시인 **주코프스키**였다. 그는 황세자 제자가 인민 속에서 군중들만을, 그리고 나라 안에서 병영막사만을 보는데 익숙해지는 것을 염려하여 군사과목에 할당된 시간을 제한하려고 했다. 황세자가 성년인 된 1834년부터 니콜라이 1세는 알렉산드르를 국정에 참여시키기 시작했다. 이 기간 동안 고관들이 미래의 황제에게 실재적인 과목과 관련된 서적들을 읽혔다. **스페란스키**는 법률학을 그리고 칸그린은 ≪러시아 재정의 개설서≫를 황세자에게 읽게 했다.

황세자는 러시아와 유럽을 두 번 여행했다. 알렉산드르는 러시아의 유럽지역의 2개 주, 북카프카스, 자카프카스, 크림반도, 서시베리아 등에 머물렀다. 그는 민중들로부터 일만 6천 건의 다양한 청원서를 받았고, 시베리아에서 데카부리스트들을 만났고, 그들에게 동정을 느꼈고, 돌아와서 아버지에게 그들의 사면을 탄원했다. 해외여행 중에 황세자는 자신의 미래의 아내 다름시타트스카야 마리야 공주를 만났다.

니콜라이 1세가 죽은 후에 **알렉산드르 2세**는 완전한 성년인 된 나이인 35세에 왕위에 올랐고 국정을 잘 알았다. 선황인 니콜라이의 1세의 체제의 전통에서 교육받은 새로운 황제는 진보주의자도 근본적인 개혁의 지지자도 아니었고, 무엇보다도 그는 니콜라이 1세가 확립한 질서를 좋아했다. 그럼에도 불구하고 크림 전쟁에서 패배의 원인을 의식한 군인으로서, 국정을 책임진 정치가로서 그에게 강대국의 위상과 위대함이 무엇보다도 중요했기 때문에 그는 개혁의 길로 나섰다.

농노제 폐지 직전의 러시아

크림전쟁에서의 패배는 유럽의 강대국에 비해 러시아의 군사기술이 심각하게 뒤쳐져 있음을 입증해 주었다. 나라가 2류 국가의 대열로의 추락에 대한 두려움이 생겼다. 당국은 이것을 허락할 수 없었다. 패전과 함께 농노제는 러시아 경제의 낙후의 주된 원인이라는 인식이 확산되었다.

전쟁에 엄청난 액수의 지출은 나라의 화폐제도를 붕괴시켰다. 세금의 징수, 가축과 사료의 징발, 부역의 증대 등은 인민들을 핍박했다. 농민들은 전쟁이 가져온 어려움에 대해서 대규모의 반란으로 반응하지 않았지만 그들은 농노제의 폐지에 대한 차르의 결정을 인내를 가지고 기다리는 상태에 있었다.

1854년 4월에 해양 예비군의 창설에 대한 칙령의 반포되었다. 지주들의 동의와 복무를 마친 후에 주인에게로 귀환한다는 서면상의 약속과 함께 농노들은 예비군에 지원할 수 있었다. 그 칙령은 예비군 구성주를 4개의 주로 제한했다. 그러나 이것은 러시아의 거의 모든 농촌에 미쳤다. 황제는 군복무에 자발적인 입대를 요구할 것이고 이것을 위해서 농민들을 농노상태에서 해방시킬 것이라는 소문이 농촌에 퍼졌다. 민병대에 자원입대는 지주로부터 농노들의 대규모 도주를 유발했다. 이러한 현상은 10개주에서 육군민병대를 위한 병사징집에 대해서 1855년 1월 20일에 채택된 포고령과 관련해서 훨씬 더 광범위한 성격을 띠게 되었다.

농민개혁의 준비

1856년 3월 30일에 알렉산드르 2세는 농노제 폐지의 불가피성에 대해서 처음으로 모스크바 귀족층의 대표자들에게 공식적으로 언급했다. 지주들 대부분의 분위기를 안후에 알렉산드르 2세는 **농노제 폐지**가 밑에서 일어나기를 기다리기 보다는 위에서 자발적으로 폐지하는 것이 훨씬 더 좋다고 강조했다.

1857년 1월 3일에 알렉산드르 2세는 농노제 폐지 문제를 토의하기 위한 비밀위원회를 설치했다. 그러나 과거 니콜라이 1세의 고관들이었던 많은 위원들은 농노해방에 분명하게 반대했다. 그들은 위원회의 일을 여러 가지 방법으로 방해했다. 그때 황제는 훨씬 더 효율적인 조치에 착수하기로 결정했다. 1857년 10월 말에 알렉산드르의 젊은 시절 부관이었던 빌렌스키 총독이 페테르부르크에 왔다. 그는 황제에게 빌렌스크, 코벤스크, 그로드넨스크 주의 귀족들의 탄원서를 가져왔다. 그들은 자신들의 토지를 분할하지 않고 농노를 해방시키는 문제의 토의를 허락해줄 것을 탄원했다. 알렉산드 2세는 이 요구를 받아들였고, 1857년 11월 20일에 나지모프에게 농민개혁안 준비를 위한 구베른스크 지주 위원회의 설립에 대한 칙서를 내렸다. 1857년 12월 5일에 페테르부르크 총독 이그나티예프도 비슷한 칙서를 받았다. 곧 나지모프에게 보낸 칙서의 원문이 공식 언론에 보도되었다. 이렇게 농민개혁의 준비는 공개되기 시작했다. 1858년 1년 동안에 46개주에 ≪농노관습 개선 위원회≫가 설립되었다. 관리들은 공식적인 문서에 ≪해방≫이란 단어를 포함시키는 것을 두려워했다. 1858년 2월에 비밀위원회는 ≪대 위원회≫로 개칭되있다. 대공 **콘스탄틴 니콜라이비치**가 위원회의 의장이 되었다.

1859년 3월에 대위원회 산하에 편집위원회가 설립되었다. 위원들은 주에서 수집된 자료들을 검토했고 그 바탕위에 농노해방에 대한 공동 개혁안을 입안했다. 황제의 특별한 신임을 받았던 로스토브세프 장군이 위원회의 대표로 임명되었다. 당시에 ≪붉은 관료들≫로 불렸던 밀류틴, 사마린, 체르카스크, 솔로비예프, 세메노프 등의 진보적 관리와 지주들을 포함한 개혁의 실시의 지지자들을 그는 자신의 일에 끌어들였다. 그들은 **농노해방**과 유상토지분할을 지지하여 농민들에게 작은 토지를 소유할 수 있도록 개혁하려고 했다. 그리고 지주들의 토지소유도 여전히 유지되었다. 이러한 개혁안은 주 위원회에서 귀족들이 주장했던 것과 근본적으로 달랐다. 그들은 토지를 분할해주지 않고 농노들을 해방시키는 것을 제안했다. 1860년 10월에 편집 위원회는 작업을 완성했다. 최종적인 개혁안이 대 위원회로 넘겨졌고 그 다음에 국가위원회가 그것을 확인했다.

농민개혁안의 주요한 규정들

1861년 2월 19일에 알렉산드 2세는 ≪농노들에게 자유로운 농촌거주를 구성할 권리의 부여와 그들의 관습규정에 관해서 농노적 예속에서 해방된 농민들에 대한 규정≫에 대한 포고령에 서명했다. 이러한 서류들에 따르면 과거에 지주들이 소유했던 농민들은 법적으로 자유인이 되었고, 보통 시민의 권리들을 부여받았다. 해방과 함께 그들은 토지를 분배받았지만, 규모가 작았고 특별한 조건으로 분할 받은 토지대금을 지불해야 했다.

지주가 농민에게 제공한 토지는 위에 규정된 규정을 받지 않았다. 분배된 토지의 크기는 지역에 따라서 3에서 12 데샤틴(десятин)까지 달랐다. 해방될 당시에 규정보다 많은 토지를 분배 받았다면 지주는 여분의 땅을 되찾을 권리를 가졌다. 이때에 농민은 더 좋은 토지를 빼앗겼다.

개혁에 따라서 농민들은 지주들로부터 토지를 구매해야만 했다. 농민들은 무상으로 토지를 분배받을 수도 있었지만 법에 규정된 분할의 1/4만을 받을 수 있었다. 자신의 분할 받은 토지에 대한 돈을 다 갚기 전에 농민들은 잠정적인 속박 상태에 있었다. 그들은 소작료를 지불하거나 지주들에게 노역을 제공해야만 했다. 분할 받는 토지의 면적과, 소작료와 노역의 양은 지주들과 농민들 간의 합의로 정해졌다. 일시적인 의무 상태는 9년 동안 지속될 수 있었다. 이 기간에 농민들은 자신의 분할 받은 토지를 되돌릴 수 없었다.

분할해준 토지에 대한 보상금의 규모는 지주가 전에 소작료로 받았던 돈을 잃지 않을 정도의 액수가 정해졌다. 농민들은 분할 받은 토지대금의 총액의 20~25%를 지주에게 즉시 지불해야 했다. 지주가 토지보상금을 한 번에 받을 수 있도록 정부는 지주에게 나머지 75~80%를 지불했다. 농민들은 연 6%의 이자와 함께 49년 동안 **정부가 대신 지주에게 갚아준 토지대금**에 대한 부채를 국가에 갚아야 했다. 이러한 분할 상환은 농민 개개인이 책임이 아니라 농민 공동체의 책임이었다. 이렇게 토지는 농민의 개인소유가 아니라 공동체의 공동소유가 되었다. 농지 조정원들(мировые посредники)과 지사, 정부관리들, 검찰관, 지방 지주들의 대표자들로 구성된 농민문제를 다루는 현의 부서가 지방에서의 개혁의 실현을 감독하기로 되어 있었다.

결 론

1861년 개혁은 농노제도를 폐지했다. 농민들은 자유민이 되었다. 그러나 개혁은 농촌에 농노제도인 잔재인 지주의 토지소유를 보존했다. 게다가 농민들은 완전한 소유 형태로 토지를 분할받지 못했다. 이것은 농민들이 자본주의 방식으로 자신들의 영농을 개편시킬 기회를 가지지 못했다는 것을 의미했다.

18-19. 1860~70년대 자유주의 개혁들

지방자치제도

농노제도의 폐지 후에 사람들은 일련의 다른 개혁의 실행을 필요로 했다. 1860년대 초에 과거의 지방통치 방식은 완전히 와해되었다. 수도로부터 임명된 군과 현의 행정을 책임지는 관료들의 활동과 어떤 결정을 채택하는데 주민들의 참여를 배제하는 것 등이 경제생활, 보건, 교육문제 등을 완전한 해체에 이르게 했다. 농노제 폐지는 모든 계층의 시민들이 지방자치 문제를 결정하는 것에 참여 하도록 만들었다. 동시에 새로운 통치 기관의 설립에 대해, 정부는 귀족들의 분위기를 고려하지 않을 수 없었고, 그들 대부분은 농노제도 폐지에 불만을 가졌다.

1864년 1월 1일에 현과 군에서 선거로 선출한 지방자치회의 설립을 계획한 ≪현과 군 지방자치 기구 설립에 관한 법규≫가 황제의 칙령으로 실시되었다. 이런 기관의 선출에서 투표권은 남자들만이 행사했다. 유권자들은 3개의 계층인 지주, 도시의 유권자들, 농민 공동체 등에서 선출된 대표들로 나뉘었다.

2000평 이상의 토지나 적어도 총액이 15,000루블 이상의 부동산의 소유자들과, 또한 1년에 6000루블 이상의 수입을 창출하는 산업과 무역 회사의 소유자들이 지주계급의 유권자가 될 수 있었다. 소규모 지주들은 연합하여 전권을 부여받은 사람들을 선거에 내보냈다. 적어도 연간 6000루블 이상의 거래액을 가진 기업이나 무역회사의 소유자들인 상인과 도시주민이 유권자가 되었다. 그리고 중소 도시에서는 600루블의 부동산의 소유자들과 대도시에서는 36,000루블의 부동산의 소유자들이 도시주민의 유권자가 되었다.

농민층의 유권자 대표자들의 선출은 여러 단계를 걸쳐서 이루어진다. 처음에는 농촌집회(촌회)에서 읍의 집회에 나갈 대표자들을 선출한다. 읍의 집회에서는 처음에 군의 자치기관의 대의원들을 내세울 2중 선거의 제2차 선거인을 선출한다. 군 집회에서는 현의 자치기관에 내보낼 농민의 대표자를 선출한다.

지방자치기구는 관리(운영)부서와 집행부서로 나뉘었다. 운영기관(지방행정 의회)은 모든 계층의 대표자로 구성된다. 군이나 현의 의원은 3년마다 선출되었다. 지방자치의회는 3년간 활동했던 지방행정기관을 선출했다. 지방자치기관들이 해결하는 문제들은 현지의 일들인 학교와 병원의 건설과 유지, 지방의 무역과 산업의 발전 등으로 한정되었다. 현 지사는 지방자치기관들의 활동의 합법성을 감독했다. 지방자치제도의 존립의 재정적 기반은 토지, 가옥, 공장의 기업과 무역 시설 등의 부동산에 부여되는 특별세였다.

가장 정열적이고 민주적 성향을 가진 지식계급이 지방자치기관의 주위에 몰려들었다. 새로운 자치기관들은 교육과 인민의 보건의 수준을 향상시켰고, 도로망을 개선하고, 농민들에 대한 영농기술의 도움을 주는 등 국가가 할 수 없는 영역으로 활동범위를 확장시켰다. 지방자치 기구에서 귀족계급의 대표들의 수적 우세함에도 불구하고 지방자치 기구의 활동은 인민들의 생활수준의 개선에 목적을 두었다.

지방행정 개혁은 중앙아시아, 시베리아, 백해 연안의 도시, 아스트라한, 오렌부르그 등에서는 이루어지지 않았다. 그곳에는 귀족의 소유지가 존재하지 않거나 거의 없었다. 지주들 중에 러시아인이 적었던 폴란드, 리투아니아, 벨로루시, 우크라이나 우안 지역, 카프카스에는 지방자치기관이 설립되지 않았다.

도시의 자치

1870년에 도시개혁은 지방자치 의회를 본보기로 실시되었다. 도시의 개혁은 모든 계층이 참여하는 자치기관인 4년마다 선출하는 도시의회를 도입했다. 도시의회는 같은 임기 동안 계속 활동하는 집행기관인 도시행정관청 뿐만 아니라 도시의회와 행정부의 수장이었던 시장도 선출했다.

25세에 이르고 세금을 지불했던 남성들이 새로운 행정기관들을 선출하는 권리를 행사했다. 모든 유권자들은 도시에 납부하는 세금의 액수에 따라 세 부류로 나뉘었다. 첫째로, 가장 많은 부동산과 산업과 무역회사를 소유했고 총 세금액수의 1/3을 지불했던 그리 크지 않은 집단이었다. 두 번째는 더 작은 세금을 지불하는 사람들의 집단으로, 도시 재정의 또 다른 1/3를 지불했다. 세 번째 부류는 모든 나머지 세금을 지불하는 사람들로 구성되었다. 각 집단은 대재산가들이 우위를 확보했던 도시의회에서 동수의 의원들을 선출했다.

도시자치의 활동은 국가에 의해 통제되었다. 시장은 현 지사나 내무 대신의 인준을 받았다. 이러한 관료들은 시의회의 어떠한 결정을 중지시킬 수 있었다. 각각의 현에서 도시 자치활동을 통제하기 위해 특별기관인 ≪도시 문제에 관한 현의 감찰 위원회≫가 설립되었다. 1870년에 최초로 도시 자치기관이 509개의 러시아 도시에서 등장했다. 1874년에 자카프카스의 도시들에서, 1875년에는 리투아니아, 벨로루시, 우크라이나 우안의 지역의 도시에서, 1877년에는 발트해 연안 지역에서 개혁이 실시되었다. 그러나 개혁은 중앙아시아, 폴란드, 핀란드 등에 있는 도시들까지는 확산되지 않았다. 모든 제한에도 불구하고 **젬스트보**(земство: 지방자치단체)와 같은 러시아 사회를 해방시키는 도시개혁은 통치의 문제를 해결하는데 사회의 넓은 계층의 참여를 촉진시켰다. 이것은 러시아에 시민사회와 법치국가가 형성되기 위한 전제조건에 기여했다.

사법제도의 개혁

알렉산드르 2세의 가장 최종적인 개혁은 1864년 11월에 실시된 사법제도의 개혁이었다. 개혁에 따라서 새로운 재판소가 부르주아 권리의 원칙들인 법 앞에서 모든 계층의 평등, 재판의 공개, 판사의 독립, 제소와 변론의 논쟁, 판사들과 예심판사들의 신분보장, 몇 몇 사법기관의 선출 등에 바탕을 두고 설립되었다.

새로운 사법제도의 규정에 따라 평결법정과 일반법정이라는 두 가지 법정체계가 설립되었다. 평결 법정은 작은 형사, 민사 사건을 심사한다. 그들은 도시와 군에 설치되었다. 평결재판관들은 단독으로 공정한 판결을 내렸다. 그들은 지방자치회의와 도시의회에서 선출되었다. 판사가 되기 위해서는 높은 교육과 재산자격이 요구되었다. 이것과 더불어 그들은 1년에 2200 내지 9000루블이라는 상당히 많은 봉급을 받았다.

사회 법원 제도는 변경지역 재판소와 공소원을 포함했다. 변경지역 재판소의 구성원은 법무성의 추천에 따라 황제에 의해 임명되었고, 형사와 민사를 담당했다. 형사재판의 심사는 12명의 배심원과 함께 진행되었다. 배심원은 25~70살 연령의 러시아 국민으로, 나무랄 데 없는 명성을 가진, 적어도 2년 이상 해당 지방에 살았고, 총액이 2000루블 정도의 부동산을 가진 자들이었다. 배심원 명단은 현 지사에 의해 추인되었다.

변경지역 재판소의 판결에 대한 항소는 공소원에 제출되었다. 게다가 배심원에 의해 내려진 판결에 대한 항소는 허락되지 않았다. **공소원**은 공무원들의 공무상의 범죄에 관한 사건을 심사했다. 그러한 재판은 국가범죄와 비교되어서 사회 각계 계층의 대표자들의 참석 하에서 청문회가 열렸다. 원로원이 최고 재판소가 되었다.

개혁은 재판과정의 공개를 확립했다. 재판과정들은 청중의 참석 하에 공개적으로 진행되었다. 사회적인 관심을 반영하는 재판과정의 판결문의 요약이 신문에 보도되었다. 양측의 논쟁은 재판심리 과정에서 원고 측의 대리인 검사와 피고인의 이익을 보호하는 **변호사**의 입회가 보장되었다. 러시아 사회에서 변호분야에 대한 특이한 관심이 생겼다. 이 분야에서 명성을 떨친 우수한 법률가로는 플레바코(Ф. Н. Плевако), 우루소프(А. И. Урусов), 스파소비치(В. Д. Спасович), 아르세니예프(К. К. Арсеньев) 등이 있었는데, 그들은 러시아 변론계의 토대를 놓았다.

새로운 사법제도는 일련의 사회계층을 보호했다. 농민을 위한 읍의 법정, 귀족이나 군장교, 고위 관리들을 위한 특별 재판소가 그것과 관련 있었다. 몇 개의 소수민족 지역에서 사법개혁의 실현은 십년에 걸쳐서 시행되었다. 이른바 서쪽 변경 지역의 현(빌렌스크, 비테브스크, 볼린스크, 그로드넨스크, 키예프스크, 코벤스크, 민스크, 모길렙스크와 포돌리스크 등)에서 사법제도의 개혁은 1872년에야 비로소 평결 법정(Мировые судьи)의 설립과 함께 시작되었다. 평결재판관들은 선출되지 않고, 3년 임기로 임명되었다. 지방재판소(Окружные суды)는 1877년에야 설립되었다. 이런 지방 재판소에서 천주교 신자들은 사법의 직책에 종사하는 것이 금지되었다. 발트해 연안에서의 개혁은 1889년에야 실시되기 시작했다.

19세기 말에야 사법개혁은 아르한겔스크 현과 시베리아에서 실시되었고(1896년에), 1898년에는 중앙아시아와 카자흐스탄에서도 실시되었다. 이곳에서도 평결판사들은 임명되었는데, 그들은 동시에 예심판사의 직무를 수행했고, 배심원제도는 도입되지 않았다.

군사개혁

진보적인 사회개혁들과 군사 영역의 후진성을 극복하고 군비를 줄이려는 정부의 소망이 군사개혁의 본질적 필요성을 야기했다. 군사 개혁은 국방성 대신 **밀류틴**(Д. А. Милютин)의 지휘 하에 실시되었다. 1863~1864년에 군대 교육기관의 재편이 시작됐다. 일반교육이 특별교육에서 분리되었다. 미래의 장교들은 육군 유년학교에서 총체적인 교육과정들과 육군사관학교에서 전문적 군사교육을 이수 받았다. 이러한 군 교육기관에서는 **귀족의 자제들**만이 교육을 받을 특권을 가졌다. 중등교육을 받지 못한 사람들을 위해서 육군 유년학교들(юнкерские училища)이 설립되어, 모든 계층에서 선발된 자제들을 받아들였다. 1868년에 육군유년학교의 보충을 위해서 육군중등예비학교들(военные прогимназии)이 창설되었다. 1867년에 **군법무관 사관학교**가 개설되었고, 1877년에 **해군사관학교**가 개설되었다.

지원병 모집 대신에 모든 계층의 **병역 의무제**가 도입되었다. 1874년 1월 1일에 인준된 법령에 따르면, 20세 이상의 모든 계층의 자제들이 징집되었다. 육군 복무의 총 기간은 15년으로 정해졌고, 그들 중 6년은 현역으로, 9년은 예비역으로 근무했다. 해군은 총 10년의 복무기간으로, 7년은 현역으로, 3년은 예비역으로 근무했다. 교육을 받은 장병들에게 현역 복무기간은 4년(초등학교 졸업한 사람)에서부터 6개월(고등교육을 받은 사람)까지 복무기간이 감축되었다.

독자와 가족의 유일한 부양자는 군역에서 면제되었고, 징병 적령자 중에 장남은 완전 면제되거나, 현역 복무기간이 면제되었다. 징집에 면제된 사람들은 전시에만 동원되는 민병대에 등록되었다. 모든 종교의 성직자들도 면제받았다. 모든 종교의 신학생이나, 몇 몇 종교의 종파와 단체의 대표자, 북부지방, 중앙아시아, 카프카스와 시베리아 주민 등의 일부가 징집에서 면제되었다. 군대에서의 체형이 폐지되었다. 태형은 단지 징벌부대에 편입된 군인을 위해서만 유지되었다. 보급이 개선되었고, 병사들의 막사가 개축되었고, 병사들을 위한 읽고 쓰기 교육이 도입되었다.

육군과 해군의 무기개량이 실시되었다. 강선이 없는 총이 강선이 있는 것으로 대체되었다. 주철과 동으로 만든 대포들이 강철로 만든 것으로 대체되기 시작했다. 미국 무기제조 회사 베르당의 속사 소총이 도입되었다. 전투 준비체제도 수정되었다. 전투에서 꼭 필요한 것만을 병사들에게 가르치는 과제 지침을 제시한 일련의 새로운 복무규정, 교훈, 교범 등이 출판되었고, 이러한 것들은 대열을 정비하는데 시간을 크게 단축시켜 주었다. 개혁의 결과로 러시아는 시대의 추세에 맞는 대규모의 군대를 확보했다. 군대의 전투력은 크게 강화되었다. 모든 국민들에게 군역을 부과한 전 국민 징병제로의 변화는 사회계층 조직에 아주 중대한 영향을 미쳤다.

교육개혁

교육체제도 역시 크게 개혁되었다. 1864년 6월에 ≪인민 초등학교에 관한 법령≫이 인준되었고, 그 법령에 따르면 초등교육기관들은 공립과 사립학교를 개설할 수가 있었다. 이것은 국립학교, 지방학교, 교회부속학교, 일요학교 등의 다양한 초등학교의 설립을 초래했다. 초등학교에서의 교육기간은 대체로 3년을 넘지 못했다.

1864년 11월부터 **김나지야(гимназия)**가 중등교육기관의 기본적인 형태가 되었다. 중등학교들(гимназии)은 전통적인 고전중학교와 실업학교로 나뉘었다. 고전 중학교에서는 고대 언어인 라틴어와 그리스어 수업이 중대한 위치를 차지했다. 그 교육기간은 처음에 7년이었고, 1871년부터 8년이 되었다. 고전 중학교의 졸업생들은 대학에 입학할 기회를 가졌다. 6년제 실업 중학교들은 다양한 산업분야와 무역 일에 학생들을 준비시키도록 교과과정이 짜여졌다. 그런 학교에서는 수학, 자연과학, 기술과목 등의 수업에 특별한 주의가 기울여졌다. 실업중학교 졸업생들에게는 대학 입학의 기회가 주어지지 않았다. 그들은 공업 전문학교에서 학업을 계속할 수 있었다.

여성 중등 교육의 토대가 마련되었고, 여성 중학교들이 등장했다. 그러나 거기에서 전수되는 지식의 양은 남성 중학교보다 뒤떨어졌다. 여성 중학교에는 계급과 종교에 차이 없이 모든 계층의 자제들이 입학했고, 교육에 높은 수업료가 책정되었다.

1864년 6월에 대학을 위한 새로운 규정들이 인준되었고, 이런 교육기관들의 자치를 회복했다. 대학에 대한 직접적인 감독은 교수협의회에 위임되었는데, 협의회는 대학총장과 학장을 선출했고, 교육계획을 정하고, 재정과 교직원 문제를 결정했다. 여성 중학 졸업생들이 대학에 입학하는 권한이 없었기 때문에 그들을 위해 모스크바, 페테르부르크, 카잔, 키예프 등에 여성 고등교육과정이 설립되었다. 여성들은 청강생의 자격으로만 대학입학이 허용되기 시작했다.

개혁시대의 정교회

진보적 개혁들은 러시아 정교에도 영향을 미쳤다. 무엇보다도 정부는 성직자들의 물질적 상황을 개선시키려고 노력했다. 1862년에 성직자 생활의 개선에 필요한 재원을 찾는 종무원 회원들과 국가 최고관리들이 포함된 특별위원회가 설립되었다. 이런 문제의 해결에 사회적인 세력들도 초청되었다. 1864년에 교구의 일을 담당할 뿐만 아니라 성직자들의 물질적인 상황의 개선에 협조해야만 하는 교구의 신도들로 구성된 교구 후원회가 생겼다. 1869~79년에 작은 교구들의 폐쇄와 240~400루블의 연봉 책정 덕분에 교구 성직자들의 수입도 크게 개선되었다. 성직자들을 위해 노후 연금제가 도입되었다.

교육 분야에서 실시된 개혁의 진보적인 정신은 교회 교육기관과도 관계가 있었다. 1863년에는 신학교 졸업생들이 대학에 입학하는 것이 허가되었다. 1864년에는 성직자의 자제들의 중학교 입학이 허가되었고, 1866년에는 사관학교 입학도 허가되었다. 1867년 종무원은 교구의 유산의 청산과 예외 없이 모든 정교도들의 신학교에 입학할 권리에 대한 결의를 채택했다. 이러한 조치들은 계층 간의 장벽을 허물었고, 성직의 민주적 혁신을 촉진시켰다. 동시에 이러한 개혁들은 이러한 계층에서 일련의 지식인 계층을 보충했던 재능 있는 많은 젊은이들의 이탈을 유발했다.

알렉산드르 2세 치하에서 구교도들은 합법적으로 인정되었다. 그들에게 시민기관에서의 결혼과 세례를 등록하도록 허용했다. 이제 그들은 몇 가지 사회적 직책에 종사하고 자유롭게 해외로 나갈 수 있었다. 동시에 모든 공문서에서 구교도들의 신앙은 예전처럼 ≪**분리주의자들(раскольники)**≫로 명명되었고, 그들에게 공직에 종사하는 것이 금지되었다.

20. 알렉산드 2세의 민족 정책

폴란드의 폭동

니콜라이 1세 치세에도 첨예화된 민족문제의 해결 없이는 자유주의적인 개혁의 실행은 가망이 없었다. 수많은 비밀 조직들이 나타난 폴란드에 특별히 긴장된 상황이 형성되었다. 동시대 사람들은 비밀조직들을 두 가지 유형인 급진파 크라스니에(красн ые)와 온건파인 벨리에(белые)로 분류했다. ≪급진파들≫은 혁명적 성향의 도시의 청년들에 의존했다. 그들은 소작료와 부역노동의 폐지와 농민들에게 토지의 무상분배를 제안하면서 농민의 이익을 위한 투쟁과 함께 폴란드 해방을 위한 투쟁을 당면과제로 제시했다. 온건파들(지주, 대부르주아)은 농민문제의 제시에 반대하였다. 양파는 1872년에 국경지역에서 폴란드의 부흥을 위해 봉기했다.

1862년에 콘스탄틴 니콜라이예비치 대공이 자신의 요구대로 폴란드의 총독이 되었다. 유명한 자유주의자인 벨료폴스키(А. Велёпольский) 백작이 폴란드의 행정관 수장으로 임명되었다. 그는 1815년 헌법 회복의 지지자였다. 그러나 폴란드 사회의 반러시아적인 분위기는 온건파도 극진파도 백작의 온건한 민족 정책에 불만을 가질 만큼 강력했다. 극단적인 견해를 두려워 한 벨료폴스키 백작은 폴란드의 독립의 지지자들인 귀족들로 구성된 지주들의 친목단체를 폐쇄했다. 동시에 그는 도시에서만 선포된 특별 징집령에 의존하여 혁명적인 젊은이들을 군복무에 징집시키기로 결정했다. 바르샤바에서 이러한 조치를 실시하려는 시도는 1863년 1월 22일에 시작된 공개적인 무장투쟁을 야기했다. 같은 날 ≪급진파≫의 민족위원회는 자신들을 임시정부로 선포하고 농민들은 자신의 토지의 소유자로 선언하는 법을 발포하였다. 국가는 몰수한 토지 대금을 지주에게 지불해야 했다.

차르 군대가 반란자들과 전투를 시작했을 때 온건파는 랸게비치(M. Лянгевич) 장군을 반란의 지휘자로 내세울 수 있었다. 그러나 그는 연이은 패배를 당했고 자신의 패잔병들과 오스트리아-헝가리로 피신했다. 반란의 온건파 지도자들은 농지법 실시를 지체하였고 국민군의 조직에 착수하지 않았다. 1863년 9월 17일에 급진파가 반란의 지휘권을 장악했다. 그러나 반란군은 연패를 당했다. 1864년 5월에 반란은 최종적으로 진압되었다.

알렉산드르 2세의 정부는 반란자들이 입안한 개혁들을 법제화 하여 반란에 가담한 농민층을 반란군에서 분리시킬 수 있었던 그러한 상황이 반란의 진압을 어느 정도 촉진시켰다. 농민들이 이용하는 상태에 있었던 토지들은 농민들의 소유가 되었다. 토지가 없는 농민의 일부는 많지 않은 땅을 유상으로 분배받았다. 알렉산드르 2세의 위임을 받고 **밀류틴**이 폴란드에서 농민개혁을 수행했다.

폭동이 진압된 후에 폴란드 자치제의 마지막 흔적도 박탈되었고 ≪차르의 폴란드≫란 명칭은 특징 없는 관료적인 용어인 ≪프리빈슬린스키 크라이≫로 대체되었다. 정부는 행정, 교육, 교회 등의 직책에 러시아인들을 주요간부로 임명하였다. 폴란드 귀족들은 귀족계급의 대표자들을 선출할 권리를 박탈당했고, 그들은 페테르부르크에서 임명되었다. 폴란드 가톨릭 신자들에게 9개의 서부지역의 현에 땅을 구입하거나 임차하는 것이 금지되었다.

핀란드에서의 개혁

핀란드에서 폴란드식의 개혁이 반복되는 것을 허용하고 싶지 않았기 때문에 정부는 사전 예방 조치를 실시했다. 1863년에 폴란드 봉기의 시작과 동시에 니콜라이 1세 치세에 한 번도 열리지 않았던 핀란드 의회가 소집되었다. 마지막 의회의 소집기간이 정해지지 않았다. 교육에 대한 교회의 통제는 해체되었고, 교육이 핀란드 언어로 실시되었다.

1878년 핀란드인의 특수 보병대대가 창설되었다. 그들은 현지 총독의 지휘아래 있었다. 이 군대는 핀란드 대 공국의 태생들만으로 보충되었고, 자체의 복무규정을 가졌다. 핀란드는 외국 뿐 만아니라 러시아 현들과 자신의 관세와 통제 무역을 가졌다. 1860~1878년에 핀란드는 자체의 독자적인 화폐제도를 가지게 되었다. 핀란드 공국의 수입은 전 제국의 금고에 입금되지 않았다. 1880년대 초에 핀란드에 최초의 노동조합 기관들이 등장했다.

카프카스에 대한 정부의 정책

카프카스의 육군 총 사령관 바랸틴스키(А. И. Барятинский)는 점점 카프카스인들을 압박하여 그들의 생활 근거지를 빼앗기 위해서 카프카스로 용감한 카자크들을 적극적으로 이주시키는 것이 불가피하다고 생각했다. 그의 의견에 따르면, 적대감이 남아있는 그러한 종족을 회유할 이유가 없고, 국가는 필요에 의해 그들로부터 땅을 몰수할 필요가 있다고 생각했다. 그러한 정책의 결과로 약 10만 명의 체르케스인들이 터키로 이주하지 않을 수 없었다. 그러나 러시아 현에서 카자크들과 농민들 뿐 만 아니라 터키의 압박으로부터 피신해 온 그리스인들과 아르메니아인들도 해방된 땅으로 이주했다

육군 대신 밀류틴(Д. А. Милютин)은 카프카스에 더 융통성 있는 정책의 실시를 요구했다. 그는 원주민들의 종교, 관습, 생활양식 등을 해치지 않은 상태로 존속시킬 필요가 있다고 생각했다. ≪우리들은 우리들의 통치를 물질적으로 도덕적으로 산악 민족들의 이익에 부응하도록 전력을 다해 노력해야 한다≫고 밀류틴이 말했다.

정부는 고위와 중간 성직자들에 대한 지지를 보여주었다. 카프카스에 민중의 관점에서 사건을 결정하는 선출된 산악인 대표자들로 구성된 특별 재판소가 도입되었다. 체포한 북카프카스 산악인들의 종교와 정치 지도자인 사밀의 운명을 결정할 때 정부의 정책은 이러한 방향으로 실시되었다. 포로가 된 후에 사밀은 극진한 배려를 받으면서 페테르부르크로 보내졌다. **사밀**은 러시아 수도의 명소들에 대해 알게 되었고, 오페라를 관람했고, **크론시타트** 해군기지와 산업기업체를 방문했다. 사밀을 존중하여 축하하는 조명장치들이 설치되었다. 사밀과 그의 수많은 가족과 부하들에게 칼루그에 있는 2층의 저택이 제공되었다. 과거의 러시아 적군의 부양료는 1년에 1만 5천루블(대신의 봉급)이 국고에서 지불되었다. 그의 아들들은 사관학교에서 교육을 받고

러시아 군대에 근무할 기회를 제공받았다.

우크라이나와 벨로루시에서의 민족 운동의 대두

자유개혁의 분위기는 우크라이나인과 벨로루시의 지식계급인들 사이에 민족의식의 고취를 촉진시켰다. 그러나 핀란드와 발트해 연안의 주와 폴란드에 대해서는 제한된 민족적 묵인이 허용되었지만, 소러시아(우크라이나)와 북-서 변경지역(벨로루시)의 여러 현에서 정부는 ≪러시아 민족의 혈통적 현실적 부분≫을 강조하였고 우크라이나와 벨로루시의 민족, 언어, 문화 등의 독립된 존재를 인정하기를 거부했다.

1860년대에 키예프, 하리코프, 폴타바, 체르니고프 등과 다른 도시에서 문화 계몽자 단체들인 **그로마디**(громады)가 생겨났다. 그들은 비합법적으로 우크라이나 언어로 문학을 출판했고, 일요학교를 열었고, 민속적인 작품 등등을 수집했다.

1863년에 내무성은 교육, 학술, 대중서적 등을 우크라이나 언어로 출판하는 것을 금지했다. 1875년에 유명한 몇 개의 신문과 잡지들을 검열하고 우크라이나 계몽단체들의 개별적인 활동들을 기소할 교육대신, 내무대신, 그리고 헌병 대장으로 구성된 특별 정부위위회가 설립되었다. 검열당한 단체 중에는 이 시대에 우크라이나 시와 언어의 연구에 집중했던 러시아 지리학 학회의 남-서 지부도 포함되어 있었다. 위원회는 그 학회의 활동에서 분리주의적인 ≪호흘로만스키≫의 운동과의 관련을 검열하여 그 단체의 폐쇄 규정을 제시했다.

≪오래된 그로마다≫의 키예프의 지도자이고, 키예프 대학 역사학과 문헌학 교수이고, 우크라이나 민속학의 수집가인 드라고마노프(М. П. Драгоманов)와 경제학자 지베르(Н. И. Зибер)에게 사직이 강요되었다. 그들이 사임을 거절했을 때 그들은 정치적인 불순분자라는 이유로 해고 되었고, 공직에 근무할 그들의 권리를 박탈당했다. 우크라이나 언어로 창작된 모든 문학 작품의 출판뿐만이 아니라 공연과 연주회도 금지되었다.

벨로루시인들의 민족의식은 정교와 가톨릭 교회 간에 충돌하는 상황에서 생겨났다. 양측은 벨로루시인들은 독립적인 민족이 아니라 폴란드인이나 러시아인의 일부라는 것을 확신했다. 그럼에도 불구하고 1850~60년대에 지식인들 사이에서는 독립적인 민족으로서 벨로루시인에 대한 인식이 강화되었다. 벨로루시어로 된 전문적인 문학이 등장했다. 그러나 벨로루시인들은 자신들의 특수 대학과 종합대학교를 소유하지 않았기 때문에 그들은 수도에서 고등교육을 받았다. 민족 문화의 연구자들인코얄로비치(М. О. Коялович), 길테브란트(П. А. Гильтебрант), 에피마흐-시필로(В. И. Эпимах-Шипилло) 등은 수도에서 살면서 활동했다. 페테르부르크는 벨로루시 민족 운동의 중심지 중에 하나였다. 1880년대에 페테르부르크에 최초의 벨로루시인 지식인들의 단체 고몬(Гомон)이 생겨났고, 그런 이름의 잡지가 출판되기 시작했다.

그 당시 정부는 벨로루시, 우크라이나, 리투아니아 등의 농민들의 지지를 끌어들이려고 시도했다. 1863년에 빌렌스크, 코벤스크, 그로드넨스크, 민스크, 모길레프스크, 비테브스크, 키예프스크, 포돌스크, 볼린스크 현의 농민들에게 토지는 유상으로 분배되었고, 그들에게서 징수된 토지세는 반환되있고, 부역노동과 소작료는 20%가 삭감되었다.

유태인들에 대한 정부의 태도

자유주의적인 경향은 유태인들에 대한 정부의 정책들과도 관계가 있었다. 과거에 정교로의 개종이 유태인들을 국가통제에 참여시키는 중요한 수단이었지만, 지금은 계몽정책으로 바뀌었다. 즉, 러시아어를 유태인들의 일상 언어로 정착시키는 것, 전통적인 생활방식의 거부, 세속적인 교육을 받게 하는 등의 정책이 실시되었다. 유태인 젊은이들의 일부는 새로운 추세를 거절했다. 1860년에 1급 상인들, 박식한 신분의 소유자들, 몇 몇 업종에 종사하는 수공업자들에게 유태인 정착지역 밖에 거주를 허락하는 다양한 특혜가 도입되었다. 폴란드의 유태인들에게 각처로의 이주와 부동산의 획득을 허용했다.

이러한 정책들은 긍정적인 결과를 낳았다. 유태인 기업가와 귀족의 중간계층이 나타났다. 유태인들 사이에서는 창작적인 지식계급들과 기술자들의 수가 증대되었다. 그러나 그럼에도 불구하고 러시아 문화를 받아들인 유태인 비율은 여전히 비교적 많지 않았다. 그러나 그들에게는 다양한 제한들이 지속적으로 확산되었다. 특히 그들에게는 국가나 정부의 직책에 취업하는 것이 금지되었다. 1870년대의 도시에서 유태인들의 권리의 확대는 중단되었다. 1870년대의 도시의 상황은 도시 의회에서 유태인 대의원수의 제한을 공고히 했다. 1844년 유태인들을 위해 설립된 국립 학교들이 1873년에 폐쇄 되었다. 반 유태인 선전을 주도한 군주의 출현은 유태인 문제에 대한 정부정책에 큰 영향을 미쳤다.

볼가강 지역에 대한 정부의 정책들

볼가강 지역의 민족들에게 정교 신앙을 강요하는 정책은 불충분했다. 세례를 받은 많은 민족들이 전통적인 종교 신앙으로 되돌아갔다. 농노 해방과 모든 세례를 받은 주민들에게 부과된 전국민 병역의무가 실시된 이후에 이러한 과정은 특히 빠른 속도로 진행되었다. 알렉산드르 2세의 정부는 더욱 탄력성 있는 민족 정책을 실시하기 시작했다.

1860년대와 1870년대는 많은 민족들 사이에 민족적 지식계급이 형성되는 시기였다. 최초의 학자들, 계몽가들, 작가들, 배우들 그리고 최초의 민족적 장편소설과 희곡 등이 등장했다. 교육자이며 작가인 카유몸 나시리(Каюмом Насыри)는 동시대의 타타르족의 문학어의 토대를 놓았다. 그는 타타르 언어의 과학적 문법, 정자법, 수학, 지리학, 역사 등의 교재들을 펴냈다. 1871년에 카잔에서 나시리는 최초의 러시아어-타타르어 학교를 개설했다. 1880년에 그는 ≪카잔 타타르의 신앙과 생활양식≫에 대한 저술들을 러시아어로 출판했다. 과거에 기록은 아랍문자를 토대로 이루어졌고, 아랍문자에 바탕을 둔 문학은 어휘구성에 있어서 절반이 아랍어에서 유래했던 반면에 새로운 문학 언어는 자연스럽게 많은 어휘들이 러시아어에서 차용된 생생한 대화체 문장과 가까웠다.

1869년에 계몽가 야코블레프(И. Я. Яковлев)는 심비르스크 추바시인 사범학교를 창설했다. 1871년에 그는 동시대의 추바시인 문자와 문학을 창안했다. 1872년 그는 러시아 문자를 토대로 ≪추바시인을 위한 철자책≫을 출판하였다.

민족 문화의 형성은 러시아 문화의 직접적인 영향을 받았다. 1880년에 카잔 대학에 러시아 과학 협회-카잔 물리-수학 학회가 생겼다. 카잔 대학에서 위대한 러시아 학자들-부틀레로프(А. М. Бутлеров), 베흐테레프(В. М. Бехтерев), 레스가프트(П. Ф. Лесгафт)가 강의를 했고, 톨스토이(Л. Н. Толстой), 악사코프(С. Т. Аксаков), 라제츠니코프(И. И. Лажечников), 멜니코프-페체르스키(П. И. Мельников-Печерский) 등의 작가들과 작곡가 바라키레프(М. А. Балакирев)가 카잔 대학을 졸업했다. 최초의 부랴트인 학자 반자로프(Д. Банзаров)는 그 대학의 학생이었고, 타타르의 계몽가 나시리는 청강생이었다.

유사한 과정이 다른 민족들에게도 일어났다. 또한 1830년에 이미 수도원 원장 대주교 글루하레프(М. Глухарев)는 슬라브어를 토대로 알타이 문자를 만들었고 모든 신학 서적을 알타이 언어로 번역했다. 1863년에 페테르부르크에서 어휘와 문법이 첨가

된 최초의 알타이 철자 책이 출판되었다. 계몽가이며 전도사인 첼바코프(М. В. Челваков)는 알타이 문학어의 토대를 놓았다.

이 당시 볼가강 유역의 독일인 거주지역의 행정적 · 정치적 독립과 민족적 자치권과 민족 학교는 파괴되었다. 1874년에 중요한 특권 중의 하나인 육군 징병으로부터의 면제가 폐지되었다. 이러한 모든 정책들이 독일 주민들을 러시아에서 미국으로 이주하도록 했다.

결 론

알렉산드르 2세 정부는 선택적인 민족 정책을 실시했다. 그러나 이러한 정책은 유일한 목적인 러시아 제국의 통합과 강대함의 유지를 실현하기 위한 다양한 방법의 선택으로만 나타났다.

21. 사회 - 경제적 발전

농업의 상태

농노제의 폐지 이후에 농촌에서는 자본주의적 형태의 농업으로의 전환이 시작되었다. 그러나 농민의 개혁의 농노제 특징들은 이러한 과정을 현저하게 지연시켰다. 농토의 부속물의 대부분인 부속된 경지, 목초지, 삼림, 우물 등이 지주의 수중에 여전히 남아있었다. 오랜 기간 동안 지속 되었던 임시적인 부역 상태의 기간에 합법적인 절차 내에서 농민들이 지주의 땅에서 일을 하도록 하게 할 수 있는 기회가 여전히 지주들에게 있었다.

품삯을 주고 고용한 노동력을 이용하여 농장을 경영하기 위해서 지주들은 상당한 액수의 현금을 가져야만 했다. 노동자들에게 품삯을 지불해야만 했고, 자신의 농기구와 일을 할 가축을 획득해야만 했다. 알다시피 농노제의 폐지 이전에 농민들은 자신의 농기구로 지주의 땅을 경작했다. 농업개혁의 조건에 따라서 지주들은 많은 액수의 현금을 받았지만, 탕진해버려서 농장을 혁신하기 위해서 국가로부터 받은 돈을 이용할 수 없었다. 게다가 지주들에게 농노를 해방한 대가를 지불할 때 정부는 모든 축적된 채무를 가감했다. 그러기 때문에 많은 지주들은 그렇게 많은 돈을 받지 못했다. 지주들은 농민들에게 땅의 대부분을 임대해주어야만 했다. 1860년대~1870년대에 농업 현의 대부분 지역에서 지주농업의 발전은 이른 바 부역체제에 따라 이루어졌다. 농민들은 임대되지 않고 남은 지주의 땅을 소작료 대신에 자신의 농기구로 경작해 주었다.

농민들의 경제상태도 개선되기 어려웠다. 농토의 임대는 농민들을 지주의 영지에 부착시켰다. 그러나 농업개혁에 따라 너무 작은 경작지를 분배받았기 때문에 농민들은 농토의 임대를 거절할 수 없었다. 그 외에 식량 가격의 급격한 증대에도 불구하고, 소작료는 더욱더 빨리 증가했다. 농민들의 경제는 모든 종류의 세금(인두세, 국가세금, 지방자치세금, 등등)에 의해 부담되어 어렵게 되었다. 동시대인들의 총계에 따르면 가정마다 농민에게는 힘에 겨운 액수인 평균 약 30루블을 분할 지불해야만 했다. 게다가 농민들을 개인적인 종속에서 해방시켰던 농업개혁은 시민의 권리에서 농민들을 지주들과 동등하게 하지 못했다. 그 개혁은 농민들을 농노신분에서 이른 바 세금을 내는 계층으로 전환시켰다. 국가가 이러한 계층의 대표자들에게 재산세에 대한 세금이 아니라 수입에 따르지 않는 사람에게 인두세로 세금을 부과시켰다.

1861년 개혁 후에도 농민 공동체는 보존되었고 강화되었다. 알다시피 모든 분배된 토지들은 명목상 농민 공동체에 양도되었다. 그러기 때문에 농민 공동체는 경작지를 가족의 수에 따라 농가에게 재분배 해 주었다. 가구의 구성의 변화와 관련지어 정기적으로 경작지가 재분배되었고, 세금도 그렇게 재분배 되었다. 농민에게 분할된 토지는 여러 부분으로 나누어진 공동체 부속물들과 함께 몇 개의 부분으로 분할되었다. 이것은 각 가족에게 인내할 수 있는 생활을 보장하는 기회를 부여했다. 건조한 해에 저지대 지역에서 상당한 수확을 낳을 수 있었다. 비가 많이 내리는 해에는 구릉지역의 토지는 경작에서 제외되었다. 공동체는 농민들이 조세를 완납할 수 있도록 도왔고, 구성원들의 평등한 소득을 지탱시켜 주었다. 공동체에는 연대보증과 농민들의 경제활동을 억제하는 자유로운 이주에 대한 제한이 존재했다.

농노제 폐지 이후의 산업상태

1861년의 개혁 이후 첫 기간에 많은 기대에도 불구하고 산업생산의 급속한 증대와 경 · 중공업 공장의 수의 증가가 목격되지 않았다. 기업주들은 농노제도의 폐지를 기대했고, 섬유공업과 무역의 발전에는 자유로운 노동력과 넓은 노동시장이 필요하다는 것을 의식했다. 개혁은 이러한 문제를 해결해 주는 것 같았다. 왜냐하면 어느 면에서 농부들은 개인적인 종속에서 해방되었고, 또 다른 면에서는 농민들 중 많은 사람들이 일자리를 찾아 도시로 가는 준비를 했기 때문이다.

그러나 첫 기간에는 다른 환경들이 결정적인 요소가 되었던 것 같다. 농노제가 폐지된 당시에 많은 공장에서는 고용되지 않은 공장에 예속된 노동자들이 일을 했다. 이러한 사람들이 자유를 획득하자마자 자유를 억압당한 노동에 대한 혐오감은 노동자들이 노동을 그만두고 공장에서 떠나도록 했다. 몇 배나 증가된 임금도 노동자들을 되돌아오도록 도와주지 못했다. 그러기 때문에 개혁의 초기에 많은 기업들은 생산을 줄여야만 했다. 농노들의 노동이 대량으로 투입된 제철공장과 방직공장에서 생산의 감소는 더 타격이 심했다. 몇 년이 지난 후에야 겨우 새로운 환경에 적응한 산업체들은 자신들의 생산을 증대시키기 시작했다. 여러 가지 어려움에도 불구하고 러시아 경제는 충분히 빠르게 개혁되기 시작했다. 이것은 대부분 국가의 경제 정책 때문에 일어났다.

정부의 재정정책

정부는 은행운영의 변화에서부터 경제개혁을 시작했다. 1860년 사기업들의 금융지원을 위한 국립은행이 개설되었다. 국가에 가장 중대한 산업분야인 금속공업, 기계공업, 제당공장, 섬유공장 등의 기업들의 발전을 강력한 신용으로 지원해주어야만 했고, 개인 은행도 지원해 주어야만 했다. 국립은행의 법규에는 ≪국립은행의 현금 자산은 국고에 이용될 수가 없다≫는 조항들이 포함되어 있었다. 1860~70년대에 개인 은행들이 처음으로 페테르부르크에, 그 다음 모스크바와 다른 도시에 등장하기 시작했다. 그 은행들의 설립은 러시아 경제발전에 많은 영향을 끼쳤다. 은행들이 없었다면 새로운 형태의 기업설립이 불가능 했을 것이다. 술의 독점판매권으로 부자가 된 코코레프(Кокорев)는 대 은행가 중의 한 사람이 되었다. 1860년대 말에 그의 제안에 따라서 모스크바 상업은행이 설립되었고, 1870년에는 산업기업들에 대한 금융지원을 위해서 볼시스코-캄스키(Волжско-Камский) 은행이 설립되었는데 곧 나라에서 가장 큰 은행 중에 하나가 되었다.

철도건설

러시아에서 은행제도의 확립은 정부가 적극적으로 장려한 철도건설과 가장 긴밀한 형태로 관계되어 있었다. 이러한 경제 분야의 발전에 국가의 관심은 두 가지 이유로 설명된다. 첫째, 크림전쟁은 러시아와 서유럽 국가들과의 운송망의 심각한 부재를 입증해 주었다. 둘째, 정부는 보충적인 수입을 위해서 해외로 식량수출을 증대시키기를 원했다. 그래서 식량을 생산하는 주에서 항구로 연결하는 철길이 놓였다. 철도건설에 실질적인 이익을 예상한 개인들과 외국 자본을 유치하려는 계획이 세워졌다.

1868년과 1872년 사이의 기간은 러시아 역사상 ≪철도의 붐≫시대로 기록되었다. 1861년경에 러시아에서의 철도의 길이가 2000km이었다면, 1880년대 초경에는 2200km 이상이 넘었다. 이러한 철도 건설과정에서 엄청난 규모의 관료들과 국고의 지원과 긴밀한 관계가 있는 새로운 기업들이 성장했다.

500~600 베르스타(верста)에 달하는 철도를 건설한 후에 자본가들은 2500만~3000만 루블을 벌었다. 군수목적과 관련된 철도간선의 건설에 국가는 특히 신속하게 돈을 지불했다. 게다가 정부는 몇 개의 기업들에게 해외에서 국비로 하차와 기관차를 도입하는 것을 허용해 주었고, 면세로 레일과 다른 자재들을 수입하는 것을 허용해 주었다.

새로운 길의 대부분은 산업과 무역의 이익을 위해 직접 조성되었다. 1860년대 말과 1870년대 초경에 중요한 철도 노선들인 모스크바-쿠르스크, 쿠르스크-하리코프, 하리코프-오데사, 하리코프-로스토프, 모스크바-야로슬라블, 모스크바-탐보프, 탐보프-사로토프, 모스크바-브레스트, 모스크바-니즈니이 노브고로드 등의 철로들이 건설되었다. 1861부터 1877년까지 철도의 화물 운송은 25배나 증대되었고, 동시에 하천 운송양은 59% 증대되었다. 철도의 건설은 많은 산업분야의 발전을 촉진시켰다. 왜냐하면, 금속(레일, 화차, 기관차) 수요의 급증이 나타났고, 연료 수요도 급증하였다. 전 군대의 건설노동자들 위한 광범위한 수요 물자의 증대를 촉진시켰다.

산업의 발달

1860년대 후반에 러시아에서는 산업의 발전이 시작되었다. 1880년대 경에 가장 중대한 분야에서 산업혁명이 완수되었다. 공장생산이 직물공장과 수공업의 생산을 능가했다. 중공업의 성장은 나라의 경제를 위해 큰 의미를 가졌다. 금속생산의 주요생산지는 여전히 우랄 지역이었다. 러시아의 남쪽에 새로운 금속 생산지역의 창설은 급속한 속도로 형성되었다. 북돈네츠(돈바스)강 유역에 철광석과 석탄의 산업적인 채굴 업이 등장했다. 크림 근처에 철광석 매장지가 생성되었다. 미국인 존 유즈는 돈바스 지역에 공장을 세웠고, 철 생산에 대한 정부 수주를 받았다. 석탄의 채굴에서 돈바스는 첫째 위치로 대두되었다. 카스피 해, 바쿠 근처에서 석유의 채굴이 시작했다. 러시아 남쪽지역의 산업지역에는 농노제 유물이 사라졌고, 옛날의 중심지역들 보다도 훨씬 빨리 발전했다.

1860~70년대 기간은 기계공업 확립의 시기였다(1861년까지 러시아에는 농기구만이 생산되었다). 2개의 큰공장 - 푸틸로브스키와 콜로맨스키 공장이 페테르부르크에 건설되었다. 처음으로 철길이 갈렸고 나라에서 처음으로 철도교량, 화물차와 플랫폼이 세워졌다. 그럼에도 불구하고 개혁이전 시대처럼 면직생산이 산업의 주도적인 위치를 차지했다. 세계시장에서 목화 가격의 상승으로 산업가들은 최근에 러시아에 합병된 중앙아시아 지역의 농토를 매점하지 않을 수 없었다. 그들은 현지 주민들에게 이집트와 미국의 질 좋은 품종을 분배했고, 미래의 목화 수확물의 구입계약을 체결했다. 공장주 마로조프가 중앙아시아로의 이주의 개척자가 되었고, 목화의 생산은 30년간의 계획 기간 동안 4배나 증대되었다.

급격한 발전에도 불구하고 러시아 산업은 1인당 생산량, 기술설비, 노동 생산성 등의 증가 속도 면에 있어서 선진 국가들에 비해 크게 뒤쳐져 있었다. 생산력의 발전은 노동자 무산계급의 증가를 촉진시켰다. 1865~1879년 15년 못 미치는 기간 동안에 산업노동자의 수는 1과 1/2 배가 증대되었고, 노동자 계급이 거의 백만에 이르렀다. 벌이를 위해서 도시로 몰려 온 노동력의 보충은 농민들의 희생의 대가로 점차적으로 증대되었고, 농촌경제에서 이탈하는 농민 덕에 증대가 이루어졌다. 러시아 노동계급은 자신의 권리를 위한 투쟁을 시작했다. 1872년에 에스토니아에 있는 크렌골림스크 수공업 공장의 파업은 노동자들의 최초의 대규모 행동이 되었다.

결 론

러시아의 농촌에서 농노제도 폐지 이후에 자본주의 경제체제로의 이동이 시작되었다. 그러나 농촌개혁의 농노제의 특징은 이러한 과정을 지연시켰다. 산업화가 매우 급속하게 진행되도록 계획되었다. 국가의 총체적인 경제 계획 덕분에 산업생산량의 증대가 이루어졌다.

22-23. 사회운동

자유주의자들

러시아 자유주의자들은 농민을 해방시키고자 하는 황제의 뜻을 환영했다. 현 귀족 위원회에서 하는 일이 개혁 직전이 그들의 주된 활동 형태가 되었다. 1857년에 진보주의적인 농노제 폐지안을 작성한 운코브스키가 트베르 현의 귀족지도자로 선출되었다. 그는 위원회의 동료들 대부분을 자신의 이념으로 매료시킬 수 있었다. 1862년에 트베르의 귀족은 알렉산드르 2세에게 호소문을 보냈는데, 그 호소문의 내용은 그들의 모든 계급적 특권을 포기한다는 것과 ≪전 러시아 대표자 회의≫ 즉, 일종의 의회의 설립을 요구한다는 것이었다.

트베르의 귀족들은 그들에게 제공된 권한 범위 내에서 자신들이 필요한 것들을 선포하는 활동을 펼쳤다. 그럼에도 불구하고, 정부는 그들을 처벌하기 위한 구실을찾았다. 이러한 사건의 주동자들은 몇 명의 농지 조정원들(мировые посредники)이었다. 호소문이 페테르부르크로 보내진 후에, 그들은 법에 규정 되어 있지 않은 농지 조정원의 현 회의를 소집했고, 이제부터는 정부의 지시가 아닌 현 귀족 회의의 결정에 따른다고 결의했다. 내무대신은 이 회의는 질서에 위배되는 것이라고 간주했다. 호소문에 서명한 13명의 농지 조정원들은 체포되었고 페트로파블롭스크 요새에 투옥되었다. 원로원은 그들에게 2년의 금고형을 선고했다. 그러나 황제는 이 결정을 취소했다. 트베르 귀족들은 석방되었으나 경찰의 감시를 받았다. 1864년의 개혁 후에, **젬스트보**(지방자치의회)는 진보적 활동의 중심이 되었다. 1870년대 말과 1880년대 초에 자유주의자들은 황제에게 호소문을 제시했다. 호소문에서 그들은 지방 자치기관의 권리 확대, 중앙 의회의 설립, 시민 자유권 도입 등을 요구했다.

당국과 이해관계를 찾지 못한 몇몇의 급진주의적 성격을 갖고 있던 지방 자치 의원들인 페트룬케비치, 샤호브스키, 로지체프, 돌고루코프 등은 불법적인 투쟁 방법을 이용하기로 결정했다. 1878년 12월에 그들은 혁명 단체들과 합의를 도출하려고 시도했다. 혁명가들에게 ≪각종 테러 행위의 일시적인 중단≫을 제안하고 나서 자유주의자들은 폭넓은 사회계층에서 특히, 지방자치 의회에서 정부의 국내 정책에 대한 공개적인 반대와 헌법 초안에서 본질적인 개혁을 요구할 것을 약속했다. 그러나 양측의 의견 차로 성립되는 못했다.

1879년 4월에 모스크바에서 진보적 이념의 지지자들의 비밀집회가 열렸다. 이 집회에서 정치적 개혁의 요구와 함께 지방 자치 회의를 조직하기로 결정했다. 같은 해에 지방 자치 의원들은 불법적 인쇄물을 출판하려는 시도를 했다. 자유주의는 국가의 주요세력은 아니었다. 입헌주의 이념들은 사회의 소수층인 지식인 계층과 몇몇 귀족들만이 공유했다. 문맹과 러시아 대중의 생활의 바탕인 가부장적인 공동체 생활이 러시아에서의 자유주의의 확대를 방해했다. 게다가, 자유주의자들은 동료들 사이에서 나타난 분열된 상태를 이겨내지 못했을 뿐만 아니라 공동 프로그램을 만들지도 못했고, 행동통일을 이루지 못했다.

보수주의자들

상류층인 보수주의자들은 진보적 관료들의 영향력으로부터 황제를 차단하여 귀족층의 이익이 축소되지 않도록 개혁안을 왜곡하려고 했다. 보수주의자들의 적극성은 제한적으로 성공했다. 농민 개혁의 근본적인 개혁안들은 정부로부터 점차적으로 배척당했다. 알렉산드르 2세는 이 같은 조치가 사회 계층의 화해를 이끌고 귀족층의 불만이 완화 될 것이라 기대했다. 1866년에 농노제 폐지의 반대자인 수바로프(П. А. Шувалов) 백작이 헌병대장 겸 제 3부의 수장으로 임명되었다. 알렉산드르 2세의 불안정한 심리상태를 이용하여 황제 암살 미수사건을 야기한 수바로프는 황제의 맘을 좌지우지했고, 자신의 손아귀로 권력을 집중시켰고, ≪표트르 4세≫라는 별칭을 얻었다.

한때 주목 받던 자유주의자였던 사회 평론가이자 출판인인 카트코프가 보수주의자들의 대표 이론가이자 지도자가 되었다. 그는 폴란드 반란의 시작부터 ≪러시아든지, 폴란드든지≫라는 슬로건을 제기하면서 보수적인 입장으로 선회했다. 사회주의자들과 폴란드인 뿐만 아니라, 과거 동지였던 자유주의자들까지 카트코프의 비판의 대상이 되었다. 그가 편집을 보는 신문 ≪모스코브스키에 베도모스티≫는 정부의 대내외 정책의 방향이 카트코프가 원하는 대로 결정되도록 할 만큼의 영향력을 가졌다.

카트코프는 국가 개혁을 부정적으로 보았다. 그의 의견에 따르면, 개혁은 민중 생활로부터 지식인 계층을 소외시켰고, 이러한 토대 위에 황제와 민중의 일치라는 이념이 확립되었다. 혁명운동의 증대가 이러한 결과를 초래했다. 카트코프는 이것에 대한 책임을 개혁의 권력을 지닌 자유주의자들에게 전가시켰다.

정치세력으로서 보수주의는 사회 안정의 증대를 요구했다. 보수주의는 과거로의 회귀는 전혀 제안하지 않았다. 그러나 러시아 보수주의자들은 상실한 특권들을 회복하려고 시도했던 귀족계층의 관심을 비난했다. 그러기 때문에 그들은 나라를 위해서 일어난 불가피한 변화들을 차단하지 않았고, 변화 중 많은 부분을 재검토하려고 했다. 그러나 자유주의자들과 마찬가지로 보수주의자들은 사회의 넓은 지지를 얻지 못했다.

인민주의 이론가들

1861년 개혁 이후에 혁명 운동이 급격히 증가하였다. 급진성향의 지식인들은 지주의 농지소유의 유지와 농민에게 불리한 조건인 농지 유상분배와 일시적인 노역제도의 도입에 불만을 가졌다. 급진적 지식인들 사이에서 개혁은 민중에게 적대적이라는 매우 과장된 여론이 형성되었다. 개혁을 실행하는데 있어서 정부의 소극적 태도와 알렉산드르 2세의 우유부단한 태도뿐만 아니라, 니콜라이 1세 시대의 많은 활동가들이 주요 지도층에 여전히 있다는 것이 그들의 불만을 사게 됐다. 이 모든 것이 급진주의자들이 현 정세를 바꿀 수 있는 것은 강제적인 방법뿐이란 생각을 갖게 했다.

혁명운동의 이념적인 지도자는 페테르부르그에서 발행되는 잡지 ≪현대인≫의 편집자인 체르니세프스키(Н. Г. Чернышевский)였다. 검열기관을 교묘하게 피하면서 그는 자신의 기사에서 농민혁명을 주장했고, 농촌 공동체 사회주의에 대한 게르첸의 사상을 발전 시켰고, 러시아 내 혁명 조직의 설립을 강력히 주장했다. 1862년 7월에 체르니세프스키는 체포되어 페트로파블로프스크 요새에 구금되었고, 그곳에서 소설 ≪무엇을 할 것인가?≫를 4개월 넘게 집필했다. 이 책은 러시아 혁명을 위한 진정한 지침서라 할 수 있다. 소설 속 주인공의 이념과 생활방식은 오랫동안 러시아 젊은이들에게 모범이 되었다.

게르첸의 농촌 공동체 사회주의 이념과 체르니셰프스키의 견해는 급진적인 지식인들의 새로운 정치경향인 인민주의 형성의 토대가 되었다. 인민주의자들(народники)은 인민을 정치적인 세력집단으로 보고 이들을 의식화시키기를 원했다. 그들은 자본주의 단계를 뛰어넘어 평등과 사회적 정의의 바탕 위에 새로운 단체를 조직할 가능성이 있는 농민을 혁명으로 끌어들이려고 노력했다. 바쿠닌(M. A. Бакунин), 라브로프(П. А. Лавров), 트카체프(П. Н. Ткачев) 등이 가장 권위적인 혁명적 이론가들이었다.

체르니셰프스키

바쿠닌

라브로프

트카쵸프

인민주의의 분파 사상가인 바쿠닌은 전제정치를 반대하는 자연발생적인 민중 봉기를 주장했다. 그는 처음부터 러시아 민중을 지적인 프롤레타리아인 지식인들을 자극시키는 폭동 인민으로 생각했다. 젊은이들에게 호소하는 글에서 바쿠닌은 다음과 같이 썼다. ≪붕괴 될 수밖에 없는 이 세상을 당장 버려라! 혁명을 돕는 사람이 되기 위해 대학교, 아카데미, 학교를 떠나 민중 속으로 들어오라!≫ 바쿠닌은 국가를 부정하는 무정부주의 이론의 창시자였다. 대부분의 사회주의 사상가들이 사유재산을 민중의 가난의 커다란 원인으로 보았다면, 바쿠닌에게는 어떤 국가 조직이든 간에 국가는 최고의 악이었다. 정부 대신에 그는 조직 자치권을 기초로 한 사회를 건립할 것을 제안했다.

인민주의의 선전반 이론가 **라브로프**는 바쿠닌과는 달리 혁명은 장기적인 준비 과정이 필요하다고 생각했다. 그의 의견에 따르자면 근본으로 학문적 준비를 가진 사람만이 인민을 혁명으로 준비 시킬 수 있다고 했다. 그들은 인내를 갖고, 인민 속으로 가서 그들에게 인민 자신의 요구와 영향력을 이해시키도록 도와야만 했다. 공정한 사회주의 사회를 건설해야만 지식인 계층은 자신들이 인민에게 진 빚을 갚을 수 있었다. 알다시피 지식인들은 평민들의 몇 세대의 희생 덕분에 교육과 복지를 받을 수 있었다. 음모적 성향의 이론가인 트카체프는 농민은 혁명을 무능력하게 실현한다고 생각했다. 그는 혁명은 치밀한 선발과정을 통과하고 엄격한 규율에 복종하는 혁명당원들로 구성된 비밀조직이 감행하는 모반적 형태를 채택해서 테러의 방법으로 기존의 정권을 혼란시켜야 한다고 주창했다.

인민주의 조직 브 나로드(В народ: 인민 속으로)

1860년대 중반에 이슈틴과 후댜코프가 조직을 만들었다. 이 조직에 참여자들은 공동 소유의 기초 위에 사회를 재조직해야 하는 결과를 초래하는 혁명적 대 변동을 준비했다. 1866년 4월에 이슈틴 조직의 멤버인 카라코조프(Дмитрий Каракозов)가 알렉산드르 2세의 암살 미수를 시도했다. 혁명 당원은 사형에 처해졌고 조직은 해체되었다.

1869년 **네차예프(С. Г. Нечаев)**는 모스크바에서 ≪인민의 재판≫이란 조직을 만들었다. 그는 조직원들을 위해 규정집인 ≪혁명가의 입문서≫를 썼다. 네차예프에게 혁명당원은 ≪운명 지어진 사람≫이었다. 혁명당원은 개인의 이익, 집착, 소유권, 심지어 명성까지 저버렸다. 그에게는 오직 하나의 특별한 이익, 하나의 생각, 하나의 열정인 혁명만이 관심의 대상이었다. 구 사회를 파괴하는 일에 기여하는 모든 일은 도덕적으로 허용되었다.

네차예프는 ≪인민의 재판≫에서 지도자에게 맹종하는 정신을 심어주려고 시도했다. 그러나 조직원인 대학생 이바노프가 네차예프의 몇 개의 성명서의 정당성에 의심을 품었을 때, 네차예프는 그를 반역행위라 비판하고 반역자에게 사형선고를 내렸다. 모든 조직원들은 판결을 집행해야만 했다. 왜냐하면 과거 동료의 죽음이 그들을 더 긴밀하게 단결시킬 수 있었기 때문이다. 경찰은 ≪인민의 재판≫의 모든 조직원들을 체포하는데 성공했다. 그들은 형사상의 범죄자로 심판되었다.

네차예프

카라코조프

자술리치

1869년 페테르부르크에서 써클 ≪차이코프체프≫(조직원 중 한 사람의 이름을 따서 붙이 이름)가 조직되었다. 이곳의 참가자들은 독학을 하였고, 체르니셰프스키, 라브로프, 마르크스 등의 책들을 학생들 사이에 보급하는데 매진했다. 네차예프파의 반대파인 ≪차이코프체프≫ 파는 높은 도덕성의 원칙의 바탕위에 자신의 조직을 만들었다. 그들은 많은 러시아 도시에서 자신들의 지지자 그룹을 만들어 낼 수 있었다. 이 그룹 안에서 페로브스카, 크라브친스키, 델랴보브, 나타손 등 많은 인민주의 대표자들이 혁명 활동을 시작했다.

1870년대 중엽에 인민주의자들은 만약에 가까운 미래에 혁명이 일어나지 않으면 힘을 결집한 자본주의는 농민 공동체를 자본주의 발전에 적응시킬 것이라는 결론을 내렸다. 그러므로 그들의 의견에 따르자면, 민중을 투쟁으로 이끌기 위해서 ≪**민중 속으로**≫ 들어가는 것이 불가피한 것이었다.

1874년에서 1875년 사이에 수백 명의 선동요원들은 러시아 전역에 흩어져서 아주 황량한 변경지로 침투했다. 그들은 농민들과 함께 혁명과 사회주의에 대해서 이야기를 나누었다. 그러나 남자 농부들은 그들이 여주인과 함께 술을 마시는 것이나 외국어로 강연하는 것을 이해하지 못했고 종종 그들을 경찰에 밀고했다. 당국은 ≪민중 속으로≫의 혁명당원을 대량 체포했고, 공개 재판으로 대응했다.

토지와 의지 당(Земля и воля)

선전운동의 실패는 인민주의자들을 중앙집권적인 비밀조직 창설의 필요성에 대해 고려하도록 했다. 1876년 말에 페테르부르크에서 ≪**토지와 의지당**≫이 생겨났다. 이 조직의 설립자는 나타손, 미하일로프, **플레하노프**였다. 뒤늦게 피그네르, 페로브스카야, 모로조프, 크라브친스키 등이 ≪토지와 의지당≫에 가입했다. ≪토지와 의지≫당은 자신들의 목적을 선포했는데, 이것은 농민 손에 토지를 양도할 것과 공동 자치권 원칙하에 생활 개편과 주민 요구에 따라 민족 문제를 해결한다는 내용이었다. 그들은 이 목표들은 오직 무장봉기의 방법으로만 실현 가능하다고 생각했다. 민중 봉기의 준비를 위해서는 농민과 노동자 사이에서의 조직적인 선전과 개인적인 테러 활동으로 조직을 교란하는 것을 이용해야 한다고 제안했다. 그럼에도 불구하고 이 당시 ≪민중 속으로≫의 특징은 급진적인 선전에서 안정으로 바뀌었다. ≪토지와 의지≫당은 농촌으로 가서 간호사, 교사, 농업기사로서의 일하면서 혁명 활동을 전파했다.

대게 합법적인 일은 그들에게서 선전활동에 사용할 충분한 시간과 노력을 빼앗아 갔다.

≪토지와 의지≫당의 교란자 단체는 전국을 불안하게 하는 일련의 테러행위를 수행하는데 성공했다. 1878년 1월에 자술리치(Засулич Вера Ивановна)는 자신의 앞에서 두건을 벗지 않은 정치범에게 태형을 가하도록 명령한 페테르부르크 시장 트레포프를 저격했다. 같은 해 8월에 페테르부르크 중심에서 대낮에 크라브친스키는 헌병대장 메덴체프를 단검으로 찔러 죽였다. 1879년 2월에는 하리코프 총독 크로포트킨에게 사형이 집행되었다. 1879년 3월에 테러리스트들은 새 헌병 대장 드렌텔린의 암살을 시도했다. 그들 손에 의해 역시 오데사 헌병대장, 키예프 검사 그리고 몇몇의 경찰 정보원들이 고통을 당했다. 1879년 4월 2일에 ≪토지와 의지≫ 당원인 솔로비예프(А. К. Соловьев)는 알렉산드르 2세를 암살하려고 했다. 그러나 그들이 발사한 5개의 탄알은 명중되지 못했다.

1878년 8월부터 1880년 말까지 테러리스트 손에 의해 27명의 사람이 살해되었고, 수십 명이 부상을 입었다. 우연히 의도된 희생자 곁에 있었던 죄 없는 사람들도 고통을 받는 경우가 있었다. 정권은 혁명가들과 비상한 조치로 싸웠으며, 22명의 테러리스트를 사형에 처했다. 1879년 8월에 ≪토지와 의지≫당 내에 분열이 생겼다. 이 조직은 2개의 독립적인 조직인 **흑토 재분배(Чёрный передел)**당과 **인민 의지(Народная воля)**당으로 나뉘었다. 플레하노프(Г. В. Плеханов)가 이끄는 선전 활동의 지지자들이 ≪흑토 재분배≫당에 가입했고, 개인의 테러활동의 지지자들이 ≪인민 의지≫당에 가입하여 통합되었다. ≪인민 의지≫당의 집행위원회에는 미하일로프, 델랴보프, 모로조프, 페브스카야, 피그네르, 피롤렌코 등이 포함되었다.

최초의 노동 조직들

인민주의자들은 선전활동을 이끌었고 무엇보다도 먼저 노동자 중 농민계급 출신자와 농촌을 긴밀하게 연결시켰다. 1876년 12월 6일에 ≪토지와 의지≫당은 페테르부르크의 카잔 대성당에서 노동자들이 참가한 반정부 시위를 조직했다. 1878년 3월에 ≪토지와 의지≫당의 지도하에 페테르부르크의 새 방적공장에서 파업이 발생했다. 같은 해 가을에 그들은 다른 방직 공장에서도 일련의 파업을 조직하는 데 성공했다. 동시에 노동자들은 자신들의 경제적 이익을 쟁취하기 위한 자신들의 독자적인 조직을 설립했다.

또한 정치적 주장들을 제시하는 최초의 프롤레타리아 조직들도 나타났다.

1875년 오데사에서 사회, 경제, 정치 제도 등의 물리적 변혁을 위한 노동자 계급의 통합을 지지한 ≪남러시아 노동자 동맹≫이 조직되었다. 1878년 페테르부르크에서 ≪러시아 노동자 북부 연합≫이 생겼다. 이들 연합의 강령에는 언론, 출판, 결사의 자유 등의 광범위한 정치 자유가 포함되었다. 이러한 연합의 활동은 지속되지 못했다. 그들은 경찰에 의해 해체되었다.

결 론

1861년의 개혁 후에 러시아에서는 사회운동이 활발하게 일어났다. 자유주의자들, 보수주의자들, 혁명가들 등이 다양한 방법을 이용하여 나라의 발전방향에 대한 그들의 제안에 일치하는 정책을 실시하도록 정부 당국에게 압력을 행사하려고 시도했다.

24. 알렉산드르 Ⅱ세의 대외정책

유럽정책

크림전쟁이 종결된 후에 알렉산드르 Ⅱ세의 새로워진 관심은 국내개혁의 실시에 집중되었다. 개혁의 성공은 적지 않은 정도로 대외정책의 상황에 좌우되었다. 즉 새로운 전쟁은 개혁의 실시과정을 좌절시킬 수 있었다. 고르차코프(А. М. Горчаков)공이 외부무 대신으로 임명되었다. 알렉산드르 Ⅱ세에게 보내는 편지에서 그는 다음과 같은 점을 지적했다. ≪우리 국가와 유럽의 현재 상황에서 러시아의 중대한 관심은 전반적으로 우리 내부의 발전의 문제의 실현에 굳건하게 기울어져야 하고, 모든 대외정책은 이러한 과업에 종속되어야 한다≫. 대외정책의 주요한 과제들도 이러한 목적에서 유래되었다. 국제적인 고립에서의 이탈과 강대국으로서 러시아 역할의 회복, ≪흑해에서 러시아 함대와 군사기지를 가지는 것을 금지한≫ 파리 평화조약의 불리한 조항들의 취소, 그것뿐만 아니라 중앙아시아와 극동에서 이웃국가들과의 국경을 획정하는 조약이 불가피했다.

외교관들의 주요한 노력은 유럽에서 동맹국을 찾는 것, 고립에서 벗어나는 것, 그리고 프랑스, 영국, 오스트리아로 구성된 반러시아 동맹의 해체에 집중되었다. 과거의 반러시아 동맹국들은 무력충돌에 이를 정도까지 날카롭게 분열되었다. 처음으로 러시아는 프랑스에 접근하는 정책에 역점을 두었다. 1857년 9월에 알렉산드르 Ⅱ는 나폴레옹 Ⅲ세와 만나기로 되어 있었고, 1859년 2월에 프랑스-러시아 협력조약이 체결되었는데, 이러한 동맹은 간단하지가 않았다.

1863년 폴란드 반란과 폴란드 문제에서 러시아 정부에 압력을 가하려는 영국과 프랑스의 시도들은 심각한 외교적 위기를 야기했다. 이러한 위기는 러시아가 프러시아에 접근하는 결과를 초래했고, 이것은 프러시아가 자국의 영토에서 폴란드인 반란자들을 추방하는 것을 가능케 했다. 프러시아의 지원을 확보한 후에 코르차코프는 1856년의 파리평화조약의 러시아에게 불리한 조항에 대한 공격을 시작했다. 1870년 10월에 프랑스와 프러시아 사이에 전쟁이 발발했을 때 코르차프코프는 러시아는 더 이상 파리조약을 지키는데 구속된다고 생각되지 않는다고 선포했다. 영국, 오스트리아, 터기-3국의 항의에도 불구하고 러시아는 흑해함대의 창설과 새로운 군 요새의 건설에 착수했다.

프러시아와의 전쟁에서 프랑스의 패배와 뒤 이은 독일제국의 통일은 유럽의 세력 균형을 변화시켰다. 러시아의 서부국경 지역에 강력한 강대국이 등장했다. 오스트리아(1867년부터 오스트리아-헝가리 제국이 됨)와 독일의 동맹은 특별한 위협이 되었다. 이러한 동맹을 허용하지 않고, 동시에 중앙아시아에서의 러시아의 성공에 자극을 받은 영국의 중립을 확보하기 위해서 고르차코프는 러시아, 독일, 오스트리아-헝가리–3제국의 황제들의 회합을 주선했다. 세 황제가 서명한 합의문에 따라서 그들은 군사 분야를 포함한 상호협력을 보여 줘야만 했다. 그러나 합의가 서명된 후 2년이 지난 후 독일이 다시 프랑스를 공격하기 시작했을 때 독일인들의 과도한 압박을 받은 러시아는 그 전쟁에 반대했다. 그 결과 ≪3제 동맹≫은 1878년에 해체되었다.

투르케스탄 총독부의 형성

카자흐 종족들이 러시아 제국의 국민으로 병합된 후에 카자흐족의 땅은 예전처럼 이웃의 중앙아시아 국가들인 부하라 무슬림 군주국, 히바 한국, 코간드 한국 등으로부터 침략을 받았다. 원주민들이 포로로 잡힌 다음에 노예로 팔렸다. 러시아 국경지역에서 일어나는 그러한 활동을 예방하기 위해서 요새들을 구축하는 작업이 지속되었다. 그러나 침략은 중단되지 않았고, 국경지방의 총독들은 자발적으로 응징을 위한 군사원정을 감행했다.

이러한 군사원정은 외무성의 불만을 야기했다. 외부성은 중앙아시아를 자국의 영향권으로 생각하는 영국과의 관계를 악화시키길 원하지 않았다. 그러나 국방성은 러시아 군대의 권위를 회복하기 위해서 군사령관들의 작전을 은밀하게 지지했다. 알렉산드르 2세 자신도 동쪽에서의 새로운 영토의 병합을 싫어하지 않았다. 러시아는 중앙아시아에서 군사개입을 확대할 뿐만 아니라 섬유산업을 위한 원료 공급지와 러시아 상품의 수출시장으로서 이 지역을 이용하기를 원했다. 그러기 때문에 중앙아시아의 병합을 위한 군사작전은 산업가들과 상인 계층의 광범위한 지지를 얻었다.

1865년에 체르냐예프(М. Г. Черняев) 장군이 지휘하는 러시아 군대는 부하라와 코칸드 간의 전쟁을 이용하면서 거의 손실 없이 타쉬켄트와 코칸드 한국의 다른 도시들을 점령했다. 이것은 영국 측의 반발을 야기했고, 알렉산드르 Ⅱ세는 사임을 원하는 체르냐예프를 해임해야만 했다. 그러나 모든 정복된 땅은 러시아에 병합되었다. 그래서 투르케스탄 총독부가 이곳에 설립되었고, 차르는 카우프만(К. П. Кауфман) 장군을 총독으로 임명하였다. 동쪽 국경지역을 수비하기 위해서 세미르첸스크 카자크 부대가 창설되었다.

체르냐예프

카우프만

1868년에 부하라 무슬림 족장국의 군주는 러시아에 대항하여 성전을 선포하였다. 그러나 그 무슬림 군주국의 최대의 도시인 사마르칸트에서 자신들의 군주를 지지하는 성직자들과 현지 귀족들과 러시아에 자발적인 병합을 지지하는 상업과 수공업에 종사하는 주민들 사이의 내분이 가열되었다. 1868년 5월에 카우프만이 지휘하는 러시아 군대는 도시의 열린 문으로 입성했다. 무슬림 군주의 주력부대는 곧 격퇴되었고, 그 무슬림 군주는 부하라 족장국이 러시아의 종속국임을 인정했다. 그러나 알렉산드르 2세는 경계를 했고, 사마르칸트와 인근의 영토를 부하라 무슬림 족장국의 군주의 소유로 돌려줄 것을 요구했다. 그러나 카우프만은 페테르부르크로 가서 황제를 직접 만나서 사마르칸트를 양도해주지 말 것을 설득했다. 투르케스탄 총독은 부하라 무슬림 군주국을 러시아 제국에 병합시키는 것을 반대했다. 그는 직접 통치하여 우리의 이익과 통치를 보장하기 위해서 대규모 군대를 주둔시켜야만 하는 것보다는 우리에게 완전히 복종하지만 자치권을 가진 통치자를 두고 부하라 무슬림 족장국을 간접적으로 소유하는 것이 훨씬 더 이득이라고 생각했다.

중앙아시아에서의 러시아 입지의 공고화

1873년에 러시아 군대는 히바한국에 대한 군사작전을 시작했다. 현지주민들이 실질적으로 러시아 군대를 지지했다. 게다가, 몇몇 귀족의 대표자들은 러시아 쪽으로 귀순해 왔다. 1873년 8월에 히바 한국의 한은 자신을 황제의 충실한 신하로 인정했고, 중앙아시아의 최고러시아 권력기관의 허락을 받은 후에만 대내외정책을 실시해야 했다. 러시아 상인들은 한국의 모든 도시와 농촌에서 세금 없이 장사를 할 권리를 부여받았다. 1873년 9월에 비슷한 초약이 부하라 무슬림국 군주와도 체결되었다. 러시아의 종속국들은 선박업과 무역에 종사하고 부동산을 소유할 권리를 부여받았다. 부하라 이슬람국과 히바한국은 내부적 자치와 기존의 통치체제를 유지했다. 1875년에 스코벨레프(M. Д. Скобелев) 장군이 지휘하는 러시아 부대는 코칸드 한국의 군대를 격파했다. 1876년 2월에 코칸드 한국은 폐지되었고, 영토는 투르케스탄 총독부에 병합되었다.

스코벨레프

스톨레토프

중앙아시아 정복은 카스피 해 쪽에서도 진행되었다. 1869년에 스톨레토프(Н. Г. Столетов) 장군이 지휘하는 러시아 군대는 카스피 해 동쪽 해안에 상륙하여 크라스노보드(Красновод) 도시를 건설했다. 러시아 군대의 동쪽 부하라 무슬림 군주국 방향으로 깊숙한 전진은 투르크멘 종족의 완강한 저항에 부딪혔다. 게오크-테페(Геок-Тепе)는 다수의 종족인 투르크멘 종족의 저항의 요충지가 되었다. 오아시스를 점령하려는 끊임없는 시도는 실패했다. 나중에 스코벨레프가 투르크메니아 서쪽의 러시아 군대의 지휘관으로 임명되었다. 러시아 군대의 계속적인 공급을 위해서 크라스노보드에서 게오크-테페 방면으로 철도가 놓였다. 이러한 모든 것이 예정된 군사작전을 성공적으로 수행할 수 있게 했다. 1881년 1월 12일에 용맹스러운 전투 후에 러시아 군대는 게오크-테페를 점령했고, 1주일 후에 아시하바돔(Ашхабадом)을 점령했다. 메르바 도시를 점령한지 3년 후에 투르크멘 귀족은 러시아의 지배에 충성할 것을 서약했다.

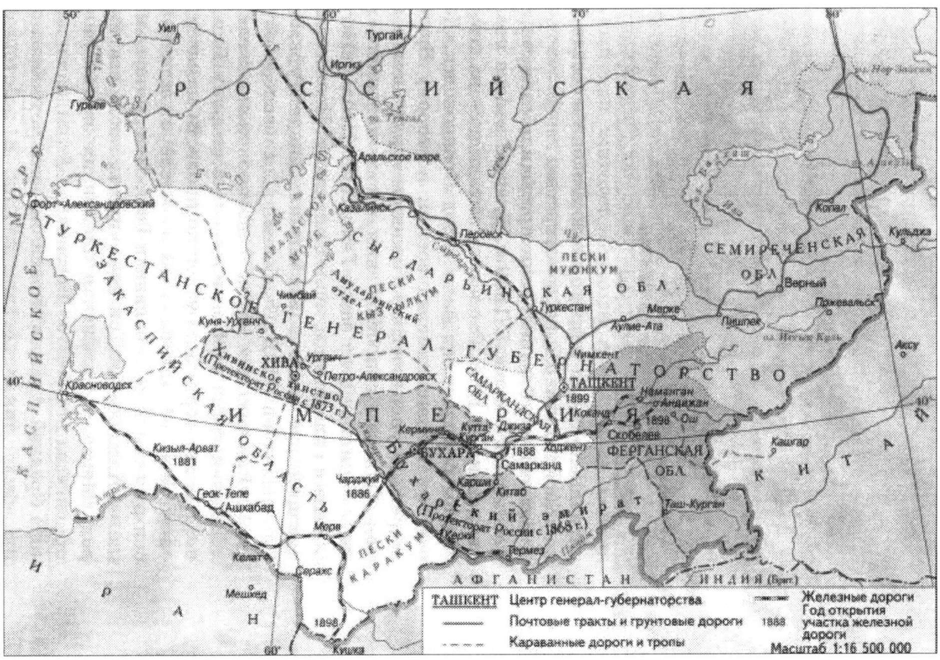

19세기 러시아 제국의 중앙아시아로의 진출

중앙아시아에서 종족간의 내전은 중단되었고, 노예와 노예매매가 폐지되었고, 러시아 군대에 저항하는 부족장들로부터 탈취된 토지의 일부는 현지 농민들에게 양도되었다. 목화재배와 양잠업이 빠른 속도로 발전하기 시작했고, 철도건설, 석유, 석탄, 비철금속 등의 채굴이 시작되었다. 러시아 문화의 영향이 증대되었고, 도시에는 현대적인 학교들이 설립되었다. 1873년부터 러시아인 이주자들에게 토지분배가 시작되었다. 그들은 현지 주민들이 선진적인 농사방법과 변경지역에는 새로운 작물들인 감자와 사탕수수 등을 재배하는 법을 습득하도록 도와주었다. 합병된 영토에서 러시아 정부는 유연한 정책을 실시했다. 중앙아시아 주민들에게 익숙한 생활풍습과 문화적·종교적 전통이 보존되었다.

러시아의 극동정책

19세기 중엽 전에 러시아는 극동에서 이웃 국가들과 공식적으로 인정된 국경을 확정하지 못했다. 러시아의 개척자들은 이러한 땅뿐만 아니라 사할린과 쿠릴 열도로

네벨스키 제독

무라비예프-아무르스키

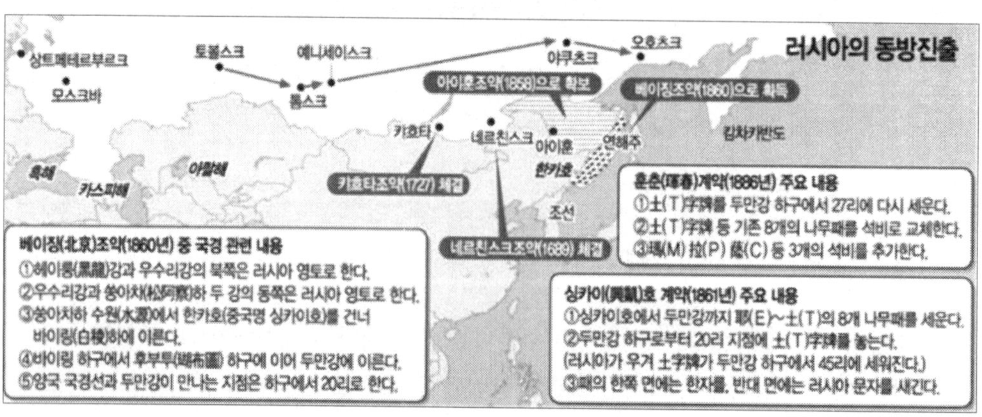

이주하기를 계속하였다. 타타르 해협과 사할린 연안에 대한 네벨스키(Г. И. Невельский)의 탐험과 아무르 강변에 대한 무라비예프-아무르스키의 탐험은 과학적일뿐만 아니라 정치적인 큰 의미를 가졌다. 아무르강 유역의 영토를 습득하고 보존하기 위해서 1851년에 자바이칼 카자크 부대와 1858년에 아무루시크 카자크 부대가 창설되었다.

1850년대 말에 중국에 대항하여 영국과 프랑스가 일으킨 2차 아편전쟁은 러시아의 지지를 얻지 못했다. 이것은 중국 측으로부터 호의적인 반응을 유발했다. 무라비예프-아무르스키(Муравьев-Амурский)는 이것을 이용하여 중국 정부에 국경선 획정에 대한 조약의 체결을 제안했다. 러시아 개척자들의 정착의 실재와 탐험의 결과들은 아무르강 연안과 연해주에 대한 러시아의 주장을 입증하기 위한 중요한 논거가 되었다. 1858년 5월에 무라비예프-아무르스키는 아무르강을 따라 우수리강 입구까지의 중국과의 국경을 획정하는 **아이훈 조약**(Айгунский договор)을 중국정부의 대표자들과 체결했다. 우수리강과 태평양 사이의 우수리 변경주는 러시아와 중국의 공동소유로 선포되었다. 1860년에 우수리 변경주를 러시아의 영토로 합의한 새로운 **북경조약**이 체결되었다. 1860년 6월 20일에 러시아 해군들이 황금 뿔(Золотой Рог) 만으로 들어가서 **블라디보스토크** 항구를 건설했다.

일본과 러시아의 쿠릴열도 분쟁 일지

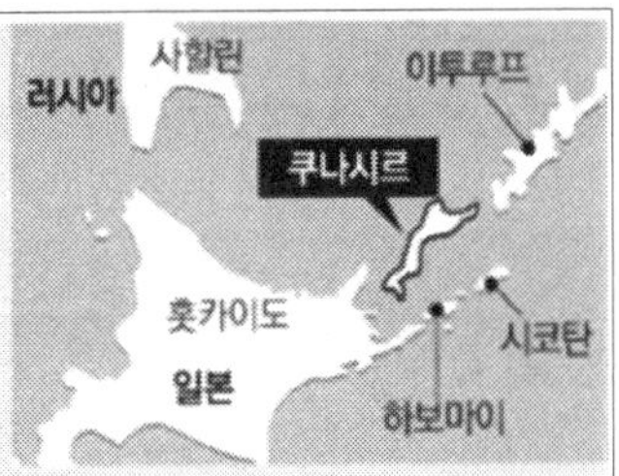

1855년 2월	일본-제정러시아 화친조약 체결, 쿠릴열도 4개 섬을 일본령으로 인정
1875년 5월	사할린-쿠릴열도 교환조약 (쿠릴열도는 일본, 사할린은 러시아)
1905년 9월	일본, 러일 전쟁 승리 후 남부 사할린(북위 50도 이남)까지 강점
1951년 9월	샌프란시스코 강화조약(옛 소련이 쿠릴열도 점유권 차지)
1956년 10월	러일 공동선언(평화조약 체결 전제로 하보마이와 시코탄 등 쿠릴열도 2개 섬 일본에 양도)
1993년 10월	도쿄선언(4개 섬의 귀속문제 해결하고 평화조약 체결한다는 수순에 합의)
2009년 5월	아소 일본 총리 "러시아가 쿠릴열도 불법점거하고 있다"고 주장
2010년 11월	메드베데프 대통령, 쿠나시르 전격 방문
2012년 7월	메드베데프 총리, 쿠나시르 방문 예고 후 실제 방문

러시아와 일본 간의 국경선 획정에 관한 협상이 복잡해졌다. 크림 전쟁이 한창 일 때인 1855년에 일본의 시모다 시에서 체결된 조약에 따르면 **쿠릴 열도**는 러시아 영

토로, 그리고 사할린은 양국의 공동소유로 인정되었다. 이러한 조약이 체결된 후에 사할린 일본인 이주민의 수는 크게 줄어들었다. 일본과의 관계의 악화를 피하기 위해서 러시아는 새로운 조건에 동의했다. 1875년에 페테르부르크에서 체결된 조약에 따라 사할린은 전부 러시아에서 양도 되었고, 쿠릴열도는 일본에게 양도되었다.

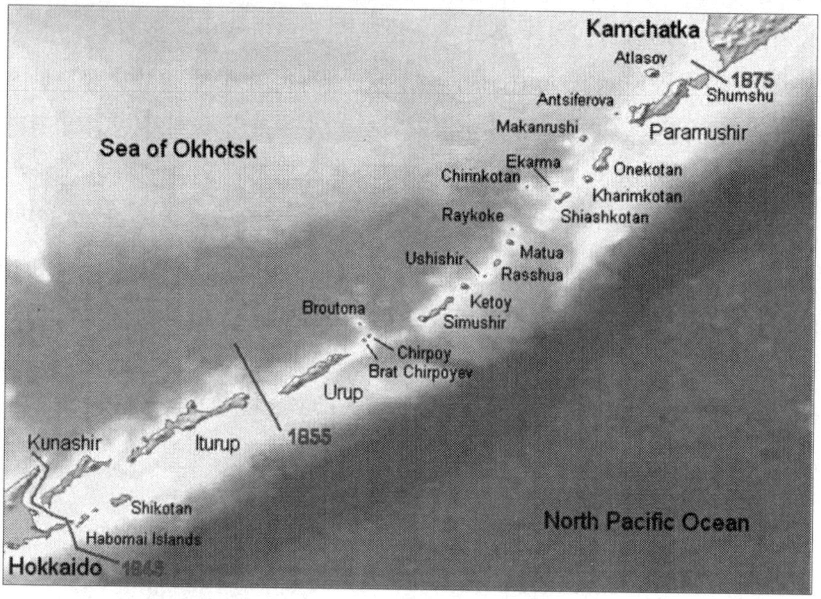

알래스카의 판매

19세기 중엽에 미국의 기업들, 상인들, 밀렵자들이 러시아의 아메리카 영토인 알래스카로 침투하기 시작했다. 동떨어진 영토를 보호하고 유지하는 것이 더욱 더 복잡해졌다. 지출이 알래스카에서 얻어지는 수입을 훨씬 초월했다. 소수의 수비대와 다수의 침입자 사이에 충돌이 더욱 더 자주 일어나기 시작했다.

충돌이 생길 수 있는 불씨를 제거하고 미국의 남북전쟁의 기간에 형성된 미국과 러시아간의 우호관계를 강화하기 위해서 1867년에 알렉산드르 2세는 미국정부에 러시아의 아메리카 영토를 팔기로 결정했다. 많지 않은 거래 가격인 **7억 200만 달러**에 알래스카를 판매했다. 팔자마자 가장 풍부한 금의 산지가 발견되었다. 알래스카의 판매는 알렉산드르 2세가 태평양 연안의 영토의 경제적 · 군사적 중대성을 과소평가했다는 것을 보여주었다. 유럽에서의 러시아의 주적인 영국과 프랑스가 미국과 거의 전쟁할 찰나에 있었다는 상황을 고려하지 않을 수 없었다. 알래스카의 판매는 러시아 쪽에서 미국을 지지하는 것을 과시하는 경솔한 조치였다.

결 론

알렉산드르 2세의 대외정책은 적극적이었다. 러시아 정부는 직면한 외교적 과업들을 외교적 · 군사적 방법으로 해결하여 강대국의 위상을 회복할 수 있었다.

25. 1877~1878의 러시아 - 터키전쟁

발칸반도에서 상황의 긴장

1870년대 중엽에 러시아 제국의 국제적 권위는 눈에 띄게 강화되었다. 그러나 세계 강대국의 역할을 주장하는 것과 함께 유럽분쟁의 해결과정에 참여를 회피하는 것은 어려워졌다. 1875년 여름에 터키의 지배를 받고 있는 **보스니아와 헤르초고비아**에서 터키에 의해 잔혹하게 진압된 반란이 일어났다. 1876년 4월에 불가리아에서 터키의 지배에 항거하는 반란이 시작되었다. 세르비아와 몬테네그로는 불가리아 민중들을 도우러 왔고 터키에 전쟁을 선포했다. 그러나 그들의 장비가 열악한 소수의 군대는 패배했다. 터키의 당국의 유혈진압은 러시아 사회의 분노를 일으켰다. 남슬라브 민족을 보호하자는 운동이 확산되었다. 러시아 정부의 공식적인 금지에도 불구하고 수천 명의 자원자들 주로 장교들이 세르비아 군대에 가담했다. 세바스토폴 방어와 중앙아시아의 군사작전에 참여했던 퇴역한 러시아 장군인 체르냐예프(М. Г. Черняев)가 세르비아 군사령관이 되었다.

고르차코프(А. М. Горчаков)의 제안에 따라 러시아, 독일, 오스트리아 3국은 터키에게 기독교도의 권리를 무슬림들과 동등하게 해줄 것을 요청했다. 평화적인 방법으로 분쟁의 해결을 시도하기 위해 러시아는 유럽의 강대국들과 여러 차례의 회의를 주선했다. 그 회의에서 발칸반도의 상황을 안정시키는 제안들이 수집되었다. 그러나 영국의 지지에 고무된 터키는 모든 제안들을 공개적으로 거부하거나 고도의 계산된 침묵으로 거절했다.

완전한 붕괴에서 세르비아를 구원하기 위하여 1876년 10월에 러시아는 터키에 **세르비아**에서 군사작전을 중지하고 휴전협정을 체결할 것을 요구하는 최후통첩을 제안했다. 러시아에서는 부분적 동원령이 공표되었고, 남쪽 국경지역에 군대를 집중시키기 시작했다. 알렉산드르 2세는 이러한 조치들로 술탄이 유럽 강대국들의 제안을 받아들이지 않을 수 없게 만들어서 전쟁을 피할 수 있을 것이라고 생각했다. 쓰라린 경험을 통해서 배웠던 알렉산드르 2세는 오스만 터키제국과의 전쟁은 결국에는 러시아와 유럽 강대국들 간의 전쟁으로 전환될 수도 있다는 것을 염려했다. 오스트리아-헝가리 제국이 전쟁이 발발할 경우에 터키 쪽에 가담하는 것을 억제하기 위해서 알렉산드르 2세는 오스트리아 군대가 터키가 지배하고 있는 보스니아와 헤르체고비아를 점령하는데 동의했다.

러시아-터키 전쟁의 시작

1877년 4월 12일에 러시아의 최후통첩에 대한 터키의 거절에 대한 대응으로 알렉산드르 2세는 터키에게 전쟁을 선포했다. 황제는 심각하게 이러한 조치를 취했고, 전쟁이 러시아에게 물질적 이득도 가져다주지 않고, 오히려 러시아 경제를 악화시킬 것으로 생각했다. 알렉산드르 2세는 강대국으로서의 러시아의 위치가 다시 의심을 받는 상태에 놓여서 러시아의 요구가 무시당하는 것을 내버려 둘 수가 없었다. 게다가, 발칸반도의 슬라브 민족을 보호하는 러시아의 전통적인 역할을 고려하지 않을 수 없었다. 많은 언론인들과 측근들은 차르에게 이러한 점들을 일깨워주었다. 러시아 여론은 정부의 강경정책을 지지했을 뿐만 아니라 전쟁을 강행하도록 촉구했다.

적군과의 상대적 군사력은 러시아의 군사개혁이 긍정적 결과를 초래하기 시작했기 때문에 러시아 쪽으로 유리하게 기우렸다. 크림전쟁 당시와 비교해서 러시아 군대는 더 잘 훈련되어 있었고, 무장이 잘되어 있었고, 훨씬 더 사기가 높아졌다. 그럼에도 불구하고 개혁의 미완성으로 충분한 병참물자의 확보가 이루어지지 않았고, 최신형의 무기가 충분치 않았지만, 가장 중요한 것은 전쟁을 지휘할 수 있는 지휘관들이 부족했고, 특히 유능한 최고 지휘관들이 부족했다. 군사적 재능이 있는 황제의 동생인 니콜라이 니콜라예비치 대공이 발칸의 러시아 군 총사령관으로 임명되었다.

1877년 여름의 전투

1877년 여름에 전투가 시작되었다. 러시아 군대는 루마니아와의 사전의 합에 따라 루마니아의 영토를 통과하였고, 1877년 6월에 여러 곳에서 도나우강을 건넜다. 불가리아인들은 자신들의 해방군을 열렬히 환영했다. 불가리아 민병대의 창립이 열렬한 지지 속에 진행되었고, 러시아 장군 스톨레토프(Н. Г. Столетов)가 민병대의 사령관으로 임명되었다. 구르코(И. В. Гурко) 장군의 선발부대가 불가리아의 고대 수도인 티르노보(Тырново)를 해방시켰다. 남쪽으로 전진하는 도중에 특별한 저항군을 만나지 못했기 때문에 구르코 장군은 7월 5일에 산속에 있는 시프킨스크 고개를 점령했다. 그 고개는 이스탄불로 가는 가장 편리한 도로와 연계되었다.

그러나 첫 성공 후에 패패가 뒤따랐다. 니콜라이 대공은 도나우강을 강화하는 순간부터 군대에 대한 통제를 상실했다. 개별부대의 지휘관들이 독자적으로 활동하기 시작했다. 크리데네르(Н. П. Криденер) 장군이 지휘하는 부대가 사전의 계획대로 가장 중요한 요새인 플레브나(Плевна)를 점령하는 대신에 플레브나에서 40km 떨어진 니코폴을 점령했다.

그 대공이 자신의 부대의 위치를 확인하는 동안에 터키 군대는 러시아 군이 점령하고 있는 폴레브나를 점령했다. 이렇게 되자 그루코 장군의 부대는 거의 포위상태에 있었다. 터키 사령부는 시프킨스크 고개를 탈취하기 위하여 터키의 대병력을 투입했다. 그러나 시프킨스크 고개를 탈취하려는 5배의 우세한 병력수를 가진 터기 군의 시도는 러시아 군대와 불가리아 민병대의 영웅적인 저항에 부딪혔다. 그 당시 6월과 8월에 있었던 러시아 군이 시도했던 플레브나에 대한 3번의 공격은 실패로 끝났고, 러시아 병사들은 큰 손실을 입었다.

플레브나의 함락과 전쟁과정의 대전환

전쟁성 대신 밀류틴(Д. А. Милютин)의 주장에 따라 러시아의 지휘부는 계획된 플레브나의 포위를 결행하기로 결정을 내렸고, 그 작전의 지휘는 세바스토폴 방어의 영웅인 공병 장군인 토틀레벤(Э. Н. Тотлебен)에게 위임되었다. 다가오는 겨울의 조건에서 장기간 방어에 준비되지 않았던 터키군대는 1877년 1월말에 항복하지 않으면 안 되었다.

플레브나 전투

전쟁 중에 **플레브나**의 함락으로 전세가 역전되었다. 터키가 영국과 오스트리아-헝가리 제국의 원조를 받고서 봄쯤에 새로운 군사력을 회복할 기회를 주지 않기 위해서 러시아 지휘부는 겨울의 혹독한 조건에서 공격을 계속하기로 결정했다. 그루코의 부대는 년 중 그 시기에 통과할 수 없는 산악 길을 통과한 후에 12월 중순에 소피야을 점령했고, 아드리아노폴 방면으로 공격을 계속했다. 시프카(Шипка) 근처의 터키부대의 주둔지를 험준한 산악지대를 따라 우회한 스코벨레프(М. Д. Скобелев)의 부대는

적극적으로 이스탄불로 진격했다. 1878년 1월에 그루코의 부대는 아드리아노폴을 점령했고, 스코벨레프의 부대는 1878년 1월 18일에 므라모르니이 해로 나가서 이스탄불 근교에 있는 소도시인 **산스테파노**를 점령했다. 유럽 강대국들이 전쟁에 개입하는 것을 두려워한 황제의 절대적인 금지만이 스코벨레프가 오스만 터키 제국의 수도를 점령하는 것을 억제시켰다. 카프카스 전선에서 재능 있는 장군 로리스-멜리코프(M. T. Лорис-Меликов)가 지휘하는 러시아 군대는 짧은 기간에 우세한 적군을 물리쳐서 바야제트, 아르다간, 카르스 등의 요새들을 점령하고 에르제룸으로 나갔다.

산스테파노 평화조약과 베를린 회의

유럽의 강대국들이 러시아 군대의 성공을 염려했다. 영국은 므라모르니이 해를 정찰했다. 오스트리아-헝가리 제국은 반러시아 동맹을 결성하는데 착수했다. 이러한 상황에서 알렉산드르 2세는 터키 술탄에게 즉각적으로 받아들여진 휴전협정을 제안했다.

1878년 2월 19일에 **산스테파노**에서 러시아와 터키간의 평화조약이 체결되었다. 이 조약에 따라서 이즈마일(Измаил)과 함께 베사라비아의 남쪽이 러시아에 반환되었고, 카프카스 지역에서는 바툼, 아르다간, 카르스 등의 요새들과 그 요새들에 인접한 지역들이 러시아 영토에 병합되었다. 전쟁 전까지 터키에 종속되었던 세르비아, 몬테네그로, 루마니아 등이 독립국가로 선포되었다. 불가리아는 터키 내의 자치왕국이 되었다. 조약의 조건들은 전 유럽회의의 소집을 요구한 유럽강대국들의 격렬한 불만을 야기했다.

전쟁에서 많은 인력과 물자와 재정적 손실을 입은 러시아는 새로운 반러시아 동맹을 결성하려는 위협을 받고서 양보하지 않으면 안 되었다. 전 유럽회의는 1878년 여름에 독일 총리 **비스마르크**의 사회로 베를린에서 열렸다. 7월 1일에 고르차코프는 베를린 협약에 따라 터키와 새로운 평화협상의 조건에 서명했다. 불가리아는 두 지역으로 분할되었다. 북쪽지역은 터키에 종속된 왕국으로 선포되었고, 남쪽 지역은 터키의 자치주인 동루마니아로 선포되었다. 세르비아와 몬테네그로의 영토는 크게 줄어들었고, 자카프카지예 지역에서 러시아가 획득한 영토도 축소되었다.

당시에 터키와 전쟁을 하지 않았던 나라들은 터키의 이익을 옹호하는데 기여해준 대가로 포상을 받았다. 오스트리아는 보스니아와 헤르체고비나를 받았고, 영국은 키프르 섬을 받았다. 베를린 회의에서 강요받은 러시아 양보에도 불구하고 발칸반도에서의 전쟁은 400년 동안의 오스만 터키 지배에 저항하는 남슬라브족의 민족행방 투쟁에서 가장 중요한 단계가 되었다.

산스테파노 조약 체결

베르린 회의

결 론

1877~1878의 전쟁에서의 승리는 19세기 후반의 러시아의 가장 큰 군사적 업적이 되었다. 그 승리는 군대개혁의 실효성을 입증했고, 슬라브 세계에서의 러시아의 권위의 상승을 촉진시켰다.

26. 1870년대와 1880년대의 국내 정책

보수주의자들의 대두

1861년에 시작되었던 진보적인 개혁의 실시는 보수주의자들과 진보적 관료들 간의 상충부에서 끊임없는 권력투쟁 양상으로 진행되었다. 농촌 개혁에 관한 서류들이 공표된 직후에 개혁안을 입안하는데 주도적인 역할을 한 내무대신 란스코이(С. С. Ланской)와 그의 최측근 참모였던 밀류틴(Н. А. Милютин)이 해임되었다. 그리고 보수주의자 발루예프(П. А. Валуев)가 내무부 대신으로 임명되었다. 직무를 시작한 후 그는 자신의 주된 과업은 ≪2월 19일에 공표된 농촌개혁안을 화합하는 정신으로 엄격하고 정확한 실시하는 것이다≫라고 밝혔다.

그러나 농촌개혁의 과정을 중지시키는 것은 불가능했고, 보수주의자들은 다른 개혁에 대한 공격을 시작했다. 1866년 4월 4일 알렉산드르 2세에 대한 크라코조프(Д. Каракозов)의 저격사건은 보수주의자들에게 충격을 주었다. 보수주의자들은 젊은이들 사이에 허무주의의 확산을 허용했다고 교육부 대신 골로브닌(А. В. Головнин)을 비난했고, 그를 사임하도록 했다. 다른 고위 관료들이 골로브닌의 사임을 뒤따라 공직을 떠났다. 그리고 그들의 자리에는 보수진영의 대표자들이 임명되었다. 톨스토이(Д. А. Толстой)가 교육부 대신이 되었고, 페테르부르크 경찰총장인 트레포프(Ф. Ф. Трепов) 장군이 헌병대장으로 임명되었다. 그럼에도 불구하고 알렉산드르 2세는 개혁적인 활동이 역전되지 않도록 몇몇이 진보주의자들을 내각에 남겨두었고. 전쟁상 밀류틴(Д. А. Милютин)이 개혁진영의 지도자가 되었다.

1871년 톨스토이는 알렉산드르 2세에게 실업 중학교의 교과과정을 신랄하게 비판하는 보고서를 제출했다. 그는 실업계 중학교에서 자연과학과 유물사관의 보급은 젊은이들 사이에 허무주의의 확산을 증대 시킬 것이라고 확신했다. 황제의 승인을 받은 후에 톨스토이는 새로운 유형의 고전적 중학교를 도입했다. 그 학교에서는 실제적으로 자연과학이 배제되었고, 공통 과목으로 고대어가 도입되었다. 이러한 중학교에서 교육은 엄격한 규율, 맹종, 격려의 방식으로 이루어졌다. 실업 중학교 대신에 교육과정이 6년으로 단축된 실업학교들이 설립되었다. 그런 실업계 학교들은 고등 교육기관으로 진학시키기 위해서 학생들을 준비시킬 의무가 없었고, 학생들에게 협소한 기술지식만을 전수하면 되었다.

1867년에 보수주의자들은 지방자치의회(земсто)의 권한을 실질적으로 제한시키는데 성공했다. 한편으로, 지방자치의회의 대의원들(귀족들의 대표들)의 권력 독점은 확대되었다. 또 한편으로는 정부 기관들에 대한 지방 자치의회의 대의원들의 활동에 대한 정부기관들의 통제도 강화되었다. 지방자치 의회의 공개뿐만 아니라 보고서 등의 출판도 제한되었다. 언론이 정치과정을 보도하는 것과 파업과 농민 봉기를 보도하는 것도 금지되었다.

인민 의지당의 테러활동

정부의 보수주의적인 조치에 대응하여 혁명가들은 자신들의 활동을 강화했다. **인민의지당(народная воля)**의 집행위원회는 알렉산드르 2세에 대한 암살 계획에 대해서 생각하기 시작했다. 암살 계획은 조심스럽게 비밀히 진행되었다.

1879년 11월에 크림에서 페테르부르크로 귀환하는 황제를 암살하는 음모가 계획되었다. 세 테러집단이 황제의 암살을 준비했다. 가장 먼저 프롤렌코와 레벨데프(Фроленко и Лебедев)가 암살 음모를 꾸몄다. 그들은 오데사 근처 철도 수비대의 자격으로 위장 취업하여 음모를 실행할 계획을 세웠다. 그러나 차르가 탄 열차는 오데사가 아닌 알렉산드르브스크를 통과했다. 젤랴프(Желяб)가 이끄는 인민 의지당의 두 번째 단체가 황제를 기다리고 있었다. 그들은 상인으로 위장하여 피혁공장을 건설하는 것처럼 위장하여 철로노반의 바로 근처의 땅에 폭발물을 장치했다. 그러나 차르의 기차가 통가 될 때 폭탄이 폭발하지 않았다. 페로프스스크가 이끄는 세 번 째 단체가 암삼 음모에 개입했다. 그들은 모스크바에서 71Km 떨어진 철도기반 밑에 폭약을 장치했다. 하지만 황제에게 행운은 또 한 번 찾아왔고, 수행원이 탄 객차가 폭발하였다. 다행이도 아무도 다치지 않았다.

1879년 말과 1880년 초의 겨울에 테러리스트들은 새로운 훨씬 더 대담한 암살음모, 즉 겨울궁전을 폭파시키는 것을 계획하기 시작했다. 인민주의자 할투린(С. Н. Халтурин)은 마호가니 가구 제조인으로 위장하여 궁정으로 잠입했다. 그는 차르의 식당곁에 있는 시종들의 방으로 다이너마이트를 조금씩 반입하여 23kg을 모았다. 폭발은 황제의 모든 귀족들이 모여 정찬하기로 한 1880년 2월 5일에 예정되어 있었다. 하지만 다시 우연이 사건에 개입했다. 그 정찬은 더 늦은 시간으로 변경되었다. 폭발했을 때 경비병과 시종들만이 피해를 입었다. 10명이 죽었고 53명이 부상을 당했다. 오데사에서 있었던 황제를 살해하려는 다음의 시도도 실패로 끝났다. 점화했을 때 폭탄은 테러리스트들 중의 한사람의 손에서 폭발했다.

정부와 테러리스트들 간의 싸움

테러행위에 대한 대응으로 정부는 혁명가들에 대한 엄격한 탄압에 의존했다. 크라브친스크가 헌병대장 메젠체프를 살해한 후인 1878년 8월에 정치범들에 대한 사건은 민사법정에서 제외되었고 군사법정으로 이관되었다. 1879년 그들에 대한 군사법정의 판결에 따라 16명의 인민주의자들이 교수형에 처해졌다.

두 번째 암살의 시도가 실패한 후인 1879년 4월에 알렉산드르 2세는 특별 칙령을 선포하여, 하리코프와 오데사에 비상 전권을 부여받은 임시 총독들을 임명했다. 그들은 특정인을 추방하고 체포하고, 신문과 잡지의 출판을 금지하는 권한을 가졌다. 불안정한 주민들을 안정시키고 혁명가들에게 관심을 갖지 않도록 인기 있는 군사령관들인 구르코, 토틀레벤, 로리스-멜리코프 등이 총독으로 임명되었다. 겨울 궁전에서의 폭발 사고가 있은 후에 알렉산드르 2세는 최고 집행위원회를 설립했다. 사실상의 황제의 권한을 부여받은 하리코프 총독 로리스-멜리코프(M. T. Лорис-Меликов)가 최고 집행위원회의 의장으로 임명되었다.

로리스-멜리코프는 자신의 최우선 과업을 혁명운동과의 투쟁으로 보았고, 범죄행위에 대한 어떠한 엄격한 처벌도 주저하지 않았다. 그러기 때문에 그는 테러리스트들과의 싸움에서 비효율성을 보여주었던 경찰조직을 개편하는 것에서부터 자신의 새로운 직책의 업무를 시작했다. 황제의 위엄이 부여된 부서인 제3부는 내무부 대신의 관할로 들어갔고, 내무대신이 헌병대장이 되었다. 지금 모든 치안기관들은 한 사람의 손에 집중되었다.

로리스-멜리코프

로리스-멜리코프의 헌법안

로리스-멜리코프는 사회의 진보층에게 몇 가지 양보를 했다. 그는 여론을 형성하는데 신문과 잡지의 역할을 인정했고, 헌법을 채택하는 한 가지 문제만을 배제하는 대신에 검열을 약화하고 전에 금지되었던 공개와 새로운 출판물을 허용했고, 정부에 대한 비판과 정치 문제의 공개적의 토의를 막지 않았다. 사회 여론을 존중하여 로리스-멜리코프는 몇 명의 고위 관리들을 교체하기로 결정했다. 그는 인민 계몽성 대신 톨스토이의 백작의 해고를 관철하였고, 이 조치로 광범위한 사회 계층으로부터 지지를 얻었다.

1881년 2월 28일에 로리스-멜리코프는 차르에게 다음과 같은 보고서를 제출한다. 그 보고서에서 그는 나라의 최종적인 안정을 위해서는 국가개혁의 과업을 완수 할 것과 이러한 목적을 위한 사회의 세력을 동참시킬 것을 제안했다. 그는 개혁에 일치하는 법을 입안하기 위해서 지방의회와 도시 대표자들로 구성된 두개의 임시 위원회인 경제행정과 재정 위원회를 설립하는 것이 불가피 하다고 생각했다. 황제 자신이 위원회 구성을 결정 해야만 했다. 로리스-멜리코프는 두 임시위원에서 준비된 법안들을 지방과 도시 자치 단체의 선출된 대표자들로 구성된 일반 위원회로 보낼 것을 제안했다. 일반 위원회에서 인준된 법안들은 일반위원회에서 선출된 10~15명의 위원들이 참여하기로 가정된 국가위원회(Государственный Совет)로 송부되었다. 멜리코프의 ≪헌법≫이라는 명칭을 부여받은 그 법안이 내용은 이렇다.

그 법안은 실제의 헌법과 약간 흡사했다. 왜냐하면 그 법안에서 제안된 조치들은 기존의 형태로는 러시아 제국의 정치 체제에 본질적으로 영향을 끼칠 수 없기 때문이었다. 그러나 그 법안의 실시는 입헌 군주국의 토대를 확립하는 기초가 될 수 있었다.

3월 1일 아침에 알렉산드르 2세는 로리스-멜리코프의 법안을 승인하고 3월 4일에 그의 최종적인 추인을 위한 각료 회의의 소집을 지시했다. 로리스-멜리코프가 국가의 국내의 정책을 총괄하는 위치에 있었던 시대는 동시대의 사람들에 의해서 ≪심장부의 지시≫로 불리었다. 테러 행위의 숫자는 줄어들었고, 나라의 상황은 더욱 더 안정되는 듯 보였다. 반체제 운동가들과의 투쟁을 위한 비상 전권의 불가피성이 사라졌기 때문에, 로리스-멜리코프의 제안에 따라 최고 집행위원회는 폐쇄 되었다. 그러나 로리스-멜리코프는 잔인한 실수를 범했다. 혁명가들의 진영에서 어떤 소강상태는 테러 단체의 구성원들 중의 한 사람의 배신으로 생긴 일시적인 원인 때문에 형성되었다.

알렉산드르 2세의 암살

1881년 봄에 알렉산드르 2세의 암살에 대한 음모의 준비 때문에 인민 의지당의 집행위원회의 두 명의 열성 당원들이 교수형에 처해졌다. 인민 의지당원들은 동료의 죽음에 대해서 복수하기로 결정해서 페테르부르크 거리에서 차르를 직접 저격할 계획을 세웠다. 알렉산드르 2세에 대한 일정이 관찰되었고, 그의 기차 행로가 밝혀졌다. 황제가 일요일마다 미하일로프스키의 승마 연습장으로 갈 때에 통과하는 말라야 사도바야(Малая Садовая) 거리에서 말굽 쇠들이 검문되기 시작했다. 그러나 4월 말에 오네사에서 ≪인민 의지당≫지도자 중의 한사람인 젤랴보프가 체포되었다. 인민 의지당 집행위원회는 황제살해 작전을 서두르기로 결정했다.

1881년 3월 1일에 황제는 군대의 호의를 받으면서 미하일로프스키 승마장으로 향했다. 그는 전통적인 수행행로를 바꾸면서 자신의 운명을 속이려고 시도했다. 그러나 테러리스트들은 모든 가능성을 배제하려고 시도했다. 황제가 지나갈 수 있는 모든 길에 폭탄을 설치했다. 알렉산드르 2세는 덫에 걸렸다. 예카테린스크 운하 둑에서 황제는 그레네브에 의해 치명상을 입었고, 폭발 후 9시간 뒤에 죽었다. 정부는 인민 의지당의 집행위원회의 거의 모든 당원들을 체포했다. 알렉산드르 2세의 암살에 가장 적극적으로 가담한 열성 당원들인 젤랴보프, 페로프스카야, 미하일로프, 키브블리치, 리사코프 등이 1881년 4월에 교수형에 처해졌다. 그러나 인민 의지당원들의 기대와는 달리 차르의 살해는 농민 반란의 발단이 되지 않았다. 게다가 인민들은 황제의 잔인한 암살에 의해 충격을 받았다. 인민주의자들의 운동은 난관에 봉착했다.

알렉산드르 2세의 암살

피의 사원

결 론

알렉산드르 2세는 개혁의 실시에서 일관성이 없었다. 개혁 중 어떤 것은 보수적 관점에서 수정되기까지 했다. 이것은 혁명가들의 테러활동의 심화의 원인이 되었다.

✔ 제 3장의 결론

1861년의 농노해방과 뒤이은 1860~ 개혁들은 러시아 역사상 대 격변의 순간이 되었다. 자유주의적인 운동가들은 이 시대를 ≪대 개혁≫의 시대라고 불렀다. 개혁의 결과로 유럽처럼 발전할 수 있도록 러시아의 자본주의 발전에 필요한 조건들이 형성되었다.

경제발전의 속도는 급격하게 빨라졌고, 시장경제로의 전환이 시작되었다. 이러한 과정의 영향으로 새로운 사회계층인 산업 부르주아와 프롤레타리아가 형성되었다. 농민들과 지주들은 더욱 더 화폐와 상품의 관계로 휩쓸리게 되었다.

지방자치 의회와 도시 자치의 등장, 사법과 교육제도의 민주적 개혁 등은 시민사회와 법치국가의 기반으로의 러시아의 점진적인 전진을 입증했다. 그러나 거의 모든 개혁들은 일관성이 없었고, 미완성으로 끝났다. 그러한 개혁들은 귀족층의 계급적 특권과 사회에 대한 국가의 통제를 보존했다. 소수 민족들의 변경 지역에서 개혁들은 불완전한 형태로 실시되었다. 군주의 전제권력의 원칙이 변화되지 않은 형태로 잔존했다.

알렉산드르 2세의 정부의 대외정책은 거의 모든 중대한 방면에서 적극적인 성격을 띠었다. 러시아는 외교적 · 군사적 방법으로 당면한 외교 정책적 과제들을 해결하여 강대국의 위상을 회복할 수 있었다. 방대한 중앙아시아를 영토에 합병하여 러시아의 국경이 확대되었다.

≪대개혁≫의 시대는 여러 형태의 사회운동이 정권에 영향을 끼치거나 반대하는 정치세력으로 전환되는 시기였다. 정책방향의 변경과 개혁에 저항은 과격주의의 성장을 초래했다. 혁명주의 단체들이 테러의 방법을 채택하고, 차르와 고위 관료들을 살해하고, 농민들을 혁명으로 동참시키려고 시도했다.

제4장 1880~1890년대의 러시아

27. 알렉산드르 3세의 국내 정치

새로운 통치의 시작

알렉산드르 2세가 살해된 후 그의 아들 알렉산드르 3세가 왕위에 올랐다. 어린 시절에 군대식의 교육을 받은 후에 그는 큰 관심을 가지고 군인들과 함께 군사학을 공부했다. **솔로비예프**(С. М. Соловьев)가 황세자에게 강의했던 러시아 역사는 예외였다. 알렉산드르 3세는 훌륭한 역사 도서관이 있었던 제국 역사학회를 이끌었다. 1866년에 황세자는 정교식 세례명 마리아 페도로브나를 부여받은 덴마크 공주 다그마라(Дагмара)와 결혼식을 가졌다. **알렉산드르 3세**는 모범적인 가장으로서 아이들을 길렀다. 그는 눈에 띄게 키가 컸고 뛰어난 체력을 가졌다. 알렉산드르는 근면한 사람이었고, 자신이 모든 문제에 개입하려고 시도했고, 교육기관, 군 시설, 병원, 고아원 등을 직접 방문했다. 황제는 교육의 다양성과 솔직함이 부족했지만, 그의 겸손과 정직, 근면, 가족에 대한 애착이 강한 책임감, 완고함과 강력한 의지와 결합되었다.

알렉산드르 3세에게 죽은 황제가 로리스-멜리코프의 개혁안에 찬성하였고, 특별회의에서 그것을 공식적으로 인준하는 절차만 남았다는 사실이 알려졌다. 1881년 3월 8일에 소집된 회의에 참석자들 대부분은 그 개혁안을 지지하는 관리들이었다. 로리스-멜리코프는 죽은 황제의 의지는 그의 후계자에게 법이 된다는 것을 가정하여 침묵을 지켰다. 그러나 전례가 없는 일이 생겼다. 알렉산드르 3세는 로리스-멜리코프의 헌법 초안은 서유럽 형태로 작성된 것이어서 러시아의 현실에 전혀 적절치 않다고 주장했던 종무원장 포베도노스체프(К. П. Победоносцев)를 지지했다.

알렉산드르 3세

1881년 4월 29일에 알렉산드르 3세는 포베도노스체프가 작성한 인민들에게 보내는 선언문을 공포했다. 이 선언문에서 황제가 ≪인민의 복지를 위해서 모든 수단을 다 이용하여≫ 전제 정권의 보존을 주요한 과업으로 생각하고 있다는 것으로 추론되었다. 유사헌법이 채택되기를 바랐던 자유주의자들의 희망은 허물어졌다. 내무대신 로리스-멜리코프는 사임하였다. 재무대신 아바즈(А. А. Абаз)와 전쟁대신 밀류틴도 자발적으로 사임하였다. 그럼에도 불구하고, 알렉산드르 3세의 포고문은 전임황제의 개혁을 존중하는 정신을 내포하고 있었다. 게다가, 개혁정책을 더 추진하겠다는 소망이 표현되었다.

주요한 대신들이 중요한 자리에서 물러난 후에 유명한 온건한 개혁의 지지자들과 활동가들이 새로운 자리에 임명되었다. 전 이스탐블의 러시아 대사인 새로운 내무대신 이그나티예프(Н. П. Игнатьев)는 지도적인 슬라브주의자 악사코프(И. С. Аксаков)와 함께 젬스키 사보르(Земский собор: 국민회의)의 소집 안을 작성하였다. 재무상 분게(Н. Х. Бунге)는 지나치게 신중하였지만, 인민들의 생활을 개선해 주기를 원했던 진보적 성향의 정치가였다.

1881년 5월 6월에 이그나티예프는 정부는 사회의 대표자들과 긴밀히 협력할 것을 천명했다. 1881년 6월에 토지분할 대금을 낮추는 법안에 참여를 제안한 이른바 최초의 ≪지식인들의 회의≫가 소집되었다. 지식인들은 의회에서 선출되지 않았지만 정부에 의해 임명되었고, 그들 중에는 진보적인 인사들이 포함되어 있었다. 1881년 9월에 모인 이른바 ≪계몽된 사람들≫의 2번째 회의는 이주정책과 관련된 문제를 토의할 것을 제안했다.

농민 문제 해결의 시도

1881년 12월 28일에 농민들에게 할당된 토지의 의무적인 매도에 관한 법률이 ≪계몽된 인사들≫의 회의에서 사전토의에서 채택되었다. 농민들의 임시적인 의무 상태는 그렇게 중단되었다. 이 법에는 모든 지역의 토지 구매대금을 1루블로 내리는 규정이 포함되어 있었다. 후에 몇몇 주에서는 판매대금의 액수의 감소로 5루블이 추가적으로 할당되었다. 각주에 5만 루블을 분배하는 문제에 관한 사전토의의 권리는 지방자치 의회에 부여되었다.

농민 공동체가 농민들의 파산을 예방해주고 사회의 부동성을 유지해준다고 생각했기 때문에 알렉산드르 3세 정부는 농민 공동체를 보존하고 강화시키길 원했다. 1893년에 공동체로부터 농민들의 이탈을 제한하는 법이 채택되었다. 공동체 안에서 토지를 변화시키는 순서의 변화가 일어났다. 새로운 법에 따르면 농토의 변화를 위해서는 농민회의 참석자의 적어도 2/3의 찬성이 있어야만 했고, 농토 변화의 간격은 12년 이하일 수가 없었다. 공동체의 토지를 저당 잡히거나 판매하는 것도 금지되었다.

노동입법의 시작

러시아는 노동자들의 근로조건을 통제하기 시작했던 세계에서 최초의 국가 중 하나가 되었다. 1882년 6월 1일에 12살까지의 소년들의 노동을 금지하고, 유년에게 하루에 8시간의 노동시간을 제한하는 노동법을 실시하였다. 또, 노동법의 감독을 위해 특별 공장 감독관이 임명되었다. 뒤이어서 1885년에는 여성과 미성년의 야간 노동을 금지하는 조치가 시행되었다. 1886년에 프롤레타리아 계급의 등장의 즉각적인 영향을 받아서 기업가들과 노동자들 간의 상호관계에 관한 법률이 공포되었다. 그 법은 벌금의 규모가 제한되었다. 노동자에게 부과된 모든 현금의 징수는 특별 자금으로 들어갔다. 그러한 자금은 노동자들에게 지원되는 보조금 지불을 위해 예치되었다.

그 법률에 따라 공장상점을 통해서 노동자들에게 상품을 파는 것이 금지되었다. 그리고 임금 지불 상태가 기입되는 특별 장부제도가 도입되었다. 파업에 참여하는 노동자들에 엄격한 책임에 대한 규정도 이루어졌다. 그러나 새로운 장관들은 모든 계획들을 끝까지 추진할 수 없었다. 1882년 5월에 이그나티예프가 자신의 직책에서 쫓겨났다. 그는 알렉산드르 3세에게 젬스키 사보르를 소집할 것을 간청한 것에 대해서 대가를 치렀다. 1880년에 로리스-멜리코프의 제안에 따라 인민 계몽성 대신의 자리에서 해임되었던 톨스토이 백작이 이그나티예프 자리에 임명되었다. 이 순간부터 국내 정책에서 알렉산드르 3세의 재위기간에 반동적인 특징들이 나타나기 시작했다.

정권의 잔혹함

새로운 정책의 윤곽은 1881년 8월 14일에 국가 질서 유지와 사회 평화 유지를 위한 조치법의 공포에 이미 예시 되었다. 이러한 법은 내무성 대신과 현지사에게 나라의 어떤 지역을 비상 상태 지역으로 선포할 권한을 부여했다. 지방 정권은 기피인물들을 재판 없이 추방하고, 상업-산업의 기업들을 폐쇄하고, 민간법정 대신에 재판업무를 군사법정에 넘기고, 신문과 잡지의 발행을 중지 시키고, 교육기관들을 폐쇄시킬 수 있었다.

러시아 제국의 정치제도는 완전히 경찰국가의 특성을 갖추기 시작했다. 1880년에는 ≪질서유지와 사회 안전을 위한 부서≫인 새로운 헌병기관이 창립되었다. 그들의 임무는 정권에 반대자에 대한 감시였다. 모든 현들은 경찰 비밀 정보원의 고용에 지불되는 경비를 크게 증대하였다. 이러한 모든 조치들은 1860~70년대의 개혁기에 선포되었던 법령들의 토대를 파괴했다.

1883년에 네바강 한 가운데 있는 섬인 실리셀부르크에 정치범들을 위한 특별 감옥이 건설되었다. 1884년에 계몽성 장관 델야노프(И. И. Делянов)는 새로운 대학법령을 도입했다. 그 법령에 따라서 대학들은 자치를 박탈당했고, 계몽부는 대학의 교육내용을 통제할 기회를 갖게 되었다. 대학생들을 엄벌하는 결정이 내려졌고, 어떠한 대학생 조직들도 금지되었다. 공개적인 불만을 드러내는 사람들을 군대에 보냈다.

델야노프 장관이 1887년 6월 5일에 내린 ≪요리된 아이들≫로 명명된 명령 지침서의 하달로 유명해졌다. 그의 생각은 아이들에 대한 규칙적인 가정 내의 감독과 학습에 필요한 편의의 제공에서 충분한 보호를 제공하는 사람들의 후견을 받는 아이들만을 중학교에 입학시키는 것이었다. 이러한 조치는 하층 계급인 마부, 하인, 요리사, 세탁부, 구멍가게 주인 등의 하층 계급(비범한 재능을 가진 사람들을 제외하고)의 자제들을 입학시키는 것을 배제하는 것이었다. 이러한 목적을 가지고 교육비 지출이 증대되었다.

포베도노스체프는 교육 분야에서도 큰 영향을 끼쳤다. 그는 농부의 자제들은 실제생활과 동떨어진 지식을 전수 받을 필요가 없다고 생각해서 지방 자치단체 학교의 설립에 반대했다. 검찰 총장은 각 교구마다 학교를 설립하도록 의무화 하여 교회부속 학교의 확대를 촉진했다. 그러한 학교에서는 교구의 성직자가 유일한 선생님 이었다. 그러나 재정적으로 불안한 작은 규모의 지방의 성직자들은 특별한 기쁨이 없이 이러한 보충적인 봉사에 관계했다. 대부분의 교구산하 학교에서의 강의는 매우 낮은 수준 이었다. 1886년에 포베도노스체프의 주장에 따라 여성의 고등교육 과정이 폐지되었다.

1882년에 어떤 출판기관의 출현을 금지하는 권한을 부여받은 4개의 부처 협의회가 조직되었다. 1883~1885년에 비로소 포베도노스체프가 처음으로 주재했던 협의회의 결정에 따라서 9개의 출판사들이 폐쇄되었다. 1884년 러시아 역사상 최초로 도서관 정비령이 발령되었다. 100개 이상의 책 제목들, 저술과 정기간행물의 목록이 공중 도서관과 공공 도서관에서 공개 되서는 안 되는 것으로 분류되었다.

귀족의 특권 강화와 지방 자치에 대한 공격

톨스토이 백작이 내무장관으로 임명된 것은 보수적 성향의 귀족들의 지지를 얻어냈다. 귀족들은 사회에서 과거의 지위를 회복하기를 희망했다. 1885년 100주년 기념일 날에 귀족 계급에게 하사된 국서의 내용은 특수 귀족은행을 개설한다는 것이었다. 은행의 임무는 지주들의 농장을 지원해 주기 위한 특혜 대출의 제공이었다. 이 경우에 대한 공표된 차르의 성명서에서 러시아 귀족들이 군의 지위, 지방의 행정과 사법문제에서, 그 들의 믿음과 신념의 본보기의 바탕위에서 대중교육의 기초를 세우는데 있어서, 지도적인 위치를 유지하기를 바라는 바람이 표현되어 있었다.

1889년 7월 12일에 지방자치의 감독관들에 관한 법률이 공포되었다. 이 법은 계급에 상관없는 평등선출 원칙의 바탕위에 농민과 사법개혁의 과정에서 설립된 농지 조정관의 의무와 지방의 기관들, 농민문제 등을 다루는 현관청과 치안 재판소를 폐지했다. 40개의 러시아 현에는 2200개의 지방의회가 구성되었다. 이 지방의회는 전에는 최고 권력 기간들만이 갖고 있던 광범위한 권한을 소유했다. 지방자치 의회의 의장은 농민공동자치제를 감독 했고, 치안 재판관 대신에 사법업무를 관장했고, 자율적인 농촌 재판소의 법정 판결을 확인했고, 토지 분쟁 등을 해결했다. 귀족들만이 지방자치의회의 의장의 직책을 차지할 수 있었다.

새로운 법은 정권에 중대한 몇 가지 과업을 곧 해결했다. 지방의회 의장에게 종속시킨 후에 농촌의 자치는 지방에서의 정부의 위치를 강화시켰고, 귀족들에게 복무의 연장을 위한 기회를 제공했다. 지방의회의 의장의 권한은 개혁 이전에 지주들이 갖고 있던 권한과 비슷하였다. 농민들은 본질적으로 재판 없이 신체적 처벌을 포함한 농민들에게 형벌을 내릴 수 있는 권한을 부여받은 지방의회의 의장에게 개인적으로 종속되었다.

1890년 6월 12일에 ≪주와 군의 지방의회 기관들에 관한 법령≫이 공포되었다. 그 이후부터 지방자치 의회의 통치는 국가제도의 일부인 권력 하층조직으로 여겨졌다.

지방의회를 선출할 때 출신계급의 기준이 더욱 강화되었다. 지주들의 선거등급은 완전하게 귀족들과 동등해졌고, 지주들의 투표권 수는 증대되었다. 토지 소유에 따른 선거자격은 낮추어졌다. 도시 거주자들의 선거등급은 증대되었다. 농민들은 실제적으로 자립적인 대표성을 박탈당했다. 그들은 읍의원 후보만을 선출하도록 허용되었다. 이후에 그 후보들은 지방자치 의장의 추천을 받은 후에 주지사의 인준을 받았다. 1892년 6월 11일에 새로운 도시 법령이 공포되었다. 새로운 도시 법령은 유권자 권리를 대폭 증대 시켰고, 공식적으로 도시자치 문제에 대한 중앙정부의 개입이 강화되었다. 도시 시장들과 도시의회 의원들은 국가에 봉직할 의무를 부여받았다.

28-29. 경제와 사회 체제에서의 변화

알렉산드르 3세의 경제 정책의 주요한 목표들과 분게의 활동

대 러시아 제국을 강화하려는 알렉산드르 3세의 소망은 강력한 경제의 건설 없이는 불가능한 일이었다. 황제는 정부의 중대한 경제담당의 직책에 결정적인 방법으로 국내산업의 보호정책, 세금징수의 증대, 철도건설의 촉진 등을 추진하는 것이 불가피하다고 생각한 개혁가들을 임명했다.

분게

1881년 5월에 재무장관 직위에 훌륭한 경제학자인 **분게(Н. Х. Бунге)**가 임명되었다. 그는 급속한 경제 성장의 지지자였지만, 산업에 직접적인 국가의 재정지원에 반대했다. 붕괴는 경제 발전에 이로운 법령의 공포를 정부의 중요한 과제로 생각했다.

분게가 재무장관의 지위를 떠맡자마자 국가의 화폐제도는 악화 상태에 있었다. 정부의 빚은 60억 루블이 되었다. 구매력은 2배나 감소되었다. 그래서 붕괴는 조세제도의 개혁을 최우선 정책의 과제로 내세웠다. 그는 노동계층이 고통을 받지 않도록 개혁을 실시하려고 노력했다. 장관은 농민의 조세부담의 경감을 지지했고, 토지할부금의 경감을 실시했고, 인두세의 점차적인 폐지를 시작하였다.

이러한 조치로 발생한 손실을 보충하고 국가의 수입을 증대시키기 위해서 붕괴는 토지, 도시 건축, 현금 자본, 채금 산업에 대한 세금을 올렸다. 그는 상속세와 해외여행에 대한 세금을 도입했다. 이때 술, 담배, 설탕에 대한 간접 내국 소비세도 동시에 증가했다. 수입한 상품의 관세도 올랐다. 3년 동안 1882년부터 1885년까지, 그런 관세는 30% 이상 더 올랐다.

분게는 관세의 증대를 국가예산을 보충하는 관점에서 생각했을 뿐만 아니라 더 넓은 의미를 부여했다. 해외에서 수입되는 상품에 부가되는 관세는 외국의 경쟁자로부터 국내 산업을 보호하고 국내 생산의 발전을 촉진케 하는 조치로써 최고의 의미를 가졌다.

재무장관 분게는 사기업의 육성을 위해서 많은 일을 했다. 정부는 국가의 군사력을 강화할 목적으로도 산업의 성장을 촉진했다. 동시에 정부는 예산에 1년에 2천 3백만 루블을 부담시켰던 군대를 대폭으로 감축했다. 그러나 분게는 국고 수입 이상으로 국고지출을 올리는 것을 폐지할 수 없었다.

브이시네그라드스키와 비테의 경제 정책

1887년 1월 1일에 붕괴는 사직했다. 대발명가이자 행운의 재력가인 브이시네그라드스키(И. А. Вышнеградкий) 교수가 분게의 직위를 차지했다. 그는 국가의 화폐유통의 정상화를 자신의 중요한 과제로 생각했다. 이러한 목적으로 재무장관은 거액을 비축했고, 그 다음에 외국의 거래소에 넓게 참여했다. 그 결과 루블의 구매력은 현저하게 향상되었다.

정부는 관세를 올리는 방향으로 새로운 관세정책을 시작했다. 1891년에 새로운 관세율이 정해졌다. 앞 시기에 러시아에 수입되는 원자재에 더 높은 관세가 부가되었다면, 지금은 그 높은 관세율은 몇 가지 종류의 기계제작 제품에 부과되기 시작했다. 브이시네그라드스키의 재임 시에 러시아 제품의 수출은 외국제품의 수입을 초과했다. 물론, 러시아는 주로 식량과 다른 농산물을 수출했다.

브이시네그라드스키는 분게보다 더 적극적으로 경제활동과 특히 사기업을 위한 좋은 조건을 만들어주는 데에 정부의 직접적인 관여를 공공연히 지지했다. 그 외에 브이시네그라드스키의 경제 정책은 외자도입, 철도 수송비의 지불의 재검토, 포도주 전매 실시를 미리 생각해 두었다. 그가 제안한 정책 중 몇 개는 1892년에 이 직위를 이어받은 재무장관 비테에 의해서 실시되었다. 브이시네그라드스키는 국가의 수입과 지출간의 차액을 해결하는 것뿐만 아니라 지출 보다 수입의 초과를 달성할 수 있었다. 재임 기간 동안에 금의 액수는 5천만 루블 을 초과했다.

1890년대는 러시아 산업의 전례 없는 발전의 기간이 되었다. 10년간 국가의 산업은 두 배가 되었고, 중공업 생산은 3배나 증대되었다. 특히 새로운 형태의 연료인 석탄과 석유와 관련된 경제 분야가 빠른 속도로 발전했다. 1891년에 수천 킬로미터의 시베리아 횡단 철도의 건설이 시작되었다. 1893년 이후 몇 년 간의 비교적 평온한 기간에 철도 건설은 더욱 더 강력하게 추진되었다. 정부는 개인 철도를 구입하여 나라의 통일된 수송망을 구축했다.

농 업

여전히 러시아 경제의 토대인 농업은 활발하게 시장관계로 유입되었다. 그러나 농업의 성장은 지주의 토지소유와 농민 공동체의 존속을 억제했다. 농민의 빈곤화는 지주들이 자신들의 농기구를 획득하고 자유로운 노동자들을 고용하도록 압박했다. 자본주의적 영농체제는 발트해 연안, 서쪽, 남-서쪽, 남쪽 등의 지역뿐만 아니라 페테르부르크, 모스크바, 야로슬라블, 사라토프 등의 현에서도 지배적이었다. 동시에 중앙-흑토지대, 볼가강 중류 지대, 비흑토 지대 등의 현에서 예전처럼 농노에 기반을 둔 영농체제가 보편적이었다.

1880년에 눈에 띄게 나라의 각 지역의 농업 전문화가 강화되었다. 폴란드와 발트해 연안뿐만 아니라 프스코프와 페테르부르크 현은 공예농산물의 재배와 우유의 생산으로 전환했다. 곡물 농업의 중심지는 남-동쪽, 볼가강 유역 하류, 우크라이나 등의 초원지역으로 이동되었다. 랴잔, 오를로프, 툴라, 니제고로드 등의 현에서 축산업이 발달했다.

나라 전역에서 곡물 농업이 지배적이었다. 파종 면적이 증대되었다. 1861년 농노해방 이후의 30년 동안 경작지는 25%나 확대되었다. 식량의 총 수확량은 거의 30%나 증대되었다. 그럼에도 불구하고 곡물재배의 수확량은 매우 느리게 증대되었다. 농기구의 등장에도 불구하고, 압도적인 농민 숫자가 낡은 방식으로 자신의 밭을 경작했다. 즉 쟁기와 나무로 만든 써레로 경작했고, 충분한 양의 비료를 사용하지 않으면서 밭을 경작했다. 이러한 상태에서 매년 심각한 자연 재해인 가뭄, 혹한, 지속적인 비 등이 무서운 결과를 초래했다. 1891~1892년에 러시아는 기근을 겪었고, 기근 동안에 60만 명 이상이 죽었다.

대개혁 시대의 사회의 사회적 구조

19세기 후반에 러시아 사회의 계급적인 분열은 유지되었다. 러시아 법전에서는 모든 도시와 농촌의 주민들이 ≪신분 구분법에 따라≫ 4가지의 주된 신분인 귀족계급, 승려, 도시주민, 농촌주민으로 나뉘었다. 귀족은 여전히 최고의 특권층으로 남았다. 귀족들은 개인과 세습으로 나뉘었다. 관직에 복무하고 관리등급표의 하층 관직을 가진 다양한 계급의 대표자들이 상속되지 않았던 개인적 관직에 대한 권리를 부여받았다. 나라의 봉직자는 상속되는 세습귀족을 부여받을 수 있었다. 세습귀족이 되기 위해서는 정해진 고위 관직이나 훈장을 받아야 했다. 황제는 성공적인 사업가 활동이나 다른 활동 때문에 세습귀족 직을 수여 할 수 있었다.

도시 거주자 계급에는 세습되는 명예시민들, 상인들, 평민들, 수공업자들이 포함되었다. 농민. 카자크들, 농업에 종사한 다른 주민의 집단 등이 농촌 거주자에 포함되었다. 자본주의적 생산방식의 발달과 함께 법률로 규정된 사람의 계급구분이 아니라 사람의 경제적 위치가 더욱 더 큰 의미를 띄게 되었다. 사람의 경제적 위치는 상품의 생산과 유통에서 그 사람의 위치에 달렸다. 두 개의 큰 계층인 부르주아와 프롤레타리아를 포함하는 부르주아 사회의 형성이 진행되었다.

도시의 성장, 산업, 교통, 통신 등의 발전, 주민의 문화에 대한 관심의 상승, 19세기 후반의 인구 증가 등은 정신노동과 예술적 창작에 직업적으로 종사하는 사람들인 지식계급인 인텔리겐치야의 증대를 초래했다.

농 민

19세기 후반기에도, 농민들은 예전처럼 러시아 제국의 인구의 압도적 다수를 차지했다. 과거의 농노들과 마찬가지로 국가 소유의 농민들도 자치적 농촌 공동체의 일원이 되었다. 읍은 몇 개의 농민 공동체로 구성되었다. 농촌의 촌회 즉 가장들의 모임에서 3년 임기의 장로, 세금 징수자와 읍회에 나가는 공동체의 대표자들이 선출되었다. 그 다음으로 읍회의는 읍의 장을 선출했다. 읍장과 촌장은 당면한 경제문제의 해결 외에 질서의 유지도 담당했다.

농민들을 위한 특별 읍재판소가 있었고, 그 재판소의 판사들은 촌회에서 선출되었다. 농민들은 절제 없는 낭비, 음주나 사람을 현혹시키는 것으로도 처벌받을 수 있었다. 그 외에 농민들은 이미 오랫동안 다른 계층들에게는 폐지되었던 형벌을 받았다. 읍 재판소는 사람들에게 공개 태형의 판결을 내릴 권리를 가졌다. 공동체는 특히 비도덕하고 교화 되지 않는 사람들을 촌락의 구성원에서 제외시키는 권리를 가졌는데, 그것은 죄인들을 시베리아로 추방하는 것을 의미했다.

농노제도에서 해방된 농촌은 큰 변화를 겪었다. 농민계급의 분화가 증대되었다. 부유층과 빈곤층이 나타나기 시작했다. 말이 없이는 땅을 경작할 수 없었기 때문에 부유함의 기준은 일정한 수의 말의 소유였다. 말이 없는 농민은 농촌에서 극빈의 상징이 되었다. 1880년대 말에 유럽-러시아에서는 말이 없는 농가는 27%가 되었다. 한 마리 말의 소유는 가난한 농촌의 지표로 생각되었는데, 이런 경우도 약 29%가 되었다. 당시에 5내지 25%의 농민들이 10마리에 이르는 말을 가졌다. 그들은 많은 농토를 매점했고, 날품팔이 농부를 고용했고, 농장을 확장했다. 공동체의 질서를 압박했던 소 자영농민 계층이 등장했다. 멀지 않아 두 유형의 농부 간의 대립이 나타났다. 한 쪽은 아버지와 할아버지의 관습, 공동 집단주의와 사회주의적 보호에 토대를 둔 공동체를 신봉했고, 다른 쪽은 독립적으로 농사를 짓기를 희망하는 새로운 농부들이었다.

일어났던 변화들이 공동체의 기초를 흔들었다. 많은 농민들이 벌이를 위해 도시로 떠났다. 가족과 농촌의 일로부터 남자들의 오랜 격리는 농촌생활뿐만 아니라 농촌자치에서도 여성 역할의 증대를 초래했다. 작은 시간을 쪼개어 아이들을 양육했고, 아이들에게 농사의 경험과 가족의 전통을 전해 주었다. 전에는 잘 보이지 않았던 이혼 현상이 나타났고, 음주가 증대되었다. 농촌 인구의 문명율은 매우 낮았다. 1897년에 조사된 자료에 따르면 문명율은 겨우 17.4%가 되었다.

귀 족

1861년 개혁 후에 다른 계급 출신들이 특권 계급으로의 대량 유입 때문에 귀족층의 분화가 가속되었다. 1856년에 이것을 예방하기 위해서 개인 귀족과 세습귀족이 될 수 있는 권한을 부여하는 관직등급이 높아졌다. 개인귀족의 신분을 얻기 위해서는 이제 12급 이상의 군직이나 9급 이상의 관직을 가지는 것이 필요하였다. 세습귀족이 되기 위해서는 6급의 군직이나 4급의 관직을 가져야만 했다. 그럼에도 불구하고 19세기 후반에 귀족층의 수는 증가되었다. 1867년에 세습귀족은 652,000명이었고, 1897년에는 1,222,000명이 넘었다. 그러나 귀족들의 정치적 위치는 약간 약화되었다. 공직에 취임하기 위해서는 출신성분이 아니라 공직에 대한 준비나 자격이 고려되기 시작했다.

19세기 말 쯤에는 장교의 51.2%가 세습귀족 출신들이었고, 고위관리와 중간관료의 30.7%가 세습귀족 출신들이었다. 귀족층은 국가 공직의 1/4를 차지했다. 그들 대부분은 토지의 소유관계를 상실했고, 월급이 유일한 생계의 원천이 되었다. 그러나 귀족들은 지방자치기관에서 지도적인 위치를 유지했다.

점차적으로 특권계급은 자신들의 경제적 특권을 잃었다. 농노제 개혁 이후에 귀족들이 소유한 토지면적은 평균 1년에 약 68만 평방미터씩 감소했다. 1861년에는 귀족의 88%가 지주였고, 1878년에는 56%, 1895년은 40%였다. 귀족의 대부분은 반농노제 형태의 농장경영을 채택했고 급속히 파산했다. 1895년경에 지주들은 자신들의 땅 40%를 저당 잡혔다.

몇몇 귀족은 철도건설, 산업생산시설, 보험과 은행업 등에 종사했다. 기업 활동에 필요한 재원은 토지매매, 땅의 임대와 저당으로 충당되었다. 귀족들은 대기업의 소유주가 되었고 주식회사의 주요한 지위를 차지했고, 유가증권과 부동산을 매점했다. 많은 귀족들이 의사와 법률가 같은 일련의 지적 직업들을 차지했고, 직업적 작가, 미술가, 예술가들이 되었다. 동시에 귀족들 중 일부분은 파산했고, 사회의 저소득층이 되었다.

부르주아들

자본주의 체제의 발전은 부르주아 계층의 수적인 증가를 초래했다. 귀족들, 상인들, 지주들, 농민들의 숫자가 계속 증대되면서, 그 계층의 대표자들은 나라의 생활에서 더욱 더 괄목할만한 역할을 해냈다. 가장 큰 산업 자본가 중에는 부유한 상인 출신들(구보닌, 마몬토프, 메쉐린)이 적지 않았다. 귀족들(보브린스키, 브라니츠키, 포토츠키, 시포브이, 폰멕 등)도 있었고, 그러나 농민출신도 많았는데, 특히 농민 중에서는 구교도들(모로조프 가문, 랴부신스키, 프로호로프 가문, 구츠코프 가문, 코노발로프 가문 등)이 많았다.

1860~70년대의 ≪철도 건설 붐≫의 시대부터 시작해서 부르주아는 관료들을 적극

적으로 대체했다. 개인 은행과 주식회사의 경영에 개입하면서 관료들은 국가권력과 개인생산 간에 견고한 관계를 확보했다. 그들은 산업가들이 유리한 주문과 이권을 부여받도록 도와주었다. 이런 분야에서의 권력남용은 1884년에 정부가 고위관료들이 기업 활동에 종사하는 것을 금지 하지 않을 수 없을 정도로 확대되었다.

국내의 대기업가들 중에는 러시아인들뿐만 아니라 많은 소수민족 대표자들도 포함되어 있었다. 예를 들어 우크라이나인(하리토넨코, 테레센코 가문), 아르메니아인들(만타세프, 리아노조프, 구카소프 가문), 아제르바이잔인들(타기에프, 나기에프), 유태인들(카멘카, 부로드스크 가문, 긴츠부르크 가문, 폴랴고프 가문)이 있었다. 러시아에는 적지 않은 외국인 기업가들(스웨덴인 노벨가문, 영국인 유즈, 프랑스인 브로카르, 독일인 크노프, 미국인 구베르 등)이 나타났다.

러시아 부르주아 계층의 형성 기간은 인민주의자들의 적극적인 활동의 시기와 서유럽의 프롤레타리아 계급의 혁명적 투쟁의 증대되는 시기와 우연히 일치했다. 그러기 때문에 부르주아 계급은 전제 권력을 혁명적 반란의 보호자로 보았다. 부르주아의 이익이 종종 정부로부터 제한을 받았지만, 부르주아의 적극적인 활동에는 결정적이지 않았다.

프롤레타리아

농업과 수공업에 종사하는 노동자들을 포함한 모든 고용된 노동자들이 프롤레타리아 계급에 속했지만, 핵심은 방직공장, 광산, 철도건설 노동자들 즉 산업노동자들이었다. 프롤레타리아 계급은 산업혁명과 동시에 형성되었고, 1890년대 중엽에 고용노동 분야에서는 약 1000만 명이 노동자가 종사했다. 그 중 산업노동자는 150만 명이였다.

러시아의 프롤레타리아는 일련의 특징을 가졌다. 다양한 소수민족출신들로 구성되어 다민족적 특성을 가졌다. 다른 나라에서 보다는 러시아에서 노동자들의 대부분이 대기업에 집중되어 있는 것이 목격되었다. 1890년에 100명 이상의 종업원을 가진 대기업에 모든 방직공장과 광산노동자의 3/4이 집중되어 있었다. 고용된 섬유공장의 노동자들은 대체로 1세대 프롤레타리아이고, 농촌과 긴밀한 관계를 유지했다. 그래서 노동자들 중 절반 이상이 산업과 농업 일에 동시에 종사하기를 계속했다. 많은 공장에서 노동의 강도는 농업의 필요성을 고려해서 했다. 고용주들은 성모제부터 부활절의 기간 노동자를 고용하고 수확기에 농민들을 시골로 보내주어야 했다.

도시에서 많은 노동자들은 공동체 생활에 익숙한 규범들을 지속했다. 공장기숙사에서 노동자들은 동업조합에 따라서가 아니라 그들의 출신, 주와 현을 따라 모여서 살았다. 농민들을 기업에 모아온 숙련된 직공이 한 지역 출신의 노동자들의 책임자가 되었다. 사람들은 노동과 함께 도시생활에 익숙해졌다. 고향에서의 이주는 도덕적 수준의 저하와 음주를 유발했다. 노동자들은 여러 시간 동안 노동을 했고, 집에 돈을 보내기 위해 습기가 많은 어두운 방에서 힘들게 지내면서 잘 먹지는 못했다.

1880~90년대에 노동조건의 개선을 위한 노동자들의 항의는 더욱 더 빈번해졌다. 때때로 그들은 공장의 감독에게 무력을 행사했고, 공장주들을 공격했고, 경찰과 충돌했고, 군대와도 충돌했다. 그 중 1885년에 오레호보주에프에 있는 마로조프의 니콜라이 공장에서 일어난 파업이 가장 컸다.

인텔리겐치아(интеллигенция: 지식인계급)

19세기 말 러시아에는 1억 2천 5백만 이상의 인구 중에 87만 명이 지식인 계층이었다. 3000명 이상의 학자와 문학가가 있었고, 4천 명의 기술자들, 7만 9천 500명의 선생님, 6만 8천 명의 개인강사, 18만 8천 명의 의사, 18,000명의 예술가, 음악가, 배우들이 있었다.

19세기 전반기에 일련의 지식인 계층은 주로 귀족계층에서 충원되었다. 1860~70년대에 농노제 폐지 후에 모든 관직과 신분의 출신들에게 더욱 더 많은 교육을 받을 기회가 허용되었기 때문에 지식인 계층의 숫자가 잡계급 출신의 젊은이들 사이에서도 증가되었다. 화가 아이바조프스키와 쉬스킨, 작곡가 글라주노프, 음악가 루빈슈타인은 상인 집안 출신들이었다. 체홉은 소상인 가정에서 태어났다. 화가 크람스코이와 시인 샬라핀은 가난한 소시민 가정에서 태어났다. 레핀은 둔전병의 아들이었고, 수리코프는 시베리아의 카자크의 후손이었다.

그들은 모두 평범한 사람들의 가난과 희망을 알았고, 그것들을 자신의 작품에 반영하길 원했다. 잡계급 출신의 지식인들의 일부는 자신들의 지식을 실제에 적용할 수가 없었다. 산업에서도, 지방자치 의회에서도, 다른 관청들에서도 많은 졸업생들에게 취업 자리를 제공할 수 없었고, 그들의 가족들은 물질적 어려움을 겪었다. 고등교육을 받는 것이 생활수준의 향상을 보증해 주지 못했고, 사회적 신분의 향상도 보장해 주지 못했다. 이것은 이른바 ≪잉여인간≫들 사이에서 기존의 질서에 대한 반항을 야기했다. 그러나 자신의 일에 대한 물질적 혜택 이외에 표현의 자유가 지식인의 주요한 요구 사항이 되었다. 표현의 자유가 없이는 진짜 예술 작품이 있을 수 없었다. 그래서 정치적 자유가 없는 상태에서 대부분 지식인들의 반정부적 분위기가 증대되었다.

카자크 계급

카자크 계급의 등장은 새로 습득된 변경지역의 유지와 방위의 필요성과 관계가 있다. 변경지역의 방어자들은 자신의 근무에 대한 대가로 정부로부터 토지를 하사받았다. 그러기 때문에 카자크 계급은 병사인 동시에 농민이었다. 19세기 말에 11개의 카자크 부대 - 돈 카자크, 쿠반스크 카자크, 테르크 카자크, 아스트라한 카자크, 우랄스크 카자크, 오렌부르그 카자크, 세미레첸스크 카자크, 시비리스크 카자크, 자바이칼 카자크, 아무르스크 카자크, 우수리스크 카자크 부대 등이 존재했다. 군복무 중이었던 40만 명을 포함한 카자크의 수는 400만 명에 이르렀다.

모든 카자크 부대들과 거주지는 전쟁성의 카자크 부대의 총사령부(사령관은 아타만이라고 불렸다)에 종속되었다. 아타만의 지위는 1827년부터 계승 되었다. 군사문제를 관장했던 총참모부 산하에서 임명된 아타만이 각 카자크 부대의 사령관이 되었다. 카자크 마을과 농민부락에는 카자크 회의에서 선출된 각 마을의 아타만들이 있었다. 18세 이상의 모든 남자들이 군복무를 수행해야 하는 의무가 있었다. 카자크는 자신의 군복, 군장비, 도검류 무기, 타고 다닐 말을 갖추고 근무했다.

카자크 마을과 부락에는 학생들의 군사교육에 많은 시간이 할당된 특수 초 · 중등학교들이 있었다. 1869년에 카자크 거주지역의 토지 소유의 성격이 최종적으로 결정되었다. 오랫동안 공동소유였던 마을의 토지에서 각 카자크는 30평의 자기 몫을 할당받았다. 살림, 목장, 저수지가 공동으로 이용되었다.

19세기 후반에 카자크의 거주지는 상업적인 농업지역이 되었다. 카자크들이 외래인들에게 공급했던 군사용 토지에 대한 임대료는 실용적으로 이용되었다. 카자크들은 야채재배, 연초재배, 포도재배, 포도주의 양조 등에 종사했다. 다양한 카자크 군대의 땅에서는 말 사육이 성행했다. 분열은 카자크 마을을 축소시키지 못했다. 분열이 있었음도 불구하고 카자크 거주지역의 토지의 안정성은 러시아의 유럽지역의 중심에 거주하는 농민들의 토지보다 훨씬 높았다.

결 론

알렉산드르 3세의 적극적인 경제정책은 재정을 강화시켰고 산업의 성장에 새로운 동력을 주었다. 러시아는 농업국에서 농-공업국으로 전환되었다. 계층이동의 혼란과 경제적 특징에 따른 새로운 집단의 형성이 일어났다.

30. 1880-90년대의 사회운동

혁명적 인민주의의 위기

알렉산드르 3세의 치세의 첫 기간에 최고의 도덕적 권위를 누렸던 사람들인 작가 톨스토이가 제일 먼저, 그 뒤를 이어 역사가 카벨린과 철학자 솔로비예프 등이 차르의 살해범의 사면의 필요성에 대한 의견을 제기했다. 그들은 사면은 도덕적으로 혁명주의자들을 무력화시켜서, 사회에서의 잔혹함을 종결시킬 것으로 생각했다. 그러나 알렉산드르 3세는 아버지의 살해에 보복하지 않을 수 없다고 생각했다. 1881년 4월 3일에 테러리스트들에 대한 공개적 사형이 집행되었다.

알렉산드르 2세가 암살된 이후, 음모의 참여자 중 한 사람인 리사코프는 자신의 모든 공모자들을 경찰에 밀고했다. 페테르브르크의 ≪인민 의지≫당은 경찰에 의해 와해되었다. 혁명에 대한 희망이 실현될 수 없다는 것을 확신한 1881년 3월 11일에 ≪인민 의지≫당 집행위원회는 알렉산드르 3세에게 헌법의 제정과 교환하여 모든 테러를 중단하겠다는 탄원서를 보냈다.

1882년 가을에 페테르부르크 치안국장 수제이킨은 유명한 혁명가 데가예프를 매수했다. 그 결과 정부는 인민의지당원들의 군사조직을 와해시킬 수 있었다. 그 때 인민의지당 집행위원회는 결정적으로 와해되었고, 56명의 당원들은 실리셀부르크 감옥에 투옥되었다.

1886년에 인민의지당원 중 28명이 사형을 당했고, 500명 이상이 금고형을 받거나 추방당했다. 그러나 다음해인 1887년 3월 1일 페테르부르크에서는 새로운 체포의 물결을 유발한 알렉산드르 3세에 대한 그의 재임기간 동안 유일한 암살음모가 있었다. 이 음모 이후에 인민의지당원들의 활동은 사실상 중단되었다.

진보적 운동

알렉산드르 2세의 살해는 사회의 분위기를 변화시켰다. 인민의지당의 집행위원회의 서안에서 주창한 헌법의 제정에 대한 요구는 자유주의자들을 두 가지 사고의 상태로 놓이게 했다. 테러사건을 수단으로 자신들의 주요한 요구를 주창하는 것은 가능하다고 생각하지 않았다. 유명한 진보주의자인 법학 교수인 치체린(Б. Н. Чичерин)은 차르에게 보내는 서신에서 다음과 같은 것을 강조했다. ≪사회주의와의 투쟁은 저주스러운 날이었다. 러시아 정부는 비교적 소수의 악당들에 직면하고 있다. 나쁜 소수의 사회주의자들은 사회의 다양한 계층 출신들이지만 주로 우리 교육기관에서 증식된 무산계급 출신들이 다수를 차지했다… 그리고 불굴의 에너지와 지속성을 보여주기만 하면 러시아 정부와 사회는 인간쓰레기라고 불리는 이들을 격퇴시킬 수 있다≫. 진보적 개혁의 적극적인 지지자 중의 한 사람인 오볼렌스키 공은 ≪범죄자들의 범죄의 나쁜 영향 때문에 이탈자들을 예방하기 위해서 국사범들을 직접 회유해야 한다≫는 레오 톨스토이의 주장에 동조했다.

치체린

몇 년 전에 지식인들이 혁명적 낭만주의에 동정을 가졌다면 지금은 대표적 지식인들 대부분은 급격한 사회변혁의 추세를 부정했으며, 몇몇은 정치 전부를 부정했다. 진보적인 운동은 새로운 형태를 채택했다. 시끄러운 탄원과 연설의 시대가 약화되었고, 헌법의 요구보다 중요하지 않은 개개인의 문제에 대한 관심이 강화되었다. 진보적인 사상은 우스펜스키, 체홉, 가르쉰, 살티코프-세드린, 코로렌코 등의 작품에 나타난 인간에 대한 연민과 함께 사회에 확산되었다.

진보적인 사상은 대중잡지의 지면에서 과학적인 논문집이나 대학생 강의실로 주무대를 옮겨갔다. 역사가 클류체프스키, 카레예프, 법률가 코발레프스키, 치체린 등의 학자들은 진보적인 사상들을 고백하고 자신들의 직업에 부속된 수단을 이용하여 그것을 확산시키기 시작했다.

헌법의 즉각적인 채택을 주장하는 대신에 지방자치 운동에서 작은 봉사, 사소한 일의 실행이 당면과제로 제기 되었다. 자방자치 단체의 교사, 의사들, 삼림 조성가들은 큰 목소리 없이 일반적인 복지와 관련된 일상적인 일에 전념하여, 인민들이 문맹, 빈곤, 무지 등에서 해방되는 것을 도왔다. 과시된 정치로부터의 이탈은 진보주의자들이 권력으로부터 거리를 두고 권력과의 투쟁에 나서지 않게 하는 것을 가능하게 했다. 한편, 그들은 급진주의자들과 보수주의자들 위한 정치 활동의 공간을 넓혀주었다. 그 결과 러시아에서 중도적인 온건한 정치 노선이 가장 약화되었다.

러시아에 마르크시즘의 확산

인민주의자들의 조직의 와해로 도주한 혁명가들은 해외로 망명하지 않으면 안 되었다. 차르의 감시로부터 멀리 떨어진 외국에서 농민들에게서 실망한 혁명가들은 혁명 활동의 지속을 위한 새로운 이론들을 모색하기 시작했다.

그 때 유럽에서 마르크시즘의 인기는 증가했다. 자본주의의 비판과 마르크시즘의 혁명사상이 러시아 인민주의자들에게 알려졌다. 자본주의의 매장자의 역할을 부여받은 프롤레타리아에 대한 마르크시즘의 희망이 결국에는 혁명의 가능성에 대한 농민들의 믿음과 농민 공동체의 사회주의적 본질을 구원했다.

마르크시즘의 길에 들어선 최초의 러시아 혁명가는 **플레하노프**였다. ≪토지와 의지≫당이 분열된 이후에 그는 **≪흑토 분배≫당**을 이끌었고 인민 속에 선전과 선동을 지속하는 것을 자신의 과업으로 삼았다. 1880년 1월에 체포의 위협에 노출된 그는 스위스로 망명하지 않으면 안 되었다. 해외에서 플레하노프는 자신의 동지들인 자술리치, 악셀로드, 데이치, 이그나토프 등을 ≪노동의 해방≫이란 단체로 통합시켰다. 러시아 경제제도의 독특성을 강조한 인민주의 사상을 부정한 후에 그들은 러시아가 자본주의 단계로 들어섰다는 사실과 러시아와 서구의 역사적 운명의 공통성을 인정했다.

플레하노프

1883년 9월 25일에 공표된 당 강령에 인민주의와의 완전한 결별, 전제주의와의 투쟁, 프롤레타리아의 조직과 노동자 계층에 사회주의의 선전 등의 과업들이 선포되었다. 그때에 출판 단체 ≪현대 사회주의의 문헌 목록집≫이 공표되었다. 이

크지 않은 단체는 20년 동안에 250권 이상의 마르크스 저술의 번역본과 원작들을 출판했다. 곧 마르크시즘의 연구에 대한 일연의 노동자 단체들이 생겼다.

보수주의자들

포베도노스체프

알렉산드르 3세 치세 때 보수주의는 정부 정책의 주도적인 방향이 되었고, 당시 보수주의의 대표적 이론가 포베도노스체프(К. П. Победоносцев)는 황제의 최측근 조언자의 자리를 차지했다. 카트코프의 출판물들이 예전처럼 모든 보수주의 세력의 매체가 되었다. 그는 국가 안보, 통일, 통합 등과 관련된 모든 점에서 국가 권력을 보호하는 것과 정부에 여론에 양보하지 말도록 경고하는 것을 자신의 주요 과제로 생각했다.

카트코프와 포베도노스체프는 러시아의 독특성, 민족주의, 정교와 전제주의 사상 등의 바탕위에 사회를 통합시키기로 결정했다. 그들은 서유럽과의 긴밀한 관계가 부재한 상황에서의 러시아의 1천 년간의 발전, 러시아 영토의 확장, 다민족 구성 등이 진보주의자들이 제안하는 것처럼 서유럽 방식으로 나라를 분할하는 것을 불가능하게 만들었다는 것을 입증하려고 시도했다.

1881년 여름에 페테르부르크에 ≪성스러운 친위대≫라는 명칭이 부여된 비밀 조직이 창립되었다. 수발로브이가 의장인 중앙 위원회가 그 친위대의 활동을 이끌었다. 대공들, 장관들, 장군들이 그 지휘부에 들어갔다. 그 조직은 염탐군과 선동가들의 지부를 갖고 있었고, 그 조직원들은 음모를 감시했고, 자신의 활동을 혁명가들뿐만 아니라 경찰에게도 비밀로 했다. 성스러운 친위대의 참여자들은 지하 프린트 시설을 파괴했고 혁명조직들과 그들의 조직원들을 색출하려고 시도했다. 모스크바에서 포베도노스체프와 카트코프의 제안에 따라 의용 민간치안대가 조직되었다. 그러나 알렉산드르 3세는 그러한 시도들을 승인하지 않았다. 차르는 전제주의를 보호하는 조직들의 존재는 권력의 허약함을 입증한다고 생각했다. 1883년에 ≪성스러운 친위대≫는 해체되었고, 의용 민간 치안대는 장엄한 대중 집회가 있을 경우에만 소집되었다.

결 론

1880년대와 1890년대 초에 러시아의 사회 · 정치세력의 재편이 일어났다. 혁명운동에서 인민주의자들의 위치가 약화되었고, 최초의 마르크스주의 단체들이 등장했다. 보수주의자들의 역할이 강화되었고, 그들의 많은 제안들이 정부의 정책의 토대가 되었다. 사회 · 정치 분야에서 지도자들의 영향력은 크게 줄어들었다.

31. 알레산드르 3세의 대외 정책

1880년대와 1890년대 초 러시아 대외 정책의 중대한 과제들

외무대신 **고르차코프**를 완전히 신뢰한 자신의 아버지와는 다르게 알렉산드르 3세는 직접 자신이 확실하게 대외 정책을 관장했다. 조용하고 진지한 관리인 기르스(Н. К. Гирс)가 외무대신으로 임명되었다. 그는 사실상 외무대신이라기보다는 황제의 국제 문제 자문관에 지나지 않았다.

권좌에 오른 후에 알렉산드르 3세는 모든 주권 국가들과의 평화유지를 희망한다고 선포했다. 자신의 13년간 치세 기간 동안 그는 매우 조심스런 외교노선을 견지했다. 그는 ≪러시아의 방대함을 두려워하기 때문에 러시아에겐 친구가 없다≫고 생각했다. 단지 몬테니그로만은 예외였다. 알렉산드르 3세는 육군과 해군을 황제의 권력의 진정한 동맹으로 간주했다. 알렉산드르 2세와 고르차코프의 분명한 목적을 가진 공격적인 정책과는 반대로 알렉산드르 3세의 정책은 수동적이고, 기회주의적 이었다. 정책의 방향은 자주 바뀌었고, 황제의 기분에 따라 좌지우지 되었다.

1880년대와 1890년대 초에 러시아 황제의 대외정책의 방향의 중요한 과제들은 발칸반도에서의 영향력 강화, 모든 국가와의 선린관계유지, 믿을 수 있는 동맹국 발굴, 중앙아시아와의 남쪽에서 국경을 획정하는 것, 극동의 영토를 공고히 하는 것 등이었다.

발칸반도에서의 러시아 영향력의 약화

베를린 회의 이후에 발칸반도에서 힘의 배치는 변해다. 독일의 위치가 강해졌다. 오스트리아-헝가리 제국은 보스니아와 헤르체고비아와의 합병을 하여 자국의 위치를 강화시켰다. 오스트리아-헝가리 제국의 영향권으로 들어간 루마니아와 세르비아의 지도자들은 터키와의 전쟁에 참여한 대가로 약속받았던 것을 받지 못했다. 그들은 자신의 실패를 러시아의 탓으로 돌렸다.

그 당시 러시아는 발칸민족들의 해방에 많은 도움을 주면서 신생국의 정부들, 특히 불가리아와 우호관계를 예상했다. 불가리아를 해방시킨 후에 알렉산드르 3세는 흑해 해협에 인접한 지역에 확실한 동맹국을 얻기를 희망했다. 페테르부르크에서 불가리아 국가를 위해서 그 당시 기준으로는 충분히 진보적인 헌법이 입안되었다. 그 헌법은 군주의 모든 권한을 제안했고, 총리에게 대부분의 권한을 부여했다. 러시아 황후의 조카인 독일인 공작인 **알렉산드르 바텐베르크**가 왕으로 선출되었다. 그는 국가의 주요한 직책에 러시아 장군들을 임명했다. 특히 소볼레프는 수상이 되었다. 짧은 기간 동안에 민병대들을 발칸반도에서 가장 강한 군대로 만들 장교들이 러시아에서 불가리아로 파견되었다.

1881년 5월에 알렉산드르 공작이 친위 쿠데타를 일으켜서 헌법을 폐지하고, 사실상의 독재 정권을 확립했다. 처음에 알렉산드르 3세는 이 사건에 대해서 조용한 반응을 보였다. 그러나 공작은 불가리아에서 인기가 없었고, 오스트리아와 독일자본과 긴밀한 관계에 있는 사업가들만이 그를 지지했다. 불가리아가 오스트리아-헝가리 제국의 영향권으로 들어갈 수도 있다는 것을 두려워 한 알렉산드르 3세는 알렉산드르 바텐베르크에게 헌법을 복원할 것을 강요했다. 이것과 불가리아 내정에 대한 러시아 관리들의 지나친 개입은 공작을 타협하기 어려운 러시아의 적으로 만들었다.

1885년 9월에 **동 루마니아**에서 민중반란이 일어났다. 폭도들은 터키관료들을 추방했고, 자국의 영토를 불가리아에 합병할 것을 선언했다. 이 사건들은 자연스럽게 일어났지만, 러시아 정부의 동의 없이 일어났기 때문에 알렉산드르 3세의 분노를 유발했다.

베를린 조약의 조항과 반대되는 불가리아의 합병은 발칸에 심각한 위기를 불러왔다. 러시아와 다른 열강들의 불가피한 참전을 초래할 불가리아와 터키간의 무력분쟁이 일어났다. 그러나 러시아는 전쟁에 대한 준비가 안 되어 있을 뿐만 아니라 알렉산드르 3세는 은혜를 저버린 불가리아를 보호해주고 싶지 않았다. 그것과 함께 알렉산드 3세의 명령에 따라서 터키주재 러시아 대사는 러시아는 동 루마니아로의 터키군의 침입을 허용하지 않겠다는 것을 술탄에게 통고했다.

알렉산드르 3세는 발칸반도의 정교도들의 보호와 관련된 전통적인 러시아 대외정책의 원칙에서 이탈했다. 그는 불가리아에게 자신의 내부문제를 스스로 결정할 것을 제안 했고, 불가리아 군대에서 러시아장교들을 철수시켰다. 게다가 황제는 **베를린 회의**의 결정에 대한 엄격한 준수를 지지했다. 그렇게 러시아는 터키의 적과 남슬라브족의 보호자로부터 거의 오스만 터키 제국의 동맹자로 전환했다.

알렉산드르 3세 정책의 급격한 변화는 발칸 지역에서 반러시아 분위기의 커다란 파도를 일으켰다. 오스트리아-헝가리 제국은 이 기회를 이용하여 바텐베르크를 몰아 낸 후에 자국의 꼭두각시를 통일 불가리아의 왕좌에 앉혔다. 1886년 11월에 러시아와 불가리아 사이의 외교관계는 단절되었다. 러시아의 영향력은 **세르비아**와 **루마니아**에서도 크게 약화되었다.

러시아-프랑스의 접근

알렉산드르 3세 치세에 독일과 프랑스에 대한 러시아의 정책은 바뀌었다. 이 두 국가는 어떤 순간에 상호간에 일어날 수도 있는 전쟁에 대비하여 러시아 황제와 동맹을 맺는데 관심이 있었다. 독일은 러시아를 유럽에서 확산되는 민주화 운동을 멈추기 위해 연합할 수 있는 유일한 보수 세력으로 생각했다. 1881년 독일제국의 비스마르크 수상은 중앙아시아에서 영국과 러시아의 간의 첨예한 대립과 발칸지역에서의 러시아 영향력의 약화를 이용하여 6년간의 ≪**3제 동맹**≫의 재개를 제안했다.

이와 동시에 독일 정부는 러시아와 동맹을 맺은 것을 숨기고 러시아와 프랑스에 대항하는 조약을 오스트리아-헝가리 제국과 체결했다. 1882년 프랑스와 이탈리아간의 반목을 이용하여 비스마르크는 이탈리아를 오스트리아와 독일 동맹에 가입시킬 수 있었다. **3제 동맹**에서 당사국들이 각국에 적대적인 전쟁이 발발했을 경우에 중립을 지킬 것에 합의했다면, 독일, 오스트리아-헝가리, 이탈리아의 3국 동맹은 서로에게 직접적인 군사적 원조를 기대할 수 있었다.

3제 동맹은 러시아에 어떤 이익도 가져다주지 못했다. 게다가 동맹에 숨어서 오스트리아-헝가리 제국은 발칸에서, 특히 불가리아에서 자신의 위치를 확고히 했다. 독일은 터키와의 긴밀한 관계를 확립했을 뿐만 아니라 영국과의 군사적 충돌에 러시아를 끌어들이려고 시도했다.

1887년에 프랑스와 독일 사이의 관계는 극도로 긴장상태에 있었다. 알렉산드르 3세는 친족 관계를 이용하여 개인적으로 독일황제에게 기울었고, 프랑스에 접근을 자제했다. 프랑스의 대 혼란으로 자신의 계획이 좌절된 비스마르크는 혹독한 경제적 조치에 착수했다. 러시아에게 차관의 제공을 금지했고 독일로 수입되는 러시아 상품에 대한 세금을 높였다. 러시아와 독일사이의 분열은 프랑스 내부에 긍정적인 반응일 불러 일으켰다.

러시아와 프랑스의 접근은 시작되었다. 양국의 접근은 러시아에 프랑스의 거액의 차관의 제공으로 기념되었다. 1891년 8월에 양 국가 중 한 국가에 전쟁의 위협이 생겼을 경우에 양국의 행동에 대한 합의가 이루어졌다. 일 년 후에 양국 간에 군사비밀조약이 체결되었다. **러-프 동맹**은 먼저 체결된 독일, 오스트리아-헝가리 제국, 이탈리아의 **3국 동맹**에 평형추가 되었다.

알렉산드르 3세의 아시아 정책

아시아 방면에 대한 러시아의 주요한 과제는 중앙아시아에서 전쟁을 종결지어 당시에 영국에 종속되어 있었던 아프가니스탄과 협상하여 국경을 설정하는 것과 새로 습득한 극동지역의 영토를 공고히 하는 것이었다.

알렉산드르 3세의 투르크메니야 점령에 대한 영국의 항의에 대해서 알렉산드르 3세는 온건한 대응을 했다. 유럽에서 **반러시아 동맹**을 조직하려는 대영제국의 시도는 실패했다. 러시아는 영국과의 충돌을 피할 수 있었다. 1885년에 러-영 국경의 설정을 위한 양국의 군사위원의 설립에 대한 합의가 이루어졌다. 그 양국의 군사위원회의 활동의 결과로 1895년에 아프가니스탄과 러시아 사이의 국경을 설정하는 합의문서가 작성되었다. 그 합의 문서에서 중앙아시아에서 러시아 제국의 국경의 확대와 새로 습득한 지역을 영토로 편입시키는 것이 결정되었다.

자신의 치세 말년에 알렉산드르 3세는 유럽과 중앙아시아에서 외교적 과업을 완수한 후에 극동으로 자신의 시선을 돌렸다. 중앙으로부터 멀리 떨어져있고, 그곳으로 가는 도로가 없었고, 거주민이 적었고, 군사력이 약해서 러시아는 태평양 접경지역에서 국제적인 분쟁을 피하지 않을 수 없었다. 그 당시 일본과 미국의 산업가들은 러시아의 해양국경의 방비의 허술함을 이용하여 극동지역의 풍부한 천연자원을 적극적으로 획득했다.

러시아와 일본간의 이해관계의 충돌은 불가피했다. 1894년에 중국을 패전시킨 후에 급속하게 발전한 일본은 전쟁준비를 서두르기 시작했다. 독일의 도움으로 극동지역의 러시아 군의 병력 수 보다 훨씬 많은 강력한 육군을 창설했다. 영국과 미국은 일본이 해군을 창설하는 것을 도와주었다. 그래서 경제적인 이유뿐만 아니라 군사적인 이유로 러시아 정부는 **시베리아 횡단철도의 건설**을 시작하지 않을 수 없었다. 1891년에 철도건설은 블라디보스토크와 **첼랴빈스크**(Челябинск)에서 동시에 양방향에서 시작되었디.

결 론

발칸반도에서의 러시아 외교의 대 실패에도 불구하고 러시아는 강대국의 지위를 유지했고, 19세기 말까지 자국의 국경에서 평화를 지탱했다. 그러나 알렉산드르 3세는 형성된 대외정책의 모순을 일시적으로 봉합할 수 있었지만, 최종적으로 그 원인을 제거할 수 없었다.

32. 알렉산드르 3세의 종교와 민족 정책

알렉산드르 3세의 종교정책

알렉산드르 3세의 치세에 종무원장 **포베도노스체프**가 정부의 종교정책을 결정했다. 그는 교회와 국가의 통합사상의 지지자였고 전제권력을 강화하는데 결정적인 역할을 정교에 부여했다. 무신론적 분위기 증대에 불안을 느낀 종무원장은 우선 1860~70년대에 폐쇄된 교회의 교구들을 복구시켰을 뿐만 아니라 새로운 교구들을 열었다. 알렉산드르 3세의 치세 기간 중 러시아에서는 매년 250개의 교회가 생겼고, 교회신자의 수는 22%가 증대되었다. 포베도노스체프는 제국 내의 비러시아 민족들에게 정교를 전도하려고 시도했다. 그의 지원 하에 정교의 전도활동이 활발해졌고, 교회의 잡지의 수도 증대되었고, 종교 문학의 발행부수도 증가했다.

종무원장은 성직자들에게 교구의 신도들에게 설교를 하고, 교회부설 도서관을 설립하고, 선행을 하도록 권장했다. 포베도노스체프는 다양한 교회와 국가의 기념일에 축전을 실시하는 것에 큰 의미를 부여했다. 1884년 8월에 알렉산드르 2세 때 도입된 신학교들의 자치와 학장과 교수들의 선발권을 박탈하는 신학 아카데미와 신학교의 새로운 법규가 선포되었다. 신학교에 대한 국가기관의 감독이 강화되었다. 1890년에 종무원장은 신학교에 불순한 신문과 잡지가 들어오지 못하도록 엄격하게 감시할 것을 주교들에게 특별한 지시를 내렸다.

1883년에 법 앞에서 구교도들을 러시아 제국의 다른 국민들과 평등하게 하는 법령이 선포되었다. 그들은 신분증을 받았고, 기업을 소유하고, 장사를 하고 노동자들과 하인들을 고용하고, 성상을 그리는 작업을 소유할 기회를 부여받았다. 구교도들에게 자신들의 방식대로 예배를 드릴 권리가 부여되었다. 그러나 그들에게는 종루를 설치하는 것, 교회 밖에서 세례를 실시하는 것, 거리에서 아이콘과 깃발을 들고 찬송가를 부르면서 행렬하는 것이 금지되었고, 더욱 중요한 것은 정교도들에게 자신의 교리를 전파하는 것도 금지되었다.

그 당시 종무원장 포베도노스체프가 정교에게 위험하다고 인정된 종파는 엄격한 억압을 받았다. 종무원장은 종파운동의 대표자들에게 엄격한 조치를 취했다. 정부는 종파주의 부모들에게서 아이들을 빼앗아 갈 정도로 엄격한 억압 정책을 실시했다. 불교신자들인 **칼미크족**과 **브랴트족**도 박해를 받았다. 그들이 사원을 짓고 예배를 드리는 것이 금지되었다. 공식적으로 정교로 개종한 것으로 생각되었지만 사실상 이전의 종교를 숭배하기를 계속했던 사람들에 대한 태도가 특히 용납되지 않았다.

러시아 제국의 국경의 획정과 발트해 연안, 폴란드, 핀란드 등에서의 엄격한 정책

19세기 후반에 러시아 제국의 국경이 최종적으로 확정되었다. 러시아와 터키간의 전쟁 이후에 그루지야의 아드자리야와 바투미와 아르메니아의 카르스, 아르다간, 바야제트 뿐만 아니라 이즈마일을 포함한 남 베사라비아도 러시아에 병합되었다. 1885~1895년에 아프가니스탄을 대신한 영국과의 합의로 중앙아시아의 투르키스탄 지역의 러시아의 영토의 국경선이 획정되었다. 1858~1860년에 극동지역에서 중국과 러시아 사이의 영토의 경계선이 확정되었다. 1875년에 일본과의 조약에 따라서 사할린에 대한 권리가 러시아로 귀속되었고 일본에게는 **쿠릴 열도**가 양도되었다.

알렉산드르 2세 치세 때와 마찬가지로 알렉산드르 3세의 국내 정책의 주요한 과업 중 하나는 러시아의 제국의 많은 민족들의 통합을 이루는 것이었다. 정책의 중요한 내용은 정교의 전도, 소수 민족의 변경지역에 교육제도의 개혁, 러시아어의 강제 보급 등 이었다.

알렉산드르 3세는 중등학교는 귀족 단체와 도시에서 모금된 재원으로 유지되었고, 초등학교는 농민들에게서 모은 재원으로 유지되었던 발트해 연안에서 독일인들의 영향력을 근절시키기로 결정했다. 개혁이전 기간에 강의는 중학교와 도시학교에서 독일어로 진행되었고, 초등학교에서는 독일어, 라틴어, 에스토니아어로 실시되었다. 1874년 전 국민 징병제의 도입과 함께 발트해 연안의 학교에서 러시아어는 필수과목이 되었다.

1887년에 모든 초등학교는 인민 교육성의 관할로 넘어갔다. 1887~1893년에 국립과 사립학교의 모든 수업이 러시아어로 진행되는 것이 의무적으로 되었다. 그 때 데르프트스키(Дерптский) 대학의 특수한 위치는 박탈되었다. 1893년에 데르프트(Дерпт) 도시에 옛 러시아 명칭인 **유리예프**(Юрьев)가 복원되었다. 1885년에 모든 발트해 연안 지방의 모든 정부기관에서 업무는 러시아어로 처리되었다.

알렉산드르 3세는 폴란드와의 관계에서 이전 황제의 정책을 계승했다. 폴란드의 가톨릭 교도들에게 공직에 취업하는 것이 금지되었다. 폴란드어와 리투아니아의 언어는 국립학교에서 추방되었다. 1891년 황제는 어느 정도 제국의 이익과 관련될 경우에 핀란드의 모든 현지의 법안들을 러시아의 관련된 행정 부처들과 일치시키기로 결정했다. 사실상 이것은 어떤 법안은 페테르부르크의 심의를 받을 수 있다는 것을 의

미했다. 같은 해에 핀란드 최고 관리들의 서신이 러시아어로 번역되었다. 공직 임명의 우선권은 러시아어에 능통한 사람들에게 부여되었다.

유태인 문제

유태인에 대한 정부 정책이 강경해졌다. 1882년 임시 조치에 따라 유태인들은 유태인 정착지역인 ≪**쵸르티 오세들로스티**(чёрты оседлости)≫에서도 도시와 읍 밖에서 거주하는 것이 금지되었다. 유태인들은 농촌에서 부동산을 습득하는 것이 금지되었다. 1887년에 **유태인 정착지역**이 축소되었다. 로스토프-나-돈누와 타간로그 지역을 빼앗겼다. 1891년 정부에 의해서 모스크바와 모스크바 주변에 불법으로 거주한 모든 유태인의 추방 명령이 선포됐다. 1887년에 유태인 아이들의 교육기관 입학을 제한하는 정책이 도입되었다. 학교에서 배우는 유태인의 비율이 정해진 기준을 초과해서는 안 되었다. 몇 가지 형태의 직업활동, 예를 들어, 변호사, 석유 산업 같은 직종에 종사를 제한하는 조치가 있었다. 그러나 이러한 모든 탄압은 정교도로 개종하는 유태인들에게는 적용되지 않았다.

중앙아시아의 정책

중앙아시아와 카프카스의 합병의 결과로 무슬림 민족들의 대집단이 러시아 제국으로 유입되었다. 정부와 러시아 지방 당국은 인내를 가지고 무슬림들의 신앙과 전통을 대했다. 1868년에 초원 지역의 관할에 관한 임시 규정에 따라 무슬림들은 이슬람 성직자들의 종교적 통제를 받게 되었다. 성직자들은 현지의 공권력과 내무성에 복종했다. 이슬람 성직자들과 그들의 가족들은 세금면제를 받았고, 20년 근속한 고위 성직자들의 자녀들은 세습 귀족의 권한을 누렸다. 현지 주민들에게는 내부 자치권이 부여되었지만 현지의 부유한 지배층이 권력을 장악했다. 러시아 당국과 협력한 현지의 귀족들은 현금 보상을 받고, 연금과 포상을 받았고, 군 병원에서 무료로 치료를 받았다.

러시아 당국은 중앙아시아의 노동계층에게도 호의를 베풀었다. 세금을 낮춰주고 여성과 아이들에게는 의료 혜택을 주었다. 원주민들을 동일한 러시아 시민으로 만들기 위해서 러시아인과 원주민 아이들을 위한 합동교육이 장려되었다. 1886년에 무슬림들은 러시아 주민들과 동등한 권리를 누리게 되었다.

1880~1890년 말에 방대한 토지의 소유를 부여받은 무슬림 성직자들의 권리에 대한 공격이 시작되었다. 1886년에 정부는 모든 경작되는 성직자들의 토지는 농민의 소유로 선포했고, 비경작지는 토지세가 면제되었다. 1888년과 1890년에 무슬림 성직자가 되기 위한 교육의 자격을 채택하는 법률이 선포되었다.

1891년에 ≪초원 지방에 대한 법≫이 채택되었다. 그 법은 읍에서 무슬림 성직자들을 선출하는 절차와 그들의 전권을 규정했다. 사회에서 선출된 어떤 계층의 대표자가 성직자가 될 수 있었다. 성직자들의 관할 중에서 씨족과 가족 문제의 검토가 제외되어 민간법정으로 양도되었다. 모든 부역과 세금의 이행이 나머지 주민들과 동등하게 성직자들에게도 부과되었다.

무슬림 운동들

19세기 후반기에 몇 명의 이슬람 신자들이 고위성직자들을 비판하기 시작했다. 카잔에서 상인이면서 무슬림인 최고 신학교의 졸업생인 바이소프(Б. Ваисов)는 코란의 계율에서 이탈하고 무슬림들에게 이교도들의 군대에 복무하도록 허락한 것, 시기적절한 수행을 통제하지 않은 것, 코란에 의해 부여되지 않은 독점적 권리를 이슬람 성직자들에게 부여한 것 등에 대해 성직자들을 비판했다. 성직자들은 그에게 전도하는 것을 금지했다. 그에 대한 대응으로 그는 자신의 지지자들에게 민간의 법과 정부에 복종하지 말고 코란과 회교율법에 따를 것을 요구했다. 1884년에 **바이소프**는 체포되어서 판결에 따라 정신병원에 갇히고 곧 사망했다. 그의 추종자 중 일부는 시베리아로 추방당했고, 다른 일부분은 경찰에 추격을 받으면서 불법적인 활동을 했다.

1880~1890년대에 훨씬 앞선 시대에 합병되었던 볼가강 유역, 크림반도, 카프카스 등에서 교육받은 사회 계층의 일부분의 분위기에서 큰 변화가 일어났다. 한편에서는 언어와 민족 공동체의 의식이 생겼고, 민족적 엘리트 계층이 형성되었고, 무슬림 민족의 민족적 자각의 각성을 지지하는 사람들의 수가 증가했다. 다른 쪽에서는 상업과 공업의 관계의 확대와 군복무에서의 제대는 러시아의 언어와 문화에 대한 관심의 증대를 초래했다. 1881년에 크림에서 타타르의 계몽자 **가스프린스키**(И. Гаспринский)의 ≪러시아의 무슬림≫라는 책이 출판됐다. 그 책의 주제는 러시아의 무슬림들과 러시아인 동료들과의 화합에 관한 것이었다. 고스프린스키는 러시아의 모든 투르크계 민족의 민족적 · 문화적 통합 사상을 제시했다. 그는 교육의 발전을 무슬림들의 민족적 부활에 있어서 주요한 것이라 생각했다. 그는 새로운 무슬림 학교 설립에 자신의 노력을 집중했다. 그러한 학교에서는 종교적 교리 외에 토착어와 러시아어와 세속적인 과목으로 지리학, 역사, 자연과학, 교육학 등을 가르쳤다.

바이소프

가스프린스키

가스프린스키의 많은 사상들은 **자디디즘(джадидизм: 이슬람의 현대화 운동)** 운동의 바탕이 되었고, 그 운동의 대표자들은 무슬림 문화와 교육기관의 설립, 민족어로 된 책, 잡지, 신문 등의 출판, 민족 예술과 문학의 발전, 여성 무슬림들의 평등권, 무슬림 성직자들의 활동 등의 재편을 주창했다.

결 론

알렉산드르 3세의 치세에 다른 종교의 권리에 대한 공격을 포함하여 현실 생활에서 러시아 정교의 역할을 강화하는 정책이 실시되었다. 알렉산드르 3세의 민족 정책은 전임 황제의 재임기간에 비교해서 엄격했다. 그는 발트해 연안, 폴란드, 카프카스 등에서 러시아화(化) 정책을 실시했고, 핀란드에 몇 가지 자치권을 부여했고, 유태인들의 권리를 더욱 더 축소했다. 동시에 황제는 중앙아시아 인민들에 대하여 유연한 정책방향을 유지했다

33. 19세기 후반의 과학과 교육의 업적

교육의 발달

19세기 후반에 농노제 폐지, 산업생산의 성공, 도시와 시골에서의 자본주의 확립 등은 문화의 모든 영역에서까지 큰 발전을 이끌지 못했다. 러시아의 개혁을 위해 국민들의 문자 해독율의 증가와 여러 형태의 교육 발전이 러시아 개혁의 특징이었다.

농노제 폐지 이후 처음 20년간은 러시아 사회에서 국민들에 대한 광범위한 계몽의 필요성이 인식된 기간이었다. 나라에는 지방자치 의회와 연결된 문맹퇴치 위원회와 계몽기관이 나타났다. 그들은 사회의 광범위한 계층을 위한 교과서와 책을 출판했고, 대중의 학교에 필요한 자금을 모았다. 보편적인 초등교육 도입의 필요성이 토의되었다.

여러 형태의 교육이 확산되었다. 1859년에 키예프에서 러시아 최초의 일요학교가 생겨났다. 그 다음에 다른 도시에서도 일요학교가 생겨나서 1862년경에는 그 수가 300개가 넘었다. 이러한 교육 기관들은 무료였다. 그곳에서의 교과과정은 국립학교

보다 훨씬 폭넓었다. 학생들에게 화학, 물리의 기초를 접하게 하였고, 또한 지리학과 조국의 역사를 가르쳤다. 그러나 정부의 결정에 따라 일요학교에서의 교과과정은 현저하게 감소되었다.

지방자치회는 교육의 확산에서 큰 역할을 하였다. 1864년에서 1874년 동안에만 거의 만개의 지방자치 학교가 개설되었다. 정부는 교회 부속학교를 선호했지만 학교유지비를 지원해줄 국고가 충분치 않았다. 그래서 지방자치 학교는 여전히 모든 현, 군청 소재지와 또한 많은 농촌지역이 선택한 가장 많이 보급된 초등교육의 형태였다.

김나지야(гимназия)는 중학교의 근본적인 형태였다. 1861년에 러시아에는 약 25,000명이 공부했던 85개의 남자 중학교가 있었다. 15년 후 중학교 수와 그곳의 학생들은 세배가 늘어났다. 1890년대 초까지 75,000명의 여자들이 공부했던 약 300개의 여자 중학교가 개설되었다.

고등 교육의 성공은 확실했다. 톰스크와 오데사에 새로운 대학들이 개설되었다. 적지 않은 특수 고등 교육 기관들인 의과의술(전쟁의술) 학원, 기술, 광산, 교통로, 전기공학 대학, 페트로브스크 농업원 등이 나타났다. 여성 고등교육도 확립되었다. 19세기 말까지 러시아에는 약 3만 명의 대학생이 공부했던 국립 고등 교육 기관들이 60개가 넘었다. 그러나 교육의 발전에 큰 성공에도 불구하고, 러시아의 문자 해독율의 수준은 유럽에서 가장 낮은 나라중 하나로 남았다.

자연과학의 성과들

산업의 성장은 과학과 기술의 다양한 분야에서의 업적들과 긴밀하게 관련되었다. 러시아 학자들의 많은 발견들은 실용적인 특징이 있었고, 실제적인 목적에 널리 이용되었고, 세계의 기술 발전에 중대한 공헌을 했다. 수학자이며 기계학자인 체비쉐프(1821~1894)는 ≪과학은 실용분야에 믿을만한 지침을 발견한다≫, ≪과학은 실용의 영향력 아래서 발달 한다 : 실용은 과학에게 연구를 위한 새로운 과제들을 제공한다≫고 강조했다. 군사과학 위원회의 포술분과의 위원이었기 때문에, 체비쉐프는 수학적 분석의 분야에서의 자신의 과학적 관심을 군사 분야의 수요와 연결시켰다. 그 학자의 다른 관심분야는 기계원리뿐만 아니라 다양한 기계장치의 구조였다. 예를 들면, 그는 동물의 보행 움직임을 모방한 척행 자동차와 자동 계산 기계인 계산기를 고안해냈다.

물리학자 스톨레토프(1839~1896)는 1876년에 전자기와 정전학의 단위의 관계를 측정하면서 빛의 속도에 가깝다는 것을 알아냈다. 이러한 연구는 게레츠의 경험 전에 이미 실시되었다. 이것의 크기를 측정하고, 1881년 전기공학자들의 국제회의에서 인정받은 전자기 크기의 측정을 체계화 하는 스톨레토프의 제안은 빛의 전자기 이론의 연구를 촉진시켰다.

1876년에 야블로츠코프(1847~1894)는 전기 호광등을 만들었다. 머지않아 야블로츠코프의 전등은 세계의 많은 도시의 거리와 집을 밝혔다. 1881년에 해군장교 모자이스키(1825~1890)는 세계 최초로 비행기를 설계했지만, 실제로 그의 첫 번째 실험은 실패로 끝났다. 1888년에 기계학 독학자 블리노프는 무한궤도 트렉터를 발명했다.

멘델레프(1834~1907)는 다방면의 학식과 흥미를 가진 학자였다. 화학, 물리, 도량형, 항공, 농업, 경제, 계몽 등에 관한 500편 이상의 논문이 그의 업적에 속한다. 그는 자연과학의 기본 법칙중 하나인 **화학원소의 주기율**을 1869년에 발견함으로써 세계적인 명성을 얻었다. 카잔 대학의 총장 부틀레로프는 유기화학의 토대를 마련했다.

멘델레프

파블로프

메치니코프

도쿠차예프(1846~1903)는 토양학의 토대를 마련했다. 1889년에 파리 세계박람회에서 러시아의 토양 모음이 전시되었고, 도쿠차예프의 발표된 논문에 금상이 수여되었다. ≪과거와 현재의 우리의 초원지대≫이라는 책에서 그는 1891년에 러시아의 흑토지대를 휩쓸었던 가뭄에 대처 방안을 설명했다. 이 방안은 삼림을 조성하는 방법으로 초원지대의 자연에 영향을 미치는 조치들을 규정했다.

자연과학자들이 훌륭한 성공을 거두었다. **세체노프**(1829~1905)는 뇌수 반사작용에 대한 학설을 만들어 냄으로 생물학의 대혁명을 실현했다. 그는 최초로 정신적, 육체적 현상의 단일성과 상호 필연성을 과학적으로 증명했고, 사색적인 활동은 다름 아닌 뇌수 작용의 결과라는 것을 강조했다. **파블로프**(1849~1936)는 이 분야의 탐구를 계속했다. 그의 조건반사에 대한 그의 이론은 인간과 동물의 뇌에 관한 오늘날의 이론의 토대가 되었다. **메치니코프**(1845~1916)와 가말레아(1859~ 1949)는 러시아에 첫 번째 박테리아 학술 연구소를 설립했다. 그들은 공수병 치료 약물을 개발하고, 농작물의 해충을 이겨내는 방법을 연구했다.

지리학의 발달

러시아 지리학은 우수한 과학자들의 학술탐험 덕분에 현저한 성과를 거두었다. 캄차카 반도와 츄코트카 반도, 북태평양의 일련의 섬들 등에 대한 연구가 해군제독 리트케(Ф. П. Литке) 의해 실시되었고, 중앙아시아에 대한 대규모의 지질학적 동물학적 탐사는 프르제발스키(1839~1888), 무쉬케토브이, 세베르초브이, 페드첸코 등에 의해서 실시되었다. 프르제발스키는 유럽인들에게 알려지지 않은 일련의 산맥과 거대한 산악 호수를 발견하고, 처음으로 몇몇 동물들(야생마, 야생낙타, 티벳 곰)에 대한 과학적 기록들을 내놓았다. 16,000권의 잘 정리된 건조식물 표본집에서 식물학자들은 218가지의 새로운 형태와 7가지의 종을 보여줬다.

미클루호-마클라이(1846~1888)는 동남아시아와 호주의 종족들과 태평양의 섬들을 연구하는데 자신의 인생을 바쳤다. 그는 2년 반 동안(1871~1872, 1876~1877, 1883) 뉴기니의 동북해안에서 거주했다. 그 러시아 학자는 현지인들의 사랑과 신임을 얻었다. 그는 말래카 반도 내부에서 두 번의 힘든 여행을 마쳤으며, 필리핀과 인도네시아에 들렀고, 호주에서 살았고, 거기에 생물학 연구소를 세웠다. 1881에 미클루호-마클라이는 식민지 개척자들에게 대항하도록 독립국인 파푸아 연맹을 뉴기니에 설립하는 안을 작성했다. 1886년에 그는 러시아 정부로부터 뉴기니에 공동체 사회주의 원칙 위에 설립된 ≪자발적인 러시아 식민지≫를 조성하는 허가를 얻는데 실패했다.

인문과학의 발달

19세기 후반에는 러시아 역사가들의 근본적인 연구 성과들이 두드러지게 나타났다. 역사문헌학부의 부장과 교수를 지냈고 나중에 모스크바 대학의 총장이 된 **솔로비예프**는 29권의 ≪고대부터의 러시아 역사≫를 저술했다. 러시아의 가장 위대한 개혁가의 탄생 200주년을 기념하는 그의 ≪표트르 대제에 대한 낭독≫은 위대한 학문적 · 사회적 성과가 되었다. 솔로비예프는 이른바 국가학 학파에 소속되었고, 그 학파의 대표자들은 국가를 역사 발전의 주요한 원동력으로 생각했다. 그는 또한 비교역사학적 연구방법의 지지자로서 자신의 연구의 성과물에서 러시아와 서유럽 발달의 공통된 특징들을 지적했다.

솔로비예프의 제자 **클류체프스키**(Василий Осипович Ключевский,1841~1911)는 1882년에 모스크바 대학에서 박사학위 논문 ≪고대 러시아의 귀족회의≫를 훌륭하게 방어하고 ≪러시아 역사과목≫의 개설에 착수했다. 그는 역사 기술에서 문제를 제기 하는 방법의 추종자였다. 그는 역사적 사건과 현상의 사회 · 경제적 원인들의 역할을 연구하는데 큰 의미를 부여했다. **클류체프스키**의 강의에는 역사 - 문헌학부와 자연학부의 학생들이 모여들었다. 그의 강의는 우레와 같은 박수 아래 마쳤다. 1883년 모스크바에 역사박물관 개관은 학문과 교육에서 가장 중요한 사건이었다.

클류체프스키

결 론

19세기 후반의 러시아의 과학의 발전은 절정에 이르렀다. 러시아의 과학자들은 세계 과학 사상의 발전에 큰 영향을 끼쳤다. 농노제 폐지와 함께 도래했고, 사람들의 창의력을 자극했고, 과학적 탐색을 촉진시켰던 유리한 변화들이 이러한 현상의 원인들이었다.

34-35. 러시아의 예술 문화

문 학

문학은 러시아의 정신적인 삶의 주도적인 부분으로 계속해서 남게 되었다. 문자 해득률의 증대와 생활 문제에 대한 심도 깊은 토의의 기회부재의 조건 속에서 문학은 문화 현상일 뿐만 아니라 사회적 과제를 이행했다. 비판적 사실주의는 예술의 경향의 토대가 되었다. 비판적 사실주의의 특징은 비판적인 인식의 바탕위에 실제 생활의 표현에 작가들의 높아진 관심이다. 폭로 정신, 평범한 사람들의 삶에 집중된 관심, 사회악과 투쟁하는 방법과 수단을 찾으려는 갈망 등이 그 시대의 작품의 특징 이었다.

폭로 문학의 가장 대표적인 예로는 살티코프-세드린(1826~1889)의 작품이 있다. 이 위대한 풍자작가의 작품들- ≪현들의 기록들≫, ≪한 도시의 역사≫, ≪잉어신사≫, ≪난폭한 관리들과 그의 아내≫ 등에서 러시아는 우스꽝스럽게 동시에 무섭게 묘사되었다. 그로테스크 기법을 이용하여 그 작가는 사회의 죄악과 약점을 극단적으로 묘사했다.

도스토예프스키의 소설들 ≪죄와 벌≫, ≪카리마조프의 형제들≫, ≪백치≫, ≪모욕과 구타를 당하는 사람들≫은 부당하게 학대받는 사람들의 고통과 비극을 표현했다. 작가는 어떻게 인격을 억압하는 것이 그의 정신을 파괴하며, 그의 의식을 서로 상반되는 두 존재(자신이 하찮은 존재라는 느낌과 자신을 자유로운 인격으로 확인하고 싶은 갈망과 주장)로 분열시키는 지를 보여줬다. 드물지 않게 그러한 자기 긍정이 도스토예프스

톨스토이

체홉

네크라소프

키의 작품의 주인공들을 횡포와 범죄로 이끌었다. 그러나 도스토예프스키의 동정은 이러한 폭동을 일으킨 사람들의 측면이 아닌 한없는 선량함과 이해심을 가진 사람들에게 향했다.

19세기 후반까지는 톨스토이(1828~1910)의 작품의 전성기였다. 그의 장편 소설들 ≪전쟁과 평화≫, ≪안나 카레리나≫, ≪부활≫, 단편, 동화, 희곡들은 상류 사회에서 유행하는 풍속과 관습에 대한 가차 없는 도덕적 판결은 표현했고, 민중의 도덕적 가치와 전통을 대비시켰다.

1870년대 말에 체홉(1860~1904)의 문학적 활동이 시작되었다. 그의 주인공들 – 생활문제로 억압을 받았던 하급관리, 파산한 귀족, 지방의 지식계급층, 학생 등은 주변 사람들의 무관심과 몰이해로 고통을 겪었다. 체홉은 독자들의 동정심을 일으키거나 감동시키려는 시도에 의지하지 않고 있는 그대로 전혀 꾸밈없이 인물을 보여주려고 노력했다.

문학은 그 시대의 주인공들의 전형적인 모습과 현실과 타협하려 하지 않는 사람들의 활동을 표현했다. 투르게네프는 그러한 인물에 대한 자신의 견해를 표현하는 선구자들 중 한명이었다. 그의 소설 ≪아버지와 아이들≫의 주인공인 허무주의자 바자로프는 잡계급 출신의 젊은 세대의 표본이 되었다. 그의 주인공들과의 이중적인 관계에도 불구하고 투르게네프는 주인공을 남성답고 자신의 신념을 추구하는 인물로 묘사했다. 이것과 함께 투르게네프는 구사회의 해체과정이 어떻게 그러한 사람들에게 투영되었는가를 주의 깊게 관찰했다.

잡계급 출신의 젊은이들의 자신들의 사상적 지도자로 생각했던 비판적 사실주의의 신봉자 중 한 명은 **네크라소프**였다. 그의 작품의 주요부분은 그들과 인민들의 생활주제, 인민의 암담함과 불행은 네크라소프의 작품에서 중요한 위치를 차지했다. 그 시대에 그의 대표적인 시인 ≪러시아에서 잘 사는 사람들에게≫는 속박의 멍에를 벗어날 수 있는 인민들의 힘에 대한 믿음을 충분히 표현했다.

대개혁 시대에 비러시아 민족 문학의 발달은 언어의 규제로 어려웠다. 그럼에도 불구하고 많은 비러시아 민족들은 자신들의 민족 문학을 확립하여 러시아 예술 문화 발달에 기여할 수 있었다. 우크라이나인 프란코(1856~1916)의 시문학 작품들은 복잡한 정치적, 도덕적, 철학적 문제들을 다루었다. 1870년대 말에 그 때에 우크라이나에 살았던 유태인 작가 솔롬-알레이헴(1859~1916)의 문학 명성이 최고조에 올랐다. 보구세비치(1840~1900)는 벨로루시 문학에서 사실주의를 확립한 시인이었다. 그는 자신의 시와 시적 작품들에서 지주와 관리들의 전횡에 대해 항의하고, 모국어, 문화, 예술의 발달에 대한 벨로루시 민족의 권리를 옹호했다. 19세기 후반에 최초의 타타르 민족의 소설과 희곡이 등장했다. 악물, 비게예프, 일리랴스, 할리드 등의 작품에서는 교육을 받은 계층과 뒤쳐진 무식한 사람들과의 충돌을 통해서 타타르 민족의 생활에서 신세력과 구세력 간의 투쟁이 표현되었다.

회 화

19세기 후반의 러시아 회화는 문학과 마찬가지로 사회문제를 다루었다. 회화에서도 비판적 사실주의의 경향이 주류가 되었다. 이 경향의 대가 중 한명은 삶의 추한 면을 보여주었던 페로프(1834~1882)였다. 1861년에 그 화가는 성직자의 위선행위와 학대 받은 가난한 사람들의 몽매함을 폭로하는 것으로 인식되었던 지도 ≪부활절에 농촌 교회의 행렬≫을 그렸다. 페로프의 지도들- ≪미티샤흐에서의 다과회≫, ≪상인 가정으로 가정교사의 도착≫, ≪부대 근처의 마지막 술집≫ 등은 사회 각 계층 대표자들의 상황에 대한 생생한 묘사이다. 특히 강한 인상을 남긴 작품은 아이들의 어려운 삶을 묘사한 ≪트로이카≫였다.

1863년에 러시아의 예술 역사상 일련의 이탈하는 사건들이 일어났다. 14명의 미술학원 졸업생들이 학위를 받는데 요구되는 스칸디나비아의 신화를 주제로 한 그림 그리기를 거절했다. 그들은 실제의 삶에 그릴 훨씬 더 가치 있는 주제들이 있다고 주장했다. 주제의 자유로운 선택권을 허가 받지 못한 그들은 항의의 뜻으로 미술원을 그만두고 페테르부르크 미술가 협동조합을 설립했고, 그것은 1870년에 이동미술전람회의 동인회로 전환되었다. 이동 전람회라고 불린 이유는 페테르부르크와 모스크바에서 뿐만 아니라 지방에서도 전람회가 열렸기 때문이다. 이것은 러시아 화가들의 독특한 ≪민중 순례기≫였다. 전시될 지도를 선택하는 근본적인 범위는 삶을 모든 측면에서 반영하는 작품들이었다.

이동 전람회 동인회의 첫 정관에 서명한 화가들 가운데는 사브라소프, 쉬쉬킨, 마코프스키 형제, 페로프 등이 있었다. 뒤늦게 바스네초프, 야로센토, 사비츠키 등이 그들과 합류했다. 1880년대 중반에는 세로프, 레비탄, 폴레노프가 전람회에 참여했다. 크람스코이(И. Н. Крамской, 1837~1887)는 이동 전람회의 지도자이자 이론가가 되었다. 그는 뛰어난 초상화가로 회화의 역사에 가입했다. 크람스코이는 살티코프-세드린,

레 핀

네크라소프, 톨스토이의 이미지를 형상화했다. 그의 많은 작품에는 초상화 장르와 구상적인 지도인 ≪알려지지 않은 여인≫과 ≪위로할 수 없는 슬픔≫이 포함되었다.

러시아 민중의 집단적인 형상을 창조한 **레핀**(1844~1930)과 **수리코프**(Суриков, 1848~1916)의 작품이 러시아 회화에서 사실주의의 절정으로 꼽힌다. 그 중에서도 레핀의 작품들 ≪볼가강의 배를 끄는 인부들≫, ≪기다리지 않았다≫, ≪참회의 거부≫ 등은 가장 깊은 사회적 공감을 받았다. 1870~80년대에 그는 역사적 주제를 형상화 한 작품들인 ≪소피야 공주≫, ≪1581년 11월 16일 이반 뇌제와 그의 아들 이반≫, ≪자포로지예 카자크 투르크 술탄에게 편지를 쓰다≫ 등

볼가강의 배끄는 인부들

의 창작에 열중했다. 레핀은 초상화에 관한 확실한 재능을 가지고 있었다. 그는 러시아 문화를 찬양한 저명한 작가들, 작곡가들, 배우들의 형상을 창조했다.

수리코프

수리코프는 화폭에 민중을 주인공으로 등장시켜 조국 역사의 극적인 사건들을 재현했다. ≪소총병의 고뇌의 아침≫, ≪시베리아를 정복한 예르마크≫, ≪모로조프 가(家)의 귀부인≫ 등의 작품들은 러시아 예술 문화의 황금기에 속했다. 화가 바스네초프(1848~1926)는 민중 설화를 그리는 장르에 몰두했다. ≪알레누쉬카≫, ≪기로에선 무사≫, ≪영웅≫, ≪이고리 스뱌토슬라비치의 폴레베츠인들과의 격전 이후≫ 등이 바스네초프의 대표적 작품들이다.

시베리아를 정복한 예르마크

러시아 중부의 풍경과 북부의 혹독한 자연은 많은 화가들의 관심의 대상이 되었다. 쉬쉬킨(1832~1898)의 작품들 - ≪호밀≫, ≪삼림채벌≫, ≪송림. 뱌트카 현의 마스트용 숲≫ 등은 용맹스러운 인상, 힘, 영웅적인 민중에게 부여된 자연의 위대함 등을 표현했다. 사브라소프는 고국 땅의 가슴이 아플 만큼 애틋하고 서정적인 풍경에 더 끌렸다. 경이적인 빛의 효과를 표현하는 대가였던 쿠인드지는 19세기 후반의 풍경화가들 중의 특수한 위치를 차지했다. ≪우크라이나의 밤≫, ≪자작나무 숲≫, ≪드네프르강의 달밤≫ 등이 쿠인드지의 대표적 작품들이다. 재능 있는 화가 레비탄(1860~1900)은 놀랄 만큼 아름다운 ≪분위기의 풍경화≫를 창작했다. 무엇보다 바다의 고요함을 형상화하는 것을 좋아했던 아이바조프(1817~1900)의 작품은 대단한 인기가 있었다.

조각과 건축

19세기 후반 가장 유명한 조각가는 안토콜스키(1843~1902)였다. 자신의 의지로 그는 이동 전람화가 협회에 들어갔다. 대가는 역사적 초상화 시리즈 - ≪이반 뇌제≫, ≪표트르 1세≫, ≪현명한 야로슬라프≫, ≪예르마크≫ 등을 조각했다.

1880년 6월에 모스크바에 국민들의 기부금으로 세워진 푸쉬킨 기념비의 설립은 문화적 측면에서 커다란 사건이었다. 유명한 조각가 오페쿠신(А. М. Опекушин, 1838~1923)이 기념비를 조각했다. 미케신(Микешин, 1835~1896)은 1862년 노브고로드에 세워진 ≪천년의 러시아≫ 기념비의 청동에 129개의 조각 형상을 표현했다. 그는 페테르부르크에 있는 예카테린 2세의 기념비 작업에서도 이와 비슷한 방법을 이용했다.

건축에서 고전주의는 완전히 시대에 뒤떨어졌다. 산업 기업들, 국가기관, 역, 상점, 병원, 은행, 극장, 다리 등의 새로운 형태의 건축물들은 새로운 건축술을 필요로 했다. 건축가들은 고딕, 르네상스, 바로크, 그리고 그 밖의 건축양식, 모티브와 형식 등을 이용하여, 과거의 장식과 형식 안에서 새로운 건축술을 찾으려 했다. 정부는 여러 가지 예술 양식을 혼합하는 절충안을 내놓았다. 그래서 메스마헤르는 페테르부르크의 국무위원회의 문서 보관국 건물을 르네상스 시대의 정신으로 결정했다. 크라카우 또한 네바강 영국 해안의 대기업가 시티글리츠 백작의 독립 가옥과 발틱 역사 설계에 이 모티브를 사용했다.

신러시아 건축양식이 널리 유행했다. 천막형 지붕, 망루, 특수한 모양의 문, 동시대인들의 눈길을 끈 대리석 무늬의 타월무늬와 벽돌 무늬 등이 이러한 건축양식의 특징들이다. 모스크바의 유명한 건물들- 역사박물관, 시의회건물, 최상품들을 진열하는 집 건물 등이 이러한 양식으로 건축되었다. 최소의 건축 비용으로 최대의 이윤을 남길 수 있는, 수익성 높은 고층, 다세대 주택은 19세기 후반 러시아 건축의 특징이었다. 이러한 주택의 건설은 커다란 창작 노력도 필요로 하지 않았다. 이것은 20세기 건축 모형 출현의 발단이 되었다.

음 악

19세기 후반은 러시아 음악 예술의 번창기였다. 5명의 뛰어난 작곡가들 발라키레프(1839~1910), 무소르그스키(1839~1881), 큐이(1835~1918), 보로딘(1833~1887), 림스키-코르사코프(1844~1908) 등의 우호단체 ≪**모구차야 쿠츠카**≫의 작품은 음악 예술의 상징이 되었다. 그들은 민족적 작품, 즉 영웅적인 민담의 주제에서 영감을 얻었다. ≪모구차야 쿠츠카≫의 작곡가들은 많은 좋은 작품들을 만들어 냈는데, 그 중에서도 무소르그스키의 음악 극 ≪보리스 고두노프≫와 ≪호반쉬나≫, 림스키-코르사코프의 오페라 ≪프스코프 여자≫, 보로딘의 서사적인 작품 ≪이고리 공후≫ 등은 매우 훌륭했다.

19세기 후반은 많은 음악적 유산을 창조한 차이코프스키(1840~1893)를 세상에 선물했다. 오페라 ≪예브게니 오네긴≫과 ≪스페이드 여왕≫, 발레 ≪백조의 호수≫, ≪잠자는 미녀≫, ≪호두 깎기 인형≫은 그의 작품 중 최고로 꼽힌다. 차이코프스키는 교향악과 실내악 발전에도 크게 기여했다. 1980~90년대에는 새로운 작곡가 세대인 타네프, 글라주노프, 랴도프, 아렌스키 등의 작품이 서서히 유명해졌다. 라흐마니노프(С. В. Рахманинов)와 스크랴빈(А. Н. Скрябин)과 같은 아주 젊은 작곡가들도 유명해졌다.

무소르그스키

림스키-코르사코프

보로딘

안톤 루빈시테인

루빈스타인

차이코프스키

라흐마니노프

스크랴빈

작곡의 눈부신 발전은 연주 기술의 향상을 수반했다. 페트로프, 라브로프스카야, 레오노바 등의 가수들이 페테르부르크의 마린스키 오페라 극장에 출연했다. 볼쇼이 극장의 무대에서는 호흘로프(П. А. Хохлов)와 코르소프(Б. Б. Корсов)가 노래했다.

19세기 후반에는 러시아의 소수 민족 음악 문화의 발전에 커다란 진보가 있었다. 림스키-코르사코프의 제자 우크라이나인 리센코(1842~1912)는 오페라 ≪폴타브카의 민요≫와 ≪타라스 불리바≫, 로망스, 그리고 기악곡 등의 고전 민족음악 작품들을 창작했다. 그는 뛰어난 작곡가였을 뿐만 아니라 지휘자, 피아니스트, 민요 수집자였다. 그의 오페라 ≪타라스 세브첸코≫는 커다란 사회적 의미가 있었다. 1868년 추하드쟌은 최초의 아르메니아 오페라 ≪아르샤크 Ⅱ≫를 만들었다. 발란치바드제

(1863~1937)는 최초의 그루지야 오페라 ≪타마라 코바르나야≫의 작곡가이다.

다른 예술분야처럼 음악은 19세기 후반에 사회적 · 계몽적 책무를 수행했다. 민요 모티브의 이용과 서사적인 주제로의 선회는 광범위한 계층을 음악창작에 끌어드렸다. 피아노 연주자이자 훌륭한 지휘자였던 **루빈시테인**(1835~1881)은 1860년대 초기에 이 분야로 뛰어들었다. 그의 노력 덕분에 1860년에 러시아 음악협회 모스크바 지부가 창립되었고, 토요일 마다 귀족회의에서 공연한 웅장한 교향악단이 창단되었다. **루빈시테인**(**Н. Г. Рубинштейн**)이 직접 교향악단을 지휘했다. 1866년 음악협회 산하에 음악대학이 설립되었다(페테르부르크의 음악대학은 1862년에 설립되었다). 루빈시테인이 음악대학의 학장을 맡으며 피아노 연주 강의를 이끌었다. 악보 출판사도 생겼다.

음악 애호가 협회가 타쉬켄트와 사마르칸트에 창립되었다. 협회의 회원들의 제안에 따라 동양의 멜로디를 유럽 악기에 맞춰 편곡하는 작업이 시작되었다. 군악대의 단장 에이흐고른은 중앙아시아와 카자흐스탄의 민속악기를 수집하여 모스크바, 페테르부르크, 빈에서 보여주었다. 19세기 말에 타타르 민속음악의 연구가 시작되었다. 몇 권의 타타르 민요집이 만들어졌다. 1885년 아그니아시빌리는 최초의 그루지야 합창단을 조직했다. 그루지야와 아르메니아에서 민요 수집 운동이 활발해졌다.

연 극

개혁기 러시아에서 특별한 역할이 연극에 부여되었다. 연극무대는 희곡의 작가들이 원작에 깔린 사상에 순간적인 방관자적 반응을 공감할 수 있는 개인적이고 사회적인 공감들이 합법적으로 드러낼 수 있는 유일한 공개적인 장소였다. 연극은 기분을 전환시켜 주는 구경거리 이상의 것을 제공했다. 연극은 유일한 중요한 문화적 오락이 되었다. 특히 지방의 일상에서 연극예술의 역할은 컸다. 연극은 러시아의 100개가 넘는 도시에서 상연되었다.

19세기 후반의 러시아 연극사는 약 50편의 희곡들 - ≪폭우≫, ≪숲≫, ≪지참금이 없는 처녀≫, ≪늑대와 양≫ 등을 창작한 오스트로브스키의 이름과 긴밀하게 관련되었다. **오스트로브스키**는 인간주의와 계몽을 주창하면서 당시 사회의 저속함, 무지, 후진성, 그리고 다른 결함들을 비판했다. 오스트로브스키의 희곡의 내용은 잡계급 출신의 젊은이들의 분위기와 일치했고, 큰 성공을 거두었다. 사실주의 연기파를 형성했던 말리이의 극장이 연극계의 수위 자리를 차지했다. 오스트로브스키의 연극과 코메디는 이 가장 오래된 러시아 무대에서 주요한 자리를 차지했다. 말리이 극장이 오스트로브스키의 집으로 불리기 시작한 것은 우연한 일이 아니었다. 말리이 극장에는 사도브스크 사단, 사모이러브 사단, 바실예프 사단 등의 유명한 배우 왕조가 형성되었다. 사도브스키이는 오스트로브스키 극장에서 고루한 상인역을 실연한 것으로 명성을 얻었다.

1870년에는 엘르몰러보이가 스타가 되었다. **말리이 극장**에서 첫 역을 맡고 출연한 후에 러시아 연극계에 독점적인 재능을 가진 배우가 등장했다는 사실이 알려지기 시작했다. 1873년에 그 젊은 여배우는 **오스트로브스키** 연극 ≪폭우≫에서 카테리나 역을 맡았다. 그녀는 사회적이고 정신적인 노예에 저항하는 자유를 사랑하는 여주인공의 역으로는 자신의 연기생활을 시작했다. 예르몰러보이의 좋은 역기 덕분에 그 공연은 몇 번의 공연 후에 금지될 정도로 첨예한 사회적 공감을 얻었다.

예술적 공예품

대규모 공예산업의 증가는 전통적인 민속품의 대량 수제생산의 점차적인 쇠퇴를 유발했다. 동시에 19세기 후반은 전람회, 전시회, 시장과 더불어 거의 잊혀진 고대 수공업에 대한 관심이 부흥되는 시대가 되었다. 대가들이 제작한 고대의 민속품들은 예술작품으로 전환되었다. 이것은 당구, 도자기, 융단 짜기, 금속, 돌, 나무, 모피 등의 예술적 가공과 같은 수작업의 형태와 관계가 있다. 러시아에서는 이러한 분야에서 세계적 명성을 얻었던 예술적 파벌이 형성되었다.

뱌트카 근처의 딤키이의 마을에서는 오래전부터 여자들이 화려한 색깔로 채색된 말, 기마병, 새 모양의 점토로 만든 장난감의 제조에 종사했다. 19세기 말에 공장에서 대량으로 만들어진 석회로 만든 소상들이 이러한 장난감들을 몰아내기 시작했지만, 딤스키에서 만들어진 주름이 있는 화려한 스커트를 입은 ≪장사꾼≫, ≪감시인들≫, ≪물을 나르는 사람들≫ 등은 나무로 만든 농가에서, 도시의 아파트로 천막을 옮긴 시장에서, 그리고 민속예술의 감정인들의 수집품에서 큰 인기가 있었다. 므스쵸라와 팔레흐 마을에서 민속 예술가인 아이콘 제작자들은 공장에서 대량으로 생산되는 아이콘의 공격의 상태에서 살아남기 위해서 광택이 나는 작은 삽화가 새겨진 폴, 석고를 섞어서 이겨 만든 종이 덩어리로 만든 제품의 제작으로 이동했다. 이렇게 해서 그들은 가장 정교한 숙련된 기술과 독특한 미술전통을 보존할 수 있었다.

하얀 바탕 위에 파란 지도가 새겨진 그 젤스크 접시는 자체의 예술적인 양식을 보존했고 민속적인 유모로 가득 채워진 크지 않은 소상들은 크지 않은 농촌의 장인 가정에 위탁되어 제작되었다. 니제고로드 현 지방자치의회의 지원으로 옛날부터 지도가 새겨진 목재 그릇이 제작되었던 호흘롬에서 공예업이 보존될 수 있었다. 도시의 상점에서 장인들의 생산품이 다량으로 판매될 수 있는 체제가 갖추어졌다. 지방자치의회의 주문에 따라 특별히 초대된 예술가들이 장인들과 함께 일하기 시작했다. 19세기 말은 민중의 생활, 예술적 문화, 전설에 대한 관심의 부활이 두드러졌다. 과거에 민속예술은 전문적인 예술에 그렇게 큰 영향을 끼친 적이 없었다. 당시 러시아의 도처에서 고대의 전통에 매혹된 사람들을 연합시키는 협회, 서클들이 창립되었다. 그러한 단체들의 활동의 결과로 오래된 공예의 보존뿐만 아니라 새로운 공예가 생겼다.

19세기 말에 모스크바 현 지방자치 의회의 지원을 받는 세르기예프 수공업 단지가 생겼다. 그 단지의 제품인 나무로 만든 성직자 옷에 달린 두건은 러시아 민속 수공업의 상징이 되었다. 러시아 농부 인형의 창시자들의 정신적인 스승인 말류틴의 기예와 즈베즈도츠킨의 선반업이 성모마리아를 나무로 만들 장난감의 전통이 되었다. 러시아 농부 인형은 급속도로 인가를 얻었다. 1900년에 러시아 농부인형은 파리 만국 박람회에 전시되었고 장인들은 러시아뿐만 아니라 다른 나라에서 주문 받은 것들을 제작하기 시작했다. 장인들은 50개 모양의 인형을 기묘하게 잘 만들어 냈다. 중앙아시아와 볼가강 유역에서 비단 짜기, 금빛자수, 융단 짜기, 피혁가공, 보석생산, 도자기와 구리 그릇들의 생산 등의 전통적 형태의 실용적인 장식예술이 발달했다.

결 론

19세기 후반의 예술 · 문화는 삶을 개혁하는 독특한 방식을 제안하는 고유한 사회적 연단이 되었다. 민중적 창작의 전통이 문화의 대가들의 창조적 영감의 원천이 되었다. 동시에 예술은 민중을 계몽시키는 과제를 해결했고, 인구의 광범위한 계층을 예술적 창작물로 끌어들이려고 시도했다.

36. 도시와 농촌 생활의 새로운 특징들

인구의 증가와 도시 모습의 변화

농노제의 폐지와 그에 뒤따른 경제에서의 긍정적인 발전은 인구의 대량증가를 유발했다. 높은 유아사망률, 러-터 전쟁에서의 인명손실, 1890년 초의 기근 등에도 불구하고 제국의 인구는 1860년의 7천 4백만에서 1897년 1억 2천 6백만 명으로 증가했다. 러시아가 여전히 오래된 농업국가로 남았지만 총 인구의 거의 87%가 농촌에 살았고, 당시의 도시의 인구는 거의 2배로 증가했다. 1863년에는 인구가 10만 명이 넘는 도시가 3개(페테르부르크, 오데사, 모스크바)뿐이었다. 1897년에 인구가 10만 명이 넘는 도시가 14개로 늘어났고, 페테르부르크와 모스크바의 인구는 일백만 명을 넘었다. 이렇게 도시로 인구집중화가 급격하고 진행되고 있었다.

도시의 외관도 변했다. 대도시뿐만 아니라 지방의 도시에도 역, 식당, 상점들, 시장, 극장, 은행 건물들이 건축되었다. 주택의 건설속도도 가속화 되었다. 새로 지어진 건물들은 보통 4~5층이었다. 대도시의 중앙에는 국가와 현지의 행정기관 건물들과 비즈니스 센터가 건설되었다. 대규모 상점들이 전통적이 상가들과 소규모 상점들을 밀어내기 시작했다. 모든 도시에는 새롭게 산업기업들이 위치해 있고, 노동자들이 거주하는 대규모 공단이 새로 생겨났다.

도시의 모습도 변했다. 거리는 잔돌과 각석으로 포장되었다. 모스크바의 중심의 몇 개의 보도가 아스팔트로 포장되기 시작했다. 거리의 조명도 개선되었다. 1860년대에 등유 가로등이 나타났고, 나중에 점차적으로 가스 가로등으로 대치되었다. 1870년 말에 페테르부르크에 전등이 켜지기 시작했고, 1880년대 초에 전등들이 모스크바 거리에 나타났다. 1886년에 모스크바에는 대규모 전기발전소가 건설되었다. 이때부터 부자집들은 전등을 사용하기 시작했다. 1861년 전에 모스크바와 몇 개의 다른 도시의 주민들만이 수도를 이용했다. 19세기 말경에 수도는 30개 도시에 설치되었다.

기업의 성장은 통신수단의 급격한 발전을 초래했다. 1856년에 러시아에 4천만통의 편지가 발송되었고, 1888년에는 이미 3억5천만5백만 통의 편지가 발송되었다. 1852년에 모스크바와 페테르부르크를 연결하는 하나의 전신선이 있었다. 1870년대 초에 모든 주와 군의 도시들은 사실상 전신망으로 연결되었다. 세계에서 가장 긴 전신선이 블라디보스토크에 다다랐다.

1882년에 페테르부르크, 모스크바, 오데사, 리가 등에 전화국이 개설되었다. 페테르부르크와 가트치나를 연결하는 최초의 도시간 전화선이 개통되기 시작했다. 1880년대 말에 그 당시 세계에서 가장 긴 전화선 중의 하나인 모스크바와 페테르부르크를 연결하는 전화선이 깔렸다.

도시 내의 대중교통수단이 개선되었다. 1860년대 초에 말이 끄는 철로길 ≪콘카≫가페테르부르크에 놓였다. 1870년대에 철도마차는 모스크바와 오데사에 등장했고, 1880년대와 1890년대에 거의 모든 대도시에 **철도마차**가 등장했다. 1892년에 키예프의 거리를 따라 최초의 전차가 다녔다. 그 다음에 전차는 카잔과 니즈니 노브고로드에 나타났다. 1890년대 말에 전차가 모스크바와 거의 모든 도시의 거리를 다녔다.

19세기 말의 러시아 도시정경

도시 상류층의 생활

대도시와 거대주의 도시의 중심지에는 암피르 형식(나폴레옹 1세 시대에 유행한 건축양식)의 대형 대귀족 저택들이 있었다. 중심거리와 인접한 골목길에는 많은 크지 않은 대부분 목재로 지은 궁정귀족들의 주택이 있었다. 이러한 집들은 영지에 있는 귀족들의 저택을 연상케 했다.

상인들 주택이 궁정귀족 주택가에 인접해 있었다. 상인들 주택은 대체로 강가를 따라 산재해 있었다. 사과나무 과수원의 깊숙한 곳에는 2~3층의 상인들 저택이 있었다. 보통 일층에는 하인이 살았다. 2층에는 사람이 살지 않는 전시용 방들이 있었다. 평일에는 그 방에 아무도 들어가지 않았다. 창문은 커튼으로 덮여 있었고, 가구들도 커버로 덮여 있었다. 사랑방의 모습은 단조로웠다. 하얀 커버로 덮여있는 침대, 대리석 세면대, 속옷을 넣는 옷장, 책상, 책장 등이 있었다.

도시의 상인들 지역에는 옛날 풍속이 지배했다. 음식은. 질기고 배를 부르게 하는 것들이었다, 고기, 삶은 양배추 스프, 구은 거위 또는 죽과 곁들인 오리, 생선(여러 종류의 철갑상어들)을 먹었다. 대체로 과일이나 딸기를 소금에 절인 것, 흰빵, 러시아식 만두, 당밀과자와 함께 툴라에서 만들어진 사모바르로 끓인 차를 많이 마셨다.

19세기 말에 수도의 상인들은 과거의 궁정귀족들의 저택으로 이사했고 유명한 건축가의 설계도에 따라서 정교한 저택을 짓고, 순종의 준마들을 장식하기 시작했다. 겉모습에서 그들은 부유한 궁정귀족들과 전혀 다르지 않았다. 상인들의 부인들은 파리의 성장들을 주문했고 프랑스의 리비에라로 휴가를 갔다. 만찬을 자주 열었다. 각 상인들 집에는 상사의 요리들이 있었다. 손님들의 접대를 위해서 가장 비싼 레스토랑에서 요리사와 웨이터들, 유명한 가수들, 합창단, 오케스트라가 초빙되었다.

도시의 인텔리 계층의 상류층인 대학교수, 부유한 변호사들, 유명한 예술가들뿐만 아니라 고급과 중급 관리들은 대체로 자기 소유의 집이 없었다. 그들은 장기간 동안 도심지의 주택가에 방이 많은 좋은 아파트를 구입했거나 임대했다. 그러한 아파트의 모습은 사실상 부유한 궁정귀족의 저택과 다르지 않았다. 그러나 인텔린 계층의 집에는 대부분 전시용 방들이 없었고 연구실과 서재가 있었다.

도시 주민들은 새로운 시대에 부응하여 편의와 실용을 위해서 재단된 유럽식 복장으로 바꾸었다. 1850년대 중반부터 다양한 모습의 긴 프록코트가 남성 정장의 필수적인 부분이 되었다. 프록코트는 회색 줄무늬가 있는 검정색 직물로 만들어진 바지와 함께 입었다. 1860년대부터 상체를 감싼 상의가 유행했다. 상의, 조끼, 짙은 색깔의 모직 바지가 남성정장의 고전적인 형태가 되었다. 펠트모자 또는 원통형의 크지 않은 차양이 달린 중산모자인 ≪코텔로크≫가 유행했고, 여름에는 밀짚모자를 쓰고 다녔다.

여성복은 대부분 유행에 따라 변했다. 1850년대에 다시 빳빳한 스커트인 넓은 스커트를 입기 시작했다. 1870년에 러시아 부인들은 자신의 성장을 바꾸지 않을 수 없었다. 파리의 모델들이 미끄러운 긴 허리부분이 거의 직선인 스커트와 짧은 스커트로 장식된 것과 합치된 옷을 선보였다. 이러한 옷은 허리선을 따라 등 뒤에 나비 모양의 댕기로 마감이 되었다. 그러나 비즈니스와 사회생활로 여성들의 적극적인 유입은 간편한 복장을 초래했다. 이러한 복장은 남성복장의 요소들을 모방하여 채택하기 시작했다. 풀먹인 깃, 소매, 넥타이. 짙은 색상의 천 등이 이용되었다.

도시 외곽의 생활과 풍속

주 도시의 외곽지역에 소상인들, 평민, 가난한 관리들, 평범한 사람들이 살았다. 그들은 뜰과 꽃밭이 있는 목조 단층집에 살았다. 러시아 군현 도시의 거리를 따라 거의 그러한 형태의 집들이 서 있었다. 집안의 내부의 모습은 소박했고 단조로웠다. 창문 위에 커튼, 제류 늪이 들어간 점토로 만든 냄비, 따스한 등이 켜진 아이콘들, 하얀 테이블 포로 덮여진 장롱, 유리 뒤에 소박한 그릇이 놓여있는 찬장 등의 가구들이 있었다.

대학도시에는 수많은 젊은이들이 살았다. 대학거리에 인접한 주민들은 대학생들에게 방과 아파트를 제공했다. 파리를 모방한 이러한 지역들은 ≪라틴 구≫라는 명칭이 붙여졌다. 그곳에서의 생활은 학생들의 수요에 맞게 조정되었다. 이곳에는 크지 않은 값싼 식당들이 몰려있었다. 저녁마다 그리고 늦은 밤에 거리는 즐거운 노래들이 울려 퍼졌다.

1870대에 학생들은 장발과 챙이 넓은 모자를 쓰고 다녔다. 어깨 위로가을외투의 불충분한 따스함을 보충해주는 망토를 걸쳤다. 젊은 대학생들 가운데는 파란 안경을 끼고 종아리 중간까지 내려오는 짙은 색상의 옷을 입은 짧게 자른 머리를 한 처녀들도 보였다. 대학생들의 소요사태가 잦아졌을 때인 1880대와 1890년대에. 대학생들은 제복으로 프록코트와 재킷을 입었고, 푸른 떼를 두른 챙인 달린 모자를 쓰고 다녔다. 아가씨들은 하얀 칼라가 있는 단정한 짙은 색의 옷을 입었고, 머리를 빗어 올려서 목덜미에 다발로 묶어서 놓았다.

도시 근교의 마을에는 마부들, 소수공업자들, 채소 재배자들이 살았다. 이곳에는 전통적인 생활풍습이 보존되었다. 그곳에 사는 사람들은 일찍 일어났다. 남자들은 선술집으로 차를 마시러 갔고, 부인들은 집에서 아침을 먹었다. 그리고 그들은 이른 시간인 12시에 점심을 먹었다. 그 다음 집에 있었던 모든 사람들이 잠자리에 들었다. 오후 2시경에 다시 생활하기 시작했고, 8시경에 저녁을 먹었고 겨울에는 8시 정각에 잠자리에 들었고 여름에는 11시경에 잤다.

토요일마다 목욕하러 갔다. 축제일에는 만두를 구웠다. 정교 축제일에 교회에 가는 것은 의무적이었다. 온 가족이 정찬에 모였다. 남자들은 반외투와 옷자락이 긴 프록코트를 입었고 품질이 좋은 목이 긴 장화를 신었고 머리는 버터를 발랐다. 부인들은 머리에 삼각형 수건을 둘렀고 어깨에 아름다운 숄을 걸쳤다. 딸들은 실크 옷을 입었고, 하얀 작은 깃털이 달린 모자를 썼고 뒤축이 높은 구두를 신었다.

노동자들이 거주하는 지역에는 독특한 생활양식이 있었다. 프롤레타리아트들의 수입 수준은 대체로 중산층과 부르주아들을 모방할 수 없을 정도로 작았다. 노동자들의 복장은 도시와 농촌의 특징들을 혼합된 상태였다. 남자들은 농부상의 위에 조끼를 입었다. 그들은 주로 윤이 나는 챙이 있는 때가 없는 단단한 모자를 썼다. 목이

19세기 말의 러시아 농촌

부활절의 농촌 모습

긴 장화 대신에 목이 짧은 구두를 신었다. 여자들은 칼라로 단단해진 좁은 허리가 있는 넓은 스커트가 달린 화려한 색상의 옷을 선호했고, 끈으로 맨 굽이 높은 구두를 신었다.

노동자들은 주인의 집에서 기숙하는 경우가 드물지 않았다. 그들은 공동 찻잔을 사용했고 나무로 만든 수저를 사용했다. 특별한 우두머리가 식탁을 따라 음식을 들고 돌아 다녔다. 그는 대접을 따라 고기를 배분했고 식사를 시작할 수 있을 때를 신호로 알려주었다. 노동자들은 드물게 선술집이나 특별 식당에서 10~15 코페이카를 치루면 흰 빵이나 삶은 햄이나 소시지가 들어 있는 흰 빵 또는 코추 냉이와 함께 철갑상어나 용철갑 상어를 사먹을 수 있도록 허용되었다. 장인들이 뒤섞인 혼잡한 장소에서는 값 싼 먹거리, 만두, 부침 등을 파는 노점상들이 배회했다.

대도시에는 가장 절망적인 빈곤층이 거주하는 지역들이 존재했다. 모스크바에는 히트로브카라는 지역이 있었다. 이곳에 있는 수많은 여인숙, 선술집, 주막 등의 은신처에는 ≪잉여 인간들≫ 즉, 실패한 사람들, 형사범들, 술꾼들이 거주했다. 그들은 해진 여자상의를 입고 있었고, 밑바닥을 끈으로 묶은 낡은 구두를 신고 있었다. 그러한 옷은 대부분 호주머니가 없었다. 이곳의 거주자들은 끓은 물에 풀어진 음식 쓰레기를 먹었다.

시민들의 여가생활

1870년대에 도시의 중산층 시민들이 식당과 레스토랑에서 아침과 점심을 먹는 것이 일상적인 일이 되었다. 거기에서 사업상 만남과 상업적인 거래가 이루어졌다. 손님들에게는 러시아 음식 차림표만이 제공되었다. 녹말국을 얹은 새끼돼지, 죽과 함께 제공되는 양배추 스프, 생선스프, 절인 오이를 넣은 고기, 생선스프, 두들겨서 부드럽게 한 송아지 고기 커틀렛, 용철갑 상어, 팬케이크, 껍질이 없는 만두, 난로밑창에서 구은 만두 등이 차림표에 나열되어 있었다. 보통식당의 일인분 요리는 적당한 가격에 비해 양이 많았다. 여자들이 식당의 일반 홀에 나타나는 것은 불쾌한 것으로 생각되었다.

저녁마다 재력 있는 손님들이 레스토랑을 방문했다. 거기서는 프랑스 요리에서 골라서 선택된 차림표가 제공될 수 있었다. 집시의 합창이 손님들의 흥미를 끌었다. 모스크바의 볼쇼이 극장에서 많은 사람들이 참석하는 가장무도회가 열렸다. 겨울의 저녁마다 시민들은 극장을 찾았다. 귀족들과 부유한 상인들이 극장의 고정된 특별석을 예약했다. 귀부인들은 매우 화려한 성장을 하고 극장에 갔고, 그들을 동반한 파트너들은 연미복을 입었다. 이층 발코니에는 좀 더 평범한 관객이 차지했고, 일층에는 보통 큰소리로 외치고 우레와 같은 박수로 좋아하는 배우들을 찬양하는 학생들이 차지했다. 경마도 인기가 있었다.

보통 사람들은 나름대로의 오락을 가졌다. 특히 사육제와 부활절 기간의 몇 주는 즐거운 날이었다. 도시의 넓은 빈 터에는 널판으로 짜 맞춘 임시 노점들이 설치되었고, 당밀과자, 호도, 부침, 만두를 파는 천막들이 여기 저기 설치되었고, 취주악단이 울려 퍼졌고, 소형 오르간이 연주되었다. 오래된 놀이들이 사라지지 않았다. 말 발굽뼈 따기 노리, 원무, 공장이 모여 있는 지역에서 권투경기가 있었다. 두 공장의 노동자들이 서로를 상대로 하는 권투경기가 벌어졌다. 몇몇 도시에서는 닭싸움이 벌어졌다.

농촌생활의 변화

러시아 농촌에서 일어난 커다란 변화에도 불구하고 농민들의 관습은 매우 느리게 변했다. 그들은 페치카가 있는 목조 오두막집에서 살았다. 그들은 익숙한 복장들-반외투, 긴 외투, 두꺼운 천으로 만든 외투, 길이가 긴 프록코트, 털가죽 반외투, 모피외투 등을 입었다. 예전처럼 짚신이 보행하는데 신는 신발이었고, 더 부유한 농민들은 목이 긴 구두를 신었다.

그럼에도 불구하고 도시와의 강화된 접촉과 화폐의 유통은 점차적으로 농촌의 생활을 변화시켰다. 굴뚝이 없는 오두막집이 과거로 사라졌다. 초롱불과 초는 밝기를 연장시켰다. 공산품이 더 넓게 일상에서 사용되었다. 농민들은 나무 그릇 대신에 도기를 이용하기 시작했고, 의복용 실크를 구입했고, 설탕이 들어간 차를 마셨고, 고기를 더 많이 먹었다. 그들의 집은 지금 훨씬 더 정돈되어 보였고, 외관은 도시 근교의 집들을 연상케 했다. 부유한 가정에는 시계, 책들, 아코디언이 보였다. 유행이 더욱 더 큰 의미를 얻기 시작했다. 축제일마다 젊은 총각들은 새빨간 공단샤스와 조끼, 유행하는 외투를 입었다. 짚신과 펠트로 만든 장화는 가죽으로 만든 장화와 방수 덧신으로 대치되었다. 여자들은 집에선 짠 셔츠대신에 모직이나 실크로 만든 옷을 입었다.

힘든 농사 일이 농민들에게 매우 많은 시간을 빼앗아 갔지만, 젊은이들은 여름 저녁에 마을의 울타리에 모였고, 겨울에는 어떤 젊은 과부의 오두막집에 모였다. 그들은 노래를 불렀고 얼굴을 화끈거리게 하는 속요를 불렀고, 원무를 추었다. 성탄절과 성탄절 12일째 되는 예수 세례 날 전날에 아가씨들은 점을 쳤고, 예수 세례 날에 청춘남녀들이 변장을 하여 찬송을 부르며 집집마다 돌아다녔다. 가을에는 즐거운 결혼식들이 거행되었다. 각 지방에는 특색 있는 결혼식과 전통이 있었다. 모든 성자들의 제일이 거행되었고, 어린 아이들은 세례를 받았고, 망자들을 위한 장례식이 거행되었다.

결 론

대개혁 시대의 러시아의 경제 · 사회체제의 변화의 영향으로 인민의 생활양식은 크게 변화했다. 도시화가 활발히 진행되었고, 기술적 성과물들이 실생활에 응용되었다. 수십 세기의 오래 기간의 전통과 산업산회의 혁신이 생활방식에서 뒤 섞였다.

✔ 제 4장의 결론

알렉산드르 3세는 정치와 정신분야에서의 자유주의적 개혁의 지속을 거부했다. 그는 전제주의 체제의 토대를 존속하고, 귀족계급의 위상을 강화하고, 혁명운동을 강화하는 강경정책을 실시했다. 교육, 출판, 지방행정의 분야에서 채택한 법령들이 1860~70년대의 개혁의 효과를 제한했기 때문에 자유주의자들은 알렉산드르 3세의 치세를 반동의 시대로 특징지었다.

알렉산드르 3세의 정부는 적극적인 경제정책을 실시했다. 임시의무 부역 상태(1861년 농노해방 이후 농노들에게 분할된 토지의 매취계약을 해주지 않고 의무적으로 노역을 하게 한 조건)와 인두세가 폐지되었고, 토지분할 상환금과 토지 임대료가 탕감되었고, 농민은행이 설립되었고, 노동법의 토대가 마련되었다. 러시아는 농업국에서 농 · 공업 강대국으로 전환되었다. 그러나 농노제의 잔재와 영농기술의 낙후는 예전처럼 농업의 발전을 방해했다.

1880년대와 1890년대 초에 러시아의 사회 · 정치적 세력들이 재편되었다. 인민주의자들의 위상이 약화되었고, 최초의 마르크스주의 단체들이 등장했고, 사회 · 정치적 생활에 대한 자유주의자들의 영향력은 축소되었다. 대신에 보수주의자들의 역할이 강화되었고, 그들의 많은 제안들이 정부 정책의 토대가 되었다.

국제무대에서 러시아는 강대국의 지위를 유지했고, 19세기 말까지 자국의 국경 내에서 평온을 유지했다. 그러나 발생한 국제정치적 대립은 일시적으로만 봉합될 수 있었고, 완전하게 해결될 수 없었다.

알렉산드르 3세는 발트해 연안, 폴란드, 카프카스 등의 주민들에 대해서 엄격한 정책을 실시했고, 핀란드에서 약간의 자치를 박탈했고, 유태인들의 권리를 더욱 더 구속했다. 정교의 역할을 강화하는 정책이 시작되었고, 동시에 다른 종교의 권리들에 대한 공격도 시작되었다.

과학은 큰 업적을 달성했다. 예술문화는 더 민주적이 되었고, 개방되었고, 기존의 체제에 대한 예술문화의 비판적 경향은 강화되었다. 민중적 창작물과 전통이 더욱 더 큰 규모로 창작적 영감의 원천이 되었다.

대개혁 시대의 경제 · 사회체제의 변화의 영향을 받고 민중의 생활방식에 큰 변화가 일어났다. 도시화가 활발히 진행되었고, 기술적 성과물들이 실생활에 응용되었다. 수십 세기의 오래 기간의 전통과 산업사회의 혁신이 생활방식에서 뒤 섞였다.

✔ 제 3부의 결론

19세기 러시아 역사는 러시아 발전에 특수한 시대였다. 1세기 동안에 최고위 권력의 주도적 역할로 사회의 모든 분야에서 전례 없는 변화들이 일어났기 때문에, 19세기를 부르주아적인 ≪위에서 부터의 혁명≫의 시대로 드물지 않게 불렸다. 이러한 상황이 실시된 개혁의 모순과 일관성 없음을 자체적으로 미리 전제할 수밖에 없었다. 개혁의 시대는 더 신중한 정책으로 대체되었고, 드물지 않게 반동을 수반했다. 그러나 그럼에도 불구하고 이런 저런 정도의 개혁적 활동은 19세기의 러시아를 통치했던 러시아 황제들의 특징이 되었다.

농업 · 봉건적 사회에서 산업사회로 러시아를 전환시키는 기회는 우선 1860~ 70년대의 개혁가들과 관련되었다. 그들은 농노제도를 폐지했고, 산업 근대화, 시민사회, 법치국가 등의 토대를 놓았다.

러시아의 경제발전에서 가장 놀라운 변화들이 일어났다. 낡은 공장제 수공업은 대규모 기업형 공장생산으로 대체되었다. 1890년대 중엽에 러시아는 산업생산의 절대적 규모에서 세계 5위를 차지했다. 발트해 연안, 폴란드, 도네츠크, 바쿠 등의 새로운 경제 지역들이 폭발적으로 발전했다. 석유의 채굴과 광범위한 산업적 이용이 시작되었다. 철과 강철의 생산, 석탄 채굴, 면화 생산, 기계생산, 노동력에 사용된 동력양 등의 주요한 산업발전의 지표에서 러시아는 프랑스에 근접했다. 동시에 공업 분야에서 가장 발전한 미국, 독일, 영국 등의 나라들과의 격차는 줄어들지 않았을 뿐만 아니라 확대되었다. 러시아는 1인당 공산품의 생산에서 선진국들에 크게 뒤쳐졌다. 증기기관이 19세기의 상징이 되었다. 짧은 27㎞의 차르 마을까지의 철로부터 시작하여 19세기 말까지 러시아의 철도망은 5만 ㎞까지 늘어났다.

경제의 새로운 현상들이 사회적 계층의 변화를 초래했다. 산업 부르주아와 프롤레타리아 계급이 형성되었다. 변화들은 지주, 농민, 귀족 등의 전통적인 계층에게도 영향을 미쳤다. 인구학적 폭발을 초래할 정도로 인민의 생활의 질이 개선되었다. 100년 동안 제국의 인구수는 5배나 증가했다.

19세기에 러시아 제국의 국경이 최종적으로 획정되었다. 핀란드, 자카프카지예, 북카프카스, 카자흐스탄, 중앙아시아 등이 러시아 제국에 합병되었다. 히바한국과 부하라 무슬림 군주국이 러시아 차르의 보호국이 되었다. 러시아 영토는 거의 3천 5백만 ㎢의 면적이 늘어났다. 러시아 정부는 제국의 다민족의 전통의 고유성과 생활방식을 존중하려고 했다. 그러나 항상 이것을 실천할 수는 없었다. 강압에 대한 반발은 특히 폴란드 영토를 휩쓸었던 민족 반란이었다.

대외정책에서 정부의 노력은 강대국으로서의 러시아의 존속과 강화에 집중되었다. 이러한 강대국의 위상은 나폴레옹의 군대를 완전하게 격퇴시킨 필사적인 1812년 전쟁에서 민중에 의해서 쟁취되었다. 크림전쟁에서의 대패와 그 밖의 전쟁에서의 쓰라린 패배도 러시아의 강대국의 위치를 흔들 수 없었다. 이제 러시아 없이는 어떤 국제적 문제도 해결할 수 없었다.

19세기는 정말로 러시아 문화, 과학, 계몽의 발전의 황금기였다. 통일된 교육체제가 형성되었고, 그 결과 역사상 처음으로 사회의 모든 계층이 지식을 습득할 기회를 얻었다. 러시아 미술, 음악, 건축 등의 민족화 경향이 일어났다. 19세기 말엽에 러시아 문화는 과거에 러시아 대가들이 경쟁했던 유럽의 강대국에서 널리 알려졌고 인정을 받았다. 더욱 더 넓은 계층이 연극, 음악, 예술 전시회, 서적들 등에 접근하게 되었다.

도시의 생활방식과 민중의 관습에서의 변화는 정말로 컸다. 방대한 나라의 주민들이 촛불 밑에서 19세기를 맞이했다면, 이제 그들은(나라의 전역이 아니라 중앙지역의 대도시에서만) 전등 밑에서 사진, 영화, 철도, 전화 등과 더불어 그 세기를 보냈다. 19세기 말에 자동차와 라디오가 등장했다. 즉, 이러한 발명품들과 성과물들이 도래한 20세기의 모습을 특징졌다.

정부와 사회 간의 상호관계가 19세기의 근본적인 문제 중의 하나가 되었다. 19세기 전 기간에 스테판 라진과 푸가쵸프의 반란과 대등한 규모의 농민 반란과 봉기가 없었고, 평온했다. 그 당시에 1870년대에 처음으로 공표된 노동운동이 새로운 요소가 되었다. 교육, 보건, 교통 등의 체제의 발전에 중대한 역할을 했던 젬스트보(지방자치 의회)가 시민사회의 전형이 되었다. 19세기는 3가지 이념적 조류인 보수주의, 자유주의, 혁명주의 등으로 더욱 더 특색 있게 분화된 사회운동의 형성을 알렸다. 제한된 원인들 때문에 개혁과정은 일관성이 없게 되었고, 혁명주의자들이 사회에서 가장 큰 영향력을 갖게 되었고, 동시에 정부는 보수주의자들과의 협력하게 되었다. 그래서 러시아의 자유주의자들은 넓은 지지를 받지 못하게 되었다. 이렇게 러시아는 지나가는 세기의 문제점들의 부담과 효율적인 시장경제의 구축, 법치국가의 건설, 시민사회의 형성 등의 3가지 중대한 과업들이 결국에는 성취될 것이라는 희망 속에 20세기에 들어섰다.

4

20세기 러시아 역사

제1장 19세기 말과 20세기 초의 러시아

1. 전환기의 러시아 사회

러시아 제국의 영토와 행정 조직

20세기 초에 러시아 제국의 영토 형성은 끝이 났다. 대 러시아와 발트 3국과 우크라이나, 벨로루시, 폴란드 일부, 핀란드, 베사라비야, 북 카프카스, 자카프카지예, 카자흐스탄 과 중앙아시아가 러시아의 영토에 편입되었다. 부하라 이슬람 왕국과 히바 한국은 러시아의 종속상태에 있었다. 1914년에 우랸하이스 지역(투바)이 러시아의 보호를 받게 되었다. 2천 2백만 ㎢(거주 지역은 16.8%)가 넘는 영토의 면적에서 러시아는 대영제국 다음으로 세계에서 2위를 차지했다.

러시아 제국의 영토는 현과 주로 나뉘어졌다(1914년에 81개의 현과 20개의 주가 있었다). 현과 주의 일부가 총통령(바르샤바, 이르크츠크, 키예프, 모스크바, 아무르 강 연안, 투르케스탄, 핀란드)으로 통합되었다. 20세기 초경에 제국의 유일한 단일 만족 지역인 핀란드 대공국만이 자치권을 보존했다. 나머지 지역은 현과 주로 편입되었다.

통치와 국가의 상징들

러시아제국은 계승되는 군주국이었다. 전 러시아의 전제군주는 최고의 입법, 행정, 사법권을 소유했고, 최고위 군통수권자였으며, 러시아의 모든 주민이 그에게 복종했다.

러시아 제국의 기본적인 국가 법령집에서

1조. 전러시아의 황제는 무제한의 전제권을 갖는다. 신자신이 두려움 때문이 아니라 양심 때문에 황제의 최고 권력에 복종해야 한다고 명령한다… . 51조. 국가의 어떤 자리나 통치도 새로운 법을 스스로 제정할 수 없고, 어떠한 법도 전제권력의 승인 없이는 완성될 수 없다.

국가의 문장은 제왕권을 상징하는 쌍두 독수리였다. 국기는 흰색, 파란색, 붉은 색의 수평 줄무늬의 천이였다. 국가는 ≪황제를 보호하는 신이여…≫ 같은 문구로 시작되었다. 국가위원회는 군주의 자문기관이었다. 그 기관은 입법문제에 대한 의견을 황제에게 제시할 수 있는 권리를 가졌다. 그러나 차르는 이러한 의견에 경청해야 할 의무는 없었다. 군주는 권력의 최고 집행기관인 장관 위원회를 통해서 국가를 지도했다. 장관들은 황제에게만 책임을졌다. 종무원(Синод)을 통해서 차르는 정교회를 관장했고 최고위 통치자로서 공식적으로 인정되었다. 원로원(Сенат)은 최고 국가기관과 관련되었다. 20세기 초에 원로원은 정부의 관료들과 기관의 활동의 합법성과 재판과 관련된 최고 재판소를 감독하는 기관으로 변모하였다. 원로원은 또한 법을 공포하는 권한도 가졌다.

내무성은 내부의 안전을 보호하는 의무를 위임받은 중요한 국가 기관이었다. 내무성 장관은 공개적인 경찰 감독 기관의 권한, 행정적 추방, 정기 간행물의 발간허가와 폐간 등에 대한 권한을 가졌다. 장관은 지방과 도시의 자치기관들의 활동에 대한 통제를 수행했다.

재무부는 행정체제에서 특별한 지위를 차지했다. 1905년까지 국고 수입의 다양한 출처의 관리와 개별적인 부처 사이에 예산의 분배뿐만 아니라 모든 대 · 내외 무역과 대분의 산업에 대한 통제가 재무부의 관할에 있었다.

지방에서 황제의 대리인과 임명된 관료로 간주된 현 지사들과 총독들이 지방행정을 담당했다. 그러나 내무성에 종속되어 있었다. 현의 거의 절반과 도시에는 지방자치기관인 지방회의들(земские собрания)와 도시의회들(городские думы)이 있었다. 그들의 권한영역은 제한을 받았고, 현 지사들의 통제를 받았다.

정치제도 개혁의 문제가 가장 갈등을 일으킬 수 있는 문제의 하나로 대두 되었다. 무제한의 전제권력의 원칙은 많은 사람들로부터 불만을 야기했다. 그것은 러시아에서 진행되고 있었던 시민 사회 형성의 과정과 배치되었다. 그러나 전제주의적 특징을 훼손하려는 어떤 시도에 대한 당국의 기본적인 주장은 전제주의는 러시아 제국의 다민족적 특징에 가장 적합한 제도라는 결론이었다.

인 구

1897년에 인구 조사가 실시되었다. 인구조사는 제국 영토에 1억 2천 8백 2십만명이 살았다고 밝혔다. 인구의 수에 있어서 러시아는 대영제국과 중국에 이어 3위를 차지했다. 이 시기에 러시아에는 100개 이상의 민족들이 거주했다. 비러시아 민족의 인구수는 총인구의 57%를 차지했다.

광활한 러시아 영토에서 수많은 다민족의 사람들뿐만 아니라 다양한 세계종교의 대표자들이 평화롭게 공존하고 있었다. 인구의 대다수와 특히, 러시아인들이 정교를 믿었다. 러시아 인구의 적지 않은 수가 전통적으로 자신을 구교에 편입시켰다. 폴란드, 발트해 연안의 현, 핀란드에 거주자의 대부분은 가톨릭교와 개신교를 믿었다. 큰 민족집단– 타타르인, 바시키르인, 카프카스의 산악민족들, 아제르바이잔인, 중앙아시아의 민족들 등이 무슬림이었다. 인구의 한 부분(유태인들)은 유대교 교회에서 기도했다. 칼미크족과 브랴트족은 불교를 믿었다. 북쪽지방과 시베리아의 원주민의 일부는 이교신앙을 보존했다.

사회 구조

20세기 초에 국가자료에 따르면 러시아 제국의 모든 국민은 네 개의 사회계층 · 귀족, 성직자, 도시주민들(명예시민, 길드상인, 소시민과 외곽의 주민, 수공업자), 농촌 정착민족, 농민 등으로 나뉘었다. 카자흐스탄, 시베리아와 다른 지역의 거주민들(비정교도들)은 독립적인 계층으로 분리 되었고, 이민족으로 불렸다. 이러한 계층의 주민들은 특별법에 따라 통제되었다.

실제적인 생활에서 계급적인 장벽의 붕괴가 일어났고, 인구는 더욱 더 분명하게 계급적, 경제적인 특징에 따라 분화되었다. 전통적(봉건적)사회의 지주와 농민뿐만 아니라 자본주의 사회의 부르주아와 프롤레타리아와 같은 기본적인 계급들이 동시에 존재했다는 것은 러시아 사회의 특징이었다. 이러한 사회계급 내부에서 계급의 분화와 해체의 과정이 일어나는 동시에 많은 사람들이 다양한 계급 사이의 과도기적 · 한계적 계층으로 존재했다.

국민의 문화와 교육 수준

러시아 인구의 80% 이상이 농촌 지역에 살았다. 동시에 도시들의 괄목한 성장이 나타났다. 이 시기 도시주민의 3분의 1이 대도시에 집중되었다. 제국의 수도인 페테르부르크의 인구는 2백만 명이 넘었고, 모스크바의 인구는 그보다 조금 더 작았다.

핀란드, 폴란드, 발트해 연안국가들, 남 · 서 현들과 러시아의 유럽지역 등의 도시 주민들은 삶의 방식에서 산업 시대의 수준에 접근 하였다. 도시의 영향이 농촌으로 더욱 더 활발하게 침투되었지만, 농촌 주민들은 전통풍습을 따르기를 지속했고, 오랜 관습과 행동규범을 지침으로 삼았다. 동시에 러시아 제국에 편입된 많은 민족들은 실제적으로 문명화의 영향을 거의 받지 못했다. 그들의 삶과, 관습, 문화와 종교는 씨족 관계의 수준에 있었다.

러시아 국민의 문자 해독율의 수준은 유럽에서 가장 낮은 수준에 있었다. 1897년에 조사된 기록에 따르면, 문자 해독 율은 21.1%에 이르렀다. 남성들의 문자 해독 율은 29.3%, 여성들의 문자 해독 율은 13.1%이었다. 읽고 쓸 줄 아는 인구는 특히 대도시에 집중되었다. 고등교육의 인구는 1%를 넘지 않았고, 중등교육은 4%, 읽고 쓸 줄 아는 대다수는 초등교육을 받았다.

러시아 근대화의 특징

20세기 초는 러시아가 산업사회로 점진적으로 전환하는 단계로 들어선 시기였다. 다시 말해서 엄청난 산업기술의 발전과 그것에 상응하는 정치 · 사회적 관계가 형성되는 과정이 완성된 시대였다. 산업사회로의 전환 과정을 우리는 근대화(модернизация)라 명명할 것이다.

모든 선진국들은 그와 같은 발전 시기를 거쳤다. 그럼에도 불구하고 러시아의 근대화는 자신의 특수성을 갖는다. 러시아는 세계 주요 열강들 보다 자본주의의 발전의 길에 상당히 늦게 들어섰기 때문에, 강대국들에게 뒤떨어지지 않기 위해서 더욱 짧은 기간 내에 산업 사회로의 전환을 완성하지 않으면 안 되었다. 그래서 러시아의 근대화는 국력을 총 동원했다. 근대화는 정부의 통제를 받았고, 경제의 모든 영역이 아니라 국력의 강화를 촉진시켜준 분야만을 포함했다. 러시아의 정치제도와 사회관계의 근대화는 경제의 근대화 분야에서 국가의 특수한 역할과 관련된 큰 문제가 되었다.

비 테

결 론

20세기 초에 러시아 제국은 산업적 근대화의 과정에 들어섰지만, 전통적 정치체제를 유지한 방대한 영토를 가진 다민족 강대국이었다.

2. 사회 · 경제적 발전

1893~1900년대 산업의 발전과 사회 · 경제적 수준

산업사회의 특징은 농업보다 공업 생산성이 우세하다는 것이다. 러시아는 여전히 농업 국가였지만, 19세기 말과 20세기 초에 러시아의 공업은 급격하게 성장했다. 몇 년간 지체된 후인 1893년에 재개된 철도 건설의 강화는 공업성장에 자극을 주었다. 1895~1899년 기간에 철도망이 평균 3,000㎞가 늘었고, 다음 5년 동안에는 2,000㎞가 늘었다. 특히, 대 시베리아(시베리아 횡단) 철도 건설은 커다란 의미가 있었다.

철도망의 확장은 중공업 제품의 생산성의 증대, 금속, 목재, 다른 분야의 생산 증대 등에 자극을 주었다. 특히, 석탄과 석유와 같은 새로운 종류의 연료와 관련된 민간경제 부문이 빠른 속도로 발전했다. 1893~1900년 기간에 석탄과 석유의 생산은 3배나 증가하였다. 같은 기간에 중공업 생산성의 증대는 2.3배에 이르렀다. 러시아의 산업은 세계에서 가장 높은 성장률인 1년에 8.1%까지 성장했다.

물량적 지수에서 높은 공업성장률에도 불구하고, 러시아는 1인당 생산성, 노동 생산성, 기업의 기술혁신 등의 질적 지수에서 선진국들에게서 크게 뒤쳐져 있었다. 사회 · 경제적 발달의 수준에서 중간 수준의 농 · 산업국가였다. 그러나 사적 자본주의 제도와 최신의 자본주의 생산방식과 더불어 소규모 상품 생산과 자연경제(화폐 경제가 아닌)도 상당한 위치를 차지했다. 19세기 초의 러시아는 다양한 생산방식의 경제를 가진 나라였다.

러시아 경제에서 정부의 역할

경제의 강력한 국가 참여분의 존재는 러시아의 중대한 특성이었다. 무엇보다도 군대의 수요를 충족시켰던 이른바 국고지원 공장들이 경제의 국가참여분의 핵심이 되었다. 19세기 초에 약 30개의 거대 한 공장들이 다양한 부처에 소속되었고, 그중에 툴스키(Тульский), 이제프스키(Ижевский), 세스트로레츠키(Сестрорецкий), 오부호프스키(Обуховский), 이조르스키(Ижорский) 등의 공장들은 국가의 지원을 받았다. 이러한 모든 공장들은 시장경쟁의 영역과 자유로운 경쟁에서 제외되었다. 정부는 국영 공장의 생산품의 유일한 주문자이며 구매자였고, 관리들에 의해서 관리되었다. 그 외에 철도망, 넓은 토지, 삼림과 우편과 전신망 등의 2/3 이상이 정부의 소유였다.

국가는 사기업의 모든 경제활동의 영역에 적극적으로 개입했고, 철도 건설, 제철공업과 석탄산업의 발전 등을 촉진시켰다. 정부는 강제적으로 가격을 조정했고, 일천한 러시아 산업을 높은 관세를 부과하는 방법으로 경쟁에서 보호하였다. 국가는 국고 주문을 개인 회사와 상사에 나주어 주었고, 국가은행을 통해서 대출을 제공했다.

외국 자본

19세기 말과 20세기 초에 정부는 외국 자본을 유치하기 위한 좋은 조건을 만들었다. 1897년에 재정 장관 비테(С. Ю. Витте)의 제안에 따라 루블의 자유로운 차환을 보장하는 금본위제도에 바탕을 둔 화폐개혁이 실시되었다. 해외에서 자금을 유치하는데 기우리는 러시아의 관심은 나라를 산업화의 단계로 전환시키는데 필요한 대 자본이 부족했다는 사실로 설명되었다. 궁전, 경찰, 군대, 함대, 거대한 국가 기관 등을 유지하는데 막대한 자금이 지출되었다.

러시아 경제에 외국자본의 투자액은 총투자 자본의 거의 40%를 차지했다. 독일 기업가들은 자신들 회사의 러시아 지사 설립을 선택했다. 그들의 선호하는 사업영역은 전기 공학, 화학 산업, 금속 공업, 금속 가공업, 무역 등이었다. 프랑스 자본들은 주로 은행을 통해서 러시아에 진출했다. 그들은 우선적으로 돈바스의 석탄과 금속 공업, 금속가공과 기계제작, 석유의 채굴과 정류 등에 투자했다. 영국 자본은 석유 산업과 비철금속의 채굴과 정련에 투자되었다.

외국 자본의 유입은 국내 자본과 그들의 제휴과정을 수반했고, 세계경제체제로 러시아가 통합되는 방법이 확대되었다. 그 당시 외국 자본의 침투는 부작용을 야기했다. 국부를 배가시켜서 국민의 생활수준을 향상시킬 수 있는 축적된 자본이 이윤의 명목으로 국외로 유출되었다.

러시아의 독점 자본주의

1900~1903년에 유럽의 나라들은 심각한 경제 위기를 겪었다. 경제위기로 러시아도 타격을 입었다. 중공업은 크게 피해를 입었다. 특히 금속, 금속 가공, 기계 제작, 석유의 채굴과 정제 등의 중공업은 심하게 타격을 입었다. 한계에 이르기까지 경쟁이 치열해졌기 때문에 위기는 재정, 조직, 기술 설비가 허약한 수많은 기업들의 파산을 야기했다. 3년간 112,000명의 노동자가 일하는 3000개 이상의 기업들이 문을 닫았다. 철도 건설도 급격히 감소했다.

자유로운 경쟁에 의해서 야기된 위기에 대한 자본주의의 경제의 처방은 생산의 집중과정의 강화와 독점의 형성이었다. 독점 기업의 설립자들은 상품판매의 조건, 지불기간에 대해서 단합했고, 생산품의 질을 제한했고, 가격을 정했고, 시장 사이에 판로와 원료를 분배했고, 수입과 이익을 기업들에게 나누어 주었다. 러시아에서 독점기업의 압도적인 형태는 신디게이트(기업연합)이었다. 공황으로 인해 자본주의 경제는 자유로운 경쟁이 제약 받는 생산이 한 곳으로 집중되었고 독점기업이 만들어지는 과정의 조건이 되었다. 독점기업의 설립자들은 물건의 판매조건과 지불기일, 제품 생산량, 가격의 결정, 그들 간의 시장의 판로와 원료의 분배, 기업 간의 수입과 이익에 관해 협정을 맺었다. 러시아에서 압도적인 형태의 독점기업의 연합은 신디케이트(공동판매 회사)가 되었다.

독점기업들은 주요한 경제 분야를 완전히 장악하기 위해서 필사적으로 노력했다. 1901년에 남러시아의 12개의 금속 공장들을 설립시기에 통합한 신디케이트 ≪프로다메트(Продамет)≫는 1904년에 그 판매량의 60%와 1912년에 러시아의 금속 생산품의 약 80%를 차지했다. ≪프로두골(Продуголь)≫은 거의 모든 석탄 산업을 통제했고, ≪프로드바곤(Продвагон)≫과 ≪그보즈드(Гвоздь)≫는 러시아 산업에서 90~97%의 상당한 생산품을 통제하며 소유했다. ≪노벨-마주트(Нобель-Мазут)≫는 석유 산업을 완전히 지배했다.

사회 환경의 변화

러시아 경제의 새로운 현상은 사회 환경의 변화를 유발했다. 선도적인 산업분야와 관련된 ≪노바야(новая)≫ 또는 ≪페테르부르그스카야(петербургская)≫로 불리는 부르주아들이 증가했다. 그들은 국가 관료들, 주식회사와 은행의 이사와 중역들로 구성되었다. 그들은 과거에 큰 자본을 소유하지 않았었다. 자본가들은 제외되었다. 이 집단은 정부 기관과 밀접한 관계를 가진 자발적으로 형성된 협소한 집단이었다. ≪모스코브스카야(московская)≫라 불리는 부르주아는 그러한 위치를 유지했는데, 그 집단에는 상인과 드물지 않게 구교도의 주교들이 포함되어 있었다. ≪스타로루스키예(Старорусские)≫ 일족은 수많은 재산을 소유했지만, 그들은 새로운 산업 분야에 그들의 자본을 투자하는데 서두르지 않았고, 전통적인 면방직 공업에 자본을 편중시켰다. 부르주아의 경제적 영향력의 증대에도 불구하고 정치권력은 여전히 구 엘리트 계층인 지주귀족들의 수중에 있었다.

산업화 과정은 프롤레타리아수의 증가를 초래했다. 20세기 초 러시아에는 약 1,300만 명의 임금 노동자가 있었다. 그들 중 280만 명은 세습적 프롤레타리아로 구성되

니콜라이 2세

었고, 나머지는 1세대 프롤레타리아와 관련되어 있었다. 세습적 노동자들 중에 문자해득률은 높았고 그들은 농촌과의 관계를 상실했고 도시적 문화와 생활양식의 보유자가 되었다.

농 업

1890년대의 중엽에 세계 시장에서 식량가격의 하락으로 여러 번의 감소가 있은 후에 농업생산이 증대되기 시작했다. 20세기 초경에 러시아는 농업생산에서 세계에서 1

위를 차지했다. 러시아는 세계의 호밀 수확의 50%, 세계의 밀 수확의 약 20%, 세계의 곡물수출의 25% 밀을 점유했다. 사탕무, 아마, 기술적 재배 등의 생산이 빠른 속도로 증대되었다. 가축의 수와 다산성이 증대되었다. 그러나 생산의 증대는 부유한 농민의 농지와 지주들의 영지의 크지 않은 부분에서만 일어났다. 농촌에는 주로 공산품을 생산하지 않는 반 중농과 빈농의 가족이 압도적으로 많았다. 지주들의 경작의 상황도 똑 같지 않았다. 그들의 일부는 새로운 기계의 사용, 농업 기술의 적용, 임금 노동력의 고용 등의 대규모 자본주의 생산양식을 채택했다. 그러나 다수의 소지주들은 옛날식대로 농경을 했고, 원시적인 농기구를 사용하는 경작의 조건으로 농토를 임대했다.

이러한 농촌 상황은 상호 관련된 두 가지 환경인 과잉농업인구와 농민 공동체의 존재 때문에 더욱 더 복잡해졌다.

농민 공동체에 대한 역사가 클류체프스키의 해설

오늘 날의 농민 공동체의 토지이용 상태는 가장 중요한 농촌문제 중의 하나다. 인구의 증가는 농민들에게 분배되는 토지의 몫을 크게 축소시켰고, 분할된 농장의 위치를 실추시켰고, 농민들을 무력하게 만들었다. 불가피한 재분할은 농민들에게서 좋은 경작을 하려는 의욕, 토지이용의 강도, 미래에 대한 확인 등등을 박탈했다… . 농민 공동체의 구성원들은 보상을 받지 않고 공동체에 참여를 거부할 수 있다는 제일의 규정이 폐지되지 않았다. 그래서 분할 받은 농토를 공식적으로 거부하지 않고 빈손으로 떠난다. 남아 있는 농민들이 영구적으로 소약하게 만드는 공포 속에서 살고, 떠났던 사람들은 돌아와서 그들의 손으로 개간했던 농토와 부속지를 차지한다. 교육을 받은 농민들이 공동체를 떠났기 때문에 공동체에는 교육받은 구성원들이 없었다.

한편 공동체의 토지소유에 대한 불만은 더욱 더 커졌다. 공동체는 약자를 구원하면서 강하고 경제력 있는 농민들의 활동을 지체시켰다. 농민 공동체는 평등화를 낳았지만 농촌의 공통적인 복지의 향상을 방해했다.

결 론

20세기 초의 러시아는 사회 · 경제적 발전의 수준에서 다양한 생산방식의 경제체제를 가진 중간 수준의 농 · 산업국가였다. 농업의 근대화 문제는 최우선적 과제였다.

3. 1894년~1904년의 대내정책

황제 니콜라이 2세

1894년 10월 20일에 알렉산드르 3세가 죽었다. 그의 아들인 니콜라이 2세가 왕좌에 올랐다. 그는 성자 이옵 므노고스트라달니(Иов Многострадальный: 고난이 많은 이옵)의 날인 1868년 5월 6일에 태어났기 때문에 자신이 실패와 고통에 예정된 운명을 가진 사람이라 생각했다. 황제는 미남이었고, 체격이 좋았지만, 크지 않은 키(170cm) 때문에 키가 큰 친척들로 둘러싸이면 심리적 압박을 받았다. 편리한 경우마다 니콜라이는 러시아식 의복을 입었고 몇 개국의 유럽어를 능숙하게 말할 수 있음에도 불구하고 거의 항상 러시아어를 사용했다. 그는 러시아 작가 중에서 고골을 높게 평가했고 푸쉬킨을 인용하기를 좋아했다.

니콜라이 2세는 언제나 어떠한 형태의 생각이든 자신의 의견을 말하지 않았다. 그는 나약한 통치자로 여겨졌는데, 처음엔 어머니 그 다음엔 아내 알렉산드라 페도로브나의 영향을 받았다. 그는 그와 항상 상담을 나눈 최종 고문관의 말 뒤에 마지막 말을 했다고 한다. 사실은 최종 연설문은 황제의 의견을 분리시키려는 사람들에 의해 지시되었다. 후에 자신의 위치를 명확히 하면서 니콜라이는 오직 하나의 규범(아버지는 그러한 상황에서 어떻게 했을까?)만을 따랐다.

황제의 측근들은 만약에 그가 평범했던 때에 태어났더라면 충분히 조화로운 삶을 살았을 것으로 생각했다. 모두들 니콜라이는 이상적인 가장이었고, 훌륭히 아이를 양육했으며 정서표현을 절제했다고 하나같이 말했다. 동시에 그를 본래 ≪비잔틴의 교활함≫, 불성실함과 아집이 있다고 보았다. 동시대인들은 그를 그의 재위기간에 있었던 국정과 사건들로 중압감을 느꼈던 중간수준의 인물이라 비판했다.

최고위 권력층에서 보수 세력과 진보 세력 간의 투쟁

황제의 측근들 사이에는 러시아의 발전전망에 대한 다양한 관점들이 있었다. **비테**(С. Ю. Витте)는 경제개혁 중 산업 생산과 재정 분야의 개혁을 최우선으로 생각했다. 그는 국가의 공업화가 경제적인 문제뿐만 아니라, 정치적인 문제라고 생각했다. 왜냐하면 공업화의 실행은 한편으론 성숙한 사회주의 개혁의 실행을 위한 자본을 축적하는 것과, 다른 한편으론 점차적으로 귀족을 정치 활동에서 몰아내고 그들을 나라의 정치체제를 수정할 대 자본가 대표자들로 대체하는 것을 가능하게 하기 때문이다.

≪러시아 기반≫의 확고한 옹호자로서 명성이 있는 내무성 장관 플레베(В. К. Плеве)는 비테의 주장에 반대하는 대표적인 정치가였다. 러시아는 ≪세계적인 불변의 원칙≫에 따라서 러시아는 다른 나라들을 뒤따라 자본주의로 들어서게 될 것이라는 재무 장관의 주장에 대해서 플레베는 러시아에는 ≪그 자신만의 개별적인 역사와 특수한 조직≫이 있다고 반박했다. 그는 국가는 점차적인 자치권의 도입을 포함한 몇 가지 개혁이 필요하다고 생각했다. 그러나 **플레베**는 이러한 개혁들이 미숙한 젊은이들, 대학생들, 그리고 유명한 혁명당원들의 압박 상태에서 지나치게 급속하게 행해지도록 허용하는 것은 불가능하다고 생각했다. 그의 견해에 따르면 개혁은 정부에 의해서 주도되어야 했다.

내무성의 영향력 증대와 ≪주바토프의 사회주의≫

≪만약 우리가 국가 불안을 초래하는 역사적인 사건의 운동을 변화시킬 힘이 없다면, 이를 지연시켜서 결코 시류에 따라 흘러가지 않도록 장애물을 놓아야 한다≫고 플레베는 주장했다. 그는 민중들 사이에서 ≪보안과≫라 불리었고 질서와 사회안전의 유지를 담당하는 비밀경찰과 유사한 형태의 부서망의 확충에 특별한 관심을 기우렸다.

모스크바 보안부 책임자인 **주바토프**(С. В. Зубатов)는 노조 운동을 통제 하에 두려고 시도했다. 그의 계획에는 반정부 조직의 영향권에 있는 노동자들을 빼내는 것도 포함되어 있었다. 이를 위해서 그는 그들에게 정부의 이익이 기업가의 협소한 이해관계와는 일치하지 않으며, 노동자들은 권력과 협력을 통해서만 자신들의 물질적인 상태를 개선할 수 있다는 생각을 주입시켜 주는 것이 필요하다고 생각했다. 주바토프의 제안과 모스크바 총독 세르게이 대공의 지원 아래, 1901~1902년에 모스크바와 그 후 다른 도시에서도 합법적인 노조가 창립되었다.

≪주바토프의 사회주의≫의 대표자들은 노동자들에게 경제적 파업의 참가를 금지하지는 않았다. 그래서 주바토프 조직의 구성원들은 1902~1903년에 일어난 광범위한 파업사태에 적극적으로 참여했다. 이는 공장주들의 불만을 불러 일으켰다. ≪모험적 실험≫에 대한 불만들이 정부에 탄원되었다. 주바토프는 해임되었고, 그가 창립한 조직들은 경찰부서와의 관련 때문에 혁명과 진보주의적 세력으로부터 불신을 받았다.

플레베

주바토프

플레베는 주바토프의 제안들을 불신했다. 그는 경찰 조력자들을 침투시키는 방법으로 혁명조직을 내부에서부터 붕괴시키는 전략이 더 효과적이라고 생각했다. 가장 큰 테러조직의 지도부의 핵심에 경찰 정보원 **아제프**(E. Ф. Азеф)를 침투시킨 것은 가장 큰 성공 중의 하나였다. 그러나 이것은 플레베를 구원하진 못했다. 1904년 그는 살해되었다.

스뱌토폴크-미르스키의 자유주의적 개혁안

한편 나라의 상황은 악화되었다. 끊임없는 노동자들과 농민들의 폭동, 지방의회의 자유주의자들과 대학생들의 반정부 연설, 일본과의 전쟁에서 러시아 군대의 패배 등은 러시아를 혁명의 발발 직전의 상태로 이끌었다. 이러한 상황에서 니콜라이 2세는 내무성의 막중한 자리에 자유주의적 성향으로 유명한 빌렌스크(현재 빌뉴스) 현 지사 **스뱌토폴크-미르스키** 대공을 임명했다.

1904년 11월에 스뱌토폴크는 황제에게 국가개혁에서 최우선으로 취해져야할 초치들을 나열한 보고서를 제출했다. 그는 지방의회와 도시 의회에서 선출된 사람들을 국가위원회의 위원으로 포함시키는 것, 선출된 사람들을 자방과 도시의 행정기관으로 확대하는 것, 지방의회를 제국의 전영토로 확산시키는 것 등을 제안했다. 제안된 조치 중에는 농민들의 재산권을 다른 계층과 비슷하게 하는 것, 구교들의 권리의 확대, 유태인들의 권리에 대한 법안의 제정 등의 중요한 것들이 있었다.

1904년 12월 초에 니콜라이 2세는 스뱌토폴크-미르스키의 개혁안의 심의를 위해 국가 최고 위원들을 소집했다. 심의 결과, 1904년 12월 12일부터 사회적, 민족적, 종교적 관용을 보장하는 황제의 칙령이 발표되었다. 그러나 이 칙령에는 인민의 대표부에 대한 언급은 없었다. 게다가 모든 개혁은 전제주의 체제를 견고하게 보존하는 토대 위에서 추진되어야 한다는 것이 강조되었다.

정부의 민족 정책과 민족운동

니콜라이 2세는 민족 문제에서 자신의 아버지와 같은 정책을 계속 펼쳤다. 무엇보다도 그는 핀란드의 독립의 마지막 요소를 해결하고자 노력했다. 1899년 핀란드 국회의 권리를 제한하는 성명서가 제출되었다. 1901년에 정부는 민족 자치주를 폐지했고, 핀란드의 신병들은 러시아 군대에 입대해서 복무해야 했다. 핀란드 정부 기관에서의 업무는 러시아어만을 사용해야만 했다. 이 당시에 폴란드에서는 개인 회사들도 폴란드어로 사무 보는 것이 금지되었다.

이른바 정착지역에 살았던 유태인들에게 박해가 가해졌다. 공직에서 활동할 수 있는 기회가 없었기 때문에, 유태인 젊은이들은 일련의 혁명단체에 적극적으로 가담했다. 이 당시 유태인 자본의 경제적 영향력이 크게 증대되었다. 이러한 모든 것은 드물지 않게 유혈적 약탈형식을 띤 반유태인 정서를 강화시켰다. 약 500명이 피해를 당한 첫 유태인 대 학살은 1903년 4월에 **키쉬네프**에서 일어났다. 유태인들의 권리의 평등화에 대한 제안은 니콜라이 2세의 반대에 직면했다.

카프카스 상황이 불안해졌다. 1903년에 아르메니아인들 사이에서 폭동이 일어났다. 그 폭동은 아르메니아-그레고리우스 교회의 재산 위탁에 대한 칙령에 뒤따라 일어났다. 사람들은 이 명령을 민족적 가치관과 종교적 전통에 대한 훼손으로 인식했다. 교회와 수도원의 재산 목록 때문에 유혈 사태가 시작되었다.

정부는 이슬람 지지자들에 대해서 더 융통성 있는 정책을 실시했다. 1886년에 무슬림들은 정교도들과 법적으로 평등해졌다. 그들은 독립적인 이슬람법에 따른 재판권과 하위 행정관리들을 선출할 권리를 가졌다. 세금을 지불하고 300명 이상의 구성을 가진 무슬림 공동체는 독립적으로 조달된 자금으로 유지해야 하는 이슬람 사원을 건축할 수도 있었다.

우크라이나와 벨로루시 지역은 전통적으로 ≪러시아와 분열 없는 통합된 커다란 정치 공동체≫로 간주되었고, 우크라이나인들과 벨로루시인들은 러시아인으로 편입되었다. 우크라이나어로 된 책과 정기 간행물을 해외에서 반입하는 것과 우크라이나어로 공연하는 것을 금지하는 알렉산드르 2세의 비밀 칙령의 효력은 유지되었다. 19세기 말과 20세기 초에 러시아 化(Русификация) 정책은 우크라이나 민족 운동의 성장을 초래했다. 민족운동의 지도자 리보프 대학 역사 교수 그루세브스키(М. С. Грушевский)는 우크라이나 문화의 부흥을 주장하기 시작했다. 이 당시에 민족주의의 입장을 주장하는 급진적 단체들이 출현했다.

우크라이나 인민당 지도자 미흐노브스키의 연설 중에서

우크라이나 민족은 외국인들의 지배에서 벗어나야 한다. 왜냐하면 그들은 민족의 정신을 더럽히기 때문이다. 자유를 얻기 위해서는 전 러시아를 상실하는 대가를 치러야 한다. 자신의 민족적, 정치적 노예 신분으로부터 해방을 쟁취하기 위해서는 기꺼이 피로 강을 붉게 물들일 대가를 지불해야 한다… 민중의 저주와 같은 흘리는 피를 모든 민중의 강압자의 머리 위에 쏟아라!

우크라이나가 러시아에 합병된 지 250년 되던 해인 1904년에 민족주의 단체의 구성원들은 ≪제국에 종속된 우크라이나의 위치의 상징들≫에 반대하는 일련의 테러 행동을 감행했다. 하리코프의 푸쉬킨 동상의 폭발 시도만이 성공의 일부였다. 민족주의자들은 시 ≪폴타바≫에서 우크라이나인 지도자 마제프(И. Мазеп)의 형상을 옳지 않게 표현했다는 점에서 그 대시인을 비난했다.

결 론

전임 황제를 계승한 니콜라이 2세의 국내정책은 결정적인 개혁을 차르로부터 기대했던 러시아 신민 대다수의 분위기에 부응하지 못했다. 러시아화 정책의 결과로 민족운동들이 증가했다.

4. 외교정책

러시아 외교정책의 기본적 방향

니콜라이 2세 치세의 초반의 외교정책은 두 가지 경향을 결합한 특징을 지닌다. 하나는 유럽의 현 상태를 유지하면서 이곳에서 새로운 군사 분쟁이 일어나지 않도록 노력하는 것이다. 다른 하나는 황제는 러시아의 영향권을 극동으로 확대하려는 생각을 가지고 있었다. 1898년 8월에 외무성은 니콜라이 2세의 이름으로 무장 해제의 문제를 토의하기 위한 국제회의를 소집하자는 제안서를 외국의 국가들로 보냈다.

1898년 8월 12일자 러시아 외무성의 외교문서로부터

왕권 내의 더욱 심화되는 재정적 어려움의 부담은 사회복지를 위협하고 있다. 국민의 정신적, 육체적 에너지, 노동, 자본이 당연히 사용되어야 하는 곳에서 이탈하여 비생산적으로 낭비되고 있다. 지금은 최신이지만 내일에 새로운 신무기가 등장하면 무용지물이 될 구식무기 습득에 수백만 루블이 사용되고 있다. 국민의 교육, 복지와 부의 발전은 차단되거나 잘못된 방향으로 조정된다… 과도한 무장으로 야기되는 경제체제의 붕괴와 군비의 엄청난 축적에 포함된 항구적인 위험이 오늘날의 무장세계를 국민들에게 많은 어려움을 가져다주는 부담으로 변한다… 중단 없는 무장으로 한계를 넘는 것과 재원을 찾는 것은 전 세계를 위협하는 불행 즉 모든 국가의 최고의 부채를 초래할 것이다.

국제회의는 1889년 6월에 네덜란드의 수도 헤이그에서 열렸다. 유럽, 아메리카, 아시아의 26개국 대표자들이 이 회의에 참석했다. 비록 무력 충돌을 예방할 수 없다는 것을 참석자 모두가 이해했지만 무력충돌의 특성을 완화시킬 수 있는 해결책이 채택되었다. 회의 참석자자들은 질식성 가스를 사용하지 않을 것, 가스로 추진되는 포탄을 사용하지 않을 것, 분산되는 탄환을 사용하지 않는다는 약정을 채택했다. 국제 분쟁의 해결을 위한 국제 재판소도 창립되었다. 회의의 성과가 니콜라이 2세의 의도에 비해서 매우 작았지만, 그럼에도 불구하고 그는 보편적인 무장해제의 문제를 처음으로 국제적인 토의를 위한 의제로 제시한 국가의 활동을 중요한 성과로 받아들이지 않을 수 없었다.

극동정책

유럽지역에서 평화를 안착시키려는 니콜라이 2세의 노력은 그렇게 순수하지 않았다. 동아시아에서 러시아의 지배를 강화하려는 ≪대 아시아 정책≫의 성공적인 수행을 위해서는 유럽의 평화와 안정이 니콜라이 2세에게 필요한 선결되어야 할 과제였다.

≪대일본≫을 건설하는 정책을 적극적으로 실행에 옮기기 시작하여 중국과 한국에서 약탈적 활동을 시작한 일본은 극동지방에서 러시아의 압도적 지배를 확보하는 과정에서 큰 장애가 되었다. 1896년에 방위동맹을 위한 비밀조약이 러시아와 중국 사이에 체결되었다. 이 조약에 따라 중국은 러시아가 중국의 영토를 경유하는 자바이칼에서 블라디보스토크를 연결하는 **중국-극동지방의 철도**(КВЖД)를 건설할 것을 허락했다.

중국과 러시아간의 접근은 다른 강대국들의 중국의 영토탈취를 촉발시켰다. 1897년에 독일이 칭타오 항구를 자국의 통제 아래 두었다. 러시아는 중국을 지지하지 않았을 뿐만 아니라, 독일을 본보기로 황해의 부동항을 획득하기로 결정했다. 러시아 선박들이 요동반도의 중요한 전략적 요충지인 **여순항**에 입항했다. 1898년 5월에 러시아 해군 기지의 건설할 권리와 함께 요동반도와 여순항을 25년 동안 무상 임대하는 조약이 중국에 강요되었다.

중국에 러시안 군대의 주둔은 일본으로부터 강한 반발을 야기했다. 극동지역에서 러시아의 위치가 강화되는 것을 좋아하지 않았던 미국과 영국이 일본을 비밀리에 지지했다. 미국과 영국은 일본에게 차관, 금속, 석유, 군함 등을 제공했고 러시아와의 전쟁을 부추겼다.

1903년 1월에 니콜라이 2세는 극동 문제 협의회를 창설했다. 고위 관리들 대부분이 일본과의 전쟁준비를 서두르기 시작하는 것이 불가피하다고 생각했다. **비테**는 특별한 견해를 밝혔다. 1902년에 그는 극동지방을 여행하였고 러시아는 전쟁에 준비되어 있지 않다는 것을 확신하게 되었다. **비테**는 광범위한 극동지역의 경제개발에 착수할 것을 제안했고, 특히 전쟁은 바람직하지 않다고 강조했다. 곧 비테는 해임되었다.

러-일 전쟁의 시작

1904년 1월 27일 밤에 전쟁 선포도 없이 일본 수뢰정이 갑자기 여순 항의 외항에 정박해 있던 러시아 분함대를 공격했다. 두 대의 분함은 심각한 손상을 입었다. 같은 날 아침에 중립지역인 한국의 제물포에서 14대로 구성된 일본의 분함대가 ≪**바랴그**≫

순양함과 대포가 달린 소함정 ≪코레예츠≫를 공격했다. 병력이 균등하지 않은 전쟁이 시작됐다. 러시아 해군들은 놀랄만한 용기를 보여주었다. 강경한 폭격전과 선상에서 시작된 화재 때문에 ≪바랴그≫는 여순 항으로 향할 수 없었다. 적 앞에서 전함의 깃발을 내리기를 원하지 않았기에 해군들은 스스로 순양함을 침몰시켰고, 대포 달린 소함정을 폭파하였다.

일본 지휘부가 작성한 전쟁 계획서는 해전에서 우위를 확보하는 것을 중대한 과업으로 예상했다. 이러한 과업의 실행은 육전대가 상륙하여 만주, 연해주, 우수리스크 등의 지역을 점령하는 작전의 성공을 보장했다.

2월에 적극적인 군사작전을 전개한 태평양 함대의 새로운 사령관 해군 중장 마카로프(С. О. Макаров)가 여순 항에 도착했다. 그러나 3월 31일 비극이 일어났다. 기함 ≪**페트로파블로브스크**≫가 기뢰에 부딪쳤다. 함장, 29명의 장교와 652명의 수병을 포함한 모두가 바다의 파동 속에서 죽었다. 유명한 전쟁 화가 베레샤긴(В. В. Верещагин)도 그들과 함께 죽었다.

여순 항의 함락

1904년 2월에 6000명의 제1의 일본군이 한국에 상륙했고 4월 중순에 만주 국경선을 넘었다. 튜렌체프 시 근처에서 있었던 전력이 열세인 전투에서 러시아 군은 대패를 당하여 **랴오얀**(Ляоян: 요동)으로 퇴각했다. 4월 22일에 제2의 일본군이 요동반도에 상륙하여 여순 항을 포위했다. 일본군은 대련항구를 점령했고 그 곳을 여순항에 대한 작전의 근거지로 변화시켰다. 요새의 해상 봉쇄가 시작되었다. 7월에 시작된 봉쇄를 뚫고 블라디보스토크로 가려는 러시아 분함대의 시도는 실패했다. 1904년 8월에 일본군은 여순 항에 대한 공격을 강화했지만 완강한 저항에 맞부딪혔다. 1/3의 군병력을 잃은 후에 일본군은 공격을 중지하고 요새의 포위로 전환했다. 그들은 전선의 다른 지역의 적군을 격퇴하는 공격을 강화하기로 결정했다.

1904년 8월 11일에 3개의 일본군 부대가 랴오얀 시 외곽의 러시아의 진지를 공격했지만, 다시 격렬한 저항에 부딪혔다. 3일 후 만주 군 사령관 쿠로파트킨(А. Н. Куропаткин) 장군이 동쪽 전선에서 공격을 재개하기로 결정했다. 그가 이 결정을 실행에 옮겼다면 일본군은 대패했을 것이다. 그러나 마지막 순간에 쿠로파트킨은 감행하지 않기로 결정을 했고, 8월 21일에 북쪽 무크덴(선양 또는 심양)으로 러시아 군대의 퇴각 명령을 내렸다.

1904년 10월 2일에 **로제스트벤스키**(З. П. Рожественский)제독이 지휘하는 제 2 태평양

함대가 발트해 연안의 항구 리바바에서 여순 항으로 떠났다. 이 함대는 아프리카를 돌아 대양을 횡단하여 여순 항이나 블라디보스토크로 항해하기로 예정되어 있었다. 이에 대응하여 일본군은 여순 항 지역에서 공격을 강화했다. 러시아 수비대의 비할 데 없는 영웅주의와 완강함은 적군도 매우 경탄케 했다. 12월 2일에 요새의 육상 방어 대장인 재능 있는 장군 콘드라텐코(Р. И. Кондратенко)가 전사했다.

쿠로파트킨

부상병 운송열차 근처의 쿠로파트킨

로제스트벤스키

12월 16일에 러시아 군 총사령관인 스테셀(А. М. Стессель) 장군은 요새방어 위원회를 조직했다. 위원들 대부분은 방어의 지속을 지지했고, 이것을 위한 물자와 인력자원이 필요하며 가장 중요한 것은 병사들과 수병들의 결연한 의지라고 생각했다. 그러나 이러한 노력에도 불구하고 12월 20일에 스테셀은 요새를 적군에게 넘겨주었다.

여순항의 러시아 수비대

1905년 전쟁의 과정

여순 항이 함락되자 일본군은 **무크덴**(봉천, 심량, 선양)시 인근에 배치되었다. 1905년

2월에 이 부대가 접근해오자 전세의 우세와 주도권은 일본군에게 넘어갔다. 그들은 러시아군을 양쪽에서 포위하려고 시도했다. 격렬한 전투 후에 러시아 군대가 완전히 포위되는 상태로 위협을 받았다. 1905년 2월 22일에 쿠로파트킨은 즉각적인 후퇴의 명령을 내렸다. 1905년 2월 25일에 일본군은 봉천을 점령했다.

무크덴 전투

쓰시마 해전

한편 제2 태평양 함대는 유례없는 항해를 감행했다. 1905년 4월 14일에 러시아의 함대는 **쓰시마 해협**으로 들어섰다. 여기에는 최신의 함포와 대포로 무장되어 새롭게 건조된 일본 함대가 러시아 함대를 기다리고 있었다. 전투가 시작되자 곧 일본 함대의 기술적 우월성이 나타났다. 일본 함대의 폭격을 받고서 함대사령관의 전함인 ≪수보로프≫가 대열에서 떨어져 나갔고 **로제스트벤스키**(Рожественский) 제독은 부상을 당했다. 날이 저물 무렵에 러시아 해군은 4척의 장갑함(전함)과 한 척의 순양함을 잃었고, 남은 함대들은 크게 파손되었다. 5월 15일에 6척의 러시아 군함들이 영웅적으로 난파되었고 16척이 침몰되었다. 적군은 로제스트벤스키가 타고 있던 순양함 ≪베도브이≫를 포획하는데 성공했다. 러시아 함대는 사실상 붕괴되었다. **쓰시마 해전**은 러시아 전쟁사의 치욕적인 부분이 되었고, 러시아 인민의 민족적 자존심에 큰 타격을 주었다.

전쟁의 종결

러시아에게 믿어지지 않은 충격적인 **쓰시마 해전**에서의 패배가 있은 후에 극동 지방의 전 전선에서 소강상태가 나타났다. 1905년 6월에 일본이 두 개의 사단을 사할린에 상륙시켰을 때 소강상태는 오래지 않아 끝났다. 두 달 동안 섬을 차지하기 위한 전투가 계속되었다. 이때에 평화 조약 체결의 필요성이 전쟁의 당사국들뿐만 아니라 모든 세계강대국들에 의해서 인식되었다. 러시아에서 혁명은 격렬해졌으며 육군과 해군이 일본군에 패한 패전이 촉매제가 되었다. 정부는 혁명을 진압하기 위한 무력의 도움이 더욱 더 필요했다. 반대로 너무나 큰 대가를 치룬 엄청난 승리에도 불구하고 일본은 경제파탄의 직전의 상태에 직면했다. 그래서 일본은 승리를 위한 공격을 계속할 수가 없었다. 유럽의 강대국들은 극동 지방에서 일본이 지나치게 강대해지는 것에 불안해졌다. 그들은 러시아가 더욱 더 허약해지는 것을 내버려 둘 수가 없었다.

일본의 집요한 요구로 미국 대통령 **데오도스 루즈벨트**가 평화협상의 중재자로 나섰다. 1905년 7월 27일에 크지 않은 미국의 도시 **포츠머스**에서 러일 전쟁 휴전협상이 시작됐다. **비테(С. Ю. Витте)**가 이 협상의 러시아 대표단의 단장으로 임명되었다. 그는 비범한 외교 능력을 보여주어 전쟁 패배에 따른 어려움을 완화시킬 수 있었다. 8월 23일에 러시아와 일본은 평화 조약에 서명했다. 러시아 제국은 한국을 일본의 이익권으로 인정했다. 양국은 만주로부터 자국의 군대를 철수시켜야 했다. 러시아는 일본에게 여순 항의 조차권과 사할린 섬의 절반인 남쪽을 양보했다. 그리고 러시아는 일본인들에게 일본해와 오호츠크해, 베링 해 등의 러시아 연안의 어업권을 제공해야 했다.

미대통령의 러-일중재

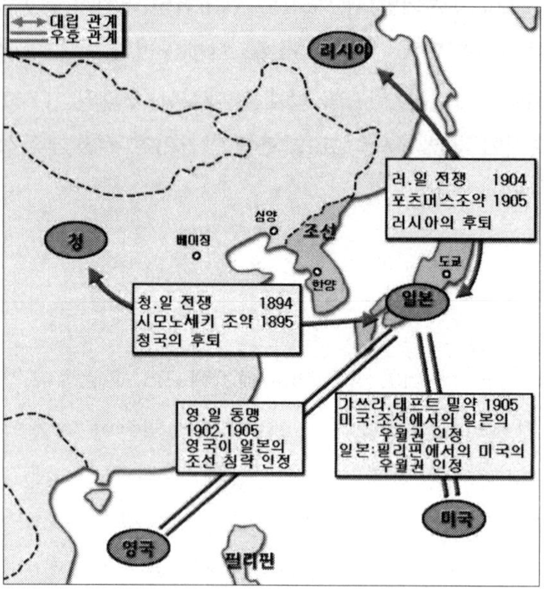

러-일 전쟁 전후 한반도 주변정세

일본과의 전쟁에서 러시아는 비참한 패배를 당했다. 패배의 원인은 러시아가 전쟁에 충분히 대비하지 못했기 때문이다. 무엇보다도 병력과 병참물자를 극동으로 수송하는 어려움 때문에 러시아는 일본과의 전쟁에서 불리한 조건에서 싸울 수밖에 없었다. 전쟁 과정에서 가장 부정적인 점으로 적군에 대한 과소평가와 러시아 군 지휘부의 무능이 지적되었다. 게다가 러시아는 외교적으로 고립되어 있었다. 영국과 미국은 공개적으로 일본의 편을 들었지만, 프랑스는 중립을 표방하고 자국의 동맹국인 러시아를 지원하지 않았다.

러시아와 영국의 접근

포츠머스 평화 조약 후에 러시아 외교정책의 중심은 다시 유럽으로 옮겨졌다. 그러나 1906년부터 유럽의 외교에서 본질적인 변화가 일어났다. 무엇보다도 그 변화들은 러시아와 영국간의 관계와 관련되었다. 전통적인 영국의 정책 ≪화려한 고립≫은 러시아의 동맹국인 프랑스와 ≪친밀한 동의≫ 조약을 체결함으로써 1904년에 중단되었다. 영국의 외교로서는 매우 급진적인 그러한 정책은 독일의 강대해짐, 특히 독일의 강대해진 해군력과 관련이 있었다. 영국은 러시아 제국과 가까워 질 수 있는 외교적 방법을 모색하기 시작했다. 과거에 서로 적대적이었던 양국가간의 협상에서 중동(페르시아, 아프가니스탄)과 티베트에서 이익권을 획정하는 것에 대한 합의가 1907년 8월에 페테르부르크(산트 페테르부르크)에서 체결되었다. 이 조약은 결정적으로 유럽을 두 개의 대립적인 군사 · 정치적 동맹인 **3국 합의**(러시아, 프랑스, 영국)와 **3국 동맹**(독일, 오스트리아-헝가리, 이탈리아)으로 분열시키는 것을 공고히 했다.

5. 사회 - 정치적 운동

정부와 사회 간의 대립격화

니콜라이 2세의 정책은 러시아 사회의 대부분의 계층을 실망시켰다. 대학자치의 부활을 요구했던 학생들의 주장이 처음으로 제기되었다. 1899년에 대규모 학생시위들이 시작되었다. 시위 주동자들을 대학에서 제적시켜서 군대로 징집하겠다는 차르의 결정에 대해서 학생들은 격분했다. 1901년 2월에 정치적 이유로 두 번이나 대학에서 제명된 카르포비치(П. Карпович)는 교육성 대신 보골레포프(Н. П. Боголепов)에게 치명상을 입혔다.

일본의 기습적 공격은 인민들 사이에 애국심이 넘쳐흐르게 했다. 그러나 전선에서 전황의 전개에 따라 분위기는 바뀌기 시작했다. 사태의 발전에 따라 전장의 상황은 바뀌기 시작했다. 천 명의 병사들의 전사, 러시아 병사들의 영웅적인 전공들은 왈츠 ≪만주 언덕에서≫의 가슴을 아프게 하는 소리와 ≪고대 노르만인≫노래뿐만 아니라, 군대의 패배에 분노한 인민들의 정신 속에 반영되었다. 혁명단체들의 활동이 활발해졌다. 그들은 전쟁을 반인민적이고 약탈적인 것으로 비난하고 ≪전쟁아 물러가라!≫, ≪전제정치는 물러가라!≫라는 구호를 제시한 삐라를 공장에서 배포했다. 그들은 이러한 구호로 자신들의 지지자들을 모았다.

러시아 사회민주노동당(РСДРП)의 창당

불법정치단체들이 생기기 시작했다. 시회 민주주의자들이라고 자칭하는 러시아 마르크스주의자들은 전 러시아 정당을 설립하려는 시도에 착수했다. 1895년 3월 1일부터 3일 사이에 다양한 사회민주주의 단체의 9명의 대표자들이 극비리에 민스크에 모였다. 그들은 **러시아 사회민주주의 노동당**(РСДРП)의 창당을 선포했다. 중앙 위원회가 선출되었고 지하에서 출판된 ≪노동신문≫이 공식적인 당의 기관지가 되었다. 그러나 창당대회가 끝났을 때 8명의 대의원들이 체포되었다.

첫 번째 정당 설립의 시도는 성공하지 못했고, 다양한 사회 · 민주적 단체들은 서로 독립적으로 존립했다. 그들은 자신들의 경제권을 위한 노동자들의 조용한 운동을 지지하는 경제주의자들과 프롤레타리아의 계급투쟁을 조직하는 것을 목적으로 내세웠던 사람들(부르주아 정권에 반대하고 노동자들의 탄압에 토대를 둔 사회체제를 파괴하려는 사람들)로 나뉘었다.

반경제주의자들은 사회민주주의당을 창당하기 위해 하나로 뭉쳤다. 이러한 과정은 1900년에 독일에서 시작 되었고, 그 다음 스위스에서 ≪불꽃≫이라는 신문이 이어갔다. 그 편집국 일원으로 악셀로드(П. Б. Аксельрод), 자술리치(В. И. Засулич), 플레하노프(Г. В. Плеханов), 포트레소프(А. Н. Потресов), 울리야노프(레닌), 체데르바움(마르토프) 등이 가담했다. 그러나 곧 ≪불꽃≫ 편집국에서 러시아 사회 · 민주 노동당 2차 당 대회에서 지속되었던 불화가 시작되었다. 그 불화는 1903년 7, 8월에 처음에 브뤼셀에서 그 다음 런던에서 일어났다. 그 당 대회에서 당의 규정과 두 부분으로 구성되어 있는 당의 정강과 정책이 채택되었다. 첫 부분은(최소한의 계획)으로 부르주아-민주주의 혁명의 과제를 해결하는 것을 규정했다. 전제정치의 타도와 민주주의 공화국의 수립, 보통 선거권과 민주주의적 자유, 지방의 자치의 확대, 민족자치권의 보장과 그들의 평등, 1861년에 박탈당한 소작지를 농민에게 반환하는 것, 토지의 불하대금과 소작요의 폐지, 전에 지불된 토지의 불하대금의 반환, 8시간 노동제, 벌금과 초과근

ИСКРА
ВПЕРЕДЪ
Пролетарій
Новая Жизнь
СОЦІАЛЪДЕМОКРАТЪ

무의 폐지 등이 정강정책에 포함되었다. 두 번째 ≪최대한의 계획≫은 프롤레타리아 혁명의 승리 즉 사회의 사회주의적인 변혁을 위한 프롤레타리아 독재체제의 수립을 규정했다.

러시아 사회-민주주의 노동당의 정강에서

사유재산을 사회적 생산수단과 순환으로 대치하고 사회의 모든 구성원의 복지와 모든 방면의 발전을 위한 사회적 생산 과정을 위한 계획적 조직을 도입하기 때문에 프롤레타리아트의 사회적 혁명은 사회의 계급분화를 타도하고 모든 형태의 착취에 종결을 가해서 모든 탄압받는 사람들을 해방시킬 것이다. 이러한 사회주의 혁명의 필연적인 조건이 프롤레타리아트 독재체제(착취자들에 대한 모든 저항을 가능하게 해주는 정치권력을 프롤레타리아트가 획득하는 체제)를 구성하고 있다. 프롤레타리아가 서항하는 착취자들을 억압할 정치적 권력을 갖는 것이다….

볼셰비키들과 멘셰비키들 간의 불화

당의 정강과 규약에 대한 토론에서 레닌과 **마르토프**가 이끄는 급진주의자들과 개혁주의자들간의 심각한 불화가 나타났다. 당의 지도부를 구성하는 선거에서 레닌의 지지자들이 다수를 차지했기 때문에 ≪볼셰비키 : 다수파≫라고 불리었고, 마르토프의 지지자들은 ≪멘셰비키≫라고 불리었다.

마르토프

악셀로드

포트레소프

멘셰비키(Меньшевики: 소수파)는 서유럽의 민주주의 경험을 모델로 삼았다. 그들은 당은 모든 계층에게 입당이 개방되어야 하며 다양한 견해와 의견이 존재할 수 있다고 생각했다. 멘셰비키는 러시아는 부르주아 혁명의 문턱에 있고, 혁명의 지도자의 역할은 진보적 부르주아들이 맡아서 혁명을 이끌어야 하고 프롤레타리아트는 그들과 동맹자가 되어야 한다고 생각했다. 그들은 농민을 반동세력과 봉건제도의 잔재로 간주했다.

레닌주의자들과 그의 지지자들은 새로운 타입의 당조직, 즉 패쇄적이고 은밀하고, 규율이 엄격한 조직을 주장했다. 그들은 러시아에서의 혁명은 부르주아-민주주의 특징을 띨 것이지만, 혁명의 주도권과 주도층은 프롤레타리아가 되어야 하면 농민이 동맹세력이 되어야 한다고 생각했다. 볼셰비키는 러시아 부르주아들을 차르주의에 기생하는 반혁명세력으로 생각했다. 사회의 부르주아 개혁을 부정하면서 그들은 무장봉기 과정에서 전통적인 권력체제를 뒤 엎는 혁명을 지지했다. 그들은 차르주의는 프롤레타리아트 독재로 대체되어야 한다고 생각했다.

1906년에 볼셰비키와 멘셰비키는 당의 농업정책을 재검토했다. 농민들의 분위기와 그들의 지지를 고려하여 볼셰비키는 모든 지주, 국가, 군, 교회, 수도원 등의 소유의 모든 토지들을 몰수하는 것, 즉 모든 토지의 국유화를 정책에 포함시켰다. 멘셰비키는 소작 농민들의 토지소유권을 보존하면서 몰수된 지주소유의 모든 토지를 지방의 권력기관의 소유로 전환시키는 ≪모든 토지의 지방자치화≫ 정책을 주창했다. 사회-민주 노동당은 프롤레타리아, 지식인층, 다민족 등으로 구성되었다. 그 당의 볼셰비키파는 1907년에 약 6만 명이었고, 멘셰비키파의 당원수는 4만 5천 명이 넘었다.

사회혁명당의 창당

1890년에 많은 도시와 해외에서 혁명적 인민주의의 과업의 계승자로 공표하는 단체들이 결성되기 시작했다. 베를린에서 이주해온 인민주의자들의 젊은 세대들이 사회주의자들과 혁명가들의 연합을 결성했다. 곧 용어 ≪사회주의자들-혁명주의자들≫은 혁명주의적-인민주의자들을 의미하는 것으로 널리 인식되었다.

1902년에 사회주의자들과 혁명주의자들이 모이는 단체의 지도자들의 모임에서 사회주의자-혁명주의자 정당의 창당이 결정되었다. 스위스에서 발간되는 신문 ≪혁명적 러시아≫는 사회혁명당의 공식적인 기관지가 되었다. 체르노프가 이끄는 사회혁명당 중앙 위원회가 구성되었다. 1903년에 제네바에서 1905년 말과 1906년 초에 개최된 사회혁명당 제 1차 대회에서 인준된 사회혁명당 정강이 작성되기 시작했다.

사회혁명당원들은 사회주의 혁명에 인민을 준비시키는 것을 주요한 과업으로 선포했다. 그러나 사회-민주주의자들과 다르게 그들은 자신의 노동으로 생계를 유지하는 사회의 모든 계층-농민, 프롤레타리아트, 지식인층(사회혁명당원들은 이들을 하나의 개념인 노동자 계급으로 통합했다)은 전제체제의 해체에 관심을 가진다고 생각했다. 볼셰비키들과 마찬가지로 사회혁명당원들은 러시아 부르주아 계층을 반동세력으로 생각했다. 정치적 · 사회적 주장들로 상세히 공표된 사회혁명당의 강령의 세부사항에는 사회-민주당의 정책과 공통된 것이 많았다. 전제정권의 전복 뒤에 수립되어야 할 정권을 그들은 ≪인민권력≫이란 용어로 정의를 내렸다. 헌법제정회의만이 인민정권을 선포할 권리를 가졌다. 민족문제와 관련된 사회혁명당의 정책은 러시아에서 유일하게 독립된 민족들 간의 연방관계를 예상하여 각 민족들에게 자치권에 대한 절대적 권리를 부여하기로 예정되어 있었다. 농업정책은 사회혁명당의 정책에서 중심적인 위치를 차지했다.

사회혁명당 정강에서

농업정책과 토지소유의 문제에서 사회혁명당은 사회주의와 부르주아적 소유제도의 기반과의 투쟁을 위하여 공동체뿐만 아니라 노동자 전체의 견해, 농민의 전통과 생활양식, 특히 모든 노동자들의 공동자산으로서의 토지의 개념을 채택할 것을 목표로 제시했다. 이러한 관점에서 당은 모든 사유의 토지의 사회화, 즉 개인 소유의 토지를 몰수하여 공동소유와 민주적으로 조직된 공동체와 공동이용의 토대 위에서 공동체 동맹의 관리로 넘기는 것을 지지할 것이다.

당 간부들은 교사, 엔지니어들, 농학자들, 수의사들, 의사들로 구성되었다. 1905~1907년에 사회혁명당의 당원수는 5만~6만 5천 명이었다. 자신들을 ≪인민의 의지≫의 계승자로 선포한 후에 사회혁명당원들은 대중에게 혁명의식을 불어 넣어 주고 정부에게 공포감을 주는 수단으로 혁명적 테러를 다시 사용했다. 1901년 말에 게르수니는 사회혁명당 전투조직으로 불렸던 특수집단을 조직했다. 1903년 5월에 게르수니는 체포되었다. 경찰의 비밀 정보원으로 밝혀진 아제프가 전투조직을 이끌었다.

자유주의 운동 단체들의 결성

1890년대에 자유주의 운동이 활성화되었다. 서유럽의 의원내각제, 정확히 말하면 영국식 정치체제를 모델로 생각하는 이른바 입헌주의자들이 큰 영향력을 미치기 시작했다. 그러나 러시아에서는 입헌정치체제의 우월성을 퍼뜨리는 것이 금지되었다. 그러기 때문에 비합법적인 활동 방법으로 전환하는 문제가 제기되었다.

1902년 6월에 독일의 쉬투트가르트 시에서 잡지 ≪해방≫의 1호가 발행되었다. 전 사회-민주주의자 **스트루베**가 그 잡지의 편집자가 되었다. 그 잡지에는 밀류코프가 기고한 ≪러시아 헌법주의자들에 대해서≫ 논문에 자유주의자들의 정강이 게재되었다. 그 정강에는 정치적 자유와 항상 활동하고 매년 소집되는 통제, 입법, 예산의 인준과 관련된 최고의 권력을 가진 최고위 기관인 평등한 인민 대의기관의 설치를 주장하는 내용이 포함되어 있었다. 이 기관이 노동법 제정과 농업문제를 포함한 사회적 · 경제적 개혁에 대한 문제를 검토하기로 되어 있었다. 예정된 개혁들은 ≪위에서부터≫의 개혁의 형태로만 생각되었다.

1903년 7월에 스위스에서 편집된 잡지인 ≪주요한 과제와 주요한 투쟁 방법≫으로 지도받아야 하는 독자적인 강령을 가진 독자적인 집단들을 포함한 단체인 ≪해방동맹≫을 설립하는 결정을 채택한 20명의 헌법주의자들의 회의가 개최되었다. 1904년 페테르부르크에서 자유주의적 단체의 창립을 감행한 ≪해방동맹≫의 불법적인 집회가 열렸다. 1904년 가을에 그 동맹은 사법개혁 40주년을 기념하는 연회를 열기로 결정했다. 그 연회와 축배에서 알렉산드르 2세의 대개혁을 의원 내각제를 도입함으로써 완수하자는 구호가 제창되었다.

결 론

20세기 초는 전제주의 정부와 사회 간의 대립의 격화된 시기로 명명되었다. 차르주의에 반대한 정치세력들이 정당을 조직하는 과정을 시작했다.

6. 1차 러시아 혁명의 시작

혁명의 원인들

러시아의 최초의 혁명은 심각한 경제적 · 정치적 원인들의 결과로 일어났다. 20세기 초에 농업문제는 첨예한 긴장을 야기했다. 전인구의 소수(약 3백만 명)를 차지하는 영주, 황제가족들, 수도원의 고위 성직자들, 기업가들이 전 영토의 65%를 소유하고 있었다. 거의 1억 명으로 추정되는 농민들이 겨우 35%의 영토만을 소유하고 있었다.

농민들은 심각한 토지부족으로 고통을 받았다. 게다가 농민들은 농노해방에 대한 대가로 정부에 계속 돈을 지불했다. 빈궁한 생활과 만성적인 굶주림을 겪었던 농민들은 법적 권리의 보호를 받지 못하는 계층이었다. 지방의 계층재판과 체형이 여전히 그들에게 적용되고 있었다.

노동자들의 문제도 심각했다. 1897년 6월 14일에 발표된 헌법은 노동시간을 11시간 5분까지 단축했고, 사업주들은 의무적으로 노동자들에게 일요일 휴무를 제공해야 했다. 그러나 관리의 부족으로 실제적으로 이 법은 오랫동안 지켜지지 않았다. 자본주의적 생산이 발달함에 따라 부르주아의 부가 증가했고, 노동자들은 노동의 대가로 적은 임금을 받고 간신히 생계를 유지해갔다. 자료에 따르면 최고임금은 도네츠크 강 유역의 탄전지대의 광부들의 최대 임금은 한 달에 24루블이었고, 4인 가족의 생계비를 제외한 최소의 지출은 매달 30루블이었다. 게다가 임금의 30%를 벌금으로 빼앗겼다. 대체로 노동자들은 공장 곁에 지어진 임시 가건물에서 반쯤 굶으면서 살았다.

노동자들은 기본적인 시민권이 없는 것에 대해 분노했다. 그들은 자신들의 경제적 이익을 보호하기 위한 조직을 설립하는 권리를 박탈당했다. 또한 동맹파업과 태업에 참여하면 2~8개월간의 금고형을 선고 받았다. 정치적 공권력의 상실은 경찰과 헌병대의 횡포로 증가되었다.

소수민족 거주 지역에서 경제적 · 정치적 문제들은 정부의 러시아 화(化) 정책 때문에 가중되었다. 러-일 전쟁의 시작으로 상황은 악화되었다. 해결되지 않은 사회적 문제들에 대한 불만은 전선에서의 패배와 관계된 민족의 굴욕감과 합쳐졌다. 그러한 상황에서 어떠한 구실이라도 화약통의 불똥이 될 수 있었다.

≪피의 일요일≫

가폰 신부

1905년 1월 3일에 몇 명의 노동자의 해고에 대한 반발로 푸틸로프(Путилов) 공장에서 파업이 일어났다. 파업은 페테르부르크의 모든 대기업에서 계속되었다. 파업은 당시 모스크바 경시총장인 **주바토프**가 노동운동을 와해시키기 위해서 조직한 합법적인 어용 노조인 ≪러시아 산크트-페테르부르크시 공장노동자회의≫의 통제를 받았고, 가폰(Г. А. Гапон) 신부가 그 노조를 이끌었다. 그는 노동자들이 원하는 것을 차르에게 탄원하기 위해 겨울 궁전으로 평화행진을 한 후에 분노한 인민들과 차르의 만남을 주선하려고 했다.

가폰신부가 이끈 시위대

시위대에 대한 사격

혁명 단체의 지도자들이 참여한 청원서 작성과정에서 정치적 요구들-언론과 집회의 자유, 법 앞에 만인의 평등, 인민에 대한 행정부처 수장들의 책임, 국가와교회의 분리, 일본과의 전쟁종결 등이 포함되었다. 그러나 청원서의 전체적인 내용은 왕에 대한 존경을 내포하고 있었다. 삼일동안 이 청원서에 15만 명이 서명했다.

1905년 1월 9일 아침에 축제적인 의상을 입고 노동자와 그들의 부인과 자녀들은 차르의 초상화와 성상을 들고 겨울궁전으로 행진하였다. 이 평화적인 행진에 14만 명 이상이 참여했다. 그러나 시위자들에게 발포를 시작한 경찰과 군대가 궁전으로의 접근을 막았다. 신문들은 1천 명이 살상되었다고 보도했지만, 공식적인 발표에 따르면 유혈의 비극의 희생자는 130명이었다.

≪**피의 일요일**≫은 민중의 군주정치적 성향을 심각하게 훼손하였고, 러시아의 프롤레타리아를 전제주의 정권과 투쟁하는 역사적 무대로 밀어 올렸다. 페테르부르크의 노동자들에 대한 발포 소식은 나라전체에 퍼졌고, 전계층의 분노와 격분을 일으켰다. 오랫동안 쌓였던 불만이 혁명으로 분출되었다.

노동자, 농민, 지신인층의 혁명적인 시위

1월 9일 오후에 페테르부르크에서 대규모 혼란이 시작되었다. 노동자들은 경찰의 무장을 해제하고, 무기상점들을 탈취하고, 바리케이드를 설치했다. 1월 10일에 수도의 모든 노동자 계층이 파업했다. 혁명단체들의 활동이 활발해졌다. 사회주의자들이 쓴 삐라들이 도시에 등장했다.

볼셰비키당 강령에서

무기로, 동무들이여, 병기고와 무기고와 무기상점들을 탈취합시다…. 헌병과 경찰서와 모든 정부기관을 박살냅시다. 차르의 정부를 타도하고 우리의 정부를 세웁시다.

페테르부르크에 뒤이어 모스크바, 리가, 우크라이나, 폴란드, 자카프카지예 등의 여러 도시들의 노동자들이 파업을 선포했다. 1905년 1월~2월에 전 러시아에서 81만 명의 노동자들이 파업을 했다. 대부분의 시위는 경제적인 것뿐만 아니라 정치적 구호 아래 일어났다. 농민들도 봉기했다. 1905년 2월에 쿠르스키와 오를로프스키 현에서 농민들은 지주의 재산의 대부분을 파괴했다. 봄에 농민운동은 포볼지예, 발트해 연안지역, 폴란드, 우크라이나, 벨로루시, 자카프카지예, 중앙아시아로 확산되었다. 불가항력적인 폭동이 농민의 봉기의 주요한 형태로 남았다.

당국은 당황했고, 차르의 최측근에서도 개혁의 불가피함이 언급되기 시작했다. 그러나 니콜라이 2세는 폭동을 무력으로 진압할 수 있을 거라고 확신했다. 1월 11일에 그는 사실상의 독재적 전권을 가진 페테르부르크의 총독 자리를 만들었다. 이 총독 자리에 전 모스크바 경찰청장이었던 내무성 장관인 스뱌토폴크-미르스키의 정책과의 의견불일치로 항의성 사임을 한 것으로 유명해진 트레포프(Д. Ф. Трепов)를 임명했다. 동시에 대부분의 장관들의 차르에 대한 전례 없는 압력의 결과로 니콜라이 2세는 새 내무성 장관 불리긴(А. Г. Булыгин)를 임명하는 칙서에 서명해야만 했다.

1905년 봄과 여름에 혁명의 발전

1905년 2월에 **무크덴**(봉천: 오늘의 심양)에서의 러시아 육군과 5월에 쓰시마 해협에서의 해군의 패배는 인민의 분노의 증대에 새로운 원인이 되었다. 혁명당들과 단체들이 이러한 상황에서 선동을 강화하였다. 5월 1일 노동자 파업이 전국으로 확산되었다. 파업에 60만 명이 참가하였다. 5월에 시작된 이바노보-보즈네센스크의 방직공들의 파업이 가장 컸다. 도시의 노동자들의 권력 기관인 된 노동자 전권 소비에트가 선출되었다. 소비에트는 노동자들 사이에서 큰 영향력을 발휘했다. 소비에트 산하에 파업에 참여한 사람들을 도와줄 금융기관과 노동자 자위대가 창립되었다. 소비에트는 파업기간에 상점 주인들에게 상품을 외상으로 내줄 것을 강요했다.

사업가들은 임금의 20% 인상, 세탁소와 목욕탕의 설치, 집세의 지불 등의 양보를 하기로 동의했다. 7월 27일에 자신들의 힘을 강화한 후에 다시 자신들의 권리를 위한 투쟁을 하기 위하여 노동자 총회는 파업을 중단하고 작업을 시작하자는 결정을 내렸다.

소비에트와 별도로 노동자들은 자신들의 노동조합을 만들기 시작했다. 그들의 선두에 사회민주주의자들이 드물지 않게 그들을 이끌었다. 노동조합은 노동조건과 노동환경의 개선을 위해 투쟁을 했을 뿐만 아니라 정치적 슬로건 아래에서 파업과 쟁의를 준비하고 참여했다.

젊은이들과 민주적인 지식인들이 더욱 더 폭넓게 혁명운동에 참가하였다. 교수 노조들이 결성되었고, 교사들, 변호사들, 예술가들의 조합이 생겨났다. 이런 조합들은 전문적인 분야의 특징에 따라 조직되었지만, 그들의 활동은 정치적 성격을 띠었다. 관리들의 조합은 ≪헌법의 토대 위에서 러시아의 정치적 해방을 위한 적극적 협력≫을 자신들의 목적으로 선포했다. 1905년 5월에 지식인들의 노동 조합들은 ≪자유주의적 구호 밑에서 행동하는 노동조합의 연합≫이라는 단일 조직으로 통합되었다.

농민운동의 조직을 형성하려는 시도가 있었다. 1905년 7월 31일부터 8월 1일까지 모스크바에서 전국 러시아 농민조합의 비상대회가 열렸다. 대회의 강령은 모든 정부, 군, 수도원의 땅을 농민의 소유로 무상양도와 토지의 개인소유제의 폐지를 제시했다. 이것과 더불어 농민들은 토지 대금을 전 소유주에게 개인적으로 보상해 주기로 결정했다. 농민동맹의 강령은 모든 보통초등교육의 무상실시, 지방자치를 선거로 구성하는 제도의 설립, 지방과 소수민족지역의 자치 등을 제안했다.

전함 ≪포템킨≫ 선상의 폭동과 불리긴스카야 두마

혁명운동은 군대와 함대로 확산되었다. 1905년 6월에 오데사 항에서 가까운 곳에 정박해 있던 전함 ≪포템킨≫의 수병들의 반란 소식은 나라를 동요시켰다. 썩은 고기로 만든 보르쉬를 먹기를 거부한 선원들에게 총살형을 내린 함장의 명령이 폭동의 원인이 되었다. 분개한 선원들은 장교들을 향해 총을 들이댔다. 현장에서 7명이 죽었다. 그 다음 즉심에서 함장과 배의 의사에게 사형선고를 내렸다. 흑해함대의 압도적 다수가 반란 수병들을 지지하지 않았다. 전함은 봉쇄되었으나 그것을 뚫고 대양으로 빠져나갈 수 있었다. 석탄과 식량이 떨어져서 수병들은 루마니아 해안으로 가서 루마니아 정부에게 항복할 결정을 내릴 수밖에 없었다.

영화 전함 포템킨

오데사 계단 시위군중에 대한 발포

혁명운동의 압력을 받고서 정부는 새로운 양보를 했다. 1905년 8월 6일에 '국가두마'의 설립과 ≪국가두마의 선출에 대한 규정≫에 대한 차르의 포고령이 발표되었다. 이 문서는 내무성 내부에서 작성되었다. 그래서 두마는 장관의 성을 따서 ≪불리긴스코이≫라고 불렀다. 의회는 법률을 심의하는 기능만을 부여받았다. 모든 유권자들은 지주, 시민, 농민 – 3등급으로 나뉘었다. 그러나 선거에는 많은 절차가 있어서 충분한 수준의 재산을 가진 사람에게만 선거권이 부여되는 제도가 도입되었다. 많은 시민들이 선거권을 박탈당했다. 사회혁명당, 볼셰비키당, 조합연맹의 지도자들은 '불리긴스카야 두마'를 배척할 것을 선동하였다. 두마 선거는 새로운 혁명의 물결로 좌절되었다.

결 론

이렇게 전제주의 정권이 당면한 사회적 · 정치적 문제들을 해결하려 하지 않았기 때문에 나라는 혁명적 폭발상태에 이르렀다. 1차 러시아 혁명의 과정에서 프롤레타리아트, 농민들, 지식인층이 대중적 민주적 조직들을 결성했다.

7. 혁명의 절정: 러시아의 소수민족들의 변경지역에서의 혁명

전러시아의 10월의 동맹파업과 1905년 10월 17일 선언

1905년 가을에 모스크바는 혁명 운동의 중심지가 되었다. 9월 19일에 인쇄공들이 경제적 구호 밑에서 동맹파업을 시작했고, 다음에 모스크바의 기업체 노동자들 대부분이 파업을 시작했다. 10월초에 모스크바 철도 종사원들이 동맹파업에 가담했다. 나라의 거의 모든 철도의 노동자들이 파업을 지지했다. 동맹파업은 전체 러시아로 확산되었다. 120개의 도시에서 파업이 일어났고, 파업에는 200만명의 노동자와 근무자들이 참여했다. 50개 넘는 도시와 노동자들 거주지에서 노동자 대표자 소비에트가 생겼다. 이러한 기관들은 혁명 투쟁의 지도뿐 만 아니라 현지의 권력 기관이 되었다.

10월 13일에 멘셰비키인 흐루시탈레브이(Г. С. Хрусталевый)가 의장인 페테르부르크 노동자 대표자 소비에트가 창립되었다. 초등학교와 중학교의 수업이 중단되었다. 대형 극장에서의 공연들도 취소되었다. 많은 훌륭한 화가, 시인, 작가들은 전제정치를 폭로하는 작품으로 혁명적 사건들을 비평했다. 전러시아적인 10월의 동맹파업은 ≪차르 정부 타도!≫, ≪민주주의 공화국 만세!≫ 등의 슬로건아래 진행 되었다. 10월 봉기는 러시아의 모든 계층을 단결시켰던 강력한 혁명의 봉기가 되었다. 최고 권력자는 양보 하지 않을 수 없었다. 1905년 10월 17일에 니콜라이 2세는 ≪국가질서의 개선에 관하여≫ 포고령에 서명했다.

1905년 10월 17일 포고령에서 발췌

1. 실제적인 개인의 불가침, 양심, 언론, 집회, 결사 등의 자유의 토대 위에 시민자유의 확고한 근거를 주민들에게 부여하는 것. 2. … 오늘날 완전히 선거권을 박탈되었던 계층들을 두마선거에 참여시키는 것 … 3. 어떠한 법률도 국가두마의 승인 없이는 효력을 발휘할 수 없다는 확고한 규칙을 확립하는 것….

곧 정치적인 사면이 실시되었다. 1905년 11월 3일에 분배받은 토지에 대한 농민들의 상환금을 반으로 줄이는 것과 1907년 1월 1일부터 농민들의 토지 상환금의 징수를 완전히 중지시키는 포고령이 선포되었다.

사회민주주의 당원들과 사회 혁명 당원들은 그 선언서를 ≪최초의 혁명의 승리≫ 라고 생각했고, 이 승리에 고무되었던 그들은 인민들에게 전제체제의 타도를 위한 투쟁을 계속할 것을 요구했다. 차르의 선언서의 공표는 자유주의자 진영의 분열을 가져왔다. 자유주의자들 일부는 혁명을 완수된 것으로 생각했지만, 정치에 적극적으로 참여하는 지식인들 대부분은 군주체제의 청산을 위해 끝까지 투쟁하기로 결정했다. 마침내, 성명서는 차르 정권의 보호를 위해 일어서기로 결정했던 차르체제의 지지자들의 운동을 유발했다.

군주당의 형성

1905년의 혁명은 군주당의 창당을 자극했다. 과거의 차르 정권은 자신의 이익을 보호하는 정치적인 조직의 존재가 필요하다고 인정하지 않았다. 이제 전제체제의 지지자들이 단결하기 시작했다. 가장 큰 군주주의자들의 정치 조직은 러시아 협회, 군주당, ≪러시아 국민 연합≫ 등이었다. 그러한 정치조직의 지도자들은 민족정신의 토대인 옛날부터 전승되어 온 전제정권, 정교, 민중주의의 복구와 강화를 역설했다. 그들은 러시아 민중주의(Народность)를 정치, 문화, 경제 분야에서도 최우선 가치로 선포했다.

러시아 민중은 천성이 사회적 불화에 적합하지 않았다고 생각했기 때문에 군주체제의 지도자들은 국가에 혼란을 초래한 외부의 적의 침입론을 제기했다. 그래서 반유태주의가 그들의 사상에서 배타적 지위를 차지했다.

혁명 운동이 증대됨에 따라 군주주의자들은 실제적인 행동에 착수하지 않을 수 없었다. ≪러시아 국민연합≫은 모든 충성스러운 국민들에게 러시아 정교 사원을 토대로 한 위원회를 결성하고 혼란과의 직접적인 투쟁과 정상적인 사회생활의 복구를 자신의 사명으로 생각하는 군대처럼 형성된 조직에 의무적으로 가입하기를 시작할 것을 촉구했다.

군주주의자들의 삐라에서

농민, 소시민, 노동자 여러분! 도시의회와 지방자치회의 영주들, 대 도시의 변호사, 교수, 교사, 파산된 지주들, 귀족적인 상인들, 자신을 지식인이라 부르는 부르주아 여러분!… 자신의 권리를 인정하지 마십시요. 국가에서 여러분 같은 100만 명은 힘입니다. 지식인은 5명도 존재하지 않습니다. 모든 반역자와 폭도들의 명단을 작성합시다. 그리고 그들을 방구석부터, 밤에 창문을 통해 감시 합시다….

약탈이 자행되는 폭동이 러시아의 유럽지역의 많은 도시와 주거지를 휩쓸었다. 1622명이 죽었고, 3544명이 부상당했다. 몇몇 도시에서 약탈은 당국이 수사를 시작할 수밖에 없었던 그런 유혈적인 성격을 띠었다. 200개 사건이 더 기소되었고 1938명이 형을 선고 받았지만, 1713명은 앞으로 차르에게 사면되는 것으로 판명되었다.

대학살과 혁명선언을 한 사람들과의 충돌을 조직한 민병대원들은 자신들을 ≪검은 백인조≫로 불렀다. 그래서 그들의 모든 운동은 '검은 백인조 운동'으로 불리게 되었다.

진보 정당들의 형성

혁명의 시기에 진보적 정당들이 조직되었다. 입헌민주당(кадеты)은 가장 혁신적이고, 친 서구적 성향의 진보주의적인 정치세력들을 결집시켰다. 창당대회가 1905년 10월에 개최되었다. 당강령은 사유지의 토지 소유권을 농민들에게 분배하는 땅의 면적 확대의 필요성, 헌법의 제정, 개인, 언론, 집회의 자유와 다른 민주적인 자유의 확립, 법 앞에 평등, 신분상의 특권 폐지, 파업과 8시간 노동 등에 대한 노동자들의 권리의 인정을 목표로 하였다.

민족 문제에 대한 정책에는 모든 민족과 민중의 문화적 자치권이 포함되었다. 입헌민주주의자들은 합법적 기구, 무엇보다도 두마를 통해서 정부에 압력을 가하는 전략을 정책을 실현하는 주요한 방법으로 생각했다.

입헌민주당의 핵심 세력은 학자들, 창작활동을 하는 지식인들, 의사들, 변호사들, 교사들, 중·하급 공무원들로 구성되었다. 친서구적인 부르주아들, 진보적인 지주들, 소규모 노동자 집단들도 입헌 민주당에 가입했다. 당수는 밀류코프(Милюков)였고, 1905~1906년에 당원수는 50만~100만 명에 이르렀다.

10월 17일 선언을 러시아 역사상 전환점으로 인정한 지방자치 의회의 온건파들이 1905년 11월에 결성하기 시작한 10월 17일 동맹당(октябристы)은 자유주의 운동의 보수파를 대표했다. **10월 당원들(октябристы)**은 유익한 개혁을 진행하는 정부에 협력하는 것을 주요한 목표로 선포했다. 10월 당원들은 역사적으로 형성된 러시아의 독특한 특징인 국가의 통일과 결속 유지의 요구를 당 강령으로 발표했다. 그들은 사유재산제도를 경제의 근본적인 바탕으로 간주했고, 입헌민주당원들과는 다르게 지주의 땅의 부분적인 소유권 이전을 극단적인 경우로 비난했다. 10월 당원들은 첨예한 농민문제의 해결책으로 농민의 권리를 다른 계층과 평등화 하는 것, 이주정책, 국가와 지방 행정기구의 소유의 땅을 농민들에게 매도하는 것 들을 제안했다.

10월 17일 동맹당은 러시아 노동자들은 서유럽의 노동자들과 다르게 년 중 쉬는 날이 너무나 많다는 이유로 8시간 노동제를 제안하지 않았던 유일한 정당은 아니었다. 10월 당원들은 국가적인 의미를 가지는 분야에서의 파업을 감행하는 노동자들의 권한을 제한했다.

모스크바의 상공업과 금융 재력가들과 지주들이 10월 17일 동맹당을 압도적으로 지지했다. 10월 당원들 중에는 퇴직한 장교들, 교수들, 기술자, 개인 기업을 운영하는 경영주들이 적지 않았다. 10월 17일 동맹당의 중앙 위원회 대표로 구츠코프(А. И. Гучков)가 선출되었다. 1906년에 10월 동맹의 당원 수는 5~6만 명에 이르렀다.

12월 모스크바의 무장 봉기(1905년 12월 9~18일의 노동자 투쟁)

정부의 굴복에 고무된 혁명가들은 현재의 정부를 무력으로 전복시키려는 시도를 실행키로 결정했다. 막대한 자금이 무기 구입과 대단위 공업지대에서 노동자 무장부대를 창설하는데 쓰였다. 12월 초에 1905년 11월 21일 창립된 모스크바 노동자 대표자 소비에트는 정치적 총파업을 시작하기로 결정했다. 소비에트의 요청에 따라 10만 명의 노동자들이 일을 중지했다. 11만 명의 페테르부르크 노동자들이 모스크바 노동자들의 파업에 동조했다. 정부는 파업 노동자들을 탄압하기 위해서 군대를 투입했고, 이에 대응해서 노동자들은 무기를 들었다. 12월 10일 경에 모스크바의 파업은 무장 봉기로 전환되었다.

약 6천 명이 **모스크바 무장봉기**에 참여했다. 7일 동안 그들은 헌병과 육군부대와 전투를 벌였다. 12월 15일 친위대인 시메노프스키 부대와 다른 군대가 페테르부르크에서 모스크바에 도착했다. 노동자들의 바리게이트와 거주 지역에 대한 포격이 시작되었다. 프레스냐(Пресня)가 투쟁의 중심지가 되었다. 그러나 군인들은 너무 잔인하게 진압했다. 1905년 12월 19일 소비에트의 결정으로 봉기는 중지되었다. 처음부터 실패가 예정되어 있던 이 무장봉기에 많은 희생이 있었다. 수천 명이 사살되고, 체포되고, 부상당했다.

소수 민족들의 변경지역에서의 혁명

러시아의 혁명적 상황은 소수민족의 거주지인 변경지역을 무풍지대로 남겨두지 않았다. 폴란드의 공업 중심지인 로드지(Лодз)의 노동자들은 연속적으로 총파업을 했다. 1905년 6월 18일에 사회민주당원들은 숲속에서 노동자들의 대 집회를 열었다. 참가자들이 도시로 돌아왔을 때, 경찰은 그들을 덮쳤다. 몇 명이 사살되었고, 많은 노동자들이 부상을 입었다. 분노한 노동자들은 총파업을 선언했고, 바리게이트를 구축하기 시작했다. 거리의 전투가 6월 25일까지 계속되었다.

강력한 혁명적 사태는 발트해 연안의 현들과 주민의 다수가 유태인으로 구성된 북-서쪽 도시들에서도 일어났다. 정치적인 동맹파업, 시위행동, 격투 그리고 군사 행동 등이 리가, 미타프(Митав), 리바바에서 일어났다. 레벨(Ревель), 빌리노(Вильно), 발로스톡(Балосток)에서는 **동맹파업**이 일어났다. 붉은 기를 든 대규모 시위와 경찰과의 무력충돌이 핀란드의 도시들을 휩쓸었다. 1905년 가을에 자카프카지예의 파업은 무력투쟁으로 확대되었다. 카자크 부대와 경찰과의 충돌이 끊임없이 일어났던 바투미(오늘날 그루지야의 흑해 연안 항구도시)와 주변지역에서 무장투쟁이 확산되었다.

우크라이나의 노동자들이 완강하게 싸웠다. 10월 11일에 연발 권총과 수제 폭탄으로 무장한 노동자들이 거의 5시간 동안 병사들과 카자크들의 공격을 격퇴하였다. 이날 하리코프에 바리게이트가 설치되기 시작했다. 오데사의 노동자들은 바리게이트를 설치하고 카자크들과 전투를 벌였다.

농민들도 노동자들을 뒤따라 혁명투쟁에 가담했다. 1905년 2월에 그루지야의 몇몇 지역에서 농민들이 차르의 법률의 준수, 납세, 지주들 위한 노역 등을 거부했다. 국세와 성직자들을 위한 세금의 납부를 거부하고 지주들로부터 토지를 박탈했던 농민위원회가 창립되었다. 1905년 11월에 구리야에서 무장한 농민들이 현의 소도시인 우주르게트를 점령하여 만장일치로 새로운 정권을 선포했다. 그 현은 구리야 공화국으로 러시아 전역에 알려졌다.

1905년 3월에 노임의 증대를 요구하는 라트비아의 농업 노동자들의 파업이 일어났다. 지주들은 양보할 수밖에 없었고 1년에 평균 15루블의 임금을 올려주었다. 라트비아 농민들은 이른바 교회 시위를 조직했다. 그들은 교회에 모였고 기도 대신에 반정부 대화를 했고, 혁명가를 불렀다. 무장한 농노들은 지주 귀족의 저택을 불태웠고, 면사무소를 점령하여 토지등기문서들을 파괴했다.

혁명기간의 정부의 민족 정책

혁명적 봉기에 압력을 받은 차르 정부는 민족 정책의 일부를 재검토하지 않으면 안 되었다. 1905년 봄에 정부는 폴란드 학교에서 몇 가지 양보를 했다. 폴란드어와 가톨릭 교리를 가르치는 것이 허용되었고, 사립 중학교에서 일련의 과목이 폴란드어로 가르치는 것을 허용했다. 학생들은 쉬는 시간에 폴란드어로 대화할 수 있게 되었다.

가장 중대한 정치적 양보는 핀란드에서 있었다. 니콜라이 2세는 1905년 11월에 1899년 2월 이후에 채택된 법률들을 폐지하는 포고령에 서명하고 보통 평등 선거로 선출되는 단일제 의회의 도입을 규정한 새로운 핀란드 자치의회 법을 추인해야 했다.

민족운동과 혁명운동이 긴밀하게 얽힌 카프카스의 상황은 매우 복잡했다. 니콜라이 2세는 카프카스에 군정장관(총독)의 통치를 복구하기로 결정했다. 유연한 민족 정책의 지지자인 보론초프-다쉬코프(Воронцов-Дашков) 백작이 총독으로 임명되었다. 그는 차르에게 평화적인 민족주의자들을 혁명주의자들-테러리스트들부터 분리할 것을 건의했다. 그는 혁명세력들을 무력으로 진압하고 장기적인 정책으로 다수의 선량한 주민들에게 의존하는 것이 불가피 하다고 생각했다. 그는 니콜라이 2세의 승인을 받고 아르메니아 교회의 재산을 몰수했던 1903년의 법을 폐지하는 권한을 위임받았다.

다른 민족들에 대한 몇 가지 회유정책이 실시되었다. 1907년 11월 1일에 ≪비러시아 소수민족의 초등생들에 대한 새로운 규정들≫이 채택되었다. 소수민족의 초등생들은 2년간의 교육을 받은 후에 보조어로 모국어를 사용할 수 있도록 허용되었다.

결 론

1905년 가을의 사건들은 혁명의 절정이 되었다. 그러한 사건들은 러시아 제국의 정치체제를 변화시키도록 니콜라이 2세를 압박했고, 군주주의와 자유주의 정당들의 결성을 촉진시켰다. 러시아의 변경지역의 비러시아 민족들이 혁명에 적극적으로 가담했다. 러시아 정부는 민족 정책에서 몇 가지 양보를 하지 않을 수 없었다.

8. 1906~1907년의 정치개혁들

1906년의 주요한 법률들

1906년 모스크바에서 일어난 무장반란이 절정에 이르렀을 때 국가두마의 선출에 대한 칙령이 선포되었다. 모든 국민은 4부류의 유권자 집단(지주, 도시민, 농민, 노동자)으로 분류되었다. 선거는 보통-평등선거가 아니었다. 여성, 병사들, 25세 미만의 청년, 중소기업의 노동자들, 몇몇 소수민족들은 선거에 참여할 수 없었다. 계층 간의 선거권도 동등하지 않았다. 지주의 한 표는 부르주아의 3표, 농민의 15표, 노동자의 45표와 같았다. 직접 선거도 아니어서 농민들은 4단계, 노동자들은 3단계, 부르주아와 지주들은 2단계를 거쳤다. 국가두마의 임기는 5년이었다.

국가두마를 견제하기 위해서 차르는 1906년 2월 20일 포고령에 의해서 입법기능이 부여된 국가위원회를 개편했다. **국가위원회**(Государственный Совет)의 절반은 차르에 의해서 임명되었고, 절반은 몇몇 특권기관과 사회단체들(종무원, 귀족원, 지방자치 의회, 상공인들의 거대 단체들)에 의해서 선출되었다. 1906년 4월 23일에 니콜라이 2세는 새로운 형식의 러시아 제국의 주요한 법률들을 추인했다. 차르의 전권을 정의할 때 ≪무제한≫의 개념은 ≪최고의≫ 개념으로 대체되었다. 차르는 자신에게만 책임을 지는 정부와 외교정책을 추진하고 군대를 지휘하는 권한을 통해서 나라를 통치하는 모든 완전한 권한을 유지했다. 기본 법 87조항에 따라서 차르는 두마의 휴회 기간에 비상적인 상황이 생겼을 경우에 법률을 선포할 수 있었다. 그러나 차르는 기본적인 국정과 선거법의 개정을 위해서 그러한 조치를 할 수 없었다. 게다가 차르는 두마의 개원 후 2개월까지 두마의 인준을 위해서 그러한 법률을 제안해야 한다. 반대의 경우에 법률의 효력은 상실한다. 차르는 5년의 임기가 끝나기 전에 두마를 해산할 권한을 가졌다. 기본법에 따라서 입법권은 차르, 국가위원회, 국가두마로 분산되었다. 어떤 법안도 처음에 두마에 의해서, 다음은 국가위원회에 의해서, 최종적으로 차르에 의해서 인준을 받았다.

1차 국가두마의 활동

1906년 3월과 4월에 **1차 국가두마**가 선출되었다. 499명의 대의원이 선출되었다.

그 중 142명이 농민이거나 농민자치기관에서 직책을 맡고 있는 사람이었고, 27명은 수공업과 방직공장의 노동에 종사하는 사람들이었고, 120명은 관리들, 변호사들, 의사들, 엔지니어들, 교수들, 교사들, 언론인들을 포함하는 지식인 계층 출신이었고, 46명은 지주와 영지의 관리인들, 5명의 출판업자나 출판업 종사자들, 16명의 성직자들, 73명의 지방자치 의회나 도시의회의 의원들, 귀족회의의 출신들이었다. 대의원들은 정당이나 가까운 정치적 이념에 따라 다음과 같은 정파로 분류되었다. 약 180명으로 구성된 입헌민주적 성향의 정파가 가장 컸다. 농업노동자의 정파가 100명 이상으로 두 번째로 큰 정파였다. 약 70명의 대의원은 다양한 민족정당이나 민족집단의 출신이었다. 100명은 자신을 무당파로 분류했다. 여당의 대표자들은 국가두마에 들어가지 않았다. 볼셰비키와 사회혁명당은 1차 국가두마의 선거에 참여를 거부했다. 1906년 4월 27일에 니콜라이 2세의 참석 하에 1차 국가두마의 개원식이 엄숙하게 거행되었다. 법학을 전공하는 모스크바 대학 교수인 입헌주의자인 무롬체프(С. А. Муромцев)가 1차 국가두마의장으로 선출되었다.

선거법을 만들 때 정부는 두마에서 농민 출신 대의원의 의석수가 다수를 차지하기를 원했다. 정부는 농민의 보수주의와 전통적 체제를 지지하는 성향이 입헌주의자들의 반정부 성향을 견제해 주기를 희망했다. 그러나 러시아의 고위 관리들은 농민들 사이에 일어나 커다란 심리적 변화를 알지 못했다. 사실상 농민들은 정치적 자유와 의회주의 사상에 무관심했지만 토지분배의 정책을 지지했다. 지주의 토지의 분배에 대한 보장을 차르로부터 받지 못했기 때문에 그들은 자신들의 목적을 달성하기 위해서 두마에 참여했고, 자신들의 목표달성을 약속하는 정치세력들을 지지할 준비가 되어 있었다. 농업문제는 1차 두마의 활동에서 중심적인 위치를 차지했다. 1906년 5월 23일에 노동자 정파는 104명의 대의원에 의해서 인준된 법안에 반대했다.

≪104명의 대의원들이 인준한 법안≫ 중에서

1. 토지법은 모든 토지는 모든 인민의 소유라는 규정이 들어가도록 입안되어야 한다. 그러나 농업에 필요한 땅은 자신의 노동으로 경작할 사람들에게 이용권이 부여되어야 한다. 2. 이러한 목적을 성취하기 위해서 모든 국유지, 군현의 토지, 수도원, 교회의 토지가 포함되어야 하는 전인민의 토지 기금이 생겨야 한다. 지주의 토지와 사유지는 그러한 토지기금에 강제로 수용되어야 한다. 개인 소유 토지의 면적은 현지에서 규정된 노동의 기준을 초월하기 때문에….

토의 과정에서 노동자들의 일부는 더욱 더 급진적인 법안(33명의 대의원이 지지한)을 제안했다. 토지 사유제도의 즉각적인 폐지와 모든 토지의 러시아의 모든 인민의 공동 소유제의 선포 그 외에 대의원들은 국가위원회의 해산, 두마의 입법권의 확대, 두마에 대한 정부의 책임 등을 요구했다. 정부는 대의원들이 월권한다고 비난했다. 1906년 7월 9일에 1차 두마는 차르의 포고령에 의해서 72일간의 활동을 한 후에 해산되었다.

2차 두마의 활동

2차 국가두마의 선거는 1907년 2월에 실시되었다. 사회민주당과 사회혁명당을 포함한 모든 정치세력들이 그 선거에 참여했다. 두마의 사회계층의 구성은 본질적으로 변하지 않았다. 169명의 농민, 32명의 노동자와 수공업자, 20명의 성직자, 17명의 상인, 57명의 지주와 영지 관린들, 6명의 기업인들과 공장의 감독들, 119명의 지식인들이 대의원들이 선출되었다. 2차 두마의 대의원들의 정치적 성향은 훨씬 더 급진적이었다. 노동자 정파는 104명이었고, 입헌민주파는 98명, 사회-민주파는 37명, 10월 17일 동맹당은 32명, 군주주의자들 10명, 폴란드인 대의원 46명, 무슬림 대의원 30명, 무당파는 30명이었다.

1907년 2월 20일에 국가두마는 활동을 시작했다. 저명한 지방의회의 활동가인 입헌민주당원인 골로빈(ф. А. Головин)이 의장으로 선출되었다. 대의원들은 농업문제의 토의에 참여했다. 좌파 정당들이 선도를 했다. 그들은 지주들의 토지의 보상 없는 완전한 몰수와 토지의 모든 인민의 공동 소유제를 요구했다. 2차 두마의 해산은 불가피했다. 그러나 두마의 해산을 농업문제와 관련시키지 않기 위해서 정부는 혁명음모에 가담한 혐의로 55명의 대의원들을 비난하고 10명의 대의원들의 체포에 대한 동의를 부여할 것을 요구했다. 두마는 조사를 위한 특별위원회의 설치를 제안했다. 그러나 정부는 위원회의 조사 결과를 기다릴 생각이 없었다. 1907년 6월 3일에 2차 두마의 해산에 대한 차르의 포고령이 반포되었다.

1906~1907년의 혁명운동

12월 무장봉기가 진압된 후에 노동자들의 파업운동은 감소했다. 1905년에 2천 8백만 명이 파업에 참여했고, 1906년에는 1천 1백만 명이, 1907년에는 74만 명이 파업에 참여했다. 이때에 경공업에 종사하는 노동자들, 특히 방직공장의 노동자들이 많이 가장 적극적으로 파업에 참여했다. 이 기간에 파업의 대부분은 경제적 이유 때문에 일어났다. 노동자들은 1905년에 쟁취했던 권리들을 되돌리려는 노동일수를 늘이고 임금을 낮추려는 시도에 저항했다. 1906년 봄과 여름에 1905년보다 훨씬 더 광범위하게 확산된 농민의 폭동이 일어났다. 그 농민반란은 러시아 유럽지역의 군현의 절반을 휩쓸었고 훨씬 더 빈번히 지주의 영지의 파괴를 수반했다. 엄청나게 많은 수의 농민의 탄원서가 1~2차 국가두마의 회기에 접수되었다.

모호브 쿠르스크 주의 농촌의 농민들의 탄원서 중에서

누구에 의해서도 창조되지 않고 누구에게나 없어서는 안 되는 물품으로서의 토지는 한 사람이 소유할 수 없으며 자신이 손으로 경작하는 모든 사람들이 공동으로 소유해야 한다. 농민들의 합치된 의견에 동의하여 우리들은 모든 토지를 인민의 공동소유로 전환하고 평등하게 이용될 수 있도록 농민 공동체에 양도되어야 한다는 것을 요구합니다…

1905년과 비교해서 훨씬 더 적극적 성격을 띤 반란이 육군과 해군에서 일어났다. 1906년 6월에 스베아보르그, 크론시타트, 레벨 등에서 일어난 수병의 반란이 가장 컸다. 사회 혁명당이 그러한 반란들을 준비하고 이끌었다. 사회혁명당원들은 정부에게 항복을 압박하기 위해서 일련의 군사반란으로 수도를 포위하려고 계획했다. 그러나 수병들의 반란은 진압되었고, 그들은 군사재판에 회부되었다.

혁명의 결과들

최초의 러시아 혁명은 혁명을 초래했던 모든 문제들을 해결할 수 없었기 때문에 실패했다. 그럼에도 불구하고 당국은 몇 가지 양보를 하지 않을 수 없었다. 노동자들은 긴 노동시간을 9~10시간까지(몇몇 기업들은 8시간 노동시간을 채택했다) 단축시켰고, 임금을 상승시켰다. 최저 임금, 노동시간의 연장 등을 결정했던 단체협상을 체결하는 제도가 도입되기 시작했고, 병가 수당이 도입되었다. 1861년부터 40년간 농민들이 기부해온 토지대금이 폐지되었고, 토지 임대금이 내렸고, 농업노동자의 임금이 올랐다.

정치적 상황이 온건해졌다. 노동자들은 노조, 문화-계몽 협회, 협동조합, 보험기관 등의 대중 자치 기구들을 설립할 권리를 부여받았다. 러시아 제국의 국민들에게 매우 제한적이지만 인격의 불가침, 양심, 언론, 집회, 결사, 출판의 자유 등의 민주적 권리들이 부여되었다. 파업참가자들에 대한 형사적 처벌에 대한 1897년에 만들어진 회람이 폐지되었고, 경제적 파업은 몇 가지 부대조건과 함께 합법화 되었고, 체벌을 포함한 행정적 징계를 농민들에게 가할 수 있는 지방자치기관의 수장의 권한이 폐지되었다. 마침내 최초의 국가 대의기관인 국가두마를 창립하는 문제가 결정되었다.

사회의 정신적 생활에 큰 변화가 일어났다. 혁명은 수백만 명을 적극적인 정치적 생활에 끌어들였다. 이와 더불어 오랫동안 민중에게 혁명의 참여를 요구했던 민주적 지식인들은 러시아 혁명의 실질적인 규모와 결과를 목격한 후에 긴요한 문제의 해결을 위한 다른 대안들에 대해서 생각하기 시작했다. 한편 급진적 단체의 대표들은 최초의 러시아 혁명을 ≪총 예행연습≫이라고 선언했고, 그 혁명의 교훈을 배웠고, 전제체제에 대한 새로운 총 공격의 준비를 시작했다.

1905~1907년의 혁명적 사건들은 경제에 부정적인 결과를 초래했다. 기업들의 활동이 눈에 띄게 약화되었고, 물품의 거래양이 감소했고, 산업 생산성이 감소했다. 전국에서 많은 지주의 영지, 농가들, 파종과 가축이 파괴되었다. 경제로의 자본의 투자가 감소했다. 개인 은행에서 저축이 인출되어 해외로 유출되었다. 이러한 모든 것은 차르 정부를 파산의 직전에 이르게 했고, 프랑스부터 8억 4천만 루블의 차관이 러시아 금융체제를 완전한 파산에서 구할 수 있었다.

9. 1907~1914년 기간의 사회 · 경제적 발전

스톨리핀과 그의 개혁안

스톨리핀

혁명적 격동이 서서히 잠잠해졌다. 그러나 가장 통찰력이 있고 건전한 사고를 가진 정부의 인사들은 혁명을 유발한 원인들이 제거되지 않았다고 생각했다. 1차 두마가 해산된 후인 1906년 6월에 수상으로 임명된 **스톨리핀**도 그런 사람 중의 하나였다.

스톨리핀(П. А. столыпин)의 개인수기로 부터

내부 제도에 대한 극도의 불만이 혁명의 원인이 되기 때문에 혁명기간에 개혁은 불가피 하다. 혁명의 투쟁에 전념하려면 혁명의 원인이 아

니라 결과를 제거하는 것이 더 좋다. 정부가 혁명을 극복했던 프러시아와 오스트리아에서 정부는 무력에만 의존한 것이 아니라 무력을 사용하면서 직접 혁명을 선도하여 혁명을 극복할 수 있었다. 정부의 모든 창의력을 치안을 유지하는 조치에 의존하는 것은 집권세력의 무기력의 상징일 뿐이다.

스톨리핀은 다음과 같은 직책을 가졌다. 귀족원의 대표자였고, 그로드넨스크와 사라토프 지사로 봉직했었다. 1906년 4월에 그는 내무대신이 되었다. 정부의 다른 각료들과 다르게 스톨리핀은 자주 제 1차 국가두마 회의에 참석하여 많은 문제에 대해 연설했다. 그의 입장은 ≪안정과 개혁≫이란 공식에 포함되었다.

1906년 8월 12일에 그의 가족이 살았고 방문객을 접대했던 아프테카르스크(Аптекарск) 섬에서 강력한 폭발이 있었다. 27명이 죽고 32명이 부상당했다. 스톨리핀은 기적적으로 살아났다. 불구자가 된 14살 딸과 부상당한 외아들의 모습에 충격을 받은 그는 비상상태에서 헌법 87조에 따라서 군사법정에 관한 칙령에 대해 서명했다. 칙령에 의하면 혁명적인 테러사건에 관한 재판결과는 48시간 이내에 지속되어야만 했다. 선고는 하루 동안에 집행되어야만 했다. 불충분한 자료에 의하면 1906~1910에 군대야전과 변경법정에서의 선고에 따라 3825명이 처형당했다.

칙령에 의하면 혁명적인 테러사건에 관한 재판결과는 48시간 이내에 지속되어야만 했다. 선고는 하루에 진행되어야만 했다. 불충분한 자료에 의하면 1906~ 1910에 군사법정과 변경지역에서 선고에 따라 3825명이 처형당했다. 2만 6000명 이상이 체포되어 투옥 당했다. 군사법정의 폐지에 대한 두마의 요청에 대해서 스톨리핀은 다음과 같이 대응했다. ≪외과 의사 손에 묻은 피와 살인자 손에 묻은 피를 구별해 주십시오≫.

농민혁명에 적극적인 참여는 정부에게 가장 괘심한 범죄 중의 하나였다. 러시아의 농촌에서는 지주의 땅을 강제로 뺏는 생각이 확산되었다. 농민들의 충성심과 가부장제도에 대한 정부의 믿음이 확고하지 않았다. 그래서 스톨리핀은 개혁은 농촌의 모든 생활을 바꾸는 것에서부터 시작해야한다고 결론을 내렸다.

1906년 8월 24일에 스톨리핀은 정부의 정책을 발표했다. 그것은 2장으로 구성되었다. 1장에서 비상조치의 도움으로 나라를 안정시킬 것과 제국의 몇몇 지역에서 군사법정의 설치와 함께 전시상태의 선포의 불가피성에 대한 근거가 제시되었다. 두 번째 장에서는 제2차 국가두마의 소집을 기다리지 않고 농업개혁을 즉시 시작할 것을 제안했다. 동시에 러시아를 정의로운 국가로 전환시키는 것을 촉진시킬 법률안의 준비에 대한 언급이 있었다. 신앙의 자유, 시민의 평등권, 노동자들의 생활환경의 개선,

지방자치제의 개혁, 보통초등교육의 실시, 교사들의 물질적 안정의 개선, 소득세와 경찰개혁 등이 언급되었다. 스톨리핀은 이러한 법안들을 새로운 두마의 의원들에게 토의를 위한 제안을 하려고 했다.

농민 공동체의 해체

1906년 11월 9일부터 ≪농민의 토지소유와 이용과 관련된 현행법의 몇 가지 규정을 보충하는 것에 관한≫ 법안이 새 정부의 첫 행정업무가 되었다. 그 법안의 핵심은 농민 공동체에서 자유로운 이탈을 허용하는 것이었다. 농민 공동체에서 이탈한 농민들은 그들에게 할당된 모든 토지를 개인 소유로 분할 받았지만, 그 토지들은 한 구역으로 한정되어야 했다. 그 칙령은 농민의 사유 토지 오트루프(отруб)와 자영농민의 마을 후토르(хутор)의 형성을 장려했지만, 지주의 토지소유를 침해하지 않았다.

1906년 11월 9일의 법안으로 부터

1. 토지를 공동으로 소유하고 있는 각 가장들은 언제든지 위에 언급된 토지 중에서 자신에게 할당된 몫을 개인 소유로 강화할 것을 요구할 수 있다.
6. 공동체 토지에서 개인 소유지분의 분배에 대한 요구는 농촌 공동체의 수장을 통해서 제안된다. 다수결로 정해진 결정에 따라 양도된 날부터 한 달 기간 동안 가장의 소유로 전환되는 구역을 지정하는 기간을 공표해야 한다. 지정된 기간 동안 공동체 협의회가 그러한 판결을 내리지 못하면 청원에 따라서 앞에서 언급된 모든 활동은 지방자치단체의 의장에 의해서 현장에서 집행된다…
12. 각 가장은 농민 공동체가 공동 소유 구역 대신에 자신에게 가능한 동일한 장소에서 개인 소유토지의 몫을 분배해주도록 요구할 권리를 가진다.

혁명은 농민들의 공동체적 통합이 그들의 혁명적 단결을 촉진시켜 주었음을 입주해 보여주었다. 스톨리핀은 농촌에서 농민들의 공동체 생활이 혁명가들의 과업을 수월하게 해준다고 생각했다. 개인 소유의 토지를 분배받고 마을에 따라 흩어져서 자영 농업에 종사하는 농민들이 봉기하는 것을 어려울 것이라고 스톨리핀은 생각했다.

스톨리핀의 농업개혁의 사회적 사상은 사회의 정치적 안정에 토대가 되는 광범위한 소부르주아 지주계층을 형성하는 것으로 구성되어 있다. 정부는 장애인이나 주정뱅이들이 아니라 강자들에게 기대한 것이며, 공동체에서 이탈하는 행위는 무엇보다도 부농들에게 유리하다는 것을 감추지 않았다. 자기 소유의 토지를 경작하는 농가가 모여 있는 마을 **후토르**(хутор)들과 공동체에서 이탈하는 농민이 분배받은 토지 **오**

트루프(отруб)의 농업 기술의 우월성에 대한 스톨리핀의 오래된 확신도 큰 의미를 가졌다. 그는 개인적인 성취감을 갖고 있는 근면한 소지주들이 농촌에 문화, 계몽, 풍족함을 가져올 것이라고 생각했다.

그러나 개혁의 더 근본적인 목적은 농민들의 관심을 지주의 땅을 강제로 몰수하는 생각에서부터 돌리려는 것이었다. 러시아의 우경국가를 설립하려는 자신의 생각을 주창하면서 스톨리핀은 사유 재산권을 침해하려는 시도에 반대했다. 그러나 농민들은 후토르와 오트루프로의 이전을 서두르지 않았다. 부유한 농민들이 대규모로 공동체에서 나왔으며 토지를 매도하여 자신들의 물질적 상태를 개선시키려고 하는 가난한 농민들도 공동체에서 나왔다. 공동체에서 토지를 분배받은 2백만 명의 농가의 가장 중에서 60%인 120만 명이 자신의 토지를 팔았다. 정부의 모든 노력에도 불구하고 1915년쯤에 소작농 유형의 개인 농가는 모든 농가의 10.3%를 차지했고 분배된 된 토지의 8.8%만을 차지했다. 게다가 마을에 자신의 토지를 소유한 자영농민들의 등장은 공동체에 소속된 농민들의 증오심을 유발했다. 자영 농민들의 농장이 방화되었고, 가축이 도살되고, 파종이 파괴되었고, 농기구 창고가 파괴되었다. 1909년부터 1910년 동안 경찰은 개인 소유의 자영 농장의 방화사건을 약 1만1천 건을 등록했다.

이주정책

농민들을 우랄산맥 너머로 대규모로 이주시키는 정책이 농민 공동체를 해체시키는 중요한 방법 중의 하나가 되었다. 정부는 러시아 내륙 주에서의 토지부족을 완화시키기 위해서 폭동을 일으키는 토지가 없는 농민들을 지주들의 영지로부터 먼 곳-주인 없는 토지가 많은 극동과 시베리아로 보내려고 했다. 새로운 지역으로 이주하기를 원하는 사람들에게는 많은 특혜가 부여되었다. 이주자들은 5년 동안 세금을 면제받았고, 개인소유로(가장에게 15 헥타르, 가장을 뺀 가족 전체에게 45 헥타르의) 토지를 받았고, 현금 보조금 20루블을 받았으며, 남자는 병역을 면제 받았다.

혁명 후 초기 몇 년 동안 이주는 빠른 속도로 진행되었다. 마지막 기간엔 이러한 과정이 약간 지체되었다. 1906년부터 1914년까지 304만 명이 인구가 적은 변경지역으로 이주했다. 그러나 이주청이 방대한 수의 사람들을 이주시키고 현지에 정착시키는데 준비를 잘 하지 못했다. 새로운 이주지에 정착하는 비율은 충분히 높았지만, 일부분(전체 이주자의 17%인 52만 4천 명)이 고향으로 돌아갔다.

모든 불충분에도 불구하고 이주정책은 진보적인 의미를 가졌다. 시베리아와 극동 지방의 인구는 증가했다. 새로운 이주자들은 3천만 평방미터 이상의 광활한 토지를 획득했고, 수천 개의 마을을 건설했으며, 생산력의 발전에 자극을 주었다. 이주지역에서의 토지관계의 형성은 스톨리핀이 말했던 것과 같은 방향으로 즉 안정된 개인농장을 육성하는 방법으로 진행되었다는 사실은 매우 중요했다.

개혁의 첫 결과들-협동조합의 발달

스톨리핀은 그의 노력의 결과가 금방 나타나지 않을 것을 알았다. 1909년 한 인터뷰에서 이렇게 말했다. ≪정부에게 20년간 대내 · 외적인 안정을 주십시오. 그렇지 않으면 오늘날의 러시아를 알지 못할 것입니다≫. 그럼에도 불구하고 7년간의 적극적 개혁의 실시로 농업생산성의 증대에서 괄목할만한 성과가 나타났다. 경작지가 모두 10% 증대했고, 농민들이 공동체에서 이탈한 지역에서는 농업생산성이 150%나 증대했다. 식량수출은 3분의 1이나 증대되었고, 세계의 곡물 수출량의 평균 25%에 다다랐으며, 풍년에는 40%까지 차지했다. 적용된 거름의 수량도 배가 되었고, 농민들의 농기구 구매도 거의 3.5배나 증가했다. 이러한 지표는 산업생산성의 증대에 영향을 미쳤고, 이 기간의 산업생산성의 증가 속도는 세계 최고인 8.8%가 되었다.

그러나 러시아 남자들은 ≪미국식의 개인 농장주≫가 되지는 못하였다. 농민들은 러시아 집단주의 전통에 의존하는 자본주의에 이르는 자신들의 길을 발견했다. 조합주의(кооперативы)가 공동체(община)를 대체했다. 1907년에 시베리아 버터제조 조합연맹이 창립되었다. 1913년에 시베리아에서는 러시아의 총 버터 수출량의 90%인 4. 4백만 푸드(пуд: 차르 러시아의 중량단위로 40푸드는 16.38kg)를 포함한 600만 푸드가 생산되었다. 시베리아 버터의 수출은 국고에 엄청난 수입을 주었다. 시베리아 협동조합들은 밀, 모직물, 모피 등도 해외에 수출했다.

1912년에 조합을 통해서 농민들에게 대출, 농업기술, 비료, 종자를 제공해 주는 모스크바 조합 인민은행(МНБ: кооперативный Московский народный банк)이 창립되었다. 그 은행은 지방의 조합동맹들의 활동을 조정하는 역할도 했다. 협동조합동맹은 자체 기관의 역할을 수행했다. 그것을 통하여 소 농민들의 생산은 러시아뿐만 아니라 세계 시장의 공통된 시스템으로 통합되었다. 협동은 시장에서의 가격을 현저하게 낮추었고 농촌의 부농뿐만 아니라 중간층과 빈농에게도 도움이 되었다.

결 론

스톨리핀의 개혁안은 나라의 부르주아 국가의 대열로 전환시키는 것을 예상했다. 이것을 성취하기 위해서 농업개혁의 주요한 목표는 농민 공동체를 해체하여 **부르주아적인 부농계급**을 육성하는 것이었다.

10. 1907~1914년 정치 생활

새로운 선거법과 3차 국가두마

1907년 2차 국가두마 해산과 동시에 새로운 선거법이 공포되었다.

1907년 6월3일 포고령에서 발췌

러시아 국가의 강화를 위해 창립된 국가두마는 러시아 사람들의 정신적 지주가 되어야 한다. 우리의 러시아 제국에 합병된 다른 민족들도 국가두마에 자신들을 대표하는 대표자를 가져야만 한다. 그러나 자신들을 포함해서 러시아 사람들의 문제를 깨끗하게 해결해 주는 사람이 되는 기회가 그들에게 부여되어서도 안 되며 주어지지도 않을 것이다. 주민들의 시민정신이 충분히 발전하지 못한 변경지역에서도 국가두마에 보낼 대의원 선거가 우선으로 실시되어야 한다. 이러한 모든 선거절차의 변화는 대의원을 선출하는 방법자체가 불완전하기 때문에 우리들에 의해서 그 구성이 불충분 한 것으로 인정된 두마를 통한 보통의 입법절차로 실현될 수 없다. 최초의 선거법을 부여한 러시아 차르의 역사적인 권력만이 오래된 것을 폐지하고 그것을 새로운 것으로 대체할 권리를 허용한다….

새로운 선거법은 유권자들을 4등급(지주, 도시의 거주자, 농민, 노동자)으로의 분류를 유지했다. 그러나 도시의 유권자는 도시의 다수 주민들로부터 대기업인들과 상인들을 분리하는 두 집단으로 나뉘었다. 선거법은 근본적으로 지주들에게 유리하게 유권자수를 재분배했다. 지금 지주의 한 표가 대부르주아의 4표와 동등했다. 소부르주아의 65표는 농민의 260표와 노동자의 543표와 같았다. 카프카스와 폴란드의 대의원 수가 크게 줄었다. 중앙아시아와 시베리아 10개 주의 주민들은 두마에 보낼 대표자의 선출 권리도 박탈되었을 뿐만 아니라 ≪충분한 시민자격의 발전≫도 얻지 못했다.

3차 국가두마는 새로운 선거법에 따라 구성되었다. 242명의 지주들이 3차 국가두마 대의원의 절반을 차지했다. 농민대표는 79명(총대의원 수의 16%), 노동자와 수공업자의 대의원은 16명(총 대의원의 13%)이었다. 3차 국가두마가 개원할 당시 두마의 대의원들은 다음과 같은 정파에 따라 다시 결집되었다. 154석의 10월 당원들이 최대 의석을 차지했고, 다양한 분파를 가진 군주주의자들이 147석, 입헌민주당원들이 54석, 사회민주당이 19석을 차지했다. 그리고 노동자 집단이 14석, 나머지 52석을 다양한 소수민족 정당과 집단에 소속된 당원들이 차지했다. 사회혁명당원들은 선거에 참여를 거부했다. 3차 국가두마에서 3명의 의장인 호먀코프(Н. А. Хомяков), 구츠코프(А. И. Гучков), 로쟌코(М. В. Родзянко) 등이 교체되었고, 이들 모두는 10월 당원들(октябристы)이었다. 3차 국가두마의 첫 회의는 1907년 11월 1일에 소집되었다. 두마구성에 만족한 정부는 마침내 농업법의 토의를 시작했다. 1910년 6월 14일에 니콜라이 2세는 두마에 의해 채택된 ≪농민들의 농지소유에 대한≫법안을 추인했다.

10월 당원들

흑색백인조

엄격한 민족 정책

스톨리핀은 ≪대러시아≫의 창조를 개혁의 주요한 목표로 생각했다. 무엇보다 이러한 정책적 구호는 러시아 민족이 지배하는 러시아 제국의 통합과 통일을 염두에 두었다. 그러기 때문에 정부는 혁명 기간 동안 변경지역의 비러시아 민족들에게 부여된 많지 않은 양보들을 폐지하려고 했다. 그러한 입장은 러시아 사회와 두마 의원들의 일부에서 호응을 받았다. 1909년 가을에 국가두마 내에는 러시아 민족주의자들의 정파가 창립되었다. 민족주의 정파에 가입한 두마의원들은 ≪이민족 억압에≫ 반대할 뿐만 아니라 혁명적 사건의 재발을 허용하지 않기 위해서 사회주의적 세계관에 대해서 민족적 세계관을 대립시키는 것을 목표로 제시했다. 점차적으로 민족주의자들의 계파는 두마 내의 스톨리핀의 주요한 지지 세력으로 변했다.

정부의 견해에 따르면 거의 완전한 분리로 가고 있는 과정을 겪었던 핀란드의 상황이 정부의 특별한 걱정을 야기했다. 1910년 봄에 두마에서는 ≪핀란드와 관련된 법률을 공포하는 절차에 관한≫ 법안이 도입되었다. 핀란드와 관련된 전 제국에 통용되는 법안은 국가 두마나 국가위원회 의해서만 채택되어야 한다는 것이 법률로 정해져 있었고, 핀란드 원로원(Сенат)과 국회(сейма)의 견해는 고려될 수 없었다. 전 제국에 통용되는 입법과 관련된 문제들의 목록에는 국가체제의 근본적인 토대 질서의 유지, 사법, 학교 제도, 그리고 정당과 출판에 관한 법률 등의 핀란드 내부의 모든 방면의 생활이 포함되었다. 이렇게 그 법안은 사실상 핀란드의 자치권을 박탈했다. 6월에 그 법안은 니콜라이 2세에 의해 추인되었다. 핀란드 사회가 이 법에 항의를 했을 때 1910년 10월에 차르는 임기가 끝나기 전에 핀란드 의회를 해산하고 새로운 선거를 명령했다.

당국은 반 폴란드 분위기를 강화하는 정책도 실시했다. 새로운 선거법은 두마의 폴란드인의 의석수를 37석에서 14석으로 격감시켰다. 1907~1908년 기간에 폴란드에서는 모든 민족 문화 · 교육 단체와 기관들이 폐쇄되었다. 이러한 기관들의 활동은 민족적 고립과 불화의 토대를 심화시킨다고 비난을 받았다. 반폴란드적 정서는 1911년에 채택된 서부 현들의 지방자치 의회에 대한 법에서도 반영되었다. 스톨리핀은 9개의 변경주에서 러시아인들이 주민의 다수를 차지하는 6개주에서만 지방자치 의회의 실시를 제안했다. 이것과 함께 계층의 원칙에 따라 유권자를 분류하기로 되어 있는 전 러시아 선거법에 배치되는 이법은 서부 주의 유권자들을 민족 집단인 폴란드인과 러시아인으로 분리했다. 지방 자치 의회의 폴란드인 지주들의 대의원수를 제한하는 특별 규정이 도입되었다.

당국은 유태인을 억압하는 정책도 계속했다. 교육기관에 유태인의 입학을 더 엄격하게 제한하는 조치가 도입되었다. 1908년 8월부터 수도권의 고등 교육기관의 유태인 대학생의 숫자는 3%를 넘지 못하게 되었다. ≪유태인 정착지역(черты оседлости)≫ 밖의 다른 도시에는 5%로 그리고 정착지역 내에서는 10%로 제한되었다.

대규모 반유태인 운동이 러시아 전역에서 펼쳐졌다. 키예프에서 12살의 러시아 소년의 살해가 구실이 되었다. 이 범죄 사건의 수사는 유태인 벨리스가 저지른 것처럼 보이게 했던 조작된 살인의 증거를 발견했다. **흑색백인조**(Черносотенные организации)가 전러시아를 떠들썩하게 하는 소동을 일으켰다. 1913년 11월에 농민들로 대부분 구성된 판결위원은 베일리스에게 무죄 판결을 내렸다. 현행범을 알고 있었던 법무성이 조직한 재판과정의 실패는 경찰청 관료들이 인정한 것처럼 ≪경찰의 쓰시마 해전의 굴욕적 패배≫가 되었다.

스톨리핀의 개혁에 대한 사회의 반응

스톨리핀의 개혁에 대한 여론은 복잡했다. 한편 혁명적인 분위기가 잠잠해졌음에도 불구하고 예전처럼 반정부 분위기가 강했다. 국민의 대부분은 당국을 신뢰하지 않았다. 농민들은 지주의 땅을 양도 받지 못한 것에 실망했고 미지의 어딘가로 떠날 것을 상상했다. 혁명적인 방법으로 토지를 재분배하는 생각이 농민들의 의식 속에 더욱 깊이 침투했다. 귀족들은 스톨리핀의 개혁에서 ≪수세기 동안에 걸쳐서 확립된 제도의 붕괴≫만을 보았다. 그들에게는 온건한 수상이 필요했지 개혁적인 수상이 필요하지 않았다. 진보적인 지식인들은 군사법정, 전제통치에 대한 지지, 반 유태적인 친 러시아 분위기 등에 대해서 스톨리핀을 용서할 수 없었다. 혁명 당원들에게 개혁적인 총리는 영원히 혁명의 억압자, 교살자, 반동주의자였다.

모든 스톨리핀의 조치에 지지를 공표한 유일한 정치세력은 **10월 당원들**, 애국적인 러시아 부르주아, 그리고 지식인과 관료의 일부였다. 이러한 사회집단들은 가장 엄격한 조치로 질서를 회복하는 것뿐만 아니라 사전에 신중히 계획된 개혁들을 지지했다. 그러나 곧 스톨리핀은 10월 당원들의 지지를 상실했다. 그들은 정치개혁의 실행에서 총리의 우유부단함에 불만을 가졌다. 게다가 10월 당원들은 스톨리핀이 너무 자주 국가두마 근처에서 활동하기를 시도한다고 비난했다. 1911년에 봄에 구츠코프는 공개적으로 스톨리핀과 결별하고 국가두마의 의장의 직책에서 사임하기로 결정했다. 총리는 무조건 불평 없이 민족주의자들을 지지했지만 그들은 큰 정치적 영향력을 가지지 못했다.

스톨리핀에게 가장 불리한 상황은 니콜라이 2세도 그의 정책을 지원하기를 중단한 것이었다. 많은 사람들이 생각하는 것처럼 총리의 화려한 모습의 지도자로 남아있는 것을 두려워하기 때문이 아니었다. 개혁의 과정의 중요한 도구로서 전제정치의 강화의 필요성에 대한 스톨리핀의 진지한 확신에도 불구하고 ≪스톨리핀의 러시아≫에서 전제 권력은 필요 없게 될 것이라는 것을 니콜라이 2세는 직감했다. 혁명시대의 충격에서 회복한 황제는 자신의 측근에 있는 보수주의 세력의 견해에 귀를 더욱 더 기울였다. 모두 스톨리핀의 사임을 기대했다. 궁정에서는 그를 새로운 카프카스의 총독으로 임명하는 것에 대한 토의가 있었다. 그러나 1911년 9월 1일에 황제가 참석한 키예프 오페라 극장에서 스톨리핀은 **보그로브이**(Д. Г Богровый)에 의해서 치명적 부상을 입었다. 그 살인범은 혁명조직의 한 단체와 관련되었고 경찰에 매수된 정보원이었다.

혁명적 분위기의 증대와 제 4차 국가두마

스톨리핀은 예정된 개혁 중에 많은 것을 실행할 수 없었다. 그러한 개혁들은 국가두마에 의해서 방해를 받았다. 스톨리핀 자신은 정치적 개혁들을 2차적인 일로 생각했고 농업개혁에 모든 노력을 집중했다. 1910년 가을에 정치적 개혁이 가까운 시일내에 진행될 수 없다는 것을 확신해졌을 때 반정부 운동이 활발하게 일어났다.

1910년 11월 7일의 톨스토이의 죽음은 대규모 민중봉기의 시작의 구실이 되었다. 1905년부터 처음으로 페테르부르크, 모스크바와 다른 도시에서 사형제도의 폐지를 요구하는 학생과 노동자들의 대규모 시위가 일어났다(톨스토이는 사형제도의 반대자였다). 성공에 고무된 혁명가들은 학생운동의 지속을 위한 모든 새로운 구실들을 발견했다. 정부는 상응하는 조치를 착수하지 않으면 안 되었다. 1911년 1월에 고등 교육기관에서는 어떤 모임도 조직되는 것이 금지되었다. 이것은 모든 합법적인 학생단체의 해산을 의미했고, 새로운 불만의 폭발을 초래했다. 대학 내부의 문제에 대한 항의의 표시로 마누이로브이 총장이 이끄는 모스크바 대학교수들 베르나드스키(В. А. Вернадский), 젤린스키(Н. Д. зелинский), 티미랴제프(К. А. Тимирязев), 차프리긴(С. А. Чаплыгин) 등이 사임을 발표했다.

1912년 4월에 러시아는 동 시베리아 렌스크 금광에서 일어난 비극적인 사건으로 긴장이 고조되었다. 거기서 시작된 경제적 성격의 노동자들의 폭동에 대한 대응으로 군대가 투입되었다. 충돌과정에서 270명이 살해되었고, 250명이 부상당했다. 이러한 비극적인 사건을 토의하기 위에 열린 두마 회의에서 내무대신 마카로프는 다음과 같이 말했다. ≪불순한 선동의 영향을 받고 이성을 상실한 군중들이 군대에 달려들 때 군은 사격하는 것에 외에 달리 할 일이 없다. 미래에도 그러할 것이다≫. 이 발언은 즉시 전국에 알려졌고, 30만 명이 참여한 대규모 항의 파업이 일어났다. 그 뒤를 이어

40만 명이 넘는 노동자들이 붉은 깃발 밑에 모인 최초의 5월 봉기가 일어났다. 육군과 해군에서 산발적인 반란들이 기록되기 시작했다(타쉬켄트 공병들의 반란도 있었다). 다음 해에도 혁명운동은 지속적으로 증대되었다.

1912년에 정해진 임기를 끝낸 후에 제 3차 두마는 활동을 완성했다. 극우주의자들은 새로운 선거를 거부하고 두마를 폐지하도록 자극을 주기 위해 니콜라이 2세에게 압력을 가하려고 시도했다. 그러나 니콜라이 2세는 그러한 결정을 하지 않았다. **제 4차 국가두마**는 1912년 11월 5일에 개원했다. 4차 두마의 정당별 구성은 3차 두마와 다르지 않았다. 민족주의자들과 온건 우익 정파는 88석을, 극우 정파는 65석, 몇몇 정파로 분산된 10월 당원들은 98석, 입헌민주주의자들 59석, 노동자들의 정파는 14석, 사회민주당은 14석, 비러시아계 소수민족들은 21석을 차지했다. 그럼에도 불구하고 4차 두마의 정치적 분위기는 더 반정부적이었다. 이것은 우익 정치인들의 압력을 받은 각료 위원회가 개혁안들을 대부분 거절한 것과 관련되었다. 입헌민주주의자들의 지도자인 **밀류코프**(Милюков)는 두마 내에 정부에 강력한 압력을 넣기 위한 온건한 개혁의 지자들의 정파를 창립할 것을 제안했다.

결 론

스톨리핀이 제안했고 온건한 자유주의자들이 지지했던 개혁안들은 보수주의 세력들의 반대 때문에 완전하게 실현되지 못했다.

11. 러시아 문화의 은세기(Серебряныйвек)

교 육

러시아의 근대화의 과정은 사회, 경제, 정치의 근본적인 변화뿐만 아니라 글을 읽고 쓰는 능력과 주민들의 교육수준의 향상을 예견했다. 이러한 요구는 정부에 의해서 계획되었다. 1900년부터 1915년까지 국민교육에 국가의 지출은 5배 이상 증대되었다.

정부는 초등교육에 중대한 관심을 가졌다. 정부는 전국에 보편적인 초등학교의 도입을 계획했다. 그러나 교육개혁은 모순되게 실시되었다. 다양한 형태의 초등학교들이 보존되었는데, 가장 널리 보급된 형태는 **교회 부속의 학교들**이었다(1905년엔 약 43000여 개가 있었다). 지방자치 의회에 부설된 초등학교의 수도 증가하였다. 1904년에 20만 7천 개였던 초등학교의 수가 1914년엔 28만 2천 개로 증가하였다. 1900년에 국민교육성 산하의 초등학교에서 는 2백 5십만 명의 초등생이 교육을 받았고, 1914년에는 이미 600만 명으로 늘어났다.

중등교육체제의 개혁이 시작되었다. 중학교와 실업학교수가 증대되었다. 중학교에서 자연과 수학 관련 교과과목의 수업에 할당된 시간수가 증가되었다. 실업학교 졸업생에게는 공과 대학에 입학할 자격이 부여되었고, 라틴어 시험에 합격 후에는 종합대학교의 물리 · 수학 학부에 입학할 자격이 부여되었다.

기업인들의 제안에 따라서 일반교육과 특수교육을 제공하는 7~8년제 상업학교가 설립되었다. 중학교와 실업학교와는 달리, 상업학교에서는 남학생과 여학생이 함께 다니는 남녀공학이 도입되었다. 1913년에 상업-산업 자본의 재정적 지원을 받는 250여 개의 상업학교에서는 1만 명의 여학생을 포함한 5만 5천 명이 공부했다. 산업, 기술, 철도, 광업, 농업, 토지측량 등의 중등특수 교육기관들의 수도 증가하였다.

고등 교육기관의 체계가 확대되었다. 새로운 기술 고등교육기관들이 페테르부르크, 노보체르카스크, 톰스크에 등장했다. 사라토프에 종합대학이 설립되었다. 초등학교의 개혁을 확보하기 위해서 모스크바와 페테르부르크 교육대학뿐만 아니라 여성의 고등 교육의 기회의 확대에 토대를 놓은 30개 이상의 여성고등교육기관들도 설립되었다. 1914년쯤에는 약 100여 개의 고등교육기관이 증가했고, 이런 학교에서 13만 명의 학생들이 공부를 했다. 대학생의 60% 이상이 귀족계층의 출신이 아니었다.

교육개혁의 성공에도 불구하고, 인구의 3/4이 문맹상태에 있었다. 비싼 수업료 때문에 당시 러시아의 많은 사람들이 중학교와 대학교에 입학할 수가 없었다. 교육을 위해 국민 1인당 43코페이카가 쓰였고, 같은 시기에 영국과 독일에서는 1인당 약 4루블, 미국에서는 7루블(당시 러시아 돈으로 환산해서)이 사용되었다.

과 학

과학발전의 성공은 러시아가 산업화 시대로 들어갔음을 의미했다. 20C초에 러시아는 자연과학의 혁명이라 불리는 세계의 과학기술의 발전에 중대한 영향을 미쳤다.

이 시대에 이루어진 발견들이 주변의 환경에 대한 확립된 가설들의 재검토를 초래했다. 물리학자 레베데프(П. Н. Лебедев)는 세계 최초로 다양한 자연의 파장과정(전력, 수력, 소리 등등)에만 존재하는 공통적인 법칙을 확립했고, 파장 물리학 분야에서 다른 발견들을 했다. 그는 러시아 최초로 물리학교를 세웠다.

주코프스키(Н. Е. Жуковский)는 비행기의 제작이론과 실제분야에서 일련의 뛰어난 발견들을 했다. 탁월한 기술자이자 수학자인 차플리긴(С. А. Чаплыгин)은 그의 제자이자 협력자였다. 천재이고 칼루즈스크 중학교의 선생님이었던 치올코프스키(К. Э. Циолковский)는 현대 우주학의 창시자 중의 한 사람이 되었다. 1903년에 그는 우주 비행의 가능성의 근거를 제시했고, 우주 비행을 실현하는 방법을 설명한 일련의 뛰어난 저술들을 출판했다.

훌륭한 과학자 **베르나드스키**(В. И. Вернадский)는 지질학, 생화학, 방사선학과 관련된 새로운 과학적 현상들의 토대가 되는 백과사전적인 저술 덕에 세계적인 명성을 얻었다. 생태계와 정신 · 기술 활동영역에 대한 그의 지식은 오늘날 생태학의 기초가 되었다. 그에 의해 주장된 아이디어의 혁신은 세계가 생태계의 재앙상태에 처한 지금에야 완전히 인정을 받고 있다.

생물학, 심리학, 생리학 분야에서의 연구는 비범한 충격으로 여겨진다. **파블로프**(И. П. Павлов)는 조건반사에 관한 고등신경 활동에 대한 지식을 확립했다. 1904년에 그는 소화 현상의 생리학 분야의 연구로 노벨상을 받았다. 1908년에 생물학자 **메치니코프**(И. И. мечников)는 면역학과 전염병에 관한 연구 업적 때문에 노벨상을 받았다.

20세기 초는 러시아 역사학의 번창기였다. **클류체프스키**(В. О. Ключевский), 코르닐로프, 파블로프 - 실리반스키(в, Н. П. Павлов - Сильванский), 플라토노프(С. Ф. Платонов)는 조국의 역사 분야에서 가장 위대한 전문가들이었다. 비노그라도프(П. Г. Виноградов), 비페르(Р. Ю. Виппер), 타를레(Е. В. Тарле) 등은 일반적 역사문제들을 연구했다. 러시아의 동방학파는 세계적인 명성을 얻었다. 20세기 초는 독창적인 러시아 종교 - 철학 사상의 대표자들(베르댜예프, 불가코프, 솔로비예프, 플로렌스키 등등)의 저술들이 등장한 시기로 불렸다. 이른바 러시아의 사상 즉, 러시아의 역사과정의 독특성, 정신생활의 독창성, 세계에서 러시아의 특수한 사명(운명) 등이 철학자들의 작품들의 큰 주제였다.

20세기 초에 과학 - 기술 학술단체들이 유행했다. 그러한 **학술단체**들은 학자들, 실용가들, 애호가들을 통합시켰고, 회원들의 회비와 개인의 기부금으로 유지되었다. 몇몇 학술단체들은 정부의 지원금을 받았다. 가장 유명한 과학 - 기술 학술단체는 자유

경제학회(1765년 설립), 역사학회(1804년 설립), 고대사 학회(1804년), 러시아 어문학회, 지질학회, 물리-화학 학회, 식물학회, 금속학회, 의학학회, 농업학회 등등이었다. 이러한 학술단체들은 학술연구의 중심지가 되었을 뿐 아니라, 국민 사이에 과학기술 지식의 보급에 이바지했다. 자연과학자들, 의사들, 기술자들, 법률가들, 고고학자들의 학술회의들이 이 시대의 과학적 생활의 특징이었다.

문 학

1910년대는 이른바 러시아 문화의 ≪**은세기**≫로 역사에 기록되었다. 이 시대는 모든 형태의 창작활동들이 유달리 번창했고, 예술의 새로운 경향들이 등장했고, 러시아 문화뿐만 아니라 세계문화의 자긍심이 된 저명한 인사들의 등장했던 시대였다. ≪은세기≫의 특징은 가장 눈에 띄게 문학에 등장했다.

한편, 작가들의 작품 속에는 비판적 사실주의의 확립된 전통이 보전되었다. 톨스토이는 자신의 후반기 예술작품(≪산송장≫, ≪세르게이 아버지≫, ≪무도회 후≫)에서 생활의 완고한 도덕에 대한 개인의 저항 문제를 제기했다. 니콜라이 2세에게 쓴 그의 편지형식의 탄원서와 발표된 논문은 나라의 운명에 대한 고통, 경고, 당국을 감화시켜서 악의 길을 막고, 모든 탄압 받는 사람을 보호하려는 소망으로 가득 찼다. 톨스토이 작품의 기본사상은 악을 강제로 제거할 수 없다는 것이었다. 이런 시대에 **체홉**은 ≪세 자매≫와 ≪벚나무 정원≫이란 희곡을 창작했다. 이런 작품 속에는 사회에서 일어나 중대한 변화들이 반영되었다.

사회적으로 첨예하게 대립되는 주제들이 젊은 작가들에 의해서 귀중하게 다루어졌다. **부닌**(И. А. Бунин)은 농촌에서 일어난 과정의 외부적인 측면(귀족의 점차적인 쇠퇴, 농민 계급의 분화)뿐만 아니라, 이러한 현상의 심리적 결과들, 그런 것들이 러시아 사람들의 영혼에 영향을 미쳤던 것 등을 탐구했다(≪농촌≫, ≪골짜기≫, ≪농민들의 이야기 모음집≫). 쿠프린(А. И. Куприн)은 군대의 부정적인 측면, 즉 정의롭지 못한 병사, 장교들의 타락과 황폐화 등을 보여주었다(≪장교들의 신≫, ≪결투≫). 무산계급(프롤레타리아)의 생활과 투쟁을 작품에 반영하는 것이 문학의 새로운 현상의 하나가 되었다. 고리키(А. М. Горький)는 이런 경향의 창시자였다(≪적들≫, ≪어머니≫). 1900~1910년 동안에 재능 있는 일련의 농민 출신의 시인들 즉, 에세닌(С. А. Есенин), 클류예프(Н. А. Клюев), 클리치코프(С. А. Клычков) 등이 러시아 시단에 등단했다.

이와 동시에 사실주의 기본적인 원칙, 즉 주위의 세계의 직접적인 묘사에 반대하는 새로운 세대의 사실주의 대표주의자들이 자신의 생각을 제시하는 목소리가 들리기 시작했다. 이러한 세대의 이론가의 견해에 따르면, 예술은 두 개의 상반 되는 토대 즉 물질과 영혼의 조화이며, 현실의 세계를 반영할 뿐 아니라, 변환시켜 새로운 세계를 창조할 수 있어야 했다.

예술의 새로운 경향의 창시자들은 물질적 세계관에 대해 전쟁을 선포했고, 신앙·종교는 인간의 관습과 예술의 근본적인 토대라는 것을 확신했던 상징주의 시인들이었다. 그들은 시인들은 예술적 상징들을 매개체로 이용하여 초현실 세계에 참여할 수 있는 능력을 갖고 있다고 생각했다. 처음으로 상징주의는 퇴폐주의의 형태를 채택했다. 이러한 용어 밑에 퇴폐, 우울, 절망 등의 분위기와 예민하게 표현된 개인주의가 내포되어 있었다. 이러한 것들이 **발몬트**(К. Д. Бальмонт), **블로크**(А. А. Блок), **브류소프**(В. Я. Брюсов) 등의 초기 시에 나타난 독특한 특징들이었다.

1909년 이후에 **상징주의** 발전의 새로운 단계가 도래했다. 상징주의는 슬라브주의적인 경향을 보였고, 서구에 대한 경멸감을 보였고, 공식적인 러시아를 포함한 서구 문명의 멸망을 예언했다. 이런 현상과 더불어 러시아 상징주의는 조용한 인민의 힘과 슬라브 민족 고유의 이교에 호소했고, 러시아 정신의 심연에 침투하려고 시도했고, 러시아의 인민 생활에서 나라의 부활의 뿌리를 보았다. 이러한 동기들이 유달리 분명하게 블록의 시집 ≪쿨리코보 벌판에서≫, ≪조국≫과 벨로고(А. Белого)의 시 ≪은비들기≫, ≪페테르부르크≫에 표현되었다. 러시아 상징주의는 세계적 규모의 현상이 되었다. 무엇보다도 ≪은 세기≫의 개념은 상징주의와 직접적인 관련이 있다.

상징주의자들의 반대자로 극치나 절정을 의미하는 단어 '아크메(акме)'에서 유래한 **아크메이스트들**(акмеисты: 극치주의자들 또는 절정주의자들)이 등장하였다. 그들은 상징주의의 신비주의를 부정하고, 현실 생활의 본래의 가치를 주창했고, 상징적인 의미가 배제된 어휘의 원래의 의미를 회복할 것을 요구했다. 아크메이스트들에게 작품 평가의 큰 기준은 나무랄 데 없는 미학적인 색채, 아름다움, 예술적 어휘의 탁마 등이었다.

20세기 초의 러시아 예술문화는 서구에서 발생한 **전위예술**의 모든 형태를 포함하는 현상을 시도했다. 이러한 추세는 전통문화의 가치에서의 이탈을 선포했고, 새로운 예술을 창조하는 목적을 주창한 다양한 예술적 경향을 흡수했다. 러시아 전위주의의 분명한 선구자들은 **미래주의자들**(футуристы)이었다. 이러한 시들은 내용이 아닌,

시 구성의 형식에 높아진 관심으로 주목을 받았다. 미래주의자들의 계획된 형식들은 공격적인 반미학적인 경향을 띠고 있었다. 그들의 작품 속에서 미래주의자들은 비속한 언어, 직업적 은어, 문서, 현수막, 포스터 등의 언어들을 이용했다. 미래주의자들의 시집은 아주 특징 있는 제목들 즉 ≪사회적인 유행에 모욕≫ ≪죽은 달≫ 등을 가졌다. 러시아 미래주의는 몇몇의 시 동인들에 의해 대표되었다. ≪길레야≫라는 페테르부르크에서 발행되는 시 동인지에는 가장 유명한 시인들 즉 흘레브니코프(В. Хлебников), 부르류크(Д. Д. Бурлюк), **마야코브스키**(В. В. Маяковский), 크류체니흐(А. Е. Крученых), **카멘스키**(В. В. Каменский) 등이 참여했다. 세베랴닌(И. Северянин)의 시집과 출판된 작품들은 놀라운 성공을 거두었다.

회 화

러시아 미술계에도 비슷한 과정이 일어났다. 사실주의파의 대표적 미술가들이 견고한 위치를 유지했고. 이동 전람회 소속 미술가 협회가 활동했다. 1906년에 레핀(И. Е. Репин)은 ≪국가위원회의 회의≫라는 거대한 작품을 완성했다. 과거의 수리코프(В. И. Суриков)의 역사적 사건을 폭로하는 지도에서 인간 속에서 창조적 바탕이 된 역사적 세력으로서 민중은 우선적 관심의 대상이 되었다. ≪근대 풍≫이라 불리는 미술양식이 유행의 법칙이 되었다. 코로빈(К. А. Коровин), 세로브(В. А. Серов) 같은 위대한 사실적 미술가들의 작품들은 근대적 경향을 표현했다. 이런 경향의 지지자들은 ≪예술세계≫라는 협회로 통합되었다. 그들은 이동 전람회 소속 미술가들은 예술의 본래의 기능을 다하지 못했고, 예술에 해를 끼쳤다고 생각하면서 그들에 대해서 비판적 입장을 취했다. 그들은 예술은 독자적 활동영역이며, 예술은 사회적인 영향에 종속되어선 안 된다고 주장했다. 장기간 동안(1898~1924) 위대한 모든 예술가들 즉 베나(А. Н. Беня), 바크스트(Л. С. Бакст), 쿠스토지예프(Б. М. Кустолииев), 란세레(Е. Е. Лансере), 말랴빈(Ф. А. Малявин), 레리흐(Н. К. Рерих), 소모프(К. А. Сомов) 등이 '예술세계(Мир искусства)'에 가입했다. ≪예술세계≫는 미술뿐만 아니라, 오페라, 발레, 장식예술, 예술비평, 공연예술 등의 깊은 발전의 흔적을 남겼다.

1907년에 모스크바에서 '골루바야 로자(Голубая роза: 담청색 장미)' 라는 전람회가 열렸고, 그 전람회에 16명의 미술가들 즉 쿠즈네조프(П. В. Кузнецов), 사푸노프(Н. Н. Сапунов), 사리얀(М. С. Сарьян) 등이 참여했다. 이들은 서구의 경험과 민족적 전통을 종합하여 개성을 획득하려는 탐구적인 젊은 미술가들의 단체였다. ≪골루바야 로자≫의 창립자들은 상징주의 시인들과도 관계를 맺었고, 이들의 참석은 전람회의 특별 초대일에 부가적인 조건이 되었다. 그러나 러시아 미술에서 상징주의는 결코 통일된 경향이 아니었다. 다양한 기법으로 그리는 부루벨(М. А. Врубель), 페트로프 - 보드킨(К. С. Петров - Водкин) 같은 미술가들이 있었다. 간딘스키(В. В. Кандинский), 렌툴로프(А. В. Лентулов), 샤갈(М. З. Шагал), 필로노프(П. Н. Филонов) 등의 일련의 대가들은 전위적 경향을 러시아 민족적 전통과 결합시킨 대표자들로 세계문화사에 기록되었다.

조 각

조각도 작품 수준이 향상되었다. 조각의 활기는 대부분 인상주의 경향과 관련이 있다. **트루베츠코이**(П. П. Трубецкой)는 혁신의 과정에서 큰 성공을 거두었다. 톨스토이, 비테, 샤라핀 등의 인물의 초상 조각은 유명한 명성을 얻었다. 1909년 10월에 페테르부르크에서 개막된 알렉산드르 3세의 동상은 러시아의 동상의 조각 역사에 중요한 계기가 되었다. 그것은 다른 훌륭한 동상인 팔콘의 말을 탄 동상에 대비되는 것으로 생각되었다.

인상주의와 모더니즘의 결합이 골루브키나야(А. С. Голубкиная) 작품의 특징이다. 이와 더불어 그녀의 작품의 주요한 특징은 구상주의의 반영이 아니라, 일반적인 현상의 창조이다. ≪노년≫(1898), ≪보행자≫, ≪병사≫(1907), ≪구원자≫(1912) 등이 그녀의 대표적 작품들이다.

코오넨코프(С. Т. Кооненков)는 러시아 예술에 큰 족적(足跡)을 남겼다. 그의 작품은 새로운 경향에 있어서 사실주의 전통의 계승을 구현했다. 그는 미켈란젤로의 작품 ≪삼손≫, 러시아 민중의 목제 조각 ≪레소비크(Лесовик: 삼림주민)≫, 과도기적 전통의 사실주의적 초상화 ≪체홉≫에 매료되었다. 이런 모든 것에도 불구하고 코오넨코프는 화려한 개인주의의 대가로 남았다. 전반적으로 러시아 조각은 전위주의적 경향의 영향을 적게 받았고, 미술의 특징인 혁신적인 경향의 복잡한 단계를 표현하지 않았다.

건축양식

19세기 후반에 건축의 새로운 기회가 열렸다. 이것은 기술적 진보와 관련이 있었다. 도시의 급속한 성장, 도시의 산업장비, 수송발전, 사회생활의 변화 등이 새로운 건축적 결과를 필요로 했다. 대도시에서 뿐만 아니라, 지방의 중소 도시에서도 기차역, 식당, 상점, 시장, 은행 등이 건설되었다. 뿐만 아니라 궁전, 저택들, 주택단지 등의 전통적인 건설도 계속되었다. 새로운 스타일의 추구가 건축의 중요한 문제가 되었다. 회화에서처럼 건축에서의 새로운 경향을 '모데른(модерн: 모던)' 이라고 불렀다. 이러한 경향의 특징 중의 하나는 러시아 건축의 모티브들의 유형화인 이른바 '신 러시아 스타일'이었다.

특히 모스크바의 모던양식 건물의 발전을 설계한 가장 유명한 건축가는 세흐텔(Шехтель)이었다. 초기 건축에서 그는 중세 고딕 양식이 아니라 러시아 양식에 의존했다. 섬유 공장의 사장 랴부쉰스키(С. П. Рябушинский, 1900~1902)의 저택이 이런 양식으로 건축되었다. 게다가, 세흐텔은 전통적인 러시아 목조 건축으로 결코 돌아가지 않았다. 모스크바에 있는 야로슬라프 역의 건물(1902~1904)은 이런 면을 매우 잘 보여주고 있다. 다음 10년 동안 그는 건축의 형태와 구조의 큰 단순화가 특징인 ≪이성주의적 모던≫으로 불리는 경향으로 접근한다. 이러한 경향을 반영한 가장 큰 건축물은 랴부쉰스크 가(家) 은행(1903), ≪러시아 아침≫ 신문의 인쇄소(1907) 등이 있다.

≪새로운 물결≫의 건축가들과 함께 ≪신고전주의≫ 세대뿐만 아니라 다양한 건축 양식을 혼합하는 기법을 이용하는 대가들도 중대한 위치를 차지했다. 발코타의 설계도에 따라 모스크바의 ≪메트로폴≫호텔 건물(1900)의 건축 결정은 이러한 계획에서 가장 괄목할만한 것이었다.

음악, 발레, 연극, 영화

20세기 초에 위대한 러시아의 혁신적인 작곡가들 스크랴빈(А. Н. Скрябин), **스트라빈스키**(И. Ф. Стравинский), 타네예프(С. И. Танеев), 라흐마니노프(С. В. рахманинов) 등이 등장했다. 자신들의 작품에서 그들은 전통적인 고전음악의 틀에서 벗어나 새로운 음악적 형식과 양식을 창조하려고 시도했다. 음악연주 문화도 크게 발전했다. 뛰어난 오페라 가수들 즉 **샬랴핀**(Ф. И. Шаляпин), 네즈다노브(А. В. нежданов), 소비노프(Л. В. Собинов), 에르소프(И. В. Ершов) 등이 러시아 성악계를 대표하는 가수들이었다.

스트라빈스키

샬랴핀

스타니슬라브스키

20세기 초에 러시아 발레는 세계 무용예술에서 선도적인 위치를 차지했다. 러시아 발레는 19세기 말의 아카데믹한 전통에 의존했고, 고전으로 내세운 뛰어난 안무가 페티프(М. И. Петип)의 무대 공연물에 의존했다. 그 당시 러시아 발레는 새로운 물결의 추세를 피할 수 없었다. 젊은 안무가들인 고르스키(А. А. Горский)와 포킨(М. И. Фокии)은 아카데미즘의 미학과 대조적으로 회화의 원칙을 두드러지게 표현했고, 이런 것과 일치해서 발레 안무가, 작곡가뿐만 아니라 미술가들도 발레공연의 충분한 능력을 가진 공동 작가들이 되었다. 고르스키와 포킨의 발레가 코로빈(К. А. Коровин), 베나(А. Н. Бенуа), 박스트(Л. С. Бакст), 레리흐(Н. К. Рерих) 등의 무대장식의 무대로 올려졌다. 은세기 러시아 발레계는 탁월한 무용가들인 파블로바(А. Т. Павлова), 카르사비나(Т. Т. Карсавина), 니진스키(В. Ф. нижинский) 등을 세계에 보여주었다.

20세기 초 문화의 두드러진 특징은 뛰어난 연극 연출가의 작품들의 등장이었다. 심리적 연기학의 창시자인 **스타니슬라브스키**(К. С. Станиславский)는 연극의 미래는 심오한 심리적 현실주의, 즉 배우가 내 · 외적으로 등장인물의 화신이 되는 주요한 과제의 해결에 있다고 주창했다. 메이에르홀리드(В. Э. Мейерхольд)는 연극무대의 장치, 전형, 민속극과 가면극 등의 요소들을 이용하는 분야에서 선구자였다. 바흐탄고프(Е. Е. Вахтангов)는 묘사적이고 볼거리가 많은 즐거운 연극을 선호했다.

20세기 초에 다양한 형태의 창작 활동을 통합하는 경향이 더욱 두드러지게 나타났다. 미술가들뿐만 아니라 시인들, 철학가들, 음악가들이 가입했던 ≪예술세계≫가 이런 과정에 선두에 있었다. 1908~1903년에 댜기레프(С. П. Дягилев)는 파리, 런던, 로마와 다른 서유럽의 대도시에서 발레, 오페라 공연, 연극, 미술, 음악 등을 공연하는 ≪러시아 시즌≫을 기획했다.

20세기의 첫 10년 동안 러시아에는 프랑스에 뒤이어 새로운 형태의 예술영화가 등장했다. 1903년에 최초의 ≪전자극장들≫과 ≪요술쟁이들≫이 생겼고, 1914년경에 이미 약 4천 개의 영화관이 건립되었다. 1908년에 러시아 최초의 만화영화 ≪스텐카 라진과 공작딸≫이 상영되었고, 1911년에 최초의 완전한 표준길이의 영화인 ≪세바스토폴의 방어≫가 상영되었다. 영화는 급속히 발달했고 매우 인기 있었다. 1914년에 러시아에는 약 30개의 국내영화가 제작되었다. 영화 제작사들이 대부분 애정을 주제로 하는 멜로드라마들을 제작했지만, 세계적인 명성을 가진 영화 관계자들 프로타자노프(Я. А. Протазанов) 감독과 모즈주힌(И. И. Мозжухин), 홀로드나야(В. В. Холодная), 코오넨(А. Г. коонен) 등의 배우들이 등장했다. 모든 계층의 주민들에게 쉽게 접근할 수 있다는 점이 영화의 현실적인 공적이었다. 대부분 고전적인 소설작품의 영상화로 제작된 러시아 영화들은 부르주아 사회의 필연적인 속성인 ≪대중문화≫의 형성에 있어서 최초의 상징이 되었다.

결 론

20세기 초의 러시아 문화는 비범한 번영을 겪었다. 동시에 예술의 새로운 경향은 현실생활에서 순수 예술의 영역으로의 이탈을 주도했다. 민중문화의 전통에 절대적 관심에도 불구하고 러시아 현실의 주요한 모순 중의 하나인 광범위한 인민 대중이 높은 문화적 성과에 접근할 수 없었던 문제점이 극복되었다.

✔ 제 1장의 결론

20세기 초의 러시아 제국은 현대화에 이르는 과정에서 일어난 자본주의의 중간단계에 있었다. 생산성이 급속도로 증대되었고, 경제는 역동적으로 성장했다. 그러나 러시아 제국의 방대한 영토에서의 인구의 급격한 증가와 반봉건적 형태의 농업 생산의 압도적인 규모는 더욱 더 빠른 경제 발전의 속도를 요구하였다. 게다가, 산업화의 선택적인 모델은 기존의 산업구조의 붕괴를 초래했다. 에너지 분야, 중공업, 철도건설 등에 주력하였고, 영국에서처럼 소비시장과 경공업에는 집중되지 않았다. 서유럽에서는 산업화의 과정은 사회 대립의 완화와 대립된 두 개의 계급구조인 프롤레타리아 계급과 부르주아 계급의 분화를 초래하였다. 러시아에서도 비슷한 상황이 형성되었다. 부르주아 계급의 형성과 전통적인 봉건제도의 붕괴가 일어났다. 사회를 공고히 하고 안정시키는 개혁을 지지할 사회적 기반과 세력, 즉 소-중 부르주아 계급들이 부재했다.

정치, 사회, 경제의 현대화의 미완성과 성숙된 개혁의 지체는 1905년의 혁명의 주된 원인이 되었다. 이와 함께, 전시대에 해결되지 않은 문제들(헌법 제정과 농민문제)이 급속히 형성된 산업사회의 문제(노동문제)와 뒤섞여서 20세기 초에 폭발적인 상황을 야기했다. 1900~1903년의 경제위기, 일본과의 전쟁에서의 러시아 패배, 지배층 교체의 희망의 완전한 좌절 등이 혁명적인 폭발의 기폭제가 되었다. 혁명은 정부 당국으로 하여금 많은 양보를 하게 만들었다. 러시아에서는 최초의 입법 기관인 국가두마가 설립되었다. 황제는 예전처럼 정권을 유지했지만 두마의 등장은 나라를 입헌군주제의 방향으로 전환한다는 것을 입증했다.

복잡한 러시아의 상황에서 ≪중간계층≫의 등장과정을 촉진시키기 위한 스톨리핀의 농업개혁의 전망은 불투명했고, 농업개혁은 매우 장기간이 소요되는 것으로 인식되었다. 농민들의 공동체적인 구태의연한 의식의 붕괴가 일어나야만 했다.

수세기에 걸쳐서 형성된 시민의 법률적, 정치적, 사회적 권리체계는 근대화된 서유럽의 국가에서 사회적 긴장의 첨예화를 제거하는 것을 가능케 했다. 러시아에서는 다른 전통, 즉 모든 문제를 해결할 수 있는 정의로운 차르에 대한 믿음이 존재했다. 이러한 상태에서 정권의 유연함과 장기 목표, 기존의 조건 등에 익숙해지기 보다는 나라의 사회적 긴장을 제거할 수 있는 명확한 조치에 영향을 끼치는 노련함은 특별한 의미를 가졌다.

그러나 급변기에 러시아 왕위에 나라가 직면한 과업의 범위를 의식하지 못하는 사람이 있었다. 해방자 알렉산드르 2세의 잘 알려진 과업과는 달리, 니콜라이 2세는 일반적인 기대감의 경직된 분위기를 이해하지 못하고 혁명적 폭발까지 이르렀다. 자신의 확고한 정책을 갖지 못했기에 그는 혁명의 발발의 위협에 직면하고서야 제한된 양보를 하지 않으면 안 되었다. 그의 내부정책은 역사적인 논리가 없었기 때문에 모든 정치세력의 저항에 부딪혔다.

제2장 러시아 혁명과 내전

12. 1차 세계대전에서의 러시아

1차 세계대전의 시작

독일과 오스트리아-헝가리 제국의 한축과 영국과 프랑스의 다른 축 간의 갈등과 대립은 마침내 세계 강대국들의 무력충돌을 초래했다. 1914년 7월 15일에 오스트리아는 세르비아에게 전쟁을 선포했다. 오랫동안 망설임 끝에 니콜라이 2세는 7월 18일에 전 러시아 군대의 동원령을 내렸다. 빌헤름 독일 황제는 동원령을 즉시 중단할 것을 요구했다. 러시아는 독일의 최후통첩에 응하지 않았고, 독일은 1914년 7월 19일(러시아 구력으로 8월1일)에 전쟁을 선포했다.

전쟁은 즉시 전 유럽적인 특징을 띠었고, 순식간에 전 세계적인 규모로 변했다. 1차 세계 대전에 38개국이 개입되었고, 1천 500만 명 이상의 사람들이 참가했다. 참전한 각 나라는 자국의 목적을 추진했고, 각국은 세계 전쟁의 격화에 대해서 한정된 책임을 가졌다. 유럽뿐만 아니라 전 세계의 대부분 지역까지 포함했던 독일과 오스트리아 동맹에 대부분의 책임이 있었다. 독일은 전쟁을 높은 강도로 준비했다. 전쟁 중에 독일은 프랑스와 러시아를 격퇴하여, 러시아의 발트해 연안지방과 폴란드 지역, 아프리카의 몇몇 프랑스 식민지를 합병하고, 터키와 근·중동지역에 근거지를 확보하려고 계획하였다. 오스트리아-헝가리 제국은 발칸지역을 정복하려는 계획을 세웠다. 총체적인 유럽의 혼돈 속에서 새로운 영토가 다른 나라에 비해서 덜 절박한 러시아는 자국의 전략적 위치를 개선하기로 결정했다. 즉, 흑해 해협, 콘스탄티노플을 차지하고, 발칸의 유일한 지배자가 되고 싶었고, 모든 폴란드 땅을 자국의 권력 하에 통합시키길 원했다. 러시아의 그런 정책은 독일의 팽창을 저지시키려는 대독일 연합국의 합치된 계획에서 이탈했다.

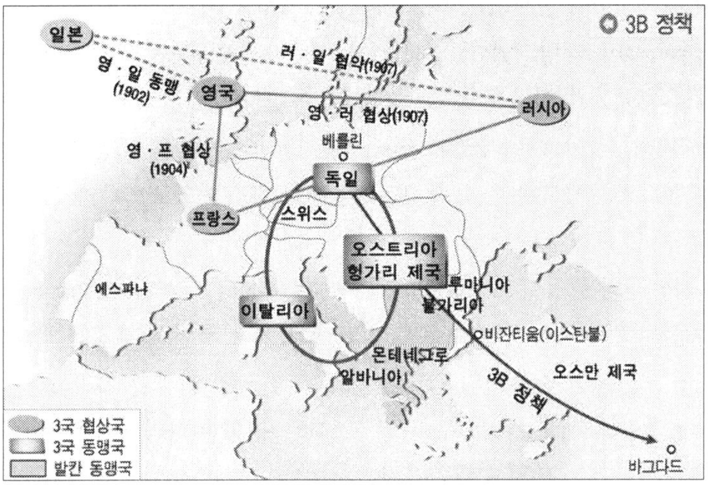

1차 세계대전전의 유럽의 정세

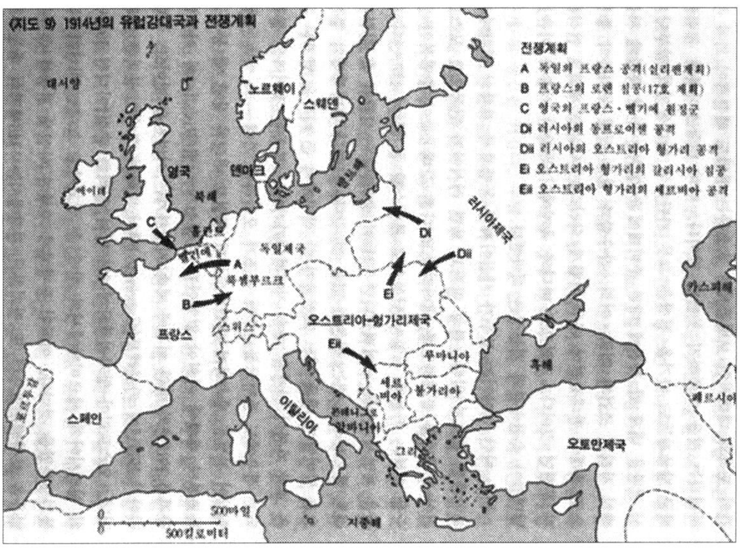

1914년의 유럽강대국들의 전쟁계획

인민과 정당의 전쟁에 대한 태도

세계대전의 시작은 애국심을 촉발시켰다. ≪승리하는 그날까지 전쟁≫이라는 구호 하에 대도시에서 대규모 군중시위가 일어났다. 그들 중 몇몇 시위는 독일군의 대학살에 의해 시작되었다. 반독일 정서의 물결 속에서 산크트-페테르부르크는 **페트로그라드**(Петроград)로 개명되었다. 전쟁의 첫날 동원된 인원 중 징집 장소로 나타난 징병된 사람들의 96%가 대부분 농민들이었다. 유명한 시인들, 예술가들, 화가들이 지원병으로 전쟁의 전선으로 떠났다. 귀족가문 출신의 딸들을 포함한 많은 여성들이 병원과 위안소 열차에서 일을 했다. 왕비 알렉산드라 페도로브나와 그녀의 딸들 올가와 타티아나도 모범을 보였다.

전쟁은 정당들의 활동에도 변화를 가져왔다. 입헌민주당 **카데트**(кадет)의 중앙 위원회는 다음과 같은 내용의 호소문을 발표했다. ≪정부의 내부정책에 대한 우리의 태도가 무엇이었든 간에 우리의 당면한 책무는 조국의 단결을 유지하는 것이다. 그래서 내부의 분쟁을 배척합니다. 우리를 분열시킬 수 있는 다양한 목소리에 작은 구실도 제공하지 맙시다!≫. 10월 당원들(октябристы)은 입헌민주당의 의견에 동의했다. ≪모든 정파적인 이견들, 계급적인 대립은 제 2의 대안으로 미뤄야합니다≫. 온건한 군주제 지지자들도 자유주의자들을 지지했다. 사회주의자들 사이에서는 그런 결정적인 단결이 없었다. 전쟁에 대한 자신의 견해와 일치해서 사회혁명당과 사회민주당원들은 애국적 방위주의자들, 중도주의자들, 패배주의자들 등의 3가지의 경향으로 분열되었다.

레닌의 논문 ≪전쟁과 러시아 사회 민주주의≫ 중에서

러시아 노동자 계층의 관점에서 가장 반동적이고 야만스런 국가였고, 가장 많은 소수 민족과 가장 많은 인구를 탄압했던 차르의 왕조의 패배가 최소한의 불행이다. 앞에 언급된 모든 나라에서 전쟁이 프롤레타리아 계급에 가져다주는 고통보다 더 긴요한 사회혁명의 슬로건이 최우선으로 대두된다. 발언권을 막기 위한 전시의 부르주아 법의 적용은 프롤레타리아에게 불법적 형태의 선동과 조직을 만드는 무조건적인 과업을 제시한다. 이 시대에 제국주의 전쟁을 내전으로 전환시키는 것이 유일한 정의로운 프롤레타리아 계급의 슬로건이다….

전투의 시작

독일군 총참모부는 전쟁수행의 계획을 사전에 작성했다. 독일군 총참모부의 중요한 의도는 두 전선에서 전쟁이 벌어지는 것을 피하는 것이었다. 이러한 목적을 가지고 다음과 같이 예정했다. 6~8주 동안 대규모 기습공격으로 프랑스를 붕괴시킨 후, 군대를 러시아로 돌리려고 계획했었다. 전쟁 첫날부터 유럽에선 두 개의 전쟁 전선 즉 서부전선(벨기에와 프랑스)과 러시아에 대항하는 동부전선이 형성되었다. 황제는 자신의 아저씨인 니콜라이 니콜라예비치 대공을 러시아 총사령관으로 임명하였다. 서부전선이 주요전선으로 생각되었다. 전쟁이 지속되는 동안 러시아 군대는 적극적인 군사작전을 펼쳤으나 동맹국 군대를 패배에서 결코 구하지 못했다.

1914년 8월에 독일군은 파리에 대한 공격을 시작했다. 프랑스의 지속적이고 끈질긴 요구에 따라 러시아는 레넨캄프프(П. К. Ренненкампф)와 삼소노프(А. В. Самсонов)가 지휘하는 1, 2군이 동프러시아의 공격으로 재배치되었다. 독일군 총참모부는 서부 전선에서 대부대를 빼내 동부전선으로 보내야 했다. 예비된 부대가 여기로 투입되었다. 준비된 기습은 러시아에게 엄청난 희생을 치르게 했다. 러시아 군대는 패배했다. 그러나 독일 군대의 서부에서 동부전선으로의 전환은 독일군의 상황을 크게 약화시켜, 프랑스가 파리를 탈환할 기회를 제공했고, 1914년 9월에 영 · 불 연합군이 **마르느강변 전투**에서 승리하도록 도와주었다.

1914년 가을에 러시아 사령부는 오스트리아-헝가리 군대에 대항하여 남 · 서 방면에서 일련의 성공적인 군사작전을 펼쳤고, 그 결과로 갈리치야(오늘날의 서 우크라이나)와 부코비나의 일부를 차지했다. 이런 방식으로 먼저 프랑스를 격퇴시킨 후에 러시아를 격퇴시키는 독일의 기습작전은 실패로 끝났다.

1915~1916년의 전쟁의 경과

독일 총참모부는 1915년에 전쟁계획을 변경해야 했다. 러시아 군대를 신속하게 격퇴하여 러시아를 전쟁에서 철수케 할 목적으로 서부전선에서 전략적 방어로 변경하여, 주력부대와 물자를 동부전선에 집중하기로 결정했다. 동부전선에 많은 병력을 집중시키고, 그들을 필수무기로 무장시킨 후에, 1915년 5월에 독일과 오스트리아 군대는 공격작전을 개시했다. 러시아 군대는 갈리치야, 폴란드, 발트해 연안, 벨로루시, 우크라이니아 등에서 후퇴해야 만했다.

1915년 봄 전투에서 러시아의 패배의 원인중 하나는 군대의 식량공급의 심각한 부족 때문이었다. 군대는 무기와 탄약에 급격한 공급부족을 겪었다. 포탄의 하루 사용량은 대포 당 한 두 발의 발사로 정해졌다. 총 또한 충분치 않았다. 병사들은 적군에게 불의의 습격을 감행해야 했다. 그리고 죽은 전우의 소총을 모아야 했다. 영토의 상실은 많은 인명의 손실을 수반했다. 게다가, 동부전선에서 치열한 전투 덕분에 한

숨을 돌린 연합군은 러시아 군대를 도우려고 서둘지 않았고 서부전선에서 한 번의 군사작전도 벌리지 않았다.

독일은 1915년의 전투 결과에 만족했다. 독일 지도자들은 독일 군대는 러시아 군대를 완전히 격파하진 못했지만 공격작전을 수행할 수 있는 러시아 군대의 능력을

브루실로프

1차 대전 독일과 러시아 전선

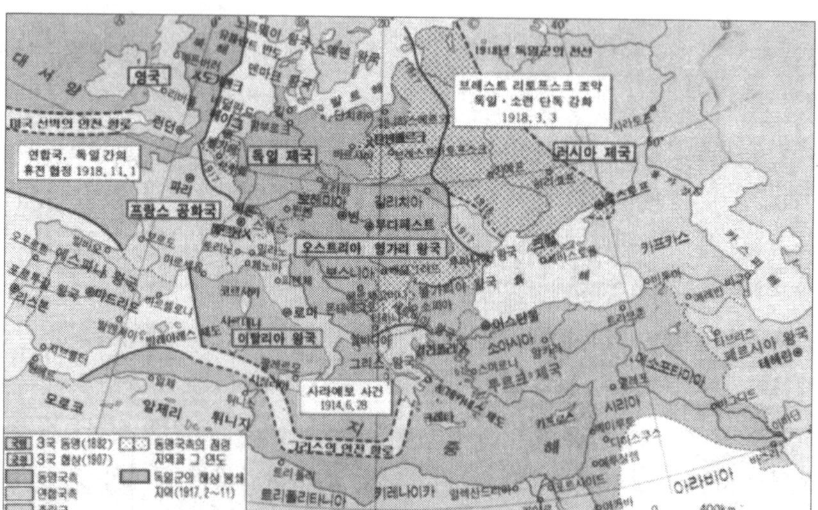

1차 세계 대전 중의 유럽

상실시켰다고 믿었던 것 같다. 그래서 1916년에 독일군 장군들은 서부전선에서 대승할 길조를 믿고 군사작전을 개시할 계획을 세웠다.

1916년 2월에 독일 군대는 파리로 통하는 직행도로를 여는 프랑스의 베르덴(Верден) 요새지역에 대한 광범위한 공격으로 전환했다. 동맹국들의 끈질긴 요구에 따라 러시아 총지휘부는 브루실로프(А. А. Брусилов) 장군이 지휘하는 공격작전 계획을 수립했다. 타격을 완화시킬 공격계획을 세웠다. 1916년 5월 22일에 대규모 폭격 후 러시아 군대는 오스트리아군 진영으로 공격하였다. 전선은 340km 길이였는데, 적진의 돌파의 길이는 120m였다. 브루실로프의 돌파는 오스트리아-헝가리 군대를 와해 직전에까지 이르게 했다. 독일은 베르덴 근처에서의 공격을 중지하고 서쪽에서부터 병력을 재배치해야 했다. 그러나 남 · 서부 전선에서의 승리는 러시아 군대에게 결정적인 전략적 결과를 가져다주지 못했다. 왜냐하면 다른 전선에서 공격 작전의 지원을 받지 못했기 때문이었다. 독일군의 예비부대가 투입된 후에 전쟁은 교착상태가 되었다.

사회 · 경제 체제의 재편

1915년의 전투는 러시아가 장기전에 준비되어 있지 않았다는 것을 보여주었다. 그러나 1916년경에 이미 전시에 맞게끔 경제를 급변시키고 재편할 상황이 되었다. 서부지방의 산업중심지의 상실에도 불구하고 러시아의 경제성장의 속도도 떨어지지 않았을 뿐 아니라 약간의 상승세도 보였다. 석유와 석탄의 채굴이 증대되었고, 기계제작과 화학제품의 생산이 크게 증가했다. 군수산업은 전선에 경무기를 충분히 공급했을 뿐만 아니라 수출까지 했다.

이런 격변기에 국가, 산업자본가들, 지방의회, 도시의회, 회사들의 단결과 협력 등이 결정적 역할을 했다. 1915년 세계대전이 장기전의 특징을 보였을 때, 러시아 대 기업가들의 제안에 따라 전선에 필요한 나라의 모든 자원을 집중하고 동원하기 위한 특별기관들 즉 국방특별위원회, 그 산하에 연료와 식량 공급 위원회, 수송 · 탄약 · 폭탄위원회 등이 설립되었다. 국가두마위원들과 상 · 공업 자산가들이 정부의 관료들과 함께 이 특별위원회에 가입했다.

군대와 전선에 도움을 주기위해 대형 사회단체들 즉 군수산업위원회, 부상병들을 도와주는 전 러시아 지방의회 연합, 전러시아 도시 동맹 등이 창립되었다. 페테르부르크와 모스크바에서는 과학-기술의 원조를 위한 위원회 즉 군사기술문제를 빠르고 효율적으로 해결하고 자신의 발명을 생산에 운영하는 러시아 과학자와 발명가들의 연합이 설립되었다. 그러한 기관들의 활동의 결과로 폭격기, 권총기관총, 자동장전의 선조총, 무한궤도 트랙터, 방독면 등의 군사기술의 혁신적 발전의 신무기들이 발명되었다.

사회의 위기 현상의 증대

1915년 전투에서 러시아 군대의 패배는 정부의 능력에 대한 사회의 실망을 초래했다. 입헌민주당원들은 ≪인민의 신뢰≫를 받는 정부의 수립을 제안했다. 극우와 극좌를 제외한 두마 내의 대부분의 정파들이 이러한 제안에 모여들었다. 두마 내에 진보블록이라 불렸던 초당파 정파가 창립되었다. 1916년에 그 블록의 지도자들은 니콜라이 2세는 온건한 사회의 신뢰를 가진 사람들과 협력하지 않을 거라고 생각하여 자신들의 비판적인 입장을 강화하기로 결정했다. 1916년 11월 1일의 두마회의에서 밀류코프의 연설은 정권에 대한 공격으로 시작되었다. 공식적인 군사결정을 신랄하게 비판하면서 입헌 민주당의 지도자는 복합적인 의미를 가진 질문 ≪누가 바보냐 배신자냐?≫으로 비판을 제기했다. 밀류코프의 뒤를 이어 그에 못지않은 효율적으로 민족주의자인 술긴(В. В. Шульгин) 과 노골적인 군주제 옹호자 푸리시케비치(В. М. Пуришкевич)는 폭로하는 연설을 했다.

1915년 8월에 니콜라이 2세는 스스로 총사령관직을 맡았다. 이제 나라와 전선에서 일어나는 모든 것에 대한 무제한의 책임은 황제에게 맡겨졌다. 총사령관이 된 후에 니콜라이 2세는 모길레프(Могилев)에 위치한 본부 총사령부에서 시간의 대부분을 보내야 했다. 황제가 수도에서 멀리 떨어져 있었기 때문에 국가 중대 사항의 결정에 황후의 역할이 증대되었다. 그러나 왕비 **알렉산드라 페트로브나**는 러시아 국민의 존경을 받지 못했다. 이것은 대부분 **라스푸틴**(Г. Е. Распутин)의 이름과 관련 있었다. 라스푸틴은 토볼스크(Тобольск) 주 포크러브스크 마을의 농민 가정에서 태어났고, 젊은 시절에 말 도둑이었다. 라스푸틴은 종파주의자들과 어울렸고, 여러 수도원을 돌아다녔고, ≪성자≫의 후광을 획득했고, 1907년에 황궁에 올 수 있었다. 그는 피가 응고되지 않은 혈우병을 앓고 있던 알렉세이 황태자의 중병을 호전시킬 수 있었다는 것에 대한 많은 증거가 존재한다.

궁정의 화려함에 별로 관심이 없었던 삶을 살았던 한 사람의 차르 가정에 접근은 정권의 권위에 엄청난 손해를 입혔다. **라스푸틴**은 엄청난 영향력을 갖고 있었다. ≪각료들의 빈번한 교체≫로 불리는 현상은 라스푸틴의 엄청난 영향의 증거가 되었다. 그의 무식한 메모와 황후의 고집에 따라 차르는 여러 행정 서류가 들어 있는 가방을 무식한 라스푸틴에 넘겨주었다. 당시 러시아에는 뇌물, 공금유용, 매관매직이 만연한다는 소문이 확산되었다. 군대가 연달아 대패한 가운데 인민들은 독일 출신의 황후와 라스푸틴의 성스러움을 근거 없이 비난하기 시작했다. 차르의 권위를 구하기 위해서 국가의 지도층 사이에선 음모가 시작되었다. 1916년 12월에 라스푸틴은 푸리시케비치(В. М. Пуришкевич), 차르의 조카 드미트리 파블로비치 대공과 차르의 여조카의 남편 유수포브이(Ф. Ф. Юсуповы) 공에 의해서 살해되었다.

라스푸틴

잔혹한 전쟁은 사람들의 생활수준의 급격한 하락을 초래했다. 방위 산업체와 관련된 러시아 산업의 급격한 성장은 물가의 상승을 초래할 정도의 생필품의 생산의 감소를 야기했다. 철도 운송의 적재는 도시에 식료품의 공급의 비정상을 초래했다. 1916년 가을에 페트로그라드와 모스크바에 새로운 현상인 줄서는 현상이 나타났다. 경찰은 이런 줄이 정치적 집회와 비슷하게 되어가고 있다고 보고했다. 인플레이션은 또 다른 전쟁 슈르프리스(сюрприз: 예상치도 못한 일)였다. 전쟁 초기에 잠잠했던 파업운동이 다시 활력을 얻기 시작했다. 드물지 않게 경제적 파업과 함께 정치적 요구도 주창되었다.

농촌도 혼란스러웠다. 1천 2백 8십만 명의 노동자들이 전선으로 떠났다. 동원된 농민은 자신의 가족에게 보조금의 지급과 세금의 감세 등을 요구했다. 반 지주 분위기가 다시 고조되었다. 전쟁기간에 농산물의 생산은 사실상 격감하지 않았지만, 농민들은 보다 나은 시기를 기다리면서 시장에 식량을 내다 파는 것을 서두르지 않았다. 1916년 말에 31개의 주에서 정부는 고시된 가격으로 농민들이 정부에 농산물을 의무적으로 팔아야 하는 농산물의 강제수매제도(продразверстка)를 도입했다.

공식적인 자료는 병사들 사이에 분위기의 변화와 전선에서 병사들의 사기저하를 보여주었다. 볼셰비키의 선동가들이 이런 상황을 이용하기 위해 서둘렀다. 1916년 말에 군대 내에서 150여 개의 볼셰비키 조직과 단체들이 활동했다. 동반탈영이 광범위하게 확산되었다. 지루하고 많은 희생자를 낸 전쟁의 빠른 종결과 평화를 바라는 분위기가 군대에 확산되었다.

결 론

1914년에 러시아는 준비되지 않았던 세계전쟁에 참전했다. 러시아 군대의 패배와 지배층의 권위의 상실은 정부와 사회 간의 새로운 형태의 대립을 유발했다.

13-14. 차르 전제정권의 붕괴

1917년 2월 페트로그라드의 혁명적 사건들

1917년 초에 장기간의 전쟁에 겪었던 고통 때문에 생긴 널리 퍼진 확산된 불만들이 식량공급의 중단 때문에 더 심화되었다. 페테르부르크에서 식량을 배급받기 위해 오랫동안 긴 줄을 섰던 사람들이 상점을 약탈하기 시작했다. 2월 18일에 푸틸로브스코보 공장 노동자들이 파업을 선포했다. 정부는 공장과 기업들을 폐쇄하는 것으로 대응했다. 그 결과 3만 명 이상의 노동자들이 생계수단을 잃었다. 이것이 페테르부르크에서 대중 봉기의 발단의 구실이 되었다. 2월 13일에 빵과의 전쟁에서 남편의 귀환을 요구하는 여성들이 시위대를 선도했다. 2월 25일에 ≪전쟁타도! 종전! 전쟁 분쇄!≫ 구호 밑에 일어난 전반적인 정치적인 데모로 변질되었다. 그래서 2월 25일에 이런 경제적 파업이 전제 경찰과 노동자들 간의 충돌을 일으켰다.

전선의 최고사령부에 있었던 니콜라이 2세는 페트로그라드 군구의 사령관에게 내일 수도의 소요사태의 진압을 요구하는 전보를 보냈다. 2월 26일 밤에 100명 이상의 사회혁명당의 당원들이 체포되었다. 낮에 경찰과 헌병들은 시위대를 향해 발포했다. 게다가, 차르의 칙령에 따라 2달 동안 국가두마가 해산되었다. 그러나 2월 26일에 수도에서 상황을 급격하게 변화시킨 사건들이 일어났다. 파블로브스크 4중대가 경찰을 향해 발포했다.

2월 26일부터 27일 사이 밤에 볼린스크(Волынск) 연대의 병사들은 자신의 지휘관의 지휘받기를 거절하고, 그를 살해해서 거리로 내던져버렸다. 병사들이 시위대에 대량으로 가담하기 시작했다. 2월 27일 노동자들과 함께 볼린스크 연대 병사들은 무기고, 기차역 그리고 가장 중요한 정부기관들을 점령했고, 사회주의자들을 석방시키기 위해 감옥으로 향했다. 차르 정권으로부터 탄압받았던 모든 사람들을 석방시키기 위해서 봉기자들은 페트로파블로브스크 감옥과 동궁, 해군성을 점령했다. 그리고 정부는 해산되었다.

중앙에서의 2중 권력

2월 27일 저녁에 자유에 도취된 군중들은 궁 주위로 몰려들었다. 아침부터 의회와 정당 대표자들이 이미 여기에 와 있었다. 그들은 특별기관 즉, 수도와 국가의 통제를 위한 로드쟌코(M. B. Родзянко)를 의장으로 하는 국가두마 의원들의 **임시위원회**를 창설하기로 결정했다.

이때에 타브리체스크 궁전의 다른 쪽에서 감옥에서 석방된 노동자 대표들, 두마 내의 사회민주당 의원들, 좌파 지식인층의 대표자들의 회의가 열렸고, 그 회의에서 **페트로그라드 노동자 대표자 소비에트 임시집행위원회**가 설립되었다. 위원회는 소비에트에 보낼 자신들의 대의원들을 엄격하게 선출할 것을 노동자들과 병사들에게 호소했다. 곧 약 250명이 타브리체스크 궁으로 왔다. 두마의 사회민주당 의원들의 지도자인 멘세비크 **추헤이드제**(H. C. Чхеидзе)는 페트로그라드 소비에트 집행위원회의 의장으로 선출되었고, 노동당원인 **케렌스키**(A. Ф. Керенский)와 멘세비크인 **스코벨레프**(M. И. Скобелев)가 부의장으로 선출되었다. 집행위원회와 소비에트의 다수는 멘셰비키와 사회혁명당원들이 차지했다.

페트로그라드 노동자 대표자 소비에트

추헤이드제

1917년 3월 1일에 두 새로운 기관의 지도자들 사이에 진보 진영의 대표자들로 구성된 임시정부의 구성에 관한 합의가 이루어졌다. 유명한 젬스키(지방자치 의회)의 활동가인 리보프(Г. Е. Львов) 공이 임시정부 수반이 되었고, **밀류코프**(П. Н. Милюков)가 임시정부 외무부 장관직을 부여받았다. 구츠코프(А. И. Гучков)는 육군과 해군장관이 되었다. 유일한 사회주의자들의 대표인 **케렌스키**(А. Ф. Керенский)가 법무장관이 되었다.

밀류코프

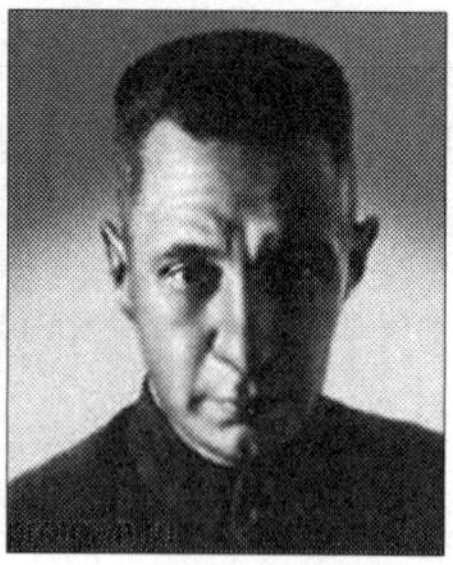

케렌스키

군사열중인 케렌스키

구츠코프

병사들의 위원회가 페트로그라드 소비에트에 가입했다. 그렇기 때문에 페트로그라드 소비에트는 실질적인 군사력을 갖고 있었고, 곧 자체를 전 러시아의 유일한 권력으로 선포할 수 있었다. 그러나 사회혁명 당원들과 소비에트에 참여한 멘셰비키 지도자들은 러시아에서 시작된 혁명은 러시아의 부르주아 민주적 혁명을 완수해야 할 임무가 있다고 생각하고 진보적인 부르주아 계층이 이러한 과정을 이끌어야만 한다고 생각했다. 소비에트의 과업은 임시정부의 활동에 대한 감독과 민주과정에서의 이탈에 대한 임시정부에 압력을 가하는 것이 포함되었다. 그 뿐만 아니라 그들은 사회주의자들과 달리 진보적인 활동가들은 국가행정의 약간의 경험을 가지고 있었다는 것을 잘 의식하고 있었다. 더구나 그들은 민주적 입장에 서있는 모든 정치 세력의 연합만이 내전을 극복하고 러시아에 입헌 군주국을 복원할 수 있다고 생각했다. 그래서 나라에는 이중 권력체제가 형성되었다.

니콜라이 2세의 퇴위

3월 2일 새벽 1시부터 시작해서 국가두마 임시위원회의 의장 로드잔코는 북부전선 총사령관 루즈스키 장군에게 니콜라이 2세의 퇴위를 설득해 달라는 요청을 전보로 보냈다. 니콜라이에게 왕위를 물러나게 해서 차르의 동생 미하일 알렉산드르비치 대공이 섭정을 하고, 13세의 아들 알렉세이에게 양위를 요구하는 전보를 보냈다. 니콜라이 2세의 퇴위에 관한 자신들의 견해를 표명할 것을 요구하는 전보들이 모든 전선의 총사령관들에게 보내졌다. 그 전보의 내용은 사실상 그러한 질문에 대답해야만 되는 형식으로 구성되었다. 곧 대답이 도착하기 시작했다. 최고 군사령관들은 사실상 만장일치로 조국의 구원자이고 왕조의 구원자인 차르에게 임시 국가 두마위원회의 의장에게 동의할 것을 간청했다. 3월 2일 니콜라이 2세는 왕위에서 물러나는 칙령에 서명했고 그 자신의 아들 대신에 동생 미하일 대공에게 왕위를 물려주는 포고령에 서명했다.

니콜라이 2세의 퇴임에 관한 포고령에서

러시아의 운명, 우리 영웅적 군대의 명예, 인민의 복지 우리조국의 미래에 모든 행운을 위해 승리하는 그날까지 전쟁을 수행해야 합니다. 러시아가 존재해 온 이러한 결정적인 날에 우리의 인민들에게 긴밀한 단결을 신속한 승리쟁취를 위해 모든 인민들의 힘의 결집, 국가두마의 동의하에 우리는 러시아 황제의 자리에서 퇴위할 것을 인정합니다. 그리고 최고 권력을 포기할 것도 인정합니다. 나의 사랑하는 아들과 결별하고 싶지 않기 때문에 나의 동생 미하일 알렉산드로비치 대공에게 왕위를 물려줍니다….

그러나 거의 모든 정치 지도자들의 압력을 받은 **미하일** 역시 왕위를 거절한 후에 제헌의회가 군주정치의 운명을 결정할 것을 공표했다(밀류코프만이 군주정치의 존립을 주장했다).

새로운 정권의 정책

1917년 3월 3일에 국내 정치의 과제들이 제시된 임시정부 선언문이 공표되었다.

임시정부 포고령 중에서

1) 테러암살, 군 반란, 농업에 관련된 범죄를 포함한 정치적 · 종교적 범죄자에 대한 즉각적인 사면
2) 언론 · 출판, 동맹, 결사, 파업 등의 정치적 자유뿐만 아니라 군인들의 정치적 자유, 군 기술 분야에 종사하는 군인들에 한하여 정치적 자유의 허용
3) 모든 계급적, 신앙적, 민족적 차별의 폐지
4) 국가의 통치 형태와 헌법을 제정할 제헌의회를 보통, 직접, 평등, 비밀 투표를 통한 제헌의회의 소집에 대한 즉각적인 준비
5) 선출된 책임자를 가진 인민 민병대와 민간 치안대를 설치, 그리고 지방차지기관에게만 복종하는 선

거로 선출된 책임자에 의해서 감독되는 경찰을 인민 치안대로 대치함.
6) 보통, 직접, 평등, 비밀투표에 의한 지방자치기관의 선출

동시에 정부는 러시아가 승리하는 그날까지 전쟁을 계속할 것이고 모든 국제적인 의무를 수행할 것을 공표했다. 전쟁의 지속에 대한 정책부터 시작하여 임시정부는 사회경제 정책도 입안했다. 임시정부는 그러한 정책의 실시가 나라의 국방력의 저하에 영향을 끼치지 않을 정도의 실시가 가능하다고 생각했다. 그러기 때문에 하루 8시간 노동제도에 관한 법안도 공표되었다.

페트로그라드 소비에트는 기업에서 하루 8시간 노동제 실시에 관해서 공장주 협회와 합의에 서명해야만 했다. 이러한 과정에서 임시정부는 모든 사람이 참여하는 선거로 구성되는 제헌의회의 소집 때까지 농업문제의 해결과 민족별 국가의 설립의 문제를 연기했다. 병사의 외투를 입은 농민들이 자신들의 참여 없는 토지의 분배를 수긍하지 않을 것이기 때문에, 이러한 대규모 토지의 분배가 광범위한 전선의 붕괴를 초래할 것이라고 생각했기 때문에 소비에트는 이러한 결정을 지지했다.

1917년 3월에 식량위기에 대한 대책으로 식량거래의 국가 독점에 관한 법령이 공표되었다. 그래서 농민이 가진 모든 식량은 식량 기관에 의해 몰수되었다. 4월 23일에 정부는 기업에서 생기는 기업 내에 창립된 생산과 분배에 대한 ≪**노동자 통제**≫를 실현하는 공장위원회를 합법화했다.

2월 혁명이후의 소수민족 문제

내무부 산하에 창립된 민족부는 러시아 민족과 관련된 모든 입법과 행정업무에 있어서 임시정부에 협력하고, 민족들의 모든 정치 생활의 현상과 그들의 문화적 필요에 대한 자료를 수집 · 정리하여 이 분야의 정보를 정부에 제공하고, 제헌의회를 위한 상응하는 법안의 준비와 관련된 업무를 실시하는 것 등의 과업을 담당해야 했다.

러시아 자유주의자들은 모든 국민들에게 동등한 시민권과 자유를 부여하는 토대위에 통일정부와 국가의 통일의 유지를 지지하는 사람들이었다. 그들은 또 민족문제를 해결하는 방법을 발견했다. 민족문화 자치와 지방자치체제의 발전을 도입함으로써 민족문제 해결방법을 찾았다. 멘셰비키는 자신들의 위상의 하락을 경험했다. 그러나 정치적 동맹자들인 사회혁명당원들은 민족자결주의와 개별 민족 간의 연방적인 관계 확립을 요구했다. 그러나 사회혁명당원들은 제헌의회의 결정을 기꺼이 기다릴

각오가 되어 있었다.

2월 혁명 후 소수민족들이 거주하는 변경지역의 상황은 근본적으로 변했다. 민족운동이 활발해진 것이다. 새로운 정당들이 생겼고, 과거의 정당들이 민족문제에 관한 자신들의 정책을 변경했고, 모든 소수민족의 지배층들은 정치적 성격을 띠었다. 혁명의 자유의 맛을 본 소수민족 지도자들 대부분은 민족문화자치만으로 민족하기를 원치 않았다.

3월에 임시정부는 폴란드인들에게 보내는 포고문을 발표했다. 그 포고문에서 폴란드인들에게 미래에 독립이 부여될 것이라고 언급하였다. 그러나 폴란드 영토는 오스트리아-독일 군대에 의해 포위되었고 1916년 11월에 이미 ≪폴란드 국가≫의 수립이 선포되었다. 임시정부의 특별규정에 따라 ≪거주 자격≫은 취소되었고, 유태인들은 모든 시민권을 부여받았다.

임시정부는 핀란드 자치권을 복구시켰지만 완전한 독립을 위한 강화된 분위기를 신랄하게 비난했다. 1917년 7월에 핀란드 의회가 핀란드의 영토에서의 입법권과 행정권을 **세임**(сейм: 의회)으로의 양도를 선포하는 ≪권력에 관한 법≫을 채택했을 때 임시정부의 지시에 따라서 반란을 한 핀란드 의회는 군대에 의해 포위되고 해산되었다. 새로운 선거가 1917년 1월에 개최되었다. 최고 권력의 소유자로 임시정부를 인정했던 부르주아 정당들이 선거에서 승리했다. 그러나 임시정부는 거의 파산 상태에 있었고 핀란드에서도 내전이 일어났다. 많은 도시에서 권력이 사법권의 인준과 이행을 주창했던 적위군 부대로 넘어갔다. 이미 임시정부가 몰락한 후인 11월 23일에 핀란드 의회 세임은 핀란드를 독립 정부로 선포했다.

3월 4일에 키예프에서 열렸던 일련의 사회주의 정당들의 회의에서 자신들의 권력의 기관 즉 그루세브스키를 의장으로 하는 중앙 라다(рада)를 결성하는 결의안이 채택되었다. 6월에 중앙 우크라이나 노동자 대표자 회의는 우크라이나의 자치를 선포했다. 그루세브스키 의장 산하의 상임입법기관인 **소라다**와 정부인 총서기국이 설립되었다. 그리고 임시정부는 양보하여 총서기국을 페트로그라드에 있는 중앙 권력 기관의 통제를 받는 우크라이나의 최고 행정기관으로 인정하기로 결정했다.

7월에 민스크에서 열린 민족주의적인 정당들과 단체들의 라다(рада) 대회에서 벨로루시 라다가 결성되었다(10월부터 대벨로루시 라다로 불리기 시작했다). 라다의 지도자들은 러시아 국가의 구조 내에서 벨로루시의 자치의 회득을 제안하기 시작했다.

1917년 4월에 예카테리노다르에서 열린 카자크들 회의해서 카자크들은 자신들의 정부와 수장을 선출했던 쿠반 변경주 군대 라다가 결성되었다. 지방에서도 전시상황이 도입되었고, 장교들, 생도들, 부유한 카자크들로 구성된 민병대가 결성되기 시작했다. 1917년 10월 24일에 **쿠반 정부**는 자체를 최고 권력기간으로 선포하여 임시정부에 종속되길 거부했다.

4월 테제

볼셰비키는 2월에 일어난 사건에 적극적으로 참여하지 않았다. 볼셰비키 당의 많은 지도자들은 투옥되었거나 해외 망명 중에 있었다. 러시아 사회민주노동당의 러시아 전역의 당원수는 2만 4천 명을 넘지 않았고, 페트로그라드에는 몇 백 명의 당원밖에 없었다(멘셰비키와의 최종적 분열이 있은 후에 볼셰비키들은 자신들의 당을 개명하기 시작했다). 그래서 볼셰비키당은 임시정부에 대한 관계에서 멘셰비키와 사회혁명당원들의 입장과 완전히 달랐던 페트로그라드 소비에트에서 소수파를 차지했다. 그러나 곧 당내의 상황은 근본적으로 변했다.

사회민주당의 투옥된 사람과 망명된 사람들의 정치적 사면이 공표된 후에 페트로그라드로 혁명정당들 지도자들이 돌아오기 시작했다. 1917년 4월 3일에 독일의 영토를 거쳐 취리히로부터 페트로그라드로 특별열차를 타고 레닌이 이끄는 사회민주당원들이 돌아왔다. 다음날 레닌은 페트로그라드 중앙 위원회 의원들과 당의 간부들 앞에서 다음과 같은 ≪4월 테제≫ 제목의 보고를 했다. 이 보고서는 나중에 ≪프라브다≫ 신문에 ≪주어진 혁명에서 진행된 프롤레타리아들의 과업에 관한 혁명≫이란 제목의 기사로 게재되었다.

4월테제를 선포하는 레닌

≪레닌의 4월 테제 중에서≫

2. 러시아에서 지금 벌어지고 있는 이 혁명적 순간의 특징은 프롤레타리아의 의식과 조직이 부족한 상태에서 부르주아에게 권력을 부여해주는 혁명의 첫 단계에서 프롤레타리아와 가장 가난한 농민들에게 권력을 부여해야 하는 두 번 째 단계로 넘어가는 과도기 상태에 있다. 즉 당은 지금과 같은 과도기에서는 전술에서 신축성을 가져야 한다.

3. 공약이 허위로 밝혀질시, 임시정부에 어떠한 지원도 말라.
4. 노동자 대표자 위원회의 다수 속에서 우리당들은 소수에 있단 사실을 인정하고, 대중들에게 노동자 대표위원회는 여러 가지 문제를 논의할 수 있는 유일한 공간이며, 한편 소수의 입장에 있는 우리들은 일을 비판하고 실수를 찾아내며, 동시에 모든 국가의 권력은 노동자대표 위원회로 양도해야 한다는 불가피성을 동시에 선전해야 된다는 사실을 인정. 즉 소비에트의 권력을 확장함과 동시에 소비에트 안에서 볼셰비키의 권력을 확장해야 한다.
6. 농업정책에서 모든 지주들의 토지를 압수, 전국의 모든 토지는 국유화, 고용인과 농민 대의원들의 현지 소비에트에 의한 토지의 분할, 각 대 귀족의 영지에 고용인 대의원들의 통제와 사회적 소유에 두는 모범적 농장의 창립…

임시정부의 4월과 6월의 위기

4월 18일에 외무성 장관 **밀류코프**는 러시아의 동맹국 정부들에게 외교문서를 보냈다. 그 외교문서에서 그는 승리를 거둘 때까지 전쟁을 수행할 결정을 그들에게 확신시켰다. 페트로그라드, 모스크바, 다른 도시에서의 항의 표시로 대규모 반전 시위가 일어났다. 밀류코프와 전쟁성 장관 **구츠코프**(А. И. Гучков)는 사임하지 않으면 안 되었고, 임시정부의 첫 위기가 발생했다.

입헌민주당과 10월당의 지도자들은 임시정부의 내각에 온건한 사회주의 정당 대표자들을 입각시키는 것으로 나라의 위기상황을 해결될 수 있다고 생각했다. 1917년 5월 5일에 정부와 페트로그라드 소비에트 집행위원회 간의 긴 협상 후에 연립정부의 구성에 관한 합의가 이루어졌다. 연립정부에는 진보적인 부르주아 계층의 이익을 대변하는 10명의 장관과, 농업부 장관의 자리를 부여받은 사회혁명당 지도자 체르노프(В. М. Чернов)를 포함한 6명의 사회주의 장관이 입각했다. 케렌스키(А. Ф. Керенский)는 육군과 해군장관으로 자리를 옮겼다. 그러나 연립정부는 나라의 상황을 안정시킬 수 없었다. 생산성의 하락이 지속되었고, 모든 계층의 생활수준은 악화되었다. 연립정부의 주요한 비판자 중의 하나인 볼셰비키 영향은 이러한 상황에서 증대되었다.

사회주의 계열의 장관들은 1917년 6월 3일에 열렸던 **제 1차 노동자 – 병사 대표자 회의** 전 러시아 대회를 이용하여 자신들의 불안정한 위치를 공고히 하려고 했다. 멘셰비키와 사회민주당원들은 그 집회에서 결의에 찬 볼셰비키에 의해 분열되었다. 그들은 선거로 새로 구성된 소비에트의 노동자-병사대표 전 러시아 중앙집행위원회의 지도부에서 압도적인 다수를 차지했다. 대의원들은 임시정부에 대한 불신임 결의안을 채택했다. 게다가 멘셰비키 지도자 체레텔리(И. Г. Церетели)는 러시아에는 권력의 장악을 목표로 하는 그러한 정당이 존재하지 않는다고 공언했다. 이러한 말에 대한

제 1차 노동자-병사 대표자 회의

반응으로 레닌은 그러한 정당도 존재하며 볼셰비키는 이것을 매 순간마다 이행할 준비가 되어 있다고 주장했다.

전 러시아 노동자-병사 대표자 대회 상임위원회와 페트로그라드 소비에트 집행위원회의 결의에 따라 그 집회의 결정을 지지하기 위한 대규모 대중 집회가 6월 18일에 예정되었다. 볼셰비키는 자신의 지지자들에게 ≪**모든 권력은 소비에트로!**≫라는 슬로건을 갖고 시위에 참가할 것을 요구했다. 6월 18일 페트로그라드에는 40만 이상이 참가한 장엄한 선포식이 진행되었다. 그 집회 지도자들의 기대와는 달리 그 시위대는 주로 볼셰비키의 주장이 쓰인 슬로건을 들고 있었다. 대규모 반정부 시위는 모스크바, 트베르, 니즈니 노브고로드 등 많은 다른 도시에서 일어났다. 두 번째 정치적 위기가 일어났다. 오랫동안 준비했던 전선에서의 공격 덕분에 정부는 위기의 탈출을 시도했고, 전쟁에서의 성공은 증대된 불만의 물결을 진정시킬 것이라고 가정했다. 그러나 6월 18일에 남-서부 전선에서 시작된 공격은 곧 실패로 끝나버리고 말았다.

정권의 7월 위기

1917년 7월 4일 페트로그라드에서는 50 만이 모인 시위가 있었다. 그 시위대는 볼셰비키의 슬로건인 ≪모든 권력을 소비에트로!≫라는 구호 아래서 진행되었다. 전날

밤 몇 군부대 위원회에서는 임시정부를 무력으로 전복시키는 것과 기업, 은행, 조직, 상점들을 압수하는 것을 요구하는 주장이 제기되었다. 도시의 여러 지역에서 총격전이 벌어졌고 사상자, 부상자들이 속출했다. 수도에서 몇 군부대를 전선으로 빼내려는 시도들이 불만의 도화선이 되었다. 7월 5일 임시정부는 페트로로그라드 소비에트 집행위원회의 지지 하에 상황을 통제할 수 있었다. 페트로그라드로 전선에서 전투부대들이 도착했다. 시위대는 해산되었다. 사회민주노동당의 권위를 손상시켰던 볼셰비키 지도자들이 독일을 위해서 스파이 활동을 했고, 독일 총참모부로부터 돈을 받았다는 비난은 이러한 군 작전의 성공을 가능케 했다. 임시정부는 레닌의 체포명령을 내렸다. 볼셰비키는 불법화되었다. 레닌은 수염을 기르고, 변장해서 페트로그라드에서 탈출했다.

새로운 상황이 레닌에게 당의 전략의 변화를 가져올 정도로 충격을 주었다. 레닌은 6월의 사건 후에 소비에트는 임시정부 앞에 항복했고, 반혁명 세력이 승리를 거뒀으며, 2중 권력은 끝났다고 결론을 내렸다. 그래서 평화적인 발전에 맞추어진 ≪모든 권력을 소비에트로!≫라는 구호를 폐지시키는 것이 불가피했다. 사실상 이것은 임시정부를 무력으로 전복시킬 음모를 꾸밀 필요성을 의미했다.

7월 8일에 **리보프**(Львов) 공은 해임되었다. 케렌스키가 임시정부의 수상이 되었다. 7월 12일에 케렌스키가 전선에서 총살형 제도를 도입했다. 7월 18일에 진보적인 총사령관 **브루실로프**(А. А. Брусилов)를 교체해서 그 자리에 나라의 질서를 회복하는데 도와줄 것을 생각해서, 결단력 있는 장군인 **코르닐로프**(Л. Г. Корнилов)를 임명했다. 7명의 온건한 사회주의자들과 입헌민주당에 속한 8명의 장관을 임시정부에 입각시켰다. 그래서 케렌스키가 수상과 전쟁성 장관이 되었다.

임시 정부는 지지세력을 결집하여 나라를 내란으로 분열되는 것을 예방하기 위해 8월 12일에 모스크바에서 국가회의를 개최했다. 그 위원회에 군대대표들, 정치사회단체의 대표들, 과거의 국가두마의 의원들이 참여했다. 이 회의에 볼셰비키는 참가하기를 거절했고, 같은 날 모든 도시를 마비시킨 강력한 파업을 모스크바에 주도했다. 정부의 정책노선에 대한 예상된 지지 대신에 대의원들은 대부분 나라에 무질서를 종식시킬 필요성에 대해 연설했다. 전선에서 규율을 확립하는 즉각적인 강력한 조치를 확정한 총사령관 코르닐로프의 연설은 박수갈채를 받았다.

코르닐로프 장군의 쿠데타

8월 23일에 전쟁성 장관의 직무를 수행했던 사빈코프(전사회혁명당원들의 전투조직의 지도자)가 최고 참모부로 코르닐로프를 방문했다. 그는 결정적인 조치들을 실행하는 과정에서 볼셰비키가 조장한 심각한 소요사태가 일어날 경우에 임시정부는 위험에 빠질 수 있다고 말했다. 그래서 제 3 기마부대와 몇 개의 다른 부대를 페트로그라드에 투입하는 것이 불가피 했다. 크리모프(А. М. Крымов) 장군의 기마부대가 이동을 시작했을 때 병사들이 독재자 자리에 오른 결단력 있는 군사령관 보기를 선택할 것이라는 사실에 케렌스키는 놀랐다. 8월 27일에 케렌스키는 모든 권력의 이양에 대한 최후통첩을 제시한 것처럼 코르닐로프를 반역자로 선포했고 그를 최고위 총사령관 직에서 해임했다. 코르닐로프는 불복하여 크릴모프의 군대를 페트로그라드로 전진하도록 명령했다.

코르닐로프

페트로그라드에서의 상황은 매우 긴박했다. 8월 27일의 자정에 전 러시아 소비에트 중앙집행위원회는 비상기관인 반혁명 분쇄 인민 위원회를 창립했다. 볼셰비키 대표자들도 그 위원회에 가담했다. 자신의 권력을 구출하기 위해서 케렌스키는 볼셰비키들에게 그들의 과거의 스파이 활동을 요구했다. 그리고 볼셰비키들은 적극적으로 그러한 과업에 가담해서 코르닐로프와 대항하기 위해 4 만 명을 동원했다. 페트로그라드에서 도시방어를 위해 노동자 민병대와 적군수비대가 무장했다. 페트로그라드의 수비를 돕기 위해서 혁명적 성향의 수천 명의 수병들과 병사들이 왔다. 수백 명의 선동가들이 크릴모프 부대로 보내졌다. 8월 30일에 사실상 한 번의 교전도 없이 반란군들은 제지당했다. **크릴모프**는 총으로 자살했고, 코르닐로프는 체포되었다. 9월 1일에 좌익세력들의 요구에 응하여 케렌스키는 러시아를 공화국으로 선포했다.

그럼에도 불구하고 정권의 상황은 매우 불안정 했다. 볼셰비키와의 연합으로 코르닐로프를 제거한 후에 멘셰비키, 사회혁명당원들, 사회지도자들에게 현실적인 문제들이 대두되었다. 어떤 정치세력들과 협력해야 될 것인가? 예전처럼 입헌민주당원들 또는 볼셰비키와 모든 사회주의 계열의 정당들의 연합을 구성해야 되는 것인가? 9월 14일에 업무를 시작한 민주적 회의에서 이 문제를 토의하기로 결정되었다. 자신의 정당소속을 발표한 대의원 중에서는 532명이 사회 혁명당원이었고, 172명이 멘셰비키, 134명이 볼셰비키이었다. 장기간의 토의 끝에 약간의 앞선 표 차이로 입헌민주당과의 연합이 찬성되었다. 제 3차 연립정부에는 6명의 입헌민주당원, 1명의 사회혁명당원, 3명의 멘셰비키, 2명의 노동당, 1명의 무소속과 2명의 군 출신인사가 참여했다. 케렌스키가 수상이며 총사령관이 되었다. 과거의 정당구성을 가진 새로운 내각의 구성은 경제위기가 증대되는 속도에 따라 더욱 더 악화되고 있는 정치적 상황을 안정시킬 수 없었다.

사회-경제적 상황

계속되는 전쟁이 경제악화의 주된 원인이 되었다. 국가 자원의 80% 이상이 전쟁에 투입되었다. 동시에 연료와 원자재의 부족 때문에 기업들이 문을 닫았다. 1917년에 산업 생산량은 3분의 1 이상 감소되었다. 철도운송망도 와해되었고 식량의 극심한 부족을 겪었다. 임시정부는 도시와 농촌간의 물물교환을 부활시키려고 시도했지만 실패했다. 8월에 매입단가가 2배나 증대되었다. 그러나 이것은 소매가격의 급격한 증대를 초래했다. 게다가 운송문제는 도시에서의 식량의 공급을 어렵게 만들었다. 마침내 정부는 더욱 더 크게 행정조치에 의존하게 되었다. 3월에 식량독점과 함께 6월에는 생산되는 감자의 독점도 도입되었다. 1917년 여름에 식량공급기구가 설립되었다. 도시민들과 군부대들이 수확을 돕기 위해서 농촌으로 갔다. 석탄, 석유, 봉강, 피혁, 모직물, 소금, 계란, 고기, 매운 담배 등의 고정 가격제가 도입되었다.

그러나 이러한 조치는 기대되었던 바람직한 결과를 초래하지 않았다. 비누, 차, 채소, 못 등의 생필품이 사실상 거래에서 사라졌다. 권연의 부족은 심각했다. 8월 말에 모스크바와 페테르부르크에서 하루에 200g까지 감축되었다. 10월 5일에 전선에서 밀가루 비축량이 6~15일분이 남았고, 10월 14일에 페트로그라드에선 7~8일분만 남았다.

임시정부는 케렌스키라고 표시된 지폐를 발행하기 시작했다. 대량상품이 뒷받침되지 않은 화폐는 급속도로 가격이 하락했다. 1917년 10월에 1루블은 기껏해야 전쟁

전의 6 코페이카의 가치가 되었다. 그 당시 식량 가격은 16배나 올랐고, 감자 가격은 20배, 설탕 가격은 27배나 올랐다. 주민들의 생활수준은 급격히 하락했다. 봄과 비교해서 9월과 10월에 동맹파업이 전체적 숫자는 7. 7배나 증대되었고, 2천 5백만 명이 참여했다. 농민반란의 물결, 농민들의 지주의 땅을 점유, 영지파괴, 권력에 불복종 등이 증대되었다. 전선에서의 상황도 심각했다. 독일군은 문준드스크 섬들을 점령했고, 발트 함대를 핀란드 만으로 밀어냈다. 페트로그라드의 위협은 더욱 더 사실적이 되어갔다.

결 론

전쟁으로 촉발된 사회 · 정치적, 경제적 위기가 러시아 혁명의 원인되었다. 차르체제는 붕괴했고, 자유주의자들과 온건한 사회주의자들이 정권을 잡았다. 전쟁의 지속, 개혁의 지연, 확고한 정권의 부재, 경제적 위기, 생활수준의 하락 등이 임시정부의 권위의 실추와 대중의 불만을 초래했다.

15. 볼셰비키 정권의 수립

볼셰비키의 집권

트로츠키

1917년 9월 1일에 실시된 페트로그라드 선거에서 볼셰비키는 다수를 차지했다. 권력의 문제에서 레닌의 입장을 지지했던 **트로츠키**가 소비에트 집행위원회의 의장으로 선출되었다. 9월 5일에 볼셰비키는 모스크바의 소비에트에서도 다수를 차지했다. 러시아 사회민주 노동당의 선동에서 ≪모든 권력을 소비에트로!≫라는 구호가 다시 등장했다. 그러나 이제 그 구호는 무장봉기를 요구하는 것처럼 들렸다. 불법적인 상태에 있었던 레닌은 페테르부르크와 모스크바 노동자-병사 소비에트에서 다수를 차지했기 때문에 볼셰비키는 국가권력을 장악할 수도 있고 또 그렇게 해야 한다고 생각했다. 당 중앙 위원회에 보내는 서한에서 레닌은 ≪페테르부르크와 모스크바에서 무장반란, 권력장악, 정부의 전복…≫을 언급했다.

페트로그라드로 돌아온 후에 10월 10일에 레닌은 중앙 위원회의 비밀회의를 소집했다. 참석한 12명중 10명이 레닌의 무장반란 결의안을 찬성했다. 카메네프는 반대했고, 지노비예프는 찬성했다. 1917년 10월 12일에 페트로그라드 소비에트 산하에 반란의 준비를 위한 총참모부의 역할을 수행한 **군사혁명 위원회**가 설립되었다. 사회혁명당 좌파의 대표들도 군사혁명 위원회에 가담했다. **트로츠키**가 군사혁명 위원회의 의장이 되었다. 10월 22일에 군사혁명 위원회는 페트로그라드의 수비대의 모든 부대에 대표자들을 보냈다. 이때에 도시의 모든 지역에서 볼셰비키당은 가장 훌륭한 당의 웅변가들이 연설을 했던 많은 집회를 조직했다.

10월 24일 정부의 조치에 따라 경찰과 사관생도들의 부대는 볼셰비키의 신문인 ≪노동의 길≫을 인쇄했던 인쇄소를 폐쇄했다. 볼셰비키는 이것을 반혁명의 음모로 비난했다. 군사혁명 위원회는 페트로그라드 수비대의 모든 부대와 발틱 함대의 모든 함정으로 전투준비를 시작하라는 훈령 1호를 보냈다. 같은 날 노동 적위대와 병사들은 다리, 우체국, 전화국, 기차역 등을 점령하기 시작했다. 아무도 그들에게 최소한의 저항도 하지 않았다. 10월 25일 아침에 페테르부르크는 반란군의 수중에 있었다. 군사혁명 위원회는 러시아 시민에게 보내는 통보문에서 권력의 장악을 선포했다. **겨울궁전**을 공격할 때 그곳을 수비하기 위해서 남았던 사관생도의 부대와 여성 자원군들과 소규모 교전이 있었다. 10월 26일 밤에 겨울궁전은 함락되었다. 케렌스키는 공격을 받았을 때 이미 궁을 빠져나갈 수 있었다. 임시정부의 나머지 각료들은 체포되었다.

제 2차 소비에트 대회의 활동의 시작

10월 25일 저녁에 **제 2차 전러시아 노동자 · 병사 대표자 소비에트** 대회가 열렸다. 739명의 대의원 중에 338명이 볼셰비키였고, 127명은 볼셰비키의 무장반란 음모를 지지했던 사회혁명당 좌파의 대의원들이었다. 멘셰비키와 사회혁명당 우파는 볼셰비키의 반란을 신랄하게 비난했고, 사회의 모든 계층이 참여한 새로운 내각의 구성에 대해서 임시정부와의 협상을 시작할 것을 요구했다.

멘셰비키의 결의안

1) 군사반란의 음모는 소비에트에 참여한 다른 모든 정당들과 정파들 모르게 소비에트의 이름을 도용하여 볼셰비키에 의해 조직되었고 실현되었다.
2) 소비에트 대회의 전날에 페트로그라드 소비에트의 권력장악은 혁명적 민주주의 전권을 가진 대표자로서의 소비에트의 의미를 훼손했다.
3) 이러한 음모는 나라를 내전의 소용돌이에 빠뜨릴 것이며, 제헌의회를 무산시킬 것이고, 군사적 재난과 반혁명의 승리를 초해할 것이다.
4) 상황을 평화적으로 해결할 수 있는 유일한 방법을 모든 민주진영에 의존하는 정권의 구성에 대해서 임시정부와 협상하는 것이다; 사회민주노동당(1917년 8월부터 멘셰비키의 공식적인 당명으로 사용됨)은 소비에트의 이름을 도용한 볼셰비키의 활동에 대한 모든 책임을 지지 않을 것이고 나라의 파멸과 혁명적 모험주의에 대하여 노동자들과 병사들에게 경고하는 것을 노동자 계급에 대한 의무로 생각한다… 이러한 사실들에 주의를 환기하면서 사회민주노동당은 현재의 소비에트 대회에서 탈퇴할 것이며 볼셰비키의 활동에 대한 책임을 지기를 거부하는 모든 다른 정파들에게 상황을 토론하기 위해서 즉시 회합할 것을 촉구합니다.

대회의 지지를 받지 못한 후에 멘셰비키와 사회 혁명당 우파는 회의에서 퇴장했다. 이렇게 그들은 새로운 권력기구의 구성에 참여할 기회와 내부에서 볼셰비키의 활동을 수정할 기회를 포기해 버렸다. 볼셰비키당을 지지하여 페트로그라드 군사혁명 위원회에 참여했던 사회혁명당 좌파들은 사회혁명당의 중앙 위원회의 요구를 거부하고 소비에트 대회의 활동에 참여했다.

소비에트 정권의 첫 포고령들

혁명의 주요한 과업들을 해결하려하지 않았기 때문에 대중의 신뢰를 상실한 임시정부의 슬픈 경험에서 교훈을 얻은 레닌은 곧 2차 소비에트 대회에 평화, 토지, 권력에 대한 포고령 채택을 제안했다. 소비에트는 모든 교전국과 인민들에게 전면적인 민주적 휴전 즉 무배상 무병합의 정전을 제안했다. 농민의 대표자들이 농업개혁에 대해서 제안했던 1차 소비에트에 보고된 242개 조항의 지방 농민들의 주장들이 토지 포고령에 포함되었다.

토지에 대한 농민들의 요구 중에서

토지문제의 가장 공정한 해결은 다음과 같이 처리되어야 한다 :

1) 토지에 대한 사적 소유권은 영원히 폐지된다. 토지를 매도하거나 매수할 수 없고, 임대나 담보, 다른 몰수의 수단으로 제공될 수 없다. 모든 토지는… 무상으로 몰수되어 전인민의 소유로 귀속되어 모든 노동자의 이용으로 전환된다… .
6) 자신의 노동으로 경작하기를 원하는 러시아 국가의 모든 시민들은 토지를 이용할 권리를 부여받는다… 고용노동은 허용되지 않는다…
7) 토지 이용은 평등해야 한다. 즉 현지의 조건들, 노동과 수요의 기준에 따라 토지는 노동자들에게 분배된다…
8) 모든 토지는 몰수될 때 전인민의 토지기금으로 들어간다. 노동자들에게 토지의 분배는 지방과 중앙의 자치기관들에 의해 처리된다… 토지기금은 인구의 증가와 농업의 생산성과 재배의 증대에 따라 정기적으로 재분배 된다.

훈령에 구성된 요구들은 볼셰비키에 의해서 제안된 적이 없었다. 그러나 레닌은 농민들의 지지 없이는 권력을 유지하는 것은 거의 성공할 수 없다는 것을 잘 이해했다. 그러기 때문에 그는 사회혁명당의 농업정책을 차용하여 채택했다. 농민들도 볼셰비키를 지지했다. 권력에 대한 포고령은 모든 곳에서 노동자, 병사, 농민 대표자 위원회로의 권력이양을 선포했다. 소비에트 대회는 전러시아 중앙집행위원회의 구성을 선출했는데, 62명이 볼셰비키였고, 29명이 사회혁명당 좌파의 위원들이었다.

집행 권력은 새정부인 레닌을 수상으로 하는 **인민 위원의 위원회**로 양도되었다. 사회혁명당 좌파들은 내각에 참여하라는 볼셰비키의 제안을 거절했다. 그들은 자신들의 당과 완전히 결별하기를 원치 않았고 매래에 모든 사회주의 계열의 정당의 대표자들의 연립정부의 구성을 희망했다. 10월 29일에 인민 위원의 위원회는 8시간 노동제의 실시를 공포했다. 각 포고령이 토의되고 채택될 때 그러한 것들은 국가체제의 원칙을 입법으로 공고히 해야 할 제헌의회가 소집될 때까지 임시적 성격을 띤다는 것이 강조되었다.

케렌스키의 몰락과 지방에 새로운 권력의 확립

페트로그라드에서 피신한 케렌스키는 적지 않은 군대를 모을 수 있었다. 10월 24일에 이미 페트로그라드에 시장 시레이데르(Г. Н. Шрейдер)를 수장으로 하는 사회안전 위원회가 설립되었다. 10월 26일에 시 의회, 구전러시아 중앙집행위원회, 전러시아 농민 대표자 소비에트 집행위원회의 멘셰비키와 사회혁명당 대의원들과 제 2차 소비에트 대회에서 퇴장한 사회주의 계열의 정당들의 대의원들이 조국과 혁명 구출위원회를 창립했다. 그 위원회는 케렌스키의 군대가 페트로그라드에 입성과 동시에 볼셰비키에 대항해서 봉기할 것을 계획했다. 그러기 때문에 그 구출위원회는 즉시 봉기할 것을 명령했다. 적위대와 수비대의 병사들에 의해서 진압된 반란이 시작되었다. 10월 30일에 케렌스키의 군대는 그가 몸을 숨길 수 있었던 폴코프스크 언덕 근처에서 격퇴되었다.

10월 25일에 모스크바의 볼셰비키는 권력 장악을 위한 일련의 조치들을 착수했던 당의 중심을 창립했다. 저녁에 모스크바 노동자 병사 대표자 소비에트의 통합 전체회의가 열렸다. 거기서 **볼셰비키와 멘셰비키로 구성된 군사혁명 위원회**가 선출되었다. 이때에 사회안전 위원회를 창립한 도시 두마의 회의가 개최되었다. 위원회의 지시에 따라 모스크바 군관구의 군대를 지휘하는 랴브테프는 볼셰비키들과의 투쟁을 조직하기 위해서 장교들과 사관생도들을 동원했다. 2일 동안 그는 도시의 중앙을 통제할 수 있었다.

군사혁명 위원회의 지시에 따라 10월 28일 아침부터 모스크바의 노동자들의 정치적 파업이 시작되었다. 수비대의 군부대의 대표자 회의는 군사혁명 위원회의 전폭적인 지지와 모스크바 군관구의 총참모부와 사회안전 위원회의 조치들의 불인정을 선포했다. 10월 29일에 모스크바의 상황은 반란군들에 유리하게 변했다. 볼셰비키들은 트베르스크 거리를 사관생도들의 부대로부터 탈취했고 트베르스크 불르바르의 말리이(Малый) 극장과 시장공관을 점령했고, 레포르토보 방면의 입헌민주당 군대를 포위할 수 있었다. 다음날 입헌민주당원들은 무기를 내려놓았다. 11월 2일 낮에 크레믈은 완전히 포위 상태에 있었다. 사회안전 위원회의 의장인 루두네프 시장은 군사혁명 위원회에 ≪벌어진 상태에서 위원회는 모스크바에서 무장 투쟁을 해체하는 것이 불가피 하며 정치적 투쟁으로 전환할 것≫을 알리는 서한을 보냈다. 이것은 항복을 의미했다.

중앙의 공업지역의 일련의 도시들 이바노보-보즈네센스크, 코스트로마, 트베르, 브랸스크, 야로슬라블, 랴잔, 블라디미르, 코롬나, 세르푸호프, 포돌스크 등의 도시에서 현지 소비에트는 10월 사태 전에 이미 실질적인 권력을 장악했다. 그러한 소비에트들만이 입법을 하여 자체의 위상을 공고히 했다. 사마르, 차리친, 시즈란, 심비르스크 등에서 소비에트의 권력은 평화적인 방법으로 확립되었다. 칼루가와 툴라에서 소비에트 권력이 안정되는 과정은 11월 말에서 12월 중순까지 지체되었다. 현에서는

1918년 봄까지 지체되었다. 사회혁명당이 큰 영향력을 가졌던 중부의 흑토지대에서 권력투쟁은 12월까지, 어떤 곳에서는 1918년 1월까지 지속되었다. 카잔, 사라토프, 아스트라한에서도 똑 같았다. 서 시베리아에서 소비에트들은 12월 초에 권력을 장악했다. 1918년 2월경에 거의 알타이 전 지역에서, 2월에 치타, 베르흐네우진스크, 자바이칼 지역, 극동지역 등에서 연달아 소비에트 권력이 확립되었다.

민족적 · 계층적 불평등의 폐지와 볼셰비키와 사회혁명당 좌파 정부의 구성

새로운 정권은 민족적 · 계층적 불평등을 폐지하는 새로운 법안들을 채택했다. 1917년 11월에 인민 위원 소비에트(CHK)는 **러시아 인민들의 권리선언**을 공포했다. 거기에는 소비에트의 민족 정책을 규정한 가장 중요한 조항들 즉 러시아 민족들의 평등, 자립적인 국가의 분리와 수립까지 포함한 자유로운 자결주의에 대한 그들의 권리, 각종의 민족적, 계급적, 종교적 특권과 제한들의 폐지, 소수민족의 자유로운 발전 등이 포함되었다. 1917년 12월에 볼셰비키는 핀란드의 독립을 인정했다. 나중에 1918년 8월에 러시아 제국 정부에 의해서 체결된 폴란드 분할에 관한 조약의 폐기에 대한 포고령이 공포되었다.

전러시아 중앙집행위원회(ВЦИК)와 인민 위원 소비에트(СОВНАРКОМ)은 11월 10일에 계급과 관직등급의 폐지에 대한 포고령을 공포했다. 귀족, 상인, 농민, 평민 등으로 나눈 계층분리, 공작, 백작, 다른 칭호들과, 관직등급이 폐지되었다. 모든 사람들에게 통용되는 하나의 일반적인 명칭인 러시아 소비에트 공화국의 시민이 확립되었다. 11월 20일에 **인민 위원 소비에트**는 ≪러시아와 동방의 전 무슬림 노동자들에게≫ 보내는 포고령을 발표했다. 거기에서 무슬림 노동자들의 신앙, 관습, 민족적 문화적 제도는 자유롭게 불가침으로 보장될 것이라는 것이 공포되었다. 12월 18일에 남성과 여성의 시민적 권리가 평등해졌다. 1월 23일에 1월 23일에 교회와 국가의 분리와 교회와 학교의 분리에 대한 포고령도 공포되었다.

12월에 날자 계산이 율리안 달력에서 그레고리 달력으로 바뀌었다. 1918년 1월 31일 이후의 첫째 날은 2월 1일이 아니라 2월 14일로, 둘째 날은 2월 15일로 계산되어 표기되었다. 1917년 12월에 인민 위원 소비에트 산하에 반혁명, 파업, 투기 등과의 투쟁을 위한 소비에트 정권의 최초의 숙청기관인 전러시아 비상 위원회(ВЧК)가 창립되었고 **제르진스키**가 그 수장이 되었다.

새로운 정권의 포고령들은 대부분 환영을 받았다. 1917년 11월과 12월 초에 열렸던 전러시아 농민대표자 소비에트 대회도 그러한 포고령들을 지지했다. 그 대회에서 농민 대표자 소비에트 중앙집행위원회와 노동자-병사 대표자 소비에트 중앙집행위원회간의 통합에 대한 결의가 채택되었다. 토지에 대한 포고령에 대한 농민들의 지지는 전러시아 중앙집행위원회(ВЦИК) 내의 사회혁명당 우파들과 좌파들을 정부로 끌어들였다. 1917년 11월과 12월에 7명의 사회혁명당 좌파 당원들이 인민 위원회 소비에트로 입각했다.

제헌의회의 소집과 해산

제헌의회의 소집에 대한 요구는 이미 1차 혁명과정에서 나타났다. 그것은 거의 모든 정당들의 정강에 포함되었다. 볼셰비키는 제헌의회를 옹호하는 구호 아래서 임시정부에 반대하는 운동을 벌렸고 **제헌의회** 구성을 위한 선거를 지연하고 있다고 임시정부를 비난했었다. 그러나 집권한 후에 볼셰비키는 제헌의회에 대한 자신들의 입장을 바꾸었고 소비에트만이 진짜 인민권력의 형태라고 주창했다. 그러나 인민들 사이에 제헌의회에 대한 인기를 고려하여 볼셰비키는 그것의 소집을 취소하는 위험을 감수하지 않았다. 1917년에 실시된 선거의 결과는 볼셰비키를 실망시켰다. 볼셰비키는 총 투표자의 23.9%를 득표했고, 사회혁명당은 40%를 득표했다. 그러나 지역구의 득표에서 사회혁명당 우파는 압도적 다수를 차지했다. 멘셰비키는 2.3%를, 입헌주의자들은 4.7%를 득표했다.

1918년 1월 3일에 전러시아 중앙집행위원회는 레닌이 기술한 노동자와 착취당한 인민들의 권리선언을 채택했다. 그것은 사회의 일관된 사회주의적 체제변화의 토대로 평가받았다. 그 선언서를 제헌의회에서 채택되기 위한 기초적인 문서로 제안하기로 결정되었다. 1918년 1월 5일에 제헌의회의 개회 날에 페트로그라드에서 사회혁명당원들과 멘셰비키가 조직한 제헌의회를 지지하는 시위가 있었다. 정권 당국의 요구에 따라 그 시위는 해산되었다. 제헌의회는 대치하는 긴장된 분위기에서 열렸다. 회의장은 무장한 수병들과 볼셰비키 지지자들로 가득 찼다. 전 러시아 중앙 집행위원장인 **스베르들로프**(Я. М. Свердлов)는 노동에 종사하고 착취 받은 인민들의 권리 선언문을 낭독하고, 그것의 채택을 제안했고, 그렇게 소비에트 정권의 존재와 포고령들을 합법화 했다. 그러나 제헌회의는 이러한 문서들의 인준을 거부했고 사회 혁명당이 제안한 평화와 토지에 대한 법안들을 토의하기 시작했다. 그때 볼셰비키는 제헌회의에서 퇴장할 것을 공포했다. 그들의 뒤를 따라서 그들의 동맹세력인 사회혁명당 좌파의 당원들도 퇴장했다. 경호실장인 수병인 **젤레즈냐코프**(А. Г. Железняков)는 경호원들이 피곤하다고 통보하여 집권 정당들이 퇴장한 후에 늦은 밤까지 계속된 토의를 중단시켰다. 그는 대의원들에게 현장을 떠날 것을 강요했다. 1918년 1월 6일에 전러시아 중앙집행위원회는 제헌의회의 해산에 대한 포고령을 채택했다.

스베르들로프

1918년 1월 10일에 제헌회의가 열렸던 타브리체스크 궁에서 3차 전러시아 노동자-병사 대의원 소비에트 대회가 열렸다. 3일 후에 3차 전러시아 농민 대표자 소비에트 대회의 대의원들이 그 회의에 참석했다. 이렇게 해서 노동자, 병사, 농민 소비에트가 단일 국가체제 내에서 통합되었다. 통합된 대회는 노동에 종사하는 착취당한 **인민들의 권리 선언서**를 채택하고 러시아 사회주의 공화국 소비에트 연방(РСФСР)를 선포했고 전러시아 중앙집행위원회에 새로운 국가의 헌법을 입안할 것을 위임했다.

젤레즈냐코프

사람들 대부분은 제헌회의의 해산에 대한 결정을 조용히 받아들였다. 사회혁명당과 멘셰비키는 복잡한 상태에 있었다. 그들은 제헌회의의 활동을 볼셰비키를 권력에서 축출할 평화적인 방법에 대한 희망과 관련시켰다. 사회혁명당 우파는 더욱 더 볼셰비키와의 무력투쟁의 불가피하다는 쪽으로 쏠리기 시작했다.

결 론

볼셰비키는 전국에서 매우 빠르게 자신들의 권력을 확립했다. 임시정부의 과오를 회피하기 위해서 볼셰비키는 민족적 · 계층적 불평등을 폐지하는 평화와 토지에 대한 포고령을 선포했다. 제헌회의의 해체는 볼셰비키가 소비에트 국가를 민주적 의회제 공화국으로 대치할 의도가 없다는 것을 입증해 주었다.

16. 일당독재체제의 형성

세계혁명과 혁명전쟁의 사상

러시아가 직면한 가장 복잡한 문제 중의 하나는 전쟁에 대한 문제였다. 볼셰비키들은 인민들에게 전쟁의 즉각적인 종결을 약속했다. 그러기 때문에 소비에트 정권이 내린 첫 조치 중의 하나는 2차 소비에트에서 대회에서 채택된 평화에 대한 포고령이었다.

그러나 당 내에서도 이러한 문제에 대한 의견이 일치되지 않았다. 전쟁의 문제는 볼셰비키의 독트린의 원칙적인 규정 중의 하나인 세계혁명의 사상과 가장 긴밀한 형태로 관련되어 있었다. 이러한 사상의 본질은 후진된 러시아에서 사회주의 혁명의 승리는 발달한 자본주의 국가에서 사회주의 혁명이 일어나서 유럽의 프롤레타리아트가 후진성의 극복과 사회주의 사회의 건설에서 러시아를 도와줄 경우에만 확보될 수 있다는 사실에 있다.

세계혁명의 독트린에서 **혁명전쟁**의 사상이 유래되었다. 혁명전쟁의 도움으로 승리한 러시아의 프롤레타리아는 발발한 부르주아와의 전쟁에서 다른 나라들의 프롤레타리아를 도울 것이다. 이러한 상황을 독일의 프롤레타리아에 기대했다. 그러기 때문에 처음부터 승리한 볼셰비키는 모든 교전국들에게 민주적 휴전에 동의할 것을 제안했고 거절한 경우에 세계의 자본과 혁명전쟁을 시작할 것을 계획했다.

독일과의 평화문제에 대한 볼셰비키 지도부 내부에서의 논쟁

1917년 11월 7일에 내무담당 인민 위원인 트로츠키는 모든 교전국에 전면적인 민주적 평화협정을 체결할 것을 제안했다. 독일에서만 협상을 시작하자는 동의를 받았다. 볼셰비키의 독트린의 논리에 따라 혁명전쟁을 시작할 시기였다. 그러나 수상인 레닌은 이러한 문제에 대한 자신의 입장을 변경했다. 군대의 붕괴와 경제위기의 상태에서 독일에 대한 공격은 나라뿐만 아니라 소비에트 정권에게도 불가피한 재난을 초래할 정도로 위협이 될 것이기 때문에, 그는 독일과의 별도의 평화협정을 체결할 것을 주장했다.

1918년 2월 24일의 러시아 사회-민주주의 노동당(볼셰비키) 중앙 위원회의 조직국이 당원들에게 보낸 서한 중에서

군대가 없고, 적군이 잘 무장되어 있고, 적군의 전력이 월등할 때 군사적 교전에 뛰어드는 것은 조국을 수호하는 관점에서 허용될 수 없다. 노동자, 병사, 농민의 소비에트의 압도적 다수가 신중하게 전쟁에 반대할 때 소비에트 사회주의 공화국이 전쟁을 수행하는 것은 불가능 하다. 이것은 모험이 될 것이다 … 지금 전쟁을 하는 것은 객관적으로 러시아 부르주아의 도발에 굴복하는 것을 의미한다. 부르주아는 러시아는 지금 무방비 상태이며 가공할 독일군에 의해 붕괴되리라는 것을 잘 알고 있다… 부르주아는 전쟁을 원하며 또는 소비에트 정권의 전복과 독일의 부르주아와의 협력을 원한다… 군대와 상당한 경제적 준비 없이 농민군이 제국주의에 대항하여 지금의 전쟁을 수행하는 것은 불가능하다.

훗날 ≪좌파 공산주의자들≫로 불렸던 부하린(Бухарин), 제르진스키(Феликс Эдмундович Дзержинский), 콜론타이(Александра Михайловна Коллонтай) 등이 볼셰비키의 집단이 레닌의 제안에 반대했다. 이러한 집단은 세계혁명의 불을 발화시켜야 할 **혁명전쟁**의 지속을 주창했다. 부하린은 소비에트 정권의 위태로움은 독일군의 공격에 있지 않고 소비에트 정권에 대한 혐오감이 소비에트 정권에 대한 합동 군사 원정을 위한 서방의 교전국들을 연합시킬 것이라는 점에 있다고 생각했다. 그리고 그는 국제적 혁명 전선 만이 연합된 제국주의 전선에 대치할 수 있다고 주장했다. 독일과 평화조약을 체결하는 것은 독일 내의 혁명적 반란의 기회를 약화시킬 것이고, 이것은 세계혁명의 기회가 무산된다는 것을 의미했다. 사회혁명당 좌파들도 부하린의 입장을 지지했다.

제르진스키

부하린

콜론타이

≪전쟁을 중단하지도 말고, 군대를 해체하지도 말고, 평화협정에도 서명하지도 맙시다!≫라고 표현한 트로츠키의 입장은 타협적이었지만 논리가 없지 않았다. 그러한 접근은 독일군은 공격작전을 감행할 수 없으며 볼셰비키는 협상을 안 할 수도 있다는 믿음에 토대를 두었다. 트로츠키는 독일의 공격이 시작될 경우에 한하여 개별적

평화협정의 체결의 가능성을 배제하지 않았다. 이러한 상태에서 국제적 노동운동에 평화는 불가피한 것이었고 소비에트와 독일간의 야합의 결과가 아니라는 것이 분명해졌다.

독일과의 개별적 평화협정의 체결과 연립 소비에트 정부의 붕괴

소비에트 러시아와 독일간의 협상이 1917년 11월 20일에 **브레스트 – 리토브스크**(Брест-Литовск)에서 휴전협상이 시작되었다. 12월에 협상이 재개되었다. 트로츠키가 소비에트 협상 대표단을 이끌었다. 그는 항상 협상을 지연시켰다. 독일은 러시아 영토에서 폴란드, 리투아니아, 라트비아와 벨로루시의 일부를 분리시킬 것을 요구했다. 독일이 러시아에 받아들일 수 없는 영토적 주장을 강요한다고 생각한 소비에트 대표단은 1918년 1월 28일 저녁에 협상의 결렬을 공표했다.

2월 18일에 독일군은 동부전선을 공격하기 시작했고 러시아 군대로부터 큰 저항을 받지 않고 소련의 영토 깊숙이 전진하기 시작했다. 2월 23일에 소비에트 정부는 독일로부터 최후통첩을 받았다. 제시된 평화 조건들은 이전보다 훨씬 더 가혹했다. 레닌은 사임하겠다고 위협했다. 그렇게 해서 그는 당 중앙 위원회의 다수를 굴복시켰고 전러시아 중앙집행위원회가 독일이 제시한 조건에 따른 평화조약을 체결하는 결의안을 채택하도록 할 수 있었다.

1918년 3월 3일에 브레스트-리토브스크에서 러시아와 독일 간의 개별적 평화협정이 체결되었다. 브레스트 평화의 조건에 따라 폴란드, 리투아니아, 라트비아의 일부, 벨로루시, 자카프가지예가 러시아에서 분리되었다. 소비에트 정부는 라트비아, 에스토니아, 핀란드에서 자국의 군대를 철수해야 했다. 러시아 군은 중앙 라다의 초대에 따라 오스트리아-독일 군대가 진입한 우크라이나에서 떠나야 했다. 러시아는 5천 6백만 명의 인구와 함께 약 1백만 평방미터의 영토를 상실했다. 전쟁 전에 이 지역에는 경작지의 27%, 철도의 26%가 있었고, 주철과 강철의 73%가 생산되었고, 석탄의 89%가 채굴되었고, 방직물의 38%와 설탕의 90%가 생산되었고, 인구의 40%가 거주했다.

3월 14일에 모스크바에서 브레스트-리토보스크 평화조약의 인준을 위한 소비에트 임시 대회가 열렸다. 반대의 표시로 사회혁명당의 당원들은 인민 위원의 소비에트에서 탈퇴할 것을 공표했다. 양당제 정부는 중단되었다. 그러나 사회혁명당 좌파는 전러시아 중앙집행위원회의 모든 수준의 소비에트에서의 의석을 유지했다.

브레스트-리토브스크 휴전 회담

소비에트에서 멘셰비키와 사회혁명당원들의 숙청

온건한 사회주의자들도 브레스트-리토브스크 평화협정의 체결에 대한 부정적 입장을 취했다. 1918년 5월에 개최된 7차 사회혁명당 소비에트는 평화협정과 인민 위원 소비에트의 권한을 무효화 하는 과제를 주요한 의제로 제안했다. 이것과 더불어 소비에트 정권의 타도 모든 민주진영의 당면한 과제이며, 그것의 성취는 모든 창조적 세력의 통합뿐만 아니라 내전을 중단시키는 방법으로서 전인민 전선의 부활에 의해서만 가능하다는 사실이 특별 결의안에서 강조되었다. 이렇게 사회혁명당원들은 모든 반볼셰비키 세력들의 단결을 요구했다.

4차 소비에트 대회에서 멘셰비키의 지도자 **마르토프**(Мартов)는 ≪우리는 인민 위원 소비에트가 전권을 포기할 것과 평화협정을 중지하고 전쟁을 수행할 수 있는 충분한 군대와 기회를 찾을 수 있는 새로운 정권이 조직되어야 한다는 것을 요구한다≫고 말했다. 사회민주노동당(1918년 4월부터 멘셰비키 당은 그렇게 명명되기 시작했다) 모스크바 지구당은 평화적 운동이 발생하는 경우에 참여를 회피하지 않고 이념적 주도적 세력의 위치를 차지할 기회를 희망한다는 결정을 채택했다. 무장투쟁에 대한 결정을 채택한 사회혁명당 우파들과 달리 멘셰비키는 내부에서 볼셰비키의 권력을 흔들기를 시도했다. 그들은 소비에트와 비슷한 구조를 조직하는 방법으로 즉, 공장에서 전권을 부여받은 회의를 창설할 뿐만 아니라 소비에트에서 재선거 운동으로 소비에트 내에서 중요한 위치를 차지하려고 시도했다.

볼셰비키는 대응 조치에 착수했다. 1918년 6월 14일에 전러시아 중앙집행위원회는 사회혁명당과 사회민주노동당의 대표자들을 축출할 뿐만 아니라 노동자, 병사 농민, 카자크 대표자 등의 소비에트에서 이러한 정파들의 대표자들을 주위에서 숙청할 것을 제안하기로 결의했다. 사실상 이것은 멘셰비키와 사회혁명당을 금지하는 것을 의미했다.

사회혁명당 좌파들의 무장투쟁

좌파 사회혁명당원들이 볼셰비키의 정치적 주도권을 탈취하려고 시도했다. 1918년 6월 24일에 좌파 사회혁명당 중앙 위원회 회의에서 볼셰비키의 브레스트 평화조약의 인준으로 조성된 이른바 틈새(기회)를 종결시키는 것이 러시아와 국제혁명에 이익이 될 것이라는 결의안이 채택되었다. 이 회의에서 농민과 독일 제국주의의 대표자들에 대한 테러행위를 조직할 뿐만 아니라, 농민과 노동자들을 사회혁명당의 투쟁에 가담시켜, 그러한 투쟁을 적극적으로 지지케 하는 조치들을 취하는 것이 제안되었다.

그러나 처음에 사회혁명당 좌파는 5차 소비에트 대회의 연단을 이용하여 볼셰비키에 대한 평화적 의회적 공격을 시작했다. 5차 전러시아 소비에트 대회는 1918년 7월 4일에 열렸다. 대의원의 구성이 사회혁명당 좌파들의 기대에 못 미쳤지만, 그들은 정부에 대한 격렬한 비판을 퍼부었다. 사회혁명당 좌파가 제안한 결의안에서 인민 위원 소비에트의 대내외 정책에 대한 불신이 표명되었고 브레스트 평화조약의 폐기가 제안되었다. 그러나 격렬한 논쟁 후에 그 결의안은 거부되었다.

소비에트 대회에서 패배를 겪은 후에 사회혁명당 좌파들은 도발에 착수했다. 1918년 7월 6일에 테러리스트 블륨킨과 안드레예프는 러시아 주재 독일 공사 미르바흐 공작을 살해했고, 폭탄을 투척한 후에 사회혁명당 좌파의 당원인 포포프(Д. Н. Попов)가 지휘하는 반혁명 파업 분쇄 전러시아 비상위원회(ВЧК)의 부대로 피신했다. 전러시아 비상위원회의 의장 **제르진스키**가 범인을 체포하기 위해서 급히 그 부대로 갔지만 그이 자신이 포로가 되었다. 이것에 대한 대응으로 소비에트 대회의 **사회혁명당 좌파**의 지도자 스피리도노바야가 체포되었다. 볼셰비키는 이러한 사건들을 소비에트 정권의 완전한 전복을 위한 반란의 시작으로 여기고 그것을 진압할 작전을 감행했다. 5차 소비에트 대회의 결의에 따라 사회혁명당 좌파들은 모든 수준의 소비에트에서 추방되었다. 1918년 8월에 개최된 사회혁명당 좌파 소비에트 회의는 당을 비합법적인 상태로 전환하는 것을 승인했다.

러시아 사회주의 공화국 소비에트 연방(PCФCP) 헌법의 채택

7월 9일에 소비에트 대회는 활동을 재개했다. 그 대회는 7월 10일에 소비에트의 권력의 형태로 **프롤레타리아 독재**의 확립을 입법으로 공식화 한 헌법을 채택했다. 프롤레타리아 독재는 부르주아의 탄압, 착취의 타도, 사회주의 건설 등을 목표로 한다는 것이 강조되었다. 헌법에서 러시아의 연방체제와 새로운 명칭인 **러시아 사회주의 공화국 소비에트 연방**(PCФCP)이 공고하게 되었다. **전러시아 소비에트 대회**가 최고 권력기관으로 인정되었고, 대회기간에 전러시아 중앙집행위원회가 선출되었다. 집행권은 **인민 위원 소비에트**에 귀속되었다.

헌법에서 시민의 중요한 권리들과 의무들이 규정되었다. 모든 사람들은 노동을 해야 하고, 사회주의 혁명의 성취를 보존하고, 사회주의 조국을 수호할 의무가 있다. 몇몇 범주의 사람들은 권리를 제한받았다. 그래서 이윤을 얻기 위해서 임금노동을 이용했거나 비노동 수입으로 살았던 사람들인 과거의 차르 시대의 경찰들과 성직자들은 선거권을 박탈당했다. 러시아 사회주의 공화국 소비에트 연방의 헌법에 따르면 농민들과 비교해서 선거의 우월적 특권이 노동자들에게 부여되었다. 농민의 5표가 노동자의 1표와 동등하게 되었다.

결 론

브레스트 평화조약의 체결은 볼셰비키와 다른 사회주의 계열의 정당들과의 최종적인 결별을 초래했고 소비에트 국가에 일당독재의 확립의 토대를 놓았다.

17. 소비에트 정권의 경제정책과 전시 공산주의

경제분야에서 소비에트 정권의 첫 조치들

권력을 장악한 볼셰비키는 전문적 혁명가들이었다. 당의 정강은 권력 장악에 목표를 두었고, 경제적 문제들은 정강에 일반적 특징들만 표현되었다. 프롤레타리아 혁명의 승리와 프롤레타리아 독재가 확립된 후에 자본주의에서 사회주의로 넘어가는 과도기가 도래할 것이라고 가정했다. 이 기간 동안 사유재산을 폐지하고, 노동자-농민의 국가에 생산수단을 집중시키고, 중앙에서 생산의 행정적 할당에 토대를 둔 경제관계를 형성하는 것이 불가피 했다.

1917년 11월에 레닌은 경제 분야에서의 우선적 조치들로 ≪… 공장들에 대한 노동자 통제, 뒤 이은 공장들의 몰수, 은행의 국유화, 나라의 모든 경제를 통제하는 최고경제위원회의 설립≫ 등을 제안했다. 11월 14일에 ≪노동자 통제에 대한 규정≫에 대한 포고령도 채택되었다.

≪노동자 통제에 대한 규정≫ 중에서

2. 선거를 통해서 구성된 기업의 모든 노동자들이 노동자 통제를 실시한다… 6. 노동자 통제 기구들은 생산을 감시하고, 기업의 생산목표를 정하고, 생산된 제품의 원가를 밝히는 절차를 수행하는 권리를 가진다… 7. 노동자 통제기관들은 기업의 모든 사무적 서신을 통제하고 판결을 받은 소유주의 모든 서신들을 검열할 권리를 가진다. 거래상의 비밀은 폐지된다. 소유주들은 노동자 통제 기관에 현재 뿐만 아니라 과거의 회계연도의 모든 장부와 회계장부를 제출해야 한다.

노동자 통제는 고용 노동력이 사용된 모든 산업, 상업, 운송, 은행, 다른 기업들에 도입되었다. 기업의 활동에 노동자 통제의 부당한 개입은 기업가들의 불만을 유발했다. 항의의 표시로 그들 중 많은 사람들이 자신들의 공장들을 폐쇄하기 시작했다. 그것에 대한 대응으로 볼셰비키는 개인 기업들을 몰수하기 시작했다.

인민 위원 소비에트의 포고령에 의해서 공장들이 국유화되었고 노동자들에 의해서 선출된 관리 위원회가 공장들을 관리했다. 1917년 12월에 우랄 지역에서 몇 개의 기업들과 페트로그라드의 푸틸로프스키 공장이 국유화되었다. 그러나 처음에 국유화는 사회주의 경제를 구축하는 도구로서가 아니라 기업가들의 적대적 조치들에 대한 보복으로 시작되었다.

1917년 12월 1일부터 전러시아 중앙집행위원회의 포고령으로 세계 경제적 실례에서 처음으로 민간경제를 통제하고 관리하는 특수한 국가기관인 **최고 인민경제 위원회**(BCHX)가 설립되었다. 사유 재산에 대한 대중적 공격이 시작되었다. 12월 14일에 페트로그라드에서 개인 은행들이 국유화 되었고, 은행업은 국가독점으로 선포되었다. 1918~1919년에 인민은행을 제외한 모든 은행들이 해체되었다. 모든 금고들이 개봉되었고, 고가의 지폐와, 차르시대의 루블화와 금이 몰수되었다.

1918년 1월에 철도운송, 하천과 해양 선박들이 국유화되었다. 1918년 4월에 대외무역의 국유화에 대한 포고령이 공포되었다. 소비에트 정부는 **차르 정권과 임시정부의 대내외 채무의 불인정**에 대해서 선포했다. 1918년 5월 1일에 상속권이 폐지되었다. 1918년 6월 28일자 일련의 산업분야의 국유화에 대한 포고령으로 금속, 철강, 기계제작, 화학, 방직 등의 가장 중요한 산업분야의 모든 대기업들이 국유화 되었다.

토지 사회화(社會化)에 대한 법

소비에트 정권이 산업생산의 분야에서 실험을 하는 동안 농촌에서 토지에 대한 포고령에 따라서 농민들에게 지주의 영지, 수도원 소유지, 봉토 등이 분할되었다. 1918년 2월 19일에 농노제 폐지의 날에 **토지의 사회화**에 대한 법이 공포되었다. 그 법은 볼셰비키와 사회혁명당 좌파들 간의 약한 타협의 산물이었다.

1918년 봄에 토지기금의 재분배가 완성되었다. 토지 관계는 다음 과 같은 형태로 변경되었다. 토지의 사유는 폐지되었고, 국가가 모든 토지의 최고의 소유자였고, 국가는 농민들에게 동등한 노동의 기준에 따라 토지를 분할해 주었다. 이것으로 농민들은 토지의 소유자가 아니라 이용자일 뿐이었다.

정치적 문제에 전념했던 볼셰비키는 당분간 농촌에서 벌어진 사태를 묵인했고, 농업담당 인민 위원뿐만 아니라 지방 토지위원회의 다수를 통제했던 사회혁명당 좌파들에게 많은 문제의 해결을 양도했다. 그러나 곧 상황은 급격하게 변했다.

식량독재체제의 확립

볼셰비키의 집권 첫 반년동안 도시와 농촌간의 경제적 관계는 임시정부 때부터 계획된 도식에 따라 형성되었다. 식량독점과 고정가격이 유지되었고, 식량은 물물교환의 도움으로 확보되었다. 식량 담당 인민 위원은 공산품들을 확보하여 정해진 가격으로 그것들을 농촌으로 보내어 식량의 판매를 촉진시켰다. 그러나 불안정하고 생필품의 부족한 상태에서 농민들은 토지를 분배했던 정부에게 식량을 양도하기를 서두르지 않았다. 게다가 1918년 봄에 군사 · 정치적 상황이 급격하게 악화되었다. 게다가 우크라이나, 쿠반, 볼가강 유역, 시베리아 등의 곡창지역은 중앙과 격리된 상태에 있었다. 소비에트 러시아의 영토에 기근의 위협이 닥쳤다. 1918년 4월 말에 페트로그라드에서 식량배급의 1일 기준량이 50그람으로 줄었다. 모스크바에서 노동자들은 하루에 평균 100그람을 배급받았다. **소련 전역에 기근 사태**가 시작되었다.

1918년 5월 13일자 포고령의 토대 위에서 전러시아 중앙집행위원회는 농민 1인 당 수요 기준량을 알곡 12푸트와 껍질을 벗긴 곡물 1푸트로 확정했다. 알다시피 이러한 기준을 초과한 식량은 잉여농산물로 명명되어 몰수되었다. 이러한 과업을 이행하기 위해서 비상전권을 부여받은 **무장한 노동자 농산물 징발대**가 창설되었다.

식량담당 인민 위원의 비상전권에 대한 전러시아 중앙집행위원회의 포고령 중에서

… 3) 잉여농산물을 소유하고 그것을 공출소로 공출하지 않을 뿐만 아니라 비축된 식량을 밀주로 탕진하는 모든 사람들을 인민의 적으로 선언하고, 그들을 혁명 재판에 넘겨서 최소 10년간의 금고형을 받게 할 것, 그들의 모든 재산을 압수하고 공동체에서 영원히 추방할 것. 4) 잉여 식량을 소유한 사람을 폭로한 경우에 … 그 식량은 무상으로 몰수되고, 신고되지 않은 잉여분의 고정가격으로 계산된 총액의 절반이 잉여물을 감춘 곳을 신고한 사람에게 지불된다. 잉여 식량을 공출소로 실제로 입하한 후에 그 절반이 농민 공동체에게 공급된다.

볼셰비키는 농촌에 대한 도시가 선포한 십자군 원정은 조직적인 식량봉쇄를 위한 전 농민의 단결을 초래할 수도 있는 위험을 감수했다. 그러기 때문에 그들은 농촌의 분열과 나머지 농민들에 대한 빈농들의 적대감에 의존하여 위기를 타개하려는 모험을 감수했다. 1918년 6월 11일에 사회혁명당 좌파의 반대에도 불구하고 볼셰비키는 **농촌 빈농 위원회**의 결성에 대한 포고령을 반포했다.

농촌 빈농의 조직과 공급에 대한 전러시아 중앙집행위원회의 포고령에서

군과 농촌의 빈민 위원회 활동의 범위에 다음과 같은 것들이 포함된다. 1. 식량, 생필품, 농기구의 배분 2. 부농과 부자들에게서 잉여 식량을 몰수하는 지방 식량기관들에 협력하는 것… 부농과 부자들에게서 몰수한 잉여 식량 중에서 농촌의 빈농들에게 식량의 양도는 정해진 기준에 따라 무상으로국가 지출로 진행된다.

농산물 징발

빈농 위원회의 활동은 농촌 주위를 한계까지 붉게 물들였다. 대부분의 지역에서 그들은 현지 소비에트와 충돌하면서 활동했고 그들로부터 권력을 탈취하려고 시도했다. 농촌에 이중권력이 형성되었다. 1918년 12월 2일에 빈농 위원회의 해산에 대한 포고령이 공포되었다. 이러한 결정은 경제 · 정치적 이유 때문에 내려졌다. 빈농 위원회가 식량 공급을 증대시킬 것이라는 예상은 빗나갔다. 농촌으로 무장 원정으로 확보할 수 있었던 식량의 가격은 터무니없이 높았고 볼셰비키에 대항한 일련의 농민봉기를 유발할 정도로 농민들의 분노를 더욱 더 자극했다. 이러한 요소는 볼셰비키를 전복시키는 일에 결정적일 수 있었다. 토지의 분할 이후에 농촌의 모습을 규정했던 모든 중농의 신뢰를 회복하는 것이 불가피했다. 농촌의 빈농 위원회의 해체는 중농을 회유하기 위한 첫 조치였다.

1919년 1월 11일에 식량과 곡물의 할당에 대한 포고령이 공포되었다. 이 포고령에 따르면 국가는 사전에 알곡의 정확한 수요 양을 고시했다. 그 다음 이 양은 주, 현, 군, 농가에 따라 할당되었다. 식량비축 계획의 이행은 의무적이었다. 그러나 식량징발양은 농민들의 생산능력에서 아니라 사실상 모든 잉여식량과 개인적으로 필요한 비축량의 징발을 의미한 국가 수용양의 조건에서 결정되었다. **식량독재의 정책**과 비교해서 새로운 것은 농민들이 사전에 국가의 계획을 알게 되었다는 상황에 불과했다. 그러나 이것은 농민들의 심리에 적지 않게 중요한 요소였다.

국유화의 가속화: 화폐와 현금 간의 관계의 폐지

10명 또는 5명 이상의 노동자들이 종사하고 기계적 동력을 이용하는 중소기업을 포함한 산업기업들의 국유화가 촉진되었다. 모든 방위산업체와 철도 운송은 전시상태로 전환되었다. ≪일하지 않은 자 먹지 않는다≫구호를 선언한 후에 소비에트 정권은 벌목, 도로, 건설 등의 범국가적 규모의 노동의 이행에 전국민 노동의무와 근로 동원제를 도입했다. **노동의무제**의 도입은 임금지불의 문제의 해결에 도움이 되었다. 이러한 분야에서 소비에트 정권의 첫 실험들은 억제되지 않았던 인플레이션을 상쇄했다. 노동자들의 생계를 확보해 주기 위해 국가는 임금을 현물로 보상하려고 시도했고, 현금 대신에 식품배급, 식권, 생필품 등을 지급했다. 이어서 주택, 교통, 공익

시설의 이용비가 폐지되었다. 노동자들을 동원한 국가는 그들의 임금을 거의 완전히 책임졌다.

상품과 화폐의 교환 관계에 대한 사실상의 통제가 볼셰비키의 경제 정책의 논리적 지속이었다. 처음부터 식량과 현물화 된 임금으로 국가가 배분했던 다른 많은 수요가 있는 상품들의 자유로운 판매가 금지되었다. 그러나 모든 금지에도 불구하고 불법적인 거래가 지속되었다. 다양한 수단으로 국가는 실제적 수요의 30~45%만을 처리했다. 나머지 모든 상품은 암 시장에서 식량의 암거래 상인들과 물물 교환을 통해서 획득되었다.

모든 비상조치들 전체를 ≪**전시 공산주의**≫ **정책**이라고 명명되었다. 이러한 정책이 정적들과의 전쟁에서 승리하기 위해서 모든 힘을 집중해야 하는 유일한 목적에 종속되었기 때문에 ≪전시≫란 수식어가 앞에 붙었다. 그리고 착수된 모든 조치들은 독특한 형태로 미래의 공산주의 사회의 몇 가지 사회 · 경제적 특징에 대한 마르크스주의적 예언과 일치했기 때문에 ≪공산주의≫로 명명되었다. 1919년 3월에 볼셰비키의 러시아 공산당 8차 대회에서 채택된 새로운 당의 정강은 **전시 공산주의적 정책**들을 직접 공산주의에 대한 이론적 개념들과 관련시켰다.

결 론

첫 단계의 소비에트 정권의 경제정책은 토지의 사회화와 노동통제에서부터 시작해서 식량독재, 빈농위원회, 대규모 국유화와 중앙 집중화에 이르는 과정을 겪었다.

18. 내전의 시작

내전의 원인들과 주요한 단계들

차르체제가 해체된 후에 멘셰비키와 사회혁명당원들은 무엇보다도 내**전**을 두려워했다. 그렇기 때문에, 그들은 입헌민주당원들과도 합의하기에 이르렀다. 볼셰비키에 대해서 말하자면, 그들은 그것을 혁명의 자연스러운 연속으로 보인다. 그러기 때문에 당시대의 많은 사람들은 볼셰비키의 권력의 무력 탈취를 내전의 발단으로 보았다. 내전은 1917년 10월부터 페트로그라드의 반란부터 극동에서의 무장투쟁이 종결된 **1922년 10월**까지 장기간 지속되었다. 1918년 봄까지 군사작전은 주로 지방분쟁의 성격을 띠었다. 주도적인 반 볼셰비키 세력들은 정치적 투쟁을 벌였고(온건한 사회주의자들), 또는 조직적인 형성 단계에 있었다(백군운동).

1918년 봄과 여름부터 잔인한 정치적 투쟁은 볼셰비키, 온건한 사회주의자들, 몇몇 외국의 연합세력, 백군, 카자크 무장부대 등의 정적들 간의 무력투쟁의 형태로 전환되었다. 몇 기간으로 나뉠 수 있는 내전의 2단계인 전선의 단계가 시작되었다. 1918년 여름부터 가을 전쟁이 격화된 기간이었다. 그 기간은 식량독재가 도입된 기간이었다. 이것은 중산층과 부농들의 불만과 반 볼셰비키 운동을 위한 대중적 기반의 형성을 유발했다. 이것은 그 당시 사회혁명당과 멘셰비키 ≪민주적 반혁명주의 세력≫의 강화와 백군의 단결을 촉진시켰다.

1918년 12월부터 1919년 6월까지는 적군과 백군간의 대결기간이었다. 소비에트 정권과의 무장투쟁에서 **백군운동**은 최대의 성공을 거뒀다. 혁명적 민주주의 진영의 한 쪽은 소비에트 정권과 협력을 시작했고, 다른 한쪽은 두 전선 즉 백군과 볼셰비키의 독재와 싸웠다. 1919년 후반기에서 1920년 가을까지는 백군의 군사적 패배의 기간이었다. 볼셰비키는 중농들에 대한 관계에서 약간 온건한 입장을 취했고, 그들의 필요에 대한 더 신중한 태도를 가져야 한다고 공포했다. 농민들은 소비에트 정권 쪽으로 기울어졌다.

1920년대 말과 1922년까지는 소내전의 시대였다. 정책에 반대한 대규모 농민반란이 일어났던 ≪**소규모 내전**≫기간이었다. 전시 공산주의 정책에 저항하는 농민들의 대규모 반란이 일어났다. 노동자들의 불만이 증대되었고, **크론시타트 수병들의 반란**이 있었다. 사회혁명당원들과 멘셰비키의 영향력이 다시 증대되었다. 이러한 모든 요인들의 볼셰비키를 물러서게 했고, 새로운 경제정책을 도입케 했다. 이것은 내전의

크론시타트의 수병들의 반란

적군의 반란진압

점진적인 약화를 촉진했다.

내전의 첫 발단과 백군운동의 형성

카자크 지도자인 **칼레딘**(А. М. Каледин)은 돈강에서 반볼셰비키 운동을 이끌었다. 그는 돈스크 소비에트 정권의 군대의 지배를 받지 않겠다고 선언했다. 새로운 정권에 불만을 가진 모든 사람들이 돈강 지역으로 모여들기 시작했다. 1917년 11월 말에 알렉세예프(М. В. Алексеев) 장군이 돈강 지역으로 잠입한 장교들로 의용군을 형성하기 시작했다. 포로에서 탈출한 카르닐로프(О. Г. Карнилов)가 의용군을 조직하기 시작했다. 자원군이 붉은 혁명군대들과 대결하는 백군운동의 토대가 되었다. 하얀 색깔은 법과 질서를 상징했다. 백군운동에 참여자들은 자신들을 과거의 러시아 제국의 웅장함과 강력함의 회복을 주창하는 사람으로 생각했다. 그들은 자신들의 견해에 따라 러시아를 혼돈과 무정부 상태로 빠뜨린 세력들 즉 볼셰비키 뿐만 아니라 다른 사회주의 계열의 당의 대표자들과의 냉혹한 투쟁을 생각했다.

1918년 1월 중순에 돈강 유역으로 진출할 수 있는 10만 명의 군대를 형성할 수 있었다. 카자크 부대의 대부분은 새로운 정권에 대해서 호의적인 중립정책을 취했다. 토지에 대한 포고령은 토지를 소유했던 카자크들에게 영향이 적었지만 평화에 대한 포고령은 그들을 압박했다. 카자크의 일부는 적군에 무력지원을 했다. 자신의 일이 실패했다고 생각했기 때문에 카자크 부대의 수장인 칼레딘은 자살했다. 아이들, 여자들, 정치 지도자들을 태운 마차로 부담이 된 자원군들은 초원으로 도주했고 쿠반에서 자신들의 과업을 계속할 것을 생각했다. 1918년 4월 17일에 백군의 의용군 사령관인 코르닐로프가 살해되었다. **데니킨**(А. И. Деникин) 장군이 지휘권을 차지했다.

돈강 지역에서 반 소비에트 무장투쟁과 동시에 남 우랄지역의 카자크들이 저항운동이 시작되었다. 오렌부르그 카자크 부대의 대장인 두토프(А. И. Дутов)가 부대를 지휘했다. 세메노프(Г. С. Семенов)가 자바이칼 지역에서 소비에트 군대와 전투를 벌였다.

볼셰비키에 대항한 처음의 무장봉기는 조용했고, 산발적이었고, 대중의 지지를 받지 못했으며, 소비에트 정권이 도처에서 비교적 빠르고 순조롭게 확립되는 추세에서 일어났다. 그러나 무장투쟁의 첫 단계에서 볼셰비키 정권에 대항하는 두 개의 중심이 형성되었다. 동쪽에서 부농들 즉 협동조합으로 통합되지 않는 재산가들이 압도적으로 많았고, 사회혁명당의 영향을 받았던 볼가강에서 시베리아에 이르는 지역뿐만 아니라 자율성과 특수한 경제 · 사회생활의 방식으로 유명한 카자크들이 거주하는 남쪽 지역이 반볼셰비키 저항운동의 중심지였다. 동쪽과 남쪽지역이 내전의 주요한 전투지역이 되었다.

적군(赤軍) 창설

레닌은 사회주의 혁명의 승리 후에 부르주아 사회의 주요한 속성 중의 하나로서의 정규군은 군사적 전쟁의 위협이 임박했을 경우에만 소집되는 민병대로 대치도어야 한다는 마르크스주의적 입장의 신봉자였다. 그러나 반 볼셰비키 저항의 규모는 다른 접근을 요구했다. 1918년 1월 15일에 인민 위원회의 포고령은 **노농자-농민의 붉은 군대**(PKKA)의 창설을 선포했다. 1월 29일에 적군의 전선이 형성되었다.

처음에 적용된 구성의 자발적 원칙은 적군의 전투능력과 기강에 해롭게 반영되었던 군대 통제의 조직적 분산을 초래했다. 적군은 일련의 심각한 패배를 겪었다. 여기서 최고의 전략적 목적 즉 볼셰비키의 권력유지를 성취하기 위해서 레닌은 군대 창설 분야에서의 자신의 견해를 거부하고, 전통적 부르주아적인 전통적인 일반 징병제와 단일 지휘체계로 돌아갈 수 있다고 생각했다. 1918년 7월에 18세~ 40세 연령의 남성의 일반징집에 대한 포고령이 발표되었다. 1918년 여름과 가을 동안에 노농적군에는 30만 명이 징집되었다. 1920년에 적군의 수는 500만 명에 이르렀다.

군간부의 양성에 많은 주위가 기울여졌다. 1917~1919년에 가장 훌륭한 적군 중에서 중간 지휘관을 양성하는 단기코스와 학교 외에 최고 군교육 기관이 창설되었다. 1918년 3월에 차르 군대의 군 전문가들을 군복무로 유입시키기 위한 통지문이 신문에 고지되었다. 1919년 1월 1일경에 적군은 과거 차르 군대의 장교들 16만 5천 명을 충원했다. 군 전문가들을 적군에 유치한 것은 적군의 활동에 대한 엄격한 계급적 통제를 도와주었다. 이러한 목적과 함께 1918년 4월에 수병들과 적군들의 정치적 교육을 담당하고, 지휘관들을 감시할 군사위원들을 파견했다.

1918년 9월에 전선과 군대의 단일 지휘체계가 수립되었다. 전선의 사령관들과 2명의 위원으로 구성된 **혁명전쟁 위원회**가 각 전선의 최고 사령부로 지정되었다. 육군과 해군의 인민 코미사르(комиссар: 위원장)을 맡고 있던 **트로츠키**가 공화국 혁명군 위원회의 모든 군사기관을 통솔했다. 아주 엄격한 규율에 대한조치들이 채택되었다. 재판과 수사 없이 반역자를 총살하는 것을 포함한 비상전권을 부여받은 **혁명전쟁 위원회 대표**들이 가장 긴장이 치열했던 전선의 지역으로 파견되었다. 1918년 11월에 레닌을 수장으로 하는 노동자-농민 방위 위원회가 형성되었다. 레닌은 모든 국가의 권력을 자신에게로 집중시켰다.

외국의 개입

러시아의 내전은 처음부터 외국국가들의 개입으로 복잡해졌다. 1917년 11월 루마니아가 갓 태어난 소비에트 정권의 약점을 이용해서, **베사라비아**를 점령했다. 중앙라다 정부(Правительство Центральной рады)는 우크라이나의 독립을 선포했고, 브레스트-리토브스크 조약에서 개별적으로 오스트리아 – 독일 정부와 조약을 체결하고, 3월에 우크라이의 거의 전지역을 점령했던 오스트리아 – 독일 군대와 함께 키예프로 입성했다. 우크라이나와 러시아 사이에 명확하게 확정된 국경선이 없다는 사실을 이용하여 독일은 오를로보스크, 보로네시로 침입하여, 심페로폴과 로스토프를 점령하고, 돈강을 건넜다. 1918년 4월에 터키 군대가 국경을 넘어서, 자카프카지예로 깊숙이 전진했다. 독일군이 그루지야에 상륙했다.

1917년 말부터 북쪽과 극동지역의 러시아 항구로 독일의 공격가능성에서 대비하기 위하여, 미국, 영국, 일본 군함들이 도착하기 시작했다. 처음에 소비에트 정부는 이것에 조용하게 대응하려고 했고, 대독 연합군들로부터 식량과 무기형태의 원조를 받기로 동의 했었다. 그러나 **브레스트-리토브스크 평화조약**이 체결된 후에 연합군의 주둔은 소비에트 정권에 위협으로 보이기 시작했다. 때는 이미 늦었다. 1918년 3월 6일에 영국 해병대가 무르만스크 항구에 상륙했다. 연합국 지도자들은 회의에서 브레스트 – 리토브스크 평화조약을 인정하지 않고 러시아의 내정에 개입하기로 결정했다. 1918년 4월 일본 해병대가 블라디보스토크에 상륙했다. 영국, 미국, 프랑스 군대가 일본군에 합세했다. 이러한 나라들은 소련에게 전쟁을 선포하지 않고, 동맹국의 책무를 이행하고 있다는 생각으로 위장했지만 외국 병사들은 자신들을 점령군으로 믿었다. 레닌은 이러한 행동을 내정간섭으로 비난하고, 침략자들에게 저항할 것을 주장했다.

1918년 가을부터 독일이 패배한 후 반독연합국들의 군대주둔은 더욱 더 넓은 규모로 확산되었다. 1919년 1월에 오데사, 크림, 바쿠에 해병대들이 상륙했고, 북쪽과 극동지역의 항구에 군대의 수는 증가했다. 그러나 이것은 원정 군대를 구성한 개별적 병사들의 부정적 반응을 유발했고, 전쟁의 종결은 무기한 지연되었다. 그렇기 때문에 흑해와 카스피 해에 상륙한 해병대가 1919년 봄에 이미 철수했다. 영국군은 1919년 가을에 아르한겔스크와 무르만스크를 떠났다. 1920년에 영국과 미국의 군대가 극동 지역에서 철수했다. 일본 군대만이 1922년 10월까지 극동지역에 머물렀다. 연합국의 대규모 개입은 러시아 혁명을 지지하는 자국의 국민들의 운동이 확산 때문에 성공하지 못했다. 독일과 오스트리아-헝가리 제국에서는 혁명이 일어났고, 혁명의 압력으로 이러한 부패한 군주국들이 붕괴되었다.

민주적인 반혁명과 동부전선

내전의 시작은 볼셰비키와 온건한 사회주의자들, 무엇보다도 제헌의회 해체 후 합법적인 권력에서 강제로 숙청당했던 사회혁명당 당원들 간의 무장 대결로 특징져졌다. 볼셰비키와의 무장대결을 시작한 결정은 1918년 4~5월에 멘셰비키와 사회혁명당 진영의 대의원들이 압도적 다수를 차지했던 새로 선출된 많은 지방의 소비에트들이 해산된 후에 확정되었다.

반독 연합국 측의 군사 활동에 참여희망을 제안한 오스트리아-헝가리 군대를 구성했던 **체코슬로바키아 군단**(오스트리아-헝가리 군대에 편성되었던 체코슬로바키아 군대에서 포로가 된 병사들과 탈출한 병사들로 구성된 5만명의 무장부대)의 출현은 내전의 새로운 단계의 전환점이 되었다. 이 군대의 지도자들은 프랑스 군 총사령부의 지시를 받았던 체코-슬로바키아 군대의 일부라고 선포했다. 러시아와 프랑스 사이에 체코-슬로바키아 군대를 서부전선으로 이동하는 것에 관한 합의가 이루어졌다. 체코슬로바키아 군대는 시베리아 횡단철도를 따라 블라디보스토크로 수송되어 거기서 선박을 이용해 유럽으로 수송되기로 되어 있었다. 1918년 5월 말경 4만 5천 명 이상의 군부대를 실은 군용열차들이 철도를 따라 르티쉬체보역(펜자 지역)에서 7000km 떨

시베리아의 체코군단

어진 블라디보스토크까지 달리고 있었다. 지방의 소비에트들에게 체코슬로바키아의 군대를 무장해제 시켜서 그들을 오스트리아-헝가리와 독일의 전쟁포로로 인도하라는 명령이 하달되었다는 소문이 퍼졌다. 체코슬로바키아 군대의 지휘관 회의에서 무기를 버리지 말고 전투를 하면서 블라디보스토크에 도착한다는 결정이 내려졌다. 5월 25일에 체코슬로바키아 군대의 사령관 가이다(Р. Гайда)는 부하들에게 그들이 머물렀던 역들을 점령할 것을 명령했다. 비교적 짧은 기간에 체코슬로바키아 군대 때문에 소비에트 정권은 볼가강 유역, 우랄, 시베리아, 극동에서 권력을 상실했다.

체코슬로바키아 군대에 의해서 볼셰비키의 지배에서 해방된 지역들이 전국적 권력의 장악을 위한 사회혁명당의 투쟁의 근거지가 되었다. 1918년 여름에 사회혁명당의 당원들로 대부분 구성된 지역 정부들 즉 사마르의 제헌의회의 대의원들의 위원회, 예카테린부르크의 우랄 주 정부, 톰스크의 임시 시베리아 정부 등이 수립되었다. 사회혁명당-멘셰비키의 정권은 2개의 주요한 슬로건 즉 ≪정권은 소비에트가 아닌 제헌의회로≫와 ≪브레스트 평화조약의 폐기≫이 걸린 깃발 밑에서 활동했다. 주민들의 일부는 이러한 슬로건들을 지지했다. 새로운 정부들은 자체의 무장 부대들을 창설할 수 있었다. 1918년 8월 6일에 사마라의 제헌의회 대의원들의 위원회의 인민 군대는 체코슬로바키아 군대들의 지원을 받아 카잔을 정복하고 모스크바 진격을 계획했다.

소비에트 정부는 최단기간에 형성된 5개 군단이 투입된 동부전선을 형성했다. 선발된 전투 지휘관과 무제한의 전권을 부여받은 군사혁명 재판관이 동승한 트로츠키의 무장열차가 전선으로 향했다. 최초의 강제 집단 수용소들이 무롬, 아르자마스, 스비야즈스크에 건립되었다. 탈주병들을 억제하기 위해서 특별경비부대들이 전선과 후방 사이에 배치되었다. 1918년 9월 2일에 **전러시아 중앙집행위원회**(ВЦИК)는 소비에트 공화국에 전시 계엄령을 선포했다. 9월 초에 붉은 군대는 적군을 저지하고 공격으로 전환할 수 있었다. 9월~10월 초에 붉은 군대는 카잔, 심비르스크, 시즈란, 사마라를 해방시켰다. 체코슬로바키아 군대는 우랄지역으로 후퇴했다.

데니킨

1918년 9월에 우파에서 사회혁명당원들이 주도적인 역할을 했던 전러시아 단일 정부인 **우파 디렉토리야**(Уфимская директория)를 형성했던 반 볼셰비키 군대의 대표자 회의가 열렸다. 10월에 붉은 군대의 공격으로 반볼셰키 연합인 디렉토리 정부는 **옴스크**로 옮기게 되었다. 해군제독 **콜차크**(А. В. Колчак)가

국방장관 직책으로 초빙되었다. 반볼셰비키 연합정부인 **디렉토리야**의 사회혁명당 지도자들은 러시아 군대에서 그들이 누렸던 인기 때문에 우랄과 시베리아 평원에서 소비에트 정권과 대항해서 활동했던 분열된 군대를 통합시킬 수 있다고 생각했다. 그러나 1918년 17일부터 18일 밤에 옴스크에 배치된 카자크 부대의 장교들로 구성된 음모단이 디렉토리 정부의 사회주의자들을 체포했고, 모든 권력이 러시아 최고 통치자라는 칭호와 동부전선에서의 볼셰비키와의 전투의 바톤을 넘겨받았던 콜차크 제독에게로 양도되었다.

콜차크

적군테러와 로마노프 왕가의 숙청

경제적 · 전시적 조치와 함께 볼셰비키는 주민들을 숙청하는 정책을 정부 규모로 실시하기 시작했다. 페트로그라드 비밀경찰 대장 우리츠키(M. C. Урицкий)의 살해와 모스크바에서 레닌을 암살하는 음모가 있었던 후인 1918년 9월부터 적색 테러는 광범위하게 확산되었다.

1918년 9월 5일의 적군테러에 대한 인민 위원 소비에트(CHK)의 규정

현재의 상황에서 후방의 안전을 확보하는 것은 불가피한 조치다. 그들을 집단 수용소에 고립시키는 방법으로 소비에트 공화국을 계급의 적들로부터 보호하는 것도 불가피한 것이다. 백군의 조직과 음모와 반란에 가담했던 모든 인물들을 총살하고, 총살당할 모든 사람들의 이름을 공개하는 것도 불가피하다. 그들에게 근본적인 어떤 조치를 적용하는 것도 불가피하다.

테러는 대규모적인 성격을 띠었다. 레닌에 대한 음모의 보복으로 페트로그라드 비밀경찰들은 공식적인 통보에 따라 500명의 관련자들을 사살했다. **적색테러** 가운데 가장 악랄한 사건 중 하나는 **차르 가족의 살해**였다. 10월 혁명으로 전 러시아 황제와 그의 측근들은 1917년 8월에 추방되었던 **토볼스크**에 억류되었다. 1918년 4월에 황제 가족은 비밀

니콜라이 2세의 가족들

리에 **예카테린부르크**로 호송되었고, 과거의 상인 이바티예프 소유였던 집에 억류되었다. 1918년 7월 16일에 우랄 주 인민 위원회 소비에트의 동의에 따라 차르와 그의 가족들을 처형하는 결정이 내려졌다. 1918년 7월 17일 밤에 니콜라이 2세, 그의 아내, 5명의 아이들, 신하들 모두 11명이 총살당했다. 그보다 일찍 7월 13일에 페름에서 차르의 동생인 미하일도 사살되었다. 7월 18일에 알라파예프스크에서 또 다른 황제가족 18명이 처형되었다.

남부전선

1918년 봄에 돈강 유역에는 토지의 균등한 분배가 있을 거라는 소문이 퍼졌다. 카자크들은 불만을 표현했다. 무기양도와 식량의 징발에 관한 명령이 내려졌다. 카자크들은 봉기했다. 그 반란에 돈강의 독일인들도 합세했다. 과거의 애국주의를 잊어버린 카자크 부대의 지도부는 적들과 협상을 시작했다. 4월 21일에 돈스크 군대의 창설에 착수한 **돈 강 임시정부**가 수립되었다. 5월 16일에 카자크 ≪돈 구출 단≫은 돈지역 카자크 군대의 지도자로 **크라스노프(П. Н . Краснов)**를 선출했고, 그에게 모든 권한을 부여했다. 독일군 장군들의 지원에 의지하여 크라스노프는 대돈스크 군대의 국가적 자치주를 선포했다. 크라스노프 부대는 독일인 부대들과 합세하여 적군에 대항한 군사작전을 펼쳤다.

1918년 9월에 소비에트 정부는 보로네시(Воронеж), 차리친(Царицын), 북카프카스에 배치된 군대 중에서 5개 군단으로 구성된 남부전선을 형성했다. 1918년 12월에 크라스노프의 군대는 적군에게 심각한 패배를 안겨주었고, 북쪽으로 전진하기 시작했다. 1918년 12월에 엄청난 공격을 받아 희생을 치르면서 적군은 카자크 군대의 전진을 중지시킬 수 있었다.

그 당시 **데니킨(А. И. Деникин)**이 이끄는 의용군들이 쿠반(Кубань)으로 2번째 군사원정을 시작했다. 의용군은 반 독일연합국의 성향을 유지했고, 친 독일 성향의 크라스노프와의 협동작전에 끼어들지 않으려고 했다. 한편, 대외적인 정치적 상황이 급격히 변했다. 1918년 11월초에 1차 세계대전은 독일과 그 동맹국들의 패배로 끝났다. 1918년 말에 반독일 연합국들의 압력과 적극적인 지원 하에 남 러시아 모든 반 볼셰비키 무장세력들은 데니킨의 지휘 하에 통합되었다.

결 론

볼셰비키의 권력장악 후의 사회의 대립은 불가피하게 내전을 유발했다. 초기에 러시아의 내전은 소비에트 정권에 대한 지방적인 내전의 성향을 띠었다. 체코슬로바키아 군대의 반란 후에 동부 전선에서 볼셰비키와 사회혁명당원들이 무장투쟁을 벌였다. 그러나 사회혁명당원들은 넓은 지지를 받지 못했고, 장교들의 반란에 의해서 교체되었다.

19 - 20. 적군과 백군간의 전쟁: 내전에서 러시아의 인민들

1919년 동부 전선에서의 전투들

1918년 11월 28일에 **콜차크(Колчак)** 장군은 언론의 대표자들과의 만남에서 가장 가까운 목표는 볼셰비키와의 치열한 전투를 위해 강력한 전투능력을 갖춘 탁월한 군대를 만드는 것이라고 말했다. 볼셰비키를 근절한 후에 나라에 법과 질서를 바로 세우기 위한 전국적 회의가 개최되기로 계획되었다. 모든 경제 · 사회적 개혁은 볼셰비키와의 전쟁이 끝날 때까지 연기되어야만 한다. 콜차크(Колчак)장군은 군대 동원령을 내렸고 40만 명의 병사들을 모집했다.

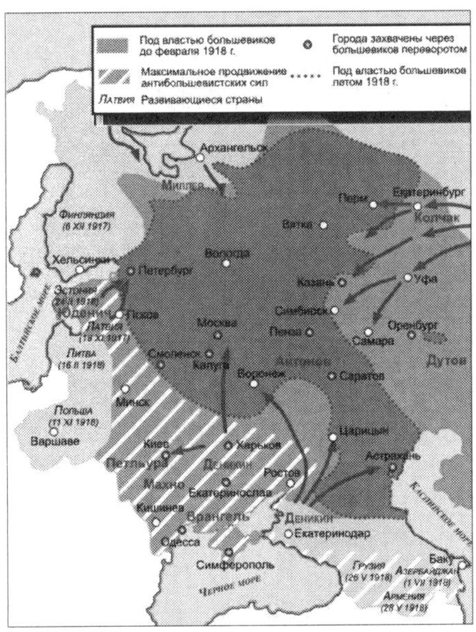

극동 공화국의 수립

1919년 봄에 병력에서 수적 우세를 확보한 콜차크 장군은 공세로 전환했다. 3, 4월에 콜차크 군대는 사라풀, 이젭스크, 우파, 스테를리타마크를 점령했다. 선봉부대들은 카잔, 사마라, 심비르스크으로부터 수십 킬로미터 떨어진 곳을 점령하게 되었다. 이 성공으로 콜차크의 백군은

러시아 내전(1917-1921)

데닌킨 장군의 군대와 합세하여 모스크바로 진격할 수 있는 새로운 전망을 세울 수 있었었다.

1919년 4월 28일 붉은 군대의 반격이 시작되었다. **푸룬제(M. B. Фрунзе)** 장군이 지휘하는 붉은 군대는 사마라 인근에서의 전투에서 콜차크의 정예부대를 무찌르고, 그 해 6월에 우파를 점령했다. 7월 14일에 예카테린부르크를 수복한다. 11월에 콜차크의 수도 옴스크가 함락되었고, 그의 패잔병들은 동쪽으로 깊숙이 후퇴했다. 붉은 군대의 공격을 받은 콜차크 지도부는 이르쿠츠크로 옮겨야만 했다. 1919년 12월 24일에 이르쿠츠크에서 콜차크에 반대하는 반란이 일어났다. 연합군과 남은 체코 군대는 중립을 선언했다. 1920년 1월 초에 체코 군대는 콜차크를 반란군 지도자들에게 넘겼고, 1920년 2월에 그는 총살에 처해졌다.

붉은 군대는 자바이칼에서 진군을 멈췄다. 1920년 4월 6일에 베르흐네우진스크(오늘날 울란-우데) 시에서 형식상으로는 러시아 사회주의 공화국 소비에트 연방(PCΦCP)으로부터 독립되었지만, 사실상 러시아 공산당 중앙 위원회의 극동지부의 통제를 받았던 부르주아 민주주의 국가인 **극동 공화국의 수립**이 선언되었다.

적군장군 푸룬제

백군장군 유데니치

백군장군 브란겔

페트로그라드로의 진격

붉은 군대가 콜차크 군대를 상대로 승리를 쟁취할 무렵, 페트로그라드에 대한 심각한 위협이 가해졌다. 볼셰비키의 승리 후에 많은 고위 공직자들, 산업가들, 자본가들이 핀란드로 이주했다. 여기서 약 2만 5천여 명의 차르 군대의 장교들이 피난처를 찾았다. 망명자들은 핀란드에서 **유데니치(H. H. Юденич)** 장군이 주도하는 러시아 정치위원회를 설립했다. 핀란드 정부의 승인으로 그는 핀란드 영토 내에서 백군의 창설에 착수했다.

1919년 5월 초에 유데니치는 페트로그라드를 침공하기 시작했다. 나르바와 추도스크 호수 사이의 붉은 군대의 전선을 돌파한 그의 군대는 도시에 실질적인 위협을 가했다. 5월 22일에 러시아 공산당 중앙 위원회는 주민들에게 ≪소비에트 러시아는 짧은 기간이라도 페트로그라드를 내줄 수 없다… 처음으로 부르주아에 대항하여 반기를 들었던 이 도시의 중요성은 너무나 위대하다≫라는 내용의 공고문을 배포하였다.

6월 13일에 페트로그라드의 상황은 더 어려워졌다. 크라스나야 고르카, 세라야 로샤지, 오브루체프 등의 요새에서 붉은 군대의 군인들의 반볼셰비키 폭동이 확산되었다. 폭도들에 대항한 한 노동자-농민 붉은 군대의 정규군뿐만 아니라 발트 함대의 대포들이 반란군의 진압을 위해 투입되었다. 페트로그라드 전선에서의 이러한 반란군들을 진압한 후에 페트로그라드의 수비대는 공세로 전환하여 **유데니치**의 군대를 에스토니야 영토로 퇴각시켰다. 1919년 10월에 유데니치의 페트로그라드에 대한 두 번째 침공도 불발로 끝나고 말았다. 1920년 2월에 붉은 군대는 아르한겔스크를, 3월에는 무르만스크를 해방시켰다.

남부 전선에서의 사건들

반독연합국으로부터 상당한 지원을 받은 데니킨의 군대는 1919년 5~6월에 모든 전선을 따라 공세로 전환했다. 1919년 6월경에 그의 군대는 돈바스, 우크라이나의 대부분의 지역, 벨고로드, 차리친 등을 탈취했다. 모스크바에 대한 공격이 시작되었고, 그 과정에서 백군은 쿠르스크와 오렐로 입성했고, 보로네시를 점령했다.

1919년 10월에 소비에트 지역에서 ≪모두 데니킨과의 전투에 나갑시다≫라는 표어 아래 병력과 병참물자를 동원하는 운동이 시작되었다. 붉은 군대는 반격으로 전환했다. 부덴니이의 제1기병대는 전선의 상황변화에 큰 역할을 했다. 1919년 가을에 맹렬한 붉은 군대의 진격은 반소비에트 의용군을 크림군대(**브란겔** 장군이 지휘하는)와 북카프카스 군대로 양분시켰다. 1920년 2~3월에 그 주력부대는 와해되었고, 반소비에트 의용군은 해산되었다.

모든 러시아인들을 볼셰비키와의 전쟁에 끌어들이기 위하여, 브란겔(Пётр Николаевич Врангель)은 백군운동의 마지막 근거지인 크림을 독특한 실험지역으로 전환하기로 결정하고, 거기에 1917년 10월 혁명으로 중단된 민주질서를 복구했다. 1920년 5월 25일에 스톨리핀의 최측근이었던 크리보세인(A. B. Кривошеин)이 입안한 토지법이 공포되었고, 1920년에 **남러시아 정부**가 선포되었다.

부란겔 정부의 토지 문제에 관한 통지문 중에서

≪토지 개혁의 본질… 간단하다. 그것은 많지 않은 단어들로 표현될 수 있다. 토지는 경작하는 소유자에게 양도된다. 지도부의 이러한 생각은… 두 가지 근본적인 희망- 현재 상태로 모든 토지 이용을 파괴, 강요, 탈취로부터 보호하는 것과 영농에 적합한 토지, 국유지, 사유지 등을 경작하는 소유주들에게 양도하는 것 등의 두 가지 희망에 의존했다. 이전 소유주들의 토지의 일부의 소유는 보존되지만, 그 면적은 사전에 정해지지 않고, 현지의 영농조건들을 잘 알았던 읍. 면 단위의 심사기관의 판단 대상이 된다. 새로운 토지 소유주가 매년 국고에 납입한 식량으로 몰수된 토지대금을 지불해야 한다. 새로운 토지 소유주로부터 징수 받은 식량의 판매대금은 대여된 토지에 대한 세금은 과거의 소유자로부터 몰수한 토지에 대한 보상을 위한 재원으로 사용되어야 한다. 정부는 그러한 청산을 의무적인 것으로 인정한다≫.

농촌 소비에트 대신에 ≪읍-면 토지와 농촌 공동체에 관한 법≫도 공표되었다. 카자크들을 자기 쪽으로 끌어들이기 위해서 **브란겔**은 카자크 지역을 위한 주 자치권의 절차에 대한 새로운 규정을 인준했다. 노동자들에게는 노동자들의 권리를 실질적으로 보호하는 공장법이 약속되었다. 그러나 시기를 놓쳤다. 게다가, 브란겔이 생각했던 계획이 볼셰비키 정권에 어떤 위협을 주는 지 레닌은 잘 이해했다. 러시아에서 마지막 반혁명적 흔적들의 신속한 척결에 대한 결정적인 조치들이 내려졌다.

폴란드와의 전쟁과 브란겔의 괴멸

소비에트 러시아와 폴란드간의 전쟁이 1920년대의 주요한 사건이 되었다. 1920년 4월에 독립된 폴란드의 수상 **필수드스키(Ю. Пилсудский)**는 키예프 공격을 명령했다. 우크라이나 인민을 도와서 소비에트 정권을 타도하고 독립된 우크라이나를 재건하겠다는 주창이 공식적으로 선포되었다. 5월 7일 밤에 키예프가 점령되었다. 그러나 우크라이나인들은 폴란드인들의 진입을 점령으로 인식했다. 외부의 위협에 직면하여 다양한 사회계층을 단결시킬 수 있었던 볼셰비키는 이러한 분위기를 이용했다.

서부와 남서부 전선의 부대를 통합한 붉은 군대의 모든 병력이 사실상 폴란드 군에 대항해서 투입되었다. 차르 군대의 장교였던 투하체프스키(M. H. Тухачевский)와 에

필수드스키

투하체프스키

에고로프

고로프(А. И. Егоров)가 붉은 군대를 지휘했다. 6월 12일에 키예프가 해방되었다. 곧 노농 적위대(РККА)는 폴란드와의 국경으로 갔고, 이것은 볼셰비키 지도자들의 일부가 서유럽에서 세계혁명의 이념을 실현할 수 있다는 희망을 갖게 했다. 서부전선에 대한 명령서에 투하체프스키는 ≪우리의 농담 중에 우리는 서쪽으로 노동자들의 행복과 평화를 전도할 것이다≫라고 쓰고 있다. 한편 폴란드 지역으로 침입한 붉은 군대는 저항을 받았다. 손에 무기를 들고 국가의 주권을 지켰던 폴란드의 노동자들도 세계혁명의 사상을 지지하지 않았다. 1920년 10월 12일에 리가에서 폴란드와의 평화조약이 체결되었고, 그 조약에 따라 서 우크라이나와 서 벨로루시의 영토가 폴란드에 양도되었다.

폴란드와의 평화조약을 체결한 후에, 소비에트 군대의 지휘부는 **브란겔** 군대와의 전투에 전력을 집중했다. 1920년 11월에 **푸룬제** 장군의 지휘 하에 새로 창설된 남부전선의 군대는 페레코프와 촌가르에 있는 진지들을 점령했고, 시바쉬를 공격했다. 한 때 가공했던 의용군의 잔당들이 크림반도의 항구로 집결한 흑해함대의 함정으로 밀려들었다. 약 십만 명이 조국을 떠나야 했다.

백군 운동의 실패한 이유들

백군과 적군의 무력대결은 붉은 군대의 승리로 끝났다. 백군의 지도자들은 인민들에게 매혹적인 정책을 제시할 수 없었다. 관할지역에서 러시아 제국의 법률이 복원되었고, 재산은 옛 소유주들에게 반환되었다. 백군의 지도자들 중의 어느 누구도 차르

체제의 재건을 제시하지 않았지만, 인민들은 그들을 구 정권의 재건과 차르와 지주들의 복권을 위한 전사들로 인식했다. 백군의 장군들의 인기, 민족 정책, ≪통합된 분열되지 않은 러시아≫라는 슬로건이 이용되지 못했다.

백군 운동은 모든 반볼셰비키 세력을 규합하는 구심점이 되지 못했다. 더욱이 사회주의 계열의 정당들과의 협력을 거절한 장군들은 스스로 반볼셰비키 전선을 분열시켰고, 멘셰비키들, 사회혁명당원들, 무정부주의자들과 그들의 지지자들을 자신들의 적대세력으로 전환시켰다. 그리고 백군진영에는 정치와 군사 분야에서도 통일된 상호협력이 없었다. 백군진영에는 모든 사람들이 그 권위를 인정하고, 내전이 군대간의 전쟁이 아니라 정책간의 대결이라는 것을 이해했던 지도자가 없었다.

그리고 마지막으로, 백군의 장군들의 뼈 아픈 고백에 따르면, 백군 운동의 실패 원인 중의 하나는 도덕적 해이와 인민들에게 명예로운 법전에 없었던 약탈, 파괴, 징벌적 군사행동, 강압 등의 조치들을 인민들에게 적용했던 것 이었다. 그의 군대들과 주민들 사이의 문제들 즉 강도, 파괴, 군대징벌, 강간 등이 중재되어질 수 없다는 것이 괴멸의 원인이라 회상했다. 백군운동은 ≪성스럽게≫ 시작하여 ≪폭도답게≫ 끝났다고 백군운동의 이론가 중의 한 사람이었고 러시아 민족주의 지도자인 **쉴리긴(В. В. Шульгин)**이 결론을 내렸다.

러시아 변경에서의 민족국가들의 수립

러시아 변경지역의 민족들이 내전에 개입하게 되었다. 10월 29일에 키예프에서는 임시정부의 정권이 전복되었다. 한편 우크라이나의 **중앙 인민집회(Центральная рада)**는 볼셰비키의 인민 위원회 소비에트를 합법적인 정부로 인정하기를 거절했다. 키예프에서 소집된 전 우크라이나 소비에트 대회에서 **라다(рада)**의 지지자들이 다수를 차지했다. 볼셰비키들은 대회에서 퇴장했다. 1917년 11월 7일에 **중앙 라다**는 우크라이나 인민 공화국(Украинская народная респубилка)의 수립을 선포했다. 키예프 소비에트 대회에서 퇴장한 볼셰비키들은 1917년 12월에 러시아인들이 압도적으로 많이 거주하는 **하리코프**(Харьков)에서 제 1차 전 우크라이나 소비에트 대회를 소집하여 **우크라이나 소비에트 공화국**의 수립을 선포했다. 소비에트 대회에서 소비에트 러시아와의 연방관계 수립이 결정되었고, 소비에트 중앙집행위원회가 선출되었고, 소비에트 정부가 구성되었다. 우크라이나 소비에트 정부의 요청으로 중앙 라다와 싸우기 위해 소비에트 러시아의 군대가 우크라이나에 왔다. 1918년 1월에 우크라이나의 여러 도시에서 노동자들이 무장봉기가 일어났고, 그 과정에서 소비에트 정권이 수립되었다. 1918년 1월 26일(2월 8일)에 붉은 군대는 키예프를 점령했다. 1월 27일에 중앙 라다는 독일에 도움을 요청했다. 소비에트 정권은 오스트리아-독일 군의 점령으로 해체되었다. 1918년 4월에 중앙 라다도 해산되었다. **스코로파드스키**(П. П. Скоропадский) 장군이 최고 통치자가 되었고, 우크라이나 국가의 건국을 선포했다.

비교적 빠르게 소비에트 정권은 벨로루시, 에스토니아, 라트비아 등의 미점령 지역에서 수립되었다. 그러나 시작된 혁명적 변혁은 독일군의 공격으로 중단되었다. 1918년 2월에 독일군은 민스크를 점령했다. 독일군 총사령부의 승인으로 부르주아-민족주의 정부가 수립되었고, 벨로루시 인민 공화국의 건국과 러시아에서 벨로루시의 분리가 선포되었다.

러시아 군대가 관할했던 라트비아 지역에서 볼셰비키의 위치가 강했다. 그들은 임시정부에 충성하는 군대가 전선에서 페트로그라드로는 이동하는 것을 허용하지 말라는 당이 내린 과업을 성공적으로 수행할 수 있었다. 1918년 2월에 독일군은 라트비아 전 지역을 점령하여 구질서를 복구했다. 독일의 패전 후에도 연합국의 동의하에 독일군은 라트비아에 남았다. 1918년 11월 18일에 라트비아에 부르주아 임시 정부가 수립되었고, 라트비아 독립국이 선포되었다.

1918년 2월 18일에 독일군은 에스토니아를 침공했다. 1918년 11월에 부르주아 임시정부가 활동하기 시작했고, 11월 19일에 독일과 체결된 조약에 따라 라트비아로 모든 권한이 이양되었다. 1917년 12월에 부르주아 리투아니아 정부인 ≪리투아니아 소비에트≫는 ≪독일과 리투아니아 국가 간의 영원한 동맹관계≫에 대한 선언문을 공포했다.

자카프카지예에서는 사태가 약간 다르게 발전되었다. 1917년 11월에 여기에 민족적 군대인 멘셰비키 자카프카지예 대표부가 창립되었다. 소비에트와 볼셰비키 당의 활동은 금지되었다. 1918년 2월에 자카프카스에 ≪민주 공화국 독립연방≫을 선포한 새로운 권력 기관인 세임(сейм)이 등장했다. 한편 1918년 5월에 이러한 연방이 분열되어 3개의 부르주아 공화국인 그루지야, 아제르바이잔, 아르메니아가 탄생하게 되었고, 이들 3개국은 온건한 사회주의자들의 정부로 선포되었다.

소비에트 연방의 형성

자주권을 선언했던 변경지역의 민족들의 일부는 러시아 연방에 가입했다. 1917년 10월 1일에 투르케스탄에서는 러시아인들로 구성된 변경주 소비에트와 타쉬켄트 소비에트의 집행위원회로 권력이 넘어 갔다. 11월 말경에 **코칸드(Коканд)**에서 열린 비상 전무슬림 대회에서 투르케스탄의 자치권과 민족 정부의 창립이 의제로 제기되었다. 그러나 1918년 2월에는 코칸드 자치권은 현지의 적위대에 의해서 박탈되었다. 4월 말에 열린 변경주 소비에트 대회에서 러시아 사회주의 공화국 소비에트 연방(РСФСР)에 **투르케스탄 소비에트 공화국 연방**의 가입에 관한 규정이 채택되었다. 무슬림 민족의 일부는 이 사건들을 이슬람 전통에 대한 공격으로 인식했다. 투르케스탄에서 소비에트의 권력장악을 논박했던 파르틴잔 무장부대의 조직이 시작되었다. 이러한 무장 부대원들은 **바스마치(басмачи)**라고 불렸다.

러시아군의 반격과

바스마치의 지도자들

1918년 3월에 남우랄과 중앙 볼가 지역의 타타르-바시키르 소비에트 공화국이 러시아 소비에트 연방에 가입을 선포하는 포고령이 공포되었다. 이 시기에 돈스크 자치 공화국과 크림에 타브리드 소비에트 공화국이 수립되었다.

러시아를 소비에트 연방 공화국으로 선포한 후에 볼셰비키는 처음에 러시아 소비에트 연방 공화국 체제의 분명한 원칙을 확정하지 않았다. 가끔 그것은 소비에트 연방 즉 소비에트 정권이 존재했던 영토로 생각되었다. 예를 들어 러시아 사회주의 공화국 소비에트 연방에 가입한 모스크바 주는 각기 자체의 정부를 가졌던 14개 현의 소비에트들의 연방을 대표했다.

볼셰비키의 권력이 안정됨에 따라 연방국가의 건립에 대한 그들의 견해는 더욱 더 구체적이 되었다. 국가의 독립은 1918년 당시 상태로 각 주 소비에트가 아니라 자체의 민족 소비에트들을 조직했던 민족들에게만 인정되었다. 러시아 연방의 구성원으로서 바시키르, 타타르, 키르키스(카자흐), 고르스크, 다게스탄 등의 민족 자치 공화국들 뿐만 아니라 추바시, 칼미크, 마리, 우드무르트 등의 자치주, 카렐스크 근로 공동체, 볼가 독일인 집단 거주지 등이 건립되었다.

우크라이나, 벨로루시, 발트해 연안국에 소비에트 정권의 수립

1918년 11월 13일에 소비에트 정부는 브레스트 조약을 무효화했다. 독일-오스트리아 군이 점령했던 지역을 해방시켜 그 지역으로 소비에트 체제를 확대하는 문제가 의사일정에 포함되었다. 이러한 과업은 3가지 상황인 단일 국가의 복원을 갈망하는 러시아 인민 다수의 압력, 적군의 무력개입, 단일 정당으로 통합된 공산당 조직들의 존재 등의 상황 때문에 신속하게 성취될 수 있었다. ≪**소비에트화**≫는 대체로 공산주의자들의 무장봉기의 준비와 인민의 이름으로 소비에트 정권의 수립을 위한 도움을 적군에 요청하는 단일 시나리오에 따라 진행되었다.

1918년 11월에 우크라이나 소비에트 공화국이 수립되었고, 우크라이나 노동자-농민 정부가 구성되었다. 그러나 1918년 12월 14일에 빈니첸코(В. К. Винниченко)와 페틀류로이(С. В. Петлюрой)가 이끄는 부르주아-민족주의 정부가 키예프의 정권을 장악했다. 1919년 2월에 소비에트 군대가 키예프를 점령했고, 우크라이나의 다른 지역은 붉은 군대와 데니킨(Деникин)의 군대 사이의 전투의 무대가 되었다. 1920년에 우크라이나로 폴란드 군대가 침공했다. 그러나 독일군도, 폴란드군도, 데니킨의 백군도 우크라이나의 인민들의 지지를 받지 못했고, 민족주의 정부인 중앙라다와 디렉토리아도 대중의 지지를 이용하지 못했다. 이것은 농민들은 민족주의적인 문제를 최우선 과제로 생각함과 동시에 농업개혁의 실시를 기대했기 때문에 일어났다. 왜 그토록 우크라이나 농민들이 무정부주의자들을 지지했는가?. 대도시의 무산계급(프롤레타리아)의 대부분은 러시아인들이었기 때문에 민족주의자들은 도시주민들의 지지를 고려하지 않을 수 없었다. 시간이 지남에 따라 붉은 군대는 키예프를 최종적으로 진정시킬 수 있었다. 1920년에 소비에트 정권이 드니예스트르 강 좌안의 **몰다비아**에 수립되었고, 나중에 우크라이나 소비에트 사회주의 공화국에 병합되었다. 그러나 몰다비아-베사라비아의 대부분은 1917년 12월에 그곳을 점령한 루마니아의 관할로 남았다.

붉은 군대는 발트해 연안에서 승리를 거두었다. 1918년 11월에 오스트리아-독일 군대를 몰아냈다. 12월 31일에 에스토니아, 라트비아, 리투아니아에 소비에트 공화국들이 탄생했다. 동년 11월에 적군은 벨로루시에서 입성했고, 12월 31일에 공산주의자들은 노동자-농민 임시 정부를 구성했고, 1919년 1월 1일에 이 정부는 벨로루시 소비에트 사회주의 공화국의 수립을 선포했다. 전러시아 중앙집행위원회(ВЦИК)는 새로운 소비에트 공화국들의 독립을 인정했고, 공화국들에게 전폭적인 지원의 제공을 천명했다. 그럼에도 불구하고 발트해 연안의 국가들의 소비에트 정권은 오래 지속되지 못했다. 1919년~1920년까지 유럽 국가들의 도움으로 발트해 연안에는 민족주의 정부가 재건되었다.

자카프카지예에서의 소비에트 정권의 수립

1920년 4월 중순에 북 카프카스 전 지역에 소비에트 정권이 재건되었다. 자카프카지예 공화국들 즉 아제르바이잔, 아르메니아, 그루지야에 민족주의 정부가 수립되었다. 1920년 4월에 러시아 공산당 중앙 위원회는 북 카프카스를 관할하는 제 11군 지휘부의 산하에 카프카스 특별국을 설치했다. 4월 27일에 아제르바이잔 공산주의자들은 민족주의 정부에게 소비에트에 정권의 이양을 요구하는 최후통첩을 제시했다. 4월 28일에 붉은 군대의 부대가 볼셰비키 당간부들 즉 오르드조니킨드제(Г. К. Орджоникидзе), 키로프(С. М. Киров), 미코얀(А. И. Микоян) 등과 함께 바쿠에 진주했다. 임시

혁명 위원회는 아제르바이잔을 소비에트 사회주의 공화국으로 선포했다.

오르드조니킨드제

키로프

미코얀

11월 27일에 카프카스 특별국의 의장인 오르드조니키드제는 아르메니아 정부에 아제르바이잔에 구성된 아르메니아 소비에트 사회주의 공화국 혁명위원회로 정권을 이양하라는 최후통첩을 보냈다. 최후통첩의 기간까지 기다리지 않고 11 군단은 아르메니아의 영토로 진입했다. 아르메니아는 주권 사회주의 국가로 선포되었다.

그루지야 멘셰비키 정부는 인민들의 지지를 받았고, 충분히 강한 군대를 가지고 있었다. 1920년 5월에 폴란드와의 전쟁 상태에서 인민 위원 소비에트(Совнарком)는 그루지야 국가의 독립과 주권을 인정하는 조약에 서명했다. 그 대신에 그루지야 정부는 공산당의 활동을 허용하고 그루지야에서 외국의 군대를 몰아내야 했다. 키로프가 그루지야에 주재하는 러시아 사회주의 공화국 소비에트 연방의 전권대사로 임명되었다. 1921년 2월에 작은 마을에 군사 혁명 위원회가 설립되었고 그루지야 정부와의 전쟁에서 붉은 군대의 지원을 요청하였다. 2월 25일에 11군단이 티플리스에 진주했고, 그루지야는 소비에트 사회주의 공화국으로 선포되었다.

바스마치의 반혁명운동과의 투쟁

내전 중에 투르케스탄 자치 소비에트 사회주의 공화국이 중앙 러시아로부터 떨어져 있었다. 여기에 투르케스탄의 붉은 군대가 창설되었다. 1919년 9월에 **푸룬제**(M. B. Фрунзе) 장군 지휘 하의 투르케스탄 전선의 군대는 포위상태를 뚫고 투르케스탄 공화국과 중앙 러시아의 연결을 복원했다.

1920년 2월 1일에 공산주의자들의 지도 아래 히바 한국에 대항하는 봉기가 일어났다. 붉은 군대가 봉기한 인민들을 지지했다. 히바에서 열린 소비에트 인민 대표자들의 대회는 **호레즘 인민 공화국**의 수립을 선포했다. 1920년 8월에 친 공산주의 세력은 차드조우에서 봉기했고 붉은 군대에게 도움을 요청했다. **푸룬제** 장군 휘하의 붉은 군대는 격전을 치루고 부하라를 점령했고, 수장은 도주했다. 1920년 10월 초에 소집된 전 부하라 인민 회의는 부하라 인민 공화국의 수립을 선포했다.

1921년에 **바스마치의 운동**은 새로운 국면에 들어섰다. 투르케스탄에 투르크 국가의 연합을 수립할 계획을 제기한 전 터키정부의 국방상 엔베르 파샤(Энвер Паша)가 그것을 주도했다. 그는 분산된 바스마치의 군대를 통합하여 하나의 군대를 창립했고, 무기와 은신처를 제공한 아프가니스탄과는 긴밀한 관계를 수립했다. 1922년 봄에, 엔베르 총독의 군대는 부하라 인민 공화국의 영토를 대부분 점령했다. 소비에트 정부는 항공기로 강화된 정규군을 중앙 러시아에서 중앙 아시아로 보냈다. 1922년 8월에 엔베르 총독은 전투에서 전사했다. 당 중앙 위원회 투르케스탄 국은 이슬람 지지자들과 협상에 들어갔다. 토지 소유권이 이슬람 사원으로 반환되었고, 이슬람 율법 법정과 종교학교가 복원되었다. 그러한 정책은 효과를 낳았다. 바스마치 운동은 인민들의 대중적 지지를 상실했다.

결 론

1918년 말부터 내전은 적군과 백군 간의 무력대결의 양상을 띠었다. 이러한 전쟁에서 볼셰비키는 전선에 경제적, 인적 자원을 동원하고, 대중들에게 그들만이 러시아 국익의 유일한 수호자임을 설득할 수 있었고 새로운 생활의 비전으로 그들의 마음을 끌 수 있었던 볼셰비키가 승리했다. 혁명과 내전의 기간에 전 러시아 제국의 인민 대부분은 그들이 수세기 동안 박탈당했던 또는 전혀 갖지 못했던 독립의 경험을 가질 수 있었다. 이것은 인민들의 민족의식의 향상에 엄청난 영향을 미쳤다.

21. 내전에서의 농민 계급: 1920년 초~1921년 정치적 위기

중앙 러시아에서의 농민 폭동

붉은 군대의 정규군과 백군 사이의 무력충돌은 다수는 아니었지만, 가장 조직적인 양 극단적인 측간의 대결을 보여주는 내전의 전면전이 되었다. 한편 이쪽이나 저쪽의 승리는 인민들 특히 농민들의 공감이나 지지에 의해 결정되었다.

토지법은 주민들에게 그들이 그토록 오랫동안 갈망해 왔던 토지 소유권을 부여했다. 농민들은 토지 소유권을 부여받은 대가로 치러야할 자신들의 혁명적 사명을 마지막으로 생각했었다. 그들은 부여받은 토지에 대해서 소비에트 정권에 고마움을 표시했지만, 이 정권을 위해서 무기를 들고 싸우기를 서두르지 않고 자신들의 농토가 인근의 촌락에서 혼란스러운 시기가 지나기를 바랐다. 비상식량 정책은 농민들로부터 원한을 사게 되었다. 농촌에서는 무산계급들과 무력충돌이 시작되었다. 1918년 7~8월 기간에만 중앙 러시아 지역에서 150건 이상의 무력 충돌이 발생했다.

군사혁명 위원회가 붉은 군대로의 동원령을 선포했을 때, 농민들은 동원에 대규모 기피로 응했다. 징병소에는 징집자들의 70%도 나타나지 않았다(쿠르스크 현의 어떤 군에서는 기피율이 100%에 달했다). 10월 혁명 1주년 기념일 전야에 중앙 러시아의 80여 개의 지구에서 거의 동시에 농민 폭동이 일어났다. 징집된 농민들은 징집소를 털어 무기를 손에 넣었고, 마을 사람들을 선동하여 빈농위원회, 소비에트, 당분소 등을 파괴했다. ≪공산주의자가 없는 소비에트≫가 농민들이 내세운 주요한 정치적 구호였다. 볼셰비키는 중농들과 빈농들도 참여했었음에도 불구하고 이 농민 폭동을 ≪부농들의 봉기≫로 선포해 버렸다. 그렇다, ≪쿨락(кулак: 부농)≫이라는 의미는 매우 모호했고, 경제적 의미보다는 오히려 정치적 의미를 가졌다. ≪**쿨락**≫은 소비에트 정책에 불만을 가진 계층을 의미했다. 폭동을 진압하기 위하여 붉은 군대와 반혁명, 사보타지 및 투기단속 위원회(ЧК)가 투입되었다. 폭동의 지도자들, 옹호자자들, 체포자들이 현장에서 총살되었다. 치안기관들은 하급 장교들, 교사들, 공무원들을 대량으로 체포했다.

카자크의 해체

카자크의 여러 계층은 붉은 군대와 백군 사이의 선택에서 오랫동안 고심했다. 한편 볼셰비키의 일부 지도자들은 말할 것 도 없이 모든 카자크들은 나머지 인민들에게 영원히 적대적인 반혁명 세력으로 생각되었다. 카자크에 대해서 ≪카자크 해체≫라고 명명된 탄압조치가 실시되었다.

1919년 1월 러시아 공산당(볼셰비키) 중앙 위원회의 회람으로부터

1. 부유한 카자크들에 대한 대규모 테러를 실시하고 그들을 근절하라 : 소비에트 정권에 대항한 투쟁에 직간접으로 참여한 모든 카자크들에 대하여 가차 없는 대규모 테러를 실시하라. 카자크의 중간계층에게 소비에트 정권에 대항한 새로운 폭동의 시도를 차단하기 위한 모든 조치를 강구하는 것이 불가피 하다.
4. 토지제도와 모든 다른 관계에서 카자크 원주민들과 외지인들을 균등하게 대우하라.
5. 완전한 무장해제를 실행할 것 이며 반환 기간 이후에 무기 소지자들을 모두 총살에 처하라

이것에 대한 반발로 베센스크와 베르흐네도니야의 대단위 카자크 마을에서 폭동이 발생하였다. 카자크들은 19살부터 45세의 남성들에 대하여 동원령을 공고하였다. 창설된 연대와 사단의 병사의 수는 3만여 명에 이르렀다. 대장장이, 기술자들, 가내공업 종사자들이 창, 총포, 탄약의 가내 생산에 배치되었다. 카자크 마을로 가는 길은 무장된 참호와 교통호로 채워졌다.

남부 전선의 혁명군사 위원회는 ≪가장 준엄한 방법≫으로 폭동을 진압할 것을 명하고, 봉기한 아주 조그만 마을까지 소각했고, ≪예외 없이≫ 폭동에 참가한 모든 사람들을 총살했고, 대규모로 붙잡힌 성인 남자들의 5분의 1를 총살시켰다. 트로츠키의 명령에 따라 봉기한 카자크들과의 전투를 위해서 토벌대가 창립되었다.

붉은 군대의 대규모 군대를 꼼짝 못하게 했던 베센스크 카자크 반란군은 1919년 1월에 시작된 남부 전선의 공격을 성공적으로 저지시켰다. 이것을 데니킨이 이용하게 되었다. 그의 군대는 돈바스, 우크라이나, 크림, 돈강 상류, 차리친 등의 방면에서 넓은 전선을 따라 반격으로 전환했다. 6월 5일에 베센스크의 반란군들과 벨로그라드 반란군의 일부가 연합했다.

이러한 사건들 때문에 볼셰비키는 카자크들에 대한 정책을 재검토하지 않을 수 없었다. 원정 토벌대를 기반으로 붉은 군대에 복무하고 있었던 카자크들로 구성된 특수부대가 창립되었다. 카자크들 사이에서 인기가 있었던 **미로노프(Ф. К. Миронов)**가

그 부대의 사령관으로 임명되었다. 1919년 8월에 인민 위원회는 ≪아무도 카자크들을 강제로 해체하려고 시도하지 않을 것이며, 카자크의 관습에 역행하지 않을 것이며 카자크 농부들을 그들의 마을과 그들의 토지를 허용할 것이며, 그들의 원하는 형태로 예를 들면 줄무늬 유니폼을 입도록 허용할 것이다≫라고 선포했다. 볼셰비키는 과거 때문에 카자크들에게 복수하지 않을 것임을 약속했다. 10월에는 러시아 공산당 중앙 위원회 정치국의 결정에 따라 미로노프는 돈스크 카자크들에게 호소했다. 카자크들 사이에 인기가 있었던 정치가의 호소는 큰 효력을 발휘했고, 대부분의 카자크들은 소비에트 정권으로 넘어 왔다.

백군에 대항한 농민들

농민들 다수의 불만이 백군의 진영에서도 목격되었다. 한편 그 불만은 적군의 진영에서의 농민들의 불만과 약간 방향이 달랐다. 중앙 러시아 지역의 농민들이 식량 비상조치에 반대했지만 소비에트 정권에는 반대하지 않았지만, 백군 진영에서의 농민 운동은 구 토지제도를 복원하려는 시도에 대한 반발로 일어났고, 이것은 불가피하게 친 볼셰비키 성향을 표방할 수밖에 없다는 것을 의미했다. 볼셰비키는 농민들에게 토지를 제공했다. 이러한 상황에서 백군의 정부와 공통된 언어를 발견하지 못했던 멘셰비키와 사회혁명당원들의 가담으로 강화된 넓은 반백군 전선의 형성을 가능케 했던 노동자들도 이러한 지역에서의 농민들의 동조세력이 되었다.

시베리아 농민들의 폭동은 1918년 여름에 시베리아서 거둔 반 볼셰비키 세력의 일시적 승리의 중요한 원인중의 하나였다. 사실상 시베리아에는 지주들의 토지 소유가 없었다. 그러기 때문에 토지법은 현지의 토지 소유자들의 위치에 큰 변화를 가져오지 못했다. 그럼에도 불구하고 현지의 토지 소유자들은 황실지, 국유지, 수도원 토지 등을 경작하여 생계를 유지할 수 있었다.

그러나 콜차크의 권력이 확립되면서 소비에트 정권의 모든 법령은 폐지되었고, 농민들의 상황은 악화되었다. ≪러시아 최고 정부≫의 군대로의 동원령에 반발하여 농민들의 폭동이 알타이, 토볼스크, 톰스크, 예니세이 현 등의 지역에서 연달아 일어났다. 상황을 타게 하려고 콜차크는 사형제도의 도입, 계엄령 선포 등의 특별법의 입안에 착수했고, 폭동 토벌대를 조직했다. 이런 모든 조치들이 농민들의 큰 불만을 야기했다. 농민 폭동이 시베리아 전역을 휩쓸었다. 그리고 빨치산 운동이 확산되었다.

비슷한 양상으로 남 러시아에서도 사건들이 일어났다. 1919년 3월에 데니킨 정부는 토지 개혁안을 발표했다. 한편 토지 문제의 최종적 해결은 볼셰비키 정권에 대한 완전히 승리하는 날까지 연기되었고 미래의 입법회의로 넘겼다. 한편 남 러시아 정부는 토지 소유자들에게 총 수확량의 3분의 1을 정부에 제공할 것을 요구했다. 데니킨 정부의 몇몇 대표자들은 추방된 지주들을 그들의 옛 생가로 귀환시키기까지 했다. 이것은 농민들의 큰 불만을 야기했다.

마흐노의 녹색운동

권력이 항상 바뀌었던 붉은 군대와 백군 사이의 경계지역에서 농민운동은 약간 다르게 진행되었다. 그러나 적군과 백군은 제 각기 자신들의 부대와 법에 복종을 요구했고 현지 주민들을 동원하기 위한 일련의 조치들을 실시하려고 했다. 백군과 붉은 군대에서 이탈한 농민들은 새로운 모병을 피하기 위해 삼림으로 피신하여 빨치산 부대를 조직했다. 그들은 자신들의 의지와 자유의 색깔이며 적군과 백군에 대조되는 녹색을 그들의 상징으로 선택했다. ≪에흐, 사과, 익은 색깔, 왼쪽은 빨간색, 오른쪽은 흰색≫이란 노래가 농민 부대에 퍼졌다. **녹색부대**의 봉기는 남러시아와 모든 지역 즉 흑해연안, 북카프카스, 크림으로 확산되었다.

농민운동은 우크라이나 남쪽에서 가장 활발했다. 이것은 대부분 반란군의 지도자 **마흐노(Н. И. Махно)**의 존재와 관련이 있었다. 제 1차 혁명 기간에 그는 무정부주의자들에게 가입하여, 테러 공격에 가담했었고, 무기징역을 선고받았다. 1917년 3월에 마흐노는 고향인 예카테리나슬로브스키 현의 굴랴이 폴레 마을로 돌아와서 현지 소비에트의 의장으로 선출되었다. 9월 25일에 그는 굴랴이 폴레에서 지주의 토지소유의 폐지 법안에 서명 했다. 이 문제에서 레닌보다 정확히 한 달 앞섰다. 우크라이나가 오스트리아-독일 군에게 점령당했을 때 **마흐노**는 독일군 진영에 공격을 감행할 군대를 조직했고 지주들의 영지에 불을 질렀다. 여러 곳에서 마흐노의 부대로 병사들이 모여들었다. 마흐노는 독일군들과 반혁명주의자들인 우크라이나 민족주의자들과 싸웠고, 자신의 군대에 의해서 해방된 지역으로 붉은 군대가 진입하는 것을 허용하지 않았다. 1918년 12월에 마흐노의 군대는 대도시인 유가-예카테리노슬라프을 점령했다. 1919년 2월에 마흐노의 군대는 정규군이 3만 명, 무장하지 않은 예비군은 2만 명까지 늘어났다. 우크라이나의 가장 풍부한 곡창지대와 일련의 주요한 철도 교차지점들이 그의 군대의 관할에 있었다.

마흐노

농민군 지도자 마흐노의 활동

마흐노는 적군과 합세하여 데니킨 군대와 싸우기로 동의했다. 데니킨 군대와의 전투에서 승리한 공적 덕분에 마흐노는 붉은 기 훈장을 받았다. 데니킨 장군은 마흐노의 머리에 50만 루블을 걸었다. 그러나 마흐노는 적군에 군사적 지원을 하면서 독립적인 정치적 입장을 취했고, 자신의 체제를 구축했으며, 중앙 권력기관의 지시를 무시했다. 게다가 마흐노 군대는 빨치산 식 지휘질서와 지휘관들의 선출제도로 운영되었다. 마흐노 군대는 약탈과 백군장교들의 예외 없는 사살을 꺼리지 않았다. 그래서 마흐노는 적군의 사령관들과의 갈등에 빠졌다. 그럼에도 불구하고 마흐노 군대는 **브란겔(Врангел)** 군대를 분쇄하는 전투에 참여했고, 가장 어려운 구역에 배치되어 엄청난 손실을 입고 와해되었다. 마흐노는 소규모 군대와 함께 소비에트 정권과의 투쟁을 계속했다. 몇 번의 붉은 군대와의 전투 후에 그는 심복들과 함께 해외로 도피했다.

소규모 내전

붉은 군대와 백군간의 전쟁이 끝났음도 불구하고, 볼셰비키의 농민정책은 변화가 없었다. 더욱이 러시아 곡창지대 현에서는 농산물 징발이 더욱 더 심해졌다. 1921년 봄과 여름에 볼가강 유역 지방에 심각한 기근이 발생했다. 기근은 심한 가뭄을 동반했고, 가을에 농산물의 강제징발 후에 농민들에게는 파종할 씨앗조차 남지 않았고 씨 뿌리고 경작할 의욕도 남지 않았다. 5백만 명 이상이 굶어 죽었다. 특히 1920년 여름에 가뭄이 휩쓴 탐보스크 현의 긴장된 상황이 악화되었다. 이런 환경을 고려하지 않은 식량징발 계획을 통보받았던 농민들은 폭동을 일으켰다. 탐보스크 현 키르산노프스크 군의 전 경찰국장이자 사회 혁명 당원인 **안토노프**(А. С. Антонов)가 폭동의 지도가 되었다.

탐보스크와 동시에 볼가강 유역, 돈강 유역, 쿠반, 서 시베리아, 동 시베리아, 우랄, 벨로루시, 카렐리야, 중앙 아시아에서 등에서도 봉기가 일어났다. 1920~ 1921년의 농민 폭동의 기간은 동시대 사람들에 의해서 ≪작은 내전≫으로 명명되었다. 농민들은 스스로 군대를 조직했고, 도시를 공격하여 점령했으며, 정치적인 요구를 제시했고, 권력기관을 구성했다. 탐보스크 현의 노동자-농민연합은 주요한 과업으로 ≪나라를 극빈, 파멸, 굴욕으로 이끈 공산주의자들-볼셰비키들의 정권의 타도≫를 내세웠다. 볼가강 유역의 농민군은 소비에트 정권을 제헌의회로 교체할 것을 슬로건으로 내세웠다. 서 시베리아의 농민들은, 농민독재의 수립, 제헌의회의 소집, 산업의 탈 국유화, 평등한 토지 이용권 등을 슬로건으로 제시했다.

붉은 군대의 정규군이 농민 폭동의 진압에 투입되었다. 내전의 전장에서 명성을 날렸던 **투하체브스키**(Тухачевский), **푸룬제**(Фрунзе), **부덴니이**(Буденный) 같은 장군들이 군사작전을 지휘했다. 농촌의 주민들을 위협하는 방법들 즉 인질로 삼는 것, 반도들의 친척을 총살하는 것, 반도들에게 동조하는 마을 전체를 시베리아로 이주시키는 것 등이 광범위하게 적용되었다.

1921년 6월 12일의 탐보스크 현 주둔군의 지휘명령

소비에트 정권이 복원된 마을에서 도주한 반도들의 잔당과 반도들이 모여 민간마을을 습격하고 있었다. 숲 속의 잔당을 없애기 위해 명령이 내려졌다 : 1. 폭도들이 숨어 있는 숲 속에는 독가스를 살포하되 모든 폭도들을 죽일 수 있도록 숲 전체에 가스를 살포한다. 2. 포병들에게 빨리 필요로 하는 양만큼의 독가스 통과 필요한 전문 인력을 투입한다.

크론시타트 수병들의 반란

마지막 내전은 도시에서 발생했다. 원료와 연료의 부족으로 많은 기업들이 문을 닫았다. 노동자들은 길거리로 나왔다. 그들 중 많은 사람들이 식량을 구하러 시골로 내려갔다. 1921년에 모스크바에서는 노동자의 절반가량이, 페트로그라드에서는 노동자의 3분의 2가 사라졌다. 산업에서 노동의 생산성은 급감했다. 몇몇 분야에서 노동 생산성은 전쟁 전 수준의 20% 밖에 되지 않았다. 1921년에 538건의 파업이 발생

했고 참가한 인원만 20만 명 이상이었다.

1921년 2월 11일에 페트로그라드에서는 원료와 연료의 부족으로 푸틸로브스크, 세스트로레츠키, 트레우골니크 같은 대형 공장들을 포함한 93개의 산업 기업들이 즉각적인 폐쇄가 공표되었다. 분노한 노동자들이 거리로 뛰쳐나가서 파업을 시작했다. 당국이 명령에 따라 시위대는 페트로그라드 사관학교 생도부대들에 의해서 해산되었다.

여파는 **크론시타트**까지 몰아쳤다. 1921년 2월 28일에 ≪페트로바블로브스크≫ 전함에서 회의가 소집되었다. 그 집회의 의장인 최연장자 문관인 페트리첸코는 다음과 같은 결의안을 발표했다. '현 소비에트는 노동자와 농민의 고통을 대변하지 못하기 때문에 소비에트의 조속한 재선거, 언론의 자유, 정치범들 즉, 사회주의 정당원들의 석방, 농산물 징발과 식량징발대의 폐지, 상거래의 자유, 농토를 경작하고 가축을 소유할 농민들의 자유, 당이 아니라 소비에트가 권력을 소유할 것' 등이 주장되었다. 볼셰비키의 권력독점의 폐지가 반도들의 주요한 요구였다. 3월 1일에 이러한 결의안이 수비대와 도시민들의 합동 회의에서 채택되었다. 대규모 파업이 진행되고 있었던 페트로그라드로 파견된 크론시타트 대표단은 체포되었다. 크론시타트 폭동에 대한 대응으로 임시혁명 위원회가 창립되었다. 3월 2일에 소비에트 정부는 크론시타트 폭동을 반역으로 선포하고 페트로그라드에 계엄령을 선포했다.

카메네프

투하체프스키

볼셰비키는 반란자들과의 모든 대화를 거절했고, 3월 5일 트로츠키는 폭도들에게 최후통첩을 전달했다. **크론시타트**는 최후통첩에 응하지 않았다. 그때 군대는 핀란드 만의 해안 쪽으로 압박하기 시작했다. 요새에 대한 공격작전을 지휘하기 위해 적군의 사령관 카메네프(С. С. Каменев)와 **투하체브스키**(М. Н. Тухачевский)가 도착했다. 군 전문가들은 희생이 얼마나 클 것인가를 고려하지 않을 수 없었다. 그럼에도 불구하고 공격 명령이 하달되었다. 적군은 3월의 깨지기 쉬운 얼음판을 따라 계속되는 포격의 지원을 받아 개활지로 공격했다. 첫 번째 공격이 실패했다. 러시아 공산당 10차 대회의 대의원들이 두 번째 공격에 참가했다. 3월 18일에 크론시타트는 저항을 중단했다. 6~8천 명의 수병들이 핀란드로 도주했고, 2천 5백 명 이상이 포로로 잡혔다. 잔혹한 징벌이 그들을 기다렸다.

결 론

백군과 적군간의 전쟁의 상황에서 대부분의 대중은 이런 저런 방면에서 큰 불만을 겪었다. 그러나 괴로울 정도의 동요 후에 인민들의 대부분은 토지를 제공했고 구질서에 대한 투쟁을 요청했던 적군을 지지했다. 그러나 백군에 대한 전쟁의 승리 후에 인민은 전시 공산주의 정책과 적군 테러를 지지하려고 하지 않았다.

✔ 제 2장의 결론

1차 세계대전은 러시아의 근대화 과정을 변질시켜서 사회와 국가에 생존의 조건을 규정했다. 나라는 사회의 합의 없이 전쟁에 참여했다. 1차 애국 전쟁은 권력 간, 정당 간, 인민들 간의 갈등으로 교체 되었고, 이것은 전쟁의 상황에서 나라의 파멸에 무관심을 초래했다.

전제체제의 붕괴는 당시 러시아에 존재했던 모든 사회, 경제, 정치적 모순들을 반영했다. 그러나 그것은 무엇보다도 믿을 수 없을 정도의 전쟁의 무거운 부담에 대한 인민들의 반발이었다. 1917년 2월에 1905년의 1차 러시아 혁명과 달리 차르 정부는 상황을 유리하게 전환시키지 못했다. 전제주의 체제는 붕괴했다. 자유주의적이고 온건한 사회주의자들이 정권을 잡았다. 전쟁에 대한 문제가 혁명의 주요한 문제가 되었다. 그 뒤를 이어 농업문제의 해결이 당면 과제가 되었다. 전쟁의 지속과 토지개혁의 지연 등의 정책은 새로운 정권에 자살적인 정책이 되었다. 이념적 관점을 가지지 않았던 인민 대중은 그들에게 평화와 토지를 확실하게 약속하는 정치세력을 지지할 준비가 되어 있었다.

볼셰비키 당은 인민대중의 분위기의 전환과 그들의 빠른 급진화를 다시 이용할 수 있었다. 자신들과 같은 사회주의 정치세력인 멘셰비키와 사회혁명당원들과 달리 볼셰비키들은 권력공포증으로 괴로워하지도 않았고 내전 직전의 공포도 두려워하지 않았다. 레닌이 망명지에서 귀환한 후부터 당은 권력을 처음에는 평화적인 방법으로 다음에는 무력으로 장악할 노선을 택했다. 이것과 더불어 볼셰비키는 다른 정치세력들 보다 앞서서 그들이 완전하게 이용할 수 있었던 분명한 우월한 조건들 즉 확고한 정치적 의지, 지도자의 권위, 엄격한 정당 규율, 단일 정당 조직과 광범위한 선동조직 등을 갖고 있었다.

1917년의 2월과 10월의 사건들은 단일 혁명과정으로 볼 수 있다. 혁명은 명확한 자체의 발전 단계를 가졌고, 그러한 단계의 본질은 러시아의 정치세력의 재편이었다. 혁명은 2월 부르주아-민주주의적 혁명으로 시작되었고 사회의 자유주의적 발전 모델을 실혈할 수 있는 가능성을 러시아에 열었다. 그러나 임시정부의 근시안적인 정책은 나라를 사회주의 실험의 길로 돌려놓았던 볼셰비키의 집권을 촉진시켰다. 레닌과 그의 지지자들은 이러한 사건을 위대한 10월 사회주의 혁명의 결과로 명명했다.

볼셰비키의 집권은 러시아에 내전을 초래했다. 내전은 러시아의 미래체제의 대안 세력들 간의 전투였다. 다양한 지대에서 백군과 적군은 대치했다. 백군은 전통적 러시아 체제의 지지자들뿐만 아니라 10월 혁명 후 그들을 지지했던 자유주의자들이었다. 볼셰비키 집권 이전의 가치로의 복원의 깃발 밑에 모인 그들은 다양한 이념들을 하나의 사상으로 통합시킬 수도 없었고, 인민 대중의 맘을 끄는 미래의 러시아 정치 체제를 제시할 수도 없었다. 적군은 볼셰비키의 무산계급의 출신의 지지자들뿐만 아니라 공정한 기반 위에 사회의 급속한 체제전환의 가능성을 믿었던 모든 사람들로 구성되었다. 그러나 적군의 승리는 모든 인민이 자동적으로 볼셰비키의 정책을 지지했다는 것을 의미하지 않았다. 농산물 징발, 카자크 집단의 해체, 적군 테러 등은 중앙 러시아와 변경지역에서 대중 봉기를 유발했다.

제3장 1차 세계대전부터 2차 세계대전 개시 전까지의 소련: 사회주의 건설의 경험

22. 소비에트 사회주의 공화국 연방의 형성

사회주의 공화국 통합의 전제조건들

내전이 끝난 후에 구 러시아 제국의 정치적 지도는 다음과 같은 모습으로 변했다. 러시아 소비에트 사회주의 공화국 연방, 우크라이나, 벨로루시, 아제르바이잔, 그루지야, 아르메니아, 극동 공화국과 두 중앙아시아 인민 공화국인 호레즘과 부하라 공화국 등이 소비에트 정권을 구성했다. 주권을 획득한 발트해 연안의 3국 즉 라트비아, 리투아니아, 에스토니아뿐만 아니라 핀란드와 폴란드는 유럽의 영향권에 포함되었다. 게다가 폴란드는 서 우크라이나와 서 벨로루시를 자국에 병합했다.

최대의 소비에트 공화국은 2,000㎢가 넘는 면적과 1억의 인구를 가진 러시아 연방이었다. 러시아 연방은 민족별로 특정한 영토가 부여된 원칙에 따라 수립된 다민족 국가였다. 투르케스탄, 타타르스탄, 바시키르, 크림, 키르기스탄, 다게스탄, 야쿠트, 고르스크 자치 소비에트 사회주의 공화국, 카렐스크 노동 공동체, 볼가강 유역의 독일인 공동체 등의 10개의 자치 소비에트 사회주의 공화국들과 11개의 자치 민족 주들(추바시, 마리이, 우드무르트, 코미-지랸, 칼미츠크, 아디게이스크, 카바르디노-발카르, 체첸, 카라차예보-체르케스, 부랴트, 1948년부터 고르노-알타이로 명칭이 변경된 오이라트)이 러시아 연방을 구성했다. 1922년 11월에 극동 공화국이 러시아 연방에 합병되었다.

각 공화국은 자체의 국가권력과 행정기관, 헌법을 가졌지만, 사실상 권력은 단일 러시아 공산당에 가입된 **민족 공산당**에 있었다. 공산주의자들은 주요한 목표인 사회주의 사회의 건설을 위해서는 모든 민족과 대중의 통합이 불가피하다고 생각했다.

이것과 더불어 수세기 동안 축적된 민족 지역간의 경제적 상호의존과 같은 경제적 환경이 국가통합을 뒷받침했다. 통합에는 대외정책적 원인도 작용했다. 적군의 포위에 직면하여 개별적 정권들의 합치된 존립이 불가피 했다. 게다가, 구 러시아 제국에 살았던 인민들의 마음과 정서 속에서는 단일 대국가의 귀속감이 잔존했다.

1920~1921년에 러시아 소비에트 사회주의 공화국 연방, 우크라이나, 벨로루시, 아제르바이잔, 아르메니아, 그루지야 간에 군사, 경제, 외교 등의 분야에서 동맹조약이 체결되었다. 공화국들은 러시아 소비에트 사회주의 공화국 연방의 최고위 기관들의 지휘 하에 자체의 군대, 중공업, 재정, 운송, 우편-전신망을 통합시켰다. 그리고 우크라이나와 벨로루시는 러시아 연방과 대외무역도 통합시켰다. 1920년 12월에 열린 제8차 전러시아 소비에트 대회에서 단일 에너지망의 구축과 이러한 토대 위에 모든 소비에트 공화국의 경제의 발전을 예상했던 러시아의 전력화(電力化)을 위한 국가계획이 채택되었다.

연방국가 건립의 원칙들

볼셰비키의 당 내에는 단일 다민족 국가의 건설원칙에 대한 다양한 견해가 존재했다. 러시아 공산당 중앙 위원회 정치국은 민족문제 담당 인민 위원인 스탈린이 준비한 ≪러시아 연방과 독립된 공화국들과의 상호관계에 대한 결의안≫을 제시했다. 이 문서의 강조점은 ≪러시아 연방에 공식적인 가입에 대한 우크라이나, 벨로루시, 아제르바이잔, 아르메니아, 그루지야 등의 소비에트 공화국들과 러시아 연방 간에 체결된 조약에 대한 합치된 인정…≫이었다.

레닌은 ≪자치화 계획≫을 신랄하게 비판했다. 그는 모든 소비에트 공화국들은 각국의 주권의 평등과 유지의 원칙의 토대 위에 **단일 연방 국가**로 통합되어야 한다고 생각했다. 이것과 더불어 각 공화국에 연방에서 **자유로운 탈퇴권**이 부여되어야 한다. 당 중앙 위원회는 레닌의 민족국가 체제의 원칙을 인준했다. 그래서 입안된 결의안의 1항은 연방에서 각 공화국의 자유로운 탈퇴권인 포함된 사회주의 공화국 연방에 가입에 대한 우크라이나, 벨로루시, 자카프카지예 공화국 연방 등과 러시아 **연방 간의 조약체결**의 필요성을 인정하는 것으로 해석되었다.

소비에트 사회주의 공화국 연방(CCCP)의 수립: 소비에트 연방의 첫 번째 헌법

1922년 12월 30일에 공화국의 대표단들이 모스크바에 모여서 **소비에트 사회주의 공화국 연방의 수립**에 대한 조약과 선언문을 인준했다.

1922년 12월 30일의 소비에트 연방의 수립에 대한 선언문 중에서

… 연방은 각 공화국들이 자유로운 탈퇴권을 유지하는 동등한 민족들의 자발적인 통합이며… 연방에 가입은 기존뿐만 아니라 미래에 탄생할 모든 사회주의 소비에트 공화국에 개방적이다… 연방 국가는 1917년 10월에 이미 구축된 민족들 간의 평화공존과 형제적 협력의 토대의 귀숭한 성과이다… 연방 국가는 세계 자본주의와 투쟁하는 믿을 수 있는 요새이며 모든 나라의 노동자들이 세계사회주의 소비에트 공화국으로의 통합의 과정에서 새로운 결정적인 조치에 기여한다.

12월 대회는 소비에트 사회주의 공화국 연방의 1차 소비에트 대회로 역사에 기록되었다. 1924년 1월 31일에 열린 제 2차 전연방 소비에트 대회에서 소련(소비에트 사화주의 공화국 연방)의 1차 헌법이 채택되었다. 전연방 소비에트 대회(ЦИК)가 최고 권력기관으로 선포되었고, 다음 대회개최까지의 기간에는 중앙집행위원회 최고 권력기관의 역할을 수행했다. 중앙집행위원회는 양원제 입법부인 연방 소비에트와 민족 소비에트로 구성되었으며, 각 입법부는 자체의 집행기관인 중앙집행위원회 상임위원회를 가졌다. 연방 소비에트는 전연방 소비에트 대회에서 참석한 모든 대의원들 중에서 선출되었다. 민족 소비에트는 공화국과 민족 관구의 대표자들로 구성되었다. **소련 인민 위원들 소비에트**(Совет Народных Комиссаров СССР)가 최고 집행기관이 되었다.

연방 공화국에는 소비에트 자체 대회와 정부가 구성되었다. 그러나 공화국의 대부분의 권한은 연방정부의 기관에 이양되었다. 국제관계, 국방, 국가안보, 대회무역, 운송, 예산, 화폐 유통 등에 대한 권한들은 연방정부의 중앙기관에 양도되었다. 내무, 농업, 교육, 사법, 사회보장과 보건 등에 대한 권한은 공화국의 관할로 존속했다.

소련 소비에트 대의원의 선출은 정말로 민주적이 아니었다. 농촌 주민들보다 5배나 많은 대의원들이 도시 주민들 중에서 선출되었다. 선거는 다 단계를 거쳤다. 각 소비에트는 상급 소비에트의 대의원들을 선출했다. 지구 소비에트에서 주 소비에트 대의원이 선출되었고, 주 소비에트에서 공화국 소비에트 대의원인 선출되었고, 공화국 소비에트는 연방 소비에트 대회의 대의원들을 선출했다. 1918년 러시아 소비에트 연방 헌법에 규정된 것처럼 몇몇 범주에 속하는 주민들,즉 임금노동을 이용하는 사

람들, 비 노동 수입으로 살아가는 사람들, 성직자들, 러시아 제국의 경찰이나 헌병이었던 사람들은 선거권이 박탈당했다. 1924~1925년에 연방 공화국 헌법들이 채택되었는데, 대부분 전 연방헌법의 조항들과 규정들이 반복되었다.

새로운 연방 공화국의 구성

1920년대에 소련의 민족-영토 체제에 큰 변화가 일어났다. 1924년에 러시아 소비에트 연방의 영토에 인구세치야 민족주가 형성되었다. 같은 해에 러시아 소비에트 연방에 속했던 투르케스탄 자치 소비에트 사회주의 공화국 영토에서 새로운 연방 공화국인 우즈베키스탄과 투르크메니스탄이 형성되었다. 키르키스인들은 러시아 소비에트 연방에 속한 자치 공화국을 구성했다. 1924년 9월에 호레즘과 부하라 인민 사회주의 공화국은 자진 해산되어 우즈베키스탄, 투르크메니스탄, 키르키스스탄 공화국에 합병되었다. **드네스트르강** 좌안의 몰다비아 자치 소비에트 사회주의 공화국이 우크라니아 공화국에 병합되었고, 나히체반스카야 자치 소비에트 사회주의 공화국이 아제르바이잔 공화국에 병합되었다.

1925년에 추바시 자치 주는 러시아 소비에트 사회주의 공화국 연방의 일원인 추바시 자치 소비에트 사회주의 공화국으로 전환되었다. 같은 해에 페름 주에 코미-페름 민족관구가 설립되었다. 1924~1926년에 러시아 소비에트 연방은 벨로루시 공화국에 **비테브스크**와 고멜스크 뿐만 아니라 벨로 루시인들이 주민의 다수를 차지하는 스몰렌스크 주의 일부를 이양했다. 벨로루시의 영토는 2배로 확대되었다. 1929년에 우즈베키스탄 연방 공화국의 일원이었던 타지키스탄은 연방 공화국의 지위를 부여받았다. 타지키스탄 영토에 1925년에 형성된 고르노-바다흐샨스크 자치주가 등장했다. 1929년에 러시아 소비에트 연방의 아르한겔스크 주에 독일인 민족지역이 설립되었다.

민족 정책과 민족 간의 관계

창당 초기에 소련 공산당은 민족의 특성을 제한된 형태로 고려하려고 시도했다. 1922년에 무슬림 공화국에서 무슬림 사원들이 과거에 소유했던 토지를 반환받았고, 코란에 따른 종교재판소가 복원되었다. 국가와 당의 기관들은 사회의 무슬림 행동규범에 대해서 관용을 보여주었다.

사냥, 어로, 순록사육 등에 종사하는 북방의 소수 민족들에 대해서도 매우 관대한 정책이 실시되었다. 그들에게 관습과 씨족 회의 같은 전통을 존중하는 자치권이 부여되었고, 전통적 경제-문화 양식의 발전을 위한 환경이 조성되었다.

중앙의 권력기관들은 소련의 소수민족의 발전의 문제에 특별한 관심을 기울였다. 우선 민족교육뿐만 아니라 민족에 대한 출판사업에 막대한 자원이 투입되었다. 몇몇 민족은 처음으로 학술적으로 고안된 문자를 받았다. 모스크바와 1924년에 레닌이 죽은 후에 레닌그라드로 명명된 페트로그라드에 동방과 북방의 민족연구소가 창립되었다.

1920년대 민족 정책의 방향 중의 하나는 이른바 **코레니자치야**(коренизация: 토착화)였다. 그 정책의 목적은 현지 민족의 대표자들을 국가행정에 끌어들이는 것이었다. 원주민들이 행정직책에 임명되기 시작했다. 고등교육 기관에서 소수민족의 특혜입학 제도를 통해서 간부요원들이 급속하게 양성되기 시작했고, 그 결과 주요한 행정-관리 직책과 특권적 사회적 지위를 차지했던 현지의 엘리트층이 형성되었다. 점유했던 토지에서 러시아인들이 강제로 밀려나기 사직했다. 1920년대 후반에 키르키스에서 현지인들과 러시아인들 간에 대규모 충돌이 일어났다. 그러한 충돌은 대부분 러시아 이주민들이 소유했던 토지를 원주민들에게 이양했던 1922~1923년에 실시된 토지개혁 때문에 일어났다.

볼셰비키의 민족 정책에 대한 저항은 다른 공화국들에서도 언급되었다. 그래서 1920년대는 우크라이나 문화와 언어의 전례 없는 전성기가 되었다. 우크라이나 어는 모든 기관에서 의무적으로 사용되는 국어가 되었다. 공직에 종사하기 위해서 다른 민족들의 대표자들은 우크라이나어를 습득해야 했다. 역사와 민족학회의 설립이 장려되었다. 그러나 우크라이나 화(化)의 규모는 동쪽과 남쪽의 도시 인구의 상당한 비율을 차지했던 러시아계와 유럽 계 주민들의 불만을 야기할 정도로 지나쳤다.

결 론

공산주의자들은 러시아 제국의 영토의 대부분을 **단일 연방국가**로 통합시켰다. 소비에트 사회주의 공화국 연방의 형태로 러시아 국가의 발전의 순서적 단계가 시작되었다. 구 러시아 제국의 민족들의 국가정체성 획득은 다양한 결과를 초래했다. 한편 이것은 민족의식의 자각과 민족문화의 확립과 발전을 촉진시켰다. 그러나 소련 수립의 토대가 된 ≪**1개 민족-1개 국가의 원칙**≫은 수세기 동안 이러한 영토에 살았던 다른 민족들의 권리를 드물지 않게 침해했다.

23. 국제적 상황과 1920년대의 소련의 외교정책

소비에트 정부의 외교적 고립의 극복

러시아 소비에트 연방과 뒤이은 소련의 외교정책은 두 가지 목표를 가졌다. 하나는 국익을 수호하는 것이고 다른 목표는 집권당인 공산당의 주요한 강령인 **세계혁명**을 실현하는 것과 긴밀한 관계가 있었다. 1920년에 러시아 소비에트 연방은 러시아 제국의 일원이었던 에스토니아, 리투아니아, 라트비아, 그리고 핀란드 같은 국가들과 **평화조약**을 체결하는 것부터 외교적 행동을 시작했다.

볼셰비키의 이념과 실제에 배치됨에도 불구하고 강대국들은 소련과 접촉해야 했다. 경제적 이익이 다른 무엇보다도 우선이었다. 1921년 5월에 긴 협상 후에 영국과의 **통상협정**이 체결되었다. 1921년 5월에 체결된 소련과 독일간의 통상협정은 정치적 합의를 가졌다. 그 협정에 따르면 러시아 소비에트 통상 대표부는 외교 대표부의 기능을 부여받았다. 사실상 이것은 소비에트 러시아가 독일을 합법적으로 인정한 것을 의미했다. 1921년 동안에 소련은 노르웨이와 이탈리아 간의 통상협정을 체결했다. 1921년 여름까지 소련은 유럽의 11개 국가들과 통상협정을 체결했다.

제노바 회의와 라팔로 조약

1922년 봄에 이탈리아 제노바에서 유럽의 경제와 금융문제의 해결을 위해서 국제회의가 소집되었다. 소비에트 정부도 그 회의에 참석을 초청받았다. 볼셰비키 지도부는 평화와 전면적 군축을 위해 투쟁한 평화를 사랑하는 국가로서 프롤레타리아 국가의 이미지를 형성하기 위해서 무엇보다도 선전의 목적으로 그 회의를 이용하기로 결정했다. 외무부 인민 위원 치체린(Г. В. Чичерин)의 보고서는 이러한 문제를 다루었다.

그러나 대독 연합국들의 지도자들은 다른 문제들에 관심을 가졌다. 그들은 인민위원 소비에트에 차르 러시아의 모든 국가 채무의 상환과 국유화 한 모든 외국의 기업들의 원상회복을 요구했다. 소련 대표단은 대응하는 요구, 즉 내전에 개입과 경제적 봉쇄와 관련된 손실에 대한 배상을 제시했다.

1922년 4월 16일 아침에 외국의 대표단들은 지난밤에 러시아와 독일의 대표단이

제노바의 라팔로에서 만나서 외교와 경제관계의 회복에 대한 조약을 체결한 것을 알았다. 라팔로 조약의 체결은 독일의 법적 지위의 손상과 다른 나라로 공산주의의 침투를 차단하기 위하여 러시아를 고립시킨 전후체제의 원칙을 고수하려는 승전국들에게는 바람직하지 않은 기습이었다.

1922년 제노바 국제회의

라팔로 조약의 양국대표단

치체린

소련의 인정국들과의 경제협력

소비에트 정권이 내부에서 위치를 공고히 함에 따라 국제무대에서 소련의 위치는 점차적으로 안정되어 갔다. 1924~1925년은 소련의 외교적 승인 기간으로 국제관계의 역사에 기록되었다. 1924년 2월에 소련과 영국 사이에 외교 관계가 수립되었다. 같은 해에 이탈리아, 노르웨이, 오스트리아, 그리스, 스웨덴, 프랑스가 소련을 인정했다. 1924년 여름에 소련과 멕시코 사이에 외교관계가 수립되었다. 소련의 국제적 인정은 1925년 1월에 일본과 소련간의 관계 정상화 조약의 체결로 완성되었다. 이러한 합의의 토대 위에 일본군대는 북 사할린에서 철수를 했고 거기에 소비에트 정권이 확립되었다. 1933년에야 다른 나라들보다 늦게 미국이 소련을 법률적 인정을 했다.

베르사유 조약으로 굴욕을 당한 독일은 소비에트 연방과의 동반자 관계에서 얻을 수 있는 정치적 · 경제적 이익을 계산했다. 양국 간의 관계는 상호간의 통상에 한정되지 않았다. 독일은 소련에 상당한 기술적 원조를 제공했다. 군사기술의 협력은 특별한 의미를 가졌다. 독일의 륜게르스 회사는 베르사유 조약을 피하여 모스크바 근교에서 비행기를 생산할 기회를 얻었다. 무기 제조회사 그루프는 중앙아시아에 대포 생산 공장들을 세웠다. 상당히 많은 소비에트 군 전문가들이 수습기간을 위해 독일로 갔다. 독일 기술자들이 소련의 기업에서 일했다. 1929년에 경에 소련은 27개 독일 회사들과 기술협력 협정을 맺었다.

이것과 더불어 소련은 자본주의 국가들의 회사들 간의 치열한 경쟁을 이용하여 몇몇 회사들과 가장 유리한 조건으로 협력할 수 있었다. 레닌 자신이 미국의 젊은 기업가 아르만드 하메르에게 후견을 제공했다. 하메르는 알라파예프스크 석면공장의 개발권을 받았다. 그 다음 그는 러시아에서 연필 생산을 시작했다. 이러한 비즈니스는 하메르에게 예술작품의 구입에 쓸 수 있는 엄청난 수익을 가져다주었다. 하메르의 뒤를 이어 자동차 왕 **포드**가 소련으로 달려왔다. 석유 왕 **록펠러**가 바투미에 정유공장 건설에 착수했다. 그러나 그러한 사업들의 예는 하나의 특징을 가졌다. 소련은 대규모 국가 차관이 필요했지만 어떤 부자 나라들도 그것을 제공하지 않았다.

동방의 국가들과의 조약체결

해방운동이 강력했고 민족주의 정부가 집권했던 동방의 국가들과 소련의 관계는 훨씬 더 성공적으로 구축되었다. 인민 위원 소비에트는 이러한 나라에 현실적인 물질적인 원조를 제공했다. 더구나 몇몇 당 지도자들, 특히 트로츠키는 세계혁명의 깃발을 동쪽으로 돌리고, 우랄에서 잘 무장된 부대를 창설하여 인도와 아프가니스탄으로 파견하는 것이 필요하다고 생각했다. 그러나 레닌은 이러한 제안을 지지하지 않았다.

1921년에 러시아 소비에트 연방은 이란, 아프가니스탄, 터키, 몽골과 조약을 체결하였다. 그러나 이러한 국가들은 역사상 처음으로 외교관계의 동등한 상대로서 행동했다. 이것과 더불어 볼셰비키들은 이러한 조약들을 서방에서의 노동운동을 동방에서의 민족해방 운동과 통합시키려는 나름대로의 동기로 보았다.

소비에트 정부는 차르 러시아와 이란 간에 체결된 모든 불평등한 조약과 합의의 폐지를 인준했고, 이란에게 빌려준 모든 차관을 무효화 했고, 차르 러시아가 습득한 양도와 재산을 돌려주었다. 게다가 제3의 국가가 이란의 영토를 점유하여 러시아 소비에트 연방에 대한 침략의 기지로 이용하려고 시도할 경우에, 그리고 이란 정부가 침략을 막을 수 없을 경우에 소비에트 정부는 상응하는 사전 통고 후에 이란의 영토로 자국의 군대를 진입시킬 권리를 가질 것이다.

아프가니스탄과의 조약에 따라 양국은 상호 간의 독립을 인정했고, 조약 당사자 어느 한 쪽의 국익을 손상시킬 수 있는 정치적 · 군사적 조약을 제삼국과 체결해서는 안 되었다. 터키와의 조약에 따라서 소비에트 러시아는 차르 러시아가 가졌던 모든 특권을 폐기할 뿐만 아니라 상당한 규모의 재정적 원조를 터키에 제공했다. 몽골과 러시아 소비에트 연방과의 우방관계의 수립에 관한 조약은 몽골에 1만 명의 러시아 군대를 주둔시키는 것을 언급했다.

1924년 5월에 소련과 중국과의 동등한 외교관계가 수립되었다. 소련 측은 중국의 권리를 손상시킨 차르 러시아와 다른 나라들 간에 체결된 모든 조약의 효력의 폐기를 선포했다. 소련은 몽골의 영토에서 자국의 군대를 철수해야 했다. 중국동부 철도는 소련과 중국 정부의 합동 관리로 이양되었고 상업적 운송에만 한정되었다.

서방국가들과의 외교적 마찰

동방에서의 소련의 적극적인 외교정책은 이 지역에서 주도권을 행사해 왔던 나라들의 불만을 초래했다. 1923년 5월 8일에 영국 외무 장관 **케르존**은 동방에서 소련의 반영국 정책을 비난했고 다음과 같은 조건들을 10일 내에 이행할 것을 요구하는 최후통첩을 보냈다. 그는 이란과 파키스탄에서 파괴적인 활동을 중지할 것, 소련에서 종교적 박해를 중지할 것, 소련 영해에서 어로작업 때문에 억류했다고 주장하는 영국 어선들을 풀어줄 것 등을 요구했다. 양국 간의 갈등은 스위스 로잔느에서 소련의 외교관 **보로브스키**의 살해된 사건 때문에 폭발되었다.

소련 정부는 케르존의 최후통첩을 소련의 내정에 개입하는 불순한 정책으로 평가했고 강력한 반 영국 선전운동을 전개했다. 소련의 전역에서 군중대회와 집회가 열렸다. 비행단 창설에 필요한 자금모금이 시작되었다. 그러나 국제적 긴장의 악화를 감수하는 동시에 소련은 영국의 중대한 요구들을 충족시켰다.

1927년은 소련의 외교정책에 특히 어려운 시기였다. 1926년에 전면적인 파업을 선포한 영국의 광부들에게 소련의 노동자 동맹이 재정적 물질적 원조를 제공한 것 때문에 소련과 영국 간에 갈등이 격렬해졌다. 영국정부는 영국의 내정에 개입했다고 소련을 비난했고, 소련과의 외교 · 통상관계의 중단을 선포했다.

1927년에 프랑스는 서신에서 전쟁이 발발할 경우에 제국주의 국가들의 병사들에게 탈주를 요구했던 소련 공사 **라코프스키**의 철수를 요구했다. 바르샤바에서 폴란드 주재 소련의 전권대표인 **보이코프**가 살해되었다. 소련정부는 이러한 모든 일련의 사건들을 소련에 대한 제국주의 국가들의 통일된 음모의 고리이며 그 최종적인 목적은 소련에 대한 전쟁의 도발이라고 평가했다.

코민테른(Коминтерн)의 창설과 활동

다른 나라들과 외교관계의 수립은 소련의 외교정책의 목표 중의 하나에 불과했다. 이것에 못지않은 다른 목표는 **세계혁명 운동**을 통제하는 것이었다. 이러한 목표를 달성하기 위해서 여러 나라들의 공산당을 통합하는 국제조직인 코민테른이 창설되었다. **코민테른의 1차 대회**는 1919년 3월에 모스크바에서 개최되었다. 전 세계의 프롤레타리아들에게 보내는 선언문이 채택되었다. 그 문서는 전세계의 노동자들에게 부르주아를 타도하고 프롤레타리아 독재정권의 수립을 위한 혁명적 투쟁에서 프롤레타리아 국제주의 원칙의 토대 위에 단결할 것을 호소했다. 집행위원회가 코민테른

1차 코민테른 대회

레닌과 코민테른에 참석한 한국 대표

의 집행 기관이었고, 저명한 볼셰비키인 **지노비예프**가 집행위원회의 의장이 되었다.

1920년 여름에 페트로그라드와 뒤이어 모스크바에서 열린 **2차 코민테른 대회**는 다음을 승인했다. 코민테른은 국제 프롤레타리아 혁명당이며, 코민테른은 소비에트 러시아의 사명을 자신의 사명으로 선포했다. 이때에 적군이 폴란드의 수도를 공격했다. 볼셰비키 지도자들이 가정한 것처럼 다음에 적군은 유럽의 다른 나라들로 진입할 것이다. 코민테른은 전 세계 소비에트 공화국의 연방의 수립의 과정에서 첫 걸음으로 소비에트 러시아와 소비에트 독일간의 통합의 가능성에 대해서 언급했다.

1920년 스탈린에게 보낸 레닌의 전신문 중에서

코민테른의 상황은 아주 좋다. 지노비예프, 부하린 그리고 나도 지금 이탈리아에 혁명을 선동해야 한다고 생각한다. 나의 개인적 의견은 헝가리, 체코, 루마니아에게도 혁명을 권고해야 한다고 생각한다.

그러나 1921년 7월에 열린 코민테른 3차 대회에서 레닌은 혁명확산의 지지자들을 신랄하게 비판했다. 그럼에도 불구하고 1923년에 독일의 상황이 심각해졌을 때 코민테른은 다시 **세계혁명**을 지지하기로 결정했다. 상당한 액수를 지급받은 코민테른 대표단이 독일로 파견되었다. 그러나 독일의 혁명적 소요사태는 빠르게 진정되었다. 루르, 삭손, 함브르크에서 봉기를 선동하려는 코민테른 대표단의 시도는 실패했다. 1923년 불가리아의 9월 봉기를 지원하려는 시도도 실패로 끝났다.

혁명을 부추 키려는 그러한 시도들이 모험적이라는 것이 분명해졌을 때인 1926년 말에 코민테른은 세계혁명을 적극적으로 선동하려는 시도들을 거부하기로 결정했다. **지노비예프**는 사임했고 대신 **부하린**인 코민테른 의장이 되었다. 유럽의 모든 나라에서 코민테른은 공산당을 창당하여 물질적 원조를 제공했고, 복종하는 지도자들을 당수로 내세우기 시작했다. 모든 코민테른 구조는 세계혁명의 불의 점화가 아니라 다른 나라들의 여론에 소련의 긍정적인 이미지의 형성으로 전환되었다.

결 론

1920년대의 소련의 외교정책은 서로 상충되는 이중적 특징을 가졌다. 소련의 외교는 자본주의 국가들과 경제와 외교 관계의 수립에 노력을 기울이는 반면에 코민테른의 지도부는 세계혁명의 불을 점화시키려고 시도했다.

24. 신경제정책 기간의 국가의 사회 · 경제적 발전

신경제정책으로의 전환의 원인들

볼셰비키는 1921년 봄에 일어난 사건들을 심각한 정치적 위기로 간주했다. 레닌이 **크론시타트**의 반란이라고 정의한 사건은 농민들의 조용한 불만에 병사들이 가세했기 때문에 데니킨(Деникин), 유데니치(Юденич), 콜차크(Колчак) 등이 이끄는 백군보다 볼셰비키에게 더 위태로웠다. 게다가 반란자들이 내세운 슬로건들은 볼셰비키의 사회주의적인 정적들인 멘셰비키와 사회혁명단원들의 정책과 일치하였다. 크론시타트 반란은 이러한 정치세력들의 연합에 실질적인 가능성을 보여줬다. 레닌은 처음 이러한 위험성을 알았다. 그는 일어난 사건들에서 두 가지 중대한 교훈 즉 첫째, 정권의 유지를 위해서는 농민들과 타협하는 것이 불가피하다는 것과 둘째, 볼셰비키를 제외한 다른 정치세력이 대중에게 영향을 끼칠 수 없도록 그러한 정치세력들을 완전히 척결할 때까지 모든 반대 정치세력들과의 투쟁을 잔혹하게 해야 한다는 것을 얻었다. 1921년 3월에 러시아 공산당 볼셰비키 10차 대회에서 **전시공산주의** 정책이 폐기되었고, **신경제정책**이 선포되었다.

신경제정책의 기본적인 방향과 본질

농산물 징발정책의 폐지는 신경제정책의 최초의 조치였다. 그것 대신에 농산물 징발정책보다 두 배나 적은 현물세가 도입되었고, 파종이전에 선포되었다. 농산물 징발정책이 1년 동안에 확대될 수 없었다. 세금을 납부한 후에 남은 모든 잉여 농산물들은 농민들이 임의대로 처리 할 수 있게 했다. 현물세의 도입은 농산물의 생산증대를 위한 촉진제가 되었다. 그러나 이러한 자극이 작동되기 위해서 볼셰비키는 자유로운 거래를 허용해야만 했다.

산업 생산 분야에서도 근본적인 변화가 일어났다. 산업의 완전한 국유화에 대한 포고령이 우선적으로 폐지되었다. 중소기업의 일부가 다시 개인의 소유로 넘어갔다. 몇몇의 거대 산업체들을 개인 기업가들에게 임대하는 것이 허용되었다. 외국자본의 유치, 합작주식회사와 합작기업의 설립이 허용되었다.

처음에 레닌과 그의 동료들은 신경제정책을 힘의 불리한 상호관계를 유발하는 불가피한 후퇴일 뿐만 아니라 공산주의의 정상으로의 결정적인 도약 이전에 불가피한 휴식으로 여겼다. 그러나 19이러한 모든 혁신은 강제노동의 폐지, 노동시장의 도입, 임금체계의 개혁 등을 요구했다. 임금 등급제가 도입되었다. 화폐의 개혁이 실시되었고, 그 결과로 세계통화시장에서 높이 평가된 금으로 확보된 확고한 통화단위 ≪10루블 금화≫가 도입되었다. 소련의 10루블 금화는 미국의 14달러 5센트와 동등했다. 이와 더불어 산업의 대부분은 국가 소유가 되었다. 1923년에 인민 위원 소비에트의의 포고령에 따라 국유 산업기업들과 국가무역업체들의 새로운 구조와 규정들이 확립되었다. 그러한 국유업체들은 큰 경영적 독립성을 부여받았고, 그들의 활동은 독립채산제의 원칙에 따라 진행되었다.

21년 가을에 레닌은 신경제정책을 사회주의로의 전환의 가능한 방법 중의 하나로 이해하기 시작했다. 그는 신경제정책은 심화되어 오래 지속될 것 이라고 말했다. 이러한 장기적 과도기의 본질은 다양한 경제체제간의 세계적인 경제경쟁을 초래할 것이고, 그 결과로 사회주의 체제는 점차적으로 개인자본주의 경제체제를 압도할 것이다. 이러한 승리의 결과는 프롤레타리아의 정치권력의 장악이 될 것이고, 더 정확히 말하면 공산당과 프롤레타리아 국가에 경제를 지도하는 위치, 즉 산업생산, 대외무역, 재정 등의 경제의 가장 중요한 영역이 집중될 것으로 레닌은 생각했다.

사회 · 경제적 결과

소규모 산업, 다양한 무역과 농촌은 빠르게 신경제정책에 적응할 수 있었다. 중공업의 재건은 훨씬 느린 속도로 진행되었다. 그러나 독립채산제와 물질적인 인센티브의 도입, 그리고 다시 등장하게 된 이익의 개념은 여전히 결실을 낳았다. 1921년의 가공할 가뭄과 1922년의 기근사태 이후에 농업은 점차적으로 생산성을 증대시키기 시작했다. 1923년 무렵에 파종면적이 대부분 혁명이전의 수준으로 복구되었다.

1927년경에 가축의 총수에 있어서도 전쟁이전의 수준으로 회복되었다. 농촌에서 중농의 영농(60% 이상)이 압도적으로 지배적이었고, 부농은 전체의 3~4%를 차지했고, 빈농은 22~26%, 최빈곤층은 10~11%를 차지했다. 공업생산성도 발전했다. 1928년경에 러시아는 국민 총생산을 포함한 기본적인 경제 지표에서 전쟁이전의 수준을 회복했다. 가격상승을 초래했고, 생활수준의 향상을 마비시킬 정도로 공산품의 급격한 부족이 여전히 감지되었다.

신경제정책의 실시는 사회적 구조와 생활방식의 변화를 초래했다. 그 시대의 가장 눈에 띄는 사람들은 새로운 소비에트 부르주아의 대표들인 ≪**네프마니(нэпманы)**≫와 ≪**소브부리(совбуры)**≫이었다. 그들은 시대의 특징을 크게 부각시켰지만, 소련 사회의 경계에 벗어난 위치에 있었다. 그들은 선거권을 박탈당했고, 노조원이 될 수 없었다. 기업가들은 자신들의 위치의 약화를 민감하게 느꼈다. 그렇기 때문에 총 생산량에 개인기업의 몫은 낮았다. 개인자본은 우선적으로 상업에 투자되었다.

전통적인 계층에서도 큰 변화가 일어났다. 내전기간에 소수의 러시아 부르주아뿐만 아니라 지주들이 완전히 숙청되었다. 지식인층도 심각한 타격을 받았다. 프롤레타이아 계급은 내전과 그것에 따른 혼란에서 벗어났다. 레닌 말에 따르면 그들은 자신들의 생활기반인 거대한 기계 산업의 파괴로 약화되었고 알려진 정도까지 탈계급화

되었다. 1920년에 러시아의 산업노동자의 총수는 1백 7십만 명 이르렀지만, 간부급 노동자의 수는 40%가 넘지 않았다. 1928년경에 노동계급의 총수는 농업인구에 비해서 5배나 증가했다.

노동자의 생활수준은 개선되었다. 임금은 상승되어 전쟁전의 수준에 근접하였다. 노동자들은 매년 2주까지 휴가를 가질 권리를 부여받았다. 그러나 높은 임금, 생필품의 부족, 심화된 주택문제 등이 생활수준의 향상을 방해했다. 게다가 공업의 성장에도 불구하고, 실업률이 증대되었다.

토지의 균등한 분배, 세금을 부과하여 부농의 증가를 억제하는 정책, 가난한 사람들에 대한 국가지원은 농촌의 중농화를 초래했다. 많은 농민들이 빠르게 발전했다. 농촌주민들은 혁명이전보다 더 나은 영양을 섭취하기 시작했고, 더 많은 식량과 고기를 소비하기 시작했다.

농민들은 프롤레타리아 독재국가에서 존재했던 농촌 주민들의 정치참여를 제한한 것에 대해 불만을 표현했다. 신경제 정책으로 큰 경제적 관용을 부여받은 후에 농민들은 자신들의 정치적 조직을 통하여 자신들의 이익을 보호할 권리를 받기를 원했다.

관료기구의 과도한 증대가 신경제정책의 또 다른 사회적 결과였다. 이와 더불어 생산과 유통분야에 국가의 적극적인 개입뿐만 아니라, 여러 명의 일에도 한 명의 관료가 참여하는 관료들의 낮은 자질도 등장하게 되었다. 1917년에 관료기구에는 약 100만 명의 관료들이 일을 했고, 1921년에는 250만 명의 관료들이 일을 했다. 대부분의 사람들은 특권을 위해서, 무엇보다도 식량배급표를 위해서 연방관료기구에 일을 하러갔다.

신경제 정책의 경제적 모순

신경제정책 기간에 급격한 경제성장은 대부분 복구적인 효과로 설명되었다. 산업분야에서는 전쟁과 혁명기간에 이용되지 않았던 기존의 설비들이 가동되었고, 농업에서는 황폐해진 경작지들이 복원되었다. 1920년대 말에 이러한 자원들이 고갈되었을 때, 국가는 낡은 공장들을 재건하고, 새로운 산업분야를 창출하기위해 엄청난 자금투자가 필요했다.

볼셰비키는 시도는 하였지만, 외국자본을 유치하는 이미 검증된 방법을 택할 수 없었다. 외국기업들은 볼셰비키 정권의 예측할 수 없는 상태에서 자신들의 자본투자의 위험을 감수하길 원하지 않았다. 게다가 그들은 10월 혁명 후에 이루어진 외국인 자산의 무상 국유화를 경험하였다. 외국이 우리를 도와줄 것이라는 것에 대한 마지막 희망이 서방에서 대규모 경제위기(세계 대공황)가 발생했던 1929년에 사라졌다.

국내에 비축된 자본은 적었다. 대기업과 중소기업에 개인 자본의 투자가 허용되지 않았다. 법적인 보장장치의 부재로 주민들이 자신들의 저축을 숨기고, 그것을 비밀금고에 보관하고, 자금을 투기에 내놓아야 했다. 이렇게 러시아 경제를 현대화하기 위해 필요한 개인자본은 형성되지 않았다. 국영기업의 분야는 선도적이라고 인정되었지만, 수입이 적었다. 과거에 한 때 농산물을 수출했던 농업에 대해서도 신뢰할 수 없었다. 농업의 분열과 농촌의 중농화는 중농들이 무엇보다도 자신들의 소비를 위해서만 농산품을 생산했고, 거의 시장과 관계되지 않았기 때문에 농산물 생산의 감소를 초래했다. 혁명전에 지주들은 식량의 중요한 공급자였다. 현재 대지주들은 숙청되었다. 공산품의 낮은 질은 농산품의 수출량과 국가의 현대화에 필요한 기계설비수입의 감소를 초래했고, 큰 소비가 있는 생필품 수입의 감소는 말할 것도 없었다. 1928년에 소련에서 기계설비는 혁명전 기간보다도 두 배나 적게 수입되었다.

농업의 문제는 공산품의 부족으로 악화되었다. 농민들은 농산물 생산의 증대에 대한 자극을 상실했다. 받은 돈으로 아무 것도 살수가 없다면 왜 노력하겠는가. 1927년에 곡물과 교환되어 국가가 제공하는 공산품의 부족, 낮은 국가수매 가격, 일련의 지역에서의 흉작 등의 이유로 곡물과 다른 농산물의 국가에 양도는 감소했다. 유럽의 국가들과 외교적 분쟁도 상황을 악화시켰다. 전쟁의 분위기가 팽배했다. 쓰라린 경험을 통해서 교훈을 얻은 도시민들은 생필품을 구입하기 위해 싸웠다. 이것은 농민들에게 식량을 더욱 더 비축하도록 하는 추가적인 자극이 되었다. 식량을 해외로 수출하는 계획은 무산되었다. 국가는 외화를 충족시켜 주지 못했고, 그 결과로 산업화 계획은 축소되었다. 그 결과 상품의 극심한 부족은 더욱 더 심화되었고, 가격은 급등하였다. 1927년 가을에 도시상점들은 오랫동안 잊어버린 구경거리가 되었다. 진열대에서 고기, 치즈 우유가 사라졌다. 다음에 식량을 얻기 위한 경쟁이 시작되었고, 그것을 위한 긴 줄이 만들어졌다.

위기 해결을 위해 비상적인 조치들이 시작되었다. 식량의 징발을 위해 3만 명의 당원들이 농촌으로 보내졌다. 모든 당의 지도자들은 설득을 위해 지방으로 나갔다. 당의 최고 지도자 스탈린은 시베리아로 갔다. 그는 현지 당원들에게 식량을 공급하지 않는 농민들을 처벌하는 조치들을 적용할 것을 지시했다. 비축된 곡물을 징발하기 위해서 압수된 식량의 25%를 싼 가격으로 양도받았던 가난한 사람들이 다시 동원되었다. 우랄-시베리아 지역에서 실시된 스탈린식의 방법이 소련 전역으로 확산되었다. 그러나 이러한 조치들은 원하는 결과를 가져오지 못했다. 1929년 4월에 **식량배급카드**가 도입되었다. 그해 말엽에 식량배급 제도는 모든 식료품으로 확산되었고, 그 다음 공산품까지 확대되었다. 경제정책의 즉각적인 수정이 필요하다는 사실이 분명해졌다.

결 론

전시 공산주의 정책의 실험 후에 러시아는 시장경제의 길로 회기 했다. 민간경제는 빠르게 복원되기 시작했다. 그러나 급격한 경제발전을 위해서 신경제체제의 수정이 요구되었다.

25. 1920년대의 정치상황

국가와 당기관의 합병

내전기간에 7차 당 대회에서 ≪당독재≫로 불렸던 정치체제가 형성되었다. 비상상황에서 러시아 공산당 볼셰비키는 사실상 국가의 지도와 통치의 기능을 수행하기 시작했다. 처음부터 **당 중앙 위원회**는 가장 중요한 결정을 시작했다. 1919년에 창립된 지도기관인 러시아 공산당 볼셰비키 중앙 위원회 정치국에서 토의가 진행되었다. 1921년 정치국에는 지노비예프(Зиновьев), 카메네프(Каменев), 레닌(Ленин), 스탈린(Сталин), 트로츠키(Троцкий) 뿐만 아니라 부하린(Бухарин), 칼리닌(Калинин), 몰로토프(Молотов) 등이 위원으로 가담했다. 당 고위층이 결정한 결정들은 국가 즉 소비에트 기관의 서류에서 구체화되었다. 그러나 우리에게 익숙한 사람들인 중앙인민 위원회 소비에트 의장인 레닌, 부의장 카메네프, 전연방 집행위원회 의장 칼리닌, 육 · 해군 인민 위원회의장 트로츠키, 민족문제 담당 인민 위원 스탈린 등이 국가 지도자 중에 포함되었다.

지노비예프

칼리닌

몰로토프

부하린

이것과 더불어 공산당 자체가 단일조직의 위계질서가 확실한 원칙에 토대를 둔 엄격한 중앙 집중 조직으로 전환되었다. 사회와 국가의 모든 생활영역을 통제하는 당의 권한에 대해서 이른바 ≪**노동자 반대당**≫이 반대하였다. 주목할 만한 당과 노조의 활동가 실랴프니코프(Шляпников), 콜론타이(Коллонтай), 메드베데프(Медведев) 등이 그러한 노동자 반대당을 이끌었다. 노동자 반대당은 '생활과 노동자의 일상문제들을 다루려고 하지 않는다'고 당고위층을 비난했을 뿐만 아니라 당내의 계파와 파벌을 구성할 자유에 대한 요구를 제기했다.

당에서 계속적으로 제기되었던 의견들은 러시아 공산당 볼셰비키 10차 당 대회에서 토의하기로 결정했다. 그러나 당 대회가 시작되기 전 며칠 동안(당대회는 1921년 8월에 개최되었다) **크론시타트** 폭동이 일어났다. 폭동은 의사일정을 변경시켰을 뿐만 아니라, 그 반란의 진압에 참여했던 대의원들의 분위기도 변화시켰다. 당의 단합이 당대회의 중심사상이었다. 레닌의 수많은 연설에서 당의 단합이 주창되었다. 당 대회는 당지도부와 다른 견해를 갖고 있고, 그것을 모든 당의 수준에서 다양한 방법으로 제기하는 러시아 공산당 볼셰비키 내의 파벌의 형성을 금지하는 당의 단합에 관한 결의안이 채택되었다. 그 기간에 당 전체에서 토론이 굉장히 인기가 있었다. 당 대회는 노동자 반대당의 견해가 사회주의 건설에서 러시아 공산당 볼셰비키의 주도적 역할을 주장하는 당 노선과 불일치하다는 것을 인정했다.

일당 정치체제의 최종적인 확립

자신들의 주위에 단일사상을 도입하면서 볼셰비키 지도층은 당 밖의 정치적 정적들을 통제했다. 1921년 12월에 전 러시아 반혁명 태업단속 비상위원회(ВЧК)의 의장

제르진스키(Ф. Э. Дзержинский)의 제안에 따라 중앙 위원회는 1922년 6월과 8월에 사회 혁명당의 당원들에 대한 공개재판을 실시하기로 결정했다. 전 러시아 집행위원회의 법정은 여러 시간에 걸쳐서 체포된 저명한 사회 혁명당원들을 소비에트 정권을 정복시킬 목적으로 음모를 꾸미고, 백군과 외세의 개입자들을 도왔고, 뿐만 아니라 반혁명 선전을 했다고 비난했다. 12명의 피고들은 사형선고를 받았다. 그러나 세계여론의 항의 후에 그 사형선고는 연기되었고, 투옥된 사회혁명당원들의 범죄에 따라서 처벌을 받았다.

1923년 6월에 러시아 공산당 볼셰비키 중앙 위원회에서 비밀지령 ≪노동자계급의 멘셰비키 조직을 완전히 파괴할 것, 멘셰비키를 최종적으로 해체시켜서 노동자들 사이에서 멘셰비키를 불신시킬 것≫이 작성되었다. 볼셰비키는 세계사회주의 운동의 부정적인 반응을 고려하여 사회 혁명당의 당원들에게 한 것처럼 인민재판을 멘셰비키에 대해서 감행하는 위험을 감수하지 않았다. 그러나 최근의 당원들의 축소에 대한 강력한 운동이 전개되었다. 오랫동안 멘셰비키라는 단어는 다른 부정적 이념적 개념 속에 포함되지 않았다. 1923년에 멘셰비키 당은 붕괴되기 시작했다. 볼셰비키 당 밖의 정치적 반대세력들의 존립이 중단되었다. 나라에는 **단일 정당 정치체제**가 최종적으로 확립되었다.

신경제정책의 근본적 모순들과 지도자의 문제점들

신경제정책과 정치체제 사이의 깊은 모순점이 존재했다. 경제의 자유화가 일어났지만 정치 분야에서는 여전히 잔혹한 정권이었다. 일당정치체제는 신경제정책 기간에 나타났던 다양한 사회집단들에게서 자체의 이익을 보호할 기회를 박탈했다. 그러나 이러한 모순은 주민의 대부분이 신뢰하고 당에서 절대적 권위를 누렸던 레닌이 국가원수로 있었던 상황에서 사라졌다. 공식적으로 레닌은 당의 최고 직책을 차지하지 않았다. 그럼에도 불구하고, 중앙 위원회 전체회의와 정치국을 이끌었다. 중앙 위원회 서기가 그가 당을 이끄는 것을 도와줬다.

1922년에 레닌은 중병을 앓았다. 레닌의 부재 시에 당을 이끌 수 있는 **서기장**의 직책이 요구되었다. 정치국의 위임에 따라 중앙 위원회는 모든 조직업무를 담당했던 스탈린을 서기장으로 선출했다. 그 때에 중앙 위원회는 이러한 직책에 권위를 부여하기 위해서 그에게 **총서기**라는 명칭을 부여하기로 결정했다. 1922년 12월 말과

1923년 1월 초에 레닌은 정치적 특징을 부여하는 내용이 포함된 당대회에 보내는 편지를 자신의 가장 가까운 측근들인 트로츠키, 카메네프, 지노비예프, 부하린, 빠타코프, 스탈린 등에게 보냈다. 레닌은 그들 각자에게서 자신의 후계자를 지명할 수 없게 만드는 이런저런 결점들을 발견했다. 그는 스탈린과 트로츠키간의 경쟁에서 중대한 위험을 발견했다. 레닌은 스탈린의 성격에 특별히 주의를 기울였다.

레닌의 공산당 대회에서 보내는 서안에서

스탈린은 총서기로 선출된 후에 특별한 권한을 자신에게 집중시켰다. 나는 스탈린이 항상 이러한 권력을 주의 깊게 이용할 거라고 확신할 수 없다. 스탈린은 너무 거칠다. 스탈린의 이러한 결점은 우리들 공동체에서는 대체로 용납이 되지만, 총서기 직책에서는 받아들 일수 없다. 그래서 나는 동무들에게 이 직책에서 스탈린을 교체하는 것을 생각할 것과 다른 모든 점에서 스탈린과 다르게, 더 관대하고 , 더 충성스럽고, 더 정중하며, 동료들에게 더 주의를 기울이고, 변덕이 적은 다른 사람을 총서기로 임명할 것을 제안한다….

스탈린과 트로츠키간의 권력투쟁

1923년 10월에 트로츠키와 그의 추종자들은 당내에 확립된 체제에 대해서 비판했다. 그들의 제안들인 ≪서기들, 비간부들, 위에서 선택된 전문적인 당직자들, 당 생활에 참여하지 않은 평당원들 등으로 당의 진보적 분열≫이 당의 질서를 혼란에 빠뜨렸다. 이것은 당 기관들을 지도하는 스탈린에 대한 공격이 되었다.

1924년 1월 20일에 레닌은 죽었다. 1924년 5월에 레닌의 ≪당 대회에 보내는 서안≫이 공표되었던 러시아 공산당 볼셰비키 13차 당 대회가 열렸다. 대의원들은 복잡한 당의 내부 상황과 트로츠키 측의 당의 분열의 위협을 해결하기 위해서 스탈린을 중앙 위원회 총서기 자리에 임명하는 안을 찬성했다.

레닌의 별도의 지시에 의존하면서, 스탈린은 볼셰비즘의 핵심적인 사상 즉, 세계혁명의 사상을 선택된 **일개국에서 사회주의 건설**의 가능성의 이론으로 변경하기 시작했다. 이러한 새로운 규정은 유럽의 나라들의 프롤레타리아들이 세계사회주의 혁명을 완수하기를 서두르지 않는 아주 어려운 상황에서 당을 벗어날 수 있게 해 주었다. 스탈린은 트로츠키와 그의 동조자들을 소련의 사회주의의 건설의 가능성을 불신했다고 비난했다. 1926년 10월에 개최된 15차 전 연방 공산당 볼셰비키 대회(1925년 12월에 러시아 공산당 볼셰비키가 전연방 공산당 볼셰비키로 개명되었다)는 스탈린의 주장을 당의 근본적인 원칙으로 인준했다.

레닌, 스탈린, 트로츠키

1924년과 1925년은 흉년과 기근, 공산품의 극심한 부족, 농민의 정치조직을 창립하려는 시도가 있었던 어려운 시기였다. 새로운 크론시타트 폭동사건이 일어날 수 있다는 위협은 당의 지도부로 하여금 정치적일 뿐만 아니라 경제적 분야에서 농민들의 몇 가지 요구를 충족시켜 주도록 강요했다. 소비에트의 활동을 약간 활성화시키고, 처벌의 범주를 줄이는 시도가 시작되었다. 1925년 봄에 농업세가 1억 루블로 감소했다. 농민들에게 제한된 조건 한도 내에서 땅을 임대하고, 가내 수공업자들과 수공업자들의 이익을 얻도록 임금노동을 채택했다. 부하린이 그러한 제안들의 주창자가 되었다. 부하린은 다음과 같은 말과 함께 농민들에게 호소했다. ≪부유해 지세요, 자신의 농업을 발전시키고 당신을 압박할 것 이라는 것을 걱정하시 마세요. 우리는 가난이 빠르게 사라지고, 가난함이 사라지는 것을 성취해야만 합니다≫.

스탈린은 부하린의 정책을 지지했고, 그러한 정책이 프롤레타리아 노선의 해체를 초래할 것이라고 생각했던 카메네프와 지노비예프는 반대했다. 레닌의 미망인 쿠루프스카야(Крупская)도 그들과 합세했다. **일개국 사회주의 건설**이라는 스탈린의 사상도 그들로부터 심각한 반발을 유발했다. 이른바 ≪**새로운 반대파**≫가 등장했다. 전개된 논쟁에서 트로츠키는 기회주의적인 입장을 유지했다. 그러나 스탈린의 위치의 급격한 강화에 위협을 느낀(레닌의 유언에 따른 통합된 보존자의 임무를 위임받았던) 반대파들은 스탈린이 트로츠키와 지노비예프 잔당이라고 비난했던 단일전선으로 활동하지 않을 수 없었다.

1927년에 10월 혁명 10주년 기념식에서 대안적인 시위를 조직하려는 시도 때문에 트로츠키, 지노비예프, 카메네프가 당에서 제명되었다. 1928년 초에 트로츠키가 이끄는 대부분의 반대파들이 모스크바에서 알마타(알마티)로 추방되었다. 1929년 트로츠키는 소련에서 추방되었다.

≪우파≫

당 지도부의 정치적 분쟁은 1927년 식량위기와 관련되어 폭발했다. 그 원인들의 분석과 복잡한 상황에서 탈출하는 방법의 모색은 두 가지 견해의 형성을 초래했다. 스탈린은 초래된 위기는 경제적 균형의 파괴를 초래할 것이라고 예상했다. 허약한 공업은 생필품의 생산을 확보할 수 없었다. 공산품의 만성적인 부족 때문에 농민들로부터 경제적인 방법으로 즉 물물교환으로 식량을 공급받을 수 없게 되었다. 그 당시에 원칙적으로 허용되지 않았던 소작영농은 성장하는 공업의 수요를 충족시킬 수 없었다. 부농계급은 의식적으로 식량공급을 방해했다. 스탈린은 산업화의 문제를 해결하기 위해서 모든 재정과 경제적 자원들을 집중시키고, 더 효과적으로 개인적일 뿐만 아니라 더욱 더 사회적인 이념에 일치하는 높은 수준의 **집단 농장**을 설립하는 바탕 위에 농업을 전환시킬 것을 제안했다.

부하린은 다른 견해를 주장했다. 그는 주관적인 순간들이 위기를 초래했다고 주장했다. 공산품을 구입할 예비자금이 모아지지 못했다. 농촌의 현금수입의 증가분은 세금 때문에 수지가 맞지 않았고, 이것은 만성적인 공산품의 부족을 더욱 악화시켰다. 식량의 낮은 수매가격들이 확립되었다. 부하린은 언급된 모든 원인들을 제거할 것을 제안했다. 그는 대규모 집단농장 설립을 반대하지 않았지만, **개인 영농**이 더 장기간으로 농업의 기반으로 남아야 한다고 생각했다.

스탈린은 일반적인 노선을 거절한다고 부하린을 비난했다. 지금 스탈린은 네프(НЭП : 신경제정책)의 모든 신봉자들이 가담했던 ≪우파≫들과의 투쟁을 전개했다. 부하린, 리코프(Рыков)와 그들의 지지자들의 견해를 폭로하고 비판하는 모임과 회합이 산업체에서 조직되었다. 우파주의자들을 숙청하는 운동에 언론들이 가담했다. 1929년 11월에 중앙위원 전체회의에서 우파의 주장은 당의 체제와 일치하지 않는다고 인정되었다. 짧은 기간에 당에서 14만 9천 명이 제명되었다. 부하린은 정치국에서 축출되었고, 리코프는 소연방 인민 위원회 소비에트 의장직을 박탈당했고, 그의 자리에 스탈린의 믿을만한 추종자의 몰로토프(Молотов)가 임명되었다.

권력투쟁에서 스탈린의 승리의 원인들

개인적 권력투쟁에서 스탈린의 승리는 일련의 원인들 때문에 실현되었다. 공산당의 역할이 증대되는 상황에서 당의 모든 간부 요원들의 인사를 통제하고, 모든 당 기관들을 지도하는 총서기인 스탈린의 영향도 증가되었다. 게다가 그는 당과 사회에서 지배적인 분위기를 매우 엄격하게 실현할 수 있었다. 스탈린이 주창한 **일개 국의 빠른 사회주의 건설**의 가능성의 전망이 소련 인민들을 감동시켰다. 이때에 도시와 농촌의 소련 시민들의 각 계층에서는 전면적인 평등의 우선적인 확립과 더불어 혁명의 실질적인 결과의 부재에 대한 분노가 강해졌다. 이런 상황에서 스탈린의 새로운 정책은 사람들 사이에 분명한 희망을 심어주었다.

1926년 12월에 전연방 공산당 중앙 위원회에 보내는 노동자들의 편지에서

오랜 기간 약속된 것을 우리에게 주십시요. 네프의 신봉자들, 당원, 전문가들의 과도한 탐욕을 축소할 필요가 있습니다. 왜냐하면 프롤레타리아의 국가에서 이러한 불공평은 참을 수 없고, 소비에트 공화국을 위해 어려운 순간에 목숨을 아끼지 않았던 노동자들 다수의 의견은 그렇습니다. 일을 주세요! 식량을 주세요! 공평하게 해주세요!.

당 자체 내에서도 분위기가 변화했다. 레닌의 사후 직후에 스탈린은 자신의 입장을 강화하기 위해서 이른바 레닌의 요청이라 하는 것을 주도적으로 주장했다. 1924년 2월부터 8월까지 그 규모를 절반 이상으로 당원 수를 확대하여 20만 3천 명이 입당하였다. 많은 사람들이 정신적인 성취를 위해서가 아니라, 러시아 공산당원들에게 제공되는 일련의 특권을 받기 위해서 입당했다. 당 지도부들은 이미 끝없는 토론과 ≪우파≫, ≪좌파≫, ≪트로츠키≫파, ≪지노비예프≫파, ≪부하린≫파 등의 숙청의 불가피성에 지쳐있었다. 모든 사람들이 가능한 빨리 당 지도자들의 개인적인 권력투쟁을 끝내고, 단일 지도자와 주요한 혁명적인 방법으로 투쟁할 수 있는 분명한 역할을 할 수 있기를 희망했다.

스탈린은 대중과 당의 분위기를 장악했을 뿐만 아니라 침체된 분위기를 다시 가열시킬 수 있었다. 스탈린은 마치 인민의 경제상황이 인민의 대내외의 적들로 가득 찼기 때문에 호전되지 않았다고 언급했다. 1928년 이른바 **샤흐틴스크 재판과정**이 첫 증거가 되었다. 그 재판에서 돈바스 석탄산업의 지도자들과 전문가들이 태업과 스파이 행위로 비난을 받았다. ≪태업≫이라는 단어는 그 시대에 가장 확산된 단어 중에 하나가 되었다. 이 사건을 심의했던 최고재판소의 심의과정 기간에 피고들을 비난하는 시끄러운 언론 캠페인이 전개되었다. 체포된 사람 중에 12살 난 아들이 아버지를 총살시켜달라는 탄원문의 공표가 그러한 언론 캠페인의 정점을 이루었다.

1928년 7월에 중앙 위원회 전체회의에서 샤흐틴스크 재판의 결과들을 보고하면서 그의 다음의 모든 정책에 바탕이 되는 이론을 제기했다. 사회주의로 소련이 전진함에 따라 불가피하게 전통적인 투쟁이 강화될 것이다. 이러한 상황은 갑자기 늙은 혁명가들이 인민의 적이 되었던 이유를 설명해줄 수 있었고, 최고지도자 중심으로 단결하는 것이 불가피하다는 생각을 사람들에게 확산시켰다.

결 론

경제적 자유와 노선을 선택한 후에 공산당은 정권의 잔혹성으로 자유적인 경제정책을 보완했다. 레닌이 죽은 후에 당 지도층에서 아주 치열한 권력투쟁이 가열되었다. 전 연방 공산당 서기장 스탈린이 이러한 권력투쟁의 승리자가 되었다.

26. 1920년대 소련의 문화

문맹퇴치 운동과 소련의 학교의 건설

레닌은 사회주의 혁명의 주적들을 정의하면서 러시아 인민들의 문맹도 그렇게 불렀다.

≪1919년 12월 26일 러시아 소비에트 연방의 인민의 문맹퇴치에 대한≫ 인민 위원 소비에트 포고령 중에서

공화국의 모든 주민들에게 정치에 의식적인 참여의 기회를 제공하기 위해서 인민 위원회 소비에트는 아래와 같은 것을 제시했다. 1. 읽거나 쓸 수 없는 8살에서 50살에 이르는 모든 공화국의 국민들은 반드시 희망에 따라 모국어나 러시아어를 배워야 한다… 3. 계몽 인민 위원(교육부 장관)에게 노역에 동원된 문맹인들의 교육에 군대에 징집되지 않은 일고 쓸 줄 아는 모든 사람들을 투입시키는 권한이 부여된다… 5. 읽고 쓰는 것을 배우는 임금 노동자들은 교육받는 기간에 노임을 유지하는 동시에 2시간의 노동 시간을 감면 받는다.

1918년에 인민교육의 개혁이 시작됐다. 1918년 9월 30일에 전 러시아 중앙집행위원회는 ≪러시아 소비에트 연방의 통합 노동 학교에 대한 규정≫을 인준했다. 그 시대에 러시아와 외국의 교육학자들의 가장 진보적인 사상들이 이 서류의 토대가 되었다. 새로운 소비에트 학교는 무료였고, 자치적 요소들이 정착되었다. 교육혁신이 권장되었고, 아이들의 개성에 대한 존중이 장려되었다. 그러나 가끔 그 시대의 교육적 탐구는 기존의 모든 합리적 경계선을 넘었다. 책상들이 학교에서 추방되었고, 학년제도, 숙제, 교과서, 평가 등이 폐지되었다.

≪고등 교육기관의 입학규정에 대한≫ 1918년 8월 2일자 중앙집행위원회의 포고령으로 노동자들과 빈농들은 고등 교육기관에 입학에 대한 특권을 부여받았다. 고등학교, 종합대학, 전문분야의 특화대학 등에서 수학에 필요한 최소한의 수준으로 노동자들과 빈농들의 전반적인 학력 수준을 향상시키기 위해서 노동자 예비학부가 창설되었다. 1925년경에 공산당과 공산당 청년동맹이 부여하는 특권에 따라 교육을 위해 보내진 노동자 예비학부의 졸업생들이 모든 대학 입학생의 절반을 차지했다. 국가는 그들의 학자금과 기숙사를 제공했다. 그렇게 소련의 지식계층은 양성되기 시작했다.

정권과 지식인 계층

은세기의 예술문화계의 거장들은 그들의 창작력의 절정기에 프롤레타리아 혁명을 만났다. 그들 중 일부는 새로운 상황에서 러시아 문화의 전통은 파괴되고 정권의 통제를 받게 될 것이라는 것을 매우 빨리 이해했다. 무엇보다도 창작의 자유를 생각하여 그들은 망명을 선택했다. 1920년대에 중반에 많은 유명한 문화계의 거장들인 부닌(И. А. Бунин), 쿠프린(А. И. Куприн), 그라주노프(А. К. Глазунов), 프로코피예프(С. С. Прокофьев), 라흐마니노프(С. В. Рахманинов), 살랴핀(Ф. И. Шаляпин), 레핀(И. Е. Репин), 칸딘스키(В. В. Кандинский), 샤갈(М. З. Шагал) 등이 해외로 망명했다. 1921년 해외로 나가 이탈리아의 카프리에서 살고 있던 고리키(М. Горький)는 볼셰비키 정권에 비판적인 입장에 있었다. 그러나 모두가 망명을 선택한 것은 아니었다. 저명한 문화인들 일부인 아흐마토바(А. А. Ахматова), 볼로쉰(М. А. Волошин), 프리시빈(М. М. Пришвин), 불가코프(М. А. Булгаков) 등은 집권층에 심오한 정신적 반대의 입장에 서서 러시아 반체제 사상의 전통에서 창작활동을 계속했다.

아흐마토바

불가코프

마야코프스키

블로크

어떤 사람들은 모든 것을 휩쓸어 버리는 폭풍우처럼 시작된 혁명은 나라를 새롭게 하고, 개혁하고, 신비한 창작력을 파괴해버린다고 생각했다. 그들은 자신을 러시아 문화의 혁명적 전통의 계승자로 생각하면서 새로운 생활을 시작했다. 소비에트 정권의 초기에 이미 프롤레타리아 혁명은 마야코프스키(В. В. Маяковскй)의 ≪혁명의 송시, 왼쪽의 행진≫과 블로크(А. А. Блок)의 ≪12≫시에서, 페트로프-보드킨(К. С. Петров-Водкин)의 ≪1918년 페트로그라드에서≫와 쿠스토지예프(Б. М. Кустодиев)의 ≪볼셰비키≫의 지도에서, 마야코프스키가 희곡을 쓰고, 메이에르홀리드(В. Э. Мейерхольд)가 연출했고, 말레비츠(К. С. Малевич)가 미술장치를 꾸민 최초의 소비에트 연극 ≪미스테리와 코메디≫에서 칭송되었다.

권력을 잡았을 때, 볼셰비키는 학자들, 특히 이런 저런 방법으로 국방과 경제의 강화를 촉진할 수 있었던 절대적인 세계적인 명성을 누렸던 학자들과 긴밀한 관계를 가지려고 시도했다. 그들에게 다른 계층의 주민들과 비교해서 더 안락하고 풍족한 생활이 확보되었다. 많은 유명한 학자들이 조국을 위해서 일하는 것을 자신의 책무로 생각했다. 그러나 이것은 결코 그들이 볼셰비키의 정치적, 이념적 의견을 공유한 것은 아니었다. 그들 중에서 우리들은 현대 항공기 제작이론의 창시자 주코브스키(Н. Е. Жуковский), 저명한 화학자 젤린스키(Н. Д. Зелинский), 지질학자이며 생화학자인 베르나드스키(В. И. Вернадский), 생화학자 바흐(А. Н. Бах), 우주 항공학의 창시자 치올코프스키(К. Э. Циолковский), 노벨 수상자 생리학자 파블로프(И. П. Павлов), 농학 연구자 미추린(И. В. Мичурин), 가장 저명한 식물학자 티미랴제프(К. А. Тимирязев) 등의 이름을 만난다.

정신적 생활에 대한 당의 통제의 시작

내전이 끝난 후에 특히, 크론시타트 폭동 이후에 볼셰비키는 더욱 더 적극적으로 정신적 생활을 통제하기 시작했다. 1921년 8월에 신문들은 분명히 유혈 모반을 준비했던 이른바 페트로그라드 무장조직의 발각에 대한 자료들을 게재했다. 유명한 과학자들과 문화인들 집단이 이러한 조직의 적극적 가담자로 발표되었다. 수사가 신속하게 진행되었고, 체포된 사람들의 혐의를 입증할 수 있는 증거들이 제시되지 못했지만, 그들 중 몇몇은 사형선고를 받았다. 총살당한 사람들 중에는 유명한 화학자이자 교수인 티히빈스키(М. М. Тихвинский)와 가장 유명한 시인인 구밀레프(Н. С. Гумилев)가 포함되었다.

1922년에 8월 말에 소비에트 정부는 160명의 러시아와 세계 과학계의 자랑인 저명한 러시아 학자들을 추방했다. 철학자들인 베르댜예프(Н. А. Бердяев), 불가코프(С. Н. вулгаков), 카르사빈(Л. П. Карсавин), 트루베츠코이(Е. Н. Трубецкой), 역사학자 키제베테르(А. А. Кизеветтер), 사회학자 소로킨(П. А. Сорокин) 등이 추방되었다. 이러한 사람들은 결코 러시아를 떠나길 원하지 않았다. 볼세비즘의 이데올로기적 주장에 동조하지 않았지만, 그럼에도 불구하고 그들은 볼세비즘의 적극적 반대자는 아니었다.

1922년에 정권 당국에 해로운 자료들이 게재되지 않도록 모든 출판물에 대한 통제를 실시해야 하는 특별 검열 위원회인 **글라블리트(Главлит)**가 설립되었다. 1년 후에 연극과 다른 공연물의 공연목록을 통제할 임무를 부여받은 총검열관이 특별검열위원회에 가세했다.

그럼에도 불구하고 1925년 전에는 비교적 정신적 자유의 상황에서 문화는 발전했다. 볼셰비키 지도자들 간의 격렬한 당내의 논쟁은 이념의 분야에 통일된 노선을 정하는 것을 방해했다. 스탈린의 위치가 강화됨에 따라 당은 문화에 관심을 집중하게 된다. 1925년에 전연방 공산당 볼셰비키 중앙 위원회의 ≪예술 문화 분야에서 당의 정책에 대한≫결의안이 채택되었다. 채택된 결의안은 예술작품에 대한 이념과 당의 지침의 토대가 되었다. 지식인들 앞에서 연설할 때 부하린은 지식인들에게 ≪노동자 독재와 마르크스 이데올르기의 깃발 밑에서 전진할 것≫을 제안했다. 예술적인 다원주의의 폐지가 시작되었다.

볼셰비키와 교회

볼셰비키는 공산주의 사회에서 가치 있는 삶을 사는 ≪새로운 인간≫을 양성하는 목표를 제시했다. 모든 시대에 걸쳐서 교회의 전유물이었던 개인의 도덕적 완성이 공산주의의 양육의 목표 중의 하나가 되었다. 그래서 종교와의 투쟁은 볼셰비키의 무신론적 주장의 확산뿐만 아니라 사회생활의 정신적 영역의 위험한 경쟁자를 제거하기 위해서 시작되었다.

대주교 티혼

사회생활에서 교회를 제거하는 첫 조치는 ≪교회와 국가 그리고 교회와 학교의 분리에 대한≫ 1918년 1월 23일자 포고령이 되었다. 이 포고령은 교회와 성직자들에 대해서 지방에서 일어난 완전한 폭력적 사태의 발단이 되었다. 소련 전역에서 교회와 수도원들이 폐쇄되었다. 교회와 수도원의 재산과 문화재 동상들은 혁명적 목적을 위해서 몰수되었다. 성직자들은 체포되어, 강제노동수용소로 보내졌다. 그들은 선거권이 박탈되었고, 높은 세금을 부과 받았다.

1917년에 총주교 자리가 복원된 후에 **모스크바 대주교 티혼(Тихон)**이 러시아정교의 수장이 되었다. 1918년 1월에 그는 볼셰비키를 파문했다. 1921년에 볼가강 유역에서 가공할만한 기근이 발생했을 때, 대주교 티혼은 그리스도 교회 지도자들에게 굶주리는 사람들을 도와줄 것을 요청했다. 그가 설립한 교회 구제 위원회는 적극적인 활동을 시작했고, 전 신앙인들이 기근과의 투쟁에 나설 것을 촉구했다.

볼셰비키 지도자들은 교회가 국가로부터 주도권을 탈취하는 것을 용인할 수가 없었다. 1922년 2월에 인민 위원 소비에트는 굶주린 사람들을 위해서 교회의 보물들을 징발하는 포고령을 발표했다. 몇몇 지역에서 포고령의 집행은 교회재산의 노골적인 강탈로 발전했다. 이것이 대중봉기를 야기했고, 석 달 동안에 몰수를 수행하는 부대와 신자들 간의 수천 건 이상의 충돌사태가 일어났다. 레닌은 교회에 결정적 타격을 가하기 위해 이러한 사건들을 이용하기로 결정했다.

1922년 3월 19일 레닌의 메모 중에서

기근이 만연한 지역에서 사람들이 길거리를 배회하고 뒹구는 지금 우리들은 교회의 귀중품들을 가차 없이 열정적으로 몰수해야 합니다. 우리는 어떤 저항에도 굴복해서 안됩니다… 이 때문에 반동적인 성직자와 부르주아들의 대표자들을 많이 총살시킬 수 있다면 더 좋다… 몇 십년 동안 그들이 어떤 저항도 생각할 수 없도록 이러한 공개적 처형으로 교훈을 주어야 합니다.

1922년 4~5월에 모스크바에서, 7월에 페트로그라드에서 교회 활동가들에 대한 요란한 재판과정이 조직되었다. 교구장들과 주교들 등 몇몇의 성직자들은 반혁명 활동의 혐의로 사형선고를 받았다. 대주교 티혼도 가택 연금된 다음에 투옥되었다. 반종교적 선전이 강화되었고, 전투적 불신자들 동맹이 창립되었고, ≪무신론자≫라는 대중잡지가 출판되기 시작했다. 1925년에 티혼의 사후에 정부당국은 새 대주교의 선출을 허용하지 않았다. 1926년에 대주교 직무를 떠맡은 표트르 대주교는 솔로보키로 추방되었다.

새로운 예술의 시작

예술문화 분야에서도 새로운 경향과 현상이 강해졌다. **프롤레트쿨트**(**Пролеткульт**)라는 명칭을 부여받은 문화-예술과 문화-계몽 단체가 더욱 더 큰소리로 주창하기 시작했다. 프롤레트쿨트의 회원들은 프롤레타리아의 창작의 독자적 활동을 통한 특수한 사회주의적 문화의 형성을 자신들의 중요한 과업으로 생각했다. 이것을 위해서 그들은 프롤레타리아 창작에 종사하는 사람들을 통합하는 특수한 예술적 활동무대와 클럽을 설립했다. 1920년에 프롤레트쿨트 단체들의 회원 수는 40만 명에 이르렀다. 젊은 노동자들의 극장(ТРАМ: Театр рабочей молодежи)이 설립되었다. 그곳에서 미래의 소비에트 예술의 거장들인 영화감독 **에이젠슈테인**(С. М. Эйзенштейн)과 피

에이젠슈테인

피리예프

솔로호프

리예프(И. А. Пырьев), 배우 슈트라우흐(М. М. Штраух)와 가린(Э. П. Гарин) 등이 자신들의 창작활동을 시작했다. 순수한 프롤레타리아 문화 사상을 전파하면서 **프롤레트쿨트**의 신봉자들은 과거의 모든 문화적 업적들을 역사의 창고로 가둘 것을 주장했다.

1925년에 문학작품을 예술적 성과에 근거하지 않고 작가들의 사회적 출신성분의 관점에서 평가했던 러시아 프롤레타리아 작가협회가 설립되었다. 그래서 노동자-농민 출신이 아닌 작가들의 모든 작품은 이념적으로 건전하지 못한 것으로 평가되었다. 혁명과 내전에 참가했던 새로운 세대의 작가들이 등장했다. 그들은 혁명적 낭만주의를 표현했을 뿐만 아니라 가장 복잡한 생활문제들과 심리적 갈등도 탐구했다. 바벨(И. Э. Бабель)의 ≪붉은 군대의 기병대≫, 세라피모비치(А. С. Серафимович)의 ≪철의 급류≫, 트레네프(К. А. Тренев)의 ≪야로바이의 사랑≫, 숄로호프(М. А. Шолохов)의 ≪돈스크의 이야기들≫, 푸르마노프(Д. А. Фурманов)의 ≪차파예프≫ 등의 작품들은 명작들이었고 인민들의 마음을 반영했다. 그들 덕분에 문학은 순수예술의 구름이 낀 정상에서 내려와 넓은 대중적 이해에 더욱 더 가까워졌다.

조형예술에 큰 변화가 일어났다. 권력을 장악한 공산주의자들에게 공산주의의 미래를 꿈꾸는 느낌을 불러일으키는 새로운 양식이 필요했다. 플라카트 형식의 미술이 번창했고, 이러한 형식에서 데니(В. Н. Дени), 모오르(Д. С. Моор)와 같은 재능 있는 대가들이 나타났다. 그 시대에 조형예술에서 자신들의 연단, 선언문, 체계적 조형 수단들을 이용하는 다양한 예술집단들이 등장했다. 그들 중에 러시아 혁명적 미술가 협회(АХРР: Ассоциация художников революционной России)가 선도적인 위치를 차지했다. 그 협회의 선언문에《혁명적인 전환기에 가장 위대한 역사적 순간들의 미술적 · 기록적 묘사는 각 화가들이 시민들에게 갚아야 할 책무이다》라고 선언되었다. 이런 개념은 브로드스키(И. И. Бродский), 게라시모프(А. М. Герасимов), 그레코프(М. Б. Греков) 등의 작품들에서 투영되었다.

조각가 사드르(И. Д. Шадр)는 혁명적 낭만주의를 표현한 작품들을 창작했다. 그의 작품 ≪조약돌-1905년 프롤레타리아의 무기≫이 대표적인 작품이 되었다. 조각가 마트베예프(А. Т. Матвеев)는 유명한 구도 ≪10월≫을 창작했다. 골루브키나(А. С. Голубкина)는 인물조각분야에서 창작활동을 계속했다.

건축가들은 수많은 구상을 가졌다. 그들은 과거에 전례가 없는 미래의 도시의 거대한 건축 설계도를 제작했다. 그런 양식에서 구성주의 개념이 지배적이었다. 1919년에 탈린(B. E. Талин)은 현대 산업 디자인의 토대가 된 자신의 작품 ≪제 3인터네셔널의 기념탑≫을 제작했다. 영화도 지속적으로 발전했다. 1920년대에 영화에 혁명적 주제를 표현하는 토대를 놓았던 **에이젠슈테인**의 영화 ≪전함 포템킨≫, ≪10월≫ 등이 세계 영화사에 기록되었다.

결 론

소련 정권의 초기에 소련 사회의 정신적 생활은 다른 시대와 비교해서 자유로웠다. 그러나 스탈린의 위치가 강화됨에 따라 문화에 당의 개입이 시작되었다.

27. 사회주의 건설의 가속화와 산업의 현대화

현대화의 필요성

1920년대 말엽 1차 5계년 계획기간에 20세기 초와 비교해서 훨씬 더 첨예화 된 국가 현대화를 진전시키는 문제가 제기되었다. 러시아에서 혁명과 내전이 일어나는 동안 세계의 강대국들은 자국의 경제발전에서 멀리 앞서 갔다. 이러한 상황은 소련의 지배층에 큰 긴장을 유발했다. 왜냐하면 세계 강대국들의 경제적 발전은 사회주의 건설을 중단시킬 정도로 위협적이었기 때문이다. 알다시피, 마르크스 이론에 따르면 사회주의 사회는 무엇보다도 노동계급의 사회적 지위의 강화를 야기하는 산업생산의 발전을 가정하는 그에 상응하는 물질적 · 기술적 토대를 가져야 한다.

1925년 말에 **산업화**의 문제들이 최우선 과제로 제시되었다. 그 당시에 기술 · 경제적 후진성의 탈피, 경제적 자립의 성취, 강력한 방위산업의 육성, 기초산업분 야의 우선적 발전(연료산업, 금속공업, 화학공업, 자동차산업) 과 같은 산업화의 주요한 목표들도 결정되었다. 신경제정책에 수반한 위기를 이용하여 스탈린은 대전환을 선포했고, 모든 방면에서 사회주의로의 진입과 대선진국으로의 전환에 대한 가속화를 선언했다.

스탈린의 현대화는 19세기말~20세기 초의 현대화 목표들을 객관적으로 추구했다. 그것은 또한 모순과 잠재적 장애가 내재되어 있기 때문에 추종적 특징을 가졌다. 그러나 스탈린의 현대화 정책은 일련의 객관적 · 주관적 상황 때문에 어려워졌다. 모든 국가들은 경공업의 발달과 함께 산업화를 시작했다. 이것은 그 다음 이어질 중공업의 발전에 필요한 자산의 축적을 가능케 했다.

무엇보다 ≪소비자의 금욕주의≫라는 국민의 희생으로 얻어진 자금은 산업화 실행의 가장 큰 원천이 되었다. 국민들의 소비가 급격하게 억제되었던 원자재와 빵, 고기, 설탕과 같은 식료품이 집중적으로 수출되었다. 석유, 금, 목재도 수출되었고, 박물관들과 사원의 보물도 처분되었다. 연방의 중앙정부에 의한 국가자원의 분배는 경제정책의 목표 중의 하나가 되었다. 내전의 경험뿐만 아니라 사회주의에서 계획경제의 존립에 대한 마르크스의 주장들도 그러한 결정과 모순되었다.

제 1차 5개년 계획

1927년에 소련의 경제 · 사회적 발전의 **제 1차 5개년 계획**의 입안이 시작되었다. 1929년 5월에 제 1차 5개년 계획은 5차 전연방 소비에트 대회에서 인준되었다. 그 계획은 공산품의 생산을 180%, 농산품의 생산을 55% 증대시키기로 예정했다. 그러나 중공업 제품의 생산은 230%의 증산을 예정했다. 하지만 1929년 -12월에 스탈린은 ≪4년 내에 5개년 계획을 끝내자≫ 라는 슬로건을 제의했다. 모든 계획적인 지수가 거의 두 배 정도 증대되었다.

1931년 2월 4일 사회주의 산업화 노동자들의제1차 전연방회의에서 스탈린의 연설문 중에서

때때로 속도를 조금 늦춰 운동을 지연시키는 것이 왜 안 되는지! 사람들이 묻는다. 정반대로 그것을 증대시키는 힘과 가능성을 증대시킬 필요가 있다. 이것이 소련의 노동자들과 농민들에게 제시된 과업이다. 이러한 요구는 전세계의 노동자계급들이 완수해야 할 과업이기도 하다. 속도의 지연은 곧 후퇴를 의미한다. 낙오자는 파멸한다. 하지만 우리는 그렇게 인정되는 것을 원치 않는다. 평범한 사람들에게 고대 러시아 역사는 연속적으로 후진적으로 진행되었다. 군사적 후진, 문화적 후진, 국가적 후진, 산업적 후진, 농업적 후진…. 우리는 선진국에 비해 50~100년이나 뒤쳐져 있다. 우리는 10년 내 이러한 뒤쳐짐을 극복해야 합니다. 우리는 이것을 해낼 것입니다. 그렇지 않으면 우리는 파멸할 것입니다.

스탈린의 연설은 소련시대의 거의 모든 계층에게 감동적으로 받아들여졌고 수백만 명의 사람들이 보수 없이 엄청난 열의를 가지고 5개년 계획의 건설현장에서 일했다. 소련 전역에서 ≪4년 안에 5개년 계획을 완료하자≫라는 슬로건 하에 사회적인 경쟁이 일어났다.

1차 5개년계획 선전 포스터

제 1차 5개년 계획의 과업들을 달성하는 데는 실패했지만. 1928년~1932년 사이에 소련의 산업화에는 큰 진전이 있었다. 중공업 생산량은 제 1차 5개년 계획 동안 1. 8배 증대되었고, 기계제작에서는 4배가 증대되었다. 드네프르 수력발전소, 마그니토고로드와 쿠즈네츠 금속공업단지, 쿠즈네츠 강 유역 탄전, 돈바스와 쿠즈바스의 대형탄광, 하리코프의 트렉터 공장, 모스크바와 고리키의 자동차 공장 등이 건설되기 시작했고, 투르크스탄 - 시베리아 간 철도의 운행이 시작되었다. 항공, 트렉터, 전력산업, 화학공업 등의 새로운 산업분야가 등장했다.

제 1차 5개년 계획의 사회적 측면

스탈린의 경제개발계획의 성취를 위해서는 엄청난 양의 **노동력**이 필요했다. 짧은 기간에 실업이 해소 되었고, 1930년 소련에서 직업소개소가 문을 닫게 되었다. 그러나 **제 1차 5개년 계획**의 건설현장에서는 주로 비전문적인 노동력이 투입되었고, 엔지니어와 기술자의 부족이 나타났다. 공장들이 건설되고, 빈번하게 공장의 대부분은 설비를 설치 할 수 없어서 생산을 시작할 수 없었다.

이러한 문제들을 해결하기 위해서 중 · 고등 기술교육기관의 수가 증대되었다. 중·고등 기술교육학교 부설 야간부가 창설되기 시작했고, 공업대학원, 공장부설 고등기술교육기관 등이 창립되기 시작했다. 더 우수한 젊은 노동자들은 당과 당 연맹운동 조직을 통해서 교육을 받았다. ≪볼셰비키들은 기술을 소유해야 한다≫, ≪재건기간에 기술이 모든 것을 결정한다≫라는 구호아래 캠페인이 전개되었고, 128만 5천 명의 전문가들이 양성되었다. 허나 그들 중 대부분이 야간에 근무하는 노동자였다. 그러나 제 1차 5개년 계획의 눈부신 성과와 함께 무엇보다 사회면에서 심각한 불만이 노출되었다. 전 연방 공산당 중앙 위원회의 후보위원이며 공산당 모스크바 크레스노프레스렌스크 지구당 서기인 류틴(M. H. Рютин)이 스탈린의 정책을 신랄하게 비판하는 연설을 했다.

류틴의 호소문≪전 연방 공산당의 모든 당원들에게≫에서

노동자들과 병사들의 실질적인 임금의 대폭하락을 초래했던 산업화의 모험적인 속도, 요구되지 않는 공개적으로 위장된 세금, 인플레이션, 가격 상승과 10루블의 가치 하락, 신뢰가 가지 않는 강압적인 조치의 도움에 의한 테러와 모험적 집단화 등이 소련 전역에 대규모 위기를 가져왔다. 도시 뿐만 아니라 농촌에서 대규모 재앙과 기이한 정책들이 대중에게 비난을 받았다….

정적들에 대한 스탈린의 숙청은 노동력을 보충하는 또 다른 통로를 발견할 수 있게 해 주었다. 1930년에 소연방 중앙계획위원회는 죄수들의 노동을 계획된 경제에 투입하는 조치를 내렸다. 이것을 위해 내무인민 위원회 산하에 **교정노동수용소 본부(ГУЛАГ)**가 설치되었다.

강제 노동수용소

강제노동

흑해, 백해, 발트해 등을 연결시키는 운하를 포함한 제 1차 5개년 계획의 주요한 목표들의 대부분이 감금된 10만 명의 죄수들에 의해 건설되었다. 운하 건설은 경제학자들이 계산한 것보다 4배나 싼 비용이 들었다. 강제노동수용소 죄수들의 강제노동은 건설에 필요한 광물채취와 벌목에도 이용되었다. 폐쇄된 곳에 위치하여 기술자와 과학자들이 자신들의 전문분야에 따라 활동했던, ≪튼튼한 막대≫라고 불린 특이한 생산의 형태가 생겼다.

제 2차 5개년 계획

제 1차 5개년 계획의 기간 내 완수에 대해서 의기양양하게 선포한 후에 스탈린은 이제 나라를 자극 할 필요성은 없고 산업화의 속도를 약간 늦추는 것이 가능하다고 언급했다. 17차 공산당 대회에는 1933~1937년 기간의 인민경제발전을 위한 **제 2차 5개년 계획**을 인준했다. 17차 공산당 대회는 연평균 산업생산 증가 속도가 30%에서 15%로 감소 할 것으로 예상했다. 그러나 경공업의 성장은 중공업 발전보다 약간 초과되어야 했다.

우랄과 서 · 동 시베리아, 카자흐스탄, 중앙아시아 공화국에 산업화의 새로운 토대를 세우는 것이 제안되었다. 원자재의 공급지에 경공업과 식품산업의 건설이 5개년 계획으로 예상되었다. 새로운 섬유공업의 대부분이 중앙아시아, 시베리아, 자카프카지예에 배치되었다.

제 2차 5개년(1933~1937) **계획**의 과업의 완수는 소련을 농업국가에서 경제적으로 다른 나라에 의존하지 않는 강한 산업국가로 전환시켰다. 1937년 말엽에 공산품의 생산은 1932년과 비교해서 2.2배 증가했고 두 번에 걸친 5개년 계획기간에 약 4.5배가 증가했다. 우랄과 크라마토르스키의 중기계 공장, 첼랴빈의 트렉터 공장, 우랄의 열차제작공장, 금속공장 ≪아조브스탈≫과 ≪자파로지스탈≫, 모스크바, 하리코프, 쿠이브이세프의 비행기 공장들과 같은 대형공장들로 새롭게 구성된 또는 개편된 기업들이 이러한 모든 증가의 80% 이상을 차지했다.

노동자들의 위치와 스타하노프운동

제2차 5개년 계획은 ≪인류의 전환≫의 시간이 되었다. 스탈린은 ≪인류는 가장 비싼 자본이다≫, ≪간부들이 모든 것을 결정한다≫라고 선포했다. 1935년 1월 1일부터 식량배급카드제도가 폐지되었고, 제 2차 5개년 계획의 인상 깊은 숫자들은 삶의 질 개선에 대한 희망의 불씨를 일으켰다.

그러나 **식량배급카드제**의 폐지가 노동자들의 상황을 개선시키지는 못했다. 상업적인 것들과 상인들이 숙청되었고, 노동자들이 카드로 식료품을 계산 할 때보다 높은 단일가격이 도입되었다. 1913년에 노동자들의 한달 평균임금은 빵 333kg, 생선 21kg, 버터 21kg, 고기 53kg을 살 수 있는 액수였지만 1936년에 노동자들의 평균임금으로는 빵 241kg, 생선 13kg, 버터 19kg, 고기 56kg 밖에 살수 없었다. 노동자들의 월 평균 임금은 150~200루블 사이였고 연금은 25~50루블 이었다. 노동자들은 강제적으로 2주나 4주 정도 국가사업에 봉사해야만 했다. 이러한 자금들은 산업화에 필요한 자금으로 돌려졌다. 집세는 매우 낮았지만 도시민들은 항상 증가했기 때문에 주거공간은 개선되지 않았다. 대체로 노동자들은 공동아파트나 편의시설이 없는 임시가옥에서 살았다.

당은 **노동생산성**을 향상시키기 위한 요구를 제시했고, 기술을 더욱 더 합리적으로 이용하도록 하는 요구도 제기했다. 소련 전역에서 **스타하노프 운동**이 일어났다. 1935년 8월에 스타하노프는 평균 7톤의 채굴량에 비해 182톤의 석탄을 캐냈다. 스타하노프의 생산은 다른 광산으로 확산되었다. 그러한 **생산성 증대운동**은 다른 산업 분야에로 확산되었다. 신문들은 이조토르, 부시긴, 비노그라드 가문의 형제들의 성과들을 보도하기 시작했다. 1935년에 스타하노프와 같은 사람들의 임금은 700~2000루블이었다. 그들은 큰 특권을 부여받았고 소비에트 시회의 엘리트 집단으로의 신분상승을 확보해주는 훈장을 받았다. 노동계급의 사회적 분화가 일어났고, 1935년 12월에 노동자들의 주도권을 인정했다. 산업에서 생산의 목표가 15~20%나 상승되었다.

스토하노프

스토하노프 운동 기념우표

많은 노동자들은 결국에는 생산목표의 증대, 노동시간의 연장, 임금의 본질적 격차 등을 초래했던 당이 조직적으로 주도하는 스타하노프 실험에 증오를 느꼈다. 그들은 자신들의 일터의 부분적인 변화, 노동과 생산규율의 낮은 수준, 집단행동의 증대(도난절취, 만취 등)에 불만을 표시했다.

정부는 노동법 분야에서 탄압적인 조치로서 대응했다. 1928년 12월에 일을 시작할 때 제안에 불가피 했던 노동 안내서의 도입에 대한 결정이 채택되었다. 1932~1933년에 이주과정의 통제를 위해서 도시에서는 여전히 **여권제도**가 도입되었다. 1931년 6월에 반포된 법에 따라 사회적 혜택의 크기는 기업에서의 계속적인 근무에 직접적으로 관련되었다. 1931년 11월 15일부터 법에 따라 결근은 식량카드의 박탈과 임대된 주거에서의 추방과 같은 엄격한 처벌을 받았다. 이후 이러한 모든 처벌의 강도가 지나치게 엄격해졌다.

제 1차 5개년 계획의 결산

소련에서 중공업 발전 속도는 제 1차 세계대전보다 2~3배 높았다. 1930년대 말 소련의 절대적인 총 공업생산량에 있어서 세계에서 미국 다음인 2위가 되었다. 1인당 국민 총 생산에 있어서는 발달된 자본주의국가들보다 뒤쳐짐이 줄어들었다. 산업생산의 평균 발전 속도는 10~17%로 세계에서 가장 높았다.

몇 개의 분야에서의 소련공업의 질적인 뒤쳐짐이 극복되었다. 소련은 어떤 형태의 공산품을 생산하고 생필품의 수입 없이 살 수 있는 나라 중의 하나가 되었다. 1930년대에 조성된 경제적 잠재력은 2차 세계대전의 발발 전과 전시에 대량의 군수품을 생산한 많은 지표에서 세계적 수준을 초월한 많은 분야의 군산복합단지들을 건설할 수 있었던 토대가 되었다. 그러나 중공업 발전의 도약은 경제의 다른 분야, 특히 경공업과 농업분야 에서의 낙후, 경제생활의 초 집중화, 시장체제의 작동영역의 한계적 제한, 국가에 대한 생산자의 완전한 종속, 대외경제적 압력의 확산 등의 부작용의 대가로 성취되었다.

결 론

1차 5개년 계획의 기간에 소련은 발전의 거대한 도약을 성취했다. 1930년대 말에 산업생산의 절대적 총양에서 소련은 세계 2위를 차지했다. 그러나 국민들의 생활수준은 여전히 세계에서 가장 낮은 국가 중의 하나로 남았다.

28. 농업의 집단화

집단화의 원인들

대규모 산업화 정책의 실시는 농업 분야의 근본적인 변화를 요구했다. 서유럽에서 농업혁명 즉, 농업생산의 개선 체제가 산업혁명 이전에 일어났다. 소련에서 이러한 두 가지 과정은 동시에 실시되어야 했다. 이것과 함께 당의 몇몇 지도자들은 자본주의 국가들이 식민지 착취에서 얻어진 자산으로 산업화를 이루었다면, 사회주의적인 산업화는 **내부적 식민지**, 즉 농민들에게서 착취한 자산을 이용해서 이룰 수 있다고 생각했다. 농촌은 식량의 공급원일 뿐만 아니라 산업화에 필요한 재정 자원을 충족시키는 가장 중요한 원천으로 보여졌다. 그러나 수백만의 소작인들 보다 수백만의 부농으로부터 재정 자원을 우려내는 것이 훨씬 더 간단했다. 여기에 산업화를 시작함과 동시에 **농업의 집단화 정책**이 채택된 이유가 있다.

1929년 11월 ≪프라브다≫ 신문에 스탈린의 논문 ≪대 변환의 해≫가 실렸다. 그 논문에서 소규모의 후진적 개인 영농에서 대규모의 선진적인 집단농업으로의 우리들의 농업의 발전에 근본적인 변화에 대해서 언급되었다. 12월에 스탈린은 신경제 정책의 종결과 부농계급의 척결하는 정책으로의 전환을 선언했다. 1930년 1월 5일에 전 소비에트 연방 공산당 중앙위원은 집단화의 속도와 집단 농장의 건설에 대한 국가지원의 방법을 규정한 법령을 반포했다. 그 법령은 집단화의 완성을 위한 엄격한 기간을 획정했다. 북카프카스, 볼가강 하류와 중류지역은 1930년 가을에, 변경지역은

농업집단화 포스터

집단화 선전 포스터

집단화선전 사진

1931년에 봄에, 다른 곡창지역은 1931년이나 1931년 늦은 봄까지 집단화 되어야 했다. 나머지 모든 지역은 5개년 계획의 기한 내에 집단화의 과업을 해결해야 했다.

그러나 이러한 계획은 근본적인 문제에 대한 대답을 주지 않았다. 그래서 어떠한 방법으로 농업 집단화를 실시할 것인가? 부농계급을 어떻게 해체시킬 것인가? 농촌이 강제적 식량조달 운동에 아직 열의를 잃지 않았기 때문에 모든 강압적인 방법이 채택되었다.

부농계급의 숙청

농촌에서는 상호 밀접한 관련이 있는 두 가지 강압적인 과정들(집단농장의 설립과 부농계급의 숙청)이 일어났다. 부농계급의 숙청은 무엇보다도 집단농장의 물질적 기반을 확보하는 목적을 달성하기 위해서 시행되었다. 1929년 말부터 1930년 중엽까지 320만 이상의 농장주들이 숙청되었다. 총 175백만 루블에 해당하는 액수의 그들의 재산이 집단 농장으로 이양되었다.

전 소련 공산당 중앙 위원회 정치국의 규정에서 발췌,
1930년 1월 30일 ≪지속적인 집단화 지역에서 부농계급의 숙청에 대한 조치들에 대해서≫

1. 지속적인 집단화 지역의 개인 농가에 대해서 농토 임대법과 임금노동의 사용에 대한 법의 효력을 폐지할 것
2. 이 지역의 부농들로부터 생산수단, 가축, 가옥들, 가공시설들, 비축한 사료와 종자들을 압수할 것
3. 동시에, 부농들에 대해서 다음과 같이 조취를 취할 것
   a) 첫째- 테러 행위, 반혁명적 저항, 저항조직의 주동자들에 대해서 고도의 억압조치들을 취하는 것에 주저하지 말고 집단 수용소에 그들을 투옥시키는 방법으로 반혁명적 부농들을 즉각적으로 숙청할 것.
   b) 두 번째- 가장 부유한 부농들과 소지주들로 구성된 부농들을 소련의 오지와 변경지역의 외 딴 지역으로 추방할 것
   c) 세 번째- 집단 농장의 한 지역 내의 그들을 위해서 격리된 지역으로 부농들을 분산시킬 것

누구를 부농으로 생각할 것인지에 대한 정확한 정의를 정부는 제시하지 않았다. 일반적으로 생각하기를 부농은 임금 노동을 이용하는 사람들이다. 그러나 이런 사람의 범주에는 두 마리 암소, 두 마리 말, 한 채의 좋은 집을 가지고 있는 중농들도 포함 될 수 있었다. 각 지역은 농촌에서 평균 5~7%의 부농을 숙청하라는 지시를 받았지만, 지방 정부들은 1차 5개년 계획 동안에 그러한 지시들의 초과달성을 시도했다.

부농 중에는 중농뿐 만 아니라 어떤 이유 때문에 미움을 받은 가난한 사람들도 포함되었다. 이러한 행정의 정당화를 위해서 ≪포드쿨라치니크(подкулачник: 부농에 동조하는 사람들)≫라는 악의 있는 단어가 형성되었다. 각 지역에서 숙청된 부농의 수는 15~20%에 달했다. 가장 기업가 정신이 뛰어난, 가장 독립적인 부농들의 숙청은 저항의 정신을 근절시켰다. 게다가 숙청당한 부농들의 운명은 자발적으로 집단 농장에 들어가기를 원하지 않았던 나머지 농민들에게 본보기가 되었다. 부농들은 가족들, 젖먹이 아이들, 노인들과 함께 강제 이주 당했다. 춥고, 온기가 없는 기차에 타서 최소한의 일용품과 함께 수천 명의 사람들이 우랄, 시베리아, 카자흐스탄 등의 변경지역으로 이주 당했다. 가장 적극적인 반 소비에트 집단은 강제노동수용소로 보내졌다. 지방행정 당국의 이러한 숙청작업을 돕기 위해서 2만 5천여 명의 도시의 공산주의자들이 농촌으로 보내졌다.

반쿨락 켐페인

강제 이주 당하는 농민들

≪성공의 흔들림≫

많은 지역에서, 특히 우크라이나, 카프카스, 중앙아시아 등에서 농민들은 대규모 숙청에 대해서 저항했다. 농민들의 저항을 탄압하기 위해서 적군의 정규군 부대가 투입되었다. 그러나 무엇보다도 농민들은 자주 소극적인 형태의 저항을 하지 않았다. 그들은 집단 농장에 들어가는 것을 거부했고, 항의적인 표시로 가축과 농기구를 파괴했다. 2만 5천 명과 현지의 집단농장의 관리인들에 대한 테러가 감행되었다.

1930년 봄에 스탈린은 자신의 요청으로 시작된 무계획적인 농업의 집단화는 재난을 가져올 것이라는 것을 분명하게 인식하게 되었다. 불만은 군대로 확산되기 시작했다. 스탈린은 잘 계획된 전술을 실시했다. 3월 2일에 ≪프라브다≫지에 스탈린의 논문 ≪성공 때문에 생긴 현기증≫이 게재되었다. 그는 형성된 상황에 대한 모든 비난을 현지의 집행자들과 활동가들에게 돌렸다. 그는 집단농장을 무력으로 장악하는 것은 불가능 하다고 말했다. 이러한 기사 후에 농민들 대부분은 스탈린을 인민의 옹호자로 인식했다. 집단농장에서 농민들의 대규모 이탈이 시작되었다.

10보 전진을 이루기 위해서 일보후퇴의 정책이 취해졌다. 1930년 9월에 전 소연방 공산당 중앙 위원회는 지방의 당 조직들에게 다음과 같은 ≪그들의 소극적인 활동을 비난하고 그리고 집단농장 운동을 강력히 추진할 것을 요구하는≫ 내용의 편지를 보냈다. 1931년 9월에 집단농장은 농가의 60%를, 1934년 모든 농가의 75%를 통합시켰다.

집단농장의 결과들

지속적인 집단화 정책은 재난의 결과를 초래했다. 1929~1934년 동안의 곡물의 총 생산량은 10%나 감소했고, 가축과 밀의 사료들은 1/3이 감소했고, 돼지는 두 배나 감소했고, 양은 2.5배나 감소했다. 지속적인 부농숙청으로 야기된 가축의 도살과 1932~1933년 집단 농장의 완전한 파산은 약 2500만에서 3000만 명이 피해를 입은 **전례가 없는 기근**을 초래했다. 대부분 그러한 기근은 정권에 의해서 초래되었다. 나라의 정치지도자들은 비극의 규모를 감추려고 시도했다. 그러한 기근의 규모에도 불구하고 산업화에 필요한 외화를 벌어들이기 위해서 1800만 첸트네르(центнер)의 곡물이 수출되었다.

그러나 스탈린은 승리를 축하했다. 곡물생산의 하락에도 불구하고 국가에 보낸 기록은 두 배나 부풀려졌다. 그러나 가장 중요한 집단화는 산업의 도약 계획을 실현하는데 필요한 조건들을 조성해줬다. 농업 집단화는 대규모 노동력을 도시에 공급함과 동시에 농촌인구의 이주를 중지시켰고, 장기간의 기근을 허용하지 않는 수준으로 농업의 생산성을 유지할 수 있게 했고, 필요한 자원을 공업에 제공했다. 집단화는 산업화에 필요한 자원을 농촌에서 도시로 전환시키는 조건들을 조성해 주었을 뿐만 아니라 중대한 정치적 · 이념적 과업을 완수했고, 시장경제의 마지만 잔재인 개인 영농을 파괴했다.

CHICAGO AMERICAN

SIX MILLION PERISH IN SOVIET FAMINE

Peasants' Crops Seized, They and Their Animals Starve

집단농장의 농민들

1930년대 초의 농촌생활은 부농 숙청의 두려움과 집단농장의 설립의 배경에서 진행되었다. 이러한 과정은 농민의 사회적 계층화의 중지를 초래했다. 농촌에서는 부농, 중농, 빈농과 같은 전사회적인 개념으로서 농민이라는 단일 계급이 사라졌다. 집단 농장의 농민 골호즈니크(колхозник)와 콜호즈니차(колхозница) 같은 새로운 개념들이 도입되었다.

농촌의 주민들의 상황은 도시 보다도 훨씬 더 복잡해졌다. 무엇보다도 농촌은 값싼 곡물의 공급처와 노동력의 원천으로 인식되었다. 국가는 항상 식량 조달의 기준을 증대시켰고, 집단 농장으로부터 수확량의 거의 절반을 징발했다. 국가에 공출된 곡물의 가격은 고정되어, 공산품의 가격이 10배나 상승하는 동안 30년대 기간에 거의 변하지 않았다. 집단 농장원들의 임금은 체계적인 노동일에 따라 결정되었다. 임금은 집단농장의 수입을 토대로 정해졌다. 국가와 집단농장의 농기구를 제공하는 농기구-트랙터 집합소(MTC: машинно-тракторная станция)에 공출한 후에 남은 수확량에서 임금이 산출되었다. 대체로 집단농장의 수입은 낮았고 최저 생계비를 확보하지 못했다. 노동일에 대해서 농민들은 임금을 곡물이나 다른 농산품으로 지불 받았다. 집단 농장원들의 노동에 대해서 거의 현금으로 지급되지 않았다.

공업화의 성공이 진전됨에 따라 농기구-트랙터 보급소에 집중되었던 트랙터, 컴바인, 자동기계 등의 더 많은 농기구들이 농촌에 투입되기 시작하였다. 이것은전시대에 가축을 대량으로 살육한 부정적 결과들을 부분적으로 완화시키는데 도움을 주었다. 농촌에는 교육기관에서 양성된 농업학자, 기술자 등의 젊은 전문가들이 등장했다.

1930년대의 MTC

1930년대의 집단농장

1930년대 중엽에 농업의 상황은 약간 안정되었다. 1935년 2월에 정부는 농민들이 채밭, 소 한 마리, 송아지 두 마리, 새끼 돼지를 벤 돼지, 양 열 마리 등을 소유하는 것을 허용했다. 개인 영농자들이 자신의 농산물을 시장에 내다 팔 수 있었고, 식량 배급권은 폐지되었다. ≪생활은 개선되었고, 삶은 더 즐거워졌다≫고 전국에 선포한 스탈린이 이용하기를 놓치지 않을 정도로 농촌의 생활이 약간 개선되었다.

농민들은 가장 권리가 없는 계층으로 남았지만, 소련의 농촌은 집단농장의 체제와 더불어 안정되어 갔다. 농민들에게 발급되지 않았던 여권제도의 도입은 도시와 농촌 사이의 행정적 장벽의 부활뿐 아니라 사실상 농민들을 자신이 태어난 곳에 귀속시키는 것과 그들의 이주와 직업 선택의 자유의 박탈을 의미했다. 법률적인 관점에서 여권을 가지지 않았던 집단 농장원들은 지난 날 농노들이 지주들의 땅에 구속되었던 것처럼 집단 농장에 결박되었다. 강제적인 집단화의 직접적인 결과는 공동 소유의 재산과 개인노동의 결과에 집단 농장원들의 무관심이었다.

결 론

지속적인 집단화의 주요한 목적은 산업화에 필요한 자원을 농촌에서 유출하기 위한 조건들을 조성하는 것이었다. 집단화는 강제적인 방법으로 추진되었고 부농들뿐만 아니라 중농들에 대한 대규모 탄압을 수반했다.

29. 1930년대의 소련의 정치체제의 형성

전체주의 정권의 형성

모든 국력의 집중과 동원을 요구하는 나라가 직면한 거대한 과업들이 전체주의적이라 불렸던 정권의 형성을 초래했다. 그러한 정권에서 국가의 권력은 민주적 자유와 반대현상의 기회를 분쇄하는 어떤 단일 집단(일반적으로 정당)에 집중된다. 이러한 집권세력은 사회생활을 자신의 이익에 완전히 종속시키고 강압, 대규모 탄압, 그리고 주민들의 정신적인 노예화로 정권을 유지한다. 20세기 전반에 그러한 정권들이 소련에서 뿐만 아니라 근대화 추진에 따라 발생한 문제들을 그런 방법으로 해결했던 몇몇 다른 국가에서도 수립되었다.

소련에서의 **전체주의 정권**의 핵심은 공산당이었다. 당 기관들이 공직자들의 임명과 교체를 명령했고, 다양한 수준의 소비에트 대의원 후보들을 내세웠다. 당원들만이 모든 책임 있는 국가의 직책을 차지했고, 군대, 치안과 사법기관, 경제 등을 지도했다. 하나의 법도 당 정치국의 사전 승인 없이는 채택될 수 없었다. 많은 국가와 경제의 기능들이 당 기관으로 넘겨졌다. 정치국이 국가의 모든 대내외 정책을 결정했고, 생산의 계획과 조직문제를 결정했다. 정당의 상징은 공식적인 위치를 얻었다. 적기와 당가인 ≪인터내셔날≫이 국기와 국가가 되었다. 1930년경에 당의 모습도 변했다. 당은 당내의 민주주의 잔재를 완전히 청산했다. 완전한 단일 사상이 당에 팽배했다. 당원들과 당 중앙위원 대부분이 정치국과 당 기관의 특권이었던 당 정책의 선택 과정에서 배제되었다.

사회생활의 이념화

대충매체에 대한 당의 통제는 특수한 역할을 수행했다. 대중매체를 통해서 공식적인 견해와 현상들이 확산되었다. ≪철의 장막≫의 도움으로 외부세계의 다른 이념적 견해들의 문제점들이 해결되었다. 교육제도도 개혁되었다. 교육체계와 교과과정의 내용도 전부 개편되었다. 마르크스-레닌주의적 해석의 토대 위에서 사회과학뿐만 아니라 자연과학의 교과과정이 재편되었다.

창작 지식인들은 지속적인 당의 영향을 받았다. 그들의 활동에 대한 통제는 전 소연방 공산당 기관들과 더불어 창작동맹을 통해서 실현되었다. 1932년에 당 중앙 위원회는 문학-예술 단체들의 개편에 대한 규정을 채택하였고 소비에트 정권의 강령을 지지하고 사회주의 건설에 참여하기를 원했던 모든 작가들을 단일 **소비에트 작가동맹**으로 통합시키기로 결정했다. 다른 예술분야에도 비슷한 개혁이 실시되었다. 1934년에 제1차 전연방 소비에트 작가동맹의 대회가 개최되었다. 그 대회는 강령을 채택하고 **막심 고리키**(**А. М. Горький**)를 집행위원회 의장으로 선출했다.

당의 통제를 확립하기 위해서 그러한 분야에 전문적으로 종사하는 모든 사람들이 가입해야 하는 미술가, 작곡가, 영화감독 등의 창작동맹의 창립과정이 시작되었다. 소비에트 정권은 정신적인 지원에 대해서 한정된 물질적 보상과 창작의 집의 이용, 긴 창작활동의 기간에 대출, 주택의 제공 등의 특권이 제공되었다.

체홉과 고리키

톨스토이와 고리키

스탈린과 고리키

창작 지식인들 외에 다른 범주의 소련 시민들도 공식적인 대중조직의 보호를 받았다. 기업과 기관에 종사하는 모든 사람들이 완전히 당의 통제를 받았던 노조에 가입했다. 14세부터 젊은이들은 당의 예비군과 조력자로 선포된 **전연방 레닌 공산주의 청년동맹**(комсомола, ВЛКСМ)으로 통합되었다. 저학년의 초등생들은 10월단의 단원이 되었고, 고학년들은 소년단의 단원이 되었다. 합리론자들, 발명가들, 여성, 체육인들, 다른 범주의 시민들을 위한 대중통합 단체가 설립되었다.

스탈린의 우상숭배의 형성

스탈린의 우상숭배가 소연방의 정권을 구성하는 한 요소가 되었다. 1929년 12월

21일에 그는 50세가 되었다. 이 날 전에는 당과 국가의 지도자들의 생일을 공개적으로 기념하는 일이 없었다. 레닌의 출생일만이 유일한 예외였다. 그러나 그날 소련은 위대한 지도자를 갖게 되었다. 스탈린은 레닌의 제일의 후계자와 유일한 당 지도자로 선포되었다. 프라브다 신문은 아침의 물결로 넘치는 기사, 축하문, 편지, 전보들로 채워졌다. 대도시와 지방의 다른 신문들, 잡지, 라디오, 영화가 프라브다의 선도를 뒤따랐다. 스탈린은 10월 혁명의 조직자, 적군의 창립자, 백군과 외세의 개입자들을 물리친 친 탁월한 지휘관, 레닌의 총체적 노선의 계승자, 세계 프롤레타리아트의 지도자, 5개년 계획의 위대한 전략가로 찬양되었다.

스탈린은 ≪현자≫, ≪위대한≫, ≪총사령관≫ 등으로 명명되기 시작했다. 나리에 ≪인민들의 아버지≫와 ≪소련의 아이들의 가장 절친한 친구≫가 나타났다. 학술원의 회원들, 예술가들, 노동자들, 당원들이 스탈린을 찬양하는 경쟁에서 승리의 월계관을 차지하기 위해서 서로 경쟁했다. 그러나 프라브다에서 실린 글에서 ≪스탈린은 대양보다 깊고, 히말리야 보다 높고, 태양보다 밝다. 그는 전세계의 교사이다≫라고 쉬운 문체로 쉽게 찬양했던 카자흐 민족의 시인 드잠불이 모든 사람들을 압도했다.

대중탄압

이념적 선전을 담당하는 기관들과 함께 전체주의 정권은 다른 믿을 만한 권력기구인 반 공산주의자들을 추적하기 위한 치안기관 체제를 갖추었다. 1930년대 초에 과거의 볼셰비키의 반대자들인 멘셰비키와 사회혁명당에 가입했던 사람들에 대한 마지막 정치적 박해과정이 진행되었다. 그들은 거의 모두 총살되거나 강제노동수용소에 투옥되었다. 1920년대 말에 ≪**샤흐틴스크 사건**≫은 과학-기술자들과 중농계급의 태업자들과의 투쟁개시의 신호가 되었다. 1932년 8월 7일에 전연방 중앙집행위원회와 인민 위원 소비에트는 스탈린이 승인한 ≪국영기업, 집단농장과 협동조합의 재산의 보존과 사회주의 재산의 공고화≫에 관한 법을 채택했다. ≪다섯 개의 핀≫에 대한 법으로 역사에 기록된 그 법에 따르면 집단농장에서의 가벼운 절취죄에 대해서도 총살형이 규정되었다.

1934년 11월 이후부터 내무 인민 위원회 산하에 인민의 적을 5년간 추방하거나 강제노동수용소로 보낼 권한을 부여받은 특수 위원회가 설치되었다. 이것과 함께 국가 앞에서 인권을 보호하는 합법적 절차의 원칙은 박탈되었다. 피고의 출석 없이, 증인, 검사, 변호사 등의 참여 없이 사건을 심리하는 권한이 특수회의에 부여되었다.

1934년 12월 1일에 전연방 공산당 레닌그라드 시당 위원장 **키로프(С. М. Киров)의 살해**가 대중탄압의 시작을 위한 구실이 되었다. 이 비극적인 사건이 일어난 지 몇 시간 후에 테러 행위와 조직에 대한 사건의 심리를 단축하는 절차에 대한 법이 채택되었다. 이 법에 따르면 신속한 절차가 실시되어 10일간에 모든 심리과정을 끝내야 했다. 법정에 심리 전 24시간 동안 협의 사실의 인정은 피고에 위임되었다. 감형에 대한 요구는 금지되었고, 총살형의 구형은 선고의 직후에 즉시 집행되었다.

이러한 조치에 뒤이어 처벌을 강화하고 탄압을 받는 사람들의 범위를 확대한 다른 법들이 입안되었다. 절도, 강도, 상해, 살인, 살인미수 등의 범죄를 저지를 12세 이상의 미성년들을 교수형을 포함한 모든 종류의 형벌을 적용하는 형사 법정에 회부하는 것은 놀라웠다. 나중에 이러한 법안은 자신의 아이들이 처벌을 면하도록 허위자백을 하도록 유도하기 위해서 피고자들을 압도하는 방법으로 이용되었다.

전시재판 과정

타당한 구실과 합법적 근거를 만든 후에 스탈린은 정권에 불만을 가진 모든 사람들에 대한 사실상의 숙청에 착수했다. 1936년에 당내 반대세력의 지도자들에 대한 대규모 모스크바 재판절차가 개최되었다. 지노비예프, 카메네프 등이 피고석에서 말했다. 그들은 키로프의 살해, 다른 정치국 위원들을 살해하고, 소비에트 정권을 정복하려는 시도에 대해서 비난을 받았다. 검찰관 브이신스키이(А. Я. Вышинский)는 ≪미친 모든 개에게 총살을 요구한다≫고 구형했다. 판사는 이러한 요구를 만족시켰다.

5명의 원수들

만델스탐

이삭 바벨

대 숙청 기간의 희생자들

1937년에 2차 재판과정이 열렸다. 그 과정에서 레닌 수비대라는 대표자들의 한 집단이 재판을 받았다. 같은 해에 **투하체브스키** 원수를 정점으로 하는 최고위 장교 집단들이 탄압을 받았다. 1938년 3월에 3차 모스크바 재판과정이 열렸다. 전 수상 리코프와 부하린에게 총살형이 선고되었다. 그러한 재판과정은 제각기 수만 명의 사람들에게 무엇보다도 친척, 친지, 추종자들, 평범한 이웃 사람들에게 탄압의 고삐를 급격하게 당기는 것을 의미했다. 군 최고 지휘부에서만 다음과 같이 숙청되었다. 5명의 원수 중 3명(부디오니와 보로실로프는 살아 남음), 1급 5명의 사령관 중에서 3명, 2급의 10명의 사령관 중에서 10명, 57명의 군단장 중에서 50명, 186명의 사단장 중에서 154명이 숙청되었다. 그들의 뒤를 따라 적군의 4만 명의 장교들이 탄압을 받았다.

그 때 해외로 망명한 소비에트 정권의 정치적 반대자들의 숙청을 담당한 내무인민위원부(НКВД) 내에 비밀부서가 창립되었다. 1940년 8월에 스탈린의 명령에 따라 멕시코에 있었던 **트로츠키**가 살해되었다. 해외로 망명한 많은 백군 지휘관들과 차르시대의 고관들이 스탈린 정권의 희생자가 되었다. 공식적인 자료에 따르면, 1930년~1953년의 기간에 3백 8십만 명이 반혁명, 반정부 활동의 혐의로 숙청되었는데 그 중 78만 6천 명이 총살되었다.

1936년 스탈린 헌법

≪**대 테러**≫는 기괴한 역할에 기여했다. 대 테러의 도움으로 스탈린은 그이 자신의 경제적 · 정치적 결정의 부정적 결과로 야기된 사회적 긴장을 해소하려고 시도했다. 저지른 과오를 인정하는 것은 불가능 했다. 실패를 감추기 위해서 당, 국가, 국제공산주의 운동에 대한 자신의 무제한 통제를 유지해야 했다. 겁을 주는 모든 수단을 동원해서 의심이 가는 사람들 숙청하고, 그들에게 실제로 존재하지 않는 것을 보도록 강요했다. 그러한 정책의 논리적 지속은 전체주의적 정권에 민주적 · 사회주의적 옷을 입히는데 요구되었던 독특한 스크린의 역할을 했던 새로운 소련 헌법을 채택하는 것이었다.

1936년 12월 5일에 전 소비에트 연방 소비에트 임시 대회에서 **새로운 헌법이 채택**되었다. 스탈린은 새로운 헌법의 채택의 필요성에 대한 근거를 제시하면서 소련사회는 마르크스주의자들이 공산주의 1차 단계로 지칭하는 사회주의를 실현했다고 공표했다. **스탈린 헌법**은 사회주의 건설의 경제적 기준으로서 사유재산의 폐지와 두 종류의 소유관계인 **국유재산**과 집단-협동조합의 재산의 형성을 선포했다. 노동자 대의원 소비에트가 소련의 정치적 토대로 인정되었다. 사회를 지도하는 역할이 **공산당**에게 부여되었다. **마르크스-레닌주의**가 공식적인 국가 이념으로 선포되었다. 헌법은 성과 민족에 상관없이 모든 소련 시민들에게 근본적인 민주적 권리들과 결사, 언론, 출판, 회합, 인격 불가침과 거주의 자유뿐만 아니라 직접-평등 선거권을 제공했다.

양원인 연방 소비에트와 민족 소비에트로 구성된 소련 최고회의가 최고위 권력기관이 되었다. 휴회 기간에는 소련 최고회의 상임 위원회가 집행권과 입법권을 행사하기로 되어 있었다. 11개 연방 공화국 즉 러시아, 우크라이나, 벨로루시, 아제르바이잔, 그루지야, 아르메니아, 투르크메니스탄, 우즈베키스탄, 타지크스탄, 카자흐스탄, 키르키스스탄이 소련에 가입했다.

그러나 현실에서 헌법상의 규범의 대부분은 공허한 선언일 뿐이었다. 스탈린식 사회주의는 마르크스주의적 사회주의적 개념에서 매우 공식적인 이탈이었다. 그 목적은 사회의 각 구성원들의 자유로운 발전을 위한 경제적, 정치적, 문화적 전제조건들의 형성이 아니라 시민들 대부분의 이익을 손상시키는 대가로 국력을 증대시키는 것이었다.

결 론

1930년대에 소련에는 **전체주의적 정권**이 수립되었고, 국가권력은 스탈린을 정점으로 한 좁은 지도층에 의해서 완전히 장악되었다.

30. 1920년대와 1930년대 말의 민족 정책

이슬람에 대한 공격

1920년대 후반에 무슬림 종교에 대한 볼셰비키의 태도는 변했다. 이슬람 사원의 토지 소유권, 토지에서 나오는 수입들, 학교와 병원들은 폐지되었다. 토지는 농민들에게 양도되었고, 종교교육을 하는 이슬람 신학교들은 세속적인 학교로 대치되었고,

병원들은 국가보건체제로 흡수되었다. 이슬람 사원의 대부분은 폐지되었고, 무슬림 율법 재판소도 폐지되었다. 자신들의 직업에서 숙청된 성직자들은 자신들이 민중을 기만했다고 공개적으로 고백하도록 강요를 받았다.

중앙정부의 지시에 따라 도시에서는 공산주의의 윤리의 기준에 일치하지 않는 이슬람 무슬림 전통을 근절하는 운동이 시작되었다. 1927년 3월 8일의 국제 여성의 날에 모였던 여성들은 자신들의 베일을 벗어서 그것을 직접 불속으로 던졌다. 많은 무슬림 신자들에게 이것은 진짜 긴장되는 광경이었다. 이러한 운동의 첫 대표자들의 운명은 비극적이었다. 공공장소에서 그러한 그들의 모습은 분노를 폭발시켰고, 그들은 폭행당하거나 살해되었다.

라마단의 의식과 축제일에 반대하는 시끄러운 선전운동이 실시되었다. 이것에 대한 공식적인 입장은 이러한 굴욕적이고 반동적인 관습들은 노동규율의 원칙과 경제의 계획된 토대에 역행하기 때문에 노동자들에게 사회주의 건설에 참여할 기회를 제공하지 않는다는 것이었다. 소비에트 가족법에 일치하지 않는 일부다처제와 결혼 지참금 제도도 금지되었다.

무슬림 각자가 일생에 한번은 다녀와야 하는 메카로의 순례는 불가능해졌다. 이러한 모든 조치들이 격렬한 불만을 야기했지만 대규모 저항으로 발전하지 않았다. 그럼에도 불구하고 몇몇 체첸의 이슬람 지도자들은 알라의 적에 대한 성전을 선포했다. 1928~1929년에 북카프카스의 산악인들의 저항이 일어났다. 중앙아시아에서도 다시 바스마치 운동이 일어날 조짐을 보였다. 이러한 반혁명 운동은 군대의 도움으로 진압되었다.

무슬림들에 대해서 가해진 탄압 때문에 사람들이 자신의 이슬람 신앙을 공개적으로 드러내지 못하게 되었다. 그러나 무슬림 신앙과 관습은 결코 가족관습에서 사라지지 않았다. 또한 지하 종교적 결사체가 생겼고, 그 회원들을 종교적 의식을 비밀리에 수행했다.

민족문화의 소비에트 화(化)

1920년과 1930년대 말에 민족 언어와 문화발달에 대한 정책 방향이 바뀌었다. 1926년에 스탈린은 '교육정책이 최고의 업적인 레닌주의와 러시아 문화를 근간으로 한 전 소비에트 문화에서 우크라이나 문화의 고립을 초래하고 있다'고 우크라이나 교육 인민 위원회를 비난했다.

무엇보다도 민족교육 체제에서 국가기관에서 모국어 사용이 폐지되었다. 초등학교와 중등학교에서 2외국어인 러시아어 의무교육이 도입되었다. 동시에 러시아어로만 수업이 진행되는 학교의 수는 증대되었고, 상급학교에서의 수업은 러시아어로 진행되었다. 인민들이 자국어의 우선권을 자랑스럽게 수호한 그루지야와 아르메니아만 예외였다.

이때에 카프카스와 중앙아시아의 공식 언어들은 두 번의 문자개혁을 겪었다. 1929년에 아랍어에 토대를 둔 모든 토착어 문자체계는 라틴어 문자로 변환되었다. 10년 후에 러시아 알파벳인 키릴 문자가 도입되었다. 이러한 개혁들은 문자해독과 문자문화의 확산을 위한 전례 없는 노력으로 전환되었다.

군대는 러시아어를 습득할 수 있는 기회를 제공했다. 1920년에 전국민 일반 징집제도의 도입과 함께 단일민족 부대를 창설하려는 시도들이 있었다. 그러나 그 당시에도 러시아인이나 우크라이나인이 보통 지휘관이 되었다. 1938년에 민족 군부대의 창설의 실시는 폐지되었다. 신병들은 자신들의 고향과 멀리 떨어진 곳에 있었던 혼합민족부대로 배치되었다. 러시아어는 군 교육과 지휘의 언어가 되었다.

러시아어를 소련의 국가언어로 인정한 것은 이념적인 목적만을 추구한 것이 아니었다. 첫째로 이것은 실시되었던 경제적 현대화 과정에서 상당히 중요했던 민족 간의 교류와 소통의 기회를 수월하게 해 주었다. 둘째로, 이것은 5개년 계획의 실시 과정에서 크게 증가한 민족 공화국에 거주하는 러시아인들의 생활을 수월하게 해 주었다. 셋째, 이것은 자신들의 미래의 아이들에 대한 먼 장래의 계획을 가졌던 부모들에게 자녀들이 국가언어를 습득하여 그렇지 못한 아이들보다 더 좋은 특권을 부여받을 수 있도록 해줄 수 있는 학교로 보낼 수 있는 기회를 제공해 주었다. 그러기 때문에 민족의 지도층은 새로 도입된 언어정책에 반대하지 않았다.

그러나 러시아어의 위상의 증대는 결코 차르 시대의 **러시아 화(化) 정책**으로의 복귀를 의미하지 않았다. 반종교적 운동과 농업의 집단화는 러시아 문화에도 포함된 향토적이고 강렬한 종교적 요소가 포함된 모든 민족문화에 결정적인 타격을 가했다. 러시아 농촌의 대부분에서 러시아 민족문화의 가장 중요한 요소들인 정교회, 성직자들, 신앙심이 깊은 근면한 농민들, 전통적인 토지소유 제도가 사라졌다. 벨로루시와 우크라이나에 대해서도 비슷하게 말 할 수 있다. 게다가 러시아어는 전통적 개념의 러시아어가 아니라 소련의 **다민족 구성원들 간의 의사 소통어**가 되었다.

민족 변경 지역의 경제적 수준의 평등화

당은 변경지역의 경제발전 수준의 증대를 산업화와 농업 집단화의 중요한 과업 중의 하나로 선포했다. 이러한 과업을 수행하기 위해서 다양한 민족의 경제활동의 전통과 특색을 철저하게 무시한 이런 저런 보편적 방법들이 이용되었다. 무엇보다 농업의 집단화가 유목민들을 정착농업으로 전환시키려는 강력한 시도와 관련된 카자흐스탄의 예가 하나의 지침이 되었다. 1929~1932년에 가축, 특히 양들이 카자흐스탄에서 도살되었고, 총 인구의 80%를 차지하고 있는 목축에 종사했던 카자흐인들의 수는 거의 25%까지 줄었다. 정권의 강압적인 조치는 잔혹한 무력저항을 초래했을 정도로 민족전통과 일치 않았다.

1920년대 말에 사라졌던 중앙아시아의 반혁명 운동이 다시 등장했고, 집단농장으로의 입촌을 거절했던 사람들이 반혁명 운동에 가담했다. 반란자들은 집단농장의 간부들과 당 활동가들을 살해했다. 수천 명의 카자흐인들이 자신들의 가족과 함께 중국령 카자흐스탄으로 도피했다.

소수민족 변경지역의 경제수준을 평등화하는 정책을 선포한 중앙정부는 동시에 식민주의적인 습성들을 보여주었다. 1차 5개년 계획은 곡물재배의 파종의 단축을 예상했고, 그 대신에 믿을 수 없을 정도의 규모까지 목화 생산이 증대되었다. 증대된 목화생산의 대부분은 러시아 유럽지역의 공장을 위한 원료가 되었다. 이러한 정책은 우즈베키스탄을 원료 지배지로 전환시킬 정도로 위협적이었고, 강력한 저항을 야기했다. 우즈베키스탄 공화국 지도자들은 공화국 경제의 자립성과 다양성을 예상한 경제발전의 대안을 만들었다. 이 계획은 거절되었고, 계획 입안자들은 체포되었고, ≪부르주아적인 민족주의≫를 주창한 죄목으로 총살되었다.

산업화와 농업 집단화의 시작과 함께 토착화(коренизация)의 원칙도 수정되어야 했다. 지방의 지도자들은 경제에서의 명령적인 변화와 행정의 중앙 집중화에 불만을 가졌기 때문에 지도자들은 더욱 더 자주 중앙에서 임명되기 시작했다. 1920년대의 정책의 지속을 시도했던 민족교육과 문화의 지도자들은 탄압을 받았다. 1937년~1938년에 사실상 민족공화국의 당과 경제를 담당하는 지도자들은 완전히 교체되었다. 교육, 문학, 예술 분야의 많은 지도자들이 탄압을 받았다. 보통 지방의 지도자들은 모스크바에서 직접 파견된 러시아인들로 교체되었고, 더욱 더 약삭빠른 토착 민족의 대표자로 대치되었다. 공화국 정치국이 완전히 해체되었던 우크라이나, 카자흐스탄,

투르크메니스탄에서의 상황은 가장 놀라운 것 이었다.

소수 민족 지역에서의 산업화

시작된 경제 현대화는 소수민족 공화국들을 변화시켰다. 지방의 원료 공급지역에 산업중심지를 건설하는 정책은 긍정적인 결과를 초래했다. 벨로루시에는 주로 목재, 제지, 피혁, 유리 공장들이 건설되었다. 이미 1차 5개년 계획의 기간에 벨로루시는 산업공화국으로 변했다. 소비재, 생필품을 생산하는 공화국의 총 경제에서 산업생산량이 53%를 넘었다. 2차 5개년 계획 기간 동안에 벨로루시에는 연료, 그리고 기계제작, 화학 등의 새로운 산업분야들이 건설되었다.

우크라이나 공화국에서 400개의 기업들이 건설되었다. 그 중에는 드네프르 수력발전소, 하리코프 트랙터공장, 크라마토르스크의 중장비 기계공장 등이 있었다. 우크라이나 공화국 경제에서 발전된 산업 생산성은 72.4%까지 증대되었다. 이것은 우크라이나가 고도로 발전된 산업공화국으로 전환되었다는 것을 증명해 보이는 지표가 되었다.

중앙아시아에는 새로운 면방직, 식료품, 모직, 통조림 공장 등이 건설되었다. 페르간 계곡, 부하라, 치르치크에 전력 발전소가 건설되었다. 타쉬켄트에서 농업기계공장이 가동되기 시작했다. 투르크메니스탄에 유황공장이 건설되었고, 카라-보가스-골만에서 망간의 채취가 시작되었다.

투르케스탄과 시베리아를 연결하는 철도가 산업화 과정에서 중대한 역할을 하였다. 그 철도의 건설은 1930년에 완성되었다. 투르크시브(Турксиб) 철도는 식량, 삼림, 석탄 등이 풍부한 시베리아를 중앙아시아와 카자흐스탄의 목화 재배지역으로 연결시켰다.

러시아 소비에트 연방 내의 바시키르, 타타르, 야쿠트, 부랴트 등의 자치 공화국의 공업발전에 많은 노력과 자본이 투입되었다. 1차 5개년 계획 기간에 러시아 소비에트 연방의 산업화에 자본투자가 총 4.9배가 증가한 가운데 바시키르에는 7.5배, 타타르에는 5.2배가 증가했다. 2차 5개년 경제개발계획 기간에 자치공화국, 자치주, 소수민족 거주지의 발전에 훨씬 더 많은 대규모 자본이 투입되었다. 코미 자치 공화국에 거대한 목재 가공기업이 건설되었고, 변경주의 유전과 탄광이 개발되기 시작했고, 우흐트에서 유전이 개발되었다. 풍부한 석탄, 석유, 채굴 장소가 만들어졌다. 바시키르와 타타르에서 유전이 채굴되기 시작했다. 야쿠트 공화국에서 귀금속의 채굴과 다게스탄과 북 오세치아의 천연자원 개발이 확대되었다.

소련 전 지역의 소수민족 거주지에 기업들이 건설되었다. 노동자들과 건축기사들이 모스크바, 레닌그라드, 하리코프, 우랄 등의 대도시와 다른 대산업단지에서 이곳으로 몰려들었다. 당이 선포한 초민족주의는 단순히 선동적인 구호는 아니었다. 매우 다양한 민족 대표자들 가족들이 함께 자랐고, 공부했고, 일했고, 창조했다. 1930년대에 소련에서는 독특한 사회적 · 문화적 특징, 행동양식, 고정관념을 가진 사람들로 구성된 다민족 사회가 형성되었다. 러시아 아가씨와 다게스탄 출신의 총각 간의 사랑을 주제로 한 인기 있는 영화 ≪양돈 여와 목동≫은 소련 사회에서 지배적인 **초민족주의** 정신의 예술적 표현이 되었다.

결 론

당이 선포한 산업화와 농업 집단화의 정책은 실제적으로 소련의 여러 지역에 거주하는 민족들의 특성을 무시했다. 그럼에도 불구하고 소수 민족 거주 지역은 전국에서 진행된 전반적인 현대화 과정에 흡수되었다. 1차 5개년 계획 기간에 소수민족 거주 지역은 산업발전에서 큰 진전을 이루었다.

31. 1930년대의 소련문화

교육의 발전

1930년대는 ≪**문화혁명**≫이 진행된 시대로 역사에 기록되었다. 문화혁명의 개념에는 혁명 이전과 비교해서 상당히 높아진 인민들의 교육수준뿐만 아니라 문화의 성과물에 접촉할 기회가 증대되었다는 의미가 내포되어 있었다. 문화혁명을 구성하는 또 하나의 의미는 과학, 교육, 모든 창작 활동의 분야에서 마르크스-레닌주의의 사상이 절대적으로 신봉되었다는 것 이었다.

소련에서 실시된 경제 현대화 조건에서 주민들의 직업적 수준의 상승에 특별한 노력이 투입되었다. 이러한 조건 하에서 전체주의 정권은 학교교육과 양육의 내용의 변화를 요구했고, 1920년대의 교육적 자율성은 새로운 인간을 양육하는 과업의 성취에 도움이 되지 않았다.

1930년대 초에 당 중앙 위원회와 인민 위원 소비에트는 학교에 대한 일련의 규정들을 채택하였다. 1930~31년 학년도에 소련 전역에서 총 4년간의 의무교육으로의 전환이 시작되었다. 1937년경에 7년간의 의무교육이 실시되었다. 혁명 후에 비판받았던 구시대의 교육과 훈육의 방법들이 재도입되었다. 수업과목들, 엄격한 시간표, 점수, 엄격한 규율, 퇴학을 포함한 일련의 벌 등이 복원되었다. 교과과정이 재편되었고, 새로운 안정된 교과서들이 제작되었다. 1934년에 일어난 사건과 현상에 대한 마르크스-레닌주의적 평가에 토대를 둔 시민의 역사와 지리 수업이 재개되었다.

학교의 건설이 광범위하게 일어났다. 1933~37년 기간에만 소련에는 200년 동안 제정 러시아 시대에 개교된 수와 거의 같은 2만개의 새로운 학교가 열렸다. 1930년대 말에 3천 5백만 명 이상의 학생들이 학교에서 교육을 받았다. 1939년에 조사에 따르면 소련의 문맹률은 87.4%였다.

중등 특수교육과 고등교육이 빠른 속도로 발전하였다. 1930년대 말에 소련은 중 · 고등학교 학생 수와 대학생의 수에서 세계 1위를 차지했다. 수십 개의 중 · 고등교육기관이 벨로루시, 자카프카지예와 중앙아시아의 공화국, 중앙의 자치 공화국과 주에 생겼다. 1937년에 팸플릿 같은 책이 6억 7천 7백 8십 만 부에 이르렀고, 책은 110개의 소련의 민족언어로 출판되었다. 대중 도서관들이 급격히 확대되었다. 1930년대 말에 그 수는 9만 이상으로 증가했다.

과 학

교육과 과학도 문학과 예술처럼 이념적 공격을 받았다. 스탈린은 자연과학과 수학을 포함한 모든 과학은 정치적 성격을 띠고 있다고 말했다. 이러한 확신에 동의하지 않은 학자들은 언론에서 비판을 받았고 체포되었다. 생물학에서 격렬한 투쟁이 벌어졌다. 다윈의 진화론을 옹호하고, 리센코를 우두머리로 하는 미츄린 이론을 믿는 생물학자들과 철학자들이 유전학에 반대했고 유전학을 ≪부르주아 과학≫이라고 비난했다. 소련의 유전학자들의 탁월한 업적은 부정되었고, 그 결과 바빌로프(Н. И. Вавилов), 코리초프(Н. К. Кольцов), 세레브로프스키(А. С. Серебровский) 등의 많은 생물학자들이 탄압을 받았다.

그러나 스탈린은 역사학에 가장 많은 주의를 기울였다. 소련의 역사로 불리기 시작한 러시아 역사 교과서들을 스탈린이 직접 통제했다. 스탈린의 지시에 따라서 과거는 박해받는 사람들과 착취자들 간의 계급투쟁의 기록으로만 다루어지기 시작했다. 동시에 과학의 싹이 트였고, 당의 역사는 스탈린의 이념적인 구성 중에 압권 중의 하나가 되었다. 1938년에 스탈린이 정성을 들여 편집했을 뿐 아니라, 여러 단락 중 하나를 기술했던 전 소연방 공산당 역사의 짧은 과정이 출판되었다. 이 책의 출판은 소비에트 학자들이 따라야 하는 나라의 유일한 발전방향의 구조에 토대를 놓았다. 스탈린의 역할을 과장할 목적으로 교과서의 일부분이 왜곡되었지만, 전시 당 중앙 위원회는 ≪당의 역사의 단축과정≫를 전 소연방 공산당 볼셰비키의 역사와 마르크스주의-레닌이즘의 주요한 문제들에 대해서 전소연방 공산당 중앙 위원회가 내린 공식적인 해석(다른 해석을 허용하지 않는)을 제시한 지침서로 평가했다. 당 역사의 단축과정의 각 절은 마지막 해석의 원천으로 인식되었다. 실제적인 문제에 있어서 이것은 모든 기존의 과학학파의 해체와 러시아 역사학의 전통과의 단절을 초래했다.

소련과학의 성공

이데올로기적인 독단과 엄격한 당의 통제는 가장 폐허적인 방식으로 인문학의 내용에 반영되었다. 그러나 자연과학의 대표자들은 당과 보안기관들의 개입의 부정적인 결과들을 겪었지만, 여전히 괄목할 만한 성공을 걷을 수 있었고, 러시아 과학의 영광스런 전통을 계승했다.

광학연구의 바빌로프(С. И. Вавилов), 크리스탈과 반도체 물리학의 이오페(А. Ф. Иоффе), 마이크로 물리학 연구의 카피치(П. Л. Капицы), 방사선과 광학분야의 만델쉬탐(Л. И. Мандельштам) 등의 과학자들로 대표되는 소련의 물리학계는 세계적인 명성을 얻었다. 그리고 므이소브스키(Л. Д. Мысовский), 이반엔코(Д. Д. Иваненко), 스코벨친(Д. В. Скобельцын)과 같은 소련의 물리학자들은 원자핵 연구에 대해서 집중적으로 연구하기 시작했다. 제린스키(Н. В. Зелинский), 쿠르나코프(Н. С. Курнаков), 파보르스키(А. Е. Фаворский), 바흐(А. Н. Бах), 레베데프(С. В. Лебедев) 등의 화학자들의 업적은 응용과학에 큰 영향을 끼쳤다. 합성고무, 인조섬유, 플라스틱 물건, 값비싼 유기화학 제품 등이 생산되기 시작했다.

바빌로프(Н. И. Вавилов), 프랴니쉬니코프(Д. Н. Прянишников), 빌리야므스(В. Р. Вильямс),

푸스토보이트(Пустовойт) 등의 생물학자들의 연구성과가 세계적 업적이 되었다. 소련의 수학, 과학, 천문학, 기계공학, 생리학도 큰 업적을 남겼다. 지질학과 지리학 연구도 영역을 넓혔다. 볼가강과 우랄강 사이의 석유와 같은 유용한 광물이 묻혀 있는 단층 휴경지, 모스크바 근교와 쿠즈네츠의 하천 유역의 새로운 탄광, 우랄과 다른 지역에서 유용한 철광매장지가 발견되었다. 북쪽이 적극적으로 탐사되었고, 연구되었다. 이것은 여러 형태의 원료와 원자재 수입의 급감을 초래했다.

사회주의적 사실주의

1930년대에 예술문화에서 반체제의 숙청과정이 완성되었다. 완전한 당의 검열을 받았던 예술은 하나의 방향인 **사회주의적 사실주의**를 추구해야 했다. 이러한 방법의 정치적 본질은 예술가들은 있는 그대로가 아니라 정권 당국이 사전에 이상적으로 형상했던 것처럼 소비에트 현실을 반영해야 했다.

예술은 신화들을 표현했고, 소련 사람들은 기꺼이 그런 신화들을 받아들였다. 혁명의 시작부터 인민들은 오늘은 힘들고 어렵지만, 완성된 웅대한 사회주의적 변화는 아름다운 내일을 초래할 것이라는 신념 속에 살았다. 스탈린의 장미빛 약속에 일치되게 예술도 행복한 시대가 이미 도래했다는 환상을 조성했다.

사람들의 의식 속에서 갈망하는 화려한 미래와 현실 사이의 경계가 사라졌다. 사회를 조정하여 근로의욕, 인민의 적들에 대한 대중적 분노, 지도자에 대한 전인민적 존경심을 고취시킬 수 있게 해주었던 사회의 사회적·심리적 일체감을 조성하기 위해서 정권당국도 이러한 구성을 이용했다.

소련 영화

예술의 가장 대중적인 형식인 영화는 사람들의 의식전환에 절대적 영향을 미쳤다. 1920년대와 1930년대의 사건들은 개인적인 경험뿐만 아니라 영화 속의 영상을 통해서도 사람들의 의식 속에 투영되었다. 소련 전역에서 기록영화들이 상영되었다. 읽을 수 없었고, 사건들을 깊게 분석할 수도 없었던 관객들이 영화를 보았다. 그들은 실제의 생활을 잔혹한 현실이 아니라 영상에서 미화된 환상으로 인식했다. 베르토프, 티스세, 쉬브 등의 명감독들이 좋은 기록영화들을 만들었다.

혁명의 역사를 주제로 한 다량의 예술영화들도 제작되었다. 드지간(Е. Л. Дзиган) 감독의 ≪크론시타트 출신의 우리들≫이 그런 영화들 중 하나이다. 1931년에 소련의 신세대들의 양육을 영상화한 소련 최초의 음성 영화가 상연되었다. 신세대의 교육을 영상화한 여러 편의 영화들 즉 게라시모프(С. А. Герасимов)의 ≪7인의 용사≫, ≪콤소몰스크≫, ≪교사≫ 등이 제작되었다. 1936년에 최초의 총천연색 영화도 제작되었다. 역사를 영상화한 영화들이 소련의 영화인들이 좋아하는 장르가 되었다. ≪표트르 1세≫, **에이젠쉬테인**의 ≪알렉산드르 네프스키≫, ≪미닌과 포자르스키≫ 등이 큰 인기를 누렸다.

음악과 조형예술

1930년대에 **프로코피예프(С. С. Прокофьев)**, **쇼스타코비치(Д. Д. Шостакович)**, 하차트랸(А. И. Хачатурян), 흐리니코프(Т. Н. Хринников), 두나예프스키(И. О. Дунаевский) 등의 유명한 작곡가들이 명성을 떨쳤다. 볼쇼이 국립 교향악단 등이 창단되었다. 그 당시 오페라, 교향곡, 실내악 등에서 어떤 새로운 창작의 시도도 완전히 중단되었다. 수준이 매우 낮았던 당 지도자들의 개인적인 음악취향들이 이런 저런 음악작품들에 대한 평론에서 언급되었다. 쇼스타코비치의 오페라 ≪이즈마일로프의 카테리나≫와 ≪금세기≫는 **형식주의**라는 이유로 언론에서 신랄하게 비난받았다.

음악작곡의 가장 대중적인 분야인 **성악**은 최전성기를 누렸다. 두나예프스키, 모크로우소프(Б. А. Мокроусов), 블란테르(М. И. Блантер) 등의 작곡가들의 성악곡들이 유명했다. 그들의 성악곡들은 동시대의 사람들에게 큰 감동을 주었다. 이러한 작곡가들

프로코피예프

쇼스타코비치

두나예프스키

의 간결한 멜로디는 모든 사람들이 듣기 좋았다. 그들의 노래들은 가정에서, 거리에서, 영화에서, 확성기에서 흘러 나왔다. 활기찬 음악을 배경으로 조국, 노동, 스탈린을 찬양하는 시구가 들렸다. 이러한 노래들의 감격은 실제의 생활에 어울리지 않았지만 노래들의 낭만적 · 혁명적 곡조는 사람들에 강렬한 감흥을 주었다.

조형예술의 대가들도 사회주의적 사실주의에 대한 신뢰를 입증해야 했다. 예술가에 대한 평가의 주요한 기준은 직업적인 재능이나 독창성이 아니라 주제의 이념적 경향 이었다. 그래서 정물화, 풍경화, 다른 소부르주아주의적인 방탕에 대한 경멸적인 태도가 생겼다. 이러한 장르에서도 콘찰로프스키(П. П. Кончаловский), 렌툴로프(А. В. Лентулов), 사리얀(М. С. Сарьян)과 같은 재능 있는 화가들이 창작활동을 했다.

다른 화가들도 유명해졌다. 그런 화가들 중에서 이오간손(Б. В. Иогансон)이 가장 유명했다. 그의 지도들은 사회주의적 사실주의를 반영한 전형이 되었다. 데이네크(А. А. Дейнек)의 ≪미래의 조정사들≫, 피메노프(Ю. И. Пименев)의 ≪새로운 모스크바≫, 네스테로프(М. В. Нестеров)의 소련의 지식인들의 초상화 시리즈 등이 **사회주의적 사실주의** 경향의 대표적 작품들이다.

문학과 연극

엄격한 당의 지침과 전면적 검열은 대량의 문학작품들의 일반적 수준에 영향을 끼치지 않을 수 없었다. 신문의 표제기사들을 연상케 한 하루살이 작품들도 등장했다. 그러나 자유로운 창작에 어려운 기간에도 수많은 명작들을 창작한 재능 있는 작가들이 소련 문단에 등장했다. 1931년에 고리키(А. М. Горький)가 조국으로 돌아왔다. 그는 자서전적인 소설 ≪크리마 삼긴의 생활≫, 희곡 ≪에고르 부릴쵸프와 다른 사람들≫을 썼다. 톨스토이(А. Н. Толстой)도 고향에서 3부작 ≪고난의 행로≫를 탈고했고, 소설 ≪표트르 1세≫와 다른 작품들을 완성했다.

미래의 노벨 문학상 수상자 **숄로호프**(М. А. Шолохов)는 소설 ≪**조용한 돈강**≫과 ≪허공에 뜬 처녀지≫의 첫 장을 저술했다. 불가코프(М. А. Булгаков)는 ≪거장≫과 ≪마르가리타≫를 저술했다. 그 외에도 카베린(В. А. Каверин), 레오노프(Л. М. Леонов), 플라트노프(А. П. Платнов) 같은 재능 있는 작가들의 작품들이 유명했다. 추코프스키(К. И. Чуковский), 마르사크(С. Я. Маршак), 가이다르(А. П. Гайдар), 바르토(А. Л. Барто) 같은 아동 문학가들도 활동했다.

솔로호프

불가코프

1920년대 말부터 소비에트 극작가들의 연극들이 고정적으로 공연되었다. 포고진(Н. Ф. Погодин)의 ≪권총을 가진 사나이≫, 코르네이추크(А. Е. Корнейчук)의 ≪분함대의 침몰≫, 비시네프스키(В. В. Вишневский)의 낙관적인 비극 ≪아르부조프의 타냐≫ 등이 있었다. 소련 전역의 극장에서 여러 해에 걸쳐서 창작된 고리키의 연극들, 즉 ≪적들≫, ≪평민들≫, ≪별장≫, ≪야만인들≫ 등이 공연목록에 포함되었다.

소련시민들의 예술에 대한 활발한 접근이 문학혁명의 주요한 특징 중의 하나가 되었다. 이것은 극장, 영화관, 교향악단, 연주홀 등이 많이 늘어났기 때문이 아니라 자립적인 예술 활동이 발전한 덕택이었다. 소련 전역에 클럽, 문화궁전, 유년 창착의 집 등이 건설되었고, 재능 있는 인민들을 위한 예술제와 독창적인 작품의 전람회가 개최되었다.

결 론

1930년대의 소련문화의 발전의 특징은 상호 모순적이다. 교육, 과학, 문학, 예술문화 등은 엄격한 당의 통제와 이념적 압력을 받았다. 그러나 이념적 압력에도 불구하고 과학과 교육은 발전했고, 작가들, 작곡가들, 영화감독들, 연극 연출자들은 많은 작품들을 창작했다.

32. 1930년대 소련의 외교정책

소련외교노선의 변화

1933년에 독일에서 세계 분할을 위한 전쟁을 시작할 의도를 감추지 않았던 파시스트들이 정권을 잡았다. 소련은 외교노선을 변경하지 않으면 안 되었다. 무엇보다도 모든 제국주의 국가들이 현실적인 적으로 인식되었고, 어떤 순간에는 소련에 대한 전쟁이 시작되는 상황이 재검토되었다. 1933년 말에 전 소련 공산당 중앙 위원회의 위임을 받은 외무부 담당 인민 위원장은 유럽에서 집단안보체제를 구성하는 계획을 수립했다. 이때부터 1933년까지 소련의 외교정책은 반독일 경향을 띠었다. 파시스트적인 독일과 일본을 고립시키기 위해서 민주주의 국가들과의 동맹을 맺는 것이 그 외교정책안의 주요한 목표가 되었다. 이러한 외교노선은 대부분 외무부 장관 **리트비노프**(М. М. Литвинов)의 활동과 관계가 있었다.

새로운 외교정책의 성공적인 결과로 1933년 11월에 소련은 미국과의 외교관계를 수립했고, 1934년에 **국제연맹**에 가입하여 이사회의 정회원이 되었다. 이것은 강대국 자격으로 세계기구로의 소련의 공식적인 귀환을 의미했다. 무엇보다도 차르 시대의 부채에 대한 모든 논쟁들이 소련의 국익에 유리하게 해결되는 조건 하에서 소련이 국제연맹에 가입하는 것이 중요한 원칙이었다.

1935년 5월에 소련과 프랑스 사이에 어떤 침략이 발생할 경우에 서로 원조하는 조약이 체결되었다. 그러나 그 조약은 군사적 합의를 수반하지 못했기 때문에 침략의 경우에 상호원조의 의무는 효과가 적었다. 그리고 비슷한 상호원조 조약은 체코슬로바키아와도 체결되었다.

소련과 체코슬로바키아 간에 체결된 상호원조 조약 중에서

소련과 체코슬로바키아 공화국이 어느 유럽국으로부터 공격을 받을 경우 체코슬로바키아와 소련은 서로에게 즉각적인 원조지원을 제공할 것이다. 두 정부는 상호 원조의 의무가 현재의 조약에서 사전에 검토되었던 조건 하에서 공격을 받은 나라에 대한 원조가 프랑스 측으로부터 있을 경우에만 양국사이에 효력이 발생할 것이다.

1935년 소련은 독일의 전 국민 징병제의 실시와 이탈리아의 에티오피아 공격에 대해 비난했다. 독일 군대가 비무장지역인 라인강 지역으로 진입한 후에 소련은 국제연맹에 국제 조약의 위반을 중단시킬 조치를 채택할 것을 제안했지만, 소련의 주장은 받아들여지지 않았다.

단일 반파시스트 전선의 수립에 대한 코민테른(Коминтерн)의 노선

자국의 외교정책의 구상을 실현하기 위해서 소련은 적극적으로 코민테른을 이용했다. 1933년에 스탈린은 자신의 국내정책에 대한 국제적 지지를 끌어 모으는 것을

코민테른의 주요한 의무로 생각했다. 스탈린의 정책에 대한 가장 신랄한 비난이 세계 사회-민주주의 진영으로부터 나왔다. 그래서 스탈린은 사회-민주주의자들을 파시스트 독재자라고 비난했고, 그들을 모든 공산주의자의 주적으로 선포했다. 이러한 코민테른의 정책 지침은 반파시스트 동맹의 분열을 초래했고, 뒤이어 독일에서의 파시스트들의 정권장악을 크게 도왔다.

1933년에 소련의 외교정책의 검토와 함께 **코민테른**의 정강은 수정되었다. 새로운 전략 방향의 작성은 파시스트들(나치)이 조작한 공산주의자들에 대한 **라이프찌히 재판** 과정의 영웅이자 설득자인 **게오르기 드미트로프**(Г. Димитров)가 이끌었다(1933년에 독일 의사당 방화사건이 발생했을 때 나치는 공산주의자들을 제거하기 위해서 그들에게 방화사건의 혐의를 조작한 라이프찌히에서 열린 재판에서 드미트로프는 명석한 논리로 나치의 조작을 부인하고 혐의를 벗었다). 1935년 여름에 개최된 코민테른 제 7차 대회는 새로운 전술을 인준했다. 세계전쟁을 예방하기 위한 단일 반파시스트 전선의 결성이 공산주의자들의 주요한 과업으로 선포되었다. 이러한 목적을 달성하기 위해 공산주의자들은 사회민주주의자들에서부터 자유주의자들까지 포함한 모든 세력과 협력체계를 구축해야 했다. 이것과 함께 반파시스트 단일전선의 결성과 광범위한 반 전쟁 운동은 소련의 안보를 위한 투쟁과 긴밀한 관계가 있었다. 코민테른 7차 회의는 소련이 침략을 받았을 때 공산주의자들이 노동자들에게 모든 수단으로 제국주의 군대에 대한 적군의 승리에 협력할 것을 요구할 것을 제안했다.

코민테른의 새로운 전술의 실현은 스페인 **프랑코** 장군이 공화국 정부에 대한 파시스트 쿠데타를 일으켰을 때 스페인에서 1936년에 사실상 처음으로 시도되었다. 소련은 공화국 정부에 대한 지지를 공개적으로 선언했다. 소련의 무기, 2천 명의 군사 고문관, 그리고 주로 군 전문가로 구성된 수많은 자원자들이 스페인으로 보내졌다. 스페인 사태는 더 분명하게 강력해진 파시즘에 대한 단결된 투쟁의 불가피함을 보여주었다. 그러나 민주주의 국가들은 파시즘과 공산주의 중 어떤 정권이 민주주의에 더 위험한지에 대해서 더욱 더 심사숙고했다.

소련의 극동정책

유럽의 외교노선의 혼란에도 불구하고 소련의 서부 국경지역 상황은 비교적 안정되었다. 동시에 소련의 극동지역의 국경 지역에서 외교적 정치적 갈등의 충돌이 직접적인 군사충돌로 변했다. 첫 무력충돌이 1929년 여름과 가을에 북만주에서 일어났다. 중국 동부철도가 분쟁의 원인이 되었다. 1924년에 소련과 중국 간의 조약에 따라 중국철도는 중국과 소련의 양국의 합동 관리로 넘어갔다. 그러나 1920년 말경에 중국 행정부는 거의 완전하게 소비에트 전문가들에 의해 쫓겨났고 철도는 사실상 소련의 소유로 넘어갔다. 이런 상황은 중국의 불안정한 정치 상황 때문에 가능했다. 1928년에 장개석 정부는 정권을 잡았고 중국의 영토통합의 정책을 시작했다. 장계석 정부는 빼앗긴 **중국동부 철도**에 대한 권리를 무력으로 회복하려고 시도했다. 그래서 무력충돌이 일어났고 소련 군대는 중국영토에서 전투를 시작한 중국 국경 수비대를 격퇴했다.

이 때 극동지역에서 국제사회는 일본이 전쟁을 도발할 것 같은 확실한 근거를 보았다. 1931년 만주를 점령한 후에 일본은 소련의 극동지역의 국경에 위협이 되었다. 게다가 소련이 관할하는 중국 동부 철도가 일본의 통제를 받는 영토에 있었다. 일본의 위협 때문에 소련과 중국은 외교관계를 회복하지 않을 수 없었다.

1936년 11월에 독일과 일본은 반공산당 동맹에 조인했고, 나중에 그 동맹에 이탈리아와 스페인이 가담했다. 1937년 7월에 일본은 중국에 대해서 전면적인 침략을 시작했다. 그런 상황에서 소련과 중국은 서로 접근하기 시작했다. 1937년 8월에 양국은 불가침조약을 체결했다. 조약 체결 후 소련은 중국에 기술적-물질적 원조를 제공하기 시작했다. 소련의 군사 고문관들과 조종사들이 중국군 편에서 싸웠다.

1938년 여름에 소련과 만주 국경지역에서 일본군과 소련군 사이에 무력충돌이 시작되었다. 블라디보스토크에서 멀지 않은 **하산 호수**지역에서 격렬한 전투가 벌어졌다. 일본 쪽에서 이것은 최초의 전투의 시작이었다. 이 전투는 기습으로 소련 국경지역을 점령하는 것은 거의 불가능하다는 것을 보여주었다. 그럼에도 불구하고 1939년 5월에 일본 군대는 **할힌-골(Халхин-Гол)강** 지역에서 몽골 영토로 침입했다. 1936년부터 소련은 몽골과 동맹조약을 맺어 왔다. 조약에 규정된 자국의 의무에 따라 소련은 몽골의 영토로 자국의 군대를 진입시켰다.

뮌헨 합의

한편 파시스트 국가들은 유럽에서 새로운 영토 점령을 감행했다. 1938년 5월 중순에 독일 군대는 체코슬로바키아 국경지역에 집결했다. 소련 정치 지도자들은 프랑스가 소련의 원조를 요구하는 조건 하에서 체코슬로바키아에 원조를 제공할 준비가 돼있었다. 그러나 체코슬로바키아는 서유럽 동맹국들의 지원을 여전히 희망하고 있었다.

극한 상황까지 갔던 9월에 영국과 프랑스 지도자들이 독일과 이탈리아와의 협상을 위해 도착했다. 체코슬로바키아도 소련도 그 협상에 참여하는 것이 허용되지 않았다. 뮌헨 합의는 최종적으로 파시스트의 침략을 회유한 서방 강대국들의 외교 노선을 구체화했고, 체코슬로바키아의 **수데테란트 지역**을 요구한 독일의 주장을 만족시켰다. 그럼에도 불구하고 국제 연맹의 규정에 따라서 소련은 체코슬로바키아의 원조를 제공할 각오가 되어 있었다. 이것을 위해서는 체코슬로바키아가 그에 상응하는 요구를 국제연맹에 호소하는 절차가 필요했다. 그러나 체코슬로바키아의 집권자들은 호소를 하지 않았다.

1938년 9월에 영국과 독일 간 합의가 이루어지고, 사실상의 불가침조약이 되었던 동년 12월에 프랑스와 독일 간에 합의된 선언문이 발표된 이후에 집단 안보체제의 창설의 가능성에 대한 소련의 희망은 최종적으로 사라졌다. 이러한 합의된 조약 문서에서 조약 당사국들은 ≪결코 상호에게 전쟁을 수행하지 않을 것이다≫라는 희망을 공표했다. 있을 수 있는 군사적 충돌에 대비해서 자국을 보호하려는 희망을 갖고서 소련은 새로운 외교 노선을 찾기 시작했다.

뮌헨협정

체코슬라비키아의 분할

소련-영국-프랑스 간의 협상

뮌헨 합의가 체결된 후에 영국과 프랑스 정부의 지도자들은 유럽에 평화의 시대가 도래했다고 선포했다. 서유럽국가들의 묵인을 이용해서 1939년 3월 15일에 히틀러는 프라하에 군대를 투입하여 최종적으로 독립국가인 체코슬로바키아를 해체했고, 3월 23일에 리투아니아 영토에 병합된 메멜주를 점령했다. 이때에 독일은 자유도시의 자격을 유지하고 있었고, 폴란드 영토의 일부인 **단스크**의 합병을 요구했다. 1939년 4월에 이탈리아는 알바니아를 점령했다. 이러한 일련의 침략에 놀란 영국과 프랑스의 집권자들은 독일의 침략을 중단시키는 조치에 대한 합의를 체결하자는 소련의 제안에 동의하지 않을 수 없었다.

장기간 지체된 후인 8월 12일에 영국과 프랑스 대표자들이 모스크바에 도착했다. 영국 대표단이 이곳에서 협상을 시작하고 합의를 체결하기 위한 권한을 갖고 있지 않다는 것이 뜻밖에도 밝혀졌다. 양국의 협상 대표자들은 최고위 군사 담당자들이 아니었다. 반면에 그때 국방 인민 위원인 **보로실로프(К. Е. Ворошилов)** 원수가 소비에트 대표단을 이끌었다.

소련 측은 침략에 대항한 소련, 영국, 프랑스의 군대 합동작전의 상세한 계획을 제시했다. 이러한 계획에 따라서 붉은 군대는 136개의 사단, 5천문의 중무기, 9천에서 만대의 탱크, 5천에서 5천 5십만 대의 전투기를 배치하기로 되어 있었다. 영국 대표단은 전쟁이 일어날 경우 영국은 맨 먼저 모두 6개의 사단을 유럽대륙에 파견할 것을 발표했다.

소련은 독일과 국경을 접하고 있지 않았다. 따라서 영국과 프랑스의 연합국인 폴란드와 루마니아가 소련 군대의 자국의 영토통과를 허용할 경우에만 침략전쟁에 참전할 수 있었다. 한편, 영국도 프랑스도 폴란드와 루마니아 정부가 소련군대의 영토통과에 동의하도록 권장하는 아무런 조치도 하지 않았다. 그 반면에, 서유럽 강대국들의 군사 대표단들은 이러한 것을 결정하는 문제는 모스크바에서 토론되어서는 안 된다는 것을 자신의 정부에게 사전에 경고했다. 협상은 의도적으로 지연되었다. ≪가능한 공통의 조건에서 군사적 합의를 이끌어 내기를 갈망하기 위해서≫ 프랑스와 영국 대표단들은 협상을 천천히 진행하라는 자신의 정부 지시에 따랐다.

소련과 독일 간의 접근

폴란드 문제의 무력해결을 거절하지 않은 히틀러는 또한 소련에게 **불가침조약**의 체결과 동유럽 영향권의 경계에 관한 조약을 체결하는 협상을 시작할 것을 제안했다. 스탈린은 쉽지 않은 선택에 직면했다. 히틀러의 제안을 거절하는 것 또는 폴란드가 독일과의 전쟁에서 패배할 경우 독일군이 소련국경지대로 접근하는 것을 합의하는 것 또는 독일과 소련의 국경을 서쪽 먼 곳으로 서구 깊숙이 옮길 기회를 제공하는 독일과의 합의를 체결하고 얼마 동안 전쟁을 회피할 것이냐 거절할 것이냐의 기로에 서 있었다. 서방국가들이 독일이 소련과 전쟁을 하도록 부추기려는 서방국의 시도가 스탈린에게는 비밀이 아니었다. 그리고 히틀러가 동쪽 땅을 차지해서 독일의 주거가능 구역을 확대하려는 갈망을 부추기는 것 또한 비밀이 아니었다. 독일군의 폴란드 공격 준비가 완성됐다는 것과 폴란드 군대는 패배할 수밖에 없다는 것이 모스크바의 소련 정치 지도자들에게 알려졌다.

모스크바에서 영국과 프랑스 대표단과의 협상이 어려워질수록 점점 더 스탈린은 합의를 이룰 수밖에 없다는 결론에 더 접근해갔다. 1939년 5월부터 몽골에서 일본군의 침략에 대항한 소련과 몽골의 군사 작전이 시작되었다는 것을 염두에 두지 않으면 안 되었다. 동시에 동쪽 국경과 서쪽 국경에서 동시에 전쟁을 수행하는 것이 불리하다는 전망이 소련의 지도자들에게 분명히 대두되었다.

1939년 8월 23일에 전 세계는 놀라운 뉴스에 깜짝 놀랐다. 1939년 5월에 임명된 소련 외무부 장관인 **몰로토프(В. М. Молотов)**와 독일의 외무장관 **리벤트로프가 불가침 조약**에 서명했다. 이 사실은 소련 사람들에게도 매우 뜻밖의 뉴스가 되었다. 그러나 동유럽을 모스크바와 베를린 영향권으로의 분할을 규정하는 비밀 조항이 조약에 들어 있었다는 것을 아무도 몰랐다. 그 비밀 협정 조약에 따르면 폴란드에서 독일군과 소련군 사이에 국경선이 정해졌고, 발트해 연안국들, 핀란드, 베사라비아 등이 소련의 영향권으로 넘어갔다.

독소불가침조약 체결

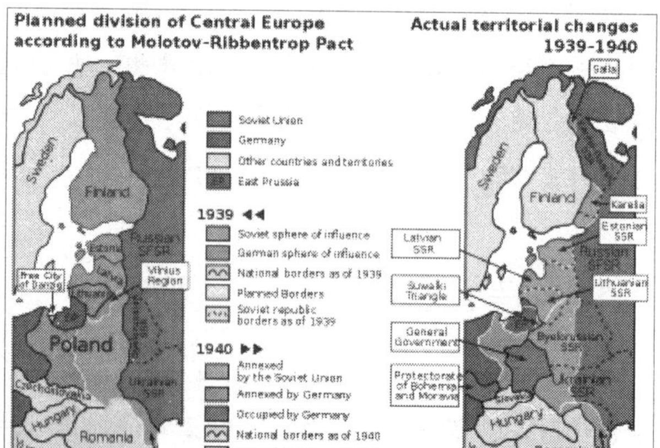

당시에 그 조약이 양쪽 나라에 이익이 됐다는 것은 의심할 여지가 없다. 그 조약은 히틀러가 손실 없이 동부전선에서 동쪽 지역의 첫 보루의 점령을 시작할 수 있게 해 주었고, 동시에 자신의 장군들에게 독일은 몇 개의 전선에서 곧 전투할 필요가 없다는 것을 확실하게 해 주었다. 스탈린은 나라의 방어를 공고히 하기 위한 시간을 벌었고, 적군의 잠재적 공격의 개시위치를 뒤로 미룰 수 있었고, 과거 러시아 제국의 국경 안에서 국가를 재건할 수 있는 기회를 얻었다.

소련과 독일 간의 조약 체결은 서방 국가들이 소련을 독일과의 전쟁으로 끌어들이려는 시도를 수포로 돌아가게 했고, 역으로 무엇보다도 유럽의 서부전선으로 독일의 공격방향을 돌릴 수 있었다. 독일과의 화해와 **독-소 불가침 조약**의 체결은 독일과 일본 간의 관계에서 제한된 분열을 초래했고, 소련에게는 양 전선에서의 전쟁을 수행할 위협을 제거해 주었다.

서쪽 국경을 안정시킨 후에 소련은 동쪽에서의 군사 작전에 적극적으로 집중했다. 1939년 8월 말에 **주코프(Т. К. Жуков)**가 지휘한 소련군은 **할힌-골강** 지역에서 제 6 일본군을 포위해서 격파했다. 일본 정부는 모스크바에서 평화 조약을 체결하지 않으면 안 되었다. 그 평화조약에 따라 1939년 9월 16일부터 군사작전은 중단되었고, 극동에서 전쟁이 격화될 위험은 제거되었다.

결 론

1930년대에 세계 정치 상황의 현실적인 변화와 관련해서 소련의 대외정책의 방향은 바뀌었다. 집단 안보 체제를 구축하려는 문제에 대한 서방 국가들의 지지를 찾으려 하지 않고 소련은 중요한 세계 침략자, 파시스트 독일과의 동맹을 맺어야만 했다.

✔ 제 3장의 결론

농민 폭동, 노동자들과 크론시타트의 수병들의 반란으로 위기에 직면한 볼셰비키는 경제정책을 변경하지 않으면 안 되었다. 전시 공산주의 정책 대신에 신경제 정책이 도입되었다. 신경제 정책은 볼셰비즘의 본질을 해치지 않고, 당의 정치적 독점을 약화시키지 않고는 극복하기가 불가능 했던 중대한 모순을 내포했다. 볼셰비키가 독점적으로 지배했던 정치 분야에서도 사회적 관심이 제안 되도록 농촌의 경제적 재건과 사기업 영역의 강화가 필요했다.

신경제 정책의 덕분에 1920년대 말에 당은 전쟁 이전의 주요한 경제 지표들을 회복할 수 있었다. 그러나 신경제 정책의 체제는 경제회복기가 완성됨에 따라 부작용을 야기하기 시작했다. 당-국가의 구조들은 경제영역에서 기업적 · 시장적 경향의 발전을 방해했다. 신경제 정책을 수정하여 부하린파가 제안한 새로운 조건들에 맞추고 원칙적으로 현대화의 요구에 부응하는 새로운 원칙의 정책의 실시가 요구되었다.

신경제 정책의 위기를 이용하여 스탈린은 ≪급격한 전환≫, ≪전방위적인 사회주의의 공격≫, ≪대 공업국가로의 전환의 가속화≫ 등에 대해서 공표했다. 이러한 정책전환은 새로운 세계전쟁의 위협을 초래했던 몇 가지 대외적 사실들 때문에 일어났다.

차르 러시아와 달리 소련은 급격한 현대화의 실현에 필요한 외국자본의 유치 같은 방법을 이용할 수 없었다. 그러기 때문에 모든 내부의 자원이 동원되었다. 대부분 주민들의 소비수준이 제한되었고, 식량 같은 자원들이 수출되었고, 귀중한 문화재들이 처분되었다. 농촌의 수탈이 산업화의 실시에 필요한 중요한 자본의 공급원이 되었다.

모든 국력의 결집과 총동원이 필요한 국가가 직면한 대 과업은 전체주의 정권의 형성을 초래했다. 이것과 더불어 가장 잔혹한 사회발전 모델의 선택은 이론적 관점뿐만 아니라 볼세비즘의 실현과 비상조치를 선호하는 경향들 때문이었다. 스탈린의 개인적 개성뿐만 아니라 인민 속에 존재했던 강한 평등-집단적 성향과 모든 면에서 정권에 의존하고 정권의 보호를 기대하는 전통은 전체주의적 정권의 수립에 적지 않은 영향을 미쳤다.

스탈린은 사실상 정권에 실질적 반대세력을 형성할 수 있는 모든 불편한 사람들을 숙청했다. 동시에 그는 차르 정권의 상황에서는 완전히 불가능 했을 현대화 과업의 해결에 수백만 명을 동원할 수 있었다. 그는 인민들에게 짧은 기간에 지상에서 가장 정의로운 사회를 건설하겠다는 매력적인 전망을 제시했다. 스탈린 자신에게도 비범한 국가 경제력의 성취, 인민들의 사회적 평등, 세계의 운명에 여향을 미칠 수 있는 **강력한 러시아 국가의 재건** 등은 중대한 놀라운 동기가 되었다.

스탈린이 수립한 **초 중앙집권 전체주의 체제**는 급격한 산업화를 추진하는데 있어서 민주주의와 시장경제 보다 어떤 점에서는 훨씬 더 효율적이었다. 전체주의 체제는 역사상 가장 짧은 기간에 후진 산업 국가를 극복하고 소련을 대 산업국가의 반열에 올려놓았을 뿐만 아니라 인민들의 교육수준을 크게 향상시켰다.

제4장
1941-1945년 위대한 조국전쟁에서 소련의 국가와 인민들

33. 전쟁전의 소련

2차 세계대전 초의 소련

1939년 9월 1일 독일군은 폴란드에 대해 전쟁을 시작했다. 9월 17일 소련군대도 폴란드의 동쪽 지역을 침략했다. 비밀협정이 작동했다. 인구가 1천 3백만 명이었던 서 우크라이나와 서 벨로루시아가 러시아영토에 병합되었다.

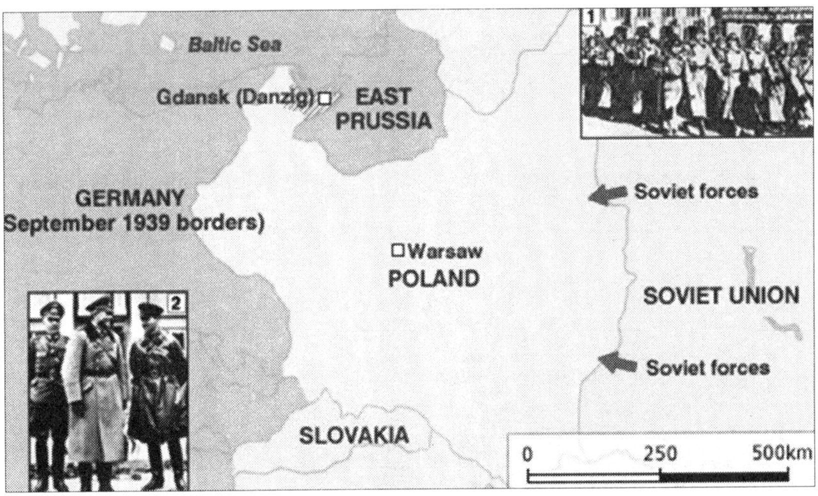

1939년 9월 소련의 폴란드 침략

1939년 10월 31일에 열린 소련 최고회의에서의 몰로토프 보고서 중에서

베르사유조약의 이런 기형적인 결과에서 아무것도 남지 않았을 정도로 독일군의 폴란드에 대한 짧은 공격이 충분했고, 뒤 이은 적군의 폴란드에 대한 공격도 충분한 것 같았다.

1939년 11월 30일자 ≪프라브다≫지와의 스탈린의 인터뷰에서 발췌

독일이 프랑스와 영국을 공격하지 않았는데도, 프랑스와 영국은 독일에 대해 공격을 했고 현재 전쟁에 대한 책임이 있다.

폴란드에서 군사작전이 완결된 직후인 9월 28일에 리벤트로프와 몰로토프는 모스크바에서 우호 · 국경조약과 양국의 이익권을 규정했던 새로운 비밀협정에 서명했다(동폴란드 내의 여러 지역과 교환하여 독일은 소련에게 **라트비아**를 양도했다).

소련과 핀란드간의 전쟁

폴란드에서의 성공은 시작된 과업의 지속에 대해 스탈린을 고무시켰다. 소련 - 핀란드 간 국경이 레닌그라드에서 모두 32km에 걸쳐 있다는 걸 인용하면서 소련은 핀란드에게 카렐스크 협곡의 일부와 핀란드만의 일련의 섬들을 양도할 것을 요구했다. 그 대신 핀란드에겐 **카렐리**에 있는 영토가 제안되었다. 핀란드가 상호협정서명을 거부한 것은 핀란드 지도자들의 적대적 의도의 행위로 공표되었다. 이것에 대한 보복으로 소련은 핀란드와의 불가침조약의 폐기를 선언했다.

1939년 11월 30일에 소련군은 핀란드에 대해 전투작전을 시작했다. 그러나 핀란드는 소련군이 엄청난 손실을 입고, 카렐스키 협곡의 마네르게이마 전선의 요새에서 오랫동안 은폐해 있을 정도로 완강한 저항을 보여주었다. 핀란드에 대한 소련 전쟁의 시작은 국제 사회에서 침략 행위로 인정되었다. 소련은 침략국으로서 **국제연맹**에서 제명되었다. 핀란드에 대한 경제 - 군사원조가 시작되었다. 적군과의 전투를 위해 서방국가들의 원정군이 파견될 예정이었다.

겨울 전쟁

겨울 전쟁

한편 1940년 2월에 첫 공격에서 교훈을 얻은 소련군은 새롭고 더 성공적인 공격을 시작했다. 그 결과 핀란드는 휴전을 요구했다. 1940년 3월에 평화협정이 모스크바에서 체결되었다. 그 결과에 따라 핀란드에 대한 소련의 모든 영토 주장은 받아들여졌다. 핀란드 군대는 적군에게 아주 큰 손실을 입혔다. 약 7만 5천 명이 사망했고, 17만 5천 명이 부상이나 동상을 입었다.

전쟁은 소련을 국제적인 고립을 초래했을 뿐만 아니라 노농적군(PKKA)의 권위를 무너뜨렸다. 히틀러는 현대전쟁의 조건에서 효과적인 군 작전을 실시할 수 없었던 소련의 노농적군의 무능력을 목격했다. 그러나 전쟁의 결과는 모스크바에서도 있었다. 보로실로프(К. Е. Ворошилов)는 국방장관 자리에서 교체되었고, 티모셴코(С. К. Тимошенко)가 그의 자리를 차지했다. 국방을 강화하는 조치가 채택되었다.

소련과 발트해 연안

폴란드의 패전 직후에 소련은 발트해 연안 국가들(9월 28일 에스토니아와, 10월 5일 라트비아와, 10월 10일 리투아니아와)과 상호 원조 조약을 체결했다. 이러한 조약은 발트해 연안국의 영토에 소련의 해 · 공군기지와 대규모의 소련군의 주둔을 규정하고 있었다. 소련군의 주둔은 이러한 국가의 체제 변화에 이용되었다. 1940년 6월 중순에 소련 정부는 발트해 연안국들에게 공산주의자들이 입각하는 새로운 정부의 수립을 요구하는 최후통첩을 보냈다. 리투아니아, 라트비아, 에스토니아에 대한 즉각적인 소련군의 완전한 통제의 위협을 받고서 3국의 정부 당국은 소련의 요구에 동의했다. 수립된 인민정부는 곧 소련의 연방 공화국 자격으로 소비에트 연방에 가입을 요구하는 탄원서를 냈다.

1940년8월 1일에 열린 소련 최고회의에서 보고한 몰로토프 보고서 중에서

발트해 연안의 공화국들의 소련에 가입은 그들 국가에 빠른 경제성장과 모든 방면의 민족문화의 융성을 초래할 것이라는 것에 대해서 어떤 의심도 없다….

1940년 6월말에 소련은 베사라비아와 북 부코비나의 관할권의 즉각적인 양도를 요구하는 최후통첩을 루마니아에 제안했다. 독일과의 상의 후에 루마니아는 이 요구에 동의해야 했다. 새로운 영토에 **몰다비아** 소비에트 사회주의 공화국이 수립

되어 소련의 일원이 되었다. 그 결과 1년도 채 안 되는 기간에 소련의 서부 국경은 200~600km가 늘어났다.

소련과 독일 간의 관계

1940년 가을에 영향권의 분할에 대한 소련과 독일 간의 합의는 이렇게 실현되었다. 유럽에서 군사작전의 자유를 획득한 히틀러는 이때쯤에 프랑스, 벨기에, 네덜란드, 룩셈부르크, 덴마크, 노르웨이를 점령할 수 있었다. 1940년 여름에 파시스트 사령관의 위임에 따라 소련침공 계획이 수립되었다. 그러나 양국은 전쟁에 대한 대비가 완성될 때까지 개전의 지연을 원했다.

1940년 11월에 불가리아와 흑해의 해협들(보스포로스와 다르다넬스)을 소련의 이익권에 포함시키는 조건으로 소련과 독일 간의 협력의 지속에 합의하라는 스탈린의 지시를 받은 몰로토프가 히틀러와의 협상을 위해서 베를린에 도착했다. 히틀러는 소련에 3국 동맹(독일, 이탈리아, 일본)에 가입할 것을 제안했고, 페르시아를 포함한 남쪽 방면으로의 소련의 이익권의 확장을 약속했다. 그러나 그런 합의는 이루어지지 않았다. 1940년 12월에 히틀러는 ≪**바르바로사**≫로 명명된 소련침공 계획의 실현에 대한 결정에 서명했다.

결 론

2차 세계대전의 시작단계에서 소련은 교전국들에 대해서 중립을 유지했다. 독일과의 비밀협정의 조항들을 실현하기 위해서 스탈린은 이것과 함께 새로운 상황을 이용했다.

34. 위대한 조국 전쟁의 시작

전쟁 직전

1941년 봄에 모든 사람들이 전쟁의 발발을 감지했다. 소련의 정보팀은 스탈린에게 거의 매일 히틀러의 계획을 보고했다. 예를 들어 독일 군대의 이동뿐만 아니라 독일군의 공격의 기간에 대해서도 보고했다. 그러나 영국이 저항하는 동안 소련을 공격하지 않을 것을 확신하였기 때문에, 스탈린은 이런 보고를 믿지 않았다. 그는 독일과의 전쟁은 1942년 여름 전에는 일어나지 않을 것이라고 생각했다. 그래서 스탈린은 전쟁 준비를 위해서 남은 시간을 최대한 이용하려 했다. 1941. 5. 5.에 스탈린은 인민위원 소비에트(Совнарком)의 의장의 권한을 장악했다. 그는 독일에 대한 선제공격을 개시할 가능성을 배제하지 않았다.

대규모 군대가 독일과의 국경에 집결되었다. 그 당시 불가침조약의 위반을 비난할 구실을 독일군에게 줄 수 없었다. 그러기 때문에 분명한 소련에 대한 독일의 공격에 준비에도 불구하고 스탈린은 6. 22일 밤에 국경 근처의 군대에 전투준비의 개시 명령을 내렸다. 독일군 비행기가 소련도시들을 폭격하기 시작했을 때 이미 전쟁준비의 지시가 군대에 하달되었다.

전쟁시작

1941. 6. 22. 새벽에 독일군은 소련 영토로 침입했다. 수천대의 포가 폭격을 시작했다. 독일군 전투기는 비행장, 군부대, 분기점, 적군의 요충지, 우크라이나의 대공업단지를 폭격했다. 소련인민의 위대한 조국 전쟁은 1418일 동안 밤낮으로 계속되었다. 소련의 지도자들은 도발이 일어난 것을 이해하지 못했다. 예전처럼 독일의 도발에 직면한 스탈린은 이미 시작된 전시상태에서도 전쟁의 발발을 믿고 싶지 않았다. 새로운 지시에도 그는 적을 격퇴하지만 국경을 월경하기 말라고 지시했다.

인민 위원 소비에트 부의장이며 외무부 장관인 **몰로토프**가 개전의 첫날 오후에 인민들에게 연설했다. 적들에게 결사적으로 저항할 것을 말한 뒤 국가는 자국의 자유와 독립을 지킬 것이라는 확신을 표명했다. 몰로토프는 전쟁 내내 구호로 제시된 말로 연설을 끝냈다. ≪우리들은 정의롭다. 적은 격퇴되고 우리는 승리할 것이다≫. 같은 날 군 징집자들의 총 동원령이 선포되었고, 서부 지역에 비상계엄령이 선포되었고, 북부, 북서, 서부, 남서, 남부 전선이 형성되었다. 6월 23일에 전선을 지휘하기 위해서 총사령부(훗날 최고 총사령부)가 창설되었고, 스탈린, 몰로토프, 티모센코(С. К. Тимошенко), 부제니이(С. М. буденный), 보로실로프(К. Е. Ворошилов), 샤포쉬니코프(б. М. Шапошников), 주코프(Г. К. Жуков) 등이 총사령부의 지휘부를 구성했다. 스탈린이 최고 총사령관으로 임명되었다. 전쟁은 1936. 6. 30에 헌법에 규정된 일련의 민주적 통치형태의 부정을 요구했다. 모든 권력은 스탈린이 위원장인 **국가국방위원회**에 집중되었다. 이것과 함께 권력의 헌법기관의 활동은 지속되었다.

양국의 군대와 작전계획들

6월 22일에 그 당시 가장 군사력이 강한 두 국가의 군대가 필사적인 결전을 벌였다. 이탈리아, 핀란드, 헝가리, 루마니아, 슬로바키아를 자기편으로 끌어들인 독일은 170개의 소련사단에 대해 190개 사단을 보유했다. 양국의 대치했던 병력의 수는 대등했고, 총 병력의 수는 약 6백만 명이었다. 박격포의 수(독일군-4만 8천문, 소련군-4만 7천문)도 쌍방이 대략 비슷했다. 탱크와 전투기 수에서 소련(9만 2천대와 8만 5천대)은 독일군과 그 동맹국(4만 3천대와 5천대)을 앞섰다.

유럽에서의 전투작전의 경험에서 얻은 교훈 때문에 ≪바르바로사≫ 작전계획은 3

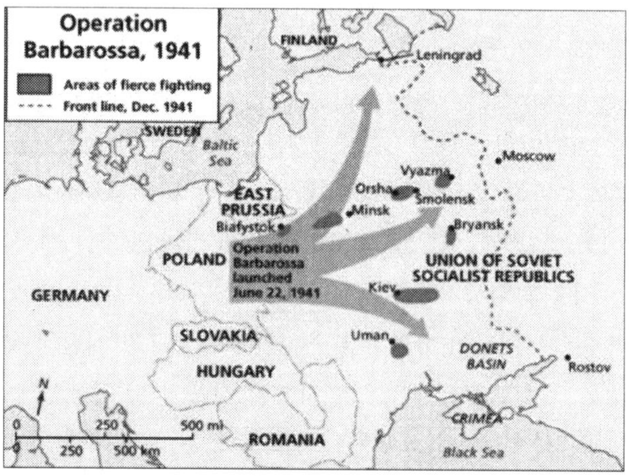

1941년 6월 나치 독일의 소련침공

개의 주요방향, 즉 레닌그라드(북부), 모스크바(중앙), 키예프(남부)에서 소련에 대한 전격적인 공격을 계획했다. 짧은 기간 동안에 주로 탱크공격의 도움으로 소련군의 주력 군대를 격퇴시켜서 아르한겔스크, 볼가강, 아스트라한으로 진격하는 것이 예상되었다. 영토에서 가능한 피를 덜 흘린다는 작전의 개념이 전쟁 전에 노농적위대(PKKA) 전략의 바탕이었다. 그러나 히틀러 군대의 공격은 이러한 전략을 재검토 하도록 했다.

1941년 여름-가을의 소련군의 패배

독일군의 급습은 3주 동안에 에스도니, 아리투아니아, 라트비아, 벨로루시, 우크라이나, 몰다비아를 점령할 정도로 충격적이었다. 독일군은 소련영토 깊숙이 350~600㎞까지 진입했다. 짧은 기간 동안 적군은 100개 이상의 사단을 상실했다. 서북 국경지역의 3/5를 상실했고, 2만문 이상의 포와 3만 5천대의 비행기들이 파괴되고 탈취당했다. 그중 1200대의 전투기는 전쟁개시 첫날에 공항에서 떠보지도 못하고 파괴되었다. 6000대의 탱크와 병참-무기창고의 절반이상이 파괴되었고, 서부전선의 주력부대가 포위되었다. 사실상 전쟁 개시의 첫 일주일 동안에 적군의 모든 정예부대들이 붕괴되었다. 소련에 닥친 전쟁의 재난은 불가피 한 것처럼 보였다.

그러나 독일군에겐 서유럽에서의 승리에 도취한 히틀러의 장군들이 예상했던 것만큼 소련붕괴가 쉽지 않았다. 전쟁의 첫 주에만 독일군은 십만 명이 전사했다. 이 숫자는 소련침공 이전의 전쟁에서의 독일군 전사자 수를 초월했다. 독일군 탱크의 40%와 1천대의 비행기가 파괴되었다. 그럼에도 불구하고 독일군은 결정적인 전력의 우위를 유지했다.

1941년 6월 6일 10월 혁명 24주년을 기념하는 회의에서행한 스탈린의 연설문 중에서 발췌

4달간의 전쟁결과로 독일군의 예비 병력은 이미 소진되었다. 지금이야 예비 병력이 완전히 붕괴된 소련군보다도 독일군의 전력은 크게 약화되었다는 것은 의심할 여지가 없다.

모스크바 근교의 전투

스몰렌스크, 레닌그라드, 키예프, 오데사와 다른 전선에서 소련군의 완강한 저항은 독일군들이 가을 초까지 모스크바의 점령을 완수하는 것을 불가능하게 했다. 남서전선의 대규모 군대와 키예프를 점령한 후에야 소련의 수도를 점령할 준비를 하기 시작했다. 이 작전은 타이푼이라고 명명되었다. 이 작전을 실행하기 위해서 독일군의 지휘부는 주공격의 방향에서 병력(3배)과 화력의 우위(탱크 5-6배, 포 4-5배)를 확보했다. 독일군의 제공권의 우위도 압도적이었다.

1941년 9월 30일에 모스크바에 대한 히틀러의 총공격이 시작되었다. 독일군의 총공격은 소련군의 방어선을 무너뜨렸을 뿐만이 아니라 더 서쪽에 있는 바짐의 4개의 아군과 남쪽 브랸스크의 2개 군을 포위했다. 이 포위된 전투에서 66만 3천 명이 포로가 되었다. 그러나 포위된 소련군대는 적군의 20개 사단까지 제어했다. 모스크바에 위태로운 상황이 형성되었다. 전투는 이미 수도에서 80~100km 떨어진 곳에서도 계속되었다. 독일군의 진격을 저지하기 위해서 모자이크 방어선이 서둘러 강화되었고, 예비 병력을 집결시켰다. 서부 전선의 사령관으로 임명된 **주코프(Г. К. Жуков)** 장군이 레닌그라드로부터 철수했다.

주코프 장군

출전전의 크레믈 광장을 행진하는 소련군

이러한 모든 조치에도 불구하고 10월 중순에 독일군은 수도로 접근했다. 크레믈의 탑들이 독일군들의 쌍안경에 분명히 목격되었다. 총 참모부의 결정에 따라 정부기관들, 외교사절, 대기업, 주민들이 모스크바에서 소개되기 시작했다. 히틀러의 군대가 진입할 경우 도시의 모든 중대한 목표들은 파괴되기로 되어 있었다. 10월 20일에 모스크바는 포위상태에 있었다. 모스크바의 수비병들의 전례 없는 용기와 영웅적인 저항 때문에 11월의 첫 며칠 만에 독일군의 공격이 정지되었다. 예전처럼 11월 7일에 붉은 광장에서는 군사행진이 벌어졌고, 그 참가자들은 곧 전방으로 떠났다.

그러나 11월 중순에 파시스트들의 공격은 새로운 병력과 함께 재개되었다. 소비에트 병사들의 완강한 저항만이 수도를 다시 구출했다. 독일군의 공격이 가장 치열했던 첫날에 몇 번의 탱크공격을 저지했던 **판필로프(И. В. Панфилов)**의 제 316보병사단이 특히 용맹을 떨쳤다. 30대 이상의 적군의 탱크를 오랫동안 저지시켰던 정치지도원인 클로츠코브이(В. Г. Клочковый)가 지도하는 판필로프의 사단의 공훈은 전설이 되었다.

판필로프 장군

모스크바 외곽의 대전차 장애물

모스크바 공방전

11월 말에 서부전선은 동쪽 지역으로부터 상당한 저항을 받았다. 이것 때문에 소련군은 1941. 12. 5~6에 모스크바 근교에서 반격을 할 수 있었다. 모스크바 공방전의 첫 며칠 동안에 칼리닌, 솔네츠노고르스크, 클린, 이스트라 등의 중소도시들이 독일군들로부터 해방되었다. 겨울 반격과정에서 소련군은 38개의 독일군 사단을 격파했다. 독일군은 모스크바에서 100~250㎞ 떨어진 곳으로 후퇴했다. 이것은 2차 세계대전 기간에 독일군이 겪은 첫 패배였다. 모스크바 근교에서의 승리는 히틀러 군대의 불패신화와 전격전에 대한 파시스트의 희망을 없애버렸다. 일본과 터키는 독일 편에서 전쟁에 개입하는 것을 최종적으로 거절했다. 반 히틀러동맹을 창설하는 과정이 가속화 되었다.

레닌그라드의 영웅적인 방어

히틀러의 지휘부는 혁명적 상징인 레닌그라드의 점령에 특별한 의미를 부여했다. 히틀러는 레닌그라드 함락은 소련군과 전 소비에트 인민의 사기에 완전한 재난을 초

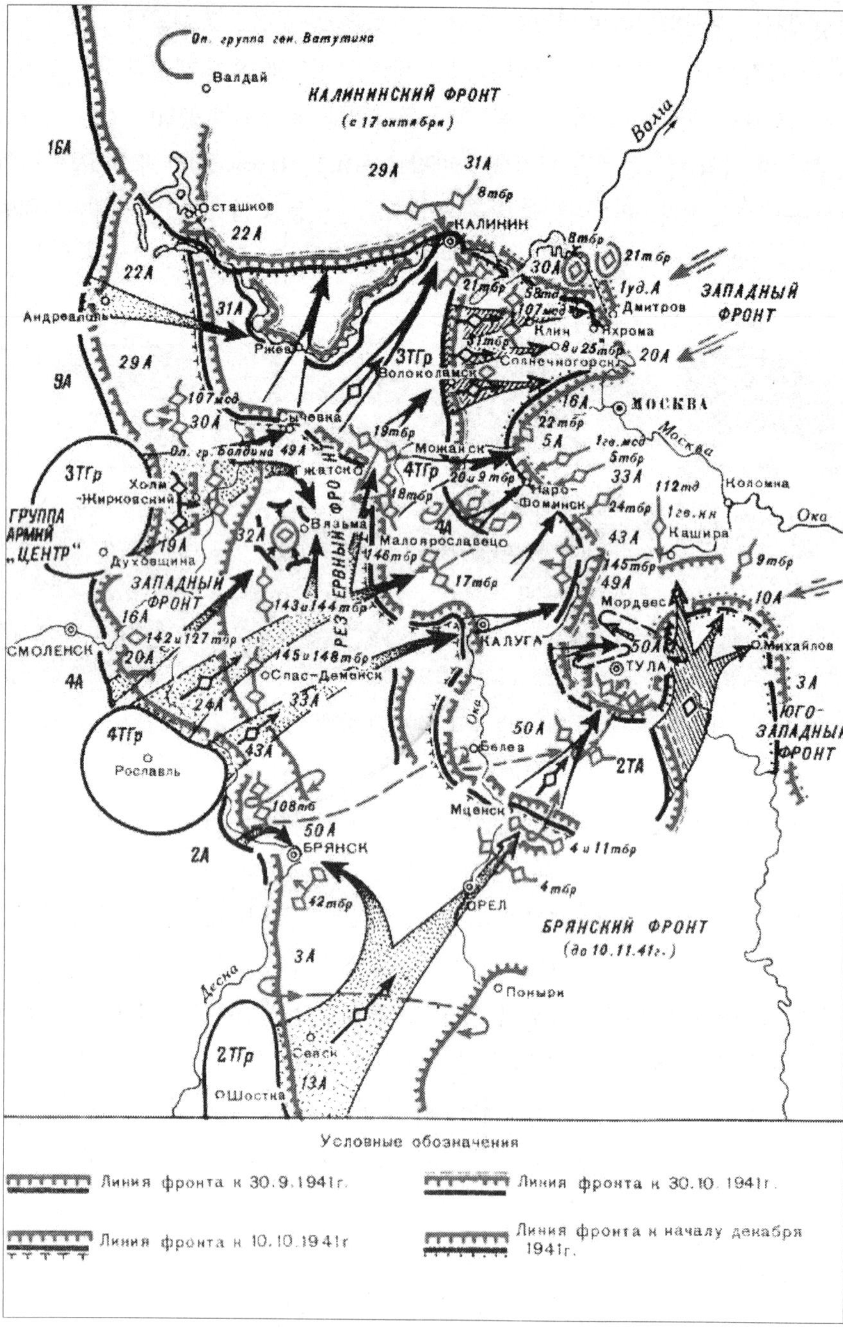
Оп. группа ген. Ватутина
Валдай
КАЛИНИНСКИЙ ФРОНТ
(с 17 октября)
Волга
16А
29А
31А
8тбр
Осташков
22А
КАЛИНИН
8тбр
21тбр
30А
58тд
107мсд
1уд.А
Дмитров
ЗАПАДНЫЙ ФРОНТ
22А
Андреаполь
31А
Ржев
Клин
Яхрома
3ТГр
Волоколамск
Солнечногорск
8 и 25тбр
20А
9А
29А
107мсд
30А
Сычевка
19тбр
16А
МОСКВА
22тбр
5А
1гв.мсд
5тбр
Москва
Можайск
Оп. гр. Болдина 49А
Гжатск
4ТГр
20 и 9 тбр
3ТГр
Холм-Жирковский
18тбр
Наро-Фоминск
33А
24тбр
112тд
1гв.кк
Коломна
Ока
Кашира
ГРУППА АРМИЙ „ЦЕНТР"
32А
Вязьма
4А
Малоярославец
43А
Духовщина
19А
146тбр
145тбр
9тбр
ЗАПАДНЫЙ ФРОНТ
17тбр
49А
10А
143 и 144 тбр
Мордвес
16А
КАЛУГА
50А
Михайлов
СМОЛЕНСК
142 и 127 тбр
20А
145 и 148 тбр
ТУЛА
Спас-Деменск
3А
4А
24А
33А
ЮГО-ЗАПАДНЫЙ ФРОНТ
4ТГр
Рославль
43А
50А
Белев
2ТА
108тб
Мценск
50А
БРЯНСК
4 и 11тбр
2А
42тбр
4тбр
ОРЕЛ
БРЯНСКИЙ ФРОНТ
(до 10.11.41г.)
3А
Десна
Поныри
2ТГр
Севск
13А
Шостка
Условные обозначения
Линия фронта к 30.9.1941г.
Линия фронта к 30.10.1941г.
Линия фронта к 10.10.1941г
Линия фронта к началу декабря 1941г.

모스크바 공방전 전선

래할 수 있다고 생각했다. 점령 후에 그는 그 도시를 파괴할 것을 생각했다.

혁명 전에 레닌그라드에는 300만 이상이 살았다. 전쟁의 시작부터 도시가 봉쇄되기 전까지 63만 6천 명의 시민이 소개되었다. 9월 8일에 독일군은 레닌그라드를 완전히 봉쇄했고, 외부 세계로부터 고립시키는 데 성공했다. 같은 날 독일군 폭격기는 바다예프의 식량 저장창고를 파괴했다. 제 2의 도시 레닌그라드의 시민들은 기아상태에 있게 되었다. 초겨울은 또 다른 어려운 시련인 가공할 혹한을 가져왔다. 독일군은 배고픔에 굶주린 시민들의 반란이 시작될 거라고 생각했다. 그러나 이것은 일어나지 않았다. 반대로 그 무서운 시련들은 사람들을 굳게 단결시켰다. 1941~1942년 겨울은 레닌그라드 방어에서 가장 어려운 시기가 되었다. **라도가 호수의 빙판을** 따라 펼쳐진 생존 통로를 따라 제공된 식량공급 덕분에 레닌그라드 수비대는 버틸 수 있었다. 1943년 1월에야 도시의 봉쇄가 뚫렸고, 독일군을 우회한 8~11km 넓이의 통로를 따라서 레닌그라드에 식량, 산업체의 원료, 수비대의 무기들이 지속적으로 공급되기 시작했다.

레닌 그라드 봉쇄

결 론

소련에 대한 히틀러의 공격과 기습에도 불구하고 소련군은 전쟁의 초기 단계에 견디어 냈을 뿐만 아니라 전략적으로 중요한 모스크바 방면에서 반격으로 전환할 수 있는 전력을 모을 수 있었다.

35. 1942년 독일군의 공격과 대전환의 전제조건들

1942년 봄에 전선의 상황과 양측의 전략들

모스크바 근교의 공방전에서의 승리로 소련 지도자들은 독일군의 급격한 붕괴와 전쟁종결의 가능성에 대한 희망을 가지게 되었다. 1942년 1월에 스탈린은 소련군에게 전면적인 공격으로의 전환하라는 명령을 하달했다. 이러한 과업은 다른 문서에서도 반복되었다.

1942년 5월 1일 스탈린 명령에서 발췌

붉은 군대는 독일의 파시스트 군대의 최종적인 와해와 소련의 땅을 히틀러의 악마들로부터 해방시키는 과업을 성취 하라!

전략적으로 주요한 세 방향에서 소련군의 동시공격에 반대한 유일한 사람은 **주코프**였다. 그는 이것을 위해서는 준비된 예비 병력이 없다는 것을 정당하게 제시했다. 그러나 스탈린의 압력을 받았던 총사령부의 모든 사람들은 공격을 결정했다. 그러한 최소한의 병력자원도 없이 병력분산은 반드시 실패를 초래하지 않을 수 없었다. 이 때쯤 소련군은 전사, 부상, 포로로 6백만 명의 병력을 잃었다.

스탈린은 1942년 봄 · 여름에 독일군이 모스크바에 대한 새로운 공격을 시작할 것이라고 가정했고, 예비병력의 대부분을 서부 방면에 집중시킬 것을 명령했다. 반대로 히틀러는 소련군의 방어를 돌파하여 볼가강 하류와 카프카스를 점령하기 위한 남서 방면에서의 대규모 공격을 다가올 전투의 전략적 목표로 생각했다. 진짜 목적을 감추기 위해 독일군은 ≪크레믈≫이라고 명명된 소련의 군지휘부와 정치 지도자들의 정보를 교란하기 위한 특별계획을 구성했다. 그들의 계획은 대부분 성공했다. 이러한 모든 것은 1942년 독일과 소련의 전선 상황에 심각한 결과를 가져왔다.

1942년 여름의 독일군의 공격과 스탈린그라드 전투의 시작

1942년 봄에 예전처럼 독일군 쪽의 우세가 유지되었다. 남동쪽 방향으로 총공격을 시작하기에 앞서 독일군들은 세바스토폴(Севастопол)과 케르첸스크(Керченск) 반도의 수비대들이 영웅적인 저항을 계속했던 크림반도를 완전히 점령하기로 결정했다. 독일군들의 5월의 공격은 소련군에게 큰 타격을 주었다. 크림전선의 군대는 10일 만에 붕괴되었다. 이곳에서 소련군의 손실은 17만 6천 명의 인명, 347대의 탱크, 3476대의 대포와 박격포, 400대의 비행기를 잃었다. 7월 4일에 소련군은 러시아 명예의 도시 세바스토폴을 떠나지 않으면 안 되었다.

5월에 소련군도 하리코프 지역에서 공격으로 전환했다. 그러나 아주 잔인한 패배를 당했다. 소련군은 포위되었고, 5천문의 대포와 박격포, 755대의 탱크를 잃었다. 독일군의 지휘부는 다시 전략적 주도권을 장악했다.

6월말에 독일은 남동쪽으로 향했다. 돈바스를 점령했고, 돈강으로 전진했다. 스탈린그라드에 대한 직접적 위협이 가해졌다. 7월 24일 카프카스의 관문인 로스토프-나-돈누(Ростов-на-Дону)가 함락되었다. 이때야 뒤늦게 스탈린은 여름 독일군 총공세의 진짜 목적을 이해했다. 그러나 무언가를 변경하기엔 너무 늦었다. 소비에트 남부지역의 급격한 상실 위험을 감수하면서 1942년 7월 28일에 스탈린은 총살형의 위협 하에 최고 사령부의 지시 없이 전선을 이탈하는 것을 금지한다는 227호의 명령서를 하달했다. 이러한 명령서는 ≪일보도 움직이지 말라!≫는 제목으로 전쟁사에 기록되었다.

1942년 7월 28일 스탈린 명령서에서 발췌

군대 내에 우리가 철수할 수도 있다는 선전을 중단시킬 것, 후퇴하는 분위기를 척결할 것, 그리고 3~5개의 잘 무장된 저지부대를 창설할 것(각 부대 내 200명으로 구성), 전선과 후방에 그들을 배치할 것, 공포상태 와 사단 일부의 무질서한 후퇴가 일어나는 경우에 혼란한 장소에서 그들로 하여금 발포하는 임무를 부가할 것….

스탈린그라드 전투

스탈린그라드의 파괴된 건물들

9월 초에 거의 완전히 파괴된 스탈린그라드에서 시가전이 벌어졌다. 그러나 그 볼가강 유역의 도시를 수비하는 병사들의 완강함과 용기는 11월 중순경에 있었던 독일 군대의 공격기회를 최종적으로 무산시킬 수 있었다. 스탈린그라드 전투에서 독일군은 70만 명이 부상을 입었거나 죽었고, 1천대 이상의 탱크와 14,000대 이상의 전투기를 잃었다. 독일군은 도시를 점령할 수 없었을 뿐만 아니라 수비로 전환했다.

점령지역에서의 독일군의 만행

1942년 가을에 독일군은 소련의 유럽지역의 영토의 대부분을 점령할 수 있었다. 점령된 도시와 농촌에서 잔혹한 점령지 정권이 수립되었다. 독일의 소련침략전쟁의 목적은 소비에트 정부를 붕괴시켜서 소련을 제 3제국을 위한 저렴한 노동력, 농산물과 연료의 공급지로 전환시키는 것이었다.

점령지 영토에서 과거의 통치기구들이 해체되었다. 정권의 모든 권한은 독일군 전시 사령부에 귀속되었다. 1941년 여름에 점령군에 불복한 이유로 사형 선고를 내릴 권한을 부여한 특별재판소가 설립되었다. 독일군 정권의 결정에 저항하는 군 포로들과 소련인들을 사형시키기 위한 수용소가 설립되었다. 빨치산과 소비에트 협력자들, 지하운동 참가자들에게 시범적인 처형이 점령지 전 지역에서 실시되었다. 점령된 영토에서 18~45세까지의 모든 시민들은 노동동원의 대상이 되었다. 수 천 명의 소련인들이 강제노역을 위해 독일로 보내졌다.

전쟁 전에 이미 히틀러가 작성한 ≪동방정복계획≫에는 동유럽을 점령하는 계획이 포함되어 있었다. 이 계획안에 따르면 3천만 명의 러시아인들을 죽이고 나머지 인구는 노동 수용소로 보내거나 시베리아로 이주시키기로 되어 있었다. 이렇게 전쟁 기간에 소련의 점령지 영토에서 독일군들은 약 1천 1백만 명을 살해 했다. 그 중에 700만 명이 민간인이었고, 약 4백만 명이 전쟁 포로였다.

독일의 총리 기믈레르의 ≪동방정복계획≫의 명령에서 발췌문

모스크바에 있는 중앙정부의 와해뿐만 아니라, 러시아 영토의 주민들이 원시적인 비 유럽적인 풍속을 가진 사람들로 구성되도록 러시아 민족을 말살하고 그들을 분열시키는 것이 중요하다. 열등하고 무지한 사람들로 구성된 이러한 인종은 지도받아야 한다….

빨치산과 지하의 저항운동

물리적 처벌의 위협은 전선뿐만 아니라 후방에서 적들과 무장투쟁을 하는 소련사람들을 정지시키지 못했다. 소련의 지하운동은 이미 전쟁이 일어난 첫 주에 일어났다. 점령지에서 당 기관들이 불법적으로 활동했다. 전쟁 기간에 1백만 이상이 싸웠던 6천 개 이상의 **빨치산 부대**가 창설되었다. 소련 인민의 다수의 대표들과 다른 나라의 시민들도 그러한 빨치산 부대에서 활동했다. 소련의 빨치산들은 1백만 이상의 독일군 장교들과 병사, 점령지의 행정관들을 사살하고, 부상을 입히고, 포로로 잡았고, 4천내 이상의 탱크와 장갑차, 6만 5천대의 자동차와 만 천대의 비행기를 폭파시켰다. 그들은 1600개의 철교를 파괴하고, 2만개 이상의 열차를 탈선시켰다. 빨치산 작전의 조정을 위해서 1942년에 포노마렌코(П. К. Пономаренко)가 이끄는 중앙 빨치산운동 참모부가 창설되었다.

빨치산 영웅들은 적군에 대항하여 작전을 펼쳤을 뿐만 아니라 히틀러의 추종자들에 대한 사형선고를 집행했다. 레닌그라드의 정보원 쿠즈네초프는 우크라이나 수석판사 푼크, 부지사 갈린친 바우에라를 살해했고, 우크라이나 주둔 독일군 헌병대 사령관 일겐(Ильген) 장군을 납치했다. 벨로루시의 총독 쿠베는 그의 저택 침대에서 지하 공작원 마자이크(Е. Мазаик)에 의해 직접 폭사 당했다. 전쟁기간에 국가가 18만 4천 명 이상의 빨치산들과 지하 공작원들에게 훈장을 수여했다. 그 중 249명은 소련영웅 훈장을 부여받았다. 빨치산 연합부대의 전설적인 지휘자들인 코프파크와 페도로프는 이 상을 두 번이나 받았다.

반히틀러 동맹의 결성

위대한 조국 전쟁의 개전부터 영국과 미국은 소련에 대한 지원을 선포했다. 영국수상 처칠은 1941년 6월 22일에 라디오 연설에서 ≪자신의 땅과 집을 위해서 싸우는 러시아인들 각자의 투쟁은 지상의 자유로운 사람들과 민족들의 투쟁이기 때문에 러시아에 닥친 위험은 우리나라와 미국이 직면한 위험이기도 하다≫고 말했다.

1941년 7월에 히틀러에 대항한 합동 군사작전에 대한 소련과 영국간의 합의가 체결되었고, 동년 8월초에 미국 정부는 무력침략에 대항하는 전쟁에서 소련에 대한 경제-군사원조를 공표했다. 1941년 9월에 모스크바에서 3국의 대표자들이 첫 회의를 가졌다. 그 회의에서 소련에 대한 군사원조의 확대에 대한 문제가 토의되었다. 1941년 12월에 일본과 독일에 대한 전쟁에 미국이 참전한 후에 소련과 미국 간의 군사협력은 더욱 더 확대되었다.

1942년 1월 1일에 워싱톤에서 26개국의 대표자들은 공동의 적과의 전쟁을 위해서 자국의 모든 자원들을 이용할 것과 개별적인 평화조약을 체결하지 않을 것을 약속하는 선언문에 서명했다. 1942년 5월에 체결된 소련과 영국 간의 동맹조약과 6월의 소련과 미국 간의 상호원조 조약은 3개국 전쟁동맹을 최종적으로 공식화 했다.

전쟁 첫 기간의 결과들

1941년 6월 22일부터 **스탈린그라드** 근처에서 소련군이 반격으로 전환한 **1942년 11월 18일까지의 기간**은 중대한 역사적 의미를 가졌다. 소련은 그 당시에 어떤 다른 나라도 견디어 낼 수 없었던 막강한 군사력의 공격을 견디어 냈다.

소련 인민들의 용기와 영웅주의는 히틀러의 전격전쟁의 계획을 무산시켰다. 독일군과 그 동맹군과의 전투의 첫 1년 동안 치명적 패배에도 불구하고 소련은 높은 전투력을 보여주었다. 1942년 여름에 전쟁 과정에서 근본적인 전환을 위한 중대한 전제조건의 토대가 되었던 전시체제로의 경제의 전환이 대부분 완성되었다. 이 단계에서 엄청난 군사적, 경제적, 인적 자원을 가진 반 히틀러 동맹이 결성되었다.

결 론

위대한 조국전쟁과 2차 세계대전의 대전환을 위한 전제조건의 형성이 전쟁의 1차 기간의 중대한 결과였다.

36. 위대한 조국전쟁에서 소련의 후방

위대한 조국전쟁의 첫 기간의 소련사회

독일의 공격은 소련국민들의 생활을 바꾸어 놓았다. 전쟁의 첫 며칠 동안에도 모든 사람이 아직도 위협의 실감을 인식하지 못했다. 사람들은 조국에 대한 어떠한 공격도 분쇄할 것이라는 당국의 전쟁구호와 약속을 알고 있었다. 그러나 독일군의 점령지가 확대됨에 따라 분위기와 기대는 변했다. 사람들은 소련정권 뿐만 아니라 나라의 운명이 결정될 것이라는 것을 예민하게 의식했다. 독일 군대의 대규모 테러와 민간인에 대한 잔혹한 태도는 침략을 저지시키지 못하면 죽을 수도 있다는 메시지를 어떤 선동보다도 더 생생하게 사람들에게 전달했다.

정부 당국도 이러한 분위기를 느낄 수 있었다. 1941년 7월 3일 라디오 연설에서 스탈린은 많은 것을 이야기 했다. 그러나 10년 동안 수백만 명의 소련 시민들의 기억 속에 ≪형제-자매 여러분≫이라는 연설문의 단어들이 남아 있었다. 연설문은 정부와 인민의 단합을 강조했을 뿐만 아니라 나라에 닥친 절대절명의 위험을 인민 각자에게 더욱 더 분명하게 인식시키는데 도움이 되었다. 사람들은 자신들을 국가체제의 하찮은 존재로 인식하는 것을 중단하고 조국을 수호하는 과업에서 영웅주의, 강인함, 인내와 같은 감정을 들어내 보였다.

전쟁 초기는 다시 다음과 같은 것을 보여주었다. 다민족으로 구성된 우리의 인민은 절대절명의 위험에 직면했을 때 정부의 많은 실정과 과오를 잊고, 모든 역량을 동원했고, 더 좋은 특성을 드러낼 수 있었다. 이러한 감정과 분위기는 전방과 후방에서 소련 시민들이 보여준 대규모 영웅주의의 주요한 전제조건이 되었다.

근본적인 대전환의 사회 · 경제적 전제조건들

독일군이 공업지역의 대부분을 점령할 수도 있다는 두려움 때문에 가장 값비싼 장비들을 옮겨야 하는 절박함이 대두되었다. 중공업과 경공업 공장 시설물, 집단 농단과 농기구 집합소의 기계, 재산, 가축을 동쪽으로 이동시키는 대규모 소개 작업이 시작되었다. 수천 개의 산업체와 수백만의 사람들을 소개시키는 짧은 기간에 독일군 항공기의 급습을 받았다. 세계 역사에는 그런 전례가 없었다.

이러한 대규모 과업의 조직을 위해서 소개 위원회가 설립되었다. 이미 첫 5개월 동안 전방에서 동쪽으로 1차 5개년 계획의 기간에 건립된 1500개 이상의 대형 산업체들과 1천만 명 이상을 소개할 수 있었다. 이러한 산업체들을 새로운 곳에서 가동시키는 것도 소개에 못지않은 중대한 과업이었다. 긴요한 무기들과 탄약을 기간 내에 확보하기 위해서 노천에서 기계와 장비들을 가동시켰다.

소련 인민들의 헌신적 노력은 곧 결심을 낳았다. 1941년 11월에 총 공산품의 생산은 전쟁 전과 비교해서 2배 이상이 감소했지만, 12월에 생산의 하락은 중단되었고, 1942년 3월부터 공산품의 총 생산량의 급속한 증가가 시작되었다. 1942년 중반에 경제의 전시체제로의 전환이 완성되었고, 총 군수품 생산량이 독일의 수준을 초월했다. 이때에 매우 낮은 수준이었지만, 군대뿐만 아니라 도시 주민들에 대한 식량공급이 안정되었다(전쟁 전에 곡물의 거의 40%, 설탕의 84%를 생산했던 지역들이 독일군의 점령지에 있었지만). 이러한 모든 것이 적을 격퇴시키기 위한 경제적 전제조건들을 조성했다.

전시의 교육과 과학

전시의 혼란이 교육체제를 축소시키지 못했다. 수만 채의 학교건물이 파괴되었고, 파괴되지 않은 학교에는 군병원이 들어섰다. 종이 부족 때문에 초 · 중등생들은 오래된 신문에 필기를 하였다. 선생님의 구술이 교과서를 대치했다. 총알이 빗발치는 세바스토폴, 오데사, 레닌그라드, 우크라이나, 벨로루시 등의 빨치산 지역에서도 수업이 진행되었다. 점령된 지역에서 아이들 교육은 완전히 중단되었다.

소련의 과학자들은 승리에 큰 영향을 끼쳤다. 과학연구의 모든 주요한 목적은 적을 격퇴하는데 집중되었다. 주요한 과학센터들이 카잔, 우랄, 중앙아시아 등의 동쪽 지역으로 옮겨졌다. 권위 있는 과학연구소들과 과학원의 기관들이 여기로 소개되었다. 여기서 그러한 과학-연구기관들은 시작되는 연구과제와 현지의 과학인재들의 육성을 계속했다. 소련 과학원의 2천 명 이상의 종사자들이 현역으로 입대해서 전투에 참여했다.

전시의 어려움에도 불구하고 국가는 과학발전에 많은 관심을 기우렸다. 새로운 연구소들과 과학센터들이 설립되었다. 소련 과학원 서시베리아 지부가 노보시비리스크에 설립되었고, 러시아 연방 교육학 과학원, 포병학 과학원, 의학 과학원 등이 창립되었다. 전시에 공화국 과학원들이 우즈베키스탄, 아르메니아, 아제르바이잔에 설립되었다.

차플리긴(С. А. Чаплыгин), 켈디시(М. В. Келдыш), 흐리스티아노비치(С. А. Христианович) 등이 성취한 기체역학분야에서의 이론적 연구 성과는 새로운 형태의 전투기의 제작을 초래했다. 과학원 회원인 이오페(А. Ф. Иоффе)가 이끄는 연구팀은 소련 최초의 전파방향탐지기를 고안 해냈다. 1943년에 소련에서 핵무기 제조과정이 시작되었다.

전선의 문화인들

전쟁이 시작된 지 첫 며칠부터 조국의 문화인들은 승리쟁취에 커다란 공헌을 하였다. 숄로호프(М. А. Шолохов), 파데예프(А. А. Фадеев), 시모노프(К. М. Симонов), 트바르도프스키(А. Т. Твардовский)와 많은 다른 문학인들을 포함한 수천 명이 넘는 작가들과 시인들이 전선으로 떠났다. 그들 중 4분의 1은 전쟁에서 돌아오지 못했다. 1941년 가을에 유명한 동화작가 가이다르(А. П. Гайдар)가 죽었다. ≪12개의 의자≫와 ≪금으로 만든 식기≫를 저술한 풍자 소설 작가인 페트로프(Евг. Петров)가 포위된 세바스토폴에서 귀한 중에 죽었다.

전시문학은 전선에서 뿐만 아니라 후방에서 큰 인기를 얻었고, 인정을 받았다. 레닌그라드의 봉쇄된 사람들의 영웅적인 용기는 베르골리츠(О. Ф. Ъерггольц)의 ≪레닌그라드 시≫와 인베르(В. М. Инбер)의 ≪풀코프스크의 자오선≫에서 찬미되었다. 시모노프(К. М. Симонов)의 ≪낮과 밤≫과 그로스만(В. С. Гроссман)의 ≪주 공격의 목표≫는 스탈린그라드의 수비대들의 공훈을 영웅적으로 묘사했다. 수도의 수비대들의 완강함과 용기는 베크(А. А. Ъек)의 중편 ≪볼로코람스크 포장도로≫에서 명예롭게 묘사되었다. 드바르도브스키(А. Т. Твардовский)의 동명의 시에서 창조된 바실리 테르킨(Василий Теркин)의 이미지는 정말로 인민적이었다.

전선에서의 출현을 위한 야전 연애부대가 창설되었다. 4만 명 이상의 예술가들이 전쟁기간에 전선에 머물렀다. 자로프(М. И. Жаров), 일린스키(И. В. Иль-инский), 타라소바(А. К. Тарасова), 야블로츠키나(А. А. Яблочкина), 차레프(М. И. Царев), 체르카소프(Н. К. Черкасов) 같은 배우들이 야전 연애부대에 포함되어 있었다.

중앙아시아로 유명한 영화 제작소들이 소개 되었음에도 불구하고 국내의 영화제작 활동은 중단되지 않았다. 전시에도 약 500개의 영화잡지와 34편의 전화면 영화가 제작되었다. 적들과의 전투를 묘사한 영화들, 즉 루코이(Л. Д. Лукой)의 ≪두 전투≫, 피리예프(И. А. Пырьев)의 ≪지역 공산당 서기≫, 스톨페르(А. Б. Столпер)의 ≪우리 도시의 젊은이≫, 룸(А. М. роом)의 ≪침투≫ 등이 특히 인기를 얻었다. 무대미술은 연극배우들인 미술가들의 전선에서 올린 작품이 특히 인기를 얻었다.

서정적인 노래들이 전시에 가장 인기 있는 음악장르였다. 솔로비예프(В. П. Соловьев)의 ≪기습하는 날의 저녁≫, 보고슬로브스키(Н. В. Ъогословский)의 ≪진흙 같은 밤≫ 등은 러시아 전역에서 불러졌다. 교향악이 인기가 있었다. 봉쇄된 레닌그라드에서 **쇼스타코비치**(Д. Д. Шостакович)는 7번 교향곡 ≪레닌그라드≫을 작곡했다. 그 교향곡 연주실황의 첫 생중계는 전세계에 레닌그라드 시민의 용기를 보여준 것으로 인식되었다. 전쟁 전에 소련문화는 인민들이 건설과 생활하는 것을 도와주었다면, 전시의 소련문화는 살아남아서 승리를 쟁취할 수 있도록 사람들을 도와주었다.

전시의 교회

전쟁 초에 교회는 어려운 상황에 있었다. 대주교 세르게이를 정점으로 하는 러시아 정교회의 7명의 고위 성직자들만이 자유로운 상태에 있었다. 1941년 6월 22일에 개전의 선포 직후에 러시아 정교 대주교는 신자들에게 조국의 수호를 위해 봉기할 것을 요청하는 연설을 했다. 소련의 무슬림, 유태교 신자들, 불교신자들의 지도자들도 비슷한 호소를 하는 연설을 했다.

교회들은 적극적인 시민적 입장을 취했고, 신자들의 애국심을 찬양했고, 고취했고, 신자들의 전훈과 근로의 성취를 축복했을 뿐만 아니라 국가에 큰 도움을 주었고, 적군의 전투력 강화에 관심을 보여주었다. 세르게이 대주교의 호소에 따라 ≪성스러운≫으로 명명된 탱크부대의 창설에 필요한 자금이 모금되었다. 점령지 내의 성직자들은 지하 공작원들과 빨치산들과의 연결을 도왔고, 민간인들을 도와주었다. 많은 성직자들이 히틀러 군대에 의해 사살 당했다.

교회의 그러한 입장은 교회에 대한 정부 측의 압력을 약간 완화 시키는 결과를 초래 하였다. 1943년 9월에 러시아 정교회 지도자들과 스탈린과의 만남이 있었다. 스탈린은 그들이 원하는 것을 들어주었고, 새로운 대주교의 선출, 성직자 단체의 구성, 몇개의 신학교의 개설을 허용해주었고, 성직자 중의 일부를 감옥에서 석방시켜 주었다. 그러나 교회에 대한 소련정권의 통제는 예전처럼 여전히 매우 엄격했다.

37. 전쟁과정에서의 대전환

스탈린그라드 근교에서 독일군의 격퇴

1942년 여름에 북카프카스에 재난적 상황이 형성되었다. 로스토프-나-도누가 함락된 후에 전선의 이 지역에선 어떤 요새도 없었기 때문에 독일군의 남쪽 통로는 열렸다. 그 결과 소련군대의 치열한 저항에도 불구하고, 며칠 동안 적군은 카프카스 산맥 쪽으로 진출했다. 독일군의 목표는 바이코프, 그로즈니이, 바쿠의 석유였고 자카프카지예를 점령하는 것이었다. 히틀러는 카프카스 석유 없이는 전쟁을 계속할 수 없다고 말을 하였다. 그러나 모든 전력과 잠재력을 동원한 후에 소련군은 적을 정지시킬 수 있었다.

1942년 가을 경에 소련군과 독일군 전선에서 힘의 균형이 점차적으로 변화하기 시작했다. 이때에 독일군은 스탈린그라드와 북카프카스 지역에서 엄청난 손실을 입었고, 방어로 전환하지 않으면 안 되었다. 이러한 상황에서 소련 사령부는 아군에 유리하게 전황의 최종적인 전환을 성취하려고 시도했다. **스탈린그라드** 전선이 주력 공격의 방향으로 선택되었다. 스탈린그라드 근교에서 적을 섬멸하는 작전계획은 부 최고총사령관 주코프(Г. К. Жуков)와 총참모총장 바실레프스키(А. М. Василевский)에 의해서 작성되었다. 이 작전계획은 ≪우란(Уран: 우라늄)≫으로 명명되었다. 이러한 계획은 볼가강과 돈강 사이의 지역에서 독일군을 포위하여 완전히 섬멸하기 위해서 북서 전선과 스탈린그라드 전선에 있는 부대로 포위된 방향에서 독일군에 대한 공격을 감행하기로 예정했다. 이 작전의 수행을 위해서 두 배 이상의 전력우위가 확보되었다.

1942년 11월 19일에 소련 포병대는 독일군에 강력한 포격을 가했고, 그 후에 탱크 공격이 시작되었다. 치열한 전투가 시작된 지 5일째 되는 날에 양 전선의 소련군은 갈라치 도시에서 합세했다. 독일군의 제 6과 제4 탱크부대가 포위되었다. 포위된 독일군의 병사와 장교의 총수는 33만 명이었다. 포위망에서 벗어나려는 독일군의 시도는 실패했다. **1943년 2월 2일**에 포위된 적군은 항복을 하였다. 독일군의 총사령관 **파울르스 원수**도 포로가 되었다. 독일군은 모두 80만 명을 잃었고, 2천대의 탱크와 공격무기들, 3천대의 비행기를 상실했다. 스탈린그라드 전투에서의 소련군의 승리는 위대한 조국 전쟁에서 뿐만 아니라 2차 세계대전의 과정에서 대전환의 출발이 되었다. 전략적인 주도권은 최종적으로 소련군 사령부로 넘어갔다.

해방의 시작

스탈린그라드 근교에서의 승리는 소련 땅에서 독일군을 대량으로 몰아내는 발단이 되었다. 새로운 포위의 위험에 직면한 독일군은 서둘러서 북카프카스에서 철수했다. 1943년 1월 18일에 레닌그라드와 볼호프스크 전선의 아군은 레닌그라드의 봉쇄를 부분적으로 돌파 할 수 있었다. 형성된 8~11km 넓이의 통로를 따라 식량, 의약품, 무기들이 포위된 도시로 투입되기 시작했다.

1943년 2월에 동 돈바스의 해방이 시작되었다. 그때 돈강의 상류에 위치한 보로네시 전선의 아군의 강력한 공격의 결과로 독일군 3개의 군단이 격퇴 되었고, 독일군 진영으로 깊게 들어간 원형 아치의 전선을 형성하게 되었다. 양 군은 여기서 하계전투를 개시할 계획을 세웠다. 동절기의 공격의 과정에서 소련군은 100개 이상의 독일군 사단을 격퇴시킬 수 이었다.

쿠르스크의 원형 아치모양의 전선에서의 전투

연속된 전투에서의 패배는 독일군에 큰 타격을 주었다. 히틀러는 총동원령을 내리도록 명령했다. 그 과정에서 200만 명의 병사와 장교들이 추가로 전선으로 투입되었다. 유럽의 독일군 부대들도 동부 전선으로 재배치되었다. **쿠르스크** 근교에 50개 독일군 사단들이 집중되었다. 전차부대들은 신형 ≪타이가≫와 ≪탄테르≫ 탱크들과 ≪페르디난트≫ 공격무기로 무장되었다. 독일군의 작전계획은 쿠르스크 원형 아치 전선을 절단시켜 갈라놓고 소련군을 포위해서 전멸시키는 것을 예상했다.

주코프의 제안에 따라 소련군 사령부는 적극적인 방어로 전환하기로 결정했다. 그 결정은 독일군의 주력 부대를 소진시킨 후에 적군의 주력과 예비 병력을 모두 전멸시키는데 목적이 있었다. 이러한 작전의 수행을 위해서 최고 사령부는 실제적인 전력과 전술에서 독일군에 대한 큰 우세를 확보했다.

독일군들은 기습적인 작전을 이용하려고 했다. 1943년 7월 5일 아침 3시에 강력한 포격으로 공격의 시작을 계획했다. 그러나 소련군의 정찰은 독일군 공격개시의 날짜와 시간을 정확히 탐지했다. 그 후에 중앙전선의 사령관 로코소브스키(К. К. Рокоссовский)는 선제공격을 결정했다. 독일군의 공격 개시 몇 분전에 19,000문의 대포가 독일군에게 폭격을 가했다. 그 결과 독일군은 큰 손실을 입었고 몇 시간 후에야 공격할 수 있었지만, 모든 예비 병력을 투입해야 했다. 독일군은 30~35km만 전진할 수 있었다.

7월 12일에 소련군은 반격으로 전환했다. 이날 프로호로브크의 농촌지역에서 1200대의 탱크가 참여한 세계 역사상 최대의 탱크전투가 벌어졌다. 그 탱크 전투는 소련군의 탱크의 승리로 끝났다. 그 날 전 **쿠르스크 전투**의 과정에서 대전환이 일어났다. 독일군은 방어로 전환해야 했다. 8월 5일에 공격에 박차를 가한 소련군은 벨고로드와 오렐을 해방시켰다. 그날 모스크바에서 위대한 애국전쟁의 역사적 첫 승리에 경의를 표하는 예포를 발사하는 의전행사가 거행되었다.

쿠르스크 진투에시 독일군은 50만 명의 병사와 장교, 1친 5백대의 탱크, 3친7백 대의 비행기를 잃었다. 소련군의 피해도 컸지만, 소련군은 짧은 기간에 하리코프, 돈바스, 타만스키 반도, 브랸스크, 스몰렌스크를 해방시킬 수 있었다.

쿠르스크 전투

쿠르스크 전투

9월 중순부터 드네프르강 너머에서 전투가 시작되었다. 강 우안에 독일군들은 접근하기에 어렵게 만든 강력한 방어진지인 ≪동쪽의 토성≫를 구축했다. 그러나 그 방어요새는 소련군을 저지시킬 수 없었다. 11월 6일에 키예프가 해방되었지만 드네프르강은 대분의 방향에서 요새로 수비가 강화되었다. 이런 장애를 극복하는데 보여준 영웅주의 때문에 처음으로 드네프르강 우안에 도달한 2438명의 병사들이 소련 영웅훈장을 받았다. 동시에 독일군의 대부대가 크림 반도에 갇혔고, 전쟁의 과정에서의 대 전환이 고착되었다.

전쟁의 2차기간의 결과들

공동의 적인 독일군을 격파하는데 이룬 소련군의 성공에 뒤이어 1943년 7월 말에 영미 연합군이 이탈리아에 상륙했다. 그러나 소련군 지휘부는 연합국이 약속했던 독일에 대한 승리의 날을 단축시킬 수 있었던 영미 연합군의 프랑스 상륙을 기다렸다.

1943년 11월~12월에 소련, 영국, 미국의 정상들의 회의가 **테헤란**에서 열렸다. 스탈린, 루즈벨트, 처칠은 1944년의 5~6월에 유럽에 제 2 전선의 개시, 전후에 UN의 창립, 전후 세계질서의 기본원칙들, 패전 후의 독일의 운명 등에 대해서 합의를 했다. 소련은 유럽에서의 전투가 종결된 후에 대 일본전에 참전할 것을 약속했다.

스탈린그라드 근교에서 소련군의 반격의 시작부터 1943년 말까지 독일은 2백 2십만 명의 병력, 3천 5백대의 탱크, 약 7천대의 비행기를 잃었다. 1943년의 여름과 가을에만 독일은 동부전선에서 총 병력의 절반 이상을 잃었다. 이탈리아에서 무솔리니 정권의 전복으로 히틀러의 가장 믿을 만한 동맹국이 전쟁에서 철수했다. 독일군은 완전한 붕괴상태에 있었다. 1943년 말에 소련군은 독일군이 점령한 영토의 거의 절반 이상을 해방시켰다. 중대한 격렬한 전투가 아직 남았다. 그러나 그 결과는 이미 대부분 예상되었다.

결 론

위대한 조국전쟁과 2차 세계대전의 과정에서 근본적인 대 전환은 **스탈린그라드 근교의 전투**에서 시작되어 **쿠르스크 전투**에서 완결되었다.

38. 파시즘과의 투쟁에서의 소련인민들

전선에서의 소련의 다민족들

소련에 대한 공격을 계획했을 때 히틀러는 다민족 국가인 소련은 가건물처럼 독일의 공격을 받았을 때 와해될 것이라고 생각했다. 그러나 그런 일은 일어나지 않았고, 반대로 소련의 다민족들은 필사적인 위험에 직면한 순간에 더욱 더 단결되었다. 통합국가의 수호는 가장 벽지에서도 100여 개 이상이 넘는 각 민족의 민족적 과업으로 인식되었다.

전쟁의 초반부터 소련의 모든 민족에서 징집된 병사들이 소련군의 여러 부대에서 싸웠다. 전쟁기간에 성숙된 민족의식의 자각과 더불어 10여 개의 소수 민족 사단과 연대가 창설되었다. 그러한 부대에서 볼가강 유역, 북카프카스, 자카프카지예, 북 시베리아, 중앙아시아, 발트해, 극동지역에서 징집된 소수민족 병사들이 러시아인, 우크라이나인들, 벨로루시인들과 함께 전쟁에서 싸웠다.

히틀러 군대의 첫 공격을 받았던 **브레스트 요새**의 수비대 중에서 30개 민족 출신의 병사들이 선사했다. 나양한 국적을 가진 병사들의 우정과 상호 협조가 동등하게 공동의 수도인 모스크바, 공화국들의 수도인 키예프, 민스크, 키쉬네프, 리가, 빌뉴스, 탈린, 북카프카스의 각 자치 공화국의 도시들인 마이코프, 그로즈니, 날치크, 체르케스크, 오르드조니키드제 등을 방어할 때 나타났다.

러시아의 마트로소프, 판크라토프, 바실리코브스키 등의 전쟁 영웅들처럼 우크라이나인 세브첸코, 에스토니아인 라아르, 몰도바인 솔치스, 유태인 베린스키, 카자흐인 바감베토프, 벨로루시인 코스트유체크 등과 수백 명의 다른 민족 출신의 병사들이 전진 깊숙이 게릴라전을 수행하면서 공훈을 세웠다.

드네프르 전선의 강화의 공훈 때문에 33명의 소수민족 출신의 병사들이 소련 영웅 훈장을 받았다. 벨로루시 영토에서 게릴라 부대와 70여 개 이상의 소수 민족 빨치산 부대와 지하 공작원들이 독일군과 싸웠다. 우크라이나에서는 60여 개 이상의 소수민족 병사들이 싸웠다. 그 용기와 영웅성 덕분에 전선에서 소련 영웅 훈장이 8,160명의 러시아인들, 2,069명의 우크라이나인들, 309명의 벨로루시인들, 161명의 타타르인들, 108명의 유대인들, 96명의 카자흐인들, 90명의 그루지야인들, 69명의 우즈베크인들, 61명의 몰도바인들, 44명의 추바시인들에게 수여되었다.

전시 소련 공화국들의 경제

전쟁 초기부터 소련 인민들의 우정은 전시 경제 체제로의 전환에도 나타났다. 동쪽의 연방과 자치 공화국으로의 산업체의 이전은 수백만 명의 피난민의 대이동을 수반했다. 피난민들은 카자흐스탄, 우즈베키스탄, 투르크메니스탄, 키르키스스탄, 아제르바이잔 등의 현지 가정에 분산되었다. 이들 지역에 피난 간 러시아인, 우크라이나인,

벨로루시인들에게 거처와 음식이 나누어졌다. 카프카스와 공화국으로 소개된 산업체들 대부분이 전쟁이 종결된 후에도 남아서 연방 공화국들의 경제력을 강화시켰다.

모든 민족의 대표자들이 전연방 사회주의적 경쟁과 다양한 형태의 생산혁신 운동에 참여했다. 러시아인 바리쉬니코프, 그루지야인 겔라드제, 타타르인 마크수도프, 우크라이나인 추흐뉴크 등이 전시 산업 혁신의 주창자로 활동했다. 농업에서 다양한 민족 출신의 집단 농장원들인 안게리누, 베르시에바, 베로브크, 말리세바 등이 농업에서 경쟁했다.

전쟁 초기부터 모든 소수민족 거주 지역에서 군인들, 피난민들, 이주자들에게 줄 현금, 옷, 신발, 식량 등을 모우는 운동이 확산되었다. 전시에 인민들의 모금으로 2,500대의 전투기, 수천대의 탱크, 8척의 잠수함, 16척의 작은 전함들이 건조되었고, 수천정의 무기와 박격포가 제조되었다. 1943년부터 소련의 모든 인민들은 해방된 지역을 돕기 위한 특별자금을 모으는 운동에 참여했다. 전투는 계속 되었지만, 다양한 민족출신의 노동자들이 북 카프카스의 자치공화국, 러시아의 중부, 우크라이나, 벨로루시에서 산업체들의 복구를 시작했다.

민족운동

전쟁은 전쟁 전의 혹독한 정책이 현지 주민들의 강력한 반발을 유발했던 지역에서 민족운동을 활성화시켰다. 민족 독립의 쟁취를 목표로 제시하는 민족주의 단체들이 창립되었다. 1920년대 말에 우크라이나에 창설된 우크라이나의 민족조직이 가장 큰 단체였다. 서 벨로루시, 발트해 연안, 크림반도, 체첸-인구세티아 등의 지역에서도 소규모의 민족단체들이 활동했다.

전쟁 초기에 특히 독일 군대의 회유정책에 따라서 이러한 단체들의 활동은 활발해졌다. 소련군과의 전투를 위한 무장부대들이 창설되었다. 우크라이나 민족 조직(ОУН)은 독자적인 우크라이나 무장부대(УПА)를 창설했다. 크림 무슬림 위원회, 카프카스(체첸-인구쉬) 형제 당 등이 소련 정권에 대항한 무장투쟁을 벌였다. 후퇴하거나 포위된 소련군 부대에 대한 무장한 소수 민족 부대들의 공격이 가끔 있었다.

독일군들은 붉은 군대를 와해시킬 임무를 수행하기 위해서 소련의 서부지역에 민족주의 운동을 조장하려고 시도했다. 포로가 된 소련 병사들 중에 적군과 협력을 원했던 병사들로 **브라소프(А. А. Власов)** 장군이 지휘하는 러시아 해방군이 창설되었다.

우크라이나인, 크림 타타르인, 북카프카스의 몇몇 민족 출신들로 구성된 부대들이 창설되었다. 과거의 백군 장군들과 장교들이 그러한 부대를 이끌었다. 그러나 그러한 조치에도 불구하고, 독일군은 소련 인민들의 형제간의 우정을 교란시키기에 충분한 전력을 갖춘 소수민족 부대를 창설하는데 실패했다.

민족 정책

활성화된 민족운동 때문에 정치 지도자들은 더욱 더 혹독한 민족 정책을 실시하지 않을 수 없었다. 민족적 특수성의 어떤 현상뿐만 아니라 무장저항은 반역으로 선포되었다. 그러나 사실상 독일군과 협력했던 사람들뿐만 아니라 이런 저런 민족의 모든 대표자들도 반역으로 비난을 받았다. 일련의 민족들의 강제이주와 민족 자치의 폐지는 스탈린의 민족 정책의 가장 반동적인 특징이 되었다. 1941년 1백 50만 명의 모든 독일인 주민들이 스파이나 방해분자들로 공표되었고, 시베리아와 카자흐스탄으로 강제로 이주되었다. 볼가강 유역의 독일인 자치 지역이 폐지었다. 5만 명 이상의 리투아니아인, 라트비아인, 에스토니아인 들도 시베리아로 추방당했다.

1943년 10월에 7만 명의 카라차예프인들이 카자흐스탄과 키르키스스탄으로. 9만 3천 명의 칼미크인들은 시베리아로 강제로 이주되었다. 전선에서 전투에 참가하고 있었던 4만 명의 발카레인들이 복무중인 군대에서 직접 카자흐스탄으로 강제로 이주되었다.

1944년 2월 23일 체첸인과 인구쉬인들의 강제 이주가 대규모로 시작되었다. 사람들은 적군의 창설 기념일에 적군 진지에 초대 되었고, 그곳에서 무릎을 꿇고 앉아 명령서 낭독을 들은 후 강제 이주 당했다. 그들에게는 소지품을 챙길 15~20분간의 시간만이 부여되었다. 그들은 기차역으로 이송되어 화물열차를 타게 되었다. 51만 6천 명의 체첸과 인구쉬인들이 동쪽으로 강제로 이주되었다. 곧 체첸과 인구세티야 자치 공화국도 폐지되었다. 소련 당국은 이 지역의 원주민들의 기억 자체를 파괴하려고 시도했다.

1944년 3월에 19만 4천 명 이상의 크림 타타르인들이 우즈베키스탄으로 이주 당했다. 그들을 뒤이어 아르메니아인, 불가리아인, 그리스인들도 추방되었다. 러시아인, 우크라이나인, 벨로루시인, 오세티아인, 아바즈인, 아바르인, 보가메츠인, 라케츠인, 타브린인, 다르긴네츠인, 쿠미크인, 다게스탄인 들은 일부만 이주되었다.

굶주림, 추위, 병으로 이주 과정에서 겪은 고통은 엄청난 희생자를 초래했다. 추방의 결과로 14만 4천 명이 죽었다. 모든 칼미크인들의 절반이 죽었고, 발카레스인의 2분의 1, 카레차예베츠인의 3분의 1을 포함한 14만 5천 명이 추방의 결과로 사망했다. 이러한 잔혹한 민족탄압은 전후에 민족운동의 새로운 폭발을 유발했다.

결 론

기습 공격으로 소련이 붕괴할 것이라는 히틀러의 기대는 틀렸다. 소련 인민을 구성하는 다민족들의 도덕적 · 정치적 단결이 위대한 조국전쟁에서 소련의 승리에 가장 중요한 조건이 되었다.

39. 2차 세계대전의 종전단계에서의 소련

1944년 초에 군사전략 상황

1944년 초경에 독일은 큰 손실을 입었지만 예전처럼 강력한 적이었다. 독일은 사단의 거의 2/3인 약 500만 명을 소련과 독일간의 전선에 배치했다. 독일군의 전 탱크의 75%, 5만 4천 대의 자주포, 54만 6천대의 무기와 박격포, 3천대 이상의 비행기가 독일과 소련의 전선에 집중되어 있었다. 그럼에도 불구하고 1943년에 심각한 대패를 한 후, 독일군은 전략적 방어로 전환했다.

이때에 소련 인민들의 영웅적인 노력 덕분에 소련군은 병력(6백 30만 명)뿐만 아니라, 비행기(10만 2천대), 대포 · 박격포(9만 6천대) 에서도 전력의 우세를 확보했다. 소련군과 독일군의 탱크와 자주포의 수는 거의 동일했다. 소련군의 탱크와 자주포의 수는 5,300문 정도 되었다. 이때 소련의 군수업체들은 전쟁 전보다 8배나 많은 탱크, 6배나 많은 대포, 8배나 많은 박격포와 4배나 많은 비행기를 생산했다. 군사작전의 성공을 확실히 하기 위해서 1944년에 최고 지휘부는 독일군의 최종적 섬멸과 소련 영토의 해방을 확보하라는 명령을 내렸다.

10개월간의 스탈린의 공세

1944년 1월에 소련군은 레닌그라드 외곽에서 첫 번째 대규모 공격을 개시했다. 독일군의 봉쇄가 돌파되었고, 독일군은 나르바와 프스코프로 후퇴했다. 2월과 3월에 소련군의 대규모 공격이 우크라이나에서 벌어졌다. 그 대규모 공격의 결과로 사실상 우크라이나 드네프르강 우안의 모든 지역이 해방되었다. 4월과 5월에는 크림반도의 독일군의 격멸이 완성되었다.

1944년 6월 6일에 연합군이 **노르만디**에서 대규모 상륙작전을 시작했다. **노르만디 상륙작전**은 소련 측이 오랫동안 기다렸던 **제 2전선**을 여는 것을 의미했다. 독일군에게 군대를 서쪽으로 전환시킬 기회를 주지 않기 위해서 6월 10일에 소련군은 칼레스크 지협에서 하계공격을 시작했다. ≪마네르게임 전선≫을 돌파하고, 브이보르그(Выборг)와 페트로자보드스크(Петрозаводск)를 점령한 후에 소련군은 전쟁에서 철수하고 평화협상을 시작하도록 핀란드 정부를 강요했다.

노르망디 상륙작전

6월 23일에 시작된 벨로루시에서의 소련군의 공격은 가장 강력해졌다. 호수와 늪지대 때문에 적군이 공격을 예상하지 못했던 중앙 방향으로 주공격이 가해졌다. 특히 전선의 이 방향에서 소련군의 탱크의 돌진은 예상 밖 이었다. 그 결과 독일군은 비테브스크, 베브루이스크, 모길레프, 오르시 지역에서 거의 절반이 격퇴 당했다. 독일군의 약 30개 사단이 포위되었다. 벨로루시 전 지역 뿐만 아니라 리투아니아와 동

폴란드의 대부분이 독일군으로부터 해방되었다. 발트해 연안의 독일의 북부군은 해체되었다.

6월에 독일군 8개 사단을 포위했고 리보프를 해방시켰던 우크라이나 전선의 제 1군이 공격을 시작했다. 8월에 키쉬네프 지역의 남쪽 방향에서 소련군은 독일-루마니아 연합군을 격퇴시켰다. 항복을 거절한 후에 공격을 받은 22개의 독일군의 사단이 포위되었다. 그 결과 독일군의 모든 남쪽 측면이 와해되었다. 루마니아는 전쟁에서 이탈했다. 8월 31일에 소련군은 루마니아 수도 부하레스트(Бухарест)를 점령했다. 9월 8일에 소련군은 불가리아 국경을 넘었다. 10월 20일에 우크라이나 전선의 제 3군과 유고슬라비아의 인민해방군의 합동공격으로 벨그라드가 해방되었다. 루마니아와 불가리아가 독일에 대항해서 싸웠다. 9월과 10월에 에스토니아와 라트비아의 대부분의 영토가 독일군으로부터 해방되었다. 독일군의 38개 사단이 포위되었고, 리가의 남쪽지역이 파괴되었다.

가을에 소련군은 헝가리와 체코슬라비키아의 국경을 돌파했다. 그리고 헝가리를 전쟁에서 이탈 시키는 위험을 감수하면서, 히틀러는 부다페스트에 자신의 군대를 투입시켰다. 그러나 이것은 전선에서의 상황을 변화시킬 수 없었다. 북쪽과 남쪽에서의 공격으로 소련군은 헝가리 수도 주위의 방어망을 무너뜨렸다. 거의 20만 명의 독일군이 포위되었다. 그 때 북 핀란드 쪽에서 독일군에 대한 공격이 가해졌고, 그 후에 노르웨이가 독일군으로부터 해방되기 시작했다. 공식적인 자료에 따르면 1944년 스탈린의 10개월간의 공격의 결과로 적군의 120개 사단이 와해되었다.

크림의 얄타회담

1945년 1월에 처칠의 요구에 따라 소련군은 아르덴나흐에서 아주 심각한 어려움에 직면한 영국과 미국의 군대를 돕기 위해서 소련과 독일의 국경의 모든 전선에 따라 공격을 기간 내에 시작했다.

소련군의 급격한 공격의 상황에서 2월 4~11일 동안 크림반도의 얄타 외곽에서 반히틀러 동맹국의 지도자들인 스탈린, 루즈벨트, 처칠 3정상의 두 번째 회합이 있었다. 독일을 격퇴시킬 군대작전뿐만 아니라 전후 세계체제의 문제가 주요한 토의의 주제였다. 독일의 무조건 항복의 조건들이 합의되었고, 점령과 무장해제의 전망 같은 것들이 논의되었다.

얄타에 모인 3인의 정상들은 국제연합 창립회의를 소집하기로 결정했다. UN의 주요한 과제는 미래의 전쟁을 예방하는 것이었다. 전후 유럽발전의 모든 문제들의 해결을 위해 소련, 미국, 영국은 자국의 활동들을 합의해야만 한다는 해방된 유럽에 대한 선언도 채택되었다. 소련은 독일의 항복 2~3개월 후에 일본에 대해서 전쟁을 선포하겠다는 자국의 약속을 다시 확인했다.

얄타 3거두 회담

파시즘으로부터 유럽의 해방

한편 소련군의 공격은 계속되었다. 두 전선에서의 치열한 협공에 억눌렸던 독일군은 공격에 저항할 수 있는 군대를 급속히 상실했다. 그러나 독일군의 주력 부대들은 여전히 주요한 전력을 유지한 채 예전처럼 독일과 소련의 전선에 집중되었다.

4월 초경에 헝가리, 폴란드, 동 프러시아의 영토가 해방되었다. 스탈린은 서방 연합국의 도움 없이도 어떤 대가를 치르더라도 점령할 것을 명령했던 베를린 외곽에서 전투가 벌어졌다. 주코프 원수가 지휘하는 제 1 벨로루시 사단, 로코소브스키 원수가 지휘하는 제 2 벨로루시 부대, 코네프 원수가 이끄는 우크라이나 부대 등의 총 250만 명의 병력이 독일의 수도로 돌진했다. 4월 21일에 베를린 남쪽 외곽에서 전투가 벌어졌고, 4월 24일에 베를린 주위의 소련군의 포위망이 구축되었다.

영국과 미군의 사단들의 부담을 덜어주는 것 보다는 베를린을 구출하기 위해서 히틀러는 서부전선에서 군대를 철수하기 시작했다. 4월 25일에 이미 영국과 미국의 군대는 토르가우 지역의 **엘베 강**에서 소련군대와 합세했다.

엘벨강에서 미-소병사들의 만남

4월 30일에 150 보병사단의 두병사 이고로프와 칸타리아가 독일 국회 의사당 위에 승리의 붉은 기를 휘날렸다. 같은 날 히틀러는 자살했다. 베를린의 수비대는 항복했다. 5월 8일에 베를린 근교의 카르를 스호르스트에서 승전국 대표들과 히틀러 군대의 사령관들이 독일의 무조건 항복문서에 서명했다. 소련을 대표해서 **주코프 원수**가 항복문서에 서명했다. 그러나 소련에게 전쟁은 체코슬로바키아에 있던 독일군의 패잔병들이 항복했던 **5월 9일**이 되어서야 끝났다. 그리하여 이 날이 **승전의 날**로 선포되었다. 그리고 전쟁이 시작된 지 4년 후인 6월 24일에 붉은 광장에서 **승전의 행진**이 개최되었다.

부란데부르크 문 앞의 주코프 장군

연합군 군 수뇌들과 주코프장군

베를린(포츠담) 회의

1945년 7월 17일에서 8월 2일까지 **베를린 근교의 포츠담**에서 승전국 지도자들의 회의가 열렸다. 스탈린이 소련 대표단을, 트루먼이 미국 대표단을, 처칠(7월 28일부터 애틀린이 그의 수상직위를 계승했다)이 영국 대표단을 이끌었다.

독일 문제가 의사일정에 중요한 위치를 차지했다. 그 회의에 참가자들은 독일을 통일국가로 유지하고, 독일의 분할과 무장해제를 실시할 것, 그리고 나치 정권의 잔재를 척결할 것 등을 결정했다. 이러한 과업을 수행하기 위해서 프랑스를 포함한 승전국의 군대들이 독일 영토로 진입하기로 결정되었으나, 승전군의 주둔기간은 정해

포츠담 회담

지지 않았다. 히틀러 침략으로 가장 많은 피해를 입은 소련을 위한 독일의 보상 문제도 해결되었다.

새로운 유럽의 국경이 획정되었다. 전쟁 전 소련의 국경선이 인정되었고, 독일의 영토를 희생한 대가로 폴란드의 영토가 확대되었다. 그 **포츠담 회담** 문서에서 유럽에서의 항구적인 전쟁위험의 원인으로서 언급된 동 프리시아 영토도 폴란드와 소련 사이에 분할되었다. 향후 연합국의 대일본 전쟁에 관한 문제도 토의되었다.

대일본 전쟁에 소련의 참여와 2차 세계대전의 결과들

독일의 패망이 2차 세계대전의 종전을 의미하지는 않았다. 2차 세계대전은 미국, 영국, 중국이 일본과 전쟁을 수행했던 극동지역에서 계속되었다. 연합국 간에 합의된 의무를 이행하기 위해 **8월 8일**에 소련은 일본에게 전쟁을 선포했고, 그 후에 만주에서 주둔하고 있었던 일본의 수백만의 관동군에게 기습공격을 감행했다.

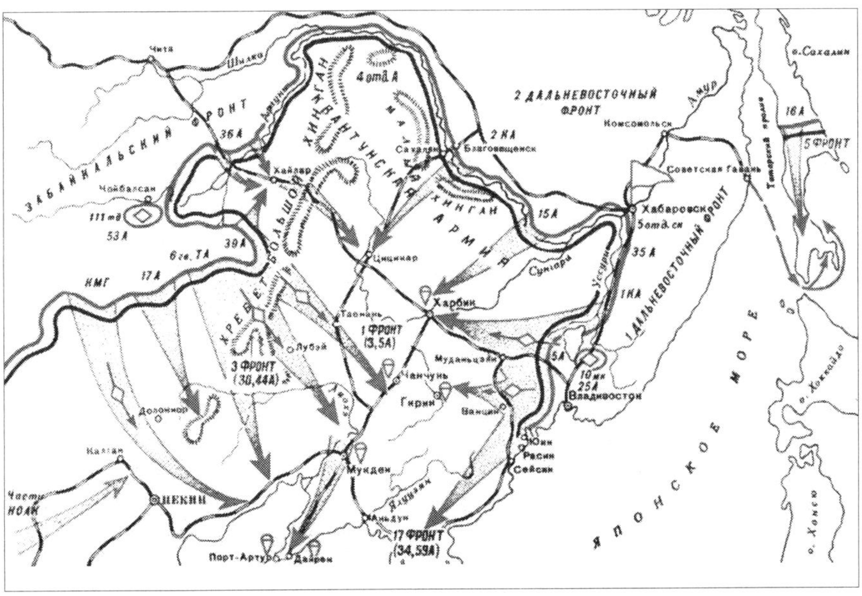

소련의 대일본 전쟁에 참전

일본의 항복문서 조인

2주 동안에 바실예프스키(А. М. Василевский) 원수가 지휘하는 소련군은 일본군의 주력부대를 격퇴시켰고, 북동 중국의 할빈과 무크덴(심양)뿐만 아니라 요동반도의 여순항과 대련, 평양도 점령했다. 소련군의 상륙작전 과정에서 남사할린과 쿠릴 열도도 해방되었다. **1945년 9월 2일**에 일본 대표단은 도쿄 만에 정박해있던 미군함 **미주리호**에서 무조건 항복조약에 서명했다. 2차 세계대전은 전쟁을 도발한 나라들의 완전한 패배와 항복으로 끝났다.

2차 세계대전에서의 승리는 전 세계적인 역사적 의미를 가졌다. 침략국의 엄청난 군사력이 와해되었다. 그리고 파시스트 국가들의 패전은 가장 잔혹한 독재정권의 와해를 의미했다. 독일과 일본에 대한 승리는 전 세계에서 소련에 대한 동경심을 강화시켰고, 소련의 권위를 확실하게 증대시켰다. 소련군은 세계에서 가장 강력한 군대로 전쟁을 종결시켰고, 소련은 두 초강대국 중의 하나가 되었다.

독일과 일본과의 전쟁에서의 승리는 소·독과 소·일 전선에서 결정되었다. 소련과 독일의 전선에서만 607개 독일군 사단들이 붕괴되었다. 소련과의 전쟁에서 독일은 1000만 명 이상의 병력(총 전사자의 80%), 16만 7천문의 대포를, 4만 8천대의 탱크, 7만 7천대의 전투기(총 무기의 75%)를 잃었다.

모스크바 승전의 행진에서의 주코프

전쟁의 승리는 소련 인민들에게 엄청난 희생을 초래했다. 전쟁은 거의 **2천 7백만 명**(1천만 명의 병사들과 장교를 포함하여)의 생명을 빼어갔다. 적진에서는 4백만 명의 빨치산, 지하 공작원들, 민간인들이 죽었다. 6백만 명 이상이 파시스트의 강제노역에 동원되었다. 그럼에도 불구하고, 민중의 의식 속에는 오랫동안 기다렸던 승전의 날은 가장 흥겹고 즐거운 축제였지만, 가장 많은 사람이 피를 흘렸고 파괴되었던 전쟁의 종결을 의미했다.

결 론

소련은 2차 세계대전 기간에 히틀러의 파시즘과 일본의 군국주의의 붕괴에 결정적인 역할을 수행했다.

✔ 제 4장의 결론

독일의 침략자에 대한 소련 인민들의 투쟁은 2차 세계대전 역사의 가장 중대하고 비극적인 기록의 장이 되었다. 소련의 전선에서 조국뿐만 아니라 유럽과 전세계의 운명이 결정되었기 때문에 소련의 ≪위대한 조국전쟁≫은 2차 세계대전의 독자적으로 정의된 단계였다. 위대한 조국전쟁은 처음부터 정의롭고, 해방적이고, 정말로 인민적 성격을 가졌다.

소련 인민들의 승리는 다음과 같은 조건들이 구비되었기 때문에 가능했다. 짧은 기간에 엄청난 양의 무기를 생산할 수 있었던 강력한 산업기반이 1930년대에 구축된 것, 소련 사회의 도덕적-정치적 단결, 전방과 후방의 단결, 통일 조국의 보존을 위해서 공동의 적과 투쟁한 소련 인민들의 우정과 단결, 전쟁 직전과 전시의 소련의 효과적인 외교정책, 주코프 원수 같은 탁월한 군사령관들의 등장, 소련군 병사들, 빨치산, 지하 공작원들의 대중적 영웅주의 등이 승리의 주요한 원인들이 되었다.

소련 인민들은 승리에 엄청나게 비싼 대가를 지불했다. 그 대가는 세계의 높은 수준의 군사력의 와해와 소련 정치 지도층의 과오 때문에 지불되었다. 이것과 더불어 전쟁은 지금까지 알려진 스탈린 체제에 의해서 창출된 잠재력 실현의 정점이 되었다. 개전 첫 몇 달의 충격을 극복한 후에 스탈린 정권은 통치의 초중앙집중화, 엄청난 자연과 인적 자원, 개인 생활의 검약, 애국심, 공식적인 선전에 의해서 창조된 현명한 지도자의 이미지 등을 완전하게 이용할 수 있었다.

제5장
1945~1953년의 소련

40. 소련의 외교정책 : 냉전의 시작

전후 세계의 소련

독일과 독일의 동맹국들의 패전은 세계에서 힘의 상호관계를 근본적으로 변화시켰다. 소련은 강대국 중 하나로 변화하였다. 몰로토프의 말에 따르면 소련의 동의 없이는 국제 정치에서 한 가지 문제도 해결될 수 없었다. 스탈린은 터키 영토에 소련의 해군기지의 건설과 리비아를 소련의 보호국으로 만들면서 소련의 이러한 새로운 위치를 강화시킬 것을 요구했다.

1945년 9월 소련 각료회의에서 외무장관 몰로토프의 연설 중에서

소련은 실질적인 민족문제 해결에 적지 않은 경험을 가지고 있다… 이 경험은 리비아 에서 적용될 수 있다.

그러나 전쟁기간에 미국의 국력도 훨씬 더 커졌다. 미국의 총 국민생산은 70%나 증가했고, 미국의 경제적-인적 손실은 적었다. 전쟁기간에 국제적인 채권국이 된 미국은 자신의 영향력을 다른 민족들에게 확대할 기회를 얻었다. 1945년에 **트루먼 대통령**은 2차 세계대전 승리는 미국 국민들이 세계를 지배할 불가피한 과업을 미국 국민들에게 가져다주었음을 선언했다. 미국은 전쟁기간의 합의에서 서서히 이탈하기 시작했다.

이러한 모든 것은 소련과 미국 간의 관계에서 협력대신에 상호 불신과 의심이 들어서는 결과를 초래했다. 소련은 미국의 핵 독점과 다른 국가들과의 관계에서 조건을 지시하려는 시도를 두려워했다. 미국도 소련의 영향력의 증대로 인해서 자신의 안보에 위협을 느꼈다. 이러한 모든 것들이 냉전의 원인이 되었다.

냉전의 시작

냉전은 사실상 유럽에서 전쟁의 마지막 단계에서부터 시작되었다. 독일에 대한 승리한 지 3일 후에 미국은 소련에 전쟁 무기의 공급의 중단을 공표했고, 무기의 하역을 중단하였을 뿐만 아니라 그러한 물자들을 실은 소련 연안에 있었던 미국선박들을 귀환시켰다.

미국의 핵무기의 실험에 성공한 후에 **트루먼 대통령**은 더욱 더 강경해졌다. 미국은 점차적으로 전시에 이미 이루어진 합의를 서서히 어겼다. 특히 패전한 일본을 점령지역으로 나누지 않기로 결정했다(일본에는 이미 미군 부대만이 진주했다). 이것은 스탈린을 긴장시켰고, 이 당시 소련군대가 진주했던 나라들과 영토에 영향력을 강화하도록 스탈린을 자극했다. 이것은 서방 지도자들의 의심을 증대시켰다. 서방국가들의 지도자들의 의심은 서방국가에서 공산주의자들의 급증과도 관련 되어 더욱 더 강화되었다(1939~1946까지 서유럽에서 공산당원의 수는 2배로 증대되었다).

영국의 전 수상 처칠이 소련을 비난했다. ≪소련은 자국의 영향력과 노선을 세계에서 끝없이 전파하고 있었다≫. 곧 트루먼 대통령이 소련의 팽창에서 유럽을 구원하기 위한 정책인 **트루먼 독트린**을 선포했다. 트루먼 대통령은 유럽의 국가들에게 경제원조의 제공을 제안했다. 나중에 이런 원조의 제공조건은 ≪**마샬 플랜**≫에서 상세히 기술되었다. 그리고 그는 미국의 보호 아래 서방국가들의 군사 · 정치적 동맹(1949

1945년 독일분단과 베르린

1948년 베르린 봉쇄와 대공수 작전

년 창설된 나토)을 창설할 것, 소련의 국경을 따라서 미국의 군사 기지 망을 배치할 것, 동유럽국가 내부의 저항을 지지하고, 소련의 지도부를 협박하기 위하여 재래식 무기와 핵무기를 이용할 것 등을 제안했다. 이러한 모든 것은 소련의 영향권의 확대를 허용하지 않을 뿐만 아니라(사회주의권의 억제노선) 소련을 과거의 국경으로 후퇴하도록 강요하였다(사회주의 봉쇄노선). 스탈린은 이러한 계획을 소련에 대항한 전쟁의 도발로 선언했다. 유럽은 1947년부터 두 초강대국인 소련과 미국의 동맹국들로 분열되었다. 동과 서의 경제, 군사 · 정치적 구조의 형성이 시작되었다.

소련과 미, 영, 불 3국은 독일 문제로 첨예하게 대립했다. 전후에 연합국은 독일의 전영토와 베르린을 분할하여 공동관리하기 시작했다. 미, 영, 불 3국이 자국들의 관할 지역과 서베르린을 단일 경제권으로 형성하기 위해서 서베르린에 마르크화의 사용을 결정하자 이것이 동베르린의 경제를 혼란시킬 것으로 생각한 소련은 3개국 관할 지역에서 서베르린으로 통하는 모든 육상과 해상 통로를 차단했다(1948-1949). 여기에 대응하여 서방측은 생필품들과 생산재들을 군 수송기들을 대량 투입하여 공수하여 소련의 봉쇄를 무력화했다. 이 후에 서방측은 차후의 소련의 군사적 위협에 대처하기 위해서 NATO를 결성하게 되었다.

≪사회주의 진영≫의 형성
: 전 소련 공산당(ВКП(б))과 공산주의 운동

이때에 공산주의 정부는 유고슬라비아, 알바니아 그리고 불가리아에만 수립되었다. 그러나 1947년부터 공산주의 정권의 형성과정은 다른 나라에서도 가속화되었다. 인민 민주주의 공화국이 헝가리, 루마니아, 체코슬로바키아에 수립되었다. 같은 해에 친 소련정권이 북한에도 수립되었다. 1949년 10월에 공산주의자들이 중국에서 정권을 장악했다. 소련에 대한 이런 나라들의 정치적 종속은 소련군의 주둔뿐만 아니라(모든 인민민주주의 국가에서 그런 것은 아니다), 막대한 양의 경제적 원조의 제공에 의해서 확보되었다. 1945~1952 기간에 이러한 나라에 제공된 장기차관의 총액은 15밀리언 루블(300만 달러)이었다.

1949년에 소련진영에 경제적 토대가 형성되었다. 상호경제 원조 위원회(CMEA)가 이러한 목적을 위해 창설되었다. 군사-정치 협력을 위해서 처음으로 조정위원회가 창설되었고, 1955년에 이미 바르샤바 조약기구(WTO)가 창설되었다. 전쟁 후에 공산주의자들은 인민민주주의 국가에서 뿐만 아니라 서유럽의 거대 국가들에서도 권력을 잡았다. 이것은 좌파 정치세력들이 파시스트의 분쇄에 끼친 큰 영향의 결과였다.

1947년 여름부터 소련과 서방 사이에 예정된 최종적인 대립의 상태에서 스탈린은 여러 나라의 공산주의자들을 조직적으로 통합시키려는 시도를 다시 했다. 1943년에 폐지된 코민테른(Коминтерн) 대신에 1947년에 **코민포름**(Коминформ)이 창설되었다. 공산당들 간에 경험을 교환하는 과업이 제시되었다. 그러나 이러한 공산당간의 경험의 교환과정에서 스탈린의 관점에서 미국과 미국의 동맹국들에 대항해서 충분하게 강력하게 활동하지 않았던 일련의 공산당들의 재평가가 시작되었다. 프랑스, 이탈리아, 유고슬라비아의 공산당들이 처음으로 그런 비판을 받았다. 그 다음에 폴란드, 체코, 헝가리, 불가리아, 알바니아의 집권 공산당들의 기회주의에 대한 투쟁이 시작되었다. 무엇보다도 일련의 사람들의 숙청에 대한 염려는 공산당 지도부 내의 권력투쟁으로 확대되었다. 그 결과 이것은 동유럽 국가의 수천 명의 공산주의자들의 죽음을 초래했다.

불가리아 지도자들에게 보내는 스탈린의 편지 중에서

시민들뿐만 아니라 특히 군대의 반역활동의 폭로된 사람들에 대해서 빠르게 결정적으로 조치를 취하도록 공고를 합니다. 그들을 직장에서 해직하고, 체포하기를 충고합니다.

새로운 사회건설의 과정에 대한 특별한 견해를 가졌던 사회주의 진영의 나라들의 모든 지도자들이 적으로 선포되었다. 유고슬라비아 대통령 티토만이 이러한 참여를 모면했다. 소련과 유고슬라비아간의 관계는 분쟁상태에 있었다. 동 유럽국가의 지도자들 중 아무도 사회주의에 이르는 다양한 길에 대해서 말하지 않았다.

티토

한국 전쟁

한국전쟁은 소련과 미국 간의 가장 심각한 충돌이 되었다. 2차 세계대전 종전부터 주둔했던 소련군대와 미국 군대가 1948년과 1949년에 한국에서 철수한 후에 남한과 북한 정부는 무력에 의한 통일 준비를 강화하였다. 1950년 6월 25일에 남한 정부의 도발을 구실삼아 조선인민민주주의 공화국은 거대한 군사력으로 공격을 시작하였다. 북한군은 공격의 4일 째 되는 날에 남한정부의 서울을 점령했다. 남한의 완전한 전쟁패배의 위협이 조성되었다. 이러한 상황에서 미국은 북한의 침략을 비난하는 UN 안전보장 이사회의 결의안을 통과시켰고, 북한에 대한 통합된 동맹군의 구성을 시작했다. 약 40개국이 침략국과의 전쟁에 원조를 제공하겠다고 선포했다. 곧 연합군은 제물포 항에 상륙했고, 남한의 영토를 해방시키기 시작했다. 연합군의 성공은 북한에게 예상 밖이었고 빠르게 그들에게 패배할 위협이 조성되었다. 그래서 북한은 소련과 중국에 도움을 요청했다. 소련에서 곧 미그 15요격기를 포함한 최신형의 무기들이 공급되었고, 군사 고문관들이 도착하기 시작했다. 중국에서 수십만 명의 자원병들이 북한군을 돕기 위해 이동했다. 큰 손실을 입고서 전선을 지킬 수 있었고 지상전은 중단되었다.

한국전쟁에서 9백만 명의 한국인들, 약 1백만 명의 중국병사들, 5만 4천 명의 미국병사들, 많은 소련군의 병사와 장교들이 죽었다. 한국전쟁은 냉전은 실전으로 쉽게 확대될 수 있다는 사실을 보여주었다. 미국뿐만 아니라 소련도 이것을 이해했다. 1952년 대통령 선거에서 승리한 아이젠하워 미국 대통령이 승리한 후에 양진영은 국제관계에서 교착상태에서 벗어나는 출구를 모색하기 시작했다.

결 론

냉전의 발생은 유럽과 전세계를 두 적대적 군사-정치적 진영으로의 분열의 토대를 놓았다.

41. 전후의 사회 · 경제적 발전

전쟁의 경제적 결과

전쟁은 소련의 경제에 심각한 타격을 주었다. 첫 5년 동안 서쪽지방에서 생산된 모든 것은 파괴되었다. 1710개의 도시와 소도시가 파괴되고, 7만의 마을과 농촌이 파괴되었고, 31 850 중공업 공장과 경공업 공장들이 폭파되었다. 1135 광산, 6만 5천 ㎞의 철도가 폭파되었다. 이것은 국민 총생산의 3분의 1이 파괴된 것이다.

그러나 인명 손실이 가장 심각했다. 전쟁은 거의 **2천 7백만의 인명손실**을 가져왔다. 그래서 전쟁시의 소련의 인구수는 18% 감소했고, 노약자들의 수가 2천 5백만이 넘었다. 파괴된 경제의 부흥은 조국의 땅의 해방되었을 때부터 시작되었다.

1943년에 당과 정부의 독일군 점령 지역에서 해방된 지역의 경제 복구에 관한 규정이 법안으로 채택되었다. 후방의 근로자들의 영웅적인 투쟁은 병사들 못지않았다. 그래서 1944년에 독일에서 해방된 지역은 이미 국가의 곡물 총 생산량의 절반 이상을 생산했고, 고기와 닭의 총생산의 4분의 1이 생산되었다. 전쟁이 끝났을 때에 비로소 소련의 인민들에게 나라의 경제부흥이 중대한 과제로 제시되었다.

경제정책에 대한 논쟁

1945년에 소련의 국가 계획위원회(Госплан)에 제 4차 5개년 계획의 입안이 위임되었다. 계획안의 입안 과정에서 나라의 경제를 빠르게 회복시킬 수 있는 방법에 대한 다양한 제안들이 제기되었다. 소련의 정권초기의 신경제정책의 경험이 연상되었다. 신경제 정책이 실시될 때처럼 농산품의 자유로운 거래로의 전환, 공업생산의 증진, 화폐제도 개혁, 루블의 금본위 제도의 도입, 국영 협동조합 상점들의 개점 등이 제안되었다.

집단농장의 비효율성 때문에 집단농장의 해체를 요구하는 주장들이 제기되었다. 경제발전에서의 새로운 한계를 한 단계 더 발전시키기 위해서 더 많은 지역에 권한을 부여하는 것이 제안되었다. 마르크스주의-레닌주의적인 경제 이론의 적합성을 의심하는 사람들의 목소리가 처음으로 확산되었다.

1946년 경제학자 메르제네프의 스탈린에게 보내는 서안 중에서

마르크스는 사회주의 시대에 사회적 토대를 재평가했고, 개인적인 토대를 과소평가했다. 사회주의 시대가 도래하면 생산수단과 노동이 공유될 것이고, 상거래 경제가 존재할 수 없을 것이라는 마르크스의 가르침은 옳지 않을 수 있다… 실제적인 경제처럼 농업 경제에서 마르크스 이론의 재검토가 불가피하다.

그러나 이러한 토론에 스탈린이 자신의 견해를 부가했다. 경제를 계획하고 관장한 초 중앙집권화와 경제 외적인 지시에 바탕을 둔 전쟁 이전의 정책을 지속하겠다는 결정이 내려졌다. 1952년에 발표된 스탈린의 논문 ≪소련의 사회주의 경제문제들≫에서 다시 중공업의 최우선 발전계획이 제기되었고, 재산의 완전한 국유화와 노동조직 분배의 가속화의 계획들이 다시 제기되었다. 시장 경제체제의 이용에 관한 생각은 허용되지 않았다. 나라에 가장 필요한 제품과 상품이 만성적으로 부족한 이유를 설명하기 위해서 사회주의에서는 주민들의 수요증대가 항상 생산능력을 초월할 것이라는 이론적 설명이 제시되어야 했다.

제 4차 경제개발 5개년 계획

경제개발 5개년 계획이 1946년 봄에 시작되었다. 5개년 개발계획은 전쟁 이전의 공업 생산성의 복구를 계획했고, 첫 3년 기간에 산업생산의 총 복구를 계획했다. 5개년 계획의 말까지 이러한 지표들을 거의 2분의 1 배로 상승시키는 과업이 제시되었다.

경제 복구는 가장 어려운 상황에서 진행되었다. 경제는 세계생산의 수준으로 재건되었고, 군대가 감축되었고(군대의 총수는 1945년에 1억 1천 4백만 명에서 1948년에 2천 9백 만 명으로 감축되었다), 전쟁에 참여했던 수백만 명의 군 전 역자들에게 일자리가 제공되었고, 수백만 명의 피난민들과 독일로 강제노동을 위해서 끌려갔던 노동자들도 돌아왔고, 동유럽 국가들에게 엄청난 경제 지원이 제공되었고, 노동력 부족이 심각했다. 중공업우선 발전 정책의 목표 때문에 산업에 투입된 총 자본의 88%가 중공업의 발전에 할당되어야 했다.

공업생산의 증대에는 다음과 같은 중대한 요인들이 작용했다. 중공업은 농업의 희생으로 축적된 자본으로 발전했다. 농민들은 실제 판매가격이 2루블 70코페이크인 1리터 우유를 25코페이크에 팔아야 했다. 상점에서 11루블에 팔리는 고기 1kg을 14코페이크에 팔았다. 이렇게 저렴한 농산물 가격으로 축적된 자본이 중공업에 투자되었다. 독일에서 전쟁 보상금으로 가져온 4천 3백만 달러와 독일, 오스트리아, 헝가리, 체코슬로바키아, 만주 등의 독일과 일본의 군수 공장들을 해체하여 가져온 자재들이 중공업 생산의 증대에 투입되었다. 1950년에 강제노동수용소의 2천 5백만 명 이상의 노동력과 약 2천 3백만 명의 강제 이주민들의 노동력이 중공업 분야에 투입되어, 1951년에만 3억 5백만 루블이 넘는 액수의 생산과 노동력을 담당했다. 대규모 개발은 사회주의적 경쟁을 유발했다. 이러한 기간에 ≪우수 노동자 운동≫이 가장 유명했고, 하루에 13일 노동량의 선반을 생산한 레닌그라드의 선반공 보르트케비치(Г. С. Борткевич)가 선도자가 되었다.

전쟁 전에 실시된 3번의 5개년 계획 기간 동안에 건설된 총 산업시설과 같은 6천 200개의 산업체들이 제 4차 5개년 계획 기간에 복구되었거나 새로이 건설되었다. 냉전이 심화됨에 따라 엄청난 예비 군대가 창립되었다. 1953년 초에 그들의 예비자원은 전쟁 전의 나라의 전략 비축량을 4배나 초과하였고, 보석 생산량은 10배나 늘어났고 석유는 3배, 석탄은 5배나 증가되었다. 소련의 금 보유고가 크게 증가하여, 1940년대 말경에는 1500톤이 되었다.

전후의 농촌

농업은 전쟁이 끝난 직후 아주 취약한 상태에 있었다. 1945년에 농업의 총 생산은 전쟁이전 수준의 60%를 넘지 못했다. 1946년에 농업의 상황은 몰다비아, 우크라이나, 중앙 흑토지대의 전례 없는 가뭄 때문에 급격하게 악화되었다. 이곳에서 1946~1947년에 농작물들이 수백만 농지(헥타르)에서 죽었고, 평균 수확량이 헥터 당 400kg을 차지했다.

사료의 부족 때문에 3백만 마리의 가축이 죽었다. 그래서 정부는 식량소비의 절약 조건을 선포했다. 이것은 당시 실시되었던 식량배급 카드제도에 따른 노동자와 군인들에 대한 배급량의 대폭 축소뿐만 아니라 농촌 주민의 85%에게 배급 카드에 따른 식량 배급 중단을 의미했다. 이것은 수천만 명의 생명을 앗아간 기근 사태를 초래했다. 1946~1948년의 기간에 러시아 연방에서만 식량 부족으로 **약 100만 명**이 죽었다. **소련 전역에서 혹독한 기근**에도 불구하고 동유럽의 국가들의 우호적인 정권들에 대한 식량공급은 5배가 증가했고, 가장 어려운 1947년에 그 공급량은 2백 40만 톤에 이르렀다.

아주 기묘한 형태를 채택한 중앙기관의 농업에 대한 엄격하고 사소한 규정이 여전히 집단 농장원들에게는 주요한 장애가 되었다.

1947년 전 소련 공산당 중앙 위원회 전체 회의규정에서

각 도처에 필요량 공급은 20-22센티미터 경작을 준수하고… 전혀 남김없이 모든 보습 날을 사용하고 … 당과 소비에트기관의 중대한 과업중의 하나의 기관 시설… 증대축적, 시행과 땅을 개간하고… 거름을 주었다….

매년마다 현금으로 내는 세금과 농작물로 내는 세금이 매년 증대되었다. 게다다 전후의 힘에 겨운 현물세의 양은 5배나 증대되었다. 1946년부터 1949년까지 집단 농작원들에게 그들의 텃밭을 고려하여 10, 6 밀리언 헥타르 토지가 추가되었다. 1948년에 농민들에게 국가에 작은 가축을 사실상 무상으로 양도하도록 권장되었다. 이것은 전국에서 2백만 마리의 가축을 사라지게 했다. 농민은 예전처럼 여권을 받지 못했고, 그래서 도시로 이주할 수 없었다. 농민들은 연금과 사회 보조도 받지 못했다.

농민들에 대한 이러한 정책은 생산의 증대를 촉진시키지 못했다. 역으로 매년마다 집단농장들은 곡물뿐만 아니라 다른 농산물들을 더욱 적게 생산하였다. 1937년에 곡물 수확량은 8천 7백만 톤이었고, 1950년에는 겨우 6천 6백만 톤으로 줄어들었다. 공식적인 선전은 현실적인 상황에 대해서 침묵시켰을 뿐만 아니라 정반대의 현상을 나타냈다. 1952년에 정부는 소련에서 식량문제는 완전히 해결되었다고 선언했다. 사실상 도시와 군대의 식량과 고기의 공급을 위해서 국가기관은 다시 비상조치를 취하지 않을 수 없었다.

과학과 기술의 발전

예전처럼 소련정부는 기초과학 연구발전에 최우선의 역점을 두었고, 그 중에 군사분야에 이용된 연구에 우선적 중점을 두었다. 1945~1949년에 소련 과학원의 카잔 지부와 나중에 소련 과학원 지부로 전환된 다게스탄, 카렐, 야쿠트 등의 연구단지 등이 창립되었다. 1940년과 비교해서 과학 노동자들의 수는 두 배로 늘어났다.

과학원 과학자 쿠르차토프(И. В. Курчатов)가 이끄는 핵에너지 연구과제가 과학연구의 중요한 방향 중의 하나가 되었다. 사하로프(А. Д. Сахаров), 젤도 비치(Я. Б. Зельдович), 탐(И. Е. Тамм), 하리톤(Ю. Б. Харитон)과 같은 훌륭한 과학자들이 이러한 과제의 해결에

중대한 공헌을 했다.

1949년 8월에 소련의 원자 폭탄의 실험이 성공했다. 원격 조정 자체추진 로켓 제작 수석 설계자로 임명된 코롤레프(С. П. Королев)의 업적으로 1948년에 소련 최초의 자체추진 원격조정로켓 Р-1과 1949년에 최초의 고도의 지구물리학용 로켓 В-1-А가 발사되었다.

신형 무기로 군대를 혁신시키기 위해서 항공 과학과 기술이 급격한 속도로 개발되었다. 1946년 4월에 Як-15와 МиГ-1의 제트 전투기들이 이륙하였다. 이 새로운 타입의 비행기들과 항공 엔진들은 투폴레프(А. Н. Туполев), 일류신(С. В. Ильюшин), 야코블레프(А. С. Яковлев), 안토노프(О. К. Антонов), 미콘얀(А. И. Микоян) 등의 설계기들에 의해서 제작되었다.

1946년에 모스크바에 최초 초단파의 라디오 방송국이 건립되었다. 1951년에는 과학원 회원인 레베데프의 주도로 최초의 소련 전자계산기(컴퓨터)가 제작되었다. 수학, 기계학, 물리학, 천문학과 화학의 몇 분야에서 괄목한 만한 성과들이 성취되었다. 그러나 예전처럼 군수품의 생산부문에서만 운용된 이러한 업적들은 소련 인들의 삶과 생활방식의 개선에 적용되지 못했다.

소련인의 일상생활

전후 기간은 소련인들에게 가장 어려운 시절 중의 하나였다. 수백만 가정이 전쟁에서 가장을 잃었다. 2천 5백만 명이 집 없이 노천에서 지내게 되었다. 농촌의 소실된 오두막집들이 복구되지 않았다. 전 후 오랜 기간 동안 사람들은 토굴, 임시가옥, 철도 역사 등에서 살아야 했다. 시베리아의 도시 주민들 각자에게 1.5~2㎢의 주거공간만이 부여되었다.

사람들의 노동은 집중적이었다. 때때로 하루에 10~12시간 노동해야 했다. 노동의 조건은 전쟁의 결과 때문에 전쟁전보다 많이 악화되었다. 전리품으로 습득한 상당한 기술들이 생산에 투입되었지만, 기술을 전부 얻을 수는 없었다.

농촌에서 종종 암소로 밭을 갈았고, 그것이 없는 경우에는 사람들이 직접 쟁기를 끌었다. 손으로 씨를 뿌렸을 뿐만 아니라 손으로 수확을 했다.

1947년 가을에 식료품에 대한 통일된 가격이 설정되었고, 그 결과로 검은 빵 1kg의 가격은 1루블에서 3.4루블로 올랐고, 고기는 14루블에서 30루블로, 설탕은 5.5루블에서 15루블까지, 크림버터는 28루블에서 66루블까지 올랐다. 평균 급료가 500루블이었다. 양복 한 벌에 450루블, 남성 단화에 288루블, 손목시계에 900루블이 지불되어야 했다. 물가는 1947~1952년의 기간에 정부가 여섯 번이나 내림을 공표했을 만큼 높았다. 그러나 그 후에도 물가는 전쟁 전보다 2~3배가 비쌌다. 게다가 물품은 만성적으로 부족했다. 빵을 사기 위해서 때때로 12~48시간 줄을 서야 했다.

이러한 모든 상황 때문에 우선적으로 농민들은 전시처럼 초근목피(草根木皮)의 생활을 해야 했다. 수영과 쐐기풀, 명아주, 사탕무우 근채 등으로 수프를 끓여서 먹었고, 봄에는 자작나무 껍질 쥬스를 만들었고, 여름에는 버섯과 산딸기를 채집했고, 물고기를 잡았다. 기근의 절정일 때인 1947년 여름에 집단농장의 밭에서 감자, 이삭, 무우 등의 절취에 대해서 장기간의 금고형을 예상한 ≪국가와 공공재산의 절취에 대한 형벌≫에 대한 소련 최고 소비에트 포고령이 채택되었다.

결 론

1946~1947년의 경제정책에 대한 토론은 전쟁전의 경제발전의 모델로의 회기를 의미했던 스탈린 노선의 승리로 종결되었다.

42. 소련의 정치적 발전과 민족 정책

정치적 분위기에 전쟁이 미친 영향

전쟁은 전반전으로 소련 사회에 사회 · 정치적 분위기를 변화시켰다. 전선과 후방의 가장 극단적인 상황은 사람들로 하여금 창조적으로 생각하고, 독자적으로 행동하고, 결정적인 순간에 자신에게 책임을 떠맡도록 강요했다.

전쟁은 소련이 1930년대에 다른 나라와 격리되었던 철의 장막에 구멍을 뚫었다. 적군의 유럽 군사원정의 참여자들(약 1000만 명), 독일에서의 강제 노역을 위해 동원된 소련의 독일군 점령지의 주민들(550만 명)은 자신들의 눈으로 세계를 보았고, 전쟁 전에 그들이 들었던 세계, 붕괴, 가까운 파탄에 대해서 평가할 수 있었다. 개인에 대한 태도, 생활수준, 노동의 조직, 관습 등이 많은 사람들이 소련이 이러한 기간에 걸어왔던 길의 타당성에 대해서 의심했을 정도로 소련의 현실과 달랐다.

전쟁에서 인민들의 승리는 많은 희망과 기대를 낳았다. 농민들은 집단농장의 해체를, 지식인들은 정치적인 강경 분위기의 완화를, 연방과 자치 공화국들의 주민들은 민족 정책의 변화 등을 기대했다. 이러한 분위기는 당과 정부의 지도층에게 보내는 편지와 국가 안보기관들의 보고서에서 나타났다. 그러한 분위기는 새로운 헌법안과 당의 정강과 정책의 토론과정에서도 나타났다. 당 중앙 위원회, 연방 공화국의 중앙 위원회, 인민 위원회의 책임자들과 변경주와 주의 지도층들만이 그러한 제안들을 했다. 그러나 그들도 전시의 특별 재판소들을 해체하고, 당의 경제관리의 기능을 폐지하고, 당과 연방 정부의 지도층의 재임기간을 제한하고, 복수후보자가 출마하는 선거를 실시하려고 했다. 정부 당국은 민주적 방법, 즉 외관상의 민주화로 일어난 사회적 긴장을 완화시키려고 하면서 동시에 자유사상과의 투쟁을 강화하려고 했다.

정치체제의 변화

전쟁이 끝난 후에 1945년 9월에 비상사태가 취소되었고, 국가 방위 위원회도 해체되었다. 1946년 3월에 인민 위원 소비에트는 각료회의(국무회의)로 전환되었다.

1946년 3월 14일의 전연방 공산당(볼셰비키)의전체회의에서 한 스탈린의 연설문 중에서

인민 코미사르 나 코미사르 전체는 불안정한 체제의 시대를 반영한다… 이러한 시대는 지나갔다. 전쟁은 우리의 사회체제가 강건하게 안정되었고, 그러한 명칭은 어울리지 않는다는 것을 보여주었다….

지방 소비에트, 연방 공화국 최고회의, 연방 최고회의 선거들이 실시되었다. 그 결과로 전시에 교체되지 않았던 대의원 구성이 새로워졌다. 소비에트 회기가 더 자주 소집되기 시작했다. 인민재판소의 판사들을 선출하는 선거가 실시되었다. 그러나 외관상의 민주적 변화에도 불구하고 권력은 여전히 당기구의 수중에 있었다. 소비에트들의 활동은 자주 공식적인 성격을 띠었다.

전연방 공산당 볼셰비키(ВКП(б))를 **소련 공산당**으로 명칭을 변경하는 결정을 채택했던 **19차 공산당 대회**가 18차 공산당 전당대회 이후 3년 후인 1952년 10월에 개최되었다. 거의 3번의 정해진 임기동안 개최되지 않았던 노동조합과 전연방 레닌 공산

주의 청년동맹의 대회가 이 전에 열렸다. 그러나 이것은 외관상의 적극적인 민주적 변화에 불과했다. 정권은 현저하게 잔혹해졌고, 정치적 탄압의 새로운 파도가 밀려왔다. 전쟁의 민주적 충격과 철의 장막의 틈새가 정권의 잔혹함의 주된 원인들이었다.

변화의 바람은 지도자의 최측근들과도 관계가 있었다. 1945년 가을에 스탈린은 사임했고, 그 대신에 남은 4인방 즉 몰로토프, 베리야, 말렌코프, 미코얀 등이 서방국 특파원들이 보내는 자료에 대한 검열을 완화했다. ≪데일리 헤랄드≫ 영국의 신문에 다음과 같은 기사가 실렸다. 모스크바에서 스탈린의 오랫동안의 부재는 그가 제안 받았던 총리직에서 사임에 의해서 설명되었다. 몰로토프가 후계자로 언급되었다. 스탈린은 그런 소란에 대해서 4인방을 용서하지 않았다. 몰로토프는 제1 부수상직에서 축출되었고, 베리야는 인민 내무 위원회의 의장직에서 해임되었고, 말렌코프는 통렬히 비판을 받아 카자흐스탄의 당직으로 좌천되었고, 미코얀은 직무에서 심각한 과오를 지적받았다.

동시에 스탈린은 나이든 당 간부들 대신에 비교적 젊은 관리들, 즉 코시긴(А. Н. Косыгин), 즈다노프(А. А. Жданов), 보즈넨스키(Вознесенский), 쿠즈네초프(А. А. Кузнецов) 등을 최측근으로 등용했다. 그들은 오랫동안 레닌그라드에서 일했다. 그러나 1948년에 레닌그라드 당조직의 지도자들이 체포되기 시작했다. 이른바 ≪레**닌그라드 재판**≫ 사건 때문에 레닌그라드를 모스크바에 대항시키려는 시도로 비난을 받았던 2000명 이상이 체포되었다. 정치국원이고 소련 국가계획 위원회 의장인 보즈넨스키, 당 중앙위원회 서기 쿠즈네초프, 러시아 연방의 각료회의 의장인 라디오노프(М. И. Родионов) 등을 포함한 200명이 재판에 회부되어 총살되었다.

전쟁이 끝났을 때 **강제노동 수용소(ГУЛАГ)**의 수용자들은 새로운 **인민의 적들**로 보충되었다. 시베리아와 코미 자치 소비에트 사회주의 공화국에 있는 강제노동 수용에 과거의 전쟁 포로에서 석방된 수십만 명이 수용되었다. 과거의 관료들, 지주들, 기업가들, 발트해 연안 국가들, 서 우크라이나, 벨로루시 출신의 부유한 농민들도 이러한 강제노동수용소에 수용되었다. 강제노동수용소에는 수십만 명의 독일인과 일본인 전쟁포로들도 있었다. 1940년대 말부터 생산량의 목표를 달성하지 못했거나 수확의 고된 노동 후에 약간의 감자나 곡물의 이삭을 땅 속에 숨겨 두는 형태로 사회주의 소유 제도를 위반한 수천 명의 노동자와 농민들도 강제노동수용소에 수용되기 시작했다. 다양한 자료에 따르면 이러한 기간에 강제노동수용소에 수용된 인원은

4~500만에서 1200만에 이르렀다.

하지만 이것은 적은 수였다. 1952년 말과 1953년 초에 ≪**민그렐 사건**≫과 ≪의사들 사건≫ 때문에 대규모 체포가 있었다. 즈다노프(А. А. Жданов), 세르바코프(А. С. Щербаков), 다른 유명한 당 인사들의 죽음을 초래했던 당의 최고 지도자들에 대한 적절치 못한 치료 때문에 의사들이 비판받았다. 베리야도 관련되었을 지도 모르는 ≪민그렐 사건≫은 스탈린의 암살음모로 피소되었다. 스탈린은 몰로토프, 미코얀, 보로실로프 같은 당 원로들도 포함된 ≪**인민의 적들**≫이라고 불리는 새로운 형태의 탄압의 불가피함에 대해서 더욱 더 자주 자신의 측근들에게 말하기 시작했다. 스탈린은 도시의 광장에서 공개처형의 집행의 불가피성에 대해서도 말했다.

정권과 교회

1945년 2월에 러시아 정교회 지방 종교회의는 **알렉시야 1세**를 모스크바와 전러시아의 새 대주교로 선출했다. 그는 전쟁의 최종단계에서 적을 격퇴하려는 정부의 노력을 지지하는 노선을 지속했다. 그러나 전쟁 후에는 세계의 여러 나라에서 자신의 대표자들을 통해서 진행했던 평화활동에 적극적으로 참여했다.

교회를 다시 개방하려는 신자들의 갈망은 눈에 띄게 강해졌다. 1944~1948년에 23,000명 이상의 성직자들이 정부에 그러한 탄원을 호소했다. 대부분의 경우에 당국은 신앙인들의 탄원을 들어주었다. 이것은 많은 수의 성직자들을 요구했다. 총 대주교 알렉시야는 모스크바 신학 대학과 신학과정을 모스크바 성직자 양성소 신학교로 전환했다.

몇몇 당 관료들은 전쟁이 끝났을 때 교회의 의무는 다했다고 생각해서 교회와의 투쟁을 강화할 것을 제안했다. 전 연방 공산당 중앙 위원회 서기 **수슬로프(М. А. Суслов)**는 새로운 상황에서 무신론 선전 과업에 관한 중앙 위원회 특별한 규정을 준비했다. 그러나 스탈린은 그것을 채택하기를 거절하고 기존의 교회와의 관계를 유지하기로 결정했다. 곧 당의 공식적인 문서에서 무신론적인 과업의 개념 자체도 사라졌다.

그러나 이러한 모든 것이 교회의 활동에 대한 탄압의 중지를 결코 의미하지는 않았다. 1947~8년 기간에만 약 2,000명의 다양한 교파의 성직자들(정교회 679, 소수교파 1065, 이슬람 76, 불교 16, 가톨릭과 루터교 118, 유태교 14명)이 체포되었다. 매년 다양한 교파의 100명의 성직자들이 총살되었다. 그러나 이들 대부분은 공식적인 교회 당국과의 투쟁을 이끌었던 사람들이었다.

민족 정책

전쟁에서 승리한 이유 중의 하나였던 소련 인민들의 단합과 우정은 국가 경제 재건에도 완전하게 나타났다. 러시아 소비에트 사회주의 공화국 연방과 우크라이나, 벨로루시, 몰도바, 발트해 연안국 공화국들의 기업들을 복구하는 과정에서 다양한 민족의 대표자들이 노력을 기울였다. ≪자포로쉬스탈≫이라는 우크라이나의 종합 공업지대를 재건할 때 ≪리가≫, ≪타쉬켄트≫, ≪바쿠≫, ≪극동≫ 등의 지명이 새겨진 깃발들이 펄럭였다. 소련의 70개의 도시에 있는 200개의 공장들이 이 거대한 산업의 재건에 대한 요구를 완수했다. 공업지대의 복구를 위해 2만 명 이상이 여러 공화국에서 왔다.

전쟁 중에 소개되었던 기업들의 토대 위에서 동쪽 지역에 강력한 산업 기지들이 형성되었다. 우랄, 시베리아, 카자흐스탄, 우즈베키스탄, 그루지야 등에 금속공업 지역이 건설되었고, 대규모로 확대되었다. 1949년에 세계에서 처음으로 카스피 해에서 아제르바이잔 석유기업들이 원유채취를 시작했다. 대규모 석유 생산지가 타타르 공화국에 건설되기 시작했다.

전쟁에 의해서 중단되었던 발트해 연안의 공화국, 우크라이나와 벨로루시의 서쪽

지역, 몰도바 드니예스트르강 우안 지역의 산업화 과정이 계속되었다. 이곳에 건설된 산업체 기업들은 규모와 장비에 의해 새로워졌고 모스크바, 레닌그라드, 첼랴빈스크, 하리코프, 트빌리시와 다른 소련의 도시에서 생산된 기계들과 장비들로 혁신되었다. 그 결과 이러한 지역에서 산업 생산성은 4차 5개년 계획기간에 2~3배나 증대되었다.

전쟁의 ≪민주적 충격≫은 자신들의 뿌리와 역사적 과거의 영웅적인 시대들을 돌아보는 민족의식의 증대에서 완전하게 나타났다. 전시에 이미 타타르에서 자신들의 옛 조국인 킵차크한국과 바투와 **에디게이** 같은 통치자들을 다룬 역사가들과 작가들의 저술들이 등장했다. 그들은 타타르 국가의 창시자들로서 묘사되었다.

1944년 8월 9일에 발표된 전 연방 공산당 중앙 위원회 결의문 중에서

역사가들과 문학가들이 타타르의 역사 연구에서 민족적 특징에 대한 심각한 불충분과 오류를 제거하였다….

바시키르 공화국에서 ≪바시키리야 역사의 특징≫, 민족적 영웅들을 주제로 한 문학작품인 ≪이두카이와 무라딤≫, ≪영웅들의 서사시≫ 등이 출판되었다. 1812년의 영웅들에게 헌정된 ≪카힘-투랴≫희곡에서 러시아 병사들과 함께 조국을 수호한 바시키르인들이 등장했다. 그러한 작품들은 다른 민족의 작품에서도 나타났다. 그러한 작품 속에서 정권 당국은 과거의 한 봉건국의 대중화와 인민들의 저항을 목격했다.

전후의 민족주의 운동

전쟁은 전쟁 후에도 중단되지 않고 지속된 민족주의의 운동의 활성화를 유발했다. 우크라이나에서는 우크라이나 반란군들이 전투를 계속했다. 벨로루시에서는 전후 첫 1년 동안에만 900개의 반란군 부대가 해체되었다. 발트해 연안에서 빨치산 민족주의자들의 손에 죽은 당과 소비에트 활동가들의 총수는 불충분한 자료에 따르면 13,000 이상이 되었다. 몰다비야에서 수백 명의 민족주의자들이 지하에서 활동했다. 이러한 모든 사람들이 자신들의 공화국이 소련에 합병되는 것과 여기에서 시작된 전면적인 집단화 조치에 저항했다. 내무인민 위원부의 군대에 대한 저항은 1951년까지 지속될 정도로 완강했다. 리투아니아, 라트비아, 에스토니아에서는 총 2,500정의 기관총과 약 5만개의 자동소총, 라이플총, 권총이 발견되었다.

이러한 민족 운동의 폭발은 탄압의 물결을 유발했다. 지하 민족운동의 참여자들뿐만 아니라 다양한 민족의 대표자들도 숙청되었다. 1948년 5월에 내무성은 리투아니아 반란군의 가족들과 부농출신 반도들을 리투아니아에서 시베리아로 추방하는 봄 작전을 실시했다. ≪봄 숙청 작전≫으로 전부 40만 명이 추방되었다. 비슷한 조치들이 라트비아와 에스토니아의 민족주의자들에 대해서도 취해졌다. 라트비아인 15만 명과 에스토니아인 5만 명이 동쪽으로 추방되었다. 우크라이나와 벨로루시의 서부지방의 주민들에 대한 탄압이 가장 대규모로 실시되었다. 그곳에 탄압을 받은 총수는 50만 명이 넘었다.

박해는 체포, 추방, 총살의 형태로만 실시된 것은 아니었다. 민족적인 작품들이 금지되었고, 선전 문헌을 제외한 민족 언어로 된 서적 출판이 제한되었고, 민족어로 교육을 하는 학교의 수가 감축되었다. 집단 수용소 내의 모든 다른 민족의 대표자들과 함께 러시아 민족 운동의 지도자들의 투옥기간도 연장되었다. 그러한 민족 정책은 소련과 다양한 인민들의 새로운 민족 운동의 비등을 촉발하지 않을 수 없었다.

결 론

전후의 첫 기간에 소련의 정권은 더욱 더 엄격해졌다. 소련 전역으로 탄압의 새로운 물결이 확산되었다. 정권의 엄격함은 자신들의 역사와 문화에 대한 민족들의 증가된 관심으로 나타났던 연방 공화국들과 자치 공화국의 민족주의와의 투쟁에서도 보였다.

43. 소련사회의 정신적 생활

문화에서 ≪서방의 영향력≫과의 투쟁

≪민주적 충격≫이 예술문화의 발전에서도 나타났다. 전쟁기간에 서방국가들과의 협력은 서방측과의 문화교류의 확대를 위한 기회를 제공했다. 소련의 현실에 공식적인 공산주의 이데올로기에 근본적으로 반대하는 자유주의적 요소의 침투를 불가피하게 초래했다. ≪철의 장막≫이 돌파되었다. 냉전이 시작된 상황에서 이것은 스

탈린을 불안하게 할 수 밖에 없었다. 1946년에 ≪서방의 영향력≫과 ≪서방에 대한 아첨≫에 저항하는 운동이 전개되었다. 이러한 캠페인은 정치국원과 전연방 공산당(볼셰비키) 중앙 위원회 서기인 **즈다노프(A. A. Жданов)**가 이끌었다.

즈다노프

즈다노프의 연설에서

해외에서의 놀랄만한 부르주아 영향력은 소련문화의 보고를 오늘날의 부르주아 예술의 낡은 양탄자와 교환하려는 경솔하고 세련되지 못한 시도에 표현된 소련의 지식인층의 몇몇 대표자들의 의식 속의 자본주의의 잔재와 교감될 것이라는 것을 고려해야 한다.

이러한 노선은 1948년에 시작된 세계주의와의 투쟁운동 과정에서 훨씬 더 강화되었다. 소련은 다시 나머지 세계와의 이념적인 문화적 고립 상태에 들어갔다.

문 학

전쟁 후 처음으로 발표된 문학작품들의 주제는 전쟁과 다른 사회주의의 위기의 상황에서 개인들의 느낌, 인내, 나라와 세계의 운명에 대한 각 개인의 책임감 등이었다. 과거의 전쟁의 추억에 관한 주제들인 조국의 수호자들의 영웅주의와 용기 등이 폴레브이의 ≪오늘날 사람들에 관한 이야기≫, 트바라도브스키의 시집 ≪길가의 집≫, 파데예프의 중편 ≪청년 친위대≫, 네크라소프의 중편 ≪스탈린 그라드의 참호에서≫ 등의 문학작품들의 중심 주제들이었다.

이러한 시대의 문학적 주인공들은 전쟁을 겪었고, 평화로운 생활을 부활시켰다. 소련 인민들의 내면의 세계와 그들의 정신적 풍요로움이 케틀린스카야의 ≪우리 삶의 일상들≫와 페딘의 ≪첫번째 기쁨≫ 등의 장편 소설에서 주제로 표현되었다. 인기 있는 장르인 가족사에서 마르코프는 시베리아에 관한 장편소설 ≪스트로고프 가문≫을 발표했다. 레오노프는 그의 장편소설 ≪러시아의 숲≫에서 인간과 자연의 끊을 수 없는 관계를 표현했다.

아주 훌륭한 작품들이 연방과 자치공화국의 작가들에 의해서 창조되었다. 우크라이나 작가 스텔마흐는 자신의 3부작 즉 ≪빵과 소금≫, ≪사람들의 피는 물이 아니다≫, ≪거대한 친척≫에서 1905년 혁명부터 대 조국 전쟁의 발발까지 우크라이나 농민들이 살아온 과정을 표현했다. 벨로루시 시인 콜라스는 ≪여자 어부 하타≫를 창작했다. 훌륭한 민족시인들인 바시키르 자치 공화국의 감자토프, 카바르지노-발카리야의 쿠릴예프, 칼미크의 쿠굴티노프 등의 훌륭한 전기가 집필되기 시작했다.

문학 작품의 내용에 대한 당의 통제가 강화되었다. 1946년에 잡지 ≪별≫과 ≪레닌그라드≫에 대한 전연방 공산당 중앙 위원회의 규제가 채택되었다. 그 규정에서 저질과 쓰레기 문학인이라고 불렸던 조쉬첸코와 아흐마토프(A. A. Ахматов)가 신랄하게 비판받았던 잡지 ≪레닌그라드≫는 폐간되었고, 잡지 ≪별≫은 편집인들이 교체되었다. 문학계의 숙청을 위한 투쟁의 주요한 결과는 일련의 잡지들의 폐간, 많은 작품들의 금지와 작가들에 대한 탄압이었다. 이것은 국내 문학의 침체의 원인이 되었다.

연극과 영화

전쟁 기간에 두드러진 소련 인민들의 역사적 전통, 사람들의 감정과 경험에 대한 호소는 전후에 신랄한 비판을 받았다. 1946년에 ≪연극의 상연목록과 연극의 개선을 위한 조치들에 대한≫ 전연방 공산당 중앙 위원회 규정이 채택되었다. 그 규정에서 ≪차르, 한, 귀족들의 생활의 미화≫, ≪부르주아적인 서방의 극작가들의 연극을 공연목록에 포함시키는 것≫, ≪부르주아적인 견해와 도덕을 공개적으로 선전하는 것≫, ≪협소한 취향과 도덕에 탐닉≫ 등이 비판을 받았다. 많은 극작가들은 문학 분야에서 이탈이 아니었고, 과거의 소련의 이념과 도덕의 이러한 상태는 소련 연극에서 용납될 수 없었고 노동자들을 양육하는데 이익이 되지 않았다.

공산주의를 위한 투쟁의 열의를 주제로 다루는 연극의 수를 증대시키라는 지시가 내려졌다. 그러나 주문에 맞추는 그러한 연극을 창작하는 것은 평범한 일이 아니었고, 그렇게 많은 성공을 거두지도 못했다. 모스크바의 사티라 극장에서 상연된 디야코노프(H. M. Дьяконов)의 ≪지참금과의 결혼≫은 전후 시대의 빼어난 연극 중의 하나가 되었다. 아주 특별한 공연 중의 하나가 되었다. 파데예프(A. A. Падеев)의 소설을 각색한 ≪청년 경비대≫와 라브레네프의 ≪바다에 있는 사람들을 위하여≫가 유명했다. 이러한 기간에 모스크바의 볼쇼이 극장의 무대에서 울라노바(Г. С. Уланова)가 춤을 추었고, 아주 뛰어난 발레리나 플리세츠카야(M. M. Плисецкая)가 출연하기 시작했다.

마카로프와 모르듀코프 등이 첫 연기를 시작했던 게라시모프(C. A. Герасимов)의 ≪청년 경비대≫, 바르네트(Б. В. Барнет)의 ≪척후병의 공훈≫, 스톨페르(A. Б. Столпер)의 ≪현대인의 이야기≫ 등이 빼어난 영화들이었다. 코메디 영화 알렉산드로프(Г. В. Александров)의 ≪봄≫과 피리예프(И. А. Пырьев)의 ≪시베리아의 토지 이야기≫가 인기를 누렸다. 피리예프 감독의 ≪쿠반의 카자크들≫은 현실과 먼 전후의 농촌생활의 모습을 영상으로 표현했다.

문화의 다른 창작물처럼 많은 영화들과 감독들이 ≪무사상≫으로 비난을 받았다. 전후 돈바스의 복구의 어려움에 대한 이야기를 영상에 담았던 루코프(Л. Л. Луков) 감독의 ≪거대한 삶≫의 두 편의 시리즈는 공산당의 활동가들의 가시적 묘사 때문에 비판을 받았다. 푸도브킨(В. И. Пудовкин)의 ≪나흐모프 제독≫, 에이젠쉬테인(С. М. Эйзенштейн) 의 두 편의 시리즈 ≪이반 그로즈니이≫ 등이 비판을 받았다.

음 악

전쟁전의 음악 극단과 연주단체들의 조직은 짧은 기간에 복구되었고 확대되었다. 1950년부터 러시아에서 민족 예술의 공연이 재개되었다. 새로운 세대의 재능 있는 예술가들이 등장했다. 지휘자인 로즈데스트벤스키(Г. Н. Рождественский)와 스베틀라노프(Е. Ф. Светлано), 피아니스트인 리흐테르(С. Т. Рихтер), 바이올린 연주가인 코간(Л. Б. Коган), 가수 아르히포바(И. К. Архипова), 오트스(Г. К. Отс), 페트로프(И. И. Петров) 등이 예술의 자신들의 분야에 활동을 시작했다.

무라델(В. И. Мурадель)의 오페라 ≪위대한 우정≫, 프로코피예프(С. С. Прокофьев)의 발레곡 ≪석화≫, 글리에르(Р. М. Глиэр)의 ≪청동의 기사≫, 카라예프(К. А. Караев)의 ≪7명의 미녀≫, 카파의 ≪칼레비포에트≫ 등의 음악적 대작들이 창작되었다.

하지만 여기에서 작곡가들에 대한 박해 없이 지나가지 않았고, 그들의 작품들이 형식주의의 반대중적 성향과 대중적 음악전통에 대한 경시 때문에 비판을 받았다. 1948년에 전연방 공산당 중앙 위원회에서는 소련 음악에서 퇴폐적인 경향에 관한 규정을 채택했다. 비난의 화살이 무라델, 푸로코피예프, 쇼스타코피치, 하차투랸 등에 집중되었다. 그들의 작품은 이용되기를 중단했고, 공연장과 극장들이 그들 작품의 공연을 거절했다. 이러한 일들은 국내의 음악을 양질의 세계적 문화 성과들로부터 고립시켰다.

교 육

전쟁으로 파괴된 교육체제의 복구가 중요한 과제 중의 하나였다. 교육체제의 복구는 학교의 건설로부터 시작되었다. 1946~1950년에야 비로소 18,538 학교 건물들이 복구되었다. 1950~51년 학년에 222,000 초등교육의 학교에서 3,500만 명의 아이들이 공부했다. 과학과 교육에 국가지출이 끊임없이 증대되었다. 1946년에 이미 과학과 교육에 대한 국가 예산은 과거에 비해서 2.5배 이상 증대되었다. 전쟁으로 중단되었던 7년 의무교육의 과정이 실시되기 시작했다.

복구 문제는 최고수준의 새로운 분야의 전문가들을 필요로 했다. 1946~1948년에 이미 고등교육기관의 수는 전쟁 전 수준을 넘었고, 학생들의 질에 있어서도 이러한 지표는 1947년에 전쟁 이전의 수준을 능가했다.

전쟁을 겪었던 사람들은 지식에 대한 놀라운 탐구의 욕구를 나타냈다. 전쟁 전에 교육을 받을 수 없었던 젊은 층은 지금 생산현장을 이탈하지 않고 교육을 받았다. 제 4차 5개년 계획의 말엽에 고등교육 기관에서 65만 2천 명의 엔지니어, 교사, 의사, 농학자, 다른 전문가들이 양성되었다. 이 기간에 중등 특별 교육기관들이 127만 8천 명을 배출시켰다.

결 론

전후의 시대에 과학과 문화의 많은 업적에도 불구하고 지식인들에 대한 당의 통제와 이념적 지시는 더욱 더 강화되었다.

✔ 제 5장의 결론

위대한 조국전쟁에서의 승리는 소련 인민들에게 엄청난 희생을 치르게 했고 개혁이 임박했다는 기대를 갖게 했다. 집단 농장의 해체, 탄압정책의 완화, 알려진 한계 내에서 소규모 개인적 영농의 허용 등이 자주 언급되었다. 전쟁에서의 승리는 정치체제의 개혁의 가능성도 열어 놓았다.

그러나 스탈린의 전체주의 체제는 민주적 충격과 배치되었다. 스탈린 체제의 위상은 전시에 약화되지 않았을 뿐만 아니라 전후의 기간에 역으로 더욱 더 강화된 것 같았다. 이러한 상황에서 전후의 초기에 민주주의적 전체주의적 경향의 투쟁이 사회적 발전의 주된 목적이 되었다.

이러한 투쟁에서 전쟁 이전의 정치 · 경제체제로의 복구를 시도했고, 몇 가지 기존 체제의 가장 증오스러운 현상들로부터의 이탈을 사회주의 체제에 대한 배신으로 보았던 스탈린이 이끄는 정치세력들이 승리했다. 1940년대 말에 사회관계의 개혁의 지지자들과 잠재적인 개혁가들이 당과 정부의 지도층에서 숙청되었다.

전시에 활발해진 민족주의 운동과 분위기에 대한 정권 당국의 대응인 민족 정책은 엄격해졌다. 기존의 체제를 강화하려는 시도는 외부세계와 전쟁의 최종단계에서 나타난 민주적 경향에서 소련을 고립시키려는 정책을 초래했다.

전쟁 이전의 사회발전 방식으로의 복구는 경제적 · 정치적 위기의 소용돌이로 휘말리는 것을 의미했다. 그 결과 1950년대에 초에 이미 소련의 경제적 위기 현상은 강화되었다. 정권당국은 개혁을 시작하지 않으면 안 되는 상황에 직면하게 되었다.

제6장
소련의 산업사회의 경제적 기반의 건설 (1953~1964)

44. 정치체제의 변화와 민족 정책의 진화

스탈린 사후의 권력투쟁

1953년 3월 5일 스탈린이 죽음과 함께 소련생활에서 한시대가 완성되었다. 최고 권력의 이양에 대한 합법적으로 규정된 제도의 부재는 심각한 위기를 유발했다. 최고 지도자의 자리를 차지하기 위한 투쟁은 1958년 봄까지 지속되었고 여러 단계를 거쳤다.

1953년 3~6월 사이의 첫 단계에서 신임 각료회의 의장인 **말렌코프**(**г. м. маленков**)와 국가안보성의 기능도 이양 받은 내무성 장관으로 임명된 **베리야**(**л. п. Берия**)가 국가의 중요한 자리들을 차지했다. 새로운 지도부가 취한 첫 조치들은 획기적 이였다. 스탈린의 우상숭배에 대한 비판이 시작되었다. 실질적인 권력은 소련 공산당 중앙 위원회에 있지 않고, 정부기관인 각료회의에 집중되었다. 120만 명에 해당하는 대 사면(赦免)이 선포되었다. 치안기관들의 첫 개편이 실시되었다. 고문이 금지 되었고, 수용

베리야

말렌코프

불가닌

흐루쇼프

소의 관리가 내무성에서 법무성으로 이관되었고, 내무부의설국이 내각의 건설성으로 이관되었다.

당기관의 기능을 제한하려는 시도는 말렌코프와 베리야에게 심각한 결과를 가져왔다. 정부의 직책을 갖지 않았던 **흐루쇼프(Ники́та Серге́евич Хрущёв)**는 당기구의 이익의 수호자의 역할을 했다. 1918년에 볼셰비키 당에 입당한 후에 그는 곧 당의 고위직으로 승진했다. 1930년대에 흐루쇼프는 모스크바 시당 위위회와 주당 위원회의 제1서기로 활동했고, 우크라이나 공산당 중앙 위원회를 거쳐서 정치국의 위원이 되었다. 전시에는 일련의 전선에서 군사 위원회의의 위원으로 활동했다. 종전 후에 그는 우크라이나에서 모스크바로 발령을 받았고, 전연방 공산당 중앙 위원회의 서기로 선출되었다. 흐루쇼프는 절대적인 권력을 가진 베리야를 제거하는 음모를 조직하고 주도했다. 1953년 6월 26일에 내무성 장관은 정부 간부회의 회의에서 체포되었고, 12월에 ≪영국 스파이≫, ≪당과 소련인민의 적≫으로 총살되었다. 당 지도부에 대한 범죄적 행위가 비난의 핵심으로 일반인들에 알려졌다.

1953년 여름부터 1955년 2월까지 권력투쟁의 2단계가 진행되었다. 이제 권력투쟁은 날마다 약화되고 있는 말렌코프파와 강대해지고 있는 흐루쇼프파 간에 벌어졌다. 1953년 9월에 흐루쇼프가 소련 공산당 중앙 위원회 제 1서기로 선출되었다.

국가안보위원회(КГБ) 의 창설 후에 흐루쇼프는 이러한 중요한 부서의 장으로 자신의 측근인 세로프(И. А. Серов) 장군을 임명할 수 있었다. 대중 탄압의 조직자 중의 한 사람으로서 흐루쇼프와 관련된 서류들이 폐기되었다. 1954년 12월에 ≪레닌그라드 사건≫을 조작한 과거의 국가 안보기관의 책임자들(전 국가 보위성 장관 아바쿠모브이를 정점으로 한)에 대한 재판과정이 열렸다. 이 재판의 주요한 목적 중의 하나는 사건의 관련자들 중의 하나로 **말렌코프**의 명예를 실추시키는 것이었다. 이것은 말렌코프를 권력에서 축출시키기 위한 중대한 구실이 되었다. 1955년 1월에 말렌코프는 중앙 위원회 정기 전체 회의에서 신랄하게 비판받았고, 사임해야 했다. **불가닌**(Н. А. булганин)이 새로운 정부 수반이 되었다.

1955년 2월부터 1958년 3월까지의 권력투쟁의 3단계는 흐루쇼프와 몰로토프, 말렌코프, 가가노비치, 불가닌 등의 중앙 위원회 간부회의의 원로들과의 대결의 시기였다. 집단 지도체제에서의 이탈과 흐루쇼프의 역할 강화에 불만을 가졌던 그들은 1957년 6월에 중앙 위원회 간부회의 회의에서 다수결로(9대2) 중앙 위원회 제일 서기 자리에서 흐루쇼프를 해임하고 그를 농업성 장관으로 임명하는 결정을 했다. 군대와 국가 안보위원회의 지원뿐만 아니라 지방 공산당 간부들의 지원에 의존하여, 흐루쇼프는 **중앙 위원회 전체 회의**를 소집하였다. 그 회의에서 간부회의의 다수가 **반당집단**으로 선포되었고 그들의 지위들이 박탈되었다. 흐루쇼프 지지자들은 더욱 더 위치를 강화했다. 1958년 3월에 이러한 권력투쟁의 단계는 수상직에서 불가닌이 축출되고, 중앙 위원회 제 1서기의 자리를 유지한 흐루쇼프가 수상에 취임한 것으로 끝났다. 이것은 완전한 승리일 뿐 아니라 스탈린 식의 단일 지도체제로의 복귀를 의미했다.

20차 소련공산당 대회에서의 복권

1953년 3월경에 1천만 명이 감옥과 수용소에 투옥되어 있었다. 1953년 3월 27일의 대사면은 120만 명의 투옥자들을 석방했지만, 그들을 복권시키지 않았다. 1954년에야 비로서 스탈린 탄압의 희생자들의 복권과정이 효력을 발휘하기 시작했다. 그러나 그러한 복권과정은 어렵게 진행되었다. 1956년 2월에 개최된 **20차 소련공산당 대회**의 기간에 군사최고 재판소에 의해서 7678명만이 복권되었다. 스탈린 이후의 소련 지도층의 개인적인 용기뿐만 아니라 진지한 정치적 계산이 이러한 과업의 토대가 되었다. 훗날 흐루쇼프가 다음과 같이 기술했다. ≪이러한 문제들은 더 미룰 수가 없었다. 내가 이해하지 못했다면, 다른 사람도 이해하지 못했을 것이다. 이것은 시대의 명령에 귀를 기울이지 않는 지도자에게 파멸이 되었을 것이다≫.

복권의 주요한 과업은 예정된 스탈린의 대내외 정책의 수정을 뒤 받침 하는 이론적 토대를 구축하는 것이었다. 공산당 최고 지도층에서 미래의 전당 대회의 두 가지 기본적인 접근의 현상이 나타났다. 몰로토프를 정점으로 하는 중앙 위원회 간부위원 중 일부는 **스탈린식의 발전모델**의 보존을 지지했고, 베리야와 말렌코프가 시작한 개혁을 비판했다(흐루쇼프의 개혁도 포함하여). 흐루쇼프가 이끄는 더 많은 수의 간부위원들이 포함된 다른 정파는 당의 정책의 새로운 접근의 공고화를 주창했다. 중앙 위원회 간부회의는 중앙 위원회를 구성하는 선거 후에 폐쇄된 회의에서 **스탈린 우상숭배**에 대한 보고서를 듣고, 질문도 하지 않고, 답변도 하지 않기로 결정했다.

흐루쇼프가 대표로 낭독하기로 위임된 보고서에서 무법적인 스탈린 정권이 불법적인 많은 사건들이 제시되었다. 그러나 스탈린을 지지하는 공산주의자들만이 스탈린의 희생자 수로 계산되었다. 게다가 몰로토프 집단의 영향을 받은 보고서에는 인민의 적에 관한 전통적인 규정, 스탈린 지도부의 그들과의 투쟁의 정당성이 포함되었다. 스탈린주의는 사회주의 본질을 변화시키지 않았다는 것이 언급되었다. 이러한 모든 것은 **소련 공산당 20차 당 대회**에서 스탈린만이 비판을 받았고 아마도 스탈린의 동조자와 계승자들도 이해할 수가 없었던 스탈린의 본질은 비판되지 않았다.

그럼에도 불구하고 **소련 공산당 20차 당 대회**에서 흐루쇼프의 보고는 역사적 의미를 가졌다. 이것은 스탈린주의의 현상의 이해와 스탈린 범죄의 비판에 돌파구가 되었다. **20차 소련 공산당 대회**는 스탈린 폭정의 희생자들의 복권을 지속하는 문제에 있어서도 의미를 가졌다. 1956년부터 1961년 기간에 거의 70만 명이 복권되었다. 즉, 1953년~1955년 보다 복권자의 수가 100배나 많았다.

소련 공산당의 제 3차 강령

1959년 소련 공산당 21차 전당 대회에서 사회주의 완전한 최종적인 승리와 전면적 공산주의 건설로의 전환에 대한 결론이 내려졌다. 새로운 당 정강의 입안을 위해서 특별 위원회가 설립되었다. 1961년에 열린 22차 정기 당 대회에서 새로운 소련 공산당 정강이 채택되었다. 새로운 정강은 새로운 사회건설의 세 가지 과업을 선포했다. 공산주의의 경제적 · 기술적 토대를 조성할 것, 공산주의적 자치로 넘어갈 것, 원칙적으로 새롭고 전면적으로 발전된 인격을 형성할 것 등이 제안되었다. 이러한 모든 과업을 1980년까지 해결하기로 계획되었다.

주요한 변화들이 포함된 새로운 당 규정도 채택되었다. 당내의 토론의 실시가 허용되었고, 중앙과 지방의 당 간부들의 교체가 확보되었고, 지방 당 기관들의 권리들이 확대되었고, 국가기관들과 사회단체들을 당구조로 보충하는 것을 금지하는 것이 지적되었고, 당 기관들의 관료들이 축소되고, 일련의 당 활동이 확대되도록 지시되었다.

이러한 변화들은 실현될 경우에는 집권 공산당을 더욱 더 민주적으로 사회적으로 권위 있게 만드는데 도움이 될 수 있는 **민주적 개혁**들이었다. 그러나 그런 개혁들은 공산당의 존립기반을 흔들지 못했다.

전인민국가의 개념과 소련 헌법안

새로운 당 정강에 가장 핵심 중의 하나는 **전 인민의 국가**에 대한 프롤레타리아의 독재의 중단에 대한 결론이 새로운 정강에 가장 근본적인 규정 중에 하나가 되었다.

이것은 광범위한 탄압 행위에 대한 중단을 전제했다. 또 한편에서는 통치의 민주적 형태의 발전을 전제했다. 그러나 모두가 그러한 접근에 동의 했던 것은 아니었다.

몰로토프의 회고록 중에서

전인민의 국가를 비판할 때 나는 다음과 같이 생각했다. 언급된 것에서도 불구하고 프롤레타리아 독재 체제의 잔재가 남아있다고 생각한다. 국가는 노동계급, 집단농장의 농부들, 지식인층의 이익을 표현할 수 없다. 지식인 중에는 적지 않는 과거의 계급적 반대자들이 있다. 그들은 프롤레타리아 독재를 위해서 투쟁할 수가 없다….

≪**전 인민의 국가**≫의 개념은 1964년 여름에 흐루쇼프의 지시 하에 작성된 헌법안의 기초가 되었다. 헌법안의 초안에는 많은 새로운 결론들이 포함되어 있었다. 처음으로 지식인층이 사회주의 사회의 계급중 하나로 언급되었다. 사회의 민주화가 정권 당국의 중요한 과제가 되었다. 새로운 사회 · 정치적 제도들(가장 중요한 법안에 대한 전 인민적 토론, 인민들 앞에 국가의 활동의 공개, 노동자들의 분야별 회의, 인민 통제 기관 등등)이 도입되었다. **대의원 단일 임기제**가 제안되었다. 시민들의 개인 재산, **집단 농장원들의 개인적 부업, 소규모 개인 영농**에 관한 규정들이 포함되었다. 그러나 이러한 규정들은 헌법안의 최종안에 포함되지 못했다. **1964년 10월에 발생한 사건들**은 몇 년 동안 헌법안의 심의를 지연시켰다.

민족 정책의 변화

탈스탈린주의 정책은 민족운동의 활성화를 초래했다. 역사적 고향으로 귀환하기 위한 전시에 추방되었던 민족들의 투쟁이 1950~60년대에 대규모 분쟁 중의 하나였다. 1956년 11월에 소련 정부는 칼미츠키, 카라차예브스키, 발카르스키, 체첸, 인구쉬 민족 자치지역의 복구를 결정했다. 그들의 전통적인 거주 지역으로의 점진적인 이주를 시작하기로 결정되었다. 1957년 봄에 이주민들을 태운 열차가 북 카프카스로 출발하였다. 때때로 사람들은 살림살이의 일부를 함께 가지고 이주하였다. 누군가가 추방지에서 죽은 고양이의 가죽도 가지고 이사했다. 1964년에야 비로서 북 카프카스로 52만 4천 명의 체첸인들과 인구쉬인들, 수천 명의 카라차예브인, 카바르디인, 발카르인 들이 북카프카스로 귀환하였다.

소련 공산당 20차 전당대회의 이후에 실현된 경제와 문화의 많은 문제에서 연방과 자치공화국들의 권한의 확대와 지도층의 토착화 정책은 곧 토착민들이 지방 당과 정부의 고위 관료층의 다수를 차지하는 결과를 초래했다. 이것과 더불어 일련의 연방 공화국과 자치 공화국에서 원주민들은 부분적으로 인구의 소수가 되었다. 그래서 바시키르 자치공화국에서 바시키르 인구의 수는 총 인구의 23%, 브랴트 자치공화국에서 브랴트인의 인구의 수는 20%, 카렐리 자치공화국에서 카렐리인의 인구의 수는 겨우 11%를 차지하였다. 큰 권한들과 자치를 부여받은 후에 민족 대표들은 중앙의 지시를 따르기로 서약하였다. 사실상, 그들은 우선적으로 원주민들의 이익을 고려한 독자적인 경제와 사회 정책을 실시하였다. 이것은 특히 **인민경제 위원회(совнархоз)**의 도입과 연방 행정 부처들의 폐지 후에 이러한 현상은 특히 두드러졌다.

중앙정부는 공화국들에서 일어나는 새로운 과정들과 그것들을 저지할 수 있는 방법을 주목했다. 이제는 대규모 탄압을 실시할 수 없기 때문에 중앙정부는 민족 간의 의사소통의 수단으로서 러시아어의 보급을 더욱 더 확대하는 정책 노선을 택했다. 미래에 이러한 토대 위에서 국가의 민족적 통합이 성취될 것으로 예상되었다.

새로운 당 정강에 다음과 같은 과업이 제시되었다. 즉, 공산주의 건설과정에서 소련의 완전한 민족 통합을 성취하는 과업이 제시되었다. **소련 인민들은 다양한 민족으로 구성된 새로운 역사적 인간 공동체**로 정의되었다. 그러나 교육체제의 러시아화(化) 정책의 확립은 볼가강 유역의 자치 공화국들, 벨로루시, 몰다비아, 발트해 연안의 공화국들에서 민족어 학교의 수를 감소시키는 결과를 가져왔다. 이것은 필연적으로 중앙정부와 공화국 간의 관계에서 새로운 반목의 불씨를 야기했다.

1964년의 10월의 반란

흐루쇼프의 소심하고 일관성 없는 조치들은 개혁의 결과로 손해를 보는 사람들에게 공포와 위협이 되었다. 자신들의 자리의 안정을 갈망하고 확립된 탄압체제에 위협받지 않았던 당관료들은 흐루쇼프에 적극적으로 반대했다. 새로 도입된 규정에 따라 당간부들의 교체와 당직자들 대부분을 사회적 기관으로 전환하는 제도는 당관료들의 이익에 배치되었다. 행정부처의 폐지로 영향력이 약화된 정부의 관료들도 흐루쇼프에 불만을 가진 당관료들에 가세했다. 군부도 군대의 대규모 감축과 국방예산의 삭감에 불만을 가졌다. 지체된 민주화에 적응하지 못한 지식인들의 실망도 증대되었다. 도시뿐 아니라 농촌의 노동자들도 소란스러운 정치운동에 피곤을 느꼈다. 1960

년대 초에 그들의 생활은 약간 개선된 후에 다시 악화되었다.

이러한 모든 것들이 1964년 여름에 당과 정부의 지도층의 고위 관료들이 흐루쇼프를 축출하는 음모를 꾸미는 원인이 되었다. 동년 10월에 흐루쇼프는 《임의주의》,《주관주의》로 비판을 받고 축출되었다. 중앙 위원회 제 1서기(1966년 이후부터 서기장)로 브레즈네프(Л. И Брежнев), 소련 각료회의 의장(수상)으로 코시긴(А.Н Косыгин)이 선출되었다.

코시긴

브레즈네프

결 론

1953~1964년 기간에 개혁의 결과로 소련의 정권은 제한된 민주화의 방향으로 전진하기 시작했다. 그러나 위에서 주도한 그 운동은 대중의 지지에 의존하지 않았고, 그러기 때문에 실패할 수밖에 없었다. 이러한 시대에 민족 정책에서 공화국들과의 관계에서 스탈린 시대의 엄격한 방법들이 부정된 반면에 강력하고 더 정확한 처방으로 연방국가의 기존의 기반들을 보존하려는 시도들이 있었다.

45. 사회 · 경제 체제의 변화

말렌코프의 경제정책

기존의 경제체제의 비효율성은 스탈린의 최측근들에게도 분명해졌다. 그래서 최고 지도자 스탈린의 사후에 경제정책에 중대한 변화가 도입되었다. 베리야의 제안에 따라 아무에게도 필요하지 않는 북극권 철도, 대 투르크멘 운하, 볼가-우랄강을 잇는 운하 등의 대규모 프로젝트의 건설이 중단되었다. 군비지출이 크게 삭감되었다. 그러나 베리야가 실각한 후에 이러한 모든 것들은 경제에 선동적인 게임을 하고 있는 것으로 그를 비난하는 이유가 되었다.

1953년 8월에 말렌코프는 새로운 경제정책을 시작했다. 산업화 과정에서 중공업과 경공업 간의 상호관계가 변하여 경공업을 압도했다. 중공업에 성취된 수준에 의존하여 짧은 기간에 주민들에게 생필품의 공급을 개선할 수 있는 **농업과 경공업 발전에 자원을 집중**시켜야 한다고 말렌코프는 주장했다.

수확량을 증대시키고 농민들의 경제적 동기를 강화시키는 과제가 제시되었다. 이것을 성취하기 위해서 **집단 농장원들의 개인적인 부업**에 징수되는 의무적인 세금의 기준이 크게 낮아졌다. 농업의 부문에서 납부되는 세금도 두 배로 감축되었고, 농산품의 수매 가격은 세배로 증대되었다. 과거기간의 농업의 세금 연체금도 탕감되었다.

이러한 모든 것은 생산의 집중화를 초래했다. 집단 농장은 새로운 정책을 환영했다. 그 결과 농업의 연평균 생산성이 70%까지 급격하게 증대되었다. 말렌코프가 사임한 후에 그가 제안한 개혁들은 점차적으로 폐지되었다.

1955년 각료회의 제1부의장 카가노비치의 연설 중에서

말렌코프는 멘셰비키 경제학자들에게 중공업과 경공업 간의 상호관계에 대한 우리의 모든 당 노선을 검토하는 구실을 주었다…. 중공업의 확대에 반대하는 자는 부르주아-멘셰비키식 경제발전의 방법의 추진을 선동하는 자이다.

흐루쇼프의 농업정책

흐루쇼프의 경제접근은 말렌코프의 정책과 확연히 달랐다. 흐루쇼프는 **경작지 확대**를 농업발전의 주요한 방향으로 생각했다. 이것은 농업발전에 전통적인 인력과 자원을 총동원하는 방법의 지속을 의미했다.

1954년 봄에 경작지 확장사업이 동쪽지역에서 시작되었다. 카자흐스탄 북쪽지역, 우랄 남쪽, 서시베리아, 알타이 변경 주에서 **처녀지 개간사업**이 시작되었다. 이곳으로 30만 명의 당 활동가들과 12만 명 이상의 농업 전문가, 수십만 명의 자원자들이 그곳으로 갔다. 그들의 영웅적인 노력으로 4,200만 헥타르의 새로운 경작지가 획득되었고, 곡물의 총 수확량은 소련 전역에서 1.5배가 증대되었다. 곡물의 수확량은 1953년의 8천 2백 5십만 톤과 대비해서 1956년에는 1억 2천 5백만 톤으로 크게 늘어

났다. 그러나 정부당국은 이렇게 크게 증가한 수확량의 보존을 확보할 상태에 있지 않았다. 창고로 운반되지 않았던 식량은 거의 1년 동안 공터에 방치되었고, 그 다음에 계곡이나 골짜기에 투기되었다.

처녀지 개간 사업 선전포스터

처녀지 개간 사업

곧 집단 농장들에게 현지의 전문가들의 지침에 따라 자체의 규정의 변화를 도입할 권리가 부여되었다. 집단 농장원들에게 연금이 지불되었고, 여권이 교부되기 시작했다. 기존의 경제 행정체제를 파괴시키지 않으면서 이러한 모든 조치들은 농민들의 개인적인 이윤추구의 동기들을 포함하였다. 이러한 것도 농업생산의 큰 증대의 확보에 도움이 되었다. 1953~1958년 동안에 농업 생산의 증가율은 1948~1952년 기간과 대비해서 34%가 증대되었다.

그러나 즉시 이러한 성공들 때문에 흐루쇼프는 포고령과 행정조치들의 효력을 확신하게 되었다. 이념적인 장애들이 제기되었다. 농민들의 복지의 증대는 그들의 부농정신을 부활시키는 위험을 낳았다. 그리고 이것은 ≪공산주의 건설≫이라는 구조에서 허용될 수 없었다. **집단 농장원들의 부업과의 투쟁**도 시작되었다. 이것은 공산주의로의 전환 시에 개인적인 영농은 자신의 의미를 상실할 것이라는 사실에 의해 설명되었다. 이러한 정책은 곧 농민들이 가축들을 도살해서 시장에 내다 팔았고, 과일나무들을 베어 내는 것을 선택하는 결과들을 초래했다.

고기, 버터, 우유 등의 생산을 중단한 후에 농민들 자신이 구입자로 전환되었다. 다시 식료품 부족이 확산되었고, 정부는 해외에서 곡물을 구입하기 시작했다. 농민들의 근로의욕을 증대시킬 수 있는 **경제적인 자극의 부재**는 농업발전의 7개년 계획의 실패를 초래했다. 1962년 6월 1일부터 고기(30%)와 버터(25%)에 대한 일시적인 가격 상승이 선포되었다. 이것은 평범한 인민 대중의 불만뿐만 아니라 여러 도시에서 시위사태를 유발했다. 7천 명의 노동자 시위대에 대해서 군대와 탱크가 투입되었던 **노보체르크 사태**가 가장 심각했다.

산업의 발전

중공업 중심에서 경공업, 식료품 공업, 농업 등의 발전으로 중심을 옮기는 것을 거절하는 것은 슬픈 결과를 초래했다. 1960년 초경에 중공업 기업들은 총 산업의 75%를 차지했다.

1962~1964년 헌법안에서 발췌

국가의 소유에는 다음과 같은 것 들이 있다 : 토지와 토지의 내용물, 물, 다른 천원자원, 공장, 중·경공업 공장들, 전력발전소, 광산, 철도, 저수지, 항공운송, 농업기업, 주택, 무역, 공, 집, 통신기관, 은행 통신수단 등. 이런 저런 재산들도 국가가 소유할 수 있다.

1957년에 경제를 통제하는 새로운 방법을 찾기 위해서 흐루쇼프는 행정부처들 간의 **부처 이기주의**를 제거하기 위해서 행정부처들을 해체하고 지역별 통제기구인 **소브나르호스**(**совнархоз: совет народного хозяйства**, **인민경제 위원회**)를 설립하기 시작했다. 한편 이것은 지방정부의 경제 통제의 권한을 강화했지만, 또 다른 한편에서는 ≪**지방 이기주의**≫의 강화를 초래했다.

그럼에도 불구하고 5~6차 5개년 계획 실시의 결과는 매우 인상적 이였다. 8천 개 이상의 대기업체들이 건설되었고, 10년 동안 전력 생산은(1950~1960년 동안) 3배 이상으로 증가하였다. 체레포베츠키, 카라간진스키, 자카프카스의 금속 가공공장들이 가동되었다. 1960년대 초 무렵에 1945년과 비교해서 철 생산은 5.3배, 아연은 6배, 석탄은 3.4배, 석유는 7.6배나 증가했다.

1960년대 초에 소련은 질적으로 새로운 발전단계에 들어섰다. 산업사회의 경제적 바탕이 확립되었다. 이것은 특히 경제구조의 변화에서 나타났다. 1960년대 초 소련의 경제구조는 20세기 초처럼 농업사회도 아니었고, 전쟁 전처럼 농공사회도 아니고, 산업사회에 있었다. 새로운 산업발전의 수준을 반영하는 생산 분야가 등장하였다(석유산업, 전력, 전기, 인공물질의 생산 등등). 그리고 육체 노동의 생산 분야에서 기계를 이용한 생산으로 변화되었다. 도시와 농촌인구의 상호 비율도 도시 인구가 많아졌다. 경제성장의 속도도 크게 증가하였다. 경제속도의 발전은 인구증가의 속도를 초월했다. 노동자들의 전면적인 교육과 기술과 노하우의 수준을 증대시키기 위한 조건들이 확립되었다.

과학기술의 혁명

1950년대 소련의 경제발전에서 가장 중대한 특징은 과학 기술혁명이다. 1954년에 **세계 최초의 원자력 발전소**가 **아브닌스크**에 건설되기 시작했다. 3년 후에 원자력 쇄빙선 ≪레닌≫호가 진수되었다. 1957년에 세계 최초의 인공위성 **스푸트니크(спутник)의 발사**가 실현되었다. 소련의 달 탐사 우주선의 정규적인 비행이 시작되었다. 1961년 4월 12일에 **유리 가가린**이 **우주선 ≪보스토크≫**을 타고 인류역사상 최초로 지구 주위의 순항을 완주했다. 새로운 분야의 생산이 발전되었다. 제트비행기들과 제트엔진, 헬리콥터, 원자력 발전소 설비들이 생산되었고, 반도체와 초음파가 이용되기 시작했다.

스푸트니크 발사

소련의 과학자들이 가장 위대한 발전의 주인공들이 되었다. 켈디쉬(М. В. Келдыш), 코롤레프(С. П. Королев), 글루쉬코(В. П. Глушко), 얀겔(М. К. Янгель) 같은 과학자들이 우주로켓 시스템의 제작에 중대한 영향을 끼쳤다. 보골류보프(Н. Н. Боголюбов), 베크슬레르(В. И. Векслер), 폰테코르프(Б. М. Понтекорв), 플레로프(Г. Н. Флеров) 같은 소비에트 소련 물리학자들이 위대한 발명들을 했다. 물리학자 바소프(Н. Г. Басов)와 프로호로프(А. М. Порхоров)는 레이저 기술 분야에서 연구를 시작했다. 그러나 과거처럼 과학의 연구 성과들은 주로 군사기술에 이용되었다.

유리 가가린

사회정책

모든 지출과 부족에도 불구하고 스탈린의 계승자의 경제정책은 분명히 표현된 사회적 목표를 가졌다. 매년 산업의 지출은 증대되었다(1961~1965년 동안 19%). 집단 농장원들의 수입도 증대되었다. 성인들의 연금은 낮아졌고, 최저 연금의 액수는 확대되었다. 모든 형태의 교육지출은 폐지되었다. 1주 노동 시간은 48시간에서 46시간으로 줄어들었다. 1920년대에 도입된 국가차관도 폐지되었다.

1950년~1960년대 초 기간에 소련 사회의 가장 분명한 사회적 성과는 대규모 주택 건설 정책이었다. 1955~1964년 기간에 도시의 주택 기금은 80%나 증대되었다. 이것은 소련 전역에서 4명 당 한사람에게 임시가옥에서 새 아파트로 이주 할 기회를 제공했다(5천 4백만 명). 주거 수준 자체도 변했다. 가정들은 무엇보다도 공동 아파트 내의 방이 아니라 크진 않지만 별도의 아파트를 부여받았다. 새로운 중 · 고등학교, 병원, 대학들의 건설이 빠른 속도로 진행되었다. 그러한 것들은 새로운 형태의 기술 장비에 의해서 건축되었다. 텔레비전, 냉장고, 라디오, 수신기 등의 생산이 크게 증가했다.

그러나 경제적 어려움이 증대됨에 따라 노동자들을 희생한 대가로 생겨난 문제들을 해결하려는 정부의 경향이 더욱 더 분명하게 나타났다. 생산품에 대한 세금은 거의 1/3 수준으로 낮아졌고, 생필품 가격은 25~30% 증가했다. 소련의 지도층들은 경제적 자극의 방법을 이용한 급격한 경제 개혁이 불가피하다는 것을 더욱 더 분명하게 의식하기 시작했다.

결 론

1950년대와 1960년대에 조성된 소련의 산업사회의 경제적 토대는 전후 소련 인민들의 노력의 가장 중대한 결과였다.

46. 문화생활

문화의 ≪해빙기≫의 시작

스탈린의 죽음 이후에 가장 큰 변화는 소련 인민의 정신적인 삶에 발생했다. 유명한 작가 **에렌부르그**의 표현 형식에 따르면 오랜 기간의 스탈린주의의 ≪겨울≫ 후에 **해빙기**가 도래했다. 이것은 문화계의 거장들의 활동에 가장 엄격한 제한의 완화뿐만 아니라 외국과의 문화적 교류의 점진적인 재개에서도 나타났다.

1960년 소련 공산당 중앙 위원회 문화부의 기록 중에서

9개월 동안 모스크바에서 소련의 영화마다 평균 357,000명의 관중들이 관람했고,13만 3천 명의 관람객이 다른 사회주의 국가의 영화들을,50만 명 이상의 사람들이 자본주의 국가들의 영화들을 관람했다… 도시의 대규모 영화거리의 영화관들을 방문했던 수천 명이 2백4십 3만 명의 관람객 중 2백4십만 7천 명이 해외영화들을 보았다.

1957년에 모스크바에서 그 시대에는 획기적인 축제와 개방된 분위기 속에서 소련 청년들과 해외의 청년들과의 정기적인 만남의 토대가 되었던 **전세계 청년 및 학생들의 축제**가 개최되었다. 소련의 문학에 새로운 경향의 출현을 보여주었던 문학작품들과 출판물들이 등장했다. **잡지 ≪신세계≫**가 이러한 경향을 주도했고, 트바르도프스키(А. Т. Твардовский)가 그 당시 주간으로 활동했다. 이 잡지에 오베츠킨(В. В. Овечкин)과 아브라모프(Ф. А. Абрамов)의 혁신적인 논문들, **에렌부르그(И. Г. Эренбург)의 ≪해빙≫**, 파노바야의 ≪계절들≫, 판페로프(Ф. И. Панферов)의 ≪어머니강 볼가≫ 등이 게재되었다. 그런 작품에서 작가들은 처음으로 과거 시대의 지식인들의 어두운 분위기들을 표현했다. 이것은 트바르도브스키가 주간에서 물러나야할 정도로 대담했다.

듀딘체프(В. Д. Дудинцев)의 ≪빵이 전부가 아니다≫, 그라닌(Д. А. Гранин)의 ≪구도자들≫, 도로쉬(Е. Я. Дорош)의 ≪농촌의 일기≫ 등이 그러한 주제들을 다루었다. 아브라모프(Ф. А. Абрамов)의 ≪형제와 자매들≫, 솔로호프(М. А. Шолохов)의 ≪경작된 처녀지≫, 파우스토브스키(К. Г. Паустовски) 의 ≪금빛 장미≫ 등과 같은 뛰어난 문화작품

에렌부르그

두진체프

솔로호프

들이 창작되었다. 오랜 세월에 걸쳐서 창작된 장편 서사시들인 카타예프(В. П. Катаев)의 ≪흑해의 파도≫와 카베린(В. А. Каберин)의 ≪공개된 책≫ 등이 완성되었다. 역사의 스탈린 시대를 비판적으로 평가하기를 시도했던 트바르도프스키(А. Т. Твардовскй)의 시 평론집 ≪멀리 멀리≫는 큰 방향을 일으켰다.

과거의 전쟁을 주제로 한 종군작가들의 뛰어난 작품들인 본다레프(Ю. В. Бондарев)의 ≪포병대는 포격을 요구한다≫와 ≪침묵≫, 바클라니오프(Г. Я. Баклаиов)의 ≪부끄러운 땅≫ ≪시체를 때리지 마라≫ 등은 이러한 시대의 소련의 문학사에 기록되었다.

≪해빙≫기 문학가들의 특징은 과거에 자유로운 토론이 금지되었던 문제들을 주제로 제기하는 것이었다. 혁명과 도덕의 상호관계를 주제로 다룬 카자케비치 (Э. Г. Казакевич)의 ≪파란 노트≫, 위대한 애국전쟁에서의 승리에 치룬 인민의 희생을 주제로 다룬 솔로호프(М. А. Шолохов)의 ≪**인간의 운명**≫ 등이 대표적인 작품들이었다.

예술문화

당의 공식문서에서 스탈린의 우상숭배의 비판은 예술문화 분야에서의 과거의 이데올로기적 평가에 대한 재검토를 초래했다. 1958년에 중앙 위원회의 공연금지 목록에서 쇼스타코비치, 프로코피예프, 하차투랸 등의 작품들이 해제되었다. 데니소프(Э. В. Денисов), 페트로프(И. И. Петров), 쉬니트케(А. Г. Шнитке), 쉐드린(Р. К. Щедрин), 예쉬빠이(А. Я. Эшпай) 등의 젊은 작곡자들의 창작활동의 시작은 훌륭한 음악작품들로 주목을 받았다. 소련 전역에서 도브로느라보프(Н. А. Добронравов)의 시를 노랫말로 해서 파흐무토바야가 곡을 붙인 노래들인 ≪불안한 젊음에 대한 노래≫, ≪지질학자들≫, ≪소녀들≫ 등이 불려졌다.

미술에서 1920년대의 전위예술이 복권되었다. 플라스토프(А. А. Пластов)의 ≪엄마≫, 팔크(Р. Р. Фальк)의 ≪붉은 화폭에 자화상≫ 등의 유명한 명장들의 작품들이 큰 관심을 일으켰고, 이바노프(В. И. Иванов), 폽코프(В. Е. Попков), 살라호프(Т. Т. Салахов) 같은 재능 있는 미술가들의 지도들은 새로운 경향(세부적인 것에서 간결함과 생활현상의 평가에서 강조된 극적인 요소들)을 반영했다. 니코노프(П. Ф. Никонов)의 ≪우리들의 일상≫과 ≪지질학자들≫, 안드로노프(Н. И. Андронов)의 ≪떼몰이군들≫ 등의 작품들은 관람객들의 열띤 논쟁의 대상이 되었다. 사실상 예술원의 지도층의 보수주의자들은 추상주의자들과 **형식주의자들**을 공개적으로 비난하도록 흐루쇼프를 설득시킬 수 있었다.

오랫동안 망명 생활에서 귀국한 저명한 조각가들인 코넨코프와 예리자와의 조각작품들이 소련 관광객들에게 돌아왔다. 코넨코프의 ≪자화상≫과 예리자의 일련의 여성 초상화들이 동시대 사람들로부터 활발한 호응을 얻었다.

시작된 해빙기 때문에 러시아 문화는 국내에서 뿐만 아니라 해외에서 인정을 받았던 수많은 훌륭한 작품들에 의해서 풍부해졌다. 처음으로 소련 영화들이 칸느 영화제에서 칼라토조프(М. К. Калатозов)의 ≪**백학은 날아가고 있다**≫, 베니스 영화제에서 타르코프스키 감독의 ≪**이반의 유년시절**≫이 대상을 받았다. 영화계에 오랜 기간 영화의 발전에 기여한 새로운 감독들의 이름들 즉 본다르추쿠(С. Ф. Бондарчук), 가이다이(Л. И. Гайдай), 추후라이(Г. Н. Чухрай), 후치예프(М. М. Хуциев) 등이 등장했다.

이념적 통제의 혁신

새로운 예술작품들은 완전히 다른 정신적 성향을 가진 새로운 소비에트 인간의 형성과 사회의 정신적 분위기의 변화를 촉진시켰다. 그러나 이것은 곧 정부 당국을 불안하게 했다. 그 결과 기존의 질서의 비판에서 넘을 수 없었던 창작의 자유의 한계를 규정한 중앙 위원회의 특별 지침들이 제시되었다. 지침을 위반할 경우에 새로운 박해들이 가해졌다.

≪**파스테르나크 사건**≫이 그러한 정책의 분명한 본보기가 되었다. 정부당국이 금지했던 소설 ≪**닥터 지바고**≫의 서방에서의 출판과 파스테르나크의 노벨 문학상 수상은 분명하게 법을 위반한 것이었다. 파스테르나크는 소련 작가 동맹에서 제명되었고, 추방을 피하기 위해서 노벨 문학상의 수상을 거부해야 했다.

흐루쇼프의 회고록 중에서

창작인들에게 형벌을 내리는 것은 치안을 확보하는 방법이 될 수 없었다. ≪닥터 지바고≫가 그 당시 출판되었다면 어떤 일이 일어났을 것인지? 그렇다 나는 아무 것도 확신할 수 없다… 작가의 명성은 독자들에게 달려 있다…

다른 여러 가지 경우에 정부 당국은 그렇게 엄격하지 않았다. 소련 사람들의 의식속에 ≪개인 숭배≫의 극복을 강렬하게 주창했던 **솔제니친**의 중편 소설 ≪**이반 데니소비치의 하루**≫와 ≪마트레닌 궁전≫이 잡지 ≪**신세계**≫에 게재된 것은 수백만 명의 사람들에게 큰 충격이 되었다.

그 당시 스탈린주의뿐만 아니라 모든 기존 체제를 부정하는 반 스탈린주의적 출판물들의 대중적인 충격을 예방하기 위해서 흐루쇼프는 특히 자신의 연설에서 ≪이것은 매우 위엄한 주제이고 어려운 소재이다. 지침의 정신을 준수하면서 그러한 주제를 다루어야 한다≫는 점에 대해서 작가들의 주의를 환기시켰다. 다른 문화영역에서도 공식적인 제한들이 작동했다. ≪이념적 회의≫와 ≪당의 역할에 대한 부정적 평가≫ 때문에 작가들과 시인들뿐만 아니라 조각가들, 미술가들, 연출자들도 정규적으로 신랄한 비판을 받았다.

파스테르나크

솔제니친

이제 지식인층에 대한 직접적인 탄압이 불가능하기 때문에 지식인들에 대한 이념적 영향의 새로운 형태들이 선택되었다. 그들 중 하나는 문화인들과 중앙 위원회 지도부간의 정규적 회합이었다. 그 회의에서 문화인들의 작품들과 공연물이 평가되었고 무엇을 어떻게 할 것인가에 대한 지침들이 작성되었다. 이러한 모든 것은 예술문화의 발전에 부정적인 영향을 미쳤다.

다민족 문화의 발전

민족 정책의 민주화는 소련의 다민족 문화의 발전의 촉진을 가능케 했다. 아이트마토프(Ч. Айтматов), 아흐타노프(Т. Ахтанов), 구세이노프(И. Гусейнов), 센겔라야(Д. К. Шенгелая) 등이 새로운 문학작품들을 출간했다. 게르만은 자신의 3부작 - ≪우리들이 봉사해야하는 일≫, ≪나의 귀중한 사람≫, ≪나는 모든 것에 책임을 진다≫을 완성했다. 1950년대 중반의 문학계에 가장 중요한 사건은 수년간의 집필 끝에 완성된 카자흐 민족의 생활을 묘사한 아우에조프(М. О. Ауэзов)의 시집인 ≪아바이의 길≫의 출간이었다. 다양한 민족 출신의 작가들과 시인들의 작품을 게재했던 1950년대 중반에 창간된 잡지인 ≪인민들의 우정≫은 독자들의 큰 인기를 얻었다.

아바쉬드제(И. В. Абашидзе)의 ≪팔레스타인, 팔레스타인…≫, 투르순자데(М. Турсун Заде)의 ≪아시아의 목소리≫, 마르친캬비츄스(Ю. Марцинкявичюс)의 ≪피와 잿더미≫,

메젤라이티스(Э. Межелайтис)의 ≪인간≫, 릴스키이(М. Рыльский)의 ≪장미들과 포도밭≫, 아흐마토바(А. А. Ахматова)의 ≪시간은 달려간다≫, 브로브카(П. У. Бровка)의 ≪날들이 지나간다≫ 등의 빼어난 시집들이 등장했다. 우크라이나의 야블론스키, 벨로루시의 쿠드레비츠, 몰다비아의 바흐체반, 그루지야의 스투루아, 라트비아의 스쿨메 등의 연방 공화국 출신의 미술가들의 회화작품들이 넓게 인정을 받았다.

정권과 교회

시작된 공산주의의 건설을 향한 당 지도부의 목적은 과거의 잔재, 우선적으로 종교와 교회와의 투쟁의 새로운 물결을 초래하지 않을 수 없었다. 1950년대 말부터 새로운 요란한 **반종교 운동**이 시작되었다. 러시아 정교회와 다른 종파들의 활동은 사실상 지방 권력기관의 통제를 받았다. 교회의 고위 성직자들은 정부당국으로부터 인준을 받았고, 결혼식, 세례식, 장례식은 특별한 장부에 규정되었다. 그 기록 장부에 따라서 정부당국은 의식의 참가자들의 당과 공산당 청년동맹의 소속을 밝혔다. 그 다음 보통 참여자들은 이러한 조직에서 제명되었고, 군대의 입대와 지역에 따라 입학이 거부되었다.

이런 조치의 도움으로 곧 정부 당국은 몇 가지 과업을 해결했다. 신자들 대부분이 종교적 행사에 참여하는 것이 배제되었다. 종교적 활동이 이제 완전히 정부의 통제하에 있게 되었다. 가장 신앙심이 깊은 사람들 사이에서 이러한 조치에 대한 분명한 분열이 있었고, 이러한 분열은 교회 공통체의 분열로 전환되었다.

1960년대 초에 사원파괴의 새로운 운동이 시작되었다. 1953년~1963년 기간에 정교도들의 숫자는 두 배 이상이나 감소했다. 이러한 모든 것은 신앙인들의 권리를 보호하는 대중 운동을 야기하지 않을 수 없었다. 그들은 정부당국에 신앙의 자유에 관한 1936년 헌법조항의 이행을 요구했다.

교육개혁

1930년대에 확립된 교육제도는 개혁될 필요가 있었다. 교육제도는 과학과 기술의 발전전망과 경제건설의 과업에 일치해야만 했다. 1953년과 1964년 기간에 교육에 대한 국가지출이 크게 증가했고, 과학 교육의 과정에 최신 기술 장비들이 투입되었다.

소년들과 소녀들의 개별적인 분리교육이 폐지되었다. 수천 개의 새로운 학교들과 수십 개의 고등 교육 기관들이 설립되었다. 레닌 동산에 모스크바 대학 건물 단지가 건축되었다.

이것과 함께 매년 양적으로 발전하는 경제의 증대되는 수요는 소련 전역에 설립된 기업들에 필요한 수십만 명의 노동인력을 필요로 했다. 1956년부터 공산당 청년동맹의 긴급한 건설과업에 필요한 청년들의 사회적 동원이 전통이 되었다. 그러나 기초적인 일상의 조건들의 부재와 육체노동의 강화 때문에 많은 아이들이 몇 달 후에 집으로 돌려보내졌다.

1958년 12월에 하교 개혁안이 인준되었다. **7년제 대신에 8년제 의무 교육**이 채택되었다. 젊은이들은 중등교육을 받았고, 일을 중단하지 않는 노동자(농촌) 청년 학교, 8년제 기술학교나, 생산교육을 하는 중등 3년제 근로 보통교육학교 등을 졸업했다. 고등 교육기간에 진학을 원하는 사람들에게 적어도 2년간 생산직에 종사해야 하는 의무가 도입되었다.

그러한 방식으로, 생산현장의 노동력 부족의 심각한 문제가 일시적으로 완화되었다. 그러나 생산의 지도자들에게 이것은 훨씬 많은 간부들이 늘어나고 젊은 노동자들의 낮은 수준의 노동과 기술적 훈련 등의 새로운 문제점들을 야기했다. 1964년 8월에 교육의 기본적인 형태로서 10년 학제에 바탕을 둔 중등 교육안에 대한 결정이 채택되었다.

결 론

모든 부작용과 모순점에도 불구하고 정신생활에서의 ≪해빙기≫는 소련 사회의 민주화를 위한 준비기였다.

47. 흐루쇼프의 외교정책

대결에서부터 평화공존까지

스탈린 사후에 외교정책 분야에서도 중대한 변화가 일어났다. 외교정책의 토대 자체가 변화했다. 소련의 최고 지도층에서 외교정책의 노선의 전망에 대한 다양한 견해들이 제기되었다.

베리야는 **평화공존**의 정책을 추진해야 한다고 생각했다. 그는 중립적인 민주국가로 존속해야 한다는 조건으로 독일의 통일에 동의했다. 그는 유고슬라비아와의 관계의 회복도 제안했고, 상호경제원조 회의(CMEA)의 비효율성을 지적하고, 그것의 개혁을 제안했다.

말렌코프는 전후에 국제적 상황이 소련과 동맹국들에게 유리하게 형성되었다고 가정했다. 그는 핵전쟁의 발발할 경우에 전 세계문명이 파멸할 것이라고 이해했다. 멀지 않아 흐루쇼프도 이러한 견해에 동의했다. 그들과 다르게 몰로토프는 **평화공존**의 노선에 반대했고, 그것은 서방에 이로울 것이라고 주장했다. 그는 양체제 간의 엄격한 대결의 지속을 제안했다.

외교정책에 대한 말렌코프의 주장:

≪세계 핵전쟁은 인류에게 파멸을 가져올 것이다… 우리는 다양한 체제의 국가들과 평화공존을 지지한다…≫.

말렌코프의 견해에 대한 몰로토프의 반박:

≪근본적인 목적은 제국주의와의 투쟁이 아니라 평화를 위한 투쟁이다…≫.

그러나 모든 지도자들은 소련 인민들의 미래는 서방과의 관계의 발전에 달려있다는 점에서는 의견을 같이 했다.

서방과의 대화의 시작

스탈린의 죽음은 미국의 새로운 대통령의 취임과 시기가 일치되었다. 1953년 4월 16일에 아이젠하워 미국 대통령은 소련의 지도자들에게 국제관계의 분위기의 전환과 상호불신을 협력으로 바꿀 것을 제안했다. 이러한 제안의 구체적인 정책으로서 그는 한국과 인도차이나에서의 평화정착과 핵무기 생산의 제한에 대해서 협의할 것을 제안했다.

소련 지도부는 이러한 제안에 호응했다. **1953년** 여름에 **한국에서 휴전협정**이 체결되었다. 그루지야와 아르메니아가 터키에 대한 영토주장을 하지 않을 것을 공표했다. 1954년에 인도네시아의 전쟁의 종전에 합의가 이루어졌다. 그때 소련, 체코슬로바키아, 폴란드가 **전유럽 집단안보회의**의 소집을 제안했다. 1955년에 승전국들은 오스트리아와 조약을 체결하였고, 조약에 따라 소련군이 오스트리아 영토에서 철수했다. 같은 해에 소련은 독일과의 전쟁상태의 중단과 1956년의 일본과의 종전상태를 공표했다. 소련 최고 지도층의 일부는 미국과의 우호협력 조약의 체결을 제안했다. 그러나 이러한 제안은 흐루쇼프의 지지를 얻지 못했다. 이것에 대해서 흐루쇼프는 평화의 보장은 미국과 소련의 핵무기의 균형을 성취하는 것이 아니라 핵무기의 생산중단과 파괴라고 생각했다.

1950년대 후반에 소련이 핵무기를 운반하는 **미사일 제조에서 우위**를 차지하는데 성공한 후에(미국이 처음으로 핵무기의 공격에 노출되었다) 소련의 서방에 대한 입장은 눈에 띄게 강경해졌다. 1956년에 소련의 핵무기 공격의 위협은 서방국가들의 이집트 침략을 저지시켰고, 헝가리 사태에 개입을 허용하지 않았다. 이러한 논리는 독일의 수도를 동과 서로 갈라놓은 장벽이 설치되었던 **1961년의 베를린 위기** 때는 결정적인 의미를 가졌다.

베르린 장벽설치

격추된 미국 고공정찰기 U-2기

터키에 미국의 핵미사일의 설치에 대응하여 소련이 쿠바에 중거리 핵미사일을 설치했던 **1962년의 카리브 해의 위기**가 세계의 운명에 가장 위협적이었다. 세계는 핵전쟁의 직전 상태에까지 갔었다. 마지막 순간에야 핵전쟁을 피할 수 있었다. 소련은 쿠바에서 핵무기와 미사일을 철수 했고, 미국은 쿠바를 공격하지 않을 것과 터키 기지에서 자국의 핵무기 미사일을 제거할 것을 약속했다. **카리브 위기(큐바 미사일 위기)**를 극복한 후에 소련과 미국 간의 관계의 개선이 시작되었다.

1962년 쿠바 미사일 위기

1962년 10월 28일의 케네디 대통령에게 보낸 흐루쇼프의 서한 중에서

대통령 님 우리와 당신들이 겪는 위기는 다시 반복될 수 있습니다. 이것은 너무나 많은 화근들을 내포한 문제를 해결해야 한다는 것을 의미합니다. 물론 지금 당장 해결할 수는 없습니다. 분명히 열정을 식힐 얼마간의 시간이 필요합니다. 그러나 이러한 상태의 지속은 수많은 미증유의 위험을 내포하고 있기 때문에 이러한 문제들의 해결을 미룰 수 없습니다.

1963년 11월에 케네디 대통령의 암살되고, 1964년 10월에 흐루쇼프가 축출된 후에 동-서관계의 정상화의 과정은 중단되었다.

세계 사회주의 체제의 위기의 시작

무력으로 결집된 ≪사회주의 진영≫은 시작부터 하나가 되지 못했고, 그 통합은 매우 상대적이었다. 그럼에도 불구하고 스탈린 사후에 사회주의 진영의 단결은 순탄하게 보존되지 않았지만, 외관상으로는 더욱 더 견고해졌다. 1955년 5월에 군사적인 **바르샤바 조약 조직**이 창립되었다. 그 조직의 과업은 외부의 적으로부터의 방어뿐만 아니라 가맹국 내부의 혼란의 잠재적 진압이었다.

제 20차 소련 공산당 대회에서 스탈린주의가 비판되고 사회주의에 도달하는 여러 나라들의 다양한 형태가 공표된 후에 상황은 급속하게 변했다. 이러한 결론들은 민주화 과정이 시작된 몇몇 사회주의 국가들에서 매우 심각하게 인식되었다. 1956년 여름에 노동자들의 대규모 시위와 파업이 시작된 폴란드에서 그해 가을에 지도부의 교체가 일어났다. 이것에 뒤이어 헝가리 주민의 일부가 헝가리 집권당인 노동당의 지도부를 신랄하게 비난했다. 정권에 대항하여 주민들이 일으킨 봉기를 진압하기 위하여 소련군들이 헝가리 영토에 진입했다. 헝가리와 폴란드 사태로 흐루쇼프는 사회주의 국가들에 대해서 강경한 정책을 실시했을 뿐만 아니라 소련 내부의 스탈린주의에 대한 비판을 억제했다.

1956년 항가리 반소민중봉기

제 20차 소련 공산당 대회 이후에 **중국에 두 번째 세계 공산주의 운동의 중심**이 형성되기 시작했다. 알바니아와 북한의 정치 지도자들뿐만 아니라 아시아 국가들의 공산주의 운동의 지도자들도 중국에 합세했다. 그들은 스탈린과 스탈린주의에 대한 비판과 미-소 관계의 화해에 대해서 병적으로 반발했다. 마오체둥은 ≪소련 수정주의와 미국의 제국주의는 야합하여 전세계의 혁명적 인민들이 용서하지 못할 많은 사악하고 비열한 일들을 저질렀다≫고 비난했다. 소련에 대한 영토적 주장도 공개적으로 제기되기 시작했다. 세계 공산주의 정당들을 동원하여 중국의 입장을 비판하려는 흐루쇼프의 시도는 세계 공산주의 운동의 분열을 초래했다. 이것은 세계 사회주의 체제의 임박한 위기의 하나의 조짐에 불과했다.

소련과 ≪제 3세계≫의 국가들

1950년대와 1960대초에 영국과 프랑스의 식민지 제국이 해체되는 조짐이 나타났다. 해방된 나라들은 독자적인 대내외 정책을 추진하려고 시도했고 NATO나 바르샤바 조약 조직에도 가입하지 않았다. 그러나 그러한 국가들은 양진영으로부터 상당한 압력을 겪어야 했다. 그러한 압력에 더 성공적인 대처를 위해서 **제 3세계의 나라들**을 통합하는 **비동맹 운동**이 결성되었다.

나세르와 흐루쇼프

카스트로와 흐루쇼프

소련의 지도자들은 해방된 국가들을 제국주의와의 투쟁에서 자국의 동맹국들로 간주했다. 우선적으로 인도, 인도네시아, 이집트 등의 비동맹 국가들의 지도자들과의 관계가 강화되기 시작했다. 인도 수상 네루, 인도네시아 대통령 수카르노, 이집트 대통령 나세르 등의 모스크바 방문이 이루어졌다. 소련은 개발도상국들에게 군사-경제 원조를 제공했다. 인도의 부일라이에 금속가공 공장이 건설되었다. 이집트에서 아프리카에서 제일 큰 아수완 수력전기 발전소의 건립이 시작되었다. 아시아, 아프리카, 라틴 아메리카의 친소 국가들에게 대규모의 소제 무기들이 공급되었다. 소련의 군사-정치적 지원을 받은 이집트는 수에즈 운화를 국유화 했고,인도네시아는 네덜란드에서 티모르의 섬들을 해방시켰다.

소련과 제 3세계의 나라들 간의 그러한 긴밀한 협력은 미국과 동맹국들을 불안하게 하지 않을 수 없었다. 그들도 개발도상국들에 대한 영향력을 확보하기 위한 투쟁에 착수하지 않을 수 없었다. 중동에서 이집트와 대치했던 이스라엘과 남동아시아에서 인도와 대치했던 파키스탄을 지원하기 시작했다. 게다가, 서방국가들은 사회주의 국가들 간의 대립을 심화시키려고 노력했다.

1964년 10월의 반란(궁정쿠테타)

흐루쇼프의 소심하고 일관성 없는 조치들은 개혁의 결과로 손해를 보는 사람들의 공포와 위협을 유발했다. 자신들의 위치의 안정을 갈망하고 확립된 탄압체제에 위협받지 않는 당관료들은 흐루쇼프에 적극적으로 반대했다. 새로운 규정으로 도입된 당 간부들의 교체와 당업무의 대부분을 사회적 기반으로 전환하는 제도는 당 관료들의 이익에 배치되었다. 행정부처의 폐지로 자신들의 영향력이 크게 악화된 정부의 관료들도 흐루쇼프에 불만을 가진 당관료들에게 가세했다. 군부도 군대의 대규모 감축과 국방예산의 삭감에 불만을 가졌다. 지체된 민주화에 적응하지 못한 지식인들의 실망도 증대되었다. 도시뿐 아니라 농촌의 노동자들도 소란스러운 정치운동에 피곤을 느꼈다. 1960년대 초에 그들의 생활은 약간 개선된 후에 다시 악화되었다.

이러한 모든 것들이 1964년 여름에 당과 정부의 지도층의 고위 관료들이 흐루쇼프에 반대하는 음모를 꾸미는 원인이 되었다. 흐루쇼프가 흑해 연안의 소치로 휴가가 있을 때 브레즈네프, 수슬로프, 셀레핀 등이 주도하여 소집한 중앙 위원회 상임 위원회는 흐르시쵸프를 긴급사안으로 모스크바로 소환하여, 신랄하게 비판한 후에 투표로 그를 제1서기 직에서 해임했다. 동년 10월에 흐루쇼프는 ≪임의주의≫, ≪주관주의≫로 비판을 받았고 축출되었다. 중앙 위원회 제 1서기(1966년 이후부터 서기장)로 브레즈네프(Л. И. брежнев)가 선출되었고, 소련 각료회의 의장(수상)으로 코시긴(А. Н. Косыгин)이 선출되었다.

결 론

과거의 강경한 대치 즉 '전쟁 직전의 균형' 대신에 다양한 사회체제의 국가들과의 **평화공존의 원칙**이 소련 외교정책의 토대가 되었다. 이것 때문에 **동-서 간의 관계의 정상화**의 과정이 시작될 수 있었다. 한편 소련과 미국 간의 직접적인 군사적 충돌의 잠재적인 위험은 세계의 여러 지역에서의 대립을 유발했다. 동시에 **세계 사회주의 체제의 위기**가 시작되었다.

✔ 제 6장의 결론

≪전인민의 지도자≫ 스탈린의 사후에 그의 계승자들의 주요한 과업은 스탈린이 구축한 체제를 개혁하는 것이었다. 우선 전체주의 정권을 유지하는 주요한 도구로서 대중적 테러를 거부하는 것이었다. 경제 · 사회적 정책을 수정하여 노동에 **물질적 유인책**을 강화하고, 사회적 분위기와 사회 현실에 맞는 이념적 규정을 혁신할 필요가 있었다.

체제의 외양적 모습의 변화를 위하여 사회에서 공개적으로 비난받았던 가장 혐오스러운 현상들이 비판받았다. 과거의 희생들, 과오들, 범죄들이 형성된 전통에 따라 스탈린 한사람 탓으로 돌려졌다. 죽은 지도자와 그의 행동으로부터 계승자들이 거리를 두는 것은 사전에 합의된 정권 자체에 의해서 허용된 한계를 가졌다. 이것은 개혁 과정에서 전체주의 체제의 존립 자체에 대한 문제가 제기되지 않도록 보장해 주었다.

≪해빙기≫로 불렸던 흐루쇼프의 10년 재임기간의 중대한 업적은 소련의 산업산회의 기반을 구축한 것이었다. 그러나 경제개혁들은 발전을 확보해주는 주요한 요인, 즉 생산노동에 **경제적 유인책**이 작동했을 때만 결실을 낳았다. ≪진행되고 있는 공산주의의 건설≫로의 전환과 관련하여 그것을 거부하자마자 경제적 지표들도 하락하기 시작했다.

미국방문 때 흐루쇼프와 케네디

UN 총회에서의 연설

1953~1964년의 비교적 민주주의적인 사회도 정신적 영역에 대한 당의 통제의 약화를 초래했다. 그 시대의 주요한 업적 중의 하나는 대중탄압의 실시를 중지한 것과 스탈린 정권 시대의 폭정에 대한 비판이었다. 그러나 이것은 소련의 전체주의 정권의 기반을 흔들지 못했다.

민족 정책에서 새로운 접근이 시도되었다. 지도층의 ≪코레니자치야≫와 연방과 자치 공화국들에게 대규모 권한의 부여는 민족주의적 지배층의 형성을 촉진시켰다. 탄압을 받았던 수많은 민족들에 대한 역사적 정당성이 회복되었다.

소련의 대외정책의 사상적 기반도 크게 혁신되었다. 외교정책의 주요한 원칙으로서 평화공존의 선언은 국제적 긴장의 완화에 크게 공헌했다.

제7장 1960~1980년대 중엽의 소련 사회·경제와 정치체제의 위기

48. 정치발전

보수적 정치성향의 증대와 브레즈네프

흐루쇼프가 당 최고 지도자에서 실각된 뒤 브레즈네프(Брежнев)는 국가원수가 되었다. 그는 1930년대 스탈린 대숙청의 상황에서 입당하여 공산당 지역 위원회의 서기가 되었다. 전시에 브레즈네프는 전선의 정치지도부인 **군대의 정치 보위부**의 책임자가 되었고, 그 다음 주와 공화국의 공산당 조직의 책임자가 되었다. 1960년대 초에 그는 공식적인 국가원수인 소련 최고회의 상임 위원회 위원장이 되었다.

브레즈네프는 성격이 사교적이고, 호의적이며 동정심이 깊은 사람이었다. 그는 자신에게 도움과 지지를 요청하는 사람을 충분히 도와줄 수 있었다. 그는 신선한 공기 속에서 산책하는 것과 수영하기를 좋아했고, 사냥을 즐겼고, 자동차를 좋아했다. 그는 영화보기를 좋아했는데, 특히 전쟁영화를 좋아했다.

브레즈네프는 자신이 뛰어난 이론가도, 재능 있는 조직가도 아니라는 것을 잘 이해했다. 그는 자신의 개인적 자질의 정치적 평가에서 사람들의 심리를 파악하고, 관리들을 선별할 줄 아는 것이 중요하다고 생각했다. 전체주의 체제에서 지도자의 이런 자질은 결정적이었다. 나중에 그의 발병 초기에 브레즈네프는 현실감각을 상실했고, 노골적인 아첨에 노출되었고, 그의 업적에 대한 전 인민들의 평가로 인정했던 수많은 훈장과 상에 아이처럼 기뻐했다. 결국 브레즈네프는 인생의 말년까지 4번의 소련의 영웅의 금성 훈장, 사회노동 영웅의 금성훈장, 8개의 레닌 훈장 등을 포함한 122개의 훈장과 상을 수여받았다. 병이 악화된 상태에서 그는 더욱 더 많은 업무를 자신의 측근들인 안드로포프(Ю. В. Андропов), 그로미코(А. А. Громыко), 우스티노프(Д. Ф. Уст инов) 등에게 위임했다. 그가 승인하지 않거나 지지하지 않았던 일들조차 더욱 더 번번이 그의 이름으로 실시되었다.

18년간의 브레즈네프의 통치는 당과 국가의 고위관료들에게 황금기였다. 당의 관리들은 흐루쉬초프 시대의 수많은 당의 재편에 지쳐 있었기 때문에, 브레즈네프의 통치 기조 ≪당 간부들의 안정을 확보해줄 것≫이라는 주요한 슬로건을 기쁘게 받아들였다. 사실상 이것은 정치적 구조 뿐 아니라 고위 관료들의 직책의 임기를 보장해주는 것을 의미했다. 정부관리들 사이에서 뇌물은 화려한 꽃처럼 만연했다.

브레즈네프

그로미코

우스티노프

얼마 안 있어, ≪고위 당간부들의 안정≫은 국가 고위 관리들의 평균연령이 70세가 넘는 결과를 초래했다. 그리고 그들의 죽음이 시작되었다. 26차와 27차 소련공산당 대회(1981~1986년)사이의 기간에 중앙 위원회 서기장 3명이 사망했다(중앙 위원회 정치국원 22명 중 모두 9명의 정위원과 후보위원이 사망했다). 우연치 않게 11년 중 5년은 ≪화려한 장례의 5년≫이라고 불렸다. 또한 구비문학에서 약어인 소련(СССР)은 ≪가장 노쇠한 지도자들의 나라≫라고 풀이되었다. 스탈린의 비공개적 복권이 이루어졌다. 아무도 20차와 22차 소련 공산당 대회의 결정을 공식적으로 폐기하지 않았지만, 그러한 결정의 기록들은 이제 ≪개인숭배≫의 비판과 관련이 없었다.

당 통제의 강화

당기관의 새로운 위상이 공식적으로 강화될 필요가 있었다. 1966년에 개최된 22차 소련공산당 정기 대회에서 당기관의 지위를 약화시키기 위해 흐루쇼프가 제안한 법안에 따른 모든 변화들이 폐지되었다. 이 법안들 가운데 중요한 것은 당직의 재임기간의 제한이었다. 1971년 24차 소련 공산당 대회에서는 당위원회가 행정부의 활동을 통제할 권리를 소유한 기관들과 단체들의 범위를 확대하기로 결정되었다.

행정부와 부처의 당위원회는 국가행정의 문제에 개입할 수 있는 권리를 부여받았다. 당 고위 관료들이 중간 수준의 월급으로도 최고급 주택, 의료 서비스, 별장 등을 소유할 수 있도록 고위 당직자들의 특권도 확대되었다. 식료품과 경공업 제품의 만성적인 부족의 상태에서 책임 있는 당직자들의 공급은 특별한 의미를 가졌다. 80루블로 간이식당에서 고위 관료의 가족들은 평범한 사람들이 오랫동안 잊어버린 다양한 진미들(철갑상어고기, 소시지, 치즈, 어란, 과자류)를 먹을 수 있었다. 당과 국가기관의 직원들의 수도 증가했고, 다양한 기관들의 수도 증가했다. 1965년에 행정부처의 부활에 따라 이들의 수가 29개 부처였고, 1980년대 중반에는 160개 부처로 늘어났다. 통치체제에 1천 8백만 명 즉, 사실상 모든 노동자의 7분의 1명이 종사했다.

군산복합체의 역할의 증대

1960년대 중반부터 국가 지도층은 미국과의 **군사-전략적 균형**을 달성하는 과제를 제시했다. 핵미사일 무기들과 재래식 무기생산의 증대 뿐 아니라 새로운 전투시스템 개발이 시작되었다. 이러한 상황에서 군대 지휘부와 군수품 생산의 지도부의 역할과 영향력이 훨씬 더 증대되었다.

1961년 1월 17일 아이젠하워 미국대통령의 연설 중에서

거대한 군사기관과 거대한 방위산업체간의 결합은 미국 역사상 새로운 현상입니다. 이러한 연결의 일반적인 영향은 모든 도시, 주 의회, 연방정부의 기관들에 느낄 수 있습니다. 우리는 군산복합체의 영향력을 이용하려는 유혹에서 벗어나서 우리의 정부기관에 월권적 영향력이 집중되는 것을 허용하지 않도록 조치를 취해야 합니다…

1976년 국가와 **군산 복합체**의 지도자들 간의 유착이 최고조에 이르렀을 때, 전쟁 후 모든 기간 동안의 다양한 군수산업체와 1960년대 이후부터 전 군수산업을 관할했던 정치국원 **우스티노프(Д. Ф. Устинов)**가 1976년에 국방장관으로 임명되었다. 역사상 처음으로 정치 지도자 출신인 국방장관이 방위산업의 결정과 입안에 참여자로 전환했다.

결과는 곧 분명해졌다. 소련은 매년 탱크와 장갑차를 미국보다 거의 5배 이상 생산

했다. 그리고 1980년대 중반에 6만 4천대의 탱크(나토는 2만 2천대)을 소유했다. 소련은 핵잠수함은 3배나, 전략 폭격기는 2배나, 대포와 박격포는 7배나 미국보다 많았다. 세계의 130개국이 소련제 자동소총 **카라쉬니코프**로 무장했다. 매년 소련의 GNP에서 군비지출은 30%를 차지했다.

사회통제의 확보뿐만 아니라 가장 중요한 정치적 결정의 채택에서도 국가 안보위원회(КГБ)의 역할은 현저하게 증대했다. 전 국가안보위원회의 의장이었던 **안드로포프**(Ю. В. Андропов)가 당과 국가의 최고 지도자 자리에서 브레즈네프의 계승자가 되었던 것은 우연한 일이 아니었다.

≪발전된 사회주의≫의 개념

브레즈네프와 그의 측근들은 ≪1980년까지 공산주의 건설≫에 대한 어떤 것도 말할 수 없다는 것을 잘 이해했다. 그래서 처음에 흐루쇼프가 약속했던 날을 언급하는 것을 중단했고, 그 다음에 장기적 전망으로서 공산주의에 대해서 말하기 시작했다.

1967년에 이미 브레즈네프가 ≪**발전된 사회주의의 사회**≫의 건설에 대해서 선언했을 때 ≪공산주의 건설≫ 정책은 새로운 개념으로 교체되었다. 이러한 결론은 소련에서 산업사회의 경제적 토대의 건설의 완성이라는 실제적인 사실로 뒷받침되었다. 그러나 새로운 개념의 창안자들은 건설된 동질된 사회, 민족문제의 최종적 해결, 실질적인 반대의 부재에 대해 말했다. 이것은 사회에서의 갈등과 긴장의 내부적 원인들이 더 이상 존재하지 않는다는 것을 의미했다. 이러한 개념의 강화는 새로운 헌법에서 반영되었다.

1977년 소련의 헌법

모든 소련 지도자는 자신의 이름의 헌법을 만들려고 했다. 브레즈네프도 예외는 아니었다. 1977년 10월 7일 60년 만에 4번째 헌법이 채택되었다. 국가지도자들은 이런 식으로 수백 년 동안의 군주통치 기간의 헌법부재를 보상하고 싶어 했다.

새로운 헌법 전문에는 **발전된 사회주의 사회**가 건설되었고, 그 사회의 정치적, 경제적, 정신적 특징이 규정되어 있다는 것에 대해서 언급되었다. 첫 번째로 사회적 기반은 노동자와 농민 뿐 아니라 **지식인**으로 구성되었음을 지적했다. 새로운 인간 공동체로서의 소련인민에 대한 규정도 포함되었다. 제 6항은 사회생활에서 소련 공산당의 지도적 위치를 공식적으로 규정했다. 공화국들과의 관계에서 중앙 정부의 지배적 위치도 강조되었다.

헌법에는 소련인민의 사회, 경제적 권리와 노동법, 보안법, 의료서비스, 휴가, 연금, 주거들과 같은 새로운 규정들을 명시했다. 1936년의 헌법과는 달리, 이번 헌법은 바로 최고회의에서 중요권리의 실현 보장하는 통일된 법으로써 채택되었다. 사회조직의 허용영역이 대폭 확대되었다. 노동조합과 전 연방 레닌 공산주의 청년동맹은 최고회의 심의에 법안을 제출할 권리와 최고의 그러나 한정된 권력기관의 후보등용의 권리를 부여받았다.

1977년 헌법은 민주주의적인 특징이 있었다. 소련의 가장 중요한 국제적 의무들, 즉 **유럽안보협력회의(CSCE)의 조약**을 체결한 미국과 캐나다를 포함한 다른 유럽의 국가들과 함께 1975년 소련이 헬싱키에서 서명했던 기본적 규정들이 나라의 기본법에 포함되었기 때문에 1977년의 헌법의 민주적 특징은 강화되었다. 그러나 규정과 현실과의 괴리, 사회의 모든 생활영역에 엄격한 공산당 독재의 유지는 새로운 헌법에 규정된 많은 권리들이 결국에는 종이로만 남게 되는 불가피한 결과를 초래했다.

결 론

브레즈네프 시대의 소련의 정치적 발전의 주요한 결과는 정권의 보수화와 사회생활에서 당기구의 지배와 군대와 국가안보 위원회의 주도적 역할의 강화였다.

49. 국가의 사회 · 경제적 발전

1960년대 전반기의 경제토론

1960년대 초반의 경제적 어려움과 실패는 공산당 고위층 뿐 아니라 경제 전문가들 사이에서도 활기 있는 토의를 유발했다. 소련 공산당 정강과 소련헌법의 초안에 대한 시민들의 토의가 이러한 토의에 많은 자극을 주었다. 1962년 9월에 공산당 기관지 ≪프라브다≫는 하리코프의 학자 **리베르만(Е. Г. Либерман)**의 논문 ≪계획, 이익,

보상≫을 게재했는데, 이 논문에서 그는 기업의 활동은 당 문서가 제시한 총 생산량의 지표가 아니라 **기업 활동의 실현 후 남은 총 이윤**으로 평가해야 한다고 제안하였다. 생산자의 물질적 동기뿐 아니라 계획과 판매의 문제에 있어서 사소한 평가로부터 해방되어야 한다고 제시하였다. 이 제안들은 기존의 경제체제의 토대와 관련된 것이기 때문에 문자 그대로 혁명적 성격을 띠었다.

리베르만

리베르만의 제안들은 소련 과학원 회원인 칸타로비치, 넴치노프, 노바질로프와 같은 소련의 저명한 경제학자들뿐만 아니라 2개의 섬유 공장에서 ≪경제실험≫을 실시하기로 결정한 흐루쇼프의 지지를 받았다. 흐루쇼프 대신 1964년 10월에 소련 정부의 수반이 된 **코시긴**(А. Н. Косыгин)도 이러한 구상을 지지했다. 그는 다른 생산 분야의 기업들에게도 실험을 확산시켰고, 대규모 경제 개혁안의 시작을 선포했다.

1965년의 농업개혁

경제개혁은 농업에서부터 시작되었다. 1965년 3월에 소련 공산당 중앙 위원회 전체회의는 농업 분야의 개혁안을 채택하였다. 주택, 병원, 학교, 영화관, 도서관 등의 건설 같은 농촌의 사회기반 시설의 발전에 자본의 투자를 대폭 증대시키는 것, 정부의 농산물 구매 가격을 6년간 고정시키는 것, 할당된 생산량의 초과분을 정부에 판매하는 가격을 50% 인상해 주는 것, 과거의 부채와 연체금을 탕감해주는 것 등이 결정되었다. 개인적인 부업경영의 도입에 대한 금지는 약간 완화되었다. 그러나 행정관리 체제는 농업 정책의 주요한 도구로 존속되었다.

그럼에도 불구하고 개혁의 결과는 매우 빠르게 나타났다. 고가의 기계가 구입되었고, 비료와 토지의 비옥화 정책이 실시되었고, 대규모 축산 가공 단지의 조성이 진행되었다. 1970년에 국영 농장의 생산의 총 수익은 22%였고, 집단농장은 43%를 차지하였다.

그러나 집단 농장 체제의 만성적인 문제들은 개혁정책의 실시에 장애가 되었다. 국가가 농업발전에 투자한 총 자본(1966~1980년간 총 4조 루블, 당시 환율로 6조 6억 달러)은 말 그대로 터진 독에 물 붓기 식이었다. 개인의 이익 창출을 위한 인센티브의 도입 없이 그 자본들은 매우 비합리적으로 이용되었다.

게다가 효율적인 부업영농과 그 생산물의 판매를 금지시킨 것과 더불어 집단 농장에 안정된 높은 현금 임금지불의 도입은 더부살이의 기분을 증대시켰다. 문제는 채소 수확에 매년 농민이 아니라 수백만 명의 대학생, 중고등학생, 노동자, 군인들까지 동원될 정도까지 심각해졌다. 수확물의 소실은 약 20~40%에 이르렀다. 1980년대 초에 집단농장과 국영농장은 다시 파산 상태가 되었다.

코시긴의 산업 개혁

1965년 9월에 중앙 위원회의 정기총회에서 산업 개혁 문제들이 심의되었다. 제안된 조치는 그들이 **명령경제체제**의 근간을 건드리지 않았지만 소련정권의 수립된 전 기간을 통해서 가장 급진적이었다. 개혁의 첫 번째 목적은 지시적 계획체제의 변화였다. 위에서 정해진 지표의 수가 최소한으로 축소된다고 발표되었다. 총 생산량이 예전처럼 그 들 중의 하나였다. 하지만 이제야 **생산품의 질의 지표**가 도입되었다.

다른 개혁의 목표는 생산자들의 경제적 동기의 강화였다. 기업들 수입의 일부를 자체의 사용을 위해서 남겨두고, 노동자와 근로자들의 물질적 격려, 주택건설과 사회생활에 필요한 물품, 생산 증대 등을 위한 3가지 목적으로 나누어 사용하는 것이 허용되었다.

소브나르호스(Совнархоз: 인민경제 소비에트)들이 폐지되었고, 행정 부처들이 복원되었다. 사실상 이제 행정부처들은 지시자가 아니고 협력자가 될 것이라고 선언되었다. 하지만 이것을 믿는 사람들은 드물었다. 반대로 이러한 행정 부처들의 광범위한 권한들에 대한 주장은 주창된 기업들의 독립성과 화합할 수 없는 모순이 되었다.

8차 5개년 계획(1966~1970년)은 개혁은 제한된 형태로 적지 않은 경제적 결과를 낳았다는 것을 보여주었다. 이러한 기간에 공업 생산량은 거의 1.5배가 증가했다. 생산의 질도 증가했다. 8차 5개년 계획 기간에 1,900여 개의 산업체들이 설립되었는데, 여기에는 톨야지야의 볼가 자동차 공장, 크라스노야르스크의 세계 최대 수력발전소, 서시베리아와 카라칸디스크의 금속 종합공장, 일련의 원자력 발전소 등이 포함되었다. 튜멘 주에 대형 석유채굴단지들도 건설되었다. **카마 자동차 공장**과 바이칼-아무르 철도가 건설되기 시작했다.

그러나 이미 1960년대 말 쯤에 개혁은 주춤했다. 이와 함께 경제지표들도 빠르게 하락했다. 경제적 원인들 외에 정치적 원인들도 작용했다. 체코슬로바키아에서 비슷한 개혁들이 정치체제의 붕괴의 시작을 초래했기 때문이다. 브레즈네프는 체코슬로바키아에서 이것을 허용할 수도 없었고, 국내에서도 더 이상의 개혁을 허용할 수도 없었다. 중앙에서 모든 것을 계획하고 지시하는 경제발전의 모델은 자체의 자원을 최종적으로 생산해 냈다. 이 경제발전의 모텔은 언제라도 자체의 동력으로 발전할 수 있었다. 하지만 역사적인 계획에서 그 모텔은 실패하기로 되어 있었다.

소련의 과학과 기술의 업적

1960년~1980년대 초에 일련의 중대한 과학발견과 기술적 발명들이 주목받았다. 예전처럼 그러한 것들은 군수품 생산과 밀접한 관련된 분야인 핵물리학, 미사일, 항공 기술 등에 집중되었다. 1960년대 후반에 우주 공간이 적극적으로 탐사되었다. 소련의 우주인들은 단순한 우주비행에서부터 지구 근처의 궤도를 여러 날 동안 집단적으로 순항하는 것으로 도약했다. 새로운 차원의 우주선 ≪**소유즈(Союз)**≫가 이용되기 시작했다. 우주에서 장기간 머무를 수 있는 우주정거장 ≪살류트≫가 설치되었다. 1966년에는 위성간 자동 정거장 ≪루나-9≫호가 역사상 처음으로 달에 순조롭게 착륙했다. ≪루나-16≫은 1970년 달 표면의 토양을 채취하여 지구로 가져왔다. 같은 해에 최초의 자동 추친 탐사선 ≪루나호드-1≫가 달에 착륙해서 성공적으로 작업을 시작했다. 발사된 소련의 우주선들은 금성과 화성의 표면에 도달하였고, 이 위성들의 주위와 토양을 연구하기 시작했다. 1975년에는 국제 우주협력 시대를 연 우주선 ≪소유즈≫와 ≪아폴론≫으로 최초의 소련과 미국 간의 합동 우주 비행이 있었다.

1975년에 세계에서 가장 큰 열핵장치 ≪토카마크-10≫이 작동하기 시작했고, 이 장치에서 발전된 열핵반응이 처음으로 실험실 조건에서 실현되었다. 1960년대 후반에 통합 에너지 체제의 개념이 입안되어 구체화되기 시작했다. 소련의 건설자들과 엔지니어들, 기술자들이 큰 성공을 거두었다. 1965년에 안토노프 제작소에서 세계 최대의 수송기 ≪안테이≫가 제작되었다. 1975년 12월에 투폴레프(А. Н. Туполев) 종합 제작소에서 제작된 세계 최초의 초음속 여객기 ≪투-144≫가 운항을 시작했다. 1976년부터 일류신(С. В. Ильюшин) 종합제작소에서 제작된 최초의 소련 ≪에어로버스≫인 ≪일-86≫이 승객과 화물의 운송을 시작했다. 1975년에 벨로루시 자동차 제작사가 화물적재 중량이 100톤인 최대의 자동하역장치(덤프카) ≪**벨라즈**≫를 제작하였다. 같은 해에 과학과 기술의 업적들은 생산의 기계화와 자동화 분야, 특히 건설과 농업분야에서 나타났다.

사회정책의 특징

1965~1984년에 도시의 인구는 급격히 증가하였다. 도시인구는 1억 3천만에서 1억 8천만까지 늘어났다. 정부는 도시의 인구 유입을 제한하는 정책을 실시하였다. 이 기간에 농촌 인구수는 1억 5백만에서 9천 6백만 명까지 감소하였다. 몇몇 지역에서 총 인구의 75%가 도시인이었고, 농촌이 거의 완전히 황폐해졌다(러시아 연방과 다른 지역의 비흑토 지역).

1980년대 중반에 중, 고등 교육을 받은 사람의 비중은 거의 70% 달했다는 사실은 이 시대의 중요한 사회적 업적이었다. 도시인들과 남쪽 공화국의 인구의 급격한 증가는 새로운 문제를 야기시켰다. 주택의 총수의 상당한 증가에도 불구하고 해마다 집을 받기위해 차례를 기다리는 사람들의 수는 늘어났다. 양적인 건설산업의 발전정책의 지속 때문에 실업문제는 발생하지 않았다. 하지만 중앙아시아의 공화국에서 실업은 감추어졌지만 점차로 대규모로 증가했다.

보건에 지출의 감축은 곧 평균 수명 세계 순위 35위, 아동 사망률 50위로 소련의 지위를 하락하게 하는 결과를 초래했다. 인구증가와 농업생산성의 하락은 **식량부족의 악화**를 초래했다. 그 결과 1980년대 초에 많은 지역에서 1947년에 폐지되었던 배급제도가 다시 도입되었다. 1980년대 초에 소련의 소비수준은 세계 7위였다.

소련의 산업에서 창출된 국민소득 중 임금이 차지하는 비율은 단지 36.5%에 불과했다(1985년). 같은 해에 미국은 64%, 서구의 다른 나라는 80%까지 차지하였다. 무기경쟁, 비합리적 경제운영, 다른 나라의 친 공산주의 정권들에 대한 원조 등이 남은 자원을 탕진했다.

브레즈네프 시대의 소련인들의 일상생활

소련사람들의 생활은 1960년대 초와 비교할 때 눈에 띄게 달라졌다. 수천만 명의 사람들이 주거환경을 개선했고, 시설이 잘된 아파트로 이사했다. 실제로 각각의 가정에 냉장고, 텔레비전, 라디오가 있었다. 많은 사람들이 ≪모스크비치≫, ≪자포로즈체프≫ 나중에 나온 고가인 ≪**지굴리**≫와 ≪**볼가**≫와 같은 자동차들을 소유하게 되었다. 국민소득 상승속도에 비해 못 미치지만, 임금은 올랐다(1966~1985년간 국민소득은 3배 증가하였지만 임금은 2배 밖에 증가하지 않았다.). 당과 정부기관의 직원들만이(2% 이하) 다양한 특혜를 누렸고, 평균 지표보다 거의 25배가 많은 급료를 받았다.

상품의 부족한 상황에서 상업에 종사하는 사람들만이 그와 비슷한 수준의 수입을 벌었다. 창작활동을 하는 지식인들과 과학적 엘리트들이 고 임금 층에 속했다. 이 그룹의 평균소득은 한 달에 2,000~2,500루블이었다(이 때에 경승용차 1,500루블~6,000루블, 컬러 TV 700루블, 냉장고 350루블, 라디오 200루블, 가구 2,000 루블이었다).

하지만 국가의 3번째 계층 사람들의 소득은 100루블부터, 30%는 150루블, 나머지는 250루블이었다. 이것은 3번째 계층의 소득이 가장 적다는 것을 의미한다. 사실, 식료품의 가격은 저렴했다(빵 13~25코페이카, 호밀빵 16~18코페이카. 구운 소세지 1kg 2루블 20코페이카, 버터 1kg 3루블 60코페이카, 생선 1kg 36코페이카, 감자 1kg 32코페, 치츠 1키로 평균 2루블, 우유 1리터 32코페이카, 고급 연어알 1kg 22루블이었다). 하지만 이것들 중 몇몇(우선 육류제품과 해산물)은 실제로 구입이 불가능했다.

결 론

8차 5개년 계획의 기간에 공업발전의 높은 성과는 무엇보다도 노동에 경제적 유인책을 도입한 결과로 설명되었다. 그러나 1970년대에 들어서서 그러한 정책의 중지는 다시 경제적 침체를 초래했다.

50. 브레즈네프 시대의 소련의 사회와 문화

공식적인 이데올로기의 위기

당 이론가들의 주장과 실제생활의 현실간의 간격은 1960년 후반부터 이미 사람들이 공식적인 선전을 믿지 않았을 정도로 컸다. 일상의 주요한 구호로서 공산주의의 건설은 수많은 일화와 조롱을 위한 구실로 변해갔다.

1970년대 일화 중에서

브레즈네프에게 한 외국인들의 질문

당신이 그렇게 성공적으로 공산주의 사회를 건설하고 있다면 왜 우유와 고기를 충분히 갖고 있지 않는 것 입니까?

브레즈네프

우리들은 공산주의를 향해서 7마일을 왔지만, 가축은 우리들을 따라오지 못하고 있습니다.

점차적으로 사람들은 최종적인 목표에 대한 믿음뿐만 아니라 노동에 대한 이데올로기적인 자극도 상실해 갔다. 경제가 전 같지 않았다. ≪발전된 사회주의≫의 개념은 공산주의 건설의 실패의 원인들을 오랜 기간 설명할 수 없을 정도로 안개 속에 있는 것처럼 당 지도자들조차 이해하지 못했고, 그만큼 모호했다. 1980년대 초에 발전된 사회주의의 수정이 요구되었다. 1982년 ≪발전된 사회주의의 장기적인 완성≫이라는 새로운 개념이 공표되었다. 이 과정은 역사적인 시대에 요구되어 지는 것으로 객관적으로 불가피하고 그만큼 장기간 지속적이라는 것이 강조되었다. 1980년이 지나가는 동안 공산주의는 건설되지 않았고, 더욱이 전례 없는 **식료품 부족 현상**이 나타났기 때문에 소련 공산당의 당 강령 변화의 불가피성이 제기되었다. 공식적인 이데올로기는 막다른 골목에 다다랐다.

반체제주의자들의 운동

공산당의 이데올로기 위기는 이미 1960년대 전반기에 지식인들의 일부에서 명백히 드러났다. 사실, 그 당시만 하더라도 아무도 공산주의와 다른 이데올로기의 견해를 제시하지 못했다. 마르크스와 레닌주의의 혁신과 그것의 창조적 발전에 대한 언급이 있었다.

1960년 중반부터 **반체제주의자들**의 운동은 점진적으로 형성되기 시작했다. 이 운동은 시작부터 3개의 주요 목표들 즉 권리 옹호(소련이 헌법에 규정된 모든 권한을 이행할 것을 정부당국에 요구하는 권리를 옹호), 민족해방, 종교의 자유 등을 가지고 있었다.

반체제주의자들의 운동의 이념적 바탕은 자유주의(자유주의 진영의 대표자들은 자유와 인권의 확보를 주요한 목표로 삼았다)와 민족주의(민족주의적 이념의 지지자들은 민족 국가의 건설이나 탄생을 목표로 생각했다)로 대표되어진다. 반체제 운동의 첫 방향의 주요 이론가는 **사하로프(А. Д. Сахаров)**이고, 두 번째는 **솔제니친(А. И. Солженицын)**이다. 사실, 자유주의의 신념이 사하로프가 문명사회에서 더 좋은 문명의 특징을 결합하는 방법으로 소련과 서방세계의 융화의 불가피성을 주장하는 것을 방해하지 않았다.

사하로프

솔제니친

시냐프스키

다니엘

1965년 작가인 **시냐프스키(А. Д. Синявский)**와 **다니엘(Ю. М. Даниэл)**이 체포된 후에 뒤따른 항의와 시위의 물결이 반체제 운동의 시작으로 간주되고 있다. 그들은 자신들의 작품들을 외국에서 출판했다고 고소되었고, 7년 강제노동수용소 형과 5년형의 추방을 선고받았다. 1969년에 소련에서 최초로 국가의 통제를 받지 않는 공개된 사회단체인 인권의 보호를 주장하는 단체가 창립되었다. 1976년에 모스크바에서 오를로보이가 이끄는 **헬싱키 협정**의 이행을 촉구하는 집단이 생겼다.

오랜 세월이 흘러간 동안 최초로 반체제주의 사상이 군부대로 침투했다. 1969년에 발틱함대의 장교들로 구성된 ≪민주적 권리를 위한 투쟁 연합≫이 밝혀졌다. 1975년에 대 잠수함 구축함의 부정치 담당관 3등급 대위 사블린(В. Саблин)은 사회에 만연한 ≪공금횡령, 선동, 눈치, 거짓≫에 대한 항의를 국가의 지도자들에게 호소하기 위해서 리가에서 레닌그라드까지 선박을 항해하게 했다. 공중에 이륙한 폭격기들이 이 선박을 정지시켰다. 사블린은 ≪조국 반역≫이라는 죄목으로 총살되었다. 이렇듯 모든 것은 권력과 사회 간의 큰 거리감을 증명하였다.

부르주와 문화와의 투쟁 강화

정부는 반체제 운동과 다른 ≪비정상적인 영향≫들의 원인으로 ≪제국주의자들의 음모≫를 꼽았다. 1960년대 중엽에 이미 ≪이념 투쟁의 격화≫에 대한 이론적 근거가 형성되었다. 이것은 사회주의로 진보하는 계급적인 투쟁의 격화에 대한 유명한 스탈린 시대의 단순한 현대판이 아니었다. 1930년에 이러한 상황은 대규모 정치탄압의 구실로 사용되었다. 1960~70년대에 이러한 정치탄압의 부활은 사회에 익숙지 않은 비범한 현상들(반체제 운동과 공식적인 이데올로기의 위기 등)을 설명해야만 했다. 이것은 비판의 정당화와 정신적 생활의 일련의 제한들에 대한 구실로 이용되었다. 반체제주의자들 각자는 서구의 ≪영향의 대리인≫ 또는 단순한 스파이로 불가피하게 출연했다.

≪부르주아 문화와의 투쟁≫을 강화하는 조짐 하에 1970년대가 지나갔다. 1940년대 말엽처럼 극장의 상연목록 중에서 많은 외국 작가들의 연극들이 사라졌다. 유명한 연주자들의 연주회가 취소되었다. 좋은 서구 영화들의 입차가 금지되었다. 그 원인들은 예술적인 언어로 표현된 소련현실의 비판과 1968년 체코슬로바키아와 1970년대 말 **아프가니스탄으로의 소련군 침공**에 대한 비판들이었다.

예술문화의 발전에 역행

흐루쇼프의 축출 이후에 문화에 대한 당 지도부의 공식적 입장은 변화를 견디지 못했다. 그러한 공식적인 입장은 한편으로는 전통적인 ≪황금기≫로의 복원, 즉 비판의 금지, 또 한편으로는 ≪현실미화의 거부≫로 귀결되었다. 그러나 당 대회와 공식적인 회의에서 대체로 주변 현실의 문제들을 주목하지 않으려고 노력하는 사람들의 말이 받아들여졌다.

정부는 문화 활동가들에게 항상 주인공들의 개인적인 결함, 그들의 양육과 교육의 비용 등으로 귀결되는 생산적인 주제를 다루는 작품들을 창작하라고 권고했다. 이러한 작품에서는 당 관료의 자격으로 자주적이고 적절한 중재자의 개입 후에 모든 것이 순조롭게 끝났다. 곧 당의 권고안에서 문화 활동가들에게 영화나 공연의 질과 주제에 대해 주문을 하기 시작했을 뿐만 아니라 주연 배우들을 결정하기 시작했다. 이러한 것은 예술문화의 침체를 초래하지 않을 수 없었다.

결과적으로 많은 문화 활동가들은 망명하지 않으면 안 되었다. 작가 악세노프(В. П. Аксенов), 솔제니친(А. И. Солженицын), 막시모프(В. Е. Максимов), 지노비예프(А. А. Зиновьев), 네크라소프(И. П. Некрасов), 보이노비치(В. Н. Войнович), 시인 브로드스키(И. А. Бродский), 영화감독 트라코브스키(А. А. Тарковский), 연극 연출가 류비모프(Ю. П. Любимов), 첼로 연주가 로스트로포비치(М. Л. Ростропович), 오페라 가수 비쉬네브스카야(Г. П. Вишневская)

가 외국으로 추방되었다.

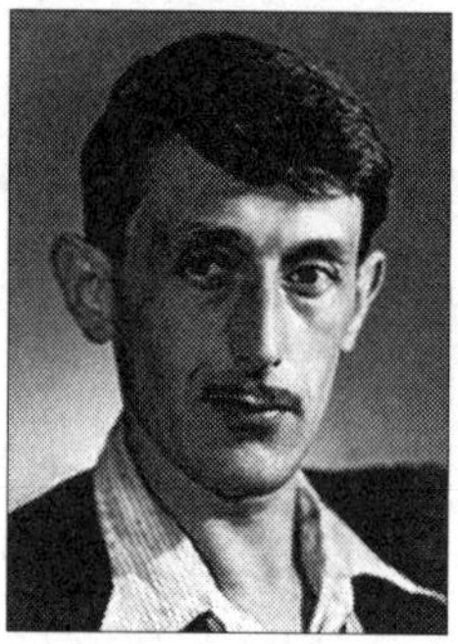

네크라소프

로스트로포비치

라스푸틴

러시아 농촌의 전면적 집단화의 비극적인 결과들을 보여주는 형식에서 대표적인 농촌 작가들인 아브라모프(Ф. А. Абрамов), 아스트라한피예프(И. П. Астрафьев), 벨로프(В. И. Белов), 라스푸틴(В. Г. Распутин), 모자예프(Б. А. Можаев), 슈크신(В. А. Шукшин) 등이 객관적으로 공식적인 이데올로기에 반대했다. 작가 바실리예프(Б. Л. Васильев)와 트리포노프(Ю. В. Трифонов)는 전례가 없는 문제에 대한 도덕성을 표현했다.

인기 있는 영화감독들인 토브스토노고프(Г. А. Товстоногов), 에프로스(А. В. Эфрос), 자하로프(Б. А. Захаров), 에프레모프(О. Н. Ефремов), 볼체크(Г. Б. Волчек), 아부라드제(Т. Е. Абуладзе) 또한 많은 연극 연출가들인 레베데프(Е. А. Лебедев), 라브로프(К. Ю. Лавров), 바실라쉬빌리(О. В. Басилашвили), 유르스키(С. Ю. Юрский), 도로니나(Т. В. Доронина), 플랴트(Р. Я. Плятт)와 영화 배우들인 티호노프(В. В. Тихонов), 고르바초프(И. О. Горбачев), 울리야노프(М. А. Ульянов), 모르듀코바(Н. В. Мордюкова) 등이 자신의 인생관과 지식인들의 역할을 작품에서 표현했다.

이 시기의 영화 예술에서는 **본다르추크(С. Ф. Бондарчук)의 ≪전쟁과 평화≫**, ≪워털루≫, ≪조국을 위해서 싸우다≫, ≪아버지 세르게이≫, 오제로프(Ю. Н. Озеров)의 영상 서사시 ≪해방≫, ≪자유로운 병사들≫, 로토츠키(С. И. Ротоцкий)의 ≪월요일까지 살다≫, ≪여기에 조용한 노을이…≫, ≪하얀 빔 - 검은 귀≫, 리오즈노바야(Т. М. Лиозновой) ≪17번의 봄의 순간≫, 타르코브스키(А. А. Тарковский)의 ≪안드레이 루블료프≫, ≪솔랴리스(태양)≫, ≪향수≫, 랴자노프(Э. А. Рязанов) ≪어긋난 운명≫, ≪차고≫, ≪사내 로맨스≫, 가이다이(Л. И. Гайдай)의 ≪카프카스의 조카≫, ≪보석처럼 빛나는 팔≫ 등이 인기가 있었다.

소련의 발레의 거장인 플리세츠카야, 베스메르노바, 리에파, 바실리예프, 막시모바, 파블로바, 가르제예프, 고두노프, 바리쉬니코프 등이 큰 성공과 세계적인 명성을 얻었다. **누례예프(P. X. Нуреев)**는 망명한 상태에서 러시아 발레 예술의 높은 평가를 받았다.

타르코브스키

본다르추크

누례예프

오페라 예술에서 아르히포보이, 아틀란토바, 소트키로프, 아브라즈초보이, 시냐프스코이, 네스테렌코, 쉬토콜로아, 에이제나 등이 대표적 활동가들이다. 소련의 인민 예술가 글라주노프와 쉴로프는 그들의 창작 작품에서 최정상을 이루었다.

유명한 조각가 톰스키(Н. В. Томский)와 부체티치(В. Е. Вучетич), 케르벨(Л. Е. Кербель)은 화려한 조각작품을 제작했다. 볼고그라드의 마마이 언덕, 키예프의 브레스트 요새에 있는 기념비적 웅장한 조각 작품들이 가장 의미 있는 작품들이라고 할 수 있다.

브이소츠키

≪녹음기 혁명≫이 1960~70년대의 문화의 가장 화려한 페이지를 장식했다. 소련 전역에서 브이소츠키(В. С. Высоцкий), 킴(Ю. Ч. Ким), 즈바네츠키(М. М. Жванецкий)의 노래와 공연을 녹음한 것을 들었다. 풍자적 장르의 거장 라이킨(А. И. Райкин)은 자신의 축소된 무대에서 사회의 모순을 비판했다.

코브존

코브존(И. Д. Кобзон), 크리스탈린스카야(М. А. Кристалинская), 마고마예프(М. М. Магомаев), 피예하(Э. С. Пьеха), 힐(Э. А. Хиль), 푸가쵸바(А. Б. Пугачева), 로타루(С. м. Ротару), 레센코(Л. В. Лещенко), 레온티예프(В. Я. Леонтьев)가 이 시대에 수백만의 소련시민들의 사랑받는 무대 연주가들이었다.

교육제도

1960~70년대에 교육제도가 개혁되었다. 중등학교 졸업생의 수가 빠른 속도로 증가 하였다. 1970년대에 정부는 중등의무교육을 확대하는 과제를 제기했다. 그 결과 1970년부터 1985년까지 중등교육을 받은 사람들의 수는 3배로 증가하였다. 그러나 교육의 질은 개선되지 않았다. 학업성적 불량으로 퇴학은 중단되었고, 중등교육(9~10학년)을 위한 실질적인 선발경쟁이 없었다. 국가의 고등교육조직이 확대되었다. 1980년대 초까지 고등교육기관들은 매년 100만 명 이상의 전문가들을 배출했다.

그러나 고등 교육기관뿐만 아니라 중등학교들도 예전처럼 과거의 산업사회에 맞추어진 과제들의 해결방법을 학생들에게 가르쳤다. 1984년의 개혁으로 이러한 상태를 개선하려는 시도들은 재정자원의 부족과 교육체제와 사회경제체제의 전반을 변화시키지 못했기 때문에 실패했다.

결 론

공식적인 이데올로기의 위기는 1970년대와 1980년대 초반에 소련사회의 중요한 정신적 문제 중의 하나가 되었다.

51. 민족 정책과 민족운동

새로운 역사 공동체

1972년에 소련건국의 50주년이 되었고, 소련의 발전의 결과가 평가되었다. 소련의 발전성과의 평가는 매우 인상적이었다. 특히 중앙아시아 공화국들의 발전 속도가 가장 높았다. 1922년에 이곳의 문맹률이 95%였지만, 1972년 당시에 그 지역 주민들의 95%가 고등 교육 혹은 중등교육을 마쳤거나, 중등교육 중에 있었다. 50년 동안 산업생산의 총액은 카자흐스탄-600배, 타지크스탄-500배, 키르키스스탄-400배, 우즈베키스탄-240배, 투르크메니스탄-130배가 증가하였다. 우즈베키스탄에서만 1972년에 고등전문교육과 중등전문교육을 받은 전문가들이 1920년대 말 소련의 총 전무가들보다 많았다. 발트해 연안의 3 공화국들도 또한 높은 수준의 성장을 이루었다. 1940년부터 라트비아의 공업생산은 31배 증가하였고, 에스토니아는 32배, 리투아니아는 37배 증가하였다. 이러한 모든 결과들은 소련의 모든 시민들의 집단 노동의 결과였다.

1960년대 후반기에 ≪새로운 역사적 인간 공동체≫로서 소련인민에 대한 이념적 결론이 형성되었다. 이러한 이념적 결론은 점차적으로 발전했다. 10월 혁명 50주년을 기념하는 보고서에서 처음으로 이러한 규정이 공표되었다. 그 다음 이러한 공동체는 사회주의적 민족과 인민들의 다년간의 융합의 결과를 의미한다는 사실이 공표되었다. 중요한 것은 이런 사회주의적 민족과 인민들이 통합되어 단일 소비에트 인민으로 형성되었다는 것이고, 당 문서에서는 ≪유일한 목적은 공산주의 건설≫이라고 나타나 있다.

당 이론가들은 곧 이념적 통합은 분명히 불완전 하다고 생각했다. 1970년대 초에 과거의 상황들은 소련에 형성되었던 ≪통합된 단일 인민경제 복합체≫는 소련 인민들 간의 우정의 물질적인 토대가 된다는 결론으로 보완되었다. 이러한 조항은 1977년 헌법에 확고하게 규정되었다. ≪새로운 형태의 인간 공동체로서 소련인민≫의 이론적 규정은 당 지도자들이 실시한 민족문제에 대한 정책에 반영되지 않을 수 없었다.

≪소련 건국 50주년≫에 관한 브레즈네프 보고서 중에서

당은 민족의 융합과정을 저지하려는 어떠한 시도도 허용할 수 없다고 생각한다 …

소련의 지도자가 선포한 소련사회의 통합을 촉진하는 정책은 민족의식의 증대되는 과정과 중앙정부와 공화국들 간의 상호 관계의 과거의 경험과 불가피하게 배치되었다.

중앙과 공화국들 간의 반목의 증대

1965년 개혁을 실시하는 과정에서 정부는 연방 공화국들의 경제적 특수화, 전문화 발전에 중점을 두었다. 각 공화국들은 전통적 생산을 발전시켜야만 했다. 예를 들어, 카자흐스탄은 곡물생산과 축산품, 우즈베키스탄은 목화배재, 투르크메니스탄 석유와 천연가스, 몰다비아는 채소 및 과일 재배, 발트해 연안의 공화국들은 농업과 어업에 중점을 두었다.

연방 공화국들의 급속한 경제 통합으로 얻어지는 이익 덕분에 낙후된 산업의 발전이 빠른 속도로 진행되었다. 특히 벨로루시, 몰다비아, 투르크메니스탄, 키르키스스탄, 아제르바이잔, 우즈베키스탄, 리투아니아에서 성장의 지표가 가장 빨랐다. 이것은 소련 전역의 높은 경제 지표를 초래 했을 뿐만 아니라, 공화국의 특수성의 극복을 초래하였다. 동시에 연방 행정부처들의 지도적인 역할 하에 이러한 지역에서의 급격한 산업건설은 공화국들에 대한 관계에 있어 연방정부의 역할을 더욱더 강화시켰다.

1970년대에 1950년대에 제공되었던 경제적 · 정치적 문제들에 대한 연방 공화국들과 자치 공화국들의 모든 권리들과 권한들이 사실상 폐지되었다. 연방 공화국들의 인민들은 자신들의 경제를 제한적으로나마 관리할 수 있는 권리조차 잃었고, 정부의 허락 없이는 문화 발전에 대한 많은 문제들조차 해결 할 수 없었다. 게다가 지방의 자격 있는 관리들의 부족 때문에 엔지니어들과 기술자들이 러시아에서 중앙아시아와 자카프카지예 지역으로 이주 했다. 이것은 때때로 관습적인 수준에서도 다른 전통들과 문화의 강요된 팽창으로 인식되었고 민족주의를 강화시켰다. 또 다시 민족운동이 활기를 띄기 시작했다.

민족운동

소련의 발전 단계에서 민족운동은 중앙정부가 실시한 균등화와 통일화의 정책으로부터 민족문화를 보호하는 형태를 취했다. 자신의 민족문화의 문제들을 제시하려는 지식인들의 시도들은 민족주의 현상으로 선포되었고, 적대적으로 간주되었다. 1971년에 우크라이나에서 민족어 학교(토착어로 교육되는 학교)의 수의 축소, 고등교육기관에서 우크라이나 언어강의 축소 등의 상황에서 많은 사람들이 과거의 상태로의 복원을 요구하기 시작했다. 이것을 위해서 참여한 학생들이 처벌을 받았을 뿐만 아니라 우크라이나 공산당 중앙 위원회 제 1서기가 해임되었다.

반체제 사상이 확산되는 상황에서 민족 운동들은 더욱 더 분열적인 영향력을 띄기 시작했다. 독일인들의 서독으로 이주하는 권리를 위한 운동 외에도, 1967년에 크림반도의 타타르 인들과 투르크계 소수민족들의 고향으로의 귀환 운동, 아울러 유태인들의 이스라엘로의 대규모 이주운동이 진행되었다. 민족운동의 참가자들은 더욱 더 적극적으로 활동했다. 1972년 소련 최고 회의 상임 위원회는 소련 전 지역에 거주하는 독일인들의 거주지 선택에 대한 모든 제한을 철폐하였다. 그러나 **볼가강 주변의**

독일인 자치 거주 지역은 복구되지 못했다. 그 결과 1970~1986년 동안 7만 2천 명 이상의 독일인들이 해외로 이주했다. 1967~1985년 동안 자신들의 역사적인 고향으로 이주하는 소련의 유태인은 27만 5천 명이 넘었다.

1970년대에 발트해 연안의 공화국들의 민족 운동은 가장 대규모이고 적극적이었다. 민족운동의 참여자들은 시민의 권리 준수뿐만 아니라 교회 활동 제한의 철폐를 요구했다. 리투아니아인들은 정부 당국이 폐쇄한 클라이페드 성당의 활동의 재개를 요구하는 브레즈네프에게 보내는 탄원서에 거의 15만 명이 서명했다.

우크라이나에서도 수많은 민족 운동 단체와 조직들이 활동했다. 새로운 헌법안 논의와 관련된 충돌이 1978년 그루지야에서 일어났다. 그루지야에서는 수천 명의 사람들이 이 헌법안에 그루지야어를 공식어로서의 규정을 유지해달라는 주장을 하며 거리로 나왔다. 1977년 아르메니아 민족 통합당의 당원들은 항의의 표시로 모스크바 지하철 등을 폭발시켰다.

연방 공화국들에서 민족주의의 분출은 러시아인들의 민족 운동의 형성을 초래하지 않을 수 없었다. 러시아 민족주의 운동의 참여자들은 민족 국가의 건설을 거부했고, 소련을 행정적 영토단위로 분할하는 것을 주장했다. **러시아 민족주의**자들은 소련 전 지역에서 러시아 민족에 대한 큰 존경을 요구했다. 솔제니친, 샤파레비치, 글라즈노프, 솔로우힌 등이 이시기에 러시아 민족주의 운동의 이론가들로 활동했다.

가장 큰 러시아 민족운동 단체 중 하나는 1960년대 중반에 레닌그라드에서 조직된 전 러시아 인민해방 사회주의 기독교 동맹이었다. 이 단체의 주된 사상은 공산주의의 건설과 민족주의적 정교 국가의 건설의 거부에 바탕을 두었다. 전 러시아 인민해방 사회주의 기독교 동맹의 붕괴에도 불구하고 1970년대 말~1980년대 초의 러시아 민족운동은 소련에서 가장 큰 운동 중의 하나가 되었다. 소련에서의 민족 운동의 활동은 해외 망명자들의 중심지인 반볼셰비키 인민 진영과 중앙아시아 연구 센터 등의 지지를 받았다. 그들은 민족 운동의 참가자들에게 물질적인 지원을 제공했다.

민족 정책의 진화

민족운동이 확대되는 가운데 정부는 민족 정책을 수정하지 않을 수 없었다. 대체로 직접적인 탄압은 공개적인 항의 참가자들에게만 적용되었다. 연방 공화국 지도자들과 지식인들에 대해서는 회유정책이 실시되었다. 20년 동안(1965~1984) 연방 공화국의 문화, 산업, 농업 등의 분야의 수천 명의 활동가들에게 사회 노동 영웅의 칭호, 소련의 최고 훈장이 수여되었다.

연방공화국의 당과 정부의 지도자들의 **코레니자치야(коренизация: 토착화)**의 순차적인 운동이 시작되었다. 그 결과, 예를 들어, 1980년 초반 카자흐스탄 최고위 지도자층의 카자흐인들의 비율은 2배로 증가해 실제로 60%가 넘었다. 대체로 공화국 공산당 중앙 위원회 러시아 출신인 제 2서기들은 일어나고 있는 과정들을 관찰할 수밖에 없었다. 동시에 연방 정부의 당국은 자치 공화국과 민족 주와 관구에서 일어나고 있는 그러한 현상들을 완전하게 주목한 것 같지 않았다. 민족문제를 다룬 공식 문서 어디에도 연방 공화국들에 대해서만 언급되었다. 1977년 헌법에 소수민족들과 소수민족 집단들에 대해서 언급조차 되지 않았다. 이러한 모든 것이 민족 상호간의 관계에서 점진적인 위기의 발발을 초래했다.

결 론

소련인민을 새로운 역사적 인간 공동체로서 최종적 정의를 내린 것은 시대착오적이었고, 그 정의에 바탕을 둔 민족 정책은 많은 점에서 잘못이었다. 민족주의적 지도층의 형성과 더불어 이것은 소련에서의 민족주의 운동의 활성화를 초래했다.

52. 외교정책

1960년대 중엽의 국제상황

1960년대 중엽에 국제정세는 다시 위태로워졌다. 미국이 베트남에서 감행한 전쟁은 오랫동안 미-소간의 관계를 긴장시켰다. 1967년 6월에 이웃 아랍 국가에 대한 이스라엘의 공격은 소련과 서방 간의 직접적인 군사 충돌의 발단 직전까지 이르렀던 위태로운 상황을 초래했다. **중국과 소련간의 이념 분쟁**은 연해주, 아무르강 연안, 바이칼호의 동쪽지역, 중앙아시아 지역에서 1500만 평방미터 펼쳐져 있는 양국의 국경에서의 긴장으로 확대되었다. 이것은 양국 간의 관계를 급격히 악화시켰고, 1969년 다만스키 섬에서의 대규모 무력 충돌을 초래했다.

중소국경분쟁

스탈린주의에 대한 비난이 중국, 알바니아, 북한 공산당들과의 냉랭한 관계를 촉발했지만, 스탈린주의의 복구는 소련 공산당에서 유럽에서 가장 큰 프랑스와 이탈리아 공산당 들을 멀어지게 했다.

이것과 더불어 1960년대 말 쯤에 소련은 핵미사일 무기에서 미국과 전략적 균형을 이루는데 성공하였다. 이것은 국제적 긴장의 완화의 가능성을 열어주었다. 양국이 관계의 정상화로 들어갔던 원인들은 여러 가지였다. 소련은 이러한 현상이 서방측의 취약점이 드러난 것으로 생각했다. 미국은 소련과 그 동맹국들의 정권들은 잔혹한 군사적 대치 상황에서만 권력을 유지 할 수 있다고 가정했다. 그러기 때문에 평화공존은 그러한 정권들의 붕괴를 초래할 것이라 기대되었다. 이른바 ≪**데탕트의 시대**≫라는 명칭을 부여받은 10년간의 시대가 시작되었다.

서방과의 관계

동 · 서의 지도자들은 냉전의 얼음판을 녹이기 위한 일련의 중요한 조치들을 시작했다. 소련의 외무부 장관 **그로미코**가 1968년 열린 소련 공산당 중앙 위원회의 정치국에서 행한 분석적 보고서에서 ≪1961~1963년 기간의 미 · 소 대화는 역사적인 우연의 일치만은 아니었다. 그것을 초래한 원인들이 지금도 효력을 발휘하고 있다≫고 말했다.

1968년 여름에 **핵무기 비확산 조약**이 체결되었다. 1969년에 서방의 선진국들은 **전 유럽 안보 협력회의(CSCE)의 개최**에 대한 소련의 제안을 지지하였다. 1970년 여름에 소련과 서독간의 조약이 체결되었다. 그 조약에 따라 전후 유럽의 국경선이 인정되었다. 나중에 서독은 그러한 조약을 체코슬로바키아와도 체결하였다. 1971년에 서베를린의 지위를 정의하는 서베를린에 관한 4대국(소련, 미국, 영국, 프랑스) 간의 합의가 체결되었다. **1972년에 동독과 서독간의 상호 인정 조약**이 체결되었다.

동 · 서 관계에서 새로운 시대의 도래는 1972년 5월에 역사상 최초로 미국 대통령 닉슨이 모스크바를 방문했을 때부터 시작되었다. 그 때에 지금까지 양국 간의 관계를 결정했던 중대한 조약들이 체결되었다. 상호관계의 토대, 미사일 방어 체제와 전략적 공격무기의 제한 등에 관한 조약들이 체결되었다. 이러한 성공은 소련 공산당 서기장 브레즈네프가 미국을 방문하여 핵전쟁 예방에 관한 합의에 서명했던 1973년에 더욱 더 공고히 되었다. 이러한 모든 것은 오랜 기간 후에 처음으로 국제관계의 분위기 자체가 변화하기 시작하는 결과를 초래했다.

동서독 정상들의 첫만남

헬싱키 회의

유럽안보 · 협력 회의는 데탕트 기간의 절정기였다. 1975년 여름에 헬싱키에서 유럽 33개국의 국가 원수와 수상들, 미국, 캐나다의 국가 원수와 수상들이 최종 조약에 서명했다. 그 조약에서 국가들은 다음과 같은 상호관계의 원칙들의 준수를 약속했다. 주권의 동등성, 무력이나 군사력의 위협을 사용하지 않을 것, 전후 국경의 불가침, 영토의 통합 인정, 분쟁의 평화적 해결, 내정의 불간섭, 인권과 인간의 기본적 자유들의 존중 등의 원칙들의 준수가 약속되었다. 이러한 원칙들의 준수와 이행을 보장 할 상설기구가 창립되었다.

헬싱키 CSCE 회의

헬싱키 협정후의 미소정상

알려진 것처럼, 소련과 서방측은 **헬싱키 회의**의 의미를 다르게 평가했고, 헬싱키 회의의 규정된 조약안들을 다르게 해석하였다. 소련의 지도자들은 현존 국경의 불가침을 확보하는 것을 핵심으로 생각하였고, 이와 반대로 서방측은 사회주의 국가들에서 **인권의 존중**을 강조하였다. 바르샤바 조약 기구의 가맹국들의 반체제 인사들에 대한 도움이 강화되었다.

곧 **데탕트의 첫 균열**이 나타났다. 서방측은 반체제 인사들의 인권 침해와 박해에 대해 소련을 비난하기 시작했다. 소련의 지도자들은 동독과 체코슬로바키아에 **중거리 핵미사일 배치**를 시작했다. 이것은 공식적으로는 금지된 것은 아니었지만 유럽의 전략 균형을 바꾸어놓았다. 전쟁의 위협의 약화에 대해 다시 합의하려는 시도는 실패하였다. 1979년 여름에 빈에서 체결된 **재래식 무기 제한협정 2**는 **아프가니스탄에 대한 소련의 침공** 때문에 미국 상원에서 승인되지 못했다. 아프가니스탄에 소련 무기의 첫 배치로 긴장 완화의 시대는 종결되었다. 동 · 서간의 새로운 심각한 대립의 시대가 시작되었다.

지역분쟁과 아프가니스탄에서의 전쟁

군사 · 전략적 균형의 상태에서 소련과 미국 간의 직접적인 군사적 대치는 불가능해졌다. 그러기 때문에 미국과 소련 간의 군사적 대치는 지역적 수준으로 옮겨갔다. 1960년대 중엽부터 거의 10년 동안 소련은 미국의 침략에 투쟁하는 베트남에 대규모 군사 원조를 제공했다. 1975년에 베트남 국민들의 승리는 소련에서 아전인수 격으로 인식되었다.

1967년 여름에 이집트, 시리아, 요르단에 대한 이스라엘 전쟁이 시작되었을 때, 소련은 침략국인 이스라엘과 외교적 관계를 단절했을 뿐만 아니라 아랍 국가들에게 대량의 무기와 군사 고문단을 보냈고, 분쟁이 발생할 경우에 핵무기를 발사할 준비가 되어 있는 군함들을 지중해로 투입했다. 소련 수상 코시킨이 미국 대통령에게 군사력의 직접적인 위협을 포함한 내용을 통고한 후에 그 침략은 중단되었다.

1970년대와 1980년대 초에 소련의 무기와 군사 고문관들은 라오스, 캄보디아, 앙골라, 모잠비크, 에티오피아, 소말리아, 남예멘, 니카라과에서 미국에 대치하는 주요한 도구로 이용되었다. 이러한 행동에 수백만 달러가 소진되었다. 소련이 원조하는 나라들이 사회주의의 길로 갈 것으로 예상되었다.

1978년 봄에 소련 지도부는 친 공산주의 지도자들이 권력을 장악했던 아프가니스탄에 대해서 특별한 희망을 가졌다. 곧 그들 사이에서 내전으로 발전했던 잔인한 권력투쟁이 발생했다. 아프가니스탄 정부는 즉시 그 지역의 안전을 지원하기 위해서 소련군의 파견을 요청했다. 그때마다 브레즈네프는 거절로 대답했다. 아프가니스탄에 소련군이 진출하지 않으면 미국이 진입할 것이라고 브레즈네프를 설득시킨 후에

소련의 아프가니스탄 침공

야 브레즈네프는 한정된 전투에만 소련군이 개입한다는 것에 동의했다. **1979년 12월 25일에 소련군은 아프가니스탄에 진주**했다. 이것은 소련 지도자들의 큰 정책 과오가 되었다. 소련군이 진입하자마자 아프가니스탄의 내전은 새로운 국면으로 발전했다. 이제 아프가니스탄 내전의 당사자들은 서로 전투할 뿐만 아니라 소련 군대와도 전투를 해야 했다. 아프가니스탄 내전은 국민들에게 거의 1백만의 사상자와 수백만 명의 피난민을 낳았다. 아프가니스탄 전쟁은 소련의 국제적 위신에 돌이킬 수 없는 타격을 주었다. 소련에게 아프가니스탄 전쟁은 ≪소련의 월남전≫이 되어버렸다.

소련과 사회주의의 위기

세계 사회주의 체제는 총체적인 긴장 상태에 들어갔다. 헝가리 사태가 일어난 지 12년 후인 1968년에 체코슬로바키아는 민주적 개혁의 길에 들어서기를 시도했다. 체코 공산당의 새로운 당 지도자인 **두브체크**는 시장경제 체제의 부분적 도입, 전통적인 경제 모델의 보존과 함께 자율적 기업 경영과 같은 경제개혁의 실시를 선포했다. 정치적 분야에서는 복수 후보자들이 출마하는 선거의 도입과 집권당을 개편하는 것이 제안되었다. 체코슬로바키아 소비에트 사회주의 공화국 지도부 내에서 모두가 이러한 개혁을 지지한 것은 아니었다. 지도부 중 일부는 모스크바에 긴급한 도움을 요청을 했다. 체코슬로바키아에 군대를 파견하는 것을 원하지 않았던 브레즈네프였지만 그는 체코슬로바키아를 잃을 수가 없었다.

소련의 아프가니스탄 침공

1968년 체코 주재 소련 대사에게 보내는 브레즈네프의 전문

체코슬로바키아를 잃는다면 나는 서기장 직에서 사퇴하겠다!

1968년 8월에 체코슬로바키아에 바르샤바 조약 기구의 통합 군대가 진주했다. 사회주의 진영을 통합시키려는 이러한 시도는 사실상 모순적인 결과를 초래했고, 사회주의 진영의 붕괴를 가속화시켰다. 알바니아가 바르샤바 조약 기구에서 탈퇴했고 중국, 루마니아, 유고슬라비아, 북한도 더욱 더 소련에서 멀어졌다.

≪**프라하의 봄**≫ 이후에 소련은 자국의 동맹국들 간의 협력의 성격을 변화시킬 것을 제안했다. 사회주의권에서의 소련의 역할을 크게 증대시키고 사회주의 국가의 주권을 제한하는 사회주의 경제 통합 정책이 채택되었다. 이러한 조치들은 서방에서 ≪**브레즈네프 독트린**≫이라고 명명되었다. 그러나 그들은 미래의 해체로부터 사회주의권을 지켜내지 못했다.

폴란드에서 노동자들의 저항이 강력해졌다. 그들은 사회주의권에서는 처음으로 독립적인 사회-정치적 세력인 자유 노조 ≪**솔리다리티**≫를 결성했다. 1981년에 폴란드 공산당 지도부들은 정권 교체를 예방하기 위해서 계엄령을 선포해야만 했다. 1979년에 사회주의 국가인 중국과 소련이 지원한 베트남간의 전쟁이 발발했다. 이러한 모든 것은 세계 사회주의 체제가 마지막 단계에 이르렀다는 것을 의미했다.

솔리다리티의 지도자 바웬사

대통령 바웬사

소련 공산당과 세계 공산주의 운동

세계 공산주의 운동에서 파괴적인 과정들이 더욱 더 빠르게 증대되기 시작했다. 소련 공산당에서 스탈린주의가 복원되기 시작하자 프랑스, 이탈리아 공산당은 소련 공산당과 거리를 두었다. **체코슬로바키아로의 소련군 진입**은 더욱 더 소련 공산당 지도층과 유럽뿐만 아니라 아시아, 라틴 아메리카의 다른 공산당 지도층들 간의 대립을 악화시켰다. 1969년 브레즈네프는 공산주의 국가 간의 심각한 의견의 차이가 노출된 소련의 노선에 대한 지지를 얻기 위해 국제 공산당 · 노동당 회의를 개최를 결정했다.

다양한 지역에서의 소련의 군사 활동, 특히 아프가니스탄에서의 전쟁 활동은 프랑스, 영국, 이탈리아, 벨기에, 스페인, 일본 등의 여러 나라를 소련에서 더욱더 소원시켰다. 이러한 나라들의 공산당에서 공산주의자들의 대규모 탈당이 시작되었다. 정당의 건립의 바탕으로서 프롤레타리아 독재, 세계 혁명, 무신론, 민주 집중제와 같은 중요한 마르크스주의 규정들이 공산당 정당에서 삭제된 후에야 대규모 공산당원들의 탈당 사태가 중지되었다. 인격의 자유와 인권, 다양한 형태의 소유제도, 민주주의에 관한 자유주의적 노선의 가장 중요한 요소들이 공산당 정당에 나타나기 시작했다.

결 론

1970년대의 국제적 긴장의 완화의 주요한 전제조건은 소련과 미국 간의 전략적 군사력의 균형이 이루어졌다는 점이었다. 그러한 균형을 자국 쪽으로 유리하게 변하시키려는 양국의 시도가 국제적 화해분위기의 붕괴를 초래했다.

✔ 제 7장의 결론

1964년 10월에 소련의 당-정부 지도층의 교체는 정치 노선의 교체를 의미했다. 제한된 탈 스탈린주의로 명명된 소련 공산당 20차 전당 대회의 이념에서 점차적으로 비공개적인 이탈이 시작되었다. 흐루쇼프의 많은 민주적 주장들이 비판을 받았고 망각하게 되었다. 일련의 방향에 따라 역운동이 시작되었다. 정권의 보수주의화는 생활의 모든 영역에서의 침체를 초래하지 않을 수 없었다. 당 기구, 군대, 국가 안보위원회 등이 사회생활에서 더욱 더 큰 중대성을 획득했다.

흐루쇼프 시대에 입안된 규정에 토대를 둔 경제개혁은 오랫동안 가장 급진적이고 급속하게 진행되었다(자체에 내포된 모든 모순과 제한에도 불구하고). 그러나 이러한 개혁의 모순은 일련의 경우에서 처음에 의도된 생각과는 상반되는 결과를 야기했다. 체코슬로바키아 사태 이후에 소련의 지도자들은 개혁의 지속이 체제 존립에 위험한 것이라고 생각했고 결국 그 개혁은 전복되었다. 최신의 기술과 양식의 도입은 경제에 대한 당과 국가 통제 체제의 존속과 일치하지 않았다.

소련 정권의 수십 년 동안 형성된 '사람들의 새로운 역사적 공동체', 즉 ≪소련인민≫에 대한 결론이 당 이론가들에 의해 제기되었다. 이것은 불가피하게 민족 자치와 민족 운동의 폭발을 초래하지 않을 수 없었던 언어, 문화, 인민경제 등의 ≪공통적인 특징들≫의 급격한 형성을 초래했다.

흐루쇼프의 ≪해빙기≫이후에 우선적으로 문학과 예술 분야와 같은 분야에서 발전의 정체가 도래했다. 체제 위기의 시작에 대해서 ≪반체제≫적인 요소들, 즉 경제 침체, 반체제 운동, 예술에서의 대안적 방향 등의 폭발적인 증대가 체제의 위기의 시작을 입증해 주었다. 국제 긴장을 해체하는 정책은 미 · 소간의 직접적 군사 대치를 약화시킬 뿐만 아니라, 다양한 지역으로 분쟁을 확산시켰다. 체코슬로바키아 사태 이후에 사회주의 국가들과의 관계는 ≪**브레즈네프 독트린**≫의 토대 위에 구축되었다. 세계 공산주의와 노동 운동이 위험 상태에 빠졌다.

제8장 1986~1991년대에 소련 : 소비에트 체제의 개혁

53. ≪페레스트로이카≫의 전조와 시작

근본적인 개혁의 전조들

말년에 브레즈네프는 더욱 더 국가 통치 문제들을 최측근들인 국가안보위원회 의장 안드로포프(Ю. В. Андропов), 국방장관 우스티노프, 중앙 위원회 서기장 체르넨코(К. У. Черненко), 외무장관 그로미코에게 위임하기 시작했다. 최고 지도자가 직무에 거의 참석하지 않은 상황에서 모든 중대한 결정들은 정치국의 다른 사람들의 묵시적 동의를 받고 이 사람들에 의해서 처리되었다.

노동에 대한 경제적 자극의 부재, 군비경쟁, 아프가니스탄 전쟁에 대한 엄청난 지출, 과학 기술 분야에서의 있어서 서방에게 뒤떨어짐 등은 경제개혁의 실시를 불가피하게 만들었다. 공식적인 구호와 소련 사람들의 실제 생활과의 격차, 공산주의 이념에 점증된 불신, 생활수준의 하락, 식료품의 부족 등은 1980년대까지 소련의 공산주의 건설에 대한 소련 공산당의 정강의 약속에 결코 일치하지 않았다. 아프가니스탄 전쟁과 **미국의 서유럽에 중거리 미사일의 배치**는 국제적 긴장의 완화 기간을 최종적으로 끝냈다. 세계 전쟁의 위협이 크게 증대되었다. 이러한 모든 것은 소비에트 사회에 불만과 침체를 야기했다. 국가의 지도자들은 내부정책뿐만 아니라 외교 정책도 심각하게 수정해야만 했다.

유리 안드로포프와 변화의 시작

1982년 11월 브레즈네프의 사후에 권력에 오른 **유리 안드로포프**는 ≪계몽적 전체

안드로포프

체르넨코

주의≫의 전형적인 대표자 중 한 사람이었다. 그는 광범위하게 교육을 받았고, 사람을 끄는 자질을 타고 났다. 비범한 두뇌와 정치적인 타고난 재질을 가진 그는 겸손, 근검절약, 청렴으로 유명한 많지 않은 러시아 최고 지도자들 중 한사람이었다. 그는 아름다운 서정시도 썼기 때문에 대담자들에게 공감을 일으키고 죽었다. 이러한 모든 것은 그가 마르크스 레닌의 이념으로 교육을 받은 전형적인 지도자 중에 대표자가 되는 것을 방해하지 않았다. 안드로포프는 원칙적인 문제에 있어서 양보를 하지 않는 매우 엄격한 사람이었다. 동시에 그와 같은 세대의 많은 다른 지도자들처럼 독자적으로 생각할 수 있는 능력에도 불구하고, 그는 자신을 확신하지 못했고 일련의 정치적 문제를 결정하는데 있어서 소심하기까지 했다. 충분히 신중하게 타협을 할 수 있었던 경솔함과 성급함도 밖으로 들어났다. 그는 가장 훌륭하고 재능 있는 사람들을 자신의 측근에 두었다. 이러한 것이 무엇보다도 전술적인 이유와 타협으로 정당화되었다.

안드로포프의 재임기간에 중앙 위원회에서 가장 부패한 인물들이 추방되었다. 당의 최고위층 간부들의 교체 바람이 시작되었다. 안드로포프의 재임기에 위치를 강화한 정치국원들 중에 고르바초프도 포함되었다. 기초 질서의 확립, 부패 척결에 대한 조치들을 착수하였지만 안드로포프는 체제를 보전하고 모든 권력 남용과 부정 · 비리를 척결하는 것 이상으로 나가지 않는 혁신하는 입장을 취했다. 안드로포프의 그러한 접근은 과거의 기득권을 보호할 기회를 제공해주었기 때문에 공산당 고위 관료층들을 완전하게 안심시켰다. ≪그렇게 살 수 없다!≫라는 표어가 안드로포프에 의해서 착수된 변화와 개혁의 방향이 되었다. 매우 병든 상태로 권력에 오른 안드로포프는 소련 민중들 속에 더 많은 신뢰와 존경을 불러일으킬 수 있었고 개혁가로서의 명성을 남길 수 있었다. 첫 행동의 하나로 그는 해결되지 않은 많은 문제들의 존재를 정직하게 인정했다.

1982년 11월 22일 소련 공산당 중앙 위원회 전체 회의에서의 안드로포프의 연설 중에서

민간 경제에서 많은 미해결 과제들이 있습니다. 우리는 그러한 문제들을 해결하기 위한 처방을 가지고 있지 않습니다… 현장에서부터 일은 하나의 단순한 구호로만 진행되지 않습니다.

1984년 2월에 유리 안드로포프는 사망했고, 73세의 **체르넨코**가 공산당 당수와 국가 원수가 되었다. 늙고 병든 그는 대부분의 시간을 치료와 휴식으로 보냈다. 체제를 개혁하고 구원하려는 안드로포프의 정책이 전반적으로 지속되었음에도 불구하고 체르넨코의 짧은 통치는 체제를 지연시키지 못했고, 역으로 체제의 고통과 파탄을 촉진시켰다.

미하일 세르게이비치 고르바초프의 사회 · 경제적 발전의 가속화 노선

미하일 세르게이비치 고르바초프는 1931년 **스타브로폴**의 농촌 가정에서 태어났다. 그는 15살부터 농기구 저장소의 기술자로 노동활동을 시작했다. 1955년 모스크바 국립대학 법학부에 입학했다. 20차 소련 공산당 대회에서 있었던 스탈린의 우상 숭배 비난 연설은 젊은 대학생에게 충격이었다. 사실상 그 당시 고르바초프는 체제 자체에 대한 비판을 생각하지 못했다. 모스크바 국립대학을 졸업한 후 고르바초프는 공산당 청년 운동에 입문했고, 그 다음 당직으로 옮겼다. 1970년 고르바초프는 스타브로폴 주 당 위원회 서기가 되었고, 1년 후 소련 공산당 중앙 위원회 위원으로 선출되었다. 그는 개인적인 자질(목적의식, 추진력, 근면성)뿐만 아니라 자신의 과거 상관인 정치국원이며, 당 중앙 위원회 농업 담당 서기 **쿨라코프(Ф. Д. Кулаков)**의 후원 덕분에 경력을 쌓을 수 있었다. 1978년 그의 후원자인 쿨라코프의 사망 후에 관례에 따라 **중앙 위원회 농업 담당 서기**로 임명되었다. 이 순간부터 고르바초프는 소련의 지도자 자리에 이르는 길을 가기 시작했다. 1980년에 그는 정치국의 가장 젊은 정치국원이

고르바쵸프

페레스트로이카 포스터

농업개혁과 독립채산제

되었다. 안드로포프의 위임에 따라 고르바초프는 농업 문제에 관여했고 국내외 정책의 광범위한 문제들에 관여했다. 안드로포프의 죽음은 그를 사실상 당의 2인자로 만들었고 총서기장 자리에 당연한 후보가 되었다.

소련 공산당 중앙 위원회 서기 리즈코프(Н. И. Рыжков)의 회고록 중에서

우리의 인정을 받은 체르넨코는 나라의 개혁을 가속화 시키는 주도자가 되었고, 그의 불참 속에 정치국이 이러한 문제들을 실시하는 것은 염치없는 짓이 되었을 것이다. 그가 나아지기를 기다려야만 했다. 이것이 공식적인 견해였다. 그러나 비공식적인 견해로 실직적인 것은 그가 죽는다는 것이었다.

고령의 지도자가 죽은 후, 1985년 3월에 고르바초프는 만장일치로 중앙 위원회 서기장으로 임명되었고, 동시에 국방위원회 위원장이 되었고, ≪**페레스트로이카**≫의 시작을 선포하였다.

당의 최고위 지도자들이 그를 만장일치로 지지한 이유는 한편에서는 개혁이 불가피하다고 생각했고, 다른 한편에선 지도자 안드로포프의 연장선이라고 생각했다. 처음에는 고르바초프 자신도 그렇게 생각했다. 1985년 4월에 열린 소련 공산당 전체회의에서 고르바초프는 ≪사회 · 경제 발전 가속화≫라는 과업을 실시했다. 그러한 과업을 위해 그는 사회 기강을 강화할 뿐만 아니라 새로운 형태의 발전과 ≪인간적인 요소≫에 의존했다.

절주운동

새로운 지도자의 첫 실제적인 정책인 알코올 중독과 과도한 음주 습관과의 투쟁은 1985년 5월에 시작되었다. 5년 동안 술 생산을 두 배로 감축하고, 이 뿐만 아니라 주류를 파는 상점을 거의 15배 감축할 것이라고 예상하였다. 하지만 이러한 지표들은 거의 1년 만에 달성되었고, 이것은 다른 운동 때보다 훨씬 더 일찍 일어난 일이었다. 보드카와 포도주의 생산 · 판매의 감축을 언급하면서 당국은 만족스럽게 소련 사람들의 ≪생활 형태의 건전성≫을 입증했다.

실제로 **절주운동**의 결과는 국가뿐만 아니라 모든 사람들에게 엄청난 부작용을 초래했다. 국가예산은 절주 운동이 시작된 3년 동안 6700만 루블(달러로는 111. 6만 달러)이 적자로 기록됐다. 술 생산의 80% 감축은 밀주를 활성화시켰다. 그리고 배급표가 도입되었던 설탕의 비축량이 크게 감소하였다. 남쪽지방에서는 독특한 유명한 포도

밭들이 베어졌다. 젊은이들 사이에서는 마약중독자가 2. 5배 증가하였다. 운동이 실패했다는 것은 곧 분명해졌다. ≪이 정책은 포도주를 사기 위한 끝도 없는 줄 속에서 ≪미네랄 서기장≫으로 불리기 시작했던 고르바초프의 정책의 첫 대실패가 되었다.

당 강령의 새로운 정강 안

노동의 경제적 자극의 부재와 함께 정부 당국은 사회변화에 참여를 독려하려 했다. 이것이 낡은 당 이데올로기 변화를 요구했다. **1986년 소련 공산당 정기 27차 대회**가 개최되었다. 27차 공산당 대회는 새로운 당 정강의 초안을 전통적인 문제 안에서 검토했다. 그러한 새로운 당 정강의 토의에 2천만 명 이상이 참여했고, 6백만 명 이상이 당 정강 본문의 변화를 제안했다.

공산주의를 건설하는 과업은 ≪시기에 적절하지 않다≫고 선포되었고, 무한정 연기되었다. 주요한 당의 과업으로서 ≪사회주의 완성≫이 주요한 당 과업의 과제로 포함되었다. 당의 규정들도 더욱 더 일반적이고 모호해졌다. 2000년까지 모든 소련의 가족들이 각자 개개인의 아파트를 소유하게 되는 약속이 유일한 구체적인 제안이 되었다. ≪직접 민주주의 결과≫로서 집단 노동의 기능을 발전시키는 것이 제한되었다. 그러나 전통적인 경제체제를 보존한 상태에서 이것을 실현시킬 수 있는 방법이 이해되지 않은 상태로 남았다. 경제의 기술적 재건과 그러한 기술을 집중적 분야에 운용하는 과업이 제안되었다. 그러나 어떻게 이러한 것을 성취할 수 있고, 무엇이 필요한지를 아무도 설명하지 못했다. 처음으로 사회생활에서 ≪개방의 확대≫와 민주적 제도의 발전의 과업이 제시되었다. 그럼에도 불구하고 당의 새로운 강령 안에서 고르바초프가 실현하려고 했던 변화의 방향 그 자체를 형성하려는 첫 번째 시도가 행해졌다.

결 론

1982~1986년에 전통적인 소련의 정치 · 경제 체제를 보존한 상태로 소련 사회를 개혁시키려는 첫 번째 시도가 시작되었다.

54. 경제 개혁: 계획경제에서 시장경제로

1985~1986년의 경제발전

경제 개혁은 첫 시기에 안드로포프의 집권 때 시작된 정치과정의 발전에 불과했다. **독립채산제 요소의 도입**을 예상했던 경공업과 철도운송에서의 ≪광범위한 규모의 경제적 실험≫이 지속되었다.

과학 기술 분야에서 소련의 지속적인 뒤떨어짐을 고려하여 **과학 기술 발전의 촉진**이 공표되었다. 하지만 이 분야에서의 추가적인 투자가 뒤따르지 못했다.

예전의 당대표들의 표어와 문구들에 익숙했던 고르바초프도 은폐된 예비비를 사용하고, 노동규율을 강화하고, 사회적 경쟁을 발전시킬 것을 더욱 더 적극적으로 촉구했다. 발표된 소련의 산업 생산의 수준은 여전히 낮은 상태에 있었다. 1981~1984년 동안 낮은 가격 때문에 기준에 미달한 장비와 상품에 1200만 루블을 상실하였다(공식 환율에 따르면 2000만 달러). 더 높은 품질을 확보하기 위해서 생산된 물품의 국가수매 제도가 도입되었다. 그러나 이것은 우선적으로 생산을 감독하는 행정기관의 수를

리쉬코프

아발킨

아간베갼

자슬라브스카야

대폭 늘어나게 하는 결과를 초래했다.

이러한 모든 전통적인 조치들은 중대한 경제적 성과를 낳지 못하였다. 1985년 경제적 지표의 상대적 개선은 새로운 전망을 드러낸 인민들의 열의에 의해서만 설명될 수 있었다. 경제행정 관료들의 교체와 새로운 경제발전 전략의 입안이 불가피했다. 1985년 가을에 소련의 총리로 **리쉬코프(Н. И. Рыжков)**가 임명된 후에 이러한 과업들이 시작되었다. 개혁안의 작업에 **아발킨(Л. И. Абалкин)**, **아간베갼(А. Г. Аганбегян)**, **자슬라브스카야(Т. И. Заславская)** 등의 유명한 경제학자들이 초빙되었다.

1987년의 경제 개혁

개혁안의 입안자들은 계획경제의 유지를 전제로 출발했다. 그럼에도 불구하고 그들은 기존의 경제 모델의 중대한 변화의 도입을 제안했다. 다음과 같은 특징들이 예상되었다. 독립채산제와 자체자금조달의 원칙에 바탕을 둔 산업체들의 자율성의 확대, 경제의 사적인 영역의 점진적인 부활(처음 단계에서 서비스와 생필품 생산 분야에서 협동조합의 활동을 통한), 국가의 대외무역 독점의 중단, 세계시장으로의 더 심오한 통합 행정부서와 청의 수의 축소, 농촌에서의 5개의 기본적 영농형태(집단농장, 국영농장, 농공협동단지, 농지 임차 협동조합, 농민들의 영농)의 동등성의 인정, 파산기업들의 폐업, 상업은행들의 설립 등이 제안되었다.

기업의 권한의 대폭적인 확대를 예상했던 그때 채택된 ≪국영기업에 대한 법≫이 개혁의 중대한 문서가 되었다. 그중에서도 특히 의무적인 국가의 주문을 이행한 후에 기업의 자율적인 경제활동이 허용되었다. 그러나 이러한 규정을 이용하여 경제행정 부처들은 사실상 생산 총량에 바탕을 둔 국가의 주문량을 정했다. 기업에 원자재를 공급하는 체제도 여전히 중앙관리체제로 남아있었다. 가격형성 체제에 대한 국가통제도 유지되었다. 이러한 모든 조건들은 기업들에게 자율적인 경제활동을 수행할 실질적인 기회를 주지 않았다.

그럼에도 불구하고 경제의 사적영역의 형성의 시작은 1987년의 개혁의 많지 않은 실질적인 결과 중의 하나가 되었다. 그러나 이 과정은 어렵게 진행되었다. 왜냐하면 그것에는 시작할 자금이 필요했기 때문이다. 개인 기업가들의 사업영역은 제한되었다. 사업영역은 국가가 국민들의 수요를 충족시킬 수 없었던 30개의 서비스와 생산 분야에서만 허가되었다. 뇌물과 공금유용으로 많은 자금을 모은 고위관료들의 대리인들도 상당한 부분을 차지했던 ≪**지하경제**≫의 합법화가 시작되었다. 가장 최소한의 계산에 따르면, 매년 사적영역은 9000만 루블까지 증가했다.

개혁의 사회적인 양상

'페레스트로이카(Перестройка: 재편)'의 시작부터 지도자들은 개혁의 사회적 방향에 대해서 공표했다. 5년 동안 육체노동의 적용을 3배로 줄이는 것이 예상되었다. 물가상승을 고려하여 생산 분야의 노동자들의 임금을 거의 30% 올려주는 것이 계획되었다. 부업의 발전에 대한 제한의 제거를 고려하여 도시민들과 농민의 수입을 균등화시키는 것이 제안되었다. 사회적 기금을 통해서 한 사람당의 수입의 지출은 한 달에 600루블 씩 증가되어야 했다.

교육과 보건의 발전과 문화-계몽 기관의 확대에 특별한 배려가 계획되었다. 무엇보다도 농촌지역에 5년 동안 500개 이상의 지역 문화궁전과 5,500개의 클럽의 건설이 예정되었다. 그러나 경제적 어려움의 심화는 이러한 계획의 실현을 불가능하게 했다. 생산의 잠재력을 초월하여 성취된 유일한 것은 임금의 증가였다. 임금은 1985년 190루블에서 1991년 530루블로 증가했다. 동시에 가장 중요한 상품의 생산의 총량은 감소되었다. 그 결과 1990년에 소련 시민의 상품에 대한 충족되지 않은 수요는 165 밀리온 루블(공식적인 환율로 275 밀리온 달러)이었다. 상품의 공급량과 수요 간의 격차에서 생기는 결손은 구매자들의 방문 카드제의 도입을 초래했다. 그것이 없이는 사실상 아무 것도 살 수 없었다.

시장경제로의 전환계획안

시장경제로의 전환 없이는 경제의 회생은 불가능 하다는 것이 시간이 흐름에 따라 분명해졌다. 고르바초프는 시장 경제체제로의 단계적 전환에 동의했다. 첫 번째 단계에서 기업들의 일부의 임대, 경제의 탈독점화, 국유재산(1970년에 국유재산은 80%였고, 1988년에는 이미 88%였다) 의 불하의 시작 등이 제안되었다. 이것은 옳은 방향이었고, 더욱이 전환은 국가의 통제 하에 실현될 수 있었다. 그러나 이러한 조치들의 실현은 1991~1995년까지 지연되었다.

농업분야에서 상황은 훨씬 더 열악하였다. 더욱이 농지임대와 농부들의 자영농업의 설립의 첫 경험은 짧은 기간에 높은 성과를 성취할 수 있다는 것을 보여줬다. 아르한겔스크 자영 농부인 시프코프(Н. Сивков)는 2명의 보조자들과 함께 그가 예전에 일했던 국영농장들 보다 더 많은 우유와 고기를 생산했다. 농민들에게 토지를 개인재산으로 양도해주는 것을 결정하지 못한 고르바초프는 국영농장과 집단농장의 토지를 50년 동안 임대하는 것을 허용했다(토지는 이미 30년 동안 영구히 이용할 수 있도록 전환되었다). 그러나 이러한 조치들은 잠재적 경쟁자들에 대한 지원을 촉진시키지 못했다. 1991년 여름경에 임대 조건에서 오직 총경작지의 2%만 경작되었고, 총 가축의 3%에만 이에 해당되었다. 예전처럼 지방정부로부터 사소한 일까지 보호를 받았던 집단농장들과 국영농장들은 영농의 자율성을 부여받지 못했다. 정권당국이 제안한 경제 혁신 중의 하나도 작동되지 못했다.

1980년대에서 1990년대로 넘어가는 과도기에 고기, 치즈, 설탕, 다른 식료품들의 생산이 급격하게 감소하기 시작했다. **식량부족**은 대규모 재난을 야기하였다. 예를 들어 닭이나 10개의 계란을 사기위해서는 3~4시간 동안 줄을 서야만 했다. 1989년 여름부터 국민들의 삶의 질의 급격한 하락은 나라의 전역에서 **파업 운동의 증가**를 초래했다. 정부는 외국에서 식료품을 대규모로 구입하여 사회적 긴장을 완화시키려고 시도했다.

6년 동안 금의 보유고는 10배나 줄어들어, 240톤이 되었다. 투자 유치 대신에 해외에서 대규모 차관도입이 시작되었다. 소련의 대외부채는 1991년 여름에 현저히 증가했다. 연방정부가 경제문제의 해결을 지연했기 때문에 연방 공화국들이 자체의 경제 개혁안을 입안하기 시작했다. 1990년 6월 12일에 러시아 소비에트 연방 국가주권의 선언문을 채택한 후에 러시아 연방 정부는 **샤탈린과 야블린스키**가 이끄는 경제학자들의 집단이 입안한 **≪500일 경제개혁안≫**을 채택했다. 그 짧은 기간에 500일 경제 개혁안은 **국영기업의 사유화**의 실시와 연방정부의 경제행정의 권한의 대폭제한을 제안했다.

1990년 ≪500일 경제 개혁안≫ 중에서

인류는 시장경제보다 더 효율적인 어떤 것도 창립할 수 없었다. 시장경제는 인간의 잠재력의 자율적 실현에 강한 자극을 창출한다….

고르바초프가 **500일 개혁안**을 채택하기를 거부한 후에 러시아 소비에트 연방정부는 그것을 일관되게 실시하기 시작했다. 그러나 이것은 이미 과거의 경제 체제의 부분적 혁신이 아니라 완전한 해체를 의미했다. 경제개혁의 내용, 속도, 방법 등에 대한 투쟁은 결정적인 단계로의 진입을 의미했다.

≪페레스트로이카≫의 시대의 경제개혁의 실패의 주요한 원인들은 다음과 같다. 경제 분야에서 이미 채택된 결정의 계속적인 수정, 개혁 실현에 대한 지체, 새로운 행정체제의 구축 없이 과거의 수직적 경제행정체제의 해체의 시작, 삶의 정치 · 정신적 영역에서의 빠른 변화에 경제적 개혁의 과정의 뒤처짐, 민족적 분리주의의 문제의 첨예화와 중앙정부의 역할의 약화, 경제 발전의 방법에 대한 격렬한 정치적 투쟁, 더 좋은 것으로의 실제적인 변화를 성취할 수 있는 고르바초프의 능력에 대한 국민들의 신뢰의 상실 등이 주된 원인들이다. 1991년 여름경에 고르바초프의 경제 개혁은 최종적인 파국을 맞이했다.

결 론

1985~1991년에 소련경제는 계획 - 지시경제에서 시장경제로의 복잡한 발전과정을 겪었다. 이것은 수십 년 동안 작동했던 경제 통제체제의 완전한 붕괴를 의미했다. 그러나 생산의 물질적 자극에 토대를 둔 경제체제는 구축될 수 없었다. 그 결과 과거의 통제체제는 붕괴되었고, 새로운 체제는 구축되지 못했다.

55. 문화생활에서의 변화

≪글라스노스티≫ 정책

언론의 자유와 달리, '글라스노스티(гласности: 개방)'는 정권자체가 듣고 싶어 하는 것을 말할 수 있도록 정부 당국이 허용하는 것을 의미했다. 당 서기장으로 선출된 후에 고르바초프 자신이 소련 전역을 순방하는 과정에서 ≪**글라스노스티**≫의 첫 경험을 보여주었다. 1985년 5월에 그가 레닌그라드는 방문했을 때 정치국의 승인 없이 시민들과 만나서 직접 약속을 했고, 과거에 최고위층 사이에서만 논의되었던 모든 것들을 처음으로 솔직하게 털어 놓았다. 신랄한 비판적 사실들이 신문, 라디오, TV 등에 보도되는 것에 대한 금지가 폐지되었다. 이러한 조치들은 짧은 기간에 실시되는 **개혁의 지지기반의 확대**를 가능케 했다.

과거에 비판에 은폐되었던 모스크바, 레닌그라드, 우크라이나, 카자흐스탄, 우즈베키스탄, 아제르바이잔 등의 심각한 지역 문제들이 처음으로 언론에 공개되었다. 군대, 국가안보위원회(КГБ), 대외무역, 재정, 군산복합체 등의 개별 행정과 경제부처들의 문제점들도 공개되었다. 생태계와 당의 문화담당 지도자들과 관련된 주제들이 언론에 토의되기 시작했다.

1988년에 개최된 19차 소련 공산당 전연방 회의의
≪개방에 대한≫ 결의안 중에서

개방은 전체적으로 그럴만한 가치가 있다, 온갖 수단을 다해서 개방을 계속 발달시키는 것이 필요했다 … 개방에 대한 법적 보장을 마련하는 것이 꼭 필요하다. 그것을 위해서 정보에 대한 시민의 권리를 헌법에 규정하는 것을 검토할 필요가 있다… .

개방의 파도에서 자체적으로 타협된 공식적인 이념의 혁신이 시작되었다. 이러한 혁신은 ≪민주화의 진전, 사회주의로 전진!!≫이란 구호 밑에 진행되었다. 개방정책은 처음부터 구질서의 존속의 지지자들의 비판을 받았다. 그들에게 개방과 공개 정책의 과정은 소련 공산당의 정보독점의 붕괴를 의미했다. 그러나 시작된 사람들의 의식의 해방을 중지시키는 것은 이미 불가능했다.

역사적 과거에 대한 재평가와 명예회복의 시작

사회의 침체에서 벗어나려는 시도는 과거의 역사를 재평가하지 않을 수 없게 되는 상황을 초래했다. 10월 혁명 70주년의 기념식을 준비하는 열정의 과정에서 과거에 토의가 금지되었던 혁명, 내전, 1930년대의 스탈린의 탄압 등에 대한 역사기록들이 공개되었다. 당내 권력투쟁의 과정에서 숙청되었던 레닌의 최측근들의 이름들이 언론에 보도되기 시작했다. 학자들과 언론인들이 최초로 소련에서의 사회주의 건설의 대안들, 1917년의 상황의 발전, 과거에 비밀로 분류되었던 대조국 전쟁의 역사기록들 등에 대해서 얘기하기 시작하였다. 역사적 출판물들이 언론의 가장 인기 있는 주제가 되었다.

페레스트로이카의 이론가 중의 한사람인 **야코블레프(А. Н. Яковлев)**가 이끄는 정치적 탄압의 희생자들의 명예회복에 대한 정치국의 위원회가 설립되었다. 활동기간의 초반에 그 위원회는 스탈린 시대에 조작된 모든 최고위 지도자들에 대한 재판들을 재심리했다. 스탈린의 주요한 정적들인 부하린, 카메네프, 지노비예프 등이 복권되었다. 1989년에 명예회복은 훨씬 더 넓은 계층으로 확대되었다. 1930~1950년대 초반의 ≪트로요크(3인 위원회)≫과 ≪특별 위원회≫는 비헌법적으로 인정되었고, 그런 위헌적 기관들의 재판 없이 이루어진 결정들은 취소되었고, 판결 받은 사람들은 명예회복이 되었다.

소련 최고회의는 전시에 강제로 추방된 민족들에 대한 탄압을 불법과 범죄로 인정한 선언문을 채택했다. 1990년에 지속적인 집단화의 기간에 농민들에 대한 탄압은 불법으로 인정되었다. 국민들은 아무런 죄가 없는 수백만 사람들이 1917년 이후의 폭정의 희생자가 되었다는 것을 고통스럽게 알게 되었다.

예술적 문화 발전에서의 모순

개방은 과거에 창작된 많은 예술작품들에 대한 금지의 해제를 가져왔다. 리바코프(A. H. Рыбаков)의 ≪아브라트의 아이들≫, 두진체프(В. Д. Дудинцев)의 ≪하얀 옷≫, 그라닌(Д. А. Гранин)의 ≪주브르≫, 베크(А. А. Бек)의 ≪새로운 사명≫ 등의 소설들이 해금되었다. 이러한 모든 작품들은 스탈린의 시대의 암울한 기록과 어두운 면들을 다루었고, 혹독한 시기에 지식인들의 운명의 문제들을 제기했다.

1920~30년대의 작품들의 출판에 대한 금지가 해지되었다. 자먀틴(Е. И. Замятин)의 ≪우리들≫과 필리냐크의 ≪지워지지 않는 달의 이야기≫, 플라토노프(А. П. Платонов), 호다세비치(В. Ф. Ходасевич), 쉬멜레프(И. С. Шмелев), 나보코프(В. В. Набоков) 등의 작품들이 출판되었다. 이런 작품들은 당시에 다가올 전체주의에 대한 경고를 주제로 다루었다.

해외로 망명하여 소련 시민권을 박탈당했던 유명한 철학자들, 역사가들, 사회학자들인 베르다예프(Н. А. Бердяев), 솔로비예프(В. С. Соловьев), 소로킨(П. А. Сорокин), 로스키(В. Н. Лоский), 일린(Ильин) 등의 저작들과 보로드스키(И. А. Бродский), 블라디모프(Г. Н. Владимов), 보이노비치(В. Н. Войнович), 갈리치(А. А. Галич), 네코아소프(В. П. Некоасов) 등의 문학작품들이 출판되었다.

문학적 · 사회적 삶에서 가장 큰 사건은 소련의 탄압제도를 주제로 다룬 솔제니친의 장편 ≪수용소 군도≫가 ≪신세계≫잡지에 게재되었다는 것이었다. 역사에 대한 관심은 카람진(Н. М. Карамзин), 솔로비예프(С. М. Соловьев), 클류체프스키(В. О. Ключевский) 이 등의 수십 권의 역사 연구서들이 수만 권 출판되는 결과를 가져왔다. 아루엘의 ≪1984≫, 콘크베스트의 ≪대 테러≫, 젤레프의 ≪파시즘≫ 등의 외국 작가의 유명한 작품들이 처음으로 소련에서 출판되었다.

파열된 폭탄의 효과는 스탈린의 탄압을 소재로 한 아불라제의 영화 ≪파카야니에≫를 탄생시켰다. 클리모브(Э. Г. Климов)의 ≪고뇌≫, 게르만(А. Г. Герман)의 ≪길에서의 검열≫과 ≪나의 친구 이반 라프쉰≫ 등의 서가에 보관되었던 영화들은 적지 않은 흥미를 일으켰다. 페레스트로이카의 시대에 제작된 영화들인 카라의 ≪내일은 전쟁이 있었다≫, 프로쉬킨의 ≪53번째의 시원한 여름≫, 고보루힌의 ≪그렇게 살지 마라≫ 등이 상연되었다.

예술적 삶은 다양하고 재미있었다. 관객들은 처음으로 조형예술의 많은 경향의 작품 형태들을 볼 수 있는 기회를 가졌었다. 과거에 대중적 전시가 금지되었던 필로노프(П. Н. Филонов), 렌툴로프(А. В. Лентулов), 말레비치(К. С. Малевич), 칸딘스키(В. В. Кандинский), 네스테로프(М. В. Нестеров) 등의 작품들을 전시하는 일련의 전람회들이 개최되었다.

전국의 주요한 극장들에서 샤트로프(М. Ф. Шатров)의 새로운 연극들인 ≪독재자의 양심≫, ≪다음. . 다음. . 다음. .≫ 등이 공연되었다. 이 연극들은 혁명과 내전의 사건들을 새롭게 해석했고 레닌과 볼셰비키 당의 다른 거물들의 극적인 운명을 보여주었다.

음악예술 분야에서 교회음악에 대한 높아진 관심이 주목되었고, 록 음악가들이 반지하 활동에서 나왔고, 망명한 작곡가들의 노래들이 불리기 시작했다.

≪페레스트로이카≫시대의 문화적 삶의 모든 다양한 형태는 수백만 명의 사람들의 정신적인 각성을 초래했다.

≪이성의 혁명≫에서의 언론의 역할

≪페레스트로이카≫는 사회 삶에서 언론매체의 역할을 변화시켰다. 언론검열기관인 **글라블리트(Главлит)**의 모든 강한 검열은 역할을 상실하였다. 중앙 위원회의 선전부는 더 이상 문학이나 다른 창작집의 출판이나 출판금지를 명령할 수 없었다. 해방된 언론은 사람들의 증가된 흥미를 일으켰다. 신문과 잡지의 발행부수는 늘어났다.

1987년에 ≪콤소몰스카야 프라브다≫의 구독자들의 수가 3백만 명으로 늘어났고, ≪소비에트 러시아≫는 백만 명으로 늘어났다. ≪무정파≫신문인 주간지 ≪모스크바 뉴스≫와 잡지 ≪오가뇨크≫가 가장 큰 관심을 받았고, 발행부수를 늘렸다.

≪글라스노스티≫의 발전의 조치에 따라 이런 정책방향에 대한 보수적 반대도 강화되었다. 1988년 3월에 ≪소비에트스카야 러시아(Советская Россия)≫신문에 레닌그라드 출신의 화학 강사인 안드레예바의 장문의 편지 ≪원칙을 양보할 수 없다≫가 게재되었다. 그 편지에서 ≪글라스노스티≫와 ≪페레스트로이카≫의 정책은 본질적으로 반사회주의적인 것으로 서방에서 빌려온 것이며, 사회주의 건설의 역사를 조작했으며, 스탈린이 편집한 마르크스-레닌주의를 공개적으로 수정하고 있다고 비난받았다. 안드레예바는 스탈린과 스탈린주의를 수호할 것을 주장했다.

비슷한 입장에 있었던 당의 지도자들은 안드레예바의 호소를 적극적으로 지지했다. 주요한 이념가인 리가쵸프(Е. К. Лигачёв)는 그 기고문을 ≪볼셰비키적인 원칙주의 형식≫으로 평가했다. 그 기고문은 당의 모든 기관지에 공개되었다. 지방에서 그 기고문은 과거의 당 노선으로 복원을 지시한 것으로 간주되었다.

한 달 후에야 ≪프라브다≫신문은 반박 사설을 실었다. 그 기사에는 공개적으로 매우 신랄하게 스탈린주의를 비판하는 내용이 포함되었고, 스탈린주의의 옹호자들을 페레스트로이카의 반대자로 지칭되었다. 이 기사 이후에 언론에서 전체주의 체제를 비판하는 운동이 더욱 더 적극적으로 전개되었고, 소련 사회의 발전 방향에 대한 토론이 부활되었다.

텔레비전의 방송은 ≪글라스노스티≫의 발전에서 큰 역할을 했다. 가장 예민한 정책문제들에 대한 직접적인 텔레비전 중계와 외국의 시청자들과의 위성중계는 시청자들에게 익숙지 않았다. 소련 전역이 인민대표자들의 대회의 활동을 엄청난 관심을 가지고 주시했다. ≪관점≫, ≪12층≫, ≪5번째 바퀴≫ 등의 새로운 텔레비젼 프로그램들이 생겼다. 그러나 소련사회는 기존의 가치관의 급진적이고 과격한 재평가에 대한 준비가 많이 되어 있지 않았다. 과거에 축소되었거나 은폐되었던 사실들의 폭로는 급격한 변화에 더 잘 준비된 엘리트 지식인들 사이에서도 당혹감과 정신적 분열을 불러 일으켰다.

러시아 소비에트 연방 공산당 중앙 위원회 제1서기 폴로즈코프(И. К. Полозков)의 연설문 중에서

과거에는 소련 공산당이 글라스노스찌에 대한 전권을 가졌다면, 지금은 공산당에 반대하는 세력들이 그러한 전권을 소유하고 있다….

≪글라스노스티≫는 다양한 견해들과 관심들 간의 첨예한 대립을 촉진하면서 자주 진실을 위한 투쟁의 깃발 밑에서 개인적 계산이 결집하는 결과로 가져왔다. 많은 사람들에게 글라스노스티는 큰 정신적 때로는 개인적인 드라마로 전환되었다. 그러나 이것에서부터 진실의 축소와 새로운 거짓이 이러한 상황에서 더 좋았을 것이라는 결론은 전혀 나오지 않았다.

≪글라스노스티≫는 사람들에게 서방세계의 인도주의적 가치, 생소한 생활방식, 민주주의적 전통을 보여주었다. 이것은 많은 사람들에게 동등하게 세상을 향해 문을 열어주는 기회가 되었지만, 동시에 많은 사람들이 자신들의 생활의 암울함, 운명, 삶이 이렇게 지속되지 않을 것이라는 확신 등의 감정을 갖도록 촉진시켰다. 그럼에도 불구하고 ≪글라스노스티≫의 정책의 바탕 위에서 1990년대 초에 소련에서는 언론의 자유가 형성되기 시작했고, 언론의 대중매체는 사실상 ≪제 4의 권력≫이 되었다.

결 론

페레스트로이카 시대의 주요한 성과는 언론의 자유와 독립적인 언론의 대중매체들이 등장하기 시작했다는 것이다.

56. 정치 체제의 개혁

≪간부 혁명≫

고르바초프는 그의 전임자들처럼 지도층의 교체로부터 개혁을 시작했다. 짧은 기간에 소련 공산당 주 지구당 위원장의 70%와 연방정부의 장관 절반 이상이 자신들의 직위에서 해임되었다. 소련공산당 중앙 위원회의 구성이 대규모로 개편되었다. 1985~1987년에 정치국원들과 중앙 위원회의 비서들 절반 이상이 교체되었다. 1989년

4월에 열린 중앙 위원회 전체 회의에서 460명의 정위원과 후보 위원 중에서 110명이 사임했다.

소련 공상당 중앙 위원회 정치국 위원인 보로트니코프(В. И. Воротников)의 일지에서

고르바초프는 중앙 위원회의 반대세력들을 숙청했다. 그것뿐만 아니라 유능하고, 경험이 많고, 원칙적인 많은 사람들이 중앙 위원회를 떠났다… 그 당시 우리들 중 많은 사람들이 이러한 손실을 정확하게 인식하지 못했다. 그것은 나중에 더욱 더 분명해졌다.

보수주의와의 전쟁이라는 슬로건 아래서 소련 공산당 모스크바 시 위원회의 제 1서기인 **그리신(В. Гришин)**, 카자흐스탄 중앙 위원회의 제 1서기 **쿠나예프(Д. А. Кунаев)**, 소련 연방 각료회의 제 1부의장 알리예프 등이 해임되었다. 당 기구의 실제적인 역할을 고려하여 고르바초프는 통치체제의 기반인 소련 공산당 중앙 위원회의 지도층 간부의 약 85%를 교체했다. 곧 당과 정부의 모든 중요한 직책에는 고르바초프의 임명자들만이 있게 되었다. 그러나 일은 예전처럼 어렵게 진행되었다. 중대한 정치적 개혁이 필요하다는 사실이 명백해졌다.

1988년의 정치적 개혁

정치적 상황에서의 대변혁이 도래했다. 사회는 빠른 변화를 기다렸지만 그것은 일어나지 않았다. 훗날 고르바초프는 이 시기를 ≪페레스트로이카≫의 첫 심각한 위기로 언급했다. 위기에서의 출구는 단 하나 사회의 민주화뿐이었다. 1987년 1월에 열린 중앙 위원회 전체회의는 전 소련 공산 당 회의 소집을 46일 간의 여름 휴회 후에 소집할 것을 결정했다. 의사 일정안에 정치제도의 개혁의 준비와 관련된 문제를 포함하기로 결정되었다. 알려진 것처럼 총회의 연설에서 유명한 예술인 울리야노프(М. А. Ульянов)는 ≪소수의 시대는 갔다… 인민 자신들이 자신들의 국가를 통치하는 시대가 도래했다≫고 말했다.

1987년 5월에 모스크바에서 정부 당국이 허가하지 않았던 첫 데모가 열렸고, 그 시위대는 ≪페레스트로이카를 반대하는 자들을 물러가라!≫고 구호를 외쳤다. 9월에는 모스크바 시 당국은 소련에서 처음으로 대중시위와 데모의 실시절차에 대한 규정을 채택했다. 그때부터 모스크바의 마네즈 광장은 대중 집회의 장소가 되었다.

1987년 여름에 정부권력기관들을 구성하는 선거가 있었다. 처음으로 하나의 대표의원 자리에서 다수의 후보자들의 출마가 허용되었다. 유권자들의 참여에 대한 통제가 제거되었다. 선거의 결과로 정부 당국은 다음과 같은 것을 고려하지 않으면 안 되었다. 후보자들에 대한 반대표들이 거의 10배가 증가했고, 유권자들의 기권이 대량으로 일어났다. 투표지에 반역적인 낙서들이 나타났다. 과거의 수십 년 동안 그런 일이 없었다.

1987년의 투표용지의 낙서 중에서

하나의 정당만이 존재하는 한 좋은 어떤 것도 기대할 수 없다. 선거는 끼끗한 형식에 불과하다, 우리의 대표자들이 소비에트에 빈 좌석을 채울 것이다. 사실상 모든 권력은 모든 사람 대신에 모든 것을 결정하는 공산당 기관들과 집행위원회에 있다. 난 소비에트의 재판을 믿지 않는다….

1988년 여름에 정치적 개혁의 시작에 대해서 공표한 19차 소련공산당 전연방 당회의가 개최되었다. 그 회의 주요한 의제는 양립할 수 없는 것, 즉 소비에트의 독재를 전제로 한 전통적 소비에트 정치모델과 권력분립을 기반으로 한 자유주의적 정치모델을 통합하려는 시도였다. 다음과 같은 것 들이 제안되었다. 새로운 최고 국가권력기관인 **인민 대표자 대회**를 설립할 것, 최고 회의를 상설의회로 전환할 것, 다수 후보가 출마하는 선거제도의 도입과 소선거구에서 뿐만 아니라 사회단체에서 대의원을 선출하는 내용의 선거법을 개정하는 것, 기본법의 준수를 감독할 헌법감독 위원회의 설립 등이 제안되었다.

하지만 개혁의 주요한 사항은 당 기관으로부터 비교적 자유로운 선거과정에서 구성되는 소비에트로 권한들이 재분배된다는 것이었다. 당의 존립기반 자체를 흔들었기 때문에 이것은 창당 이후부터 지금까지의 기간에 당의 관료들에게 가장 큰 타격이었다. 그러나 그러한 결정으로 고르바초프는 사회의 영향력 있는 계층의 지지를 상실했을 뿐만 아니라 그들은 과거에 자신들이 관장만 했던 것을 개인 재산으로 착복할 수 있었다.

1989년 봄에 새로운 선거법에 따른 소련 인민대표자 회의 선거가 실시되었다. 1 차 인민 대표자 대회에서 고르바초프가 소련 최고회의 의장으로 선출되었다. 1년 후에 선거가 연방 공화국에서 실시되었고, 그 선거에서 1명의 대의원을 선출하는 선구에서 8명이 출마했다.

이제 개혁의 주도권은 공개된 선거과정에서 선출된 인민 대표자들에게로 넘어갔다. 곧 그들은 정치적 개혁을 새로운 규정들로 보충했다. 그들 중 가장 중요한 것은 법 앞에 모든 시민의 평등이 실질적으로 보장되는 법치국가의 건설의 개념이었다. 이러한 제안의 실현은 소련 공산당의 지도적 역할에 대한 헌법 6항의 폐지를 초래했다. 정권이 회피하기 시작한다고 느낀 고르바초프는 대통령 직 설치에 대한 제안에 동의했고 소련의 처음이자 마지막 대통령으로 선출되었다.

다당제의 부활

공산주의의 이데올르기의 위기와 고르바초프가 실시한 개혁의 지지부진함 때문에 사람들은 공산주의와 다른 이념적 · 정치적 기반위에서 복잡한 상황에서의 출구를 찾기 시작했다. 1988년 5월에 ≪**민주주의 동맹**≫의 명칭을 채택한 노보드보르스카야(В. И. Новодворская)가 이끄는 단체는 자체를 최초의 야당으로 선포했다. 그 때에 발트해 연안의 공화국들에서 최초의 대중적 독립적 단체들인 ≪**인민전선**≫들이 등장했다. 이러한 모든 집단들과 통합체들이 페레스트로이카의 지지를 선언했음에도 불구하고 그들은 가장 다양한 정치적 사상들을 표명했다.

진보주의의 운동의 진영은 민주주의 동맹의 대표자들, 기독교적 민주주의자들, 입헌적인 민주주의자들로 구성되었다. 1990년 5월에 설립된 트라브킨(Н. И. Травкин)의 **러시아 민주당(Демократическая партия России)**이 다양한 정치적 성향의 대표자들을 통합한 진보진영의 가장 대중적 정치단체였다. 사회주의자들과 사회-민주주의자들은 ≪사회당≫, ≪사회-민주주의 협회≫, ≪러시아의 사회-민주주의 당≫으로 통합되었다.

무정부주의자들은 ≪무정부주의적 급진적 노동주의자들 연맹≫과 ≪무정부주의적 공산주의 혁명 동맹≫를 설립했다. 발트해 연안과 자카프카지예의 공화국들에서 민족주의 정당들이 처음으로 창당되기 시작했다. 그러나 이러한 정당들과 운동단체들의 다양성에도 불구하고 중대한 권력투쟁은 공산주의자들과 자유주의자들 간에 벌어졌다. 게다가 증대된 경제적 · 정치적 위기의 상태에서 민주주의자들(демократы)로 불렸던 모든 자유주의자들의 정치적 영향력은 날마다 확대되었다.

국가와 교회

1987년 시작된 사회의 민주화는 국가와 교회의 관계에서도 반영되지 않을 수 없었다. 1987년 **인민 대의원 선거과정**에서 주요한 종교단체의 지도자들이 대의원으로 선출되었다. 헌법 6조가 크게 완화되었고, 뒤 이어 폐지되었고, 종교단체들에 대한 국가의 통제가 폐지되었다.

신자들에게 종교적 조형물들과 성물들이 반환되기 시작했다. 대주교의 관저가 되었던 가장 오래된 모스크바 성-다니로프 수도원이 러시아 정교회에 의해서 재건되었다. 알렉산드르 네브스키, 세라피마 사릅스키와 다른 성자들의 유골들이 ≪종교와 무신론의 역사박물관≫의 저장실에서 엄숙한 예식으로 사원으로 옮겨졌다. 새로운 교회들, 기도원들, 이슬람 교회들, 유대교 회당들이 건설되기 시작했다. 교회의 예식에 시민들의 참여에 대한 제한과 금지들도 폐기되었다. 공산주의의 이념의 위기는 사회에서의 종교적 분위기의 증대를 초래했다.

1990년 6월에 모스크바와 전 러시아의 총주교인 피멘(Пимен)이 죽은 후에 **알렉시(Алексий)**가 러시아 정교회의 새로운 수장으로 선출되었다. 그가 부임한 이후 가장 대중적 종교단체인 러시아 정교회는 새로운 역사의 시대로 들어섰고, 그의 권위는 국내에서 뿐만 아니라 세계에서도 크게 신장되었다. ≪페레스트로이카≫의 여러 해 동안 일어난 나타난 변화들은 교회를 다시 사회의 권위적이고 독자적인 조직의 하나로 만들었다.

소련 공산당의 위기: 원인들과 결과들

페레스트로이카의 기간에 오랜 세월 동안 집권해온 공산당의 운명은 가장 극적인 상태가 되었다. 사회의 혁신을 주도한 후에 공산당은 개혁기간에 자체 개혁을 할 수 없었고, 정치 무대에 머무를 수도 없었다. 이러한 결과의 중요한 원인 중의 하나는 소련 공산당은 수십 년 동안 실제 생활에서 수행했던 특수한 역할이었다.

처음에 어떤 것도 당의 위기를 예언하지 못했다. 게다가 개혁의 초반기에 인민 속에서 공산당의 권위는 현저하게 신장했고, 당원의 수도 1천 7백만에서 2천 1백만 명까지 늘어났다. 이것은 입당한 대부분의 당원들에게 국가의 개혁에 헌신하려는 진정한 충정과 갈망 이었다. 그러나 일부의 당원들에게 입당은 경력을 쌓고, 아파트를 받고, 해외여행을 할 수는 기회를 얻은 것이었다. 19차 공산당 회의에서 소련 공산당 중앙 위원회의가 제출한 안건들에 대한 장시간의 토의는 진지했다. 그 과정에서 공산주의자들에 당 자체의 개혁안들도 제안했다.

19차 전연방 당회의에 대한 공산주의자들의 제안들 중에서

당 내부의 민주화의 확대는 불가피하다. 결정을 채택하는데 평 당원들의 역할이 증대되어야 한다. 중앙 위원회의 총서기는 소련 공산당 중앙 위원회의 전체회의에서가 아니라 당 대회에서 선출되어야 한다. 민주주의 내부의 필수적인 확장. 결의 수용에서 보통의 공산당의 역할은 연이어 높였다.

그러나 공산주의 이념의 위기, 당 내부의 개혁의 부재, 헌법 6조의 폐지 등은 공산당을 위기로 몰아넣었다. 민주주의의 원칙에 따른 당의 중대한 개혁과 보통의 의회 정당으로의 최종적인 전환을 주창한 ≪소련 공산당 민주주의의 강령파≫가 1990년 1월에 창립되었다. 뒤 이어 소련 공산당에서 다른 흐름도 나타났다. 그러나 당의 개혁의 어떠한 시도도 거부했던 당 지도층은 사실상 엄청난 조직의 정치적 파멸을 초래했다. 제 28차 소련 공산당 대회의 전날에 중앙 위원회는 당내의 우파와 좌파들도 ≪모호한 선동적 사회주의≫로 명명하기 시작할 정도로 추상적인 ≪인도주의적, 민주적 사회주의≫를 지향한 당 강령을 선포했다.

한편 소련 공산당 지도부의 보수파도 자신들의 조직을 구성하려는 시도를 착수했다. 1990년 여름에 소련 공산당의 과거의 모텔로의 회기를 주창하는 소비에트 러시아 공산당이 창당되었다. 그 결과 소련 역사상 마지막이 되었던 1990년 7월에 열린 제 28차 소련 공산당 전당대회에서 당은 분열된 상태로 전환되었다. 3가지 주요한 흐름이 작동했다. 급진 개혁파인 ≪민주주의 강령파≫, 온건한 개혁파인 ≪고르바초프파≫, 보수파인 ≪러시아 소비에트 연방의 공산당≫으로 3분되었다. 개최된 전당대회도 위기에서 당을 구하지 못했다. 반대로 개혁적 결정들을 기다리지 못한 민주주의적 강령파가 탈당했다. 소련 공산당이 빠져나오는 혁명의 결과는 기대되지 않았다. 1990년 3월에 대통령으로 선출된 고르바초프 자신도 당 내부의 문제에 관여하기를 중단했다. 이것은 보수파의 당내 입지의 강화를 의미했다. 1990년 가을에 러시아 소비에트 연방 공산당의 중앙 위원회는 당 내부에서의 토의도 없이 지난 공산당 대회의 결정을 ≪페레스트로이카의 반사회주의적 경향≫으로 비난한 당강령을 인준했다. 소련 공산당 중앙 위원회의 일부는 서기장 직에서 고르바초프의 사임을 요구했다.

이러한 상태에서 소련 공산당원들의 탈당은 대중적 성격을 띠었다. 짧은 기간에 당원수는 1 천 5백만 명까지 줄어들었다. 게다가 개혁사상을 지지했던 사람들과 반대했던 사람들이 탈당했다. 소련 공산당의 기존의 추세의 조직적 차단에 대한 요구가 있었다. 1991년 가을에 29차 공산당 대회에서 예정되어 있었다. 고르바초프의 제

안에 따라 당은 ≪1898년에 시작했던 사회-민주주의의 궤도로 돌아가는 것≫으로 예정되었다. 그러나 이것은 1991년 8월의 급격한 정치적 위기 때문에 일어나지 못했다.

결 론

소련 헌법의 6항의 폐지로 시작된 소련 정치체제의 민주화의 시도는 소련의 위기와 연방의 권력구조의 해체를 초래했다. 그것들을 대신할 새로운 정부형태는 제안되지 않았다.

57. 민족 정책과 소련의 민족 간 관계의 붕괴

사회의 민주화와 민족문제

사회생활의 민주화는 민족 간의 관계영역에 영향을 미치지 않을 수 없었다. 정부당국이 오랫동안 주목하지 않았던 수십 년 동안 축적된 문제들이 자유롭게 분출되자마자 급격한 형태로 나타났다. 처음의 공개적인 대중시위들은 해마다 축소된 민족어 학교들의 수와 러시아어 사용 영역의 확대시도에 불만의 표시로 일어났다. 1986년 초에 ≪야쿠티인을 위한 야쿠티야≫, ≪러시아인들은 물러가라!≫라는 슬로건 하에 야쿠티야에서 학생 시위들이 일어났다.

민족 지도자들의 영향력을 제한하려는 고르바초프의 시도는 일련의 공화국에서 더욱 더 적극적인 저항을 초래했다. 1986년 12월에 카자흐스탄 공산당 중앙 위원회의 제1서기인 **쿠나예프**(Д. А. Кунаев) 대신에 러시아인 **골빈**(Г. В. Колбин)의 임명에 대한 항의표시로 알마타에서 일어났던 수천 명의 평화적 시위가 폭력사태로 전환되었다. 우즈베키스탄에서 일어났던 권력남용에 대한 수사가 대중 불만을 야기했다. 크림의 타타르와 볼가강 유역의 독일인들은 자신들의 자치지역의 복원을 과거보다 더욱 더 적극적으로 요구하기 시작했다. 자카프카지예는 가장 첨예한 민족 간의 분쟁지역이 되었다.

민족 간의 분쟁들과 대중적 민족운동의 형성

1987년에 아제르바이잔 연방 공화국의 나고르노-카라바흐에서 이 자치주의 인구의 다수를 차지했던 아르메니아인들의 대규모 소요사태가 시작되었다. 그들은 카라바흐를 아르메니아 연방 공화국의 관할로 넘겨줄 것을 요구했다. 이런 문제를 검토하겠다는 연방정부의 약속은 이러한 요구를 수용하는 동의로 인식되었다. 이러한 모든 것이 아제르바이잔의 숨가이트(Сумгаит)에서 아르메니아인들에 대한 보복을 초래했다. 양 공화국의 당 기관들은 민족 간의 분쟁을 저지하지 않았을 뿐만 아니라 적극적으로 민족운동의 형성에 참여했다. 고르바초프는 숨가이트에 군대의 투입과 야간 통행금지시간의 선포를 명령했다.

1988년 5월에 나가르노-카라바흐의 분쟁과 연방정부의 무기력의 배경에서 라티비아, 리투아니아, 에스토니아에서 민족운동의 단체들인 ≪인민전선≫들이 창립되었다. 처음에 이들 단체들은 페레스트로이카의 지지를 선언했지만 몇 달 후에 소비에트 연방에서의 탈퇴를 궁극적인 목표로 선언했다. 이러한 단체들 중 ≪사유지스(Саюдис)≫와 ≪리트바(Литва)≫가 가장 대중적이고 급진적이었다. 곧 인민전선의 압력을 받고서 발트해 연안의 연방 공화국들은 러시아어 대신에 민족어를 국가의 공식 언어로 선포하는 결정을 했다. 우크라이나, 벨로루시, 몰다비아에서도 국가기관과 교육기관에서 민족언어의 채택이 요구되었다.

자카프카지예의 공화국들에서도 공화국들의 관계뿐만 아니라, 공화국 내부 즉 그루지야와 아프하지아 간의 분쟁, 그루지야와 오세치아 간의 분쟁 등의 민족들 간의 관계가 악화되었다. 중앙아시아 공화국들에서 수십 년 만에 처음으로 외부에서 이슬

람 근본주의의 침투의 위협이 대두되었다. 야쿠티야, 타타르, 바시키르 등에서도 민족주의 운동이 강력해졌다. 참가자들은 자신들의 자치 공화국에 연방 공화국의 권리를 부여해줄 것을 요구했다.

민족운동의 지도자들은 자신들에 대한 대중적 지지를 확보하기 위해서 민족의 번영은 소비에트 연방에서 탈퇴할 경우에만 확보될 수 있다는 주장에 의존했다.

우크라이나 공산당 중앙 위원회 제1서기 이바쉬코(В. А. Ивашко)의 연설에서

사람들은 우크라이나에 그들이 생산한 공산품의 생산 중 5%만이 우크라이나에 남는 다고 생각한다. 상당한 수의 사람들이 소비에트 연방에서 즉각적인 탈퇴를 주장한다….

공화국의 최고위 당직자들에게는 빠른 출세와 풍요를 확보할 수 있는 특별한 기회가 창출되었다. 고르바초프의 지도부는 ≪민족주의 장애≫에서 벗어날 방안을 제시할 준비가 되어 있지 않았기 때문에 항상 결정의 채택을 지연시켰다. 상황은 점점 더 통제에서 벗어나기 시작했다.

연방 공화국에서 1990년의 선거

1990년 초에 새로운 선거법의 토대 위에서 연방공화국에서 선거가 실시된 후에 상황은 더욱 더 복잡해졌다. 거의 모든 곳에서 민족주의 운동의 지도자들이 승리를 거두었다. 공화국의 공산당 지도부는 권력에 남아있을 수 있는 기회를 고려하여 그들을 지지하는 것을 선택했다.

연속적인 주권선언이 시작되었다. 3월 11일에 그루지야 최고회의가 주권선언을 했다. 뒤이어 1990년 3월 11일에 리투아니아, 3월 30일에 에스토니아, 5월4일에 라트비아, 6월 13일에 러시아 소비에트 연방, 6월 20일에 우즈베키스탄, 6월23일에 몰다비아, 7월 16일에 우크라이나, 7월 27일에 벨로루시가 주권선언을 했다.

고르바초프의 반응은 처음에 단호했다. 예를 들면, 리투아니아에 대해서 경제제제가 채택되었다. 그러나 서방의 원조로 리투아니아 공화국은 견딜 수 있었다. 중앙과 공화국들 간의 갈등의 상황에서 미국, 프랑스, 독일 등의 서방국 지도자들이 중재자의 역할을 시도했다. 이러한 모든 것 때문에 고르바초프는 때 늦게 **새로운 연방조약의 입안**의 시작을 선포하지 않을 수 없었다.

새로운 연방 조약의 입안

국가의 기반이 되는 원칙적으로 새로운 서류를 준비하는 과업이 1990년 여름에 시작되었다. 정치국원들과 소련 최고회의의 지도자들 대부분은 1922년 연방조약의 토대의 개정에 반대했다. 그러기 때문에 고르바초프는 소비에트 연방을 재편하려는 자신의 노선을 지지했던 러시아 연방 최고회의 의장으로 선출된 옐친(Б. Н. Ельцин)과 다른 연방 공화국의 지도자들의 도움을 받고 그들과 투쟁하기 시작했다.

새로운 연방조약의 초안에 포함된 주요한 개념은 무엇보다도 경제영역에서 연방 공화국들에게 광범위한 권한의 부여에 대한 규정이 포함되었다. 나중에 경제적 주권도 양도되었다. 그러나 고르바초프는 이것에 대비하고 있지 않았다는 것이 분명해졌다. 1990말부터 큰 자유를 획득했던 연방 공화국들은 독자적으로 활동하기로 결정했다. 경제 분야에서 연방 공화국들 간의 일련의 쌍방 합의가 체결되었다.

한편 최고회의가 사실상 공화국의 주권을 공식화 하는 법안을 연달아 채택했던 리투아니아의 상황은 급격하게 복잡해졌다. 1991년 1월에 고르바초프는 리투아니아 최고회의에 소련헌법의 효력을 완전히 복원하라는 최후통첩을 했고, 그것이 거부되자 그는 리투아니아에 추가적인 병력을 투입했다. 이것은 빌리뉴스에서 군대와 시민들 간의 충돌을 초래했고, 그 결과 14명이 죽었다. 리투아니아 수도에서의 비극적인 사건들은 소련 전역에서 반대 시위를 유발했고, 연방의 중앙정부는 또 다시 타협했다.

1991년 3월 17일에 소련의 운명에 대한 국민투표가 실시되었다. 투표권을 가진 모든 시민은 다음과 같은 질문이 포함된 투표용지를 받았다. ≪어떤 민족이라도 사람으로서 권리와 자유를 완전히 보장하는 동등한 주권 공화국들의 연방의 새로운 형태로 소비에트 사회주의 공화국의 연방의 존립이 필요하다고 생각하는가?≫ 거대한 국가의 인구의 76%가 단일 국가의 존립을 찬성했다. 허지만 소련의 해체를 중지시키는 것은 이미 불가능해졌다.

1991년 여름에 역사상 첫 러시아 대통령 선거가 실시되었다. 선거운동 과정에서 민주주의자들의 주요한 후보자 옐친은 적극적으로 민족주의적 카드를 적극적으로 사용했고, 러시아의 지역 지도자들에게 그들이 원하는 만큼의 주권을 양도할 것을 약속했다. 이것이 옐친의 선거승리에 크게 기여했다. 고르바초프의 위상은 더욱 더 약해졌다. 악화된 경제상황은 신연방조약의 입안을 재촉했다. 연방 지도자는 무엇보다도 이것에 관심을 가졌다. 여름에 고르바초프는 연방 공화국들이 제안한 모든 조건들과 요구에 동의했다. 소련의 신연방 조약안에 따르면 기존의 연방 공화국들뿐만 아니라 자치 공화국들이 동등한 조건으로 가입하는 주권 공화국들의 연방으로 전환되기로 되어 있었다. 통합의 형태에 있어서 이것은 오히려 국가연합이었다. 새로운 연방권력의 기관들의 설립도 예상되었다. **새로운 연방조약의 체결은 1991년 8월 20일에 예정되었다.**

1991년 8월의 공산당 보수 강경파의 쿠데타와 그 결과들

소련의 최고 지도자들 중의 일부는 신연방조약의 체결의 준비는 단일국가의 존립에 대한 위협으로 인식했고 그것을 예방하려고 시도했다. 8월 19일 밤에 모스크바에서 고르바초프가 부재중일 때 국가비상 위원회가 설립되었고 부통령 야냐예프(Г. И. Янаев), 총리 파블로프(В. С. Павлов), 국방장관 야조프(Д. Т. Язов), 국가안보위원회(КГБ) 위원장 크류츠코프(В. А. Крючков), 내무부장관 푸고(Б. К. Пуго) 등이 위원으로 가담했다. 국가비상 위원회(ГКЧП)는 분리된 지역에서 비상사태를 도입했고, 1977년에 헌법에 위배되는 권력구조의 해체를 선포했고, 반대당의 활동을 정지시키고, 모임과 시위의 실시를 금지했고, 대중매체에 대한 통제를 확립했고, 모스크바로 군대를 진입시켰다.

부통령 야나예프와 쿠데타 주역들

모스크바 시내로 진입한 쿠데타군

8월 20일 아침에 러시아 최고회의는 **국가비상 위원회**의 활동들을 국가반란으로 결정했고, 그것을 불법으로 선포했다. 옐친 대통령의 요청에 따라 수만 명의 모스크바 시민들이 군대의 습격을 예방하기 위해서 최고회의 건물 주위를 수비했다. 8월 21일에 공화국의 지도층을 지지했던 러시아 연방 최고회의 회의가 활동하기 시작했다.

같은 날에 소련 대통령 고르바초프는 크림에서 모스크바로 돌아왔고, 국가비상 위원회의 위원들은 체포되었다.

공산당 강경파 쿠데타를 반대하는 옐친의 연설

소련의 붕괴

소련을 구하려는 **국가비상 위원회의 위원들**의 시도는 정 반대의 결과를 초래했다. 단일 국가의 붕괴가 가속화되었다. 8월 21일에 라트비아와 에스토니아, 8월 24일에 우크라이나, 8월 27일에 몰다비아, 8월 30일에 아제르바이잔, 8월 31일에 우즈베키스탄과 키르키스스탄, 9월 9일에 타지키스탄, 9월 23일에 아르메니아, 10월 27일에 투르크메니스탄이 독립을 선포했다. 8월에 합의된 연방의 중앙정부는 누구에게도 필요하지 않게 되었다.

이제는 국가연합의 창설에 대해서만 언급될 수 있었다. 9월 5일에 열린 정기 소련 인민 대표자 대회는 사실상 해산과 공화국 지도자들로 구성된 소련 국가위원회에 전권의 양도를 선포했다. 단일 국가의 원수로서의 고르바초프는 실권했다. 1991년 9월 6일에 소련 국가위원회는 라트비아, 리투니아, 에스토니아의 독립을 인정했다. 이것은 소련의 실질적인 붕괴의 시작이었다.

1991년 12월 8일에 **벨라루시의 벨라베자 숲**에서 러시아 연방 대통령 옐친, 우크라이나 최고회의 의장 크라프추크(Л. М. Кравчук), 벨라루시 최고회의 의장 수시케비치(С. С. Шушкевич)가 회합을 가졌다. 그들은 1922년에 체결된 연방조약의 폐기와 소련 존립의 중단을 선포하는 벨라베자 조약에 서명했다. ≪국제적 권리의 주체로서 소련 연방과 지정학적 실재는 존립을 중단한다≫고 3공화국의 지도자들의 선언문에서 언급되었다.

벨라베자 조약 체결

조약 체결후의 3 정상

소련대신에 발트해 연안 공화국들과 그루지야를 제외한 11개 기존의 연방 공화국들을 통합한 독립국가연합(СНГ: Содружество Независимых Государств)이 창설되었다. 1991년 12월 27일에 고르바초프는 소련 대통령직의 사임을 발표했고, 소련의 존립은 중단되었다.

결 론

연방의 권력구조의 악화된 위기의 상태에서 정치개혁의 주도권은 공화국들로 넘어갔다. 1991년 8월의 공산당 보수 강경파의 쿠데타는 연방국가의 존립에 십자가를 놓았다.

58. 고르바초프의 외교정책과 ≪신 정치적 사고≫

≪신 정치적 사고≫

고르바초프의 집권은 처음에 소련 대외정책분야에 새로운 아무 것도 예고하지 않았다. 고르바초프는 전통에 따라 전쟁위협과의 투쟁, 사회주의 진영의 강화, 민족해방운동에 대한 지원 등이 반드시 필요하다고 공표했다. 국가 원수로 선출된 지 두 달 후인 1985년 5월에 열린 바르샤바 조약기구 창립 30주년 기념행사에서 고르바초프는 서방에 대해서 신랄한 비난을 했다.

외교정책은 소련 외무부 장관이 교체된 후에 변화되기 시작했다. 1985년 7월에 그로미코(А. Громыко)가 전 그루지야 공산당 중앙 위원회 제1서기였던 **세바르드나드제(Э. А. Шеварднадзе)**로 교체되었다. 외교정책의 기본방향이 다음과 같이 정해졌다. 서방국가들과의 관계의 정상화(미국과 제일 처음으로), 두진영의 군비축소 시작, 미국과 아시아, 아프리카, 라틴아메리카의 미 동맹국들과의 군사대립 중지(국지적인 분쟁 해결) 등이 제시되었다.

1987년에 신사고로 명명된 소련 지도부의 새로운 외교정책 개념이 완전하게 구성되었다. 그 개념은 두 개의 시스템으로 세계가 분열된다는 사상의 거부를 예상했다. 세계의 통일성과 불가분을 인정했다. **평화문제 해결을 위한 무력의 사용을 배척**했다. 계급적, 민족적, 이념적, 그 밖의 모든 가치보다 **전인류적인 가치의 우위**를 선언했다.

세바르드나드제

이러한 생각들은 고르바초프의 책 ≪우리국가와 전세계를 위한 개혁과 신사고≫에서 공식화 되었지만, 그 생각들은 새로운 것이 아니었다. 과거에 칸트, 간디, 아인슈타인, 러셀 등의 학자들과 정치가들이 그러한 개념들을 제시 했었다. 고르바초프의 공로는 국가의 대외정책의 기초에 이러한 개념들을 반영한 소련 지도자들 중 첫 지도자였다는 점에 있다.

소-미 관계와 핵무기 감축의 시작

1985년 11월에 고르바초프와 미국 레이건 대통령과의 첫 번째 만남이 있었다. 이 만남은 동-서간의 관계에 새로운 해빙기의 기초를 놓았다. 그때부터 양국정상회담은 매년 이루어졌고 중대한 결과들을 낳았다. 이미 1987년에 소련과 미국은 미국의 유럽동맹국들에게 특별한 위협이 되었던 **중장거리 미사일의 폐기 조약**에 서명했다.

1988~1989년에 이념적인 원칙들은 **고르바초프**의 대외정책에 더욱 더 적은 영향을 미치기 시작했다. 그는 경제에서 실질적인 성공을 거두지 못하자 대외정책에서의 돌파구로 국가 내부와 세계에서 인기를 얻으려고 노력했다. 그러나 이것을 위해서 그는 서방에게 중대한 일방적인 양보를 해야 했다. 미국인들의 해설에 따르면 쟁점마다 이와 같이 해결되었다. ≪러시아가 80% 양보했고, 미국은 단지 20%만 양보했다≫.

핵무기 폐기조약 서명하는 미소 정상

뉴욕에서 미소 정상들

이렇게 미국은 고르바초프가 동의해야 했던 더욱 더 새로운 조건들 제안할 수 있었다. 곧 이어서 소련은 미국보다 훨씬 더 큰 규모로 유럽의 동맹국들에 주둔했던 병력 수를 줄이고 상당한 양의 재래식 무기를 폐기시킬 준비를 발표했다. 1991년 여름에 소련과 미국은 가장 강력한 공격무기의 40%의 감축을 규정한 전략적 공격무기의 감축과 제한에 대한 조약을 체결했다.

서방과의 관계에서의 급변은 고르바초프가 ≪브레즈녜프의 독트린은 죽었다≫고 선포했던 1989년 **말타**에서 고르바초프와 새 미국 대통령 죠지 부시와의 만남에서 일어났다. 이것은 소련이 동유럽 나라들에서 일어나는 변화들과 연방 공화국들의 내정을 군사력으로 저지하지 않겠다는 것을 의미했다. 미국은 즉시 사회주의 국가연합의 붕괴에 관한 활동을 강화했다.

말타 고르바쵸프와 부시 정상회담

쿠데타 이후의 고르바쵸와 옐친

1991년 여름에 부시는 고르바초프에게 소련과의 협력을 진전시키기 위해서 서방측이 합의한 6가지 조건 즉, 민주주의, 시장경제, 연방, 극동지역과 아프리카에서 소련정책의 변경, 소련핵미사일의 현대화 중지 등을 제시했다. 처음으로 미국은 국제정치의 분야에서 조건을 제시했을 뿐만 아니라 소련의 내부정책의 변화까지 요구했다. 이러한 방향에서 고르바초프를 압박하기 위해서 동시에 미국은 소련의 연방 공화국 지도자들과의 직접적인 협상을 하기 시작했다. 1992년에 벨라루시의 민스크 근처에 있는 벨라베자에서 있었던 러시아, 우크라이나, 벨로루시 3공화국의 정상들의 회의인 **벨라베자 3두 회담**에서 1922년에 체결된 연방조약의 폐지를 합의한 것에 대해서도 미국 대통령 부시가 먼저 알았고, 그 다음에야 고르바초프가 알았을 정도로 1991년 가을에 연방 공화국 지도자들과의 서방측의 접촉은 견고하고 믿을 만했다.

사회주의 체제의 붕괴

동유럽 사회주의 국가에서의 변화들은 1987년에 시작되었다. 고르바초프의 압박하에 동유럽 국가들의 지도부의 부분적인 교체와 민주화가 일어났다. 1989년에 반사회주의적이고 반 소련 분위기의 파도가 높았던 바르샤바 조약기구의 가맹국들로부터 소련군이 철수하기 시작했다. 얼마 후 폴란드, 체코슬로바키아, 헝가리, 불가리아, 알바니아에서 선거와 온건한 혁명으로 정치 지도자들의 교체가 일어났다. 1989년에 말에 루마니아에서 **차우셰스쿠 정권**이 군부 쿠데타로 전복되었다. 호네커의 퇴진 후에 베를린 장벽이 무너졌고 독일의 통일의 요구가 증대되었던 동독에서 가장 중대한 변화들이 일어났다. 서독 지도부는 독일의 통일 확보를 위한 중대한 양보를 할 모든 준비가 되어 있었다.

서독 재무장관 바이헬의 연설 중에서…

슈트라우스가 1966년 소련이 점령지역에 오스트리아와 같은 지위를 부여하도록 협상을 했다면 1억~1억2천만 마르크(오늘 날 계산으로 3억 마르크) 이상을 지불했어야 했을 것이다. 1990년 소련과의 협약에서 우리는 1500만 마르크를 지불했고, 처음 소련군이 독일 영토에 진입한지 50년 뒤인 지금 이제 소련군은 독일에서 철수하는 상황에 도달했다… 이것은 지불된 액수에 비해 평가할 때 엄청난 이익이다.

미국과 서독은 나토에서 독일의 탈퇴를 전제로 한 통일된 독일의 중립에 대한 문제를 협의하는데 동의했다. 하지만 아무도 그것에 관해 문제 삼지 않았다. 1990년 여름에 고르바초프는 독일의 통일과 독일의 나토 잔류에 동의했다. 그는 서방의 요구에 응하고 소련에서 흔들렸던 자신의 지위를 강화하기로 생각했다. 하지만 1991년 봄에 **바르샤바 조약기구(WTO)와 상호경제협력회의(CMEA)의 해체**는 소련의 국익에 훨씬 더 강하게 타격을 주었고 고르바초프의 정책에 대한 국내의 비판을 강화시켰다.

베르린 장벽붕괴

체포된 차우셰스쿠 부부

제 3세계의 국가들과의 관계

아프가니스탄 전쟁은 소련에게 여전히 해결되어야 할 중대한 지역 분쟁 중의 하나였다. 어떤 대가를 치르고라도 그 전쟁을 중지시켜야 했다. 1988년 4월에 아프가니스탄의 반군들에 대한 미국의 군사지원 중단과 소련군의 철수개시가 합의되었다. 1989년 2월 15일에 약 10만 명의 소련군과 장교들의 아프가니스탄으로부터의 철군이 완결되었다. 전쟁의 개시된 이후 총 62만 명의 병력이 참전했다. 그 중 14만 5천 명이 전사했고, 53만 7천 명이 부상당했다.

이디오피아, 모잠비크, 니카라과에서 소련의 군사 개입이 중단되었다. 소련의 협조로 베트남군이 캄보디아에서, 쿠바 군이 앙골라에서 철수했다. 이것은 중국과의 관계 정상화에 관한 문제의 해결을 위한 마지막 장애물들을 제거한 것이었다. 소련에서 경제상황이 악화됨에 따라서 1986~1989년에 560억 루블(93.3 밀리언 달러)에 달했던 동맹국들에 대한 무상원조의 총액이 크게 삭감되었다.

미국의 압력을 받고 소련은 리비아와 이라크의 정권에 대한 지원을 거절했고, 1990

년 여름의 페르시아 만의 전쟁 위기에서 서방국가들의 군사행동을 찬성했을 뿐만 아니라 리비아 봉쇄에 가담까지 해야 했다. 외교정책에서 이념적 장벽들의 제거는 남아프리카공화국, 한국, 타이완, 이스라엘 등과의 소련의 관계의 개선을 촉진시켰다.

신사고의 정책의 성과들과 결과들

신사고 정책은 상반된 성과들과 결과를 낳았다. 한편으로는 **세계 핵무기 전쟁의 위협의 약화**가 신사고 정책의 가장 중대한 결과가 되었다. 동구권에서뿐만 아니라 서부에서도 ≪냉전≫의 종식에 대한 논의가 시작되었다. 평범한 사람들 간의 접촉이 늘어났다. 재래식 무기뿐만 아니라 **핵무기의 감축과 폐기과정**이 시작되었다.

오랜 세월 동안 소련과 미국은 아프가니스탄, 인도차이나, 남서아프리카, 동아프리카, 중앙아메리카에서 상호 간에 적대적인 정치세력들을 지원했던 일련의 지역들에서 상황이 개선되었다. 오랜 세월이 흐른 후에 처음으로 자유선거가 실시되었고, 시장경제가 확립되었고, 정신적 해방이 도래했던 모든 나라에서 민주적 변화들이 일어났다.

동시에 신사고는 반대 측면도 초래했다. 한 승리자인 미국을 중심으로 하는 서방이 냉전에서 승리했다. 냉전의 다른 쪽인 소련과 동구권은 패배를 당했을 뿐만 아니라 존립을 중단했다. 이것은 오랫동안 전세계의 안정의 토대가 되었던 **국제관계의 양극체제의 붕괴**를 초래했다. 세계에서 자국의 위상의 강화를 위해 이러한 새로운 상황을 이용하고 싶은 미국의 유혹은 억제하기에는 너무 큰 것이었다. 미국은 옛 소련 공화국들뿐만 아니라 UN까지도 경시하기 시작했다.

결국 **국제관계의 얄타-포츠담 체제**는 위태롭게 되었다. 그러나 이것에는 당연히 세계가 영향권으로 새롭게 분할되는 위험이 내포되어 있었다. 역사가 증명하듯이 전쟁이 없이는 이것은 결코 일어난 적이 없었다.

결 론

신사고 정책은 세계대전의 위협의 약화를 초래했다. 그러나 소련의 국제적 위상이 상실되었고, 뒤 이은 붕괴된 결과는 일극체제가 형성되었다는 것이다.

✔ 제 8장의 결론

1980년대 초에 신기술 분야에서 서방국가에 소련이 뒤져진 것은 위협적인 특징이 되었다. 과거의 **경제에 대한 당-정부의 통제체제**의 구조 안에서 이러한 뒤처짐을 극복하는 것은 불가능했다. 서방전문가들뿐만 아니라 다수의 국민들에게 상품과 서비스에서 국민의 최저 수요조차 만족시킬 수 없었던 기존경제체제의 비용은 매우 민감하게 인식되었다.

사회를 개혁하려는 시도는 브레즈네프의 사망 후 경제영역부터 시작되었다. 하지만안드로포프의 대규모 경제적 실험도 상황의 개선을 위한 지도자들의 다른 시도들처럼 긍정적인 결과를 가져오지 못했다. 더 급진적인 개혁정책이 요구되었다.

고르바초프의 집권은 1930년대에 구축된 사회 · 경제와 정치 체제의 ≪페레스트로이카≫의 기간의 시작이 되었다. 처음에 국가의 새로운 지도자들은 급진적 정책들을 예상하지 않았다. 성형 수술적인 부분적 조치들이 긍정적 결과를 낳지 못했다는 것이 밝혀진 후에야 거의 모든 면에서의 변화가 필요하다는 것이 확실해졌다.

경제의 다양한 형태와 구조의 공존에 토대를 둔 시장경제로의 전환의 불가피성을 인정한 것이 경제 페레스트로이카의 주요한 결과가 되었다. 시장경제 체제로의 전환의 지체는 사회적 폭발의 가능성에 대한 국가 지도자의 두려움에 의해서 주로 설명되었다. 그러나 바로 이러한 개혁조치들의 지연은 1991년에 지도부 자체가 교체되는 결과를 초래했다.

고르바초프가 실시한 ≪글라스노스티≫ 정책의 주요한 결과는 소련 사림들의 의식해방, 자신의 견해와 감정을 표현할 자유의 획득, 나라에서 일어난 사건에 대한 자신의 의견을 표현하는 어려운 과정의 시작 등이다. 공산당의 권력독점의 토대가 되었던 기존의 정치체제를 민주화 하려는 시도들은 성공하지 못했고, 반대로 이러한 체제의 붕괴를 초래했다.

민족 간의 관계에 대한 국가 지도자들의 무관심, 그들의 사실적인 분석 부족, 민족문제의 최종해결에 대한 믿음 등은 시작된 사회 민주화의 상황에서 연방과 자치 공화국들이 중앙의 통제에서부터 이탈하는 결과를 초래했다. 국가의 최고 권력자들의 의지부재와 민족지도자들의 야망이 1991년 12월 소련의 해체를 촉진시켰다.

신 정치적 사고는 모순된 결과들을 가졌다. 한편으로 그것은 세계 핵전쟁의 위협을 현저히 감소시켰다. 반면에 소련의 경제상황이 악화되어 감에 따라 온갖 희생을 감수하면서 서방과의 합의에 이르려는 시도는 대외정책에서 **중대한 일방적 양보**들을 유발했다. 그 결과 바르샤바 조약기구(WTO)와 상호경제협력회의(CMEA)의 활동이 중단되었고, **국제관계의 양극체제**가 해체되었다.

제 9장
1991~2004년의 새로운 러시아

59. 경제에서 ≪위로부터의 혁명≫

가이다르의 경제노선

1991년 10월에 러시아 소비에트 연방 최고회의는 가이다르(Е. Т. Гайдар)가 이끄는 젊은 개혁가들과 자유주의자들의 집단이 입안한 경제정책을 인준했다. 생산의 빠른 감축의 상황에서 그들은 정부의 물가통제의 중지, 자유로운 거래의 도입, 거대한 국유재산의 사유와의 실시 등을 포함한 안정화의 계획을 제안했다. ≪500일≫ 개혁안의 입안자들과 달리 가이다르는 가장 먼저 물가통제의 해제와 사유화를 실시하는 것이 필요하다고 생각했다.

가이다르

체로노미르딘

키리엔코

프리마코프

1992년 1월 1일에 ≪**충격요법**≫이라 불린 조치의 실행이 시작되었다. 소비시장에서 물가는 통제에서 벗어나 급격히 상승했다. 1년 만에 몇몇 상품의 가격은 100~150배 올랐지만, 임금은 10~15배만 상승했다. 이러한 과정은 다음 여러 해에도 계속되었다. 1997년에 식품 가격은 1990년과 비교하여 10000배 올랐다.

그 결과 1992년에 기본 식품들의 수요는 하락했다. 1991년에 비해 고기 81%, 우유 56%, 야채 84%, 생선 56%까지 수요가 줄었다. 대부분의 가정에서 식사비 지출은 생활비에서 80%까지 차지했다. 수십 년 만에 처음으로 사람들은 최저 생계비의 상태에 놓이게 되었다. 의료분야에서 유료서비스의 도입은 1990년도 하반기에 인구의 절대적 감소가 매년 1백만이 되는 결과를 초래했다.

1992년 10월 1일부터 **사유화**가 시작되었다. 몇 달 사이에 산업체의 20% 그리고 일반서비스 분야의 70%가 사유화 되도록 계획되었다. 모든 시민은 10만루블로 표시된 ≪**바우처**≫로 불리는 **사유화 증서**를 받았다. 이것은 국유재산의 자신의 몫을 받을 수 있는 동등한 기회를 모든 시민들에게 제공하기 위해서 창안되었다. 그러나 사유화에 대한 그러한 접근은 기대된 결과를 가져오지 못했다. 시민들의 현금 저금은 본질적으로 압류되었기 때문에 시민들은 사유화된 산업체의 주식을 구입하지 못했다.

개혁의 긍정적 결과는 식료품과 공산품 시장의 확립이 시작되었다는 것이었다. 과거에는 전혀 접근할 수도 없었고 일반 구매자들에게는 알려지지도 않은 많은 제품들과 물건들의 등장은 사회적 긴장을 크게 완화했다.

1993~1998년의 경제정책

가이다르가 약속했던 거시 경제의 안정화의 부재는 개혁수정의 불가피함을 의미했다. 1992년 12월에 러시아 소비에트 연방의 인민 대표자 대회는 **가이다르**를 총리직에서 해임했고 **체르노미르딘(В. С. Черномырдин)**을 총리로 인준했다. 경제에서 정부 역할의 감소에 대해 진술했던 가이다르와는 달리 새로운 총리는 국가통제의 강화에 의존했다. 국가로부터 대규모 자금조달을 받았던 연료에너지와 방위산업체 대한 특별한 관심이 주어졌다.

지속적인 생산 감소, 대외무역의 독점의 폐지의 거부, 대규모 자본유출 등의 상황에서 국고수입은 급감했다. 체르노미르딘 정부는 자본의 부족을 해외에서 새로운 차관의 도입으로 보충하려고 시도했다. 그러나 국제통화기금과 세계은행은 러시아 경제의 불안정, 사회적 수요에 너무 과도한 국가지출과 외국인 투자에 대한 보장의 부재를 언급하면서 서둘지 않았다.

상황을 타개하기 위해서 정부는 국가단기채권의 발행을 발표했고, 그 도움으로 대규모 자본이 유입되었다. 1999년에 러시아의 대외부채는 이미 약 1억 3천만 달러에 달했다. 형성된 방대한 은행체제를 통해서 시민들의 현금자산의 유입은 재정문제 해결의 또 다른 원천이 되었다. 유입된 자본 덕분에 인플레이션의 속도를 낮추고 물가의 안정을 확보할 수 있었다. 하지만 국가가 국가단기채권의 소유자들에게 지불해야 했던 금액이 엄청나게 많았기 때문에 이러한 상황은 오래 지속될 수 없었다. 강력한 재정위기의 조짐들이 점차적으로 다가왔다.

1998년 재정위기

1998년 초에 대통령 옐친 대통령의 포고령으로 체르노미르딘이 해임되었고, **키리엔코**(**С. В. Кириенко**)가 그의 후임자가 되었다. 짧은 재임기간에 다가오는 **재정위기**의 방지를 시도했다. 그러나 이것을 할 수 없었다. 그 결과 1998년 8월 17일에 정부는 국가 단기채권에 대한 지불의 중지를 발표했고 외화통로를 차단했다. 이것은 심각한 재정위기를 의미했다. 재정위기가 국가에서 급격하게 발생했다. 국민의 예금은 7년간 2배의 가치가 하락했다. 그 결과 은행과 정부에 대한 신뢰가 손상되었다. 국가은행시스템이 무너지기 시작했다. 달러 대 루블의 환율은 4배 하락했고, 국제통화기금과 세계은행은 모든 러시아 원조 프로그램의 동결을 발표했다. 수입이 감소했고, 그 결과 일련의 상품의 부족이 다시 일어났다. 키리엔코의 내각은 해산되었다.

프리마코프(**Е. М. Примаков**)가 새로운 총리로 인준되었다. 그는 ≪스스로의 힘에 의존≫이란 정책노선을 선포한 포스트 소비에트 러시아의 첫째 총리가 되었다. 수입의 감소는 국내 생산자들에 대한 지원을 촉진시켰다. 크게 줄어든 수입을 고려한 1999년도 국가예산이 준비되었다. 국가 예산의 수입의 규모는 2천만 달러(뉴욕 시 예산보다 적은) 이었다. 게다가 같은 해에 러시아는 서방의 채권자들에게 1천 7백만 달러를 갚아야 했다. 국가가 거의 완전한 파산 상태에 있게 되었다.

세계시장에서 러시아의 위치

러시아경제가 세계경제에서 주목할 만한 위치를 차지 할 것이라는 자유주의 경제학자들의 전망은 실현 가능성이 없는 것으로 밝혀졌다. 소련의 붕괴와 생산 총량의 감소, 재정위기와 경제관계의 붕괴는 러시아가 단기간에 경제 총생산에서 세계 55위에 있음이 확인되는데 이르렀다. 이것 외에도 러시아는 경제적으로 발전한 나라로 생각되지 않았을 뿐만 아니라, 개발도상국 중에서도 10위 내에 드는 것이 멀지 않았음이 밝혀졌다. 석유, 가스, 무기 등이 러시아의 유일한 수출상품들이 되었다. 석유와 가스의 세계가격 하락은 예산에 큰 손실과 함께 대외시장에서 러시아산 원료의 판매양의 증대를 초래했다.

경제개혁의 결과

1990년대 국가의 경제발전은 모순에 차 있었다. 한편으로 노동, 주택, 식료품, 주식시장이 조성되기 시작했다. 사유화는 수 만개 기업들과 시민들의 아파트들을 사유재산으로의 전환을 가져왔다. 루블은 환전되는 화폐가 되었다. 각 사회의 안정의 토대인 중산층이 등장했다. 하지만, 다른 면에서 생산량의 하락은 매년 증가했다.

개혁의 과정에서 국가인구의 사회적 구조가 변화했다. 1994년 1월 1일에 국내 인구비율은 상류층 3~5%, 중산층 13~15%, 빈민층 40%, 극빈층 40% 로 나타났다. 1990년대 말에 상황은 더욱 더 심화되었다. 부유층은 3%에 불과했고, 중산층은 7%로, 빈곤층이 25%, 극빈층이 65% 층으로 나타났다(다른 자료에서도 통계는 상류층 3~5%, 중산층 12~15%, 빈민층 40%, 극빈층 40%로 비슷하게 나타났다). 오랫동안 없었던 실업자(약 800만 명), 무주택자(100만 명 이상), 피난민(700만 명 이하), 만성적 극빈층과 고아(최소 200만 명) 등이 나타났다.

교육, 보건, 사회보장 제도 등의 사회적 환경이 어려운 상태에 있게 되었다. 그러한 분야에 지출은 100배나 감축되었다. 러시아 연방의 헌법에서 완전한 중등교육, 무상주택 제공, 무상의료 서비스 등에 대한 시민들의 권리에 대한 조항들이 삭제되었다. 삶은 개혁의 사회적 경향의 강화의 불가피성을 입증했다.

60. 정치체제의 개혁

1992년 사회 · 경제적 상황

1991년 8월의 **공산당 보수 강경파의 쿠데타** 시도, 소련의 붕괴와 시장경제로의 전환이 사회의 사회적 긴장상태의 급격한 증대를 초래했다. 파업운동이 나라 전역에서 확산되었다. 1992년에 파업과 정치적인 가두시위에 참석하는 사람들의 숫자가

1905~1907년의 최초의 러시아 혁명의 기간 때보다 많았다.

1991년 8월의 위기는 러시아 국내의 정치세력의 재편을 초래했다. 소련 공산당 지도부의 일부가 국가 비상사태 위원회의 활동을 지지한 것을 이용하여 옐친대통령은 러시아 영토에서 러시아 공산당의 활동을 금지시켰고, 공산당의 재산과 현금자산의 국유화를 선포했다. 그러나 좌파 정치세력은 잠시 동안만 와해되어 있었다. 이미 1991년 말부터 공산주의적 성향의 새로운 당들, 즉 러시아 공산당, 전연방 볼셰비키 공산당, 공산주의자들의 연합, 러시아 공산주의 노동당 등이 창당되기 시작했다. 1993년 2월에는 러시아 연방 공산당의 2차 전당 대회가 열렸고, **쥬가노프**(**Г. А. Зюганов**)가 당수로 선출되었다. 이당은 곧바로 국내의 모든 정당들 중 가장 많은 당원수를 가진 정당이 되었다. 20만 명의 옛 소련 공산당 당원들이 이 당에 입당했다. 이 당의 총 당원수는 옛 소련 공산당의 당원수의 1%에 불과했다. 경제상황이 복잡해져 감에 따라 새로운 지지자들을 얻을 수 있었다. 머지않아 러시아 연방 공산당의 당원수는 50만 명까지 증가했다.

쥬가노프

지리노프스키

하스블라토프

루츠코이

자유주의 성향의 당과 운동은 반대로 위기의 시기를 맞게 되었다. 이것은 통합된 강력한 영향력 있는 자유주의적 정당의 부재와 나라의 통합된 개혁정책의 부재 때문이었다. 소비에트 붕괴 이후 몇몇의 민족-애국 성향의 당과 운동의 대표자들은 자신들의 입지를 약간 강화시켰다. 그들 가운데 **지리노프스키**의 **자유민주당**이 가장 중대한 위치를 차지했다. 그러나 모든 러시아의 정당들은 예전처럼 실질적인 권력을 갖지 못했고, 정부의 정책에 아주 진지한 영향을 줄 수가 없었다. 정치체제의 개혁에 관한 문제가 다시 당면과제로 떠올랐다.

새 헌법의 작성과 1993년 10월의 정치위기

하스블라토프(**Р. И. Хасбулатов**)가 이끄는 러시아 연방 최고회의는 개혁과정에 불만을 가진 정치가들을 단결시키는 중심이 되었다. 인민 대표자들은 개혁의 사회적 결과들의 완화와 대통령과 정부의 권한의 제한을 지지했다. 대통령 행정부와 최고회의의 새로운 헌법에 대한 접근은 달랐다. 양쪽은 중대한 권한들을 자기 쪽에 유리하게 강화시키기를 원했다. 그렇기 때문에 옐친이 제안한 헌법안은 러시아에 대통령제의 확립을 추구했고, 최고회의의 헌법초안은 의원내각제를 지향했다. 원칙적인 헌법초안에 자유주의적인 권력구조와 권력구조의 소비에트 체제 사이의 선택에 대한 언급이 있었다.

상호간의 논쟁에서 양측은 시민들의 지지를 획득하기를 원했다. 1993년 4월에 러시아에서 신임을 묻는 국민투표가 실시되었다. 각 유권자들은 다음과 같은 질문들이 표기된 투표용지를 받았다. ≪1. 당신은 러시아 연방 대통령 옐친을 신임합니까? 2. 1992년 이후에 대통령과 정부에 의해서 실시된 사회정책을 지지합니까? 3. 당신은 대통령 임기 내에 대통령 선거실시가 불가피하다고 생각합니까? 4. 당신은 인민 대표자들의 조기선거가 필요하다고 생각합니까?≫

투표의 약 60%가 대통령의 신임을 찬성했다. 그러나 국민투표자의 절반 이상이 옐친의 정책을 지지했다. 그럼에도 불구하고 국민투표의 결과는 옐친의 승리를 의미했다. 그것을 이용하여 옐친은 자신이 제안한 헌법안의 작성을 가속시켰다. 1993년 여름에 러시아에 대통령제 의회 공화국을 수립하는 제안을 승인하는 헌법회의가 개최되었다. 그러나 최고회의 지도자들은 헌법안 토의에 참가를 거부했으며, 새로운 헌법에 대한 상황은 교착상태에 빠졌다. 양쪽의 불가피한 충돌은 피할 수 없게 되었다.

1993년 9월 21일에 옐친은 헌법개정안에 관한 포고령을 선포했다. 옐친은 포고령에서 인민대표자 회의의 해산을 선포했고, 새로운 국가 권력기관을 구성하는 선거날짜와 새로운 헌법안에 관한 국민투표를 12월에 정했다.

1993년 12월 21일자 러시아 연방 대통령의 포고령 중에서

러시아 연방 인민대표자 대회와 최고 회의자에 의한 통제 입법과 통제기능의 존립을 중지하는 것. 러시아 연방 헌법재판소의 러시아 연방 회의에 활동하기 시작 전에 회의를 소집하지 말 것을 제안하는 것…

대통령 포고령은 최고회의 지도자들뿐만 아니라 헌법재판소 구성원들 대다수를 비판했다. 옐친을 권력에서 축출하고 부통령 **루츠코이(А. В. Руцкой)**를 새로운 국가원수로 임명하는 결정이 채택되었다. 옐친과 루츠코이는 새로운 정부를 구성하기 시작했다. 이것에 대한 대응으로 대통령은 최고회의의 건물을 포위하도록 군대에 명령했고 대의원들이 그곳을 떠날 것을 명령했다.

10월 2일에 반대세력들이 조직한 시위와 항의 시위가 모스크바에 넘쳤다. 그들의 시위는 대중적인 무질서 상태로 확대되었다. 모스크바에는 바리케이드가 설치되기 시작했고 경찰들과의 충돌이 시작되었다. 10월 3일에 반대자들은 시청 건물을 점령했고, ≪오스탄키노≫ 텔레비전 방송국을 침입하여 점령하려고 시도했다. 반란자들뿐만 아니라 무고한 시민들의 첫 희생자들이 생겨났다. 모스크바에는 비상사태가 선포되었다. 그러나 군 지도자들은 모스크바에 군대와 장갑차를 진입시키라는 대통령의 명령의 이행을 지연시켰다. 10월 4일 아침에 최고회의 건물에 대한 폭격이 시작되었다. 강한 화염과 사람들의 사망을 유발했던 최고회의 건물에 대한 폭격이 시작되었다. 그날이 끝나갈 무렵에 백악관은 군대에 점령당했고 대통령의 반대자들인 해산된 최고회의의 대의원들은 체포되었다.

1993년 10월 의사당 폭격

1993년 러시아 헌법

1993년 12월 12일에 연방 소비에트와 국가두마를 구성하는 선거가 실시되었다. 그 선거는 처음으로 선거구뿐만 아니라 정당이 내세우는 후보에 따라서 실시되었다. 그 선거의 결과는 대부분 예상 밖이었다. 정당 명부식 선거에서 러시아 자유민주당이 25%의 득표를 획득했다. 유권자의 약 15%가 가이다르가 이끄는 ≪러시아 선택≫당을 지지했다. 소선거구에서 선출된 대의원들을 포함한 국가두마의 450석 중에서 ≪러시아 선택≫당이 70석, ≪러시아공산당≫이 65석을 차지했다.

유권자의 58.4%가 러시아 헌법안의 채택을 찬성했다. 러시아의 새로운 헌법은 권력의 소비에트 체제를 폐지하고 대신에 권력분립이 선포되었다. 대내 정책의 기본적인 방향을 결정하고 헌법의 수호자의 역할을 수행하는 대통령이 광범위한 권한을 가진 국가원수로 선포되었다. 행정권력은 정부에 의해서 대표되었다. 정부는 경제정책의 실시, 국방과 국가안보의 확보, 외교정책의 실시 등에 대한 광범위한 권한을 부여받았다.

입법기능은 양원(상원인 연방회의와 하원인 국가두마)으로 구성된 의회에서 규정되었다. 법률의 채택절차가 확정되었다. 입법안이 국가두마에서 토의된 후에 **연방회의**에서 인준되었고, 대통령이 인준된 법률안에 서명해야 했다. 대통령이 법안에 서명하기를 거절할 경우에는 두마위원의 2/3가 대통령의 거부권을 무효로 할 수 있었고, 법률로 효력을 발휘할 수 있었다.

사법제도가 권력의 세 번째 축이 되었다. 채택된 법과 포고령이 헌법에 일치의 여부를 판단하는 헌법재판소와 형사, 민사, 행정소송 등에 관한 최고의 판결을 내리는 최고 재판소와 경제 분쟁을 다루는 최고 중재재판소가 최고의 사법기관들이다. 헌법에 기본적인 정치적 · 시민적 권리들과 자유들이 규정되었다.

1990년대 후반의 러시아의 정치상황

1995년 12월에 국가두마를 구성하는 새로운 선거가 실시되었다. 그리고 6개월 후에 러시아 대통령 선거도 실시되었다. 1996년 6월 16일의 1차 대통령 선거에서 옐친과 쥬가노프가 가장 많은 득표를 하였다. 그들은 2차 결선투표에 진출했다. 레베드 장군이 3위를 차지했다. 1996년 7월 3일에 옐친은 55%의 득표로 선거에 승리했고 쥬가노프는 40.7%에 득표를 했다.

1998년 봄에 체르노미르딘(Черномырдии)이 총리에서 해임되었다. 그 대신에 연료와 에너지 장관인 키리엔코(С. В. Кириенко)가 총리가 되었다. 그러나 8월 17일의 재정 위기 후에 키리엔코도 해임되었다. 외무장관 프리마코프가 총리가 되었다. 대통령은 정치가들과 국민들 사이에 프리마코프의 권위의 급속한 증가를 좋아하지 않았다. 1999년 5월에 프리마코프는 내무장관 스테파신(С. В. Степашин)으로 교체되었다. 그러나 스테파신도 3개월을 지속하지 못했다. **푸틴**이 새로운 총리가 되었다.

스테파신

푸틴

1999년 12월에 국가두마를 구성하는 선거가 실시되었다. 그 선거의 결과에 따르면, 공산주의자들이 1위를 차지했고, 친정부 정당인 ≪통합당≫이 2위를 차지했고, 전 총리 프리마코프, 당시 모스크바 시장 루시코프, 페테르부르크 지사 야코블레프 등이 이끄는 ≪조국- 전 러시아≫당이 3위를 차지했고, 키리엔코가 이끄는 ≪우파연합≫이 그 뒤를 이었고, 지르노브스키의 정당, 야블린스키가 이끄는 ≪야블로코≫가 그 뒤를 이었다. 두마의 새로운 구성의 특징은 하나의 정당이나 정파도 결정을 채택하기에 필요한 다수의석을 차지하지 못했다는 점이다. 동시에 통합당, 우파연합, 지리노프스키의 정당의 대의원들을 통한 국가두마에 미치는 영향은 크게 증대되었다. 그 결과 국가두마는 이미 과거처럼 대통령의 대항세력이 되지 못했다.

소비에트 권력 체계의 붕괴는 1990년대 러시아 정치의 주요한 사건이 되었다. 소비에트 권한 대신에 러시아 헌법이 규정한 권력분립의 사상이 국가체제의 바탕이 되었다. 이것은 러시아의 천 여년 역사상 처음으로 일어났다. 국가와 지방의 권력기관들이 처음으로 보통, 평등, 직접, 비밀 선거로 선출되었다. 다당제가 새로운 러시아의 분명한 혁신 중의 하나가 되었다. 러시아에서는 150개 이상의 정당들과 사회정치적 운동단체들이 등록되었다. 그러나 이러한 모든 것은 민주국가의 형성의 토대만을 의미했다. 1999년 12월 31일에 선포한 옐친의 러시아 대통령직 사임은 1990년대에 최대의 정치적 사건 중의 하나가 되었다. 국가의 행정부의 수장으로 푸틴 총리가 임명되었다.

결 론

소비에트 체제의 폐지가 1990년대 러시아 정치의 중대한 사건이 되었다. 권력 분립과 법 앞에 시민의 평등에 토대를 둔 자유주의적 정치 모델이 소비에트 자리를 대신해야 했다. 그러나 이것은 일어나지 않았다.

61. 러시아 연방주의와 민족들 간의 관계

소련의 붕괴 후에 중앙과 지방

1991년 러시아 소비에트 연방 대통령 선거과정에서 이미 옐친은 지역지도자들이 최대한의 자치권을 가지고 연방협정을 체결할 것을 요구했다. 그러나 대통령 선거후에 옐친은 중앙과 지방의 권력기관들의 권한의 경계에 대해서만 말하기 시작했다.

1991년에 8월 이후 소련의 붕괴 이후에 상황은 변했다. 타타르와 바시키르 공화국 지도자들은 연방 정부와 직접적인 협정 조약을 체결할 것을 요구했다. 13개의 다른 자치 공화국의 지도자들이 연방 조약의 즉각적인 체결을 주장했다.

1991년 말과 1992년 초에 타타르, 바시키르, 야쿠티야의 민족운동 단체들은 이러한 민족 자치 지역들의 러시아 소비에트 연방에서의 탈퇴에 관한 문제가 제기되었던 대회를 가졌다. 1992년 12월에 체첸 민족의 전민족 의회는 체첸-인구시 공화국을 체첸과 인구세치야로의 분리를 선포했고, 체첸 공화국의 러시아 연방에서의 탈퇴를 공표했다. 타타르 공화국에서는 최고 소비에트에 대항해서 1992년 2월 초에 러시아 연방으로부터의 국가독립을 선포한 타타르 인민 쿠룰타이(회의)가 창립되었다. 체첸에서 자체 군대와 주민들의 민병대가 창립되기 시작했고, 군 기지와 군 병기창고가 점령되었다. 이러한 모든 것이 러시아 연방의 중앙정부가 연방조약의 체결을 서둘도록 압박했다.

연방조약

연방조약의 체결의 개념은 국가재산과 권력을 지방의 민족지도자들에게 재분할하는데 있었다. 조약안은 다음과 같은 것을 선포했다. 러시아는 독립된 민족국가들의 연방이며, 그 연방 내에서 민족 명칭을 가진 대표적인 민족들 즉 타타르, 바시키르, 코미, 추바시 민족 등이 토지와 부존자원, 생산시설에 대한 우선권을 이용한다. 그들의 모국어(토착어)가 공용어의 지위를 부여받았다.

연방 협정은 1992년 3월 31일에 타타르와 체첸 공화국을 제외한 연방의 모든 주체들에 의해서 서명되었다. 1993년의 헌법에는 중앙정부와 지방정부의 권한들도 규정되었다.

러시아 연방 헌법 중에서

연방 주체들이 설립한 국가권력기간들이 러시아 연방 주체들 내에서 국가권력을 행사한다. 러시아 연방의 권력기간들 간의 관할 대상들과 권한의 분할은 관할대상과 권한의 분할에 대한 헌법, 연방과 다른 조약에 따라 실현된다.

중앙정부와 지방정부 간의 대립의 증대

연방조약은 러시아 국가 체제 내에서의 대립을 없애지 못했다. 연방 주체들 간의 불평등이 존속되었다. 게다가 가장 발달된 민족국가들(타타르, 바시키르 공화국)은 연방에 세금을 넘기지 않을 권한을 부여받았고, 다른 나라와 직접적인 관계를 수립할 권리를 부여받았다. 곧 타타르와 바시키르 공화국뿐만 아니라 체첸, 투바, 야쿠티야 공화국들이 징수한 세금을 연방 예산으로 넘기는 것을 중단했다. 다른 기존의 자치 공화국들도 그런 희망을 제기했다.

이것은 그러한 광범위한 권한을 갖고 있지 못했고 훨씬 더 강력한 경제력과 인구를 소유했던 변경주들과 일반주들로부터 반발을 일으켰다. 인구의 85%를 차지했던 러시아인들의 권리가 보장되지 못했고, 연방 구조 내에서 국가의 속성도 가지지 못했다.

변경주들과 일반주들의 주권화의 추진이 시작되었다. 툴라와 키로프에서 자체의 헌법안이 선포되었다. 스베르들로브스크 주는 우랄 공화국을 선포하겠다는 희망을 제기했다. 극동 지역에서 극동 공화국의 재건이, 시베리아에서는 예니세이 공화국의 창설이 제안되었다. 그러나 타타르와 체첸에서의 발전된 사태는 연방정부에게 최대의 불안을 야기했다.

타타르 자치 공화국의 대통령으로 선출된 사이미예프는 공화국 내의 상황을 통제하는데 성공했다. 그는 러시아 연방에 가입한 구성원들과 관련된 권한 내에서 주권국가와 국제적 권리의 주체로서 타타르 공화국의 특수한 위치를 언급했다. 1994년 2월에 타타르 대통령은 이러한 상황에서 연방 정부와의 권한분립에 관한 조약에 서명했다.

체첸전쟁

1994년 여름까지 연방정부는 체첸의 연방조약에 가입과 불법적인 군사조직의 해체에 관한 문제를 해결하려고 시도했다. 이런 시도가 실패했을 때, 위험이 다가왔다. 이에 대한 결과로 1994년 8월 10일에 체첸 수도 그로즈니에서 열린 전체첸 민족 대회는 체첸 공화국의 독립선포, **두다예프**(옛 소련군 장군) 대통령의 체첸 민족의 총 동원령의 선포와 독립을 위한 러시아와의 성전의 시작에 대한 결정을 지지했다.

두다예프

바사예프

1994년 12월 1일에 옐친 대통령은 **두다예프**에게 무장부대의 즉각적인 해체를 요구하는 최후통첩을 제시했다. 최후통첩에 반대할 경우에 분리주의자들에게 군사력의 사용이 배제되지 않았다. 동시에 모즈도크 지역에 연방군의 집결이 시작되었다. 체첸 측은 자신들에게 제시된 요구사항의 이행을 거절했다. 거절한 이후에 1994년 12월 10일에 연방군이 체첸으로 진입했다. 전투기들이 체첸의 수도 그로즈니를 폭격했다. 12월 말에 그로즈니에 대한 공격이 시작됐다. 1995년 1월말 무렵에야 연방군은 폐허로 변해버린 도시의 상당한 부분을 차지할 수 있었다. 그해 여름경에 반란군은 체첸의 산악 지역에서 포위되었다. 전투 과정에서 연방군의 우세가 나타나기 시작했다.

군사작전을 중지시키기 위해서 **바사예프**가 이끄는 체첸 분리주의자들이 스타브로폴 변경주의 **부뎬노브스크 시립 병원**에서 약 3000명의 인질을 붙잡았다. 연방정부는 테러리스트의 조건을 수행하고 협상에 응하도록 압력을 받았다. 체첸 반군들에게 군대의 재배치와 새로운 단계의 군사적 대결의 시작을 위해서 협상이 필요했다. 1996년 1월에 군사작전이 격화되었을 때 체첸인들은 이번에는 다게스탄에서 다시 인질을 잡았다. 곧 두다예프의 군대들은 산악지역으로 쫓겨났고, 반란군 사령관 두다예프는 사살되었다. 그럼에도 불구하고 수많은 군인들과 무고한 시민들의 살상 때문에 연방정부는 협상을 하지 않을 수 없었다. 그러나 결실이 없었다.

1차 체첸 전쟁

러시아군 그로즈니 점령

1996년 8월에 옐친 대통령의 두 번째 임기의 취임식 전날에 체첸의 군사조직은 그로즈니를 공격하여 큰 손실을 입은 연방군으로부터 그로즈니를 해방시켰다. 옐친 대통령은 안보회의 의장인 레베드 장군에게 전쟁을 중지시킬 것을 명령했다. 9월에 하사뷰르트(Хасавюрт)에서 체첸으로부터 러시아 군대의 철수, 체첸에서 자유선거의 실시, 체첸의 지위에 관한 문제 해결을 5년간 유예 하는 것 등에 관한 조약이 체결되었다.

오늘날 러시아의 민족문제

연방의 중앙정부의 국가 권력이 약화됨에 따라 러시아 전역에서 민족문제는 더욱 더 중대한 의미를 가지게 되었다. 러시아는 소련이 겪었던 붕괴의 과정을 반복하는 것 같았다. 여러 경우에 연방정부의 지원이 러시아인들이 인구의 다수를 차지하는 변경주들과 주들을 제외한 소수 민족들에게 우선적으로 투입되었기 때문에 1990년대 후반에 러시아인들의 문제가 특별히 심각해졌다. 게다가, 다른 옛 소련 공화국들에서 피난 온 러시아인들의 권리를 보장할 필요성도 이것에 첨가되었다. 이러한 문제에 대한 정부 당국의 무관심은 러시아 인들의 민족운동의 활성화와 그 운동의 과격한 조직화를 야기했다. 그들 중에서 ≪러시아 민족 통합≫이라는 단체가 가장 적극적인 단체였다.

러시아 영토 통합을 유지하는 과제가 실제적인 문제로 여전히 남았다. 모스크바의 정치권력이 약화되고 중앙정부로부터 경제적 지원이 없는 상황에서 지역에서 특히 멀리 떨어진 곳에서 요구는 더욱 더 적게 감지되기 시작했다. 연방의 중앙정부가 체첸에 대한 통제를 무력으로 확립할 수 없다는 것은 다른 지역의 분리주의자들을 고무시켰다. 극동지방, 알타이, 우랄지역에서 공화국과 연방 등의 창립에 대한 주장이 다시 확산되기 시작했다.

결 론

연방 정부의 권한이 약화되는 상황에서 러시아 영토 통합의 문제는 러시아의 가장 중요한 문제 중의 하나가 되었다.

62. 러시아의 정신적인 삶

정신적 삶에서의 변화

1980년대 중반 이후부터 과거에 소련 사회 대다수 구성원들의 세계관의 토대를 구성했던 공산주의 이념은 심각한 위기에 들어섰다. 공식적인 이념들은 세계에 일어난 현상들과 과정들을 설명할 수 없었다. 1991년에 러시아에서 시작된 ≪위로부터의 혁명≫은 수많은 전통적 가치의 부정과 서구 생활양식의 차용을 수반하였다. 사회적 기대는 변했다. 만약 ≪페레스트로이카≫ 이전에 대다수의 주민들이 여전히 공식적인 선전과 공산주의 이념체계를 믿었다 해도, 이후 이 신념은 새로운 집권층이 약속했던 ≪인민 자본주의≫의 건설의 기대로 대치되었다. 경제정책의 실패와 민족 간의 관계의 문제가 심각해짐에 따라 분위기는 다시 변하기 시작했다. 조국의 문화, 전통적 정신적 가치, 고전 영화들과 노래들, 민족 전통 등에 대한 관심이 점차적으로 복원되었다.

1990년대 사회의 정신적인 생활의 주요한 특징들 중 하나는 사상적 다원론이었다. 민족적 적대감의 심화를 초래했던 것을 제외한 모든 사상들에 대한 금지와 제한이 폐지되었다. 그러나 사회의 정신적 생활에서 발생한 변화들은 모순된 특징을 가지고 있다. 모든 사람들이 자신의 정신적인 이상을 찾을 수 있었던 것은 결코 아니다. 아마도 TV 프로그램들을 제외하고 문화적 성과는 거의 없었다. 도덕적 기반의 부재와 사람들의 열악한 물질적 상황은 정신적 퇴폐와 범죄율의 증가의 원인이 되었다.

사회의식에 대한 종교와 교회의 영향

공산주의 이념의 위기는 사회에서 종교적 성향의 폭발적 부활을 초래했다. 사회학적 연구의 자료에 따르면, 1990년대 중엽에 성인인구의 34%는 자신을 종교인으로 여겼으며, 35%는 믿음과 불신 사이에 있었다. 러시아 정교회의 국제적 권위가 눈에 띄게 성장했다. 그것은 특히 대내적, 대외적 분쟁의 평화적 조정의 시도에서 두드러지게 나타났다. 1993년 10월 사건의 당일에 모스크바와 전 러시아의 총주교인 **알렉시이 Ⅱ세**는 북 아메리카 순방여행을 중단하고 모스크바로 돌아온 후에 적대적인 양측을 중재하려고 시도했다. 교회는 러시아에서의 모든 중대한 사건들에 관여하여 자체의 권위로 사회통합을 촉진시켰다.

러시아 전역에서 정교회 사원들, 이슬람 사원들, 유대교회당이 복원되고 건설되기 시작했다. 1930년대 초에 볼셰비키들이 파괴한 구원자 크리스트 사원(храм Христа Спасителя)이 짧은 기간에 모스크바에서 복원되었다. 1812년 조국 전쟁에서의 위대한 승리를 기념하여 수백만의 평범한 사람들의 헌금으로 19세기에 건설된 이 사원은 오늘날 조국의 자유와 독립을 위해 수많은 전쟁터에서 죽은 러시아인들의 명예를 기리는 상징적인 기념비가 되었다.

새로운 요청으로, 자유롭게 대량의 부수로 교회 문헌들이 이용될 수 있게 되었다. 정교도들은 예루살렘으로, 무슬림들은 메카로 가는 대중적인 순례여행이 부활되었다. 러시아의 정치적 · 정신적 생활의 민주화는 급진적인 것들을 포함한 가장 다양한 종파와 풍조의 확산을 초래했다. 이러한 상태에서 전통적 종교적 종파들은 처음으로 신앙인들의 맘을 끌기 위한 경쟁에서 자신들의 위치의 보존을 염려하지 않으면 안 되었다.

새로운 상황에서의 문화

문화에서도 새로운 시대가 도래했다. 1990년대에 러시아 문화발전의 근본적인 특징은 문화기관의 예산에 대한 정부지원의 급격한 축소, 사실상의 완전한 창작의 자유, 시민들의 전체적인 문화수준의 하락이었다.

≪진자 법≫은 사회주의적 사실주의의 방법이 완전히 퇴보하는 결과를 가져왔다. 많은 문화인들은 그들에게 생소하고 매혹적으로 보이는 포스트 모더니즘과 관념론에 경도되었다. 그러나 이러한 작위적인 새로운 방법들은 단지 좁은 범위의 전문가들에게만 흥미를 주었다. 이러한 기간에 국제적인 명성을 얻었던 문화적 창작물들은 바로 전통적 사실주의적 해설서에 창작되었다.

1995년 미국 영화 아카데미의 ≪오스카≫상이 미할코프(Н. С. Михалков)의 영화 ≪지루한 햇살≫에게 수여되었고, 1996년에 보드로프(С. В. Бодров)의 영화 ≪카프카스의 포로들≫이 칸느 국제 영화제의 특별상의 수상으로 주목을 받았다. 역사와 민중의 전통에 대한 관심의 증대는 미할코프의 영화 ≪시베리아의 이발사≫에서 반영되었다. 기록영화들이 확고하게 발전했다. 고보루힌(С. С. Говорухин)의 ≪우리가 잃어버린 러시아≫와 그 외의 기록영화들이 대표적 작품들이다. 모스크바 국제영화제를 개최하는 전통이 부활되었다. 전 러시아 영화제 ≪키노타브르≫는 소치에서 매년 실시되기 시작했다. 그러나 영화 제작소에서 출품되는 영화 편수는 크게 줄었다.

1990년대 러시아 문학은 풍부해졌다. 새로운 작품으로는 악세노프(В. П. Аксенов)의 ≪계란 노른자≫, 아스타피예프(В. П. Астафьев)의 ≪저주와 속박≫, 바클라노프(Г2кланов)의 ≪내 사람≫, 보즈네센스키(А. А. Вознесенскйи)의 ≪공리와 자명한 이치≫, 예브투센코(Е. А. Евтушенко)의 ≪죽음 후에 죽지 말아라≫, 나기빈(Ю. М. Нагибин)의 ≪분노의 군도≫, 이 기간에 완성된 역사 기록적 탐구 대작인 솔제니친의 ≪붉은 바퀴≫ 등이 있다.

트레티야코프스키 미술관의 수리와 츠베트 불르바르의 서커스 건물의 재건이 완성되었다. 러시아 대도시들의 역사적 중심지가 재건되었다. 1917년 이후 조국을 떠났던 러시아 망명자들의 문화재, 문서, 서신들이 조국으로 돌아왔다.

그러나 문화영역의 변화과정들은 다른 면들도 변화시켰다. 시장관계로의 전환은 과거에 개혁의 가장 열렬한 지지자들이었던 지식인들, 과학자들, 문화인들, 교육자들을 어려운 상황에 놓이게 했다. 그들 중 많은 사람들이 최저 생계비로 생활하는 상태에 있게 되었고, 다른 이들은 어쩔 수 없이 이주하여, 해외에서 자신들의 재능을 운용할 방법을 찾기를 원했다. ≪서방으로의 개방≫은 서방문화의 더 좋은 점을 알 수 있는 기회뿐만 아니라 저질의 대중문화의 홍수를 국내로 초래하는 결과를 가져왔다. 이것은 러시아의 전통적 도덕의 많은 특징의 퇴조를 초래하지 않을 수 없었다.

교육체제

1984년부터 시작되어 지속된 개혁과정에 있는 교육체제는 복잡한 상태에 있게 되었다. 교육법은 과거 교육제도의 하나인 **무료 평등 중등교육**을 폐지하였다. 다수의 학생들의 교육이 10학년으로 끝났고, 그 후 졸업생들은 생산현장으로 가야 했다. 그러나 매년 생산현장의 수는 줄어들었기 때문에 졸업생들 중 아무도 취업을 기대하지 않았다.

교육개혁의 많지 않은 긍정적인 결과들 중 하나는 교육과정의 획일화와 이념화에서 교사들과 학생들을 벗어나게 한 것 이었다. 수많은 교과서들과 교재들이 등장했다. 새로운 유형의 교육기관들, 남자 사립중학교, 단과대학, 사립 종합대학 등이 개교했다. 그 중 많은 교육기관들이 학생들에 대한 개인적 접근을 확보하였고 교육의 질을 개선시키는데 성공했다. 그러나 대부분의 경우에 유감스럽게도 이것은 일어나지 않았다.

고등교육 기관에서 서방의 교육제도를 모방한 다양한 수준의 교육제도가 도입되기 시작했다. 그러나 이것으로 교육의 질은 개선되지 않았다. 한편, 사전 준비 없이 새로운 제도가 도입된 곳에서 학생들의 학력수준의 하락이 목격되었다. 교육제도의 발전에서 가장 큰 문제는 재정문제였다. 매년 교육재정의 총액은 경제적 기반의 붕괴와 자격 있는 교원들의 다른 직업의 분야로의 이탈을 초래할 정도로 감축되었다. 국가는 수십 년 동안 성취했던 교육 분야에서의 위치를 빠르게 상실했다.

결 론

1990년대에 러시아인들은 이런 저런 다양한 이념들에 집착하고, 가까운 종교를 신봉하고, 어떤 예술적 창작물에도 접근할 수 있는 기회를 얻게 되었다. 그러나 정신적 자유를 누릴 수 있는 사회의 도래는 모순적 특징을 가지게 되었다. 사회 구성원 모두가 새로운 상황에서 자신들의 도덕적 지침을 발견할 수가 없었다.

63. 러시아 연방의 외교정책

러시아의 지정학적 · 전략적 변화와 새로운 외교노선의 입안

소련의 붕괴는 러시아의 지정학적 · 전략적 환경에 중대한 변화를 가져왔다. 러시아는 동유럽과 중부 유럽의 전통적인 동맹국들을 상실하였을 뿐만 아니라, 과거의 동맹국들과 나토와의 협력을 허용할 수밖에 없었다. 발트해 연안 국가들과 일련의 독립국가 연합국들에서 민족주의 성향의 정치가들의 집권은 그런 국가들과 러시아와의 관계의 성격을 변화시켰다. ≪식민지화≫, ≪약탈≫, ≪대량학살≫ 등의 모든 과실에서 러시아는 비난을 받았다.

러시아의 국방력은 심각한 손실을 입었다. 옛 소련의 공화국들은 과거에 소련의 국경을 따라 배치되었던 주요 군사 기지들을 국유화 하였다. 해군은 에스토니아, 라트비아, 리투아니아, 우크라이나, 그루지야, 아제르바이잔에 있는 기지들을 상실했다. 통합 방공방위체제와 가장 중요한 요격 미사일 방어망이 붕괴되었다. 과거의 통합된 소련의 군산복합체도 존립을 중단했다. 알려진 바와 같이 러시아는 독립국가 연합의 개별국가들의 관련 기업들 없이는 개별적 형태의 군사기술을 생산할 수 없었다. 자금의 만성적 부족과 겹쳐서 이러한 상황은 1992년부터 공군은 한 대의 신형 전투기도 공급받지 못하는 결과를 초래했다.

군 개혁의 결과로, 우선적으로 서쪽 방면에 병력의 수가 급격하게 감축되었다. 1998년 여름에 국내의 군산복합체의 발전의 문제 때문에 신기술 무기는 무기의 20%만 차지했다. 예측에 따르면 2004년경에 신기술 신형 무기의 비율은 3~5%만 차지할 것이다. 1980년대 중반까지 유럽과 러시아의 재래식 무기의 상호비율은 3 : 1로 소련이 우위였지만, 1990년대 중엽에 1 : 3으로 나토가 우위에 있었다. 그리고 폴란드, 헝가리, 체코가 나토에 가입한 후에 나토의 우위는 1 : 4로 증가했다. 1990년대 말까지 나토의 유럽 회원국들은 군비 지출에서 러시아보다 20배나 우위에 있었고, 군수산업 총량은 50배나 우위에 있었다.

러시아 국경 근처에서 군사 분쟁이 증대되었다. 독립국가 연합의 가맹국들 간의 획정된 국경이 없었다. 이러한 모든 것 때문에 러시아의 지도자들은 독립국가 연합의 가맹국들에 우선적 관심을 가져야 했다. 그럼에도 불구하고 러시아의 지도자들은 전통적으로 미국과 다른 서방국들과의 관계에 우선적 관심을 집중했다.

러시아와 서방

러시아는 서방국가들과의 동맹관계 수립의 정책을 추진했다. 1991년 말과 1992년 초에 옐친은 러시아의 핵미사일들은 더 이상 미국을 목표로 하지 않는다고 선언했다. 나중에 그는 NATO의 다른 회원국들과의 관계에서도 비슷한 결정을 채택했다.

1992년에 미국과 러시아의 대통령들은 ≪냉전≫상태의 종식에 대한 켐프 데이비드 선언문에 서명하였다. ≪러시아와 미국은 서로를 잠재적인 적군으로 간주하지 않는다. 양국의 관계는 금후부터 상호 신뢰와 존중, 그리고 민주주의와 자유경제의 공동 신봉에 토대를 둔 우방과 동반자의 관계의 특징을 갖는다≫라고 선언문에 언급되었다.

1993년 1월에, 2003년까지 양국의 핵미사일 보유량을 66%까지 줄여야 한다는 것에 동의하는 **전략 공격무기의 제한과 감축**에 관한 협약이 체결되었다. 러시아는 화학무기 금지에 관한 조약에 가입하였다. 기한 전에 독일에서 러시아 군이 철수했다. 1994년 여름에 러시아는 예상된 군사협력도 포함된 NATO의 ≪평화의 동반자≫ 프로그램에 가입했다. 러시아를 고려하여 서방의 7개 선진국들의 정상회담인 ≪G-7≫의 확대결정이 채택되었다(사실, 러시아는 경제적 문제들이 아니라 정치적 문제의 해결을 위해서만 여기에 초대되었다). 세계의 선진국의 지도자들과 러시아 대통령 간의 격이 없는 일련의 공식적인 만남이 시작되었다. 이 모든 것들이 국제상황의 정상화를 더욱 더 촉진시켰다.

한편, 어떤 대가를 감수하면서 서방과의 관계의 강화를 확보하려는 러시아의 노력은 러시아가 국제적인 무대에서 독자적인 역할을 점차적으로 상실하는 결과를 가져왔다. 러시아의 외교부 장관 코지레프(A. B. Козырев)는 서방의 미국 동맹국들이 제시하는 조건에 변함없는 동의 때문에 미스터 ≪다(네)≫로 불리었다. 그는 자신의 임기 중 지나친 완고함 때문에 미스터 ≪니에트(아니오)≫라는 별명을 얻었던 소련 외무장관 그로미코와는 달랐다.

러시아의 양보는 서방에서 유약함의 현상으로 인식되었다. 러시아 정치인들에 대한 압력이 강화되었다. 1998년 5월에 나토는 과거 소련의 동맹국이었던 3개국 - 폴란드, 헝가리, 체코의 가입을 결정했다. 이것은 추가적인 안보의 위협을 조성했다. 1998년에 일본에서 차관을 들여올 것을 고려하여 러시아는 일본에 남 쿠릴열도를 양도하는 문제를 토의하는데 동의했다.

매년 증가한 서방에 대한 경제적 의존은 러시아의 국가안보에 위협이 되었다. 부채의 일부를 서방에 상환하기 위해서 개발도상국들에게 제공했던 옛 소련의 차관을 서둘러 상환 받으려고 시도했을 때, 러시아는 파리 클럽의 회원국으로서 제 3세계의 나라들에게 이러한 채무의 절반 이상을 탕감해줄 것을 요청받았다. 그러나 어떤 국가도 옛 소련이 빌린 차관의 채무에서 러시아를 면제시켜 주려고 하지 않았다. 이러한 모든 것은 러시아와 달리 미국과 그 동맹국들은 새로운 동반자와 우정을 쌓기를 원하지 않았고 자신들의 관심을 잊어버렸다는 것을 보여주었다. 곧 러시아도 이것을 이해하게 되었다.

1999년도의 발칸반도의 위기와 그 결과

1999년 5월에 발생한 발칸의 위기는 러시아와 서방국들과의 관계의 한계를 보여주었다. 코소보 지방의 알바니아계 주민들에 대한 탄압에 대해서 유고슬라비아를 비난한 후에 미국이 이끄는 나토의 15개 회원국들은 러시아의 전통적인 동맹국인 유럽의 주권국가인 유고슬라비아를 폭격했다. 게다가 UN의 규정을 위반한 이러한 작전은 UN의 허가 없이 시작되었다. 폭격의 결과로 유고슬라비아의 산업과 군사시설은 돌이킬 수 없는 손실을 입었다. 러시아는 이러한 행동을 침략으로 간주했고 UN 안보회의의 소집을 요구하였다. 그러한 와중에도 폭격은 계속되었다.

1999년 4월에 있었던 나토 창설 50주년 기념일에 참여한 국가들은 나토의 새로운 독트린을 채택했다. 과거에 집단적인 방어에 대한 언급이 있었지만, 지금은 세계의 어떤 지역에서도 ≪이익의 보호≫ 대해서 천명했다. 이것은 미국의 지휘 하에 세계의 헌병역할에 대한 선언문이었다. UN의 권위와 존립 자체가 위협을 받게 되었다.

그리고 비록 러시아의 군대들이 코소보의 상황의 정상화를 위한 중재의 활동에 참여했지만 유고슬라비아와 관련된 상황은 러시아와 서방 간의 관계에 심각한 타격을 가져왔다. 러시아 국민들은 나토의 침략에 반대했다. 모스크바의 미국 대사관은 여러 일 동안 봉쇄되었다. 곧 유고슬라비아뿐만 아니라 러시아와의 관계와 얄타-포츠담에서 규정된 전후의 전반적인 안보체제에도 타격이 가해졌다는 사실이 서방국들에게도 분명해졌다.

러시아와 비서방국들과의 관계

비서방국들과의 관계는 여전히 러시아 외교정책의 2차적 목표였다. 그럼에도 불구하고 1992년부터 러시아와 아시아, 아프리카, 라틴 아메리카 국가들과의 관계가 활발해졌다. 일본, 중국, 인도, 한국, 동남아시아의 국가들, 페르시아 만의 국가들과 국가와 정부의 수반 수준에서 협상이 진행되었다. 중국은 러시아의 최대 무역국 중의 하나가 되었다. 베트남과는 석유개발에서, 이란과는 원자력 발전소 건설에서 협력이 활발하게 전개되었다. 1998년에 러시아는 태평양 연안지역 국가들의 국제적인 조직인 **APEC에 가입**했다. 이것은 러시아에게 이들 국가들과의 무역에서 상당한 특권을 부여했다.

이와 함께 1990년대 중반에 과거의 아시아의 동맹국들인 북한, 몽골, 시리아, 이라크와의 교섭이 눈에 띄게 쇠퇴하였다. 발칸 반도에 위기가 닥쳤을 때 중국과 러시아는 공동으로 전략적 동반자 관계의 수립과 오늘날의 세계의 다극체제의 확보의 불가피성에 대해서 주장했다.

러시아와 독립국가 연합

소련이 해체되었을 때 구 연방 공화국들의 지도자들과 국민들이 직면했던 중대한 과제들은 영토와 다른 반목 때문에 생기는 무력분쟁을 예방하는 것이었다. 단일 국가의 해체가 여러 해 동안 내전을 수반했던 유고슬라비아의 비극적 경험은 심각한 경계가 되었다. 러시아의 지도자들은 이 문제에서 두 가지 가능한 극단적인 상황, 즉 무력으로 연방 국가를 복구하거나 옛 소련의 문제에서 완전히 벗어나려는 시도를 회피할 수 있었다.

처음에 옛 소련 공화국들의 모든 지도자들은 러시아로부터 멀어지려고 시도했다. 그러나 이것은 오래 지속되지 못했다. 독립국가 연합 국가들에서 해결을 위해서는 러시아의 도움이 필요한 적지 않은 문제들이 발견되었다. 타지키스탄, 그루지야, 나고르노-카라바흐, 몰다비아 등에서의 무력분쟁들의 원인들이 러시아 군대의 도움으로 제거되었다. 1992년에 독립국가연합의 6개국(아르메니야, 카자흐스탄, 러시아, 우즈베키스탄, 타지키스탄, 투르크메니스탄)은 집단안보 조약을 체결하였다. 상방조약의 토대 위에 그루지야, 타지키스탄, 아르메니아에 러시아 군사기지가 설치되었다.

경제 협력은 비효율적이었다. 옛 소련 공화국들이 ≪러시아를 먹여 살린다≫는 믿음이 사실이 아님이 빠르게 분명해졌다. 연달아 경제적 어려움에 직면하게 되자 공화국들은 처음으로 러시아의 에너지 공급의 부족을 절감하게 되었다. 세계 시장가격으로의 전환은 러시아로부터 공급받는 석유와 가스의 양의 감소를 초래했다. 동시에 우즈베키스탄에서 면화 공급의 감소는 러시아의 방직산업을 마비시켰다.

러시아와 독립국가 연합의 몇몇 국가들과의 관계의 마찰은 몇몇 이웃 국가들이 이러한 상황을 자신들의 목적을 위해서 이용하는 결과를 가져왔다. 그래서 외부로부터의 압력을 받고서 바쿠의 원유를 유럽으로 수송하는 선택이 체첸에서의 불안전한 상황을 이유로 러시아가 아니라 그루지야와 우크라이나에게 양도되었다.

러시아와 우크라이나의 관계는 복잡해졌다. 크림반도와 흑해 함대들의 문제는 양국 간의 관계를 어둡게 하였다. 1999년에야 양국은 러시아가 크림 반도의 우크라이나의 귀속권을 인정했고, 세바스토폴의 해군 기지의 임차에 동의한다는 내용의 전면적 조약을 비준했다.

독립국가연합의 구조 내에서 몇몇 국가들 간의 통합시도가 강력해졌다. 1996년에 러시아와 벨로루시는 주권국가의 연합체의 설립을 선포하였다. 1997년에 그것은 **주권 공화국 연방**(CCP)으로 전환되었다. 미래의 단일 연방 국가를 수립하기 위해서 양국의 경제적 · 정치적 구조의 점진적인 통합이 시작되었다. 주권 공화국의 연방의 헌장에 다른 나라들에게도 가입이 개방되어 있음이 적시되었다.

결 론

소련이 해체된 후에 세계에서 러시아의 위치는 심각하게 약화되었다. 러시아는 자국의 국방력을 강화하고 국익의 새로운 체제를 보존하는 과업에 다시 직면하게 되었다.

64. 21세기 출발점에서의 러시아

러시아 대통령 블라디미르 블라지미로비치 푸틴

2000년 3월 26일의 대통령 선거에서 블라디미르 블라지미로비치 푸틴 대통령은 이미 1차 투표에서 승리를 했고, 러시아 역사상 두 번째 대통령으로 선출되었다. 2000년 5월 7일에 그는 대통령 직무를 시작했다. 제 1부총리겸 재정부 장관인 카시야노프(М. М. Касьянов)가 총리로 인준 받았다.

러시아의 두 번째 대통령 푸틴은 1952년 9월 7일에 태어났다. 레닌그라드 국립대학교(페테르부르크 대학)의 법학부를 졸업한 후에, 그는 1975년부터 1991년까지 국가안보 기관들에서 일했다. 1991년부터 1996년까지 페테르부르크의 부시장이었고, 그 후 러시아 대통령 기관으로 자리를 옮겼고, 짧은 기간 제 1 행정차관으로 근무했다. 1998년에 푸틴은 연방 안보국의 제 1 부국장으로 임명되었다. 1999년 여름에 그는 총리로 임명되었다. 동시에 보리스 니콜라예비치 옐친 대통령은 2000년 선거에서 푸틴을 자신의 후임자로 보고 있음을 공언하였다. 푸틴은 자신이 러시아의 어떤 진보적 개혁들을 보장하는 강한 국가권력의 자지자임을 보여주었다. 그래서 대통령의 첫 걸음은 사회생활에서 국가의 권위와 역할을 강화하기 위한 것들이었다. 이것과 더불어 1990년대에 실시된 민주적 선거는 의심을 받은 적이 없었다.

러시아 국가체제의 강화

연방의 중앙 정부의 역할을 강화하기 위하여 대통령은 7개의 연방지역 즉 중앙, 북-서지역, 남쪽지역, 볼가강 유역, 우랄지역, 시베리아와 극동지역 들을 설치했다. 대통령의 전권 대리인들이 지역의 수장으로 임명되었다. 짧은 기간에 지방의 법률을 러시아 헌법과 연방 법률에 일치 시키는 매우 중요한 과제를 해결하는데 성공하였다. 지역에 검찰과 내무의 기관들이 설립되었다. 이러한 조치들은 지방에 대한 연방

정부의 역할을 강화하고 연방을 공고히 하는 것을 가능케 했다. 대통령의 제안에 따라 연방회의의 개혁이 실시되었다. 연방회의는 주지사들이 아니라 입법기관들에 의해서 선출된 지역의 대표자들로 구성되었다. 지역의 대표자들은 2번의 임기 이상 선출될 수 없도록 하는 법이 채택되었다. 이러한 결정들은 러시아 연방체제를 견고히 하고, 중앙정부와 지방정부간의 대립을 극복하는데 도움이 되었다. 러시아의 다당제가 견고해졌다. 정당법은 다수 주민의 지지를 받는 단체들만을 정당으로 인정하였다. 실제 생활에서 정당의 중요성은 강화되었다.

시민통합의 확보

푸틴 대통령의 활동의 주요한 목표 중의 하나는 사회적 통합과 합의를 확보하는 것이었다. 사회를 자기편과 다른 편으로, 개혁의 지지자들과 반대자들로 편 가르기를 하지 않고, 푸틴은 사회통합을 촉진시키는 일련의 조치들을 실시했다.

러시아의 국가상징에 관한 문제와 관련된 헛된 투쟁은 거의 10년 가까이 지속되었다. 대통령은 사회의 다양한 계층의 입장들을 융합시킬 수 있는 타협안을 제안했다. 2000년 12월에 국가두마는 러시아 국가의 상징에 대한 법을 인준했다. 백, 청, 홍의 3색 국기와 쌍두 독수리의 문장은 1000년의 러시아의 역사를 상기시킨다. 위대한 조국 전쟁(2차 세계대전)에서의 소련인민의 승리의 붉은 깃발은 군대의 깃발이 되었다. 소련의 국가에 토대를 둔 국가는 세대 간의 통합, 나라의 과거, 현재, 미래의 단절 없는 연결을 상징한다. 두마의 정파의 지도자들과 대통령간의 정규적 회합이 시작되었다. 최고 권력기간들의 활동과 계획들에 대한 정보들이 교환되었고, 정치적 해결의 공동모색은 국가의 효율을 향상시켰다.

21세기 초의 러시아의 경제와 사회

경제생활에서도 큰 변화가 일어났다. 러시아는 외국의 차관을 중지하고 자국의 채무를 갚기 시작했다. 세금부담이 경감되었다. 주민소득에 대해서 13%의 세금이 도입되었고, 기업과 조직의 이윤에 대한 세금이 인하되었다. 토지매매, 재산상속의 새로운 절차 등에 대한 법안들이 심의에 제안되었다. 이것은 국가 미래의 새로운 전망들을 여는 중대한 시장개혁들이었다.

국제상황의 불리한 상황을 고려하여 국방비의 지출과 신무기 제조 예산의 지출이 확대되었다. 2001년 7월에 러시아는 미국과 일본에 이어 세계에서 세 번째로 초당 1조에 달하는 양의 정보를 처리하는 슈퍼컴퓨터를 제작했다. 최신 정보기술과 커뮤니케이션 수단의 제조의 전망이 열렸다. 2000년부터 2004년 동안 원유의 세계가격이 높은 수준으로 유지되었다. 국가 예산 지출이 증대되었고, 정부는 국제 금융기관과 협력하였을 뿐 아니라 일련의 사회적 과제들을 해결할 수 있었다. 국가의 금화 보유량은 1000억 달러까지가 증가했다. 정부는 교육과 보건제도의 현대화에 착수하였다. 과학의 발전에 국가 지출도 확대되었다.

체첸 문제

푸틴은 1999년 8월에 대통령 직무를 시작했다. 며칠 후 정확히 체첸 반군들은 다게스탄에 침입했고, 산악지대를 점령하여 이슬람 정부의 수립을 시도했다. 푸틴의 제안에 따라 반테러 작전이 시작되었다. 분리주의자들은 다게스탄 영토에서 추방되었다. 부이난스크, 모스크바, 볼고돈스크의 주택단지의 폭파는 테러리스트의 잔인한 보복현장이 되었다. 수백 명의 무고한 사람들이 죽었다.

체첸반군

1999년 가을에 연방 군대는 다시 체첸으로 진입했고, 짧은 기간에 가장 중대한 거주 지역을 통제했다. 테러리스트의 지도자들은 러시아의 국내 문제 해결에 중재를 제안하기 시작했던 국제단체들에게 도움을 요청했다. 군사작전과 함께 러시아 정부는 파괴된 체첸의 도시들과 농촌들의 복구와 평화적인 생활의 정착과 관련된 일을 시작했다. 체첸에 새로운 행정기관들이 설립되었고, 연방 권력 기관들의 대표부들이 개설되었고, 현지 경찰 부대들이 창설되었다.

분리주의자들의 지도자들은 게릴라전의 방법으로 전환했다. 연방군들에 대한 공격을 위해서 그들은 그루지야의 영토를 이용하려고 시도했고, 세계의 여론을 자신의 편으로 끌기 위해 노력했다. 그들의 입장에서 체첸내의 인권의 준수에 대한 국제단체들의 요구가 더욱 더 크게 들리기 시작했다. 국제사회는 테러의 위험을 이해하지 못

2차 체첸 전쟁

체첸반군의 열차테러

했고, 체첸 사태와 세계 테러단체들과의 관련을 보지 못하는 것 같았다. 2001년 가을에 탈레반에 대한 국제적 반테러 작전이 시작되어서야 비로소 서방 국가들은 체첸 문제에서 러시아에 대한 압력을 완화하였다.

분리주의자들의 지도자들은 다시 위협과 테러의 수단으로 연방정부에 압력을 가하려고 시도했다. 2002년 가을에 체첸 반군들은 모스크바에서 뮤지컬 ≪노르드-오스트≫의 관객들과 배우들을 인질로 잡고 북 카프카스에서 일련의 테러들을 감행하였다. 2003년 여름에 투시노의 음악 페스티벌과 2004년 2월에 모스크바의 지하철에서 폭발 사건들이 있었다. 하지만 러시아 정부는 테러리스트들과 협상을 거부했다. 이것 대신에 러시아 연방을 구성하는 주체로서 체첸 공화국의 체제를 안정화시키는 정책이 채택되었다. 2003년 체첸 대통령 선거의 실시가 이러한 정책에서 중요한 과정이 되었다(카디로프가 당선되었다). 공화국의 주민들은 연방 국가기관들의 선거에도 참여했다.

체첸반군의 북오세티아 초등학교 인질테러

모스크바 도모데도보 공항의 자살테러

외교 정책

2000년부터 2004년의 러시아 외교정책의 전략은 중대한 변화를 겪었다. 대통령의 제안에 따라 채택된 국가안보 독트린과 러시아 안보정책 독트린이 대외정책의 전략의 토대가 되었다. 1999년부터 2001년까지 푸틴은 국제 사회에 국제 테러주의와 투쟁에서 통합된 노력을 지속적으로 요구했다. 그의 주장은 테러리스트들이 여객기를 탈취하여 뉴욕의 국제 무역센터 건물과 워싱턴의 미 국방성 건물로 돌진했던 2001년 9월의 미국의 비극적인 테러사건이 일어난 후에야 경청되었다.

러시아는 아프가니스탄의 반 테러작전의 준비와 실시를 위한 미국과 세계의 다른 나라들의 노력에 동참하였다. 1999년에 중단되었던 러시아와 NATO의 관계는 회복되었다. 2001년 10월에 독일 의회에서 연설하면서 푸틴 대통령은 오늘 날의 세계에 위협은 강대국 간의 대결뿐만 아니라 국제 테러조직들의 도발에도 있다는 것에 다시 주의를 환기시켰다. 이것은 국제안보를 확보하는 개념과 체제의 변화를 요구한다.

러시아와 독립국가연합의 동맹국들과의 관계는 더욱 더 역동적으로 발전 되고 있다. 지도자들 간의 정상회담이 정기적으로 열리게 되었다. 우크라이나와 벨로루시와의 관계에서도 새로운 자극이 부여되었다. 중국, 몽골, 베트남, 인도 등과 **전략적 동맹관계**가 수립되었다. 쿠바와 북한과의 최고수준의 관계가 복원되었다.

2000년 가을에 중동에서 분쟁의 격화는 전면전쟁을 방지하는 평화유지를 위한 분쟁 당사국들인 이스라엘 정부와 팔레스타인 민족 행정부간의 대화를 지지한 러시아의 입장의 효율성을 입증했다. 선진 7개국의 회의인 G-7에 정치분야에서만 러시아의 참여를 허용하여 확대된 ≪G-8≫에서 뿐만 아니라 다른 국제회의의 활동에서도 러시아 대통령의 참가는 지속되었다. 러시아와 서방국들과의 관계에서 상호 의심과 불신이 줄어들기 시작했다. 2003년 3월에 이라크에 대한 미국과 영국의 전쟁의 시작도 러시아와 서방국들과의 관계의 호전을 어둡게 할 수 없었다. 러시아는 미-영 동맹군들의 군사행동을 비판했고, UN의 힘으로 분쟁의 평화적 해결을 주장하였다.

2003~2004년의 선거

2003년 12월 7일에 국가두마의 선거가 있었다. 6천 7십만 명(총유권자의 55.75%)이 선거에 참여했다. 러시아의 대통령이 지지하는 ≪통합 러시아≫당이 2천 2백 8십만 명의 표(37.57%)를 득표했다. 러시아 공산당은 7백 6십만 표(12.61%), 러시아 자유민주당은 6백 9십만 표(11.45%), ≪조국≫당은 5백 5십만 표(9.02%)을 득표했다. 2백 9십만 명의 유권자들(4.7%)이 모든 정당에 반대하여 투표하였다. ≪통합 러시아≫당은 소선거구에서 승리한 의석을 포함하여 두마에서 헌법상의 과반수 의석인 300석 이상을 차지했다. ≪통합 러시아≫당의 대표 의원들이 두마의 모든 상임 위원회의 의장직을 차지했다.

ЕДИНАЯ
РОССИЯ

통합 러시아 당 전당대회 참석한 푸틴(2008.04)

2004년 2월 24일에 대통령은 카시야노프(М. М. Касьянов)의 내각을 해산했다. 새로운 정부구조를 제안했던 파라드코프(М. Е. Фрадков)가 새로운 총리가 되었다. 이것은 2003년에 푸틴이 선포한 행정개혁의 실현과정의 정해진 행동을 의미했다. 행정개혁의 주요한 방향들은 다음과 같다. 기업주체들의 경제활동에 국가개입의 제한, 연방 집행기관들의 기능과 권한들의 배타적 복제, 연방 집행기관들과 러시아 연방을 구성하는 주체들의 집행기관들 간의 권한배분의 과정의 완성, 연방집행기관들의 영토적 구조의 작동의 낙관주의 등이 제안되었다.

2004년 3월에 러시아 대통령 선거가 실시되었다. 제 1차 선거에서 푸틴은 승리했다. 푸틴은 유권자의 71.22%의 표를 득표했다. 공산당 후보 하리토노프(Н. М. Харитонов)는 13.74%의 지지를 받았다. 무소속 후보들인 글라지예프(С. Ю. Глазьев)는 4.11%, 하카마다(И. М. Хакамада)는 3.85% 의 지지를 받았다. 푸틴의 당선은 첫 대통령 임기

동안 푸틴이 실시한 정책에 대한 러시아 국민들의 지지를 의미했다.

결 론

이렇게 러시아 사회의 안정화 과정, 경제와 사회 영역에서 국가의 역할의 강화, 서방국가들과의 동등한 동반자 관계의 확립 등은 러시아의 재건을 촉진시켰고 국민들의 지지를 받았다.

✔ 제 9장의 결론

국가비상 위원회(ГКЧП)의 실패한 쿠데타와 페레스트로이카 정책의 완성은 소련에서 사회주의적 개혁의 종말뿐만 아니라 사회발전 모델의 교체에서 국가의 심각한 위기로부터의 출구를 보았던 정치세력의 승리를 의미하기도 했다. 1990년대의 ≪**위로부터의 혁명**≫은 노동, 상품, 자금, 주택 등의 시장의 형성을 초래했다. 루블은 교환화폐가 되었다. 그러나 이러한 변화들은 국가경제의 과도기의 시작에 불과했다.

정치적 변화의 과정에서 소비에트에 모든 권력의 집중에 토대를 둔 권력조직의 소비에트 체제는 붕괴되었다. 대신에 권력분립에 기초한 정치체제의 형성이 시작되었다. 약화된 연방의 중앙 정부와 강해진 지방정부, 특히 민족지역의 정부 간의 권한 분할은 원심력의 경향을 증대시켰다. 이러한 상황에서 국가 통합의 유지가 가장 중대한 과제가 되었다.

정신적 생활에서의 많은 문제점들은 과거에 유일했던 공산주의 이데올르기의 독점에서 이념적 다원주의, 일련의 전통적 도덕적 가치관의 부정, 서구의 대중문화 등의 차용 등과 관련되었다.

소련의 해체는 러시아의 세계 전략적 상황을 급변시켰다. 러시아 국가안보와 방위의 통합체제는 붕괴되었다. NATO는 러시아 국경 가까이 깊숙이 전진했고, 폴란드, 체코, 헝가리, 불가리아, 슬라바키아, 라트비아, 리투아니아, 에스토니아를 회원국으로 가입시켜 동쪽으로 영향권을 확대했다. 러시아는 과거의 서방국가들로부터의 고립을 극복했고, 전례 없이 많은 국제기구들에 가입했다.

✔ 제 4부의 결론

20세기는 러시아 역사상 가장 혹독한 시련의 시대였다. 이렇게 짧은 기간만큼 역사상 어느 시대에도 러시아는 수많은 문제점들, 대결, 손실을 겪은 적이 없었다. 러시아가 20세기에 진입했을 때 당면한 과업은 효율적인 경제체제, 시민사회와 법치국가 등의 구축을 예상했던 산업적 현대화를 완성하는 것이었다. 차르 정권도 임시정부도 현대화 과정에 착수했지만 그것을 성취할 수 없었다. 볼셰비키들만이 정치체제의 ≪동원적 모델≫에 의존하여 이러한 과업들 중의 하나인 산업사회의 경제적 기반을 구축할 수 있었다. 그러나 20세가 말의 소련의 붕괴와 포스트 소비에트 러시아의 혹독한 경제적 위기는 탈산업화를 초래했다.

20세기에 러시아 권력체제는 가장 복잡한 진화를 겪었다. 러시아 권력체제는 제한된 의회주의를 경험한 20세기 초의 전제주의와 공산당 독재에서 1990년대 ≪위로부터의 혁명≫의 과정에서 법치국가를 건설하려는 시도로 진화했다. 그러나 20세기 말까지 이러한 과제는 해결되지 못했다. 러시아에는 민주주의 소수과두 체제가 수립되었다.

20세기에 두 번이나 이해할 수 없는 정권의 근시안적인 정책은 다민족 국가의 위기를 유발했고, 정책의 실패로 그 위기는 두 배로 커졌다. 그러나 주관적인 요인뿐만 아니라 객관적인 요인들도 큰 작용을 했다. 러시아에 산업적 기반이 건설됨에 따라 매우 빠르게 자신들의 경제적 · 정치적 관심을 표명했던 소수민족 지도자들이 형성되는 과정이 진행되었다. 차르 정권도 소비에트 정권도 이러한 객관적 과정을 극복하지 못했다.

100년 동안 러시아의 역할과 위상은 변화해 왔다. 20세기에 두 번(1917년과 1991년)이나 러시아는 세계 공동체에서 합당한 역할이나 위치를 차지할 수 없었다. 그러나 이러한 불신은 러시아 인민들이 러시아의 재건을 위해서 자신들의 힘을 결집하자마자 사라졌다. 21세기의 새로운 백년이 시작되는 초기에 러시아는 심각한 위기의 극복, 정보화 사회의 기반, 법치국가, 시민사회 등을 구축해야 할 과업에 직면해 있다. 러시아는 이러한 역사적 과업들을 고립된 상태에서가 아니라 선진국들과 협력하여 자국의 노력에 의존하여 성취할 수 있다. 21세기는 러시아의 부활의 세기가 되어야 한다.

러시아 역사 연대와 세계사 연대의 대조표

연 대	러시아 사	세계사
BC10 – 9세기	자카프카스, 중앙아시아, 흑해 북안 등에 우라루트, 호라즘, 킴메리 등 고대국가출현	BC 814년 - 페니키아, 카르타고 건설
BC 8세기	스키타이인 흑해북안 초원지대에 진출	BC 776년 - 그리스, 올림픽 경기 시작
BC 6세기	흑해 연안에 그리스 식민 도시국가들 건설	
BC 5세기	흑해 북안의 그리스 식민지시대 종결, 흑해 북안에 보스포로스 왕국 수립	BC 492년 - 페르시아전쟁 시작, BC 492년 - 페르시아전쟁 시작, BC 483년경 - 인도, 석가 열반, BC 479년 - 공자의 죽음. BC 431년 - 펠로폰네소스전쟁 발발,
BC 4세기		BC 399년 - 소크라테스의 죽음, BC 337년 - 마케도니아의 그리스 정복, BC 330년 - 알렉산드르 대왕의 동방원정
BC 3세기	이란계 사르마트인 흑해북안에 진출	BC 221년 - 진의 시황제 중국 통일, BC 218년 - 제2차 포에니전쟁(한니발전쟁) 발발, BC 202년 - 한제국 건설
BC 1세기		BC 58년 - 카이사르, 갈리아 정복, BC 31년 - 악티움해전, BC 27년 - 아우구스투스 즉위(로마제정의 시작)
AD 1세기	훈족, 볼가강 · 우랄강 유역에 정착	AD 4년 - 예수 그리스도의 탄생, 25년 - 후한의 광무제 즉위, 54년 - 로마 황제 네로 즉위, 96년 - 로마 5현제 시대 개막
AD 3세기	게르만계 고트족 남하 흑해연안의 초원에 출현	220년 - 중국의 삼국시대, 226년 - 사산왕조페르시아 성립, 286년 - 로마 분할 통치
AD 4세기	372년경 훈족 서진 시작	306년 - 콘스탄티누스 황제 즉위, 313년 - 로마, 그리스도교 공인, 316년 - 중국, 5호16국시대(-439), 317년 - 중국, 동진의 성립(-419), 325년 - 니케아종교회의, 375년 - 게르만족의 대이동, 392년 - 로마, 그리스도교를 국교로 승인,395년 - 로마제국, 동서로 분열
AD 5세기경	슬라브족 동, 서, 남의 세 갈래로 분화	476년 - 서로마제국 멸망, 484년 - 동、서교회의 분리, 486년 - 프랑크왕국 성립

6세기	슬라브인 드네프르강으로 진출, 흑해 초원에 투르크계 아바르족 진출	500년 - 인도, 힌두교 창시, 527년 - 유스티니아누스 1세 즉위(-565), 529년 - ≪유스티니아누스법전≫(로마법대전) 편찬, 552년 - 돌궐제국 성립, 579년 - 이슬람교의 창시자 마호메트 출생, 589년 - 중국, 수(隋)의 중국 통일
7세기	흑해, 카스피 해 연안에 하자르 카간국 수립	606년 - 비잔틴제국과 사산왕조페르시아의 싸움, 610년 - 이슬람교 창시, 618년 - 당(唐)의 건국, 646년-당의 현장, 인도 여행 ≪대당서역기≫ 저술, 687년 - 피핀, 프랑크왕국의 정권 장악
8세기	바랴그 루시의 땅에 출현	732년 - 프랑크왕국, 사라센의 침입 격퇴 750년 - 위구르, 내몽골 통일, 아바스왕조 성립(~1258), 751년 - 카롤링거왕조 성립(~1258), 중국의 당이 탈라스전투에서 패함. 771년 - 카롤루스대제, 프랑크왕국 통일, 북방 게르만족인 바이킹(노르만족) 대이동 시작
862	류리크 노브고르드에 진출	825년 - 바이킹, 잉글랜드 침략(~870)
863	비잔틴의 키릴 - 메포지우스 형제키릴 알파벳 창제	
870		메르센조약, 프랑크왕국분열
875		중국 황소의난(-884)
882	올레그의 키예프 점령	
907	올레그 비잔틴 군사원정	중국 당의 멸망, 5대10국 시대(~960)왕건, 고려건국(918)
10세기초	투르크계 페체네그 족 흑해초원에 등장	
912	이고리 통치(-945)	
916		거란, 요의 건국(~1125), 918. 고려건국
941	이고리 비잔틴 원정	
10세기 중엽	키릴문자 루시에 전래	
957	올가 기독교로 개종	
960		중국 송(宋)의 건국
962		신성로마제국탄생
965	스뱌토슬라프 하자르 공격	
968	스뱌토슬라프불가리아원정	

972	스뱌토슬라프 피살됨	
980	블라디미르 키예프 대공, 988기독교를 국교로 수용	979년 - 송 태종, 중국 통일, 987년 - 프랑스 위그카페, 카페왕조 시작
1019	야로슬라프, 키예프 입성	1000년 - 송 나침반ㆍ화약 발명
1039	키예프에 성소피야 대성당 건축	1057년 - 신성로마제국 황제 하인리히 4세 즉위
1067 – 1068	투르크계 폴로베츠인 흑해 연안 초원으로 진출키예프, 대공국의 분열	1066년 - 노르만족, 영국 정복 1077년 - 카노사의 굴욕 1096년 - 십자군원정, 십자군과 사라센군의 격돌
1113 – 1125	블리디미르 모노마흐 통치	1115년 - 여진(女眞), 금(金)의 건국
1116	실리베스트르의 ≪연대기≫편찬	1127년 - 중국, 북송 멸망, 남송(南宋) 건국
1136	노브고르드에서 민중봉기	1135 묘청의 난
1147	모스크바 창건	1152년 - 신성로마황제 프리드리히 1세 즉위, 1145 김부식 삼국사기 편찬
1157 – 1174	안드레이 보골류프스키 통치	1163년 - 프랑스, 노트르담대성당 건설 시작 1169년 - 영국, 아일랜드 정복 1170년 - 옥스퍼드대학교 설립 1170년 - 정중부의 난
1176 – 1212	프세볼로드의 통치	1180년 - 파리대학교 설립 1192년 - 일본, 가마쿠라막부 수립 1204년 - 십자군의 콘스탄티노플 약탈 1206년 - 몽골의 테무진, 칭기즈칸이 됨. 1215년 - 영국, 마그나카르타 제정
1223	칼카강 전투	
1237	바투의 몽고군침입과 랴잔공국 멸망	1234 - 금속활자발명 1236 - 8만대장경 조판 착수
1238	몽고군 모스크바 공격, 블라디미르 공국 멸망시킴	
1240	몽고군 키예프 점령, 알렉산드르네브스키 네바강변에서 스웨덴군 격파	1241년 - 한자동맹 성립
1242	노브고로드군 추도호서 독일기사단을 격파함	
1243	몽고군 킵차크 한국세움	1254년 - 독일 대공위시대(~1273)
1276	다닐 모스크바 공후에 오름	1271년 - 원(元)의 성립(~1368) 1299년 - 오스만 투르크제국 건국 1299년 - 마르코 폴로, ≪동방견문록≫ 발간

1304	모스크바와 트베르간의 쟁패	1302년 - 삼부회 소집 1309년 - 교황의 아비뇽유수(~1337)
1325	이반 다닐로비치 칼리타 모스크바 공후가 됨 뒤이어 블라지미르 대공이 됨	1337년 - 백년전쟁 발발 1347년 - 유럽에 흑사병 대유행 1351년 - 공민왕 즉위 1368년 - 중국 원 멸망. 명(明)건국(~1644) 1369년 - 티무르왕조 성립(~1508)
1359	드미트리 돈스코이 모스크바 대공이 됨	1378년 - 교회 대분열 시대(~1417) 1381년 - 와트 타일러의 난
1380	쿨리코보 전투에서 드미트리의 러시아군 몽고군 격파	1388년 - 이성계 위화도 회군 1392년 - 조선건국
15세기 초	성상화가 루블료프 활략	1429년 - 잔 다르크, 영국군 격파
1437	카잔한국의 성립, 킵차크한국의 분열 시작	1418년 - 세종 치세 시작
1448	러시아 정교회 콘스탄티노플에서 독립	1446년 - 세종의 훈민정음 반포 1450년 - 구텐베르크, 금속활자에 의한 인쇄술 발명 1453년 - 동로마제국 멸망 1455년 - 장미전쟁(~1485)
1462	이반 3세의 즉위(- 1505)	
1478	모스크바 노브고로드 병합	1479년 - 에스파냐 왕국 성립
1480	타타르 굴레에서 해방	1485년 - 헨리 7세, 튜더 왕가 시작 1488년 - 디아스, 희망봉 발견, 조선성종 치세기
1497	이반 3세의 법령집 수제데브니크 편찬	1492년 - 콜럼버스 신대륙 발견 1494년 - 연산군 즉위 1498년 - 바스코 다가마 인도 항로 개척
1505	바실리 3세 즉위(- 1533)	1502년 - 사파비왕조 창건(~1736) 1506년 - 중종 반정
1521	랴잔 공국 병합	1517년 - 루터, 독일 종교개혁 시작 1519년 - 1522년 - 마젤란 세계일주 항해 1526년 - 1557년 - 무굴제국 성립
1533	이반 4세 즉위(- 1584)	1534년 - 영국국교회의 성립(수장령) 1536년 - 칼뱅, 종교개혁
1547	차르를 공식칭호로 사용	1543년 - 코페르니쿠스, 지동설 주장
1549	최초로 젬스키 사보르 소집	1545년 - 트리엔트공의회(~1563)
1552	카잔한국 병합, 바실리대성당건축	

1556	아스트라한국병합	1555년 - 아우크스부르크화의
1558 – 1583	스웨텐과 리보니아 전쟁	1559년 - 엘리자베스 1세, 영국 교회 기초 확립
1564	최초의 러시아 책 ≪사도행전≫ 출판	1560년경 - 명, 일조편법 실시 1562년 - 위그노전쟁(~1598)
1565 – 1572	오프리치니나 조직	1565년 - 에스파냐, 필리핀 점령
1569	폴란드 - 리투아니아 왕국성립	1567년 - 선조 즉위
1579	예르마크 시베리아 원정시작	
1581	유리의 날 농민이주의날 폐지	1581년 - 네덜란드, 독립선언
1584	차르 표도르 이바노비치 통치(1598)	1582년 - 그레고리력(현재의태양력)제정 1582년 - 갈릴레이, 중력의 법칙 발견 1588년 - 영국 해군, 에스파냐 무적함대 격파
1591	드미트리 황태자 살해됨	1590년 - 도요토미 히데요시, 일본통일 1592년 - 임진왜란
1598 – 1605	차르 보리스 고두노프 통치	1600년 - 영국, 동인도회사 설립
1605 – 1606	가짜 드미트리 1세의 통치	1603년 - 영국, 스튜어트왕가 성립 1603년 - 일본, 에도막부 성립(~1867)
1606 – 1610	바실리 수이스키의 통치	
1606 – 1607	이반 볼로트니코프의 반란	
1610 – 1612	폴란드군 모스크바 점령과 미닌과 포자르스키의 국민군운동	
1613	미하일로마노프 즉위	1616년 - 누르하치, 후금의 건국 1618년 - 30년전쟁(~1648) 시작 1620년 - 영국의 청교도, 신대륙으로 이주 1623년 - 인조반정
1632 – 1634	스몰렌스크탄환을 위한 폴란드와의 전쟁	1628년 - 영국, 권리청원 제출 1630년 - 인도, 타지마할 건립(~1648) 1632년 - 갈릴레이, 지동설 주장 1636년 - 후금 태종, 국호를 청으로 바꿈
1645 – 1676	알렉세이 미하일로비치 통치	1640년 - 영국, 청교도혁명(~1660) 1644년 - 크롬웰의 철기대, 왕당군 격파
1648	모스크바 소금폭동, 우크라니아 보그단흐멜니츠키의 폴란드에 대항한 반란	1648년 - 베스트팔렌조약 체결 1649년 - 영국, 공화정(~1660), 효종즉위
1650	프스코프와 노브고르드에서 곡물반란	1651년 - 크롬웰, 항해조례 발표
1654	우크라이나의 러시아에 병합	1654년과 1658년 효종의 나선정벌

1654－1667	러시아-폴란드 전쟁	
1656－1658	러시아-스웨덴 전쟁	
1667－1671	스테판 라진의 반란	1661년-청의 강희제 즉위 1665년-뉴턴, 만유인력의 법칙 발견 1673년-청, 삼번의 난(~1681) 1674년-시바지, 인도의 마라타왕국을 세움
1682－1725	표트르 1세의 통치	
1689	중국의 청왕조와 네르친스크 조약	1688년-영국, 명예혁명 1689년-영국, 권리장전 제정
1697	서유럽 사절단 파견	
1700－1721	스웨텐과 북방전쟁	1701년-에스파냐계승전쟁(~1714) 1701년-프로이센왕국 성립
1703－1712	페테르부르크 건설	1710년-베르사유궁전 완성
1713	페테르부르크로 천도	1712년 백두산 정계비 설치
1721	황제칭호사용과 러시아 제국의 성립, 종무원 설치	1713년-위트레흐트조약 1714년-하노버왕가 성립
1722－1727	러-페르시아 전쟁	
1725	과학 아카데미개원	1725년- 영조의 탕평책
1727－1730	제1차 베링해 탐사	
1730－1740	안나 이오안노브나 통치	
1733－1743	제2차 베링해 탐사	
1735－1739	러-터 전쟁	1735년-청의 건륭제 즉위
1741－1743	러-스웨덴 전쟁	1740년-오스트리아계승전쟁
1741	엘리자베타 페트로브나 즉위	1748년-몽테스키외 ≪법의 정신≫ 저술
1755	모스크바 대학 창립	1751년-프랑스 백과전서(디드로, 달랑베르 감수)간행, 루이 14세 시대 1753년-런던에 대영박물관 설립
1756－1762	러-프러시아 전쟁	1756년-7년전쟁 시작 1757년-영국과 인도, 플라시전투 1758년-조선에 천주교 전래
1762－1796	예카테리나 2세 통치	1762년-루소, ≪사회계약론≫ 저술 1763년-파리조약 체결
1768－1774	제1차 러-터전쟁	1769년-와트, 증기기관 발명
1772	제1차 폴란드 분할	

1773 – 1775	푸가쵸프의 반란	1774년 - 괴테, ≪젊은 베르테르의 슬픔≫ 완성 1775년 - 미국독립전쟁(~1783) 1776년 - 미국, 독립선언
1783	크림 병합	
1787 – 1791	제 2차 러 - 터전쟁	1789년 - 프랑스, 대혁명 시작
1790	라지시체프 ≪페테르부르크에서 모스크바로의 여행≫ 출간	
1793	제2차 폴란드 분할	1793년 - 프랑스 혁명기의 공포정치 시작
1799	수보로프의 이탈리아 원정과 푸쉬킨의 탄생	1798년 - 나폴레옹, 이집트원정
1801	그루지야 병합	
1801 – 1825	알렉산드르 1세 통치	
1804 – 1813	페르시아와 전쟁, 북아제르바이잔과 다케스탄 병합	1804년 - 나폴레옹 1세 즉위(~1814) 1804년 - ≪나폴레옹법전≫ 제정
1805 – 1807	오, 영국, 프러시아와 대불동맹결성	1806년 - 라인동맹 성립, 신성로마제국 멸망
1807	틸지트 화약, 러시아 대륙봉쇄에 가담	
1809	핀란드 병합, 스페란스키개혁	
1806 – 1812	터키와의 전쟁 베사라비아 병합	
1812	나폴레옹의 러시아 침략	
1813 – 1814	러시아군의 해외원정, l	
1814 – 1815	빈회의와 신성동맹 결성	1815년 - 워털루싸움
1817	카프카스 전쟁	
1819	페테르부르크 대학 창립	1821년 - 그리스독립전쟁(~1829)
1825	테카브리스트의 반란	1823년 - 미국 대통령 먼로, 먼로주의 선언
1828 – 1829	러시아 - 투르크 전쟁	
1830 – 1831	폴란드 반란	1830년 - 프랑스, 7월혁명
1837	러시아 최초의 철도 개통	1840년 - 아편전쟁 발발 1842년 - 난징조약
1849	러시아군 헝가리 혁명 탄압	1848년 - 마르크스 공산당선언 발표 1848년 - 독일 3월혁명
1853 – 1856	크림 전쟁	
1855 – 1881	알렉산드르 2세 통치	1856년 - 애로호사건(~1860)
1858	중국과 아이훈 조약 아무르 강 국경선 확정	1857년 - 인도 세포이의 항쟁 1858년 - 무굴제국 멸망

1860	중국과의 베이징조약으로 우수리강 동쪽 연해주 획득	
1861	농노해방령	1861년 - 미국, 남북전쟁(~1865) 발발 1861년 - 이탈리아왕국 성립
1863 – 1864	폴란드 반란	1863년 - 링컨, 노예해방 선언
1864	사법, 지방자치, 교육 등의 개혁	1864년 - 고종의 즉위
1864 – 1885	중앙아시아 병합	
1867	알래스카 미국에 매각	1866년 - 프로이센 - 오스트리아전쟁 발발 1868년 - 일본, 메이지유신 1869년 - 수에즈운하 개통
1873	러, 독, 오의 3제동맹 결성	1870년 - 프랑스 - 프로이센전쟁 1871년 - 독일제국 건립
1873 – 1875	브 나로드 운동	1875년 - 프랑스 제3공화정 성립
1876	토지와 자유 결성	
1877	러시아 - 투르크전쟁(~1878)	1878년 - 베를린회의
1879	토지와 자유 분열, 인민의 의지당 테러활동 시작	
1881	알렉산드르 2세 암살	1882년 - 삼국동맹(독일·오스트리아·이탈리아) 성립
1881 – 1894	알렉산드르 3세 통치	
1883	플레하노프 제네바에서 마르크스주의자들의 노동해방 결성	1884년 - 청 - 프랑스 전쟁 발발
1894 – 1917	니콜라이 2세의 통치	1894년 - 청일전쟁(~1895)
1898	제1차 러시아 사회민주노동당 대회 민스크에서 열림(3월)	1896년 - 제1회 올림픽대회 1898년 - 중국, 무술정변 1898년 - 파쇼다사건 1899년 - 보어전쟁
1903	제2차 러시아 사회민주노동당대회 볼셰비키와 멘셰비키의 분열(7월 - 8월)	1900년 - 중국, 의화단운동(~1901)
1904 – 1905	러 - 일 전쟁	
1905	피의 일요일, 10월 선언, 모스크바 무장봉기	1907년 - 삼국협상(영국·프랑스·러시아)
1912	볼셰비키당 결성, 제4차 두마	1910년 - 대한제국, 일본에 합병 1911년 - 신해혁명
1914	제1차 세계 대전	1914년 - 파나마운하 개통 1915년 - 중국 문학혁명

1917	2월혁명, 임시정부와 소비에트, 4월 테제, 코르닐로프 반란, 10월 혁명	
1918	헌법제정회의 해산, 브레스트-리토브스크 조약체결	1918년-미국 대통령 윌슨 평화원칙 14개조 발표
1919 – 1921	내전 발생 과 전시공산주의	1919년-베르사유조약 1920년-국제연맹 창립
1921	크론시타트 반란과 신경제정책	1921년-중국공산당 창립
1922	스탈린 서기장취임과 소비에트 연방 결성	1922년-터키혁명
1924 – 1927	레닌 죽음, 권력투쟁, 스탈린 반대파 숙청	1925년-5、30사건 발발 1925년-로카르노 조약 1927년-중국난징에 국민당정부 수립
1928	스탈린 독재체제 구축 1차5개년개획과 농업집단화	파리조약 조인
1929	트로츠키해외추방, 부하린 실각 중국 동북철도 분쟁	뉴욕의 주가 대폭락, 세계 대공황 시작
1932	폴란드, 핀란드, 프랑스와 불가침 조약	1930년-인도의 간디, 소금 행진 1931년-마오쩌둥, 중화 소비에트 임시정부 수립 1931년-만주사변 발발 1932년-만주국 성립
1933	농업집단화완성, 대숙청, 미국의 소련 승인, 제2차 5개년계획	1933년-히틀러, 독일 총리 취임 1933년-뉴딜정책 실시
1934	국제연맹가입	
1935	프랑스와 상호원조조약, 모스크바 지하철개통, 스타하노프 운동	
1936	지노비예프와 카메네프 등의 숙청, 스탈린헌법 제정	1937년-중일전쟁 시작
1938	제3차 5개년 계획	1938년-독일, 오스트리아 합병, 뮌헨회담 개최
1939	독일과 불가침조약,폴란드 침공, 핀란드 침략	1939년-제2차 세계대전 시작
1940	핀란드와 평화조약, 발틱 3국병합	
1941	독일군 소련 침공, 대조국 전쟁시작(6월)	1941년-대서양헌장 발표 1941년-태평양전쟁(~1945) 발발
1942	영국과 상호원조조약(5월), 미국과 무기 대여협정(6월), 스탈린그라드 전투(8월)	

1943	스탈린그라드 전투 승리(2월), 쿠르스크 전투 승리, 미,영,소 테헤란 정상회담(11월)	1944년 - 노르망디 상륙, 파리 해방
1945	얄타회담(2월), 일본과 불가침조약(4월), 베를린 점령(5월), 포츠담회담(7월), 일본에 선전포고(8월)	1945년 - 국제연합(UN) 성립, 일본무조건 항복(8월) 1945년 - 뉘른베르크군사재판 시작
1947	헌법개정(2월), 코민포름 결성(9월)	1947년 - 미국의 마셜플랜 선포, 인도, 독립선언
1948	베를린 봉쇄(4월), 코민포름에서 유고 공산당 제명(6월)	1948년 - 이스라엘공화국 성립 1948년 - 세계인권선언
1949	유럽상호경제협력회의(CMEA) 결성, 원폭보유선언(9월)	1949년 - 북대서양조약(NATO)창립, 중화 인민공화국 수립
1950	중국과 우호동맹조약	1950년 - 한국전쟁 발발
1952	볼가 - 돈 운화계통(6월), 제5차 5개년 계획	1952년 미국, 수소폭탄 실험 성공 발표, 유럽석탄철강공동체 탄생, 영국 수에즈운하 봉쇄
1953	스탈린 사망(3월), 베리야 등 7명 총살형(12월)	한국전쟁 종전
1955	바르샤바 조약체결(5월)	
1956	제6차 5개년 계획, 스탈린 비판, 폴란드 반소폭동(6월), 헝가리 반소 폭동(10 - 11월), 일본과 국교 회복(11월)	
1957	대륙간탄도미사일(ICBM)발사성공(9월), 인공위성 스푸트니크 1호 발사성공(10월)	유럽경제공동체(EEC) 창립, 제2차 아랍 - 이스라엘 전쟁, 이집트 수에즈운하 국유화 선언
1958	농업개혁, 흐루쇼프 1인체제 구축	
1959	신경제 7개년 계획, 미국과 소련 캠프 데이비드 정상회담	
1961	유인 우주선 보스토크 1호 발사(4월)	제1차 비동맹회의, 미국 케네디 대통형 취임
1962	큐바 미사일 미 - 소 위기	미국, 쿠바 봉쇄
1963	중 - 소 이념분쟁시작	
1964	흐루쇼프 실각, 브레즈네프 서기장 취임, 코시킨 수상(10월)	1964년 - 베트남전쟁 발발
1967	이스라엘과 단교	1966년 - 중국 문화대혁명 1967년 - 제3차 중동전쟁 시작
1968	소련군 체코슬로바키아 침공, 브레즈네프 독특린 선언	

1969	중-소 국경무력충돌	1969년-미국의 아폴로 11호 달착륙
1970	서독과 무역협정체결, 전략무기 제한 협정 협상시작	
1972	미-소 SALT 1조인	1972년-미국과 중국 베이징정상회담 1973년-동、서독 유엔 동시가입 1973년-전세계 석유파동
1974	BAM철도 착공, 솔제니친 국외추방	제4차 중동전쟁
1975	유럽안보협력회의와 헬싱키 선언, 미-소우주 협력	닉슨 대통령 사임
1976		베트남전쟁 종결, 레바논내전 발발
1977	브레즈네프 최고회의 간부회의장 겸임, 브레즈네프 헌법채택	
1979	미-소 정상회담, SALT2 체결, 소련군 아프가니스탄 침공	
1980	코시긴수상 사임, 사하로프 코리키시로 추방, 모스크바 올림픽 개최	1980년-이란-이라크전쟁
1981		이집트 사다트 대통령 피살, 미 레이건 대통령 취임, 신냉전시작
1982	START(전략무기감축회담) 개시, 브레즈네프 사망, 안드로보프 서기장에 취임(12월)	포클랜드 전쟁
1983		KAL기 격추사건
1984	안드로포프 사망, 체르넨코 취임	
1985	체르넨코사망, 고르바초프 서기장에 취임	
1986	제27차 공산당 대회, 페레스트로이카와 글라스노스티정책 채택, 체르노빌 원자력발전사고	
1988	나고르노-카라바흐 분쟁시작, 발트 3국에서 인민전선결성, 헌법개정-간부의 임기제, 당과 국가의 분리, 인민대의원 대회설치	서울 올림픽
1989	소련군 아프가니스탄에서 철수, 고르바초프 중국방문, 몰타 미-소 정상회담, 냉전종식선언	1989년-중국의 천안문사건, 베를린장벽 붕괴

1990	발트 3국 독립선언, 고르바초프 신연방안 제시, 시장경제도입, 500일 계획안 작성, 러시아 연방 주권선언	독일 통일, 폴란드 최초의 직선제 대통령 선거
1991	공산당 보수강경파 쿠데타 실패, 공산당 해산, 민스크 벨로베자 숲에서 우크라이나, 벨로루시, 러시아 연방의 3정상 소련의 해체 선언	걸프전쟁발발, 유럽통합조약인 마스트리히트조약 체결
1992	시장경제로의 급진개혁 시작, 캠프데이비드 미-소정상회담에서 냉전종식선언	
1993	새 헌법안채택과 총선거	우루과이라운드(UR) 타결
1994	NATO의 평화를 위한동반자계획에 참여, 1차 체첸전쟁(12월)발발	북미자유무역협정 발효, 세계무역기구(WTO) 출범
1995	국가두마 선거	유럽연합(EU)의 수립
1996	옐친 대통령 재선	미국, 클린턴 대통령 재선
1997		영국, 중국에 홍콩 반환
1998	옛소련 동맹국 폴란드, 헝가리, 체코 NATO에 가입	아시아 경제위기, 유럽 11개국, 단일통화 유로화 채택
1999	2차 체첸전쟁	유고내전, NATO 유고폭격
2000	푸틴 대통령에 당선	남북정상회담(평양)
2001		미국, 부시 대통령 취임, 9.11 테러사건발생, 대테러전쟁 시작
2002		한 · 일 월드컵 개최
2003	국가두마 선거	미국, 이라크 공격, 후세인 정권 붕괴
2004	푸틴 대통령 재선	

찾아보기

ㄱ

ㄴ

ㄷ

ㅂ

ㅅ

ㅇ

ㅈ

ㅌ

ㅍ

ㅎ

문명식(文明植, Moon Myong-Sik)

고려대학교 노어노문학과 졸업
미국 University of California, Santa Barbara 대학원 수료
동대학 정치학 박사
고려대학교 국제대학원 강사 역임
현) 서경대학교 국제비지니스 어학부 러시아어 전공학과 교수

주요저서

『유럽의 역사와 국제관계』(백산출판사, 서울: 2004)
『유럽역사의 이해』(신아사, 서울: 2011)
『시베리아와 연해주의 정치경제학(공저)』(리북, 서울: 2004)

주요논문

Political Economy of Soviet-East European Relations: Historical-Structural Analysis, 1945-1990, (박사학위 논문)
"고르바쵸프 시대의 소련과 동유럽의 정치·경제관계," 『슬라브학보』 제8권, 1993
"스탈린 시대 소련의 동유럽 정책," 『중소연구』 17권 3호, 1993
"구 소련지역의 민족분규와 러시아 연방의 인근외교," 『러시아 연구』, 제4권, 1994
"지역통합을 위한 중앙아시아 국가들의 대외정책: 러시아 및 주변 접경국가들과의 관계", 『중소연구』, 제20권 제3호 1996
"구 소련지역과 러시아에서의 이슬람과 민족문제," 『슬라브 연구』, 1998년
"러시아 연방의 안정과 민족분쟁," 『동북아 연구』 제1호, 1998년
"러시아인과 카자흐스탄의 민족문제," 『러시아지역연구』 제3호, 1999년
"북카프카스 지역과 체첸공화국의 민족문제와 이슬람," 『유라시아 연구』 2000년
"우크라이나의 민족문제와 러시아," 『슬라브 연구』 2001년
"러시아 민족정체성의 확립 과정에서의 정교와 이슬람", 『중소연구』 제29권 제4호 2005/2006
"EU-러시아 에너지 관계와 에너지 안보: 가스 수급의 안보를 중심으로," 『슬라브 연구』 제28권 3호, 2012 외 다수

새로운
러시아 역사
ИСТОРИЯ ГОСУДАРСТВА
И НАРОДОВ РОССИИ

1판 1쇄 찍음 • 2009년 4월 1일
2판 1쇄 펴냄 • 2015년 2월 20일

편 저 자 • 문 명 식
발 행 인 • 정 현 걸
발 행 • 신 아 사
인 쇄 • 예지인쇄
출판등록 • 1956년 1월 5일(제9－52호)
주 소 • 서울특별시 은평구 통일로 59길 4 (2F)
전 화 • (02)382－6411 • 팩스(02)382－6401
홈페이지 • www.shinasa.co.kr
E－MAIL • shinasa@daum.net

ISBN : 978-89-8396-888-3(93920)

정가 32,000원